REDES DE COMPUTADORES

T164r Tanenbaum, Andrew.
       Redes de computadores / Andrew Tanenbaum, Nick
    Feamster, David Wetherall; tradução : Daniel Vieira ; revisão
    técnica : Isaías Lima. – 6. ed. – [São Paulo] : Pearson ; Porto
    Alegre : Bookman, 2021.
       xxiv, 597 p. : il.; 28 cm.

       ISBN 978-85-8260-560-8

       1. Redes de computadores. 2. Internet. I. Feamster, Nick.
    II. Wetherall, David. III. Título.

                                                    CDU 004.7

Catalogação na publicação: Karin Lorien Menoncin – CRB 10/2147

Andrew Tanenbaum
Vrije Universiteit
Amsterdã, Holanda

Nick Feamster
Universidade de Chicago
Chicago, IL

David Wetherall
Google

REDES DE COMPUTADORES

6ª Edição

Tradução
Daniel Vieira

Revisão Técnica
Isaías Lima, Ph.D.
Professor da Universidade Federal de Itajubá (Unifei)

Pearson

bookman

Porto Alegre
2021

Obra originalmente publicada sob o título
Computer networks, 6th edition, by Andrew Tanenbaum, published by Pearson Education, Inc., publishing as Pearson, Copyright ©2021.

All rights reserved. No part of this book may be reproduced or transmitted in any form or by any means, electronic, or mechanical, including photocopying, recording, or by any storage retrieval system, without permission from Pearson Education,Inc.

Portuguese language translation copyright ©2021, by Grupo A Educação S.A., publishing as Bookman.
ISBN 9780135408001

Gerente editorial: *Arysinha Jacques Affonso*

Colaboraram nesta edição:

Editora: *Simone de Fraga*

Preparação de original: *Daniela de Freitas Louzada*

Leitura final: *Paola de Oliveira*

Capa: *Márcio Monticelli*

Projeto gráfico e editoração: *Clic Editoração Eletrônica Ltda.*

Reservados todos os direitos de publicação ao
GRUPO A EDUCAÇÃO S.A.
(Bookman é um selo editorial do GRUPO A EDUCAÇÃO S.A.)
Rua Ernesto Alves, 150 – Bairro Floresta
90220-190 – Porto Alegre – RS
Fone: (51) 3027-7000

SAC 0800 703 3444 – www.grupoa.com.br

É proibida a duplicação ou reprodução deste volume, no todo ou em parte, sob quaisquer formas ou por quaisquer meios (eletrônico, mecânico, gravação, fotocópia, distribuição na Web e outros), sem permissão expressa da Editora.

IMPRESSO NO BRASIL
PRINTED IN BRAZIL

Os autores

Andrew S. Tanenbaum é bacharel em ciências pelo MIT e Ph.D. pela Universidade da Califórnia em Berkeley. É professor emérito de ciência da computação na Universidade Vrije em Amsterdã, Holanda, onde lecionou sistemas operacionais, redes e assuntos relacionados por mais de 40 anos. Desenvolve pesquisas sobre sistemas operacionais, embora tenha trabalhado com compiladores, sistemas distribuídos, segurança e outros tópicos no decorrer dos anos. Esses projetos de pesquisa resultaram em mais de 200 artigos em periódicos e conferências.

O professor Tanenbaum também foi autor e coautor de cinco livros que até agora já tiveram 24 edições. Os livros foram traduzidos para 21 idiomas, incluindo basco, chinês, francês, alemão, japonês, coreano, romeno, sérvio, espanhol, tailandês e português, e são usados em universidades no mundo inteiro.

É também o criador do MINIX, um pequeno clone do UNIX, destinado inicialmente ao uso em laboratórios de programação para alunos, e que foi a inspiração direta para o Linux e sua plataforma inicial.

Tanenbaum é membro do conselho da ACM, membro do conselho do IEEE e membro da Royal Netherlands Academy of Arts and Sciences. Também ganhou diversos prêmios científicos ACN, UEEE e USENIX, que estão listados em sua página na Wikipedia. Também possui dois doutorados com láurea. Sua página na Internet pode ser encontrada em *www.cs.vu.nl/~ast*.

Nick Feamster é o professor Neubauer de ciência da computação e Diretor do Centro de Dados e Computação (CDAC) da Universidade de Chicago. Sua pesquisa se concentra em muitos aspectos de redes de computadores e sistemas em rede, com foco em operações de rede, segurança de rede e censura na Internet, além de aplicações de aprendizado de máquina para redes de computadores.

Ele obteve o Ph.D. em ciência da computação pelo MIT em 2005, e S.B. e M.Eng. em engenharia elétrica e ciência da computação pelo MIT em 2000 e 2001, respectivamente. Ele trabalhou na Looksmart (que se tornou o serviço de diretório do AltaVista), onde escreveu o primeiro rastreador Web da empresa. Na Damballa, ele ajudou a projetar o primeiro algoritmo de detecção de botnet da empresa.

O Professor Feamster é membro do conselho da ACM. Ele recebeu o Prêmio Presidencial de Início de Carreira para Cientistas e Engenheiros (PECASE) por suas contribuições nas técnicas baseadas em dados para a segurança de redes. Seu trabalho inicial na Plataforma de Controle de Roteamento ganhou o USENIX Test of Time Award por sua influência na rede definida por software. Ele criou o primeiro curso *on-line* sobre o assunto. Também foi instrutor fundador do programa de mestrado *on-line* em ciência da computação da Georgia Tech.

Feamster é um ávido corredor de longa distância, tendo completado 20 maratonas, incluindo as de Boston, Nova Iorque e Chicago.

David J. Wetherall trabalha no Google. Anteriormente, foi professor adjunto de ciência da computação e engenharia na Universidade de Washington e consultor da Intel Labs, ambas em Seattle. Obteve o bacharelado em engenharia elétrica pela Universidade do Oeste Australiano e o Ph.D. em ciência da computação pelo MIT.

Trabalhou na área de redes durante as duas últimas décadas. Sua pesquisa está focada em sistemas de rede, especialmente redes sem fios e computação móvel, projeto de protocolos da Internet e medição de rede.

Wetherall recebeu o prêmio ACM SIGCOMM Test-of-Time pela pesquisa pioneira em redes ativas, uma arquitetura para introduzir novos serviços de rede com rapidez. Recebeu também o IEEE William Bennett Prize por inovações no mapeamento da Internet. Sua pesquisa foi reconhecida com um prêmio NSF CAREER em 2002, e ele se tornou Sloan Fellow em 2004.

Wetherall participa da comunidade de pesquisa sobre redes. Ele também é copresidente dos comitês de programa do SIGCOMM, NSDI e MobiSys, e cofundador dos workshops ACM HotNets. Vem auxiliando diversos comitês de programa para conferências sobre redes e é editor da *ACM Computer Communication Review*.

Para Suzanne, Barbara, Daniel, Aron, Nathan, Marvin, Matilde, Olivia e Mirte (AST)
Para Marshini, Mila e Kira (NF)
Para Katrin, Lucy e Pepper (DJW)

Prefácio

Este livro está agora em sua 6ª edição. Cada edição correspondeu a uma fase diferente no modo como as redes de computadores eram usadas. Quando surgiu a primeira edição em 1980, as redes eram uma curiosidade acadêmica. Quando a 2ª edição foi publicada em 1988, as redes eram usadas por universidades e grandes empresas. Quando a 3ª edição foi publicada em 1996, as redes de computadores, especialmente a Internet, já tinham se tornado uma realidade do dia a dia de milhões de pessoas. Com a 4ª edição, em 2003, as redes sem fios e os computadores móveis já eram comuns para acessar a Web e a Internet. Na 5ª edição, as redes tratavam da distribuição de conteúdo (especialmente vídeos usando CDNs e redes *peer-to-peer*) e telefones móveis. Agora, na 6ª edição, a ênfase do setor está no desempenho muito alto, com redes de celulares 5G, Ethernet de 100 gigabits e WiFi 802.11ax em velocidades chegando até a 11 Gbps.

Novo nesta edição

Entre as muitas mudanças neste livro, a mais importante é o acréscimo do Prof. Nick Feamster como coautor. O Prof. Feamster tem Ph.D. pelo MIT e atualmente é professor na Universidade de Chicago.

Outra mudança importante é que o Capítulo 8 (sobre segurança) foi bastante modificado pelo Prof. Herbert Bos, da Vrije Universiteit de Amsterdã. O foco mudou de criptografia para segurança de redes. As questões de haqueamento, ataques de DoS e muitas outras são noticiadas quase todos os dias, e portanto somos muito gratos ao Prof. Bos por refazer o capítulo para lidar com esses importantes problemas. O capítulo discute vulnerabilidades, como corrigi-las, como os *hackers* respondem às correções, como os defensores reagem e assim por diante, *ad infinitum*. O material sobre criptografia foi reduzido um pouco para abrir espaço para a grande quantidade de material novo sobre segurança de redes.

Naturalmente, o livro também contém muitas outras mudanças para acompanhar o mundo em constante mudança das redes de computadores. Veja, a seguir, uma lista detalhada, capítulo por capítulo, com as principais mudanças:

- O Capítulo 1 tem a mesma função introdutória das edições anteriores, mas o conteúdo foi revisado e atualizado. Houve atualizações específicas, incluindo o acréscimo de discussões adicionais sobre a Internet das coisas e arquiteturas celulares modernas, como as redes 4G e 5G. Grande parte da discussão sobre a política da Internet também foi atualizada, especialmente a discussão sobre a neutralidade da rede.

- O Capítulo 2 foi atualizado para incluir uma discussão de meios físicos predominantes nas redes de acesso, como as arquiteturas DOCSIS e de fibra. Também foi acrescentado o tratamento de arquiteturas e tecnologias modernas de redes celulares, e a seção sobre redes de satélites também foi substancialmente atualizada. Foram incluídas tecnologias emergentes, como a virtualização, incluindo discussões sobre operadoras de rede móvel virtual e divisão de redes celulares. A discussão sobre política foi reorganizada e atualizada para incluir a discussão sobre as questões da política na área de redes sem fio, como o espectro.

- O Capítulo 3 foi atualizado para incluir o DOCSIS como exemplo de protocolo, visto que é uma tecnologia de acesso muito utilizada. Muitos dos códigos de correção de erros, obviamente, não mudam com o tempo.

- O Capítulo 4 foi atualizado, contendo material novo sobre Ethernet de 40 e 100 gigabits, 802.11ac, 802.11ad e 802.11ax. Foi adicionado material novo sobre DOCSIS, explicando a subcamada MAC em redes por cabo. O material sobre 802.16 foi removido, pois parece agora que essa tecnologia será substituída pelas tecnologias 4G e 5G para celulares. A seção sobre RFID também foi removida, a fim de dar espaço para material novo, mas também porque não estava diretamente relacionada a redes.

- O Capítulo 5 foi atualizado para esclarecer e modernizar as discussões sobre controle de congestionamento. As seções sobre controle de tráfego foram atualizadas e esclarecidas, e as discussões sobre modelagem e engenharia de tráfego foram atualizadas. O capítulo inclui uma seção totalmente nova sobre rede definida por software (SDN), incluindo Open-Flow e hardware programável (p. ex., Tofino). O capítulo também inclui uma discussão sobre as aplicações emergentes de SDN, como a telemetria inband de redes. Algumas das discussões sobre IPv6 também foram atualizadas.
- O Capítulo 6 foi extensivamente revisado para incluir o material novo sobre protocolos de transporte modernos, incluindo TCP CUBIC, QUIC e BBR. O material sobre medição de desempenho foi totalmente reescrito para se concentrar na medição do throughput em redes de computadores, incluindo uma ampla discussão sobre os desafios de medir o throughput da rede de acesso à medida que aumentam as velocidades nos provedores de acesso. O capítulo também inclui material novo sobre a medição da qualidade da experiência do usuário, uma área emergente na medição de desempenho.
- O Capítulo 7 foi bastante revisado. Foram retiradas mais de 60 páginas de material que não são mais relevantes para um livro sobre redes de computadores. O material sobre DNS foi quase totalmente reescrito para refletir os desenvolvimentos modernos no DNS, incluindo as tendências contínuas para criptografar o DNS e melhorar suas características de privacidade em geral. Protocolos emergentes também são discutidos, como o DNS sobre HTTPS e outras técnicas de preservação de privacidade para DNS. A discussão sobre a Web foi amplamente atualizada para refletir a crescente implantação de criptografia na Web, bem como extensas questões de privacidade (p. ex., rastreamento) que agora estão difundidas na Web. O capítulo inclui uma seção totalmente nova sobre privacidade na Web, discussões mais extensas sobre a moderna tecnologia de entrega de conteúdo (p. ex., redes de entrega de conteúdo) e uma discussão ampliada sobre redes peer-to-peer. A seção sobre a evolução da Internet também foi editada para refletir as tendências em direção aos serviços distribuídos em nuvem.
- O Capítulo 8 foi completamente reformulado. Nas edições anteriores, o foco do capítulo na segurança era quase exclusivamente sobre a segurança da informação por meio da criptografia. No entanto, a criptografia é apenas um dos aspectos da segurança de redes e, se olharmos para os incidentes de segurança na prática, geralmente não é o aspecto onde os problemas se encontram. Para remediar isso, adicionamos novo conteúdo sobre princípios de segurança, técnicas básicas de ataque, defesas e uma grande gama de problemas de segurança relacionados a sistemas. Além disso, atualizamos as seções existentes, removendo algumas técnicas de criptografia que agora estão obsoletas e introduzindo versões mais modernas de protocolos e padrões.
- O Capítulo 9 contém uma lista atualizada de leituras sugeridas e uma bibliografia abrangente.

Além disso, foram incluídos novos exercícios e novas referências.

Lista de acrônimos

Os livros de informática estão repletos de acrônimos, e este não é uma exceção. Ao concluir a leitura deste volume, todas estas siglas terão um sentido claro para você: AES, AMI, ARP, ARQ, ASK, BGP, BSC, CCK, CDM, CDN, CRL, DCF, DES, DIS, DMT, DMZ, DNS, EAP, ECN, EDE, EPC, FDD, FDM, FEC, FSK, GEO, GSM, HFC, HLR, HLS, HSS, IAB, IDS, IGP, IKE, IPS, ISM, ISO, ISP, ITU, IXC, IXP, KDC, LAN, LCP, LEC, LEO, LER, LLD, LSR, LTE, MAN, MEO, MFJ, MGW, MIC, MME, MPD, MSC, MSS, MTU, NAP, NAT, NAV, NCP, NFC, NIC, NID, NRZ, ONF, OSI, PAR, PCF, PCM, PCS, PGP, PHP, PIM, PKI, PON, POP, PPP, PSK, RAS, RCP, RED, RIP, RMT, RNC, RPC, RPR, RTO, RTP, SCO, SDH, SDN, SIP, SLA, SNR, SPE, SSL, TCG, TCM, TCP, TDM, TLS, TPM, UDP, URL, USB, UTP, UWB, VLR, VPN, W3C, WAF, WAN, WDM, WEP, WFQ e WPA. Mas não se preocupe. Cada um aparecerá com **texto em negrito** e será cuidadosamente definido antes de ser usado. Apenas como um teste, veja quantos você consegue identificar *antes* de ler o livro, escreva o número na margem e depois tente novamente *depois* de ler o livro.

Materiais de recurso para professores

O professor interessado em recursos pedagógicos complementares deve acessar o *site* do Grupo A (grupoa.com.br), fazer o seu cadastro, buscar pela página do livro e localizar a área de Material Complementar para ter acesso aos PPTs.

Agradecimentos

Muitas pessoas nos ajudaram durante o curso da 6ª edição. Gostaríamos de agradecer especialmente a Phyllis Davis (St. Louis Community College), Farah Kandah (University of Tennessee, Chattanooga), Jason Livingood (Comcast), Louise Moser (University of California, Santa Bárbara), Jennifer Rexford (Princeton), Paul Schmitt (Princeton), Doug Sicker (CMU), Wenye Wang (North Carolina State University) e Greg White (Cable Labs).

Alguns dos alunos deram retorno valioso sobre o manuscrito, incluindo: Ece Doganer, Yael Goede, Bruno Hoevelaken, Elena Ibi, Oskar Klonowski, Johanna Sänger, Theresa Schantz, Karlis Svilans, Mascha van der Marel, Anthony Wilkes. Obrigado por suas ideias e comentários.

Jesse Donkervliet (Vrije Universiteit) pensando em desafiar o leitor, criou muitos dos problemas que constam no fim de cada capítulo.

Paul Nagin (Chimborazo Publishing, Inc.) produziu os slides em PowerPoint para uso dos instrutores.

Nossa editora na Pearson, Tracy Dunkelberger, novamente nos ajudou muito. Sem seu conselho, direção e persistência, talvez esta edição nunca teria acontecido. Obrigado, Tracy. Somos realmente gratos por sua ajuda.

Finalmente, chegamos às pessoas mais importantes. Suzanne já passou por isso 23 vezes, e ainda tem paciência e amor sem fim. Barbara e Marvin agora sabem a diferença entre livros bons e ruins, e sempre são minha inspiração para a produção de bons livros. Daniel e Matilde são bem-vindos à nossa família. Aron, Nathan, Olivia e Mirte provavelmente não lerão este livro tão cedo, mas me inspiram e me tornam esperançoso a respeito do futuro (AST). Marshini, Mila e Kira: minha rede favorita é aquela que juntos formamos. Obrigado por seu apoio e amor (NF). Katrin e Lucy ofereceram apoio sem fim e sempre conseguiram manter um sorriso em meu rosto. Obrigado (DJW).

Andrew S. Tanenbaum
Nick Feamster
David J. Wetherall

Sumário

1 INTRODUÇÃO   1

- 1.1 USOS DE REDES DE COMPUTADORES   1
  - 1.1.1 Acesso à informação   2
  - 1.1.2 Comunicação entre pessoas   3
  - 1.1.3 Comércio eletrônico   4
  - 1.1.4 Entretenimento   4
  - 1.1.5 A Internet das Coisas   5

- 1.2 TIPOS DE REDES DE COMPUTADORES   5
  - 1.2.1 Redes de banda larga   5
  - 1.2.2 Redes móveis e sem fio   6
  - 1.2.3 Redes de provedor de conteúdo   8
  - 1.2.4 Redes de trânsito   8
  - 1.2.5 Redes comerciais   8

- 1.3 TECNOLOGIA DE REDES LOCAIS A GLOBAIS   10
  - 1.3.1 Redes pessoais   10
  - 1.3.2 Redes locais   10
  - 1.3.3 Redes domésticas   12
  - 1.3.4 Redes metropolitanas   13
  - 1.3.5 Redes a longas distâncias   14
  - 1.3.6 Redes interligadas (internets)   16

- 1.4 EXEMPLOS DE REDES   17
  - 1.4.1 A Internet   17
  - 1.4.2 Redes de telefonia móvel   23
  - 1.4.3 Redes sem fio (WiFi)   28

1.5 PROTOCOLOS DE REDE 30
    1.5.1 Objetivos de projeto 30
    1.5.2 Camadas de protocolos 31
    1.5.3 Conexões e confiabilidade 34
    1.5.4 Primitivas de serviço 36
    1.5.5 Relacionamento entre serviços e protocolos 37

1.6 MODELOS DE REFERÊNCIA 38
    1.6.1 O modelo de referência OSI 38
    1.6.2 O modelo de referência TCP/IP 38
    1.6.3 Uma crítica aos protocolos e ao modelo OSI 40
    1.6.4 Uma crítica aos protocolos e ao modelo TCP/IP 42
    1.6.5 O modelo de dados usado neste livro 43

1.7 PADRONIZAÇÃO DE REDES 43
    1.7.1 Padronização e código fonte aberto 43
    1.7.2 Quem é quem no mundo das telecomunicações 44
    1.7.3 Quem é quem no mundo dos padrões internacionais 45
    1.7.4 Quem é quem no mundo dos padrões da Internet 46

1.8 QUESTÕES POLÍTICAS, LEGAIS E SOCIAIS 47
    1.8.1 Discurso on-line 48
    1.8.2 Neutralidade da rede 48
    1.8.3 Segurança 49
    1.8.4 Privacidade 50
    1.8.5 Desinformação e "fake news" 50

1.9 UNIDADES DE MEDIDA 51

1.10 VISÃO GERAL DOS PRÓXIMOS CAPÍTULOS 51

1.11 RESUMO 52

2 A CAMADA FÍSICA 57

2.1 MEIOS DE TRANSMISSÃO GUIADOS 57
    2.1.1 Armazenamento persistente 57
    2.1.2 Pares trançados 58
    2.1.3 Cabo coaxial 59
    2.1.4 Linhas de energia elétrica 60
    2.1.5 Fibra óptica 60

2.2 TRANSMISSÃO SEM FIO 64
    2.2.1 O espectro eletromagnético 64
    2.2.2 Espectro de dispersão por salto de frequência 65
    2.2.3 Espectro de dispersão de sequência direta 66
    2.2.4 Comunicação de banda ultralarga 66

2.3 TRANSMISSÃO ATRAVÉS DO ESPECTRO 66
    2.3.1 Transmissão de rádio 67
    2.3.2 Transmissão de micro-ondas 68
    2.3.3 Transmissão de infravermelho 68
    2.3.4 Transmissão via luz 69

2.4 DE FORMAS DE ONDA A BITS 69
    2.4.1 A base teórica da comunicação de dados 69
    2.4.2 A taxa de dados máxima de um canal 73
    2.4.3 Modulação digital 73
    2.4.4 Multiplexação 78

2.5 A REDE PÚBLICA DE TELEFONIA COMUTADA 83
    2.5.1 Estrutura do sistema telefônico 84
    2.5.2 O circuito terminal: modems, ADSL e fibra óptica 86
    2.5.3 Troncos e multiplexação 91
    2.5.4 Comutação 95

2.6 REDES DE TELEFONIA MÓVEL 99
    2.6.1 Conceitos comuns: células, handoff, paging 99
    2.6.2 Tecnologia de primeira geração (1G): voz analógica 100
    2.6.3 Tecnologia de segunda geração (2G): voz digital 101
    2.6.4 GSM: Global System for Mobile Communications 101
    2.6.5 Tecnologia de terceira geração (3G): voz e dados digitais 104
    2.6.6 Tecnologia de quarta geração (4G): comutação de pacotes 106
    2.6.7 Tecnologia de quinta geração (5G) 107

2.7 REDES POR CABO 108
    2.7.1 História das redes por cabo: TV por antena comunitária 108
    2.7.2 Acesso de banda larga à Internet por cabo: redes HFC 109
    2.7.3 DOCSIS 111
    2.7.4 Compartilhamento de recursos em redes DOCSIS: nós e minislots 111

2.8 SATÉLITES DE COMUNICAÇÕES 112
    2.8.1 Satélites geoestacionários 113
    2.8.2 Satélites terrestres de órbita média 116
    2.8.3 Satélites terrestres de órbita baixa 116

2.9 COMPARAÇÃO DE DIFERENTES REDES DE ACESSO 118
    2.9.1 Redes de acesso terrestres: cabo, fibra e ADSL 118
    2.9.2 Redes terrestres e por satélite 118

2.10 POLÍTICA NA CAMADA FÍSICA 119
    2.10.1 Alocação do espectro 120
    2.10.2 A rede celular 121
    2.10.3 A rede telefônica 122

2.11 RESUMO 124

3 A CAMADA DE ENLACE DE DADOS   129

3.1 QUESTÕES DE PROJETO DA CAMADA DE ENLACE DE DADOS 129
    3.1.1 Serviços oferecidos à camada de rede 130
    3.1.2 Enquadramento 131
    3.1.3 Controle de erros 134
    3.1.4 Controle de fluxo 134

3.2 DETECÇÃO E CORREÇÃO DE ERROS 135
    3.2.1 Códigos de correção de erros 136
    3.2.2 Códigos de detecção de erros 139

3.3 PROTOCOLOS BÁSICOS DE ENLACE DE DADOS 143
    3.3.1 Premissas básicas para simplificação 143
    3.3.2 Noções básicas de transmissão e recepção 143
    3.3.3 Protocolo simplex da camada de enlace de dados 146

3.4 MELHORANDO A EFICIÊNCIA 149
    3.4.1 Objetivo: transmissão bidirecional, múltiplos quadros em andamento 150
    3.4.2 Exemplos de protocolos full-duplex de janela deslizante 152

3.5 EXEMPLOS DE PROTOCOLOS DE ENLACE DE DADOS 163
    3.5.1 Pacotes sobre SONET 163
    3.5.2 ADSL (Asymmetric Digital Subscriber Line) 165
    3.5.3 DOCSIS (Data Over Cable Service Interface Specification) 167

3.6 RESUMO 168

4 A SUBCAMADA DE CONTROLE DE ACESSO AO MEIO 173

4.1 O PROBLEMA DA ALOCAÇÃO DE CANAIS 173
    4.1.1 Alocação estática de canais 174
    4.1.2 Premissas para a alocação dinâmica de canais 174

4.2 PROTOCOLOS DE ACESSO MÚLTIPLO 176
    4.2.1 ALOHA 176
    4.2.2 Protocolos de acesso múltiplo com detecção de portadora 178
    4.2.3 Protocolos livres de colisão 181
    4.2.4 Protocolos de disputa limitada 183
    4.2.5 Protocolos de LANs sem fio 185

4.3 ETHERNET 187
    4.3.1 Camada física da Ethernet clássica 187
    4.3.2 O protocolo da subcamada MAC Ethernet 188
    4.3.3 Desempenho da Ethernet 191
    4.3.4 Ethernet comutada 192
    4.3.5 Fast Ethernet 193
    4.3.6 Gigabit Ethernet 195
    4.3.7 Ethernet de 10 gigabits 197
    4.3.8 Ethernet de 40 e 100 gibabits 198
    4.3.9 Retrospectiva da Ethernet 198

4.4 LANS SEM FIO 199
    4.4.1 802.11: arquitetura e pilha de protocolos 199
    4.4.2 802.11: a camada física 201
    4.4.3 802.11: o protocolo da subcamada MAC 202
    4.4.4 802.11: estrutura do quadro 207
    4.4.5 Serviços 207

4.5 BLUETOOTH 209
    4.5.1 Arquitetura do Bluetooth 209
    4.5.2 Aplicações do Bluetooth 210
    4.5.3 A pilha de protocolos do Bluetooth 210
    4.5.4 A camada de rádio do Bluetooth 211
    4.5.5 As camadas de enlace do Bluetooth 212
    4.5.6 A estrutura de quadro do Bluetooth 212
    4.5.7 Bluetooth 5 213

4.6 DOCSIS 214
    4.6.1 Visão geral 214
    4.6.2 Alcance 214
    4.6.3 Alocação de largura de banda do canal 214

4.7 COMUTAÇÃO NA CAMADA DE ENLACE DE DADOS 215
    4.7.1 Uso de bridges 215
    4.7.2 Learning bridges 216
    4.7.3 Spanning Tree Bridges 218
    4.7.4 Repetidores, hubs, bridges, switches, roteadores e gateways 220
    4.7.5 LANs virtuais 221

4.8 RESUMO 225

5 A CAMADA DE REDE   231

5.1 QUESTÕES DE PROJETO DA CAMADA DE REDE 231
    5.1.1 Comutação de pacotes store-and-forward 231
    5.1.2 Serviços oferecidos à camada de transporte 232
    5.1.3 Implementação do serviço não orientado a conexões 233
    5.1.4 Implementação do serviço orientado a conexões 234
    5.1.5 Comparação entre redes de circuitos virtuais e de datagramas 235

5.2 ALGORITMOS DE ROTEAMENTO EM UMA ÚNICA REDE 236
    5.2.1 O princípio de otimização 237
    5.2.2 Roteamento pelo caminho mais curto 238
    5.2.3 Flooding 239
    5.2.4 Roteamento por vetor de distância 241
    5.2.5 Roteamento de estado de enlace 243
    5.2.6 Roteamento hierárquico dentro de uma rede 246
    5.2.7 Roteamento por broadcast 247
    5.2.8 Roteamento por multicast 249
    5.2.9 Roteamento por anycast 251

5.3 CONTROLE DE TRÁFEGO NA CAMADA DE REDE 251
    5.3.1 Necessidade de controle de tráfego: congestionamento 251
    5.3.2 Técnicas de controle de congestionamento 253

5.4 QUALIDADE DE SERVIÇO E QUALIDADE DE EXPERIÊNCIA DA APLICAÇÃO 261
    5.4.1 Requisitos de qualidade de serviço da aplicação 262
    5.4.2 Superprovisionamento 264
    5.4.3 Listagem de pacotes 264

5.4.4 Serviços integrados 268
5.4.5 Serviços diferenciados 270

5.5 INTERLIGAÇÃO DE REDES 272
5.5.1 Visão geral 272
5.5.2 Diferenças entre redes 273
5.5.3 Conexão de redes heterogêneas 274
5.5.4 Conexão de extremidades em redes heterogêneas 276
5.5.5 Roteamento entre múltiplas redes 277
5.5.6 Suporte a diferentes tamanhos de pacotes: fragmentação 277

5.6 REDES DEFINIDAS POR SOFTWARE 280
5.6.1 Visão geral 280
5.6.2 Plano de controle SDN: controle de software logicamente centralizado 281
5.6.3 Plano de dados SDN: hardware programável 282
5.6.4 Telemetria programável de redes 283

5.7 A CAMADA DE REDE DA INTERNET 284
5.7.1 O protocolo IP versão 4 (IPv4) 285
5.7.2 Endereços IP 288
5.7.3 IP Versão 6 296
5.7.4 Protocolos de controle da Internet 302
5.7.5 Rótulos de comutação e MPLS 305
5.7.6 OSPF – protocolo de roteamento de gateway interior 307
5.7.7 BGP – protocolo de roteamento de gateway exterior 310
5.7.8 Multicast na Internet 315

5.8 POLÍTICA NA CAMADA DE REDE 315
5.8.1 Disputas entre pares 316
5.8.2 Priorização de tráfego 316

5.9 RESUMO 317

6 A CAMADA DE TRANSPORTE 321

6.1 O SERVIÇO DE TRANSPORTE 321
6.1.1 Serviços oferecidos às camadas superiores 321
6.1.2 Primitivas do serviço de transporte 322
6.1.3 Soquetes de Berkeley 324
6.1.4 Exemplo de programação de soquetes: um servidor de arquivos da Internet 326

6.2 ELEMENTOS DE PROTOCOLOS DE TRANSPORTE   329
- 6.2.1 Endereçamento   330
- 6.2.2 Estabelecimento de conexões   331
- 6.2.3 Encerramento de conexões   336
- 6.2.4 Controle de erros e controle de fluxo   338
- 6.2.5 Multiplexação   342
- 6.2.6 Recuperação de falhas   342

6.3 CONTROLE DE CONGESTIONAMENTO   344
- 6.3.1 Alocação desejável de largura de banda   344
- 6.3.2 Regulando a velocidade de envio   347
- 6.3.3 Problemas da rede sem fio   349

6.4 OS PROTOCOLOS DE TRANSPORTE DA INTERNET: UDP   351
- 6.4.1 Introdução ao UDP   351
- 6.4.2 Chamada de procedimentos remotos   352
- 6.4.3 Protocolos de transporte em tempo real   354

6.5 OS PROTOCOLOS DE TRANSPORTE DA INTERNET: TCP   358
- 6.5.1 Introdução ao TCP   358
- 6.5.2 O modelo de serviço do TCP   358
- 6.5.3 O protocolo TCP   360
- 6.5.4 O cabeçalho do segmento do TCP   361
- 6.5.5 Estabelecimento de conexões TCP   363
- 6.5.6 Encerramento da conexão TCP   364
- 6.5.7 Modelagem e gerenciamento de conexões TCP   364
- 6.5.8 Janela deslizante do TCP   366
- 6.5.9 Gerenciamento de timers do TCP   368
- 6.5.10 Controle de congestionamento do TCP   370
- 6.5.11 CUBIC TCP   376

6.6 PROTOCOLOS DE TRANSPORTE E CONTROLE DE CONGESTIONAMENTO   376
- 6.6.1 QUIC: Quick UDP Internet Connections   377
- 6.6.2 BBR: controle de congestionamento baseado em banda larga com gargalo   377
- 6.6.3 O futuro do TCP   379

6.7 QUESTÕES DE DESEMPENHO   379
- 6.7.1 Problemas de desempenho em redes de computadores   379
- 6.7.2 Medição do desempenho da rede   380
- 6.7.3 Medição da vazão da rede de acesso   380

6.7.4 Medição da qualidade da experiência 381
6.7.5 Projeto de host para redes rápidas 381
6.7.6 Processamento rápido de segmentos 383
6.7.7 Compactação de cabeçalho 385
6.7.8 Protocolos para redes longas de banda larga 386

6.8 RESUMO 389

7 A CAMADA DE APLICAÇÃO 393

7.1 DNS – DOMAIN NAME SYSTEM 393
    7.1.1 História e visão geral 393
    7.1.2 O processo de pesquisa do DNS 394
    7.1.3 O ambiente de nomes e hierarquia do DNS 395
    7.1.4 Consultas e respostas do DNS 398
    7.1.5 Resolução de nomes 402
    7.1.6 Prática com o DNS 403
    7.1.7 Privacidade do DNS 403
    7.1.8 Disputa por nomes 405

7.2 CORREIO ELETRÔNICO 405
    7.2.1 Arquitetura e serviços 406
    7.2.2 O agente do usuário 407
    7.2.3 Formatos de mensagens 409
    7.2.4 Transferência de mensagens 411
    7.2.5 Entrega final 415

7.3 A WORLD WIDE WEB 417
    7.3.1 Visão geral da arquitetura 417
    7.3.2 Objetos Web estáticos 423
    7.3.3 Páginas Web dinâmicas e aplicações Web 423
    7.3.4 HTTP e HTTPS 426
    7.3.5 Privacidade na Web 433

7.4 STREAMING DE ÁUDIO E VÍDEO 436
    7.4.1 Áudio digital 437
    7.4.2 Vídeo digital 438
    7.4.3 Streaming de mídia armazenada 440
    7.4.4 Streaming em tempo real 444

7.5 ENTREGA DE CONTEÚDO 450
- 7.5.1 Conteúdo e tráfego na Internet 451
- 7.5.2 Parques de servidores e proxies Web 453
- 7.5.3 Redes de entrega de conteúdo 455
- 7.5.4 Redes peer-to-peer 458
- 7.5.5 Evolução da Internet 461

7.6 RESUMO 464

8 SEGURANÇA DE REDES 469

8.1 FUNDAMENTOS DA SEGURANÇA DE REDES 470
- 8.1.1 Princípios básicos da segurança 471
- 8.1.2 Princípios básicos do ataque 472
- 8.1.3 De ameaças a soluções 473

8.2 OS PRINCIPAIS INGREDIENTES DE UM ATAQUE 474
- 8.2.1 Exploração 474
- 8.2.2 Sniffing e snooping (com um toque de spoofing) 475
- 8.2.3 Spoofing (além do ARP) 476
- 8.2.4 Interrupção 483

8.3 FIREWALLS E SISTEMAS DE DETECÇÃO DE INTRUSÃO 486
- 8.3.1 Firewalls 486
- 8.3.2 Detecção e prevenção de intrusão 488

8.4 CRIPTOGRAFIA 490
- 8.4.1 Introdução à criptografia 490
- 8.4.2 Dois princípios fundamentais da criptografia 492
- 8.4.3 Cifras de substituição 493
- 8.4.4 Cifras de transposição 494
- 8.4.5 Chave única 495

8.5 ALGORITMOS DE CHAVE SIMÉTRICA 498
- 8.5.1 Data Encryption Standard (DES) 499
- 8.5.2 Advanced Encryption Standard (AES) 499
- 8.5.3 Modos de cifra 500

8.6 ALGORITMOS DE CHAVE PÚBLICA 503
- 8.6.1 RSA 504
- 8.6.2 Outros algoritmos de chave pública 505

8.7 ASSINATURAS DIGITAIS   505
- 8.7.1 Assinaturas de chave simétrica   506
- 8.7.2 Assinaturas de chave pública   507
- 8.7.3 Sumário de mensagens   508
- 8.7.4 O ataque do aniversário   509

8.8 GERENCIAMENTO DE CHAVES PÚBLICAS   511
- 8.8.1 Certificados   511
- 8.8.2 X.509   512
- 8.8.3 Infraestrutura de chave pública   513

8.9 PROTOCOLOS DE AUTENTICAÇÃO   515
- 8.9.1 Autenticação baseada em chave secreta compartilhada   516
- 8.9.2 Como estabelecer chave compartilhada: a troca de chaves de Diffie-Hellman   518
- 8.9.3 Autenticação com o uso de um centro de distribuição de chaves   520
- 8.9.4 Autenticação com a utilização do Kerberos   522
- 8.9.5 Autenticação com a criptografia de chave pública   523

8.10 SEGURANÇA DA COMUNICAÇÃO   523
- 8.10.1 IPsec   523
- 8.10.2 Redes privadas virtuais   526
- 8.10.3 Segurança em redes sem fio   527

8.11 SEGURANÇA DE CORREIO ELETRÔNICO   529
- 8.11.1 Pretty Good Privacy   529
- 8.11.2 S/MIME   532

8.12 SEGURANÇA DA WEB   532
- 8.12.1 Ameaças   532
- 8.12.2 Nomenclatura segura e DNSSEC   533
- 8.12.3 Segurança da camada de transporte   535
- 8.12.4 Executando código não confiável   537

8.13 QUESTÕES SOCIAIS   539
- 8.13.1 Comunicação confidencial e anônima   539
- 8.13.2 Liberdade de expressão   541
- 8.13.3 Direitos autorais   543

8.14 RESUMO   545

9 LEITURAS RECOMENDADAS E REFERÊNCIAS   551

9.1 SUGESTÕES DE LEITURA   551
    9.1.1 Introdução e trabalhos na área   551
    9.1.2 A camada física   552
    9.1.3 A camada de enlace de dados   553
    9.1.4 A subcamada de controle de acesso ao meio   553
    9.1.5 A camada de rede   553
    9.1.6 A camada de transporte   554
    9.1.7 A camada de aplicação   554
    9.1.8 Segurança na rede   555

9.2 REFERÊNCIAS   556

ÍNDICE   569

1
Introdução

Cada um dos três séculos anteriores foi dominado por uma única nova tecnologia. O século XVIII foi a época dos grandes sistemas mecânicos que acompanharam a Revolução Industrial. O século XIX foi a era das máquinas a vapor. As principais conquistas tecnológicas do século XX se deram no campo da aquisição, do processamento e da distribuição de informações. Entre outros desenvolvimentos, vimos a instalação das redes de telefonia em escala mundial, a invenção do rádio e da televisão, o nascimento e o crescimento sem precedentes da indústria de informática, o lançamento dos satélites de comunicação e, naturalmente, a Internet. Quem sabe quais milagres surgirão no século XXI?

Como resultado do rápido progresso tecnológico, essas áreas estão convergindo rapidamente no século XXI e as diferenças entre coleta, transporte, armazenamento e processamento de informações estão desaparecendo com muita velocidade. Organizações com centenas de escritórios dispersos por uma extensa área geográfica normalmente esperam, com um simples pressionar de um botão, poder examinar o status atual de suas filiais mais remotas. À medida que cresce nossa capacidade de colher, processar e distribuir informações, torna-se ainda maior a demanda por formas mais sofisticadas de processamento de informação.

1.1 USOS DE REDES DE COMPUTADORES

Apesar de a indústria de informática ainda ser jovem em comparação a outros setores (p. ex., o de automóveis e o de transportes aéreos), foi simplesmente espetacular o progresso que os computadores conheceram em um curto período. Durante as duas primeiras décadas de sua existência, os sistemas computacionais eram altamente centralizados, em geral instalados em uma grande sala, muitas vezes com paredes de vidro, através das quais os visitantes podiam contemplar, embevecidos, aquele grande "cérebro eletrônico". Uma empresa de médio porte ou uma universidade contava apenas com um ou dois computadores, enquanto as grandes instituições tinham, no máximo, algumas dezenas. Era pura ficção científica a ideia de que, em 50 anos, computadores muito mais poderosos, menores que os selos postais, seriam produzidos em massa, aos bilhões.

A fusão dos computadores e das comunicações teve uma profunda influência na forma como os sistemas computacionais são organizados. O conceito então dominante de "centro de computação" como uma sala com um grande computador ao qual os usuários levam seu trabalho para processamento agora está completamente obsoleto (embora os centros de dados com centenas de milhares de servidores de Internet estejam se tornando comuns). O velho modelo de um único computador atendendo a todas as necessidades computacionais da organização foi substituído por outro em que os trabalhos são realizados por um grande número de computadores separados, porém interconectados. Esses sistemas são chamados de **redes de computadores**. O projeto e a organização dessas redes são os temas deste livro.

Ao longo da obra, utilizaremos a expressão "rede de computadores" para indicar um conjunto de dispositivos de computação autônomos interconectados. Dois computadores estão interconectados quando podem trocar informações. A interconexão pode ser feita por diversos meios de transmissão, incluindo fio de cobre, cabos de fibra óptica, micro-ondas e ondas de rádio (p. ex., micro-ondas, infravermelho e satélites de comunicações). Existem redes de muitos tamanhos, modelos e formas, como veremos no decorrer do livro. Elas normalmente estão conectadas para criar redes maiores, com a **Internet** sendo o exemplo mais conhecido de uma rede de redes.

1.1.1 Acesso à informação

O acesso à informação pode ser feito de várias formas. Um método comum de acessar informações pela Internet é usar um navegador Web, que permite ao usuário recuperar informações de vários websites, incluindo sites de redes sociais, cada vez mais populares. Os aplicativos móveis em smartphones agora também permitem que os usuários acessem informações remotas. Os tópicos incluem artes, comércio, culinária, governo, saúde, história, hobbies, entretenimento, ciência, esportes, viagens e muitos outros. A diversão vem de tantas maneiras que é difícil mencionar, além de algumas maneiras que é melhor não mencionar.

Em grande parte, os veículos de comunicação passaram a funcionar on-line, com alguns até deixando totalmente seus formatos impressos. O acesso à informação, incluindo os noticiários, é cada vez mais personalizável. Algumas publicações on-line até permitem que você diga que está interessado em políticos corruptos, grandes incêndios, escândalos envolvendo celebridades e epidemias, mas nada de futebol, obrigado. Essa tendência certamente ameaça o emprego de jornaleiros de 12 anos, mas a distribuição on-line permitiu que as notícias alcançassem públicos cada vez maiores e mais variados.

Cada vez mais, as notícias também estão sendo selecionadas por plataformas de redes sociais, nas quais os usuários podem postar e compartilhar conteúdo de notícias de diversas fontes, e nas quais as notícias que qualquer usuário vê são priorizadas e personalizadas com base em suas preferências explícitas e algoritmos complexos de aprendizado de máquina, que preveem as preferências do usuário com base em seu histórico. A publicação on-line e a restauração de conteúdo em plataformas de redes sociais dão suporte a um modelo de financiamento que depende em grande parte de uma propaganda comportamental altamente direcionada, o que necessariamente implica a coleta de dados sobre o comportamento de usuários individuais. Essa informação costuma ser mal utilizada.

Bibliotecas digitais on-line e sites de vendas agora hospedam versões digitais de conteúdo, variando de revistas acadêmicas a livros. Muitas organizações profissionais, como a ACM (*www.acm.org*) e a IEEE Computer Society (*www.computer.org*), já têm muitas publicações e anais de conferências on-line. Leitores de e-books (livros eletrônicos) e bibliotecas on-line podem tornar os livros impressos obsoletos. Os céticos devem observar o efeito que a máquina de impressão teve sobre os manuscritos medievais com iluminuras.

Grande parte das informações na Internet é acessada por meio de um modelo cliente-servidor, no qual um cliente solicita explicitamente informações de um servidor que as hospeda, conforme ilustrado na Figura 1.1.

O **modelo cliente-servidor** é bastante usado e forma a base de grande parte do uso da rede. A realização mais popular é a de uma **aplicação Web**, em que o servidor fornece páginas Web com base em seu banco de dados em resposta às solicitações do cliente, que podem atualizar o banco de dados. O modelo cliente-servidor é aplicável não apenas quando cliente e servidor estão ambos no mesmo prédio (e pertencem à mesma empresa), mas também quando estão muito afastados. Por exemplo, quando uma pessoa em casa acessa uma página na World Wide Web, o mesmo modelo é empregado, com o servidor Web remoto fazendo o papel do servidor e o computador pessoal do usuário sendo o cliente. Sob a maioria das condições, um único servidor pode lidar com um grande número (centenas ou milhares) de clientes simultaneamente.

Se examinarmos o modelo cliente-servidor em detalhes, veremos que dois processos (programas em execução) são envolvidos, um na máquina cliente e um na máquina servidora. A comunicação toma a forma do processo cliente enviando uma mensagem pela rede ao processo servidor. Então, o processo cliente espera por uma mensagem em

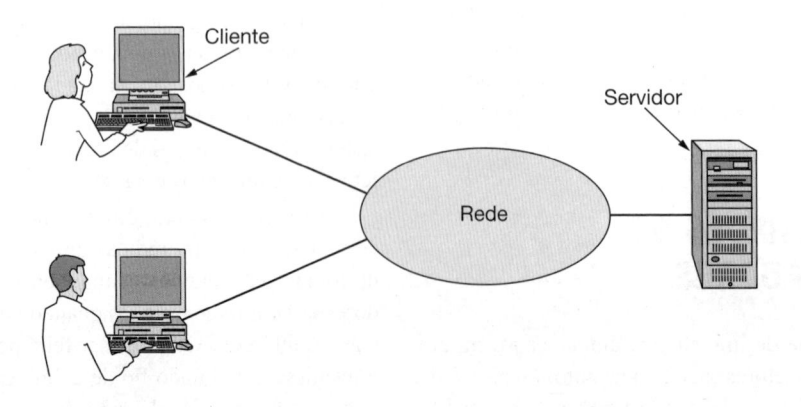

Figura 1.1 Uma rede com dois clientes e um servidor.

resposta. Quando o processo servidor recebe a solicitação, ele executa o trabalho solicitado ou procura pelos dados solicitados e envia uma resposta de volta. Essas mensagens são mostradas na Figura 1.2.

Outro modelo popular para acessar informações é a comunicação **peer-to-peer** (ou não hierárquica) (Parameswaran et al., 2001). Nessa forma de comunicação, indivíduos que constituem um grupo livre podem se comunicar com outros participantes do grupo, como mostra a Figura 1.3. Em princípio, toda pessoa pode se comunicar com uma ou mais pessoas; não existe qualquer divisão estrita entre clientes e servidores.

Muitos sistemas peer-to-peer, como BitTorrent (Cohen, 2003), não possuem qualquer banco de dados de conteúdo central. Em vez disso, cada usuário mantém seu próprio banco de dados no local e oferece uma lista de outros membros do sistema. Um novo usuário pode, então, ir até qualquer membro existente para ver o que ele tem e obter os nomes de outros membros para inspecionar mais conteúdo e mais nomes. Esse processo de pesquisa pode ser repetido indefinidamente para a criação de um grande banco de dados local do que existe no sistema inteiro. Essa é uma atividade que seria tediosa para as pessoas, mas os computadores se destacam nisso.

A comunicação peer-to-peer normalmente é usada para compartilhar músicas e vídeos. Ela alcançou o auge por volta dos anos 2000, com um serviço de compartilhamento de músicas chamado Napster, que foi encerrado depois daquilo que provavelmente foi a maior violação de direitos autorais em toda a história registrada (Lam e Tan, 2001; Macedonia, 2000). Também existem aplicações legais para a comunicação peer-to-peer. Entre elas estão os fãs compartilhando músicas de domínio público, famílias compartilhando fotos e filmes, e usuários baixando pacotes de software públicos. Na verdade, uma das aplicações mais populares de toda a Internet, o correio eletrônico, é basicamente peer-to-peer. Essa forma de comunicação provavelmente crescerá bastante no futuro.

1.1.2 Comunicação entre pessoas

A comunicação entre pessoas é a resposta do século XXI ao telefone do século XIX. O correio eletrônico (e-mail) já é usado diariamente por milhões de pessoas em todo o mundo e seu uso está crescendo rapidamente. Em geral, ele já contém áudio e vídeo, além de texto e imagens. O odor pode demorar um pouco mais.

Muitos usuários da Internet agora já contam com alguma forma de **mensagens instantâneas** para se comunicarem com outras pessoas na Internet. Esse recurso, derivado do programa *talk* do UNIX, em uso desde aproximadamente 1970, permite que duas pessoas digitem mensagens uma para a outra em tempo real. Também existem serviços de mensagens para várias pessoas, como o **Twitter**, permitindo que os usuários enviem pequenas mensagens de texto chamadas "tweets" (possivelmente incluindo vídeo), para

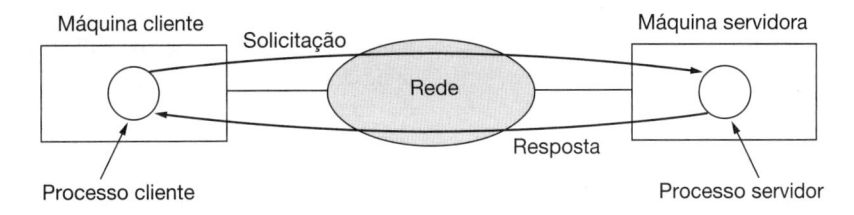

Figura 1.2 O modelo cliente-servidor envolve solicitações e respostas.

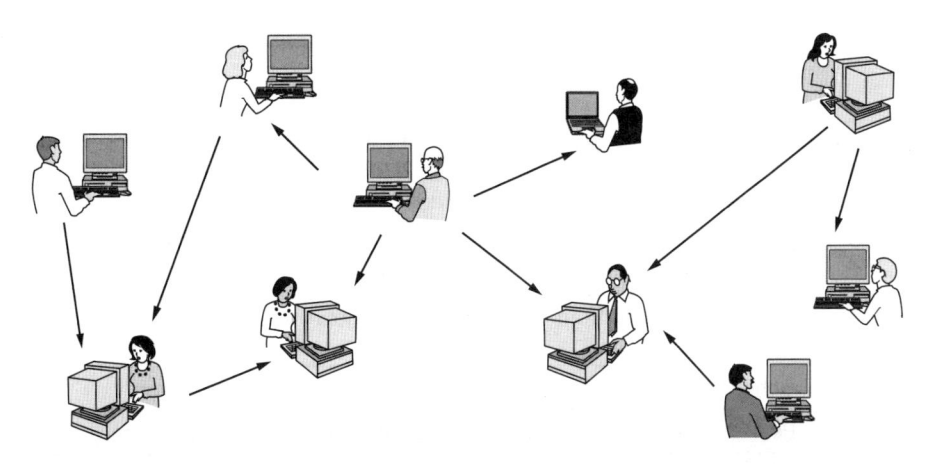

Figura 1.3 Em um sistema não hierárquico, não existem clientes e servidores fixos.

seu círculo de amigos, outros seguidores ou para o mundo inteiro.

A Internet pode ser usada pelas aplicações para transportar áudio (p. ex., estações de rádio pela Internet, serviços de streaming de música) e vídeo (p. ex., Netflix, YouTube). Além de ser um modo barato de se comunicar com amigos distantes, essas aplicações podem oferecer experiências ricas, como teleaprendizado, o que significa assistir a aulas às 8h da manhã sem a inconveniência de ter de levantar da cama. Com o passar do tempo, o uso das redes para melhorar a comunicação entre os seres humanos poderá ser mais importante do que qualquer outro. Isso pode se tornar extremamente importante para pessoas que estão geograficamente distantes, dando-lhes o mesmo acesso aos serviços que os moradores de um grande centro urbano já têm.

Entre as comunicações interpessoais e o acesso à informação estão as aplicações de **rede social**. Aqui, o fluxo de informações é controlado pelos relacionamentos que as pessoas declaram umas às outras. Uma das redes sociais mais populares é o **Facebook**. Ela permite que os indivíduos criem e atualizem seus perfis pessoais e compartilhem as atualizações com outras pessoas de quem declararam ser amigas. Outras aplicações de rede social podem fazer apresentações por meio de amigos dos amigos, enviar mensagens de notícias aos amigos, como o Twitter, e muito mais.

Ainda de forma mais livre, os grupos de pessoas podem trabalhar juntas para criar conteúdo. Uma **wiki**, por exemplo, é um website colaborativo que os membros de uma comunidade editam. A mais famosa é a **Wikipedia**, uma enciclopédia que qualquer um pode editar, mas existem milhares de outras wikis.

1.1.3 Comércio eletrônico

Fazer compras on-line já é uma atividade popular e permite ao usuário examinar catálogos de milhares de empresas e receber os produtos diretamente em sua porta. Depois que um cliente compra um produto eletronicamente, se ele não souber como usá-lo, o suporte técnico on-line poderá ser consultado.

Outra área em que o comércio eletrônico já é uma realidade é o acesso a instituições financeiras. Muitas pessoas já pagam suas contas, administram contas bancárias e até mesmo manipulam seus investimentos eletronicamente. Aplicações de tecnologia financeira, ou "fintech", permitem que os usuários realizem uma grande variedade de transações financeiras on-line, incluindo a transferência de valores entre contas bancárias.

Leilões on-line de objetos usados se tornaram uma indústria próspera. Diferentemente do comércio eletrônico tradicional, que segue o modelo cliente-servidor, os leilões on-line são um tipo de sistema peer-to-peer, no sentido de que os consumidores podem atuar como compradores e vendedores, embora haja um servidor central que mantém o banco de dados de produtos à venda.

Algumas dessas formas de comércio eletrônico utilizam pequenas abreviações baseadas no fato de que "to" e "2" têm a mesma pronúncia em inglês. As mais populares estão relacionadas na Figura 1.4.

1.1.4 Entretenimento

Nossa quarta categoria é o entretenimento. Ela tem feito grande progresso nas residências ao longo dos últimos anos, com a distribuição de música, programas de rádio e televisão, e os filmes pela Internet começando a competir com os mecanismos tradicionais. Os usuários podem localizar, comprar e baixar músicas em MP3 e filmes em alta resolução e depois incluí-los em sua coleção pessoal. Os programas de TV agora alcançam muitos lares via sistemas de **IPTV (IP Television)**, que são baseados na tecnologia IP em vez das transmissões de TV a cabo ou rádio. As aplicações de streaming de mídia permitem que os usuários sintonizem estações de rádio pela Internet ou assistam a episódios recentes dos seus programas favoritos. Naturalmente, todo esse conteúdo pode ser passado aos diferentes aparelhos, monitores e alto-falantes de sua casa, normalmente com uma rede sem fio.

Logo, talvez seja possível selecionar qualquer filme ou programa de televisão, qualquer que seja a época ou país em que tenha sido produzido, e exibi-lo em sua tela no mesmo instante. Novos filmes poderão se tornar interativos e,

Abreviação	Nome completo	Exemplo
B2C	Business-to-consumer	Pedidos de livros on-line
B2B	Business-to-business	Fabricante de automóveis solicitando pneus a um fornecedor
G2C	Government-to-consumer	Governo distribuindo eletronicamente formulários de impostos
C2C	Consumer-to-consumer	Leilões on-line de produtos usados
P2P	Peer-to-peer	Compartilhamento de música ou arquivo; Skype

Figura 1.4 Algumas formas de comércio eletrônico.

ocasionalmente, o usuário poderá ser solicitado a interferir no roteiro (Macbeth deve matar o rei ou esperar pelo momento certo?), com cenários alternativos para todas as hipóteses. A televisão ao vivo também poderá se tornar interativa, com os telespectadores participando de programas de perguntas e respostas, escolhendo entre concorrentes, e assim por diante.

Outra forma de entretenimento são os jogos eletrônicos. Já temos jogos de simulação em tempo real com vários participantes, como os de esconde-esconde em um labirinto virtual, e simuladores de voo em que os jogadores de uma equipe tentam abater os da equipe adversária. Os mundos virtuais oferecem um ambiente persistente, em que milhares de usuários podem experimentar uma realidade compartilhada com gráficos tridimensionais.

1.1.5 A Internet das Coisas

A **computação ubíqua** envolve a computação que está embutida no dia a dia, segundo Mark Weiser (1991). Muitos lares já estão preparados com sistemas de segurança que incluem sensores em portas e janelas. Além disso, existem muitos outros sensores que podem ser embutidos em um monitor doméstico inteligente, como no consumo de energia. Medidores inteligentes de eletricidade, gás e água informam o uso pela rede. Isso economiza dinheiro para a companhia, pois não é preciso enviar funcionários para ler a medição do consumo. Seus detectores de fumaça podem ligar para os bombeiros em vez de fazer muito barulho (o que não adianta muito se não houver alguém em casa). Refrigeradores inteligentes poderiam pedir mais leite quando ele estiver quase acabando. À medida que o custo dos sensores e da comunicação diminui, mais e mais aplicações de medição e envio de informações serão disponibilizadas pelas redes. Essa revolução contínua, normalmente chamada de **IoT** (**Internet of Things**, ou **Internet das Coisas**), está preparada para conectar à Internet praticamente qualquer dispositivo eletrônico que compramos.

Cada vez mais, os dispositivos eletrônicos do consumidor estão em rede. Por exemplo, algumas câmeras de última geração já possuem capacidade para rede sem fio, utilizada para enviar fotos a um monitor próximo, para serem exibidas. Fotógrafos profissionais de esportes também podem enviar suas fotos para seus editores em tempo real, primeiro sem fio, para um ponto de acesso, e em seguida para a Internet. Dispositivos como televisores que se conectam na tomada da parede podem usar a **rede de energia elétrica** para enviar informações pela casa, nos fios que transportam eletricidade. Pode não ser surpresa ter esses objetos na rede, mas objetos que não imaginamos como computadores também podem detectar e comunicar informações. Por exemplo, seu chuveiro poderá registrar o uso de água, dando-lhe um feedback visual enquanto você se ensaboa, e informar para uma aplicação de monitoramento ambiental doméstico quando tiver terminado, para ajudá-lo a economizar em sua conta de água.

1.2 TIPOS DE REDES DE COMPUTADORES

Existem muitos tipos distintos de redes de computadores. Esta seção é uma visão geral de algumas delas, incluindo aquelas que normalmente usamos para acessar a Internet (redes móveis ou de banda larga), aquelas que mantêm os dados e as aplicações que usamos cotidianamente (redes de centros de dados), aquelas que conectam redes de acesso a centros de dados (redes de trânsito), e aquelas que usamos em um campus, prédio de escritórios ou outra organização (redes comerciais).

1.2.1 Redes de banda larga

Em 1977, Ken Olsen era presidente da Digital Equipment Corporation, então o segundo maior fornecedor de computadores de todo o mundo (depois da IBM). Quando lhe perguntaram por que a Digital não estava seguindo a tendência do mercado de computadores pessoais, ele disse: "Não há nenhuma razão para qualquer indivíduo ter um computador em casa". A história mostrou o contrário, e a Digital não existe mais. As pessoas inicialmente compravam computadores para processamento de textos e jogos. Nos últimos anos, talvez a maior motivação seja o acesso à Internet. Agora, muitos dispositivos eletrônicos do consumidor, como conversores digitais, consoles de jogos, aparelhos de TV e até mesmo fechaduras de porta, já vêm com computadores embutidos, que acessam redes de computadores, especialmente sem fio. As redes domésticas são bastante usadas para entretenimento, incluindo escuta, exibição e criação de música, fotos e vídeos.

O acesso à Internet oferece, aos usuários domésticos, **conectividade** a computadores remotos. Assim como as empresas, os usuários domésticos podem acessar informações, comunicar-se com outras pessoas e comprar produtos e serviços com o comércio eletrônico. O principal benefício agora vem da conexão com o exterior da casa. Bob Metcalfe, o inventor da Ethernet, formulou a hipótese de que o valor de uma rede é proporcional ao quadrado do número de usuários, pois esse é aproximadamente o número de conexões diferentes que podem ser feitas (Gilder, 1993). Essa hipótese é conhecida como a "lei de Metcalfe". Ela ajuda a explicar como a tremenda popularidade da Internet vem de seu tamanho.

Hoje, as redes de acesso de banda larga estão se proliferando. Em muitas partes do mundo, o acesso por banda larga é fornecido às residências por meio do cobre (p. ex., linhas telefônicas), cabo coaxial (p. ex., cabo) ou fibra óptica. As velocidades de acesso à Internet de banda larga também continuam a aumentar, com muitos provedores entregando um gigabit por segundo para residências individuais nos países desenvolvidos. Em algumas partes do mundo, especialmente nos países em desenvolvimento, o modo predominante de acesso à Internet é móvel.

1.2.2 Redes móveis e sem fio

Computadores móveis, como notebooks, tablets e smartphones, constituem um dos segmentos de mais rápido crescimento do setor de informática. Suas vendas já superaram as de computadores desktop. Por que alguém desejaria um? As pessoas que estão em trânsito normalmente desejam usar seus dispositivos móveis para ler e enviar e-mails, "tuitar", assistir a filmes, baixar música, jogar, verificar mapas ou simplesmente navegar na Web em busca de informações ou por diversão. Elas querem fazer todas as coisas que fazem em casa e no escritório. Naturalmente, querem fazê-las em qualquer lugar, na terra, no mar ou no ar.

A **conectividade** à Internet habilita muitos desses usos móveis. Como ter uma conexão com fio é impossível em carros, barcos e aviões, há muito interesse nas redes sem fio. As redes celulares operadas pelas empresas de telefonia são um tipo conhecido de rede sem fio, que dá cobertura para smartphones. Os **hotspots** sem fio baseados no padrão 802.11 são outro tipo de rede sem fio para computadores móveis e dispositivos portáteis, como smartphones e tablets. Eles surgem em todo lugar a que as pessoas vão, resultando em uma malha com cobertura em cafés, hotéis, aeroportos, escolas, trens e aviões. Qualquer um com um notebook e um modem sem fio pode simplesmente ligar seu computador e estar conectado à Internet pelo hotspot, como se o computador estivesse conectado a uma rede com fio.

As redes sem fio têm grande valor para frotas de caminhões, táxis, veículos de entrega e funcionários de serviços de assistência técnica que precisam manter-se em contato com sua base de operações. Por exemplo, em muitas cidades, os motoristas de táxi são trabalhadores autônomos, em vez de serem funcionários de uma empresa de táxi. Em algumas dessas cidades, os táxis têm uma tela de vídeo que o motorista pode observar. Ao receber uma chamada de cliente, um despachante central digita os pontos de partida e destino. Essa informação aparece nas telas dos motoristas, e um aviso sonoro é emitido. O primeiro motorista a pressionar um botão na tela de vídeo atende à corrida. O surgimento das redes móveis e sem fio também levou a uma revolução no próprio transporte terrestre, com a "economia do compartilhamento" permitindo que os motoristas usem seus telefones como um dispositivo de despacho, como acontece com empresas de compartilhamento de corridas, como Uber e Lyft.

As redes sem fio também são importantes para os militares. Se, de uma hora para outra, for necessário travar uma guerra em qualquer lugar no mundo, talvez não seja possível contar com a possibilidade de usar a infraestrutura de rede local. Será melhor levar seu próprio equipamento de rede.

Embora as redes sem fio e a computação móvel frequentemente estejam relacionadas, elas não são idênticas, como mostra a Figura 1.5. Aqui, observamos uma distinção entre redes **sem fio fixas** e **sem fio móveis**. Algumas vezes, até mesmo os notebooks podem estar conectados por fios. Por exemplo, se um viajante conecta um notebook à tomada de rede em um quarto de hotel, ele tem mobilidade sem precisar utilizar uma rede sem fio. A crescente difusão das redes sem fio está tornando essa situação cada vez mais rara, embora, para obter um melhor desempenho, as redes com fio sejam sempre melhores.

Em contrapartida, alguns computadores sem fio não são portáteis. Em casa, escritórios ou hotéis que não têm cabeamento adequado, pode ser mais conveniente conectar computadores desktop ou aparelhos sem fio do que instalar os fios. A instalação de uma rede sem fio pode exigir pouco mais do que adquirir uma pequena caixa com alguns componentes eletrônicos, retirá-la da embalagem e conectá-la ao equipamento. Essa solução pode ser muito mais barata do que pedir que um profissional monte conduítes para passar a fiação no prédio.

Finalmente, também há as verdadeiras aplicações móveis, sem fio, como pessoas percorrendo lojas com um computador portátil e registrando o estoque. Em muitos aeroportos mais cheios, os funcionários de devolução de carros alugados trabalham no estacionamento com computadores móveis sem fio. Eles leem os códigos de barras ou chips de RFID dos carros devolvidos e seu dispositivo móvel, que possui uma impressora embutida, chama o computador principal, recebe a informação da locação e imprime a conta no ato.

Sem fio	Móvel	Aplicações típicas
Não	Não	Computadores desktop em escritórios
Não	Sim	Um notebook usado em um quarto de hotel
Sim	Não	Redes em edifícios que não dispõem de fiação
Sim	Sim	Computador portátil para registrar o estoque de uma loja

Figura 1.5 Combinações de redes sem fio e computação móvel.

O impulso fundamental das aplicações móveis, sem fio, vem do telefone móvel. A convergência entre os telefones e a Internet está acelerando o crescimento dos aplicativos móveis. **Smartphones**, como o iPhone da Apple e o Galaxy da Samsung, combinam aspectos de telefones celulares e computadores móveis. Esses telefones também se conectam a hotspots sem fio e alternam automaticamente entre as redes para escolher a melhor opção para o usuário. O **envio de mensagens de texto**, ou **texting** (ou **SMS**, como é conhecido fora dos Estados Unidos) pela rede celular foi tremendamente popular no início. Ele permite que um usuário de smartphone digite uma mensagem curta que é então entregue pela rede celular para outro assinante móvel. O SMS é muito lucrativo, pois custa à operadora uma pequena fração de um centavo para repassar uma mensagem de texto, um serviço pelo qual elas cobram muito mais. A digitação de curtas mensagens de texto nos celulares, em determinada época, foi uma grande fonte de renda para as operadoras. Atualmente, muitas alternativas, que usam o plano de dados do telefone celular ou a rede sem fio, incluindo WhatsApp, Signal e Facebook Messenger, substituíram o SMS.

Outros aparelhos eletrônicos também podem usar redes celulares e hotspot para permanecer conectados a computadores remotos. Tablets e leitores de livros eletrônicos podem baixar um livro recém-adquirido, a próxima edição de uma revista ou o jornal de hoje, onde quer que eles estejam. Os porta-retratos eletrônicos podem ser atualizados automaticamente com imagens novas.

Smartphones normalmente conhecem seus próprios locais. Sistemas de **GPS (Global Positioning System)** podem localizar diretamente um dispositivo, e smartphones em geral também realizam a triangulação entre hotspots Wi-Fi com locais conhecidos, para determinar seu local. Algumas aplicações são intencionalmente dependentes do local. Mapas móveis e orientações são candidatos óbvios, visto que seu telefone habilitado com GPS e seu carro provavelmente têm uma ideia melhor de onde você está do que você mesmo. O mesmo pode acontecer com as buscas por uma livraria próxima ou um restaurante japonês, ou uma previsão do tempo. Outros serviços podem registrar o local, como a anotação de onde fotos e vídeos foram feitos. Essa anotação é conhecida como **geomarcação**.

Os smartphones estão sendo cada vez mais usados no **m-commerce (mobile-commerce)** (Senn, 2000). Mensagens de texto curtas do smartphone são usadas para autorizar pagamentos de alimentos em máquinas, ingressos de cinema e outros itens pequenos, em vez de dinheiro em espécie e cartões de crédito. O débito aparece, então, na conta do telefone celular. Quando equipado com tecnologia **NFC (Near Field Communication)**, o smartphone pode atuar como um smartcard com RFID e interagir com um leitor próximo para realizar o pagamento. A força motriz por trás desse fenômeno consiste em uma mistura de fabricantes de dispositivos móveis e operadores de redes, que estão tentando descobrir como obter uma fatia do comércio eletrônico. Do ponto de vista da loja, esse esquema pode poupar-lhes a maior parte das tarifas da empresa de cartões de crédito, o que pode significar uma porcentagem elevada. É claro que esse plano pode ter efeito contrário ao desejado, pois os clientes de uma loja poderiam usar as leitoras de RFID ou código de barras em seus dispositivos móveis para verificar os preços dos concorrentes antes de comprar e, depois, obter instantaneamente um relatório detalhado de onde mais o item poderia ser adquirido e a que preço.

Uma enorme vantagem do m-commerce é que os usuários de telefones celulares se acostumaram a pagar por tudo (ao contrário dos usuários da Internet, que esperam conseguir tudo de graça). Se um website da Internet cobrasse uma taxa para permitir a seus clientes efetuar pagamentos com cartão de crédito, haveria uma imensa reclamação dos usuários. Se uma operadora de telefonia celular permitisse às pessoas pagar por itens de uma loja usando o telefone no caixa e depois cobrassem uma tarifa por essa conveniência, provavelmente isso seria aceito como algo normal. O tempo dirá.

Os usos dos computadores móveis e sem fio aumentarão rapidamente no futuro, à medida que o tamanho dos computadores diminui, provavelmente de maneiras que ninguém é capaz de prever. Vejamos algumas das possibilidades. **Redes de sensores** são compostas de nós que colhem e repassam as informações que eles detectam sobre o estado do mundo físico. Os nós podem fazer parte de itens familiares, como carros ou telefones, ou então podem ser pequenos dispositivos separados. Por exemplo, seu carro poderia colher dados sobre sua localização, velocidade, vibração e economia de combustível a partir de seu sistema de diagnóstico de bordo e enviar essa informação para um banco de dados (Hull et al., 2006). Esses dados podem ajudar a localizar buracos, planejar viagens evitando estradas congestionadas e lhe informar se seu automóvel é um "beberrão" em comparação com outros carros no mesmo trecho da estrada.

Redes de sensores estão revolucionando a ciência oferecendo diversos dados sobre o comportamento que não poderiam ser observados anteriormente. Um exemplo é o rastreamento da migração de zebras individuais, colocando um pequeno sensor em cada animal (Juang et al., 2002). Os pesquisadores inseriram um computador sem fio em um cubo de 1 mm de borda (Warneke et al., 2001). Com computadores móveis desse tamanho, até mesmo pássaros, roedores e insetos podem ser rastreados.

Os parquímetros sem fio podem aceitar pagamentos com cartão de crédito ou débito, com verificação instantânea pelo enlace sem fio, bem como relatar quando estão em uso. Isso permite aos motoristas baixar um mapa de estacionamento atualizado para seu carro, de modo que podem encontrar uma vaga disponível mais facilmente. É claro que, quando um parquímetro expira, ele também pode verificar a presença de um carro (emitindo um sinal a partir dele) e informar isso ao funcionário no estacionamento. Estima-se que os municípios dos Estados Unidos poderiam coletar US$ 10 bilhões extras dessa maneira (Harte et al., 2000).

1.2.3 Redes de provedor de conteúdo

Muitos serviços da Internet agora são atendidos "pela nuvem" ou em uma **rede de centro de dados** (ou "data center"). As redes modernas dos centros de dados possuem centenas de milhares ou milhões de servidores em um único local, geralmente em uma configuração muito densa de fileiras de *racks* em prédios que podem ter mais de um quilômetro de extensão. As redes de centro de dados atendem às crescentes demandas da **computação em nuvem** e são projetadas para mover grandes quantidades de dados entre os servidores no centro de dados, bem como entre o centro de dados e o restante da Internet.

Atualmente, muitas das aplicações e serviços que você usa, desde os websites que você visita até o editor de documentos baseado em nuvem usado para fazer anotações, armazenam dados em uma rede de centro de dados. As redes de centro de dados enfrentam desafios de escala, tanto para o throughput da rede quanto para o uso de energia. Um dos principais desafios de throughput da rede é a chamada "largura de banda da seção transversal", que é a taxa de dados que pode ser entregue entre dois servidores. Os primeiros projetos de rede de centro de dados eram baseados em uma topologia simples em árvore, com três camadas de switches: acesso, agregação e núcleo; este esquema simples não podia ser expandido com facilidade e também era sujeito a falhas.

Muitos serviços populares da Internet precisam oferecer conteúdo a usuários em todo o mundo. Para isso, muitos sites e serviços na Internet utilizam uma **CDN (Content Delivery Network)**, que é um grande conjunto de servidores distribuídos geograficamente, de modo que o conteúdo é colocado o mais próximo possível dos usuários que o estão solicitando. Grandes provedores de conteúdo, como Google, Facebook e Netflix, operam suas próprias CDNs. Algumas CDNs, como Akamai e Cloudflare, oferecem serviços de hospedagem para serviços menores, que não têm sua própria CDN.

O conteúdo que os usuários desejam acessar, desde arquivos estáticos até streaming de vídeo, pode ser replicado em vários locais em uma única CDN. Quando um usuário solicita conteúdo, a CDN deve decidir qual réplica deverá atendê-lo. Esse processo deve considerar a distância entre cada réplica e o cliente, a carga em cada servidor CDN, e a carga de tráfego e o congestionamento na própria rede.

1.2.4 Redes de trânsito

A Internet passa por muitas redes operadas de maneira independente. A rede controlada pelo seu provedor de serviços de Internet em geral não é a mesma que hospeda o conteúdo dos websites que você visita com frequência. Normalmente, o conteúdo e as aplicações são hospedados em redes de centro de dados, e você pode acessar esse conteúdo a partir de uma rede de acesso. Logo, o conteúdo deve atravessar a Internet do centro de dados até a rede de acesso e, finalmente, até o seu dispositivo.

Quando o provedor de conteúdo e seu provedor de serviço de Internet (**ISP – Internet Service Provider**) não estão conectados diretamente, eles geralmente contam com uma **rede de trânsito** para transportar o tráfego entre eles. As redes de trânsito normalmente cobram do ISP e do provedor de conteúdo pelo transporte de tráfego de ponta a ponta. Se a rede que hospeda o conteúdo e a rede de acesso trocarem tráfego suficiente entre eles, podem decidir se interconectar diretamente. Um exemplo no qual a interconexão direta é comum é entre grandes ISPs e grandes provedores de conteúdo, como Google ou Netflix. Nesses casos, o ISP e o provedor de conteúdo devem construir e manter a infraestrutura de rede necessária para facilitar a interconexão direta, em geral em muitos locais geograficamente dispersos.

Tradicionalmente, as redes de trânsito são conhecidas como **redes de backbone**, pois têm a função de transportar o tráfego entre duas extremidades. Há muitos anos, as redes de trânsito eram extremamente lucrativas, visto que todas as outras redes dependiam delas (e pagavam) para se conectar ao restante da Internet.

Na última década, porém, pudemos ver duas tendências. A primeira delas é a consolidação de conteúdo em um punhado de grandes provedores de conteúdo, gerada pela proliferação de serviços hospedados em nuvem e grandes redes de distribuição de conteúdo (CDNs). A segunda tendência é a expansão da quantidade de redes de provedores de acesso individual: enquanto os provedores de acesso podem ter sido pequenos e regionais, muitos têm abrangência nacional (ou mesmo internacional), o que aumentou a gama de locais geográficos onde podem conectar-se a outras redes, bem como a sua base de assinantes. À medida que o tamanho (e o poder de negociação) das redes de acesso e das redes de provedores de conteúdo continuam a aumentar, as redes maiores passaram a depender menos das redes de trânsito para entregar seu tráfego, preferindo muitas vezes se interconectar diretamente e contar com a rede de trânsito apenas como uma contingência.

1.2.5 Redes comerciais

Muitas organizações (como empresas e universidades) têm uma grande quantidade de computadores. Cada funcionário pode usar um computador para realizar tarefas que variam desde o projeto de produtos à elaboração da folha de pagamento. Normalmente, essas máquinas são conectadas a uma rede comum, permitindo aos funcionários compartilhar dados, informações e recursos de computação entre si.

O **compartilhamento de recursos** torna programas, equipamentos e especialmente dados ao alcance de todas as pessoas na rede, independentemente da localização física do recurso ou do usuário. Um exemplo óbvio e bastante disseminado é um grupo de funcionários de um escritório que compartilham uma impressora comum. Nenhum dos indivíduos necessita de um aparelho privativo, e uma impressora de grande capacidade conectada em rede muitas vezes é mais econômica, mais rápida e de manutenção mais fácil que um grande conjunto de impressoras individuais.

Contudo, talvez mais importante do que compartilhar recursos físicos como impressoras e sistemas de backup, seja compartilhar informações. A maioria das empresas tem registros de clientes, informações de produtos, estoques, extratos financeiros, informações sobre impostos e muitos outros dados on-line. Se todos os computadores de um banco sofressem uma pane, ele provavelmente não duraria mais de cinco minutos. Uma instalação industrial moderna, com uma linha de montagem controlada por computadores, não duraria nem cinco segundos. Hoje, até mesmo uma pequena agência de viagens ou uma firma jurídica com três pessoas depende intensamente de redes de computadores para permitir aos seus funcionários acessar informações e documentos relevantes de forma quase instantânea.

Para empresas menores, os computadores provavelmente se encontram em um único escritório ou talvez em um único prédio; porém, no caso de empresas maiores, os computadores e funcionários podem estar dispersos por dezenas de escritórios e instalações em muitos países. Apesar disso, um vendedor em Nova Iorque às vezes precisa acessar um banco de dados de estoque de produtos localizado em Cingapura. Redes chamadas **VPNs (Virtual Private Networks)** podem ser usadas para unir as redes individuais em diferentes locais em uma rede lógica. Em outras palavras, o simples fato de um usuário estar a 15 mil quilômetros de distância de seus dados não deve impedi-lo de usá-los como se eles fossem dados locais. Resumindo, trata-se de uma tentativa de dar fim à "tirania da geografia".

No mais simples dos termos, é possível imaginar que o sistema de informações de uma empresa consiste em um ou mais bancos de dados com informações da empresa e em algum número de funcionários que necessitem acessá-los remotamente. Nesse modelo, os dados são armazenados em poderosos computadores chamados **servidores**. Normalmente, eles são instalados e mantidos em um local central por um administrador de sistemas. Ao contrário, os funcionários têm em suas mesas máquinas mais simples, chamadas **clientes**, com as quais acessam dados remotos, por exemplo, para incluir em planilhas eletrônicas que estão elaborando. (Algumas vezes, faremos referência ao usuário humano da máquina cliente como o "cliente", mas deve ficar claro, pelo contexto, se estamos nos referindo ao computador ou a seu usuário.) As máquinas cliente e servidor são conectadas entre si por uma rede, como ilustrado na Figura 1.1. Observe que mostramos a rede como uma simples elipse, sem qualquer detalhe. Utilizaremos essa forma quando mencionarmos uma rede no sentido mais abstrato. Quando forem necessários mais detalhes, eles serão fornecidos.

Um segundo objetivo da configuração de uma rede de computadores comercial está relacionado às pessoas, e não às informações ou mesmo aos computadores. Uma rede de computadores pode oferecer um poderoso **meio de comunicação** entre os funcionários. Praticamente toda empresa com dois ou mais computadores tem o recurso de **e-mail (correio eletrônico)**, que os funcionários em geral utilizam para suprir uma grande parte da comunicação diária. De fato, os funcionários trocam e-mails sobre os assuntos mais corriqueiros, mas grande parte das mensagens com que as pessoas lidam diariamente não tem nenhum significado, porque os chefes descobriram que podem enviar a mesma mensagem (normalmente, sem muito conteúdo) a todos os seus subordinados, bastando pressionar um botão.

Ligações telefônicas entre os funcionários podem ser feitas pela rede de computadores, em vez de pela companhia telefônica. Essa tecnologia se chama **telefonia IP** ou **Voice over IP (VoIP)** quando a tecnologia da Internet é empregada. O microfone e o alto-falante em cada extremo podem pertencer a um telefone habilitado para VoIP ou ao computador do funcionário. As empresas descobriram que essa é uma forma maravilhosa de economizar nas contas telefônicas.

Outras formas de comunicação mais ricas são possíveis com as redes de computadores. O vídeo pode ser acrescentado ao áudio, de modo que os funcionários em locais distantes possam ver e ouvir uns aos outros enquanto realizam uma reunião. Essa técnica é uma ferramenta eficiente para eliminar o custo e o tempo anteriormente dedicados a viagens. O **compartilhamento da área de trabalho** permite que os trabalhadores remotos vejam e interajam com uma tela de computador. Com isso, duas ou mais pessoas em locais distantes podem participar de uma reunião, vendo e ouvindo uns aos outros e até mesmo escrevendo um relatório em um quadro compartilhado. Quando um funcionário faz uma mudança em um documento on-line, os outros podem vê-la imediatamente, em vez de esperar vários dias por uma carta. Essa agilidade facilita a cooperação entre grupos de pessoas dispersas, enquanto anteriormente isso era impossível. Atualmente, estão começando a ser usadas outras formas de coordenação remota mais ambiciosas, como a telemedicina (p. ex., no monitoramento de pacientes remotos), mas elas podem se tornar muito mais importantes. Algumas vezes, diz-se que a comunicação e o transporte estão disputando uma corrida, e a tecnologia que vencer tornará a outra obsoleta.

Um terceiro objetivo para muitas empresas é realizar negócios eletronicamente, em especial com clientes e fornecedores. Empresas aéreas, livrarias e outros varejistas descobriram que muitos clientes gostam da conveniência de fazer compras em casa. Consequentemente, muitas empresas oferecem catálogos de seus produtos e serviços e recebem pedidos on-line. Fabricantes de automóveis, aeronaves e computadores, entre outros, compram subsistemas de diversos fornecedores e depois montam as peças. Utilizando redes de computadores, os fabricantes podem emitir pedidos eletronicamente, conforme necessário. Isso reduz a necessidade de grandes estoques e aumenta a eficiência.

1.3 TECNOLOGIA DE REDES LOCAIS A GLOBAIS

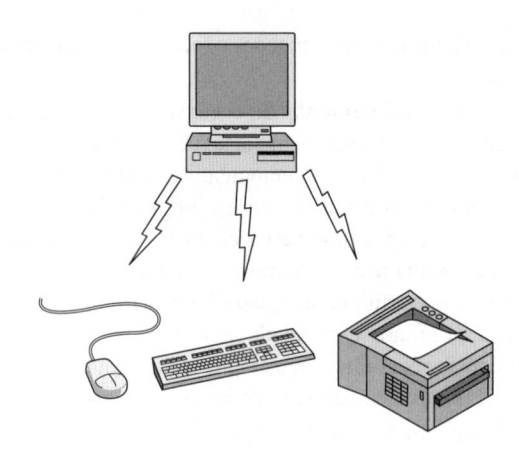

Figura 1.6 Configuração de rede pessoal Bluetooth.

As redes podem variar de pequenas e pessoais a grandes e globais. Nesta seção, vamos explorar as diversas tecnologias de rede que implementam redes de diferentes tamanhos e escalas.

1.3.1 Redes pessoais

As **redes pessoais**, ou **PANs (Personal Area Networks)**, permitem que dispositivos se comuniquem pelo alcance de uma pessoa. Um exemplo comum é uma rede sem fio que conecta um computador com seus periféricos. Outros exemplos incluem a rede que conecta seus fones de ouvido sem fio e seu relógio ao smartphone. Ela também é muito usada para conectar um fone a um celular sem o uso de fios, e pode permitir que seu celular se conecte ao seu carro simplesmente aproximando-se dele.

Quase todo computador tem monitor, teclado, mouse e impressora conectados. Sem usar tecnologia sem fio, essa conexão deve ser feita com cabos. Tantas pessoas têm dificuldade para encontrar os cabos corretos e encaixá-los nos conectores certos (embora normalmente tenham cores e formas diferentes) que a maioria dos vendedores de computador oferece a opção de enviar um técnico à casa do usuário para fazê-lo. Para ajudar esses usuários, algumas empresas se reuniram para projetar uma rede sem fio de curta distância, chamada **Bluetooth**, a fim de conectar esses componentes sem o uso de fios. A ideia é que, se o seu dispositivo tem Bluetooth, então você não precisa de cabos. Você simplesmente os liga e eles começam a se comunicar. Para muitas pessoas, essa facilidade de operação é uma grande vantagem.

Na forma mais simples, as redes Bluetooth usam um paradigma mestre-escravo da Figura 1.6. A unidade do sistema (o PC) normalmente é o mestre, falando com o mouse e o teclado, por exemplo, como escravos. O mestre diz aos escravos quais endereços usar, quando eles podem transmitir, por quanto tempo, quais frequências eles podem usar, e assim por diante. Discutiremos o Bluetooth com mais detalhes no Capítulo 4.

As redes pessoais também podem ser montadas com diversas outras tecnologias que se comunicam por curtas distâncias, conforme veremos no Capítulo 4.

1.3.2 Redes locais

Uma **rede local**, ou **LAN (Local Area Network)** é uma rede particular que opera dentro e próximo de um único prédio, como uma residência, um escritório ou uma fábrica. As LANs são muito usadas para conectar computadores pessoais e aparelhos eletrônicos, para permitir que compartilhem recursos (como impressoras) e troquem informações.

As LANs sem fio são muito populares atualmente. Elas incialmente ganharam popularidade em residências, prédios de escritórios mais antigos e outros lugares onde a instalação de cabos é muito cara ou trabalhosa. Nesses sistemas, cada computador tem um rádio modem e uma antena, que ele usa para se comunicar com outros computadores. Quase sempre, cada computador fala com um dispositivo chamado **ponto de acesso (AP – Access Point)**, **roteador sem fio** ou **estação-base**, como mostra a Figura 1.7(a). Esse dispositivo repassa os pacotes entre os computadores sem fio e também entre eles e a Internet. Ser o AP é como ser o garoto popular na escola, pois todos querem falar com você. Outro cenário comum envolve dispositivos próximos retransmitindo pacotes uns para os outros em uma configuração chamada de **rede em malha**. Em alguns casos, os retransmissores são os mesmos nós que os terminais; no entanto, mais comumente, uma rede em malha incluirá um conjunto separado de nós cuja única responsabilidade é retransmitir o tráfego. As configurações de rede em malha são comuns em países em desenvolvimento, onde implantar a conectividade em uma região pode ser complicado ou dispendioso. Elas também estão se tornando cada vez mais populares para redes domésticas, especialmente em grandes residências.

Existe um padrão para as LANs sem fio, chamado **IEEE 802.11**, popularmente conhecido como WiFi. Ele

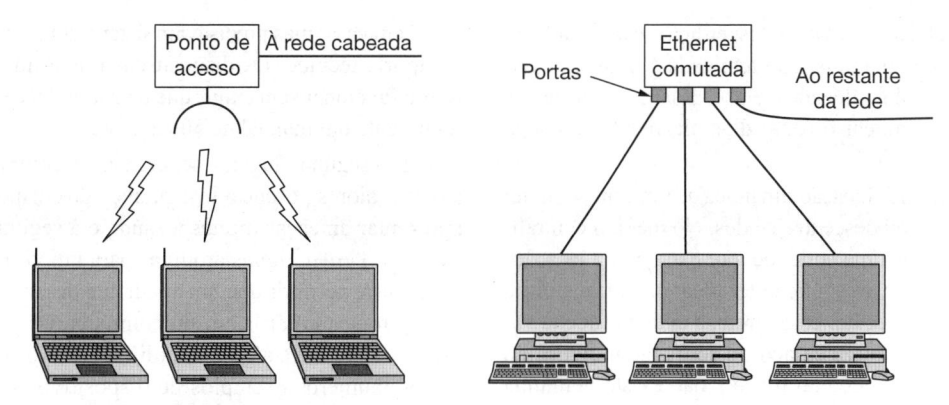

Figura 1.7 LANs sem fio e com fio. (a) 802.11. (b) Ethernet comutada.

trabalha em velocidades de 11 Mbps (802.11b) a 7 Gbps (802.11ad). Observe que, neste livro, vamos aderir à tradição e medir as velocidades de linha em megabits/s, onde 1 Mbps é 1.000.000 bits/s, e gigabits/s, onde 1 Gbps é 1.000.000.000 bits/s. As potências de dois são usadas apenas para armazenamento, onde uma memória de 1 MB é 2^{20} ou 1.048.576 bytes. Discutiremos o padrão 802.11 no Capítulo 4.

As LANs com fio utilizam uma série de tecnologias de transmissão diferentes; os modos de transmissão físicos comuns são cobre, cabo coaxial e fibra óptica. As LANs são restritas em tamanho, o que significa que o tempo de transmissão, no pior caso, é limitado e conhecido com antecedência. Conhecer esses limites ajuda na tarefa de projetar protocolos de rede. Normalmente, as LANs com fio trabalham em velocidades de 100 Mbps a 40 Gpbs, têm baixo atraso de transporte de dados (nunca mais de dezenas de milissegundos, e geralmente muito menos) e com elas ocorrem poucos erros de transmissão. As LANs com fio normalmente têm menor latência, menor perda de pacotes e maior throughput que as LANs sem fio, mas, com o passar do tempo, essa lacuna de desempenho tem se estreitado. É muito mais fácil enviar sinais por um fio ou por uma fibra do que pelo ar.

Muitas LANs com fio são compostas de enlaces cabeados ponto a ponto. O IEEE 802.3, popularmente chamado **Ethernet**, é de longe o tipo mais comum de LAN com fio. A Figura 1.7(b) mostra uma topologia de exemplo da **Ethernet comutada**. Cada computador troca informações usando o protocolo Ethernet e se conecta a um dispositivo de rede chamado **switch**, com um enlace ponto a ponto. A função do switch é repassar os pacotes entre os computadores que estão conectados a ele, usando o endereço em cada pacote para determinar para qual computador enviar.

Um switch possui várias **portas**, cada qual podendo se conectar a outro dispositivo, como um computador ou até mesmo a outro switch. Para montar LANs maiores, os switches podem ser conectados uns aos outros usando suas portas. O que acontece se você os conectar em um loop? A rede ainda funcionará? Felizmente, os projetistas pensaram nesse caso, e agora todos os switches do mundo utilizam seu algoritmo antilooping (Perlman, 1985). É função do protocolo descobrir que caminhos os pacotes devem atravessar para alcançar o computador pretendido com segurança. Veremos como isso funciona no Capítulo 4.

Também é possível dividir uma LAN física grande em duas LANs lógicas menores. Você pode estar se perguntando por que isso seria útil. Às vezes, o layout do equipamento de rede não corresponde à estrutura da organização. Por exemplo, os departamentos de engenharia e finanças de uma empresa poderiam ter computadores na mesma LAN física, pois estão na mesma ala do prédio, mas poderia ser mais fácil administrar o sistema se engenharia e finanças tivessem, cada um, sua própria **LAN virtual**, ou **VLAN**. Nesse projeto, cada porta é marcada com uma "cor", digamos, verde para engenharia e vermelha para finanças. O switch então encaminha pacotes de modo que os computadores conectados às portas verdes sejam separados dos computadores conectados às portas vermelhas. Os pacotes de broadcast enviados em uma porta de cor vermelha, por exemplo, não serão recebidos em uma porta de cor verde, como se existissem duas LANs físicas diferentes. Estudaremos as VLANs no final do Capítulo 4.

Também existem outras topologias de LAN com fio. Na verdade, a Ethernet comutada é uma versão moderna do projeto Ethernet original, que envia todos os pacotes por um único cabo. No máximo uma máquina poderia transmitir com sucesso de cada vez, e um mecanismo distribuído arbitrava o uso e resolvia conflitos da rede compartilhada. Ele usava um algoritmo simples: os computadores poderiam transmitir sempre que o cabo estivesse ocioso. Se dois ou mais pacotes colidissem, cada computador simplesmente esperaria por um tempo aleatório e tentaria mais tarde. Chamaremos essa versão de **Ethernet clássica** para fazer a distinção e, como você já deve imaginar, aprenderá sobre ela no Capítulo 4.

As redes de broadcast, com e sem fio, ainda podem ser divididas em estáticas e dinâmicas. Em uma alocação estática típica, o tempo seria dividido em intervalos discretos e seria utilizado um algoritmo de rodízio, fazendo cada máquina transmitir apenas no intervalo de tempo de que dispõe. A alocação estática desperdiça a capacidade do canal quando uma máquina não tem nada a transmitir durante o intervalo (slot) alocado a ela, e, assim, a maioria dos sistemas procura alocar o canal dinamicamente (ou seja, por demanda).

Os métodos de alocação dinâmica de um canal comum são centralizados ou descentralizados. No método centralizado, existe apenas uma entidade, por exemplo, a estação-base nas redes celulares, que determina quem transmitirá em seguida. Para executar essa tarefa, a entidade aceita vários pacotes e os prioriza de acordo com algum algoritmo interno. No método descentralizado, não existe nenhuma entidade central – cada máquina deve decidir por si mesma se a transmissão deve ser realizada. Você poderia pensar que isso sempre leva ao caos, mas isso não acontece. Mais tarde, estudaremos muitos algoritmos criados para impedir a instauração do caos potencial – logicamente, desde que todas as máquinas obedeçam às regras.

1.3.3 Redes domésticas

Vale a pena gastar um pouco mais de tempo discutindo as LANs domésticas, ou **redes domésticas**. Elas são um tipo de LAN, podem ter uma ampla gama de dispositivos conectados à Internet, e precisam ser particularmente fáceis de gerenciar, confiáveis e seguras, especialmente nas mãos de usuários não técnicos.

Há muitos anos, uma rede doméstica provavelmente consistia em alguns laptops em uma LAN sem fio. Hoje, uma rede doméstica pode incluir dispositivos como smartphones, impressoras sem fio, termostatos, alarmes contra roubo, detectores de fumaça, lâmpadas, câmeras, televisores, aparelhos de som, alto-falantes inteligentes, refrigeradores, e assim por diante. A proliferação de aparelhos conectados à Internet e eletrônicos de consumo, frequentemente chamados de IoT, torna possível conectar quase todo dispositivo eletrônico (incluindo sensores de vários tipos) à Internet. Essa enorme escala e diversidade de dispositivos conectados à Internet apresenta novos desafios para projetar, gerenciar e proteger uma rede doméstica. O monitoramento remoto dos lares está se tornando cada vez mais comum, com aplicações que variam desde monitoramento de segurança até a manutenção e depreciação do local, já que muitos filhos adultos estão dispostos a gastar algum dinheiro para ajudar seus pais idosos a viver com segurança em suas próprias casas.

Embora pudéssemos pensar na rede doméstica como apenas outra LAN, na prática, ela provavelmente terá propriedades diferentes das outras redes, por alguns motivos. Primeiro, os dispositivos que as pessoas conectam à sua rede doméstica precisam ser muito fáceis de instalar e manter. Os roteadores sem fio, em certa ocasião, foram o item eletrônico de consumo mais devolvido, pois as pessoas os compravam esperando ter uma rede sem fio "pronta para usar" em casa, mas precisavam fazer muitas chamadas para o suporte técnico. Os dispositivos precisam ser fáceis de usar e funcionar sem exigir que o usuário leia e compreenda totalmente um manual de 50 páginas.

Em segundo lugar, a segurança e a confiabilidade têm riscos maiores porque a insegurança dos dispositivos pode apresentar ameaças diretas à saúde e à segurança do consumidor. Perder alguns arquivos para um vírus de e-mail é uma coisa; permitir que um assaltante desarme seu sistema de segurança a partir de seu computador móvel e depois saqueie sua casa é algo muito diferente. Nos últimos anos, vimos inúmeros exemplos de dispositivos IoT inseguros ou com mau funcionamento, resultando em tudo, desde tubulações congeladas até o controle remoto de dispositivos por meio de scripts maliciosos de terceiros. A falta de uma segurança séria em muitos desses dispositivos tornou possível para um intruso observar detalhes sobre a atividade do usuário em casa; mesmo quando o conteúdo da comunicação é criptografado, simplesmente saber o tipo de dispositivo que está se comunicando e os volumes e horários do tráfego pode revelar muito sobre o comportamento particular do usuário.

Terceiro, as redes domésticas evoluem organicamente, à medida que as pessoas compram vários dispositivos eletrônicos de consumo e os conectam à rede. Como resultado, ao contrário de uma LAN corporativa mais homogênea, o conjunto de tecnologias conectadas à rede doméstica pode ser significativamente mais diverso. No entanto, apesar dessa diversidade, as pessoas esperam que esses dispositivos sejam capazes de interagir (p. ex., eles querem ser capazes de usar o assistente de voz fabricado por um fornecedor para controlar as luzes de outro fornecedor). Uma vez instalados, os dispositivos podem permanecer conectados por anos (ou décadas). Isso significa nenhuma guerra de formato: dizer aos clientes para comprar periféricos com interfaces IEEE 1394 (FireWire) e alguns anos depois voltar atrás e dizer que USB 3.0 é a interface do mês e depois dizer que 802.11g – opa, não, é melhor 802.11n – quero dizer, 802.ac – na verdade, é melhor usar 802.11ax (diferentes redes sem fio) – deixará os consumidores muito nervosos.

Por fim, as margens de lucro são pequenas em produtos eletrônicos de consumo, portanto, muitos dispositivos visam ser o mais barato possível. Quando confrontados com a escolha de qual porta-retratos digital conectado à Internet comprar, muitos usuários podem optar por um mais barato. A pressão para reduzir os custos dos dispositivos de consumo torna ainda mais difícil atingir os objetivos citados. Segurança, confiabilidade e interoperabilidade, em última análise, custam dinheiro. Em alguns casos, os fabricantes ou consumidores podem precisar de incentivos poderosos para fabricar e aderir a padrões reconhecidos.

Redes domésticas normalmente operam em cima de redes sem fio. A conveniência e o custo favorecem as redes sem fio porque não há fios para adaptar, ou pior, readaptar. À medida que os dispositivos conectados à Internet se proliferam, torna-se cada vez mais inconveniente colocar uma porta de rede com fio em qualquer lugar da casa onde haja uma tomada elétrica. As redes sem fio são mais convenientes e econômicas. No entanto, depender delas apresenta desafios únicos de desempenho e segurança. Primeiro, à medida que os usuários trocam mais tráfego em suas redes domésticas e conectam mais dispositivos a elas, a rede sem fio doméstica se torna cada vez mais um gargalo de desempenho. Quando isso acontece, um passatempo comum é culpar o provedor pelo baixo desempenho. Os ISPs costumam não gostar muito disso.

Em segundo lugar, as ondas de rádio sem fio podem atravessar as paredes (na banda popular de 2,4 GHz, mas nem tanto na de 5 GHz). Embora a segurança sem fio tenha melhorado substancialmente na última década, ela ainda está sujeita a muitos ataques que permitem a escuta clandestina, e certos aspectos do tráfego, como endereços de hardware de dispositivo e volume de tráfego, continuam sem criptografia. No Capítulo 8, estudaremos como a criptografia pode ser utilizada para proporcionar segurança, mas, com usuários inexperientes, é mais fácil falar do que fazer.

As **redes de energia elétrica** também podem permitir que os dispositivos conectados às tomadas transmitam informações por toda a casa. De qualquer forma, você já precisa conectar a TV, e dessa forma ela pode obter conectividade com a Internet ao mesmo tempo. A dificuldade é como transportar energia e sinais de dados ao mesmo tempo – parte da resposta é que eles usam faixas de frequência diferentes.

1.3.4 Redes metropolitanas

Uma **rede metropolitana**, ou **MAN (Metropolitan Area Network)**, abrange uma cidade. O exemplo mais conhecido de MANs é a rede de televisão a cabo. Esses sistemas cresceram a partir de antigos sistemas de antenas comunitárias usadas em áreas com fraca recepção do sinal de televisão pelo ar. Nesses primeiros sistemas, uma grande antena era colocada no alto de colina próxima e o sinal era, então, conduzido até as casas dos assinantes.

Em princípio, esses sistemas eram *ad hoc* projetados no local. Posteriormente, as empresas começaram a entrar no negócio, obtendo concessões dos governos municipais para conectar cidades inteiras por fios. A etapa seguinte foi a programação de televisão e até mesmo canais inteiros criados apenas para transmissão por cabos. Esses canais costumavam ser bastante especializados, oferecendo apenas notícias, apenas esportes, apenas culinária, apenas jardinagem, e assim por diante. Entretanto, desde sua concepção até o final da década de 1990, eles se destinavam somente à recepção de televisão.

A partir do momento em que a Internet atraiu uma audiência de massa, as operadoras de redes de TV a cabo começaram a perceber que, com algumas mudanças no sistema, elas poderiam oferecer serviços da Internet full-duplex em partes não utilizadas do espectro. Nesse momento, o sistema de TV a cabo começou a se transformar, passando de uma forma de distribuição apenas de televisão para uma rede metropolitana. Em uma primeira aproximação, uma MAN seria semelhante ao sistema mostrado na Figura 1.8, na qual observamos que os sinais de televisão e de Internet são transmitidos à **central a cabo** centralizada (ou sistema de terminação de modem a cabo) para distribuição

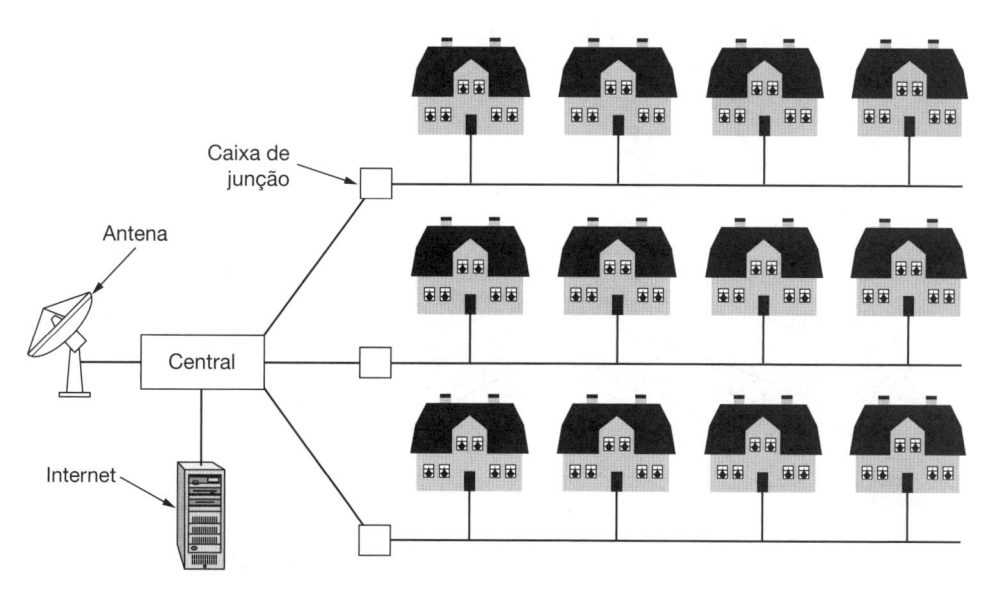

Figura 1.8 Uma rede metropolitana baseada na TV a cabo.

subsequente às casas das pessoas. Voltaremos a esse assunto, estudando-o em detalhes no Capítulo 2.

A televisão a cabo não é a única MAN. Os desenvolvimentos recentes para acesso à Internet de alta velocidade sem fio resultaram em outra MAN, que foi padronizada como IEEE 802.16 e é conhecida popularmente como **WiMAX**. Todavia, parece que ela não foi adiante. Outras tecnologias sem fio, **LTE (Long Term Evolution)** e 5G, também serão abordadas no Capítulo 2.

1.3.5 Redes a longas distâncias

Uma **rede a longa distância**, ou **WAN (Wide Area Network)**, abrange uma grande área geográfica, com frequência um país, um continente ou até mesmo vários continentes. Uma WAN pode atender a uma organização privada, como no caso de uma WAN corporativa, ou pode ser uma oferta de serviço comercial, como no caso de uma rede de trânsito.

Vamos começar nossa discussão com as WANs conectadas por fio, usando o exemplo de uma empresa com filiais em diferentes cidades. Na Figura 1.9, a WAN é uma rede que conecta escritórios em Perth, Melbourne e Brisbane. Cada um desses escritórios contém computadores que executam programas (ou seja, aplicações) do usuário. Seguiremos a tradição e chamaremos essas máquinas de **hosts**. O restante da rede que conecta esses hosts é chamada **sub-rede de comunicação** ou, simplificando, apenas **sub-rede**. A tarefa da sub-rede é transportar mensagens de um host para outro, exatamente como o sistema de telefonia transporta as palavras (na realidade, sons) do falante ao ouvinte.

Na maioria das WANs, a sub-rede consiste em dois componentes distintos: linhas de transmissão e elementos de comutação. As **linhas de transmissão** transportam bits entre as máquinas. Elas podem ser formadas por fios de cobre, cabo coaxial, fibra óptica, ou mesmo enlaces de radiodifusão. A maioria das empresas não tem linhas de transmissão disponíveis, então elas alugam as linhas de uma empresa de telecomunicações. Os **elementos de comutação**, ou apenas comutadores, são dispositivos especializados que conectam três ou mais linhas de transmissão. Quando os dados chegam a uma interface de entrada, o elemento de comutação deve escolher uma interface de saída para encaminhá-los. Esses computadores de comutação receberam diversos nomes no passado, sendo **roteador** o mais comumente usado hoje. Em inglês, algumas pessoas pronunciam esse nome da mesma forma que "rooter" e outras fazem rima com "doubter". A definição da pronúncia ficará como exercício para o leitor. (Observe que a resposta correta percebida talvez varie de região para região.)

Na maioria das WANs, a rede contém muitas linhas de transmissão, cada uma conectando um par de roteadores. Dois roteadores que não compartilham uma linha de transmissão precisam fazer isso por meio de outros roteadores. Pode haver muitos caminhos na rede conectando esses dois roteadores. O processo em que o roteador toma a decisão sobre qual caminho usar é chamado de **algoritmo de roteamento**. Como cada roteador toma a decisão quanto a onde enviar um pacote em seguida é chamado de **algoritmo de encaminhamento**. Estudaremos alguns tipos em detalhes no Capítulo 5.

Vale a pena fazer um breve comentário em relação ao termo "sub-rede". Originalmente, seu *único* significado

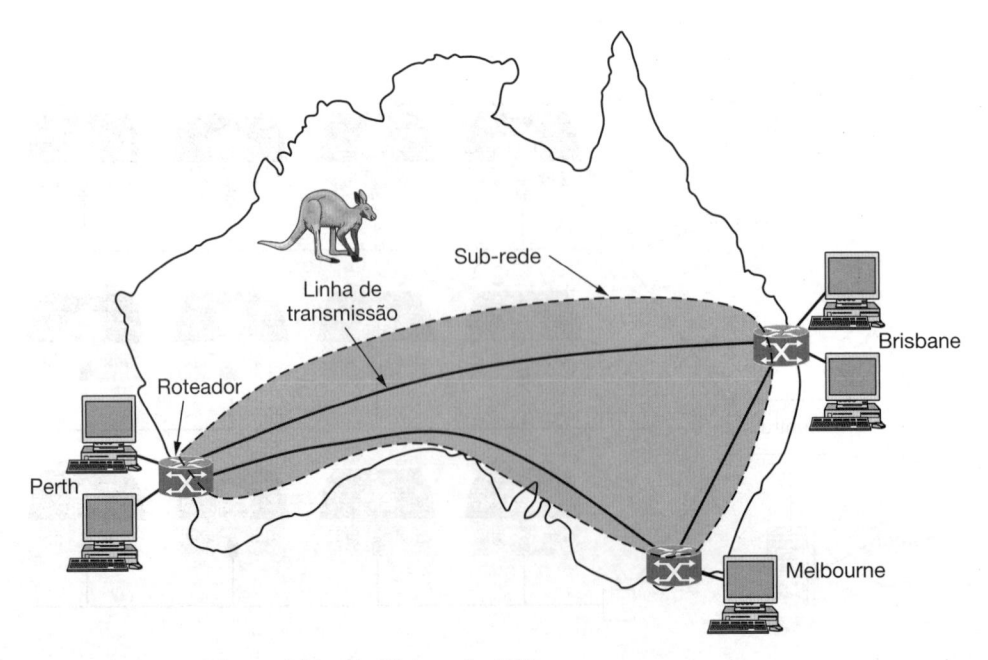

Figura 1.9 WAN que conecta três escritórios de filiais na Austrália.

identificava o conjunto de roteadores e linhas de comunicação que transportava pacotes entre os hosts de origem e de destino. Contudo, o termo adquiriu um segundo significado, em conjunto com o endereçamento da rede. Discutiremos esse significado no Capítulo 5 e ficaremos com o significado original (uma coleção de linhas de comunicação de dados e roteadores) até chegarmos lá.

A WAN, conforme a descrevemos, é semelhante a uma grande LAN cabeada, mas existem algumas diferenças importantes que vão além dos extensos cabos de interconexão. Normalmente, em uma WAN, os hosts e a sub-rede pertencem e são administrados por diferentes pessoas. Em nosso exemplo, os funcionários poderiam ser responsáveis por seus próprios computadores, enquanto o departamento de Tecnologia da Informação (TI) da empresa está encarregado do restante da rede. Veremos limites mais claros nos próximos exemplos, em que o provedor da rede ou a companhia telefônica opera a sub-rede. A separação dos aspectos de comunicação puros da rede (a sub-rede) dos aspectos da aplicação (os hosts) simplifica bastante o projeto geral da rede.

Uma segunda diferença é que os roteadores normalmente conectarão diferentes tipos de tecnologia de rede. As redes dentro dos escritórios podem ser Ethernet comutada, por exemplo, enquanto as linhas de transmissão de longa distância podem ser enlaces SONET (que veremos no Capítulo 2). Algum dispositivo é necessário para juntá-las. O leitor atento notará que isso vai além da nossa definição de uma rede. Isso significa que muitas WANs de fato serão **redes interligadas**, ou redes compostas, que são criadas a partir de mais de uma rede. Voltaremos a esse assunto sobre redes interligadas na próxima seção.

Uma última diferença é naquilo que é conectado à sub-rede. Podem ser computadores individuais, como foi o caso para a conexão às LANs, ou podem ser LANs inteiras. É assim que redes maiores são montadas a partir de redes menores. Em relação à sub-rede, ela tem a mesma função.

Redes privadas virtuais e SD-WANs

Em vez de alugar linhas de transmissão dedicadas, uma empresa pode conectar seus escritórios à Internet. Isso permite que as conexões sejam feitas entre os escritórios como enlaces virtuais que usam a capacidade de infraestrutura da Internet. Como já dissemos, esse arranjo, mostrado na Figura 1.10, é chamado de rede privada virtual, ou VPN. Em comparação com uma rede com enlaces físicos dedicados, uma VPN tem a vantagem comum da virtualização, ou seja, oferece flexibilidade na reutilização de recurso (conectividade com a Internet). Uma VPN também tem a desvantagem normal da virtualização, que é a falta de controle sobre os recursos subjacentes. Com uma linha dedicada, a capacidade é clara. Com uma VPN, o desempenho pode variar conforme a conectividade básica da Internet. A própria rede também pode ser operada com um provedor de serviço de Internet (ISP) comercial. A Figura 1.11 mostra essa estrutura, que conecta os sites WAN entre si e com o restante da Internet.

Outros tipos de WANs utilizam muito as tecnologias sem fio. Nos sistemas via satélite, cada computador no solo tem uma antena através da qual ele pode enviar e receber dados de e para um satélite em órbita. Todos os computadores podem escutar a saída *do* satélite, e em alguns casos eles também podem escutar as transmissões que sobem de

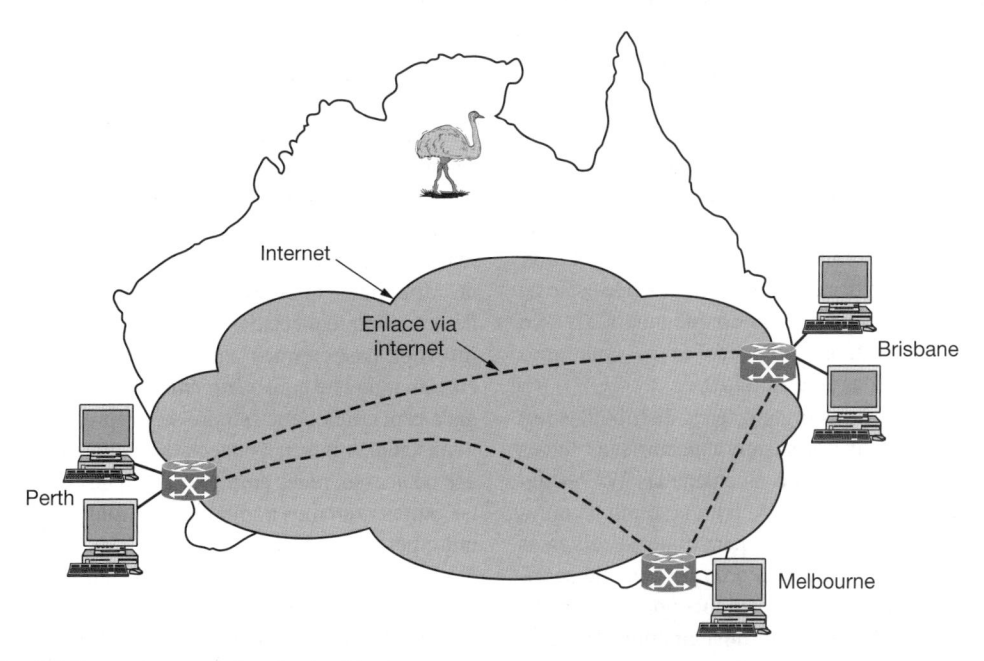

Figura 1.10 WAN usando uma rede privada virtual.

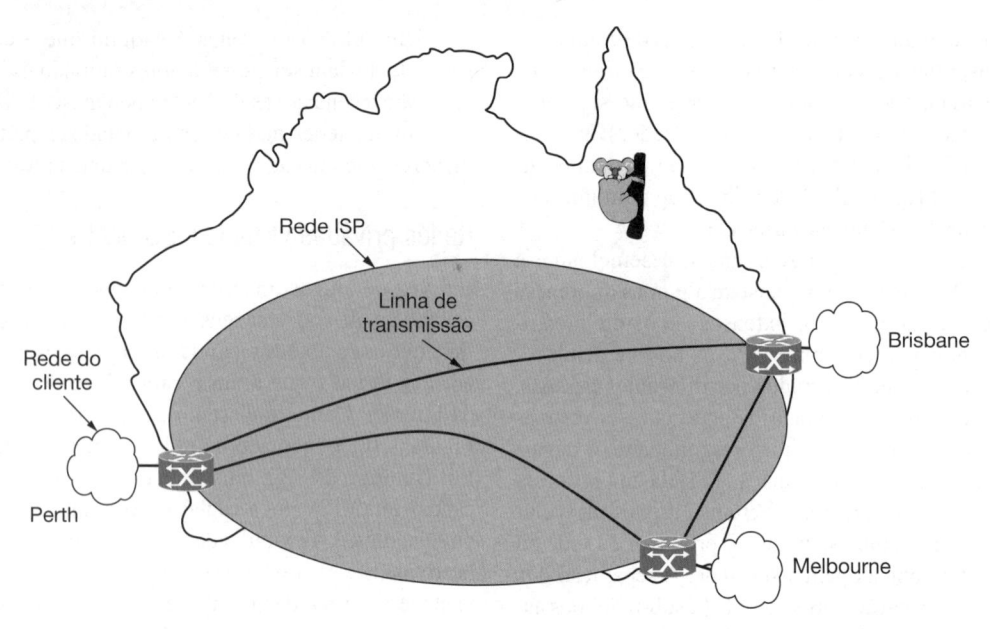

Figura 1.11 WAN usando uma rede ISP.

seus computadores *para* o satélite. As redes de satélite são inerentemente de radiodifusão, e são mais úteis quando essa propriedade é importante, ou quando não existe uma infraestrutura em solo (pense nas companhias de petróleo explorando em um deserto isolado).

A rede de telefonia celular é outro exemplo de uma WAN que usa tecnologia sem fio. Esse sistema já passou por cinco gerações. A primeira geração era analógica e usada apenas para voz. A segunda geração era digital e apenas para voz. A terceira geração era digital e se destinava a voz e dados. A quarta geração é puramente digital, até mesmo para voz. A quinta geração também é puramente digital e muito mais rápida que a quarta, também com menos atrasos.

Cada estação-base de celular cobre uma distância muito maior do que uma LAN sem fio, com um alcance medido em quilômetros, em vez de dezenas de metros. As estações-base são conectadas umas às outras por uma rede de backbone que normalmente é conectada por cabos. As taxas de dados das redes celulares normalmente estão na ordem de 100 Mbps, muito menos do que uma LAN sem fio, que pode chegar a uma ordem de 7 Gbps. Falaremos bastante sobre essas redes no Capítulo 2.

Mais recentemente, as organizações distribuídas por regiões geográficas e que precisam conectar seus locais estão projetando e implantando as chamadas **WANs definidas por software** (ou **SD-WANs**), que usam tecnologias diferentes e complementares para conectar diversos locais, mas fornecem um único acordo de nível de serviço, ou **SLA** (**Service-Level Agreement**) por toda a rede. Por exemplo, uma rede pode usar uma combinação de linhas alugadas dedicadas e mais caras para conectar vários locais remotos e conectividade complementar da Internet, mais barata, para conectar esses locais. A lógica escrita no software reprograma os elementos de comutação em tempo real para otimizar a rede em termos de custo e desempenho. SD-WANs são um exemplo de rede definida por software, ou **SDN** (**Software-Defined Network**), uma tecnologia que ganhou impulso na última década e que geralmente descreve arquiteturas de rede que controlam a rede usando uma combinação de switches programáveis com a lógica de controle implementada como um programa de software separado.

1.3.6 Redes interligadas (internets)

Existem muitas redes no mundo, frequentemente apresentando diferentes tecnologias de hardware e software. Normalmente, as pessoas conectadas a redes distintas precisam se comunicar entre si. Para que esse desejo se torne realidade, é preciso que se estabeleçam conexões entre redes diferentes, quase sempre incompatíveis. Um conjunto de redes interconectadas forma uma **rede interligada**, ou **internet**. Esses termos serão usados em um sentido genérico, em contraste com a **Internet** mundial (uma rede interligada específica), que sempre será representada com inicial maiúscula. A Internet conecta provedores de conteúdo, redes de acesso, redes empresariais, redes domésticas e muitas outras. Veremos a Internet com muito mais detalhes em outro ponto deste livro.

Uma rede é formada pela combinação de uma sub-rede e seus hosts. Entretanto, a palavra "rede" é normalmente usada também em um sentido mais livre. Uma sub-rede poderia ser descrita como uma rede, como no caso da "rede

ISP" da Figura 1.11. Uma rede interligada também pode ser descrita como uma rede, como no caso da WAN na Figura 1.9. Seguiremos uma prática semelhante e, se estivermos distinguindo uma rede de outros arranjos, ficaremos com nossa definição original de uma coleção de computadores interconectados por uma única tecnologia.

Uma rede interligada é formada pela interconexão de redes distintas, operadas independentemente. Em nossa visão, a conexão entre uma LAN e uma WAN ou a conexão de duas LANs é o modo normal de formar uma rede interligada, mas existe pouco acordo sobre a terminologia nessa área. Em geral, se duas ou mais redes operadas de maneira independente pagam para se interconectar, ou se a tecnologia subjacente é diferente em partes distintas (p. ex., broadcast *versus* ponto a ponto, e cabeada *versus* sem fio), provavelmente temos uma rede interligada.

O dispositivo que faz uma conexão entre duas ou mais redes e oferece a conversão necessária, tanto em termos de hardware quanto de software, é um **gateway**. Os gateways são distinguidos pela camada em que operam na hierarquia de protocolos. Falaremos mais sobre camadas e hierarquias de protocolos na próxima seção, mas, por enquanto, imagine que as camadas mais altas são mais ligadas às aplicações, como a Web, e as camadas mais baixas são mais ligadas a enlaces de transmissão, como a Ethernet. Como o benefício de formar uma rede interligada é conectar computadores pelas redes, não queremos usar um gateway em muito baixo nível, ou então não poderemos fazer conexões entre diferentes tipos de redes. Também não queremos usar um gateway em um nível muito alto, ou então a conexão só funcionará para determinadas aplicações. O nível intermediário, que é o mais apropriado, normalmente é chamado de camada de rede, e um roteador é um gateway que comuta pacotes nessa camada. Em geral, uma rede interligada será conectada por gateways da camada de rede, ou roteadores; porém, até mesmo uma única grande rede contém muitos roteadores.

1.4 EXEMPLOS DE REDES

O assunto de redes de computadores abrange muitos tipos diferentes de redes, grandes e pequenas, bem conhecidas e pouco conhecidas. Elas têm diferentes objetivos, escalas e tecnologias. Nas seções a seguir, examinaremos alguns exemplos, para termos uma ideia da variedade existente na área de redes de computadores.

Começaremos com a Internet, provavelmente a "rede" mais conhecida, e estudaremos sua história, sua evolução e sua tecnologia. Em seguida, consideraremos a rede de telefonia móvel. Tecnicamente, ela é muito diferente da Internet. Depois, veremos o IEEE 802.11, o padrão dominante para LANs sem fio.

1.4.1 A Internet

A Internet é um vasto conjunto de redes diferentes que utilizam certos protocolos comuns e fornecem determinados serviços comuns. É um sistema incomum no sentido de não ter sido planejado nem ser controlado por uma única organização. Para entendê-la melhor, vamos começar do início e observar como e por que ela foi desenvolvida. Se desejar conhecer uma história maravilhosa sobre o surgimento da Internet, recomendamos o livro de John Naughton (2000). Trata-se de um daqueles raros livros que não apenas são divertidos de ler, mas também tem 20 páginas de citações destinadas aos historiadores sérios. Uma parte do material a seguir se baseia nesse livro. Para ver uma história mais recente, leia o livro de Brian McCullough (2018).

É claro que também foram escritos inúmeros livros técnicos sobre a Internet, sua história e seus protocolos. Para obter mais informações consulte, por exemplo, Severance (2015).

A ARPANET

A história começa no final da década de 1950. No auge da Guerra Fria, o Departamento de Defesa dos Estados Unidos queria uma rede de controle e comando capaz de sobreviver a uma guerra nuclear. Nessa época, todas as comunicações militares passavam pela rede de telefonia pública, considerada vulnerável. A razão para essa convicção pode ser vista na Figura 1.12(a). Nessa figura, os pontos pretos representam centrais de comutação telefônica, cada uma das quais conectada a milhares de telefones. Por sua vez, essas centrais de comutação estavam conectadas a centrais de comutação de nível mais alto (centrais interurbanas), formando uma hierarquia nacional com apenas uma pequena redundância. A vulnerabilidade do sistema era o fato de que a destruição de algumas centrais interurbanas importantes poderia fragmentar o sistema em muitas ilhas isoladas, de modo que os generais no Pentágono não poderiam ligar para uma base em Los Angeles.

Por volta de 1960, o Departamento de Defesa dos Estados Unidos firmou um contrato com a RAND Corporation para encontrar uma solução. Um de seus funcionários, Paul Baran, apresentou o projeto altamente distribuído e tolerante a falhas apresentado na Figura 1.25(b). Tendo em vista que os caminhos entre duas centrais de comutação quaisquer eram agora muito mais longos do que a distância que os sinais analógicos podiam percorrer sem distorção, Baran propôs o uso da tecnologia digital de comutação de pacotes. Ele enviou diversos relatórios para o Departamento de Defesa dos Estados Unidos descrevendo suas ideias em detalhes (Baran, 1964). Os funcionários do Pentágono gostaram do conceito e pediram à AT&T, na época a empresa que detinha o monopólio nacional da telefonia nos Estados Unidos, que construísse um protótipo. A AT&T descartou as ideias de Baran. Afinal, a maior e mais rica corporação

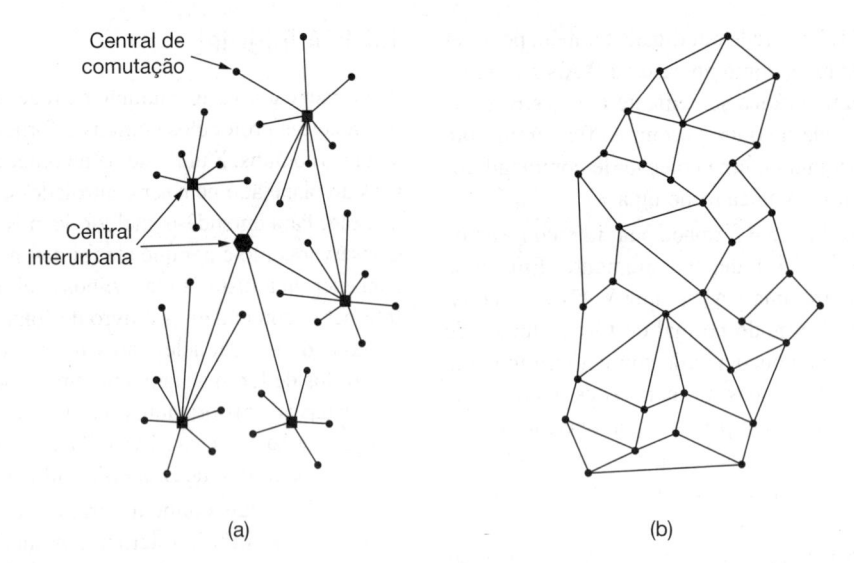

Figura 1.12 (a) Estrutura do sistema de telefonia. (b) Sistema distribuído de comutação proposto por Baran.

do mundo não podia permitir que um jovem pretensioso lhe ensinasse a criar um sistema telefônico (ainda mais na Califórnia, já que a AT&T era uma companhia da costa leste). A empresa informou que a rede de Baran não podia ser construída, e a ideia foi abandonada.

Vários anos se passaram e o Departamento de Defesa dos Estados Unidos ainda não tinha um sistema melhor de comando e controle. Para entender o que aconteceu em seguida, temos de retornar a outubro de 1957, quando a União Soviética derrotou os Estados Unidos na corrida espacial com o lançamento do primeiro satélite artificial, o Sputnik. Quando tentou descobrir quem tinha "dormido no ponto", o Presidente Dwight Eisenhower acabou detectando a disputa entre o Exército, a Marinha e a Força Aérea pelo orçamento de pesquisa do Pentágono. Sua resposta imediata foi criar uma organização centralizada de pesquisa de defesa, a **ARPA**, ou **Advanced Research Projetcts Agency**. A ARPA não tinha cientistas nem laboratórios; de fato, ela não tinha nada além de um escritório e de um pequeno orçamento (para os padrões do Pentágono). A agência realizava seu trabalho oferecendo concessões e contratos a universidades e empresas cujas ideias lhe pareciam promissoras.

Durante os primeiros anos, a ARPA tentou compreender qual deveria ser sua missão. Em 1967, a atenção do então diretor de programas da ARPA, Larry Roberts, que estava tentando descobrir como oferecer acesso remoto aos computadores, se voltou para as redes. Ele entrou em contato com diversos especialistas para decidir o que fazer. Um deles, Wesley Clark, sugeriu a criação de uma sub-rede comutada por pacotes, dando a cada host seu próprio roteador.

Após certo ceticismo inicial, Roberts comprou a ideia e apresentou um documento bastante vago sobre ela no ACM SIGOPS Symposium on Operating System Principles, realizado em Gatlinburg, Tennessee, no final de 1967 (Roberts, 1967). Para grande surpresa de Roberts, outro documento na conferência descrevia um sistema semelhante, que não apenas tinha sido projetado, como também havia sido totalmente implementado sob a orientação de Donald Davies no National Physical Laboratory (NPL), na Inglaterra. O sistema do NPL não era nacional, ele simplesmente conectava vários computadores no campus do NPL. Apesar disso, Roberts ficou convencido de que a comutação de pacotes podia funcionar. Além do mais, ele citava o trabalho anteriormente descartado de Baran. Roberts voltou de Gatlinburg determinado a construir o que mais tarde ficou conhecido como **ARPANET**.

No plano que foi desenvolvido, a sub-rede consistiria em minicomputadores chamados processadores de mensagens de interface, ou **IMPs (Interface Message Processors)**, conectados por linhas de transmissão de 56 kbps, as mais velozes na época. Para garantir sua alta confiabilidade, cada IMP seria conectado a pelo menos dois outros IMPs. Cada pacote enviado pela sub-rede deveria conter o endereço de destino completo, de modo que, se algumas linhas ou IMPs fossem destruídos, as mensagens poderiam ser redirecionadas automaticamente para caminhos alternativos.

Cada nó da rede deveria ter um IMP e um host na mesma sala, conectados por um fio curto. Um host poderia enviar mensagens de até 8063 bits para seu IMP que, em seguida, as dividiria em pacotes de no máximo 1008 bits e os encaminharia de forma independente até o destino. Cada pacote era recebido por completo antes de ser encaminhado; assim, a sub-rede se tornou a primeira rede eletrônica de comutação de pacotes store-and-forward (armazenar e encaminhar).

Em seguida, a ARPA abriu uma concorrência para a construção da sub-rede e 12 empresas apresentaram propostas. Depois de avaliar todas elas, a ARPA selecionou a BBN, uma empresa de consultoria de Cambridge, Massachusetts e, em dezembro de 1968, assinou um contrato para montar a sub-rede e desenvolver o software para ela. A BBN resolveu utilizar, como IMPs, minicomputadores Honeywell DDP-316 especialmente modificados, com 12K palavras de 16 bits de memória principal. Os IMPs não tinham unidades de discos, pois os componentes móveis eram considerados pouco confiáveis. Os IMPs eram interconectados por linhas de 56 kbps, alugadas das companhias telefônicas. Embora 56 kbps seja agora a única escolha para os moradores de áreas rurais, na época era o melhor que o dinheiro podia comprar.

O software foi dividido em duas partes: sub-rede e host. O software da sub-rede consistia na extremidade IMP da conexão host-IMP, no protocolo IMP-IMP e em um protocolo do IMP de origem para o IMP de destino, criado para aumentar a confiabilidade. O projeto original da ARPANET pode ser visto na Figura 1.13.

Fora da sub-rede, também havia necessidade de software, ou seja, a extremidade referente ao host da conexão host-IMP, o protocolo host-host e o software de aplicação. Logo ficou claro que a BBN acreditava que, quando tivesse aceitado uma mensagem em uma conexão host-IMP e a tivesse colocado na conexão host-IMP no destino, sua tarefa teria terminado.

Entretanto, Roberts tinha um problema: os hosts também precisavam de software. Para lidar com ele, Roberts convocou uma reunião com os pesquisadores de rede, em sua maioria estudantes universitários, em Snowbird, Utah, no verão de 1969. Os universitários esperavam que algum perito em redes explicasse o projeto geral da rede e seu software, e depois atribuísse a cada um deles a tarefa de desenvolver uma parte do projeto. Eles ficaram absolutamente surpresos ao ver que não havia nenhum especialista em rede e nenhum projeto geral. Teriam de descobrir o que fazer por conta própria.

No entanto, em dezembro de 1969 entrou no ar uma rede experimental com quatro nós: University of California, Los Angeles (UCLA) e Santa Barbara (UCSB), Stanford Research Institute (SRI) e University of Utah.

Esses quatro nós foram escolhidos porque todos tinham um grande número de contratos com a ARPA, e todos tinham computadores host diferentes e completamente incompatíveis (para aumentar o desafio). A primeira mensagem host a host havia sido enviada dois meses antes, do nó na UCLA, por uma equipe liderada por Len Kleinrock (pioneiro da teoria de comutação de pacotes), para o nó em SRI. A rede cresceu rapidamente à medida que outros IMPs foram entregues e instalados e logo se estendeu por todo o território norte-americano. A Figura 1.14 mostra a rapidez com que a ARPANET se desenvolveu nos três primeiros anos.

Além de ajudar no súbito crescimento da ARPANET, a ARPA também financiou pesquisas sobre o uso de redes de satélite e redes móveis de rádio de pacotes. Em uma hoje famosa demonstração, um motorista de caminhão viajando pela Califórnia utilizou a rede de rádio de pacotes para enviar mensagens à SRI, que então foram encaminhadas pela ARPANET até a Costa Leste dos Estados Unidos, de onde foram enviadas à University College, em Londres, pela rede de satélite. Isso permitiu que um pesquisador no caminhão usasse um computador situado em Londres enquanto dirigia pelo estado da Califórnia.

Essa experiência também demonstrou que os protocolos da ARPANET não eram adequados para execução em redes diferentes. Essa observação ocasionou mais pesquisas sobre protocolos, culminando com a invenção dos protocolos TCP/IP (Cerf e Kahn, 1974). O TCP/IP foi criado especificamente para lidar com a comunicação entre redes interligadas, algo que se tornou mais importante à medida que um número maior de redes era conectado à ARPANET.

Para estimular a adoção desses novos protocolos, a ARPA ofereceu diversos contratos para implementar o TCP/IP em diferentes plataformas de computação, incluindo sistemas IBM, DEC e HP, bem como no UNIX de Berkeley. Os pesquisadores na University of California em Berkeley reescreveram o TCP/IP com uma nova interface de programação (**soquetes**) para o lançamento iminente da versão 4.2BSD do UNIX de Berkeley. Eles também escreveram muitos programas aplicativos, utilitários e de

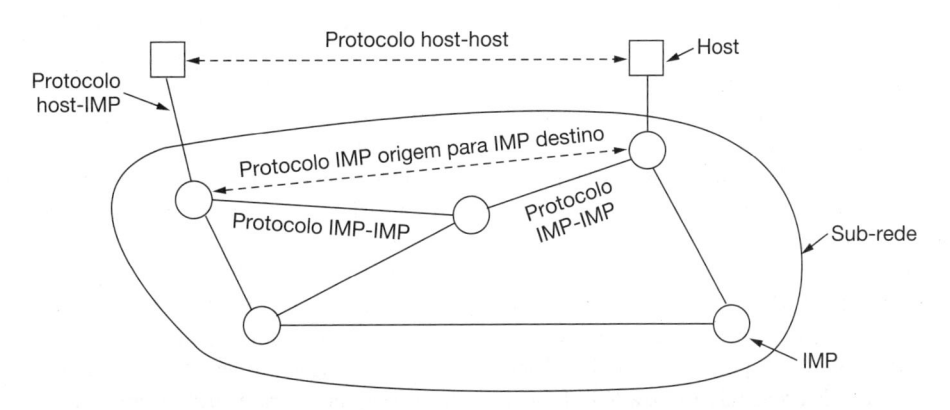

Figura 1.13 Projeto original da ARPANET.

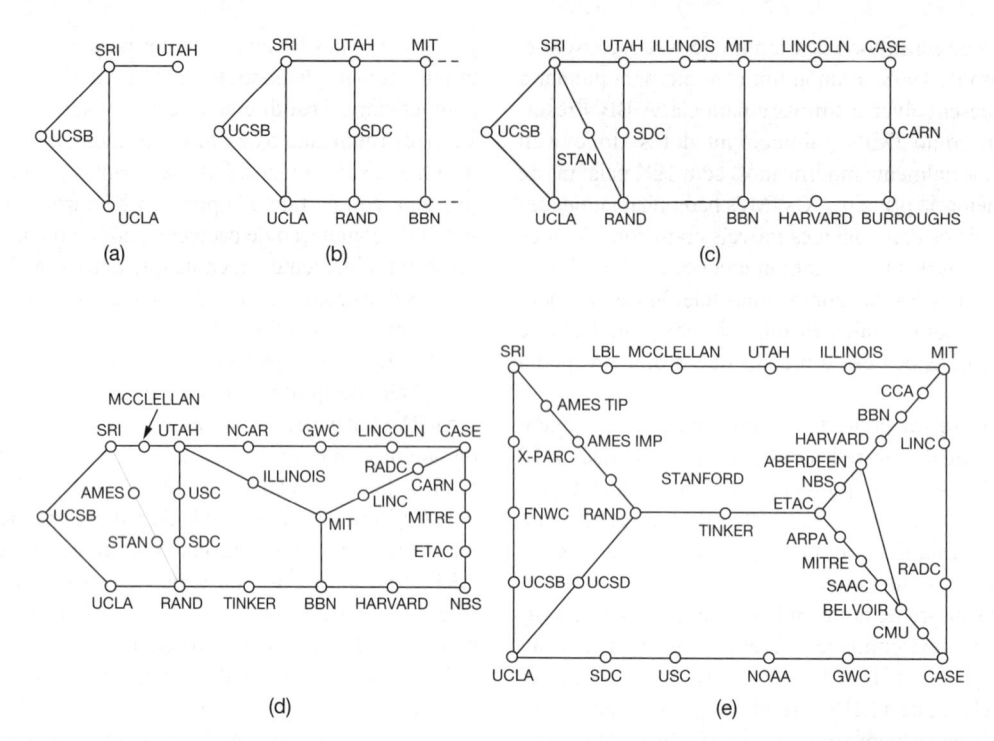

Figura 1.14 O crescimento da ARPANET. (a) Dezembro de 1969. (b) Julho de 1970. (c) Março de 1971. (d) Abril de 1972. (e) Setembro de 1972.

gerenciamento para mostrar como era conveniente usar a rede com soquetes.

A ocasião foi perfeita. Muitas universidades tinham acabado de adquirir um segundo ou um terceiro computador VAX e uma LAN para conectá-los, mas não tinham nenhum software de rede. Quando surgiu o 4.2BSD, com TCP/IP, soquetes e muitos utilitários de rede, o pacote completo foi adotado imediatamente. Além disso, com o TCP/IP, era fácil conectar as LANs à ARPANET, e muitos fizeram isso. Como resultado, o uso do TCP/IP cresceu rapidamente durante meados da década de 1970.

NSFNET

No final da década de 1970, a NSF (National Science Foundation) percebeu o enorme impacto que a ARPANET estava causando nas pesquisas universitárias nos Estados Unidos, permitindo que cientistas de todo o país compartilhassem dados e trabalhassem juntos em projetos de pesquisa. No entanto, para entrar na ARPANET, uma universidade precisava ter um contrato de pesquisa com o Departamento de Defesa dos Estados Unidos, e muitas não tinham um contrato. A resposta inicial da NSF foi patrocinar a **Computer Science Network (CSNET)** em 1981. Ela conectava departamentos de ciência da computação e laboratórios de pesquisa industrial à ARPANET por meio de linhas discadas e privadas. No final da década de 1980, a NSF foi ainda mais longe e decidiu desenvolver uma sucessora para a ARPANET, que seria aberta a todos os grupos de pesquisa universitários.

Para ter algo concreto com que começar, a NSF decidiu construir uma rede de backbone para conectar seus seis centros de supercomputadores, localizados em San Diego, Boulder, Champaign, Pittsburgh, Ithaca e Princeton. Cada supercomputador ganhou um irmão mais novo, um microcomputador LSI-11, chamado **fuzzball**. Os fuzzballs estavam conectados a linhas privadas de 56 kbps e formavam a sub-rede, usando a mesma tecnologia de hardware da ARPANET. Contudo, a tecnologia de software era diferente: os fuzzballs se comunicavam diretamente com o TCP/IP desde o início, criando assim a primeira WAN TCP/IP.

A NSF também financiou cerca de 20 redes regionais que foram conectadas ao backbone para que os usuários de milhares de universidades, laboratórios de pesquisa, bibliotecas e museus tivessem acesso a um dos supercomputadores e se comunicassem entre si. A rede completa, incluindo o backbone e as redes regionais, foi chamada **NSFNET (National Science Foundation Network)**. Ela se conectava à ARPANET por meio de um link entre um IMP e um fuzzball no centro de processamento de dados de Carnegie-Mellon. O primeiro backbone da NSFNET está ilustrado na Figura 1.15, sobreposta a um mapa dos Estados Unidos.

A NSFNET foi um sucesso instantâneo e logo estava sobrecarregada. Imediatamente, a NSF começou a planejar sua sucessora e firmou um contrato com o consórcio MERIT, de Michigan, para executá-la. Junto à MCI

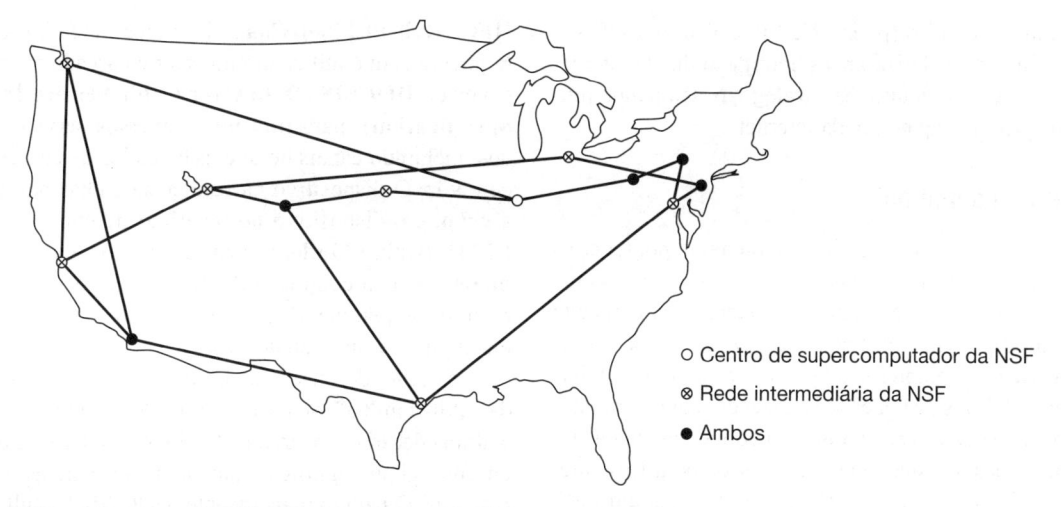

Figura 1.15 O backbone da NSFNET em 1988.

○ Centro de supercomputador da NSF
⊗ Rede intermediária da NSF
● Ambos

(adquirida pela Verizon em 2006) foram alugados canais de fibra óptica de 448 kbps para fornecer a versão 2 do backbone. Máquinas IBM PC-RT foram usadas como roteadores. Logo, o segundo backbone também estava operando com sua capacidade máxima e, em 1990, ele foi atualizado para 1,5 Mbps.

O contínuo crescimento levou a NSF a perceber que o governo não podia continuar a financiar a rede para sempre. Além disso, as organizações comerciais queriam participar da rede, mas eram proibidas pelo estatuto da NSF de utilizar redes mantidas com verbas da fundação. Consequentemente, a NSF estimulou a MERIT, a MCI e a IBM a formarem uma empresa sem fins lucrativos, a **ANS (Advanced Networks and Services)** que foi a primeira etapa em direção à comercialização. Em 1990, a ANS assumiu a NSFNET e atualizou os links de 1,5 Mbps para 45 Mbps, a fim de formar a **ANSNET**. Essa rede operou por cinco anos e depois foi vendida à America Online. Todavia, nessa época, diversas empresas estavam oferecendo o serviço IP comercial e se tornou claro que o governo deveria deixar o negócio de redes.

Para facilitar a transição e garantir que todas as redes regionais pudessem se comunicar entre si, a NSF contratou quatro diferentes operadoras de redes para estabelecer um ponto de acesso de rede, ou **NAP (Network Access Point)**. Essas operadoras eram a PacBell (San Francisco), Ameritech (Chicago), MFS (Washington, D.C.) e Sprint (cidade de Nova Iorque). Todas as operadoras de redes que quisessem oferecer serviços de backbone às redes regionais da NSF tinham de estabelecer conexão com todos os NAPs.

Nessa estratégia, um pacote originário de uma das redes regionais tinha a opção de escolher uma das concessionárias de backbone para ser transferido do NAP de origem para o NAP de destino. Consequentemente, as concessionárias de backbone foram obrigadas a concorrer com as redes regionais, tendo de oferecer preços e serviços melhores para se manterem no mercado, que era a ideia, naturalmente. Como resultado, o conceito de um único backbone padrão foi substituído por uma infraestrutura competitiva, com fins lucrativos. Muitas pessoas gostam de criticar o governo dos Estados Unidos por não ser inovador, mas, na área de redes, foram o Departamento de Defesa e a NSF que criaram a infraestrutura que formou a base para a Internet, e depois a entregaram à indústria para cuidar de sua operação. Isso aconteceu porque, quando o Departamento de Defesa pediu à AT&T para criar a ARPANET, ela não valorizou as redes de computadores e recusou-se a criá-la.

Durante a década de 1990, muitos outros países e regiões também construíram redes nacionais de pesquisa, geralmente moldadas de acordo com a ARPANET e a NSFNET. Na Europa, essas redes incluíram EuropaNET e EBONE, que começaram com linhas de 2 Mbps e depois foram atualizadas para linhas de 34 Mbps. Mais tarde, a infraestrutura de rede na Europa também foi entregue à indústria.

A Internet mudou muito desde então. Seu tamanho explodiu com o surgimento da World Wide Web (WWW), no início da década de 1990. Dados recentes do Internet Systems Consortium indicam que o número de hosts visíveis na Internet supera os 600 milhões. Esse número é apenas uma estimativa por baixo, mas ele é muito superior aos poucos milhões de hosts que existiam quando a primeira conferência sobre a WWW foi realizada no CERN, em 1994.

A maneira como usamos a Internet também mudou radicalmente. No início, aplicações como e-mail para acadêmicos, grupos de notícias, login remoto e transferência de arquivos dominavam. Depois, ela passou a ser um e-mail para cada um, depois a Web e a distribuição de conteúdo peer-to-peer, como a Napster, hoje fora de operação. Atualmente, distribuição de mídia em tempo real e redes sociais (p. ex., Twitter e Facebook) estão ganhando cada vez mais força. O tráfego dominante na Internet agora, com certeza, é o streaming de vídeo (p. ex., Netflix e YouTube). Esses desenvolvimentos valorizaram os tipos de mídia da Internet e, portanto, geraram muito mais tráfego, ocasionando mudanças na própria arquitetura da Internet.

Arquitetura da Internet

A arquitetura da Internet também mudou muito por ter crescido de forma explosiva. Nesta seção, apresentaremos uma breve visão geral da Internet atual. O quadro é complicado pelas contínuas reviravoltas nos negócios das empresas telefônicas (telcos), empresas de cabo e ISPs, o que muitas vezes torna difícil saber quem está fazendo o quê. Um fator que impulsiona essas reviravoltas é a convergência das telecomunicações, em que uma rede é usada para fins anteriormente distintos. Por exemplo, em uma "jogada tripla", uma empresa vende seu serviço de telefonia, TV e Internet na mesma conexão de rede por um preço menor que os três serviços custariam individualmente. Consequentemente, esta descrição terá de ser um pouco mais simples que a realidade. E o que é verdade agora pode não ser verdade amanhã.

O quadro geral da arquitetura da Internet é mostrado na Figura 1.16. Agora, vamos examinar cada item dessa figura, começando com um computador doméstico (nas bordas do esquema). Para entrar na Internet, o computador é conectado a um provedor de serviço de Internet, de quem o usuário compra acesso à Internet. Com isso, o computador pode trocar pacotes com todos os outros hosts acessíveis na Internet. Existem muitos tipos diferentes de acesso à Internet, e eles normalmente são distinguidos por quanta largura de banda oferecem e quanto custam, mas o atributo mais importante é a conectividade.

Um modo comum de se conectar de sua casa à Internet é enviando sinais pela infraestrutura de TV a cabo. A rede a cabo, às vezes chamada de rede híbrida fibra-coaxial, ou HFC (**Hybrid Fiber-Coaxial**), é uma única infraestrutura integrada que utiliza um transporte baseado em pacotes, chamado **DOCSIS** (**Data Over Cable Service Interface Specification**), para transmitir diversos serviços de dados, incluindo canais de televisão, dados de alta velocidade e voz. O dispositivo na residência é chamado **modem a cabo**, e o dispositivo no **terminal de cabo** é chamado **CMTS** (**Cable Modem Termination System**). A palavra **modem** é uma contração de "*mo*dulador/*dem*odulador" e refere-se a qualquer dispositivo que faz a conversão entre bits digitais e sinais analógicos.

As redes de acesso são limitadas pela largura de banda da "última milha", ou última perna da transmissão. Durante a última década, o padrão DOCSIS teve avanços e permitiu um throughput significativamente maior para as redes domésticas. O padrão mais recente, DOCSIS 3.1 full duplex, possui suporte a taxas de dados simétricas upstream e downstream, com uma capacidade máxima de 10 Gbps. Outra opção para a implantação da última milha envolve o uso de fibra óptica até as residências, usando uma tecnologia conhecida como **FTTH** (**Fiber to the Home**). Para empresas em áreas comerciais, pode fazer sentido alugar uma linha de transmissão dedicada, de alta velocidade, dos escritórios até o ISP mais próximo. Em grandes cidades de algumas partes do mundo, existem linhas dedicadas de até 10 Gbps; velocidades mais baixas também estão disponíveis. Por exemplo, uma linha T3 trabalha em aproximadamente 45 Mbps. Em outras partes do mundo, especialmente nos países em desenvolvimento, não existe nem cabo nem fibra e, em algumas dessas regiões, o meio predominante de acesso à Internet está saltando diretamente para redes sem fio ou móveis de velocidade mais alta. Na próxima seção, daremos uma ideia do acesso à Internet por meios móveis.

Agora, podemos mover pacotes entre a residência e o ISP. Chamamos o local em que os pacotes do cliente entram na rede do ISP de **ponto de presença**, ou **POP** (**Point**

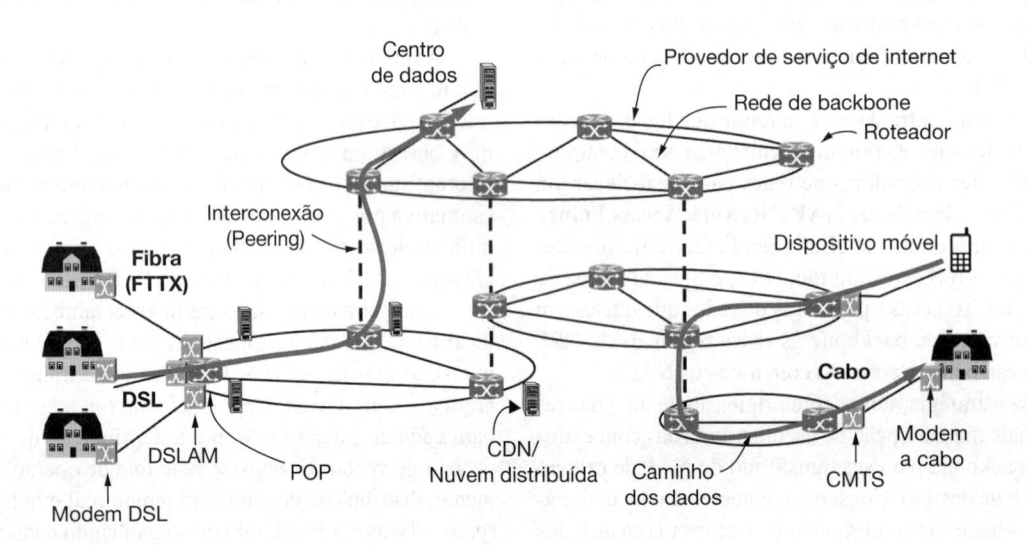

Figura 1.16 Visão geral da arquitetura da Internet.

of Presence). Em seguida, explicaremos como os pacotes são movimentados entre os POPs de diferentes ISPs. Desse ponto em diante, o sistema é totalmente digital e comutado por pacotes.

As redes do ISP podem ter escopo regional, nacional ou internacional. Já vimos que sua arquitetura é composta por linhas de transmissão de longa distância que interconectam roteadores nos POPs nas diferentes cidades que os ISPs atendem. Esse equipamento é chamado de **backbone** do ISP. Se um pacote é destinado para um host servido diretamente pelo ISP, ele é roteado pelo backbone e entregue ao host. Caso contrário, ele deve ser entregue a outro ISP.

Os ISPs conectam suas redes para trocar tráfego nos **IXPs (Internet eXchange Points)**. Diz-se que os ISPs conectados são **emparelhados (peer)**. Existem muitos IXPs em cidades do mundo inteiro. Eles são desenhados verticalmente na Figura 1.16, pois as redes de ISP se sobrepõem geograficamente. Basicamente, um IXP é uma sala cheia de roteadores, pelo menos um por ISP. Uma LAN na sala conecta todos os roteadores, de modo que os pacotes podem ser encaminhados de qualquer backbone ISP para qualquer outro backbone ISP. Os IXPs podem ser instalações grandes e independentes, que competem entre si por negócios. Um dos maiores é o Amsterdam Internet Exchange (AMS-IX), ao qual se conectam mais de 800 ISPs e através do qual são trocados mais de 4000 gigabits (4 terabits) de tráfego *a cada segundo*.

O emparelhamento que ocorre nos IXPs depende dos relacionamentos comerciais entre os ISPs, e existem muitas combinações possíveis. Por exemplo, um ISP pequeno poderia pagar a um ISP maior pela conectividade à Internet para alcançar hosts distantes, assim como um cliente compra o serviço de um provedor de Internet. Nesse caso, diz-se que o ISP pequeno paga pelo **tráfego**. Como alternativa, dois ISPs grandes poderiam decidir trocar tráfego de modo que cada ISP possa entregar algum tráfego ao outro ISP sem pagar por isso. Um dos muitos paradoxos da Internet é que os ISPs que concorrem por clientes uns com os outros publicamente normalmente trabalham em cooperação para realizar o emparelhamento (Metz, 2001).

O caminho que um pacote segue pela Internet depende das escolhas de emparelhamento dos ISPs. Se o ISP que entrega um pacote se emparelhar com o ISP de destino, ele pode entregar o pacote diretamente a seu par. Caso contrário, ele pode rotear o pacote para o local mais próximo em que se conecta a um provedor de trânsito pago, de modo que o provedor possa entregar o pacote. Dois exemplos de caminhos pelos ISPs são desenhados na Figura 1.16. Normalmente, o caminho seguido por um pacote não será o caminho mais curto pela Internet. Ele pode ser o menos congestionado ou o mais barato para os ISPs.

Alguns poucos **provedores de trânsito**, incluindo AT&T e Level 3, operam grandes redes internacionais de backbones, com milhares de roteadores conectados por enlaces de fibra óptica de alta largura de banda. Esses ISPs não pagam pelo trânsito. Eles normalmente são chamados ISPs da **camada 1** e formam o backbone principal da Internet, pois todos os outros devem ser conectar a eles para alcançar a Internet inteira.

Empresas que fornecem muito conteúdo, como Facebook e Netflix, localizam seus servidores em **centros de dados** que estão bem conectados com o restante da Internet. Esses centros de dados são projetados para computadores, não para humanos, e podem estar cheios de racks e mais racks de máquinas, o que chamamos de um **parque de servidores**. A **colocalização** ou a **hospedagem** de centros de dados permite que os clientes coloquem equipamentos como servidores nos POPs do ISP, de modo que possa haver conexões curtas e rápidas entre os servidores e os backbones do ISP. O setor de hospedagem da Internet tornou-se cada vez mais virtualizado, de modo que agora é comum alugar uma máquina virtual, executada em um parque de servidores, em vez de instalar um computador físico. Esses centros de dados são tão grandes (centenas de milhares ou milhões de máquinas) que a eletricidade tem um grande custo, de modo que, às vezes, eles são construídos em locais onde a eletricidade é mais barata. Por exemplo, o Google montou um centro de dados de dois bilhões de dólares em The Dalles, Oregon, porque a cidade está próxima de uma grande hidrelétrica no Rio Columbia, que lhe fornece energia limpa e barata.

Por convenção, a arquitetura da Internet tem sido vista como uma hierarquia, com os provedores de nível 1 no topo e outras redes mais abaixo, dependendo se são grandes redes regionais ou redes de acesso menores, como pode ser visto na Figura 1.17. No entanto, ao longo da última década, essa hierarquia evoluiu e se "achatou" drasticamente (Figura 1.18). O ímpeto para essa mudança foi o surgimento de provedores de conteúdo "hipergigantes", incluindo Google, Netflix, Twitch e Amazon, além de CDNs grandes e distribuídas globalmente, como Akamai, Limelight e Cloudflare. Eles mudaram a arquitetura da Internet mais uma vez. Embora, no passado, esses provedores de conteúdo tivessem que depender de redes de trânsito para entregar conteúdo a ISPs de acesso local, tanto ISPs de acesso quanto provedores de conteúdo se proliferaram e se tornaram tão grandes que muitas vezes se conectam diretamente uns aos outros em muitos locais distintos. Às vezes, o caminho comum da Internet será diretamente do seu ISP de acesso ao provedor de conteúdo. Em alguns casos, o provedor de conteúdo até mesmo hospedará servidores dentro da rede do ISP de acesso.

1.4.2 Redes de telefonia móvel

As redes de telefonia móvel têm mais de cinco bilhões de assinantes no mundo inteiro. Para entender melhor esse número, ele significa aproximadamente 65% da população

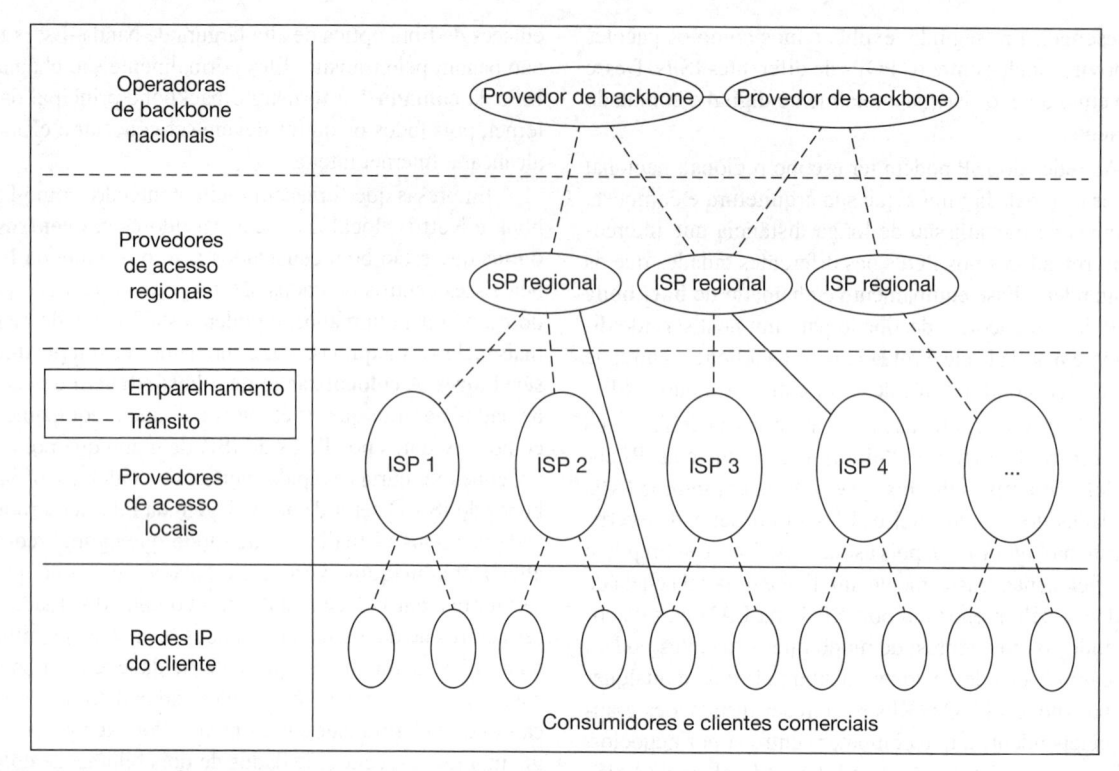

Figura 1.17 A arquitetura da Internet nos anos 1990 seguia uma estrutura hierárquica.

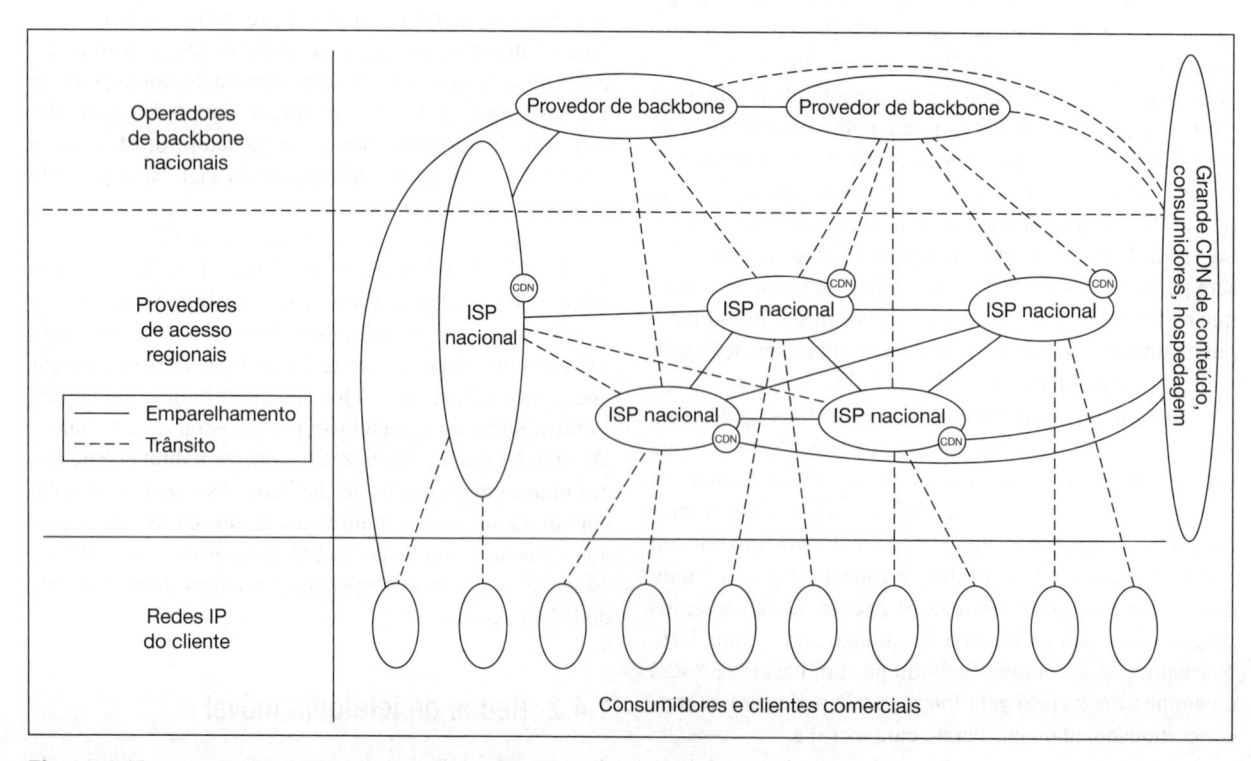

Figura 1.18 Achatamento da hierarquia da Internet.

mundial. Muitos, ou a maioria dos assinantes, têm acesso à Internet por meio de seu dispositivo móvel (ITU, 2016). Em 2018, o tráfego da Internet por redes de telefonia móvel se tornou mais da metade do tráfego on-line global. Consequentemente, o estudo do sistema de telefonia móvel vem em seguida.

Arquitetura da rede de telefonia móvel

A arquitetura da rede de telefonia móvel é muito diferente daquela da Internet. Ela possui várias partes, como mostra a versão simplificada da arquitetura 4G LTE na Figura 1.19. Este é um dos padrões de rede móvel mais comuns, e continuará a ser até que seja substituído pelo 5G, a rede de quinta geração. Em breve, discutiremos a história das diversas gerações.

Em primeiro lugar, existe a **E-UTRAN (Evolved UMTS Terrestrial Radio Access Network)**, que é um nome sofisticado para o protocolo de comunicação por rádio usado pelo ar entre os dispositivo móveis (p. ex., o telefone celular) e a **estação-base celular**, que agora é chamado de **eNodeB**. **UMTS (Universal Mobile Telecommunications System)** é o nome formal da rede de telefonia celular. Os avanços na interface do ar durante as últimas décadas aumentaram bastante as velocidades dos dados sem fio (e ainda estão aumentando). A interface do ar é baseada em **CDMA (Code Division Multiple Access)**, uma técnica que estudaremos no Capítulo 2.

A estação-base da rede celular forma, com seu controlador, a **rede de acesso por rádio**. Essa parte é o lado sem fio da rede de telefonia móvel. O nó controlador ou **RNC (Radio Network Controller)** controla como o espectro é utilizado. A estação-base implementa a interface com o ar.

O restante da rede de telefonia móvel transporta o tráfego para a rede de acesso por rádio. Ela é chamada **núcleo da rede**. Em redes 4G, seu núcleo passou a ser comutado por pacotes, e agora é chamado de **EPC (Evolved Packet Core)**. O núcleo da rede 3G UMTS evoluiu a partir do núcleo da rede usada para o sistema 2G GSM, que veio antes dela; o 4G EPC completou a transição para uma rede de núcleo totalmente comutada por pacotes. O sistema 5G também é totalmente digital. Não há como voltar agora. O analógico está tão morto quanto o pássaro dodô.

Os serviços de dados se tornaram uma parte muito mais importante da rede de telefonia móvel do que costumavam ser, começando com mensagens de texto e os primeiros serviços de dados por pacotes, como **GPRS (General Packet Radio Service)** no sistema GSM. Esses serviços de dados mais antigos funcionavam em dezenas de kbps, mas os usuários queriam velocidades ainda maiores. As redes de telefonia móvel mais novas transportam pacotes de dados em velocidades múltiplas de Mbps. Para comparação, uma chamada de voz é feita a uma taxa nominal de 64 kbps, normalmente três a quatro vezes menos com compactação.

Para transportar todos esses dados, os nós do núcleo da rede UMTS se conectam diretamente a uma rede de comutação de pacotes. O **S-GW (Serving Network Gateway)** e o **P-GW (Packet Data Network Gateway)** entregam pacotes de dados de e para smartphones e se conectam a redes externas de pacotes, como a Internet.

Essa transição deverá continuar nas redes de telefonia móvel do futuro. Os protocolos da Internet são ainda utilizados em smartphones para estabelecer conexões para chamadas de voz por uma rede de dados de pacotes, na forma de VoIP. IP e pacotes são usados desde o acesso via rádio até o acesso ao núcleo da rede. Naturalmente, o modo como as redes IP são projetadas também está mudando para dar melhor suporte à qualidade do serviço. Se isso não ocorrer, problemas com áudio e vídeo picotados não impressionarão os clientes pagantes. Retornaremos a esse assunto no Capítulo 5.

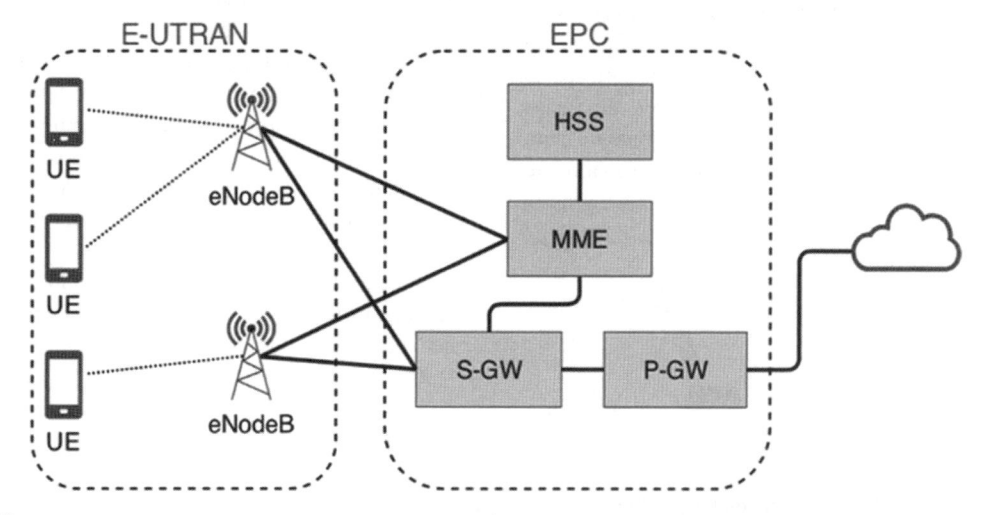

Figura 1.19 Arquitetura simplificada da rede de telefonia móvel 4G LTE.

Outra diferença entre redes de telefonia móvel e a Internet tradicional é a mobilidade. Quando um usuário sai do alcance de uma estação-base celular e entra no alcance de outra, o fluxo de dados deve ser redirecionado da estação-base antiga para a nova. Essa técnica é conhecida como **transferência** (**handover** ou **handoff**), como ilustra a Figura 1.20.

Ou o dispositivo móvel ou a estação-base podem solicitar uma transferência quando a qualidade do sinal cai. Em algumas redes de celular, normalmente nas baseadas na tecnologia CDMA, é possível conectar-se à nova estação-base antes de se desconectar da estação antiga. Isso melhora a qualidade da conexão para o smartphone, pois não existe interrupção no serviço – o aparelho fica conectado a duas estações-base por um pequeno período. Esse modo de fazer uma transferência é chamado de **soft handover**, para distingui-lo do **hard handover**, em que o aparelho se desconecta da estação-base antiga antes de se conectar à nova.

Uma questão relacionada é como encontrar um aparelho móvel em primeiro lugar quando existe uma chamada. Cada rede de telefonia móvel tem um **HSS** (**Home Subscriber Server**) no núcleo da rede, que sabe o local de cada assinante, bem como outras informações de perfil usadas para autenticação e autorização. Desse modo, cada aparelho poderá ser encontrado contatando o HSS.

Uma última área que deve ser discutida é a segurança. Historicamente, as companhias telefônicas têm levado a segurança muito mais a sério do que as empresas da Internet, em razão da necessidade de cobrar pelo serviço e evitar fraudes (no pagamento). Infelizmente, isso não diz muita coisa. Apesar disso, na evolução das tecnologias entre 1G e 5G, as companhias de telefonia móvel conseguiram implementar alguns mecanismos de segurança básicos para os aparelhos móveis.

A partir do sistema 2G GSM, o smartphone foi dividido em um aparelho e um chip removível, contendo as informações de identidade e conta do assinante. O chip é chamado informalmente de **cartão SIM**, abreviação de **Subscriber Identity Module** (módulo de identificação do assinante). Os cartões SIM podem ser trocados para aparelhos diferentes para serem ativados, e oferecem uma base para a segurança. Quando os clientes GSM viajam para outros países, em férias ou a negócios, eles normalmente levam seus aparelhos, mas compram um novo cartão SIM quando chegam em seu destino, a fim de fazer ligações locais sem pagar pelo roaming.

Para reduzir a chance de fraudes, as informações nos cartões SIM também são usadas pela rede de telefonia móvel para autenticar os assinantes e verificar se eles têm permissão para usar a rede. Com UMTS, o aparelho móvel também usa as informações no cartão SIM para verificar se está falando com uma rede legítima.

Outra consideração importante é a privacidade. Os sinais sem fio são transmitidos para todos os receptores vizinhos, de modo que, para dificultar a escuta das conversas, chaves criptográficas no cartão SIM são usadas para encriptar as transmissões. Essa técnica oferece uma privacidade muito melhor do que os sistemas 1G, que eram facilmente interceptados, mas não resolve todos os problemas, em virtude das deficiências nos esquemas de encriptação.

Comutação de pacotes e comutação de circuitos

Desde o início das redes, uma guerra estava sendo travada entre as pessoas que apoiam redes de comutação de pacotes (não orientadas a conexões) e as pessoas que apoiam redes de comutação de circuitos (orientadas a conexões). Os principais proponentes da **comutação de pacotes** vêm da comunidade da Internet. Em um projeto não orientado a conexões, cada pacote é roteado independentemente um do outro. Por conseguinte, se alguns roteadores deixarem de funcionar durante uma sessão de comunicação, nenhum dano será provocado desde que o sistema possa ser reconfigurado dinamicamente, de modo que os pacotes subsequentes encontrem alguma rota até o destino, mesmo que seja diferente daquele que os pacotes anteriores usaram. Em uma rede de comutação de pacotes, se muitos deles chegarem a um roteador durante um intervalo em particular, o roteador sufocará e provavelmente perderá pacotes. Por fim, o emissor notará isso e reenviará os dados, mas a qualidade do serviço sofre, a menos que as aplicações considerem essa variabilidade.

O campo da **comutação de circuitos** vem do mundo das companhias telefônicas. No sistema telefônico convencional, uma pessoa precisa digitar um número e esperar uma conexão antes de falar ou enviar dados. Esse esquema de conexão estabelece uma rota através do sistema telefônico que é mantida até que a chamada termine. Todas as palavras ou pacotes seguem a mesma rota. Se uma linha ou uma central no caminho for interrompida, a chamada é cancelada, tornando-a menos tolerante a falhas do que um projeto não orientado a conexões.

A comutação de circuitos pode dar suporte à qualidade de serviço mais facilmente. Estabelecendo uma conexão com antecedência, a sub-rede pode reservar recursos como largura de banda do enlace, melhor espaço de buffer e de CPU do switch. Se alguém tentar estabelecer uma chamada e não houver recursos suficientes, a chamada é rejeitada e

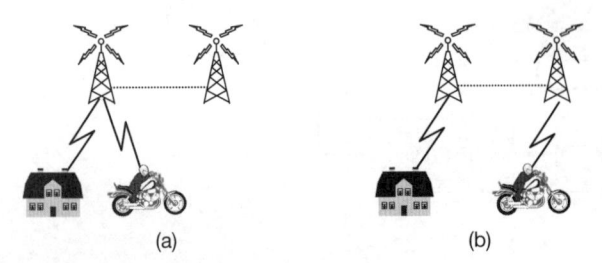

Figura 1.20 Handover de telefone móvel (a) antes e (b) depois.

quem liga recebe um sinal de ocupado. Desse modo, quando uma conexão é estabelecida, a conexão receberá um serviço bom.

A surpresa na Figura 1.19 é que existe equipamento de comutação de pacotes e de circuitos no núcleo da rede. Isso mostra uma rede de telefonia móvel em transição, com as companhias capazes de implementar uma ou, às vezes, ambas as alternativas. As redes de telefonia móvel mais antigas usavam um núcleo comutado por circuitos no estilo da rede telefônica tradicional para transportar chamadas de voz. Esse legado é visto na rede UMTS com os elementos **MSC (Mobile Switching Center)**, **GMSC (Gateway Mobile Switching Center)** e **MGW (Media Gateway)**, que estabelecem conexões por um núcleo de rede com comutação de circuitos, como a **PSTN (Public Switched Telephone Network)**.

Redes de telefonia móvel da antiga geração: 1G, 2G e 3G

A arquitetura da rede de telefonia móvel mudou bastante durante os últimos 50 anos, junto com seu incrível crescimento. Os sistemas de telefonia móvel de primeira geração transmitiam chamadas de voz como sinais com variação contínua (analógicos) em vez de sequências de bits (digitais). O sistema avançado de telefonia móvel, ou **AMPS (Advanced Mobile Phone System)**, implantado nos Estados Unidos em 1982, era um sistema de primeira geração bastante utilizado. Os sistemas de telefonia móvel de segunda geração comutavam para transmitir chamadas de voz em forma digital e aumentar a capacidade, melhorar a segurança e oferecer mensagens de texto. Um exemplo de sistema 2G é o sistema global para comunicações móveis, ou **GSM (Global System for Mobile communications)**, que foi implantado a partir de 1991 e tornou-se o sistema de telefonia móvel mais usado no mundo.

Os sistemas de terceira geração, ou 3G, foram implantados inicialmente em 2001 e oferecem tanto voz digital como serviços de dados digitais de banda larga. Eles também vêm com muito jargão e muitos padrões diferentes à sua escolha. O sistema 3G é vagamente definido pela ITU (uma agência de padrões internacionais que discutiremos mais adiante) como fornecendo velocidades de pelo menos 2 Mbps para usuários parados ou caminhando, e 384 kbps em um veículo em movimento. A rede UMTS é o principal sistema 3G que está sendo rapidamente implantado no mundo inteiro. Ele também é a base para seus diversos sucessores, e pode oferecer até 14 Mbps no downlink (enlace de descida) e quase 6 Mbps no uplink (enlace de subida). Versões futuras usarão antenas múltiplas e rádios para fornecer aos usuários velocidades ainda maiores.

O recurso escasso nos sistemas 3G, assim como nos sistemas 2G e 1G antes deles, é o espectro de radiofrequência. Os governos licenciam o direito de usar partes do espectro para as operadoras de rede de telefonia móvel, em geral usando um leilão de espectro em que as operadoras de rede submetem ofertas. Ter uma parte do espectro licenciado facilita o projeto e a operação dos sistemas, uma vez que ninguém mais tem permissão para transmitir nesse espectro, mas isso normalmente custa muito dinheiro. No Reino Unido em 2000, por exemplo, cinco licenças 3G foram leiloadas por um total de cerca de US$ 40 bilhões.

É a escassez do espectro que ocasionou o projeto de **rede celular** mostrado na Figura 1.21, que agora é usado para as redes de telefonia móvel. Para controlar a interferência de rádio entre os usuários, a área de cobertura é dividida em células. Dentro de uma célula, os usuários recebem canais que não interferem uns com os outros e não causam muita interferência para as células adjacentes. Isso permite uma boa reutilização do espectro, ou **reutilização de frequência**, nas células vizinhas, o que aumenta a capacidade da rede. Nos sistemas 1G, que transportavam cada canal de voz em uma banda de frequência específica, as frequências eram cuidadosamente escolhidas, de modo que não entrassem em conflito com as células vizinhas. Desse modo, uma dada frequência só poderia ser reutilizada uma vez em várias células. Os sistemas 3G modernos permitem que cada célula utilize todas as frequências, mas de um modo que resulte em um nível tolerável de interferência com as células vizinhas. Existem variações no projeto celular, incluindo o uso de antenas direcionais ou setorizadas nas torres das células, para reduzir ainda mais a interferência, mas a ideia básica é a mesma.

Redes de telefonia móvel modernas: 4G e 5G

As redes de telefonia móvel se destinam a desempenhar um grande papel nas redes futuras. Elas agora são mais usadas para aplicativos de banda larga móvel (p. ex., acessar a Web pelo telefone) do que chamadas de voz, e isso tem implicações importantes para as interfaces do ar, arquitetura do núcleo da rede e segurança de redes futuras. As tecnologias 4G, mais tarde 4G LTE (Long Term Evolution) que oferecem velocidades mais rápidas, surgiram no final dos anos 2000.

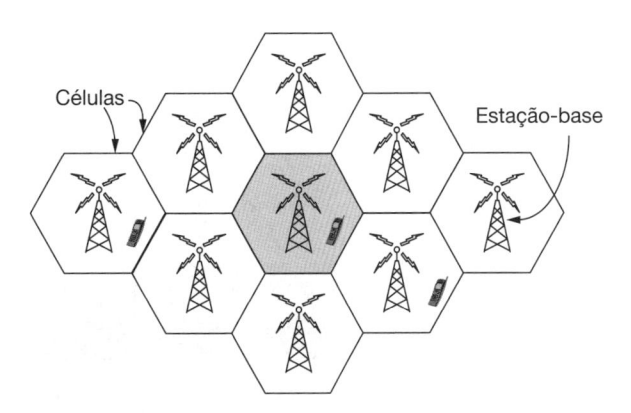

Figura 1.21 Projeto celular das redes de telefonia móvel.

As redes 4G LTE rapidamente se tornaram o modo predominante de acesso à Internet móvel no final dos anos 2000, vencendo concorrentes como o 802.16, às vezes chamado de **WiMAX**. As tecnologias 5G prometem velocidades mais rápidas – até 10 Gbps – e agora estão definidas para implantação em grande escala no início dos anos 2020. Uma das principais distinções entre essas tecnologias é o espectro de frequência do qual dependem. Por exemplo, 4G usa bandas de frequência de até 20 MHz; em contraste, o 5G é projetado para operar em bandas de frequência muito mais altas, de até 6 GHz. O desafio ao passar para frequências mais altas é que os sinais não viajam tão longe quanto as frequências mais baixas, de modo que a tecnologia deve levar em consideração a atenuação do sinal, interferência e erros, utilizando algoritmos e tecnologias mais recentes, conjuntos de antenas múltiplas para entrada e saída (MIMO). As micro-ondas curtas nessas frequências também são facilmente absorvidas pela água, exigindo esforços especiais para que funcionem quando estiver chovendo.

1.4.3 Redes sem fio (WiFi)

Quase na mesma época em que surgiram os notebooks, muitas pessoas sonhavam com o dia em que entrariam em um escritório e, como mágica, seus aparelhos se conectariam à Internet. Diversos grupos começaram a trabalhar para descobrir maneiras de alcançar esse objetivo. A abordagem mais prática é equipar o escritório e os notebooks com transmissores e receptores de rádio de ondas curtas para permitir a comunicação entre eles.

O trabalho nessa área rapidamente levou à comercialização de LANs sem fio por várias empresas. O problema era encontrar duas delas que fossem compatíveis. Essa proliferação de padrões significava que um computador equipado com um rádio da marca X não funcionaria em uma sala equipada com uma estação-base da marca Y. Em meados da década de 1990, a indústria decidiu que um padrão de LAN sem fio poderia ser uma boa ideia e, assim, o comitê do IEEE que padronizou as LANs com fio recebeu a tarefa de elaborar um padrão de LANs sem fio.

A primeira decisão foi a mais fácil: como denominá-lo. Todos os outros padrões de LANs produzidos pelo comitê de padrões 802 do IEEE tinham números como 802.1, 802.2, 802.3, até 802.10; assim, o padrão de LAN sem fio recebeu a denominação 802.11, uma ideia brilhante. Uma gíria comum para ela é **WiFi**, mas esse é um padrão importante e merece respeito, de modo que o chamaremos pelo seu nome correto, 802.11. Many variants and versions of the 802.11 standard have emerged and evolved over the years.

Depois de definir o nome, o restante era mais difícil. O primeiro problema foi descobrir uma banda de frequência adequada que estivesse disponível, de preferência em todo o mundo. A técnica empregada foi o oposto da que foi usada nas redes de telefonia móvel. Em vez do caro espectro licenciado, os sistemas 802.11 operam nas bandas não licenciadas, como as bandas **ISM** (**Industrial, Scientific, and Medical**) definidas pela ITU-R (p. ex., 902-928 MHz, 2,4-2,5 GHz, 5,725-5,825 GHz). Todos os dispositivos têm permissão para usar esse espectro, desde que limitem sua potência de transmissão para permitir a coexistência de diferentes dispositivos. Naturalmente, isso significa que os rádios 802.11 podem estar competindo com telefones sem fio, controles para abertura de portas de garagem e fornos de micro-ondas. Assim, a não ser que os projetistas pensem que as pessoas desejarão ligar para as portas de suas garagens, é importante resolver isso.

As redes 802.11 são compostas de clientes, como notebooks e smartphones, e infraestrutura chamada **pontos de acesso**, ou **APs** (**Access Points**), que são instalados nos prédios. Os pontos de acesso também são chamados de **estações-base**. Eles se conectam à rede cabeada, e toda a comunicação entre os clientes passa por um ponto de acesso. Também é possível que os clientes no alcance do rádio falem diretamente, como dois computadores em um escritório sem um ponto de acesso. Esse arranjo é chamado de **rede ad hoc**, usado com muito menos frequência do que o modo de ponto de acesso. Os dois modos aparecem na Figura 1.22.

A transmissão 802.11 é complicada pelas condições da rede sem fio, que variam até mesmo com pequenas

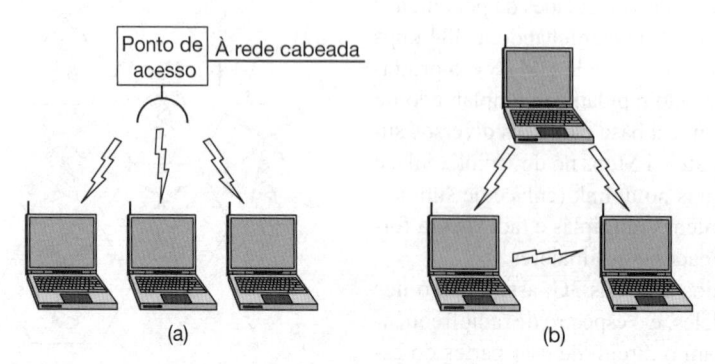

Figura 1.22. (a) Rede sem fio com um ponto de acesso. (b) Rede ad hoc.

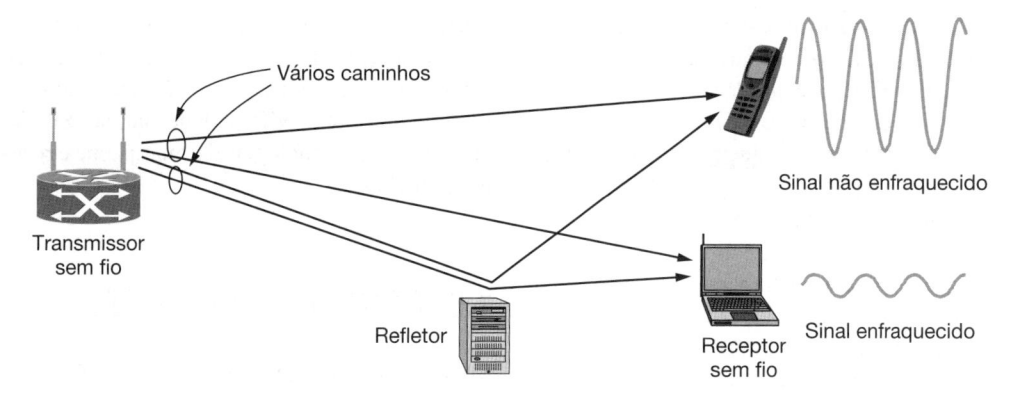

Figura 1.23 Enfraquecimento por múltiplos caminhos.

mudanças no ambiente. Nas frequências usadas para 802.11, os sinais de rádio podem ser refletidos por objetos sólidos, de modo que vários ecos de uma transmissão podem alcançar um receptor por diferentes caminhos. Os ecos podem cancelar ou reforçar um ao outro, fazendo o sinal recebido flutuar bastante. Esse fenômeno é chamado **enfraquecimento por múltiplos caminhos** (ou **multipath fading**) e pode ser visto na Figura 1.23.

A ideia-chave para contornar as condições variáveis da rede sem fio é a **diversidade de caminhos**, ou o envio de informações por vários caminhos independentes. Desse modo, a informação provavelmente será recebida mesmo que um deles seja ruim, devido a um enfraquecimento. Esses caminhos independentes normalmente são embutidos no esquema de modulação digital, usado no hardware. As opções incluem usar diferentes frequências pela banda permitida, seguir diferentes caminhos espaciais entre diferentes pares de antenas ou repetir os bits por diferentes períodos.

Distintas versões do 802.11 têm usado todas essas técnicas. O padrão inicial (de 1997) definia uma LAN sem fio que funcionava a 1 Mbps ou 2 Mbps pelo salto entre frequências ou espalhamento do sinal pelo espectro permitido. Quase imediatamente, as pessoas reclamaram que ela era muito lenta, de modo que o trabalho foi iniciado com padrões mais rápidos. O projeto do espectro espalhado foi estendido e tornou-se o padrão 802.11b (1999), funcionando em velocidades de até 11 Mbps. Os padrões 802.11a (1999) e 802.11g (2003) passaram para um esquema de modulação diferente, chamado **multiplexação ortogonal por divisão de frequência**, ou **OFDM** (**Orthogonal Frequency Division Multiplexing**). Este divide uma banda larga do espectro em muitas fatias estreitas, sobre as quais diferentes bits são enviados em paralelo. Esse esquema melhorado, que estudaremos no Capítulo 2, aumentou as velocidades do 802.11a/g para 54 Mbps. Esse é um aumento significativo, mas as pessoas ainda queriam mais vazão para dar suporte a usos mais exigentes. A versão mais recente do padrão oferece velocidades mais altas para dados. O 802.11ac, comumente empregado, pode alcançar 3,5 Gbps. O padrão 802.11ad, mais recente, pode chegar a 7 Gbps, mas apenas dentro de um único ambiente, pois as ondas de rádio nas frequências utilizadas não atravessam as paredes com facilidade.

Como o meio sem fio é inerentemente de difusão, os dispositivos 802.11 também precisam lidar com o problema de que múltiplas transmissões que são enviadas ao mesmo tempo colidirão, podendo interferir na recepção. Para lidar com esse problema, o 802.11 usa um esquema de **acesso múltiplo com detecção de portadora**, **CSMA** (**Carrier Sense Multiple Access**), com base nas ideias da rede Ethernet clássica com fio, que, ironicamente, se baseava em uma antiga rede sem fio desenvolvida no Havaí, chamada **ALOHA**. Os computadores esperam por um intervalo aleatório antes de transmitir, e adiam suas transmissões se descobrirem que mais alguém já está transmitindo. Esse esquema torna menos provável que dois computadores enviem ao mesmo tempo. Contudo, ele não funciona tão bem quanto no caso das redes com fio. Para entender por que, examine a Figura 1.24. Suponha que o computador A esteja transmitindo para o computador B, mas o alcance de rádio do transmissor de A é muito curto para chegar ao computador C. Se C quiser transmitir para B, ele pode escutar antes de começar, mas o fato de que ele não escuta nada não significa

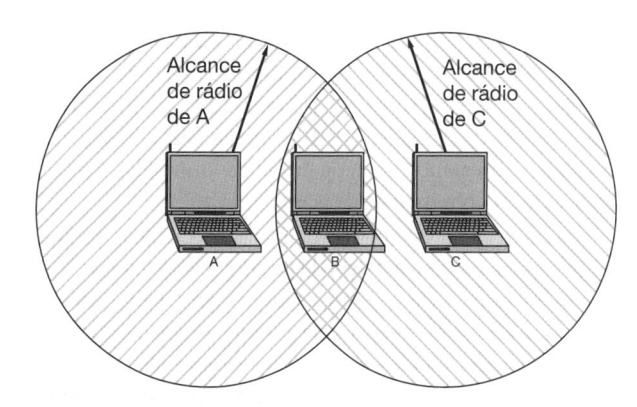

Figura 1.24 O alcance de um único rádio pode não abranger o sistema inteiro.

que sua transmissão terá sucesso. A impossibilidade de *C* escutar *A* antes de começar faz com que ocorram colisões. Depois de qualquer colisão, o emissor então espera outro tempo aleatório maior e retransmite o pacote. Apesar disso e de algumas outras questões, o esquema funciona muito bem na prática.

Outro problema é a mobilidade. Se um cliente móvel se afastar do ponto de acesso que está usando e seguir para o alcance de um ponto de acesso diferente, é preciso haver alguma forma de transferência (handover). A solução é que uma rede 802.11 pode consistir em múltiplas células, cada uma com seu próprio ponto de acesso, e um sistema de distribuição que as conecta. O sistema de distribuição normalmente é a Ethernet comutada, mas ele pode usar qualquer tecnologia. À medida que os clientes se movem, eles podem encontrar outro ponto de acesso com um sinal melhor que o usado atualmente e mudar sua associação. De fora, o sistema inteiro se parece com uma única LAN com fio.

Assim, a mobilidade no 802.11 tem sido limitada em comparação com a mobilidade na rede de telefonia móvel. Normalmente, o 802.11 é usado por clientes que vão de um local fixo para outro, em vez de ser usado em trânsito. A mobilidade não é realmente necessária para esse tipo de uso. Até mesmo quando a mobilidade do 802.11 é usada, ela se estende por uma única rede 802.11, que poderia cobrir, no máximo, um prédio grande. Futuros esquemas precisarão oferecer mobilidade por diferentes redes e diferentes tecnologias (p. ex., 802.21, que cuida da transferência entre redes cabeadas e sem fio).

Finalmente, existe o problema da segurança. Como as transmissões sem fio são feitas por radiodifusão, é fácil que computadores vizinhos recebam pacotes de informações que não foram solicitados por eles. Para evitar isso, o padrão 802.11 incluiu um esquema de encriptação conhecido como **WEP** (**Wired Equivalent Privacy**). A ideia foi tornar a segurança da rede sem fio semelhante à segurança da rede cabeada. Essa é uma boa ideia, mas infelizmente o esquema tinha falhas e logo foi quebrado (Borisov et al., 2001). Desde então, ele foi substituído por esquemas mais recentes, que possuem diferentes detalhes criptográficos no padrão 802.11i, também chamado **WiFi Protected Access**, inicialmente **WPA** e agora substituído pelo **WPA2**, além de protocolos mais sofisticados, como **802.1X**, que permite a autenticação do ponto de acesso ao cliente, baseada em certificados, bem como uma série de outras formas de o cliente se autenticar com o ponto de acesso.

O 802.11 causou uma revolução nas redes sem fio, que ainda deverá continuar. Além de prédios, ele agora está instalado em trens, aviões, barcos e automóveis, de modo que as pessoas podem navegar pela Internet enquanto viajam. Os smartphones e todos os tipos de aparelhos de consumo, de consoles de jogos a câmeras digitais, podem se comunicar com ele. Há ainda uma convergência do 802.11 com outros tipos de tecnologias móveis; um exemplo importante dessa convergência é o **LTE-Unlicensed** (**LTE-U**), que é uma adaptação da tecnologia 4G LTE de rede celular, que lhe permite operar no espectro não licenciado, uma alternativa aos "hotspots" WiFi pertencentes ao ISP. Voltaremos a ver todas essas tecnologias de smartphone e redes celulares no Capítulo 4.

1.5 PROTOCOLOS DE REDE

Começamos esta seção com uma discussão sobre os objetivos de projeto de diversos protocolos de rede. Em seguida, exploraremos um conceito central no projeto de protocolo de rede: as camadas. Depois, falaremos sobre serviços orientados e não orientados a conexões, bem como sobre as primitivas de serviço específicas que dão suporte a esses serviços.

1.5.1 Objetivos de projeto

Geralmente, os protocolos de rede compartilham um conjunto comum de objetivos de projeto, que incluem confiabilidade (a capacidade de se recuperar de erros, defeitos ou falhas), alocação de recursos (compartilhamento de acesso a um recurso comum e limitado), capacidade de evolução (que permite a implantação incremental de melhorias ao longo do tempo) e segurança (defesa da rede contra diversos tipos de ataques). Nesta seção, exploramos cada um desses objetivos em um alto nível.

Confiabilidade

Alguns dos principais aspectos de projeto que ocorrem nas redes de computadores aparecerão camada após camada. A seguir, mencionaremos rapidamente os mais importantes.

Confiabilidade é a questão de projeto de criar uma rede que opere corretamente, embora sendo composta por uma coleção de componentes que não são confiáveis. Pense nos bits de um pacote trafegando pela rede. Há uma chance de que alguns deles sejam recebidos com problemas (invertidos) em virtude de um ruído elétrico casual, sinais sem fio aleatórios, falhas de hardware, bugs de software, e assim por diante. Como é possível encontrar e consertar esses erros?

Um mecanismo para localizar erros na informação recebida usa códigos para **detecção de erros**. As informações recebidas incorretamente podem, então, ser retransmitidas até que sejam recebidas corretamente. Códigos mais poderosos permitem a **correção de erros**, em que a mensagem correta é recuperada a partir de bits possivelmente incorretos, que foram recebidos originalmente. Esses dois mecanismos funcionam acrescentando informações redundantes. Eles são usados nas camadas baixas, para proteger os pacotes enviados por enlaces individuais, e nas camadas altas, para verificar se o conteúdo correto foi recebido.

Outra questão de confiabilidade é descobrir um caminho que funcione através de uma rede. Normalmente, existem vários caminhos entre origem e destino e, em uma rede grande, pode haver alguns enlaces ou roteadores com defeito. Suponha que a rede esteja parada em Berlim. Os pacotes enviados de Londres a Roma por Berlim não passarão, mas poderíamos enviar pacotes de Londres a Roma por Paris. A rede deve tomar essa decisão automaticamente. Esse tópico é chamado de **roteamento**.

Alocação de recursos

Uma segunda questão de projeto é a alocação de recursos. Quando as redes ficam grandes, aparecem novos problemas. As cidades podem ter congestionamentos, falta de números de telefone e é fácil se perder dentro delas. Poucas pessoas têm esses problemas em seu próprio bairro, mas, em uma cidade inteira, eles podem ser um grande transtorno. Projetos que continuam a funcionar bem quando a rede fica grande são considerados **escaláveis**. As redes oferecem um serviço aos hosts a partir de seus recursos subjacentes, como a capacidade de linhas de transmissão. Para fazer isso bem, elas precisam de mecanismos que dividem seus recursos de modo que um host não interfira muito em outro.

Muitos projetos compartilham a largura de banda da rede dinamicamente, de acordo com a necessidade dos hosts em curto prazo, em vez de dar a cada host uma fração fixa da largura de banda, que ele pode ou não utilizar. Esse projeto é chamado **multiplexação estatística**, que significa compartilhar com base nas estatísticas de demanda. Ele pode ser aplicado às camadas inferiores para um único enlace, nas camadas altas para uma rede ou mesmo em aplicações que usam a rede.

Uma questão de alocação que afeta cada nível é como impedir que um transmissor rápido envie uma quantidade excessiva de dados a um receptor mais lento. Normalmente, usa-se uma espécie de feedback do receptor para o transmissor. Esse tópico é chamado **controle de fluxo**. Às vezes, o problema é que a rede fica sobrecarregada porque muitos computadores querem enviar muito tráfego e a rede não pode entregar tudo isso. A sobrecarga da rede é chamada de **congestionamento**. Uma estratégia é que cada computador reduza sua demanda quando experimentar um congestionamento, e isso pode ser usado em todas as camadas.

É interessante observar que a rede tem mais recursos a oferecer do que simplesmente largura de banda. Para usos como o transporte de vídeo ao vivo, a prontidão na entrega importa muito. A maioria das redes precisa oferecer serviço às aplicações que desejam essa entrega em **tempo real** ao mesmo tempo que oferece serviço a aplicações que desejam uma alta vazão. A **qualidade de serviço** é o nome dado aos mecanismos que reconciliam essas demandas concorrentes.

Capacidade de evolução

Outra questão de projeto refere-se à evolução da rede. Com o tempo, as redes se tornam maiores e novos projetos precisam ser conectados à rede existente. Vimos o mecanismo-chave de estrutura usado para dar suporte à mudança, dividindo o problema geral e ocultando detalhes da implementação: as **camadas de protocolos**. Mas há muitas outras estratégias à disposição dos projetistas.

Como existem muitos computadores na rede, cada camada precisa de um mecanismo para identificar transmissores e receptores envolvidos em uma determinada mensagem. Esse mecanismo é conhecido como **endereçamento** ou **nomeação**, nas camadas baixa e alta, respectivamente.

Um aspecto do crescimento é que diferentes tecnologias de rede normalmente têm diferentes limitações. Por exemplo, nem todos os canais de comunicação preservam a ordem das mensagens enviadas neles, ocasionando soluções que as numeram. Outro exemplo são as diferenças no tamanho máximo de uma mensagem que as redes podem transmitir. Isso ocasiona mecanismos para dividir, transmitir e depois juntá-las novamente. Esse tópico geral é chamado de **interligação de redes**.

Segurança

A última questão de projeto trata de proteger a rede, defendendo-a contra diferentes tipos de ameaças. Uma das ameaças que mencionamos anteriormente é a bisbilhotagem nas comunicações. Mecanismos que oferecem **confidencialidade** defendem contra essa ameaça e são usados em várias camadas. Os mecanismos para **autenticação** impedem que alguém finja ser outra pessoa. Eles poderiam ser usados para diferenciar websites falsos de um banco real, ou para permitir verificar se uma chamada da rede celular está realmente vindo de seu telefone, para que você pague a conta correta. Outras ferramentas para **integridade** impedem mudanças clandestinas nas mensagens, como alterar "debite US$ 10 da minha conta" para "debite US$ 1.000 da minha conta". Todos esses projetos são baseados em criptografia, que estudaremos no Capítulo 8.

1.5.2 Camadas de protocolos

Para reduzir a complexidade de seu projeto, a maioria das redes é organizada como uma pilha de **camadas** (ou **níveis**), colocadas umas sobre as outras. O número, o nome, o conteúdo e a função de cada camada diferem de uma rede para outra. No entanto, em todas as redes, o objetivo de cada camada é oferecer determinados serviços às camadas superiores, isolando-as dos detalhes de implementação real desses serviços oferecidos. Em certo sentido, cada camada é uma espécie de máquina virtual, oferecendo determinados serviços à camada situada acima dela.

Na realidade, esse conceito é familiar e utilizado em toda a ciência da computação, na qual é conhecido por diferentes nomes, como ocultação de informações, tipos de dados abstratos, encapsulamento de dados e programação orientada a objetos. A ideia fundamental é que um determinado item de software (ou hardware) forneça um serviço a seus usuários, mas mantenha ocultos os detalhes de seu estado interno e de seus algoritmos.

Quando a camada *n* de uma máquina se comunica com a camada *n* de outra máquina, coletivamente, as regras e convenções usadas nesse diálogo são conhecidas como o protocolo da camada *n*. Basicamente, um **protocolo** é um acordo entre as partes que se comunicam, estabelecendo como se dará a comunicação. Como analogia, quando uma mulher é apresentada a um homem, ela pode estender a mão para ele que, por sua vez, pode apertá-la ou beijá-la, dependendo, por exemplo, do fato de ela ser uma advogada norte-americana que esteja participando de uma reunião de negócios ou uma princesa europeia presente em um baile de gala. A violação do protocolo dificultará a comunicação, se não torná-la completamente impossível.

A Figura 1.25 ilustra uma rede de cinco camadas. As entidades que ocupam as camadas correspondentes em diferentes máquinas são chamadas pares (ou **peers**). Os pares podem ser processos de software, dispositivos de hardware, ou mesmo seres humanos. Em outras palavras, são os pares que se comunicam utilizando o protocolo.

Na realidade, os dados não são transferidos diretamente da camada *n* de uma máquina para a camada *n* em outra máquina. Em vez disso, cada camada transfere os dados e as informações de controle para a camada imediatamente abaixo dela, até a camada mais baixa ser alcançada. Abaixo da camada 1 encontra-se o **meio físico** por meio do qual ocorre a comunicação propriamente dita. Na Figura 1.25, a comunicação virtual é representada por linhas pontilhadas, e a comunicação física por linhas contínuas.

Entre cada par de camadas adjacentes existe uma **interface**, que define as operações e os serviços que a camada inferior tem a oferecer à camada acima dela. Quando os projetistas de rede decidem a quantidade de camadas que será incluída em uma rede e o que cada uma delas deve fazer, uma das considerações mais importantes é a definição de interfaces claras entre as camadas. Isso exige que cada camada execute um conjunto específico de funções bem definidas. Além de reduzir o volume de informações que deve ser passado de uma camada para outra, as interfaces bem definidas também simplificam a substituição de uma camada por um protocolo ou implementação completamente diferentes. Por exemplo, imagine a substituição de todas as linhas telefônicas por canais de satélite, pois o novo protocolo ou a nova implementação só precisa oferecer exatamente o mesmo conjunto de serviços à sua vizinha de cima, assim como era feito na implementação anterior. É comum que hosts diferentes utilizem implementações distintas do mesmo protocolo (normalmente, escrito por empresas diferentes). De fato, o próprio protocolo pode mudar em alguma camada sem que as camadas acima e abaixo dela sequer percebam.

Um conjunto de camadas e protocolos é chamado de **arquitetura de rede**. A especificação de uma arquitetura deve conter informações suficientes para permitir que um implementador desenvolva o programa ou construa o hardware de cada camada de forma que ela obedeça corretamente ao protocolo adequado. Nem os detalhes da implementação nem a especificação das interfaces pertencem à arquitetura, pois tudo fica oculto dentro das máquinas e

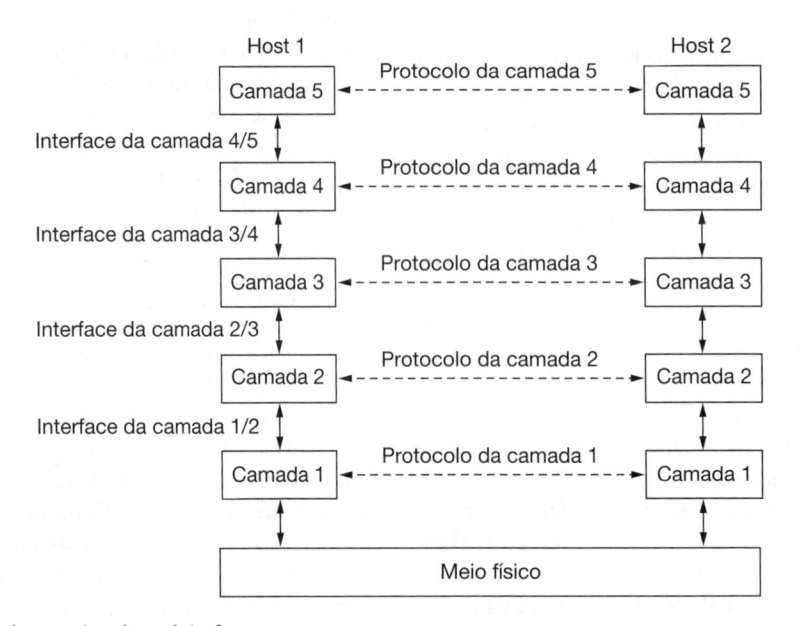

Figura 1.25 Camadas, protocolos e interfaces.

não é visível do exterior. Nem sequer é necessário que as interfaces de todas as máquinas de uma rede sejam iguais, desde que cada uma delas possa usar todos os protocolos da maneira correta. Uma lista de protocolos usados por um determinado sistema, um protocolo por camada, é chamada de **pilha de protocolos**. Arquiteturas de rede, pilhas de protocolos e os próprios protocolos são os principais assuntos deste livro.

Uma analogia pode ajudar a explicar a ideia de uma comunicação em várias camadas. Imagine dois filósofos (processos pares na camada 3), um dos quais fala urdu e português e o outro fala chinês e francês. Como não falam um idioma comum, eles contratam tradutores (processos pares na camada 2), que por sua vez têm cada qual uma secretária (processos pares na camada 1). O filósofo 1 deseja transmitir sua predileção por *oryctolagus cuniculus* a seu par. Para tal, ele envia uma mensagem (em português) através da interface 2/3 a seu tradutor, na qual diz "Gosto de coelhos", como mostra a Figura 1.26. Como os tradutores resolveram usar um idioma neutro, o holandês, conhecido de ambos, a mensagem foi convertida para "Ik vind konijnen leuk". A escolha do idioma é o protocolo da camada 2, que deve ser processada pelos pares dessa camada.

O tradutor entrega a mensagem a uma secretária para ser transmitida, por exemplo, por fax (o protocolo da camada 1). Quando chega, a mensagem é traduzida para o francês e passada através da interface 2/3 para o segundo filósofo. Observe que cada protocolo é totalmente independente dos demais, desde que as interfaces não sejam alteradas. Nada impede que os tradutores mudem do holandês para o finlandês, desde que ambos concordem com a modificação e que ela não afete sua interface com a camada 1 ou com a camada 3. De modo semelhante, as secretárias podem passar de fax para correio eletrônico ou telefone sem atrapalhar (ou mesmo informar) as outras camadas. Cada processo só pode acrescentar informações dirigidas a seu par, e elas não são enviadas à camada superior.

Vejamos agora um exemplo mais técnico: como oferecer comunicação à camada superior da rede de cinco camadas na Figura 1.27. Uma mensagem, *M*, é produzida pelo processo de uma aplicação que funciona na camada 5 e é entregue à camada 4 para transmissão. A camada 4 coloca um **cabeçalho** no início da mensagem para identificá-la e envia o resultado à camada 3. O cabeçalho inclui informações de controle, como endereços, a fim de permitir que a camada 4 da máquina de destino entregue a mensagem. Outros exemplos de informação de controle usados em algumas camadas são números de sequência (caso a camada inferior não preserve a ordem da mensagem), tamanhos e tempos.

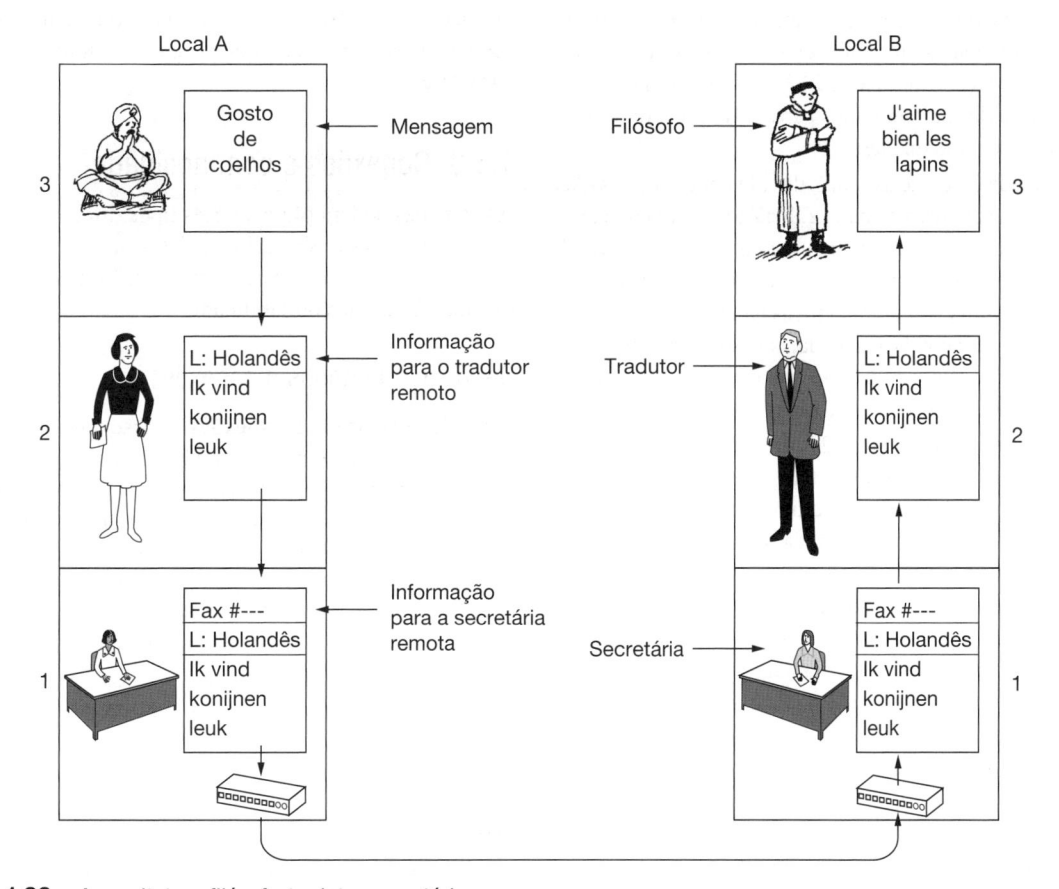

Figura 1.26 A arquitetura filósofo-tradutor-secretária.

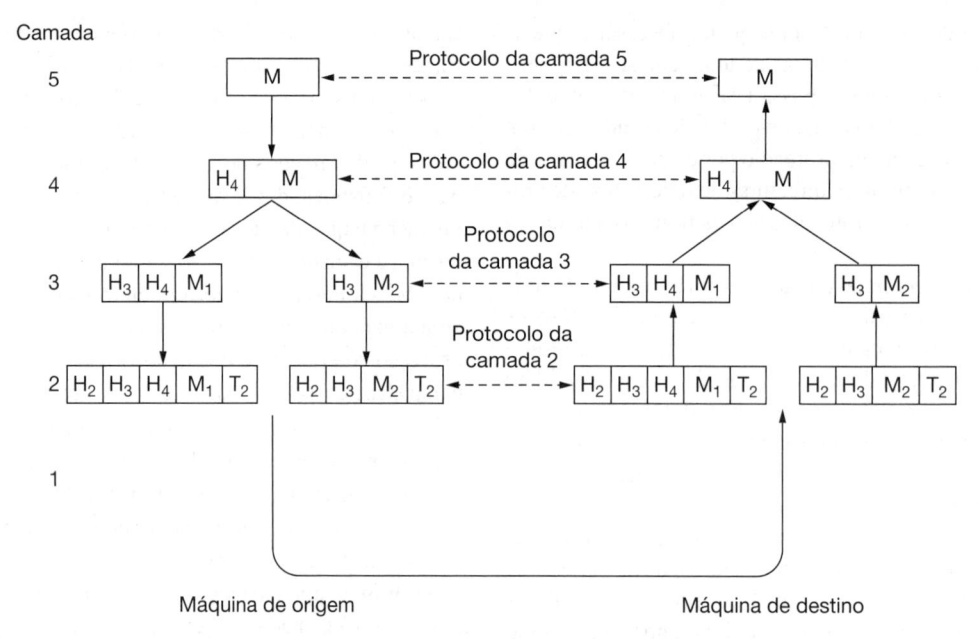

Figura 1.27 Exemplo de fluxo de informações que admite a comunicação virtual na camada 5.

Em muitas redes, não há limite para o tamanho das mensagens transmitidas no protocolo da camada 4, mas quase sempre há um limite imposto pelo protocolo da camada 3. Consequentemente, a camada 3 deve dividir as mensagens recebidas em unidades menores, pacotes, anexando um cabeçalho da camada 3 a cada pacote. Nesse exemplo, M é dividido em duas partes, M_1 e M_2, que serão transmitidas separadamente.

A camada 3 decide as linhas de saída que serão usadas e transmite os pacotes à camada 2. Esta acrescenta não apenas um cabeçalho a cada fragmento, mas também um final, e fornece a unidade resultante à camada 1 para transmissão física. Na máquina receptora, a mensagem se move de baixo para cima, de camada a camada, com os cabeçalhos sendo retirados durante o processo. Nenhum dos cabeçalhos das camadas abaixo de n é repassado à camada n.

Para entender a Figura 1.27, é importante observar a relação entre a comunicação virtual e a comunicação real, e a diferença entre protocolos e interfaces. Por exemplo, para os processos pares na camada 4, sua comunicação é "horizontal", utilizando o protocolo da camada 4. O procedimento de cada um deles tem um nome semelhante a *EnviarParaOutroLado* e *ReceberDoOutroLado*, embora esses procedimentos na realidade se comuniquem com camadas inferiores através da interface 3/4, e não com o outro lado.

A abstração de processos pares (peers) é fundamental para toda a estrutura da rede. Com sua utilização, a difícil tarefa de projetar a rede completa pode ser dividida em diversos problemas de projeto menores e mais fáceis, ou seja, projetos de camadas individuais. Por conseguinte, na prática, todas as redes utilizam camadas.

Vale a pena lembrar que as camadas inferiores de uma hierarquia de protocolos costumam ser implementadas no hardware ou como firmware. Apesar disso, algoritmos de protocolo muito complexos estão envolvidos no processo, mesmo se estiverem embutidos (parcial ou totalmente) no hardware.

1.5.3 Conexões e confiabilidade

As camadas podem oferecer dois tipos diferentes de serviços às camadas situadas acima delas: orientados a conexões e não orientados a conexões. Elas também podem oferecer diversos níveis de confiabilidade.

Serviços orientados a conexões

O serviço **orientado a conexões** se baseia no sistema telefônico. Para falar com alguém, você tira o fone do gancho, digita o número, fala e, em seguida, desliga. Da mesma forma, para utilizar um serviço de rede orientado a conexões, primeiro o usuário estabelece uma conexão, a utiliza, e depois a libera. O aspecto essencial de uma conexão é que ela funciona como um tubo: o transmissor empurra objetos (bits) em uma extremidade, e eles são recebidos pelo receptor na outra extremidade. Na maioria dos casos, a ordem é preservada, de forma que os bits chegam na sequência em que foram enviados.

Em alguns casos, quando uma conexão é estabelecida, o transmissor, o receptor e a sub-rede conduzem uma **negociação** sobre os parâmetros a serem usados, como o tamanho máximo das mensagens, a qualidade do serviço exigida e outras questões. Em geral, um lado faz uma proposta e a outra parte pode aceitá-la, rejeitá-la ou fazer uma contraproposta. Um **circuito** é outro nome para uma conexão com recursos associados, como uma largura de banda fixa. Isso vem desde a rede telefônica, em que um circuito era um caminho pelo fio de cobre que transportava uma conversa telefônica.

Serviços não orientados a conexões

Ao contrário do serviço orientado a conexões, o serviço **não orientado a conexões** se baseia no sistema postal. Cada mensagem (carta) carrega o endereço de destino completo e cada uma delas é roteada pelos nós intermediários através do sistema, independentemente de todas as outras mensagens. Existem diferentes nomes para mensagens em diferentes contextos; um **pacote** é uma mensagem na camada de rede. Quando os nós intermediários recebem uma mensagem completa antes de enviá-la para o próximo nó, isso é chamado de **comutação store-and-forward**. A alternativa, em que a transmissão de uma mensagem em um nó começa antes de ser completamente recebida por ele, é chamada de **comutação cut-through**. Normalmente, quando duas mensagens são enviadas ao mesmo destino, a primeira a ser enviada é a primeira a chegar. No entanto, é possível que a primeira mensagem a ser enviada esteja atrasada, de modo que a segunda chegue primeiro.

Nem todas as aplicações exigem o uso de conexões. Por exemplo, muitos usuários enviam e-mails indesejados para muitos destinatários. O serviço não orientado a conexões é não confiável (o que significa não confirmado) geralmente é chamado de serviço de **datagrama**, uma analogia ao serviço de telegrama, que também não retorna uma confirmação ao remetente.

Confiabilidade

Os serviços orientados e não orientados a conexões podem ser caracterizados por sua confiabilidade. Alguns são confiáveis, no sentido de nunca perderem dados. Em geral, um serviço confiável é implementado para que o receptor confirme o recebimento de cada mensagem, de modo que o transmissor certifique-se de que ela chegou. O processo de confirmação introduz overhead e atrasos, que normalmente compensam, mas às vezes o preço que precisa ser pago pela confiabilidade é muito alto.

Uma situação típica em que um serviço orientado a conexões confiável é apropriado é a transferência de arquivos. O proprietário do arquivo deseja se certificar de que todos os bits chegaram corretamente e na mesma ordem em que foram enviados. São poucos os clientes de transferência de arquivos que preferem um serviço que ocasionalmente desorganiza ou perde alguns bits, mesmo que ele seja muito mais rápido.

O serviço orientado a conexões confiável tem duas variações secundárias: sequências de mensagens e fluxos de bytes. Na primeira variação, os limites das mensagens são preservados. Quando duas mensagens de 1.024 bytes são enviadas, elas chegam como duas mensagens distintas de 1.024 bytes, nunca como uma única mensagem de 2.048 bytes. Na segunda, a conexão é simplesmente um fluxo de bytes, sem limites de mensagem. Quando 2.048 bytes chegam ao receptor, não há como saber se eles foram enviados como uma mensagem de 2.048 bytes, duas mensagens de 1.024 bytes ou 2.048 mensagens de 1 byte. Se as páginas de um livro são enviadas por uma rede a uma fotocompositora como mensagens separadas, talvez seja importante preservar os limites da mensagem. Em contrapartida, para baixar um filme de DVD, um fluxo de bytes do servidor para o computador do usuário é tudo o que é necessário. Os limites de mensagens (diferentes cenas) dentro do filme não são relevantes.

Em algumas situações, a conveniência de não ter de estabelecer uma conexão para enviar uma única mensagem é desejável, mas a confiabilidade é essencial. O serviço de **datagramas confirmados** pode ser oferecido para essas aplicações. Ele é semelhante a enviar uma carta registrada e solicitar um aviso de recebimento. Quando o aviso é devolvido, o transmissor fica absolutamente certo de que a carta foi entregue ao destinatário e não perdida ao longo do caminho. As mensagens de texto nos telefones celulares são um exemplo.

O conceito de usar comunicação não confiável pode ser confuso a princípio. Afinal, por que alguém iria preferir uma comunicação não confiável à comunicação confiável? Em primeiro lugar, a comunicação confiável (em nosso sentido, isto é, confirmada) pode não estar disponível em uma determinada camada. Por exemplo, a Ethernet não fornece comunicação confiável. Ocasionalmente, os pacotes podem ser danificados em trânsito. Cabe aos níveis mais altos do protocolo lidar com esse problema. Em particular, muitos serviços confiáveis são montados em cima de um serviço de datagrama não confiável. Em segundo lugar, os atrasos inerentes ao fornecimento de um serviço confiável podem ser inaceitáveis, em especial nas aplicações em tempo real, como as de multimídia. Por essas razões, coexistem tanto a comunicação confiável quanto a não confiável.

Para algumas aplicações, os atrasos introduzidos pelas confirmações são inaceitáveis, como o tráfego de voz digital por VoIP. Os usuários do VoIP preferem ouvir um pouco de ruído na linha ou uma palavra truncada de vez em quando a experimentar um atraso para aguardar confirmações. O mesmo acontece durante a transmissão de uma conferência de vídeo – não há problema se aparecerem alguns pixels errados. No entanto, é irritante ver uma imagem parada enquanto o fluxo é interrompido e reiniciado para a correção de erros, ou ter de esperar mais tempo para que chegue um fluxo de vídeo perfeito.

Outro serviço é o de **solicitação-resposta**. Nele, o transmissor envia um único datagrama contendo uma solicitação, e a resposta contém a réplica. A solicitação-resposta em geral é usada para implementar a comunicação no modelo cliente-servidor: o cliente emite uma solicitação e o servidor responde. Por exemplo, um cliente de smartphone poderia enviar uma consulta a um servidor de mapa para receber uma lista de restaurantes japoneses mais próximos.

A Figura 1.28 resume os tipos de serviços descritos anteriormente.

1.5.4 Primitivas de serviço

Um serviço é especificado formalmente por um conjunto de **primitivas** (operações) disponíveis para que os processos do usuário acessem o serviço. Essas primitivas informam ao serviço que ele deve executar alguma ação ou relatar uma ação executada por uma entidade par. Se a pilha de protocolos estiver localizada no sistema operacional, como ocorre com frequência, as primitivas serão normalmente chamadas do sistema. Essas chamadas geram uma chamada para o modo kernel, que então devolve o controle da máquina ao sistema operacional para enviar os pacotes necessários.

O conjunto de primitivas disponíveis depende da natureza do serviço que está sendo fornecido. As primitivas para um serviço orientado a conexões são diferentes das oferecidas em um serviço não orientado a conexões. Como um exemplo mínimo das primitivas de serviço que poderiam ser fornecidas para implementar um fluxo de bytes confiável, considere as listadas na Figura 1.29. Elas serão familiares aos fãs da interface de sockets do Berkeley, pois são uma versão simplificada dela.

Essas primitivas podem ser usadas para uma interação de solicitação-resposta em um ambiente cliente-servidor. Para ilustrar como, esboçamos um protocolo simples que implementa o serviço usando datagramas confirmados.

Primeiro, o servidor executa LISTEN para indicar que está preparado para aceitar conexões de entrada. Um modo comum de implementar LISTEN é torná-la uma chamada de bloqueio do sistema. Depois de executar a primitiva, o processo servidor fica bloqueado até que surja uma solicitação de conexão.

Em seguida, o processo cliente executa CONNECT para estabelecer uma conexão com o servidor. A chamada CONNECT precisa especificar a quem se conectar; assim, ela poderia ter um parâmetro fornecendo o endereço do servidor. Então, em geral, o sistema operacional envia um pacote ao par solicitando que ele se conecte, como mostra o item (1) na Figura 1.30. O processo cliente é suspenso até haver uma resposta.

Quando o pacote chega ao servidor, o sistema operacional vê que o pacote está solicitando uma conexão. Ele verifica se existe um ouvinte e, se houver, desbloqueia o ouvinte. O processo servidor pode, então, estabelecer uma conexão com a chamada ACCEPT. Isso envia de volta uma

	Serviço	Exemplo
Orientados a conexões	Fluxo de mensagens confiável	Sequência de páginas
	Fluxo de bytes confiável	Download de filme
	Conexão não confiável	VoIP
Não orientados a conexões	Datagrama não confiável	E-mail indesejado
	Datagrama confirmado	Mensagem de texto
	Solicitação-resposta	Consulta a banco de dados

Figura 1.28 Seis diferentes tipos de serviço.

Primitiva	Significado
LISTEN	Bloco que espera por uma conexão de entrada
CONNECT	Estabelecer uma conexão com um par que está à espera
ACCEPT	Aceitar uma conexão de entrada de um par
RECEIVE	Bloco que espera por uma mensagem de entrada
SEND	Enviar uma mensagem ao par
DISCONNECT	Encerrar uma conexão

Figura 1.29 Seis primitivas de serviço que oferecem um serviço simples orientado a conexão.

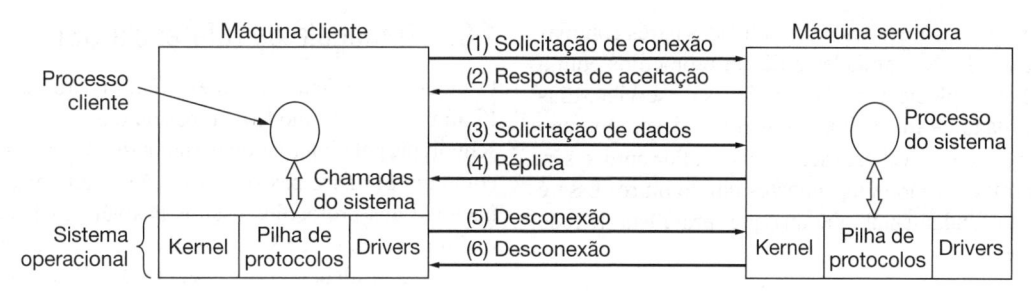

Figura 1.30 Uma interação cliente-servidor simples, usando datagramas confirmados.

resposta (2) ao processo cliente para aceitar a conexão. A chegada dessa resposta libera o cliente. Nesse momento, o cliente e o servidor estão em execução e têm uma conexão estabelecida entre eles.

A analogia óbvia entre esse protocolo e a vida real ocorre quando um consumidor (cliente) liga para o gerente do serviço de atendimento ao consumidor de uma empresa. No início do dia, o gerente de serviço inicia a sequência ficando próximo ao telefone para atendê-lo caso ele toque. Mais tarde, o cliente efetua a chamada. Quando o gerente levanta o fone do gancho, a conexão é estabelecida.

A próxima etapa é a execução de RECEIVE pelo servidor, a fim de se preparar para aceitar a primeira solicitação. Normalmente, o servidor faz isso imediatamente após ser liberado de LISTEN, antes de a confirmação poder retornar ao cliente. A chamada de RECEIVE bloqueia o servidor.

Depois, o cliente executa SEND para transmitir sua solicitação (3), seguida pela execução de RECEIVE para receber a resposta. A chegada do pacote de solicitação à máquina servidora desbloqueia o processo servidor, para que ele possa processar a solicitação. Depois de terminar o trabalho, ele utiliza SEND para enviar a resposta ao cliente (4). A chegada desse pacote desbloqueia o cliente, que agora pode examinar a resposta. Se tiver solicitações adicionais, o cliente poderá fazê-las nesse momento.

Ao terminar, ele utiliza DISCONNECT para encerrar a conexão (5). Em geral, uma DISCONNECT inicial é uma chamada de bloqueio, suspendendo o cliente e enviando um pacote ao servidor para informar que a conexão não é mais necessária. Quando o servidor recebe o pacote, ele próprio também emite uma DISCONNECT, confirmando o pacote do cliente e liberando a conexão (6). Quando o pacote do servidor retorna à máquina cliente, o processo cliente é liberado e a conexão é interrompida. Em resumo, é assim que funciona a comunicação orientada a conexões.

É claro que a vida não é tão simples assim. Muitos detalhes podem dar errado. O sincronismo pode estar incorreto (p. ex., CONNECT ser executada antes de LISTEN), os pacotes podem ser perdidos e muito mais. Examinaremos todas essas questões com muitos detalhes mais adiante; porém, por enquanto, a Figura 1.30 resume o funcionamento possível de uma comunicação cliente-servidor com datagramas confirmados, de modo que podemos ignorar os pacotes perdidos.

Considerando-se que são necessários seis pacotes para completar esse protocolo, alguém poderia perguntar por que não é utilizado um protocolo não orientado a conexões. A resposta é que, em um mundo perfeito, esse tipo de protocolo poderia ser usado e, nesse caso, seriam necessários apenas dois pacotes: um para a solicitação e outro para a resposta. Entretanto, como pode haver mensagens extensas em qualquer sentido (p. ex., um arquivo com vários megabytes), erros de transmissão e pacotes perdidos, a situação muda. Se a resposta consistisse em centenas de pacotes, alguns dos quais pudessem se perder durante a transmissão, como o cliente saberia que alguns fragmentos se perderam? Como o cliente saberia que o último pacote recebido foi, de fato, o último pacote enviado? Suponha que o cliente quisesse um segundo arquivo. Como ele poderia distinguir o pacote 1 do segundo arquivo de um pacote 1 perdido do primeiro arquivo, que por acaso tivesse encontrado o caminho até o cliente? Em resumo, no mundo real, um simples protocolo de solicitação-resposta sobre uma rede não confiável normalmente é inadequado. No Capítulo 3, estudaremos em detalhes uma série de protocolos que resolvem esses e outros problemas. Por enquanto, basta dizer que às vezes ter um fluxo de bytes confiável e ordenado entre processos é muito conveniente.

1.5.5 Relacionamento entre serviços e protocolos

Serviços e protocolos são conceitos diferentes. Essa distinção é tão importante que vamos enfatizá-la mais uma vez. Um *serviço* é um conjunto de primitivas (operações) que uma camada oferece à camada situada acima dela. O serviço define as operações que a camada está preparada para executar em nome de seus usuários, mas não informa absolutamente nada sobre como essas operações são implementadas. Um serviço se relaciona a uma interface entre duas camadas, sendo a camada inferior o fornecedor do serviço e a camada superior, o usuário do serviço.

Por sua vez, o *protocolo* é um conjunto de regras que controla o formato e o significado dos pacotes ou mensagens que são trocados pelas entidades pares contidas em uma camada. As entidades utilizam protocolos com a finalidade de implementar suas definições de serviço. Elas têm a liberdade de trocar seus protocolos, desde que não alterem o serviço visível para seus usuários. Portanto, o serviço e o protocolo são independentes um do outro. Esse é um conceito fundamental, que qualquer projetista de rede precisa entender bem.

Em outras palavras, os serviços estão relacionados às interfaces entre camadas, como ilustra a Figura 1.31, e os protocolos se relacionam aos pacotes enviados entre entidades pares em máquinas diferentes. É importante não confundir esses dois conceitos.

Vale a pena fazer uma analogia com as linguagens de programação. Um serviço é como um objeto ou um tipo de dado abstrato em uma linguagem orientada a objetos. Ele define as operações que podem ser executadas sobre um objeto, mas não especifica como essas operações são implementadas. Em contraste, um protocolo se refere à *implementação* do serviço e, consequentemente, não é visível ao usuário.

Muitos protocolos mais antigos não distinguiam serviço e protocolo. Na prática, uma camada normal poderia ter uma primitiva de serviço SEND PACKET, com o usuário fornecendo um ponteiro para um pacote totalmente montado. Essa organização significava que todas as mudanças no protocolo ficavam imediatamente visíveis para os usuários. Hoje, a maioria dos projetistas de redes considera tal projeto um sério equívoco.

1.6 MODELOS DE REFERÊNCIA

O projeto de protocolo em camadas é uma das abstrações-chave para o projeto de redes. Uma das principais questões é definir a funcionalidade de cada camada e as interações entre elas. Dois modelos predominantes são o modelo de referência TCP/IP e o modelo de referência OSI. Discutiremos cada um deles a seguir, bem como o modelo que usamos no restante deste livro, que alcança um meio termo entre eles.

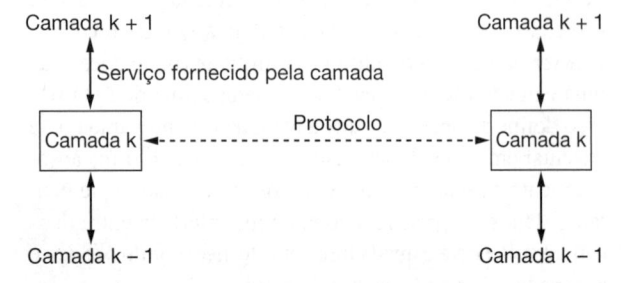

Figura 1.31 Relacionamento entre um serviço e um protocolo.

1.6.1 O modelo de referência OSI

O modelo OSI (exceto o meio físico) é representado na Figura 1.32. Esse modelo se baseia em uma proposta desenvolvida pela International Standards Organization (ISO) como um primeiro passo em direção à padronização internacional dos protocolos usados nas várias camadas (Day e Zimmermann, 1983), revisado em 1995 (Day, 1995). Chama-se **Modelo de referência ISO OSI (Open Systems Interconnection)**, pois trata da interconexão de sistemas abertos – ou seja, sistemas abertos à comunicação com outros sistemas. Para abreviar, vamos chamá-lo simplesmente de **modelo OSI**.

O modelo OSI tem sete camadas. Veja, a seguir, um resumo dos princípios aplicados para chegar às sete camadas.

1. Uma camada deve ser criada onde houver necessidade de outro grau de abstração.
2. Cada camada deve executar uma função bem definida.
3. A função de cada camada deve ser escolhida tendo em vista a definição de protocolos padronizados internacionalmente.
4. Os limites de camadas devem ser escolhidos para minimizar o fluxo de informações pelas interfaces.
5. O número de camadas deve ser grande o bastante para que funções distintas não precisem ser desnecessariamente colocadas na mesma camada e pequeno o suficiente para que a arquitetura não se torne difícil de controlar.

O modelo OSI tem três conceitos fundamentais:

1. Serviços.
2. Interfaces.
3. Protocolos.

Provavelmente a maior contribuição do modelo OSI seja tornar explícita a distinção entre esses três conceitos. Cada camada executa alguns *serviços* para a camada acima dela. A definição do serviço informa o que a camada faz, e não a forma como as entidades acima dela a acessam ou como ela funciona.

O modelo TCP/IP originalmente não fazia a distinção clara entre esses serviços, interfaces e protocolos, embora as pessoas tivessem tentado adaptá-lo para que se tornasse mais semelhante ao modelo OSI.

1.6.2 O modelo de referência TCP/IP

O modelo de referência TCP/IP é usado na "avó" de todas as redes de computadores a longa distância, a ARPANET, e sua sucessora, a Internet mundial. Conforme descrevemos anteriormente, a ARPANET era uma rede de pesquisa patrocinada pelo Departamento de Defesa dos Estados Unidos. Pouco a pouco, centenas de universidades e

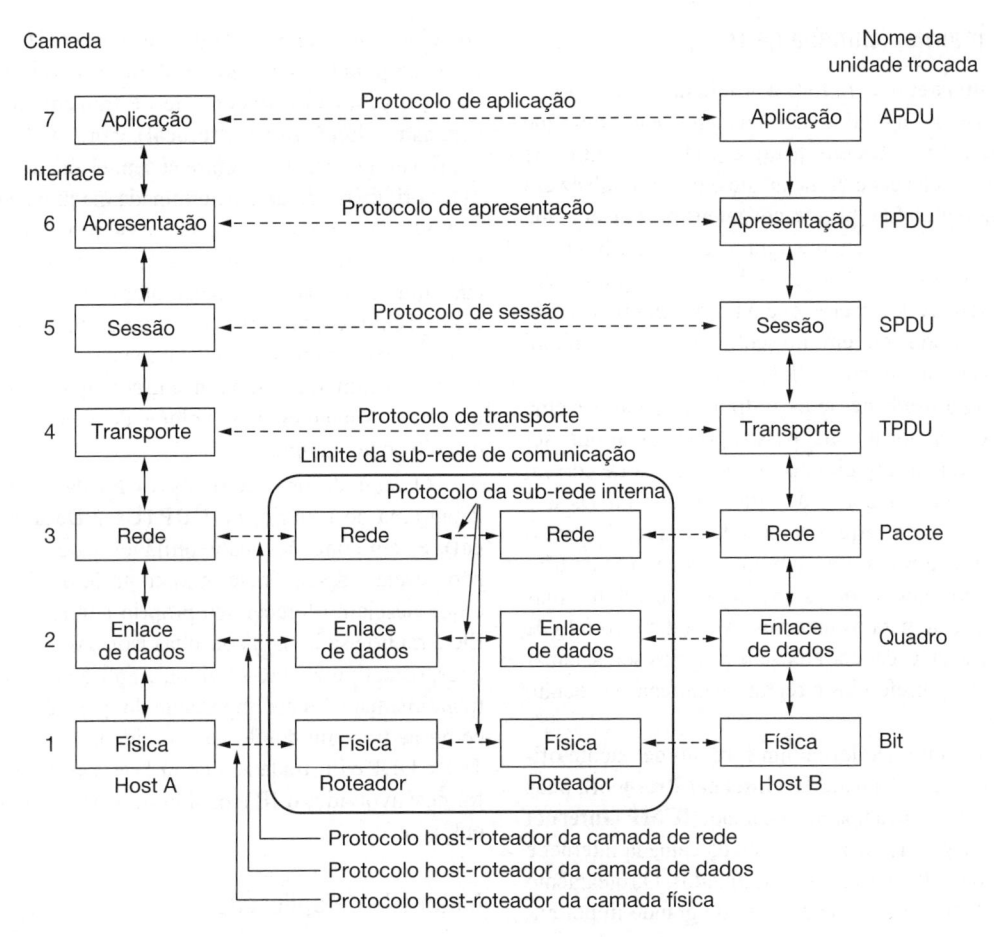

Figura 1.32 O modelo de referência OSI.

repartições públicas foram conectadas, usando linhas telefônicas dedicadas. Mais tarde, quando foram criadas as redes de rádio e satélite, os protocolos existentes começaram a ter problemas de interligação com elas, o que forçou a criação de uma nova arquitetura de referência. Desse modo, quase desde o início, a capacidade para conectar várias redes de maneira uniforme foi um dos principais objetivos do projeto. Essa arquitetura posteriormente ficou conhecida como **modelo de referência TCP/IP**, graças a seus dois principais protocolos. Esse modelo foi definido pela primeira vez em Cerf e Kahn (1974), depois melhorado e definido como um padrão na comunidade da Internet (Braden, 1989). A filosofia de projeto na qual se baseia o modelo é discutida em Clark (1988).

Diante da preocupação do Departamento de Defesa dos Estados Unidos de que seus preciosos hosts, roteadores e gateways de interconexão de redes fossem destruídos de uma hora para outra por um ataque da então União Soviética, outro objetivo principal foi que a rede pudesse sobreviver à perda do hardware de sub-redes, sem que as conversações existentes fossem interrompidas. Em outras palavras, o Departamento de Defesa queria que as conexões permanecessem intactas enquanto as máquinas de origem e de destino estivessem funcionando, mesmo que algumas máquinas ou linhas de transmissão intermediárias deixassem de operar repentinamente. Além disso, como eram visadas aplicações com requisitos divergentes, desde a transferência de arquivos e a transmissão de dados de voz em tempo real, era necessária uma arquitetura flexível.

A camada de enlace

Todas essas necessidades levaram à escolha de uma rede de comutação de pacotes baseada em uma camada de interligação de redes com serviço não orientado a conexões, passando por diferentes topologias de redes. A **camada de enlace**, a mais baixa no modelo, descreve o que os enlaces, como linhas seriais e a Ethernet clássica, precisam fazer para cumprir os requisitos dessa camada de interconexão com serviço não orientado a conexões. Ela não é uma camada propriamente dita, no sentido normal do termo, mas uma interface entre os hosts e os enlaces de transmissão. O material inicial sobre o modelo TCP/IP tem pouco a dizer sobre ela.

A camada internet (camada de rede)

A **camada internet** integra toda a arquitetura, mantendo-a unida. Ela aparece na Figura 1.33. Sua tarefa é permitir que os hosts injetem pacotes em qualquer rede e garantir que eles trafegarão independentemente até o destino (talvez em uma rede diferente). Eles podem chegar até mesmo em uma ordem diferente daquela em que foram enviados, obrigando as camadas superiores a reorganizá-los, caso a entrega em ordem seja desejável. Observe que o termo "internet" (rede interligada) é usado aqui em um sentido genérico, embora essa camada esteja presente na Internet.

A analogia usada nesse caso diz respeito ao sistema de correio convencional. Uma pessoa pode deixar uma sequência de cartas internacionais em uma caixa de correio em um país e, com um pouco de sorte, a maioria delas será entregue no endereço correto no país de destino. Provavelmente, as cartas atravessarão um ou mais centros de triagem de correio internacionais ao longo do caminho, mas isso é transparente para os usuários. Além disso, o fato de cada país (ou seja, cada rede) ter seus próprios selos, tamanhos de envelope preferidos e regras de entrega fica oculto dos usuários.

A camada internet define um formato de pacote oficial e um protocolo chamado **IP (Internet Protocol)**, mais um protocolo que o acompanha, chamado **ICMP (Internet Control Message Protocol)**. A tarefa da camada internet é entregar pacotes IP onde eles são destinados. O roteamento de pacotes claramente é uma questão de grande importância nessa camada, assim como o controle de congestionamento. O problema do roteamento, em grande parte, já foi resolvido, mas o congestionamento só pode ser tratado com o auxílio de camadas superiores.

A camada de transporte

No modelo TCP/IP, a camada localizada acima da camada internet agora é chamada **camada de transporte**. Sua finalidade é permitir que as entidades pares dos hosts de origem e de destino mantenham uma conversação, exatamente como acontece na camada de transporte OSI. Dois protocolos de ponta a ponta foram definidos aqui. O primeiro deles, o protocolo de controle de transmissão, ou **TCP (Transmission Control Protocol)**, é orientado a conexões confiável que permite a entrega sem erros de um fluxo de bytes originário de uma determinada máquina em qualquer computador da rede interligada. Esse protocolo fragmenta o fluxo de bytes de entrada em mensagens discretas e passa cada uma delas para a camada internet. No destino, o processo TCP receptor volta a montar as mensagens recebidas no fluxo de saída. O TCP também cuida do controle de fluxo, impedindo que um transmissor rápido sobrecarregue um receptor lento com um volume de mensagens maior do que ele pode manipular.

O segundo protocolo nessa camada, o protocolo de datagrama do usuário, ou **UDP (User Datagram Protocol)**, é sem conexões, não confiável, para aplicações que não desejam a sequência ou o controle de fluxo do TCP, e que desejam oferecer seu próprio controle (se houver). Ele é muito usado para consultas isoladas, com solicitação e resposta, tipo cliente-servidor, e aplicações em que a entrega imediata é mais importante do que a entrega precisa, como na transmissão de voz ou vídeo. A relação entre IP, TCP e UDP é ilustrada na Figura 1.34. Desde que o modelo foi desenvolvido, o IP tem sido implementado em muitas outras redes.

A camada de aplicação

O modelo TCP/IP não tem as camadas de sessão ou de apresentação – não foi percebida qualquer necessidade para elas. Em vez disso, as aplicações simplesmente incluem quaisquer funções de sessão e apresentação que forem necessárias. A experiência demonstrou que essa visão está correta: elas são pouco usadas na maioria das aplicações, de modo que praticamente desapareceram.

Acima da camada de transporte, encontramos a **camada de aplicação**, que contém todos os protocolos de nível mais alto. Entre eles estão o protocolo de terminal virtual (TELNET), o protocolo de transferência de arquivos (FTP) e o protocolo de correio eletrônico (SMTP). Muitos outros protocolos foram incluídos no decorrer dos anos. Alguns dos mais importantes que estudaremos, mostrados na Figura 1.34, incluem o DNS (Domain Name Service), que mapeia os nomes de hosts para seus respectivos endereços da camada de rede, o HTTP, usado para buscar páginas na World Wide Web, e o RTP, utilizado para entregar mídia em tempo real, como voz ou vídeo.

1.6.3 Uma crítica aos protocolos e ao modelo OSI

Nem o modelo OSI e seus respectivos protocolos nem o modelo TCP/IP e seus respectivos protocolos são perfeitos.

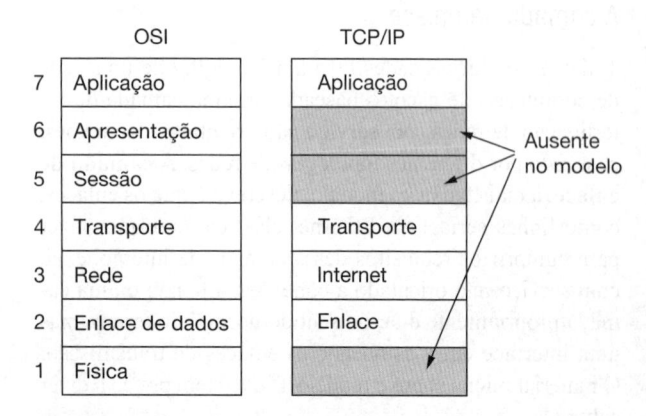

	OSI	TCP/IP	
7	Aplicação	Aplicação	
6	Apresentação		Ausente no modelo
5	Sessão		
4	Transporte	Transporte	
3	Rede	Internet	
2	Enlace de dados	Enlace	
1	Física		

Figura 1.33 O modelo de referência TCP/IP.

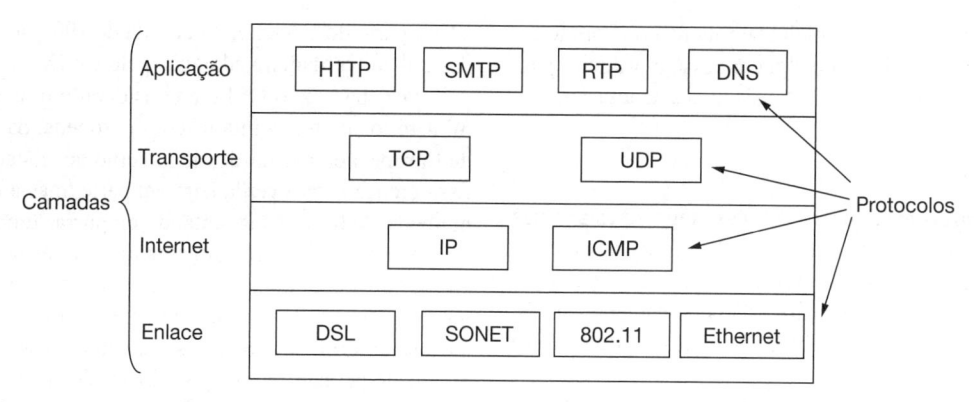

Figura 1.34 O modelo TCP/IP com alguns protocolos que estudaremos.

Os dois podem ser e têm sido alvo de uma série de críticas. Nesta seção e na próxima, examinaremos algumas delas. Começaremos pelo modelo OSI e, em seguida, passaremos ao modelo TCP/IP.

Na época em que a segunda edição norte-americana deste livro foi publicada (1989), muitos especialistas tinham a impressão de que os protocolos e o modelo OSI controlariam o mundo e atropelariam tudo o que se pusesse em seu caminho. Isso não aconteceu. Por quê? Vale a pena fazer uma revisão de algumas razões, que podem ser resumidas da seguinte maneira: momento ruim, projeto ruim, implementações ruins e política ruim.

Momento ruim

Vamos começar pelo problema mais importante: momento ruim. O momento em que um padrão é estabelecido é de fundamental importância para seu sucesso. David Clark, do Massachusetts Institute of Technology (MIT), tem uma teoria sobre os padrões, que ele chama *o apocalipse dos dois elefantes*, ilustrada na Figura 1.35.

Essa figura mostra o volume de atividades relacionadas a um novo assunto. Quando o assunto é descoberto, há uma grande atividade de pesquisa, em forma de discussões, artigos e reuniões. Após algum tempo dessa atividade inicial, as empresas descobrem o assunto e tem início a onda de bilhões de dólares em investimentos.

É essencial que os padrões sejam desenvolvidos entre os dois "elefantes". Se eles forem desenvolvidos muito cedo (antes que os resultados da pesquisa sejam concluídos), o assunto poderá não estar devidamente compreendido; o resultado é um padrão ruim. Se eles forem desenvolvidos muito tarde, muitas empresas talvez já tenham feito investimentos maciços para descobrir maneiras diferentes de tirar proveito dessa nova tecnologia e, portanto, os padrões serão efetivamente ignorados. Se o intervalo entre os dois elefantes for muito curto (porque todos estão apressados para começar), a equipe de desenvolvimento dos padrões poderá ser esmagada.

Hoje sabemos que os protocolos do padrão OSI foram esmagados. Os protocolos TCP/IP concorrentes já estavam sendo amplamente utilizados nas universidades de pesquisa na época em que apareceram os protocolos OSI. Antes mesmo do início da onda de investimentos de bilhões de dólares, o mercado acadêmico já era suficientemente grande, e muitos fabricantes começaram a oferecer produtos TCP/IP, apesar de estarem cautelosos. Quando o OSI surgiu, eles não estavam dispostos a investir em uma segunda pilha de protocolos enquanto não fossem forçados a isso, por esse

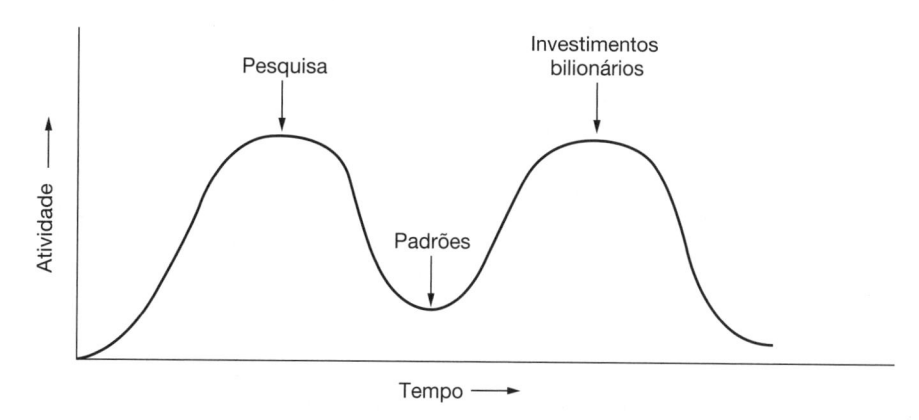

Figura 1.35 O apocalipse dos dois elefantes.

motivo não houve ofertas iniciais no mercado. Com todas as empresas aguardando que alguém desse o primeiro passo, nenhuma delas o iniciou, e o OSI nunca aconteceu.

Projeto ruim

A segunda razão para que o OSI não vingasse estava nas falhas do modelo e dos protocolos. A escolha de sete camadas foi mais política do que técnica, e duas camadas (a de sessão e a de apresentação) estão praticamente vazias, enquanto duas outras (a de enlace de dados e a de rede) se encontram sobrecarregadas.

O modelo OSI, com os protocolos e as definições de serviços inter-relacionados, é extraordinariamente complexo. Quando empilhados, os padrões impressos chegam a quase um metro de altura. Além disso, eles são de difícil implementação e sua operação não é nada eficiente. Nesse contexto, vale a pena lembrar o enigma proposto por Paul Mockapetris e citado em Rose (1993):

> **P:** O que você vê quando encontra um mafioso que adota um padrão internacional?
>
> **R:** Alguém que lhe faz uma oferta que você não consegue entender.

Além de ser incompreensível, outro problema com o OSI é que algumas funções, como endereçamento e controle de fluxo e de erros, aparecem repetidamente em cada camada. Por exemplo, Saltzer et al. (1984) lembraram que, para ser eficaz, o controle de erros deve ser feito na camada mais alta, de modo que sua repetição em cada uma das camadas inferiores é desnecessária e ineficiente.

Implementações ruins

Em virtude da enorme complexidade do modelo e dos protocolos, ninguém ficou surpreso com o fato de as implementações iniciais serem lentas, pesadas e gigantescas. Todas as pessoas que as experimentaram saíram chamuscadas. Não demorou muito para que elas associassem "OSI" à "baixa qualidade". A imagem resistiu inclusive às significativas melhorias a que os produtos foram submetidos ao longo do tempo. Quando as pessoas acham que algo é ruim, as consequências aparecem.

Em contrapartida, uma das primeiras implementações do TCP/IP fazia parte do UNIX de Berkeley e era muito boa (sem contar que era gratuita). As pessoas começaram a usá-la rapidamente, criando, assim, uma grande comunidade de usuários que, por sua vez, estimulou novas melhorias, que levaram a uma comunidade ainda maior. Nesse caso, a espiral foi claramente ascendente, não descendente.

Política ruim

Em decorrência da implementação inicial, muitas pessoas, em particular no universo acadêmico, pensaram que o TCP/IP era parte do UNIX e, na década de 1980, as universidades tinham verdadeira adoração pelo UNIX.

Por sua vez, o OSI era considerado uma criação dos ministérios de telecomunicações europeus, da Comunidade Europeia e, mais tarde, do governo dos Estados Unidos. Essa crença só era verdadeira em parte, mas a ideia de um punhado de burocratas tentando empurrar um padrão tecnicamente inferior pela garganta dos pobres pesquisadores e programadores que, de fato, trabalhavam no desenvolvimento de redes de computadores, não foi de muita ajuda à causa do OSI. Algumas pessoas viram nesse desenvolvimento a repetição de um episódio da década de 1960, quando a IBM anunciou que a PL/I era a linguagem do futuro; mais tarde, essa afirmação foi desmentida pelo Departamento de Defesa dos Estados Unidos, que afirmou que a linguagem do futuro seria a Ada.

1.6.4 Uma crítica aos protocolos e ao modelo TCP/IP

Os protocolos e o modelo TCP/IP também têm seus problemas. Em primeiro lugar, o modelo não diferencia com a clareza necessária os conceitos de serviço, interface e protocolo. As boas práticas da engenharia de software exigem uma diferenciação entre especificação e implementação, algo que o OSI faz com muito cuidado, ao contrário do TCP/IP. Consequentemente, o modelo TCP/IP não é o melhor dos guias para a criação de novas redes com base em novas tecnologias.

Em segundo lugar, o modelo TCP/IP não é nada abrangente e não consegue descrever outras pilhas de protocolos que não a pilha TCP/IP. Por exemplo, seria praticamente impossível tentar descrever o Bluetooth usando esse modelo.

Em terceiro lugar, a camada de enlace não é realmente uma camada no sentido em que o termo é usado no contexto dos protocolos hierarquizados. Trata-se, na verdade, de uma interface (entre as camadas de rede e de enlace de dados). A distinção entre uma interface e uma camada é crucial e você deve considerá-la com cuidado.

Em quarto lugar, o modelo TCP/IP não faz distinção entre as camadas física e de enlace de dados. Elas são completamente diferentes. A camada física está relacionada às características de transmissão do fio de cobre, dos cabos de fibra óptica e da comunicação sem fio. A tarefa da camada de enlace de dados é delimitar o início e o fim dos quadros e enviá-los de um lado a outro com o grau de confiabilidade desejado. Um modelo mais adequado deve incluir as duas camadas como elementos distintos. O modelo TCP/IP não faz isso.

Por fim, apesar de os protocolos IP e TCP terem sido cuidadosamente projetados e bem implementados, o mesmo não aconteceu com muitos outros protocolos ocasionais, geralmente produzidos por alguns alunos formados, pesquisando até se cansarem. As implementações desses protocolos eram distribuídas gratuitamente, o que acabava difundindo seu uso de tal forma que se tornou difícil substituí-las. Hoje, a fidelidade a esses produtos é motivo de alguns embaraços. Por exemplo, o protocolo de terminal virtual, o TELNET, foi projetado para um terminal de teletipo mecânico, capaz de processar dez caracteres por segundo. Ele não reconhece o mouse e as interfaces gráficas do usuário. No entanto, esse protocolo é usado em larga escala ainda hoje, 50 anos depois de seu surgimento.

1.6.5 O modelo de dados usado neste livro

Conforme mencionado, o ponto forte do modelo de referência OSI é o *modelo* propriamente dito (menos as camadas de apresentação e sessão), que provou ser excepcionalmente útil para a discussão de redes de computadores. Por sua vez, o ponto forte do modelo de referência TCP/IP são os *protocolos*, que têm sido bastante utilizados há muitos anos. Como os cientistas da computação gostam de receber seu bolo e comê-lo também, usaremos o modelo híbrido da Figura 1.36 como base para este livro.

Esse modelo tem cinco camadas, partindo da camada física e subindo pelas camadas de enlace, rede e transporte, até chegar à camada de aplicação. A camada física especifica como transmitir os bits por diferentes meios de transmissão, como sinais elétricos (ou outro semelhante). A camada de enlace trata de como enviar mensagens de tamanho definido entre computadores diretamente conectados, com níveis de confiabilidade especificados – Ethernet e 802.11 são exemplos de padrões dessa camada.

A camada de rede cuida de como combinar vários enlaces nas redes, e redes de redes em internets, de modo a enviar pacotes entre computadores distantes. Isso inclui a tarefa de localizar o caminho pelo qual os pacotes serão enviados. O IP é o principal exemplo de protocolo que estudaremos para essa camada. A camada de transporte fortalece as garantias de entrega da camada de rede, normalmente com maior confiabilidade, e oferece abstrações de entrega, como um fluxo de bytes confiável, que correspondem às necessidades das diferentes aplicações. O TCP é um exemplo importante de protocolo da camada de transporte.

Por fim, a camada de aplicação contém programas que utilizam a rede. Muitas aplicações de rede, mas não todas, possuem interfaces com o usuário, como um navegador Web. Contudo, nossa preocupação é com a parte do programa que usa a rede. No caso do navegador Web, esse é o protocolo HTTP. Também existem programas de suporte importantes na camada de aplicação, como o DNS, que são usados por muitas aplicações. Estes formam a cola que faz a rede funcionar.

Nossa sequência de capítulos é baseada nesse modelo. Dessa forma, mantemos o valor do modelo OSI para entender as arquiteturas de rede, mas nos concentramos principalmente nos protocolos que são importantes na prática, do TCP/IP e dos protocolos relacionados aos mais novos, como os padrões 802.11, SONET e Bluetooth.

1.7 PADRONIZAÇÃO DE REDES

Em geral, a inovação na Internet depende tanto de aspectos políticos e legais quanto da própria tecnologia. Tradicionalmente, os protocolos da Internet têm avançado por meio de um processo de padronização, que explicaremos em seguida.

1.7.1 Padronização e código fonte aberto

Existem muitos fabricantes e fornecedores de redes, cada qual com suas próprias ideias sobre como as coisas devem ser feitas. Sem coordenação, haveria um caos completo, e os usuários nada conseguiriam fazer. A única opção de que a indústria dispõe é a criação de alguns padrões de rede. Além de permitirem que diferentes computadores se comuniquem, bons padrões também ampliam o mercado para os produtos que aderem às suas regras. Um mercado mais amplo estimula a produção em massa, proporciona economia de escala no processo de produção, melhores implementações e outros benefícios que reduzem o preço e aumentam mais ainda a aceitação de um produto.

Nesta seção, examinaremos rapidamente o importante, mas pouco conhecido, mundo da padronização internacional. Contudo, primeiro vamos discutir o que pertence a um padrão. Uma pessoa razoável poderia supor que um padrão lhe informa como um protocolo deve funcionar, a fim de que você faça um bom trabalho de implementação. Essa pessoa estaria errada.

Os padrões definem o que é necessário para a interoperabilidade: nem mais, nem menos. Isso permite o surgimento de um mercado maior e também que as empresas disputem com base na qualidade de seus produtos. Por exemplo, o padrão 802.11 define muitas velocidades de transmissão, mas não diz quando um emissor deve usar qual velocidade, o que é um fator essencial no bom desempenho. Isso fica a critério de quem fabrica o produto. Geralmente, conseguir interoperabilidade dessa maneira é difícil, pois existem muitas escolhas de implementação e os padrões normalmente definem muitas opções. Para o

5	Aplicação
4	Transporte
3	Rede
2	Enlace
1	Física

Figura 1.36 O modelo de referência usado neste livro.

802.11, havia tantos problemas que, em uma estratégia que se tornou uma prática comum, um grupo comercial chamado **WiFi Alliance** foi iniciado para trabalhar com a interoperabilidade dentro dele. No contexto das redes definidas por software, a **ONF (Open Networking Foundation)** busca desenvolver tanto padrões quanto implementações de software com código fonte aberto para esses padrões, garantindo a interoperabilidade dos protocolos para controlar switches de rede programáveis.

Um padrão de protocolo define o protocolo usado, mas não a interface de serviço internamente, exceto para ajudar a explicar o próprio protocolo. As interfaces de serviço reais normalmente são patenteadas. Por exemplo, não importa o modo como o TCP realiza interface com o IP dentro de um computador para falar com um host remoto. Só importa que o host remoto fale TCP/IP. Na verdade, TCP e IP normalmente são implementados juntos, sem qualquer interface distinta. Com isso, boas interfaces de serviço, assim como boas **APIs (Application Programming Interfaces)**, são valiosas por usar os protocolos, e as melhores (como as interfaces de sockets de Berkeley) podem se tornar muito populares.

Os padrões se dividem em duas categorias: de fato e de direito. Os padrões **de fato** são aqueles que se consagraram naturalmente, sem qualquer plano formal. O HTTP, protocolo no qual a Web funciona, começou como um padrão de fato. Ele fazia parte dos primeiros navegadores da WWW desenvolvidos por Tim Berners-Lee no CERN, e seu uso decolou com o crescimento da Web. O Bluetooth é outro exemplo. Ele foi desenvolvido originalmente pela Ericsson, mas agora todos o utilizam.

Os padrões **de direito**, ao contrário, são adotados por um órgão de padronização formal. Em geral, as autoridades de padronização internacional são divididas em duas classes: as que foram estabelecidas por tratados entre governos nacionais, e as organizações voluntárias, criadas independentemente de tratados. Na área de padrões de redes de computadores, há diversas organizações de ambos os tipos, especialmente ITU, ISO, IETF e IEEE, os quais veremos nas próximas subseções.

Na prática, os relacionamentos entre padrões, empresas e órgãos de padronização são complicados. Os padrões de fato normalmente evoluem para padrões de direito, especialmente se tiverem sucesso. Isso aconteceu no caso do HTTP, que foi rapidamente adotado pelo IETF. Os órgãos de padrões normalmente ratificam os padrões mutuamente, como se estivessem dando um tapinha nas costas uns dos outros, a fim de aumentar o mercado para uma tecnologia. Atualmente, muitas alianças comerciais ocasionais que são formadas em torno de determinadas tecnologias também desempenham um papel significativo no desenvolvimento e refinamento de padrões de rede. Por exemplo, o **projeto de parceria do 3G**, ou **3GPP (Third Generation Partnership Project)** é uma colaboração entre associações de telecomunicações que controla os padrões de telefonia móvel 3G UMTS.

1.7.2 Quem é quem no mundo das telecomunicações

O status legal das companhias telefônicas do mundo varia consideravelmente de um país para outro. De um lado, estão os Estados Unidos, que têm muitas empresas telefônicas privadas (em sua maioria, muito pequenas). Mais algumas foram incluídas com a divisão da AT&T em 1984 (então a maior corporação do mundo, oferecendo serviço telefônico a cerca de 80% dos telefones dos Estados Unidos) e o Telecommunications Act de 1996, que reestruturou a regulamentação para promover a concorrência. Essa ideia não gerou o resultado esperado, pois grandes companhias telefônicas compraram as menores até que, na maioria dos lugares, havia apenas uma (no máximo, duas) restantes.

No outro extremo, estão os países em que o governo federal detém o monopólio de toda a área de comunicações, incluindo correios, telégrafos, telefone e muitas vezes rádio e televisão. A maior parte do mundo se enquadra nessa categoria. Em alguns casos, as telecomunicações são comandadas por uma empresa nacionalizada, mas em outros elas são controladas por uma estatal, em geral conhecida como administração **PTT (Post, Telegraph & Telephone)**. No mundo inteiro, a tendência é de liberalização e competição, encerrando o monopólio do governo. A maioria dos países europeus agora tem suas PTTs (parcialmente) privatizadas, mas em outros lugares o processo ainda está ganhando impulso lentamente.

Com todos esses diferentes fornecedores de serviços, é cada vez maior a necessidade de oferecer compatibilidade em escala mundial para garantir que pessoas (e computadores) em diferentes países possam se comunicar. Na verdade, essa necessidade já existe há muito tempo. Em 1865, representantes de diversos governos europeus se reuniram para formar a predecessora da atual **ITU (International Telecommunication Union)**. Sua missão era padronizar as telecomunicações internacionais, até então dominadas pelo telégrafo.

Já naquela época estava claro que, se metade dos países utilizasse código Morse e a outra metade usasse algum outro código, haveria problemas de comunicação. Quando o telefone passou a ser um serviço internacional, a ITU também se encarregou de padronizar a telefonia. Em 1947, a ITU tornou-se um órgão das Nações Unidas.

A ITU tem cerca de 200 membros governamentais, incluindo quase todos os membros das Nações Unidas. Tendo em vista que os Estados Unidos não têm uma PTT, outro grupo teve de representá-los. Essa tarefa coube ao Departamento de Estado, provavelmente porque a ITU se relacionava com países estrangeiros, a especialidade desse departamento. Existem mais de 700 membros setoriais e associados, incluindo empresas de telefonia (p. ex., AT&T, Vodafone, Sprint), fabricantes de equipamentos de telecomunicações (p. ex., Cisco, Nokia, Nortel), fornecedores de computadores (p. ex., Microsoft, Dell, Toshiba), fabricantes de chips (p. ex., Intel, Motorola, TI) e outras empresas interessadas (p. ex., Boeing, CBS, VeriSign).

A ITU tem três setores principais. Vamos nos concentrar principalmente na **ITU-T**, o setor de padronização de telecomunicações, que controla os sistemas de telefonia e de comunicação de dados. Antes de 1993, a ITU-T era conhecida como **CCITT**, acrônimo de Comité Consultatif International Télégraphique et Téléphonique, seu nome em francês. A **ITU-R**, o setor de radiocomunicações, é responsável pela coordenação do uso, por grupos de interesse concorrentes, das frequências de rádio no mundo inteiro. O outro setor é ITU-D, o setor de desenvolvimento. Ele promove o desenvolvimento de tecnologias de informação e comunicação para estreitar a "divisão digital" entre as empresas com acesso efetivo às tecnologias de informação e países com acesso limitado.

A tarefa da ITU-T é definir recomendações técnicas para interfaces de telefonia, telégrafos e comunicação de dados. Em geral, essas recomendações se transformam em padrões internacionalmente reconhecidos, embora, tecnicamente, sejam apenas sugestões que os governos podem adotar ou ignorar, como quiserem (porque os governos são como garotos de 13 anos – eles não gostam de receber ordens). Na prática, um país que deseja adotar um padrão de telefonia diferente do restante do mundo tem toda a liberdade de fazê-lo, mas ficará isolado de todos os outros, de modo que ninguém poderá ligar para lá ou de lá para fora. Essa opção pode ser válida na Coreia do Norte, mas seria a fonte de muitos problemas em outros lugares.

O trabalho real da ITU-T é feito em seus grupos de estudo (SG; Study Groups). Atualmente existem 11 grupos de estudo, geralmente com até 400 pessoas, que abordam assuntos variando desde cobrança telefônica até serviços de multimídia e segurança. O SG 15, por exemplo, padroniza as conexões por fibra óptica até as casas – isso permite que os fabricantes produzam produtos que funcionam em todos os lugares. Para tornar possível a obtenção de algum resultado, os grupos de estudo se dividem em setores de trabalho que, por sua vez, se dividem em equipes de especialistas que, por sua vez, se dividem em grupos ocasionais. Uma vez burocracia, sempre burocracia.

Apesar de todas essas dificuldades, a ITU-T consegue realizar algo. Desde sua origem, ela produziu cerca de 3 mil recomendações, muitas das quais são bastante utilizadas na prática. Por exemplo, a Recomendação H.264 (também um padrão ISO conhecido como MPEG-4 AVC) é bastante usada para compactação de vídeo, e os certificados de chave pública X.509 são usados para navegação segura na Web e para assinaturas digitais no correio eletrônico.

Quando a transição iniciada na década de 1980 for concluída e as telecomunicações deixarem de ser uma questão interna de cada país para ganhar o status de questão global, os padrões ganharão cada vez mais importância, e um número cada vez maior de organizações desejará participar do processo de definição de padrões. Para obter mais informações sobre a ITU, consulte Irmer (1994).

1.7.3 Quem é quem no mundo dos padrões internacionais

Os padrões internacionais são produzidos e publicados pela **ISO (International Standards Organization)**, uma organização voluntária independente, fundada em 1946. Seus membros são as organizações nacionais de padrões dos 161 países-membros. Entre eles estão as seguintes organizações: ANSI (Estados Unidos), BSI (Grã-Bretanha), AFNOR (França), DIN (Alemanha) e 157 outros.

A ISO publica padrões sobre os mais variados assuntos, desde porcas e parafusos (literalmente) ao revestimento usado nos postes telefônicos (sem mencionar sementes de cacau [ISO 2451], redes de pesca [ISO 1530], roupas íntimas femininas [ISO 4416] e vários outros assuntos que ninguém imaginaria que estivessem sujeitos à padronização). Em questões de padrões de telecomunicação, a ISO e a ITU-T normalmente cooperam (a ISO é um membro da ITU-T) para evitar a ironia de dois padrões internacionais oficiais e mutuamente incompatíveis.

A ISO já publicou mais de 21 mil padrões, incluindo os padrões OSI. Ela tem mais de 200 comitês técnicos (TCs; Technical Committees), numerados por ordem de criação, cada um lidando com um assunto específico. O TC1 lida com porcas e parafusos (padronizando as medidas da rosca). O JTC1 trata da tecnologia de informação, incluindo redes, computadores e software. Ele é o primeiro (e até aqui único) comitê técnico conjunto, criado em 1987 mesclando o TC97 com as atividades no IEC, outro órgão de padronização. Cada TC tem subcomitês que, por sua vez, se dividem em grupos de trabalho.

O trabalho real da ISO é feito em grande parte nos grupos de trabalho, em torno dos quais se reúnem 100 mil voluntários de todo o mundo. Muitos desses "voluntários" foram escalados para trabalhar em questões da ISO pelos seus empregadores, cujos produtos estão sendo padronizados. Outros são funcionários públicos ansiosos por descobrir um meio de transformar o que é feito em seus países de origem em padrão internacional. Especialistas acadêmicos também têm participação ativa em muitos grupos de trabalho.

O procedimento usado pela ISO para a adoção de padrões foi criado de modo a obter o maior consenso possível. O processo começa quando uma das organizações de padrões nacionais sente a necessidade de um padrão internacional em alguma área. Em seguida, é formado um grupo de trabalho com a finalidade de produzir um **rascunho de comitê** ou **CD** (**Committee Draft**). Depois, o CD é distribuído a todas as entidades associadas, que têm seis meses para analisá-lo. Se ele for aprovado por uma ampla maioria, um documento revisado, chamado **rascunho de norma internacional** ou **DIS** (**Draft International Standard**), será produzido e distribuído para receber comentários e ser votado. Com base nos resultados dessa rodada, o texto final do **padrão internacional** ou **IS** (**International Standard**) é preparado, aprovado e publicado. Nas áreas de grande controvérsia, o CD ou o DIS passam por diversas revisões até obter o número de votos necessário, em um processo que pode durar anos.

O **NIST** (**National Institute of Standards and Technology**) é um órgão do Departamento de Comércio dos Estados Unidos. Ele, que já foi chamado de National Bureau of Standards, emite padrões que controlam as compras feitas pelo governo dos Estados Unidos, exceto as do Departamento de Defesa, que tem seus próprios padrões.

Outro participante essencial no mundo dos padrões é o **IEEE** (**Institute of Electrical and Electronics Engineers**), a maior organização profissional do mundo. Além de publicar uma série de revistas científicas e promover diversas conferências a cada ano, o IEEE tem um grupo que desenvolve padrões nas áreas de engenharia elétrica e informática. O comitê 802 do IEEE padronizou vários tipos de LANs. Estudaremos alguns de seus resultados mais adiante. O trabalho em si é feito por um conjunto de grupos de trabalho, os quais estão listados na Figura 1.37. A taxa de sucesso dos diversos grupos de trabalho do 802 tem sido baixa; ter um número 802.x não é garantia de sucesso. Todavia, o impacto das histórias de sucesso (em especial do 802.3 e do 802.11) no setor e no mundo tem sido enorme.

1.7.4 Quem é quem no mundo dos padrões da Internet

A Internet mundial tem seus próprios mecanismos de padronização, que são bastante diferentes dos adotados pela ITU-T e pela ISO. Grosso modo, pode-se dizer que as pessoas que participam das reuniões de padronização da ITU ou da ISO se apresentam de paletó e gravata, ao passo que as pessoas que participam das reuniões de padronização na Internet usam jeans (exceto quando os encontros são em locais quentes, quando vestem bermudas e camisetas).

As reuniões da ITU-T e da ISO são frequentadas por pessoas ligadas à iniciativa privada e ao governo, cuja especialidade é a padronização. Para essas pessoas, a padronização é algo sagrado e a ela dedicam suas vidas. Por sua vez, as pessoas ligadas à Internet têm uma natureza anárquica. No entanto, com centenas de milhões de pessoas fazendo tudo por sua conta, a comunicação é prejudicada. Por essa razão, os padrões – apesar dos pesares – acabam se fazendo necessários. Nesse contexto, David Clark, do MIT fez o seguinte comentário sobre padronização na Internet, hoje famoso: "consenso rígido e código funcional".

Quando a ARPANET foi estabelecida, o Departamento de Defesa dos Estados Unidos criou um comitê informal para supervisioná-la. Em 1983, o comitê passou a ser chamado **IAB** (**Internet Activities Board**) e teve seus objetivos ampliados, ou seja, foi possível manter os pesquisadores envolvidos com a ARPANET e a Internet mais ou menos voltados para uma mesma direção, uma tarefa nada fácil. Mais tarde, o significado do acrônimo "IAB" mudou para **Internet Architecture Board**.

Cada um dos cerca de 10 membros do IAB coordenou uma força-tarefa sobre algum aspecto importante. O IAB promovia diversas reuniões anuais para discutir os resultados e prestar contas ao Departamento de Defesa e à NSF, que na época financiavam a maior parte de suas atividades. Quando havia necessidade de um padrão (p. ex., um novo algoritmo de roteamento), os membros do IAB o elaboravam e, em seguida, anunciavam a mudança aos estudantes universitários (que eram o núcleo do esforço de software), de modo que pudessem implementá-lo. A comunicação era feita por uma série de relatórios técnicos, chamados **RFCs** (**Request For Comments**). As RFCs são armazenadas on-line, e todas as pessoas interessadas podem ter acesso a elas em *www.ietf.org/rfc*. Elas são numeradas em ordem cronológica de criação, e já são mais de 8 mil. Vamos nos referir a muitas RFCs neste livro.

Por volta de 1989, a Internet havia crescido tanto que esse estilo altamente informal não funcionava mais. Muitos fabricantes estavam oferecendo produtos TCP/IP e não queriam mudá-los só porque uma dezena de pesquisadores acreditava ter uma ideia melhor. No verão de 1989, o IAB se reorganizou mais uma vez. Os pesquisadores se reuniram em torno da **IRTF** (**Internet Research Task Force**), que se transformou em uma subsidiária do IAB, junto com a **IETF** (**Internet Engineering Task Force**). O IAB foi novamente ocupado por pessoas que representavam uma faixa mais ampla de organizações que a simples comunidade de pesquisa. Inicialmente, os membros do grupo teriam um mandato indireto de dois anos, sendo os novos membros indicados pelos antigos. Mais tarde foi criada a **Internet Society**, integrada por pessoas interessadas na Internet. De certa forma, a Internet Society pode ser comparada à ACM ou ao IEEE. Ela é administrada por conselheiros eleitos que, por sua vez, indicam os membros do IAB.

A ideia dessa divisão era fazer a IRTF se concentrar em pesquisas em longo prazo, enquanto a IETF lidaria com questões de engenharia em curto prazo. A IETF foi dividida em grupos de trabalho, e cada um deveria resolver um problema específico. Os coordenadores desses grupos de trabalho inicialmente formariam uma espécie de comitê geral para orientar o esforço de engenharia. Entre os assuntos estudados estavam novas aplicações, informações para o usuário, integração do OSI, roteamento e endereçamento,

Número	Assunto
802.1	Avaliação e arquitetura de LANs
802.2	Controle de enlace lógico
802.3 *	Ethernet
802.4 †	Token bus (barramento de tokens; foi usado por algum tempo em unidades industriais)
802.5 †	Token ring (anel de tokens; a entrada da IBM no mundo das LANs)
802.6 †	Fila dual barramento dual (primeira rede metropolitana)
802.7 †	Grupo técnico consultivo sobre tecnologias de banda larga
802.8 †	Grupo técnico consultivo sobre tecnologias de fibra óptica
802.9 †	LANs isócronas (para aplicações em tempo real)
802.10 †	LANs virtuais e segurança
802.11 *	LANs sem fio (WiFi)
802.12 †	Prioridade de demanda (AnyLAN da Hewlett-Packard)
802.13	Número relacionado à má sorte. Ninguém o quis
802.14 †	Modems a cabo (extinto: um consórcio industrial conseguiu chegar primeiro)
802.15 *	Redes pessoais (Bluetooth, Zigbee)
802.16 †	Banda larga sem fio (WiMAX)
802.17 †	Anel de pacote resiliente
802.18	Grupo técnico consultivo sobre questões de regulamentação de rádio
802.19	Grupo técnico consultivo sobre coexistência de todos esses padrões
802.20	Banda larga móvel sem fio (semelhante ao 802.16e)
802.21	Transferência independente do meio (para tecnologias de roaming)
802.22	Rede regional sem fio

Figura 1.37 Os grupos de trabalho 802. Os grupos importantes estão marcados com *. Aqueles marcados com † desistiram e foram dissolvidos.

segurança, gerenciamento de redes e padrões. Por fim, formaram-se tantos grupos de trabalho (mais de 70) que foi necessário agrupá-los em áreas, cujos coordenadores passaram a integrar o comitê geral.

Além disso, foi adotado um processo de padronização mais formal, semelhante aos da ISO. Para se tornar um **Proposed Standard (padrão proposto)**, a ideia básica deve ser explicada em uma RFC e despertar na comunidade interesse suficiente para merecer algum tipo de consideração. Para chegar ao estágio de **Draft Standard (padrão de rascunho)**, uma implementação funcional precisa ser rigorosamente testada por, no mínimo, dois locais independentes por pelo menos 4 meses. Se o IAB for convencido de que a ideia é viável e de que o software funciona, ele poderá atribuir à RFC em questão o status de **Internet Standard (padrão da Internet)**. Alguns padrões da Internet foram adotados pelo Departamento de Defesa dos Estados Unidos (MIL-STD), tornando-se obrigatórios para seus fornecedores.

Para os padrões da Web, o **World Wide Web Consortium (W3C)** desenvolve protocolos e diretrizes para facilitar o crescimento da Web em longo prazo. Esse é um consórcio industrial liderado por Tim Berners-Lee e estabelecido em 1994, quando a Web realmente começou a ganhar força. O W3C agora é composto por quase 500 empresas, universidades e outras organizações, e já produziu mais de 100 recomendações do W3C, como são chamados seus padrões, abrangendo assuntos como HTML e privacidade na Web.

1.8 QUESTÕES POLÍTICAS, LEGAIS E SOCIAIS

As redes de computadores, assim como a imprensa há cerca de 500 anos, permitem que os cidadãos comuns manifestem suas opiniões de maneiras que não eram possíveis anteriormente. Contudo, junto com o lado bom vem o lado ruim, pois essa nova liberdade traz consigo uma série de questões sociais, políticas e éticas. Nesta seção, vamos mencionar rapidamente algumas delas; em cada capítulo do livro, mostraremos algumas questões políticas, legais e sociais específicas, além de questões sociais ligadas a tecnologias específicas, onde for necessário. Aqui, vamos apresentar alguns dos aspectos políticos e sociais de mais alto nível, que estão agora afetando diversas áreas na tecnologia da Internet, como priorização de tráfego, coleta e privacidade dos dados, e controle sobre a livre exposição de ideias on-line.

1.8.1 Discurso on-line

Redes sociais, quadros de mensagens, sites de compartilhamento de conteúdo e uma série de outras aplicações permitem que as pessoas compartilhem suas ideias com indivíduos de mesmo pensamento. Desde que os assuntos sejam restritos a assuntos técnicos ou passatempos como jardinagem, não surgirão muitos problemas.

Os problemas começam a vir à tona quando as pessoas abordam temas com os quais realmente se preocupam, como política, religião ou sexo. Os pontos de vista postados podem ser altamente ofensivos para algumas pessoas. Além disso, as opiniões não estão obrigatoriamente limitadas ao texto; fotos coloridas de alta resolução e mesmo pequenos vídeos podem ser facilmente compartilhados nessas plataformas. Em alguns casos, como na pornografia infantil ou incentivo ao terrorismo, o discurso também pode ser ilegal.

A capacidade das mídias sociais e das chamadas plataformas de **conteúdo gerado pelo usuário** de atuarem como canais para a exposição ilegal ou ofensiva de ideias levantou questões importantes sobre o papel dessas plataformas na moderação do conteúdo hospedado nelas. Por muito tempo, plataformas como Facebook, Twitter e YouTube tiveram considerável imunidade contra processos quando esse tipo de conteúdo é hospedado em seus sites. Nos Estados Unidos, por exemplo, a Seção 230 do **Communications Decency Act** protege essas plataformas de processos criminais federais caso algum conteúdo ilegal seja hospedado em seus sites. Durante muitos anos, essas plataformas de mídia social têm afirmado que são apenas uma ferramenta de informações, semelhante a uma gráfica, e não devem ser responsabilizadas pelos conteúdos que hospedam. Entretanto, como elas têm cada vez mais filtrado, priorizado e personalizado o conteúdo que mostram para usuários individuais, o argumento de que esses sites são apenas "plataformas" começou a ruir.

Tanto nos Estados Unidos quanto na Europa, por exemplo, o pêndulo está começando a oscilar, com a aprovação de leis que responsabilizariam essas plataformas por certos gêneros de conteúdo ilegal on-line, como aquele relacionado ao tráfico sexual on-line. A ascensão de algoritmos de classificação de conteúdo automatizados e baseados em aprendizado de máquina também está levando alguns defensores a responsabilizar as plataformas de mídia social por uma gama mais ampla de conteúdo, uma vez que esses algoritmos buscam ser capazes de detectar automaticamente o conteúdo indesejado, desde violações de direitos autorais até discursos de ódio. Contudo, a realidade é mais complicada, pois esses algoritmos podem gerar falsos positivos. Se o algoritmo de uma plataforma classifica falsamente o conteúdo como ofensivo ou ilegal e o remove automaticamente, essa ação pode ser considerada censura ou afronta à liberdade de expressão. Se as leis determinam que as plataformas realizem esses tipos de ações automatizadas, elas podem estar automatizando a censura.

A indústria de gravação e filmagem costuma defender leis que exigem o uso de tecnologias automatizadas para moderação de conteúdo. Nos Estados Unidos, esses avisos são conhecidos como **notas de demolição DMCA** pelo **Digital Millennium Copyright Act**, que ameaçam realizar ações legais se a parte em questão não remover o conteúdo. É importante ressaltar que o ISP ou provedor de conteúdo não é responsabilizado por violação de direitos autorais se passar, para a parte que infringiu, o aviso de que o conteúdo deve ser removido. O ISP ou provedor de conteúdo não precisa buscar ativamente qualquer conteúdo que viole direitos autorais – esse ônus recai sobre o detentor dos direitos autorais (p. ex., a gravadora ou o produtor do filme). Por ser um desafio encontrar e identificar conteúdo protegido por direitos autorais, os detentores desses direitos, compreensivelmente, continuam a pressionar por leis que transferem o ônus para os ISPs e provedores de conteúdo.

1.8.2 Neutralidade da rede

Uma das questões legais e políticas mais predominantes nos últimos 15 anos tem sido a extensão à qual os ISPs podem bloquear ou priorizar o conteúdo em suas próprias redes. O argumento de que os ISPs devem fornecer a mesma qualidade de serviço a determinado tipo de tráfego de aplicação, não importando quem está fornecendo esse conteúdo, é conhecido como **neutralidade da rede** (Wu, 2003).

Os princípios básicos da neutralidade da rede correspondem a quatro regras: 1) sem bloqueio; 2) sem repressão; 3) sem priorização paga; e 4) transparência sobre práticas razoáveis de gerenciamento de rede que possam ser vistas como violando qualquer uma das três primeiras regras. Observe que a neutralidade da rede não impede que um ISP priorize qualquer tráfego. Como veremos em outros capítulos, em alguns casos pode fazer sentido para um ISP priorizar o tráfego em tempo real (p. ex., jogos e videoconferência) em relação a outro tráfego não interativo (p. ex., backup de um arquivo grande). As regras normalmente abrem exceção para tais "práticas razoáveis de gerenciamento de rede". Naturalmente, pode haver discussão sobre o que é uma prática "razoável" de gerenciamento de rede. O que as regras pretendem evitar são situações em que um ISP bloqueia ou restringe o tráfego como uma prática anticompetitiva. Especificamente, as regras têm como objetivo evitar que um ISP bloqueie ou restrinja o tráfego VoIP se ele competir com sua própria oferta de telefonia pela Internet (como ocorreu quando a AT&T bloqueou o FaceTime da Apple) ou quando um serviço de vídeo (p. ex., Netflix) concorre com seu próprio serviço de vídeo por demanda.

À primeira vista, embora o princípio da neutralidade da rede possa parecer simples, as nuances jurídicas e políticas são significativamente mais complicadas, especialmente considerando como as leis e as redes diferem entre os países. Uma das questões legais nos Estados Unidos diz respeito a quem tem autoridade para impor as regras de neutralidade da rede. Por exemplo, várias decisões judiciais na última década concederam e subsequentemente revogaram a autoridade da Federal Communications Commission (FCC) para impor regras de neutralidade da rede aos ISPs. Grande parte do debate no país gira em torno de se um ISP deve ser classificado como um serviço de "operadora comum", semelhante a um serviço público, ou se deve ser considerado um serviço de informação, nos moldes do Google e do Facebook. Como muitas dessas empresas oferecem produtos em um conjunto cada vez mais diversificado de mercados, fica cada vez mais difícil classificá-las em uma ou outra categoria. Em 11 de junho de 2018, a neutralidade da rede foi abolida em todos os Estados Unidos por ordem da FCC. No entanto, alguns estados podem adotar suas próprias regras de neutralidade da rede.

Um tópico que se relaciona à neutralidade da rede e é predominante em muitos países ao redor do mundo é a prática de **taxa zero**, pela qual um ISP pode cobrar de seus assinantes de acordo com o uso dos dados, mas conceder uma isenção (ou seja, "taxa zero") para um serviço específico. Por exemplo, o ISP pode cobrar de seus assinantes o streaming da Netflix, mas permitir o streaming ilimitado de outros serviços de vídeo que deseja promover. Em alguns países, as operadoras de celular usam a taxa zero como diferenciador: por exemplo, uma operadora de celular pode não cobrar pelo uso do WhatsApp como uma promoção para tentar atrair assinantes de outras operadoras. Outro exemplo de taxa zero é o serviço básico do Facebook, que concede aos assinantes do ISP acesso gratuito e ilimitado a um pacote de sites e serviços que o Facebook empacota como parte de uma oferta gratuita. Muitas partes veem essas ofertas em conflito com a neutralidade da rede, uma vez que oferecem acesso preferencial a alguns serviços e aplicativos em relação a outros.

1.8.3 Segurança

A Internet foi projetada para que qualquer pessoa pudesse se conectar facilmente a ela e começar a enviar tráfego. Esse projeto aberto não apenas estimulou uma onda de inovação, mas também tornou a Internet uma plataforma para ataques de escala e escopo sem precedentes. Exploraremos a segurança em detalhes no Capítulo 8.

Um dos tipos de ataque mais prevalentes e danosos é um ataque de negação de serviço distribuído, ou **DDoS (Distributed Denial of Service)**, pelo qual muitas máquinas na rede enviam tráfego direcionado à máquina da vítima, na tentativa de esgotar seus recursos. Existem muitos tipos diferentes de ataques DDoS, mas sua forma mais simples é aquela em que um grande número de máquinas comprometidas, às vezes chamadas de **botnet**, enviam tráfego para uma única vítima. Os ataques DDoS geralmente são lançados de máquinas comprometidas de uso geral (p. ex., notebooks e servidores), mas a proliferação de dispositivos IoT inseguros agora criou um vetor totalmente novo para o lançamento de ataques DDoS. Um ataque coordenado por um milhão de torradeiras inteligentes conectadas à Internet pode derrubar o Google? Infelizmente, grande parte da indústria de IoT em particular não se preocupa com a segurança do software e, portanto, a defesa contra ataques vindos desses dispositivos altamente inseguros atualmente recai sobre as operadoras de rede. Novas estruturas de incentivo ou regulatórias podem ser necessárias para desencorajar usuários de conectar dispositivos IoT inseguros à rede. De modo geral, muitos problemas de segurança da Internet estão relacionados a incentivos.

E-mail de spam (ou correio eletrônico indesejado) constitui agora mais de 90% de todo o tráfego de e-mail, porque os spammers coletaram milhões de endereços de e-mail e os aspirantes a profissionais de marketing podem enviar mensagens geradas por computador a um baixo custo. Felizmente, o software de filtragem é capaz de ler e descartar o spam gerado por outros computadores. Os primeiros softwares de filtragem de spam dependiam bastante do conteúdo das mensagens de e-mail para diferenciar o spam indesejado de e-mails legítimos, mas os remetentes de spam rapidamente encontraram seu caminho para contornar esses filtros, já que é relativamente fácil gerar 100 maneiras de escrever Viagra. Por sua vez, as propriedades da mensagem de e-mail, como o endereço IP do remetente e do destinatário, bem como os padrões de envio de e-mail, mostram-se úteis para distinguir características muito mais resistentes à evasão.

Alguns e-mails indesejados são simplesmente irritantes. Outros, no entanto, podem ser tentativas de lançar golpes em grande escala ou roubar suas informações pessoais, como senhas ou informações de contas bancárias. As mensagens de **phishing** se disfarçam como originadas de uma parte confiável, por exemplo, seu banco, para tentar induzi-lo a revelar informações confidenciais, como números de cartão de crédito. O roubo de identidade está se tornando um problema sério, pois os ladrões coletam informações suficientes para obter cartões de crédito e outros documentos em nome da vítima.

1.8.4 Privacidade

À medida que as redes de computadores e os dispositivos que conectamos a elas se proliferam, fica cada vez mais fácil para várias partes coletar dados sobre como cada um de nós utiliza a rede. As redes de computadores facilitam a comunicação, mas também permitem que as pessoas que administram a rede bisbilhotem o tráfego. Diversas entidades podem coletar dados sobre o uso da Internet, incluindo seu provedor de serviços de Internet, sua operadora de telefonia móvel, aplicativos, websites, serviços de hospedagem em nuvem, redes de distribuição de conteúdo, fabricantes de dispositivos, anunciantes e fornecedores de software de rastreamento da Web.

Outra prática predominante em muitos websites e provedores de aplicativos é **traçar perfis** e **rastrear** usuários coletando dados sobre seu comportamento na rede com o passar do tempo. Uma forma de os anunciantes rastrearem os usuários é colocar pequenos arquivos, chamados cookies, que os navegadores da Web armazenam nos computadores desses usuários. Os cookies permitem que anunciantes e empresas de rastreamento acompanhem o comportamento de navegação dos usuários e as atividades de um site para outro. Nos últimos anos, também foram desenvolvidos mecanismos de rastreamento mais sofisticados, como a **impressão digital do navegador (browser fingerprinting)**; acontece que a configuração do seu navegador é exclusiva o suficiente para você, de forma que uma empresa pode usar o código em sua página Web para extrair as configurações do navegador e determinar sua identidade única com grande probabilidade de sucesso. As empresas que oferecem serviços baseados na Web podem manter grandes quantidades de informações pessoais sobre seus usuários, permitindo-lhes estudar diretamente suas atividades. Por exemplo, se você usa o **Gmail**, o Google pode ler seu e-mail e mostrar propagandas com base em seus interesses.

Com a proliferação dos serviços para dispositivos móveis, a **privacidade local** também se tornou uma preocupação cada vez maior (Beresford e Stajano, 2003). O fornecedor do sistema operacional do seu smartphone tem acesso a informações precisas de localização, incluindo suas coordenadas geográficas e até mesmo sua altitude, em virtude da leitura feita pelo sensor de pressão barométrica de alguns aparelhos. Por exemplo, um fornecedor do sistema operacional Android para smartphone, Google, pode determinar seu local exato dentro de um prédio ou shopping center, a fim de lhe enviar anúncios com base nas lojas por onde você passa. Operadoras de telefonia móvel também podem obter informações sobre o seu local geográfico determinando a torre de celular com que seu smartphone está se comunicando.

Diversas tecnologias, que vão de VPNs a software de navegação anônima, como o navegador Tor, visam melhorar a privacidade do usuário ocultando a origem do tráfego. O nível de proteção que cada um desses sistemas oferece depende das propriedades do sistema. Por exemplo, um provedor de VPN pode impedir que seu ISP veja qualquer tráfego de Internet não criptografado, mas a operadora do serviço VPN ainda pode ver o tráfego não criptografado. O Tor pode oferecer uma camada adicional de proteção, mas sua eficácia é variada, e muitos pesquisadores notaram suas fraquezas, principalmente quando uma única entidade controla grandes partes da infraestrutura. A comunicação anônima pode oferecer a alunos, funcionários e cidadãos uma maneira de denunciar o comportamento ilegal sem medo de represálias. Contudo, nos Estados Unidos e na maioria das outras democracias, a lei permite especificamente a uma pessoa acusada o direito de confrontar e desafiar seu acusador no tribunal, de forma que acusações anônimas não podem ser usadas como prova. Redes de computadores fazem surgir novos problemas legais quando interagem com leis antigas. Uma questão legal continuamente interessante diz respeito ao acesso aos dados. Por exemplo, o que determina se um governo deve ser capaz de acessar dados sobre seus cidadãos? Se os dados residirem em outro país, eles estão protegidos contra pesquisa? Se os dados atravessam um país, até que ponto eles ficam sujeitos às leis desses países? A Microsoft enfrentou essas questões em um caso da Suprema Corte, em que o governo dos Estados Unidos está tentando obter acesso sobre os cidadãos norte-americanos em servidores da Microsoft localizados na Irlanda. Nos próximos anos, é provável que a natureza "sem fronteiras" da Internet continue a levantar questões na interseção da lei com a tecnologia.

1.8.5 Desinformação e "fake news"

A Internet torna possível encontrar informações com rapidez, mas uma grande parte elas é incorreta, enganosa ou totalmente errada. Aquele aconselhamento médico que você conseguiu na Internet sobre sua dor no peito pode ter vindo de um ganhador do Prêmio Nobel ou de alguém que abandonou os estudos no ensino médio. Cada vez mais, há uma preocupação sobre como os cidadãos em todo o mundo encontram informações sobre notícias e eventos atuais. A eleição presidencial de 2016 nos Estados Unidos, por exemplo, viu o surgimento das chamadas "fake news", pelas quais certos partidos elaboraram explicitamente histórias falsas com o objetivo de enganar os leitores e fazê-los acreditar nelas. As campanhas de **desinformação** impuseram novos desafios aos operadores de rede e plataformas. Primeiro, como definir desinformação em primeiro lugar? Segundo, a desinformação pode ser detectada de forma confiável? Por fim, o que um operador de rede ou plataforma deve fazer sobre isso, uma vez que seja detectado?

1.9 UNIDADES DE MEDIDA

Para evitar qualquer confusão, vale a pena declarar explicitamente que, neste livro, como na ciência da computação em geral, as unidades do sistema métrico são usadas no lugar das unidades inglesas tradicionais. Os principais prefixos de medida estão listados na Figura 1.38. Em geral, os prefixos são abreviados por sua letra inicial, com as unidades maiores que 1 em maiúsculas (KB, MB, etc.). Uma exceção (por razões históricas) é a unidade kbps para indicar kilobits/s. Desse modo, uma linha de comunicação de 1 Mbps transmite 10^6 bits/s e um clock de 100 psegundos (ou 100 ps) pulsa a cada 10^{-10} segundos. Tendo em vista que os prefixos mili e micro começam ambos pela letra "m", foi preciso fazer uma escolha. Normalmente, "m" representa mili e "µ" (a letra grega mi) representa micro.

Também vale a pena assinalar que, para medir tamanhos de memória, disco, arquivos e bancos de dados, uma prática comum na indústria, as unidades têm significados um pouco diferentes. Nesses casos, kilo significa 2^{10} (1.024), em vez de 10^3 (1.000), porque as memórias sempre são medidas em potências de dois. Desse modo, uma memória de 1 KB contém 1.024 bytes, e não 1.000 bytes. Observe também que a letra "B" maiúscula, nesse uso, significa "bytes" (unidades de oito bits), enquanto uma letra "b" minúscula significa "bits". De modo semelhante, uma memória de 1 MB contém 2^{20} (1.048.576) bytes, uma memória de 1 GB contém 2^{30} (1.073.741.824) bytes e um banco de dados de 1 TB contém 2^{40} (1.099.511.627.776) bytes. No entanto, uma linha de comunicação de 1 kbps transmite 1.000 bits por segundo, e uma LAN de 10 Mbps funciona a 10.000.000 bits/s, porque essas velocidades não são potências de dois. Infelizmente, muitas pessoas tendem a misturar esses dois sistemas, especialmente para tamanhos de disco. Para evitar ambiguidade, neste livro usaremos os símbolos KB, MB, GB e TB para 2^{10}, 2^{20}, 2^{30} e 2^{40} bytes, respectivamente, e os símbolos kbps, Mbps, Gbps e Tbps para 10^3, 10^6, 10^9 e 10^{12} bits/s, respectivamente.

1.10 VISÃO GERAL DOS PRÓXIMOS CAPÍTULOS

Este livro descreve os princípios e a prática em redes de computadores. A maioria dos capítulos começa com uma discussão dos princípios relevantes, seguida por uma série de exemplos ilustrativos. Em geral, esses exemplos são extraídos da Internet e das redes sem fio, como a rede de telefonia móvel, uma vez que elas são importantes e muito diferentes. Serão apresentados outros exemplos quando for relevante.

A estrutura deste livro segue o modelo híbrido da Figura 1.36. A partir do Capítulo 2, vamos começar a percorrer nosso caminho pela hierarquia de protocolos, começando pela parte inferior. Apresentaremos uma rápida análise do processo de comunicação de dados, com sistemas de transmissão cabeada e sem fio. Esse material está voltado para o modo como entregamos informações pelos canais físicos, apesar de examinarmos apenas sua arquitetura e deixarmos de lado os aspectos de hardware. Diversos exemplos da camada física também são discutidos, como as redes de telefonia pública comutada, de telefones celulares e a rede de televisão a cabo.

Os Capítulos 3 e 4 discutem a camada de enlace de dados em duas partes. O Capítulo 3 examina o problema de como enviar pacotes por um enlace, incluindo detecção e correção de erros. Examinamos o DSL (usado para acesso à Internet de banda larga por linhas telefônicas) como um exemplo do mundo real de um protocolo de enlace de dados.

O Capítulo 4 é dedicado à subcamada de acesso ao meio, que faz parte da camada de enlace de dados que lida com a questão de como compartilhar um canal entre vários computadores. Os exemplos que examinamos incluem redes sem fio, como 802.11 e LANs com fio, como a Ethernet clássica. Também discutimos os switches da camada de enlace que conectam as LANs, como a Ethernet comutada.

Exp.	Explícita	Prefixo	Exp.	Explícita	Prefixo
10^{-3}	0,001	mili	10^3	1.000	Kilo
10^{-6}	0,000001	micro	10^6	1.000.000	Mega
10^{-9}	0,000000001	nano	10^9	1.000.000.000	Giga
10^{-12}	0,000000000001	pico	10^{12}	1.000.000.000.000	Tera
10^{-15}	0,000000000000001	femto	10^{15}	1.000.000.000.000.000	Peta
10^{-18}	0,000000000000000001	atto	10^{18}	1.000.000.000.000.000.000	Exa
10^{-21}	0,000000000000000000001	zepto	10^{21}	1.000.000.000.000.000.000.000	Zetta
10^{-24}	0,000000000000000000000001	yocto	10^{24}	1.000.000.000.000.000.000.000.000	Yotta

Figura 1.38 Os principais prefixos de medida.

O Capítulo 5 trata da camada de rede, em especial o roteamento. Serão abordados muitos algoritmos de roteamento, tanto estático quanto dinâmico. Todavia, mesmo com bons algoritmos de roteamento, se for oferecido mais tráfego do que a rede pode manipular, alguns pacotes sofrerão atrasos ou serão descartados. Discutimos essa questão desde como impedir o congestionamento até como garantir certa qualidade de serviço. A conexão de redes heterogêneas para formar redes interligadas leva a numerosos problemas que também são analisados. A camada de rede na Internet recebe uma extensa abordagem.

O Capítulo 6 é dedicado à camada de transporte. Grande parte da ênfase é sobre os protocolos orientados a conexões e confiabilidade, uma vez que muitas aplicações necessitam deles. Estudaremos em detalhes os protocolos de transporte da Internet, UDP e TCP, bem como seus problemas de desempenho, especialmente do TCP, um dos principais protocolos da Internet.

O Capítulo 7 é dedicado à camada de aplicação, seus protocolos e suas aplicações. O primeiro tópico é o DNS, que é o catálogo telefônico da Internet. Em seguida, vem o correio eletrônico, incluindo uma discussão de seus protocolos. Depois, passamos para a Web, com descrições detalhadas de conteúdo estático e dinâmico, e o que acontece nos lados cliente e servidor. Depois disso, examinamos multimídia em rede, incluindo streaming de áudio e vídeo. Por fim, discutimos as redes de entrega de conteúdo, incluindo a tecnologia peer-to-peer.

O Capítulo 8 dedica-se à segurança das redes. Esse tópico tem aspectos que se relacionam a todas as camadas; assim, é mais fácil estudá-los depois que todas as camadas tiverem sido completamente examinadas. O capítulo começa com uma introdução à criptografia. Mais adiante, é apresentado como a criptografia pode ser usada para garantir a segurança da comunicação, do correio eletrônico e da Web. O capítulo termina com uma discussão de algumas áreas em que a segurança atinge a privacidade, a liberdade de expressão, a censura e outras questões sociais.

O Capítulo 9 contém uma lista comentada de leituras sugeridas, organizadas por capítulo. Seu objetivo é ajudar os leitores que desejam ter mais conhecimentos sobre redes. O capítulo também apresenta uma bibliografia em ordem alfabética com todas as referências citadas neste livro.

Os websites dos autores contêm outras informações que podem ser do seu interesse:

https://www.pearsonhighered.com/tanenbaum

https://computernetworksbook.com

1.11 RESUMO

As redes de computadores têm inúmeros usos, tanto por empresas quanto por indivíduos, tanto em casa quanto em trânsito. As empresas utilizam redes de computadores para compartilhar informações corporativas, normalmente usando o modelo cliente-servidor com os desktops de funcionários atuando como clientes que acessam servidores poderosos na sala de máquinas. Para as pessoas, as redes oferecem acesso a uma série de informações e fontes de entretenimento, bem como um modo de comprar e vender produtos e serviços. Em geral, as pessoas têm acesso à Internet com a utilização de um telefone ou provedores a cabo em casa, embora um número cada vez maior de pessoas tenha uma conexão sem fio para notebooks e smartphones. Os avanços na tecnologia estão permitindo novos tipos de aplicações móveis e redes com computadores embutidos em aparelhos e outros dispositivos do usuário. Os mesmos avanços levantam questões sociais, como preocupações acerca de privacidade.

De modo geral, as redes podem ser divididas em LANs, MANs, WANs e internets. As LANs normalmente abrangem um prédio e operam em altas velocidades. As MANs em geral abrangem uma cidade, e um exemplo é o sistema de televisão a cabo, que hoje é utilizado por muitas pessoas para acessar a Internet. As WANs abrangem um país ou um continente. Algumas das tecnologias usadas para montar essas redes são ponto a ponto (p. ex., um cabo), enquanto outras são por broadcast (p. ex., as redes sem fio). As redes podem ser interconectadas com roteadores para formar internets, das quais a Internet é maior e mais conhecido exemplo. As redes sem fio, as LANs 802.11 e a telefonia móvel 4G, também estão se tornando extremamente populares.

O software de rede consiste em protocolos ou regras pelas quais os processos se comunicam. A maioria das redes aceita as hierarquias de protocolos, com cada camada fornecendo serviços às camadas situadas acima dela e isolando-as dos detalhes dos protocolos usados nas camadas inferiores. Em geral, as pilhas de protocolos se baseiam nos modelos OSI ou TCP/IP. Ambos têm camadas de enlace, rede, transporte e aplicação, mas apresentam diferenças nas outras camadas. As questões de projeto incluem confiabilidade, alocação de recursos, crescimento, segurança e outros. Grande parte deste livro lida com protocolos e seu projeto.

As redes fornecem vários serviços a seus usuários, os quais podem variar da entrega de pacotes por melhores esforços por serviços não orientados a conexões até a entrega garantida por serviços orientados a conexões. Em algumas redes, o serviço não orientado a conexões é fornecido em uma camada e o serviço orientado a conexões é oferecido na camada acima dela.

Entre as redes mais conhecidas estão a Internet, a rede de telefonia móvel e as LANs 802.11. A Internet evoluiu a partir da ARPANET, à qual foram acrescentadas outras redes para formar uma rede interligada. A Internet atual é, na realidade, um conjunto com muitos milhares de redes que usam a pilha de protocolos TCP/IP. A rede de telefonia móvel oferece acesso sem fio e móvel à Internet, em velocidades mútiplas de Mbps e, naturalmente, também realiza chamadas de voz. As LANs sem fio baseadas no padrão IEEE 802.11 são implantadas em muitas casas, hotéis, aeroportos e restaurantes, e podem oferecer conectividade em velocidades de 1 Gbps ou mais. As redes sem fio também estão vendo um elemento de convergência, conforme evidenciado em propostas como LTE-U, que permitiriam aos protocolos de rede operar no espectro não licenciado, ao lado do 802.11.

Fazer vários computadores se comunicarem exige uma extensa padronização, tanto de hardware quanto de software. Organizações como ITU-T, ISO, IEEE e IAB administram partes diferentes do processo de padronização.

PROBLEMAS

1. Você estabelece um canal de comunicação entre dois castelos medievais, permitindo que um corvo treinado carregue repetidamente um pergaminho do castelo que o enviou ao castelo que o recebe, a 160 km de distância. O corvo voa a uma velocidade média de 40 km/h e carrega um pergaminho de cada vez. Cada pergaminho contém 1,8 terabytes de dados. Calcule a taxa de dados deste canal ao enviar (i) 1,8 terabytes de dados; (ii) 3,6 terabytes de dados; (iii) um fluxo infinito de dados.

2. Como parte da Internet das Coisas, os dispositivos do dia a dia estão cada vez mais conectados a redes de computadores. A IoT facilita às pessoas, entre outras coisas, monitorar seus pertences e o uso dos aparelhos. Mas qualquer tecnologia pode ser usada tanto para o bem quanto para o mal. Discuta algumas desvantagens dessa tecnologia.

3. As redes sem fio ultrapassaram as redes com fio em popularidade, embora normalmente forneçam menos largura de banda. Indique duas razões pelas quais isso aconteceu.

4. Em vez de comprar seu próprio hardware, pequenas empresas costumam hospedar suas aplicações em centros de dados. Discuta as vantagens e desvantagens dessa técnica, tanto do ponto de vista da empresa quanto de seus usuários.

5. Uma alternativa para uma LAN é simplesmente instalar um grande sistema de tempo compartilhado (timesharing) com terminais para todos os usuários. Apresente duas vantagens de um sistema cliente-servidor que utilize uma LAN.

6. O desempenho de um sistema cliente-servidor é influenciado por dois fatores de rede: a largura de banda da rede (quantos bits/s ela pode transportar) e a latência (quantos segundos o primeiro bit leva para ir do cliente até o servidor). Dê um exemplo de uma rede que exibe alta largura de banda e alta latência. Depois, dê um exemplo de rede com baixa largura de banda e baixa latência.

7. Um fator que influencia no atraso de um sistema de comutação de pacotes store-and-forward é qual o tempo necessário para armazenar e encaminhar um pacote por um switch. Se o tempo de comutação é 20 µs, é provável que esse seja um fator importante na resposta de um sistema cliente-servidor quando o cliente está em Nova Iorque e o servidor está na Califórnia? Suponha que a velocidade de propagação em cobre e fibra seja igual a 2/3 da velocidade da luz no vácuo.

8. Um servidor envia pacotes a um cliente via satélite. Os pacotes devem atravessar um ou vários satélites antes de chegarem ao seu destino. Os satélites usam comutação de pacotes store-and-forward, com um tempo de comutação de 100 µseg. Se os pacotes percorrerem uma distância total de 29.700 km, por quantos satélites os pacotes terão que passar se 1% do atraso for causado pela comutação de pacotes?

9. Um sistema cliente-servidor usa uma rede de satélite, com o satélite a uma altura de 40.000 km. Qual é o maior atraso em resposta a uma solicitação?

10. Um sinal viaja a 2/3 da velocidade da luz e leva 100 milissegundos para chegar ao seu destino. Que distância o sinal percorreu?

11. Agora que quase todo mundo tem um computador doméstico ou dispositivo móvel conectado a uma rede de computadores, será possível realizar referendos públicos instantâneos sobre legislações importantes pendentes. Em última análise, as legislaturas existentes poderiam ser eliminadas, para permitir que a vontade do povo fosse expressa diretamente. Os aspectos positivos de tal democracia direta são bastante óbvios; discuta alguns dos aspectos negativos.

12. Um conjunto de cinco roteadores deve ser conectado a uma sub-rede ponto a ponto. Entre cada par de roteadores, os projetistas podem colocar uma linha de alta velocidade, uma linha de média velocidade, uma linha de baixa velocidade ou nenhuma linha. Se forem necessários 50 ms do tempo do computador para gerar e inspecionar cada topologia, quanto tempo será necessário para inspecionar todas elas?

13. Um grupo de $2^n - 1$ roteadores está interconectado em uma árvore binária centralizada, com um roteador em cada nó da árvore. O roteador i se comunica com o roteador j enviando uma mensagem para a raiz da árvore. A raiz, então, envia a mensagem de volta para j. Derive uma expressão aproximada para o número médio de saltos por mensagem para um número n grande, supondo que todos os pares de roteadores são igualmente prováveis.

14. Uma desvantagem de uma sub-rede de broadcast é a capacidade desperdiçada quando há vários hosts tentando acessar o canal ao mesmo tempo. Como um exemplo simples, suponha que o tempo esteja dividido em slots discretos, com cada um dos n hosts tentando usar o canal com probabilidade de p durante cada slot. Que fração dos slots é desperdiçada em consequência das colisões?

15. Em redes de computadores e outros sistemas complexos, o grande número de interações entre seus componentes muitas vezes torna impossível prever com muita confiança se e quando coisas ruins acontecerão. Como os objetivos de projeto das redes de computadores levam isso em consideração?

16. Explique por que a camada de enlace, a camada de rede e a camada de transporte precisam adicionar informações de origem e destino à carga útil (payload).

17. Combine as camadas – enlace, rede e transporte – com as garantias que cada uma pode fornecer às camadas superiores.

Garantia	Camada
Entrega pelo melhor esforço	Rede
Entrega confiável	Transporte
Entrega em ordem	Transporte
Abstração de fluxo de bytes	Transporte
Abstração de enlace ponto a ponto	Enlace de dados

18. Cada camada de rede interage com a camada abaixo dela usando sua interface. Para cada uma das funções a seguir, indique a qual interface ela pertence.

Função	Interface
enviar_bits_por_enlace(bits)	
enviar_bytes_para_processo(dest, orig, bytes)	
enviar_bytes_por_enlace(dest, orig, bytes)	
enviar_bytes_para_máquina(dest, orig, bytes)	

19. Suponha que dois terminais de rede tenham um tempo de ida e volta de 100 milissegundos e que o remetente transmita cinco pacotes a cada viagem de ida e volta. Qual será a taxa de transmissão do remetente para este tempo de ida e volta, assumindo pacotes de 1500 bytes? Dê sua resposta em bytes por segundo.

20. O presidente da Specialty Paint Corp. resolve trabalhar com uma cervejaria local com a finalidade de produzir uma lata de cerveja invisível (como uma medida para evitar acúmulo de lixo). Ele pede que o departamento jurídico analise a questão e este, por sua vez, entra em contato com a empresa de engenharia. Como resultado, o engenheiro-chefe entra em contato com o funcionário de cargo equivalente na cervejaria para discutir os aspectos técnicos do projeto. Em seguida, os engenheiros enviam um relatório a seus respectivos departamentos jurídicos, que então discutem por telefone os aspectos legais. Por fim, os presidentes das duas empresas discutem as questões financeiras do negócio. Que princípio de um protocolo multicamadas (com base no modelo OSI) esse mecanismo de comunicação infringe?

21. Duas redes podem oferecer um serviço orientado a conexões bastante confiável. Uma delas oferece um fluxo de bytes confiável e a outra, um fluxo de mensagens confiável. Elas são idênticas? Se forem, por que se faz essa distinção? Se não, dê um exemplo de como elas diferem.

22. O que significa "negociação" em uma discussão sobre protocolos de rede? Dê um exemplo.

23. Na Figura 1.31, é mostrado um serviço. Há outros serviços implícitos nessa figura? Em caso afirmativo, onde? Caso contrário, por que não?

24. Em algumas redes, a camada de enlace de dados trata os erros de transmissão solicitando a retransmissão de quadros danificados. Se a probabilidade de um quadro estar danificado é p, qual é o número médio de transmissões necessárias para enviar um quadro? Suponha que as confirmações nunca sejam perdidas.

25. Quais das camadas OSI e TCP/IP tratam de cada um dos seguintes:
    (a) Dividir o fluxo de bits transmitido em quadros.
    (b) Determinar qual rota deve ser usada através da sub-rede.

26. Se a unidade trocada no nível do enlace de dados é chamada de quadro e a unidade trocada no nível da rede é chamada de pacote, os quadros encapsulam os pacotes ou os pacotes encapsulam os quadros? Explique sua resposta.

27. Considere uma hierarquia de protocolos de seis camadas em que a camada 1 é a mais baixa e a camada 6 é a mais alta. Uma aplicação envia uma mensagem M, passando-a para a camada 6. Todas as camadas pares anexam um término à carga útil (payload) e todas as camadas ímpares anexam um cabeçalho à carga útil. Desenhe os cabeçalhos, términos e a mensagem original M na ordem em que são enviados pela rede.

28. Um sistema tem uma hierarquia de protocolos com n camadas. As aplicações geram mensagens com M bytes de comprimento. Em cada uma das camadas é acrescentado um cabeçalho com h bytes. Que fração da largura de banda da rede é preenchida pelos cabeçalhos?

29. Dê cinco exemplos de um dispositivo conectado a duas redes ao mesmo tempo e explique por que isso é útil.

30. A sub-rede da Figura 1.12(b) foi projetada para resistir a uma guerra nuclear. Quantas bombas seriam necessárias para particionar os nós em dois conjuntos desconectados? Suponha que qualquer bomba destrua um nó e todos os links conectados a ele.

31. A cada 18 meses, a Internet praticamente dobra de tamanho. Embora ninguém possa dizer com certeza, estima-se que havia 1 bilhão de hosts em 2018. Utilize esses dados para calcular o número previsto de hosts da Internet em 2027. Você acredita nisso? Explique por que sim ou por que não.

32. Quando um arquivo é transferido entre dois computadores, duas estratégias de confirmação são possíveis. Na primeira, o arquivo é dividido em pacotes, os quais são confirmados individualmente pelo receptor, mas a transferência do arquivo como um todo não é confirmada. Na segunda, os pacotes não são confirmados individualmente, mas, ao chegar a seu destino, o arquivo inteiro é confirmado. Analise essas duas abordagens.

33. As operadoras da rede de telefonia móvel precisam saber onde estão localizados os smartphones de seus assinantes (logo, seus usuários). Explique por que isso é ruim para os usuários. Agora, dê motivos pelos quais isso é bom para eles.

34. Qual era o comprimento de um bit, em metros, no padrão 802.3 original? Utilize uma velocidade de transmissão de 10 Mbps e suponha que a velocidade de propagação no cabo coaxial seja igual a 2/3 da velocidade da luz no vácuo.

35. Uma imagem tem 3840 × 2160 pixels com 3 bytes/pixel. Suponha que a imagem seja descompactada. Quanto tempo é necessário para transmiti-la por um canal de modem de 56 kbps? E por um modem a cabo de 1 Mbps? E por uma rede Ethernet de 10 Mbps? E pela rede Ethernet de 100 Mbps? E pela gigabit Ethernet?

36. A Ethernet e as redes sem fio apresentam algumas semelhanças e algumas diferenças. Uma propriedade da Ethernet é de que apenas um quadro pode ser transmitido de cada vez em uma rede desse tipo. A rede 802.11 compartilha essa propriedade com a Ethernet? Analise sua resposta.

37. As redes sem fio são fáceis de instalar, o que as torna baratas, já que os custos de instalação geralmente superam os custos do equipamento. No entanto, elas também têm algumas desvantagens. Cite duas delas.

38. Liste duas vantagens e duas desvantagens da existência de padrões internacionais para protocolos de redes.

39. Quando um sistema tem uma parte permanente e uma parte removível (como uma unidade de CD-ROM e o CD-ROM), é importante que o sistema seja padronizado, de modo que empresas diferentes possam produzir as partes permanentes e as removíveis, para que sejam compatíveis entre si. Cite três exemplos fora da indústria de informática em que esses padrões internacionais estão presentes. Agora, cite três áreas fora da indústria de informática em que eles não estão presentes.

40. A Figura 1.34 mostra vários protocolos diferentes na pilha de rede TCP/IP. Explique por que pode ser útil ter vários protocolos em uma única camada. Dê um exemplo.

41. Suponha que os algoritmos usados para implementar as operações na camada k sejam mudados. Como isso afeta as operações nas camadas $k-1$ e $k+1$?

42. Suponha que haja uma mudança no serviço (conjunto de operações) fornecido pela camada k. Como isso afeta os serviços nas camadas $k-1$ e $k+1$?

43. Descubra como abrir o monitor de rede embutido em seu navegador. Abra-o e navegue até uma página web (p. ex., *https://www.cs.vu.nl/~ast/*). Quantas solicitações seu navegador (cliente) envia ao servidor? Que tipos de solicitação ele envia? Por que essas solicitações são feitas separadamente e não como uma única solicitação grande?

44. Faça uma lista de atividades que você pratica todo dia em que são utilizadas redes de computadores.

45. O programa *ping* lhe permite enviar um pacote de teste a um dado local e verificar quanto tempo ele demora para ir e voltar. Tente usar *ping* para ver quanto tempo ele demora para trafegar do local em que você está até vários locais conhecidos. A partir desses dados, represente o tempo em trânsito de mão única pela Internet como uma função de distância. É melhor usar universidades, uma vez que a localização de seus servidores é conhecida com grande precisão. Por exemplo, *berkeley.edu* está em Berkeley, Califórnia; *mit.edu* está em Cambridge, Massachusetts; *vu.nl* está em Amsterdã, Holanda; *www.usyd.edu.au* está em Sydney, Austrália; e *www.uct.ac.za* está em Cidade do Cabo, África do Sul.

46. Vá ao website da IETF, *www.ietf.org*, para ver o que eles estão fazendo. Escolha um projeto de que você goste e escreva um relatório de meia página sobre o problema e a solução proposta.

47. A padronização é muito importante no mundo das redes. ITU e ISO são as principais organizações oficiais de padronização. Acesse seus respectivos sites, *www.itu.org* e *www.iso.org*, e descubra sobre seu trabalho de padronização. Escreva um breve relatório sobre os tipos de coisas que eles padronizaram.

48. A Internet é composta por um grande número de redes. Sua organização determina a topologia da Internet. Uma quantidade considerável de informações sobre a topologia da Internet está disponível on-line. Use um mecanismo de busca para descobrir mais sobre a topologia da Internet e escreva um breve relatório resumindo suas descobertas.

49. Pesquise na Internet para descobrir alguns dos pontos de emparelhamento (peering points) importantes, usados atualmente para o roteamento de pacotes na Internet.

50. Escreva um programa que implemente o fluxo de mensagens da camada superior até a camada inferior do modelo de protocolo de sete camadas. Seu programa deverá incluir uma função de protocolo separada para cada camada. Os cabeçalhos de protocolo são sequências de até 64 caracteres. Cada função do protocolo tem dois parâmetros: uma mensagem passada do protocolo da camada mais alta (um buffer de caracteres) e o tamanho da mensagem. Essa função conecta seu cabeçalho na frente da mensagem, imprime a nova mensagem na saída padrão e depois chama a função do protocolo da camada inferior. A entrada do programa é uma mensagem vinda da aplicação.

2
A camada física

Neste capítulo, analisaremos a camada mais baixa da hierarquia em nosso modelo de referência, a camada física. Ela define as interfaces elétrica, de sincronização e outras, pelas quais os bits são enviados como sinais pelos canais. A camada física é o alicerce sobre o qual a rede é construída. Como as propriedades dos diferentes tipos de canais físicos determinam o desempenho (p. ex., troughput, latência e taxa de erros), este é um bom lugar para começar nossa jornada até a "terra das redes".

Inicialmente, discutiremos três meios de transmissão: guiado ou cabeado (p. ex., fio de cobre, cabo coaxial, fibra óptica), sem fio (rádio terrestre) e satélite. Cada uma dessas tecnologias tem diferentes propriedades que afetam o projeto e o desempenho das redes que as utilizam. Esse material fornecerá informações fundamentais sobre as principais tecnologias de transmissão usadas em redes modernas.

Depois, faremos uma análise teórica da transmissão de dados, apenas para descobrir que a mãe natureza impõe limites sobre o que pode ser enviado por um canal (ou seja, um meio de transmissão físico usado para enviar bits). Em seguida, abordaremos a modulação digital, que trata de como os sinais analógicos são convertidos em bits digitais e em sinais novamente. A seguir, examinaremos os esquemas de multiplexação, explorando como várias conversas podem ser feitas no mesmo meio de transmissão ao mesmo tempo, sem interferir umas com as outras.

Por fim, veremos três exemplos de sistemas de comunicação usados na prática nas redes de computadores a longas distâncias: o sistema de telefonia (fixa), o sistema de telefonia móvel (ou celular) e o sistema de televisão a cabo. Como os três são muito importantes na prática, dedicaremos uma boa quantidade de espaço a cada um.

2.1 MEIOS DE TRANSMISSÃO GUIADOS

O objetivo da camada física é transmitir um fluxo bruto de bits de uma máquina para outra. Vários meios físicos podem ser usados para realizar a transmissão real. Quase sempre, o meio de transmissão que ocorre por um fio ou cabo físico é chamado de **meio de transmissão guiado**, pois as transmissões de sinal são guiadas ao longo de um caminho por um fio ou cabo. Os meios de transmissão guiados mais comuns são o cabo de cobre (na forma de cabo coaxial ou par trançado) e a fibra óptica. Cada tipo de meio de transmissão guiada tem seu próprio conjunto de desvantagens em termos de frequência, largura de banda, atraso, custo e facilidade de instalação e manutenção. A largura de banda é uma métrica da capacidade de transporte de um meio. Ela é medida em **Hz** (ou MHz ou GHz) e seu nome é uma homenagem ao físico alemão Heinrich Hertz. Isso será discutido em detalhes neste capítulo.

2.1.1 Armazenamento persistente

Uma das formas mais comuns de transportar dados de um dispositivo para outro é gravá-los em armazenamento persistente, como o armazenamento magnético ou em estado sólido (p. ex., DVDs graváveis) e transportar fisicamente a fita ou os discos para a máquina de destino, onde eles finalmente serão lidos. Apesar de não ser tão sofisticado quanto a utilização de um satélite de comunicação geossíncrono, esse método costuma ser muito mais econômico, em especial nas aplicações em que a alta largura de banda ou o custo por bit transportado é o fator mais importante.

Um cálculo simples esclarecerá essa questão. Uma fita Ultrium de padrão industrial pode armazenar 30 terabytes. Uma caixa de 60 × 60 × 60 cm pode conter cerca de 1.000 fitas desse tipo, perfazendo uma capacidade total de 800 terabytes, ou 6.400 terabits (6,4 petabits). Uma caixa de fitas pode ser entregue em qualquer parte dos Estados Unidos em 24 horas pelo serviço de Sedex dos Correios, pela Federal Express e por outras transportadoras. A largura de banda efetiva dessa transmissão é de 6.400 terabits/86.400 s, ou um pouco mais de 70 Gbps. Se o destino estiver a apenas uma hora de distância, a largura de banda será ampliada para mais de 1.700 Gbps. Nenhuma rede de computadores consegue nem mesmo se aproximar desse desempenho. Logicamente, as redes estão ficando mais rápidas, mas as densidades das fitas também estão aumentando.

Se considerarmos o custo, obteremos um quadro semelhante. O custo de uma fita Ultrium é de aproximadamente US$ 40 quando a compra é feita no atacado. Uma fita pode ser reutilizada pelo menos 10 vezes. Portanto, o custo das fitas passa a ser US$ 4.000 por caixa, para cada utilização. Adicione a esse montante mais US$ 1.000 pelo frete (provavelmente muito menos) e teremos um custo final aproximado de US$ 5.000 para transportar 800 TB. Consequentemente, para transportar 1 gigabyte, gastaremos pouco mais de meio centavo de dólar. Nenhuma rede pode competir com esses valores. Moral da história:

Nunca subestime a largura de banda de uma caminhonete cheia de fitas "voando" na estrada.

Para mover quantidades de dados *muito* grandes, geralmente essa é a melhor solução. A Amazon tem o que chama de "Snowmobile", que é um grande caminhão cheio de milhares de discos rígidos, todos conectados a uma rede de alta velocidade dentro do caminhão. A capacidade total do caminhão é de 100 PB (100.000 TB ou 100 milhões de GB). Quando uma empresa tem uma grande quantidade de dados para mover, ela pode levar o caminhão às suas instalações e se conectar à rede de fibra óptica da empresa e, em seguida, sugar todos os dados para o caminhão. Feito isso, o caminhão se dirige para outro local e despeja todos os dados. Por exemplo, uma empresa que deseja substituir seu próprio centro de dados completo pela nuvem da Amazon pode estar interessada nesse serviço. Para enormes volumes de dados, nenhum outro método de transporte de dados pode se aproximar disso.

2.1.2 Pares trançados

Embora as características de largura de banda do armazenamento persistente sejam excelentes, os aspectos de atraso são ruins. O tempo de transmissão é medido em horas ou dias, e não em milissegundos. Muitas aplicações, incluindo a Web, videoconferência e jogos on-line, contam com a transmissão de dados com pouco atraso. Um dos meios de transmissão mais antigos e ainda mais comuns é o **par trançado**, que consiste em dois fios de cobre encapados, em geral com cerca de 1 mm de espessura. Os fios são enrolados de forma helicoidal, assim como uma molécula de DNA. O trançado dos fios é feito porque dois fios paralelos formam uma antena simples. Quando os fios são trançados, as ondas de diferentes partes dos fios se cancelam, o que significa menor interferência. Um sinal normalmente é transportado a partir da diferença das tensões terminais (diferença de potencial – ddp) entre os dois fios no par. Essa transmissão do sinal como a diferença entre os dois níveis de tensão, em vez de uma tensão absoluta, oferece melhor imunidade ao ruído externo, pois o ruído tende a afetar a tensão trafegando pelos dois fios da mesma forma, mantendo a ddp relativamente inalterada.

A aplicação mais comum do par trançado é o sistema telefônico. Quase todos os telefones estão conectados à estação central da companhia telefônica por um par trançado. Tanto as chamadas telefônicas quanto o acesso à Internet por ADSL utilizam essas linhas. Os pares trançados podem se estender por diversos quilômetros sem amplificação, mas, quando se trata de distâncias mais longas, o sinal é atenuado e existe a necessidade de repetidores. Quando muitos pares trançados percorrem paralelamente uma distância muito grande, como acontece na ligação entre um prédio e a estação central da companhia telefônica, eles são reunidos e envolvidos por uma capa protetora. Se não estivessem trançados, esses pares provocariam muitas interferências. Em locais onde as linhas telefônicas são instaladas em postes, é comum vermos cabos de pares trançados com vários centímetros de diâmetro.

Os pares trançados podem ser usados na transmissão de sinais analógicos ou digitais. A largura de banda depende da espessura do fio e da distância percorrida, mas, em muitos casos, é possível alcançar diversos megabits/s por alguns quilômetros, e mais do que isso quando são usados alguns truques. Em virtude do desempenho adequado, da grande disponibilidade e do baixo custo, os pares trançados são usados em larga escala e é provável que permaneçam assim nos próximos anos.

O cabeamento de par trançado pode ser de vários tipos. A variedade mais comum empregada em muitos prédios é chamada cabeamento de **Categoria 5e**, ou "Cat 5e". Um par trançado de Categoria 5e consiste em dois fios isolados e levemente trançados. Quatro pares desse tipo normalmente são agrupados em uma capa plástica para proteger os fios e mantê-los juntos. Esse arranjo pode ser visto na Figura 2.1.

Diferentes padrões de LAN podem usar os pares trançados de formas distintas. Por exemplo, a Ethernet de 100 Mbps usa dois (dos quatro) pares, um para cada direção. Para alcançar velocidades mais altas, a Ethernet de 1 Gbps usa todos os quatro pares nas duas direções

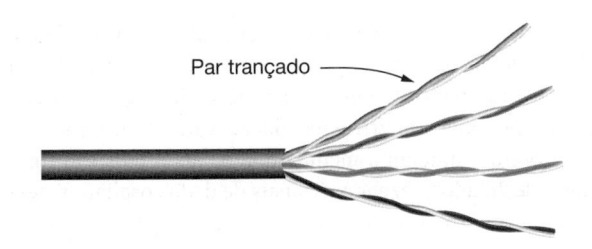

Figura 2.1 Cabo UTP Categoria 5e com quatro pares trançados. Estes cabos podem ser usados para redes locais (LANs).

simultaneamente; isso requer que o receptor decomponha o sinal que é transmitido localmente.

Neste ponto, devemos explicar alguma terminologia geral. Os enlaces que podem ser usados nos dois sentidos ao mesmo tempo, como uma estrada de mão dupla, são chamados enlaces **full-duplex**. Ao contrário, os que são usados em qualquer sentido, mas apenas um de cada vez, como uma linha férrea de trilho único, são chamados enlaces **half-duplex**. Uma terceira categoria consiste em enlaces que permitem o tráfego em apenas uma direção, como uma rua de mão única, chamados enlaces **simplex**.

Retornando ao par trançado, os cabos Cat 5 substituíram os cabos **Categoria 3** mais antigos com um cabo semelhante que usa o mesmo conector, porém com mais voltas por metro. Mais voltas resultam em menos interferências e em um sinal de melhor qualidade por distâncias maiores, tornando os cabos mais adequados para a comunicação de computador de alta velocidade, especialmente LANs Ethernet de 100 Mbps e 1 Gbps.

Os fios mais novos provavelmente serão de **Categoria 6** ou mesmo de **Categoria 7**, as quais têm especificações mais rígidas para lidar com sinais de larguras de banda maiores. Alguns cabos na Categoria 6 e superiores podem aceitar os enlaces de 10 Gbps que agora são comuns em muitas redes, como em novos prédios comerciais. Os fios de **Categoria 8** trabalham com velocidades maiores que as categorias inferiores, mas operam somente a curtas distâncias, em torno de 30 m, e portanto são adequados apenas dentro dos centros de dados. O padrão de Categoria 8 tem duas opções: Classe I, que é compatível com a Categoria 6A, e Classe II, que é compatível com a Categoria 7A.

Até a Categoria 6, esses tipos de fios são conhecidos como **par trançado não blindado**, ou **UTP** (**Unshielded Twisted Pair**), pois consistem simplesmente em fios e isolamento. Ao contrário, os cabos de Categoria 7 possuem uma blindagem nos pares de fios individuais e também ao redor do cabo inteiro (mas dentro da capa plástica protetora). A blindagem reduz a suscetibilidade à interferência externa e linha cruzada com outros cabos vizinhos, atendendo às especificações de desempenho exigidas. Os cabos são reminiscências dos cabos de pares trançados blindados de alta qualidade, porém grossos e caros, que a IBM introduziu no início da década de 1980, mas que não se tornaram populares fora das instalações da empresa. Evidentemente, é hora de tentar novamente.

2.1.3 Cabo coaxial

Outro meio de transmissão comum é o **cabo coaxial** (conhecido por muitos apenas como "coax"). Ele tem melhor blindagem e maior largura de banda que os pares trançados e, assim, pode se estender por distâncias mais longas em velocidades mais altas. Dois tipos de cabo coaxial são amplamente utilizados. Um deles, o cabo de 50 ohms, é comumente empregado nas transmissões digitais. O outro tipo, o cabo de 75 ohms, é usado com frequência nas transmissões analógicas e de televisão a cabo. Essa distinção se baseia mais em fatores históricos do que técnicos (p. ex., as primeiras antenas dipolo tinham uma impedância de 300 ohms e era fácil desenvolver transformadores de casamento de impedância de 4:1). Começando em meados da década de 1990, as operadoras de TV a cabo começaram a oferecer acesso à Internet por cabo, o que tornou o cabo de 75 ohms mais importante para a comunicação de dados.

Um cabo coaxial consiste em um fio de cobre esticado na parte central, protegido por um material isolante. O isolante é envolvido por um condutor cilíndrico, geralmente como uma malha sólida entrelaçada. O condutor externo é coberto por uma camada plástica protetora. A Figura 2.2 apresenta uma vista de corte de um cabo coaxial.

A construção e a blindagem do cabo coaxial proporcionam a ele uma boa combinação de alta largura de banda e excelente imunidade ao ruído (p. ex., contra controles de porta de garagem e fornos de micro-ondas). A largura de banda possível depende da qualidade e do tamanho do

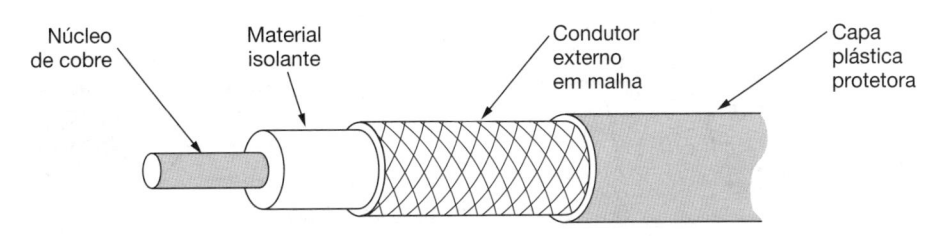

Figura 2.2 Um cabo coaxial.

cabo. O cabo coaxial possui largura de banda extremamente alta; os cabos modernos têm uma largura de banda de até 6 GHz, permitindo, assim, que muitas conversas sejam transmitidas simultaneamente por um único cabo coaxial (um único programa de televisão poderia ocupar aproximadamente 3,5 MHz). Os cabos coaxiais eram muito usados no sistema telefônico para linhas de longa distância, mas agora estão sendo substituídos por fibras ópticas nessas rotas. Porém, eles ainda são usados em larga escala pelas redes de televisão a cabo e em redes metropolitanas, além da conectividade com a Internet de alta velocidade para residências em muitas partes do mundo.

2.1.4 Linhas de energia elétrica

As redes de telefonia e de televisão a cabo não são as únicas fontes de fiação que podem ser reutilizadas para a comunicação de dados. Há um outro tipo de fiação ainda mais comum: as linhas de energia elétrica. Estas oferecem energia elétrica às casas, e a fiação elétrica dentro das casas distribui a energia às tomadas elétricas.

O uso das linhas de energia elétrica para comunicação de dados é uma ideia antiga. Elas têm sido usadas pelas companhias de eletricidade para a comunicação de baixo nível há muitos anos, como para fazer medição remota e controlar dispositivos em casa (p. ex., o padrão X10). Nos últimos anos, tem havido um interesse renovado na comunicação de alto nível por essas linhas, tanto dentro de casa, como uma LAN, quanto fora dela, para o acesso de banda larga à Internet. Vamos nos concentrar no cenário mais comum: usar fios elétricos dentro de casa.

A conveniência de usar linhas de energia para a rede de dados deve ser clara. Basta conectar uma TV e um receptor na parede, o que você precisa fazer de qualquer forma, pois ele precisa de energia, e ele poderá enviar e receber filmes pela fiação elétrica. Essa configuração pode ser vista na Figura 2.3. Não há outro conector ou rádio. O sinal de dados é sobreposto ao sinal de baixa frequência (ou no fio ativo, ou "quente"), enquanto os dois sinais usam a fiação ao mesmo tempo.

A dificuldade em usar a fiação elétrica domiciliar como uma rede é que ela foi projetada para distribuir energia elétrica. Essa tarefa é muito diferente de distribuir sinais de dados, algo para o qual a fiação doméstica é pouco eficiente. Os sinais elétricos são enviados a 50-60 Hz e a fiação atenua os sinais de frequência muito mais alta (MHz) necessários para a comunicação de dados de alto nível. As propriedades elétricas da fiação variam de uma casa para outra e mudam à medida que os aparelhos são ligados e desligados, fazendo os sinais de dados oscilarem pela fiação. As correntes transitórias quando os aparelhos são ligados e desligados criam ruído por uma grande faixa de frequências. Sem o trançado cuidadoso dos pares trançados, a fiação elétrica atua como uma boa antena, apanhando sinais externos e emitindo sinais próprios. Esse comportamento significa que, para atender aos requisitos da regulamentação, o sinal de dados precisa excluir frequências licenciadas, como as faixas de radioamador.

Apesar dessas dificuldades, é possível enviar pelo menos 500 Mbps pela fiação elétrica doméstica usando esquemas de comunicação que resistem às frequências comprometidas e às sucessões de erros. Muitos produtos usam diversos padrões próprios para as redes de energia elétrica, de modo que há padrões em desenvolvimento ativo.

2.1.5 Fibra óptica

Muitas pessoas na indústria de informática se orgulham da rapidez com que a tecnologia usada nos computadores vem melhorando, conforme a lei de Moore, que prevê a duplicação do número de transistores por chip a cada dois anos aproximadamente (Kuszyk e Hammoudeh, 2018). O IBM PC original (de 1981) funcionava com uma velocidade de clock de 4,77 MHz; 40 anos depois, os PCs podiam usar uma CPU de quatro núcleos a 3 GHz. Esse aumento é um ganho de fator em torno de 2.500. Impressionante.

No mesmo período, enlaces de comunicação remotos passaram de 45 Mbps (uma linha T3 no sistema telefônico) para 100 Gbps (uma linha moderna de longa distância). Esse ganho também é impressionante, um fator de mais de 2.000, enquanto, no mesmo período, a taxa de erros passou de 10^{-5} por bit para quase zero. Na última década, as CPUs isoladas se aproximaram dos limites físicos, motivo pelo qual agora é o número de CPUs que está sendo aumentado por chip. Por sua vez, a largura de banda alcançável com a tecnologia de fibra óptica pode ultrapassar a casa dos 50.000 Gbps (50 Tbps) e nem estamos perto de alcançar esses limites. O limite prático atual é de cerca de 100 Gbps,

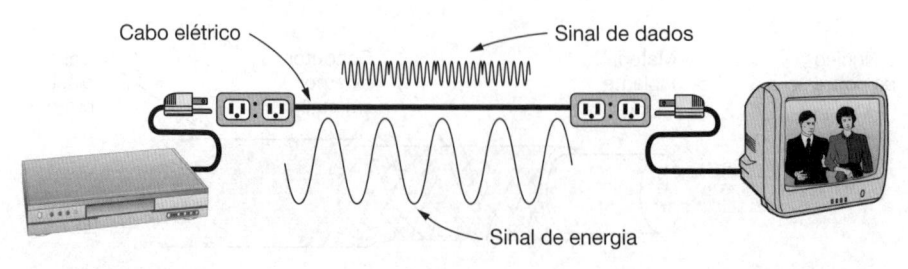

Figura 2.3 Rede de dados que usa a fiação elétrica domiciliar.

em razão de nossa incapacidade de realizar a conversão entre sinais elétricos e ópticos em uma velocidade maior. Para criar enlaces de maior capacidade, muitos canais simplesmente correm em paralelo por uma única fibra.

Nesta seção, estudaremos a fibra óptica para descobrir como funciona essa tecnologia de transmissão. Na corrida entre informática e comunicação, esta pode ganhar em virtude das redes de fibra óptica. As implicações reais disso seriam essencialmente largura de banda infinita e uma nova premissa de que os computadores são terrivelmente lentos e, por essa razão, as redes deveriam tentar evitar a computação a todo custo, independentemente do desperdício de largura de banda que isso signifique. Essa mudança levará algum tempo para entrar na cabeça de uma geração de cientistas da computação e engenheiros ensinados a pensar em termos dos baixos limites de transmissão impostos pelos fios de cobre.

Naturalmente, esse cenário não diz tudo, pois não inclui custos. O custo para instalar fibra até chegar aos consumidores, evitando a baixa largura de banda dos fios e a disponibilidade limitada de espectro, é muito alto. A energia para a movimentação de bits também custa mais que a energia para sua computação. Sempre podemos ter ilhas de injustiça, onde a computação ou a comunicação é basicamente gratuita. Por exemplo, na borda da Internet, usamos computação e armazenamento para o problema de compactação e caching de conteúdo, tudo para fazer melhor uso dos enlaces de acesso à Internet. Dentro da Internet, podemos fazer o contrário, com empresas como o Google movendo grandes quantidades de dados pela rede até onde for mais barato armazená-los ou computá-los.

A fibra óptica é usada para transmissão por longa distância nos backbones da rede, LANs de alta velocidade (embora, até aqui, o cobre sempre tenha conseguido acompanhar) e acesso à Internet em alta velocidade, como **FTTH (Fiber to the Home)**. Um sistema de transmissão óptico tem três componentes-chave: a fonte de luz, o meio de transmissão e o detector. Convencionalmente, um pulso de luz indica um bit 1 e a ausência de luz indica um bit 0. O meio de transmissão é uma fibra de vidro ultrafina. O detector gera um pulso elétrico quando a luz incide sobre ele. Conectando uma fonte de luz em uma ponta de uma fibra óptica e um detector na outra, temos um sistema de transmissão de dados unidirecional (i.e., simplex) que aceita um sinal elétrico, o converte e o transmite por pulsos de luz, para depois novamente converter a saída para um sinal elétrico na ponta receptora.

Esse sistema de transmissão perderia luz para o meio e seria inútil na prática se não fosse por um princípio interessante da física. Quando um raio de luz passa de um meio para outro – por exemplo, de sílica fundida para o ar –, o raio é refratado (inclinado) no limite sílica/ar, como mostra a Figura 2.4(a). Aqui, vemos um raio de luz incidindo no limite em um ângulo α_1 emergindo em um ângulo β_1. A quantidade de refração depende das propriedades dos dois meios (em particular, seus índices de refração). Para ângulos de incidência acima de um certo valor crítico, a luz é refratada de volta para a sílica; nada escapa para o ar. Assim, um raio de luz incidente em um ângulo crítico ou acima é interceptado dentro da fibra, como mostra a Figura 2.4(b), e pode se propagar por muitos quilômetros praticamente sem perdas.

O exemplo da Figura 2.4(b) mostra apenas um raio interceptado, mas, como qualquer raio de luz incidente no limite acima do ângulo crítico será refletido internamente, muitos raios distintos estarão ricocheteando em diferentes ângulos. Dizemos que cada raio tem um modo específico; assim, uma fibra que apresenta essa propriedade é chamada de **fibra multimodo**. Se o diâmetro da fibra for reduzido a alguns comprimentos de onda de luz (menos de 10 micra, ao contrário de mais de 50 micra para a fibra multimodo), a fibra agirá como um guia de onda e a luz só poderá se propagar em linha reta, sem ricochetear, produzindo, assim, uma **fibra de modo único** ou **fibra monomodo**. As fibras de modo único são mais caras, mas são amplamente utilizadas em distâncias mais longas; elas podem transmitir sinais para distâncias aproximadamente 50 vezes maiores que as fibras multimodo. As fibras de modo único disponíveis no momento podem transmitir dados a 100 Gbps por 100 km sem amplificação. Foram obtidas taxas de dados ainda mais altas em laboratório, para distâncias mais curtas. A decisão entre o uso de fibra monomodo ou multimodo depende da aplicação. A fibra multimodo pode ser usada

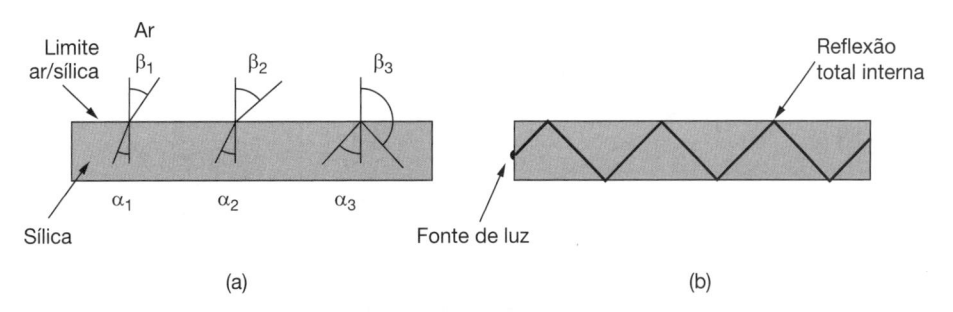

Figura 2.4 (a) Três exemplos de um raio de luz dentro de uma fibra de sílica incidindo no limite fronteira ar/sílica em diferentes ângulos. (b) A luz interceptada pela reflexão total interna.

para transmissões de até cerca de 15 km e permitir o uso de equipamento de fibra óptica relativamente mais barato. Contudo, a largura de banda da fibra multimodo torna-se mais limitada com o aumento da distância.

Transmissão de luz na fibra

As fibras ópticas são feitas de vidro, que, por sua vez, é produzido a partir da areia, uma matéria-prima abundante e de baixo custo. Os antigos egípcios já dominavam a manufatura do vidro, mas o material produzido por eles não podia ter mais de 1 mm de espessura para que a luz pudesse atravessá-lo. O vidro transparente usado nas janelas foi desenvolvido durante a Renascença. O vidro usado nas modernas fibras ópticas é tão transparente que se, em vez de água, os oceanos fossem cheios desse tipo de material, seria possível ver o fundo do mar da superfície, da mesma forma que é possível ver o solo quando voamos de avião em um dia claro.

A atenuação de luz através do vidro depende do comprimento de onda da luz (bem como de algumas propriedades físicas do vidro). Ela é definida como a razão da potência do sinal de entrada e saída. Para o tipo de vidro usado nas fibras, a atenuação é mostrada na Figura 2.5, em decibéis (dB) por quilômetro linear de fibra. Por exemplo, quando o fator de potência é igual a dois, obtemos uma atenuação de $10 \log_{10} 2 = 3$ dB. Discutiremos sobre decibéis mais adiante. Resumindo, essa é uma forma logarítmica de medir as taxas de potência, com 3 dB significando um fator de potência de dois. A figura mostra a parte do infravermelho do espectro que, na prática, é a utilizada. A luz visível tem comprimentos de onda ligeiramente mais curtos, que variam de 0,4 a 0,7 mícron (1 mícron é igual a 10^{-6} m). Na verdade, esses comprimentos de onda seriam de 400 nm a 700 nm, mas manteremos a nomenclatura tradicional.

A comunicação óptica comumente utiliza três bandas de comprimentos de onda. Elas são centralizadas em 0,85, 1,30 e 1,55 micra, respectivamente. As três bandas têm entre 25.000 e 30.000 GHz de largura. A banda de 0,85 mícron foi usada primeiro. Ela tem maior atenuação e, por isso, é usada para distâncias mais curtas, mas, nesse comprimento de onda, os lasers e os circuitos eletrônicos podem ser produzidos a partir do mesmo material (arseneto de gálio). As duas últimas bandas têm boas propriedades de atenuação (uma perda inferior a 5% por quilômetro). A banda de 1,55 mícron agora é muito utilizada com amplificadores dopados com érbio, que atuam diretamente no domínio óptico.

Os pulsos de luz enviados através de uma fibra se expandem à medida que se propagam. Essa expansão é chamada **dispersão cromática**. O volume da dispersão depende do comprimento de onda. Uma forma de impedir que esses pulsos dispersos se sobreponham é aumentar a distância entre eles, mas isso só pode ser feito reduzindo-se a taxa de sinalização. Felizmente, descobriu-se que, quando os pulsos são produzidos em uma forma especial relacionada ao recíproco do cosseno hiperbólico, praticamente todos os efeitos de dispersão são cancelados e é possível enviar pulsos por milhares de quilômetros sem que haja uma distorção significativa. Esses pulsos são chamados **sólitons**. Eles estão começando a ser muito utilizados na prática.

Cabos de fibra

Os cabos de fibra óptica são semelhantes aos cabos coaxiais, exceto por não terem a malha metálica. A Figura 2.6(a) mostra a vista lateral de uma única fibra. No centro fica o núcleo de vidro através do qual a luz se propaga. Nas fibras multimodo, o núcleo normalmente tem 50 micra de diâmetro, o que corresponde à espessura de um fio de

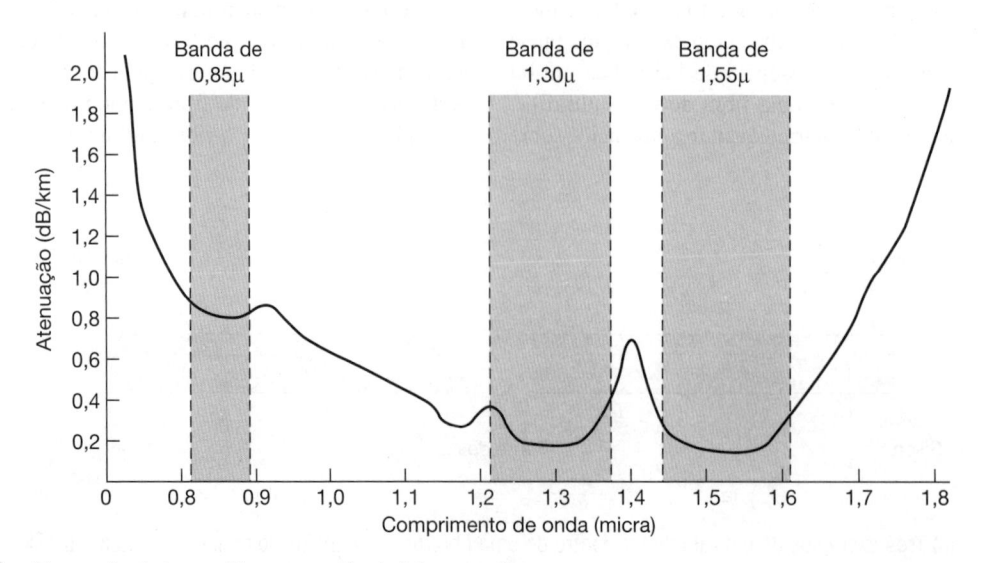

Figura 2.5 Atenuação da luz na fibra, na região do infravermelho.

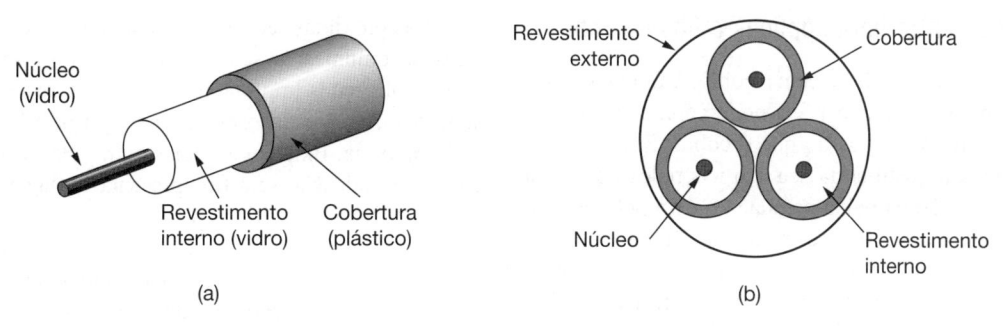

Figura 2.6 (a) Vista lateral de uma única fibra. (b) Vista da extremidade de um cabo com três fibras.

cabelo humano. Nas fibras de modo único, o núcleo tem entre 8 e 10 micra.

O núcleo é envolvido por um revestimento de vidro com um índice de refração inferior ao do núcleo, para manter toda a luz nele. Em seguida, há uma cobertura de plástico fino para proteger o revestimento interno. Geralmente, as fibras são agrupadas em feixes, protegidas por um revestimento externo. A Figura 2.6(b) mostra um cabo com três fibras.

Normalmente, os cabos de fibra terrestres são colocados no solo a um metro da superfície, onde ocasionalmente são atacados por retroescavadeiras ou roedores. Próximo ao litoral, cabos de fibra transoceânicos são enterrados em trincheiras por uma espécie de arado marítimo. Em águas profundas, eles são depositados no fundo, onde podem ser arrastados por redes de pesca ou comidos por lulas gigantes.

As fibras podem estar conectadas de três maneiras diferentes. Primeiro, elas podem ter conectores em suas extremidades e serem plugadas em soquetes de fibra. Os conectores perdem de 10 a 20% da luz, mas facilitam a reconfiguração dos sistemas. Segundo, elas podem ser unidas mecanicamente. Nesse caso, as duas extremidades são cuidadosamente colocadas uma perto da outra em uma luva especial e fixadas no lugar. O alinhamento pode ser melhorado fazendo-se a luz passar pela junção e, em seguida, realizando-se pequenos ajustes cuja finalidade é maximizar o sinal. As junções mecânicas são realizadas em cerca de 5 minutos por uma equipe treinada e resultam em uma perda de 10% da luz. Terceiro, duas peças de fibra podem ser fundidas de modo a formar uma conexão sólida. A união por fusão é quase tão boa quanto uma fibra sem emendas; no entanto, mesmo nesse caso, há uma pequena atenuação. Nos três tipos de uniões podem ocorrer reflexões no ponto de junção, e a energia refletida pode interferir no sinal.

Dois tipos de fontes de luz geralmente são usados para fazer a sinalização: os diodos emissores de luz (Light Emitting Diodes, ou LEDs) e os lasers semicondutores. Eles têm diferentes propriedades, como mostra a Figura 2.7. O comprimento de onda desses elementos pode ser ajustado pela inserção de interferômetros de Fabry-Perot ou Mach-Zehnder entre a fonte e a fibra. Os interferômetros de Fabry-Perot são cavidades ressonantes simples que consistem em dois espelhos paralelos. A luz incide perpendicularmente aos espelhos. O comprimento da cavidade filtra os comprimentos de onda que cabem em um número inteiro de períodos. Os interferômetros de Mach-Zehnder separam a luz em dois feixes, os quais percorrem distâncias ligeiramente diferentes e são recombinados no destino, ficando em fase para certos comprimentos de onda.

A extremidade de recepção de uma fibra óptica consiste em um fotodiodo, que emite um pulso elétrico ao ser atingido pela luz. O tempo de resposta de um fotodiodo, que converte o sinal do domínio óptico para o elétrico, limita as taxas de dados a cerca de 100 Gbps. O ruído térmico também é importante, de modo que um pulso de luz deve conduzir energia suficiente para ser detectado. Com pulsos de potência suficiente, a taxa de erros pode se tornar muito pequena.

Item	LED	Laser semicondutor
Taxa de dados	Baixa	Alta
Tipo de fibra	Multimodo	Multimodo ou modo único
Distância	Curta	Longa
Vida útil	Longa	Curta
Sensibilidade à temperatura	Insignificante	Substancial
Custo	Baixo	Alto

Figura 2.7 Uma comparação entre laser semicondutor e LEDs utilizados como fontes de luz.

Comparação entre fibras ópticas e fios de cobre

É instrutivo comparar a fibra com o cobre. A fibra tem muitas vantagens. Para começar, ela pode gerenciar larguras de banda muito mais altas do que o cobre. Essa característica sozinha já justificaria seu uso nas redes de última geração. Em razão da baixa atenuação, os repetidores só são necessários a cada 50 km de distância em linhas longas, em comparação com a distância de 5 km no caso do cobre, resultando em uma economia de custo significativa. A fibra também tem a vantagem de não ser afetada por picos de tensão, interferência eletromagnética ou quedas no fornecimento de energia. Ela também está imune à ação corrosiva de alguns elementos químicos que pairam no ar, o que é importante em ambientes industriais desfavoráveis.

Por mais estranho que possa parecer, as empresas telefônicas gostam da fibra por outra razão: ela é fina e leve. Muitos dos dutos de cabos atuais estão completamente lotados, de modo que não há espaço para aumentar sua capacidade. Além da remoção e subsequente substituição de todo o cobre por fibras esvaziar os dutos, o cobre tem um excelente valor de revenda para as refinarias especializadas, pois trata-se de um minério de altíssima qualidade. Além disso, a fibra é muito mais leve que o cobre. Mil pares trançados com 1 km de comprimento pesam 8 toneladas. Duas fibras têm mais capacidade e pesam apenas 100 kg, reduzindo de maneira significativa a necessidade de sistemas mecânicos de suporte, que exigem mais manutenção. Nas novas rotas, as fibras são preferidas por terem um custo de instalação muito mais baixo. Por fim, elas não desperdiçam luz e dificilmente são interceptadas. Por essas razões, a fibra é uma alternativa com excelente nível de segurança contra possíveis escutas telefônicas.

No entanto, a fibra tem a desvantagem de ser uma tecnologia menos familiar, exigindo conhecimentos que nem todos os engenheiros têm e, além disso, as fibras podem ser danificadas com facilidade, se forem encurvadas demais. Como a transmissão óptica é basicamente unidirecional, a comunicação bidirecional exige duas fibras ou duas bandas de frequência em uma única fibra. Por fim, as interfaces de fibra são mais caras que as interfaces elétricas. Apesar disso, o futuro de toda a comunicação fixa de dados para distâncias superiores a alguns metros depende claramente da fibra. Para obter mais informações sobre todos os aspectos das fibras ópticas e de suas redes, consulte Pearson (2015).

2.2 TRANSMISSÃO SEM FIO

Muitas pessoas agora possuem conectividade sem fio para muitos dispositivos, desde notebooks e smartphones até relógios e refrigeradores inteligentes. Todos esses dispositivos contam com a comunicação sem fio para transmitir informações para outros dispositivos e extremidades da rede.

Nas próximas seções, examinaremos os conceitos básicos da comunicação sem fio em geral, pois ela tem muitas outras aplicações importantes além de oferecer conectividade aos usuários que desejam navegar na Web enquanto estão na praia. Existem algumas outras circunstâncias em que a comunicação sem fio apresenta vantagens até mesmo para dispositivos fixos. Por exemplo, quando há dificuldades para instalar cabos de fibra óptica em um prédio, por causa de acidentes geográficos (montanhas, florestas, pântanos, etc.), a tecnologia de transmissão sem fio pode ser mais apropriada. Vale a pena observar que a moderna comunicação digital sem fio teve início como um projeto de pesquisa do professor Norman Abramson, da University of Hawaii, na década de 1970, no qual os usuários estavam separados de seu centro de computação pelo Oceano Pacífico e o sistema de telefonia era inadequado. Discutiremos a respeito desse sistema, ALOHA, no Capítulo 4.

2.2.1 O espectro eletromagnético

Quando se movem, os elétrons criam ondas eletromagnéticas que podem se propagar pelo espaço livre (até mesmo no vácuo). Essas ondas foram previstas pelo físico inglês James Clerk Maxwell em 1865 e foram observadas pela primeira vez pelo físico alemão Heinrich Hertz em 1887. O número de oscilações de uma onda eletromagnética por segundo é chamado **frequência**, f, e é medido em Hz (em homenagem a Heinrich Hertz). A distância entre dois pontos máximos (ou mínimos) consecutivos é chamada **comprimento de onda**, designada universalmente pela letra grega λ (lambda).

Quando se instala uma antena de tamanho apropriado em um circuito elétrico, as ondas eletromagnéticas podem ser transmitidas e recebidas com eficiência por um receptor localizado a uma distância bastante razoável. Toda a comunicação sem fio é baseada nesse princípio.

No vácuo, todas as ondas eletromagnéticas viajam à mesma velocidade, independentemente de sua frequência. Essa velocidade, geralmente chamada **velocidade da luz**, c, é aproximadamente igual a 3×10^8 m/s, ou cerca de 30 cm por nanossegundo. No cobre ou na fibra, a velocidade cai para cerca de 2/3 desse valor e se torna ligeiramente dependente da frequência. A velocidade da luz é o limite máximo que se pode alcançar no universo. Nenhum objeto ou sinal pode se mover com maior rapidez do que ela.

A relação fundamental entre f, λ e c (no vácuo) é:

$$\lambda f = c \qquad (2.1)$$

Como c é uma constante, se conhecermos f, chegaremos a λ e vice-versa. Via de regra, quando λ é medido em metros e f em MHz, $\lambda f \approx 300$. Por exemplo, ondas de 100 MHz têm cerca de 3 m de comprimento, ondas de 1.000 MHz têm 0,3 m e ondas com 0,1 metro têm uma frequência igual a 3.000 MHz.

O espectro eletromagnético é mostrado na Figura 2.8. As faixas de rádio, micro-ondas, infravermelho e luz visível do espectro podem ser usadas na transmissão de informações, por meio de modulação da amplitude, da frequência ou da fase das ondas. A luz ultravioleta, os raios X e os raios gama representariam opções ainda melhores, por terem frequências mais altas, mas são difíceis de produzir e modular, além de não se propagarem bem através dos prédios e de serem perigosos para os seres vivos.

As bandas (ou faixas) de frequências listadas na parte inferior da Figura 2.8 são os nomes oficiais definidos pela ITU (International Telecommunication Union) e se baseiam nos comprimentos de onda; portanto, a banda LF vai de 1 a 10 km (aproximadamente, de 30 kHz a 300 kHz). Os termos LF, MF e HF são as abreviaturas, em inglês, de baixa, média e alta frequências, respectivamente. É claro que, quando esses nomes foram criados, ninguém esperava ultrapassar 10 MHz, de forma que foram atribuídos os seguintes nomes às bandas mais altas surgidas posteriormente: Very, Ultra, Super, Extremely e Tremendously High Frequency. Além desses não há outros nomes, mas Incredibly, Astonishingly e Prodigiously High Frequency (IHF, AHF e PHF) também serviriam muito bem. Acima de 10^{12} Hz, entramos no espectro do infravermelho, onde a comparação normalmente é com a luz, e não com o rádio.

A base teórica para a comunicação, que veremos mais adiante neste capítulo, afirma que o volume de informações que um sinal como uma onda eletromagnética é capaz de transportar depende da potência recebida e é proporcional à sua largura de banda. Observando a Figura 2.8, é possível entender com clareza por que as pessoas ligadas a redes gostam tanto das fibras ópticas. Muitos GHz de largura de banda estão disponíveis para a transmissão de dados na banda de micro-ondas, e ainda mais na fibra, pois está mais à direita em nossa escala logarítmica. Como exemplo, considere a banda de 1,30 mícron da Figura 2.5, que tem uma largura de 0,17 micra. Se usarmos a Equação 2.1 para encontrar a faixa de frequência dos comprimentos de onda inicial e final, descobrimos que ela é de aproximadamente 30.000 GHz. Com uma razoável relação sinal/ruído de 10 dB, teremos 300 Tbps.

A maioria das transmissões utiliza uma banda de frequência relativamente estreita (ou seja, $\Delta f/f \ll 1$). Elas concentram seus sinais nessa banda estreita para usar o espectro com mais eficiência e obter taxas de dados razoáveis transmitindo com potência suficiente. O restante desta seção descreve três tipos diferentes de transmissão que utilizam bandas de frequência mais largas.

2.2.2 Espectro de dispersão por salto de frequência

No **espectro por salto de frequência**, o transmissor salta de uma frequência para outra centenas de vezes por segundo. Essa técnica é muito usada em comunicações militares, pois dificulta a detecção das transmissões e é praticamente impossível obstruí-las. Ela também oferece boa resistência ao enfraquecimento devido a sinais tomando múltiplos caminhos da origem ao destino e interferindo após a recombinação. Também oferece resistência à interferência de banda estreita, porque o receptor não fica restrito a uma frequência, quando impossibilitada, por tempo suficiente para encerrar a comunicação. Essa robustez a torna útil para as partes mais sobrecarregadas do espectro, como as bandas ISM que descreveremos em breve. Essa técnica também é

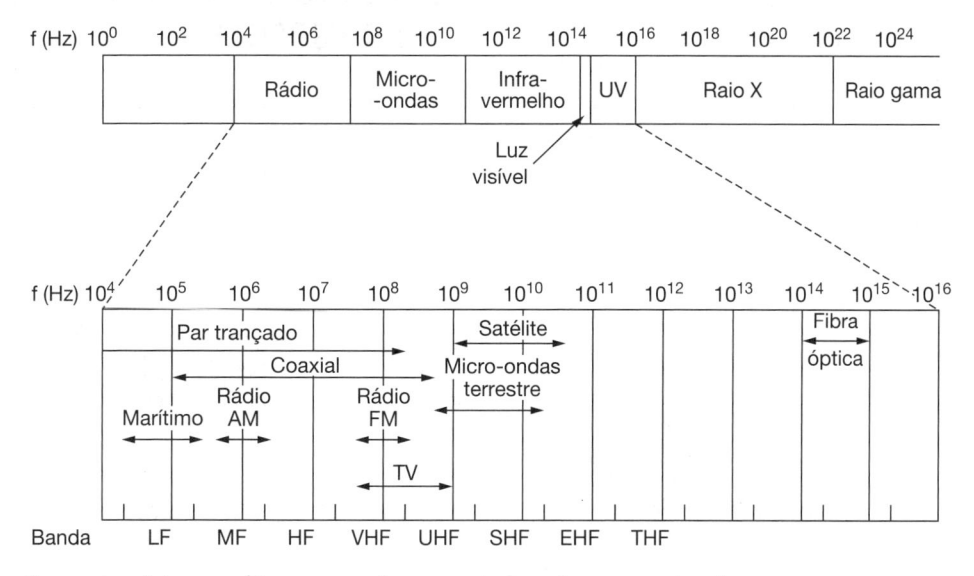

Figura 2.8 O espectro eletromagnético e a maneira como ele é usado na comunicação.

aplicada comercialmente, por exemplo, no Bluetooth e nas versões mais antigas das redes 802.11.

Como curiosidade, vale a pena mencionar que uma das pessoas que criaram essa técnica foi a atriz de cinema austríaca Hedy Lamarr, famosa por atuar em filmes europeus na década de 1930 com seu nome real Hedwig (Hedy) Kiesler. Seu primeiro marido era um rico fabricante de armamentos e mostrou a ela como era fácil bloquear os sinais de rádio então empregados para controlar torpedos. Quando descobriu que ele estava vendendo armas a Hitler, ela ficou horrorizada, se disfarçou de criada para escapar dele e fugiu para Hollywood, a fim de continuar sua carreira como atriz de cinema. Em seu tempo livre, Hedy inventou o salto de frequência para ajudar no esforço de guerra dos Aliados.

Seu esquema utilizava 88 frequências, o número de teclas (e frequências) do piano. Por sua invenção, ela e seu amigo, o compositor George Antheil, receberam a patente 2.292.387 dos Estados Unidos. Porém, eles não conseguiram convencer a Marinha americana de que sua invenção tinha alguma utilidade prática, e nunca receberam royalties por ela. Somente anos depois de expirar a patente, a técnica foi redescoberta e usada em dispositivos eletrônicos móveis, em vez de bloquear sinais para torpedos na época da guerra.

2.2.3 Espectro de dispersão de sequência direta

O **espectro de dispersão de sequência direta** usa uma sequência de código para dispersar o sinal de dados por uma banda de frequência mais ampla. É bastante usado comercialmente, como um meio eficiente na utilização do espectro, para permitir que vários sinais compartilhem a mesma banda de frequência. Esses sinais podem receber diferentes códigos, um método chamado acesso múltiplo por divisão de código, ao qual retornaremos mais adiante neste capítulo. Tal método aparece em contraste com o salto de frequência na Figura 2.9. Ele forma a base das redes de telefonia móvel 3G e também é usado no GPS (Global Positioning System). Mesmo sem códigos diferentes, o espectro de dispersão de sequência direta, assim como o espectro de dispersão por salto de frequência, pode tolerar interferência e enfraquecimento, pois apenas uma fração do sinal desejado é perdida. Ele é usado nesse papel nas versões mais antigas do protocolo de LANs sem fio 802.11b. Para obter informações mais detalhadas e fascinantes sobre a história da comunicação por espectro de dispersão, consulte Walters (2013).

2.2.4 Comunicação de banda ultralarga

A comunicação de banda ultralarga, ou **UWB** (**Ultra-Wide-Band**) envia uma série de pulsos rápidos, de baixa energia, variando suas frequências de portadora para trocar informações. As rápidas transições levam a um sinal que se espalha estreitamente por uma banda de frequência muito larga. Esse método é definido como sinais que têm uma largura de banda de pelo menos 500 MHz ou pelo menos 20% da frequência central de sua banda de frequência. A UWB também aparece na Figura 2.9. Com tanta largura de banda, a UWB tem o potencial de se comunicar a várias centenas de megabits por segundo. Por se espalhar por uma ampla banda de frequência, ela pode tolerar uma grande quantidade de interferência relativamente forte de outros sinais de banda estreita. Tão importante quanto isso, como a UWB tem pouquíssima energia em qualquer frequência quando usada para transmissão em curta distância, ela não causa interferência prejudicial para outros sinais de rádio de banda estreita. Ao contrário da transmissão por espectro de dispersão, a comunicação UWB transmite de formas que não interferem com os sinais da portadora na mesma banda de frequência. Ela também pode ser usada para formar imagens através de objetos sólidos (solo, paredes e corpos), ou como parte de sistemas de localização precisos. A tecnologia é popular para aplicações internas a curta distância, além de imagens precisas de radar e tecnologias de rastreamento de local.

2.3 TRANSMISSÃO ATRAVÉS DO ESPECTRO

A seguir, mostraremos como as diversas partes do espectro eletromagnético da Figura 2.8 são usadas, começando pelo rádio. Partiremos da premissa de que todas as transmissões utilizam uma banda de frequência estreita, a menos que seja dito de outra forma.

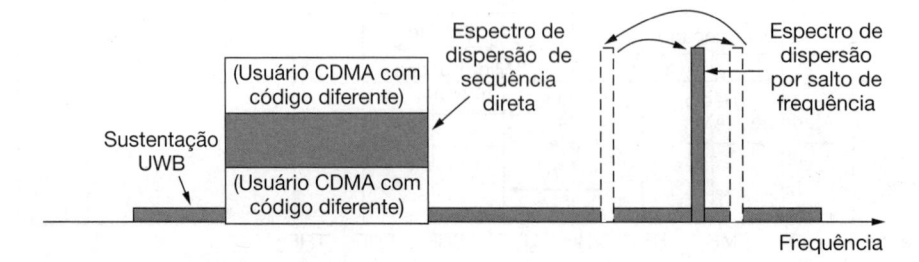

Figura 2.9 Comunicação por espectro de dispersão e banda ultralarga (UWB).

2.3.1 Transmissão de rádio

As ondas de rádio são fáceis de gerar, podem percorrer longas distâncias e penetrar facilmente em prédios, portanto, são muito utilizadas para comunicação, seja em ambientes fechados, seja em locais abertos. As ondas de rádio também são omnidirecionais, o que significa que elas viajam em todas as direções a partir da origem. Desse modo, o transmissor e o receptor não precisam estar cuidadosa e fisicamente alinhados.

Vale lembrar que o rádio omnidirecional nem sempre é bom. Na década de 1970, a General Motors decidiu equipar todos os seus novos Cadillacs com freios controlados por computador, que impediam o travamento das rodas. Quando o motorista pisava no pedal de freio, o computador prendia e soltava os freios, em vez de travá-los de verdade. Um belo dia, um policial rodoviário de Ohio começou a usar seu novo rádio móvel para falar com a central de polícia e, de repente, o Cadillac próximo a ele passou a se comportar como um cavalo selvagem. Depois de ser abordado pelo patrulheiro, o motorista disse que não tinha feito nada e que o carro tinha ficado louco de uma hora para outra.

Com o tempo, começou a surgir um padrão: às vezes, os Cadillacs enlouqueciam, mas somente quando trafegavam pelas principais estradas de Ohio, particularmente quando estavam sendo observados por um policial rodoviário. A General Motors demorou a entender o motivo pelo qual os Cadillacs funcionavam sem problemas nos outros estados e também em rodovias secundárias de Ohio. Só depois de muita pesquisa, eles descobriram que a fiação do Cadillac formava uma ótima antena que captava a frequência usada pelo novo sistema de rádio da Patrulha Rodoviária de Ohio.

As propriedades das ondas de rádio dependem da frequência. Em baixas frequências, as ondas de rádio atravessam bem os obstáculos, mas a potência cai bruscamente à medida que a distância da origem aumenta – pelo menos cerca de $1/r^2$ no ar –, pois a energia do sinal se espalha de forma mais estreita por uma superfície maior. Essa atenuação é chamada de **perda no caminho**. Em altas frequências, as ondas de rádio tendem a viajar em linha reta e a ricochetear nos obstáculos. A perda no caminho ainda reduz a potência, embora o sinal recebido também possa depender muito das reflexões. Ondas de rádio de alta frequência também são absorvidas pela chuva e outros obstáculos, até certo ponto, mais do que as frequências baixas. Em todas as frequências, as ondas de rádio estão sujeitas à interferência de motores e outros equipamentos elétricos.

É interessante comparar a atenuação das ondas de rádio com a dos sinais nos meios guiados. Com fibra, cabo coaxial e par trançado, o sinal cai pela mesma fração por distância unitária, por exemplo, 20 dB por 100 m para o par trançado. Com o rádio, o sinal cai pela mesma fração enquanto a distância dobra, por exemplo, 6 dB pelo dobro do espaço livre. Isso significa que as ondas de rádio podem percorrer longas distâncias, e a interferência entre os usuários é um problema. Por essa razão, todos os governos exercem um rígido controle sobre o licenciamento do uso de transmissores de rádio, com apenas algumas exceções, descritas mais adiante neste capítulo.

Nas bandas VLF, LF e MF, as ondas de rádio se propagam perto do solo, como mostra a Figura 2.10(a). Elas podem ser detectadas dentro de um raio de, talvez, mil quilômetros nas frequências mais baixas; nas frequências mais altas, esse raio é menor. A radiodifusão em frequências AM utiliza a banda MF, razão pela qual as ondas de rádio produzidas pelas estações de rádio AM de Boston não podem ser captadas facilmente em Nova York. As ondas de rádio nessas bandas atravessam os prédios com facilidade; esse é o motivo por que os rádios portáteis funcionam em ambientes fechados. O principal problema relacionado à utilização dessas bandas para comunicação de dados diz respeito à baixa largura de banda que oferecem.

Nas bandas HF e VHF, as ondas terrestres tendem a ser absorvidas pela Terra. No entanto, as ondas que alcançam a ionosfera, uma camada de partículas carregadas situadas em torno da Terra a uma altura de 100 a 500 km, são refratadas por ela e enviadas de volta à Terra, como mostra a Figura 2.10(b). Em determinadas condições atmosféricas, os sinais podem ricochetear diversas vezes. Os operadores de radioamador utilizam essas bandas em comunicações de longa distância. Os militares também se comunicam nas bandas HF e VHF.

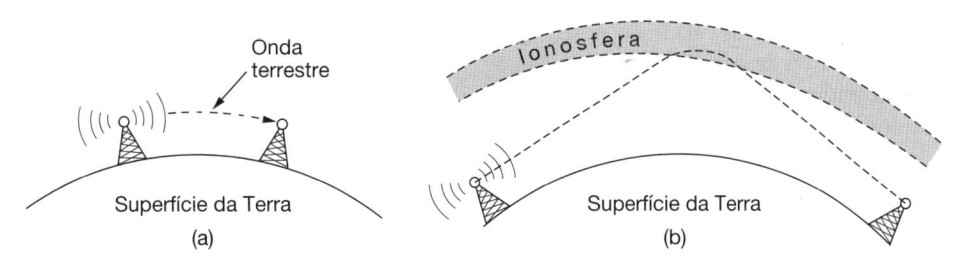

Figura 2.10 (a) Nas bandas VLF, LF e MF, as ondas de rádio obedecem à curvatura da Terra. (b) Na banda HF, elas ricocheteiam na ionosfera.

2.3.2 Transmissão de micro-ondas

Acima de 100 MHz, as ondas trafegam praticamente em linha reta e, portanto, podem ser concentradas em uma faixa estreita. A concentração de toda a energia em um pequeno feixe através de uma antena parabólica (como a conhecida antena de TV por satélite) oferece uma relação sinal/ruído muito mais alta, mas as antenas de transmissão e recepção devem estar alinhadas com o máximo de precisão. Além disso, essa direcionalidade permite o alinhamento de vários transmissores em uma única fileira, fazendo eles se comunicarem com vários receptores também alinhados sem que haja interferência, desde que sejam observadas algumas regras mínimas de espaçamento. Antes da fibra óptica, durante décadas essas micro-ondas formaram o núcleo do sistema de transmissão telefônica de longa distância. Na verdade, a MCI, uma das primeiras concorrentes da AT&T após sua desregulamentação, construiu todo o seu sistema com comunicações de micro-ondas que percorriam dezenas de quilômetros entre uma torre e outra. Até mesmo o nome da empresa refletia isso (MCI significava Microwave Communications, Inc.). Há muito tempo, a MCI passou a utilizar as fibras ópticas e, por meio de uma longa série de fusões corporativas e falências no setor de telecomunicações, passou a fazer parte da Verizon.

Tendo em vista que as micro-ondas trafegam em linha reta, se as torres estiverem muito afastadas, a Terra acabará ficando entre elas (como acontece no caso de um enlace entre Seattle e Amsterdã). Assim, é preciso instalar repetidores em intervalos periódicos. Quanto mais altas as torres, mais distantes elas podem estar umas das outras. A distância entre os repetidores aumenta de acordo com a raiz quadrada da altura da torre. Torres com 100 m de altura devem ter repetidores a cada 80 km.

Ao contrário das ondas de rádio nas frequências mais baixas, as micro-ondas não atravessam muito bem as paredes dos prédios. Além disso, embora o feixe possa estar bem concentrado no transmissor, ainda há alguma divergência no espaço. Algumas ondas podem ser refratadas nas camadas atmosféricas mais baixas e, consequentemente, sua chegada pode ser mais demorada que a das ondas diretas. As ondas atrasadas podem chegar fora de fase em relação à onda direta, e assim cancelar o sinal. Esse efeito é chamado de **enfraquecimento por múltiplos caminhos** (**multipath fading**) e em geral é um problema sério. Ele depende das condições atmosféricas e da frequência. Algumas operadoras mantêm 10% de seus canais ociosos como sobressalentes, para serem usados quando o enfraquecimento por múltiplos caminhos eliminar temporariamente alguma banda de frequência.

A demanda por taxas de dados mais altas incentiva as operadoras a usarem transmissões com frequências cada vez mais altas. As bandas de até 10 GHz agora são de uso rotineiro, mas a partir de 4 GHz surge um novo problema: a absorção pela água. Essas ondas têm apenas alguns centímetros de comprimento e são absorvidas pela chuva. Esse efeito não causaria qualquer problema se estivéssemos planejando construir um gigantesco forno de micro-ondas para ser usado a céu aberto mas, no caso das comunicações, trata-se de um grave problema. Assim como acontece com o enfraquecimento por múltiplos caminhos, a única solução é desligar os enlaces que estão sendo afetados pela chuva e criar uma nova rota que os contorne.

Em resumo, a comunicação por micro-ondas é tão utilizada na telefonia de longa distância, em telefones celulares, na distribuição de sinais de televisão e em outros usos que foi preciso desenvolver uma severa diminuição do espectro. Ela tem uma série de vantagens significativas sobre a fibra. A mais importante delas é que as micro-ondas dispensam a necessidade de se ter direitos sobre um percurso. Além do mais, quando se compra um pequeno lote de terra a cada 50 km e nele é instalada uma torre de micro-ondas, é possível ignorar o sistema telefônico e se comunicar diretamente. Foi por essa razão que a MCI passou a trabalhar tão rapidamente como uma companhia telefônica de longa distância. (A Sprint, outro antigo concorrente da AT&T, trilhou um caminho bem diferente: ela se formou a partir da Southern Pacific Railroad, que já detinha um grande número de concessões de direitos de percurso, e simplesmente enterrava os cabos de fibra ao lado das ferrovias.)

O uso de micro-ondas também é relativamente econômico. A instalação de duas torres simples (com alguns postes com quatro esteios) e a colocação de antenas em cada uma delas pode ser menos dispendiosa que enterrar 50 km de fibra em uma área urbana congestionada ou em uma região montanhosa, e talvez seja mais econômica que arrendar a rede de fibra da companhia telefônica, especialmente se esta ainda não tiver coberto totalmente os custos da retirada do cobre quando os cabos de fibra foram instalados.

2.3.3 Transmissão de infravermelho

As ondas de infravermelho não guiadas são bastante utilizadas na comunicação de curto alcance. Todos os dispositivos de controle remoto utilizados nos aparelhos de televisão, ar condicionado e aparelhos de som empregam a comunicação por infravermelho. Elas são relativamente direcionais, baratas e fáceis de montar, mas têm uma desvantagem importante: não atravessam objetos sólidos (para provar essa afirmação, posicione-se entre o controle remoto e o televisor e veja se ele funciona). Em geral, quando nos deslocamos do rádio de onda longa em direção à luz visível, as ondas assumem um comportamento cada vez mais parecido com o da luz, perdendo pouco a pouco as características de ondas de rádio.

No entanto, o fato de as ondas de infravermelho não atravessarem paredes sólidas pode ser visto como uma qualidade. É por essa razão que um sistema infravermelho instalado em um ambiente fechado não interfere em um sistema semelhante instalado nas salas ou nos prédios adjacentes: não é possível controlar o aparelho de televisão do vizinho com o seu controle remoto. Além disso, a segurança dos sistemas de infravermelho contra espionagem é melhor que a dos sistemas de rádio, exatamente por essa razão. Portanto, não é necessária nenhuma licença do governo para operar um sistema de infravermelho, ao contrário dos sistemas de rádio, que devem ser licenciados fora das bandas ISM. A comunicação por infravermelho tem uso limitado em escritórios, por exemplo, para conectar notebooks e impressoras com o padrão **IrDA (Infrared Data Association)**, mas não tem um papel importante no jogo das comunicações.

2.3.4 Transmissão via luz

A transmissão óptica não guiada, ou **óptica do espaço livre**, vem sendo utilizada há séculos. Paul Revere usou a sinalização óptica binária a partir da Old North Church imediatamente antes de sua famosa corrida. Uma aplicação mais moderna consiste em conectar as LANs em dois prédios por meio de lasers instalados em seus telhados. Por sua própria natureza, a transmissão óptica usando raios laser é unidirecional; assim, cada prédio precisa de seu próprio raio laser e de seu próprio fotodetector. Esse esquema oferece uma largura de banda muito alta, tem baixo custo e é relativamente seguro, pois é difícil interceptar um raio laser estreito. Ele também é relativamente fácil de ser instalado e, ao contrário das micro-ondas, não precisa de uma licença da **FCC (Federal Communications Commission)** nos Estados Unidos e de outras agências governamentais em outros países.

A potência do laser, um feixe muito estreito, também é uma desvantagem aqui. Apontar um raio laser de 1 mm para um alvo do tamanho de uma cabeça de alfinete a 500 m de distância exige a mira de um pistoleiro dos filmes de faroeste. Normalmente, são colocadas lentes no sistema para tirar um pouco do foco do raio. Para aumentar a dificuldade, mudanças no vento e na temperatura podem distorcer o raio, e os feixes de raios laser de fato não podem atravessar chuva ou neblina espessa, mas normalmente funcionam bem em dias ensolarados. Contudo, muitos desses fatores não são problemas quando o uso é para conectar duas naves espaciais.

Um dos autores deste livro (AST) certa vez participou de uma conferência em um moderno hotel europeu cujos organizadores tiveram a felicidade de oferecer uma sala repleta de terminais para que os participantes pudessem ler seus e-mails durante as apresentações menos interessantes. Como a companhia telefônica local não havia se disposto a instalar um grande número de linhas telefônicas por apenas três dias, os organizadores colocaram um raio laser no telhado e o apontaram na direção do prédio de ciência da computação da universidade onde trabalhavam, situada a alguns quilômetros dali. Eles testaram o sistema na noite anterior à conferência e ele havia funcionado perfeitamente. Às 9h da manhã seguinte, em um belo dia de sol, o sistema entrou em pane e ficou fora do ar durante todo o dia. Nos dois dias seguintes, o problema se repetiu. Após a conferência, os organizadores descobriram o problema. O calor do sol fez as correntes de convecção do telhado do prédio emanarem, como mostra a Figura 2.11. Esse ar turbulento desviou o feixe e fez ele dançar em torno do detector, algo parecido com uma estrada que parece cintilar em um dia muito quente. A lição aqui é que, para funcionar bem em condições difíceis e também em boas condições, os enlaces ópticos não guiados precisam ser elaborados com uma margem de erro suficiente.

Atualmente, a comunicação óptica não guiada pode parecer uma tecnologia de rede exótica, mas logo poderá se tornar mais predominante. Em muitos lugares, estamos cercados de câmeras (que sentem a luz) e telas (que emitem luz usando LEDs ou outra tecnologia). A comunicação de dados pode ser disposta em cima dessas telas codificando informações no padrão em que os LEDs se acendem e apagam, abaixo do limiar da percepção humana. A comunicação via luz visível dessa maneira é inerentemente segura e cria uma rede de baixa velocidade na vizinhança imediata da tela. Isso poderia permitir todo o tipo de cenário de computação ubíqua. As luzes piscando nos veículos de emergência podem alertar os sinais de trânsito e veículos mais próximos para ajudar a liberar um caminho. Os sinais de informação poderiam transmitir mapas por difusão. As lâmpadas em ocasiões festivas poderiam até mesmo transmitir canções sincronizadas com sua exibição.

2.4 DE FORMAS DE ONDA A BITS

Nesta seção, descrevemos como os sinais são transmitidos através do meio físico que já discutimos. Vamos começar com uma discussão da base teórica para a comunicação de dados, seguindo com uma discussão sobre modulação (o processo de conversão de formas analógicas de onda em bits) e multiplexação (que permite que um único meio físico carregue várias transmissões simultâneas).

2.4.1 A base teórica da comunicação de dados

As informações podem ser transmitidas por fios, fazendo-se variar alguma propriedade física, como tensão ou corrente. Representando o valor dessa tensão ou corrente como uma função do tempo com um valor único, $f(t)$, podemos criar um modelo para o comportamento do sinal e

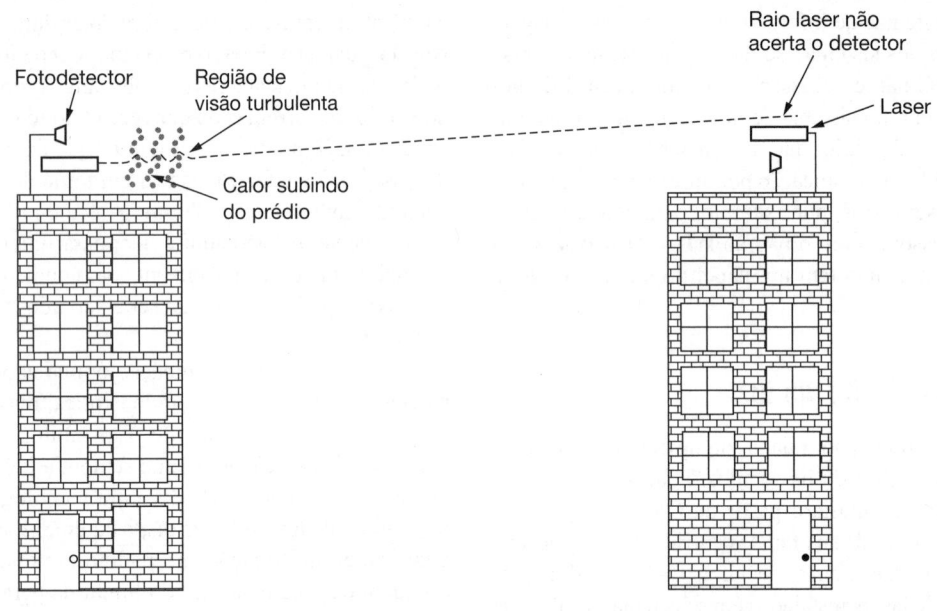

Figura 2.11 Correntes de convecção podem interferir nos sistemas de comunicação a laser. A figura mostra um sistema bidirecional com dois lasers.

analisá-lo matematicamente. Essa análise será o assunto das próximas seções.

Análise de Fourier

No início do século XIX, o matemático francês Jean-Baptiste Fourier provou que qualquer função periódica razoavelmente estável, $g(t)$, com período T, pode ser construída como a soma de um número (possivelmente infinito) de senos e cossenos:

$$g(t) = \frac{1}{2}c + \sum_{n=1}^{\infty} a_n \operatorname{sen}(2\pi nft) + \sum_{n=1}^{\infty} b_n \cos(2\pi nft) \quad (2.2)$$

onde $f = 1/T$ é a frequência fundamental, a_n e b_n são as amplitudes do seno e do cosseno dos n-ésimos **harmônicos** (termos) e c é uma constante que determina o valor médio da função. Essa decomposição é chamada **série de Fourier**. A partir dela, a função pode ser reconstruída, ou seja, se o período T for conhecido e as amplitudes forem dadas, a função original no tempo poderá ser encontrada efetuando-se as somas da Equação 2.2.

Um sinal de dados com uma duração finita (como acontece com todos eles) pode ser tratado apenas com base na premissa de que ele repete o mesmo padrão indefinidamente (ou seja, o intervalo de T a $2T$ é igual ao de 0 a T, etc.).

As a_n amplitudes podem ser calculadas para qualquer $g(t)$ dada, multiplicando-se ambos os lados da Equação 2.2 por $\operatorname{sen}(2\pi kft)$ e, em seguida, integrando-se de 0 a T. Como

$$\int_0^T \operatorname{sen}(2\pi kft)\operatorname{sen}(2\pi nft)\, dt = \begin{cases} 0 \text{ para } k \neq n \\ T/2 \text{ para } k = n \end{cases}$$

apenas um termo do somatório permanece: a_n. O somatório b_n desaparece completamente. Da mesma forma, multiplicando a Equação 2.2 por $\cos(2\pi kft)$ e integrando entre 0 e T, podemos derivar b_n. Simplesmente integrando ambos os lados da equação tal como ela se encontra, podemos achar c. Os resultados dessas operações são:

$$a_n = \frac{2}{T}\int_0^T g(t)\operatorname{sen}(2\pi nft)\, dt$$

$$b_n = \frac{2}{T}\int_0^T g(t)\cos(2\pi nft)\, dt \quad c = \frac{2}{T}\int_0^T g(t)\, dt$$

Sinais limitados pela largura de banda

A importância de tudo isso para a comunicação de dados é que os canais reais afetam diferentes sinais de frequência de formas distintas. Vamos analisar um exemplo específico: a transmissão do caractere ASCII "b" codificado como um byte de 8 bits. O padrão de bits que deve ser transmitido é 01100010. A parte esquerda da Figura 2.12(a) mostra a saída de tensão do computador transmissor. A análise de Fourier desse sinal produz os seguintes coeficientes:

$$a_n = \frac{1}{\pi n}[\cos(\pi n/4) - \cos(3\pi n/4) + \cos(6\pi n/4) - \cos(7\pi n/4)]$$

$$b_n = \frac{1}{\pi n}[\operatorname{sen}(3\pi n/4) - \operatorname{sen}(\pi n/4) + \operatorname{sen}(7\pi n/4) - \operatorname{sen}(6\pi n/4)]$$

$$c = 3/4.$$

A raiz quadrada média das amplitudes, $\sqrt{a_n^2 + b_n^2}$ para os primeiros termos são mostradas no lado direito da Figura 2.12(a). Esses valores são importantes porque seus quadrados são proporcionais à energia transmitida na frequência correspondente.

Nenhum recurso de transmissão é capaz de transmitir sinais sem perder parte da energia no processo. Se todos os coeficientes da série de Fourier fossem igualmente reduzidos, o sinal resultante seria reduzido em amplitude, mas não distorcido (i.e., ele teria a mesma forma quadrada mostrada na Figura 2.12(a)). Infelizmente, todos os meios de transmissão reduzem diferentes componentes de Fourier

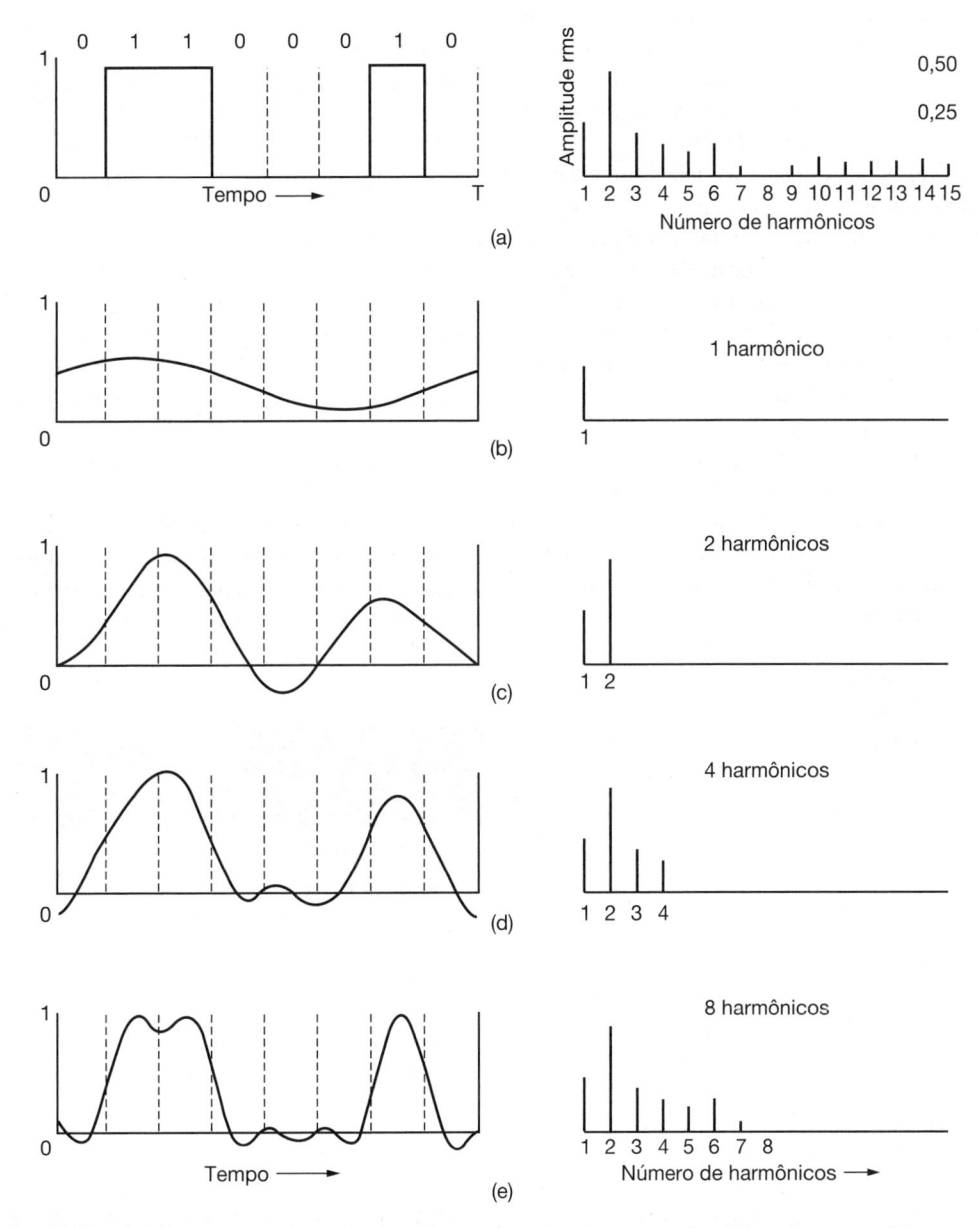

Figura 2.12 (a) Um sinal binário e a raiz quadrada média das amplitudes de Fourier. (b)-(e) Aproximações sucessivas do sinal original.

por diferentes valores e, em consequência disso, introduzem distorção. Em geral, para um fio, as amplitudes são transmitidas sem redução, de 0 até alguma frequência f_c (medida em ciclos/s ou Hz), com todas as frequências acima dessa frequência de corte (*cutoff*) sendo atenuadas. A faixa de frequências transmitidas sem serem fortemente atenuadas denomina-se **largura de banda**. Na prática, o corte não é nítido; assim, muitas vezes a largura de banda varia de 0 até a frequência em que a potência recebida caiu para a metade.

A largura de banda é uma propriedade física do meio de transmissão, que depende, por exemplo, da construção, da espessura e do comprimento do meio (fio ou fibra). Os filtros normalmente são usados para limitar ainda mais o volume de largura de banda de um sinal. Os canais sem fio 802.11 têm permissão para usar até aproximadamente 20 MHz, por exemplo, de modo que rádios 802.11 filtram a largura de banda do sinal para essa faixa (embora, em alguns casos, seja usada uma banda de 80 MHz).

Como outro exemplo, os canais de televisão tradicionais (analógicos) ocupam 6 MHz cada, por um fio ou pelo ar. Essa filtragem permite que mais sinais compartilhem determinada região do espectro, o que melhora a eficiência geral do sistema. Isso significa que a faixa de frequência para alguns sinais não começará em zero, mas em algum número maior. Porém, isso não importa. A largura de banda ainda é a largura da banda de frequências que são passadas, e a informação que pode ser transportada depende apenas dessa largura, e não das frequências inicial e final. Os sinais que vão de 0 para cima, até uma frequência máxima, são chamados sinais de **banda base**. Sinais que são deslocados para ocupar uma faixa de frequências mais alta, como acontece para todas as transmissões sem fio, são chamados sinais de **banda passante**.

Vejamos agora como seria a forma do sinal da Figura 2.12(a) se a largura de banda fosse tão estreita que apenas as frequências mais baixas fossem transmitidas (ou seja, se a função estivesse sendo aproximada pelos primeiros termos da Equação 2.2). A Figura 2.12(b) mostra o sinal resultante de um canal pelo qual apenas o primeiro harmônico (o fundamental, f) pode passar. Da mesma forma, a Figura 2.12(c)-(e) mostra os espectros e as funções reconstruídas para canais com uma largura de banda mais alta. Para a transmissão digital, o objetivo é receber um sinal com fidelidade suficiente para reconstruir a sequência de bits que foi enviada. Já podemos fazer isso com facilidade na Figura 2.12(e), de modo que é um desperdício usar mais harmônicos para receber uma réplica mais precisa.

Dada uma taxa de bits de b bits/s, o tempo necessário para o envio de 8 bits (em nosso exemplo, um bit de cada vez) é $8/b$ s; assim, a frequência do primeiro harmônico desse sinal é $b/8$ Hz. Uma linha telefônica comum, frequentemente chamada de **linha de qualidade de voz**, tem uma frequência de corte artificialmente introduzida, pouco acima de 3.000 Hz. A presença dessa restrição significa que o número do harmônico mais alto transmitido é aproximadamente $3.000/(b/8)$ ou $24.000/b$ (o corte não é preciso).

Para algumas taxas de dados, os números funcionam de acordo com o padrão mostrado na Figura 2.13. Esses números deixam claro que, quando se tenta fazer uma transmissão a 9.600 bps usando uma linha telefônica de qualidade de voz, o modelo sugerido na Figura 2.12(a) assume a forma mostrada na Figura 2.12(c), tornando complicada a recepção precisa do fluxo original de bits. Podemos perceber também que, em taxas de dados bem mais altas que 38,4 kbps, não existe a menor possibilidade de que todos os sinais sejam *binários*, mesmo quando não há o menor ruído no meio de transmissão. Em outras palavras, limitando-se a largura de banda, limita-se a taxa de dados, mesmo nos canais perfeitos (sem ruídos). No entanto, sofisticados esquemas de codificação que usam diversos níveis de tensão possibilitam a existência e a utilização de taxas de dados mais altas. Vamos discutir essa questão ao longo deste capítulo.

Há muita confusão sobre largura de banda, pois ela significa coisas diferentes para engenheiros elétricos e para cientistas da computação. Para os engenheiros elétricos, a largura de banda (analógica) é, como descrevemos, uma quantidade medida em Hz. Para os cientistas da computação, a largura de banda (digital) é a taxa de dados máxima de um canal, uma quantidade medida em bits/s. Essa taxa de dados é o resultado final do uso da largura de banda analógica de um canal físico para a transmissão digital, e as duas estão relacionadas, conforme veremos a seguir. Neste livro, o contexto esclarecerá se queremos dizer largura de banda analógica (Hz) ou largura de banda digital (bits/s).

Bps	T (ms)	Primeiro harmônico (Hz)	Número de harmônicos enviados
300	26,67	37,5	80
600	13,33	75	40
1.200	6,67	150	20
2.400	3,33	300	10
4.800	1,67	600	5
9.600	0,83	1.200	2
19.200	0,42	2.400	1
38.400	0,21	4.800	0

Figura 2.13 Relação entre as taxas de dados e os harmônicos em nosso exemplo muito simples.

2.4.2 A taxa de dados máxima de um canal

Em 1924, Henry Nyquist, um engenheiro da AT&T, percebeu que até mesmo um canal perfeito tem uma capacidade de transmissão finita. Ele derivou uma equação expressando a taxa máxima de dados de um canal sem ruído com largura de banda finita. Em 1948, Claude Shannon aprofundou o trabalho de Nyquist e o estendeu ao caso de um canal sujeito a ruído aleatório (i.e., ruído termodinâmico) (Shannon, 1948). Esse artigo é o mais importante de toda a teoria da informação. Veja a seguir um resumo dos resultados, agora clássicos.

Nyquist provou que, se um sinal arbitrário atravessar um filtro passa-baixa de largura de banda B, o sinal filtrado poderá ser completamente reconstruído a partir de apenas $2B$ amostras (exatas) por segundo. Fazer uma amostragem da linha com uma rapidez maior que $2B$ vezes por segundo seria inútil, pois os componentes de frequência mais alta que essa amostragem poderia recuperar já teriam sido filtrados. Se o sinal consistir em V níveis discretos, o teorema de Nyquist afirma que:

$$\text{taxa máxima de dados} = 2B \log_2 V \text{ bits/s} \quad (2.3)$$

Por exemplo, um canal de 3 kHz sem ruído não pode transmitir sinais binários (ou seja, de dois níveis) a uma taxa superior a 6.000 bps.

Até agora, só mencionamos os canais sem ruído. Se houver ruído aleatório, a situação se deteriorará com rapidez. Além disso, sempre há ruído aleatório (térmico), em virtude do movimento das moléculas no sistema. O volume de ruído térmico presente é medido pela relação entre a potência do sinal e a do ruído, chamada relação sinal/ruído, ou **SNR (Signal-to-Noise Ratio)**. Se representarmos a potência do sinal por S e a potência do ruído por N, a relação sinal/ruído será S/N. Em geral, a relação é expressa em uma escala logarítmica como a quantidade $10 \log_{10} S/N$, pois ela pode variar por uma faixa muito grande. As unidades da escala logarítmica são chamadas de **decibéis (dB)**, com "deci" significando 10 e "bel" escolhido em homenagem a Alexander Graham Bell, que patenteou o telefone. Uma relação S/N igual a 10 corresponde a 10 dB, uma relação igual a 100 equivale a 20 dB, uma relação igual a 1.000 equivale a 30 dB, e assim por diante. Com frequência, os fabricantes de amplificadores estereofônicos caracterizam a largura de banda (faixa de frequência) na qual seu produto é linear oferecendo a frequência de 3 dB em cada extremidade. Esses são os pontos em que o fator de amplificação foi dividido aproximadamente ao meio (porque $10 \log_{10} 0{,}5 \approx -3$).

O principal resultado de Shannon é que a taxa máxima de dados ou **capacidade** de um canal com ruídos cuja largura de banda é B Hz, e cuja relação sinal/ruído é S/N, é dada por:

$$\text{Taxa máxima de dados} = B \log_2 (1 + S/N) \text{ bits/s} \quad (2.4)$$

Esta equação nos diz as melhores capacidades que os canais reais podem ter. Por exemplo, ADSL (Asymmetric Digital Subscriber Line), que oferece acesso à Internet por linhas telefônicas normais, usa uma largura de banda com cerca de 1 MHz. A SNR depende muito da distância da central telefônica até a casa, e uma SNR com cerca de 40 dB para linhas curtas de 1 a 2 km é muito boa. Com essas características, o canal nunca pode transmitir muito mais do que 13 Mbps, não importa quantos níveis de sinal sejam usados e não importa com que frequência as amostras são tomadas. Na prática, a ADSL é especificada para até 12 Mbps, embora os usuários normalmente vejam taxas mais baixas. Essa taxa de dados é realmente muito boa, com mais de 60 anos de técnicas de comunicação tendo reduzido bastante a lacuna entre a capacidade de Shannon e a capacidade dos sistemas reais.

O resultado de Shannon utilizou os argumentos da teoria da informação e se aplica a qualquer canal sujeito a ruído térmico. Os exemplos contrários devem ser tratados na mesma categoria das máquinas de movimento contínuo (ou moto-perpétuo). Para a ADSL ultrapassar os 12 Mbps, ela deve melhorar a SNR (p. ex., inserindo repetidores digitais nas linhas mais próximas do cliente) ou usar mais largura de banda, como é feito com a evolução para ADSL2+.

2.4.3 Modulação digital

Agora que já estudamos as propriedades dos canais com e sem fio, voltamos nossa atenção para o problema de enviar informações digitais. Os canais com fio e sem fio transportam sinais analógicos, como a tensão variando continuamente, a intensidade de luz ou a intensidade de som. Para enviar informações digitais, temos de criar sinais digitais para representar os bits. O processo de conversão entre bits e sinais que os representam é chamado de **modulação digital**.

Começaremos com esquemas que convertem diretamente os bits em um sinal. Eles resultam em **transmissão de banda base**, em que o sinal ocupa frequências de zero até um máximo que depende da taxa de sinalização. Ele é comum para fios. Depois, vamos considerar os esquemas que regulam a amplitude, a fase ou a frequência de um sinal da portadora para transportar bits. Esses esquemas resultam em **transmissão de banda passante**, em que o sinal ocupa uma banda de frequências em torno da frequência do sinal da portadora. Isso é comum para canais sem fio e ópticos, para os quais os sinais devem residir em uma determinada banda de frequência.

Os canais normalmente são compartilhados por vários sinais. Afinal, é muito mais conveniente usar um único fio para transportar vários sinais do que instalar um fio para cada sinal. Esse tipo de compartilhamento é chamado de **multiplexação** e pode ser realizado de diversas maneiras.

Apresentaremos métodos para multiplexação por divisão de tempo, frequência e código.

As técnicas de modulação e multiplexação que descrevemos nesta seção são todas bastante usadas para canais com fio, de fibra, terrestres sem fio e por satélite.

Transmissão de banda base

A forma mais simples de modulação digital é usar uma tensão positiva para representar um bit 1 e uma tensão negativa para representar um bit 0, como pode ser visto na Figura 2.14(a). Para uma fibra óptica, a presença de luz poderia representar 1 e a ausência de luz, 0. Esse esquema é chamado **NRZ (Non-Return-to-Zero)**. O nome esquisito tem motivos históricos, e significa simplesmente que o sinal acompanha os dados. Um exemplo aparece na Figura 2.14(b).

Uma vez enviado, o sinal NRZ se propaga pelo fio. Na outra ponta, o receptor o converte para bits fazendo a amostragem do sinal em intervalos de tempo regulares. Esse sinal não ficará exatamente como o enviado, e será atenuado e distorcido pelo canal e pelo ruído no receptor. Para decodificar os bits, o receptor mapeia as amostras de sinal para os símbolos mais próximos. Para o NRZ, uma tensão positiva será considerada para indicar que foi enviado um bit 1, e uma tensão negativa será considerada para indicar que foi enviado um 0.

O NRZ é um bom ponto de partida para nossos estudos, pois é simples, mas na prática raramente é usado por si só. Esquemas mais complexos podem converter bits em sinais, os quais atendem melhor às considerações da engenharia. Esses esquemas são chamados de **códigos de linha**. A seguir, descreveremos os códigos de linha que ajudam na eficiência da largura de banda, recuperação de clock e equilíbrio na componente CC.

Eficiência da largura de banda

Com o NRZ, o sinal pode alternar entre os níveis positivo e negativo a cada 2 bits (no caso de 1s e 0s alternados). Isso significa que precisamos de uma largura de banda de pelo menos $B/2$ Hz quando a taxa de bits é B bits/s. Essa relação vem da taxa de Nyquist (Equação 2.3). Por ser um limite fundamental, não podemos usar o NRZ mais rápido sem usar mais largura de banda, sendo normalmente um recurso limitado, até mesmo para canais com fio. Sinais de maior frequência são cada vez mais atenuados, tornando-os menos úteis, e sinais de maior frequência também exigem circuitos eletrônicos mais rápidos.

Uma estratégia para usar largura de banda limitada com mais eficiência é usar mais de dois níveis de sinalização. Usando quatro níveis de tensão, por exemplo, podemos enviar 2 bits ao mesmo tempo como um único **símbolo**. Esse projeto funcionará desde que o sinal no receptor seja suficientemente forte para distinguir os quatro níveis. A taxa em que o sinal muda é, então, metade da taxa de bits, de modo que a largura de banda necessária foi reduzida.

Chamamos a taxa em que o sinal muda de **taxa de símbolos**, para distingui-la da **taxa de bits** (que é a taxa de símbolos multiplicada pelo número de bits por símbolo). Um nome mais antigo para a taxa de símbolos, principalmente no contexto de dispositivos chamados modems de telefone, que transmitem dados digitais pelas linhas telefônicas, é **taxa baud**. Na literatura, "taxa de bits" e "taxa baud" normalmente são usadas de modo incorreto.

Observe que o número de níveis de sinal não precisa ser uma potência de dois. Normalmente ele não é, com alguns dos níveis usados para proteção contra erros e simplificação do projeto do receptor.

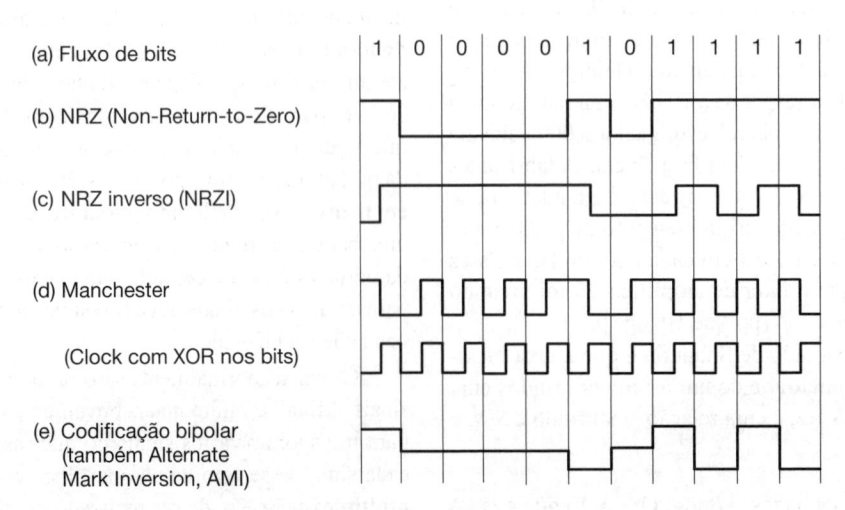

Figura 2.14 Códigos de linha: (a) Bits, (b) NRZ, (c) NRZI, (d) Manchester, (e) Bipolar ou AMI.

Recuperação de clock

Para todos os esquemas que codificam bits em símbolos, o receptor precisa saber quando um símbolo termina e o próximo começa, para decodificar os bits corretamente. Com o NRZ, em que os símbolos são simplesmente níveis de tensão, uma longa sequência de 0s ou 1s deixa o sinal inalterado. Após um tempo, é difícil distinguir os bits, pois 15 zeros se parecem muito com 16 zeros, a menos que você tenha um clock muito preciso.

Os clocks precisos ajudariam com esse problema, mas eles são uma solução dispendiosa para equipamentos básicos. Lembre-se de que estamos temporizando bits em links que trabalham em muitos megabits/s, de modo que o clock teria de fluir por menos de uma fração de microssegundo pela maior sequência permitida. Isso pode ser razoável para enlaces lentos ou mensagens curtas, mas essa não é uma solução geral.

Uma estratégia é enviar um sinal de clock separado para o receptor. Outra linha de clock não é grande coisa para barramentos de computador ou cabos curtos, em que existem muitas linhas paralelas, mas é um desperdício para a maioria dos enlaces de rede, pois, se tivéssemos outra linha para enviar um sinal, poderíamos usá-la para enviar dados. Aqui, um truque inteligente é misturar o sinal de clock com o sinal de dados efetuando a operação XOR por ambos, de modo que nenhuma linha extra seja necessária. Os resultados aparecem na Figura 2.14(d). O clock faz uma transição de clock em cada tempo de bit, de modo que ele funciona no dobro da taxa de bits. Quando ele é XORado com o nível 0, faz a transição de baixo para alto, que é simplesmente o clock. Essa transição é o 0 lógico. Quando ele é XORado com o nível 1, é invertido e faz uma transição de alto para baixo. Essa transição é o 1 lógico. Esse esquema é conhecido como **codificação Manchester**, e foi usado para a Ethernet clássica.

A desvantagem da codificação Manchester é que ela exige duas vezes mais largura de banda que a NRZ, em virtude do clock, e aprendemos que a largura de banda normalmente importa. Uma estratégia diferente é baseada na ideia de que devemos codificar os dados para garantir que haja transições suficientes no sinal. Considere que o NRZ terá problemas de recuperação de clock somente para longas sequências de 0s e 1s. Se houver transições frequentes, será fácil para o receptor permanecer sincronizado com o fluxo de símbolos de chegada.

Como um passo na direção certa, podemos simplificar a situação codificando um 1 como uma transição e 0 como nenhuma transição, ou vice-versa. Essa codificação é chamada **NRZI (Non-Return-to-Zero Inverted)**, uma variação da NRZ. Um exemplo pode ser visto na Figura 2.14(c). O popular padrão **USB (Universal Serial Bus)** para a conexão de periféricos de computador usa NRZI. Com ele, longas sequências de 1s não causam problema.

Naturalmente, longas sequências de 0s ainda causam um problema que precisamos consertar. Se fôssemos a companhia telefônica, poderíamos simplesmente solicitar que o transmissor não transmitisse muitos 0s. Para que funcionassem corretamente, as linhas telefônicas digitais mais antigas nos Estados Unidos, chamadas **linhas T1** (discutidas mais adiante), realmente exigiam que não mais do que 15 zeros consecutivos fossem enviados. Para resolver realmente o problema, podemos dividir sequências de 0s mapeando pequenos grupos de bits para serem transmitidos de modo que os grupos com 0s sucessivos sejam mapeados para padrões ligeiramente maiores, que não têm muitos 0s consecutivos.

Um código bem conhecido para fazer isso é chamado **4B/5B**. Cada 4 bits são mapeados para um padrão de 5 bits com uma tabela de tradução fixa. Os padrões de 5 bits são escolhidos de tal forma que nunca haverá uma sequência de mais de três 0s consecutivos. O mapeamento aparece na Figura 2.15. Esse esquema acrescenta 20% de overhead, que é melhor do que os 100% de overhead da codificação Manchester. Como existem 16 combinações de entrada e 32 combinações de saída, algumas das combinações de saída não são usadas. Deixando de lado as combinações com muitos 0s sucessivos, ainda existirão alguns códigos. Como um bônus, podemos usar esses códigos não de dados para representar sinais de controle da camada física. Por exemplo, em alguns casos, "11111" representa a linha ociosa, e "11000" representa o início de um quadro.

Uma alternativa é fazer os dados parecerem aleatórios, o que é conhecido como embaralhamento (ou scrambling). Nesse caso, provavelmente haverá transições frequentes. Um **embaralhador** funciona realizando o XOR dos dados com uma sequência pseudoaleatória antes de serem transmitidos. Esse embaralhamento tornará os dados tão aleatórios quanto a sequência pseudoaleatória (supondo que eles sejam independentes da sequência pseudoaleatória). O receptor, então, realiza o XOR dos bits de entrada com

Dados (4B)	Código (5B)	Dados (4B)	Código (5B)
0000	11110	1000	10010
0001	01001	1001	10011
0010	10100	1010	10110
0011	10101	1011	10111
0100	01010	1100	11010
0101	01011	1101	11011
0110	01110	1110	11100
0111	01111	1111	11101

Figura 2.15 Mapeamento 4B/5B.

a mesma sequência pseudoaleatória para registrar os dados reais. Para que isso seja prático, a sequência pseudoaleatória precisa ser fácil de criar. Em geral, ela é dada como uma semente para um gerador de números aleatórios simples.

O embaralhamento é atraente porque não acrescenta largura de banda ou tempo. De fato, normalmente é importante condicionar o sinal de modo que ele não mantenha energia em componentes de frequência dominantes (causados por padrões de dados repetitivos) que poderiam radiar interferência eletromagnética. O embaralhamento ajuda porque os sinais aleatórios tendem a ser "brancos" ou ter a energia espalhada pelos demais componentes de frequência.

Contudo, ele não garante que não haverá sequências longas. Ocasionalmente, é possível não ter sorte. Se os dados forem iguais à sequência pseudoaleatória, com o XOR, eles serão todos 0. Esse resultado geralmente não ocorre com uma sequência pseudoaleatória longa, difícil de prever. Contudo, com uma sequência curta ou previsível, é possível que usuários maliciosos enviem padrões de bits que causem longas sequências de 0s depois do embaralhamento, causando falha nos enlaces. As antigas versões dos padrões para enviar pacotes IP por enlaces SONET no sistema telefônico tinham esse defeito (Malis e Simpson, 1999). Era possível que os usuários enviassem certos "pacotes fatais", sabendo que isso causaria problemas.

Sinais balanceados

Sinais que têm tanto tensão positiva quanto negativa, mesmo que seja por curtos períodos, são chamados de **sinais balanceados**. Sua média é zero, o que significa que eles não têm o componente elétrico CC (corrente contínua). A falta desse componente é uma vantagem, pois alguns canais, como o cabo coaxial ou as linhas com transformadores, atenuam bastante um componente CC, em virtude de suas propriedades físicas. Além disso, o método de conexão do receptor ao canal de comunicação, chamado de **acoplamento capacitivo**, deixa passar apenas a parte CA (corrente alternada) de um sinal. De qualquer modo, se enviarmos um sinal cuja média não seja zero, desperdiçamos energia, pois o componente CC será eliminado.

O balanceamento ajuda a oferecer transições para a recuperação de clock, pois existe uma mistura de tensões positiva e negativa. Ele também oferece um modo simples de calibrar receptores, pois a média do sinal pode ser medida e usada como um patamar de decisão para decodificar símbolos. Com sinais não balanceados, a média pode flutuar do nível de decisão verdadeiro, em razão de uma alta taxa de "1s", por exemplo, que faria com que mais símbolos fossem decodificados com erros.

Um modo simples de construir um código balanceado é usar dois níveis de tensão para representar um "1" lógico e um 0 lógico. Por exemplo, +1 V para um bit 1 e –1 V para um bit 0. Para enviar 1, o transmissor alterna entre os níveis +1 V e –1 V, de modo que eles sempre resultem na média. Esse esquema é chamado de **codificação bipolar**. Nas redes de telefone, ele é chamado **AMI (Alternate Mark Inversion)**, baseado em uma terminologia antiga, em que 1 é chamado "marca" e 0 é chamado "espaço". Um exemplo pode ser visto na Figura 2.14(e).

A codificação bipolar acrescenta um nível de tensão para alcançar o equilíbrio. Como alternativa, podemos usar um mapeamento como 4B/5B para conseguir o equilíbrio (bem como as transições para a recuperação de clock). Um exemplo desse tipo de código balanceado é o código de linha **8B/10B**. Ele mapeia 8 bits de entrada para 10 bits de saída, de modo que é 80% eficiente, assim como o código de linha 4B/5B. Os 8 bits são divididos em um grupo de 5 bits, que é mapeado para 6 bits, e um grupo de 3 bits, que é mapeado para 4 bits. Os símbolos de 6 e 4 bits são, então, concatenados. Em cada grupo, alguns padrões de entrada podem ser mapeados para padrões de saída balanceados, com o mesmo número de 0s e 1s. Por exemplo, "001" é mapeado para "1001", que é balanceado. Mas não existem combinações suficientes para todos os padrões de saída serem balanceados. Para esses casos, cada padrão de entrada é mapeado para dois padrões de saída. Um terá um 1 extra e a alternativa terá um 0 extra. Por exemplo, "000" é mapeado tanto para "1011" quanto para seu complemento "0100". À medida que os bits de entrada são mapeados para bits de saída, o codificador recorda a **disparidade** do símbolo anterior. A disparidade é o número total de 0s ou 1s pelos quais o sinal está fora de equilíbrio. O codificador, então, seleciona um padrão de saída ou seu padrão alternativo, para reduzir a disparidade. Com 8B/10B, a disparidade será de no máximo 2 bits. Assim, o sinal nunca estará longe de ser balanceado. Nunca haverá mais do que cinco 1s ou 0s consecutivos, para ajudar com a recuperação do clock.

Transmissão de banda passante

A comunicação por frequências de banda base é mais adequada para transmissões com fio, como par trançado, cabo coaxial ou fibra óptica. Em outras circunstâncias, particularmente aquelas envolvendo redes sem fio e transmissões de rádio, precisamos usar uma faixa de frequências que não começa com zero para enviar informações por um canal. Especificamente, para canais sem fio, não é prático enviar sinais de frequência muito baixa, pois o tamanho da antena precisa ser uma fração do comprimento de onda do sinal, que se torna grande em altas frequências de transmissão. De qualquer forma, restrições da regulamentação e a necessidade de evitar interferência normalmente ditam a escolha de frequências. Até mesmo para fios, colocar um sinal em determinada banda de frequência é útil para permitir que diferentes tipos de sinais coexistam no canal. Esse tipo de transmissão é chamado transmissão de banda passante, pois uma banda de frequência arbitrária é usada para passar o sinal.

Felizmente, nossos resultados fundamentais, mostrados anteriormente, são todos em termos de largura de banda, ou da *largura* da banda de frequência. Os valores de frequência absoluta não importam para a capacidade. Isso significa que podemos apanhar um sinal de **banda base**, que ocupa de 0 a B Hz, e deslocá-lo para cima para ocupar uma banda passante de S a $S + B$ Hz sem mudar a quantidade de informação que ele pode transportar, embora o sinal tenha aparência diferente. Para processar um sinal no receptor, podemos deslocá-lo de volta para a banda base, onde é mais conveniente detectar símbolos.

A modulação digital é realizada com a transmissão da banda passante regulando ou modulando um sinal de portadora sobreposto à banda passante. Podemos modular a amplitude, a frequência ou a fase do sinal da portadora. Cada um desses métodos tem um nome correspondente. No **ASK** (**Amplitude Shift Keying**), duas amplitudes diferentes são usadas para representar 0 e 1. Um exemplo com um nível diferente de zero e zero aparece na Figura 2.16(b). Mais de dois níveis podem ser usados para codificar vários bits por símbolo.

De modo semelhante, com o chaveamento por deslocamento de frequência, ou **FSK** (**Frequency Shift Keying**), dois ou mais tons diferentes são usados. O exemplo na Figura 2.16(c) usa apenas duas frequências. Na forma mais simples do chaveamento por deslocamento de fase, ou **PSK** (**Phase Shift Keying**), a onda da portadora é sistematicamente deslocada em 0 ou 180 graus em cada período de símbolo. Como existem duas fases, ela é chamada de **chaveamento binário por deslocamento de fase**, ou **BPSK** (**Binary Phase Shift Keying**). O chaveamento "binário", nesse caso, refere-se aos dois símbolos, não significa que eles representem 2 bits. Um exemplo aparece na Figura 2.16(d). Um esquema melhor, que usa a largura de banda do canal de modo mais eficiente, é usar quatro deslocamentos, por exemplo, 45, 135, 225 ou 315 graus, para transmitir 2 bits de informação por símbolo. Essa versão é chamada **chaveamento por deslocamento de fase em quadratura**, ou **QPSK** (**Quadrature Phase Shift Keying**).

Podemos combinar esses esquemas e usar mais níveis para transmitir mais bits por símbolo. Somente a frequência ou a fase podem ser moduladas em determinado momento, pois elas estão relacionadas, normalmente sendo a taxa de mudança de fase com o tempo. Em geral, amplitude e fase são moduladas em combinação. Três exemplos aparecem na Figura 2.17 e, em cada um, os pontos dão as combinações válidas de amplitude e de fase de cada símbolo. Na Figura 2.17(a), vemos pontos equidistantes em 45, 135, 225 e 315 graus. A fase de um ponto é indicada pelo ângulo que uma linha a partir dele até a origem faz com o eixo x

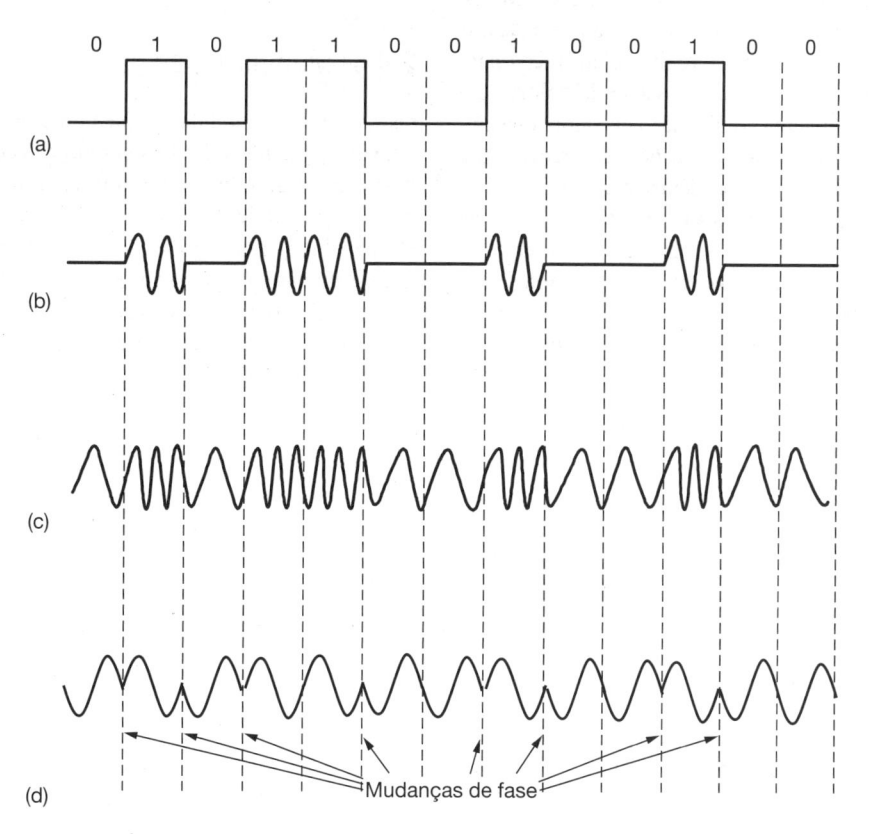

Figura 2.16 (a) Um sinal binário. (b) Chaveamento por deslocamento de amplitude. (c) Chaveamento por deslocamento de frequência. (d) Chaveamento por deslocamento de fase.

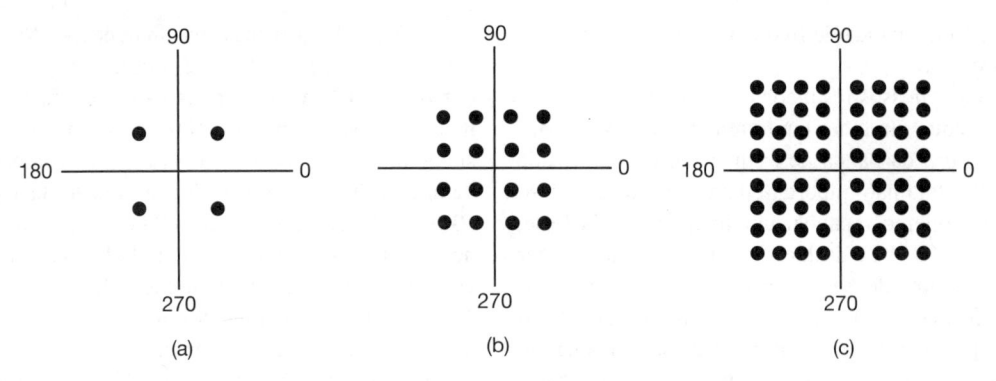

Figura 2.17 (a) QPSK. (b) QAM-16. (c) QAM-64.

positivo. A amplitude de um ponto é a distância a partir da origem. Essa figura é uma representação do QPSK.

Esse tipo de diagrama é chamado de **diagrama de constelação**. Na Figura 2.17(b), vemos um esquema de modulação com um diagrama de constelação mais denso. Como são utilizadas 16 combinações de amplitudes e fase, o esquema de modulação pode ser usado para transmitir 4 bits por símbolo. Ele é chamado **QAM-16**, em que QAM significa **Quadrature Amplitude Modulation (modulação por amplitude de quadratura)**. A Figura 2.17(c) é outro esquema de modulação com 64 combinações diferentes, de forma que podem ser transmitidos 6 bits por símbolo. Ele é chamado **QAM-64**. Também são usadas QAMs de ordem mais alta. Como podemos imaginar a partir dessas constelações, é mais fácil criar circuitos eletrônicos para produzir símbolos como uma combinação de valores em cada eixo do que como uma combinação de valores de amplitude e fase. É por isso que os padrões se parecem com quadrados, em vez de círculos concêntricos.

As constelações que vimos até aqui não mostram de forma alguma como os bits são atribuídos aos símbolos. Ao fazer a atribuição, uma consideração importante é que uma pequena rajada de ruído no receptor não ocasiona muitos erros de bit. Isso poderia acontecer se atribuíssemos valores de bit consecutivos a símbolos adjacentes. Com a QAM-16, por exemplo, se um símbolo designasse 0111 e o símbolo vizinho designasse 1000, se o receptor por engano apanhasse o símbolo adjacente, ele faria com que todos os bits ficassem errados. Uma solução melhor é mapear entre bits e símbolos, de modo que os símbolos adjacentes difiram em apenas 1 posição de bit. Esse mapeamento é chamado de **código Gray**. A Figura 2.18 mostra um diagrama de constelação QAM-16 que foi codificada pelo código Gray. Agora, se o receptor decodificar o símbolo com erro, ele cometerá apenas um erro de único bit no caso esperado em que o símbolo codificado está próximo do símbolo transmitido.

2.4.4 Multiplexação

Os esquemas de modulação que vimos nos permitem enviar um sinal para transmitir bits por um enlace com ou sem fio, mas eles só descrevem como transmitir um fluxo de bits por vez. Na prática, as economias de escala desempenham um papel importante no modo como usamos as redes. Custa basicamente o mesmo valor instalar e manter uma linha de transmissão com uma largura de banda alta e uma linha com largura de banda baixa entre dois escritórios diferentes (em outras palavras, os custos advêm de ter de cavar a

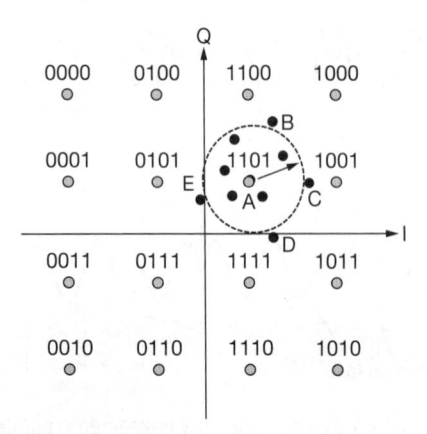

Quando 1101 é enviado:

Ponto	Decodifica como	Erros de bit
A	1101	0
B	110<u>0</u>	1
C	1<u>0</u>01	1
D	11<u>1</u>1	1
E	<u>0</u>101	1

Figura 2.18 QAM-16 em código Gray.

trincheira, não do tipo de cabo ou fibra que se utiliza). Consequentemente, esquemas de multiplexação têm sido desenvolvidos para compartilhar as linhas entre muitos sinais. As três principais formas de multiplexar uma única linha física são tempo, frequência e código; há também uma técnica chamada multiplexação por divisão de comprimento de onda, que é basicamente uma forma óptica de multiplexação por divisão de frequência. Discutiremos cada uma dessas técnicas a seguir.

Multiplexação por divisão de frequência

A **multiplexação por divisão de frequência**, ou **FDM** (**Frequency Division Multiplexing**), tira proveito da transmissão de banda passante para compartilhar um canal. Ela divide o espectro em bandas de frequência, com cada usuário tendo posse exclusiva de alguma banda para enviar seu sinal. A transmissão de rádio AM ilustra a FDM. O espectro alocado é de cerca de 1 MHz, aproximadamente 500 a 1500 kHz. Diferentes frequências são alocadas a diferentes canais lógicos (estações), cada um operando em uma parte do espectro, com a separação entre canais grande o bastante para impedir interferência.

Para ver um exemplo mais detalhado, a Figura 2.19 mostra como três canais telefônicos de nível de voz são multiplexados com o uso da FDM. Os filtros limitam a largura de banda utilizável a cerca de 3.100 Hz por canal de qualidade de voz. Quando muitos canais são multiplexados ao mesmo tempo, são alocados 4.000 Hz para cada um. A largura de banda em excesso é chamada **banda de proteção**, e mantém os canais bem separados. Primeiro, os canais de voz têm sua frequência aumentada, cada qual com um valor diferente. Depois eles podem ser combinados, pois agora não há dois canais ocupando a mesma porção do espectro. Observe que, apesar de haver intervalos entre os canais graças às bandas de proteção, há certa sobreposição entre canais adjacentes, porque os filtros reais não têm limites nítidos ideais. Essa sobreposição significa que um forte pico na borda de um canal será sentido no canal adjacente como ruído não térmico.

Esse esquema tem sido usado para multiplexar chamadas no sistema telefônico há muitos anos, mas o esquema de multiplexação no tempo agora é preferido em lugar dele. Contudo, a FDM continua a ser usada nas redes telefônicas, assim como na telefonia celular, redes sem fio terrestres e redes por satélite em um nível de detalhamento mais alto.

Ao enviar dados digitais, é possível dividir o espectro de modo eficiente sem usar bandas de proteção. Na multiplexação ortogonal por divisão de frequência, ou **OFDM** (**Orthogonal Frequency Division Multiplexing**), a largura de banda do canal é dividida em muitas subportadoras que enviam dados de maneira independente (p. ex., com QAM). As subportadoras compactam bastante o domínio de frequência, assim, os sinais de cada subportadora se estendem para as adjacentes. Contudo, como vemos na Figura 2.20, a resposta em frequência de cada subportadora é projetada de modo que seja zero no centro das subportadoras adjacentes. As subportadoras podem, portanto, ser amostradas em suas frequências centrais sem interferência de seus vizinhos. Para que isso funcione, um **tempo de proteção** é necessário para repetir uma parte dos sinais de símbolo no tempo, de modo que tenham a resposta de frequência desejada. Porém, esse overhead é muito menor que o necessário para muitas bandas de proteção.

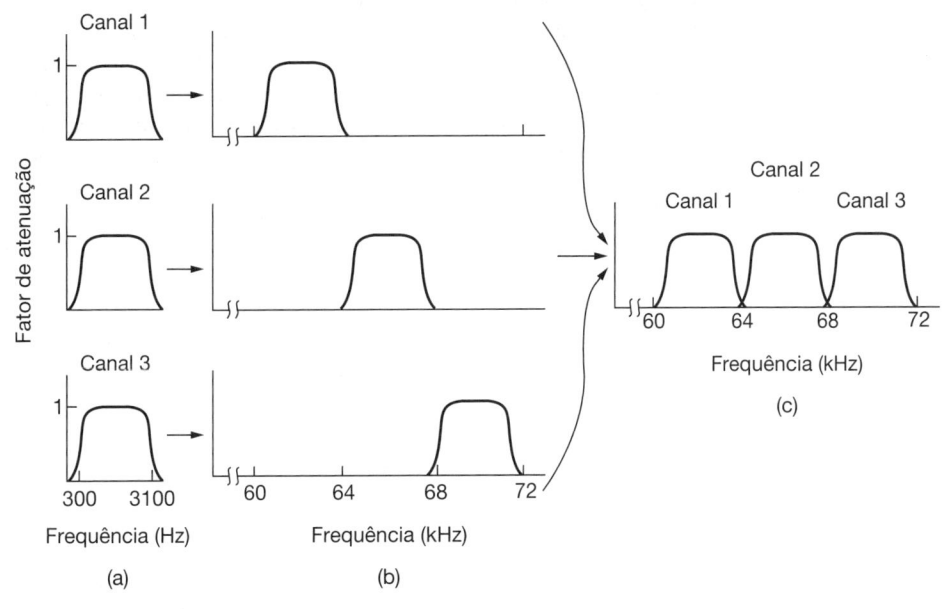

Figura 2.19 Multiplexação por divisão de frequência. (a) As larguras de banda originais. (b) As larguras de banda aumentaram em frequência. (c) O canal multiplexado.

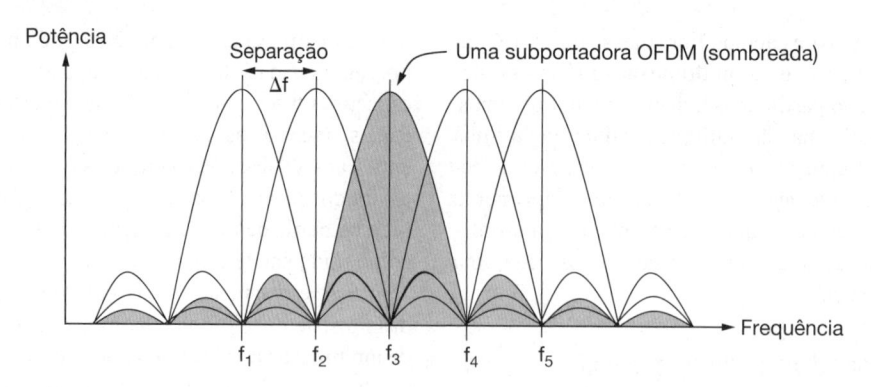

Figura 2.20 Multiplexação ortogonal por divisão de frequência (OFDM).

A ideia da OFDM já existe há muito tempo, mas somente no início da década de 2000 ela foi amplamente adotada, seguindo a observação de que é possível implementá-la de modo eficiente em termos de uma transformada de Fourier dos dados digitais por todas as subportadoras (em vez de modular separadamente cada subportadora). A OFDM é usada em 802.11, redes a cabo, redes por linhas de energia elétrica e sistemas celulares de quarta geração (4G). Normalmente, o fluxo de informações digitais de alta velocidade é dividido em muitos fluxos de baixa velocidade, os quais são transmitidos nas subportadoras em paralelo. Essa divisão é valiosa porque é mais fácil lidar com as degradações do canal no nível da subportadora; algumas subportadoras podem ser muito degradadas e excluídas em favor de subportadoras que são bem recebidas.

Multiplexação por divisão de tempo

Uma alternativa à FDM é a **multiplexação por divisão de tempo**, ou **TDM (Time Division Multiplexing)**. Aqui, os usuários se alternam (em um padrão de rodízio), cada um periodicamente usando a largura de banda inteira por um pequeno período. Um exemplo de três fluxos sendo multiplexados com TDM aparece na Figura 2.21. Os bits de cada fluxo de entrada são apanhados em um **slot de tempo** fixo e enviados para o fluxo agregado. Esse fluxo trabalha em uma velocidade que é a soma dos fluxos individuais. Para que isso funcione, os fluxos precisam estar sincronizados no tempo. Pequenos intervalos de tempo de proteção (semelhantes à banda de proteção de frequência) podem ser acrescentados para acomodar pequenas variações de sincronização.

A TDM é bastante usada como parte das redes de telefone e celular. Para evitar um ponto de confusão, vamos esclarecer que isso é muito diferente da **multiplexação estatística por divisão de tempo**, ou **STDM (Statistical Time Division Multiplexing)**. O termo "estatística" é acrescentado para indicar que os fluxos individuais contribuem para o fluxo multiplexado, e *não* sobre uma programação fixa, mas de acordo com a estatística de sua demanda. A STDM é a comutação de pacotes com outro nome.

Multiplexação por divisão de código

Existe um terceiro tipo de multiplexação, que funciona de modo completamente diferente da FDM e da TDM. A **multiplexação por divisão de código**, ou **CDM (Code Division Multiplexing)** é uma forma de comunicação por **dispersão espectral**, na qual um sinal de banda estreita é espalhado por uma banda de frequência mais larga. Isso pode torná-la ainda mais tolerante às interferências, além de permitir que vários sinais de diferentes usuários compartilhem a mesma banda de frequência. Como a CDM é usada principalmente para essa última finalidade, ela normalmente é chamada de **acesso múltiplo por divisão de código**, ou **CDMA (Code Division Multiple Access)**.

O CDMA permite que cada estação transmita por todo o espectro de frequência o tempo todo. Várias transmissões simultâneas são separadas usando a teoria da codificação. Antes de entrarmos no algoritmo, vamos considerar uma analogia: o saguão de um aeroporto com muitos pares de pessoas conversando. Com a TDM, todas as pessoas estariam no meio do saguão, mas conversariam por turnos, um par de pessoas de cada vez. Com a FDM, as pessoas formariam grupos bem separados, cada

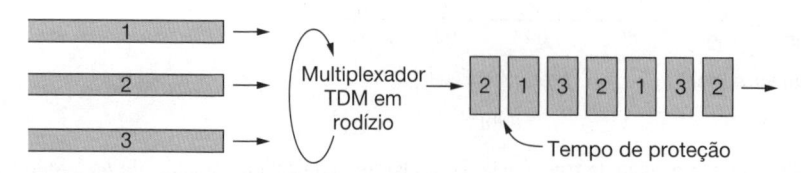

Figura 2.21 Multiplexação por divisão de tempo (TDM).

um mantendo sua própria conversação ao mesmo tempo, alguns com uma altura maior e outros com uma altura menor, de modo que cada par pudesse manter sua própria conversa ao mesmo tempo, mas ainda independentemente dos outros grupos. Com o CDMA, todas as pessoas estariam no meio do saguão falando ao mesmo tempo, mas cada par de pessoas conversando em um idioma diferente. O par que estivesse falando em francês só reconheceria esse idioma, rejeitando tudo que não fosse francês como ruído. Desse modo, a chave do CDMA é a capacidade de extrair o sinal desejado e rejeitar todos os outros como ruído aleatório. A seguir, veremos uma descrição um pouco simplificada do sistema.

No CDMA, cada tempo de duração de um bit é subdividido em m intervalos curtos, denominados **chips**, que são multiplicados pela sequência de dados original (os chips são uma sequência de bits, mas são denominados chips para que não sejam confundidos com os bits da própria mensagem). Normalmente, existem 64 ou 128 chips por bit, mas, no exemplo apresentado a seguir, usaremos 8 chips/bit, para simplificar. A cada estação é atribuído um código de m bits exclusivo, chamado **sequência de chips**. Para fins pedagógicos, é mais conveniente escrever esses códigos como sequências de –1 e +1. Mostraremos as sequências de chips entre parênteses.

Para transmitir um bit 1, uma estação envia sua sequência de chips. Para transmitir um bit 0, envia a negação de sua sequência de chips. Não são permitidos quaisquer outros padrões. Assim, para $m = 8$, se a estação A receber a atribuição da sequência de chips (–1 –1 –1 +1 +1 –1 +1 +1), ela transmitirá um bit 1 ao enviar a sequência de chips, e 0 transmitindo seu complemento: (+1 +1 +1 –1 –1 +1 –1 –1). Na realidade, são enviados sinais com esses níveis de tensão, mas isso é suficiente para pensarmos em termos das sequências.

O aumento do volume de informações a serem enviadas de b bits/s para mb chips/s só poderá ocorrer se a largura de banda disponível for m vezes maior que a largura de banda necessária para uma estação que não usa CDMA (se não houver mudanças nas técnicas de modulação ou codificação). Se tivéssemos uma banda de 1 MHz disponível para 100 estações, com FDM, cada uma teria 10 kHz e poderia transmitir a uma velocidade de 10 kbps (supondo-se 1 bit por Hz). No CDMA, cada estação utiliza 1 MHz inteiro e, portanto, a taxa de chips é de 100 chips por bit, para espalhar a taxa de bits da estação de 10 kbps pelo canal.

Na Figura 2.22(a) e (b), mostramos as sequências de chips binárias atribuídas a quatro exemplos de estações e os sinais que elas representam. Cada estação tem sua própria sequência exclusiva de chips. Vamos usar o símbolo **S** para indicar o vetor de m chips correspondente à estação S, e $\overline{\mathbf{S}}$ para sua negação. Todas as sequências de chips são **ortogonais** par a par – isso significa que o produto interno normalizado de duas sequências de chips distintas, **S** e **T** (indicado como **S•T**), é 0. Sabemos como gerar tal sequência ortogonal de chips usando um método conhecido como **códigos de Walsh**. Em termos matemáticos, a ortogonalidade das sequências de chips pode ser expressa por:

$$\mathbf{S}\bullet\mathbf{T} \equiv \frac{1}{m} \sum_{i=1}^{m} S_i T_i = 0 \qquad (2.5)$$

Em linguagem comum, o número de pares iguais é igual ao número de pares diferentes. Essa propriedade da ortogonalidade será essencial mais adiante. Observe que, se **S•T** = 0, então **S•$\overline{\mathbf{T}}$** também será 0. O produto interno normalizado de qualquer sequência de chips por ela mesma é igual a 1:

$$\mathbf{S}\bullet\mathbf{S} = \frac{1}{m}\sum_{i=1}^{m} S_i S_i = \frac{1}{m}\sum_{i=1}^{m} S_i^2 = \frac{1}{m}\sum_{i=1}^{m}(\pm 1)^2 = 1$$

Isso ocorre porque cada um dos m termos do produto interno é 1 e, portanto, a soma é m. Observe também que $\mathbf{S}\bullet\overline{\mathbf{S}} = -1$.

Durante cada intervalo com duração de um bit, uma estação pode transmitir um bit 1 (enviando sua sequência de chips), pode transmitir um bit 0 (enviando a negativa

```
A = (-1 -1 -1 +1 +1 -1 +1 +1)
B = (-1 -1 +1 -1 +1 +1 +1 -1)
C = (-1 +1 -1 +1 +1 +1 -1 -1)
D = (-1 +1 -1 -1 -1 -1 +1 -1)
              (a)
```

(b)

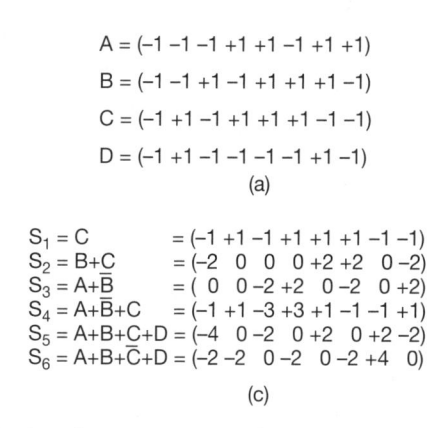

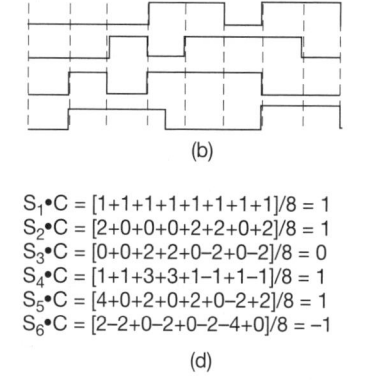

```
S₁ = C          = (-1 +1 -1 +1 +1 +1 -1 -1)
S₂ = B+C        = (-2  0  0  0 +2 +2  0 -2)
S₃ = A+B̄        = ( 0  0 -2 +2  0 -2  0 +2)
S₄ = A+B̄+C      = (-1 +1 -3 +3 +1 -1 -1 +1)
S₅ = A+B+C+D    = (-4  0 -2  0 +2  0 +2 -2)
S₆ = A+B+C̄+D    = (-2 -2  0 -2  0 -2 +4  0)
              (c)
```

```
S₁•C = [1+1+1+1+1+1+1+1]/8 = 1
S₂•C = [2+0+0+0+2+2+0+2]/8 = 1
S₃•C = [0+0+2+2+0-2+0-2]/8 = 0
S₄•C = [1+1+3+3+1-1-1+1]/8 = 1
S₅•C = [4+0+2+0+2+0-2+2]/8 = 1
S₆•C = [2-2+0-2+0-2-4+0]/8 = -1
              (d)
```

Figura 2.22 (a) Sequências de chips binárias para quatro estações. (b) Sinais que as sequências representam. (c) Seis exemplos de transmissões. (d) Recuperação do sinal da estação C.

de sua sequência de chips), ou pode ficar inativa e não realizar nenhuma transmissão. Por enquanto, supomos que todas as estações estão sincronizadas e que a transmissão de todas as sequências de chips começa no mesmo instante. Quando duas ou mais estações transmitem simultaneamente, suas sequências bipolares somam-se linearmente. Por exemplo, se, durante um período de um chip, três estações transmitirem +1 e uma estação transmitir –1, o resultado +2 será recebido. Isso pode ser considerado como a soma de tensões sobrepostas no canal: se três estações transmitirem + 1 volt e uma estação transmitir –1 volt como saída, o resultado será 2 volts. A Figura 2.22(c) apresenta seis exemplos em que uma ou mais estações transmitem um bit 1 ao mesmo tempo. No primeiro exemplo, C transmite um bit 1 e, assim, simplesmente obtemos a sequência de chips de C. No segundo, B e C transmitem bits 1 e obtemos a soma de suas sequências bipolares de chips da seguinte forma:

$(-1\ -1\ +1\ -1\ +1\ +1\ +1\ -1) + (-1\ +1\ -1\ +1\ +1\ +1\ -1\ -1) = (-2\ 0\ 0\ 0\ +2\ +2\ 0\ -2)$

Para recuperar o fluxo de bits de uma estação individual, o receptor precisa conhecer com antecedência a sequência de chips da estação transmissora. Ele executa a recuperação calculando o produto interno normalizado da sequência de chips recebida e a sequência de chips da estação cujo fluxo de bits está tentando recuperar. Se a sequência de chips recebida for **S** e o receptor estiver tentando ouvir uma estação cuja sequência de chips é **C**, ele apenas calcula o produto interno normalizado, **S•C**.

Para entender por que esse procedimento funciona, imagine que as duas estações, A e C, transmitem um bit 1 ao mesmo tempo que B transmite um bit 0, como no caso do terceiro exemplo. O receptor percebe a soma, $\mathbf{S} = \mathbf{A} + \overline{\mathbf{B}} + \mathbf{C}$, e calcula:

$\mathbf{S•C} = (\mathbf{A} + \overline{\mathbf{B}} + \mathbf{C})\mathbf{•C} = \mathbf{A•C} + \overline{\mathbf{B}}\mathbf{•C} + \mathbf{C•C} = 0 + 0 + 1 = 1$

Os dois primeiros termos desaparecem porque todos os pares de sequências de chips foram cuidadosamente escolhidos para serem ortogonais, como mostra a Equação 2.5. Agora já deve estar claro por que essa propriedade precisa ser imposta às sequências de chips.

Para tornar mais concreto o processo de decodificação, vamos considerar novamente os seis exemplos da Figura 2.22(d). Suponha que o receptor esteja interessado em extrair o bit enviado pela estação C de cada uma das seis somas de S_1 a S_6. Ele calcula o bit somando aos pares os produtos da **S** recebida com o vetor **C** da Figura 2.22(a), extraindo depois 1/8 do resultado (pois, neste caso m = 8). Os exemplos incluem casos em que C é silencioso, envia um bit 1 e um bit 0, individualmente e em combinação com outras transmissões. Como vemos, o bit correto é decodificado a cada vez. É como falar francês.

Em princípio, dada uma capacidade de computação suficiente, o receptor poderá escutar todos os transmissores ao mesmo tempo, executando o algoritmo de decodificação correspondente a cada um deles em paralelo. Na prática, é mais fácil falar do que fazer, e é útil saber quais transmissores poderiam estar transmitindo.

O ideal é que, no sistema CDMA sem ruído que estudamos aqui, o número de estações que enviam simultaneamente possa ser arbitrariamente grande, usando sequências de chips maiores. Para 2^n estações, os códigos de Walsh podem oferecer 2^n sequências de chips ortogonais de tamanho 2^n. Contudo, uma limitação significativa é o fato de considerarmos que todos os chips são sincronizados no tempo no receptor. Essa sincronização nem mesmo é aproximadamente verdadeira em algumas aplicações, como em redes de celular (nas quais o CDMA foi bastante utilizado a partir da década de 1990). Isso leva a diferentes projetos.

Assim como as redes de celular, o CDMA é usado por satélites e redes a cabo. Nesta rápida introdução, passamos brevemente pelos muitos fatores complicadores. Os engenheiros que desejam obter um conhecimento profundo do CDMA deverão ler Viterbi (1995) e Harte et al. (2012). Entretanto, essas referências exigem muita base em engenharia de comunicação.

Multiplexação por divisão de comprimento de onda

A **multiplexação por divisão de comprimento de onda**, ou **WDM (Wavelength Division Multiplexing)** é uma forma de FDM que multiplexa diversos sinais em uma fibra óptica usando diferentes comprimentos de onda da luz. Na Figura 2.23, quatro fibras chegam juntas a um colimador óptico, cada uma com sua energia presente em um comprimento de onda distinto. Os quatro feixes são combinados em uma única fibra compartilhada para transmissão a um destino remoto. Na extremidade remota, o feixe é dividido no mesmo número de fibras que havia no lado da entrada. Cada fibra de saída contém um núcleo curto, especialmente construído, que filtra todos os comprimentos de onda, com exceção de um. Os sinais resultantes podem ser roteados até seu destino ou recombinados de diferentes maneiras para transporte ou multiplexação adicional.

Realmente não há nada de novo aqui. Trata-se apenas da FDM em frequências muito altas, com o termo WDM devendo-se à descrição dos canais de fibra óptica em função de seu comprimento de onda ou "cor" em vez da frequência propriamente dita. Desde que cada canal tenha sua própria frequência dedicada (i.e., de comprimentos de onda) e todas as faixas sejam disjuntas, elas poderão ser multiplexadas na fibra de longa distância. A única diferença em relação à FDM elétrica é que um sistema óptico que utilize uma rede de difração será completamente passivo e, portanto, altamente confiável.

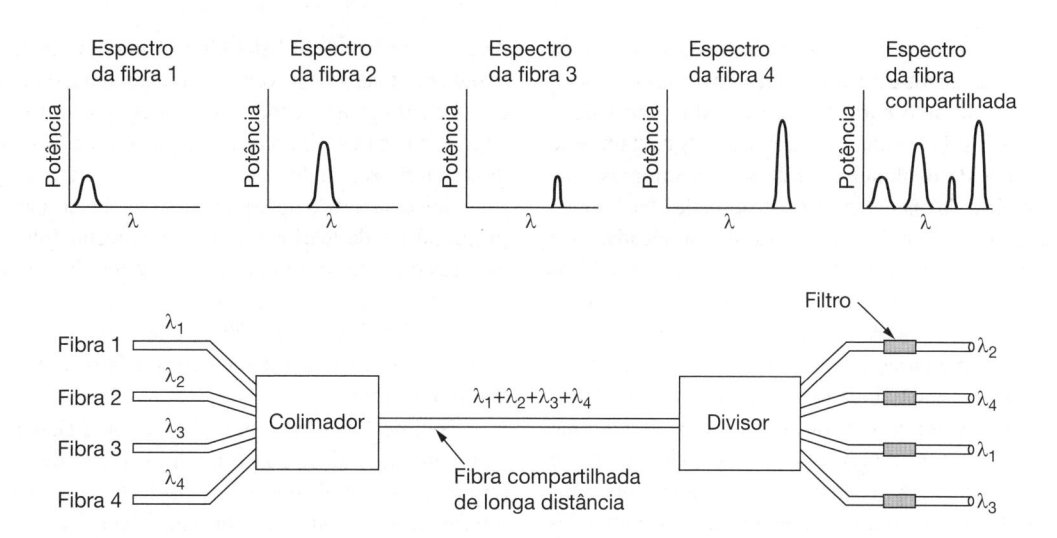

Figura 2.23 Multiplexação por divisão de comprimento de onda.

A razão para a WDM ser popular é o fato de a energia em um único canal normalmente ter apenas alguns gigahertz de largura porque, no momento, é impossível realizar a conversão entre sinais elétricos e ópticos com rapidez maior que essa. Utilizando-se muitos canais em paralelo com diferentes comprimentos de onda, a largura de banda agregada aumenta de forma linear com o número de canais. Como a largura de banda de uma única banda de fibra é de aproximadamente 25.000 GHz (veja a Figura 2.5), teoricamente existe espaço para 2.500 canais de 10 Gbps, mesmo a 1 bit/Hz (e também são possíveis taxas mais altas).

A tecnologia WDM tem progredido a uma taxa que faria a tecnologia computacional se envergonhar. O sistema WDM foi criado por volta de 1990, com os primeiros sistemas comerciais tendo 8 canais de 2,5 Gbps por canal. Em 1998, havia sistemas com 40 canais de 2,5 Gbps no mercado. Em 2006, já eram utilizados produtos com 192 canais de 10 Gbps e 64 canais de 40 Gbps, capazes de mover até 2,56 Tbps. Em 2019, havia sistemas que podiam lidar com 160 canais, aceitando mais de 16 Tbps por um único par de fibra. Isso é 800 vezes mais capacidade que os sistemas de 1990. Os canais também estão bastante compactados na fibra, com 200, 100 ou mesmo 50 GHz de separação.

Estreitando o espaçamento para 12,5 GHz, é possível usar 320 canais em uma única fibra, aumentando ainda mais a capacidade de transmissão. Tais sistemas, com um grande número de canais pouco espaçados, são conhecidos como **DWDM (Dense WDM)**. Sistemas DWDM costumam ser mais caros, pois precisam manter comprimentos de onda e frequências estáveis, devido ao pouco espaçamento de cada canal. Como resultado, esses sistemas regulam de perto sua temperatura, a fim de garantir que as frequências sejam precisas.

Um dos impulsionadores da tecnologia WDM é o desenvolvimento de amplificadores totalmente ópticos. Antes, a cada 100 km era necessário dividir todos os canais e converter cada um deles a um sinal elétrico para amplificação separada, antes de convertê-los novamente em sinais ópticos e combiná-los. Hoje, os amplificadores totalmente ópticos podem regenerar o sinal inteiro uma única vez a cada 1.000 km, sem a necessidade de várias conversões ópticas/elétricas.

No exemplo da Figura 2.23, temos um sistema de comprimento de onda fixo. Bits da fibra de entrada 1 vão para a fibra de saída 3, bits da fibra de entrada 2 vão para a fibra de saída 1, etc. Porém, também é possível criar sistemas WDM comutados no domínio óptico. Em dispositivos como esses, os filtros de saída são ajustáveis com o uso de interferômetros de Fabry-Perot ou de Mach-Zehnder. Esses dispositivos permitem que as frequências selecionadas sejam trocadas dinamicamente por um computador de controle. Essa capacidade oferece uma grande flexibilidade para a provisão de muitos caminhos de comprimento de onda diferentes através da rede telefônica a partir de um conjunto fixo de fibras. Para obter mais informações sobre redes ópticas e WDM, consulte Grobe e Eiselt (2013).

2.5 A REDE PÚBLICA DE TELEFONIA COMUTADA

Quando dois computadores, instalados perto um do outro, precisam se comunicar, geralmente é mais fácil conectá-los por meio de um cabo. As LANs funcionam dessa forma. No entanto, quando as distâncias começam a ficar grandes ou muitos computadores e cabos têm de atravessar uma estrada ou outra passagem pública, os custos de instalação de cabos privados costumam ser proibitivos. Além disso, em quase todos os países do mundo, também é ilegal estender linhas de transmissão privadas em (ou sob) propriedades públicas. Consequentemente, os projetistas de rede devem confiar nos recursos de telecomunicações existentes, como a rede de telefonia, a rede celular ou a rede de televisão a cabo.

O fator limitante para a rede de dados tem sido a "última milha" sobre a qual os clientes se conectam, que pode depender de qualquer uma dessas tecnologias físicas, ao contrário da chamada infraestrutura de "backbone" para o restante da rede de acesso. Na última década, essa situação mudou drasticamente, com velocidades de 1 Gbps para casa se tornando cada vez mais comuns. Embora uma contribuição para velocidades de último quilômetro mais rápidas seja a implantação contínua de fibra na extremidade da rede, talvez um fator ainda mais significativo em alguns países seja a engenharia sofisticada das redes de telefone e cabo *existentes* para espremer cada vez mais largura de banda da infraestrutura. Acontece que trabalhar com a infraestrutura física existente para aumentar as velocidades de transmissão é muito mais barato do que colocar novos cabos (de fibra) no solo. Agora, vamos explorar as arquiteturas e características de cada uma dessas infraestruturas físicas de comunicação.

Esses recursos existentes, em particular a **PSTN (Public Switched Telephone Network**), foram projetados há muitos anos, tendo em vista um objetivo completamente diferente: a transmissão da voz humana de uma forma mais ou menos reconhecível. Um cabo instalado entre dois computadores pode transferir dados a 10 Gbps ou mais; a rede telefônica, portanto, tem seu trabalho reduzido em termos de transmissão de bits em altas velocidades. As primeiras tecnologias DSL (Digital Subscriber Line) só podiam transmitir dados em velocidades de alguns Mbps; agora, as versões mais modernas da DSL podem alcançar velocidades que se aproximam de 1 Gbps. Nas próximas seções, descreveremos o sistema telefônico e mostraremos como ele funciona. Para obter informações adicionais sobre o funcionamento interno do sistema telefônico, consulte Laino (2017).

2.5.1 Estrutura do sistema telefônico

Logo depois que Alexander Graham Bell patenteou a invenção do telefone, em 1876 (apenas algumas horas antes de seu concorrente, Elisha Gray), houve uma grande demanda por essa nova invenção. Inicialmente, o mercado estava voltado para a venda de telefones, que eram comercializados aos pares. Era o usuário quem tinha de conectar os dois aparelhos usando um fio. Se o proprietário de um telefone quisesse usar o aparelho para conversar com n outros proprietários de telefone, tinha de conectar fios em todas as n residências. Em um ano, as cidades ficaram tomadas por fios que passavam pelas casas e pelas árvores, em uma selva de fios. Logo ficou óbvio que o modelo de conexão de um telefone a outro, como é mostrado na Figura 2.24(a), não funcionaria.

Bell percebeu essa situação e criou a Bell Telephone Company, que abriu sua primeira estação de comutação (em New Haven, Connecticut) em 1878. A empresa ligava um fio até a casa ou o escritório de cada usuário. Para fazer uma chamada, o usuário girava a manivela, o que emitia um som na companhia telefônica e chamava a atenção de um operador. Este, por sua vez, conectava manualmente o emissor da chamada ao receptor usando um cabo curto. Observe, na Figura 2.24(b), o modelo de uma única estação de comutação.

Não demorou muito tempo para as estações de comutação da Bell System se espalharem por todos os locais, e logo as pessoas passaram a querer fazer chamadas interurbanas. Por isso, a Bell System passou a conectar uma estação de comutação a outra. Contudo, o problema original veio à tona mais uma vez: conectar cada estação de comutação a outra através de um fio logo se tornou inviável. Então, foram inventadas as estações de comutação de segundo nível. Depois de algum tempo, tornaram-se necessárias várias estações de segundo nível, como mostra a Figura 2.24(c). Mais tarde, a hierarquia cresceu até alcançar cinco níveis.

Em 1890, era possível notar a presença das três principais partes do sistema telefônico: as estações de comutação, os fios que ligavam os usuários a essas estações (agora já operando com cabos de pares trançados, isolados e balanceados em vez de cabos abertos com retorno por terra) e as conexões de longa distância existentes entre

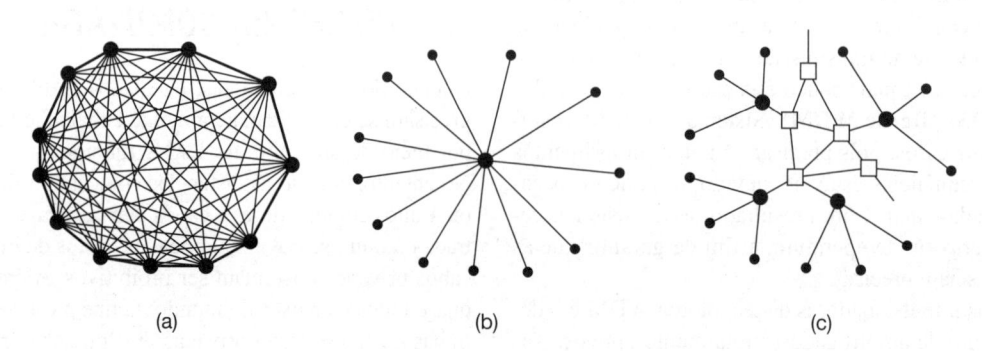

(a)   (b)   (c)

Figura 2.24 (a) Rede totalmente interconectada. (b) Switch centralizado. (c) Hierarquia de dois níveis.

as estações de comutação. Para obter breves informações técnicas sobre o sistema telefônico e sua história, consulte Hawley (1991).

Embora tenha havido melhorias em todas as três áreas desde então, o modelo básico da Bell System continuou praticamente intacto por mais de 100 anos. Embora seja bastante simplificada, a descrição a seguir apresenta a ideia básica do sistema telefônico. Cada telefone contém dois fios de cobre que saem do aparelho e se conectam diretamente à **estação final** mais próxima da companhia telefônica (também denominada **estação central local**). Em geral, a distância varia de 1 a 10 km, sendo menor nas cidades que nas regiões rurais. Só nos Estados Unidos, existem cerca de 22 mil estações finais. As conexões através de dois fios entre o telefone de cada assinante e a estação final são conhecidas no mercado como **circuito terminal**. Se todos os circuitos terminais existentes no mundo fossem esticados de uma extremidade a outra, seu comprimento equivaleria a mil vezes a distância da Terra à Lua e de volta à Terra.

Houve uma época em que 80% do capital da AT&T estava no cobre dos circuitos terminais, o que a tornava a maior mina de cobre do mundo. Felizmente, essa informação não foi muito difundida na comunidade financeira. Se tivessem conhecimento desse fato, alguns empresários poderiam comprar a AT&T, encerrar todos os serviços de telefonia dos Estados Unidos, descascar toda a fiação e vender os fios a uma refinaria de cobre para ter um retorno rápido do capital.

Se um assinante conectado a uma determinada estação final ligar para outro assinante da mesma estação, o mecanismo de comutação dentro da estação configurará uma conexão elétrica direta entre os dois circuitos terminais. Essa conexão permanecerá intacta durante a chamada.

Se o telefone chamado estiver conectado a outra estação final, outro procedimento terá de ser usado. Cada estação final contém uma série de linhas de saída para um ou mais centros de comutação vizinhos, denominados **estações interurbanas** (ou, se estiverem na mesma área, **estações Tandem**). Essas linhas são denominadas **troncos de conexão interurbana**. O número de diferentes tipos de centros de comutação e sua topologia variam de um país para outro, dependendo da densidade da telefonia do país.

Se as estações finais do transmissor e do receptor tiverem um tronco de conexão interurbana ligado à mesma estação interurbana (uma situação bastante provável caso estejam geograficamente próximos), a conexão poderá ser estabelecida dentro da estação interurbana. Observe, na Figura 2.24(c), uma rede telefônica formada apenas por telefones (os pontos pequenos), estações finais (os pontos maiores) e estações interurbanas (os quadrados).

Se o transmissor e o receptor não compartilharem a mesma estação interurbana, terá de ser estabelecido um caminho entre duas estações interurbanas, as quais se comunicam entre si por meio de **troncos interurbanos** de alta largura de banda (também denominados **troncos entre estações**). Antes da dissolução da AT&T, em 1984, o sistema telefônico dos Estados Unidos usava o roteamento hierárquico para encontrar um caminho, indo para níveis mais altos da hierarquia até que houvesse uma estação de comutação em comum. Isso foi substituído pelo roteamento não hierárquico, mais flexível. A Figura 2.25 mostra como uma conexão de média distância pode ser roteada.

Nas telecomunicações, são usados vários meios de transmissão. Diferentemente dos prédios de escritórios modernos, nos quais a fiação normalmente é de Categoria 5 ou 6, os circuitos terminais são formados por cabos de pares trançados de Categoria 3, com a fibra apenas começando a aparecer. Entre as estações de comutação, o uso de cabos coaxiais, micro-ondas e, principalmente, de fibras ópticas, é bastante frequente.

No passado, a transmissão em todo o sistema telefônico era analógica, com o sinal de voz real sendo transmitido como uma tensão elétrica da origem até o destino. Com o advento da fibra óptica, da eletrônica digital e dos computadores, todos os troncos e switches são agora digitais, deixando o circuito terminal como o último fragmento de tecnologia analógica no sistema. A transmissão digital é preferida porque, em uma chamada longa, não é necessário reproduzir com precisão uma forma de onda analógica depois de ter passado por muitos amplificadores.

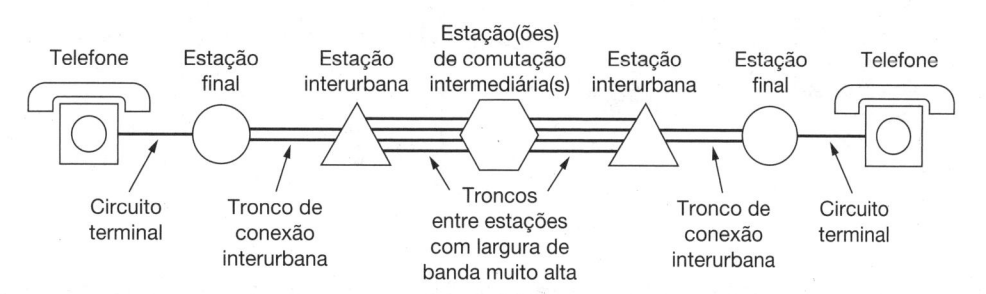

Figura 2.25 Rota de um circuito típico para uma chamada de longa distância.

Ser capaz de distinguir corretamente 0 de 1 já é suficiente. Essa propriedade torna a transmissão digital mais confiável que a analógica, sendo também mais econômica e de manutenção mais fácil.

Em suma, o sistema telefônico é formado por três componentes principais:

1. Circuitos terminais (pares trançados analógicos indo para as residências e para as empresas).
2. Troncos (fibra óptica digital de altíssima largura de banda conectando as estações de comutação).
3. Estações de comutação (onde as chamadas são transferidas de um tronco para outro, elétrica ou opticamente).

Os circuitos terminais oferecem acesso ao sistema inteiro para todas as pessoas; assim, eles são críticos. Infelizmente, eles também constituem o elo mais fraco no sistema. Para os troncos de longa distância, a principal questão é reunir várias chamadas e transmiti-las ao mesmo tempo, pela mesma fibra, o que é feito usando a WDM. Por último, existem duas formas fundamentalmente distintas de executar a comutação: comutação de circuitos e comutação de pacotes. Portanto, analisaremos ambas.

2.5.2 O circuito terminal: modems, ADSL e fibra óptica

Nesta seção, estudaremos o circuito terminal, tanto o novo quanto o antigo. Veremos os modems de telefone, ADSL e FTTH. Em alguns lugares, o circuito terminal foi modernizado instalando-se fibra óptica até a residência (ou muito próximo dela). Essas instalações admitem redes de computadores desde o início, com o circuito terminal tendo ampla largura de banda para os serviços de dados. Infelizmente, o custo para levar a fibra até as residências é muito grande. Às vezes, isso é feito quando as ruas são escavadas para outras finalidades; alguns municípios, especialmente em áreas urbanas densamente povoadas, possuem circuitos terminais de fibra. Porém, em sua maioria, eles são a exceção, mas certamente farão parte do futuro.

Modems de telefone

A maioria das pessoas está familiarizada com o circuito terminal de dois fios, que vem da estação final de uma companhia telefônica até as residências. Com frequência, o circuito terminal também é chamado "o último quilômetro", embora o comprimento real possa chegar a vários quilômetros. Muito esforço tem sido dedicado para espremer a rede de dados pelos circuitos terminais de cobre que já estão instalados. Os modems de telefone enviam dados digitais entre computadores pelo canal estreito que a rede telefônica oferece para uma chamada de voz. Eles já foram muito utilizados, mas foram substituídos em grande parte por tecnologias de banda larga, como ADSL, que reutilizam o circuito terminal para enviar dados digitais de um cliente para a estação final, onde são enviados para a Internet. Os modems e a ADSL precisam lidar com as limitações dos antigos circuitos terminais: largura de banda relativamente estreita, atenuação e distorção dos sinais, e suscetibilidade ao ruído elétrico, como linha cruzada.

Para enviar bits pelo circuito terminal, ou qualquer outro canal físico pelo mesmo motivo, eles precisam ser convertidos para sinais analógicos que podem ser transmitidos pelo canal. Essa conversão é realizada usando os métodos para modulação digital que estudamos na seção anterior. Na outra ponta do canal, o sinal analógico é convertido de volta para bits.

Um dispositivo que converte entre um fluxo de bits digitais e um sinal analógico que representa os bits é chamado **modem**, que é uma abreviação de "*mo*dulador-*dem*odulador". Os modems vêm em muitas variedades: modems de telefone, DSL, a cabo e sem fio. No caso de um modem a cabo ou DSL, o dispositivo geralmente é um hardware separado que fica entre a linha física entrando na casa e o restante da rede dentro da casa. Os dispositivos sem fio geralmente possuem seus próprios modems embutidos. Logicamente, o modem é inserido entre o computador (digital) e o sistema telefônico (analógico), como vemos na Figura 2.26.

Os modems de telefone são usados para enviar bits entre dois computadores por uma linha telefônica com

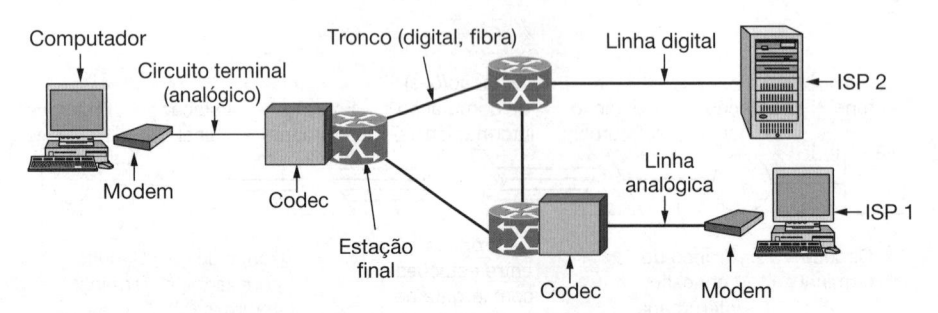

Figura 2.26 O uso de transmissão analógica e digital para uma chamada de computador para computador. A conversão é feita por modems e codecs.

qualidade de voz, em lugar da conversação que normalmente preenche a linha. A principal dificuldade ao fazer isso é que uma linha de telefone para a voz humana é limitada a 3.100 Hz, o suficiente para transportar uma conversa. Essa largura de banda é mais de quatro ordens de grandeza menor que a largura de banda usada para Ethernet ou rede 802.11 (WiFi). Não é surpresa que as taxas de dados dos modems de telefone também sejam quatro ordens de grandeza menores que as da Ethernet e da rede 802.11.

Vamos analisar os números para ver por que isso acontece. O teorema de Nyquist nos diz que, mesmo com uma linha perfeita de 3.000 Hz (que uma linha telefônica decididamente não é), não há sentido em enviar símbolos em uma taxa mais rápida que 6.000 bauds. Por exemplo, vamos considerar um modem mais antigo enviando a uma taxa de 2.400 símbolos/s, ou 2.400 bauds, que captura vários bits por símbolo, enquanto permite o tráfego nas duas direções ao mesmo tempo (usando diferentes frequências para diferentes direções).

O humilde modem de 2.400 bps usa 0 volt para um valor lógico 0 e 1 volt para um valor 1, com 1 bit por símbolo. No próximo passo, ele pode usar quatro símbolos diferentes, como nas quatro fases do QPSK, de modo que, com 2 bits/símbolo, ele pode alcançar uma taxa de dados de 4.800 bps.

Uma longa progressão de taxas mais altas tem sido alcançada à medida que a tecnologia melhora. Taxas mais altas exigem um conjunto maior de símbolos (ver Figura 2.17). Com muitos símbolos, até mesmo uma pequena quantidade de ruído na amplitude ou fase detectada pode resultar em um erro. Para reduzir a chance de erros, os padrões para modems de velocidade mais alta utilizam alguns dos símbolos para correção de erros. Os esquemas são conhecidos como **modulação codificada por treliças**, ou **TCM (Trellis Coded Modulation)**. A Figura 2.27 mostra alguns padrões de modem comuns.

Por que parar em 33.600 bps? A razão para isso é que o limite de Shannon para o sistema telefônico é de aproximadamente 35 kbps, com base no comprimento médio dos circuitos terminais e na qualidade dessas linhas. Uma transmissão mais rápida que isso violaria as leis da física (departamento da termodinâmica) ou exigiria novos circuitos terminais (o que gradualmente está sendo feito).

Contudo, existe um meio de mudar a situação. Na estação final da companhia telefônica, os dados são convertidos para a forma digital para transmissão dentro da rede telefônica (o núcleo da rede telefônica convertia de analógico para digital há muito tempo). O limite de 35 kbps é para a situação em que existem dois circuitos terminais, um em cada ponta. Cada um deles acrescenta ruído ao sinal. Se pudéssemos nos livrar de um desses circuitos terminais, aumentaríamos a SNR e a taxa máxima seria dobrada.

É com essa técnica que os modems de 56 kbps funcionam. Uma extremidade, normalmente um ISP, recebe uma entrada digital de alta qualidade da estação final mais próxima. Desse modo, quando uma extremidade da conexão é um sinal de alta qualidade, como ocorre com a maioria dos ISPs atuais, a taxa máxima de dados pode chegar a 70 kbps. Entre dois usuários domésticos com modems e linhas analógicas, o máximo ainda é 33,6 kbps.

A razão para o uso de modems de 56 kbps (em vez de modems de 70 kbps) está relacionada ao teorema de Nyquist. Um canal de telefonia é transportado dentro do sistema telefônico como amostras digitais. Cada canal telefônico tem cerca de 4.000 Hz de largura, incluindo as bandas de proteção. O número máximo de amostras independentes por segundo é, portanto, 8.000. O número de bits por amostra na América do Norte é 8, um dos quais pode ser usado para fins de controle, permitindo 56.000 bits/s de dados do usuário. Na Europa, todos os 8 bits estão disponíveis para os usuários, e assim poderiam ser usados modems de 64.000 bits/s; porém, para chegar a um acordo internacional sobre um padrão, o valor de 56.000 foi escolhido.

O resultado final são os modems padrão **V.90** e **V.92**. Eles são capazes de transmitir 56 kbps no canal downstream (ISP ao usuário) e 33,6 kbps e 48 kbps no canal upstream (usuário para ISP), respectivamente. A assimetria ocorre porque normalmente existem mais dados transportados do ISP para o usuário do que o contrário. Isso também significa que uma parte maior da largura de banda limitada pode ser alocada ao canal downstream, para aumentar as chances de que ele realmente funcione a 56 kbps.

Digital Subscriber Lines (DSL)

Quando a indústria de telefonia finalmente conseguiu alcançar 56 kbps, ela se congratulou pelo serviço bem-feito. Enquanto isso, a indústria de TV a cabo estava oferecendo velocidades de até 10 Mbps sobre cabos compartilhados. À medida que o acesso à Internet se tornou uma parte cada vez mais importante de seus negócios, as companhias telefônicas locais começaram a perceber que precisavam de um produto mais competitivo. Sua resposta foi começar a oferecer novos serviços digitais ao circuito terminal do assinante.

Inicialmente, havia muitas ofertas sobrepostas, todas sob o nome genérico de **linha digital do assinante**, ou **xDSL (Digital Subscriber Line)**, para diversos x.

Padrão de modem	Baud	Bits/símbolo	Bps
V.32	2.400	4	9.600
V.32 bis	2.400	6	14.400
V.34	2.400	12	28.800
V.34 bis	2.400	14	33.600

Figura 2.27 Alguns padrões de modem e suas taxas de bits.

Os serviços com mais largura de banda do que o serviço telefônico padrão às vezes são chamados de **banda larga** (**broadband**), embora o termo seja mais um conceito de marketing do que um conceito técnico específico. Mais adiante, vamos nos concentrar principalmente naquele que provavelmente se tornou o mais popular desses serviços, a **ADSL** (**Asymmetric DSL**). Também usaremos o termo DSL ou xDSL como uma abreviação geral.

A razão para os modems serem tão lentos é que os telefones foram inventados para transportar a voz humana, e o sistema inteiro foi cuidadosamente otimizado para esse propósito. Os dados sempre estiveram em segundo plano. No ponto em que cada circuito terminal chega à estação final, o fio passa por um filtro que atenua todas as frequências abaixo de 300 Hz e acima de 3.400 Hz. O corte não é nítido – 300 Hz e 3.400 Hz são os pontos de 3 dB – assim, a largura de banda normalmente é mencionada como 4.000 Hz, embora a distância entre os pontos de 3 dB seja de 3.100 Hz. Portanto, os dados no fio também estão restritos a essa banda estreita.

O artifício que faz o xDSL funcionar é o fato de, quando um cliente se inscreve nele, a linha de entrada ser conectada a um tipo diferente de switch, que não tem esse filtro, tornando disponível toda a capacidade do circuito terminal. Então, o fator limitador passa a ser a constituição física do circuito terminal, que aceita aproximadamente 1 MHz, e não a largura de banda artificial de 3.100 Hz criada pelo filtro.

Infelizmente, a capacidade do circuito terminal cai rapidamente com a distância da estação final, pois o sinal é degradado cada vez mais ao longo do fio. Ela também depende da espessura e da qualidade geral do par trançado. A Figura 2.28 mostra um esboço da largura de banda potencial como uma função da distância, pressupondo que todos os outros fatores estão otimizados (novos fios, pacotes de serviços, etc.).

A implicação dessa figura cria um problema para a companhia telefônica. Quando escolhe uma velocidade para oferecer, ela está ao mesmo tempo escolhendo um raio a partir de suas estações finais, além do qual o serviço não poderá ser oferecido. Isso significa que, quando clientes distantes tentarem assinar o serviço, eles receberão a seguinte mensagem: "Muito obrigado por seu interesse, mas você está 100 m além da distância máxima da central mais próxima que poderia lhe oferecer o serviço. Você não gostaria de se mudar?". Quanto mais baixa a velocidade escolhida, maior o raio e maior o número de clientes cobertos. Porém, quanto mais baixa a velocidade, menos atraente será o serviço e menor o número de pessoas que estarão dispostas a pagar por ele. É aqui que os negócios encontram a tecnologia.

Todos os serviços xDSL foram criados visando certos objetivos. Primeiro, os serviços devem funcionar nos circuitos terminais de pares trançados da Categoria 3 existente. Segundo, eles não devem afetar os telefones e os aparelhos de fax atuais dos clientes. Terceiro, eles devem ser muito mais rápidos que 56 kbps. Quarto, eles devem estar sempre ativos, apenas com uma tarifa mensal e nenhuma tarifa por minuto.

Para cumprir os objetivos técnicos, o espectro de 1,1 MHz disponível no circuito terminal é dividido em 256 canais independentes de 4.312,5 Hz cada um. Esse arranjo pode ser visto na Figura 2.29. O esquema OFDM, que vimos na seção anterior, é usado para enviar dados por esses canais, embora normalmente seja chamado **DMT** (**Discrete MultiTone**) no contexto da ADSL. O canal 0 é usado para o **POTS** (**Plain Old Telephone Service**), e os canais de 1 a 5 não são usados, a fim de impedir que o sinal de voz e os sinais de dados interfiram uns com os outros. Dos 250 canais restantes, um é utilizado para o controle upstream e outro é empregado para o controle downstream. Os demais estão disponíveis para dados do usuário.

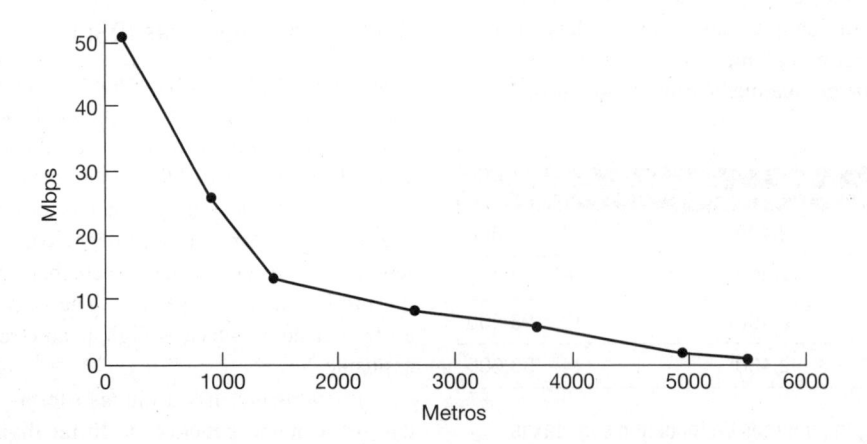

Figura 2.28 Variação da largura de banda *versus* a distância sobre o UTP da categoria 3 para DSL.

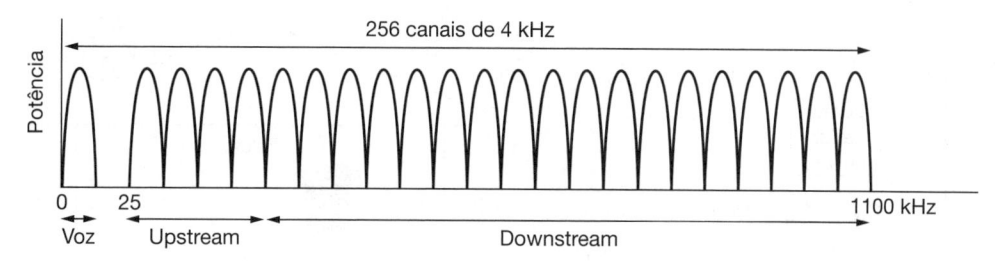

Figura 2.29 Operação ADSL usando modelagem discreta por multitom.

Em princípio, cada um dos canais restantes pode ser usado em um fluxo de dados full-duplex; porém, harmônicos, linhas cruzadas e outros efeitos mantêm a utilização de sistemas práticos bem abaixo do limite teórico. Cabe ao provedor definir quantos canais serão usados para upstream e quantos serão usados para downstream. Uma mistura de 50% para cada um é tecnicamente possível, mas a maioria dos provedores aloca algo como 80 a 90% da largura de banda ao canal downstream, pois a maioria dos usuários faz mais download do que upload de dados. Essa escolha deu origem à letra "A" (assimétrica) no acrônimo ADSL. Uma divisão comum reserva 32 canais para upstream e os restantes para downstream. Também é possível tornar bidirecionais alguns dos canais upstream mais altos para aumentar a largura de banda, embora essa otimização exija o uso de um circuito especial para cancelamento de ecos.

O padrão ADSL internacional, conhecido como **G.dmt**, foi aprovado em 1999 e permite velocidades de até 8 Mbps downstream e 1 Mbps upstream. Ele foi substituído por uma segunda geração em 2002, chamada ADSL2, com diversas melhorias para permitir velocidades de até 12 Mbps downstream e 1 Mbps upstream. ADSL2+ dobra a velocidade downstream para 24 Mbps ao dobrar a largura de banda para usar 2,2 MHz pelo par trançado.

Em 2006 ocorreu a melhoria seguinte, o **VDSL**, que empurrou a taxa de dados nos circuitos terminais mais curtos para 52 Mbps downstream e 3 Mbps upstream. Então, de 2007 a 2011, uma série de novos padrões, sob o nome de **VDSL2**, sobre circuitos terminais de alta qualidade, conseguiram usar largura de banda de 12 MHz e atingir taxas de dados de 200 Mbps downstream e 100 Mbps upstream. Em 2015, o **Vplus** foi proposto para circuitos terminais menores que 250 m. Em princípio, ele pode atingir 300 Mbps downstream e 100 Mbps upstream, mas não é fácil fazê-lo funcionar na prática. Podemos estar perto do fim da linha aqui para a fiação Categoria 3 existente, exceto talvez para distâncias ainda mais curtas.

Dentro de cada canal, a modulação QAM é usada a uma taxa de aproximadamente 4.000 símbolos/s. A qualidade da linha em cada canal é monitorada constantemente, e a taxa de dados é ajustada usando um diagrama de constelação maior ou menor, como os da Figura 2.17. Diferentes canais podem ter diferentes taxas de dados, com até 15 bits por símbolo enviado em um canal com uma SNR alta, e descendo até 2, 1 ou nenhum bit por símbolo enviado em um canal com uma SNR baixa, dependendo do padrão.

A Figura 2.30 mostra a organização de uma ADSL típica. Nesse esquema, um técnico da companhia telefônica deve instalar um **dispositivo de interface de rede**, ou **NID (Network Interface Device)** no local do cliente. Essa pequena caixa plástica marca o fim da propriedade da companhia telefônica e o início da propriedade do cliente. Próximo ao NID (ou às vezes combinado a ele) há um **divisor**, um filtro analógico que separa a banda de 0 a 4.000 Hz utilizada pelo POTS dos dados. O sinal do POTS é roteado até o telefone ou o equipamento de fax existente, e o sinal de dados é roteado até um modem ADSL, que usa o processamento do sinal digital para implementar OFDM. Como a maioria dos modems ADSL atuais é externa, o computador deve estar conectado ao modem em alta velocidade. Normalmente, isso é feito usando Ethernet, cabo USB ou rede 802.11.

Na outra extremidade do fio, ao lado da estação final, está instalado um divisor correspondente. Aqui, a porção de voz do sinal é filtrada e enviada ao switch de voz normal. O sinal acima de 26 kHz é roteado para um novo tipo de dispositivo, chamado **multiplexador de acesso à linha digital do assinante**, ou **DSLAM (Digital Subscriber Line Access Multiplexer)**, que contém a mesma espécie de processador de sinal digital que o modem ADSL. O DSLAM converte o sinal em bits e envia pacotes para a rede de dados do provedor de serviços da Internet.

Essa separação completa entre o sistema de voz e a ADSL torna relativamente fácil para uma companhia telefônica distribuir esse serviço. Basta adquirir um DSLAM e um divisor, e conectar os assinantes da ADSL ao divisor. Outros serviços de alta largura de banda entregues pela rede telefônica (p. ex., ISDN) exigem mudanças muito maiores no equipamento de comutação existente.

A próxima fronteira para a implantação da DSL é atingir velocidades de transmissão de 1 Gbps ou mais. Esses esforços estão se concentrando em uma série de técnicas complementares, incluindo uma técnica chamada **bonding** (ou **união**), que cria uma única conexão DSL virtual combinando duas ou mais conexões DSL físicas. Obviamente, se combinarmos dois pares trançados, será possível dobrar a largura de banda. Em alguns lugares, os fios telefônicos que entram nas casas usam um cabo que, na verdade, tem dois

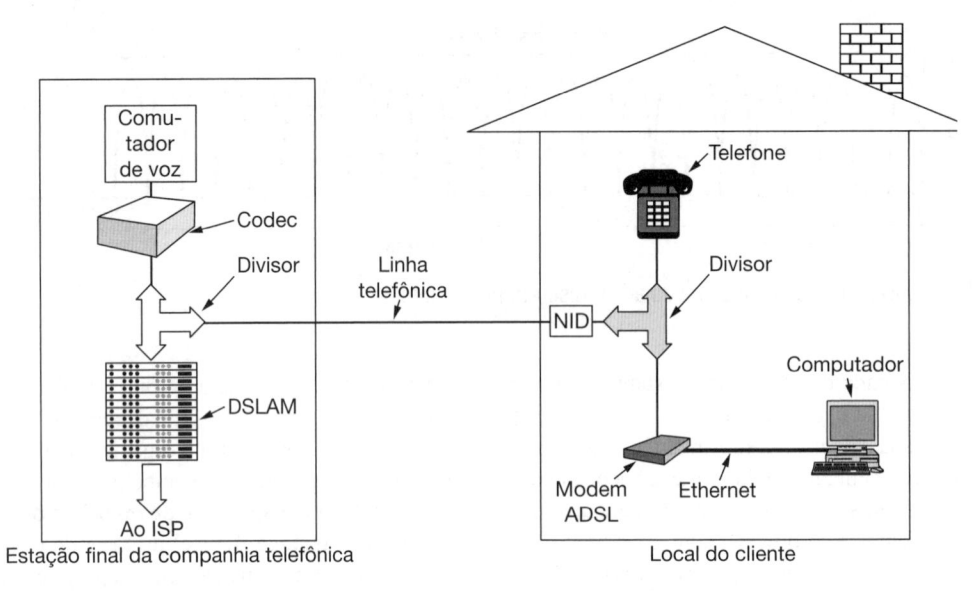

Figura 2.30 Configuração típica de equipamento ADSL.

pares trançados. A ideia original era permitir duas linhas e números de telefone separados na casa, mas usando a união dos pares, uma única conexão de Internet de alta velocidade pode ser alcançada. Um número cada vez maior de ISPs na Europa, Austrália, Canadá e Estados Unidos já está implantando uma tecnologia chamada **G.fast**, que usa união de pares. Tal como acontece com outras formas de DSL, o desempenho do G.fast depende da distância da transmissão; testes recentes viram velocidades simétricas se aproximando de 1 Gbps a distâncias de 100 m, quando acoplado a uma implantação de fibra conhecida como **FTTdp (Fiber to the Distribution Point)**, que leva a fibra a um ponto de distribuição de várias centenas de assinantes e usa cobre para transmitir dados pelo restante do caminho para a casa (em VDSL2, isso pode chegar a 1 km, embora a velocidades mais baixas). FTTdp é apenas um tipo de implantação de fibra que leva a fibra do núcleo da rede a algum ponto próximo à extremidade da rede. A próxima seção descreve diversos modos de implantação de fibra.

Fiber To The X (FTTX)

A velocidade dos circuitos terminais normalmente é restrita pelos cabos de cobre instalados na rede de telefonia convencional, que não podem transmitir dados em altas velocidades por uma distância tão grande quanto a fibra. Assim, um objetivo final, onde for economicamente viável, é levar a fibra até a casa do cliente, algo chamado de **FTTH (Fiber To The Home)**. As companhias telefônicas continuam a tentar melhorar o desempenho do circuito terminal, geralmente instalando a fibra o mais próximo possível da casa. Se não for até ela, eles podem oferecer **FTTN (Fiber to the Node)**, onde a fibra termina em um gabinete em uma rua, às vezes a alguns quilômetros da casa do cliente. Fiber to the Distribution Point (FTTdp), como já dissemos, leva a fibra um passo a mais para a casa do cliente, geralmente levando-a para alguns metros do local desejado. Entre essas duas opções há o **FTTC (Fiber to the Curb)**. Todos esses projetos **FTTX (Fiber to the X)** às vezes são chamados de "fibra no terminal", pois é usada uma certa quantidade de fibra no circuito terminal.

Existem diversas variações na forma "FTTX" (onde X significa porão, calçada ou vizinhança). Elas são usadas para indicar que a implantação da fibra pode chegar perto da casa. Nesse caso, o cobre (par trançado ou cabo coaxial) oferece velocidades rápidas o suficiente pela última distância curta. A escolha da extensão em que a fibra é disposta é uma questão econômica, balanceando custo com receita esperada. De qualquer forma, o importante é que a fibra óptica atravessou a barreira tradicional do "último quilômetro". Focaremos o FTTH em nossa discussão.

Assim como os fios de cobre antes dele, o circuito terminal de fibra é passivo. Isso significa que nenhum equipamento energizado é necessário para amplificar ou processar os sinais de alguma outra forma. A fibra simplesmente transporta sinais entre a casa e a estação final. Isso, por sua vez, reduz o custo e melhora a confiabilidade. Normalmente, as fibras das casas são reunidas de modo que apenas uma fibra alcance a estação final por grupo de até 100 casas. Na direção downstream, os divisores ópticos dividem o sinal da estação final, de modo que alcance todas as casas. A criptografia é necessária por segurança se apenas uma casa puder ser capaz de decodificar o sinal. Na direção upstream, colimadores ópticos mesclam os sinais das casas para um único sinal, que é recebido na estação final.

Essa arquitetura é chamada **rede óptica passiva**, ou **PON (Passive Optical Network)**, mostrada na Figura 2.31. É comum usar um comprimento de onda compartilhado

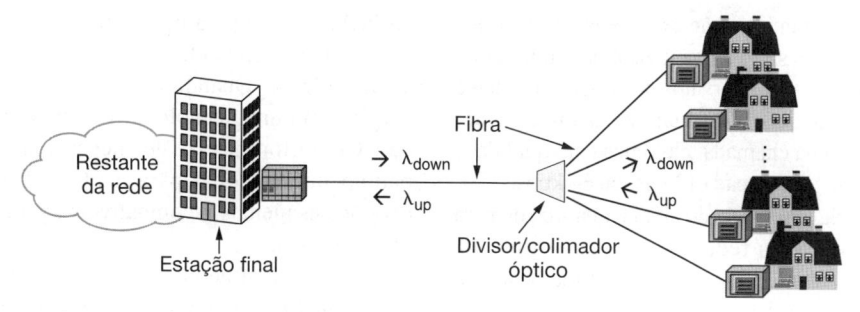

Figura 2.31 Rede óptica passiva para Fiber To The Home.

entre todas as casas para a transmissão downstream, e outro comprimento de onda para a transmissão upstream.

Mesmo com a divisão, uma enorme largura de banda e a baixa atenuação da fibra significam que as PONs podem oferecer altas velocidades aos usuários por distâncias de até 20 km. As taxas de dados reais e outros detalhes dependem do tipo de PON. Dois tipos são comuns: as **GPONs** (**Gigabit-capable PONs**) vêm do mundo das telecomunicações e são definidas por um padrão ITU; as **EPONs (Ethernet PONs)** estão mais ligadas ao mundo das redes e são definidas por um padrão IEEE. Ambas trabalham em torno de um gigabit e podem transportar tráfego para diferentes serviços, incluindo Internet, vídeo e voz. Por exemplo, as GPONs oferecem 2,4 Gbps downstream e 1,2 ou 2,4 Gbps upstream.

Para compartilhar a capacidade de uma única fibra na estação final entre diferentes casas, é preciso que haja protocolos adicionais. A direção downstream é fácil, pois a estação final pode enviar mensagens a cada casa diferente na ordem que desejar. Na direção upstream, porém, as mensagens de diferentes casas não podem ser enviadas ao mesmo tempo, ou diferentes sinais colidiriam. As casas também não podem escutar as transmissões umas das outras, de modo que não podem escutar antes de transmitir. A solução é que o equipamento nas casas solicite e receba fatias de tempo para utilizar o equipamento na estação final. Para que isso funcione, existe um processo de localização para ajustar os tempos de transmissão a partir das casas, de modo que todos os sinais recebidos na estação final sejam sincronizados. O projeto é semelhante aos modems a cabo, que explicaremos mais adiante neste capítulo. Para obter mais informações sobre PONs, veja Grobe e Elbers (2008) ou Andrade et al. (2014).

2.5.3 Troncos e multiplexação

Na rede telefônica, os troncos não são apenas muito mais rápidos do que os circuitos terminais; eles são diferentes em dois outros aspectos. O núcleo da rede telefônica transporta informações digitais, não informações analógicas, ou seja, bits e não voz. Isso necessita de uma conversão na estação final para a forma digital, para a transmissão por troncos de longa distância. Os troncos transportam milhares, ou mesmo milhões, de chamadas simultaneamente. Esse compartilhamento é importante para economizar escalas, pois custa basicamente a mesma coisa instalar e manter um tronco de alta largura de banda e um de baixa largura de banda entre duas estações de comutação. Isso é realizado com as versões de multiplexação TDM e FDM.

A seguir, examinaremos rapidamente como os sinais de voz são digitalizados de modo que possam ser transportados pela rede telefônica. Depois, veremos como a TDM é usada para transportar bits nos troncos, incluindo o sistema TDM usado para fibra óptica (SONET). Em seguida, passaremos para FDM conforme se aplica à fibra óptica, chamada de WDM.

Sinais de voz digitalizados

Desde cedo no desenvolvimento da rede telefônica, o núcleo lidava com chamadas de voz como informação analógica. As técnicas de FDM foram usadas por muitos anos para multiplexar canais de voz de 4.000 Hz (compostos de 3.100 Hz mais bandas de proteção) em unidades cada vez maiores. Por exemplo, 12 chamadas na banda de 60 a 108 kHz são conhecidas como um **grupo**, cinco grupos (um total de 60 chamadas) são conhecidos como um **supergrupo**, e assim por diante. Esses métodos de FDM ainda são usados em alguns canais de fio de cobre e micro-ondas. Contudo, a FDM requer circuitos analógicos e isso não é adequado para um computador digital. Ao contrário, a TDM pode ser tratada inteiramente pela eletrônica digital, de modo que se tornou muito mais usada nos últimos anos. Como a TDM só pode ser usada para dados digitais e os circuitos terminais produzem sinais analógicos, é preciso que haja uma conversão de analógico para digital na estação final, onde todos os circuitos terminais individuais se juntam para serem combinados nos troncos de saída.

Os sinais analógicos são digitalizados na estação final por um dispositivo chamado **codec** (abreviação de "*co*dificador-*dec*odificador") usando uma técnica chamada **PCM** (**Pulse Code Modulation**), que forma o coração do sistema telefônico moderno. O codec cria 8.000 amostras por segundo (125 μs/amostra), pois o teorema de Nyquist diz que isso é suficiente para capturar todas as informações de largura de banda do canal telefônico de 4 kHz. Em uma taxa de amostragem mais baixa, as informações seriam perdidas; a uma taxa mais alta, nenhuma informação extra seria obtida. Cada amostra da amplitude do sinal é quantizada para um número de 8 bits. Quase todos os intervalos de tempo no sistema telefônico são múltiplos de 125 μs. A taxa de dados não compactada padrão para uma chamada telefônica com qualidade de voz é, portanto, de 8 bits a cada 125 μs, ou 64 kbps.

Cada amostra da amplitude do sinal é quantizada para um número de 8 bits. Para reduzir o erro em virtude da quantização, seus níveis são espaçados de forma desigual. Uma escala logarítmica é usada, gerando relativamente mais bits para menores amplitudes de sinal e relativamente menos bits para grandes amplitudes de sinal. Desse modo, o erro é proporcional à amplitude do sinal. Duas versões de quantização são bastante utilizadas: **μ-law**, usada na América do Norte e no Japão, e **A-law**, usada na Europa e no restante do mundo. As duas versões são especificadas no padrão ITU G.711. Um modo equivalente de pensar nesse processo é imaginar que a faixa dinâmica do sinal (ou a razão entre os maiores e menores valores possíveis) é compactada antes de ser quantizada (uniformemente), e então expandida quando o sinal analógico é recriado. Por esse motivo, ela é chamada **compactação/expansão**, ou **companding**. Também é possível compactar as amostras depois que elas são digitalizadas, de modo que exigem muito menos do que 64 kbps. Contudo, deixaremos esse assunto para quando explorarmos aplicações de áudio como VoIP.

Na outra extremidade da chamada, um sinal analógico é recriado a partir das amostras quantizadas, reproduzindo-as (e suavizando-as) ao longo do tempo. Não será exatamente igual ao sinal analógico original, embora o tenhamos amostrado na taxa de Nyquist, pois as amostras foram quantizadas.

T-Carrier: multiplexação de sinais digitais pela rede de telefonia

T-Carrier é uma especificação para a transmissão de vários canais TDM por um único circuito. A TDM baseada na PCM é usada para transportar várias chamadas de voz por troncos, enviando uma amostra de cada chamada a cada 125 μs. Quando a transmissão digital começou a surgir como uma tecnologia viável, a ITU (então chamada CCITT) foi incapaz de chegar a um acordo sobre um padrão internacional para a PCM. Consequentemente, diversos esquemas incompatíveis agora estão em uso em diferentes países.

O método usado na América do Norte e no Japão é a portadora **T1**, representada na Figura 2.32. (Tecnicamente falando, o formato é chamado DS1 e a portadora é chamada T1, mas, seguindo a tradição da indústria, aqui não faremos essa distinção sutil.) A portadora T1, introduzida em 1962, consiste em 24 canais de voz multiplexados. Por sua vez, cada um dos 24 canais consegue inserir 8 bits no fluxo de saída.

Um quadro consiste em 24 × 8 = 192 bits, mais um bit extra para fins de controle, produzindo 193 bits a cada 125 μs. Isso resulta em uma taxa de dados bruta de 1,544 Mbps, dos quais 8 kbps são para sinalização. O 193º bit é usado para sincronização e sinalização de quadros. Em uma variação, o 193º bit é usado por um grupo de 24 quadros, chamado **superquadro estendido**. Seis dos bits, na 4ª, 8ª, 12ª, 16ª, 20ª e 24ª posições, utilizam o padrão 001011... Normalmente, o receptor continua a conferir esse bit para garantir que não perdeu a sincronização. Seis outros bits são usados para enviar um código de verificação de erro, para ajudar o receptor a confirmar se está sincronizado. Se sair de sincronismo, o receptor poderá procurar por esse padrão e validar o código de verificação de erro para se ressincronizar. Os 12 bits restantes são usados para informação de controle, para operar e manter a rede, como o relatório de desempenho da extremidade remota.

O formato T1 tem diversas variações. As versões mais antigas enviavam informações de sinalização **na própria banda**, significando o uso do mesmo canal que os dados, usando alguns bits de dados. Esse projeto é uma

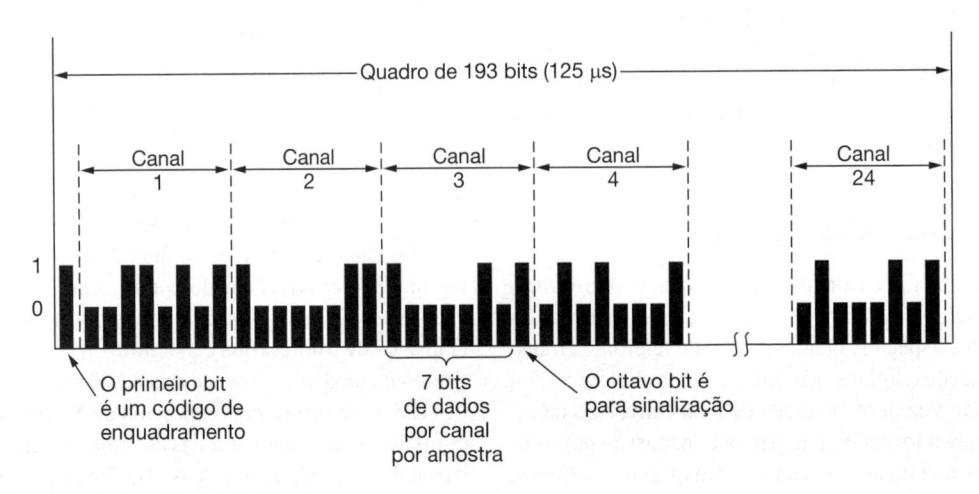

Figura 2.32 A portadora T1 (1,544 Mbps).

forma de **sinalização associada ao canal**, pois cada canal tem seu próprio subcanal de sinalização privado. Em um arranjo de bits, o bit menos significativo de uma amostra de 8 em cada canal é usado a cada seis quadros. Este recebe o nome sugestivo de **bit de sinalização roubado**. A ideia é que alguns bits roubados não influenciarão nas chamadas de voz. Ninguém notará qualquer diferença audível.

Contudo, para dados, a história é outra. Entregar os bits errados é, no mínimo, inútil. Se versões mais antigas da T1 forem usadas para transportar dados, somente 7 de 8 bits, ou 56 kbps, podem ser usados em cada um dos 24 canais. Em vez disso, versões mais novas da T1 oferecem canais limpos, em que todos os bits podem ser usados para enviar dados. Canais limpos são o que as empresas que alugam uma linha T1 desejam quando enviam dados pela rede telefônica no lugar das amostras de voz. A sinalização para quaisquer chamadas de voz é, então, tratada **fora da banda**, significando um canal próprio separado dos dados. Normalmente, a sinalização é feita com **sinalização de canal comum**, no qual existe um canal de sinalização compartilhado. Um dos 24 canais pode ser usado para essa finalidade.

Fora da América do Norte e do Japão, a portadora **E1** de 2,048 Mbps é usada no lugar da T1. Essa portadora tem 32 amostras de dados de 8 bits compactadas no quadro básico de 125 μs. Trinta dos canais são usados para informações e até dois são usados para sinalização. Cada grupo de quatro quadros oferece 64 bits de sinalização, metade deles usada para sinalização (associada ao canal ou ao canal comum) e metade usada para sincronização de quadros ou reservada para cada país usar como preferir.

A TDM permite que várias portadoras T1 sejam multiplexadas em portadoras de ordem mais alta. A Figura 2.33 mostra como isso pode ser feito. À esquerda, vemos quatro canais T1 sendo multiplexados em um canal T2. A multiplexação em T2 e acima é feita bit a bit, e não byte a byte, com os 24 canais de voz que compõem um quadro T1. Quatro fluxos T1 a uma velocidade de 1,544 Mbps deveriam gerar 6,176 Mbps, mas T2, na verdade, tem 6,312 Mbps. Os bits extras são usados para enquadramento e recuperação, no caso de a portadora apresentar alguma falha.

No nível seguinte, sete fluxos T2 são combinados bit a bit para formar um fluxo T3. Depois, seis fluxos T3 são unidos para formar um fluxo T4. Em cada etapa, um pequeno volume de overhead é adicionado para fins de enquadramento e recuperação, no caso de a sincronização entre transmissor e receptor ser perdida. T1 e T3 são extensamente utilizados pelos clientes, enquanto T2 e T4 são usados apenas dentro do sistema de telefonia propriamente dito e, portanto, não são bem conhecidos.

Da mesma forma que existe pouco consenso quanto à portadora básica entre os Estados Unidos e o restante do mundo, há igualmente pouco consenso sobre como ela será multiplexada em portadoras de largura de banda mais alta. O esquema norte-americano de avançar por 4, 7 e 6 não foi adotado por mais ninguém; assim, o padrão ITU requer multiplexação de quatro fluxos em um fluxo a cada nível. Além disso, o enquadramento e a recuperação de dados são diferentes entre os padrões dos Estados Unidos e da ITU. A hierarquia ITU para 32, 128, 512, 2.048 e 8.192 canais funciona em velocidades de 2,048, 8,848, 34,304, 139,264 e 565,148 Mbps.

Multiplexação de redes ópticas: SONET/SDH

Nos primórdios da fibra óptica, cada companhia telefônica tinha seu próprio sistema óptico TDM patenteado. Depois que o governo dos Estados Unidos desmembrou a AT&T em 1984, as companhias telefônicas locais tiveram de se conectar a diversas concessionárias de comunicações de longa distância, todas com sistemas ópticos TDM de diversos vendedores e fornecedores, o que tornou óbvia a necessidade de padronização. Em 1985, a Bellcore, a unidade de pesquisa das RBOCs (Regional Bell Operating Companies), começou a trabalhar em um padrão, denominado **rede óptica síncrona**, ou **SONET** (**Synchronous Optical NETwork**).

Mais tarde, a ITU também começou a participar desse trabalho, o que resultou em um padrão SONET e em um conjunto de recomendações paralelas (G.707, G.708 e G.709) em 1989. As recomendações da ITU são chamadas de **hierarquia digital síncrona**, ou **SDH** (**Synchronous Digital Hierarchy**), mas diferem da SONET apenas em pequenos detalhes. Praticamente todo o tráfego telefônico

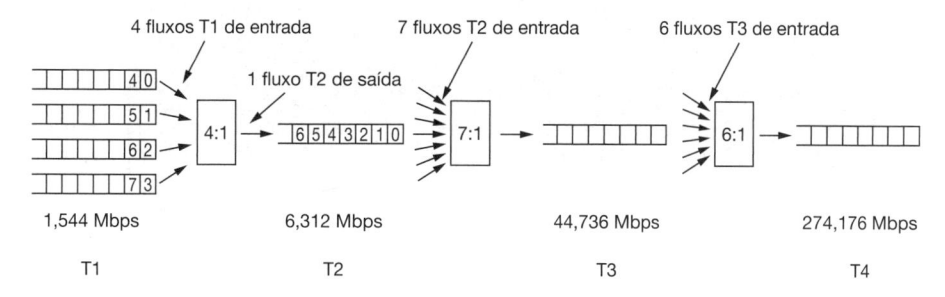

Figura 2.33 Multiplexação de fluxos T1 em portadoras de velocidade mais alta.

de longa distância nos Estados Unidos e grande parte dele em outros lugares atualmente utiliza troncos que executam a SONET na camada física. Para obter informações adicionais sobre a SONET, consulte Perros (2005).

O projeto SONET tem quatro objetivos principais.

1. Interoperabilidade de portadora: a SONET tinha de tornar possível a rede interligada para diferentes concessionárias. A concretização desse objetivo exigia a definição de um padrão de sinalização comum, relacionado a comprimento de onda, sincronização, estrutura de enquadramento e outras questões.
2. Unificação pelas regiões: foram necessários alguns meios para unificar os sistemas digitais dos Estados Unidos, Europa e Japão, todos baseados em canais PCM de 64 kbps, mas combinados de formas diferentes (e incompatíveis).
3. Multiplexação de canais digitais: a SONET teve de proporcionar um modo de multiplexar vários canais digitais. No momento em que ela surgiu, a portadora digital de velocidade mais alta usada em todo o território dos Estados Unidos era a T3, a 44,736 Mbps. A T4 já havia sido definida, mas não era muito usada, e nada que ultrapassasse a velocidade da T4 havia sido definido. Parte da missão da SONET era dar continuidade à hierarquia até gigabits/s e proporcionar velocidades ainda maiores. Também era necessária uma forma padrão de multiplexar canais mais lentos em um canal SONET.
4. Suporte para gerenciamento: a SONET tinha de oferecer recursos de operação, administração e manutenção necessários para gerenciar a rede. Os sistemas anteriores não faziam isso muito bem.

Uma decisão inicial foi tornar a SONET um sistema TDM tradicional, com toda a largura de banda da fibra dedicada a um único canal contendo slots de tempo para os diversos subcanais. Portanto, a SONET é um sistema síncrono. Cada transmissor e receptor é ligado a um clock comum. O relógio mestre, que controla o sistema, tem uma precisão de aproximadamente uma parte em 10^9. Os bits em uma linha SONET são transmitidos a intervalos extremamente precisos, controlados pelo clock mestre.

O quadro básico da SONET é um bloco de 810 bytes, transmitido a cada 125 μs. Tendo em vista que a SONET é síncrona, os quadros são emitidos independentemente de haver ou não dados úteis a enviar. A taxa de 8.000 quadros/s corresponde exatamente à taxa de amostragem dos canais PCM utilizados em todos os sistemas de telefonia digital.

Os quadros de 810 bytes da SONET são mais bem descritos como um retângulo de bytes, com 90 colunas de largura por 9 linhas de altura. Desse modo, $8 \times 810 = 6.480$ bits são transmitidos 8 mil vezes por segundo, o que resulta em uma taxa de dados bruta de 51,84 Mbps. Esse é o canal básico da SONET, chamado **STS-1 (Synchronous Transport Signal-1)**. Todos os troncos SONET são múltiplos do STS-1.

As três primeiras colunas de cada quadro são reservadas para as informações de gerenciamento do sistema, conforme ilustra a Figura 2.34. Nesse bloco, as três primeiras linhas contêm o overhead de seção, e as seis linhas seguintes contêm o overhead de linha. O overhead de seção é gerado e verificado no início e no fim de cada seção, enquanto o overhead de linha é gerado e verificado no início e no fim de cada linha.

Um transmissor SONET transmite quadros de 810 bytes em sequência, sem intervalos entre eles, mesmo quando não existem dados (e, nesse caso, ele transmite dados fictícios). Do ponto de vista do receptor, tudo o que ele vê é um fluxo de bits contínuo; assim, como saber onde começa cada quadro? A resposta é que os dois

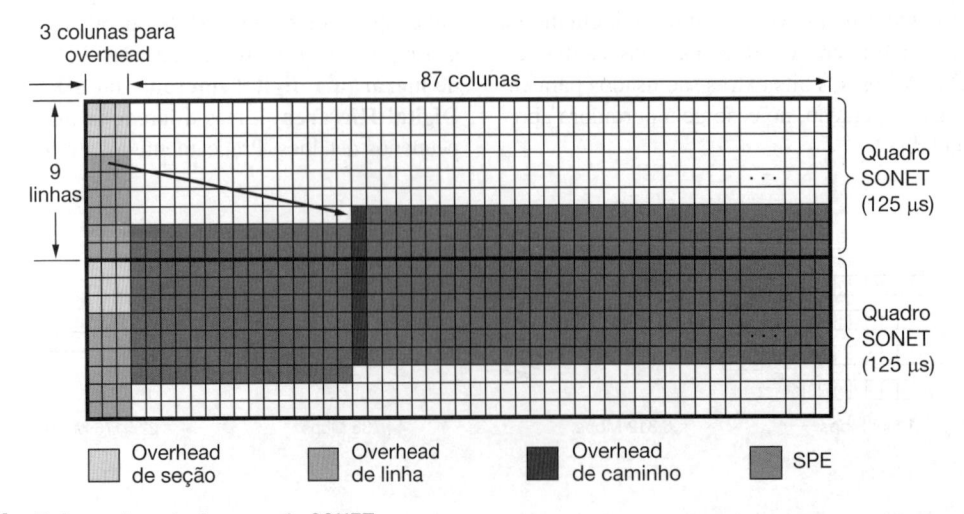

Figura 2.34   Dois quadros duplos na rede SONET.

primeiros bytes de cada quadro contêm um padrão fixo que o receptor procura. Se encontra esse padrão no mesmo lugar em um número grande de quadros consecutivos, o receptor pressupõe que está sincronizado com o transmissor. Em teoria, um usuário poderia inserir esse padrão como carga útil de uma maneira simples; porém, na prática, isso não pode ser feito em virtude da multiplexação usada por diversos usuários no mesmo quadro, além de outras razões.

As 87 colunas restantes de cada quadro contêm $87 \times 9 \times 8 \times 8.000 = 50,112$ Mbps de dados do usuário, os quais poderiam ser amostras de voz, T1 e outras portadoras, ou pacotes. A SONET é simplesmente um contêiner conveniente para transportar bits. O **envelope síncrono de carga útil**, ou **SPE (Synchronous Payload Envelope)**, que transporta os dados do usuário, nem sempre começa na linha 1, coluna 4. O SPE pode começar em qualquer lugar do quadro. Um ponteiro para o primeiro byte está contido na primeira fileira do overhead de linha. A primeira coluna do SPE é o overhead de caminho (ou seja, o cabeçalho do protocolo da subcamada de caminho ponta a ponta).

A capacidade de permitir que o SPE comece em qualquer lugar dentro do quadro SONET e até mesmo se espalhe por dois quadros, como mostra a Figura 2.34, oferece flexibilidade adicional ao sistema. Por exemplo, se uma carga útil chega na origem enquanto um quadro SONET fictício está sendo construído, ele pode ser inserido no quadro atual em vez de ser mantido até o início do próximo.

A hierarquia de multiplexação da SONET/SDH é mostrada na Figura 2.35. Foram definidas taxas de STS-1 a STS-768, variando de aproximadamente uma linha T3 até 40 Gbps. Até mesmo taxas maiores certamente serão definidas com o tempo, com OC-3072 a 160 Gbps sendo o próximo na fila, se e quando isso se tornar tecnologicamente viável. A portadora óptica que corresponde a STS-n é chamada OC-n, porém sua configuração bit a bit é a mesma, exceto por uma certa reordenação de bits, necessária para sincronização. Os nomes da SDH são diferentes, começando em OC-3 porque os sistemas baseados na ITU não possuem uma taxa próxima a 51,84 Mbps. Mostramos as taxas comuns, que desenvolvem-se a partir de OC-3 em múltiplos de quatro. A taxa de dados bruta inclui todo o overhead. A taxa de dados SPE exclui o overhead de linha e o de seção. A taxa de dados do usuário exclui todos os três tipos de overhead e só considera as 86 colunas de carga útil.

Em contrapartida, quando uma portadora como a OC-3 não é multiplexada, mas transporta os dados de uma única origem, a letra c (significando concatenado) é acrescentada à designação; assim, OC-3 indica uma portadora de 155,52 Mbps composta por três portadoras OC-1 distintas, mas OC-3c indica um fluxo de dados de uma única origem a uma velocidade de 155,52 Mbps. Os três fluxos OC-1 contidos em um fluxo OC-3c são entrelaçados por coluna: primeiro, a coluna 1 do fluxo 1, depois a coluna 1 do fluxo 2, a coluna 1 do fluxo 3, seguida pela coluna 2 do fluxo 1, e assim por diante, resultando em um quadro com 270 colunas de largura e 9 linhas de profundidade.

2.5.4 Comutação

Do ponto de vista do engenheiro de telefonia, o sistema telefônico é dividido em duas partes principais: a planta externa (os circuitos terminais e troncos, pois eles estão localizados fisicamente fora das estações de comutação) e a planta interna (os switches, que estão dentro das estações de comutação). Acabamos de estudar a planta externa. Agora vamos examinar a planta interna.

Hoje em dia, duas técnicas de comutação diferentes são usadas pela rede: comutação de circuitos e comutação de pacotes. O sistema telefônico tradicional é baseado na comutação de circuitos, embora a tecnologia VoIP conte com a comutação de pacotes. Veremos em detalhes a comutação de circuitos, comparando-a com a comutação de pacotes. Os dois tipos de comutação são tão importantes que voltaremos a eles quando entrarmos na camada de rede.

SONET		SDH	Taxa de dados (Mbps)		
Elétrico	Óptico	Óptico	Bruto	SPE	Usuário
STS-1	OC-1		51,84	50,112	49,536
STS-3	OC-3	STM-1	155,52	150,336	148,608
STS-12	OC-12	STM-4	622,08	601,344	594,432
STS-48	OC-48	STM-16	2.488,32	2.405,376	2.377,728
STS-192	OC-192	STM-64	9.953,28	9.621,504	9.510,912
STS-768	OC-768	STM-256	39.813,12	38.486,016	38.043,648

Figura 2.35 Taxas de multiplexação da SONET e da SDH.

Comutação de circuitos

Tradicionalmente, quando você ou seu computador efetuavam uma chamada telefônica, o equipamento de comutação do sistema telefônico procurava um caminho físico desde o seu telefone até o telefone do receptor e o mantinha pela duração da chamada. Essa técnica, chamada **comutação de circuitos**, é apresentada esquematicamente na Figura 2.36(a). Cada um dos seis retângulos representa uma estação de comutação da concessionária de comunicações (estação final, estação interurbana, etc.). Nesse exemplo, cada estação tem três linhas de entrada e três linhas de saída. Quando uma chamada passa por uma estação de comutação, é estabelecida uma conexão física entre a linha que transportou a chamada e uma das linhas de saída, como mostram as linhas tracejadas.

No início da telefonia, a conexão era feita pela telefonista que conectava um cabo de ligação em ponte (jumper) aos soquetes de entrada e de saída. Na realidade, existe uma pequena história surpreendente associada à invenção do equipamento automático de comutação de circuitos. Esse dispositivo foi inventado por um agente funerário do século XIX, Almon B. Strowger. Logo depois que o telefone foi inventado, quando uma pessoa morria, alguém ligava para a telefonista do local e dizia: "Por favor, ligue-me com um agente funerário". Infelizmente para o sr. Strowger, havia dois agentes funerários em sua cidade, e a esposa do outro agente era a telefonista do local. Ele percebeu rapidamente que teria de inventar um equipamento automático de comutação telefônica ou seu negócio iria à falência. Ele escolheu a primeira opção. Por cerca de 100 anos, o equipamento de comutação de circuitos usado em todo o mundo foi conhecido como **engrenagem de Strowger**. (A história não registra se a telefonista, desempregada, conseguiu emprego como operadora de informações, respondendo a perguntas como: "Qual é o número do telefone do agente funerário?").

O modelo mostrado na Figura 2.36(a) é altamente simplificado, obviamente, porque partes do caminho físico entre os dois telefones podem de fato ser enlaces de micro-ondas ou de fibra, nos quais são multiplexadas milhares de chamadas. Entretanto, a ideia básica é válida: uma vez estabelecida uma chamada, haverá um caminho dedicado entre ambas as extremidades, e ele continuará a existir até que a chamada seja finalizada.

Uma propriedade importante da comutação de circuitos é a necessidade de se estabelecer um caminho ponta a ponta *antes* que qualquer dado possa ser enviado. O tempo decorrido entre o fim da discagem e o momento em que o telefone começa a tocar pode chegar a 10 segundos ou mais em chamadas interurbanas ou internacionais. Durante esse intervalo, o sistema telefônico procura uma conexão física, como mostra a Figura 2.37(a). Observe que, antes mesmo de se iniciar a transmissão de dados, o sinal de solicitação de chamada deve se propagar em todo o trajeto até o destino e lá ser reconhecido. Para muitas aplicações de informática (p. ex., a verificação de crédito em um ponto de venda), tempos de preparação longos são indesejáveis.

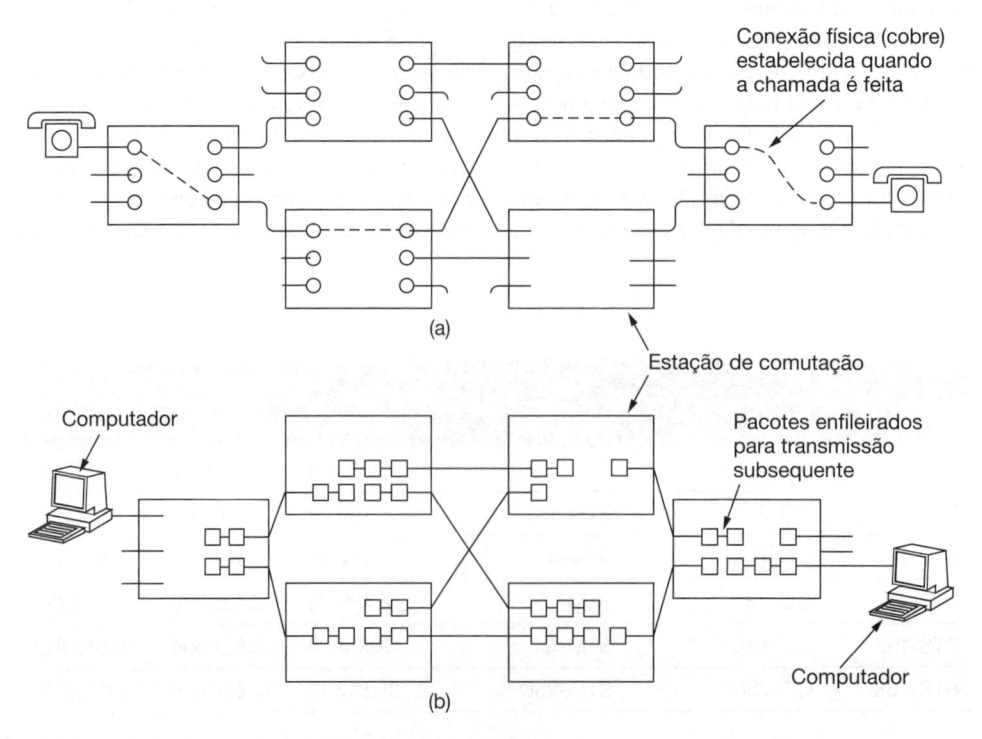

Figura 2.36 (a) Comutação de circuitos. (b) Comutação de pacotes.

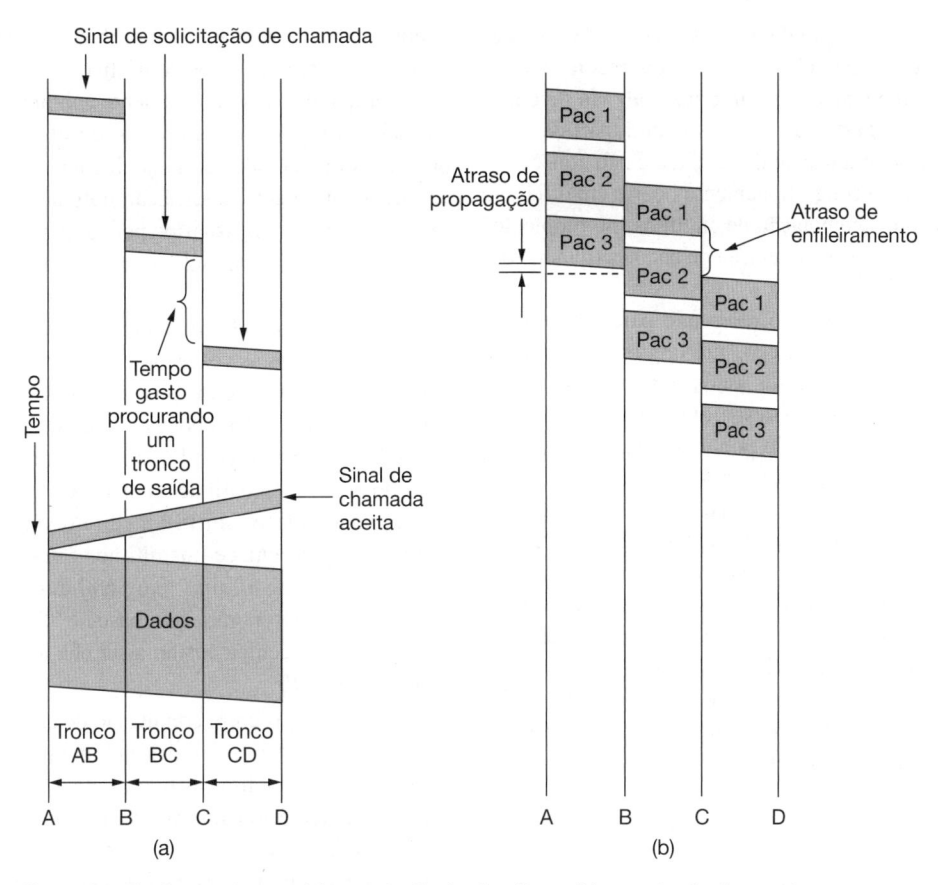

Figura 2.37 Sincronização de eventos em (a) comutação de circuitos e (b) comutação de pacotes.

Como consequência do caminho reservado entre o transmissor e o receptor da chamada, uma vez estabelecida a configuração, o único atraso para a entrega dos dados é o tempo de propagação do sinal eletromagnético, cerca de 5 ms por 1.000 km. Outra consequência do caminho estabelecido é que não há perigo de congestionamento – ou seja, quando a chamada é feita, você nunca obtém sinal de ocupado. É claro que é possível receber um sinal de ocupado antes do estabelecimento da conexão, em decorrência da falta de capacidade de comutação ou de troncos.

Comutação de pacotes

A alternativa à comutação de circuitos é a **comutação de pacotes**, mostrada na Figura 2.36(b) e descrita no Capítulo 1. Com essa tecnologia, os pacotes são enviados assim que estão disponíveis. Não é preciso estabelecer um caminho dedicado com antecedência, diferentemente da comutação de circuitos. A comutação de pacotes é semelhante a enviar uma série de cartas usando o sistema postal: cada uma segue independentemente das outras. Fica a critério dos roteadores usar a transmissão store-and-forward para enviar cada pacote em seu caminho ao destino por conta própria. Esse procedimento é diferente da comutação de circuitos, em que o resultado do estabelecimento da conexão é a reserva de largura de banda desde o transmissor até o receptor, e todos os dados no circuito seguem esse caminho. Na comutação de circuitos, fazer todos os pacotes seguirem o mesmo caminho significa que eles não poderão chegar fora de ordem. Com a comutação de pacotes, não há caminho fixo e, assim, diferentes pacotes podem seguir caminhos distintos, dependendo das condições da rede no momento em que eles são enviados. Portanto, eles podem chegar fora de ordem.

As redes de comutação de pacotes impõem um limite superior apertado sobre o tamanho dos pacotes. Isso garante que nenhum usuário poderá monopolizar qualquer linha de transmissão por muito tempo (p. ex., muitos milissegundos), de modo que as redes de comutação de pacotes podem lidar com o tráfego interativo. Isso também reduz o atraso, pois o primeiro pacote de uma mensagem longa pode ser encaminhado antes que o segundo tenha chegado por completo. Contudo, o atraso store-and-forward de acumular um pacote na memória do roteador antes que ele seja enviado para o próximo roteador excede o da comutação de circuitos. Com a comutação de circuitos, os bits simplesmente fluem pelo fio de modo contínuo. Nada é armazenado e encaminhado mais tarde.

A comutação de pacotes e de circuitos também difere de outras maneiras. Como nenhuma largura de banda é reservada com a comutação de pacotes, estes podem ter de esperar para serem encaminhados. Se muitos pacotes forem enviados ao mesmo tempo, isso introduz o **atraso de enfileiramento** e o congestionamento. Em contrapartida, não existe perigo de obter um sinal de ocupado e não conseguir usar a rede. Assim, o congestionamento ocorre em diferentes momentos com a comutação de circuitos (no momento da configuração) e com a comutação de pacotes (quando os pacotes são enviados).

Se um circuito tiver sido reservado para determinado usuário e não houver tráfego, sua largura de banda é desperdiçada. Ela não pode ser usada para outro tráfego. A comutação de pacotes não desperdiça largura de banda e, portanto, é mais eficiente do ponto de vista do sistema. Entender essa escolha é decisivo para compreender a diferença entre comutação de circuitos e comutação de pacotes. O dilema está entre garantir serviço e desperdiçar recursos *versus* não garantir serviço e não desperdiçar recursos.

A comutação de pacotes é mais tolerante a falhas que a comutação de circuitos. De fato, é por isso que ela foi criada. Se um switch ficar inativo, todos os circuitos que o utilizam serão encerrados, e nenhum tráfego poderá mais ser transmitido em qualquer um deles. Com a comutação de pacotes, os pacotes poderão ser roteados de modo a contornar switches inativos.

Outra diferença entre a comutação de circuitos e a de pacotes é o algoritmo de tarifação. Com a comutação de circuitos (i.e., as chamadas de telefonia de voz por PSTN), a tarifação se baseava historicamente na distância e no tempo. No caso dos telefones móveis, em geral a distância não é importante, exceto para chamadas internacionais, e o tempo desempenha apenas um papel secundário (p. ex., um plano de chamadas com 2 mil minutos gratuitos custa mais que um plano com mil minutos gratuitos e, algumas vezes, chamadas noturnas ou nos finais de semana são mais econômicas que o normal). Com a comutação de pacotes, o tempo de conexão não é um problema, mas o volume de tráfego sim. Para usuários domésticos nos Estados Unidos e na Europa, os ISPs normalmente cobram uma tarifa fixa mensal, porque tal modelo é menos trabalhoso para eles e mais fácil de entender para os clientes. Em alguns países em desenvolvimento, a tarifação normalmente ainda é baseada no volume: os usuários podem comprar um "pacote de dados" de certo tamanho e usá-lo por um ciclo de cobrança. Certos horários do dia, ou mesmo certos destinos, podem não ser cobrados ou não contar para o limite de dados; esses serviços às vezes são chamados de **serviços com taxa zero**. Geralmente, os provedores de serviço de Internet da operadora no backbone da Internet cobram com base nos volumes de tráfego. Um modelo de tarifação típico é baseado no 95º percentil de amostras de 5 minutos: em um determinado enlace, um ISP medirá o volume de tráfego que passou pelo enlace nos últimos 5 minutos. Um ciclo de faturamento de 30 dias terá 8640 desses intervalos de 5 minutos e o ISP cobrará com base no 95º percentil dessas amostras. Essa técnica costuma ser chamada de **cobrança pelo percentil 95**.

As diferenças entre comutação de circuitos e comutação de pacotes estão resumidas na Figura 2.38. Tradicionalmente, as redes telefônicas têm usado a comutação de circuitos para oferecer chamadas telefônicas de alta qualidade, e as redes de computadores têm usado a comutação de pacotes por suas simplicidade e eficiência. Contudo, existem exceções dignas de nota. Algumas redes de computadores mais antigas têm sido comutadas por circuitos "por debaixo dos panos" (p. ex., X.25), e algumas redes telefônicas mais novas usam a comutação de pacotes com a tecnologia VoIP. Para os usuários, isso se parece externamente com uma chamada telefônica padrão, mas, internamente, os pacotes na rede com dados de voz são comutados. Com essa técnica, as chamadas internacionais com cartões de chamada

Item	Comutação de circuitos	Comutação de pacotes
Configuração de chamadas	Obrigatória	Não necessária
Caminho físico dedicado	Sim	Não
Cada pacote segue a mesma rota	Sim	Não
Os pacotes chegam em ordem	Sim	Não
A falha de um switch é fatal	Sim	Não
Largura de banda disponível	Fixa	Dinâmica
Momento de possível congestionamento	Durante a configuração	Em todos os pacotes
Largura de banda potencialmente desperdiçada	Sim	Não
Transmissão store-and-forward	Não	Sim
Tarifação	Por minuto	Por byte

Figura 2.38 Comparação entre redes de comutação de circuitos e redes de comutação de pacotes.

podem se tornar mais baratas, embora talvez com uma qualidade de chamada inferior à do serviço tradicional.

2.6 REDES DE TELEFONIA MÓVEL

Mesmo que um dia o sistema de telefonia convencional receba fibra multigigabit de ponta a ponta, as pessoas agora esperam efetuar chamadas telefônicas e usar seus telefones para verificar e-mail e navegar pela Web em aviões, carros, piscinas e enquanto caminham no parque. Consequentemente, há um enorme interesse (e investimento) na telefonia sem fio.

O sistema de telefonia móvel é usado para comunicação remota de voz e dados. Os **telefones móveis** (também chamados **telefones celulares**) passaram por cinco gerações distintas, normalmente chamadas 1G, 2G, 3G, 4G e 5G. As três gerações iniciais ofereciam voz analógica, voz digital e voz digital e dados (Internet, e-mail, etc.), respectivamente. A tecnologia 4G acrescenta outras capacidades, incluindo técnicas adicionais de transmissão pela camada física (p. ex., transmissões uplink por OFDM) e femtocélulas baseadas em IP (nós de celulares domésticos que são conectados à infraestrutura de Internet da linha fixa). A tecnologia 4G não admite a telefonia de comutação de circuitos, diferentemente de suas predecessoras, é baseada apenas na comutação de pacotes. A tecnologia 5G está sendo implantada agora, mas serão necessários muitos anos antes que ela substitua completamente as gerações anteriores em todos os lugares. A tecnologia 5G aceitará transmissões de até 20 Gbps, bem como implantações mais densas. Há também um foco na redução da latência da rede para dar suporte a uma maior gama de aplicações, como para jogos altamente interativos.

2.6.1 Conceitos comuns: células, handoff, paging

Em todos os sistemas de telefonia móvel, uma região geográfica é dividida em **células**, e é esse o motivo pelo qual esses dispositivos são chamados telefones celulares. Cada célula utiliza algum conjunto de frequências não utilizado por qualquer uma das células vizinhas. A ideia fundamental que dá aos sistemas celulares uma capacidade muito maior que a dos sistemas anteriores é o uso de células relativamente pequenas e a reutilização de frequências de transmissão em células próximas (mas não adjacentes). O projeto do celular aumenta a capacidade do sistema enquanto as células são menores. Além disso, células menores significam menor necessidade de energia, o que possibilita a existência de dispositivos transmissores e receptores menores e mais econômicos.

As células permitem a reutilização de frequências, que é ilustrada na Figura 2.39(a). Em geral, as células são razoavelmente circulares, porém, é mais simples representá-las como hexágonos. Na Figura 2.39(a), todas as células têm o mesmo tamanho. Elas são agrupadas em unidades de sete células. Cada letra indica um grupo de frequências. Observe que, para cada conjunto de frequências, existe um afastamento de aproximadamente duas células de extensão, no qual essa frequência não é reutilizada, o que proporciona boa separação e pouca interferência.

Em uma área em que o número de usuários cresce a ponto de o sistema ficar sobrecarregado, a potência pode ser reduzida, e as células sobrecarregadas são divididas em células menores, chamadas **microcélulas**, para permitir maior reutilização de frequências, como mostra a Figura 2.39(b). Algumas vezes, as empresas de telefonia criam microcélulas temporárias, utilizando torres portáteis com enlaces de satélite a fim de atender à demanda de eventos esportivos, shows de rock e outros eventos nos quais um

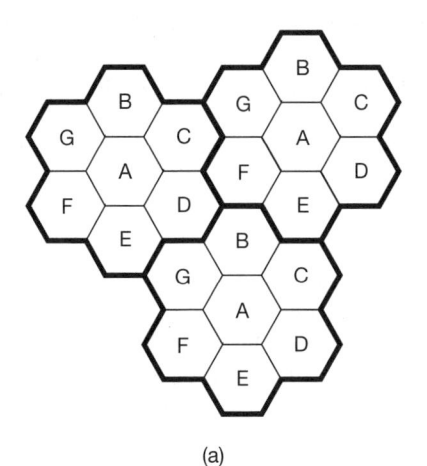

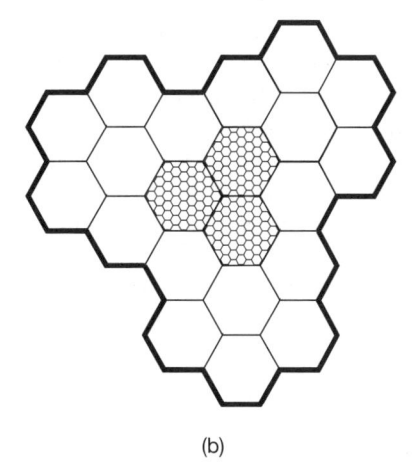

Figura 2.39 (a) As frequências não são reutilizadas nas células adjacentes. (b) Para aumentar o número de usuários, podem ser utilizadas células menores.

grande número de usuários de telefones celulares se reúne por algumas horas.

No centro de cada célula há uma estação-base que recebe as transmissões de todos os telefones presentes na célula. Essa estação consiste em um computador e um transmissor/receptor, conectados a uma antena. Em um sistema de pequeno porte, todas as estações-base estão conectadas a um único dispositivo, chamado **centro de comutação móvel**, ou **MSC (Mobile Switching Center)**. Em um sistema maior, podem ser necessários vários MSCs, todos conectados a um MSC de segundo nível, e assim por diante. Basicamente, os MSCs são estações finais, como no sistema telefônico, e na verdade estão conectados a pelo menos uma estação final de um sistema telefônico. Os MSCs se comunicam com as estações-base, entre si e com a PSTN usando uma rede de comutação de pacotes.

Em qualquer instante, cada telefone móvel logicamente ocupa uma célula específica e está sob o controle da estação-base dela. Quando um telefone móvel deixa fisicamente uma célula, sua estação-base detecta que o sinal do telefone está enfraquecendo e questiona todas as estações-base vizinhas quanto à quantidade de energia que elas estão recebendo dele. Quando as respostas retornam, a estação-base faz a transferência para a célula que está obtendo o sinal mais forte; quase sempre, essa é a célula em que o telefone está localizado no momento. O telefone é, então, informado de quem é o seu novo chefe e, se houver uma chamada em andamento, ele será solicitado a passar para um novo canal (porque o antigo não é reutilizado em nenhuma das células adjacentes). Esse processo é chamado de **handoff** e leva cerca de 300 ms. A atribuição de canais é feita pelo MSC, o centro nervoso do sistema. Na verdade, as estações-base são apenas simples retransmissoras de rádio.

Encontrar locais altos para instalar antenas de estação-base é uma questão fundamental. Esse problema levou algumas concessionárias de telecomunicações a fazer alianças com a Igreja Católica Romana, que possui um número significativo de locais apropriados para a instalação de antenas em todo o mundo, todos convenientemente controlados por uma única administração.

As redes celulares normalmente têm quatro tipos de **canais**. **Canais de controle** (da base para a unidade móvel) são usados para gerenciar o sistema. **Canais de localização** (da base para a unidade móvel) alertam os usuários móveis a respeito de chamadas destinadas a eles. **Canais de acesso** (bidirecionais) são usados para estabelecimento de chamadas e atribuição de canais. Por fim, os **canais de dados** (bidirecionais) transportam voz, fax ou dados.

2.6.2 Tecnologia de primeira geração (1G): voz analógica

Vamos examinar a tecnologia da rede celular, começando pelo sistema mais antigo. Os radiotelefones móveis eram usados esporadicamente na comunicação militar e marítima, durante as primeiras décadas do século XX. Em 1946, foi criado em St. Louis, Estados Unidos, o primeiro sistema para telefones baseado em automóveis. O sistema utilizava um único transmissor grande no topo de um alto edifício e tinha um único canal, usado para transmissões e recepções. Para conversar, o usuário tinha de apertar um botão que ativava o transmissor e desativava o receptor. Tais sistemas, conhecidos como **sistemas "apertar para falar"** (**push-to-talk systems**), foram instalados em diversas cidades a partir da década de 1950. Táxis e carros de polícia utilizam essa tecnologia com frequência.

Na década de 1960, foi instalado o **sistema de telefonia móvel aperfeiçoado**, ou **IMTS (Improved Mobile Telephone System)**. Ele também utilizava um transmissor de alta potência (200 watts) no topo de uma montanha, mas agora tinha duas frequências: uma para transmissão e outra para recepção. Por isso, o botão "apertar para falar" não era mais necessário. Como toda a comunicação dos telefones móveis utilizava um canal para transmissão e outro para recepção dos sinais, os usuários móveis não podiam ouvir uns aos outros (ao contrário do que acontecia com o sistema "apertar para falar" utilizado em táxis).

O IMTS admitia 23 canais espalhados pelas frequências de 150 a 450 MHz. Em virtude do pequeno número de canais, muitas vezes os usuários tinham de esperar muito tempo antes de obter um tom de discagem. Além disso, pela alta potência do transmissor, os sistemas adjacentes tinham de estar a vários quilômetros de distância uns dos outros para evitar interferência. Em suma, sua capacidade limitada tornou o sistema impraticável.

O **sistema avançado de telefonia móvel**, ou **AMPS (Advanced Mobile Phone System)**, bastante semelhante, inventado pelo Bell Labs e instalado inicialmente nos Estados Unidos em 1983, aumentou significativamente a capacidade da rede celular. Ele também foi usado na Inglaterra, onde recebeu o nome TACS, e no Japão, onde foi chamado MCS-L1. O uso do AMPS foi encerrado formalmente em 2008, mas vamos examiná-lo para entender o contexto para os sistemas 2G e 3G, que o aperfeiçoaram. No AMPS, as células normalmente ficam afastadas por 10 a 20 km; em sistemas digitais, as células são menores. Enquanto um sistema IMTS cobrindo 100 km só pode ter uma chamada em cada frequência, um sistema AMPS poderia ter 100 células de 10 km na mesma área, podendo ter de 10 a 15 chamadas em cada frequência, em células bastante separadas.

O AMPS utiliza FDM para separar os canais e usa 832 canais full-duplex, cada um consistindo em um par de canais simplex. Esse arranjo é conhecido como **duplex por divisão de frequência**, ou **FDD (Frequency Division Duplex)**. Os 832 canais simplex de 824 a 849 MHz são usados para transmissão do aparelho móvel à estação-base, e 832 canais simplex de 869 a 894 MHz são usados para transmissão da estação-base ao aparelho móvel. Cada um desses canais simplex tem 30 kHz de largura.

Os 832 canais no AMPS estão divididos em quatro categorias. Como as mesmas frequências não podem ser reutilizadas em células vizinhas e 21 desses canais são reservados em cada célula para controle, o número real de canais de voz disponíveis por célula é bem menor que 832, normalmente em torno de 45.

Gerenciamento de chamadas

Cada telefone móvel tem um número de série de 32 bits e um número de telefone de dez dígitos em sua PROM (memória programável somente de leitura). O número de telefone é representado como um código de área de 3 dígitos em 10 bits e um número de assinante de 7 dígitos em 24 bits. Quando um telefone é contatado, varre uma lista pré-programada de 21 canais de controle até encontrar o sinal mais forte. Em seguida, o telefone transmite seu número de série de 32 bits e o número de telefone de 34 bits. A exemplo de todas as outras informações de controle do AMPS, esse pacote é enviado várias vezes em formato digital e com um código de correção de erros, apesar de os próprios canais de voz serem analógicos.

Quando ouve a mensagem, a estação-base avisa ao MSC, que registra a existência de seu novo cliente e também informa a sua localização atual ao MSC local. Durante a operação normal, o telefone móvel repete o registro uma vez a cada 15 minutos, aproximadamente.

Para fazer uma chamada, o usuário móvel liga o telefone, digita no teclado o número a ser chamado (pelo menos, conceitualmente) e pressiona o botão LIGAR. Em seguida, o telefone transmite o número a ser chamado e sua própria identidade no canal de acesso. Se houver uma colisão, ele tenta novamente mais tarde. Ao receber a solicitação, a estação-base informa ao MSC. Se o chamador for um cliente da empresa do MSC (ou de uma de suas parceiras), o MSC procura um canal disponível para a chamada. Se encontrar algum, o número do canal será enviado de volta no canal de controle. Em seguida, o telefone móvel se conecta automaticamente ao canal de voz selecionado e aguarda até que a parte chamada atenda ao telefone.

As chamadas recebidas funcionam de forma diferente. Para começar, todos os telefones inativos ouvem continuamente o canal de localização para detectar as mensagens destinadas a eles. Quando é feita uma chamada para um telefone móvel (a partir de um telefone fixo ou de outro telefone móvel), um pacote é enviado ao MSC local do telefone chamado, para que ele seja localizado. Em seguida, é enviado um pacote à estação-base em sua célula atual, que, então, envia um pacote de difusão no canal de localização com o formato: "Unidade 14, você esta aí?". O telefone chamado responde "Sim" no canal de acesso. Depois, a base transmite algo como: "Unidade 14, chamada para você no canal 3". Nesse momento, o telefone chamado se conecta ao canal 3 e começa a emitir sinais sonoros (ou a tocar alguma melodia que o proprietário do telefone ganhou como presente de aniversário).

2.6.3 Tecnologia de segunda geração (2G): voz digital

A primeira geração de telefones celulares era analógica; a segunda geração é digital. A troca para digital tem diversas vantagens. Ela oferece ganhos de capacidade, permitindo que os sinais de voz sejam digitalizados e compactados. Ela melhora a segurança, permitindo que sinais de voz e de controle sejam criptografados. Isso, por sua vez, impede fraude e espionagem, seja por varredura intencional, seja por ecos de outras chamadas, em virtude da propagação de ondas de rádio. Por fim, ela capacita novos serviços, como mensagens de texto.

Assim como não havia padronização internacional durante a primeira geração, também não havia padronização internacional durante a segunda. Vários sistemas diferentes foram desenvolvidos, e três foram amplamente implementados. O **sistema avançado de telefonia móvel digital**, ou **D-AMPS (Digital Advanced Mobile Phone System)** é uma versão digital do AMPS que coexiste com ele e usa TDM para fazer várias chamadas no mesmo canal de frequência. Ele é descrito no padrão internacional IS-54 e seu sucessor, o IS-136. O **sistema global para comunicações móveis**, ou **GSM (Global System for Mobile Communications)** apareceu como o sistema dominante, e, embora tenha demorado para ser aceito nos Estados Unidos, agora é usado praticamente em todo o mundo. Assim como o D-AMPS, o GSM é baseado em uma mistura de FDM e TDM. O **acesso múltiplo por divisão de código**, ou **CDMA (Code Division Multiple Access)**, descrito no **padrão internacional IS-95**, é um tipo de sistema completamente diferente, que não é baseado nem em FDM nem em TDM. Embora o CDMA não tenha se tornado o sistema 2G dominante, sua tecnologia se tornou a base para os sistemas 3G.

Além disso, o nome **serviços de comunicações pessoais**, ou **PCS (Personal Communications Services)** às vezes é usado na literatura de marketing para indicar um sistema de segunda geração (ou seja, digital). Inicialmente, isso indicava um telefone móvel usando a banda de 1.900 MHz, mas essa distinção raramente é feita nos dias atuais. O sistema 2G dominante em quase todo o mundo é o GSM, que descrevemos em seguida com detalhes.

2.6.4 GSM: Global System for Mobile Communications

O GSM surgiu na década de 1980 como um esforço para produzir um único padrão 2G europeu. A tarefa foi atribuída a um grupo de telecomunicações chamado (em francês) Groupe Specialé Mobile. Os primeiros sistemas GSM foram implantados a partir de 1991 e experimentaram um sucesso repentino. Logo, ficou claro que o GSM seria mais do que um sucesso europeu, sendo absorvido até mesmo em países como a Austrália, de modo que o sistema foi renomeado para que tivesse um apelo mais global.

O GSM e outros sistemas de telefonia móvel que estudaremos retêm, dos sistemas 1G, um projeto baseado em células, reutilização de frequência pelas células e mobilidade com handoffs à medida que os assinantes se movem. São os detalhes que diferem. A seguir, descreveremos algumas das principais propriedades do GSM. Entretanto, o padrão GSM impresso tem mais de 5.000 [sic] páginas. Uma grande fração desse material se relaciona aos aspectos de engenharia do sistema, em especial ao projeto dos receptores para tratar da propagação de sinais por vários caminhos, e a sincronização de transmissores e receptores. Nada disso será mencionado aqui.

A Figura 2.40 mostra que a arquitetura do GSM é semelhante à arquitetura do AMPS, embora os componentes tenham nomes diferentes. O próprio aparelho móvel agora é dividido em um aparelho e em um chip removível, com informações do assinante e da conta contidas em um **cartão SIM**, uma abreviação de **Subscriber Identity Module (módulo de identidade do assinante)**. É o cartão SIM que ativa o aparelho e contém segredos que permitem que o aparelho e a rede se identifiquem e codifiquem as conversas. Um cartão SIM pode ser removido e colocado em um aparelho diferente, para que este se torne seu aparelho móvel em relação à rede.

O telefone móvel fala com as estações-base da célula por uma **interface com o ar**, que descreveremos em breve. As estações-base da célula estão conectadas a um **controlador de estação-base**, ou **BSC (Base Station Controller)**, que controla os recursos de rádio das células e cuida do handoff. O BSC, por sua vez, está conectado a um MSC (como no AMPS), que direciona as chamadas e as conecta à rede de telefonia pública comutada, ou PSTN.

Para direcionar as chamadas, o MSC precisa saber onde os aparelhos podem ser encontrados atualmente. Ele mantém um banco de dados dos aparelhos nas vizinhanças, que estão associados às células que ele controla. Esse banco de dados é chamado **registrador de local do visitante**, ou **VLR (Visitor Location Register)**. Também há um banco de dados na rede móvel que indica o último local conhecido de cada aparelho, chamado **registrador de local inicial**, ou **HLR (Home Location Register)**, usado para direcionar as chamadas que chegam para os locais corretos. Os dois bancos de dados devem ser mantidos atualizados enquanto os aparelhos passam de uma célula para outra.

Agora, vamos descrever a interface com o ar em alguns detalhes. O GSM trabalha em uma faixa de frequências internacional, incluindo 900, 1.800 e 1.900 MHz. Foi alocado um espectro maior que o AMPS, para dar suporte a um número muito maior de usuários. O GSM é um sistema celular duplex por divisão de frequência, como o AMPS. Ou seja, cada aparelho móvel transmite em uma frequência e recebe em outra mais alta (55 MHz mais alta para GSM, contra 80 MHz mais alta para AMPS). Contudo, diferentemente do AMPS, com o GSM, um único par de frequências é dividido pela TDM em slots de tempo. Desse modo, ele é compartilhado por vários aparelhos.

Para lidar com vários aparelhos, os canais GSM são muito mais largos que os canais AMPS (200 kHz contra 30 kHz). Um canal de 200 kHz é representado na Figura 2.41. Um sistema GSM operando na região de 900 MHz tem 124 pares de canais simplex. Cada canal simplex tem 200 kHz de largura e aceita oito conexões separadas nele, usando a TDM. Cada estação atualmente ativa recebe um slot de tempo em um par de canais. Teoricamente, 992 canais podem ser aceitos em cada célula, mas muitos deles não estão disponíveis, a fim de evitar conflitos de frequência com células vizinhas. Na Figura 2.41, todos os oito slots de tempo sombreados pertencem à mesma conexão, quatro deles em cada direção. A transmissão e a recepção não acontecem no mesmo slot de tempo, pois os rádios GSM não podem transmitir e receber ao mesmo tempo, e leva algum tempo para passar de um para o outro. Se a unidade móvel atribuída à faixa de 890,4/935,4 MHz e ao slot de tempo 2 quisesse transmitir algo para a estação-base, ela usaria os quatro slots sombreados inferiores (e os slots depois deles no tempo), inserindo alguns dados em cada um até que todos os dados fossem enviados.

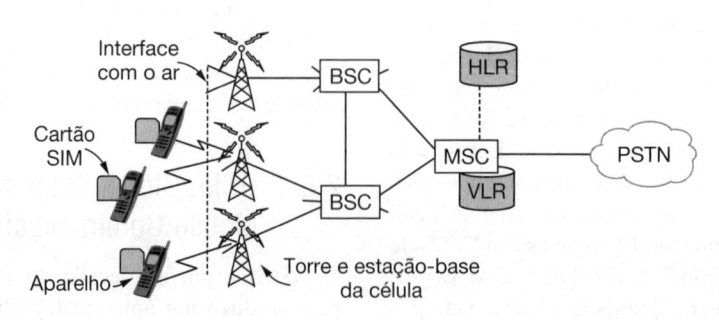

Figura 2.40 Arquitetura móvel da rede GSM.

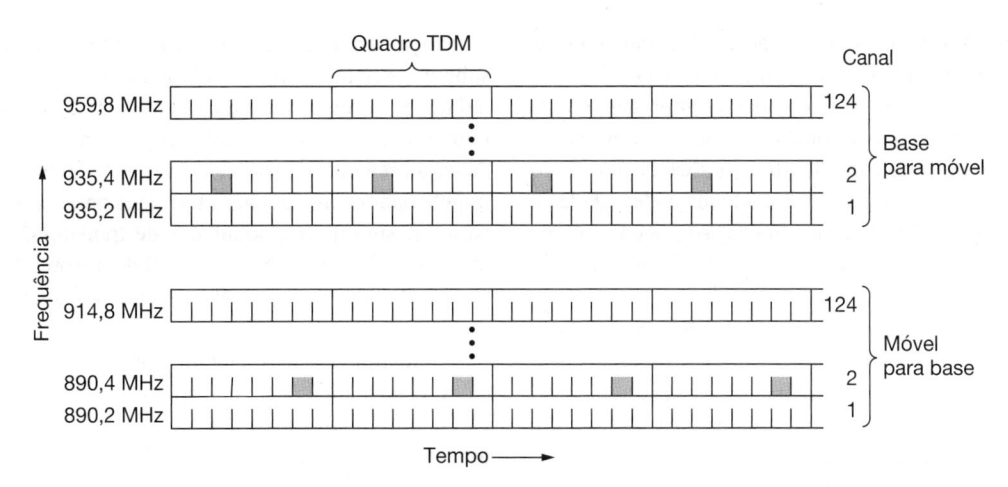

Figura 2.41 O sistema GSM utiliza 124 canais de frequência, cada um usando um sistema TDM de oito slots.

Os slots TDM mostrados na Figura 2.41 fazem parte de uma complexa hierarquia de enquadramento. Cada slot TDM tem uma estrutura específica, e grupos de slots TDM formam multiquadros, também com uma estrutura específica. Uma versão simplificada dessa hierarquia é mostrada na Figura 2.42. Aqui, podemos ver que cada slot TDM consiste em um quadro de dados de 148 bits que ocupa o canal por 577 μs (incluindo um tempo de proteção de 30 μs depois de cada slot). Cada quadro de dados começa e termina com três bits 0, para fins de delineação de quadros. Ele também contém dois campos *Informação* de 57 bits, cada um com um bit de controle que indica se o campo *Informação* seguinte se refere a voz ou a dados. Entre os campos *Informação* há um campo (de treinamento) *Sync* de 26 bits, usado pelo receptor para realizar a sincronização até os limites de quadro do transmissor.

Um quadro de dados é transmitido em 547 μs, mas um transmissor só pode enviar um quadro de dados a cada 4,615 ms, pois ele está compartilhando o canal com sete outras estações. A taxa bruta de cada canal é de 270.833 bps, dividida entre oito usuários. Porém, como ocorre com o AMPS, o overhead consome uma grande fração da largura de banda, deixando, em última análise, 24,7 kbps de carga útil por usuário antes da correção de erros. Após essa correção, restam 13 kbps para voz. Embora isso seja substancialmente menor que os 64 kbps do PCM para sinais de voz não compactados na rede de telefonia fixa, a compactação no dispositivo móvel pode alcançar esses níveis com pouca perda de qualidade.

Como podemos ver na Figura 2.42, oito quadros de dados formam um quadro TDM, e 26 quadros TDM formam um multiquadro de 120 ms. Dos 26 quadros TDM em um multiquadro, o slot 12 é usado para controle e o slot 25 é reservado para uso futuro; assim, somente 24 estão disponíveis para tráfego do usuário.

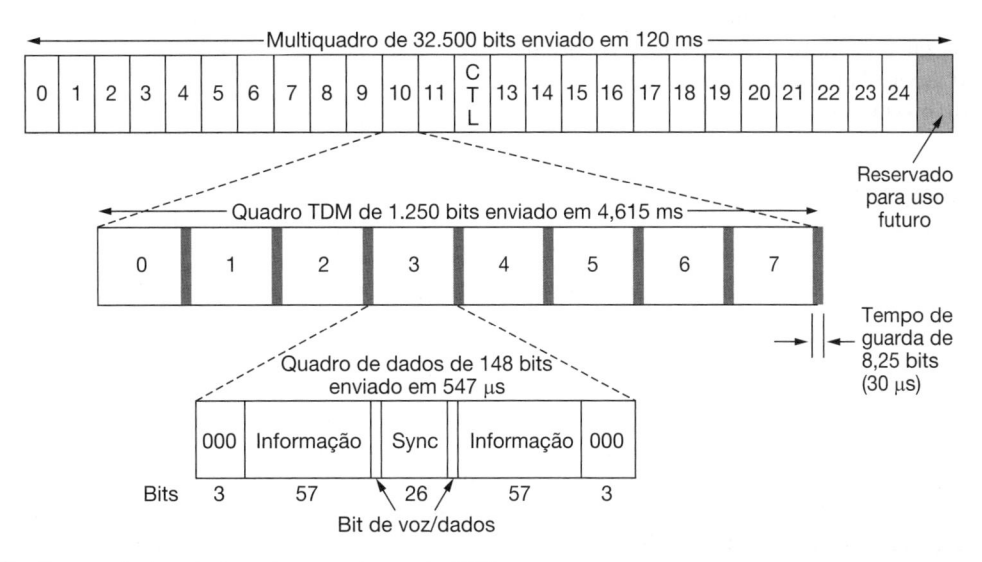

Figura 2.42 Uma parte da estrutura de enquadramento GSM.

Porém, além do multiquadro de 26 slots mostrado na Figura 2.42, também é usado um multiquadro de 51 slots (não mostrado). Alguns desses slots são empregados para guardar diversos canais de controle usados para gerenciar o sistema. O **canal de controle de broadcast** é um fluxo contínuo de saída da estação-base, contendo a identidade da estação-base e o status do canal. Todas as estações móveis monitoram a intensidade de seu sinal para verificar quando elas são transferidas para uma nova célula.

O **canal de controle dedicado** é usado para atualização de local, registro e estabelecimento de chamadas. Em particular, cada estação-base mantém o VLR, um banco de dados das estações móveis que atualmente estão sob sua jurisdição. As informações necessárias para manter o VLR são enviadas no canal de controle dedicado.

Por fim, existe o **canal de controle comum**, dividido em três subcanais lógicos. O primeiro deles é o **canal de localização**, que a estação-base utiliza para anunciar as chamadas recebidas. Cada estação móvel monitora continuamente esse canal para verificar se há chamadas a que ela deva responder. O segundo é o **canal de acesso aleatório**, que permite aos usuários solicitarem um slot no canal de controle dedicado. Se duas solicitações colidirem, elas serão adulteradas e terão de ser repetidas mais tarde. Usando o slot do canal de controle dedicado, a estação pode estabelecer uma chamada. O slot atribuído é anunciado no terceiro subcanal, o **canal de concessão de acesso**.

Por último, o GSM difere do AMPS no modo como o handoff é tratado. No AMPS, o MSC o controla totalmente, sem ajuda dos dispositivos móveis. Com os slots de tempo no GSM, na maior parte das vezes o dispositivo móvel não está nem enviando nem recebendo. Os slots ociosos são uma oportunidade para o dispositivo móvel medir a qualidade do sinal até outras estações-base nas proximidades. Ele faz isso e envia essa informação ao BSC, que pode utilizá-la para determinar quando um dispositivo móvel está saindo de uma célula e entrando em outra, de modo que possa realizar o handoff. Esse projeto é conhecido como **handoff auxiliado pela unidade móvel**, ou **MAHO (Mobile Assisted HandOff)**.

2.6.5 Tecnologia de terceira geração (3G): voz e dados digitais

A primeira geração de telefones móveis foi a voz analógica, e a segunda foi a voz digital. A terceira geração de telefones móveis, ou **3G**, como é chamada, trata de voz *e* dados digitais. Diversos fatores direcionaram o setor para a tecnologia 3G. Primeiro, na época do 3G, o tráfego de dados começou a ultrapassar o tráfego de voz na rede fixa; tendências semelhantes começaram a surgir para dispositivos móveis. Segundo, os serviços de telefone, Internet e vídeo começaram a convergir. O aumento do uso de smartphones, a partir do iPhone da Apple, que foi lançado em 2007, acelerou a mudança para dados móveis. Os volumes de dados estão subindo bastante com a popularidade dos iPhones. Quando o iPhone foi lançado, ele usava uma rede **2,5G** (basicamente uma rede 2G melhorada), que não tinha capacidade de dados suficiente. Os usuários do iPhone, ávidos por dados, impulsionaram ainda mais a transição para tecnologias 3G, para dar suporte a velocidades de transmissão de dados mais altas. Um ano depois, em 2008, a Apple lançou uma versão atualizada de seu iPhone, que podia usar a rede de dados 3G.

Inicialmente, as operadoras deram passos pequenos em direção ao 3G, chegando ao que se costuma chamar de **2,5G**. Um sistema desse tipo utiliza **taxas de dados aprimoradas para evolução do GSM**, ou **EDGE (Enhanced Data Rates for GSM Evolution)**, que é simplesmente o GSM com mais bits por símbolo. O problema é que mais bits por símbolo também significa mais erros por símbolo, e assim o EDGE tem nove esquemas diferentes para modulação e correção de erros, que se distinguem pela proporção da largura de banda dedicada à correção dos erros introduzidos pela velocidade mais alta. Trata-se de um passo em direção a um caminho evolutivo que é definido de GSM a outras tecnologias 3G que discutiremos nesta seção.

A ITU tentou ser um pouco mais específica em relação à visão do 3G em 1992. Ela apresentou um projeto para alcançá-lo, denominado **IMT-2000**, em que IMT significava **International Mobile Telecommunications (telecomunicações móveis internacionais)**. Os serviços básicos que a rede IMT-2000 deveria oferecer a seus usuários eram:

1. Transmissão de voz de alta qualidade.
2. Serviço de mensagens (substituindo e-mail, fax, SMS, bate-papo, etc.).
3. Multimídia (reprodução de música, exibição de vídeos, filmes, televisão, etc.).
4. Acesso à Internet (navegação na Web, incluindo páginas com áudio e vídeo).

Outros serviços poderiam ser: videoconferência, telepresença, jogos em grupo e m-commerce (comércio móvel, bastando utilizar seu telefone no caixa para pagar as compras feitas em uma loja). Além disso, todos esses serviços deveriam estar disponíveis em âmbito mundial (com conexão automática via satélite, quando não for possível instalar nenhuma rede terrestre), de forma instantânea (sempre ativos) e com garantias de qualidade de serviço. Em outras palavras, um sonho.

A ITU previu uma única tecnologia mundial para o IMT-2000, de forma que os fabricantes fossem capazes de construir um único dispositivo que pudesse ser vendido e utilizado em qualquer lugar do mundo. Ter uma única tecnologia também facilitaria bastante a vida dos operadores de redes e encorajaria mais pessoas a usarem os serviços.

Acontece que isso foi um pouco otimista. O número 2000 significou três coisas: (1) o ano em que o serviço deveria ser iniciado; (2) a frequência em que ele deveria operar (em MHz); e (3) a largura de banda que o serviço deveria ter (em kbps). Nenhum desses três se concretizou. Nada foi implementado em 2000. A ITU recomendou que todos os governos reservassem o espectro em 2 GHz para que os dispositivos pudessem passar de um país para outro de forma transparente. A China reservou a largura de banda exigida, mas ninguém mais fez isso. Finalmente, reconheceu-se que 2 Mbps não são atualmente viáveis para usuários que se movimentam *muito* (em virtude da dificuldade de realizar handoffs com rapidez suficiente). O mais realista é 2 Mbps para usuários que não estão em movimento, 384 kbps para pessoas andando e 144 kbps para conexões em carros.

Apesar desses problemas iniciais, muito foi realizado desde então. Várias propostas do IMT-2000 foram feitas e, após uma seleção, elas se reduziram a duas principais: (1) o **CDMA de banda larga**, ou **WCDMA (Wideband CDMA)**, foi proposto pela Ericsson e adotado pela União Europeia, que o chamou de **sistema universal de telecomunicações móveis**, ou **UMTS (Universal Mobile Telecommunications System)**; e (2) o **CDMA2000**, proposto pela Qualcomm nos Estados Unidos.

Esses dois sistemas são mais semelhantes do que diferentes, pois são baseados no CDMA de banda larga; o WCDMA usa canais de 5 MHz e o CDMA2000 usa canais de 1,25 MHz. Se os engenheiros da Ericsson e da Qualcomm fossem confinados em uma sala e solicitados a apresentar um projeto comum, eles provavelmente conseguiriam fazê-lo rapidamente. A dificuldade é que o problema real não é de engenharia, mas político (como sempre). A Europa queria um sistema que trabalhasse junto com o GSM, enquanto os Estados Unidos queriam um sistema que fosse compatível com um sistema já amplamente desenvolvido no país (o IS-95). Cada lado (naturalmente) também apoiava sua empresa local (a Ericsson está sediada na Suécia; a Qualcomm, na Califórnia). Por fim, a Ericsson e a Qualcomm estavam envolvidas em numerosos processos relacionados a suas respectivas patentes de CDMA. Para aumentar a confusão, o UMTS se tornou um padrão 3G único com múltiplas opções incompatíveis, incluindo o CDMA2000. Essa mudança foi um esforço para unificar os vários campos, mas ele apenas encobre as diferenças técnicas e oculta o foco dos esforços em andamento. Usaremos o UMTS para indicar o WCDMA, uma forma diferente com origem no CDMA2000.

Outra melhoria em relação ao esquema CDMA básico que descrevemos anteriormente é permitir que diferentes usuários enviem dados em diferentes taxas, independentes uma da outra. Esse truque é realizado naturalmente no CDMA fixando a taxa em que os chips são transmitidos e atribuindo aos usuários sequências de chips de diferentes tamanhos. Por exemplo, no WCDMA, a taxa de chip é de 3,84 Mchips/s, e o espalhamento de códigos varia de 4 a 256 chips. Com um código de 256 chips, restam cerca de 12 kbps após a correção de erro, e essa capacidade é suficiente para uma chamada de voz. Com um código de 4 chips, a taxa de dados do usuário é próxima de 1 Mbps. Códigos de tamanho intermediário geram taxas intermediárias; para conseguir múltiplos Mbps, a unidade móvel precisa usar mais de um canal de 5 MHz ao mesmo tempo.

Vamos voltar nossa discussão para o uso do CDMA em redes celulares, por ser o fator de distinção dos dois sistemas. O CDMA não é FDM nem TDM, mas um tipo de mistura em que cada usuário envia na mesma banda de frequência ao mesmo tempo. Quando ele foi proposto inicialmente para sistemas de celular, a indústria teve aproximadamente a mesma reação que Colombo provocou na Rainha Isabel quando ele propôs alcançar as Índias navegando na direção errada. Porém, pela persistência de uma única empresa, a Qualcomm, o CDMA teve sucesso como um sistema 2G (IS-95) e amadureceu ao ponto de se tornar a base técnica para o 3G.

Para fazer o CDMA funcionar no ambiente de telefonia móvel, é preciso mais do que a técnica de CDMA básica que descrevemos na Seção 2.4. Especificamente, descrevemos um sistema chamado **CDMA síncrono**, no qual as sequências de chips são exatamente ortogonais. Esse projeto funciona quando todos os usuários estão sincronizados no momento inicial de suas sequências de chips, como no caso da estação-base transmitindo para unidades móveis. A estação-base pode transmitir as sequências de chips começando ao mesmo tempo, de modo que os sinais sejam ortogonais e capazes de ser separados. Contudo, é difícil sincronizar as transmissões de telefones móveis independentes. Sem alguns esforços especiais, suas transmissões chegariam na estação-base em momentos diferentes, sem nenhuma garantia de ortogonalidade. Para que as unidades móveis enviem para a estação-base sem sincronização, queremos codificar sequências que são ortogonais umas às outras em todos os deslocamentos possíveis, não apenas quando elas estão alinhadas no início.

Embora não seja possível encontrar sequências exatamente ortogonais para esse caso geral, longas sequências pseudoaleatórias chegam perto o suficiente. Elas têm a propriedade de que, com alta probabilidade, tenham uma baixa **correlação cruzada** entre si em todos os deslocamentos. Isso significa que, quando uma sequência é multiplicada por outra e somada para calcular o produto interno, o resultado será pequeno; ele seria zero se todas fossem ortogonais. (Intuitivamente, as sequências aleatórias sempre deverão parecer diferentes uma da outra. Multiplicá-las deverá, então, produzir um sinal aleatório, que se somará a um resultado pequeno.) Isso permite que um receptor filtre transmissões indesejadas do sinal recebido. Além disso, a **autocorrelação** de sequências pseudoaleatórias também é pequena, com alta probabilidade, exceto em um deslocamento zero. Isso significa que, quando uma sequência é multiplicada por uma cópia atrasada de si mesma e somada, o resultado será pequeno, exceto quando o atraso é zero. (Intuitivamente, uma sequência aleatória atrasada se parece com uma sequência aleatória diferente, e voltamos ao caso da correlação cruzada.) Isso permite que um receptor intercepte o início da transmissão desejada no sinal recebido.

O uso de sequências pseudoaleatórias permite que a estação-base receba mensagens CDMA de unidades móveis não sincronizadas. Contudo, uma suposição implícita em nossa discussão do CDMA é que os níveis de potência de todas as unidades móveis são iguais no receptor. Se não forem, uma pequena correlação cruzada com um sinal poderoso poderia superar uma grande autocorrelação com um sinal fraco. Assim, a potência de transmissão nas unidades móveis deve ser controlada para reduzir a interferência entre sinais concorrentes. É essa interferência que limita a capacidade de sistemas CDMA.

Os níveis de potência recebidos em uma estação-base dependem da distância em que os transmissores se encontram e também de quanta potência eles transmitem. Pode haver muitas estações móveis em distâncias variadas da estação-base. Uma boa heurística para equalizar a potência recebida é que cada estação móvel transmita para a estação-base no inverso do nível de potência que ela recebe dessa estação-base. Em outras palavras, uma estação móvel recebendo um sinal fraco da estação-base usará mais potência do que outra obtendo um sinal forte. Para aumentar a precisão, a estação-base também oferece feedback a cada unidade móvel para aumentar, diminuir ou manter constante sua potência de transmissão. O feedback é frequente (1.500 vezes por segundo), pois o bom controle de potência é importante para reduzir a interferência.

Agora, vamos descrever as vantagens do CDMA. Primeiro, esse sistema pode melhorar a capacidade ao tirar proveito de pequenos períodos quando alguns transmissores estão silenciosos. Nas chamadas de voz, em conversas educadas, uma parte fica em silêncio enquanto a outra fala. Em média, a linha está ocupada apenas 40% do tempo. Contudo, as pausas podem ser pequenas e são difíceis de prever. Com sistemas TDM ou FDM, não é possível reatribuir slots de tempo ou canais de frequência com rapidez suficiente para se beneficiar desses pequenos silêncios. Contudo, no CDMA, um usuário reduz a interferência para outros usuários simplesmente não transmitindo, e é provável que alguma fração dos usuários não esteja transmitindo em uma célula ocupada em determinado momento. Assim, o sistema tira proveito dos silêncios esperados para permitir um número maior de chamadas simultâneas.

Em segundo lugar, com o CDMA, cada célula usa as mesmas frequências. Diferentemente de GSM e AMPS, a FDM não é necessária para separar as transmissões de diferentes usuários. Isso elimina complicadas tarefas de planejamento de frequência e melhora a capacidade, tornando mais fácil para a estação-base usar várias antenas direcionais, ou **antenas setorizadas**, em vez de uma antena omnidirecional. As antenas direcionais concentram um sinal na direção desejada e o reduzem, diminuindo, portanto, o sinal (e a interferência) em outras direções. Isso, por sua vez, aumenta a capacidade. Esquemas com três setores são comuns. A estação-base precisa rastrear a unidade móvel enquanto ela se move de um setor para outro. Esse rastreamento é fácil com o CDMA, pois todas as frequências são usadas em todos os setores.

Em terceiro lugar, o CDMA facilita o **soft handoff**, em que a unidade móvel é aceita pela nova estação-base antes de a anterior se desconectar. Desse modo, não existe perda de continuidade. O soft handoff aparece na Figura 2.43. Ele é fácil com o CDMA, pois todas as frequências são usadas em cada célula. Como opção há um **hard handoff**, em que a estação-base antiga libera a chamada antes de ela ser aceita pela nova. Se a nova não for capaz de aceitá-la (p. ex., porque não existe nenhuma frequência disponível), a chamada será desconectada de forma brusca. Os usuários tendem a notar essa interrupção, mas ela ocasionalmente é inevitável com a estrutura atual. O hard handoff é a norma nos projetos FDM para evitar o custo de fazer a unidade móvel transmitir ou receber em duas frequências simultaneamente.

2.6.6 Tecnologia de quarta geração (4G): comutação de pacotes

Em 2008, a ITU especificou um conjunto de padrões para sistemas 4G. O **4G**, que também costuma ser chamado de **IMT Advanced**, é totalmente baseado na tecnologia de rede de comutação de pacotes, incluindo seus predecessores. Seu predecessor imediato foi uma tecnologia normalmente chamada de **LTE** (**Long Term Evolution**). Outro precursor e tecnologia relacionados ao 4G foi o 3GPP

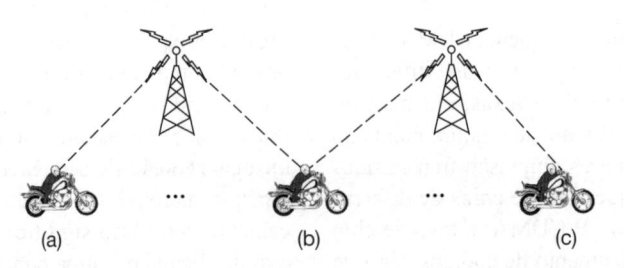

Figura 2.43 Soft handoff (a) antes, (b) durante e (c) depois.

LTE, também chamado de "4G LTE". A terminologia é um pouco confusa, pois "4G" efetivamente se refere a uma geração de comunicações móveis, em que qualquer geração pode, de fato, incluir vários padrões. Por exemplo, a ITU considera o IMT Advanced como um padrão 4G, embora também aceite LTE como um padrão 4G. Outras tecnologias, como o malfadado WiMAX (IEEE 802.16), também são consideradas 4G. Tecnicamente, LTE e "4G verdadeiro" são versões diferentes do padrão 3GPP (versões 8 e 10, respectivamente).

A principal inovação em relação aos sistemas 3G anteriores é que as redes 4G utilizam comutação de pacotes, em vez de comutação de circuitos. A inovação que permite a comutação de pacotes é chamada de **EPC (Evolved Packet Core)**, que é basicamente uma rede IP simplificada, que separa o tráfego de voz da rede de dados. A rede EPC transporta voz e dados em pacotes IP. Assim, ela é uma rede de **voz sobre IP (VoIP)**, com recursos alocados usando as técnicas de multiplexação estatística descritas anteriormente. Como tal, a EPC deve gerenciar os recursos de forma que a qualidade da voz permaneça alta através dos recursos de rede que são compartilhados entre muitos usuários. Os requisitos de desempenho para LTE incluem, entre outras coisas, throughput máximo para upload de 100 Mbps e download de 50 Mbps. Para alcançar essas taxas mais altas, as redes 4G usam um conjunto de frequências adicionais, incluindo 700 MHz, 850 MHz, 800 MHz e outras. Outro aspecto do padrão 4G é a "eficiência espectral", ou quantos bits podem ser transmitidos por segundo para uma determinada frequência; para tecnologias 4G, a eficiência espectral máxima deve ser 15 bps/Hz para downlink e 6,75 bps/Ghz para uplink.

A arquitetura LTE inclui os seguintes elementos como parte do EPC, conforme mostrado no Capítulo 1, na Figura 1.19.

1. **Serving Gateway (S-GW)**. O S-GW encaminha pacotes de dados para garantir que os pacotes continuem a ser encaminhados para o dispositivo do usuário ao passar de um eNodeB para outro.
2. **Mobility Management Entity (MME)**. O MME rastreia, pagina o dispositivo do usuário e escolhe o S-GW para um dispositivo quando ele se conecta à rede pela primeira vez, assim como durante as transferências. Ele também autentica o dispositivo do usuário.
3. **Packet Data Network Gateway (P-GW)**. Faz a interface entre o dispositivo do usuário e uma rede de dados de pacote (ou seja, uma rede comutada por pacote) e pode executar funções como alocação de endereço para essa rede (p. ex., via DHCP), limitação de taxa, filtragem, inspeção profunda de pacotes e interceptação legal do tráfego. Os dispositivos do usuário estabelecem um serviço orientado à conexão com o gateway de pacotes usando o chamado **portador de EPS**, estabelecido quando o dispositivo do usuário se conecta à rede.
4. **Home Subscriber Server (HSS)**. O MME consulta o HSS para determinar se o dispositivo do usuário corresponde a um assinante válido.

A rede 4G também possui uma **RAN (Radio Access Network)** expandida. A rede de acesso por rádio para LTE introduz um nó de acesso denominado **eNodeB**, que realiza operações na camada física (como enfocaremos neste capítulo), bem como as camadas **MAC (Medium Access Control)**, **RLC (Radio Link Control)** e **PDCP (Packet Data Control Protocol)**, muitas delas específicas para a arquitetura de rede celular. O eNodeB executa o gerenciamento de recursos, o controle de admissão, a programação e outras funções do plano de controle.

Nas redes 4G, o tráfego de voz pode ser transportado pelo EPC usando uma tecnologia chamada **VoLTE (Voice over LTE)**, possibilitando às operadoras transmitir o tráfego de voz pela rede comutada por pacotes e tirando qualquer dependência da rede de voz legada, comutada por circuitos.

2.6.7 Tecnologia de quinta geração (5G)

Por volta de 2014, o sistema LTE atingiu a maturidade e as pessoas começaram a pensar no que viria em seguida. Obviamente, depois de 4G vem o 5G. A verdadeira questão, claro, é "o que será o 5G?", que Andrews et al. (2014) discutem bastante. Anos depois, 5G passou a significar muitas coisas diferentes, dependendo do público e de quem está usando o termo. Basicamente, a próxima geração de tecnologia de rede celular móvel se resume a dois fatores principais: taxas de dados mais altas e latência menor do que as tecnologias 4G. É claro que existem tecnologias específicas que permitem alcançar maior velocidade e menor latência, que discutiremos a seguir.

O desempenho da rede celular é geralmente medido em termos de **taxa de dados agregada** ou **capacidade de área**, que é a quantidade total de dados que a rede pode atender em bits por unidade de área. Um dos objetivos do 5G é melhorar a capacidade de área da rede em três ordens de grandeza (mais de 1000 vezes a do 4G), usando uma combinação de tecnologias:

1. Ultra-densificação e descarregamento. Uma das maneiras mais simples de melhorar a capacidade da rede é adicionar mais células por área. Enquanto os tamanhos das células 1G eram da ordem de centenas de quilômetros quadrados, o 5G visa tamanhos de células menores, incluindo **picocélulas** (com menos de 100 m de diâmetro) e até mesmo **femtocélulas** (com alcance semelhante ao WiFi, de dezenas de metros). Um dos benefícios mais importantes da redução do tamanho da célula é a capacidade de reutilizar o espectro em

uma determinada área geográfica, reduzindo assim o número de usuários que estão competindo por recursos em qualquer estação-base. É claro que a redução do tamanho da célula traz suas próprias complicações, incluindo maior dificuldade para gerenciamento de mobilidade e handoff.

2. **Largura de banda aumentada com ondas milimétricas.** A maior parte do espectro de tecnologias anteriores estava na faixa de várias centenas de MHz a alguns GHz, correspondendo a comprimentos de onda que variam de centímetros a cerca de um metro. Esse espectro tem se tornado cada vez mais congestionado, especialmente nos principais mercados durante os horários de pico. Existem quantidades consideráveis de espectro não utilizado na faixa de ondas milimétricas de 20 a 300 GHz, com comprimentos de onda menores que 10 mm. Até pouco tempo, esse espectro não era considerado adequado para comunicação sem fio porque comprimentos de onda mais curtos não se propagam tão bem. Uma das maneiras como os desafios de propagação estão sendo enfrentados é usando grandes matrizes de antenas direcionais, o que é uma grande mudança arquitetônica em relação às gerações anteriores de redes celulares: tudo é diferente, desde propriedades de interferência até o processo de associar um usuário a uma estação-base.

3. **Maior eficiência espectral por meio de avanços na tecnologia MIMO (Multiple-Input Multiple-Output).** MIMO melhora a capacidade de um enlace de rádio, usando várias antenas de transmissão e recepção para tirar vantagem da propagação de multicaminhos, através da qual o sinal de rádio transmitido chega ao receptor por meio de dois ou mais caminhos. MIMO foi introduzido na comunicação WiFi e nas tecnologias de celular 3G por volta de 2006, e possui algumas variações; os padrões celulares anteriores tiram proveito do **MU-MIMO (Multi-User MIMO)**. Geralmente, essas tecnologias aproveitam a diversidade espacial dos usuários para cancelar a interferência que pode ocorrer em qualquer uma das extremidades da transmissão sem fio. **Massive MIMO** é um tipo de MU-MIMO que aumenta o número de antenas da estação-base para que haja muito mais antenas do que terminais. Existe até a possibilidade de usar um arranjo de antenas tridimensionais, no chamado **FD-MIMO (Full-Dimension MIMO)**.

Outro recurso que acompanhará o 5G é o **fatiamento de rede**, que permitirá às operadoras de celular criarem várias redes virtuais na mesma infraestrutura física compartilhada, dedicando partes de sua rede a casos de uso específicos do cliente. Frações distintas da rede (e seus recursos) podem ser dedicadas a diferentes provedores de aplicações, as quais, por sua vez, podem ter diferentes requisitos. Por exemplo, aplicações que exigem alto throughput podem ser alocadas a uma fatia de rede diferente daquelas que admitem um throughput mais baixo. **SDN (Software-Defined Networking)** and **NFV (Network Functions Virtualization)** são tecnologias emergentes que ajudarão a dar suporte ao fatiamento. Discutiremos essas tecnologias em capítulos mais adiante.

2.7 REDES POR CABO

Certamente, os sistemas de telefonia fixa e móvel desempenharão um papel importante nas futuras redes, mas as redes por cabo também participarão das redes de acesso de banda larga do futuro. Hoje mesmo, muitas pessoas recebem serviços de televisão, telefone e Internet via cabo. Nas próximas seções, examinaremos com mais detalhes a televisão a cabo como uma rede e vamos compará-la com os sistemas de telefonia que acabamos de estudar. Para obter mais informações, consulte Harte (2017). O padrão DOCSIS de 2018 também tem informações úteis, principalmente em relação às modernas arquiteturas de rede por cabo.

2.7.1 História das redes por cabo: TV por antena comunitária

A televisão a cabo foi concebida no final da década de 1940 como uma forma de proporcionar melhor recepção de TV às pessoas que viviam em áreas rurais ou montanhosas. No início, o sistema consistia em uma grande antena situada no alto de uma colina para captar o sinal de televisão que se propaga pelo ar, um amplificador chamado **headend**, para reforçar o sinal, e um cabo coaxial para distribuí-lo pelas casas das pessoas, como ilustra a Figura 2.44.

Nos primeiros anos, a TV a cabo era chamada de **televisão de antena comunitária**, ou **CATV (Community Antenna Television)**. Sua operação era muito simples – qualquer pessoa que tivesse alguma prática em eletrônica era capaz de instalar um serviço para sua cidade, e os usuários se reuniam para pagar os custos. À medida que o número de assinantes crescia, outros cabos eram conectados ao cabo original e eram acrescentados outros amplificadores conforme a necessidade. A transmissão era unidirecional, do headend para os usuários. Em 1970, havia milhares de sistemas independentes.

Em 1974, a Time Inc. lançou um novo canal, denominado Home Box Office, com novo conteúdo (filmes) e distribuído somente por cabo. Seguiram-se outros canais dedicados apenas a notícias, esportes, culinária, história, filmes, ciência, crianças e muitos outros temas. Esse desenvolvimento ocasionou duas mudanças na indústria. Primeiro, as grandes corporações começaram a adquirir os sistemas a cabo existentes e estender novos cabos para conquistar novos assinantes. Segundo, agora havia necessidade

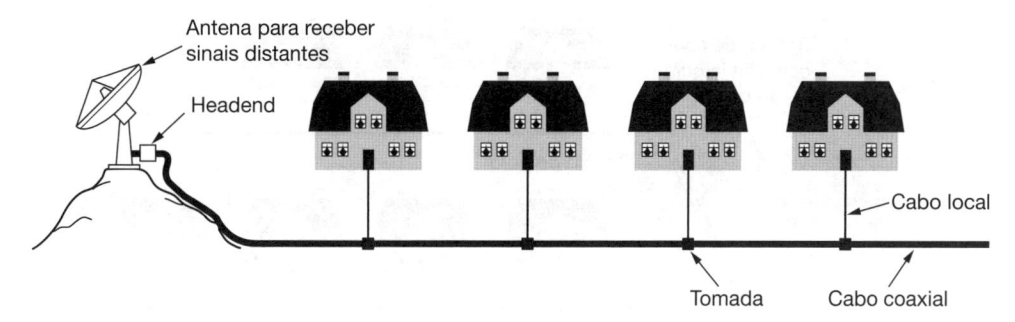

Figura 2.44 Um antigo sistema de TV a cabo.

de conectar vários sistemas, normalmente em cidades distantes, a fim de distribuir o conteúdo dos novos canais de TV a cabo. As empresas especializadas começaram a estender cabos entre as cidades para conectar todas elas em um único sistema. Esse padrão era semelhante ao que ocorreu na indústria de telefonia 80 anos antes, com a conexão de estações finais anteriormente isoladas para tornar possível a comunicação interurbana.

2.7.2 Acesso de banda larga à Internet por cabo: redes HFC

Com o passar dos anos, o sistema de TV a cabo cresceu, e os cabos entre as várias cidades foram substituídos por fibra óptica de alta largura de banda, de forma semelhante ao que ocorreu no sistema telefônico. Um sistema com fibra nas linhas principais e cabo coaxial nas ligações para as residências é chamado de **sistema híbrido de cabo coaxial e fibra**, ou **HFC (Hybrid Fiber Coax)**, e é a arquitetura predominante nas redes a cabo atuais. A tendência de levar a fibra para mais perto do assinante doméstico continua, conforme descrevemos na seção sobre FTTX. Os conversores eletro-ópticos que constituem a interface entre as partes óptica e elétrica do sistema são chamados **nós de fibra**. Pelo fato de a largura de banda da fibra ser muito maior que a dos cabos coaxiais, um único nó de fibra pode alimentar vários cabos coaxiais. A Figura 2.45(a) mostra uma parte de um sistema HFC moderno.

No final da década de 1990, muitas operadoras de TV a cabo decidiram entrar no ramo de acesso à Internet e, muitas vezes, também no ramo de telefonia. No entanto, diferenças técnicas entre as instalações de cabo e de telefonia têm efeito sobre o que deve ser realizado para alcançar esses objetivos. Por um lado, todos os amplificadores unidirecionais no sistema tinham de ser substituídos por amplificadores bidirecionais, para dar suporte a transmissões tanto upstream quanto downstream. Enquanto isso estava acontecendo, os primeiros sistemas de Internet por cabo usavam a rede de televisão para as transmissões downstream e uma conexão discada via rede telefônica para as transmissões upstream. Essa foi uma alternativa arriscada, se é que houve uma, mas até que funcionou.

Eliminar todos os canais de TV e usar a infraestrutura de cabo estritamente para acesso à Internet provavelmente geraria um número razoável de clientes insatisfeitos (principalmente os mais antigos, pois os mais novos já haviam rompido os laços); assim, as empresas de TV a cabo hesitam em fazê-lo. Além disso, a maioria das cidades tem uma regulamentação bastante pesada sobre o que é transmitido por cabo e, portanto, as operadoras de serviços não teriam permissão para fazer isso, ainda que desejassem. Como consequência, elas precisaram encontrar um modo de fazer a televisão e a Internet coexistirem no mesmo cabo.

A solução é contar com a FDM. Os canais de TV a cabo da América do Norte ocupam a região de 54 a 550 MHz (com exceção do rádio FM, que ocupa a faixa de 88 a 108 MHz). Esses canais têm 6 MHz de largura, incluindo as bandas de proteção, e podem transportar um canal de TV analógica tradicional ou vários canais de TV digital. Na Europa, a extremidade inferior em geral é de 65 MHz, e os canais têm de 6 a 8 MHz de largura, em virtude da maior resolução exigida pelos sistemas PAL e SECAM, mas o esquema de alocação é semelhante nos outros aspectos. A parte baixa da banda não é usada. Os cabos modernos também operam bem acima de 550 MHz, chegando frequentemente a 750 MHz ou mais. A solução escolhida foi introduzir canais de upstream na banda de 5 a 42 MHz (um pouco mais alta na Europa) e usar as frequências na extremidade alta para os sinais downstream. O espectro dos serviços de cabo é ilustrado na Figura 2.46.

Como todos os sinais de televisão são downstream, é possível usar amplificadores upstream que só funcionam na região de 5 a 42 MHz e amplificadores downstream que só funcionam na frequência de 54 MHz e acima desta, como mostra a figura. Desse modo, obtemos uma assimetria nas larguras de banda upstream e downstream, porque está disponível uma parte maior do espectro acima da faixa de TV do que abaixo dela. Em contrapartida, a maior parte do tráfego provavelmente será downstream, e, assim, as operadoras de serviços a cabo não estão insatisfeitas com esse fato. Como vimos, em geral as companhias telefônicas oferecem um serviço DSL assimétrico, embora não tenham nenhuma razão técnica para fazê-lo. Além de atualizar os

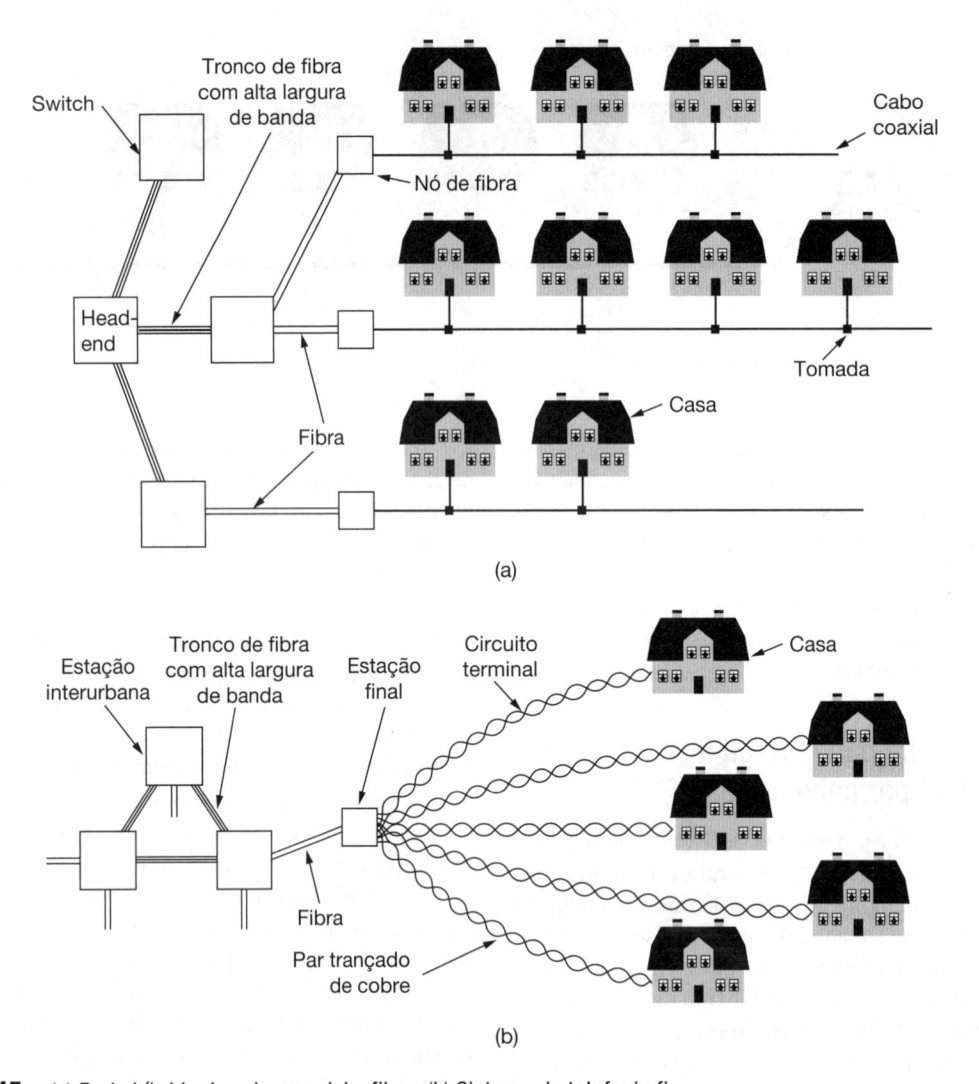

Figura 2.45 (a) Rede híbrida de cabo coaxial e fibra. (b) Sistema de telefonia fixa.

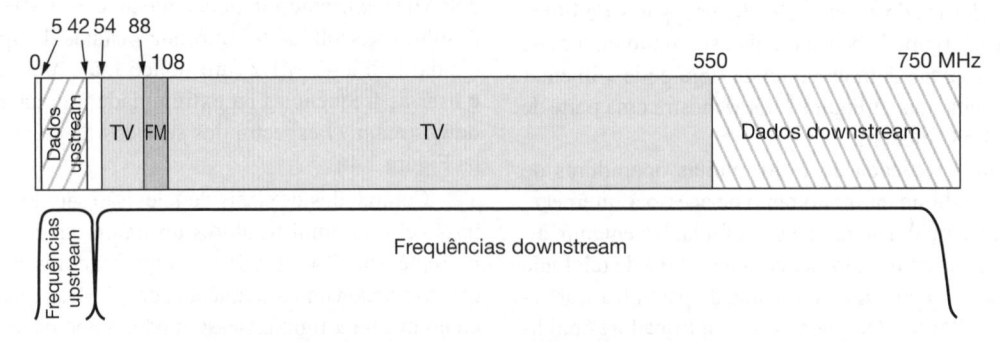

Figura 2.46 Alocação de frequências em um sistema típico de TV a cabo usado para acesso à Internet.

amplificadores, a operadora também tem de atualizar o headend, que deve passar de um amplificador não inteligente para um sistema computadorizado digital inteligente, com uma interface de fibra de alta largura de banda para um ISP. Esse headend atualizado passou a se chamar **sistema de terminação de modem a cabo**, ou **CMTS (Cable Modem Termination System)**. CMTS e headend referem-se ao mesmo componente.

2.7.3 DOCSIS

As companhias de cabo operam redes que incluem a tecnologia da camada física HFC para a conectividade do último quilômetro, além de conexões por fibra e sem fio para o último quilômetro. A parte HFC dessas redes é bastante empregada nos Estados Unidos, Canadá, Europa e outros mercados, e usa os padrões **DOCSIS (Data Over Cable Service Interface Specification)** da CableLabs.

O padrão DOCSIS versão 1.0 apareceu em 1997. DOCSIS 1.0 e 1.1 tinham um limite funcional de 38 Mbps downstream e 9 Mbps upstream. Em 2001, DOCSIS 2.0 triplicou a largura de banda upstream. Mais tarde, DOCSIS 3.0 (2006) introduziu o suporte para IPv6 e permitiu a ligação de canais para as comunicações downstream e upstream, aumentando bastante a capacidade potencial para cada residência atendida para centenas de megabits por segundo. DOCSIS 3.1 (2013), que introduziu a Orthogonal Frequency Division Multiplexing (OFDM), largura de banda mais larga para os canais e maior eficiência, permitiu mais de 1 Gbps de capacidade downstream por residência. Extensões ao DOCSIS 3.1 foram acrescentadas por meio de atualizações ao padrão DOCSIS 3.1, incluindo a operação Full Duplex (2017), que permitirá capacidades downstream e upstream simétricas de vários gigabits, além do DOCSIS Low Latency (2018) e outros recursos para reduzir a latência.

Na camada de fibra coaxial híbrida, ou HFC, a rede é altamente dinâmica, com operadoras de rede a cabo realizando divisões de nó de fibra regularmente, o que empurra a fibra para mais perto da casa e reduz o número de residências atendidas por cada nó, disponibilizando mais capacidade para cada casa atendida. Em alguns casos, a HFC do último quilômetro é substituído por FTTH, e muitas novas construções também são para uso doméstico.

Os assinantes de Internet a cabo exigem um modem a cabo DOCSIS para servir como interface entre a rede doméstica e a rede do ISP. Cada modem a cabo envia dados em um canal upstream e um canal downstream, e cada um é alocado usando FDM. DOCSIS 3.0 utiliza vários canais. O esquema normal é apanhar cada canal downstream de 6 ou 8 MHz e modulá-lo com QAM-64 ou, se a qualidade do cabo for excepcionalmente boa, com QAM-256. Com um canal de 6 MHz e QAM-64, obtemos cerca de 36 Mbps. Quando o overhead da sinalização é subtraído, a largura de banda resultante é de cerca de 27 Mbps. Com QAM-256, a carga útil resultante é de cerca de 39 Mbps. Os valores europeus são 1/3 maiores devido à maior disponibilidade de largura de banda.

A interface entre o modem e a residência é simples; em geral, ela é uma conexão Ethernet. Hoje em dia, muitos usuários domésticos da Internet conectam o modem a cabo a um ponto de acesso WiFi para montar uma rede sem fio doméstica. Em alguns casos, o provedor de serviços de Internet (ISP) do usuário fornece um único dispositivo de hardware que combina o modem a cabo e o ponto de acesso sem fio. A interface entre o modem a cabo e o restante da rede ISP é mais complicada, pois envolve a coordenação do compartilhamento de recursos entre muitos assinantes de cabo que podem estar conectados ao mesmo headend. Esse compartilhamento de recursos ocorre tecnicamente na camada de enlace, não na camada física, mas iremos abordá-lo neste capítulo para garantir a continuidade.

2.7.4 Compartilhamento de recursos em redes DOCSIS: nós e minislots

Há uma diferença fundamental importante entre o sistema HFC da Figura 2.45(a) e o sistema telefônico da Figura 2.45(b). Em determinados bairros, um único cabo é compartilhado por muitas casas, ao passo que, no sistema telefônico, cada casa tem seu próprio circuito terminal privado. Quando é utilizado para difusão de televisão, esse compartilhamento é natural. Todos os programas são transmitidos no cabo e não importa se existem 10 ou 10.000 espectadores. No entanto, quando o mesmo cabo é usado para acesso à Internet, faz uma grande diferença a existência de 10 ou de 10.000 usuários. Se um usuário decidir baixar um arquivo muito grande ou fazer o stream de um filme de 8K, essa largura de banda não estará disponível a outros usuários. Quanto mais usuários compartilhando um único cabo, maior a competição pela largura de banda. O sistema de telefonia não tem essa propriedade específica: a transferência de um grande arquivo por uma linha ADSL não reduz a largura de banda do seu vizinho. Contudo, a largura de banda do cabo coaxial é muito mais alta do que a dos pares trançados. Basicamente, a largura de banda que qualquer assinante recebe em determinado momento depende muito do uso dos outros assinantes que estejam compartilhando o mesmo cabo, conforme descrevemos com mais detalhes a seguir.

A estratégia usada pelos ISPs para resolver esse problema é desmembrar cabos longos e conectar cada um deles diretamente a um nó de fibra. A largura de banda do headend até cada nó de fibra é significativa e, se não existirem muitos assinantes em cada segmento de cabo, o volume de tráfego será gerenciável. Os cabos típicos há cerca de 10 a 15 anos conectavam de 500 a 2.000 casas, embora o número de casas por nó continue a diminuir conforme a implantação até o limite continua, em um esforço para aumentar a velocidade para os assinantes. O aumento de assinantes de Internet a cabo na última década, juntamente com a crescente demanda de tráfego, criou a necessidade cada vez maior de dividir esses cabos e adicionar mais nós de fibra. Em 2019, um tamanho de nó típico era de cerca de 300-500 casas, embora em algumas áreas os ISPs estejam construindo arquiteturas HFC N+0 (também conhecidas como "Fiber Deep"), o que pode reduzir esse número para até 70, eliminando a necessidade de amplificadores de sinal em cascata e de passar cabos de fibra direto dos headends da rede para os nós no último segmento do cabo coaxial.

Quando um modem a cabo é conectado e ligado, ele percorre os canais downstream procurando por um pacote especial emitido periodicamente pelo headend para fornecer parâmetros de sistema aos modems que acabaram de se conectar. Ao encontrar esse pacote, o novo modem anuncia sua presença em um dos canais upstream. O headend responde atribuindo o modem a seus canais upstream e downstream. Essas atribuições podem ser alteradas mais tarde, se o headend julgar necessário equilibrar a carga.

Para upstream, há mais ruído de ondas de rádio, pois o sistema não foi projetado originalmente para dados, e o ruído de vários assinantes é afunilado no headend, de modo que é utilizado um esquema mais conservador. Este varia de QPSK a QAM-128, em que alguns dos símbolos são usados para proteção de erro com a modulação codificada por treliças. Com menos bits por símbolo no upstream, a assimetria entre as taxas upstream e downstream é muito mais do que é sugerido pela Figura 2.46.

Os modems DOCSIS atuais exigem um tempo para transmitir, e então o CMTS concede um ou mais períodos de tempo para que o modem possa transmitir, com base na disponibilidade; todos os usuários simultâneos disputam pelo acesso upstream e downstream. A rede usa TDM para compartilhar largura de banda no upstream para diversos assinantes. O tempo é dividido em **minislots**, e diferentes assinantes podem enviar em diferentes minislots. O headend anuncia periodicamente o início de uma nova rodada de minislots, mas o tiro de partida não é ouvido em todos os modems ao mesmo tempo, em virtude do tempo de propagação no cabo. Conhecendo a que distância está do headend, cada modem pode calcular há quanto tempo o primeiro minislot realmente começou.

É importante que o modem saiba sua distância até o headend para obter a sincronização correta. Primeiro, o modem determina sua distância até o headend, enviando-lhe um pacote especial e verificando quanto tempo demora para receber a resposta. Esse processo é chamado de **verificação do alcance** (ou **ranging**). Cada pacote upstream deve caber em um ou mais minislots consecutivos no headend quando é recebido. A extensão do minislot depende da rede. Uma carga útil típica é de 8 bytes.

Durante a inicialização, o headend também atribui cada modem a um minislot, que será usado para solicitar largura de banda upstream. Quando um computador quer enviar um pacote, ele o transfere ao modem, que então solicita o número necessário de minislots. Se a solicitação for aceita, o headend colocará uma confirmação no canal downstream, informando ao modem quais minislots foram reservados para seu pacote. Este é então enviado, a partir do minislot alocado a ele. Pacotes adicionais podem ser solicitados com a utilização de um campo no cabeçalho.

Em geral, vários modems receberão o mesmo minislot, o que leva à disputa (vários modems tentando enviar dados upstream ao mesmo tempo). O CDMA pode permitir que vários assinantes compartilhem o mesmo minislot, embora com uma taxa reduzida por usuário. A segunda opção é que o CDMA não seja utilizado, quando não haverá confirmação, em decorrência de uma colisão. Nesse caso, quando ocorrem colisões, o modem simplesmente esperará um tempo aleatório e tentará de novo. Após cada falha sucessiva, esse tempo aleatório é dobrado. (Para os leitores que já estão um pouco familiarizados com as redes, esse algoritmo é simplesmente o modelo ALOHA adotado com a recuperação de erro por backoff exponencial binário. A Ethernet não pode ser usada em redes a cabo, pois as estações não conseguem detectar o meio compartilhado. Voltaremos a analisar essas questões no Capítulo 4.)

Os canais downstream são gerenciados de modo diferente dos canais upstream. Por um lado, só existe um transmissor (o headend) e, assim, não há disputa nem a necessidade de minislots. Por outro lado, o tráfego downstream em geral é muito maior que o upstream, e então é usado um tamanho de pacote fixo, de 204 bytes. Uma parte desse código é um código de correção de erros Reed-Solomon e algumas outras fontes de overhead, restando uma carga útil do usuário igual a 184 bytes. Esses números foram escolhidos para manter a compatibilidade com a televisão digital usando MPEG-2, de forma que os canais de TV e os canais de dados downstream sejam formatados de maneira idêntica. As conexões lógicas estão representadas na Figura 2.47.

2.8 SATÉLITES DE COMUNICAÇÕES

Na década de 1950 e no início dos anos 1960, as pessoas tentavam montar sistemas de comunicações emitindo sinais que se refletiam em balões meteorológicos metalizados. Infelizmente, os sinais recebidos eram muito fracos para que tivessem algum uso prático. Em seguida, a Marinha dos Estados Unidos detectou uma espécie de balão meteorológico que ficava permanentemente no céu – a Lua – e criou um sistema operacional para comunicações entre o navio e a base, utilizando a Lua em suas transmissões.

O progresso no campo da comunicação celeste precisou esperar até que o primeiro satélite de comunicações fosse lançado. A principal diferença entre um satélite artificial e um real é que o artificial pode amplificar os sinais antes de enviá-los de volta, transformando uma estranha curiosidade em um poderoso sistema de comunicações.

Os satélites de comunicações têm algumas propriedades interessantes, que os tornam atraentes para muitas aplicações. Em sua forma mais simples, um satélite de comunicações pode ser considerado um grande repetidor de micro-ondas no céu. Ele contém diversos **transponders**, cada um deles ouve uma parte do espectro, amplifica os

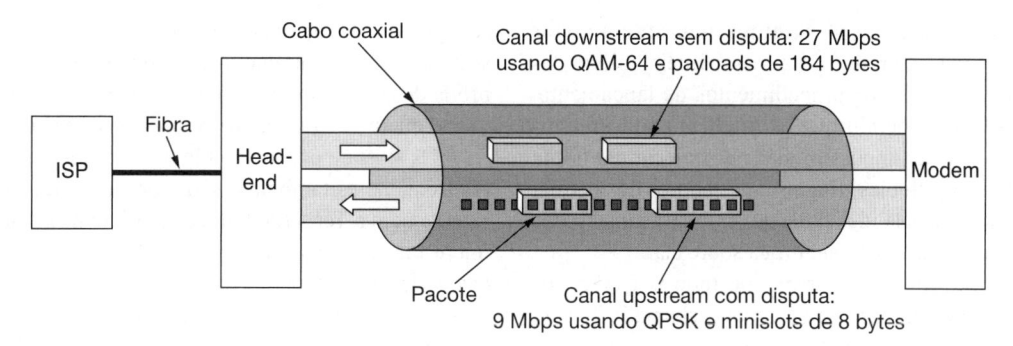

Figura 2.47 Detalhes típicos dos canais upstream e downstream na América do Norte.

sinais de entrada e os transmite novamente em outra frequência, para evitar interferência com o sinal de entrada. Esse modo de operação é conhecido como um **canal em curva** (**bent pipe**). O processamento digital pode ser acrescentado para manipular ou redirecionar separadamente os feixes de dados na banda geral, ou informações digitais ainda podem ser recebidas pelo satélite e retransmitidas. A regeneração de sinais dessa maneira melhora o desempenho em comparação com um canal em curva, pois o satélite não amplifica o ruído no sinal ascendente. Os feixes descendentes podem ser largos, cobrindo uma fração substancial da superfície terrestre, ou estreitos, cobrindo uma área com apenas centenas de quilômetros de diâmetro.

De acordo com a lei de Kepler, o período orbital de um satélite varia de acordo com o raio da órbita elevado à potência 3/2. Quanto mais alto o satélite, mais longo o período. Perto da superfície da Terra, o período é de cerca de 90 minutos. Consequentemente, os satélites de órbita baixa saem de visão com bastante rapidez (devido ao movimento dos satélites); assim, são necessários muitos deles para proporcionar cobertura contínua, e as antenas terrestres precisam acompanhá-los. A uma altitude de aproximadamente 35.800 km, o período é de 24 horas. Em uma altitude de 384.000 km, o período é de cerca de um mês, como pode atestar qualquer pessoa que observe a Lua regularmente.

O período do satélite é importante, mas não é o único fator para determinar onde posicioná-lo. Outra questão é a presença dos cinturões de Van Allen, camadas de partículas altamente carregadas que são capturadas pelo campo magnético terrestre. Qualquer satélite em órbita dentro deles seria destruído com bastante rapidez pelas partículas. Esses fatores nos levam a identificar três regiões nas quais os satélites podem ser posicionados com segurança. Essas regiões e algumas de suas propriedades estão ilustradas na Figura 2.48. A seguir, descreveremos rapidamente os satélites que habitam cada uma dessas regiões.

2.8.1 Satélites geoestacionários

Em 1945, o escritor de ficção científica Arthur C. Clarke calculou que um satélite na altitude de 35.800 km em uma órbita circular equatorial pareceria permanecer imóvel no céu, e assim não precisaria ser rastreado (Clarke, 1945). Ele continuou descrevendo um sistema de comunicação

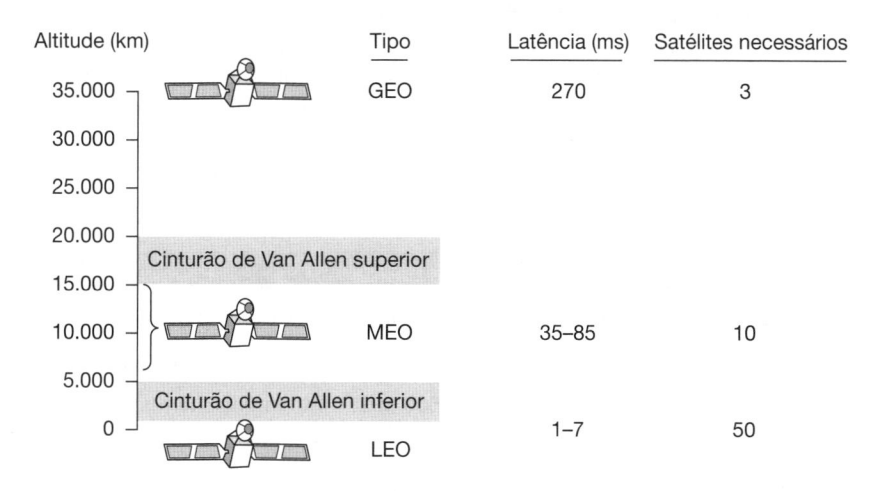

Altitude (km)	Tipo	Latência (ms)	Satélites necessários
35.000	GEO	270	3
30.000			
25.000			
20.000			
15.000 Cinturão de Van Allen superior			
10.000	MEO	35–85	10
5.000 Cinturão de Van Allen inferior			
0	LEO	1–7	50

Figura 2.48 Satélites de comunicações e algumas de suas propriedades, inclusive altitude acima da Terra, tempo de atraso de ida e volta, e o número de satélites necessários para cobertura global.

completo que usava esses **satélites geoestacionários** (tripulados), incluindo as órbitas, os painéis solares, as frequências de rádio e os procedimentos de lançamento. Infelizmente, ele concluiu que os satélites eram impraticáveis em virtude da impossibilidade de colocar em órbita amplificadores a válvulas, frágeis e gastadores de energia; assim, nunca levou sua ideia adiante, embora tenha escrito algumas histórias de ficção científica sobre ela.

A invenção do transistor mudou tudo isso, e o primeiro satélite artificial de comunicações, chamado Telstar, foi lançado em julho de 1962. Desde então, os satélites de comunicações se transformaram em um negócio de vários bilhões de dólares, e o único aspecto do espaço sideral que se tornou altamente lucrativo. Esses satélites de alta órbita normalmente são chamados **satélites geoestacionários**, ou **GEO (Geoestationary Earth Orbit)**.

Com a tecnologia atual, não é muito inteligente ter satélites geoestacionários com espaçamento muito menor que 2 graus entre eles no plano equatorial de 360 graus, a fim de evitar interferência. Com um espaçamento de 2 graus, só pode haver 360/2 = 180 desses satélites no céu ao mesmo tempo. No entanto, cada transponder pode usar várias frequências e polarizações, com a finalidade de aumentar a largura de banda disponível.

Para evitar o caos total no céu, a alocação de slots de órbitas é feita pela ITU. Esse processo é altamente político, com países que mal saíram da idade da pedra exigindo "seus" slots de órbitas (com a finalidade de arrendá-los pela melhor oferta). Contudo, outros países sustentam que os direitos nacionais de propriedade não se estendem para cima até a Lua e que nenhum país tem direito legal sobre os slots de órbita acima de seu território. Para aumentar a disputa, as telecomunicações comerciais não são a única aplicação. Emissoras de televisão, governos e instituições militares também querem ter uma fatia dessa torta orbital.

Os satélites modernos podem ser muito grandes, pesando até 5.000 kg e consumindo vários quilowatts de energia elétrica produzida pelos painéis solares. Os efeitos das gravidades solar, lunar e planetária tendem a movê-los para fora de seus slots de órbita e de suas orientações, um efeito compensado por motores de foguetes a bordo. Essa atividade de ajuste fino é chamada de **manutenção da estação**. Porém, quando o combustível para os motores tiver se esgotado (em geral no período de 10 anos), o satélite fica sem controle, e, portanto, tem de ser desativado. Por fim, a órbita decai, o satélite entra de novo na atmosfera e é totalmente queimado ou (muito raramente) colide com a Terra.

Os slots de órbita não são o único ponto de discórdia. As frequências também o são, porque as transmissões do satélite para a Terra (downlink) interferem com usuários de micro-ondas. Consequentemente, a ITU alocou certas bandas de frequência para usuários de satélites. As principais estão listadas na Figura 2.49. A banda C foi a primeira a ser designada para tráfego comercial de satélite. Duas faixas de frequências são atribuídas nessa banda, a inferior para tráfego downlink (descendo do satélite) e a superior para tráfego uplink (subindo para o satélite). Para permitir que o tráfego ocorra em ambos os sentidos ao mesmo tempo, são necessários dois canais, os quais já estão sobrecarregados, porque também são usados pelas concessionárias de telecomunicações nos enlaces terrestres de micro-ondas. As bandas L e S foram acrescentadas por um acordo internacional em 2000. No entanto, elas são estreitas e também estão lotadas.

A próxima banda mais alta disponível para concessionárias de telecomunicações comerciais é a Ku (K under). Essa banda (ainda) não está congestionada e, em suas frequências mais altas, os satélites podem ficar à distância de apenas 1 grau, com velocidades de transmissão podendo atingir mais de 500 Mbps. Entretanto, existe outro problema: a chuva. A água absorve bastante essas micro-ondas curtas. Felizmente, em geral as tempestades fortes costumam ser localizadas; assim, o uso de várias estações terrestres separadas por uma grande distância, em lugar de apenas uma, contorna o problema, mas ao custo de antenas, cabos e equipamentos eletrônicos extras para permitir a comutação rápida entre estações. Na banda Ka (K above), também foi alocada uma largura de banda para o tráfego de satélite comercial, mas o equipamento necessário para usá-la é caro. Além dessas bandas comerciais, também existem muitas bandas governamentais e militares.

Um satélite moderno tem cerca de 40 transponders, a maioria normalmente com uma largura de banda de 36 MHz. Em geral, cada transponder opera como um canal em curva, mas satélites recentes têm alguma capacidade de processamento a bordo, permitindo uma operação mais

Banda	Downlink	Uplink	Largura de banda	Problemas
L	1,5 GHz	1,6 GHz	15 MHz	Baixa largura de banda; lotada
S	1,9 GHz	2,2 GHz	70 MHz	Baixa largura de banda; lotada
C	4,0 GHz	6,0 GHz	500 MHz	Interferência terrestre
Ku	11 GHz	14 GHz	500 MHz	Chuva
Ka	20 GHz	30 GHz	3.500 MHz	Chuva; custo do equipamento

Figura 2.49 Principais bandas de satélite.

sofisticada. Nos primeiros satélites, a divisão dos transponders em canais era estática: a largura de banda simplesmente era dividida em bandas de frequências fixas. Hoje em dia, o feixe de cada transponder é dividido em slots de tempo, com diversos usuários alternando atividades. Mais uma vez, vemos como TDM e FDM são usados em muitos contextos.

Os primeiros satélites geoestacionários tinham um único feixe espacial que iluminava cerca de 1/3 da superfície da Terra, denominado sua **área de cobertura** (**footprint**). Com o enorme declínio de preço, tamanho e requisitos de potência dos equipamentos microeletrônicos, uma estratégia de transmissão muito mais sofisticada tornou-se viável. Cada satélite é equipado com diversas antenas e vários transponders. Cada feixe descendente pode ser focalizado em uma pequena área geográfica; portanto, podem acontecer diversas transmissões ascendentes e descendentes ao mesmo tempo. Em geral, esses chamados **feixes pontuais** têm forma elíptica e podem ter apenas algumas centenas de quilômetros de diâmetro. Em geral, um satélite de comunicações para os Estados Unidos tem um único feixe para os 48 estados contíguos, além de feixes pontuais para o Alasca e o Havaí.

Um desenvolvimento importante no mundo dos satélites de comunicações foi a criação de microestações de baixo custo, às vezes chamadas **VSATs (Very Small Aperture Terminals)** (Abramson, 2000). Esses pequenos terminais têm antenas de 1 metro ou menos (em comparação com 10 m para uma antena de GEO padrão) e podem emitir cerca de 1 watt de energia. Geralmente, o uplink é adequado para 1 Mbps, mas o downlink normalmente exige vários megabits/s. A televisão transmitida por satélite utiliza essa tecnologia na transmissão de mão única.

Em muitos sistemas VSAT, as microestações não têm energia suficiente para se comunicarem diretamente umas com as outras (via satélite, é óbvio). Em vez disso, é necessária uma estação terrestre especial, o **hub**, com uma grande antena de alto ganho para retransmitir o tráfego entre VSATs, como mostra a Figura 2.50. O compromisso é um atraso mais longo em troca de estações mais econômicas para o usuário final.

Os VSATs apresentam um grande potencial em áreas rurais, especialmente nos países em desenvolvimento. Em grande parte do mundo, não existem linhas terrestres ou torres de celular. Estender fios telefônicos até milhares de pequenas aldeias é algo que vai muito além do orçamento da maioria dos governos de países em desenvolvimento. Erguer torres de celular é mais fácil, mas as torres precisam de conexões cabeadas para a rede telefônica nacional. Contudo, a instalação de antenas VSAT de 1 metro de diâmetro, alimentadas por células solares, geralmente é algo viável. Os VSATs fornecem a tecnologia que irá acabar de conectar o mundo e também podem oferecer acesso à Internet para usuários de smartphone em áreas onde não existe infraestrutura terrestre, o que acontece em grande parte do mundo em desenvolvimento.

Os satélites de comunicações têm diversas propriedades radicalmente diferentes dos enlaces terrestres ponto a ponto. Para começar, embora os sinais enviados e recebidos por um satélite trafeguem à velocidade da luz (aproximadamente 300.000 km/s), a longa distância de ida e volta introduz um atraso substancial para os satélites GEO. Dependendo da distância entre o usuário e a estação terrestre, e também da elevação do satélite acima do horizonte, a latência de ponta a ponta está entre 250 e 300 ms. Um valor

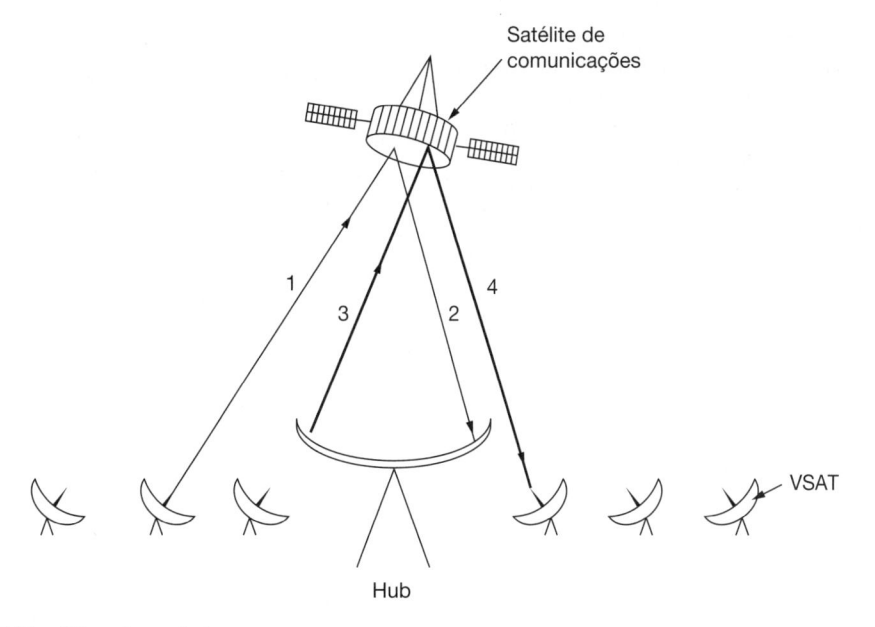

Figura 2.50 VSATs utilizando um hub.

típico de ida e volta é 270 ms (540 ms, no caso de um sistema VSAT com um hub).

Para fins de comparação, os enlaces de micro-ondas terrestres têm um atraso de propagação de aproximadamente 3 μs/km, e os enlaces de cabo coaxial ou fibra óptica geram um atraso de cerca de 5 μs/km. Neste último caso, o atraso é maior porque os sinais eletromagnéticos trafegam com maior rapidez no ar do que em materiais sólidos.

Outra propriedade importante dos satélites é que eles basicamente são meios de difusão. Enviar uma mensagem para milhares de estações localizadas na área de cobertura de um transponder não custa mais do que enviar a mensagem para apenas uma estação. Para algumas aplicações, essa propriedade é muito útil. Por exemplo, poderíamos imaginar um satélite transmitindo páginas da Web comuns para os caches de um grande número de computadores espalhados por uma extensa área. Mesmo quando o broadcasting pode ser simulado com o uso de linhas ponto a ponto, o broadcasting por satélite pode ser muito mais econômico. Entretanto, do ponto de vista da privacidade, os satélites são um completo desastre: todo mundo pode ouvir tudo. A criptografia é essencial para a confidencialidade.

Nos satélites, o custo de transmissão de uma mensagem é independente da distância percorrida. O serviço de uma chamada transcontinental não custa mais do que uma chamada entre um lado e outro da rua. Os satélites também proporcionam excelentes taxas de erros e podem ser implementados quase instantaneamente, um detalhe fundamental para a comunicação militar.

2.8.2 Satélites terrestres de órbita média

Em altitudes muito mais baixas, entre os dois cinturões de Van Allen, encontramos os **satélites de órbita média**, ou **MEO (Medium-Earth Orbit)**. Vistos da Terra, esses satélites se deslocam lentamente em longitude, levando cerca de 6 horas para circular a Terra. Consequentemente, eles devem ser acompanhados à medida que se movem pelo céu. Pelo fato de estarem em órbitas mais baixas que os GEOs, têm uma área de cobertura menor no solo e exigem transmissores menos potentes para alcançá-los. Atualmente, esses satélites não são usados para telecomunicações, portanto, não os examinaremos mais aqui. A constelação de cerca de 30 satélites **GPS (Global Positioning System)** que estão em órbita a cerca de 20.200 km de altitude são exemplos de satélites MEO.

2.8.3 Satélites terrestres de órbita baixa

A uma altitude menor, encontramos os **satélites de órbita baixa**, ou **LEO (Low-Earth Orbit)**. Em razão de seu rápido movimento, são necessárias grandes quantidades desses satélites para formar um sistema completo. No entanto, pelo fato de os satélites estarem muito próximos da Terra, as estações terrestres não precisam de muita potência, e o atraso de ida e volta é muito menor: as implementações veem latências de ida e volta em qualquer lugar entre cerca de 40 e 150 milissegundos. O custo de lançamento também é muito mais baixo. Nesta seção, examinaremos dois exemplos de constelações de satélites para o serviço de voz: Iridium e Globalstar.

Durante os primeiros 30 anos da era do satélite, os de baixa órbita raramente eram usados, porque apareciam e desapareciam de vista com muita rapidez. Em 1990, a Motorola deu início a um novo empreendimento e enviou um requerimento à FCC solicitando permissão para lançar 77 satélites de baixa órbita para o projeto **Iridium** (o elemento 77 é o irídio). Mais tarde, o plano foi revisto para que fossem usados apenas 66 satélites; assim, o projeto deveria ter seu nome alterado para Dysprosium (o elemento 66), mas esse nome provavelmente lembrava muito mais uma doença do que um satélite. A ideia era que, assim que um satélite estivesse fora de vista, outro o substituiria. Essa proposta criou uma agitação entre outras empresas de comunicações. De repente, todas elas quiseram lançar uma cadeia de satélites de baixa órbita.

Após 7 anos reunindo parceiros e financiamentos, o serviço de comunicação teve início em novembro de 1998. Infelizmente, a demanda comercial por grandes e pesados telefones via satélite era desprezível, porque a rede de telefonia móvel (celular) havia crescido de modo espetacular desde 1990. Como consequência, o Iridium não gerou lucro e foi à falência em agosto de 1999, em um dos mais espetaculares fiascos corporativos da história. Os satélites e outros bens (no valor de 5 bilhões de dólares) foram adquiridos mais tarde por um investidor por 25 milhões de dólares, em uma espécie de venda de garagem extraterrestre. Outros empreendimentos comerciais logo se seguiram.

O serviço Iridium foi reiniciado em março de 2001, e tem crescido desde então. Há serviços de voz, dados, busca, fax e navegação em qualquer lugar do mundo, seja em terra, seja em mar e ar, com dispositivos portáteis que se comunicam diretamente com os satélites Iridium. Os clientes incluem as indústrias marítima, de aviação e de exploração de petróleo, bem como pessoas que viajam para regiões do mundo que não têm uma infraestrutura de telecomunicações (p. ex., desertos, montanhas, o Polo Sul e alguns países em desenvolvimento).

Os satélites Iridium estão posicionados a uma altitude de 670 km, em órbitas polares circulares. Eles estão organizados em eixos norte-sul, com um satélite a cada 32 graus de latitude, conforme mostra a Figura 2.51. Cada satélite tem no máximo 48 células (feixes pontuais), com uma capacidade de 3.840 canais, alguns deles usados para busca e navegação, enquanto outros são empregados para dados e voz.

Com seis eixos de satélite, a Terra inteira é coberta, como sugere a Figura 2.51. Uma propriedade interessante do Iridium é que a comunicação entre clientes distantes ocorre no espaço, como ilustra a Figura 2.52(a). Na figura,

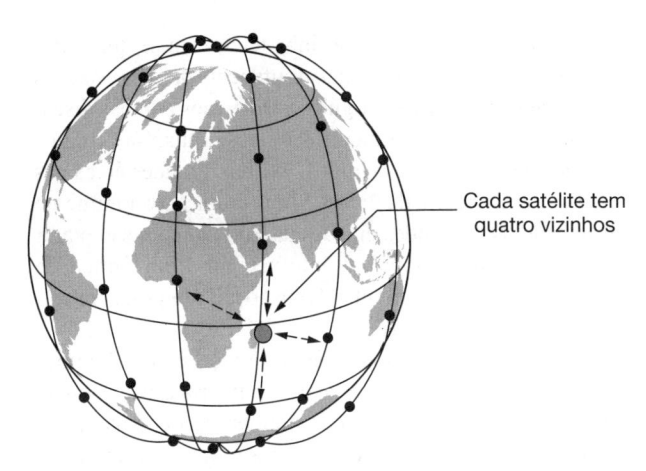

Figura 2.51 Os satélites Iridium formam seis eixos em torno da Terra.

vemos um chamador no Polo Norte entrando em contato com um satélite situado diretamente acima dele. Cada satélite tem quatro vizinhos com os quais pode se comunicar, dois no mesmo eixo (mostrado) e dois em eixos adjacentes (não mostrados). Os satélites repassam a chamada por essa grade até ela finalmente ser enviada para o destinatário no Polo Sul.

Um projeto alternativo para o Iridium é o **Globalstar**. Ele se baseia em 48 satélites LEO, mas utiliza um esquema de comutação diferente do que é usado no Iridium. Enquanto este retransmite as chamadas de satélite para satélite, o que exige sofisticado equipamento de comutação nos satélites, o Globalstar utiliza um projeto tradicional de canal em curva. A chamada originada no Polo Norte na Figura 2.52(b) é enviada de volta à Terra e recebida pela grande estação terrestre na fábrica de brinquedos do Papai Noel. A chamada é, então, roteada por uma rede terrestre até a estação terrestre mais próxima ao destino, e é entregue por uma conexão de canal em curva da maneira ilustrada.

A vantagem desse esquema é que ele coloca a maior parte da complexidade no solo, onde é mais fácil de administrar. Além disso, o uso de grandes antenas nas estações terrestres, capazes de emitir um sinal potente e receber um sinal fraco, significa que podem ser utilizados telefones de potência mais baixa. Afinal, o telefone emite apenas alguns miliwatts de potência e, assim, o sinal que volta para a estação terrestre é bastante fraco, mesmo depois de ter sido amplificado pelo satélite.

Os satélites continuam a ser lançados a uma taxa de algo em torno de 20 por ano, incluindo satélites cada vez maiores, que agora pesam mais de 5.000 kg. Mas há também satélites muito pequenos para organizações mais preocupadas com o orçamento. Para tornar a pesquisa do espaço mais acessível, em 1999, os acadêmicos da California Polytechnic University e Stanford se reuniram para definir um padrão para satélites em miniatura e um disparador associado que reduziria bastante os custos de lançamento (Nugent et al., 2008). **Cubesats** são satélites em unidades de cubos de 10 cm × 10 cm × 10 cm, cada um pesando menos de 1 kg, que podem ser lançados a partir de US$ 40.000 cada. O disparador voa como um segundo payload nas missões espaciais comerciais. Ele é basicamente um tubo que ocupa três unidades de cubesats e usa molas para lançá-los em órbita. Cerca de 20 cubesats foram lançados até agora, com muito mais em andamento. A maioria deles se comunica com estações terrestres nas faixas de UHF e VHF.

Outra implantação de satélites LEO é uma tentativa de rede backbone de Internet baseada em satélite. A implantação do OneWeb envolverá inicialmente uma constelação de várias centenas de satélites. Se for bem-sucedido, o projeto promete levar acesso de alta velocidade à Internet para lugares que ainda não o têm. Os satélites irão operar na banda Ku e usarão uma técnica chamada "pitch progressivo", em que os satélites são ligeiramente girados para evitar interferência com satélites geoestacionários que estão transmitindo na mesma banda.

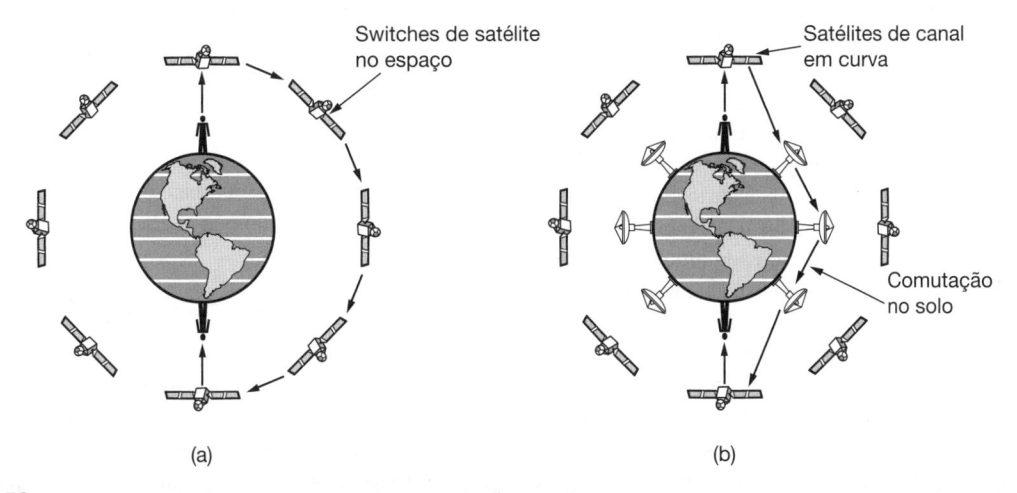

Figura 2.52 (a) Retransmissão no espaço. (b) Retransmissão no solo.

2.9 COMPARAÇÃO DE DIFERENTES REDES DE ACESSO

Agora, vamos comparar as propriedades dos diferentes tipos de redes de acesso que pesquisamos.

2.9.1 Redes de acesso terrestres: cabo, fibra e ADSL

Cabo, FTTH e ADSL têm muito mais semelhanças do que diferenças. Eles oferecem um serviço comparável e, à medida que a concorrência entre eles aumenta, provavelmente terão preços comparáveis. Todas as tecnologias de acesso à rede, incluindo cabo, ADSL e FTTH, utilizam agora a fibra no backbone; elas diferem na tecnologia de acesso do último quilômetro, nas camadas física e de enlace. Provedores de fibra e ADSL costumam oferecer largura de banda mais consistente a cada assinante, pois cada usuário possui capacidade dedicada. Relatórios contínuos e recentes nos Estados Unidos, como a iniciativa Measuring Broadband America (MBA), da FCC, realizado anualmente, informam que os provedores de acesso à Internet geralmente cumprem suas velocidades anunciadas.

À medida que um sistema ADSL ou FTTH conquista mais usuários, seus números crescentes têm pouco efeito sobre os usuários existentes, pois cada usuário tem uma conexão dedicada até sua casa. Por sua vez, os assinantes de sistemas a cabo compartilham a capacidade de um único nó e, como resultado, quando um ou mais usuários em um nó aumentam seu uso, outros usuários podem sofrer com o congestionamento. Consequentemente, os provedores de serviço a cabo atualmente oferecem mais capacidade do que eles vendem a cada assinante. Os padrões DOCSIS mais modernos, como DOCSIS 3.0, exigem que os modems a cabo sejam capazes de ligar pelo menos quatro canais, para alcançar aproximadamente 170 Mbps downstream e 120 Mbps upstream (com cerca de 10% desse throughput dedicado ao overhead de sinalização).

Em última análise, as velocidades máximas que um assinante de serviço a cabo pode atingir se limitam à capacidade do cabo coaxial, mas, em comparação, a quantidade do espectro utilizável na fibra é muito maior. Com o cabo, à medida que mais assinantes se registram no serviço de Internet, o desempenho de outros usuários no mesmo nó diminui. Em resposta, os provedores de cabo dividem os cabos mais ocupados, conectando cada um diretamente a um nó de fibra (essa prática às vezes é chamada de **divisão de nó**). Como já dissemos, o número de residências por nó continua a diminuir, conforme os ISPs de cabo continuam a levar a fibra para mais perto da borda da rede.

Cabo, fibra e ADSL estão disponíveis em diferentes regiões e o desempenho dessas redes difere de acordo com a própria tecnologia e na forma como cada uma é implantada. A maioria dos usuários domésticos nos países desenvolvidos pode ter uma linha telefônica se quiserem, mas nem todos estão próximos o suficiente de suas estações finais para obter ADSL. Alguns estão presos a linhas discadas de 56 kbps, especialmente nas áreas rurais. Na verdade, até mesmo nos Estados Unidos, existem grandes áreas nas quais uma linha T1 de 1,544 Mbps é um luxo raramente alcançado. Nas grandes cidades da Europa, com sua maior densidade populacional, a Internet por fibra óptica de 500 Mbps é muito comum. Alguns locais até possuem serviço de 1 Gbps disponível.

Além disso, nem todos têm o serviço a cabo. Se você o tiver e a empresa fornecer acesso à Internet, você poderá obtê-lo; a distância até o nó de fibra ou headend não é um problema. A disponibilidade de cabos e fibras em certas regiões, particularmente nas pouco povoadas, continua sendo uma preocupação. Em última análise, o acesso de alta velocidade à Internet ainda depende da implantação de fibra ou cabo nas residências. No caso de redes de cabo, aumentar as divisões de nós exige a implantação de mais fibra na vizinhança, em vez de depender da infraestrutura de cabo coaxial existente. Mesmo no caso de ADSL, a velocidade cai significativamente além de alguns quilômetros de uma estação central, de modo que mesmo ADSL requer algum tipo de aumento de fibra na borda (p. ex., FTTN) para oferecer alta velocidade em áreas pouco povoadas. Todas essas propostas são caras.

Historicamente, a infraestrutura de telefone (e redes DSL) tem sido geralmente mais confiável do que o cabo, embora os dados do projeto MBA da FCC mostrem que a lacuna foi reduzida, com a maioria dos serviços de cabo e DSL alcançando pelo menos "dois noves" de confiabilidade (ou seja, 99% de tempo de atividade, ou dezenas de horas de tempo de inatividade por ano). As redes sem fio de satélite e de área metropolitana têm um desempenho menos confiável. Em comparação, a rede telefônica convencional atinge "cinco noves" de confiabilidade, o que corresponde a apenas alguns minutos de indisponibilidade a cada ano (Bischof et al., 2018).

Por ser um meio ponto a ponto, ADSL é inerentemente mais segura que o cabo. Qualquer usuário de serviço a cabo pode facilmente ler todos os pacotes que chegam pelo cabo, não importa para quem eles se destinam. Por esse motivo, qualquer provedor de serviço a cabo decente codificará todo o tráfego nos dois sentidos. Apesar disso, ter um vizinho recebendo todas as suas mensagens criptografadas ainda é menos seguro do que se ele não recebesse nada.

2.9.2 Redes terrestres e por satélite

Uma comparação entre as comunicações por satélite e terrestre é instrutiva. Há algum tempo, pensava-se que o futuro da comunicação residia nos satélites de comunicações. Afinal, o sistema telefônico mudou muito pouco nos últimos 100 anos e não mostrou sinais de mudança para os próximos 100. Esse movimento glacial foi causado, em grande parte, pelo ambiente regulador no qual se esperava que as companhias telefônicas fornecessem bons serviços de voz a preços razoáveis (o que elas fizeram) e, em troca, tivessem lucro garantido sobre seu investimento. Havia modems de 1.200 bps disponíveis para as pessoas que precisavam transmitir dados. Isso era praticamente tudo o que existia na época.

Com o surgimento da concorrência, em 1984 nos Estados Unidos e um pouco mais tarde na Europa, esse quadro se alterou radicalmente. As companhias telefônicas começaram a substituir suas redes de longa distância por fibra óptica e introduziram serviços de alta largura de banda, como ADSL. Essas empresas também interromperam sua antiga prática de cobrar preços artificialmente elevados a usuários de serviços de longa distância, a fim de subsidiar o serviço local. Subitamente, as conexões terrestres de fibra pareciam ser a opção vencedora.

Apesar disso, os satélites de comunicações têm alguns segmentos de mercado muito importantes, que a fibra óptica não é capaz de alcançar. Primeiro, quando a implantação rápida é crítica, os satélites ganham facilmente. Uma resposta rápida é útil para sistemas de comunicação militares em tempos de guerra e, em tempos de paz, para resposta a desastres. Em Sumatra, em dezembro de 2004, após o grande terremoto e o tsunami subsequente, por exemplo, os satélites de comunicações foram capazes de restaurar as comunicações com os primeiros respondedores dentro de 24 horas. Essa resposta rápida foi possível porque existe um mercado de serviço de satélite desenvolvido em que grandes participantes, como Intelsat, com mais de 50 satélites, podem arrendar capacidade onde quer que ela seja necessária. Para clientes atendidos por redes de satélite existentes, um VSAT alimentado por energia solar pode ser preparado fácil e rapidamente para fornecer um enlace de megabits/s.

Um segundo nicho de mercado ocorre em lugares onde a infraestrutura terrestre é pouco desenvolvida. Muitas pessoas querem se comunicar enquanto se movimentam. As redes de telefone móvel abrangem locais com boa densidade populacional, mas não realizam um trabalho adequado em outros lugares (p. ex., no mar ou no deserto). Ao contrário, o Iridium oferece serviço de voz em qualquer lugar do planeta, até mesmo no Polo Sul. A infraestrutura em terra pode ser cara para instalar, dependendo do terreno e dos direitos necessários para viabilizar o meio. A Indonésia, por exemplo, tem seu próprio satélite para o tráfego de telefone doméstico. Lançar um satélite foi mais barato do que esticar milhares de cabos submarinos entre as 13.677 ilhas do arquipélago.

Um terceiro nicho se relaciona a situações em que a difusão é essencial. Uma mensagem enviada por satélite pode ser recebida por milhares de estações terrestres ao mesmo tempo. Os satélites são usados para distribuir grande parte da programação da TV para estações locais por esse motivo. Agora, existe um grande mercado para transmissões de rádio e TV por satélite, diretamente para usuários finais com receptores de satélite em suas casas e carros. Vários outros tipos de conteúdo também podem ser transmitidos. Por exemplo, uma empresa que transmite um fluxo de preços de ações, apólices ou mercadorias a milhares de corretores deve considerar que um sistema de satélite é mais econômico que simular a difusão no solo.

Os Estados Unidos têm alguns provedores concorrentes de Internet baseada em satélite, incluindo Hughes (muitas vezes comercializado como DISH, anteriormente EchoStar) e Viasat, que operam principalmente com satélites geoestacionários ou MEO, com alguns provedores passando para LEO. Em 2016, o projeto MBA da FCC relatou que esses provedores baseados em satélite estavam entre os poucos provedores de serviços de Internet que estavam vendo uma queda no desempenho ao longo do tempo, provavelmente por causa do aumento de assinantes e largura de banda limitada. O relatório descobriu que esses provedores não eram capazes de oferecer velocidades superiores em torno de 10 Mbps.

Apesar disso, nos últimos anos, o acesso à Internet por satélite tem tido um interesse crescente, especialmente em nichos de mercado, como durante um voo. Alguns acessos à Internet durante o voo envolvem comunicação direta com torres de banda larga móvel, mas para voos sobre os oceanos, isso não funciona. Outro método que ajuda a lidar com a largura de banda limitada em aviões envolve a transmissão de dados para uma coleção de satélites em órbita geoestacionária. Algumas empresas, incluindo a OneWeb, conforme discutido anteriormente, e a Boeing estão trabalhando na construção de um backbone de Internet baseado em satélite usando satélites LEO. Os mercados ainda serão um pouco restritos, já que o throughput será de aproximadamente 50 Mbps, muito inferior ao da Internet no solo.

De maneira resumida, parece que a comunicação do futuro será feita por fibras ópticas terrestres combinadas com rádio celular, mas, para algumas aplicações específicas, os satélites são melhores. Entretanto, existe um motivo que se aplica a tudo isso: a economia. Embora a fibra ofereça mais largura de banda, é muito provável que a comunicação terrestre e por satélite entre em uma concorrência agressiva por melhores preços. Se os avanços tecnológicos reduzirem radicalmente o custo de lançamento de um satélite (p. ex., se no futuro algum veículo espacial puder lançar dezenas de satélites de uma só vez), ou se os satélites de baixa órbita se desenvolverem, não é certo que a fibra vencerá em todos os mercados.

2.10 POLÍTICA NA CAMADA FÍSICA

Diversos aspectos da camada física envolvem decisões políticas e regulamentadoras que, por fim, afetam o modo como essas tecnologias são usadas e desenvolvidas. Vamos discutir rapidamente sobre a atividade política em andamento nas redes terrestres (i.e., as redes de telefone e cabo) e nas redes sem fio.

2.10.1 Alocação do espectro

O maior desafio com relação ao espectro eletromagnético refere-se à realização da **alocação do espectro** de modo eficiente e justo. Se várias partes puderem transmitir dados na mesma faixa do espectro na mesma região geográfica, haverá um potencial significativo para que as partes que se comunicam interfiram umas com as outras. Para evitar o caos total, têm sido feitos acordos nacionais e internacionais a respeito de quem terá o direito de usar cada uma das frequências. Como todos querem uma taxa de dados mais alta, todos desejam um espectro maior. Os governos nacionais alocam bandas do espectro para rádios AM e FM, televisão e telefones celulares, assim como para as empresas de telefonia, a polícia, os usuários marítimos, de navegação, militares, do governo e para muitos outros usuários concorrentes. Em termos mundiais, uma agência da ITU-R (WARC) tenta coordenar essa alocação de forma que possam ser fabricados dispositivos que funcionem em vários países. Porém, os países não são limitados pelas recomendações da ITU-R, e a FCC, que realiza a alocação para os Estados Unidos, ocasionalmente as têm rejeitado(em geral porque elas exigiam que algum grupo politicamente poderoso desistisse de alguma fração do espectro).

Até mesmo quando uma parte do espectro é alocada para algum uso, como telefones celulares, existe a questão adicional de decidir qual concessionária terá permissão para usar quais frequências. Três algoritmos foram muito utilizados no passado. O algoritmo mais antigo, frequentemente chamado de **concurso de beleza**, exige que cada concessionária explique por que sua proposta serve melhor ao interesse público. Então, os funcionários do governo decidem qual entre as belas histórias mais lhes agrada. Fazer algum funcionário do governo oferecer como prêmio a propriedade de bilhões de dólares à sua empresa favorita em geral leva a suborno, corrupção, nepotismo e crimes piores. Além disso, até mesmo um funcionário do governo honesto e escrupuloso que imagine que uma companhia estrangeira poderia realizar um trabalho melhor que qualquer uma das empresas nacionais teria muito a explicar.

Essa observação levou ao segundo algoritmo, que realiza um **sorteio** entre as empresas interessadas. O problema com essa ideia é que empresas que não têm qualquer interesse em usar o espectro podem participar desse sorteio. Se, digamos, um restaurante ou uma cadeia de sapatarias ganhasse, a empresa poderia revender o espectro a uma concessionária com um enorme lucro e sem nenhum risco.

A ideia de conceder fatias do espectro a empresas com uma enorme dose de sorte mas sem nenhum método tem sido severamente criticada por muitos, o que levou ao terceiro algoritmo: realizar **leilões** e conceder a largura de banda à empresa que fizer a melhor proposta. Quando o governo britânico leiloou as frequências necessárias para os sistemas de telefonia móvel em 2000, ele esperava obter aproximadamente 4 bilhões de dólares. Na realidade, recebeu cerca de 40 bilhões de dólares, pois as concessionárias entraram em uma disputa frenética, mortas de medo de perder o barco da telefonia móvel. Esse evento despertou a ganância dos governos vizinhos e os inspirou a realizar seus próprios leilões. Isso funcionou, mas também deixou algumas concessionárias tão endividadas que elas chegaram perto da falência. Até mesmo nos melhores casos, muitos anos serão necessários para essas empresas recuperarem o custo do licenciamento.

Uma abordagem muito diferente para alocar frequências é simplesmente não alocá-las. Em vez disso, basta deixar todo mundo transmitir à vontade, mas regular a potência utilizada, de forma que as estações tenham um alcance tão pequeno que não possam interferir umas com as outras. De acordo com essa proposta, a maioria dos governos reserva algumas bandas de frequência, chamadas bandas **ISM (Industrial, Scientific, Medical)** para uso sem licença. Sistemas para abertura de portas de garagens, telefones sem fio, brinquedos controlados por rádio, dispositivos tipo mouse sem fio e vários outros aparelhos domésticos sem fio utilizam as bandas ISM. Para diminuir a interferência entre esses dispositivos não coordenados, a FCC estabelece que todos os dispositivos nas bandas ISM devem limitar sua potência de transmissão (p. ex., para 1 watt) e usar técnicas para dispersar seus sinais por uma faixa de frequências. Os dispositivos também podem ter de evitar interferência com instalações de radar.

A localização das bandas ISM varia um pouco de país para país. Por exemplo, nos Estados Unidos, as bandas que os dispositivos em rede utilizam na prática, sem exigir uma licença da FCC, são mostradas na Figura 2.53. A banda de 900 MHz era usada para as primeiras versões do 802.11, mas está sobrecarregada. A banda de 2,4 GHz está disponível na maioria dos países e é bastante usada para 802.11b/g e Bluetooth, mas é sujeita a interferências de fornos de micro-ondas e instalações de radar. A banda de 5 GHz do espectro inclui bandas **U-NII (Unlicensed National Information Infrastructure)**. As bandas de 5 GHz são relativamente pouco desenvolvidas, mas, por terem a maior largura de banda e serem usadas por especificações WiFi, como a 802.11ac, rapidamente estão se tornando mais populares e sobrecarregadas também.

As bandas não licenciadas foram um grande sucesso na década passada. A capacidade de usar o espectro livremente ocasionou uma grande inovação nas LANs e PANs sem fio, evidenciada pela implantação generalizada de tecnologias como 802.11 e Bluetooth. Até mesmo alguns provedores estão entrando no jogo com tecnologias como LTE-U, que envolve a implantação de uma rede de celular LTE no espectro não licenciado. Essa tecnologia poderia

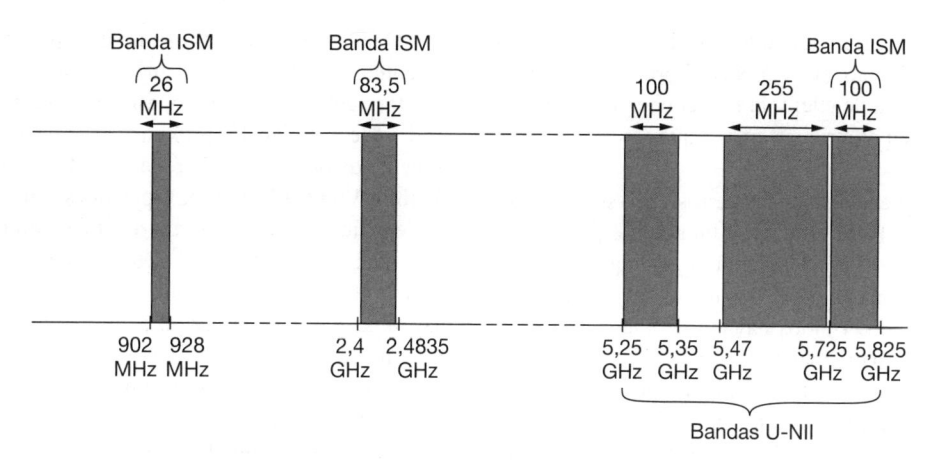

Figura 2.53 As bandas ISM e U-NII usadas nos Estados Unidos por dispositivos sem fio.

permitir que dispositivos móveis operassem nesse espectro não licenciado, além das partes do espectro que são explicitamente alocadas para operar com redes de celular. LTE-U pode permitir que os ISPs de linha fixa que estão implantando pontos de acesso WiFi em centenas de milhões de lares transformem sua rede de pontos de acesso em uma rede de estações-base de celular. É claro que permitir que telefones celulares usem o espectro não licenciado traz o seu próprio conjunto de complicações. Por exemplo, dispositivos que operam no espectro não licenciado devem respeitar outros dispositivos que estão usando o mesmo espectro e tentar não interferir com os dispositivos considerados "titulares". LTE-U também pode enfrentar seus próprios desafios de confiabilidade e desempenho, pois deve recuar para interagir bem com outros dispositivos que usam o espectro não licenciado, de outros dispositivos WiFi a monitores de bebê.

Vários desenvolvimentos na política durante os últimos 10 anos continuam a possibilitar mais inovação nas tecnologias sem fio. Um desenvolvimento interessante nos Estados Unidos é a potencial alocação futura de mais espectro não licenciado. Em 2009, a FCC decidiu permitir o uso não licenciado de **espaços vazios** em torno de 700 MHz. Os espaços vazios são bandas de frequência que foram alocadas mas não estão sendo usadas localmente. A mudança das transmissões de televisão de analógicas para digitais nos Estados Unidos, em 2010, liberou os espaços vazios em torno de 700 MHz. Uma dificuldade é que, para utilizar esses espaços, dispositivos não licenciados precisam poder detectar quaisquer transmissores licenciados vizinhos, incluindo microfones sem fio, que têm os direitos iniciais de usar a banda de frequência. A FCC também abriu de 57 GHz a 64 GHz para operação não licenciada em 2001. Essa faixa é uma parte enorme do espectro, mais do que todas as outras bandas ISM combinadas, de modo que pode aceitar o tipo de rede de alta velocidade que seria necessária para enviar streaming de TV de alta definição através do ar a sua sala de estar. A 60 GHz, as ondas de rádio são absorvidas pelo oxigênio. Isso significa que os sinais não se propagam longe, tornando-os bem adequados a redes de curta distância. As altas frequências (60 GHz é uma banda de frequência extremamente alta, ou de "milímetro", logo abaixo da radiação de infravermelho) representaram um desafio inicial para os fabricantes de equipamentos, mas os produtos atualmente estão no mercado.

Nos Estados Unidos, outras bandas do espectro também estão sendo reaproveitadas e leiloadas para operadoras, incluindo 2,5 e 2,9 GHz, a Banda C (anteriormente usada para comunicações por satélite) na faixa de 3,7–4,2 GHz, bem como outras, incluindo 3,5, 6, 24, 28, 37 e 49 GHz. Para a comunicação de curto alcance, a FCC também está considerando o uso de certas bandas muito altas, como a faixa de 95 GHz. No final de 2018, a FCC lançou seu primeiro leilão 5G, com outros planejados para os próximos anos. Esses leilões abrirão uma quantidade significativa de espectro para banda larga móvel, possibilitando larguras de banda maiores que seriam necessárias para streaming de vídeo e aplicativos da Internet das Coisas. O espectro de 24 e 28 GHz tem, cada um, aproximadamente 3.000 licenças à venda. A FCC também está oferecendo descontos para pequenas empresas e fornecedores rurais. Leilões de partes das bandas do espectro de 37, 39 e 49 GHz também estão programados. Em outros países, algumas dessas bandas do espectro podem operar como espectro não licenciado. Por exemplo, a indústria automotiva na Alemanha fez lobby com sucesso para permitir a banda de 3,5 GHz para uso de empresas privadas; outros países europeus provavelmente seguirão o exemplo.

2.10.2 A rede celular

É interessante observar como pequenas decisões políticas e de marketing podem ter um enorme impacto sobre a implantação de redes celulares nos Estados Unidos e na Europa. O primeiro sistema móvel foi criado nos Estados Unidos pela AT&T e regulamentado para todo o país pela FCC. Como resultado, todo o território do país tinha um único sistema (analógico), e um telefone móvel adquirido na Califórnia também funcionava em Nova York. Ao contrário, quando a tecnologia de telefonia móvel chegou à Europa, cada país criou seu próprio sistema, o que resultou em um fiasco.

A Europa aprendeu com seus erros e, ao surgir a tecnologia digital, as PTTs estatais se juntaram e padronizaram um único sistema (GSM); portanto, qualquer telefone móvel europeu funcionará em qualquer lugar da Europa. Na época, os Estados Unidos haviam decidido que o governo não deveria participar do esforço de padronização, e assim a padronização da tecnologia digital ficou a cargo do mercado. Essa decisão resultou em diferentes fabricantes de equipamentos produzindo tipos distintos de telefones móveis. Em consequência, os Estados Unidos agora têm dois importantes sistemas de telefonia móvel digital totalmente incompatíveis em operação, além de outros sistemas secundários.

Apesar da liderança inicial dos Estados Unidos, a propriedade e a utilização da telefonia móvel na Europa é agora muito maior que naquele país. O fato de haver um único sistema para toda a Europa explica em parte esse fato, mas há outras razões. Um segundo ponto em que os Estados Unidos e a Europa divergiram foi a questão dos números de telefone. Nos Estados Unidos, os telefones móveis têm números misturados com os telefones comuns (fixos). Desse modo, quem faz a ligação não tem como saber se, digamos, (212) 234-5678 é um telefone fixo (com uma ligação de baixo custo ou gratuita) ou um telefone móvel (com uma tarifa cara). Para impedir que as pessoas ficassem receosas de usar o telefone, as empresas de telefonia decidiram fazer o proprietário do telefone móvel pagar pelas chamadas recebidas. Em consequência disso, muitas pessoas hesitaram em comprar um telefone móvel por medo de terem de pagar uma conta enorme apenas por receberem ligações. Na Europa, os telefones móveis têm um código de área especial (semelhante aos números 800 e 900) e, assim, podem ser reconhecidos instantaneamente. Como resultado, a regra habitual de "fazer o chamador pagar" também se aplica aos telefones móveis da Europa (com exceção das ligações internacionais, cujos custos são divididos).

Uma terceira questão que teve grande impacto na adoção da telefonia móvel foi o uso difundido de telefones pré-pagos na Europa (até 75% em algumas regiões). Esses telefones podem ser adquiridos em muitas lojas, até mesmo on-line. Eles são pré-carregados com, por exemplo, com um saldo de 20 ou 50 euros em ligações e podem ser recarregados (com a utilização de um código PIN secreto) quando o saldo termina. Por essa razão, praticamente todos os adolescentes e muitas crianças pequenas na Europa têm telefones móveis (em geral, pré-pagos) para que seus pais possam localizá-los, sem o perigo de terem de pagar uma conta enorme. Se o telefone móvel for usado apenas ocasionalmente, seu uso será quase gratuito, pois não haverá tarifa mensal nem por chamadas recebidas.

O leilão de cobiçadas bandas do espectro para 5G, juntamente com muitos dos avanços tecnológicos discutidos anteriormente neste capítulo, está prestes a sacudir os limites da rede celular pelos próximos anos. Já estamos vendo o aumento de operadoras de rede virtual móvel, ou **MVNOs (Mobile Virtual Network Operators)**, que são operadoras sem fio que não possuem a infraestrutura de rede sobre a qual prestam serviço a seus clientes. À medida que o tamanho das células continua a diminuir com frequências mais altas e o hardware para células pequenas continua a ser comoditizado, as MVNOs pagam para compartilhar a capacidade em uma infraestrutura que é operada por outra operadora. Elas decidem se irão operar seus próprios componentes de uma arquitetura LTE ou usar a infraestrutura de propriedade da operadora subjacente. MVNOs que operam sua própria rede principal às vezes são chamadas de MVNOs "completas". Empresas como Qualcomm e Intel estão montando um projeto de referência para hardware de pequenas células, que pode resultar na desagregação completa da borda da rede, especialmente quando combinada com o uso do espectro não licenciado. A indústria também está começando a se voltar para a infraestrutura com eNodeBs de "caixa branca", que se conectam a um escritório central que possui serviços EPC virtuais; o projeto M-CORD da Open Networking Foundation implementou uma arquitetura assim.

2.10.3 A rede telefônica

Por muitas décadas até 1984, a Bell System foi a responsável pelo serviço de chamadas locais e interurbanas em quase todos os Estados Unidos. Na década de 1970, o governo norte-americano concluiu que esse era um monopólio ilegal e promoveu uma ação para desmembrá-lo. O governo foi vitorioso e, em 1º de janeiro de 1984, a AT&T foi dividida na AT&T Long Lines, em 23 **BOCs (Bell Operating Companies)** e em algumas outras partes. As 23 BOCs foram agrupadas em sete BOCs regionais (RBOCs), o que as tornou economicamente viáveis. Toda a natureza do sistema de telecomunicações norte-americano foi alterada da noite para o dia por uma ordem judicial (e *não* por um ato do Congresso norte-americano).

As especificações exatas dessa ruptura foram descritas no conhecido **julgamento final modificado, ou MFJ (Modified Final Judgement)**, um oximoro, se é que houve um. Esse fato provocou o aumento da concorrência, a melhoria dos serviços e a redução das tarifas de longa distância para consumidores e empresas. Entretanto, os preços para o serviço local cresceram à medida que os subsídios cruzados das chamadas de longa distância foram eliminados, e o serviço local teve de se tornar autossuficiente. Hoje, muitos outros países estão considerando a abertura à concorrência em termos semelhantes.

De relevância direta para nossos estudos é que a nova estrutura competitiva introduziu um recurso técnico fundamental para a arquitetura da rede telefônica. Para determinar precisamente a quem cabiam as responsabilidades, o território dos Estados Unidos foi dividido em 164 **áreas de transporte e acesso local,** ou **LATAs (Local Access and Transport Areas)**. De forma bem genérica, uma LATA corresponde à região coberta por um único código de área. Em geral, dentro de uma LATA existia um **operador local de troca**, ou **LEC (Local Exchange Carrier)** que detinha o monopólio do sistema telefônico convencional dentro de sua área. Os LECs mais importantes eram as BOCs, embora algumas LATAs contivessem uma ou mais das 1.500 companhias telefônicas independentes que operavam como LECs.

A nova característica era que todo o tráfego entre LATAs passou a ser manipulado por um tipo diferente de empresa, uma **operadora de intercâmbio**, ou **IXC (IntereXchange Carrier)**. Originalmente, a AT&T Long Lines era a única IXC segura, mas hoje existem concorrentes fortes, como Verizon e Sprint, no ramo das IXCs. Uma das preocupações ao ocorrer o desmembramento foi assegurar-se de que todas as IXCs seriam tratadas igualmente em termos de qualidade das linhas, das tarifas e do número de dígitos que seus clientes teriam de teclar para usá-las. Observe, na Figura 2.54, como essa situação é tratada. Nela, vemos três exemplos de LATAs, cada uma com várias estações finais. As LATAs 2 e 3 também têm uma pequena hierarquia com estações Tandem (estações interurbanas intraLATA).

Qualquer IXC que deseje se encarregar de chamadas provenientes de uma LATA pode criar uma estação de comutação denominada **ponto de presença**, ou **POP (Point of Presence)**. O LEC é necessário para conectar cada IXC a cada estação final, seja diretamente, como nas LATAs 1 e 3, seja indiretamente, como na LATA 2. Além disso, as condições da conexão, tanto técnicas quanto financeiras, têm de ser idênticas para todas as IXCs. Dessa forma, um assinante da LATA 1, por exemplo, pode escolher qual IXC usará para entrar em contato com assinantes que façam parte da LATA 3.

Como parte do MFJ, as IXCs foram proibidas de prestar serviços telefônicos locais, e os LECs foram proibidos de prestar serviços telefônicos entre LATAs, apesar de todas serem livres para atuar em quaisquer outros ramos, como a operação de restaurantes. Em 1984, essa era uma condição razoavelmente não ambígua. Infelizmente, a tecnologia tem uma forma interessante de tornar a lei obsoleta. Nem a TV a cabo nem os telefones celulares foram cobertos pelo acordo. À medida que a TV a cabo passou de unidirecional para bidirecional e a popularidade dos telefones celulares explodiu, os LECs e as IXCs começaram a comprar ou a se associar às operadoras de TV a cabo ou de telefones celulares.

Em 1995, o Congresso dos Estados Unidos percebeu que tentar manter uma distinção entre os vários tipos de empresas não era mais sustentável e elaborou um projeto de lei para preservar a acessibilidade para competição, mas que permitiria às empresas de TV a cabo, companhias telefônicas locais, concessionárias de comunicação de longa distância e operadoras de sistemas celulares entrarem nos ramos de negócio umas das outras. A ideia era que qualquer empresa poderia oferecer a seus clientes um único pacote integrado contendo serviços de TV a cabo, telefone e dados, e que diferentes empresas seriam concorrentes em serviços e preços. O projeto de lei foi sancionado em fevereiro de 1996, como uma reestruturação importante da regulamentação das telecomunicações. Como resultado, algumas

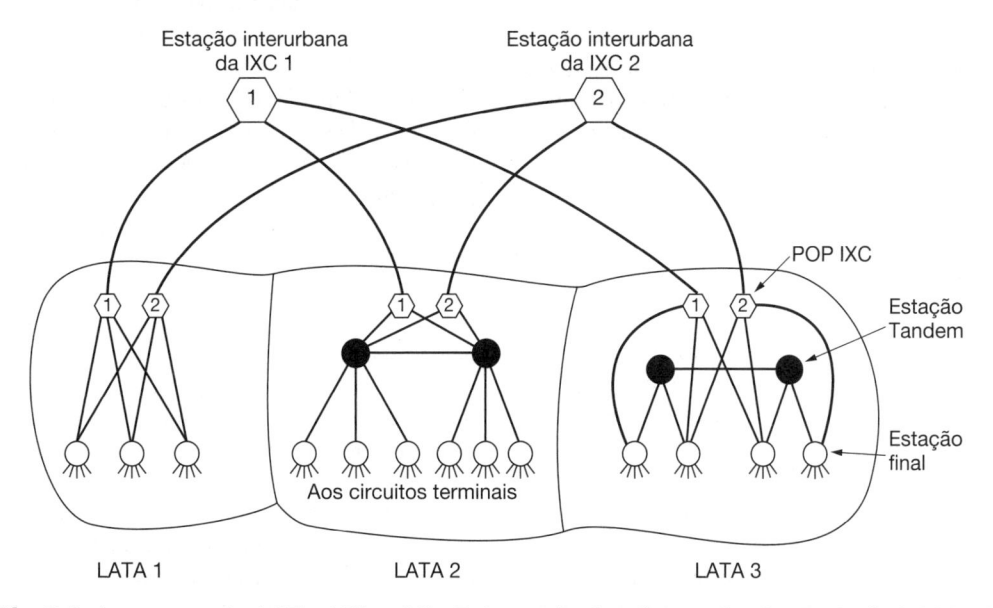

Figura 2.54 Relacionamento entre LATAs, LECs e IXCs. Todos os círculos são estações de comutação de LECs. Cada hexágono pertence à IXC indicada pelo número.

BOCs se tornaram IXCs e algumas outras empresas, como operadoras de TV a cabo, começaram a oferecer serviços de telefonia local, competindo com os LECs.

Uma propriedade interessante da lei de 1996 foi a exigência de que os LECs implementassem **portabilidade de número local**. Isso significava que um cliente podia mudar de companhia telefônica local sem ter de receber um novo número de telefone. A portabilidade para números de telefone móvel (e entre linhas fixas e móveis) seguiu o exemplo em 2003. Essas providências removeram um enorme obstáculo para muitas pessoas, tornando-as muito mais inclinadas a mudar de LECs. Como resultado, o cenário das telecomunicações dos Estados Unidos se tornou muito mais competitivo, e outros países estão seguindo o mesmo caminho. Com frequência, outros países esperam para ver como esse tipo de experiência funciona nos Estados Unidos. Se isso funciona bem, eles fazem o mesmo; se funciona mal, eles tentam algo diferente.

Recentemente, a política de telecomunicações tem estado relativamente quieta, no que diz respeito às companhias telefônicas, com a maioria das ações e atividades passando para provedores de serviço de Internet. Porém, dois desenvolvimentos recentes envolvem atividades políticas em torno das inseguranças de um protocolo de sinalização chamado **SS7 (Signaling System 7)**, que permite que as redes celulares conversem entre si. O protocolo é inseguro, e o Congresso solicitou à FCC que tome medidas para resolver algumas dessas inseguranças. Outro desenvolvimento interessante relacionado à Lei de Telecomunicações de 1996 é a forma como as mensagens de texto são classificadas; ao contrário do tráfego de voz na rede telefônica, que é classificado como um serviço de comunicações (como chamadas telefônicas), as mensagens de SMS ("mensagens de texto") são classificadas como um serviço de informação (semelhante a mensagens instantâneas ou outros serviços de comunicação da Internet), que as sujeita a conjuntos de regulamentos muito diferentes sobre tudo, desde como elas podem ser cobradas às regras de privacidade que as regem.

2.11 RESUMO

A camada física é a base de todas as redes. A natureza impõe dois limites fundamentais sobre todos os canais, e estes determinam sua largura de banda. Esses limites são o limite de Nyquist, que trata de canais sem ruídos, e o limite de Shannon, que trata de canais com ruídos.

Os meios de transmissão podem ser guiados ou não guiados. Os principais meios guiados são o par trançado, o cabo coaxial e a fibra óptica. Dentre os meios não guiados estão o rádio terrestre, as micro-ondas, os raios infravermelhos, os raios laser através do ar e os satélites.

Métodos de modulação digitais enviam bits por meios guiados e não guiados como sinais analógicos. Os códigos de linha operam na banda base, e os sinais podem ser colocados em uma banda passante por meio da modulação da amplitude, da frequência e da fase de uma portadora. Os canais podem ser compartilhados entre usuários com a multiplexação por divisão de tempo, frequência e código.

Um elemento-chave na maioria das redes a longa distância é o sistema de telefonia implantado. Seus principais componentes são os circuitos terminais, troncos e switches. A ADSL oferece velocidades de até 40 Mbps ao circuito terminal do assinante, dividindo-o em muitas subportadoras que trabalham em paralelo. Isso ultrapassa muito as taxas dos modems de telefone. PONs levam a fibra até a residência, tornando as taxas de acesso ainda maiores do que a ADSL. Os troncos transportam informações digitais e são multiplexados com WDM para oferecer muitos enlaces de alta capacidade pelas fibras individuais, bem como TDM para compartilhar cada enlace com taxa alta entre os usuários. A comutação de circuitos e a comutação de pacotes desempenham papéis importantes.

Outro sistema para acesso à rede é a infraestrutura de cabo, que gradualmente foi evoluída de cabo coaxial para cabo híbrido de coaxial e fibra, em que muitos provedores de serviço de Internet a cabo agora oferecem até 1 Gbps (e, dentro de alguns anos, provavelmente 10 Gbps) aos assinantes. A arquitetura dessas redes, no entanto, é muito diferente, pois a capacidade da rede é compartilhada entre os assinantes no mesmo nó de serviço.

Para aplicações móveis, o sistema telefônico fixo não é adequado. Hoje, os telefones celulares estão sendo amplamente utilizados para voz e dados; desde o 4G, toda a voz, na verdade, é transportada pela rede de comutação de pacotes. A primeira geração, 1G, era analógica e dominada pelo AMPS. A 2G era digital, com GSM sendo atualmente o sistema de telefonia móvel mais utilizado no mundo. A 3G é digital e se baseia no CDMA de banda larga. A principal inovação do 4G foi a mudança para um núcleo comutado por pacotes. 5G é definido por células de menor tamanho, MIMO maciço e o uso de um espectro significativamente maior.

Em última análise, muitos aspectos da camada física são determinados não apenas pelas próprias tecnologias, mas também por organizações políticas, como órgãos de padronização e agências reguladoras. Uma área da camada física que é bastante dinâmica no cenário político é o espectro sem fio, em sua grande parte altamente regulamentado. À medida que cresce a necessidade de mais largura de banda para comunicações de dados, as agências reguladoras estão ativamente procurando maneiras de usar o espectro existente de forma mais eficiente, como reapropriação e leilão de partes do espectro previamente alocado.

PROBLEMAS

1. Um oleoduto é um sistema simplex, um sistema half-duplex, um sistema full-duplex ou nenhum dos anteriores? E um rio ou uma comunicação no estilo walkie-talkie?

2. Quais são as vantagens da fibra óptica em relação ao cobre como meio de transmissão? Existe alguma desvantagem no uso da fibra óptica em relação ao cobre?

3. Qual é a largura de banda existente em 0,1 mícron de espectro em um comprimento de onda de 1 mícron?

4. Queremos enviar uma sequência de imagens de tela de computador por uma fibra óptica. A tela tem 3.840 × 2.160 pixels, e cada pixel tem 24 bits. Há 60 imagens de tela por segundo. Qual é a taxa de dados necessária?

5. Na Figura 2.5, a banda da esquerda é mais estreita que as outras. Por quê?

6. Imagine que as operações realizadas pelos computadores digitais, atualmente implementadas por meio de sinais elétricos, pudessem ser implementadas com eficiência por meio de feixes de luz. Como isso afetaria a comunicação digital? Por que os computadores modernos não trabalham dessa forma?

7. Em geral, as antenas de rádio funcionam melhor quando seu diâmetro é igual ao comprimento das ondas de rádio. Uma variação razoável para o diâmetro das antenas é de 1 cm a 1 m. Que faixa de frequências é coberta por esse intervalo?

8. O enfraquecimento por múltiplos caminhos é maximizado quando os dois raios chegam com uma defasagem de 180 graus. Quanta diferença de caminho é necessária para maximizar o enfraquecimento para um enlace de micro-ondas de 1 GHz por 100 km?

9. Um feixe de raios laser de 1 mm está orientado para um detector de 1 mm localizado a 100 m de distância no telhado de um edifício. Quanto desvio angular (em graus) o laser precisa ter antes de perder o detector?

10. Calcule os coeficientes de Fourier para a função $f(t) = t$ $(0 \leq t \leq 1)$.

11. Um sinal binário de 5 GHz é enviado por um canal com uma relação sinal-ruído de 40 dB. Qual é o limite superior mais baixo na taxa de dados máxima? Explique sua resposta.

12. Um canal sem ruído de 3 kHz tem uma amostra a cada 1 ms. Qual é a taxa máxima de dados desse canal? Como a taxa máxima de dados muda se o canal tiver ruído, com uma relação sinal-ruído de 30 dB?

13. O teorema de Nyquist também se aplica à fibra óptica de alta qualidade em modo único, ou somente ao fio de cobre?

14. Os canais de televisão têm uma largura de 6 MHz. Quantos bits/s poderão ser enviados, se forem usados sinais digitais de quatro níveis? Considere um canal sem ruído.

15. Se um sinal binário for enviado sobre um canal de 3 kHz cuja relação sinal-ruído é de 20 dB, qual será a taxa máxima de dados que poderá ser alcançada?

16. Um canal usando a codificação 4B/5B envia dados a uma taxa de 64 Mbps. Qual é a largura de banda mínima usada por esse canal?

17. Em um diagrama de constelação, todos os pontos se encontram no eixo horizontal. Que tipo de modulação está sendo usado?

18. Uma estação usando QAM-16 pode enviar 3 bits por símbolo? Explique por que (ou não).

19. Qual é a largura de banda mínima necessária para alcançar uma taxa de dados de B bits/s se o sinal for transmitido usando as codificações NRZ, MLT-3 e Manchester? Justifique sua resposta.

20. Prove que, nos dados mapeados em 4B/5B com a codificação NRZI, uma transição de sinal ocorrerá em tempos de pelo menos 4 bits.

21. Um diagrama de constelação para modems semelhante ao da Figura 2.17 tem pontos de dados nas seguintes coordenadas: (1,1), (1, −1), (−1, 1) e (−1, −1). Quantos bps um modem com esses parâmetros pode alcançar a uma taxa de transmissão de 1.200 símbolos/s?

22. Quantas frequências um modem full-duplex QAM-64 utiliza?

23. Dez sinais, cada um exigindo 4.000 Hz, são multiplexados em um único canal utilizando FDM. Qual é a largura de banda mínima exigida para o canal multiplexado? Suponha que as bandas de proteção tenham 400 Hz de largura.

24. Suponha que A, B e C estejam simultaneamente transmitindo bits 0, usando um sistema CDMA com as sequências de chips da Figura 2.22(a). Qual é a sequência de chips resultante?

25. Na discussão sobre ortogonalidade das sequências de chips CDMA, foi dito que, se $\mathbf{S} \cdot \mathbf{T} = 0$, então $\mathbf{S} \cdot \overline{\mathbf{T}}$ também é 0. Prove isto.

26. Considere um modo diferente de observar a propriedade de ortogonalidade das sequências de chips do CDMA. Cada bit em um par de sequências pode coincidir ou não. Expresse a propriedade de ortogonalidade em termos de correspondências e não correspondências.

27. Um receptor CDMA recebe os seguintes chips: (−1 +1 −3 +1 −1 −3 +1 +1). Supondo as sequências de chips definidas na Figura 2.22(a), quais estações transmitiram, e quais bits cada uma enviou?

28. Na Figura 2.22, existem quatro estações que podem transmitir. Suponha que mais quatro estações sejam acrescentadas. Forneça as sequências de chips dessas estações.

29. Qual é a probabilidade de que duas sequências de chips aleatórias com comprimento 128 tenham um produto interno normalizado de 1/4 ou mais?

30. Nas redes de telefonia (fixa) e de televisão, vários usuários finais ainda estão conectados a uma única estação final, headend ou nó de fibra. Esses sistemas podem ser mais tolerantes a falhas do que o telefone tradicional discutido no Capítulo 1?

31. Quantos códigos de estações finais existiam antes de 1984, quando cada estação final era identificada por seu código de área de três dígitos e pelos três primeiros dígitos do número local? Os códigos de área se iniciavam com um dígito no intervalo de 2 a 9, tinham 0 ou 1 como o segundo e terminavam com qualquer dígito. Os dois primeiros dígitos de um

número local sempre estavam no intervalo de 2 a 9. O terceiro dígito podia ser qualquer um.

32. Um sistema telefônico simples consiste em duas estações finais e uma única estação interurbana, à qual cada estação final está conectada por um tronco full-duplex de 1 MHz. Um telefone comum é usado para fazer quatro ligações em um dia útil de 8 horas. A duração média de cada chamada é de 6 minutos e 10% das chamadas são interurbanas (ou seja, passam pela estação interurbana). Qual é o número máximo de telefones que uma estação final pode aceitar? (Suponha 4 kHz por circuito.) Explique por que a companhia telefônica pode decidir dar suporte a um número menor de telefones do que esse número máximo na estação final.

33. Uma companhia telefônica regional tem 15 milhões de assinantes. Cada um de seus telefones está conectado a uma estação central por fios de cobre em par trançado. O comprimento médio desses pares trançados é de 10 km. Quanto vale o cobre contido nos circuitos terminais? Suponha que a seção transversal de cada fio seja um círculo com 1 mm de diâmetro, a densidade específica do cobre seja 9,0 gramas/cm^3 e que o cobre seja vendido ao preço de 6 dólares por kg.

34. Qual é a taxa de bits máxima alcançável em um modem padrão V.32 se a taxa baud for 4.800 e nenhuma correção de erro for usada?

35. O custo de um microprocessador rápido diminuiu tanto que agora é possível incluir um em cada modem. De que maneira isso afeta o tratamento de erros na linha telefônica? Isso evita a necessidade de verificação/correção de erros na camada 2?

36. Um sistema ADSL usando DMT aloca 3/4 dos canais de dados disponíveis para o enlace downstream. Ele utiliza modulação QAM-64 em cada canal. Qual é a capacidade do enlace downstream?

37. Por que o tempo de amostragem do PCM foi definido como 125 μs?

38. Qual é a relação sinal-ruído necessária para colocar uma portadora T1 em uma linha de 1 MHz?

39. Compare a taxa máxima de dados de um canal sem ruído de 4 kHz usando:
    (a) Codificação analógica (p. ex., QPSK) com 2 bits por amostra.
    (b) O sistema T1 PCM.

40. Se um sistema de portadora T1 apresentar uma falha e perder o controle de onde está, ele tentará se sincronizar novamente usando o primeiro bit de cada quadro. Em média, quantos quadros terão de ser examinados para que seja feita a ressincronização com uma probabilidade de erro de 0,001?

41. Qual é o percentual de overhead em uma portadora T1, ou seja, que percentagem dos 1,544 Mbps não é entregue ao usuário final? Como isso se relaciona ao percentual de overhead nas linhas OC-1 e OC-768?

42. Os clocks da SONET têm uma taxa de variação de aproximadamente uma parte em 10^9. Quanto tempo a variação leva para igualar a largura de 1 bit? Quais são as implicações desse cálculo, se houver?

43. Na Figura 2.35, a taxa de dados do usuário para OC-3 é de 148,608 Mbps. Mostre como esse número pode ser derivado dos parâmetros OC-3 da SONET. Quais serão as taxas de dados bruta, SPE e do usuário de uma linha OC-3072?

44. Para acomodar taxas de dados mais baixas que STS-1, a SONET tem um sistema de tributários virtuais (VTs). Um VT é uma carga útil parcial que pode ser inserida em um quadro STS-1 e combinada com outras cargas úteis parciais para preencher o quadro de dados. O VT1.5 utiliza 3 colunas, o VT2 usa 4 colunas, o VT3 usa 6 colunas e o VT6 usa 12 colunas de um quadro STS-1. Qual VT pode acomodar:
    (a) Um serviço DS-1 (1,544 Mbps)?
    (b) Um serviço europeu CEPT-1 (2,048 Mbps)?
    (c) Um serviço DS-2 (6,312 Mbps)?

45. Qual é a largura de banda disponível para o usuário em uma conexão OC-12c?

46. Qual é a diferença, se houver, entre a parte demoduladora de um modem e a parte codificadora de um codec? (Afinal, ambos convertem sinais analógicos em sinais digitais.)

47. Três redes de comutação de pacotes possuem n nós cada uma. A primeira rede tem uma topologia em estrela com um switch central, a segunda é um anel (bidirecional) e a terceira é totalmente interconectada, com um fio interligando cada nó. Quais são as opções de caminhos de transmissão em hops no melhor caso, no caso médio e no pior caso?

48. Compare o atraso no envio de uma mensagem de x bits sobre um caminho de k hops em uma rede comutada por circuitos e em uma rede (levemente carregada) comutada por pacotes. O tempo de configuração de circuitos é de s segundos, o atraso de propagação é de d segundos por hop, o tamanho do pacote é de p bits e a taxa de dados é de b bps. Sob quais condições a rede de pacotes tem um atraso mais baixo? Além disso, explique as condições sob as quais uma rede de comutação de pacotes é preferível a uma rede de comutação de circuitos.

49. Suponha que x bits de dados do usuário tenham de ser transmitidos por um caminho de k hops em uma rede comutada por pacotes como uma série de pacotes, cada um contendo p bits de dados e h bits de cabeçalho, sendo $x \gg p + h$. A taxa de bits das linhas é b bps e o atraso de propagação é desprezível. Que valor de p minimiza o atraso total?

50. Em um sistema telefônico típico com células hexagonais, é proibido reutilizar uma banda de frequências em uma célula adjacente. Se 840 frequências estão disponíveis, quantas podem ser utilizadas em uma determinada célula?

51. O layout real de células raramente é tão regular quanto o da Figura 2.39. Mesmo as formas de células individuais em geral são irregulares. Apresente uma possível razão para isso. Como essas formas irregulares afetam a atribuição de frequência de cada célula?

52. Faça uma estimativa do número de microcélulas PCS com 100 m de diâmetro que seriam necessárias para cobrir a cidade de São Francisco (120 km^2).

53. Às vezes, quando um usuário móvel cruza o limite de uma célula para outra, a chamada atual é encerrada de forma brusca, embora todos os transmissores e receptores estejam funcionando perfeitamente. Por quê?

54. Na extremidade baixa, o sistema telefônico tem forma de estrela, com todos os circuitos terminais em uma vizinhança convergindo em uma estação final. Ao contrário, a televisão a cabo consiste em um único cabo longo que passa por todas as casas no mesmo bairro. Suponha que um cabo de TV do futuro fosse uma fibra de 10 Gbps, em vez de um fio de cobre. Ele poderia ser usado para simular o modelo de telefonia em que todos têm sua própria linha privada até a estação final? Nesse caso, quantas casas com um telefone poderiam ser conectadas a uma única fibra?

55. Um sistema de TV a cabo tem 100 canais comerciais, todos eles alternando programas com os anúncios. Isso tem mais semelhança com TDM ou FDM?

56. Uma empresa de serviços a cabo decide oferecer acesso à Internet por cabo em um bairro que tem 5 mil casas. A empresa utiliza um cabo coaxial e uma alocação de espectro que permite alcançar a largura de banda de 100 Mbps downstream por cabo. Para atrair clientes, a empresa decide garantir pelo menos 2 Mbps de largura de banda downstream para cada casa em qualquer instante. Descreva o que a empresa de serviços a cabo precisa fazer para fornecer essa garantia.

57. Usando a alocação espectral mostrada na Figura 2.46 e as informações dadas no texto, quantos Mbps um sistema de cabo aloca para o tráfego upstream e quantos para o tráfego downstream?

58. Com que velocidade um usuário de cabo recebe dados se a rede estiver ociosa? Suponha que a interface do usuário seja:
    (a) Ethernet a 10 Mbps.
    (b) Ethernet a 100 Mbps.
    (c) Rede sem fio a 54 Mbps.

59. Os 66 satélites de baixa órbita do projeto Iridium estão divididos em seis eixos em torno da Terra. Na altitude em que eles se encontram, o período é de 90 minutos. Qual é o intervalo médio entre handoffs no caso de um transmissor estacionário?

60. Considere um satélite na altitude de satélites geoestacionários, mas cujo plano orbital está inclinado em relação ao plano equatorial por um ângulo φ. Para um usuário estacionário na superfície da Terra na latitude norte φ, esse satélite parece imóvel no céu? Se não, descreva seu movimento.

61. Calcule o tempo de trânsito de ponta a ponta para um pacote trafegar pelos satélites GEO (altitude: 35.800 km), MEO (altitude: 18.000 km) e LEO (altitude: 750 km).

62. Qual é a latência de uma chamada originada no Polo Norte para alcançar o Polo Sul se a chamada for roteada por satélites Iridium? Suponha que o tempo de comutação nos satélites seja 10 microssegundos e o raio da Terra seja 6.371 km.

63. Quanto tempo levará para transmitir um arquivo de 1 GB de um VSAT para outro usando um hub como o mostrado na Figura 2.50? Suponha que o uplink seja de 1 Mbps, o downlink seja de 7 Mbps e a comutação de circuitos seja usada com um tempo de configuração de circuito de 1,2 s.

64. Calcule o tempo de trânsito no problema anterior se for usada a comutação de pacotes. Suponha que o tamanho do pacote seja de 64 KB, o atraso de comutação no satélite e no hub seja de 10 microssegundos e o tamanho do cabeçalho do pacote seja 32 bytes.

65. A multiplexação de vários fluxos de dados STS-1, chamados tributários, desempenha um papel importante na SONET. Um multiplexador 3:1 efetua a multiplexação de três tributários STS-1 de entrada em um único fluxo STS-3 de saída. Essa multiplexação é feita byte a byte, isto é, os três primeiros bytes de saída são os primeiros bytes dos tributários 1, 2 e 3, respectivamente. Os três bytes de saída seguintes são os próximos bytes dos tributários 1, 2 e 3, respectivamente, e assim por diante. Escreva um programa que simule esse multiplexador 3:1. Seu programa deve consistir em cinco processos. O principal cria quatro processos, um para cada um dos três tributários STS-1 e um processo para o multiplexador. Cada processo tributário lê um quadro STS-1 de um arquivo de entrada como uma sequência de 810 bytes. Eles enviam seus quadros (byte por byte) ao processo multiplexador. Este recebe esses bytes e transmite como saída um quadro STS-3 (byte por byte), gravando-o na saída padrão. Utilize pipes para efetuar a comunicação entre os processos.

66. Escreva um programa para implementar CDMA. Suponha que a extensão de uma sequência de chips seja oito e o número de estações transmitindo seja quatro. Seu programa deve consistir em três conjuntos de processos: quatro processos transmissores (t0, t1, t2 e t3), um processo de junção e quatro processos receptores (r0, r1, r2 e r3). O programa principal, que também atua como o processo de junção, primeiro lê quatro sequências de chips (notação bipolar) da entrada padrão e uma sequência de 4 bits (1 bit por processo transmissor a ser transmitido), e se bifurca em quatro pares de processos transmissores e receptores. Cada par de processos transmissor/receptor (t0,r0; t1,r1; t2,r2; t3,r3) é atribuído a uma sequência de chips e cada processo transmissor é atribuído a um 1 bit (primeiro bit para t0, segundo bit para t1, e assim por diante). Em seguida, cada processo transmissor calcula o sinal a ser transmitido (uma sequência de 8 bits) e o envia para o processo de junção. Depois de receber sinais de todos os processos transmissores, o processo de junção combina os sinais e envia o sinal combinado aos quatro processos receptores. Então, cada processo receptor calcula o bit que recebeu e o imprime na saída padrão. Use pipes para a comunicação entre processos.

3

A camada de enlace de dados

Neste capítulo, estudaremos os princípios de projeto da segunda camada em nosso modelo, a de enlace de dados. Neste estudo, trataremos de algoritmos que permitem uma comunicação eficiente e confiável de unidades de informação inteiras, chamadas quadros (em vez de bits individuais, como na camada física), entre dois computadores adjacentes. Por adjacentes queremos dizer que as duas máquinas estão fisicamente conectadas por meio de um canal de comunicação que funciona conceitualmente como um fio (p. ex., um cabo coaxial, uma linha telefônica ou um canal sem fio). A propriedade essencial de um canal que o torna semelhante a um fio é o fato de que os bits são entregues na ordem exata em que são enviados.

A princípio, você pode pensar que esse problema é tão trivial que não há nada para estudar – a máquina A simplesmente coloca os bits no fio e a máquina B os retira de lá. Infelizmente, os canais de comunicação algumas vezes produzem erros. Além disso, eles têm uma taxa de dados finita, e há um atraso de propagação diferente de zero entre o momento em que um bit é enviado e o momento em que ele é recebido. Essas limitações têm implicações importantes para a eficiência da transferência de dados. Os protocolos usados para comunicações devem levar todos esses fatores em consideração. Tais protocolos são o assunto deste capítulo.

Após uma introdução às principais questões de projeto presentes na camada de enlace de dados, começaremos nosso estudo dos protocolos verificando a natureza dos erros e como eles podem ser detectados e corrigidos. Em seguida, estudaremos uma série de protocolos de complexidade crescente e mostraremos como cada um deles resolve um número cada vez maior de problemas dessa camada. Por fim, concluiremos o capítulo com alguns exemplos de protocolos de enlace de dados.

3.1 QUESTÕES DE PROJETO DA CAMADA DE ENLACE DE DADOS

A camada de enlace de dados usa os serviços da camada física para enviar e receber bits pelos canais de comunicação (possivelmente não confiáveis), que podem perder dados. Ela tem diversas funções, entre as quais:

1. Fornecer uma interface de serviço bem definida à camada de rede (Seção 3.1.1).
2. Enquadrar sequências de bytes como segmentos autocontidos (Seção 3.1.2).
3. Detectar e corrigir erros de transmissão (Seção 3.1.3).
4. Regular o fluxo de dados de modo que receptores lentos não sejam atropelados por transmissores rápidos (Seção 3.1.4).

Para alcançar esses objetivos, a camada de enlace de dados recebe os pacotes da camada de rede e os encapsula em **quadros** para transmissão. Cada um contém um cabeçalho (header) de quadro, um campo de carga útil (payload), que conterá o pacote, e um final (trailer) de quadro, como mostra a Figura 3.1. O gerenciamento de quadros constitui o núcleo das atividades da camada de enlace de dados. Nas próximas seções, examinaremos em detalhes todas as questões mencionadas. Além disso, quando são usadas redes sem fio não confiáveis, o uso de protocolos para melhorar o enlace de dados posteriormente quase sempre melhora o desempenho.

Embora este capítulo trate explicitamente da camada de enlace de dados e de seus protocolos, muitos dos princípios que estudaremos aqui, como o controle de erros e o controle de fluxo, em algumas redes, são encontrados em

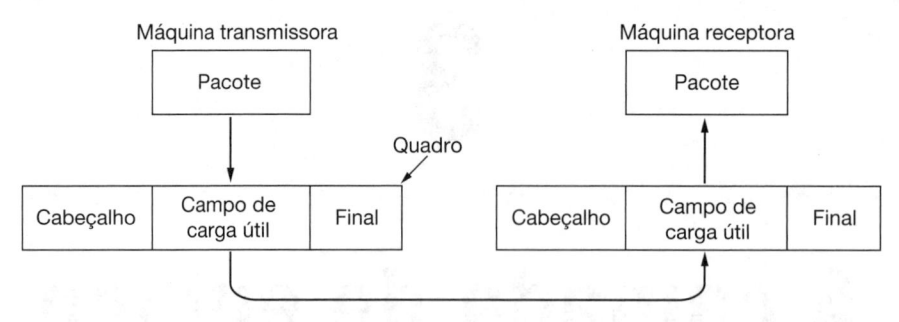

Figura 3.1 Relacionamento entre pacotes e quadros.

protocolos de transporte e também em outros protocolos. Isso ocorre porque a confiabilidade é um objetivo geral, e ela é alcançada quando todas as redes funcionam juntas. De fato, em muitas delas, essas funções são encontradas principalmente nas camadas superiores, com a camada de enlace de dados realizando a tarefa mínima, que é "suficientemente boa". Contudo, independentemente do lugar onde são encontrados, os princípios são quase idênticos. Na camada de enlace de dados, eles surgem com frequência em sua forma mais simples e mais pura, o que faz dessa camada um bom lugar para examiná-los em detalhes.

3.1.1 Serviços oferecidos à camada de rede

A função da camada de enlace de dados é fornecer serviços à camada de rede, sendo o principal transferir dados da camada de rede da máquina de origem para a camada de rede da máquina de destino. Na camada de rede da máquina de origem há uma entidade, chamada processo, que entrega alguns bits à camada de enlace de dados para transmissão ao destino. A tarefa da camada de enlace de dados é transmitir os bits à máquina de destino, de forma que eles possam ser entregues à camada de rede dessa máquina, como mostra a Figura 3.2(a). A transmissão propriamente dita segue o trajeto descrito na Figura 3.2(b); no entanto, é mais fácil pensar em termos de dois processos da camada de enlace de dados que se comunicam por intermédio de um protocolo de enlace de dados. Por essa razão, utilizaremos implicitamente o modelo da Figura 3.2(a) em todo este capítulo.

A camada de enlace de dados pode ser projetada de modo a oferecer diversos serviços. Os serviços reais oferecidos podem variar de um protocolo para outro. Três possibilidades razoáveis que consideraremos são:

1. Serviço não orientado a conexões sem confirmação.
2. Serviço não orientado a conexões com confirmação.
3. Serviço orientado a conexões com confirmação.

O serviço não orientado a conexões sem confirmação consiste em fazer a máquina de origem enviar quadros

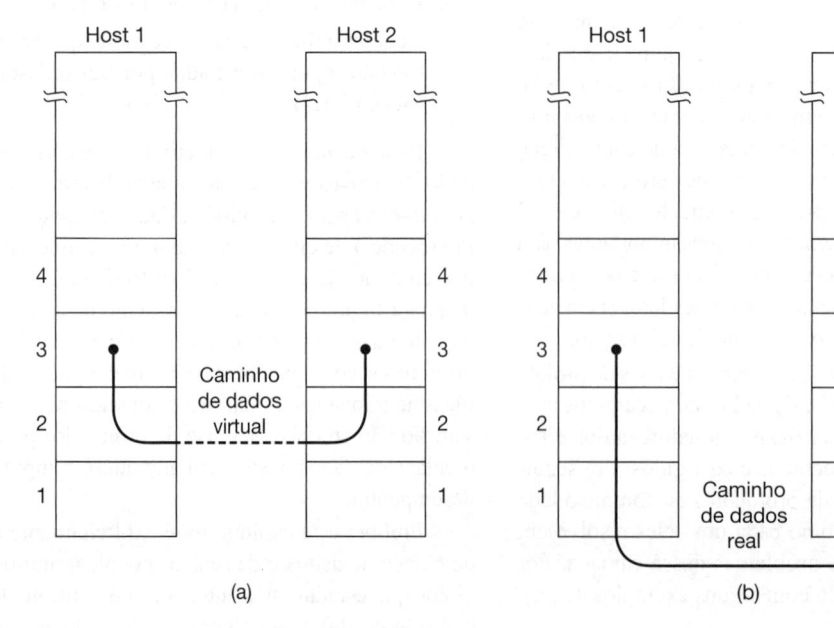

Figura 3.2 (a) Comunicação virtual. (b) Comunicação real.

independentes à máquina de destino, sem que esta confirme o recebimento deles. A Ethernet é um bom exemplo de uma camada de enlace de dados que oferece essa classe de serviço. Nenhuma conexão lógica é estabelecida antes ou liberada depois do processo. Se um quadro for perdido em decorrência de ruídos na linha, não haverá qualquer tentativa de detectar a perda ou de recuperá-lo na camada de enlace de dados. Essa classe de serviço é apropriada quando a taxa de erros é muito baixa, e a recuperação fica a cargo das camadas mais altas, bem como para o tráfego em tempo real, no qual, a exemplo da voz, os dados atrasados causam mais problemas do que os dados recebidos com falhas.

O próximo passo em termos de confiabilidade é o serviço não orientado a conexões com confirmação. Quando esse serviço é oferecido, ainda não há conexões lógicas sendo usadas, mas cada quadro enviado é confirmado individualmente. Dessa forma, o transmissor sabe se um quadro chegou corretamente ou não. Caso não tenha chegado dentro de um intervalo específico, o quadro poderá ser reenviado. Esse serviço é útil em canais não confiáveis, como os sistemas sem fio. O padrão 802.11 (WiFi) é um bom exemplo desse tipo de serviço da camada de enlace.

Talvez valha a pena destacar que oferecer recursos de confirmação no nível da camada de enlace de dados é uma questão de otimização, nunca uma exigência. A camada de rede sempre pode enviar um pacote e esperar que ele seja confirmado por seu par na máquina remota. Se a confirmação não chegar durante o intervalo do timer de retransmissão, o transmissor poderá enviar a mensagem inteira mais uma vez. O problema dessa estratégia é que ela pode ser ineficaz. Os enlaces normalmente têm um quadro com comprimento máximo estrito imposto pelo hardware e atrasos de propagação conhecidos. A camada de rede não conhece esses parâmetros. Ela pode enviar um pacote grande subdividido em, digamos, 10 quadros, dos quais dois são perdidos, em média. O tempo necessário para efetivar a transmissão do pacote com sucesso poderá ser muito longo. Em vez disso, se quadros individuais forem confirmados e retransmitidos, então os erros podem ser corrigidos mais diretamente e mais rapidamente. Em canais confiáveis, como a fibra óptica, o overhead de um protocolo de enlace de dados muito sofisticado talvez seja desnecessário, mas, em canais sem fio (com sua inerente falta de confiabilidade), o custo geralmente compensa.

Voltando aos nossos serviços, o serviço mais sofisticado que a camada de enlace de dados é capaz de oferecer à camada de rede é o orientado a conexões. Com ele, as máquinas de origem e de destino estabelecem uma conexão antes de qualquer dado ser transferido. Cada quadro enviado pela conexão é numerado, e a camada de enlace de dados garante que cada quadro seja, de fato, recebido. Além disso, essa camada garante que todos os quadros sejam recebidos uma única vez e na ordem correta. Assim, os serviços orientados a conexões fornecem aos processos da camada de rede o equivalente a um fluxo de bits confiável.

Isso é apropriado para enlaces longos, não confiáveis, como um canal de satélite ou um circuito telefônico interurbano. Se o serviço não orientado a conexões com confirmação fosse usado, é possível imaginar que as confirmações perdidas poderiam fazer um quadro ser enviado e recebido várias vezes, desperdiçando largura de banda.

Quando o serviço orientado a conexões é usado, as transferências passam por três fases distintas. Na primeira, a conexão é estabelecida, fazendo ambos os lados inicializar as variáveis e os contadores necessários para controlar os quadros que são recebidos e os que não são. Na segunda, um ou mais quadros são realmente transmitidos. Na terceira e última fase, a conexão é desfeita, liberando-se as variáveis, os buffers e os outros recursos usados para mantê-la.

3.1.2 Enquadramento

Para oferecer serviços à camada de rede, a camada de enlace de dados deve usar o serviço fornecido a ela pela camada física. O que a camada física faz é aceitar um fluxo de bits brutos e tentar entregá-lo ao destino. Se o canal tiver ruído, como acontece na maioria dos enlaces sem fio e em alguns enlaces com fio, a camada física acrescentará alguma redundância aos seus sinais, para reduzir a taxa de erros de bits para um nível tolerável. Contudo, o fluxo de bits recebido pela camada de enlace de dados não tem garantia de estar livre de erros. Alguns bits podem ter valores diferentes e o número de bits recebidos pode ser menor, igual ou maior que o transmitido. A camada de enlace de dados é responsável por detectar e, se necessário, corrigir erros.

Em geral, a estratégia adotada pela camada de enlace de dados é dividir o fluxo de bits em quadros distintos, calcular um pequeno valor (um token), chamado de checksum (soma de verificação), para cada quadro e incluir essa soma de verificação no quadro quando ele for transmitido. (Os algoritmos de checksum serão discutidos mais adiante neste capítulo.) Quando um quadro chega a seu destino, o checksum é recalculado com base no que foi recebido. Se o valor recém-calculado for diferente do que está contido no quadro, a camada de enlace de dados saberá que houve um erro e tomará providências para lidar com ele (p. ex., descartando o quadro defeituoso e possivelmente também enviando de volta um relatório de erros).

A divisão do fluxo de bits em quadros é mais difícil do que parece à primeira vista. Um bom projeto deve tornar fácil para um receptor encontrar o início de novos quadros usando pouca largura de banda do canal. Nesta seção, examinaremos quatro métodos:

1. Contagem de caracteres.
2. Bytes de flag com inserção de bytes.
3. Bits de flag com inserção de bits.
4. Violações de codificação da camada física.

O primeiro método de enquadramento utiliza um campo no cabeçalho para especificar o número de bytes no quadro. Quando vê a contagem de caracteres, a camada de enlace de dados de destino sabe quantos bytes devem vir em seguida e, consequentemente, onde está o final do quadro. Essa técnica é mostrada na Figura 3.3(a) para quatro pequenos quadros, como exemplo, de tamanhos 5, 5, 8 e 8 bytes, respectivamente.

O problema com esse algoritmo é que a contagem pode ser adulterada por um erro de transmissão. Por exemplo, se a contagem 5 no segundo quadro da Figura 3.3(b) se tornar 7, em virtude da inversão de um único bit, o destino perderá a sincronização e não será capaz de localizar o início do quadro seguinte. Mesmo que o checksum esteja incorreto, de modo que o destino saiba que o quadro está defeituoso, ele ainda não terá informações suficientes para saber onde começa o quadro seguinte. Enviar um quadro de volta à origem solicitando retransmissão também não ajuda, pois o destino não sabe quantos bytes deverão ser ignorados para chegar ao início da retransmissão. Por essa razão, o método de contagem de caracteres quase não é mais usado.

O segundo método de enquadramento contorna o problema de ressincronização após um erro, fazendo cada quadro começar e terminar com bytes especiais. Normalmente o mesmo byte, chamado **byte de flag**, é usado como delimitador de início e de final, como mostra a Figura 3.4(a), na qual ele é representado por FLAG. Dois bytes de flag consecutivos indicam o final de um quadro e o início do próximo. Assim, se o receptor perder a sincronização, ele poderá simplesmente procurar dois bytes de flag para encontrar o final do quadro atual e o início do seguinte.

Entretanto, ainda existe um problema. É bem possível que o byte de flag ocorra nos dados, especialmente quando são transmitidos dados binários, como fotografias ou músicas. Essa situação poderia interferir no enquadramento. Uma forma de solucionar esse problema é fazer a camada de enlace de dados do transmissor incluir um caractere de escape especial (ESC) imediatamente antes de cada byte de flag "acidental" nos dados. Assim, o byte de flag de enquadramento pode ser distinguido daquele nos dados pela ausência ou presença de um byte de escape antes dele. A camada de enlace de dados na extremidade receptora remove o byte de escape antes de entregar os dados à camada de rede. Essa técnica é chamada de **inserção de bytes** (**byte stuffing**).

É claro que a próxima pergunta é: o que acontecerá se um byte de escape ocorrer em uma posição dentro dos dados? Nesse caso, ele também será preenchido com um byte de escape. No receptor, o primeiro byte de escape é removido, deixando o byte de dados seguinte (que poderia ser outro byte de escape ou o byte de flag). Alguns exemplos são mostrados na Figura 3.4(b). Em todos os casos, a sequência de bytes entregue após a remoção dos bytes inseridos é exatamente igual à sequência de bytes original. Ainda podemos procurar por um limite de quadro buscando dois bytes de flag em sequência, sem nos preocuparmos em desfazer os escapes.

O esquema de inserção de bytes representado na Figura 3.4 é uma ligeira simplificação do que é utilizado no protocolo ponto a ponto, ou **PPP (Point-to-Point Protocol)**, comum na Internet para carregar pacotes por enlaces de comunicação. Descreveremos o PPP na Seção 3.5.1.

O terceiro método de delimitação do fluxo de bits contorna uma desvantagem da inserção de bytes, ou seja, o fato de ela estar ligada ao uso de bytes de 8 bits. O enquadramento também pode ser feito em nível de bit, de modo que os quadros podem conter um número qualquer de bits, compostos de unidades de qualquer tamanho. Ele foi desenvolvido para o então muito popular protocolo de controle de enlace de dados de alto nível, ou **HDLC (High-level Data Link Control)**. Cada quadro começa e termina com um padrão de bits especial, 01111110, ou 0x7E em hexadecimal (um byte de flag). Sempre que encontra cinco valores

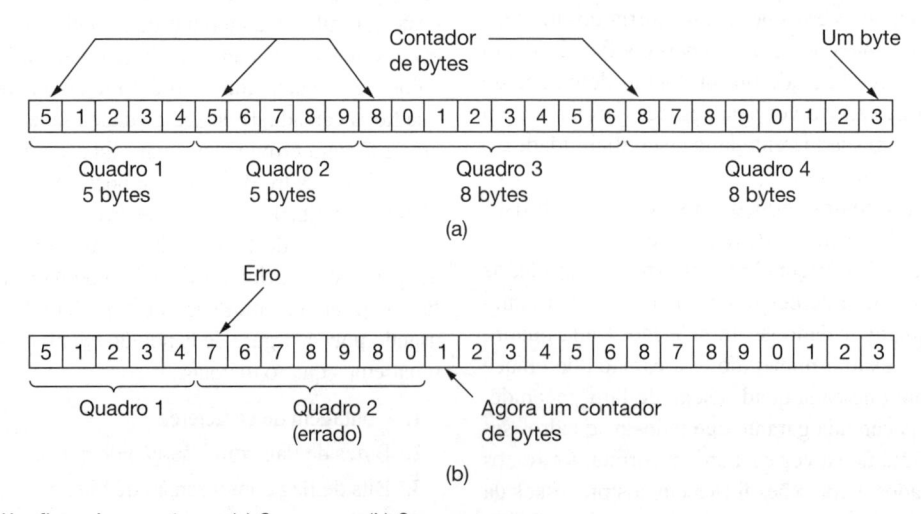

Figura 3.3 Um fluxo de caracteres. (a) Sem erros. (b) Com um erro.

| FLAG | Cabe-çalho | Campo de carga útil | Final | FLAG |

(a)

Bytes originais → Após inserção

A | FLAG | B → A | ESC | FLAG | B

A | ESC | B → A | ESC | ESC | B

A | ESC | FLAG | B → A | ESC | ESC | ESC | FLAG | B

A | ESC | ESC | B → A | ESC | ESC | ESC | ESC | B

(b)

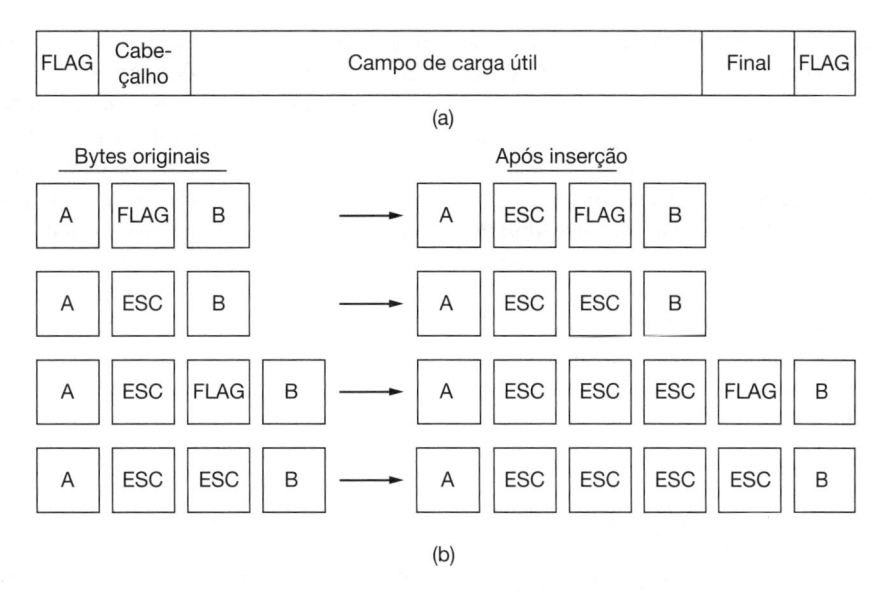

Figura 3.4 (a) Quadro delimitado por bytes de flag. (b) Quatro exemplos de sequências de bytes, antes e depois da inserção de bytes.

1 consecutivos nos dados, a camada de enlace de dados do transmissor automaticamente insere um bit 0 no fluxo de bits que está sendo enviado. Essa **inserção de bits** é semelhante à inserção de bytes, na qual um byte de escape é inserido no fluxo de caracteres enviado antes de ocorrer um byte de flag nos dados. Isso também garante uma densidade mínima de transições, o que ajuda a camada física a manter a sincronização. O USB (Universal Serial Bus) utiliza a inserção de bits por esse motivo.

Ao ver cinco bits 1 consecutivos sendo recebidos, seguidos por um bit 0, o receptor automaticamente remove o bit 0. A inserção de bits, assim como a inserção de bytes, é completamente transparente para a camada de rede de ambos os computadores. Se os dados do usuário contiverem o padrão de flag 01111110, esse flag será transmitido como 011111010, mas será armazenado na memória do receptor como 01111110. As camadas superiores não tomam conhecimento dessa inserção de bits. A Figura 3.5 mostra um exemplo de inserção de bits.

Com a inserção de bits, o limite entre dois quadros pode ser reconhecido sem qualquer tipo de ambiguidade pelo padrão de flags. Desse modo, se o receptor perder o controle de onde estão os dados, bastará varrer a entrada em busca de sequências de flags, uma vez que elas nunca ocorrem dentro dos dados, apenas nos limites dos quadros.

Com a inserção de bits e de bytes, um efeito colateral é que o comprimento de um quadro agora depende do conteúdo dos dados que ele transporta. Por exemplo, se não houver bytes de flag nos dados, 100 bytes podem ser transportados em um quadro de aproximadamente 100 bytes. Todavia, se os dados consistirem unicamente de bytes de flag, cada um terá um bit de escape associado e o quadro terá aproximadamente 200 bytes de comprimento. Com a inserção de bits, o aumento seria de aproximadamente 12,5%, pois 1 bit é inserido a cada byte.

O último método de enquadramento é usar um atalho da camada física. No Capítulo 2, vimos que a codificação de bits como sinais normalmente inclui redundância para ajudar o receptor. Essa redundância significa que alguns sinais não ocorrerão em dados regulares. Por exemplo, no código de linha 4B/5B, 4 bits de dados são mapeados para 5 bits de sinal, para garantir transições de bits suficientes. Isso significa que 16 das 32 possibilidades de sinal não são usadas. Podemos usar alguns sinais reservados para indicar o início e o final dos quadros. Com efeito, estamos usando "violações de código" (caracteres inválidos) para delimitar

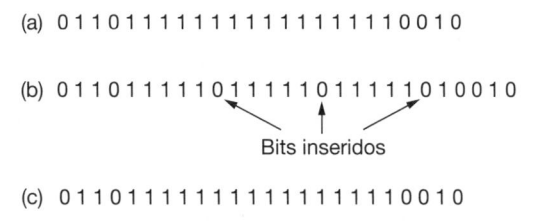

(a) 0 1 1 0 1 1 1 1 1 1 1 1 1 1 1 1 1 1 0 0 1 0

(b) 0 1 1 0 1 1 1 1 1 0 1 1 1 1 1 0 1 1 1 1 1 0 1 0 0 1 0
              ↑   ↑   ↑
                  Bits inseridos

(c) 0 1 1 0 1 1 1 1 1 1 1 1 1 1 1 1 1 1 0 0 1 0

Figura 3.5 Inserção de bits. (a) Os dados originais. (b) Como os dados são exibidos na linha. (c) Como os dados são armazenados na memória do receptor após a remoção de bits.

os quadros. A beleza desse esquema é que, por serem sinais reservados, é fácil encontrar o início e o final dos quadros, e não é preciso inserir bits nos dados.

Muitos protocolos de enlace de dados, por segurança, usam uma combinação desses métodos. Um padrão comum usado para Ethernet e para 802.11 é fazer um quadro começar com um padrão bem definido, chamado **preâmbulo**. Esse padrão pode ser muito longo (72 bits é típico para redes 802.11), a fim de permitir que o receptor se prepare para um pacote que está chegando. O preâmbulo é, então, seguido por um campo de comprimento (ou seja, um contador) no cabeçalho, que é usado para localizar o final do quadro.

3.1.3 Controle de erros

Após resolvermos o problema da delimitação do início e do final de cada quadro, vamos ao problema seguinte: como ter certeza de que todos os quadros serão entregues na camada de rede de destino e na ordem apropriada? Suponha, para o momento, que o receptor consegue saber se um quadro que ele recebe contém informações corretas ou defeituosas (veremos os códigos usados para detectar e corrigir erros de transmissão na Seção 3.2). Para serviços não orientados a conexões, sem confirmação, pode ser suficiente que o emissor apenas continue enviando quadros sem se importar se eles chegaram corretamente, mas sem dúvida essa não seria uma boa opção para serviços orientados a conexões confiáveis.

A forma mais comum de garantir uma entrega confiável é dar ao transmissor algum tipo de feedback sobre o que está acontecendo no outro extremo da linha. Normalmente, o protocolo solicita que o receptor retorne quadros de controle especiais com confirmações positivas ou negativas sobre os quadros recebidos. Se receber uma confirmação positiva sobre um quadro, o transmissor saberá que ele chegou em segurança ao destino. Em contrapartida, uma confirmação negativa significa que algo saiu errado e que o quadro deve ser retransmitido.

Uma complicação adicional decorre da possibilidade de problemas de hardware fazerem um quadro desaparecer completamente (p. ex., em uma rajada de ruídos). Nesse caso, o receptor não reagirá de forma alguma, pois não há motivo para isso. De modo semelhante, se o quadro de confirmação se perder, o emissor não saberá como prosseguir. Deve ficar claro que um protocolo no qual o transmissor envia um quadro e depois espera por uma confirmação, positiva ou negativa, permanecerá suspenso para sempre caso um quadro tenha sido completamente perdido – por exemplo, em consequência de mau funcionamento do hardware ou canal de comunicação deficiente.

Essa possibilidade é tratada com a introdução de timers na camada de enlace de dados. Quando o transmissor envia um quadro, em geral ele também inicializa um timer. Este é ajustado para ser desativado após um intervalo suficientemente longo para o quadro chegar ao destino, ser processado e ter sua confirmação enviada de volta ao transmissor. Em geral, o quadro será recebido de forma correta e a confirmação voltará antes que se alcance o tempo-limite do timer e, nesse caso, ele será cancelado.

No entanto, se a confirmação ou o quadro se perder, o timer será desativado, alertando o transmissor para um problema potencial. A solução óbvia é simplesmente transmitir o quadro outra vez. Entretanto, quando os quadros podem ser transmitidos várias vezes, existe o perigo de o receptor aceitar o mesmo quadro duas ou mais vezes e de repassá-lo à camada de rede mais de uma vez. Para evitar que isso aconteça, geralmente é preciso atribuir números de sequência aos quadros transmitidos, de modo que o receptor possa distinguir as retransmissões dos originais.

A questão do gerenciamento dos timers e dos números de sequência para garantir que cada quadro seja realmente passado para a camada de rede no destino exatamente uma vez, nem mais nem menos, é uma parte importante das atribuições da camada de enlace de dados (e das camadas mais altas). Mais adiante neste capítulo, veremos uma série de exemplos cada vez mais sofisticados, para entender como é feito esse gerenciamento.

3.1.4 Controle de fluxo

Outro importante aspecto de projeto que ocorre na camada de enlace de dados (e também nas camadas mais altas) é o que fazer com um transmissor que sistematicamente deseja transmitir quadros mais rápido do que o receptor pode aceitá-los. Essa situação pode ocorrer quando o transmissor está rodando em um computador rápido e poderoso e o receptor está rodando em uma máquina lenta e inferior. Uma situação comum é quando um smartphone solicita uma página Web de um servidor muito mais poderoso, que abre a mangueira de incêndio e jorra os dados para o pobre e infeliz telefone, até que esteja completamente inundado. Mesmo que a transmissão não tenha erros, o receptor pode não conseguir lidar com os quadros com a rapidez com que chegam, e perderá alguns deles.

Sem dúvida, algo deve ser feito para impedir que essa situação ocorra. Em geral duas abordagens são usadas. Na primeira, chamada de **controle de fluxo baseado em feedback**, o receptor envia de volta ao transmissor informações que permitam a ele enviar mais dados, ou que pelo menos mostrem ao transmissor a sua situação real. Na segunda, chamada de **controle de fluxo baseado na velocidade**, o protocolo tem um mecanismo interno que limita a velocidade de envio de dados pelos transmissores, sem usar o feedback do receptor.

Neste capítulo, estudaremos os esquemas de controle de fluxo baseados em feedback, principalmente porque os esquemas baseados na velocidade são vistos apenas como parte da camada de transporte (Capítulo 5). Os esquemas baseados em feedback são vistos na camada de enlace e em camadas superiores. O último caso é mais comum hoje em dia, em que o hardware da camada de enlace é projetado para trabalhar com rapidez suficiente para não causar perda. Às vezes, por exemplo, considera-se que as implementações de hardware da camada de enlace, como as **placas de interface de rede**, ou **NICs (Network Interface Cards)**, atuam na "velocidade do fio", o que significa que podem tratar de quadros tão rapidamente quanto eles chegam ao enlace. Portanto, qualquer overrun não será um problema de enlace, já que é tratado por camadas mais altas.

Existem diversos esquemas de controle de fluxo baseados em feedback. No entanto, a maioria deles utiliza o mesmo princípio básico. O protocolo contém regras bem definidas sobre quando um transmissor pode enviar o quadro seguinte. Com frequência, essas regras impedem que os quadros sejam enviados até que o receptor tenha concedido permissão para a transmissão, implícita ou explicitamente. Por exemplo, quando uma conexão é estabelecida, o receptor pode informar: "Você pode me enviar n quadros agora, mas, depois que eles tiverem sido enviados, não envie mais nada até ser informado de que deve prosseguir". Examinaremos os detalhes em breve.

3.2 DETECÇÃO E CORREÇÃO DE ERROS

Vimos no Capítulo 2 que os canais de comunicação têm diversas características. Alguns canais, como a fibra óptica nas redes de telecomunicações, têm taxas de erro muito pequenas, de modo que os erros de transmissão são uma ocorrência rara. Mas outros canais, especialmente enlaces sem fio e antigos circuitos terminais, têm taxas de erro muito maiores. Para esses enlaces, os erros de transmissão são a norma. Eles não podem ser evitados a um custo razoável em termos de desempenho. Ou seja, os erros de transmissão estão aqui para ficar e precisamos aprender a lidar com eles.

Os projetistas de redes desenvolveram duas estratégias básicas para lidar com os erros, e ambas acrescentam informações redundantes aos dados enviados. Uma estratégia é incluir informações redundantes suficientes para permitir que o receptor deduza quais foram os dados transmitidos. A outra é incluir apenas a redundância suficiente para permitir que o receptor deduza que houve um erro (mas não qual erro) e solicite uma retransmissão. A primeira estratégia usa **códigos de correção de erros**, enquanto a segunda usa **códigos de detecção de erros**. O uso de códigos de correção de erros normalmente é conhecido como **correção antecipada de erros**, ou **FEC (Forward Error Correction)**.

Cada uma dessas técnicas ocupa um nicho em ambientes específicos. Em canais altamente confiáveis, como os de fibra, é mais econômico utilizar um código de detecção de erros e simplesmente retransmitir o bloco defeituoso ocasional. Contudo, em canais como enlaces sem fio, que geram muitos erros, é melhor adicionar redundância suficiente a cada bloco para que o receptor seja capaz de descobrir qual era o bloco transmitido originalmente. A FEC é usada em canais com ruído porque as retransmissões podem ter erros tanto quanto a primeira transmissão.

Uma consideração importante para esses códigos é o tipo de erro que provavelmente ocorrerá. Nem os códigos de correção nem os de detecção de erros podem lidar com todos os erros possíveis, pois os bits redundantes que oferecem proteção provavelmente serão recebidos com erro, como os bits de dados (o que pode comprometer sua proteção). Seria bom se o canal tratasse os bits redundantes de forma diferente da que trata os bits de dados, mas isso não acontece. Todos eles são apenas bits para o canal. Isso significa que, para evitar erros não detectados, o código precisa ser forte o suficiente para lidar com os erros esperados.

Um modelo é aquele em que os erros são causados por valores extremos de ruído térmico, que abafa o sinal rápida e ocasionalmente, fazendo surgir erros de único bit isolados. Outro modelo consiste em erros que tendem a vir em rajadas, em vez de isolados, oriundos dos processos físicos que os geram – como uma atenuação profunda em um canal sem fio ou interferência elétrica transitória em um canal com fio.

Os dois modelos importam na prática e enfrentam diferentes dilemas. O fato de os erros acontecerem em rajadas tem vantagens e desvantagens em relação aos erros isolados de único bit. Uma vantagem é que os dados de computadores sempre são enviados em blocos de bits. Suponha que o tamanho do bloco seja 1.000 bits e que a taxa de erros seja 0,001 por bit. Se os erros fossem independentes, a maioria dos blocos teria um erro. Todavia, se os erros surgirem em rajadas de 100, apenas um bloco em 100 será afetado, em média. A desvantagem dos erros em rajada é que, quando ocorrem, são muito mais difíceis de corrigir que os erros isolados.

Também existem outros tipos de erros. Às vezes, o local de um erro será conhecido, talvez porque a camada física tenha recebido um sinal analógico que foi longe do valor esperado para 0 ou 1 e declarado que o bit foi perdido. Essa situação é chamada de **canal de cancelamento**. É mais fácil corrigir erros em canais de cancelamento do que em canais que invertem bits, pois, mesmo que o valor do bit tenha sido perdido, pelo menos sabemos qual deles tem erro. Contudo, normalmente não temos o benefício dos cancelamentos.

Em seguida, examinaremos os códigos de correção de erros e os códigos de detecção de erros. Contudo, tenha dois pontos em mente. Primeiro, cobrimos esses códigos na camada de enlace porque esse é o primeiro lugar em que nos deparamos com o problema de transmitir grupos de bits de modo confiável. Contudo, os códigos são muito usados porque a confiabilidade é uma preocupação geral. Os códigos de correção de erros também são vistos na camada física, principalmente para canais com ruído e em camadas superiores, particularmente para mídia em tempo real e distribuição de conteúdo. Os códigos de detecção de erros normalmente são usados nas camadas de enlace, de rede e de transporte.

O segundo ponto que se deve ter em mente é que os códigos de detecção e/ou correção de erros são matemática aplicada. A menos que você seja particularmente adepto aos campos de Galois ou às propriedades das matrizes esparsas, deverá obter códigos com boas propriedades a partir de uma fonte confiável, em vez de criar os seus próprios. De fato, é isso que muitos padrões de protocolo fazem, com os mesmos códigos aparecendo repetidas vezes. A seguir, estudaremos um código simples com detalhes e depois descreveremos rapidamente os códigos avançados. Desse modo, podemos entender os dilemas a partir do código simples e falar sobre os códigos usados na prática por meio dos códigos avançados.

3.2.1 Códigos de correção de erros

Vamos examinar quatro tipos de código de correção de erros:

1. Códigos de Hamming.
2. Códigos de convolução binários.
3. Códigos de Reed-Solomon.
4. Códigos de verificação de paridade de baixa densidade.

Todos esses códigos acrescentam redundância às informações enviadas. Um quadro consiste em m bits de dados (ou seja, mensagem) e r bits redundantes (ou seja, verificação). Em um **bloco de código**, os r bits de verificação são calculados unicamente como uma função dos m bits de dados com os quais eles são associados, como se os m bits fossem pesquisados em uma grande tabela para encontrar seus r bits de verificação correspondentes. Em um **código sistemático**, os m bits de dados são enviados diretamente, com os bits de verificação, em vez de ser codificados eles mesmos antes de ser enviados. Em um **código linear**, os r bits de verificação são calculados como uma função linear dos m bits de dados. A operação OU exclusivo (XOR), ou adição de módulo 2, é uma escolha popular. Isso significa que a codificação pode ser feita com operações como multiplicações de matrizes ou circuitos lógicos simples. Os códigos que veremos nesta seção são blocos de código lineares, sistemáticos, a menos que indiquemos de outra forma.

Considere que o tamanho total de um bloco seja n (ou seja, $n = m + r$). Descreveremos isso como um código (n,m). Uma unidade de n bits contendo bits de dados e verificação é conhecida como uma **palavra de código** de n bits. A **taxa de código**, ou simplesmente taxa, é a fração da palavra de código que transporta informações não redundantes, ou m/n. As taxas usadas na prática variam bastante. Elas poderiam ser 1/2 para um canal com ruído, em que metade da informação recebida é redundante, ou perto de 1 para um canal de alta qualidade, com apenas um pequeno número de bits de verificação acrescentados a uma mensagem grande.

Para entender como os erros podem ser tratados, primeiro é necessário examinar de perto o que realmente é um erro. Dadas duas palavras de código que podem ser transmitidas ou recebidas – digamos, 10001001 e 10110001 –, é possível determinar quantos bits correspondentes diferem. Nesse caso, são 3 os bits divergentes. Para determinar quantos bits apresentam diferenças, basta efetuar uma operação XOR entre as duas palavras de código e contar o número de bits 1 no resultado. Por exemplo:

$$\begin{array}{r} 10001001 \\ \underline{10110001} \\ 00111000 \end{array}$$

O número de posições de bits em que duas palavras de código diferem entre si é chamado **distância de Hamming**, em homenagem a Richard Hamming (Hamming, 1950). Isso significa que, se duas palavras de código estiverem a uma distância de Hamming uma da outra igual a d, será necessário corrigir d erros de bits isolados para converter uma palavra na outra.

Dado o algoritmo para calcular os bits de verificação, é possível construir uma lista completa das palavras de código válidas e, a partir dela, encontrar as duas palavras de código com a menor distância de Hamming. Essa é a distância de Hamming do código completo.

Na maioria das aplicações de transmissão de dados, todas as 2^m mensagens de dados possíveis são válidas; no entanto, em virtude da forma como os bits de verificação são calculados, nem todas as 2^n palavras de código possíveis são usadas. De fato, quando existem r bits de verificação, somente a pequena fração de $2^m/2^n$ ou $1/2^r$ das mensagens possíveis será uma palavra de código válida. É a dispersão com que a mensagem é embutida no espaço das palavras de código que permite que o receptor detecte e corrija erros.

As propriedades de detecção e de correção de erros de um código dependem de sua distância de Hamming. Para detectar d erros de modo confiável, você precisa de um código de distância $d + 1$, pois com tal código não há como d erros de bits transformarem uma palavra de código válida em outra. Quando o receptor descobre uma palavra de código inválida, isso pode indicar que houve um erro de transmissão. Da mesma forma, para corrigir d erros, você precisa de um código de distância $2d + 1$ porque, dessa forma, as palavras de código válidas estarão tão distantes que, mesmo com d alterações, a palavra de código original continuará mais próxima do que qualquer outra. Isso significa que a palavra de código original pode ser determinada exclusivamente com base na suposição de que um número maior de erros é menos provável.

Como um exemplo simples de código de correção de erros, considere um código que contenha apenas quatro palavras de código válidas:

0000000000, 0000011111, 1111100000 e 1111111111

Esse código tem uma distância igual a 5, o que significa que ele pode corrigir erros duplos ou detectar erros quádruplos. Se a palavra de código 0000000111 for detectada e esperarmos apenas erros de 1 ou 2 bits, o receptor saberá que a original deve ter sido 0000011111. No entanto, se um erro triplo transformar 0000000000 em 0000000111, o erro não será corrigido da maneira adequada. De maneira alternativa, se esperarmos todos esses erros, podemos detectá-los. Como nenhuma das palavras de código recebidas é uma palavra de código válida, um erro deve ter ocorrido. Deve ficar evidente que, nesse exemplo, não podemos corrigir erros duplos e detectar erros quádruplos, pois isso exigiria que interpretássemos uma palavra de código recebida de duas maneiras.

Em nosso exemplo, a tarefa de decodificar encontrando a palavra de código válida mais próxima da palavra de código recebida pode ser feita por inspeção. Infelizmente, no caso mais geral, quando todas as palavras de código precisam ser avaliadas como candidatas, essa tarefa pode ser uma busca demorada. Em vez disso, os códigos práticos são criados de modo que admitam atalhos para encontrar o que provavelmente foi a palavra de código original.

Suponha que desejemos criar um código com m bits de mensagem e r bits de verificação que permitirão a correção de todos os erros simples. Cada uma das 2^m mensagens válidas tem n palavras de código inválidas a uma distância da mensagem igual a 1. Essas palavras inválidas são formadas pela inversão sistemática de cada um dos n bits da palavra de código de n bits formada a partir dela. Portanto, cada uma das 2^m mensagens válidas exige $n + 1$ padrões de bits dedicados a ela. Como o número total de padrões de bits é 2^n, devemos ter $(n+1)2^m \leq 2^n$. Utilizando $n = m + r$, esse requisito passa a ser

$$(m + r + 1) \leq 2^r \quad (3.1)$$

Se m for determinado, o limite para o número de bits de verificação necessários para corrigir erros isolados será mais baixo.

Esse limite teórico mais baixo pode, na verdade, ser alcançado pela utilização de um método criado por Hamming (1950). Nos **códigos de Hamming**, os bits da palavra de código são numerados consecutivamente, começando com o bit 1 da extremidade esquerda, o bit 2 imediatamente à sua direita, e assim por diante. Os bits que são potências de 2 (1, 2, 4, 8, 16, etc.) são de verificação. Os outros (3, 5, 6, 7, 9, etc.) são preenchidos com os m bits de dados. Esse padrão pode ser visto para um código de Hamming (11,7) com 7 bits de dados e 4 bits de verificação na Figura 3.6. Cada bit de verificação força a paridade de algum conjunto de bits, incluindo seu próprio conjunto, a ser par (ou ímpar). Um bit pode ser incluído em vários cálculos de verificação de bits. Se quiser ver para quais bits de verificação o bit de dados na posição k contribui, reescreva k como uma soma de potências de 2. Por exemplo, $11 = 1 + 2 + 8$ e $29 = 1 + 4 + 8 + 16$. Um bit é verificado apenas por aqueles bits de verificação que ocorrem em sua expansão (p. ex., o bit 11 é verificado pelos bits 1, 2 e 8). No exemplo, os bits de verificação são calculados para somas de paridade par para uma mensagem que é o código ASCII letra "A".

Essa construção resulta em um código com uma distância de Hamming igual a 3, o que significa que ela pode corrigir erros simples (ou detectar erros duplos). O motivo para a numeração muito cuidadosa dos bits de mensagem e de verificação torna-se aparente no processo de decodificação. Quando uma palavra de código chega, o receptor refaz os cálculos do bit de verificação, incluindo os valores dos bits de verificação recebidos. Chamamos estes de resultados de verificação. Se os bits de verificação forem corretos, então, para somas de paridade par, cada resultado de verificação deve ser zero. Nesse caso, a palavra de código é aceita como válida.

Entretanto, se os resultados da verificação não forem todos zero, um erro foi detectado. O conjunto de resultados de verificação forma a **síndrome de erro** que é usada para localizar e corrigir o erro. Na Figura 3.6, um erro de único bit ocorreu no canal, de modo que os resultados de verificação são 0, 1, 0 e 1 para $k = 8, 4, 2$ e 1, respectivamente. Isso gera uma síndrome de 0101 ou $4 + 1 = 5$. Pelo projeto do esquema, isso significa que o quinto bit está com erro. A inversão do bit incorreto (que pode ser um bit de verificação

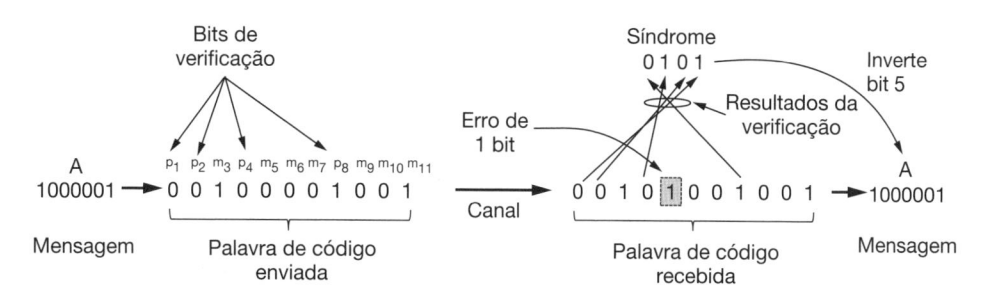

Figura 3.6 Exemplo de um código de Hamming (11,7) corrigindo um erro de único bit.

ou de dados) e o descarte dos bits de verificação geram a mensagem correta de um ASCII "A".

As distâncias de Hamming são valiosas para entender os blocos de códigos, e os códigos de Hamming são usados na memória de correção de erros. Contudo, a maioria das redes usa códigos mais fortes, como o **código de convolução**. Este é o único que veremos que não é um bloco de código. Em um código de convolução, um codificador processa uma sequência de bits de entrada e gera uma sequência de bits de saída. Não existe tamanho de mensagem ou limite de codificação natural, como em um bloco de código. A saída depende dos bits de entrada atual e anterior. Ou seja, o codificador tem memória. O número de bits anteriores do qual a saída depende é chamado **comprimento restritivo** do código. Os códigos de convolução são especificados em termos de sua taxa e comprimento restritivo.

Os códigos de convolução são muito usados em redes implantadas, por exemplo, como parte do sistema de telefonia móvel GSM, em comunicações por satélite e nas redes 802.11. Como exemplo, um código de convolução popular aparece na Figura 3.7. Esse código é conhecido como código de convolução da NASA, com $r = 1/2$ e $k = 7$, pois ele foi usado inicialmente para as missões espaciais Voyager, a partir de 1977. Desde então, ele tem sido bastante reutilizado, por exemplo, como parte do padrão 802.11.

Na Figura 3.7, cada bit de entrada no lado esquerdo produz dois bits de saída no lado direito, os quais são somas de operações XOR entre a entrada e o estado interno. Por lidar com bits e realizar operações lineares, esse é um código de convolução binário, linear. Como 1 bit de entrada produz 2 bits de saída, o código é 1/2. Ele não é sistemático, pois nenhum dos bits de saída é simplesmente o bit de entrada.

O estado interno é mantido em seis registradores de memória. Toda vez que outro bit é inserido, os valores nos registradores são deslocados para a direita. Por exemplo, se 111 for inserido e o estado inicial contiver zeros, o estado interno, escrito da esquerda para a direita, se tornará 100000, 110000 e 111000 após o primeiro, o segundo e o terceiro bits serem inseridos. Os bits de saída serão 11, seguidos por 10 e, depois, 01. São necessários sete deslocamentos para esvaziar uma entrada, de modo que ela não afete a saída. O comprimento da restrição desse código é, portanto, $k = 7$.

Um código de convolução é decodificado encontrando-se a sequência de bits de entrada que tem maior probabilidade de ter produzido a sequência observada de bits de saída (que inclui quaisquer erros). Para valores pequenos de k, isso é feito com um algoritmo bastante usado, desenvolvido por Viterbi (Forney, 1973). O algoritmo percorre a sequência observada, mantendo para cada etapa e para cada estado interno possível a sequência de entrada que teria produzido a sequência observada com o mínimo de erros. A sequência de entrada que exige o mínimo de erros no final é a mensagem mais provável.

Os códigos de convolução têm sido populares na prática porque é fácil fatorar a incerteza de um bit sendo 0 ou 1 na decodificação. Por exemplo, supondo que –1V seja o nível lógico 0 e +1V seja o nível lógico 1, poderíamos receber 0,9V e –0,1V para 2 bits. Em vez de mapear esses sinais como 1 e 0 imediatamente, gostaríamos de tratar 0,9V como "provavelmente 1" e –0,1V como "talvez 0" e corrigir a sequência como um todo. As extensões do algoritmo de Viterbi podem trabalhar com essas incertezas para oferecer uma correção de erros mais forte. Essa técnica de trabalho com a incerteza de um bit é chamada de **decodificação de decisão soft**. Por sua vez, a tarefa de decidir se cada bit é 0 ou 1 antes da correção de erros subsequente é chamada **decodificação de decisão hard**.

O terceiro tipo de código de correção de erros que descreveremos é o **código de Reed-Solomon**. Assim como os códigos de Hamming, os de Reed-Solomon são blocos de código lineares, e eles normalmente também são sistemáticos. Diferentemente dos códigos de Hamming, que operam sobre bits individuais, os códigos de Reed-Solomon operam sobre m símbolos de bit. Naturalmente, a matemática é mais complicada, de modo que descreveremos sua operação por analogia.

Os códigos de Reed-Solomon são baseados no fato de que cada polinômio de grau n é determinado unicamente por $n + 1$ pontos. Por exemplo, uma linha que tem a forma $ax + b$ é determinada por dois pontos. Os pontos extras na mesma linha são redundantes, o que é útil para a correção de erros. Imagine que temos dois pontos de dados que representam uma linha e enviamos esses dois pontos de dados mais dois pontos de verificação escolhidos para que se encontrem na mesma linha. Se um dos pontos for recebido com erro, ainda podemos recuperar os pontos de

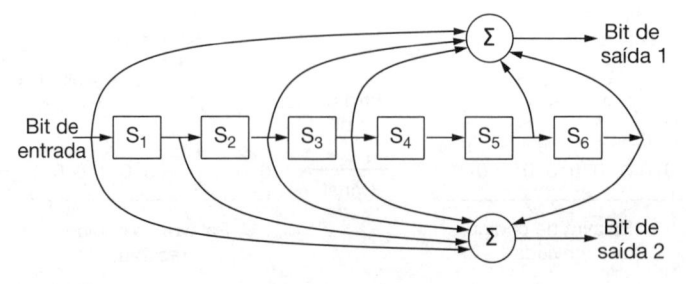

Figura 3.7 O código de convolução binário da NASA usado no padrão 802.11.

dados passando uma linha pelos pontos recebidos. Três dos pontos estarão na linha e um ponto, aquele com erro, não estará. Encontrando a linha, corrigiremos o erro.

Os códigos de Reed-Solomon, na realidade, são definidos como polinômios que operam por campos finitos, mas que funcionam de maneira semelhante. Para símbolos de m bits, as palavras de código têm $2^m - 1$ símbolos de comprimento. Uma escolha popular é tornar $m = 8$, de modo que os símbolos são bytes. Uma palavra de código tem, então, 255 bytes de comprimento. O código (255, 233) é bastante utilizado; ele acrescenta 22 símbolos redundantes a 233 símbolos de dados. A decodificação com correção de erros é feita com um algoritmo desenvolvido por Berlekamp e Massey, que pode realizar com eficiência a tarefa de ajuste para códigos de tamanho moderado (Massey, 1969).

Os códigos de Reed-Solomon são bastante utilizados na prática, em virtude de suas fortes propriedades de correção de erro, particularmente para erros em rajada. Eles são usados para DSL, dados sobre cabo, comunicações por satélite e talvez de forma mais intensa em CDs, DVDs e discos Blu-ray. Por serem baseados em símbolos de m bits, um erro de único bit e um erro em rajada de m bits são tratados simplesmente como um erro de símbolo. Quando $2t$ símbolos redundantes são somados, um código de Reed-Solomon é capaz de corrigir até t erros em qualquer um dos símbolos transmitidos. Isso significa, por exemplo, que o código (255, 233), que tem 22 símbolos redundantes, pode corrigir até 16 erros de símbolo. Como os símbolos podem ser consecutivos e ter 8 bits cada um, uma rajada de erros de até 128 bits pode ser corrigida. A situação é ainda melhor se o modelo de erro for de cancelamento (p. ex., um arranhão em um CD que destrói alguns símbolos). Nesse caso, até $2t$ erros podem ser corrigidos.

Os códigos de Reed-Solomon normalmente são usados em combinação com outros códigos, como um código de convolução. O pensamento é o seguinte: os códigos de convolução são eficazes no tratamento de erros de bit isolados, mas eles falharão, provavelmente com uma rajada de erros, se houver muitos erros no fluxo de bits recebido. Acrescentando um código Reed-Solomon dentro do código de convolução, a decodificação Reed-Solomon pode liquidar as rajadas de erros, uma tarefa na qual é muito bom. O código completo, então, oferece boa proteção contra erros simples e em rajada.

O último código de correção de erros que analisaremos é o de **verificação de paridade com baixa densidade**, ou **LDPC (Low-Density Parity Check)**. Os códigos LDPC são blocos de código lineares que foram inventados por Robert Gallagher em sua tese de doutorado (Gallagher, 1962). Assim como na maioria das teses, eles foram prontamente esquecidos, para serem reinventados apenas em 1995, quando os avanços na computação os tornaram viáveis.

Em um código LDPC, cada bit de saída é formado a partir de apenas uma fração dos bits de entrada. Isso leva a uma representação matricial do código, que tem uma baixa densidade de 1s, daí o nome para o código. As palavras de código recebidas são decodificadas com um algoritmo de aproximação que melhora interativamente com um melhor ajuste dos dados recebidos a uma palavra de código válida. Isso corrige erros.

Códigos LDPC são úteis para grandes tamanhos de bloco e têm excelente capacidade de correção de erros que, na prática, superam muitos outros códigos (incluindo aqueles que já examinamos). Por esse motivo, eles estão sendo rapidamente incluídos em novos protocolos e fazem parte do padrão para difusão de vídeo digital, 10 Gbps Ethernet, redes de linha de energia e a versão mais recente do 802.11. Você deverá ver muito mais deles nas redes do futuro.

3.2.2 Códigos de detecção de erros

Os códigos de correção de erros são muito utilizados em enlaces sem fio, conhecidos por serem ruidosos e propensos a erros em comparação à fiação de cobre ou à fibra óptica. Sem códigos de correção de erros, seria difícil conseguir algo. Contudo, usando-se fio de cobre ou fibra de alta qualidade, a taxa de erros é muito mais baixa e, assim, a detecção de erros e a retransmissão em geral são mais eficientes para lidar com o erro ocasional.

Examinaremos três códigos de detecção de erros. Todos eles são blocos de código lineares e sistemáticos:

1. Paridade.
2. Checksums.
3. Verificações de redundância cíclica (CRCs).

Para ver como eles podem ser mais eficientes do que os códigos de correção de erros, considere o primeiro código de detecção de erros, em que um único **bit de paridade** é acrescentado aos dados. O bit de paridade é escolhido de modo que o número de bits 1 na palavra de código seja par (ou ímpar). Fazer isso é equivalente a calcular o bit de paridade (par) como a soma de módulo 2 ou a operação XOR dos bits de dados. Por exemplo, quando 1011010 é enviado na paridade par, um bit é acrescentado ao final, para torná-lo 10110100. Com a paridade ímpar, 1011010 torna-se 10110101. Um código com um único bit de paridade tem uma distância de 2, pois qualquer erro de único bit produz uma palavra de código com a paridade errada. Isso significa que ele pode detectar erros de um único bit.

Considere um canal no qual os erros são isolados e a taxa de erros é de 10^{-6} por bit. Essa pode parecer uma taxa de erros pequena, mas é no mínimo uma taxa justa para um cabo longo que esteja desafiando a detecção de erros. Os enlaces de LAN comuns oferecem taxas de erro de bit de 10^{-10}. Defina o tamanho do bloco como 1.000 bits. Para proporcionar a correção de erros de blocos de 1.000 bits, sabemos, pela Equação 3.1, que são necessários 10 bits de verificação. Assim, um megabit de dados necessitaria de 10.000 bits de verificação. Para simplesmente detectar um bloco com um único erro de 1 bit, um bit de paridade por bloco seria suficiente. A cada 1.000 blocos, será descoberto que um bloco possui erro e um bloco extra (1.001 bits) terá de ser transmitido para repará-lo. O overhead total para o método de detecção de erros e retransmissão é de apenas 2.001 bits por megabit de dados, contra 10.000 bits para um código de Hamming.

Uma dificuldade com esse esquema é que um único bit de paridade só pode detectar, de maneira confiável, um erro de único bit no bloco. Se o bloco tiver um erro em rajada longo, a probabilidade de ele ser detectado é de apenas 0,5, o que não é muito aceitável. As disparidades poderão ser consideravelmente melhoradas se cada bloco for enviado como uma matriz retangular com n bits de largura e k bits de altura. Agora, se calcularmos e enviarmos um bit de paridade para cada linha, até k erros de bit serão confiantemente detectados, desde que haja no máximo um erro por linha.

Contudo, há outra coisa que podemos fazer que oferece melhor proteção contra erros em rajada: calcular os bits de paridade sobre os dados em uma ordem diferente daquela em que os bits de dados são transmitidos pelo canal de comunicação. Isso é chamado de **entrelaçamento**. Nesse caso, calcularemos um bit de paridade para cada uma das n colunas e enviaremos todos os bits de dados como k linhas, enviando as linhas de cima para baixo e os bits em cada linha da esquerda para a direita, da maneira normal. Na última linha, enviamos os n bits de paridade. Essa ordem de transmissão pode ser vista na Figura 3.8 para $n = 7$ e $k = 7$.

O entrelaçamento é uma técnica geral para converter um código que detecta (ou corrige) erros isolados em um código que detecta (ou corrige) erros em rajada. Na Figura 3.8, quando ocorre um erro em rajada de tamanho $n = 7$, os bits que contêm erro estão espalhados por diferentes colunas. (Um erro em rajada não implica que todos os bits estejam errados, mas sim que pelo menos o primeiro e o último estejam. Na Figura 3.8, 4 bits foram invertidos por uma faixa de 7 bits.) No máximo 1 bit em cada uma das n colunas será afetado, de modo que os bits de paridade nessas colunas detectarão o erro. Esse método usa n bits de paridade sobre blocos de kn bits de dados para detectar um único erro em rajada de comprimento n ou menor.

Contudo, uma rajada de comprimento $n + 1$ passará sem ser detectada se o primeiro e o último bits forem invertidos e todos os outros bits estiverem corretos. Se o bloco estiver bastante alterado por uma extensa rajada ou por várias rajadas mais curtas, a probabilidade de que qualquer uma das n colunas tenha a paridade correta por acidente é 0,5, de modo que a probabilidade de um bloco com problema ser aceito quando não deveria é de 2^{-n}.

O segundo tipo de código de correção de erros, o **checksum**, está bastante relacionado aos grupos de bits de paridade. O termo "checksum" normalmente é usado para indicar um grupo de bits de verificação associados a uma mensagem, independentemente de como são calculados. Um grupo de bits de paridade é um exemplo de checksum. Contudo, existem outros checksums, mais robustos, baseados na soma acumulada dos bits de dados da mensagem. O checksum normalmente é colocado no final da mensagem, como complemento da função soma e não de soma. Desse modo, os erros podem ser detectados somando a palavra inteira de código recebida, tanto bits de dados quanto o checksum. Se o resultado for zero, nenhum erro foi detectado.

Um exemplo de checksum é a soma de verificação de 16 bits da Internet usada em todos os pacotes da rede como parte do protocolo IP (Braden et al., 1988). Esse checksum é uma soma dos bits da mensagem dividida por palavras de 16 bits. Como esse método opera sobre palavras, em vez de bits, assim como na paridade, os erros que deixam a paridade inalterada ainda podem alterar a soma e ser detectados. Por exemplo, se o bit de mais baixa ordem em duas palavras diferentes for invertido de 0 para 1, uma verificação de paridade entre esses bits deixaria de detectar um erro. Contudo, dois 1s serão acrescentados ao checksum de 16 bits para produzir um resultado diferente. O erro pode, então, ser detectado.

O checksum da Internet é calculado com a aritmética de complemento de um, em vez da soma de módulo 2^{16}.

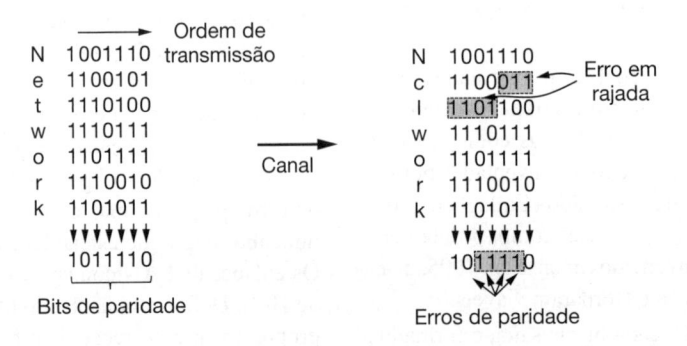

Figura 3.8 Entrelaçamento de bits de paridade para detectar um erro em rajada.

Na aritmética de complemento de um, um número negativo é o complemento bit a bit de seu correspondente positivo. Os computadores modernos trabalham na aritmética de complemento de dois, em que um número negativo é o complemento de um mais um. Em um computador com complemento de dois, a soma no complemento de um é equivalente a apanhar o total em módulo 2^{16} e somar qualquer overflow dos bits de alta ordem aos de baixa ordem. Esse algoritmo oferece uma cobertura mais uniforme dos dados pelos bits do checksum. De outra forma, dois bits de alta ordem podem ser somados, gerar overflow e serem perdidos sem alterar o total. Também existe outro benefício. O complemento de um tem duas representações de zero, todos os bits 0 e todos os bits 1. Isso permite um valor (p. ex., todos os bits 0) para indicar que não há um checksum, sem a necessidade de outro campo.

Ao longo de décadas, sempre foi considerado que os quadros a serem somados para verificação contêm bits aleatórios. Todas as análises dos algoritmos de checksum têm sido feitas sob essa hipótese. A inspeção de dados reais por Partridge et al. (1995) mostrou que essa suposição é bastante errada. Como consequência, os erros não detectados são, em alguns casos, muito mais comuns do que se havia imaginado.

O checksum da Internet em particular é eficiente e simples, mas oferece uma proteção fraca em alguns casos, exatamente porque essa é uma soma simples. Ele não detecta a exclusão ou o acréscimo de dados zero, nem a troca de partes da mensagem, e oferece pouca proteção contra pedaços da mensagem em que partes de dois pacotes são reunidas. A ocorrência desses erros pode parecer improvável por processos aleatórios, mas eles são simplesmente o tipo de erro que pode ocorrer com um hardware defeituoso.

Uma escolha melhor é o **checksum de Fletcher** (Fletcher, 1982). Ele inclui um componente posicional, somando o produto dos dados e sua posição à soma acumulada. Isso oferece melhor detecção das mudanças na posição dos dados.

Embora os dois esquemas anteriores às vezes possam ser adequados em camadas superiores, na prática, um terceiro tipo mais forte de código de detecção de erros tem o uso generalizado na camada de enlace: é o **código de redundância cíclica**, ou **CRC (Cyclic Redundancy Check)**, também conhecido como **código polinomial**. Os códigos polinomiais são baseados no tratamento de sequências de bits como representações de polinômios com coeficientes de 0 e 1 apenas. Um quadro de k bits é considerado como a lista de coeficientes para um polinômio com k termos, variando de x^{k-1} a x^0. Dizemos que tal polinômio é de grau $k - 1$. O bit de alta ordem (mais à esquerda) é o coeficiente de x^{k-1}, o próximo bit é o coeficiente de x^{k-2}, e assim por diante. Por exemplo, 110001 tem 6 bits e, portanto, representa um polinômio de seis termos com coeficientes 1, 1, 0, 0, 0 e 1: $1x^5 + 1x^4 + 0x^3 + 0x^2 + 0x^1 + 1x^0$.

A aritmética de polinômios é feita em módulo 2, de acordo com as regras da teoria algébrica. Ela não tem "vai uns" para a adição ou empréstimos para a subtração. Tanto a adição quanto a subtração são idênticos ao XOR. Por exemplo:

```
  10011011      00110011      11110000      01010101
+ 11001010    + 11001101    - 10100110    - 10101111
  --------      --------      --------      --------
  01010001      11111110      01010110      11111010
```

A divisão longa é efetuada do mesmo modo que em binário, exceto pelo fato de a subtração novamente ser de módulo 2. Diz-se que um divisor "cabe em" um dividendo se o dividendo tem a mesma quantidade de bits do divisor.

Quando o método do código polinomial é empregado, o transmissor e o receptor devem concordar em relação a um **polinômio gerador**, $G(x)$, antecipadamente. Tanto o bit de mais alta ordem quanto o de mais baixa ordem do polinômio gerador devem ser iguais a 1. Para calcular o CRC de um quadro com m bits, que corresponde ao polinômio $M(x)$, o quadro deve ter mais bits do que o polinômio gerador. A ideia é acrescentar um CRC ao final do quadro, de forma que o polinômio representado pelo quadro verificado pela soma seja divisível por $G(x)$. Quando obtiver o quadro verificado, o receptor tentará dividi-lo por $G(x)$. A existência de resto indica que houve um erro de transmissão.

O algoritmo para calcular o CRC é o seguinte:

1. Seja r o grau de $G(x)$. Acrescente r bits zero à extremidade de baixa ordem do quadro, de modo que ele passe a conter $m + r$ bits e corresponda ao polinômio $x^r M(x)$.
2. Divida a sequência de bits correspondente a $G(x)$ pela sequência de bits correspondente a $x^r M(x)$ utilizando a divisão de módulo 2.
3. Subtraia o resto (que tem sempre r ou menos bits) da sequência de bits correspondente a $x^r M(x)$ utilizando a subtração de módulo 2. O resultado é o quadro, com o checksum, que deverá ser transmitido. Chame o polinômio de $T(x)$.

A Figura 3.9 ilustra o cálculo referente a um quadro 1101011111, usando o gerador $G(x) = x^4 + x + 1$.

Deve ficar claro que $T(x)$ é divisível (em módulo 2) por $G(x)$. Em qualquer problema de divisão, se você subtrair o resto do dividendo, o resultado será divisível pelo divisor. Por exemplo, na base 10, se você dividir 210.278 por 10.941, o resto será 2.399. Subtraindo-se 2.399 de 210.278, o resultado final (207.879) será divisível por 10.941.

Agora vamos analisar o poder desse método. Que tipos de erro serão detectados? Imagine que ocorra um erro de transmissão de forma que, em lugar de chegar a sequência de bits correspondente a $T(x)$, seja recebida a soma $T(x) + E(x)$. Cada bit 1 em $E(x)$ corresponde a um bit que foi invertido. Se houver k bits 1 em $E(x)$, isso significa que ocorreram k erros de único bit. Um único erro em rajada é

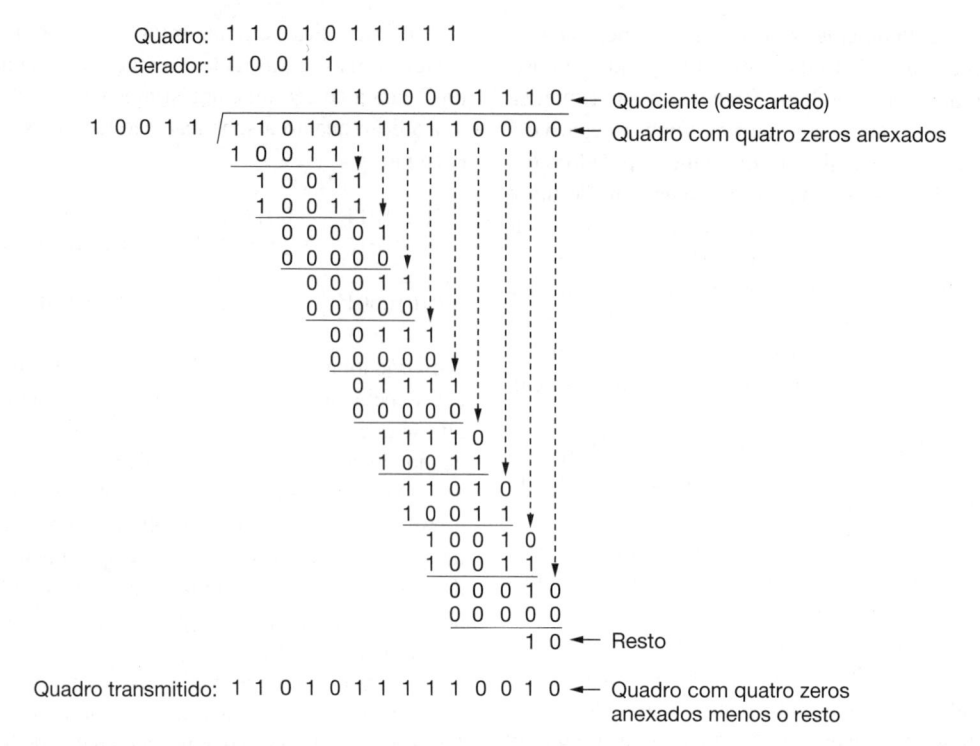

```
              Quadro:  1 1 0 1 0 1 1 1 1 1
              Gerador: 1 0 0 1 1
                                    1 1 0 0 0 0 1 1 1 0   ← Quociente (descartado)
              1 0 0 1 1 ) 1 1 0 1 0 1 1 1 1 1 0 0 0 0     ← Quadro com quatro zeros anexados
                          1 0 0 1 1
                          ─────────
                          1 0 0 1 1
                          1 0 0 1 1
                          ─────────
                            0 0 0 0 1
                            0 0 0 0 0
                            ─────────
                              0 0 1 1
                              0 0 0 0
                              ─────────
                                0 1 1 1
                                0 0 0 0
                                ─────────
                                  1 1 1 1 0
                                  1 0 0 1 1
                                  ─────────
                                    1 1 0 1
                                    1 0 0 1 1
                                    ─────────
                                      1 0 0 1 0
                                      1 0 0 1 1
                                      ─────────
                                        0 0 0 1 0
                                        0 0 0 0 0
                                        ─────────
                                              1 0   ← Resto

      Quadro transmitido: 1 1 0 1 0 1 1 1 1 1 0 0 1 0   ← Quadro com quatro zeros
                                                          anexados menos o resto
```

Figura 3.9 Exemplo de cálculo do CRC.

caracterizado por um bit 1 inicial, uma mistura de bits 0 e 1 e um bit 1 final, sendo todos os outros bits iguais a 0.

Ao receber o quadro com o checksum, o receptor o divide por $G(x)$; ou seja, ele calcula $[T(x) + E(x)]/G(x)$. $T(x)/G(x)$ é igual a 0; portanto, o resultado do cálculo é simplesmente $E(x)/G(x)$. Os erros que corresponderem a polinômios contendo $G(x)$ como fator serão simplesmente ignorados; todos os outros serão descobertos.

Se houver ocorrido um erro de único bit, $E(x) = x^i$, onde i determina o bit incorreto. Se contiver dois ou mais termos, $G(x)$ nunca dividirá $E(x)$; portanto, todos os erros de único bit serão detectados.

Se tiverem ocorrido dois erros isolados de único bit, $E(x) = x^i + x^j$, onde $i > j$. Como alternativa, esse cálculo pode ser representado como $E(x) = x^j(x^{i-j} + 1)$. Se considerarmos que $G(x)$ não é divisível por x, uma condição suficiente para todos os erros duplos serem detectados é que $G(x)$ não divida $x^k + 1$ para qualquer k até o valor máximo de $i - j$ (i.e., até o comprimento máximo do quadro). São conhecidos polinômios simples, de grau baixo, que protegem quadros longos. Por exemplo, $x^{15} + x^{14} + 1$ não dividirá $x^k + 1$ para qualquer valor de k abaixo de 32.768.

Se houver um número ímpar de bits com erros, $E(x)$ conterá um número ímpar de termos (p. ex., $x^5 + x^2 + 1$, mas não $x^2 + 1$). É interessante observar que nenhum polinômio com um número ímpar de termos tem $x + 1$ como fator no sistema de módulo 2. Ao tornar $x + 1$ um fator de $G(x)$, podemos detectar todos os erros que consistem em um número ímpar de bits invertidos. Estatisticamente, apenas isso já compreende metade dos casos.

Por último, e muito importante, um código polinomial com r bits de verificação detectará todos os erros em rajada que tiverem um tamanho $\leq r$. Um erro em rajada de tamanho k pode ser representado por $x^i(x^{k-1} + ... + 1)$, onde i determina a distância entre a rajada e a extremidade direita do quadro recebido. Se contiver um termo x^0, $G(x)$ não terá x^i como fator; portanto, se o grau da expressão entre parênteses for menor que o grau de $G(x)$, o resto nunca poderá ser igual a zero.

Se o tamanho da rajada for $r + 1$, o resto da divisão por $G(x)$ será zero se, e somente se, a rajada for idêntica a $G(x)$. Por definição de rajada, o primeiro e o último bits devem ser iguais a 1; assim, a correspondência entre os valores dependerá dos $r - 1$ bits intermediários. Se todas as combinações forem consideradas igualmente prováveis, a probabilidade de esse quadro incorreto ser aceito como válido será de $½^{r-1}$.

Também podemos mostrar que, ao ocorrer um erro em rajada com mais de $r + 1$ bits ou forem registradas várias rajadas mais curtas, a probabilidade de um quadro defeituoso passar despercebido poderá ser igual a $½^r$, supondo-se que todos os padrões de bits sejam igualmente prováveis.

Certos polinômios se tornaram padrões internacionais. O que é utilizado no IEEE 802 acompanhou o exemplo da Ethernet e é:

$$x^{32} + x^{26} + x^{23} + x^{22} + x^{16} + x^{12} + x^{11} + x^{10} + x^8 + x^7 + x^5 + x^4 + x^2 + x^1 + 1$$

Entre outras características interessantes, ele tem a propriedade de detectar todas as rajadas de comprimento 32 ou menores e todas as rajadas que afetam um número ímpar de bits. Tem sido muito usado desde a década de 1980, mas isso não significa que seja a melhor escolha. Usando uma busca computacional completa, Castagnoli et al. (1993) e Koopman (2002) encontraram os melhores CRCs. Esses CRCs têm uma distância de Hamming de 6 para os tamanhos de mensagem típicos, enquanto o padrão do IEEE CRC-32 tem uma distância de Hamming de apenas 4.

Apesar de o cálculo necessário para computar o checksum parecer complicado, Peterson e Brown (1961) mostraram que é possível criar um simples circuito shift register (registrador de deslocamento) para calcular e conferir os CRCs no hardware. Implementações mais recentes e mais rápidas são criadas regularmente (Mitra e Nyack, 2017). Na prática, esse hardware quase sempre é utilizado. Dezenas de padrões de rede compreendem diversos CRCs, incluindo praticamente todas as LANs (p. ex., Ethernet, 802.11) e enlaces ponto a ponto (p. ex., pacotes sobre SONET).

3.3 PROTOCOLOS BÁSICOS DE ENLACE DE DADOS

Como uma introdução ao estudo dos protocolos, vamos começar examinando três protocolos com graus de complexidade crescentes. Antes disso, é útil esclarecer algumas das suposições nas quais se baseia o modelo de comunicação.

3.3.1 Premissas básicas para simplificação

Processos independentes. Para começar, supomos que, na camada física, na camada de enlace de dados e na camada de rede existem processos independentes que se comunicam pelo envio de mensagens de um lado para outro. Uma implementação comum aparece na Figura 3.10. O processo da camada física e parte do processo da camada de enlace de dados funcionam em hardware dedicado, chamado **placa de interface de rede**, ou **NIC** (**Network Interface Card**). O restante do processo da camada de enlace e o processo da camada de rede atuam sobre a CPU principal como parte do sistema operacional, com o software para o processo da camada de enlace normalmente tomando a forma de um **driver de dispositivo**. No entanto, outras implementações também são possíveis (p. ex., três processos transferidos para um hardware dedicado, chamado **acelerador de rede**, ou três processos rodando na CPU principal a uma razão definida pelo software). Na realidade, a implementação preferida muda de uma década para a outra, com as mudanças de tecnologia. De qualquer forma, tratar as

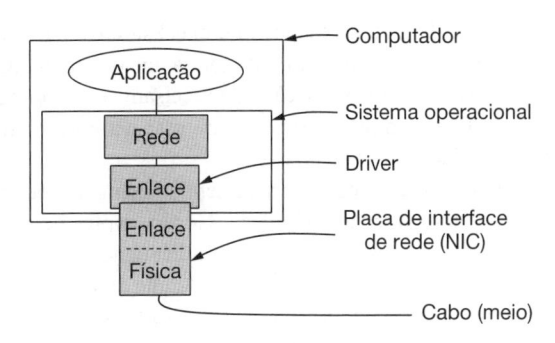

Figura 3.10 Implementação das camadas física, de enlace de dados e de rede.

três camadas como processos separados torna a discussão conceitualmente mais clara e também enfatiza a independência delas.

Comunicação unidirecional. Outra suposição de extrema importância é de que a máquina A deseja enviar um longo fluxo de dados à máquina B utilizando um serviço confiável e orientado a conexões. Mais adiante, consideraremos a situação em que B também deseja enviar dados a A simultaneamente. Supõe-se que A tenha um suprimento infinito de dados prontos para ser enviados, e nunca terá de esperar até que eles sejam produzidos. Quando a camada de dados de A solicitar dados, a camada de rede sempre será capaz de obedecer de imediato. (Mais adiante essa restrição também será superada.)

Máquinas e processos confiáveis. Também supomos que as máquinas não sofrerão panes. Isto é, esses protocolos lidam com erros de comunicação, mas não com os problemas causados por computadores que sofrem panes e são reiniciados.

No que se refere à camada de enlace de dados, o pacote repassado a ela pela camada de rede através da interface consiste em dados puros, em que cada bit deve ser entregue à camada de rede de destino. O fato de a camada de rede de destino interpretar parte do pacote como um cabeçalho não tem nenhum interesse para a camada de enlace de dados.

3.3.2 Noções básicas de transmissão e recepção

Quando a camada de enlace de dados aceita um pacote da camada de rede do transmissor, ela o encapsula em um quadro, acrescentando-lhe um cabeçalho e um final de enlace de dados (veja a Figura 3.1). Portanto, um quadro consiste em um pacote incorporado, algumas informações de controle (no cabeçalho) e um checksum (no final). Em seguida, o quadro é transmitido à camada de enlace de dados da outra máquina. Presumiremos que existem funções de biblioteca adequadas, *to_physical_layer* para enviar um quadro e *from_physical_layer* para receber um quadro. Essas funções calculam ou acrescentam o checksum (o que normalmente é feito no hardware), de forma que os protocolos que desenvolvemos nesta seção não precisam se preocupar com isso. Por exemplo, eles poderiam usar o algoritmo de CRC discutido na seção anterior.

Inicialmente, o receptor nada tem a fazer. Ele apenas fica à espera de que algo aconteça. Nos exemplos de protocolos apresentados neste capítulo, indicaremos que a camada de enlace de dados está esperando que algo aconteça por meio da chamada função *wait_for_event*(&*event*). Essa função só retorna quando acontece algo (p. ex., quando chega um quadro). Ao retornar, a variável *event* informa o que aconteceu. O conjunto de eventos possíveis é diferente para os diversos protocolos a serem descritos e será definido separadamente para cada protocolo. Observe que, em uma situação mais realista, a camada de enlace de dados não ficará em um loop estrito à espera de um evento, como sugerimos, mas receberá uma interrupção, o que a fará interromper o que quer que esteja fazendo para manipular o quadro recebido. Apesar disso, por simplicidade, ignoraremos todos os detalhes de atividades paralelas na camada de enlace de dados, e presumiremos que ela se dedica em tempo integral apenas ao tratamento do nosso canal.

Quando um quadro chega ao receptor, este recalcula o checksum. Se este estiver incorreto (ou seja, se houve um erro de transmissão), a camada de enlace de dados será informada (*event = cksum_err*). Se o quadro recebido tiver chegado intacto, a camada de enlace de dados também será informada (*event = frame_arrival*), para que ela possa receber o quadro para inspeção usando *from_physical_layer*. Assim que recebe um quadro sem danos, a camada de enlace de dados verifica as informações de controle contidas no cabeçalho e, se tudo estiver correto, repassa a porção do pacote à camada de rede. Em nenhuma circunstância o cabeçalho do quadro será entregue à camada de rede.

Há uma boa razão para que a camada de rede nunca receba nenhuma parte do cabeçalho do quadro: manter os protocolos de rede e de enlace de dados completamente separados. Desde que a camada de rede não saiba absolutamente nada sobre o protocolo de enlace de dados ou sobre o formato do quadro, esses itens poderão ser alterados sem exigir mudanças no software da camada de rede. Isso acontece sempre que uma nova NIC é instalada em um computador. A utilização de uma interface rígida entre a camada de rede e a de enlace de dados simplifica bastante o projeto do software, pois os protocolos de comunicação das diferentes camadas podem evoluir de forma independente.

A Figura 3.11 mostra algumas declarações (na linguagem C) comuns a muitos dos protocolos que serão discutidos mais adiante. Cinco estruturas de dados são definidas no código: *boolean*, *seq_nr*, *packet*, *frame_kind* e *frame*. Um *boolean* é do tipo enumerado e pode assumir os valores verdadeiro (*true*) e falso (*false*). Um *seq_nr* é um inteiro pequeno usado para numerar os quadros, para facilitar sua distinção. Esses números de sequência variam de 0 até *MAX_SEQ* (inclusive), que é definido em cada protocolo que tenha necessidade. Um *packet* é a unidade de informação trocada entre as camadas de rede e de enlace de dados da mesma máquina, ou entre pares da camada de rede. Em nosso modelo, ele sempre contém *MAX_PKT* bytes; no entanto, de modo mais realista, ele teria comprimento variável.

A estrutura *frame* é composta por quatro campos: *kind*, *seq*, *ack* e *info*; os três primeiros contêm informações de controle, e o último pode conter os dados reais a serem transferidos. Esses campos de controle são chamados coletivamente de **cabeçalho do quadro**.

O campo *kind* indica se há dados no quadro, pois alguns protocolos distinguem quadros que contêm exclusivamente informações de controle daqueles que armazenam dados além dessas informações. Os campos *seq* e *ack* são usados para números de sequência e confirmações, respectivamente (seu uso será descrito detalhadamente mais adiante). O campo *info* de um quadro de dados contém um único pacote; o campo *info* de um quadro de controle não é usado. Uma implementação mais realista utilizaria um campo *info* de comprimento variável; nos quadros de controle, esse campo seria completamente omitido.

Novamente, é importante compreender o relacionamento entre um pacote e um quadro (veja a Figura 3.1). A camada de rede monta um pacote tomando uma mensagem da camada de transporte e acrescentando a ela o cabeçalho da camada de rede. Esse pacote é repassado à camada de enlace de dados para inclusão no campo *info* de um quadro que esteja sendo enviado. Quando o quadro chega ao destino, a camada de enlace de dados extrai o pacote do quadro e o envia à camada de rede. Dessa forma, a camada de rede pode atuar como se as máquinas pudessem trocar pacotes diretamente.

Na Figura 3.11 também estão listadas diversas funções, que são rotinas de biblioteca cujos detalhes são dependentes da implementação e cujo funcionamento interno não será discutido aqui. A função *wait_for_event* permanece à espera de que algo aconteça, como mencionamos anteriormente. As funções *to_network_layer* e *from_network_layer* são usadas pela camada de enlace de dados para enviar pacotes à camada de rede e aceitar pacotes dela, respectivamente. Observe que *from_physical_layer* e *to_physical_layer* repassam quadros entre a camada de enlace de dados e a camada física. Em outras palavras, *to_network_layer* e *from_network_layer* lidam com a interface entre as camadas 2 e 3, enquanto *from_physical_layer* e *to_physical_layer* lidam com a interface entre as camadas 1 e 2.

Na maioria dos protocolos, supomos o uso de um canal não confiável que perde quadros inteiros ocasionalmente. Para se recuperar dessas calamidades, sempre que envia um quadro, a camada de enlace de dados transmissora tem de inicializar um timer interno. Se nenhuma confirmação tiver sido recebida dentro de um intervalo predeterminado, o timer expirará por timeout e a camada de enlace de dados receberá um sinal de interrupção.

```
#define MAX_PKT 1024                                      /* determina tamanho do pacote em bytes */
typedef enum {false, true} boolean;                       /* tipo boolean */
typedef unsigned int seq_nr;                              /* números de sequência ou ack */
typedef struct {unsigned char data[MAX_PKT];}packet;      /* definição do pacote */
typedef enum {data, ack, nak} frame_kind;                 /* definição de frame_kind */

typedef struct {                                          /* quadros são transportados nesta camada */
    frame_kind kind;                                      /* que tipo de quadro é este? */
    seq_nr seq;                                           /* número de sequência */
    seq_nr ack;                                           /* número de confirmação */
    packet info;                                          /* o pacote da camada de rede */
} frame;

/* Espera que um evento aconteça; retorna o tipo de evento em event. */
void wait_for_event(event_type *event);

/* Busca um pacote da camada de rede para transmissão pelo canal. */
void from_network_layer(packet *p);

/* Entrega informação de um quadro que chega à camada de rede. */
void to_network_layer(packet *p);

/* Recebe um quadro de entrada da camada física e o copia para r. */
void from_physical_layer(frame *r);

/* Passa o quadro à camada física para transmissão. */
void to_physical_layer(frame *s);

/* Inicia o timer e habilita o evento timeout. */
void start_timer(seq_nr k);

/* Termina o timer e desativa o evento timeout. */
void stop_timer(seq_nr k);

/* Inicia um timer auxiliar e habilita o ack_timeout event. */
void start_ack_timer(void);

/* Encerra o timer auxiliar e desabilita o evento ack_timeout. */
void stop_ack_timer(void);

/* Permite que a camada de rede gere um evento network_layer_ready. */
void enable_network_layer(void);

/* Proíbe a camada de rede de um evento network_layer_ready. */
void disable_network_layer(void);

/* Macro inc é expandido em linha: incrementa k de modo circular. */
#define inc(k) if (k < MAX_SEQ)k = k + 1; else k = 0
```

Figura 3.11 Algumas definições utilizadas nos protocolos apresentados a seguir. Essas definições estão armazenadas no arquivo *protocol.h*.

Em nossos protocolos, isso é tratado permitindo-se à função *wait_for_event* retornar *event* = *timeout*. As funções *start_timer* e *stop_timer* ativam e desativam o timer, respectivamente. Os eventos de timeout só são possíveis quando o timer está funcionando e antes que *stop_timer* seja chamado. É explicitamente permitido chamar *start_timer* enquanto o timer está funcionando; esse tipo de chamada simplesmente reinicializa o timer para provocar o próximo timeout, depois de decorrer um intervalo do timer (a menos que ele seja reiniciado ou desativado).

As funções *start_ack_timer* e *stop_ack_timer* controlam um timer auxiliar cuja finalidade é gerar confirmações sob determinadas condições.

As funções *enable_network_layer* e *disable_network_layer* são usadas nos protocolos mais sofisticados, para os quais não mais supomos que a camada de rede sempre terá pacotes a serem enviados. Quando a camada de enlace de dados habilita a camada de rede, esta passa a ter permissão para causar uma interrupção sempre que tiver um pacote para enviar. Isso é indicado por *event* = *network_layer_ready*. Quando a camada de rede está inativa, ela não pode causar tais eventos. Definindo com cuidado os momentos em que ativa e desativa a camada de rede, a camada de enlace de dados pode impedir que a camada de rede fique sobrecarregada com pacotes para os quais não dispõe de espaço no buffer.

Os números de sequência dos quadros estão sempre na faixa de 0 a *MAX_SEQ* (inclusive), onde *MAX_SEQ* tem um valor diferente para os diversos protocolos. Com frequência, é necessário aumentar um número de sequência em uma unidade, de forma circular (i.e., *MAX_SEQ* é seguido por 0). A macro *inc* cuida desse incremento. Ela é definida como uma macro porque é usada em linha no caminho crítico. Como veremos adiante, com frequência o processamento de protocolos é o fator que limita o desempenho da rede; portanto, a definição de operações simples como macros (em vez de funções) não afeta a legibilidade do código, mas melhora o desempenho.

As declarações da Figura 3.11 fazem parte de cada um dos protocolos brevemente apresentados a seguir. Para economizar espaço e facilitar a consulta, essas declarações foram extraídas dos protocolos e são apresentadas juntas, mas conceitualmente elas devem estar integradas aos protocolos. Na linguagem C, essa integração é feita inserindo-se as definições em um arquivo de cabeçalho especial, neste caso *protocol.h*, e utilizando-se o recurso #include do pré-processador C, que inclui essas definições nos arquivos de protocolo.

3.3.3 Protocolo simplex da camada de enlace de dados

Nesta seção, examinaremos três protocolos simples, cada um capaz de lidar com uma situação mais realista que a anterior.

Utopia: sem controle de fluxo ou correção de erros

Como primeiro exemplo, consideraremos o protocolo mais simples possível, pois não se preocupa com a possibilidade de algo sair errado. Os dados são transmitidos em apenas um sentido. As camadas de rede do transmissor e do receptor estão sempre prontas. O tempo de processamento pode ser ignorado. O espaço disponível em buffer é infinito. E o melhor de tudo é que o canal de comunicação entre as camadas de enlace de dados nunca é danificado nem perde quadros. Esse protocolo absolutamente imaginário, que denominaremos "utopia", é simplesmente para mostrar a estrutura básica com a qual trabalharemos. Sua implementação aparece na Figura 3.12.

O protocolo consiste em dois procedimentos distintos, um que envia informações e outro que as recebe. O procedimento no transmissor é executado na camada de enlace de dados da máquina de origem, e no receptor é executado na camada de enlace de dados da máquina de destino. Não são usados números de sequência ou de confirmação; portanto, *MAX_SEQ* não é necessário. O único tipo de evento possível é *frame_arrival* (ou seja, a chegada de um quadro não danificado).

No transmissor há um loop while infinito que envia os dados o mais rápido possível. O corpo do loop é formado por três ações: buscar um pacote da (sempre prestativa) camada de rede, criar um quadro de saída utilizando a variável *s* e transmitir o quadro ao destino. Apenas o campo *info* do quadro é usado por esse protocolo, pois os outros campos se referem ao controle de fluxo e de erros e, nesse caso, não há erros nem restrições de controle de fluxo.

O receptor é igualmente simples. No início, ele espera que algo aconteça, e a única possibilidade é a chegada de um quadro não danificado. Finalmente, o quadro chega e a função *wait_for_event* retorna, com *event* definido como *frame_arrival* (o que, de qualquer forma, é ignorado). A chamada *from_physical_layer* remove o quadro recém-chegado do buffer do hardware e o coloca na variável *r*, onde o código receptor poderá buscá-lo quando necessário. Por fim, a parte referente aos dados é repassada à camada de rede, e a camada de enlace de dados volta a esperar pelo próximo quadro, ficando efetivamente em suspenso até a sua chegada.

O protocolo utópico (sem restrições) é imaginário porque não trata nem do controle de fluxo nem da correção de erros. Seu processamento é próximo ao de um serviço não confirmado não orientado a conexões, que conta com as camadas mais altas para resolver esses problemas, embora até mesmo um serviço desse tipo realize alguma detecção de erros.

Acrescentando controle de fluxo: stop-and-wait

Agora, trataremos do problema de impedir que o transmissor sobrecarregue o receptor com quadros mais rapidamente do que ele consegue processá-los. Essa situação pode facilmente acontecer na prática, de modo que é muito importante poder impedi-la. No entanto, continuamos supondo que o canal de comunicação não apresenta erros e que o tráfego de dados ainda é do tipo simplex.

Uma solução é montar o receptor para que seja poderoso o bastante para processar um fluxo contínuo de quadros de ponta a ponta (ou, de modo equivalente, definir a camada de enlace para que seja lenta o bastante para que o receptor possa acompanhar). Deve ter buffer e capacidade de processamento suficientes para atuar na velocidade da linha e deve ser capaz de passar os quadros recebidos à camada de rede com rapidez suficiente. Contudo, essa é uma solução no pior dos casos. Ela exige hardware dedicado e pode desperdiçar recursos se a utilização do enlace for quase sempre baixa. Além do mais, apenas passa o problema de lidar com um emissor muito rápido para outro lugar; nesse caso, para a camada de rede.

Uma solução mais geral para esse problema é fazer o receptor oferecer feedback ao transmissor. Depois de enviar um pacote à sua camada de rede, o receptor envia um pequeno quadro fictício de volta ao transmissor, permitindo a transmissão do próximo quadro. Após o envio de um quadro, o protocolo exige que o transmissor espere sua vez,

```
/* O protocolo 1 (utopia) oferece transmissão de dados em um único sentido, do transmissor
   para o receptor. Pressupõe-se que o canal de comunicação é livre de erros e que
   o receptor é capaz de processar toda a entrada de uma forma infinitamente rápida.
   Consequentemente, o transmissor permanece em um loop enviando os dados com a maior
   rapidez possível. */
typedef enum {frame_arrival} event_type;
#include "protocol.h"
void sender1(void)
{
    frame s;                            /* buffer para um quadro de saída */
    packet buffer;                      /* buffer para um pacote de saída */
    while (true) {
        from_network_layer(&buffer);    /* pega algo para enviar */
        s.info = buffer;                /* copia para s, para transmissão */
        to_physical_layer(&s);          /* envia-o pelo caminho */
    }                                   /* O amanhã, o amanhã, o amanhã,
                                           avança em pequenos passos, dia após dia,
                                           até a última sílaba da recordação.
                                              – Macbeth, V, v */
}
void receiver1(void)
{
    frame r;
    event_type event;                   /* preenchido ao se esperar ou aguardar, mas não usado aqui */
    while (true) {
        wait_for_event(&event);         /* única possibilidade é frame_arrival */
        from_physical_layer(&r);        /* recebe o quadro que chega */
        to_network_layer(&r.info);      /* passa os dados à camada de rede */
    }
}
```

Figura 3.12 Um protocolo simplex utópico.

até a chegada de um pequeno quadro fictício (i.e., de confirmação). Esse atraso é um exemplo simples de protocolo de controle de fluxo.

Os protocolos nos quais o transmissor envia um quadro e em seguida espera por uma confirmação antes de continuar sua operação são chamados **stop-and-wait (pare e espere)**. A Figura 3.13 mostra um exemplo de protocolo simplex stop-and-wait.

Apesar de o tráfego de dados nesse exemplo ser simplex, indo apenas do transmissor ao receptor, os quadros são enviados em ambas as direções. Consequentemente, o canal de comunicação entre as duas camadas de enlace de dados deve ser capaz de realizar a transferência bidirecional de informações. No entanto, esse protocolo acarreta uma rígida alternância de fluxo: primeiro o transmissor envia um quadro, depois o receptor envia outro; em seguida, o transmissor envia mais um quadro, e então o receptor envia outro, e assim por diante. Um canal físico half-duplex seria suficiente nesse caso.

A exemplo do protocolo 1, o transmissor começa extraindo um pacote da camada de rede, utilizando-o para criar um quadro que em seguida é transmitido a seu destino. Todavia, agora, ao contrário do que ocorre no protocolo 1, o transmissor deve aguardar a chegada de um quadro de confirmação antes de tornar a entrar em loop e buscar o próximo pacote da camada de rede. A camada de enlace de dados do transmissor não precisa sequer inspecionar o quadro recebido, pois só há uma possibilidade: ele é sempre uma confirmação.

A única diferença entre *receiver1* e *receiver2* é que, após entregar um pacote à camada de rede, o *receiver2* envia um quadro de confirmação de volta ao transmissor, antes de entrar mais uma vez no loop de espera. Como apenas a chegada do quadro de volta ao transmissor é importante, e não seu conteúdo, o receptor não precisa incluir qualquer informação específica no quadro.

Acrescentando correção de erros: números de sequência e ARQ

Agora, vamos considerar a situação normal de um canal de comunicação no qual ocorrem erros. Os quadros podem ser danificados ou completamente perdidos. No entanto, supomos que, se um quadro for danificado em trânsito, o hardware receptor detectará essa ocorrência ao calcular o checksum. Se o quadro for danificado de tal forma que o checksum nunca esteja correto – uma possibilidade muito improvável –, o protocolo em questão (e todos os outros protocolos) poderá apresentar falhas (i.e., poderá entregar um pacote incorreto à camada de rede).

```
/* O protocolo 2 (stop-and-wait) também implementa um fluxo de dados unidirecional entre
   o transmissor e o receptor. Presume-se mais uma vez que o canal de comunicação é
   totalmente livre de erros, como no protocolo 1. No entanto, dessa vez, o receptor tem buffer
   e velocidade de processamento finitos; portanto, o protocolo deverá impedir explicitamente
   que o transmissor sobrecarregue o receptor enviando dados mais rapidamente do que ele é
   capaz de processar. */
typedef enum {frame_arrival} event_type;
#include "protocol.h"
void sender2(void)
{
    frame s;                            /* buffer para um quadro de saída */
    packet buffer;                      /* buffer para um pacote de saída */
    event_type event;                   /* frame_arrival é a única possibilidade */
    while (true) {
        from_network_layer(&buffer);    /* apanha algo para enviar */
        s.info = buffer;                /* copia para s, para transmissão */
        to_physical_layer(&s);          /* pequeno quadro de adeus */
        wait_for_event(&event);         /* não avança até um sinal verde */
    }
}
void receiver2(void)
{
    frame r, s;                         /* buffers para quadros */
    event_type event;                   /* frame_arrival é a única possibilidade */
    while (true) {
        wait_for_event(&event);         /* a única possibilidade é frame_arrival */
        from_physical_layer(&r);        /* apanha o quadro de entrada */
        to_network_layer(&r.info);      /* passa os dados para a camada de rede */
        to_physical_layer(&s);          /* envia quadro fictício para acordar o transmissor */
    }
}
```

Figura 3.13 Um protocolo simplex stop-and-wait.

À primeira vista, pode parecer que uma variação do protocolo 2 seria viável com a inclusão de um timer. O transmissor poderia enviar um quadro, mas o receptor só enviaria um quadro de confirmação se os dados fossem recebidos corretamente. Se um quadro danificado chegasse ao receptor, ele seria descartado. Após certo tempo, o transmissor alcançaria seu timeout e enviaria o quadro mais uma vez. Esse processo seria repetido até que o quadro finalmente chegasse intacto.

Esse esquema tem uma falha fatal. Pense no problema e tente descobrir o que poderia estar errado antes de continuar a leitura.

Para verificar o que poderia estar errado, lembre-se de que a função dos processos da camada de enlace de dados é oferecer comunicações transparentes e livres de erros entre os processos da camada de rede. A camada de rede da máquina *A* envia uma série de pacotes à camada de enlace de dados da mesma máquina. Esta, por sua vez, deve se certificar de que a camada de enlace de dados da máquina *B* enviará uma série idêntica de pacotes à camada de rede da mesma máquina. Em particular, a camada de rede da máquina *B* não tem como saber se um pacote foi perdido ou duplicado; portanto, a camada de enlace de dados deve garantir que nenhuma combinação de erros de transmissão, mesmo improvável, possa fazer um pacote duplicado ser entregue à camada de rede.

Considere a seguinte situação:

1. A camada de rede de *A* envia o pacote 1 à sua camada de enlace de dados. O pacote é corretamente recebido em *B* e repassado à camada de rede de *B*. *B* envia um quadro de confirmação de volta a *A*.

2. O quadro de confirmação se perde por completo. Ele simplesmente nunca chega ao destino. Tudo seria muito mais simples se o canal tivesse adulterado e perdido apenas quadros de dados, não quadros de controle. No entanto, para nossa tristeza, o canal não faz distinção entre quadros.

3. Finalmente, a camada de enlace de dados de *A* tem seu limite de tempo esgotado. Como não recebeu uma confirmação, ela presume (incorretamente) que seu quadro de dados se perdeu ou foi danificado e envia mais uma vez o quadro contendo o pacote 1.

4. O quadro duplicado também chega perfeitamente à camada de enlace de dados de *B* e é repassado de imediato, sem maiores problemas, à sua camada de rede. Caso *A* esteja enviando um arquivo a *B*, uma parte do

arquivo será duplicada (i.e., a cópia do arquivo criado por B estará incorreta e o erro não será detectado). Em outras palavras, o protocolo falhará.

Certamente, precisamos proporcionar ao receptor alguma forma de distinguir entre um quadro que ele está recebendo pela primeira vez e uma retransmissão. A maneira mais óbvia de conseguir isso é fazer o transmissor incluir um número de sequência no cabeçalho de cada quadro enviado. Dessa forma, o receptor poderá verificar o número de sequência de cada quadro recebido para confirmar se esse é um novo quadro ou se é uma cópia a ser descartada.

Como o protocolo deve ser correto e o campo de número de sequência no cabeçalho provavelmente é pequeno para usar o enlace de modo eficiente, surge a seguinte pergunta: qual é a quantidade mínima de bits necessária para o número de sequência? O cabeçalho poderia oferecer 1 bit, alguns bits, um byte ou múltiplos bytes para um número de sequência, dependendo do protocolo. O importante é que ele deve transportar números de sequência grandes o suficientes para que o protocolo funcione corretamente, ou o protocolo não terá valor.

A única ambiguidade nesse protocolo ocorre entre um quadro, *m*, e seu sucessor direto, *m* + 1. Se o quadro *m* tiver sido perdido ou danificado, o receptor não o confirmará; portanto, o transmissor continuará tentando enviá-lo. Uma vez que o quadro tenha sido corretamente recebido, o receptor enviará uma confirmação de volta ao transmissor. E aqui surge um problema potencial. Dependendo do fato de o quadro de confirmação voltar ao transmissor corretamente ou não, o transmissor poderá tentar enviar *m* ou *m* + 1.

No transmissor, o evento que dispara a transmissão do quadro *m* + 1 é a chegada de uma confirmação para o quadro *m*. Mas essa situação implica que *m* – 1 foi recebido corretamente e, além disso, que sua confirmação também foi recebida corretamente pelo transmissor. Caso contrário, o transmissor não teria iniciado com *m*, muito menos estaria considerando *m* + 1. Por conseguinte, a única ambiguidade é entre um quadro e seu predecessor ou sucessor imediato, não entre os próprios predecessores ou sucessores.

Um número de sequência de 1 bit (0 ou 1) é, portanto, suficiente. A cada instante, o receptor espera o próximo número de sequência. Quando chega um quadro contendo um número de sequência correto, ele é aceito e repassado à camada de rede, e depois confirmado. Em seguida, o número de sequência esperado é incrementado na base 2 (ou seja, 0 passa a ser 1 e 1 passa a ser 0). Qualquer quadro recebido que contenha o número de sequência errado será rejeitado por ser considerado uma cópia. Contudo, a última confirmação válida é repetida, de forma que o transmissor finalmente pode descobrir que o quadro foi recebido.

Um exemplo desse tipo de protocolo é mostrado na Figura 3.14. Os protocolos nos quais o transmissor espera por uma confirmação positiva antes de passar para o próximo item de dados frequentemente são chamados de **solicitação de repetição automática**, ou **ARQ** (**Automatic Repeat reQuest**), ou **confirmação positiva com retransmissão**, ou **PAR** (**Positive Acknowledgement with Retransmission**). A exemplo do protocolo 2, ele também transmite dados em apenas um sentido.

O protocolo 3 difere de seus predecessores pelo fato de tanto o transmissor quanto o receptor terem uma variável cujo valor é memorizado enquanto a camada de enlace de dados se encontra em estado de espera. Em *next_frame_to_send*, o transmissor memoriza o número de sequência do próximo quadro a ser enviado; em *frame_expected*, o receptor memoriza o número de sequência do próximo quadro esperado. Cada protocolo tem uma breve fase de inicialização antes de entrar no loop infinito.

Após enviar um quadro, o transmissor ativa o timer. Caso já esteja ativado, ele será reiniciado para permitir a contagem de outro intervalo, o qual deve ser escolhido de forma que haja tempo suficiente para o quadro chegar ao receptor, para o receptor processá-lo na pior das hipóteses e para o quadro de confirmação ser enviado de volta ao transmissor. Somente quando o intervalo tiver se esgotado, poderemos supor com segurança que o quadro transmitido ou sua confirmação se perdeu, e que será necessário enviar uma cópia. Se o intervalo de timeout for definido com um valor curto demais, o transmissor enviará quadros desnecessários. Embora não afetem a exatidão do protocolo, esses quadros extras prejudicarão o desempenho.

Depois de transmitir um quadro e ativar o timer, o transmissor espera que algo interessante aconteça. Existem apenas três possibilidades: o quadro de confirmação chegar sem danos, o quadro de confirmação chegar com erro ou o timer expirar. Se uma confirmação válida for recebida, o transmissor buscará o próximo pacote em sua camada de rede e o colocará no buffer, substituindo o pacote anterior. Ele também aumentará o número de sequência. Se for recebido um quadro com erro ou se o timer expirar, o buffer e o número de sequência permanecerão inalterados, de modo que uma cópia do quadro poderá ser enviada. De qualquer forma, o conteúdo do buffer (tanto o próximo pacote como uma cópia) é enviado em seguida.

Quando um quadro válido chega ao receptor, seu número de sequência é conferido, para verificar se ele é uma cópia. Se não for, o quadro será aceito, enviado à camada de rede, e uma confirmação será gerada. Cópias e quadros danificados não serão repassados à camada de rede, mas eles fazem o último quadro recebido corretamente ser confirmado para sinalizar ao transmissor para avançar ao próximo quadro ou retransmitir um quadro danificado.

3.4 MELHORANDO A EFICIÊNCIA

Nos protocolos apresentados anteriormente, os quadros de dados eram transmitidos em apenas um sentido. Em situações

```
/* O protocolo 3 (PAR) permite que dados unidirecionais fluam por um canal não confiável. */
#define MAX_SEQ 1                               /* deve ser 1 para o protocolo 3 */
typedef enum {frame_arrival, cksum_err, timeout} event_type;
#include "protocol.h"

void sender3(void)
{
    seq_nr next_frame_to_send;                  /* número seq do próximo quadro de saída */
    frame s;                                    /* variável auxiliar */
    packet buffer;                              /* buffer para pacote de saída */
    event_type event;

    next_frame_to_send = 0;                     /* inicia números de sequência de saída */
    from_network_layer(&buffer);                /* busca primeiro pacote */
    while (true) {
        s.info = buffer;                        /* monta um quadro para transmissão */
        s.seq = next_frame_to_send;             /* insere número de sequência no quadro */
        to_physical_layer(&s);                  /* envia o quadro */
        start_timer(s.seq);                     /* se a resposta levar muito tempo, timeout */
        wait_for_event(&event);                 /* frame_arrival, cksum_err, timeout */
        if (event == frame_arrival) {
            from_physical_layer(&s);            /* obtém a confirmação */
            if (s.ack == next_frame_to_send) {
                stop_timer(s.ack);              /* desliga o timer */
                from_network_layer(&buffer);    /* pega o próximo quadro a enviar */
                inc(next_frame_to_send);        /* inverte next_frame_to_send */
            }
        }
    }
}

void receiver3(void)
{
    seq_nr frame_expected;
    frame r, s;
    event_type event;

    frame_expected = 0;
    while (true) {
        wait_for_event(&event);                 /* possibilidades: frame_arrival, cksum_err */
        if (event == frame_arrival) {           /* chegou um quadro válido */
            from_physical_layer(&r);            /* pega quadro recém-chegado */
            if (r.seq == frame_expected) {      /* é isso que estávamos esperando */
                to_network_layer(&r.info);      /* passa os dados para a camada de rede */
                inc(frame_expected);            /* da próxima vez, espera outro número de sequência nr */
            }
            s.ack = 1 - frame_expected;         /* diz qual quadro está sendo confirmado */
            to_physical_layer(&s);              /* envia confirmação */
        }
    }
}
```

Figura 3.14 Uma confirmação positiva com protocolo de retransmissão.

mais práticas, há necessidade de transmitir dados em ambos os sentidos. Além disso, a camada de enlace pode ser mais eficiente se puder enviar vários quadros ao mesmo tempo antes de receber uma confirmação. Vamos explorar esses dois conceitos em seguida, para depois oferecer vários exemplos de protocolos que alcançam esses objetivos.

3.4.1 Objetivo: transmissão bidirecional, múltiplos quadros em andamento

Em seguida, vamos explicar um conceito chamado piggybacking, que pode ajudar um protocolo da camada de enlace a alcançar transmissão bidirecional, e um conceito chamado janela deslizante, que pode melhorar a eficiência da transmissão ao permitir que o transmissor tenha vários bytes em andamento.

Transmissão bidirecional: piggybacking

Você pode obter uma transmissão de dados full-duplex definindo dois canais de comunicação distintos e cada um deles usando um enlace separado para um tráfego de dados simplex (em diferentes sentidos). Cada enlace é composto de um canal "direto" (para dados) e de um canal "reverso" (para confirmações). Em ambos os casos, a capacidade do canal reverso é quase totalmente desperdiçada.

Uma ideia melhor é usar o mesmo circuito para dados em ambos os sentidos. Afinal, nos protocolos 2 e 3 ele já estava sendo usado para transmitir quadros em ambos os sentidos, e o canal reverso normalmente tem a mesma capacidade do canal direto. Nesse modelo, os quadros de dados enviados de A para B são misturados com os quadros de confirmação enviados de A para B. Ao verificar o campo *kind* no cabeçalho de um quadro recebido, o receptor pode identificar se o quadro é de dados ou de confirmação.

Apesar de o entrelaçamento de quadros de dados e de controle no mesmo circuito representar um grande avanço em relação ao uso de dois enlaces físicos separados, ainda é possível introduzir outra melhoria. Quando um quadro de dados chega a seu destino, em vez de enviar imediatamente um quadro de controle separado, o receptor se contém e espera até a camada de rede enviar o próximo pacote. A confirmação é acrescentada ao quadro de dados que está sendo enviado (por meio do campo *ack* do cabeçalho do quadro). Na verdade, a confirmação pega carona no próximo quadro de dados que estiver sendo enviado. A técnica de retardar temporariamente as confirmações e enviá-las com o próximo quadro de dados é conhecida pelo nome de **piggybacking (pegar carona)**.

A principal vantagem do piggybacking em relação ao envio de quadros de confirmação distintos é a melhor utilização da largura de banda disponível para o canal. O campo *ack* do cabeçalho do quadro precisa de apenas alguns bits, enquanto um quadro separado precisaria do cabeçalho, da confirmação e do checksum. Além disso, um número menor de quadros enviados significa uma carga de processamento menor no receptor. No próximo protocolo a ser examinado, o campo de piggyback necessita apenas de um bit no cabeçalho do quadro. Em geral, ele raramente precisa de mais que alguns bits.

No entanto, o piggybacking introduz uma complicação que não existe em confirmações separadas. Quanto tempo a camada de enlace de dados deve esperar por um pacote ao qual deverá acrescentar a confirmação? Se a camada de enlace de dados esperar durante um intervalo maior que o permitido pelo timeout do transmissor, o quadro será retransmitido, o que invalidará todo o processo de confirmação. Se a camada de enlace de dados fosse um oráculo e pudesse prever o futuro, ela saberia quando o próximo pacote da camada de rede estivesse chegando e poderia decidir entre esperar por ele e enviar imediatamente uma confirmação separada, dependendo da duração prevista do tempo de espera. É óbvio que a camada de enlace de dados não é capaz de prever o futuro; portanto, ela deve recorrer a algum esquema ad hoc, como esperar durante um número fixo de milissegundos. Se um novo pacote chegar rapidamente, a confirmação será acrescentada a ele; caso contrário, se nenhum pacote tiver chegado até o final desse intervalo, a camada de enlace de dados simplesmente enviará um quadro de confirmação separado.

Janelas deslizantes

Os três protocolos seguintes são bidirecionais e pertencem a uma classe identificada como protocolos de **janela deslizante**. Eles apresentam diferenças em termos de eficiência, complexidade e requisitos de buffer, como discutiremos adiante. Neles, assim como em todos os protocolos de janela deslizante, cada quadro enviado contém um número de sequência, variando de 0 até algum valor máximo. Em geral, o valor máximo é $2^n - 1$, de forma que o número de sequência caiba exatamente em um campo de n bits. O protocolo de janela deslizante stop-and-wait utiliza $n = 1$, restringindo os números de sequência a 0 e 1; no entanto, versões mais sofisticadas podem usar um valor arbitrário de n.

A essência de todos os protocolos de janela deslizante é o fato de que, em qualquer instante, o transmissor mantém um conjunto de números de sequência correspondentes a quadros que ele pode enviar. Dizemos que esses quadros estão reunidos na **janela de transmissão**. Da mesma forma, o receptor mantém uma **janela de recepção** correspondente ao conjunto de quadros que está apto a aceitar. As janelas do transmissor e do receptor não precisam ter os mesmos limites superior e inferior ou o mesmo tamanho. Em alguns protocolos, essas janelas têm tamanho fixo, mas em outros elas podem aumentar ou diminuir à medida que os quadros são enviados e recebidos.

Apesar de esses protocolos permitirem que a camada de enlace de dados tenha mais liberdade em relação à ordem em que pode enviar e receber quadros, definitivamente não descartamos a exigência de o protocolo entregar os pacotes à camada de rede na mesma ordem em que eles foram repassados à camada de enlace de dados na máquina transmissora. Outra exigência que não mudou é que o canal de comunicação física seja "como nos fios", ou seja, que entregue todos os quadros na ordem em que eles são enviados.

Os números de sequência contidos na janela do transmissor representam quadros que foram ou que podem ser enviados, mas que ainda não foram confirmados. Sempre que chega um novo pacote da camada de rede, ele recebe o próximo número de sequência mais alto, e o limite superior da janela é incrementado em uma unidade. Quando uma confirmação é recebida, o limite inferior é incrementado em uma unidade. Dessa forma, a janela mantém continuamente uma lista de quadros não confirmados. A Figura 3.15 mostra um exemplo.

Tendo em vista que os quadros presentes atualmente na janela do transmissor podem ser perdidos ou danificados em trânsito, o transmissor deve mantê-los em sua memória para que a retransmissão seja possível. Assim, se o tamanho máximo da janela for n, o transmissor precisará de n buffers para armazenar os quadros não confirmados. Se a janela chegar a seu tamanho máximo, a camada de enlace de dados do transmissor será obrigada a desativar a camada de rede até que outro buffer esteja livre.

O tamanho da janela da camada de enlace de dados receptora corresponde aos quadros que ela é capaz de aceitar. Qualquer quadro que ficar dentro da janela é colocado no buffer do receptor. Quando for recebido um quadro cujo número de sequência for igual ao limite inferior da janela, ele será repassado à camada de rede, será gerada uma confirmação e a janela será incrementada em uma unidade. Qualquer quadro fora da janela é descartado. Em todos esses casos, uma confirmação subsequente é gerada para que o transmissor descubra como proceder. Observe que um tamanho de janela igual a 1 significa que a camada de enlace de dados só aceita quadros em ordem, mas para janelas maiores isso não é verdade. A camada de rede, ao contrário, sempre recebe dados na ordem adequada, independentemente do tamanho da janela da camada de enlace de dados.

A Figura 3.15 mostra um exemplo com um tamanho máximo de janela igual a 1. Inicialmente, não há quadros pendentes; portanto, os limites inferior e superior da janela do transmissor são iguais, mas, à medida que o tempo passa, a situação se desenvolve da maneira mostrada. Diferentemente da janela do transmissor, a janela do receptor sempre permanece em seu tamanho inicial, incrementando-se à medida que o próximo quadro é aceito e entregue à camada de rede.

3.4.2 Exemplos de protocolos full-duplex de janela deslizante

Agora, vejamos alguns exemplos de um protocolo de janela deslizante simples, de um único bit, além de protocolos que podem tratar da retransmissão de quadros com erro quando vários quadros estão a caminho.

Janela deslizante de um bit

Antes de abordarmos o caso geral, vamos examinar primeiro um protocolo de janela deslizante com um tamanho máximo de janela igual a 1. Esse tipo de protocolo utiliza o stop-and-wait, pois o transmissor envia um quadro e aguarda sua confirmação antes de enviar o quadro seguinte.

A Figura 3.16 representa esse tipo de protocolo. Assim como os demais, ele começa definindo algumas variáveis: *next_frame_to_send* informa qual quadro o transmissor está tentando enviar. De modo semelhante, *frame_expected* informa que quadro o receptor está esperando. Nos dois casos, 0 e 1 são as únicas possibilidades.

Normalmente, uma das duas camadas de enlace de dados, do transmissor ou do receptor, inicia e envia o primeiro quadro. Em outras palavras, apenas um dos programas da camada de enlace de dados pode conter as chamadas das

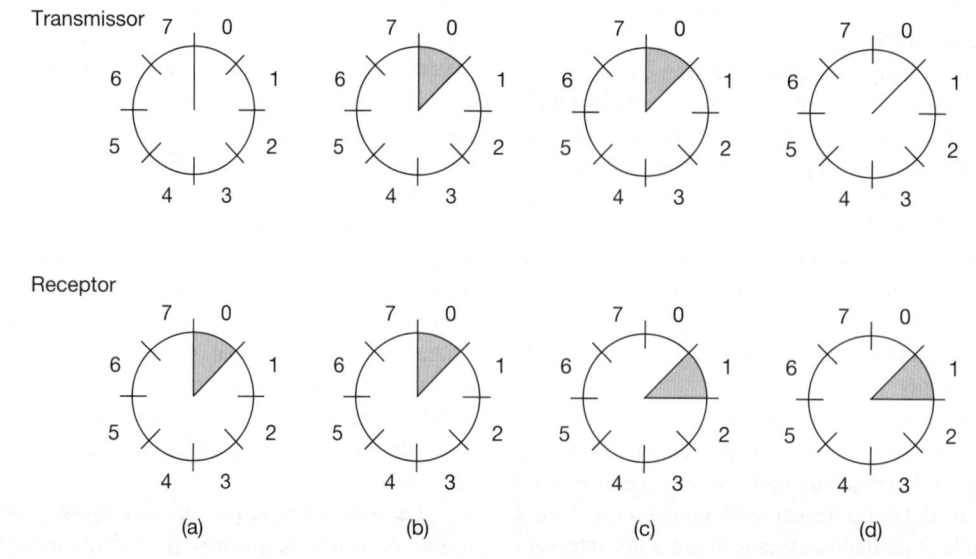

Figura 3.15 Uma janela deslizante de tamanho 1, com um número de sequência de 3 bits. (a) Inicialmente. (b) Depois que o primeiro quadro é enviado. (c) Depois que o primeiro quadro é recebido. (d) Depois que a primeira confirmação é recebida.

/* O protocolo 4 (janela deslizante) é bidirecional. */

```
#define MAX_SEQ 1                              /* deve ser 1 para protocolo 4 */
typedef enum {frame_arrival, cksum_err, timeout} event_type;
#include "protocol.h"
void protocol4 (void)
{
    seq_nr next_frame_to_send;                 /* 0 ou 1 apenas */
    seq_nr frame_expected;                     /* 0 ou 1 apenas */
    frame r, s;                                /* variáveis auxiliares */
    packet buffer;                             /* pacote atual sendo enviado */
    event_type event;
    next_frame_to_send = 0;                    /* próximo quadro no fluxo de saída */
    frame_expected = 0;                        /* quadro esperado em seguida */
    from_network_layer(&buffer);               /* busca um pacote da camada de rede */
    s.info = buffer;                           /* prepara para enviar quadro inicial */
    s.seq = next_frame_to_send;                /* insere número de sequência no quadro */
    s.ack = 1 - frame_expected;                /* confirmação acrescentada */
    to_physical_layer(&s);                     /* transmite o quadro */
    start_timer(s.seq);                        /* inicia a execução do timer */
    while (true) {
        wait_for_event(&event);                /* frame_arrival, cksum_err ou timeout */
        if (event == frame_arrival) {          /* um quadro chegou intacto */
            from_physical_layer(&r);           /* vai pegá-lo */
            if (r.seq == frame_expected) {     /* trata do fluxo de quadros que chega */
                to_network_layer(&r.info);     /* passa pacote à camada de rede */
                inc(frame_expected);           /* inverte número de sequência esperado em seguida */
            }
            if (r.ack == next_frame_to_send) { /* trata do fluxo de quadros que sai */
                stop_timer(r.ack);             /* desliga o timer */
                from_network_layer(&buffer);   /* busca novo pac. da camada de rede */
                inc(next_frame_to_send);       /* inverte número de sequência do transmissor */
            }
        }
        s.info = buffer;                       /* constrói quadro de saída */
        s.seq = next_frame_to_send;            /* insere número de sequência nele */
        s.ack = 1 - frame_expected;            /* número de sequência do último quadro recebido */
        to_physical_layer(&s);                 /* transmite um quadro */
        start_timer(s.seq);                    /* inicia a execução do timer */
    }
}
```

Figura 3.16 Um protocolo de janela deslizante de um bit.

funções *to_physical_layer* e *start_timer* fora do loop principal. A máquina que inicia busca o primeiro pacote em sua camada de rede, constrói um quadro a partir dele e o envia. Quando esse (ou qualquer) quadro chega ao destino, a camada de enlace de dados receptora verifica se ele é uma cópia, como ocorreu no protocolo 3. Se o quadro for o esperado, ele será repassado à camada de rede e a janela do receptor será deslocada para cima.

O campo de confirmação contém o número do último quadro recebido sem erro. Se esse número estiver de acordo com o número de sequência do quadro que o transmissor está tentando enviar, o transmissor saberá que já cuidou do quadro armazenado em *buffer* e poderá buscar o pacote seguinte em sua camada de rede. Se o número de sequência for discordante, o transmissor deverá continuar tentando enviar o mesmo quadro. Sempre que um quadro é recebido, outro quadro também é enviado de volta.

Agora, vamos examinar o protocolo 4 para ver quanto ele é flexível em relação a situações patológicas. Suponha que o computador A esteja tentando enviar seu quadro 0 ao computador B e que B esteja tentando enviar seu quadro 0 ao computador A. Imagine que A envia um quadro a B, mas o intervalo de timeout de A é curto demais. Consequentemente, A pode completar o timeout repetidas vezes, enviando uma série de quadros idênticos, todos com *seq* = 0 e *ack* = 1.

Quando o primeiro quadro válido chegar a B, ele será aceito e *frame_expected* será definido como 1. Todos os quadros subsequentes serão rejeitados, porque B agora está esperando quadros com número de sequência 1, e não 0.

Além disso, como todas as cópias têm *ack* = 1 e *B* ainda está aguardando uma confirmação de 0, *B* não buscará um novo pacote em sua camada de rede.

Após a chegada de todas as cópias rejeitadas, *B* enviará um quadro para *A* contendo *seq* = 0 e *ack* = 0. Por fim, um desses quadros chegará sem erros à máquina *A*, fazendo-a começar a enviar o próximo pacote. Nenhuma combinação de quadros perdidos ou timeouts prematuros pode fazer o protocolo entregar pacotes duplicados à camada de rede, ignorar um pacote ou chegar a um impasse. O protocolo está correto.

Entretanto, para mostrar quão sutis as interações entre protocolos podem ser, surgirá uma situação peculiar se os dois lados enviarem simultaneamente um pacote inicial. Essa dificuldade de sincronização está ilustrada na Figura 3.17. Na parte (a), é exibida a operação normal do protocolo. Na parte (b), observamos a peculiaridade. Se *B* esperar pelo primeiro quadro de *A* antes de enviar um de seus quadros, a sequência será a da parte (a) e todos os quadros serão aceitos.

Contudo, se *A* e *B* iniciarem a comunicação ao mesmo tempo, seus primeiros quadros se cruzarão e as camadas de enlace de dados entrarão na situação (b). Em (a), cada quadro recebido traz um novo pacote para a camada de rede; não há cópias. Em (b), metade dos quadros contém cópias, embora não haja erros de transmissão. Situações similares podem ocorrer como resultado de timeouts prematuros, mesmo quando está claro que um lado começa primeiro. Na verdade, se ocorrerem vários timeouts prematuros, os quadros poderão ser enviados três ou mais vezes, desperdiçando uma largura de banda valiosa.

Go-back-n

Até agora estávamos supondo implicitamente que era insignificante o tempo de transmissão necessário para a chegada de um quadro até o receptor, somado ao tempo de transmissão para o retorno da confirmação. Às vezes, essa suposição é nitidamente falsa. Nessas situações, o longo tempo de viagem de ida e volta pode ter implicações importantes para a eficiência da utilização da largura de banda. Como exemplo, considere um canal de satélite de 50 kbps com um atraso de propagação de ida e volta de 500 ms. Vamos imaginar uma tentativa de usar o protocolo 4 para enviar quadros de 1.000 bits pelo satélite. Em *t* = 0, o transmissor começa a enviar o primeiro quadro. Em *t* = 20 ms, o quadro já foi completamente enviado. Até *t* = 270 ms, o quadro ainda não chegou completamente ao receptor, e até *t* = 520 ms, na melhor das hipóteses, a confirmação não terá voltado ao transmissor (sem nenhum tempo de espera no receptor e com um quadro de confirmação curto). Isso significa que o transmissor esteve bloqueado durante 500/520 ou 96% (i.e., apenas 4% da largura de banda disponível foi utilizada). É claro que a combinação de um longo tempo de trânsito, alta largura de banda e pequeno comprimento de quadro é desastrosa em termos de eficiência.

O problema descrito pode ser visto como uma consequência da regra que exige que um transmissor espere por uma confirmação antes de enviar outro quadro. Se essa restrição não for rigorosa, podemos obter uma eficiência muito melhor. Basicamente, a solução está em permitir que o transmissor envie até *w* quadros antes do bloqueio, e não apenas 1. Com uma escolha apropriada de *w*, o transmissor será capaz de transmitir quadros continuamente, pois as confirmações chegarão aos quadros anteriores antes que a janela se complete, impedindo o bloqueio do transmissor.

Para achar um valor apropriado para *w*, precisamos saber quantos quadros cabem dentro do canal à medida que se propagam do transmissor ao receptor. Essa capacidade é

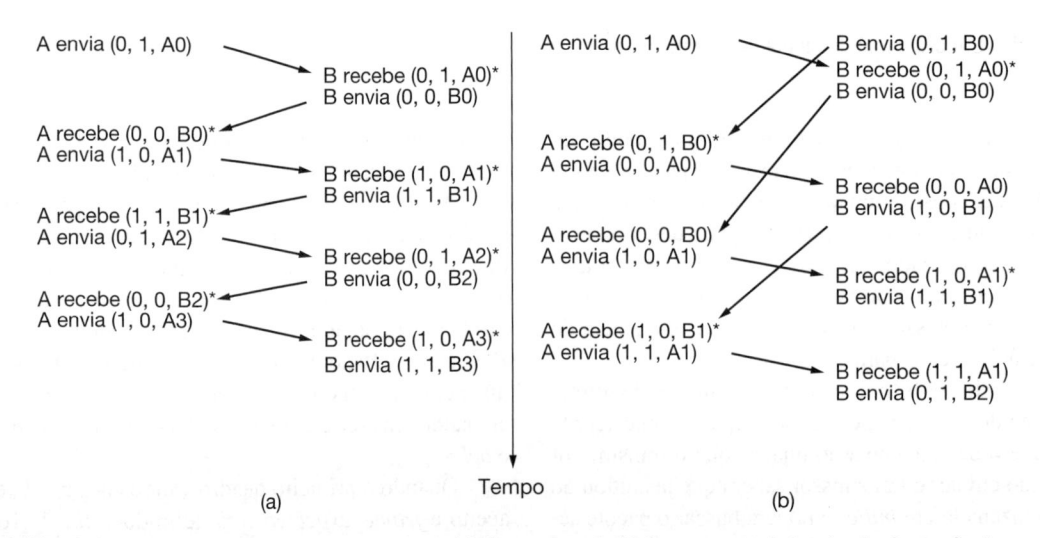

Figura 3.17 Dois cenários referentes ao protocolo 4. (a) Caso normal. (b) Caso anormal. A notação é sequência, confirmação, número do pacote. Um asterisco indica onde uma camada de rede aceita um pacote.

determinada pela largura de banda em bits/s, multiplicada pelo tempo de trânsito em mão única, ou **produto largura de banda-atraso** do enlace. Podemos dividir essa quantidade pelo número de bits em um quadro para expressá-lo como um número de quadros. Chame essa quantidade de BD. Então, w deve ser definido como $2BD + 1$. O dobro da largura de banda-atraso é o número de quadros que podem estar pendentes se o transmissor enviar quadros continuamente quando o tempo de ida e volta para receber uma confirmação for considerado. O "+1" é porque um quadro de confirmação não será enviado antes que um quadro completo seja recebido.

Para o enlace do exemplo com uma largura de banda de 50 kbps e um tempo de trânsito unidirecional de 250 ms, o produto largura de banda-atraso é de 12,5 kbits ou 12,5 quadros de 1.000 bits cada um. $2BD + 1$ significa, então, 26 quadros. Suponha que o transmissor comece enviando o quadro 0, como antes, e transmita um novo quadro a cada 20 ms. Quando ele tiver terminado de enviar 26 quadros, em $t = 520$ ms, a confirmação para o quadro 0 terá acabado de chegar. Depois disso, as confirmações chegarão a cada 20 ms, de modo que o transmissor sempre terá permissão para continuar assim que precisar. A partir desse ponto, 25 ou 26 quadros não confirmados sempre estarão pendentes. Em outras palavras, o tamanho de janela máxima do transmissor é 26.

Para tamanhos de janela menores, a utilização do enlace será menor que 100%, pois o transmissor às vezes será bloqueado. Podemos escrever a utilização como a fração de tempo em que o transmissor não está bloqueado:

$$\text{utilização do enlace} \leq \frac{w}{1 + 2BD}$$

Esse valor é um limite superior, pois não leva em consideração nenhum tempo de processamento de quadro e trata o quadro de confirmação como tendo tamanho zero, pois ele normalmente é curto. A equação mostra a necessidade de ter uma janela w grande sempre que o produto de largura de banda-atraso for grande. Se o atraso for alto, o transmissor rapidamente esgotará sua janela, mesmo para uma largura de banda moderada, como no exemplo do satélite. Se a largura de banda for alta, mesmo para um atraso moderado, o transmissor esgotará sua janela rapidamente, a menos que tenha uma janela grande (p. ex., um enlace de 1 Gbps com atraso de 1 ms mantém 1 megabit). Com o stop-and-wait, para o qual $w = 1$, se houver um atraso de propagação de até mesmo um quadro, a eficiência será menor que 50%.

Essa técnica de manter vários quadros pendentes é um exemplo de **pipelining**. O pipelining de quadros em um canal de comunicação não confiável faz surgir algumas questões muito sérias. Primeiro, o que acontecerá se um quadro em meio a um longo fluxo for danificado ou perdido? Um grande número de quadros sucessivos chegará ao receptor antes mesmo de o transmissor descobrir que algo está errado. Quando um quadro danificado chega ao receptor, sem dúvida ele deve ser descartado. No entanto, o que o receptor deve fazer com todos os quadros corretos que o seguem? Lembre-se de que a camada de enlace de dados receptora é obrigada a entregar pacotes à camada de rede em sequência.

Há duas estratégias básicas para lidar com erros na presença do pipelining, ambas mostradas na Figura 3.18.

Em uma opção denominada **go-back-n**, o receptor simplesmente descarta todos os quadros subsequentes e não envia nenhuma confirmação referente a eles. Essa estratégia corresponde a uma janela de recepção de tamanho 1. Em outras palavras, a camada de enlace de dados se recusa a aceitar qualquer quadro, exceto o próximo, que ela tem de entregar à camada de rede. Se a janela do transmissor for totalmente preenchida antes de o timer encerrar a contagem, o pipeline começará a se esvaziar. Consequentemente, o transmissor interromperá a transmissão e retransmitirá todos os quadros não confirmados em ordem, começando pelo quadro danificado ou perdido. Essa abordagem poderá desperdiçar uma grande quantidade de largura de banda se a taxa de erros for alta.

Na Figura 3.18(a), vemos o go-back-n para o caso em que a janela do receptor é 1. Os quadros 0 e 1 são corretamente recebidos e confirmados. Contudo, o quadro 2 está danificado ou perdido. O transmissor, desavisado desse problema, continua a enviar quadros até expirar o timer correspondente ao quadro 2. Em seguida, ele volta até o quadro 2 e começa tudo de novo a partir dele, enviando, mais uma vez, os quadros 2, 3, 4, e assim por diante.

Retransmissão seletiva

O protocolo go-back-n funciona bem se os erros forem raros, mas, se a linha for ruim, isso desperdiçará muita largura de banda nos quadros retransmitidos. Precisamos fazer algo melhor – e isso é possível. Uma alternativa é o protocolo de **retransmissão seletiva**, que permite que o receptor aceite e mantenha os quadros corretos em um buffer após um quadro danificado ou perdido.

Quando ela é utilizada, um quadro incorreto recebido é descartado, mas os quadros sem defeitos posteriores são aceitos e mantidos no buffer. Quando o transmissor chega ao timeout, apenas o quadro não confirmado mais antigo é retransmitido. Se ele chegar corretamente, o receptor poderá entregar à camada de rede, em sequência, todos os quadros que armazenou no buffer. A estratégia de retransmissão seletiva corresponde a uma janela receptora maior que 1. Caso a janela seja muito grande, essa abordagem poderá exigir um volume de memória muito grande da camada de enlace de dados.

Com frequência, a retransmissão seletiva é combinada com a ação de fazer o receptor enviar uma confirmação negativa, ou NAK (negative acknowledgement), ao detectar

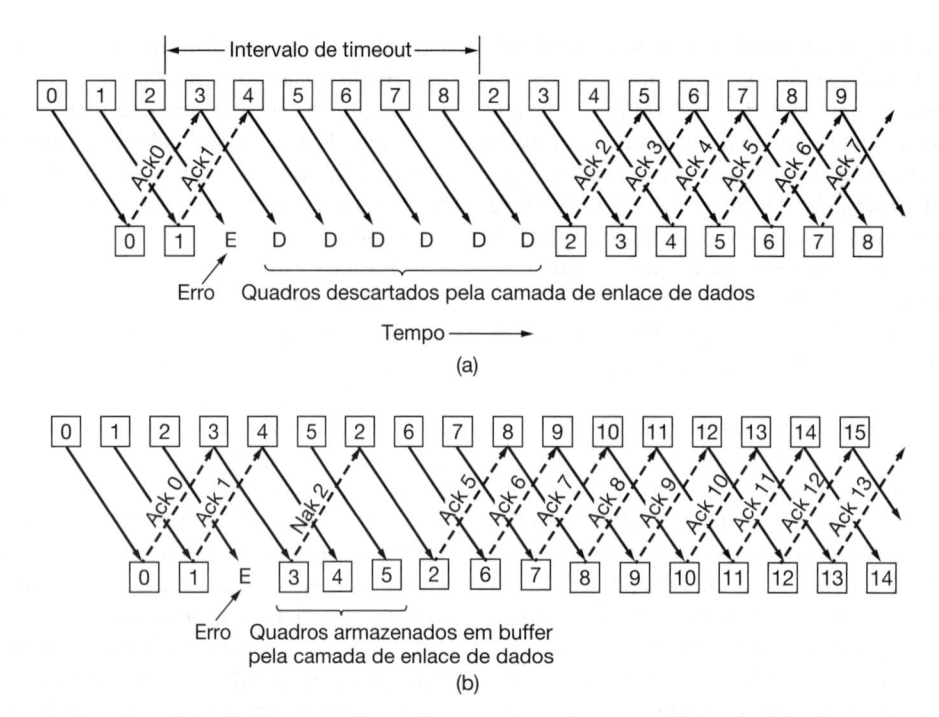

Figura 3.18 Pipelining e recuperação de erros. Efeito de um erro quando (a) o tamanho da janela receptora é igual a 1 e (b) quando o tamanho da janela receptora é grande.

um erro, por exemplo, quando receber um erro de checksum ou um quadro fora de sequência. As NAKs estimulam a retransmissão antes de expirar o timer correspondente e, desse modo, melhoram o desempenho.

Na Figura 3.18(b), os quadros 0 e 1 são mais uma vez recebidos e confirmados corretamente, e o quadro 2 é perdido. Quando o quadro 3 chega ao receptor, a camada de enlace de dados do receptor percebe que perdeu um quadro e, assim, envia de volta uma NAK correspondente ao quadro 2, mas armazena o quadro 3 no buffer. Quando os quadros 4 e 5 chegam, eles também são inseridos no buffer pela camada de enlace de dados, em vez de serem repassados à camada de rede. Por fim, a NAK do quadro 2 volta ao transmissor, que o retransmite de imediato. Quando esse quadro chega, a camada de enlace de dados fica com os quadros 2, 3, 4 e 5, e pode repassar todos eles à camada de rede na ordem correta. Ela também pode confirmar todos os quadros, inclusive até o 5, como mostra a figura. Se a NAK se perder, o transmissor chegará ao timeout correspondente ao quadro 2 e o enviará (e apenas esse quadro) por sua própria iniciativa, mas isso pode acontecer um pouco mais tarde.

Esses dois enfoques alternativos são dilemas entre uso eficiente de largura de banda e espaço no buffer da camada de enlace de dados. Dependendo de qual recurso é mais escasso, um ou outro poderá ser usado. A Figura 3.19 mostra um protocolo go-back-n no qual a camada de enlace de dados receptora aceita apenas quadros em ordem; os quadros que vierem depois de um quadro com erro serão descartados. Nesse protocolo, pela primeira vez abandonamos a suposição de que a camada de rede sempre tem um suprimento infinito de pacotes a enviar. Quando a camada de rede tem um pacote que deseja enviar, ela pode provocar a ocorrência de um evento *network_layer_ready*. Entretanto, para reforçar o limite de controle de fluxo sobre a janela do transmissor ou o número de quadros não confirmados pendentes em qualquer instante, a camada de enlace de dados deve ser capaz de proibir a camada de rede de sobrecarregá-la com mais trabalho. As funções de biblioteca *enable_network_layer* e *disable_network_layer* executam essa funcionalidade.

Observe que o número máximo de quadros que podem estar pendentes em qualquer instante não é o mesmo que o tamanho do espaço do número de sequência. Para go-back-n, *MAX_SEQ* quadros podem estar pendentes em qualquer instante, mesmo que haja *MAX_SEQ* + 1 números de sequência distintos (que são 0, 1, 2,..., *MAX_SEQ*). Veremos uma restrição ainda maior para o protocolo seguinte, a retransmissão seletiva. Para saber por que essa restrição é necessária, considere a situação a seguir, com *MAX_SEQ* = 7:

1. O transmissor envia quadros de 0 a 7.
2. Uma confirmação para o quadro 7 volta de carona (piggyback) ao transmissor.
3. O transmissor envia mais oito quadros, novamente com números de sequência de 0 a 7.
4. Agora chega outra confirmação de carona correspondente ao quadro 7.

```
/* O protocolo 5 (go-back-n) permite a existência de muitos quadros pendentes. O transmissor poderá transmitir até
   MAX_SEQ quadros sem a necessidade de esperar por uma confirmação. Além disso, ao contrário dos protocolos
   anteriores, não presumimos que a camada de rede esteja sempre recebendo um novo pacote. Em vez disso, a camada
   de rede provoca o evento network_layer_ready quando há um pacote a ser enviado. */

#define MAX_SEQ 7

typedef enum {frame_arrival, cksum_err, timeout, network_layer_ready} event_type;

#include "protocol.h"


static boolean between(seq_nr a, seq_nr b, seq_nr c)
{
/* Retorna true se a <= b < c de modo circular; caso contrário, false. */
   if (((a <= b) && (b < c)) || ((c < a) && (a <= b)) || ((b < c) && (c < a)))
        return(true);
      else
        return(false);
}

static void send_data(seq_nr frame_nr, seq_nr frame_expected, packet buffer[ ])
{
/* Constrói e envia um quadro de dados. */
   frame s;                                          /* variável auxiliar */
   s.info = buffer[frame_nr];                        /* insere pacote no quadro */
   s.seq = frame_nr;                                 /* insere número de sequência no quadro */
   s.ack = (frame_expected + MAX_SEQ) % (MAX_SEQ + 1);   /* confirma piggyback */
   to_physical_layer(&s);                            /* transmite o quadro */
   start_timer(frame_nr);                            /* inicia o timer */
}

void protocol5(void)
{
   seq_nr next_frame_to_send;         /* MAX_SEQ > 1; usado para fluxo de saída */
   seq_nr ack_expected;               /* quadro mais antigo como ainda não confirmado */
   seq_nr frame_expected;             /* próximo quadro esperado no fluxo de entrada */
   frame r;                           /* variável auxiliar */
   packet buffer[MAX_SEQ + 1];        /* buffers para o fluxo de saída */
   seq_nr nbuffered;                  /* número de buffers de saída atualmente em uso */
   seq_nr i;                          /* usado para indexar array no buffer */
   event_type event;
   enable_network_layer();            /* permite network_layer_ready events */
   ack_expected = 0;                  /* próximo ack esperado na entrada */
   next_frame_to_send = 0;            /* próximo quadro saindo */
   frame_expected= 0;                 /* número do quadro esperado na entrada */
   nbuffered = 0;                     /* inicialmente, nenhum pacote no buffer */
   while (true) {
      wait_for_event(&event);         /* quatro possibilidades: ver event_type acima */
```

Figura 3.19 Um protocolo de janela deslizante que utiliza go-back-n. *(Continua)*

```
switch(event) {
    case network_layer_ready:                              /* a camada de rede tem um pacote a enviar */
        /* Aceita, salva e transmite um novo quadro. */
        from_network_layer(&buffer[next_frame_to_send]);   /* busca novo pacote */
        nbuffered = nbuffered + 1;                         /* expande a janela do transmissor */
        send_data(next_frame_to_send, frame_expected, buffer); /* transmite o quadro */
        inc(next_frame_to_send);                           /* avança o limite da janela superior do transmissor */
        break;
    case frame_arrival:                                    /* um quadro de dados ou controle chegou */
        from_physical_layer(&r);                           /* pega quadro que chegou da camada física */
        if (r.seq == frame_expected) {
            /* Quadros são aceitos apenas em ordem. */
            to_network_layer(&r.info);                     /* passa pacote à camada de rede */
            inc(frame_expected);                           /* avança o limite inferior da janela do receptor */
        }
        /* Ack n implica n – 1, n – 2, etc. Verifica isso. */
        while (between(ack_expected, r.ack, next_frame_to_send)) {
            /* Trata o ack piggyback. */
            nbuffered = nbuffered – 1;                     /* um quadro a menos no buffer */
            stop_timer(ack_expected);                      /* quadro chegou intacto; interrompe timer */
            inc(ack_expected);                             /* ajusta a janela do transmissor */
        }
        break;
    case cksum_err: break;                                 /* apenas ignora quadros ruins */
    case timeout:                                          /* problema; retransmite todos os quadros pendentes */
        next_frame_to_send = ack_expected;                 /* inicia retransmissão aqui */
        for (i = 1; i <= nbuffered; i++) {
            send_data(next_frame_to_send, frame_expected, buffer);   /* reenvia quadro */
            inc(next_frame_to_send);                       /* prepara para enviar o quadro seguinte */
        }
    }
    if (nbuffered < MAX_SEQ)
        enable_network_layer();
    else
        disable_network_layer();
}
```

Figura 3.19 *(Continuação)* Um protocolo de janela deslizante que utiliza go-back-n.

A questão é: os oito quadros pertencentes ao segundo lote chegaram com sucesso, ou todos eles se perderam (a contagem descarta os quadros posteriores a um erro, considerando-os perdidos)? Nos dois casos, o receptor enviaria o quadro 7 como confirmação. O transmissor não tem como saber disso. Por essa razão, o número máximo de quadros pendentes deve ser restrito à *MAX_SEQ* (e não *MAX_SEQ* + 1).

Apesar de não armazenar no buffer os quadros recebidos após um quadro com erro, o protocolo 5 não evita totalmente o problema do armazenamento em buffer. Tendo em vista que um transmissor talvez seja obrigado a retransmitir todos os quadros não confirmados em determinado momento no futuro, ele deverá reter todos os quadros transmitidos até ter certeza de que eles foram aceitos pelo receptor.

Quando uma confirmação chega para o quadro n, os quadros $n – 1$, $n – 2$, e assim por diante, também são confirmados de forma automática. Esse tipo de confirmação é chamado de **confirmação cumulativa**. Essa propriedade é especialmente importante nos casos em que alguns dos quadros anteriores que representavam confirmações se perderam ou foram adulterados. Sempre que chega uma confirmação, a camada de enlace de dados verifica se algum buffer pode ser liberado. Se os buffers puderem ser liberados (i.e., se houver espaço disponível na janela), uma camada de rede bloqueada anteriormente poderá ter permissão para provocar mais eventos *network_layer_ready*.

Para esse protocolo, supomos que sempre existe tráfego no sentido inverso, para que as confirmações possam ser transportadas por piggyback. O protocolo 4 não precisa dessa suposição, pois ele envia um quadro de volta toda vez que recebe um quadro, mesmo que já o tenha enviado. No próximo protocolo, resolveremos de modo elegante o problema do tráfego de mão única.

Por ter vários quadros pendentes, é claro que o protocolo 5 necessita de vários timers, um para cada quadro pendente. Cada quadro tem um timeout independente de todos os demais. Contudo, todos esses timers podem ser facilmente simulados por software, usando-se um único timer do hardware para provocar interrupções periódicas. Os timeouts pendentes formam uma lista encadeada, com cada nó da lista contendo a quantidade de pulsos do timer até que ele expire, o quadro sendo sincronizado e um ponteiro para o nó seguinte.

Para ilustrar como os timers poderiam ser implementados, considere o exemplo da Figura 3.20(a). Suponha que o timer pulse uma vez a cada 1 ms. Inicialmente, o tempo real é 10:00:00.000 e há três timeouts pendentes, em 10:00:00.005, 10:00:00.013 e 10:00:00.019. Toda vez que o timer do hardware pulsar, o tempo real será atualizado e o contador de pulsos no início da lista será decrementado. Quando o contador de pulsos for igual a zero, ocorrerá um timeout e o nó será removido da lista, como mostra a Figura 3.20(b). Embora essa organização exija que a lista seja examinada quando *start_timer* ou *stop_timer* são chamadas, ela não requer muito trabalho por pulso. No protocolo 5, essas duas funções receberam um parâmetro, que indica o quadro a ser sincronizado.

Nesse protocolo, tanto o transmissor quanto o receptor mantêm uma janela de números de sequência pendentes e aceitáveis, respectivamente. O tamanho da janela do transmissor é medido a partir de 0 e atinge um número máximo predefinido. Por sua vez, a janela do receptor tem sempre um tamanho fixo e igual ao máximo predeterminado. O receptor tem um buffer reservado para cada número de sequência dentro de sua janela fixa. Associado a cada buffer há um bit (*arrived*) que informa se o buffer está cheio ou vazio. Sempre que um quadro chega, seu número de sequência é verificado pela função *between*, para confirmar se ele se enquadra na janela. Se isso ocorrer e o quadro ainda não tiver sido recebido, ele será aceito e armazenado. Essa ação é executada sem levar em conta se o quadro contém ou não o próximo pacote esperado pela camada de rede. É obvio que ele deve ser mantido dentro da camada de enlace de dados e não deve ser repassado à camada de rede até que todos os quadros de números mais baixos já tenham sido entregues a ela na ordem correta. Um protocolo que utiliza esse algoritmo é apresentado na Figura 3.21.

A recepção não sequencial introduz outras restrições sobre os números de sequência em comparação a protocolos nos quais os quadros só são aceitos em ordem. Podemos ilustrar melhor o problema com um exemplo. Imagine que haja um número de sequência de 3 bits, de modo que o transmissor tenha permissão para transmitir até sete quadros antes de ser obrigado a esperar por uma confirmação.

Inicialmente, as janelas do transmissor e do receptor são semelhantes às da Figura 3.22(a). No momento, o transmissor envia os quadros de 0 a 6. A janela do receptor permite que ele aceite qualquer quadro com número de sequência entre 0 e 6, ambos inclusive. Todos os sete quadros chegam corretamente; assim, o receptor os confirma e avança a janela para permitir a recepção de 7, 0, 1, 2, 3, 4 ou 5, conforme mostra a Figura 3.22(b). Todos os sete buffers são marcados como vazios.

Nesse ponto ocorre um desastre, na forma de um raio que atinge a central telefônica e apaga todas as confirmações. O protocolo deve operar corretamente apesar disso. Mais tarde, o transmissor entra em timeout e retransmite o quadro 0. Quando esse quadro chega ao receptor, é feita uma conferência para ver se ele se ajusta à janela do receptor. Infelizmente, na Figura 3.22(b), o quadro 0 está dentro da nova janela e, assim, ele será aceito como um novo quadro. O receptor também envia uma confirmação com piggyback para o quadro 6, pois os quadros de 0 a 6 foram recebidos.

O transmissor fica feliz em saber que todos os quadros transmitidos realmente chegaram de forma correta,

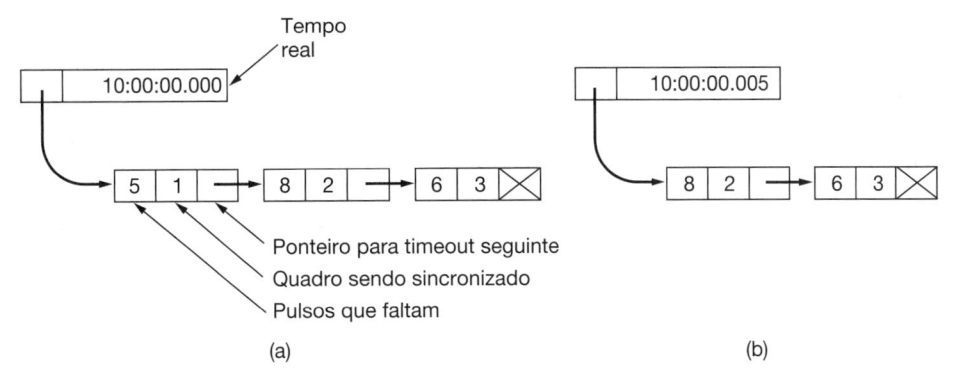

Figura 3.20 Simulação de vários timers por software. (a) Os timeouts enfileirados. (b) A situação após o primeiro timeout expirar.

```c
/* O protocolo 6 (retransmissão seletiva) aceita quadros fora de ordem, mas repassa pacotes para a camada
   de rede obedecendo à ordem de transmissão. Há um timer associado a cada quadro pendente. Quando
   o timer expira, apenas o quadro que o contém é retransmitido, e não todos os quadros pendentes, como
   ocorria no protocolo 5. */
#define MAX_SEQ 7                                           /* deve ser 2^n – 1 */
#define NR_BUFS ((MAX_SEQ + 1)/2)
typedef enum {frame_arrival, cksum_err, timeout, network_layer_ready, ack_timeout} event_type;
#include "protocol.h"
boolean no_nak = true;                                      /* nenhuma nak foi enviada */
seq_nr oldest_frame = MAX_SEQ + 1;                          /* valor inicial é apenas para o simulador */

static boolean between(seq_nr a, seq_nr b, seq_nr c)
{
/* O mesmo que no protocolo 5, porém mais curto e mais confuso. */
    return ((a <= b) && (b < c)) || ((c < a) && (a <= b)) || ((b < c) && (c < a));
}

static void send_frame(frame_kind fk, seq_nr frame_nr, seq_nr frame_expected, packet buffer[ ])
{
/* Constrói e envia um quadro de dados, ack ou nak. */
    frame s;                                                /* variável auxiliar */
    s.kind = fk;                                            /* kind == data, ack, ou nak */
    if (fk == data) s.info = buffer[frame_nr % NR_BUFS];
    s.seq = frame_nr;                                       /* significativo apenas para quadros de dados */
    s.ack = (frame_expected + MAX_SEQ) % (MAX_SEQ + 1);
    if (fk == nak) no_nak = false;                          /* um nak por quadro, por favor */
    to_physical_layer(&s);                                  /* transmite o quadro */
    if (fk == data) start_timer(frame_nr % NR_BUFS);
    stop_ack_timer();                                       /* não necessário para quadro ack separado */
}

void protocol6(void)
{
    seq_nr ack_expected;                                    /* limite inferior da janela do transmissor */
    seq_nr next_frame_to_send;                              /* limite superior da janela do transmissor + 1 */
    seq_nr frame_expected;                                  /* limite inferior da janela do receptor */
    seq_nr too_far;                                         /* limite superior da janela do receptor + 1 */
    int i;                                                  /* índice para os buffers de entrada/saída */
    frame r;                                                /* variável auxiliar */
    packet out_buf[NR_BUFS];                                /* buffers para o fluxo de saída */
    packet in_buf[NR_BUFS];                                 /* buffers para o fluxo de entrada */
    boolean arrived[NR_BUFS];                               /* mapa de bits de entrada */
    seq_nr nbuffered;                                       /* quantidade de buffers de saída usados atualmente */
    event_type event;
    enable_network_layer();                                 /* inicializa */
    ack_expected = 0;                                       /* próximo ack esperado no fluxo de entrada */
    next_frame_to_send = 0;                                 /* número do próximo quadro de saída */
    frame_expected = 0;
    too_far = NR_BUFS;
    nbuffered = 0;                                          /* inicialmente nenhum pacote em buffer */
    for (i = 0; i < NR_BUFS; i++) arrived[i] = false;
    while (true) {
        wait_for_event(&event);                             /* cinco possibilidades: ver event_type acima */
```

Figura 3.21 Um protocolo de janela deslizante que utiliza a retransmissão seletiva. *(Continua)*

```
switch(event) {
    case network_layer_ready:                                      /* aceita, salva e transmite um novo quadro */
        nbuffered = nbuffered + 1;                                 /* estende a janela */
        from_network_layer(&out_buf[next_frame_to_send % NR_BUFS]); /* busca novo pacote */
        send_frame(data, next_frame_to_send, frame_expected, out_buf); /* transmite o quadro */
        inc(next_frame_to_send);                                   /* avança o limite da janela superior */
        break;

    case frame_arrival:                                            /* um quadro de dados ou de controle chegou */
        from_physical_layer(&r);                                   /* busca quadro que chega da camada física */
        if (r.kind == data) {
            /* Um quadro correto chegou. */
            if ((r.seq != frame_expected) && no_nak)
                send_frame(nak, 0, frame_expected, out_buf); else start_ack_timer();
            if (between(frame_expected,r.seq,too_far) && (arrived[r.seq%NR_BUFS]==false)) {
                /* Quadros podem ser aceitos em qualquer ordem. */
                arrived[r.seq % NR_BUFS] = true;                   /* marca o buffer como cheio */
                in_buf[r.seq % NR_BUFS] = r.info;                  /* insere dados no buffer */
                while (arrived[frame_expected % NR_BUFS]) {
                    /* Passa quadros e avança a janela. */
                    to_network_layer(&in_buf[frame_expected % NR_BUFS]);
                    no_nak = true;
                    arrived[frame_expected % NR_BUFS] = false;
                    inc(frame_expected);                           /* avança o limite inferior da janela do receptor */
                    inc(too_far);                                  /* avança o limite superior da janela do receptor */
                    start_ack_timer();                             /* para ver se precisa de ack separado */
                }
            }
        }
        if((r.kind==nak) && between(ack_expected,(r.ack+1)%(MAX_SEQ+1),next_frame_to_send))
            send_frame(data, (r.ack+1) % (MAX_SEQ + 1), frame_expected, out_buf);
        while (between(ack_expected, r.ack, next_frame_to_send)) {
            nbuffered = nbuffered − 1;                             /* trata do ack piggyback */
            stop_timer(ack_expected % NR_BUFS);                    /* quadro chegou intacto */
            inc(ack_expected);                                     /* avança o limite inferior da janela do transmissor */
        }
        break;
    case cksum_err:
        if (no_nak) send_frame(nak, 0, frame_expected, out_buf);   /* quadro danificado */
        break;
    case timeout:
        send_frame(data, oldest_frame, frame_expected, out_buf);   /* timeout */
        break;
    case ack_timeout:
        send_frame(ack,0,frame_expected, out_buf);                 /* timer de ack expirou; envia ack */
    }
    if (nbuffered < NR_BUFS) enable_network_layer(); else disable_network_layer();
}
```

Figura 3.21 *(Continuação)* Um protocolo de janela deslizante que utiliza a retransmissão seletiva.

portanto, ele avança sua janela e envia imediatamente os quadros 7, 0, 1, 2, 3, 4 e 5. O quadro 7 será aceito pelo receptor e seu pacote será repassado diretamente à camada de rede. Logo depois, a camada de enlace de dados receptora verifica se já tem um quadro 0 válido, descobre que sim e repassa o pacote incorporado à camada de rede como se fosse um novo. Consequentemente, a camada de rede recebe um pacote incorreto e o protocolo falha.

A essência do problema é que, depois que o receptor avançou a janela, a nova faixa de números de sequência válidos substituiu a antiga. Consequentemente, o próximo lote de quadros poderia ser formado por cópias (se todas as confirmações se perderam) ou por novos quadros (se todas as confirmações foram recebidas). O receptor não tem como distinguir esses dois casos.

A saída desse dilema reside em ter certeza de que, depois que o receptor avançou sua janela, não há sobreposição entre essa janela e a original. Para assegurar que não há sobreposição, o tamanho máximo da janela deve ser igual à metade do intervalo dos números de sequência, como ocorre na Figura 3.22(c) e (d). Com 3 bits, os números de sequência vão variar de 0 a 7. Apenas quatro quadros não confirmados devem estar pendentes em qualquer instante. Dessa forma, se o receptor só tiver aceito os quadros de 0 a 3 e avançado sua janela para aceitar os quadros de 4 a 7, ele poderá saber, sem nenhuma dúvida, se os quadros subsequentes são retransmissões (0 a 3) ou novos quadros (4 a 7). Em geral, o tamanho da janela para o protocolo 6 será $(MAX\_SEQ + 1)/2$.

Uma pergunta interessante é: quantos buffers o receptor deverá ter? De maneira alguma ele aceitará quadros cujos números de sequência estejam abaixo do limite inferior da janela ou acima do limite superior. Consequentemente, o número de buffers necessário é igual ao tamanho da janela, e não ao intervalo dos números de sequência. No exemplo anterior de um número de sequência de 3 bits, são necessários quatro buffers, numerados de 0 a 3. Quando o quadro i chega, ele é colocado no buffer $i \bmod 4$. Observe que, apesar de i e $(i + 4) \bmod 4$ estarem "competindo" pelo mesmo buffer, eles nunca estão dentro da janela ao mesmo tempo, pois isso implicaria um tamanho de janela de no mínimo 5.

Pela mesma razão, o número de timers necessários é igual ao número de buffers, e não ao tamanho do espaço de sequência. Efetivamente, um timer é associado a cada buffer. Quando o timer chega a seu timeout, o conteúdo do buffer é retransmitido.

O protocolo 6 também alivia a suposição implícita de que o canal está muito carregado. Fizemos essa suposição no protocolo 5, quando contamos com quadros enviados na direção inversa das confirmações com piggyback. Se o tráfego inverso for leve, a confirmação será retida por um longo período, o que poderá causar problemas. No limite, se houver um tráfego intenso em um sentido e nenhum tráfego no outro, então o protocolo será bloqueado quando a janela transmissora atingir seu máximo.

Para aliviar essa suposição, após um quadro de dados sequencial ser recebido, um timer auxiliar é iniciado por *start_ack_timer*. Se nenhum tráfego inverso tiver se apresentado antes desse timer expirar, é enviado um quadro de confirmação separado. Uma interrupção provocada pelo timer auxiliar é chamada evento *ack_timeout*. Diante dessa organização, o fluxo de tráfego unidirecional passa a ser possível nesse momento, pois a falta de quadros de dados inversos, nos quais as confirmações possam ser transportadas, não representa mais um obstáculo. Existe apenas um timer auxiliar e, se *start_ack_timer* for chamada durante o intervalo em que o timer estiver funcionando, ela não terá efeito. O timer não é reiniciado ou estendido, pois sua finalidade é oferecer uma taxa mínima de confirmações.

É essencial que o timeout associado ao timer auxiliar seja ligeiramente mais curto que o timer utilizado para sincronizar quadros de dados. Essa condição é necessária para assegurar que a confirmação de um quadro corretamente recebido chegue antes de o timer de retransmissão do quadro expirar, de modo que o transmissor não tenha de retransmiti-lo.

O protocolo 6 utiliza uma estratégia mais eficiente que o protocolo 5 para tratamento de erros. Sempre que há motivos para suspeitar da ocorrência de um erro, o receptor envia um quadro de confirmação negativa (NAK) de volta ao transmissor. Ele é um pedido de retransmissão do quadro especificado na NAK. Existem dois casos que podem

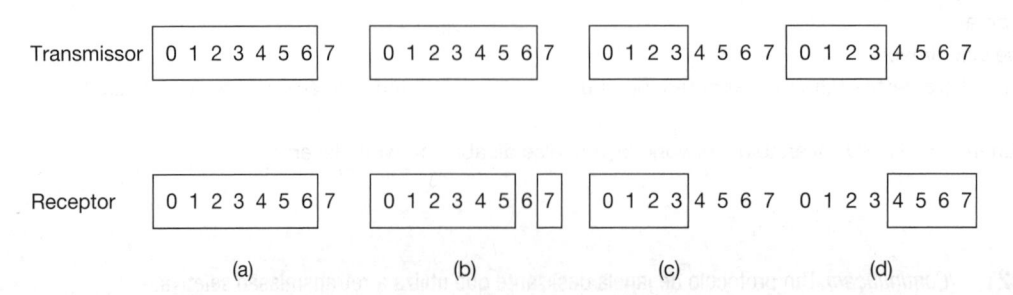

Figura 3.22 (a) Situação inicial com uma janela de tamanho 7. (b) Após sete quadros serem transmitidos e recebidos, mas não confirmados. (c) Situação inicial com uma janela de tamanho 4. (d) Após quatro quadros serem transmitidos e recebidos, mas não confirmados.

provocar a suspeita do receptor: a chegada de um quadro danificado ou de um quadro diferente do esperado (quadro potencialmente perdido). Para impedir que sejam feitas várias solicitações de retransmissão do mesmo quadro perdido, o receptor deve controlar se já foi enviada uma NAK correspondente a determinado quadro. A variável *no_nak* no protocolo 6 será verdadeira (*true*) se nenhuma NAK tiver sido enviada para *frame_expected*. Se a NAK for danificada ou perdida, não haverá qualquer prejuízo real, pois, com o término do intervalo de timeout, de qualquer forma, o transmissor retransmitirá o quadro ausente. Se o quadro errado chegar depois que uma NAK tiver sido enviada e perdida, *no_nak* será verdadeira e o timer auxiliar será inicializado. Quando o timer expirar, uma ACK será enviada para ressincronizar o transmissor com o status atual do receptor.

Em algumas situações, o tempo necessário para que um quadro se propague até o destino, seja processado lá e tenha a confirmação retornada é (praticamente) constante. Nessas situações, o transmissor pode ajustar seu timer para ser "estreito", apenas ligeiramente maior que o intervalo normal esperado entre o envio de um quadro e a recepção de sua confirmação. As NAKs não são úteis nesse caso.

Todavia, em outras situações o tempo deve ser bastante variável. Por exemplo, se o tráfego inverso for esporádico, o tempo antes da confirmação será mais curto quando houver tráfego inverso, e mais longo quando não houver. O transmissor enfrenta a escolha de definir o intervalo para um valor pequeno (arriscando retransmissões desnecessárias) ou defini-lo para um valor grande (e ficar ocioso por longo período após um erro). As duas opções desperdiçam largura de banda. Em geral, sempre que o desvio padrão do intervalo de confirmação é grande em comparação com o próprio intervalo, o timer pode ser ajustado "mais livremente" para ser conservador. As NAKs podem, então, acelerar bastante a retransmissão de quadros perdidos ou danificados.

Um problema intimamente relacionado com o uso de timeouts e NAKs é determinar o quadro que provocou um timeout. No protocolo 5, ele é sempre *ack_expected*, porque é sempre o mais antigo. No protocolo 6, não há uma forma trivial para determinar o quadro que chegou em timeout. Imagine que os quadros de 0 a 4 tenham sido transmitidos, significando que a lista de quadros pendentes é 01234, na ordem do mais antigo para o mais recente. Agora, imagine que o quadro 0 chegue após o timeout, que 5 (um novo quadro) seja transmitido, 1 e 2 cheguem após o timeout e 6 (outro quadro novo) seja transmitido. Nesse ponto, a lista de quadros pendentes será 3405126, do mais antigo para o mais recente. Se todo o tráfego de chegada (i.e., quadros que transportam confirmações) for perdido durante algum tempo, esses sete quadros pendentes chegarão em timeout nessa ordem.

Para evitar que o exemplo fique ainda mais complicado do que já está, não mostramos a administração do timer. Em vez disso, consideramos apenas que a variável *oldest_frame* é ativada no momento de timeout para indicar o quadro que chegou após o timeout.

3.5 EXEMPLOS DE PROTOCOLOS DE ENLACE DE DADOS

Dentro de um prédio, as LANs são muito utilizadas para interconexão, mas a maior parte da infraestrutura de rede a longa distância é montada a partir de linhas ponto a ponto. No Capítulo 4, examinaremos melhor as LANs. Aqui, em três situações comuns, veremos os protocolos de enlace de dados nas linhas ponto a ponto da Internet. A primeira situação é quando os pacotes são enviados por enlaces de fibra óptica SONET, nas redes a longas distâncias. Esses enlaces são muito utilizados, por exemplo, para conectar roteadores nos diferentes locais da rede de um ISP. A segunda situação é a dos enlaces ADSL que se localizam no circuito terminal da rede telefônica, na borda da Internet. A terceira situação é para enlaces DOCSIS no circuito terminal de uma rede a cabo. Tanto ADSL quanto DOCSIS conectam milhões de indivíduos e empresas à Internet.

A Internet precisa de enlaces ponto a ponto para esses fins, bem como modems de linha discada, linhas alugadas, modems a cabo, e assim por diante. Um protocolo padrão, chamado **protocolo ponto a ponto**, ou **PPP (Point-to-Point Protocol)**, é usado para enviar pacotes por esses enlaces. O PPP é definido na RFC 1661 e mais elaborado na RFC 1662 e em outras RFCs (Simpson, 1994a, 1994b). Enlaces SONET, ADSL e DOCSIS aplicam PPP, mas de maneiras diferentes.

3.5.1 Pacotes sobre SONET

O SONET, que analisamos na Seção 2.5.3, é o protocolo da camada física mais utilizado pelos enlaces de fibra óptica que compõem o backbone das redes de comunicação, incluindo o sistema telefônico. Ele oferece um fluxo de bits que trabalha em uma taxa bem definida, por exemplo, 2,4 Gbps para um enlace OC-48. Esse fluxo de bits é organizado como cargas úteis de bytes, com tamanho fixo, que se repetem a cada 125 μs, havendo ou não dados do usuário para transmitir.

Para transportar pacotes por esses enlaces, é preciso que haja algum mecanismo de enquadramento para distinguir pacotes ocasionais do fluxo de bits contínuo no qual são transportados. O PPP atua sobre roteadores IP para fornecer esse mecanismo, como mostra a Figura 3.23.

O PPP é uma melhoria de um protocolo mais antigo e mais simples, chamado **SLIP (Serial Line Internet Protocol)**, e é usado para lidar com a configuração do enlace de detecção de erros, dar suporte a múltiplos protocolos,

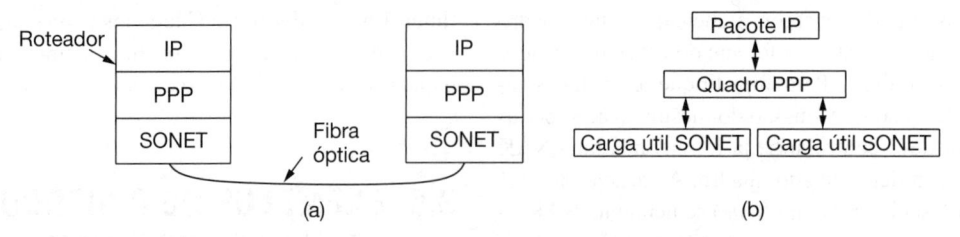

Figura 3.23 Pacotes sobre SONET. (a) Uma pilha de protocolos. (b) Relacionamentos de quadros.

permitir autenticação, entre outros. Com um grande conjunto de opções, o PPP dispõe de três recursos principais:

1. Um método de enquadramento que delineia de forma não ambígua o final de um quadro e o início do seguinte. O formato do quadro também lida com a detecção de erros.
2. Um protocolo de controle de enlace usado para ativar linhas, testá-las, negociar opções e desativá-las novamente de forma controlada quando não forem mais necessárias. Esse protocolo é denominado protocolo de controle de enlace, ou **LCP (Link Control Protocol)**.
3. Uma maneira de negociar as opções da camada de rede de modo independente do protocolo dessa camada a ser utilizado. O método escolhido deve ter um protocolo de controle de rede, ou **NCP (Network Control Protocol)**, diferente para cada camada de rede aceita.

O formato de quadro PPP foi definido de modo a ter uma aparência semelhante ao formato do quadro **HDLC (High-level Data Link Control)**, uma instância bastante utilizada de uma família de protocolos mais antiga, pois não há motivo algum para a definição de um novo padrão.

A principal diferença entre o PPP e o HDLC é que o primeiro é orientado a caracteres, e não a bits. Especificamente, o PPP utiliza a técnica de inserção de bytes e todos os quadros representam um número inteiro de bytes. Já o HDLC usa a inserção de bits, e permite quadros de, digamos, 30,25 bytes.

Contudo, na prática, há uma segunda diferença importante. O HDLC oferece transmissão confiável com uma janela deslizante, confirmações e timeouts da forma como estudamos. O PPP também pode oferecer transmissão confiável em ambientes com ruído, como redes sem fio; os detalhes exatos são definidos na RFC 1663. Entretanto, isso raramente é feito na prática. Em vez disso, um padrão adotado "ainda sem número" quase sempre é usado na Internet para oferecer serviço não orientado a conexão sem confirmação.

A Figura 3.24 mostra o formato do quadro PPP. Todos os quadros PPP começam com o byte de flag padrão do HDLC, 0x7E (01111110). O byte de flag é inserido se ocorrer dentro do campo de *Carga útil* usando o byte de escape 0x7D. O byte seguinte é o XOR entre o byte de escape e 0x20, que inverte o quinto bit. Por exemplo, 0x7D 0x5E é a sequência de escape para o byte de flag 0x7E. Isso significa que o início e o final dos quadros podem ser pesquisados simplesmente procurando-se pelo byte 0x7E, pois ele não ocorrerá em nenhum outro lugar. A regra de retirada na recepção de um quadro é procurar por 0x7D, removê-lo e realizar o XOR do byte seguinte com 0x20. Além disso, apenas um byte de flag é necessário entre os quadros. Vários bytes de flag podem ser usados para preencher o enlace quando não existem quadros para transmitir.

Após o byte de flag de início do quadro, temos o campo *Endereço*, que sempre é definido como o valor binário 11111111, indicando que todas as estações devem aceitar o quadro. A utilização desse valor evita o problema da necessidade de atribuição de endereços de enlace de dados.

O campo *Controle* vem depois do campo *Endereço* e seu valor padrão é 00000011. Esse valor indica um quadro não numerado.

Como os campos *Endereço* e *Controle* sempre são constantes na configuração padrão, o LCP oferece o mecanismo necessário para as duas partes negociarem uma opção que os omita completamente e economize 2 bytes por quadro.

O quarto campo do quadro PPP é o *Protocolo*. Sua tarefa é informar o tipo de pacote que se encontra no campo *Carga útil*. Os códigos que começam com o bit 0 são definidos para o IP versão 4, IP versão 6 e outros protocolos da camada de rede que poderiam ser usados, como IPX e AppleTalk. Os códigos que começam com o bit 1 são utilizados para protocolos de configuração do PPP, incluindo

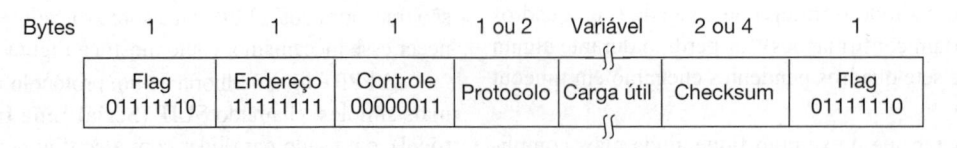

Bytes	1	1	1	1 ou 2	Variável	2 ou 4	1
	Flag 01111110	Endereço 11111111	Controle 00000011	Protocolo	Carga útil	Checksum	Flag 01111110

Figura 3.24 O formato completo do quadro PPP para a operação no modo não numerado.

LCP e um NCP diferente para cada protocolo da camada de rede admitido. O tamanho padrão do campo *Protocolo* é 2 bytes, mas é possível negociar uma redução para 1 byte, utilizando-se o LCP. Os projetistas talvez tenham sido demasiadamente cuidadosos, achando que algum dia poderia haver mais de 256 protocolos em uso.

O campo *Carga útil* tem comprimento variável, podendo se estender até o tamanho máximo negociado. Se o comprimento não for negociado com o uso do LCP durante a configuração da linha, será empregado um comprimento padrão de 1.500 bytes. Poderá haver um preenchimento logo após a carga útil, caso seja necessário.

Depois do campo *Carga útil*, temos o campo *Checksum*, que normalmente tem 2 bytes, embora seja possível negociar um checksum de 4 bytes, o qual, na verdade, é o mesmo CRC de 32 bits cujo polinômio gerador é mostrado no final da Seção 3.2.2. O checksum de 2 bytes também é um CRC padrão.

O PPP é um mecanismo de enquadramento que pode transportar os pacotes de vários protocolos por muitos tipos de camadas físicas. Para usá-lo sobre SONET, as escolhas a fazer estão descritas na RFC 2615 (Malis e Simpson, 1999). É utilizado um checksum de 4 bytes, pois esse é o meio principal de detectar erros de transmissão pelas camadas física, de enlace e de rede. Recomenda-se que os campos *Endereço*, *Controle* e *Protocolo* não sejam compactados, pois os enlaces SONET já trabalham com velocidades relativamente altas.

Também há um recurso incomum. A carga útil PPP é misturada (conforme descrevemos na Seção 2.4.3) antes de ser inserida na carga útil SONET. A mistura realiza a operação XOR da carga útil com uma longa sequência pseudo-aleatória antes de ser transmitida. O problema é que o fluxo de bits SONET precisa de transições de bits frequentes para realizar a sincronização. Essas transições vêm naturalmente com a variação em sinais de voz, mas na comunicação de dados o usuário escolhe a informação enviada e poderia enviar um pacote com uma longa sequência de 0s. Com a mistura, a probabilidade de um usuário causar problemas enviando uma longa sequência de 0s se torna extremamente baixa.

Antes que os quadros PPP possam ser transportados por linhas SONET, o enlace PPP precisa ser estabelecido e configurado. As fases pelas quais o enlace passa quando do é criado, usado e removido novamente aparecem na Figura 3.25.

O enlace começa com a linha no estado *DEAD*, o que significa que não há nenhuma conexão na camada física. Depois de estabelecida a conexão na camada física, o enlace passa para a fase *ESTABLISH*. Nesse ponto, as partes do PPP trocam uma série de pacotes LCP, cada um transportado no campo *Carga útil* de um quadro PPP, para selecionar as opções do PPP para o enlace a partir das possibilidades mencionadas anteriormente. A parte que inicia propõe opções e a parte que responde as aceita ou rejeita, total ou parcialmente. A parte que responde também pode fazer propostas alternativas.

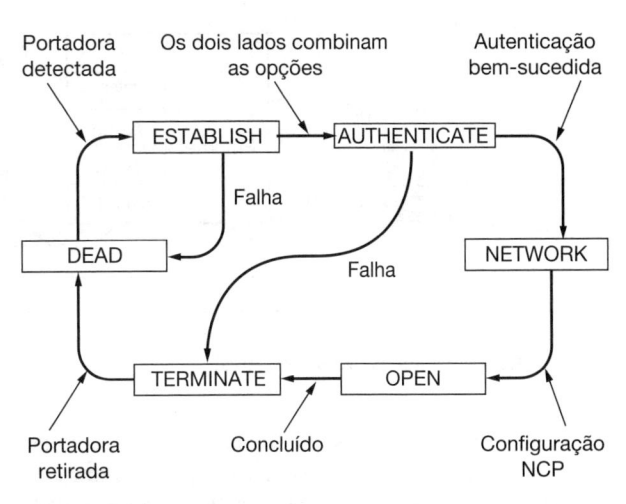

Figura 3.25 Diagrama de estado para ativar e desativar um enlace PPP.

Se a negociação de opções do LCP for bem-sucedida, o enlace chega à fase *AUTHENTICATE*. Agora, as duas partes poderão verificar suas identidades mutuamente, se desejarem. Se a autenticação tiver sucesso, o estado *NETWORK* é alcançado e diversos pacotes NCP são enviados para configurar a camada de rede. É difícil generalizar a respeito dos protocolos NCP, pois cada um é específico a algum protocolo da camada de rede e permite que sejam feitas solicitações de configuração específicas a esse protocolo. Para o IP, por exemplo, a atribuição de endereços IP às duas extremidades do enlace é a possibilidade mais importante.

Quando a fase *OPEN* é alcançada, o transporte de dados pode ser feito. É nesse estado que os pacotes IP são transportados em quadros PPP pela linha SONET. Quando o transporte de dados é concluído, o enlace entra na fase *TERMINATE* e, de lá, volta ao estado *DEAD* quando a conexão da camada física é desativada.

3.5.2 ADSL (Asymmetric Digital Subscriber Line)

A ADSL conecta milhões de assinantes domésticos à Internet em taxas de Mbits/s pelo mesmo circuito terminal de telefone usado para o serviço telefônico tradicional. Na Seção 2.5.2, descrevemos como um dispositivo chamado modem DSL é colocado em uma residência. Ele envia bits do circuito terminal para um dispositivo chamado DSLAM (DSL Access Multiplexer), na estação local da companhia telefônica. Agora, vamos examinar com mais detalhes como os pacotes são transportados por enlaces ADSL.

A imagem geral para os protocolos e dispositivos usados com ADSL aparece na Figura 3.26. Diferentes

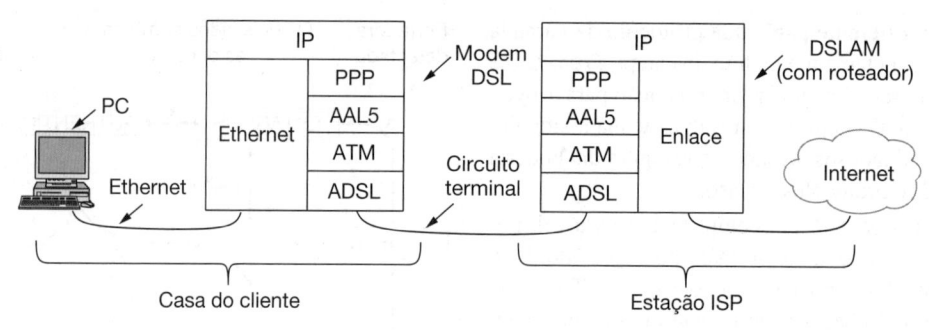

Figura 3.26 Pilhas de protocolos ADSL.

protocolos são empregados em diferentes redes, de modo que escolhemos mostrar o caso mais popular. Dentro da casa, um computador envia pacotes IP ao modem DSL usando uma camada de enlace como o padrão Ethernet. O modem DSL, então, envia os pacotes IP do circuito terminal para o DSLAM usando os protocolos que estamos prestes a estudar. No DSLAM (ou um roteador conectado a ele, dependendo da implementação), os pacotes IP são extraídos e entram em uma rede do ISP, de modo que possam alcançar qualquer destino na Internet.

Os protocolos mostrados pelo enlace ADSL na Figura 3.26 começam de baixo, com a camada física ADSL. Eles são baseados em um esquema de modulação digital, chamado multiplexação por divisão de frequência ortogonal (também conhecido como multitom discreto), como vimos na Seção 2.5.2. Perto do topo da pilha, logo abaixo da camada de rede IP, está o PPP. Esse protocolo é o mesmo PPP que estudamos para transportes de pacote sobre SONET. Ele funciona da mesma maneira para estabelecer e configurar o enlace e transportar pacotes IP.

Entre ADSL e PPP estão ATM e AAL5. Estes são protocolos novos, que ainda não estudamos. O **modo de transferência assíncrono**, ou **ATM (Asynchronous Transfer Mode)**, foi elaborado no início da década de 1990 e lançado com incrível entusiasmo. Ele prometia uma tecnologia de rede que resolveria os problemas de telecomunicações do mundo, reunindo voz, dados, televisão a cabo, telégrafo, pombo-correio, latinhas conectadas por barbante, tambores e tudo o mais em um sistema integrado, que poderia fazer tudo para todos. Isso não aconteceu. Em grande parte, os problemas do ATM eram semelhantes aos que já descrevemos com relação aos protocolos OSI, ou seja, má sincronização, tecnologia, implementação e política. Apesar disso, o ATM teve muito mais sucesso do que o padrão OSI. Embora não tenha ganho o mundo, ele continua sendo muito usado em nichos, incluindo linhas de acesso de banda larga, como DSL, e enlaces de WAN dentro das redes telefônicas.

O ATM é uma camada de enlace baseada na transmissão de **células** de informação de tamanho fixo. O "assíncrono" em seu nome significa que as células nem sempre precisam ser enviadas da maneira como os bits são continuamente enviados por linhas síncronas, como SONET.

As células só precisam ser enviadas quando existe informação para transportar. O ATM é uma tecnologia orientada à conexão. Cada célula transporta um identificador do **circuito virtual** em seu cabeçalho, e os dispositivos usam esse identificador para encaminhar células ao longo dos caminhos das conexões estabelecidas.

Cada célula tem 53 bytes de extensão, consistindo em uma carga útil de 48 bytes mais um cabeçalho de 5 bytes. Usando células pequenas, o ATM pode dividir a largura de banda de um enlace de camada física entre diferentes usuários, de forma flexível, em fatias finas. Esse recurso é útil quando, por exemplo, são enviados voz e dados por um enlace sem ter longos pacotes de dados, que causariam enormes atrasos nas amostras de voz. A escolha incomum para o tamanho da célula (p. ex., em comparação com a escolha mais natural de uma potência de 2) é uma indicação de como o projeto do ATM foi político. O tamanho de 48 bytes para a carga útil foi um meio-termo para resolver um impasse entre a Europa, que queria células de 32 bytes, e os Estados Unidos, que queriam células de 64 bytes. Uma breve visão geral do ATM pode ser encontrada em Siu e Jain (1995).

Para enviar dados por uma rede ATM, eles precisam ser mapeados para uma sequência de células. Esse mapeamento é feito com uma camada de adaptação ATM em um processo chamado segmentação e remontagem. Várias camadas de adaptação foram definidas para diferentes serviços, variando de amostras periódicas de voz até pacotes de dados. A principal usada para os pacotes de dados é a **camada de adaptação ATM 5**, ou **AAL5 (ATM Adaptation Layer 5)**.

Um quadro AAL5 aparece na Figura 3.27. Em vez de um cabeçalho, ele tem um final que oferece o comprimento e um CRC de 4 bytes para detecção de erros. Naturalmente, o CRC é o mesmo usado para redes locais PPP e IEEE 802, como Ethernet. Wang e Crowcroft (1992) mostraram que ele é forte o bastante para detectar erros não tradicionais, como reordenação de célula. Assim como uma carga útil, o quadro AAL5 tem preenchimento. Isso encerra o tamanho geral como um múltiplo de 48 bytes, de modo que o quadro pode ser dividido igualmente em células. Não são necessários endereços no quadro, pois o identificador de

Bytes	1 ou 2	Variável	0 a 47	2	2	4
	Protocolo PPP	Carga útil PPP	Preenchimento	Não usado	Comprimento	CRC

Carga útil AAL5 — Final AAL5

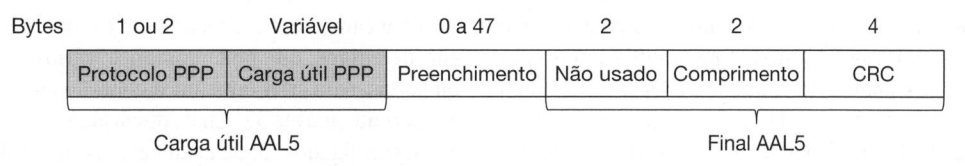

Figura 3.27 Quadro AAL5 transportando dados PPP.

circuito virtual transportado em cada célula o levará ao destino correto.

Agora que já descrevemos o ATM, só precisamos descrever como o PPP o utiliza no caso da ADSL. Isso é feito com outro padrão, chamado **PPPoA (PPP over ATM)**. Esse padrão não é realmente um protocolo (de modo que não aparece na Figura 3.26), e sim mais uma especificação de como trabalhar com quadros PPP e AAL5. Ele é descrito na RFC 2364 (Gross et al., 1998).

Somente os campos de protocolo e carga útil do PPP são colocados na carga útil do AAL5, como vemos na Figura 3.27. O campo de protocolo indica ao DSLAM no outro extremo se a carga útil é um pacote IP ou um pacote de outro protocolo, como LCP. O canto extremo sabe que as células contêm informações do PPP porque um circuito virtual ATM é estabelecido para essa finalidade.

Dentro do quadro AAL5, o enquadramento PPP não é necessário, pois não teria nenhuma finalidade; ATM e AAL5 já oferecem o enquadramento, e mais seria inútil. O CRC do PPP também não é necessário, pois o AAL5 já inclui o mesmo CRC. Esse mecanismo de detecção de erros suplementa a codificação da camada física da ADSL de um código de Reed-Solomon para correção de erros e um CRC de 1 byte para a detecção de quaisquer erros restantes, não descobertos de outra maneira. Esse esquema tem um mecanismo de recuperação de erros muito mais sofisticado do que quando os pacotes são enviados por uma linha SONET, pois a ADSL é um canal com muito mais ruído.

3.5.3 DOCSIS (Data Over Cable Service Interface Specification)

O protocolo **DOCSIS (Data Over Cable Service Interface Specification)** geralmente é descrito como tendo dois componentes: a camada física (PHY), conforme descrito no capítulo anterior (às vezes chamada de PMD ou subcamada dependente do meio), e a camada de controle de acesso ao meio (MAC), que abordaremos com mais detalhes no Capítulo 4. Acima da camada física, o DOCSIS deve lidar com uma série de tarefas para a camada de rede, incluindo a alocação de largura de banda nas direções upstream e downstream (controle de fluxo), enquadramento e correção de erros (é claro que, às vezes, a correção de erros é vista como uma construção da camada física). Descrevemos cada um desses conceitos anteriormente neste capítulo. Nesta seção, exploraremos como o DOCSIS trata de cada um desses problemas.

Um quadro DOCSIS contém várias informações, incluindo indicadores de qualidade de serviço e suporte para fragmentação ou concatenação de quadros. Cada sequência unidirecional de quadros é chamada de **fluxo de serviço**. Os fluxos de serviço principais permitem que o CMTS (sistema de terminação de modem a cabo, na central da empresa de cabo) comunique mensagens de gerenciamento a cada modem a cabo. Cada fluxo de serviço tem um identificador único e normalmente está associado a uma classe de serviço, que pode ser o melhor esforço, pesquisa (em que um modem a cabo faz solicitações explícitas de largura de banda) e serviço de concessão (em que um modem a cabo transmite rajadas de dados a um taxa de dados garantida). Um fluxo de serviço primário é o fluxo de serviço padrão que transporta todos os quadros que não são classificados para outro serviço. Em muitos arranjos de serviço de banda larga, há apenas um fluxo de serviço upstream e downstream padrão entre o CM e o CMTS, que transporta todo o tráfego do usuário, bem como todas as mensagens de gerenciamento. As redes DOCSIS foram historicamente projetadas assumindo que a maioria dos dados é transmitida no sentido downstream. Certos aplicativos, como videoconferência, vão contra essas tendências, embora serviços de jogos em nuvem anunciados recentemente (p. ex., Stadia, GeForce Now, xCloud) possam resultar em uma utilização ainda mais downstream, já que essas aplicações têm como objetivo taxas de streaming contínuo de 30 a 35 Mbps.

Depois que um modem a cabo é ligado, ele estabelece uma conexão com o CMTS, o que normalmente permite que ele se conecte ao resto da rede. Ao se registrar no CMTS, ele adquire canais de comunicação upstream e downstream para usar, bem como chaves de criptografia do CMTS. As operadoras upstream e downstream oferecem dois canais compartilhados para todos os modems a cabo. Na direção downstream, todos os modems a cabo conectados ao CMTS recebem todos os pacotes transmitidos. Na direção upstream, muitos modems a cabo transmitem e o CMTS é o único receptor. Pode haver vários caminhos físicos entre o CMTS e cada modem a cabo.

Antes do DOCSIS 3.1, os pacotes no sentido downstream eram divididos em quadros MPEG de 188 bytes, cada um com um cabeçalho de 4 bytes e uma carga útil de 184 bytes (a chamada camada de convergência de transmissão MPEG). Além dos dados em si, o CMTS envia periodicamente informações de gerenciamento para o modem a cabo, incluindo informações sobre alcance, atribuição de canal e outras tarefas relacionadas à alocação de canal que são realizadas pela camada MAC (que abordaremos com mais detalhes no Capítulo 4). Embora o DOCSIS 3.1 ainda tenha suporte para essa camada de convergência para propósitos legados, ele não depende mais dela para a comunicação downstream.

A camada de enlace DOCSIS organiza a transmissão de acordo com **perfis de modulação**. Um perfil de modulação é uma lista de ordens de modulação (i.e., carregamentos de bits) que correspondem às subportadoras OFDM. No sentido downstream, o CMTS pode usar perfis diferentes para modems a cabo diferentes, mas normalmente um grupo de modems a cabo que têm o mesmo desempenho ou desempenho semelhante será agrupado no mesmo perfil. Com base na identificação do fluxo de serviço e nos parâmetros de QoS, a camada de enlace (no DOCSIS 3.1), agora chamada **camada de convergência**, agrupa pacotes que têm o mesmo perfil no mesmo buffer de envio; normalmente, há um buffer de envio por perfil, cada um dos quais é superficial, para evitar latência significativa. O construtor de palavras-código então mapeia cada quadro DOCSIS para as palavras-código FEC correspondentes, puxando pacotes dos buffers apenas perfis diferentes a cada limite de palavra-código. A codificação FEC vê o quadro DOCSIS como um fluxo de bits, não como uma sequência de bytes. DOCSIS depende de uma palavra-código LDPC. No sentido downstream, uma palavra-código completa tem até 2027 bytes, dos quais até 1799 bytes são dados e 225 são paridade. Dentro de cada byte de um quadro DOCSIS, o bit menos significativo é transferido primeiro; quando um valor superior a um byte é transmitido, os bytes são ordenados do mais significativo para o menos significativo, uma sequência às vezes chamada de **ordem de rede**. O CMTS também adota o preenchimento de bytes: se não houver um quadro DOCSIS no sentido downstream, o CMTS insere subportadoras preenchidas com bits zero nos símbolos OFDM ou simplesmente armazena sequências de 1s em palavras-código, como mostra a Figura 3.28.

Desde a versão 3.0, o DOCSIS oferece suporte a uma tecnologia chamada **ligação de canal**, que permite a um único assinante usar vários canais upstream e downstream simultaneamente. Essa tecnologia é uma forma de **agregação de enlace**, que pode combinar vários enlaces físicos, ou portas, para criar uma única conexão lógica. O DOCSIS 3.0 permite que até 32 canais downstream e 8 canais upstream sejam ligados, onde cada canal pode ter de 6 a 8 MHz de largura. A ligação de canal no DOCSIS 3.1 é a mesma do DOCSIS 3.0, embora o DOCSIS 3.1 suporte canais mais largos para upstream e downstream: a diferença é que esses canais podem ser muito mais largos (até 192 MHz em downstream, 96 MHz em upstream, em comparação com 6 ou 8 MHz downstream e até 6,4 MHz upstream, no caso do DOCSIS 3.0). Por outro lado, um modem DOCSIS 3.1 pode ligar canais de vários tipos (p. ex., um modem DOCSIS 3.1 pode ligar um canal OFDM de 192 MHz e quatro canais SC-QAM de 6 MHZ).

3.6 RESUMO

A tarefa da camada de enlace de dados é converter o fluxo de dados brutos fornecido pela camada física em um fluxo de quadros a ser utilizado pela camada de rede. A camada de enlace pode apresentar esse fluxo com níveis de confiabilidade variados, desde o serviço não orientado à conexão sem confirmação até o serviço confiável, orientado à conexão.

Diversos métodos de enquadramento são utilizados, inclusive a contagem e a inserção de bytes e de bits. Os protocolos de enlace de dados podem oferecer recursos de controle de erros para a detecção ou correção de quadros danificados e a retransmissão de quadros perdidos. Para evitar que um transmissor rápido sobrecarregue um receptor lento, o protocolo de enlace de dados também pode fornecer controle de fluxo. O mecanismo de janela deslizante é bastante utilizado para integrar os controles de erros e de fluxo de maneira simples. Quando o tamanho da janela é de 1 pacote, o protocolo é stop-and-wait.

Os códigos para correção e detecção de erros acrescentam informações redundantes às mensagens usando diversas técnicas matemáticas. Os códigos de convolução e de Reed-Solomon são muito utilizados para correção de

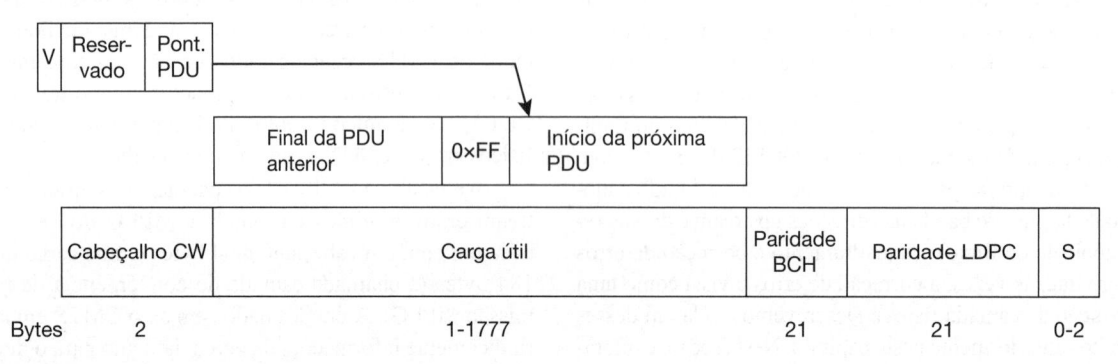

Figura 3.28 Quadro DOCSIS para mapeamento da palavra-código.

erros, mas os códigos de verificação de paridade de baixa densidade estão ganhando popularidade. Na prática, os códigos utilizados para detecção de erros incluem verificações de redundância cíclica e checksums. Todos podem ser aplicados na camada de enlace, bem como na camada física e em camadas mais altas.

Examinamos diversos protocolos que oferecem uma camada de enlace confiável usando confirmações e retransmissões, ou ARQ, sob suposições mais realistas. Começando a partir de um ambiente livre de erros, em que o receptor pode tratar de qualquer quadro que lhe é enviado, apresentamos o controle de fluxo, seguido pelo controle de erros com números de sequência e o algoritmo stop-and-wait. Depois, usamos o algoritmo de janela deslizante para permitir a comunicação bidirecional e apresentamos o conceito de piggybacking. Os dois últimos protocolos realizam o pipeline da transmissão de vários quadros para impedir que o transmissor bloqueie um enlace com um longo atraso de propagação. O receptor pode descartar todos os quadros menos o próximo na sequência, ou então armazenar em buffer os quadros fora de ordem e enviar confirmações negativas, aumentando a eficiência da largura de banda. A primeira estratégia é um protocolo go-back-n, e a segunda é um protocolo de repetição seletiva.

A Internet utiliza o PPP como principal protocolo de enlace de dados em linhas ponto a ponto. Ele oferece um serviço não orientado a conexões sem confirmação, usando bytes de flag para delimitar quadros e um CRC para detectar erros. É usado para transportar pacotes por uma série de enlaces, incluindo enlaces SONET em redes a longas distâncias e enlaces ADSL para residências. DOCSIS é usado quando o serviço de Internet é fornecido pela rede de TV a cabo existente.

PROBLEMAS

1. A rede Ethernet utiliza um preâmbulo em combinação com um contador de bytes para separar os quadros. O que acontecerá se um usuário tentar enviar dados que contêm esse preâmbulo?

2. O fragmento de dados a seguir ocorre no meio de um fluxo de dados para o qual é usado o algoritmo de inserção de bytes descrito no texto: A B ESC C ESC FLAG FLAG D. Qual será a saída após a inserção?

3. Qual é o overhead máximo no algoritmo de inserção de bytes?

4. Você recebe o seguinte fragmento de dados: 0110 0111 1100 1111 0111 1101 e sabe que o protocolo utiliza a inserção de bits. Mostre os dados após a retirada dos bits.

5. Quando a inserção de bits é utilizada, é possível que a perda, inserção ou modificação de um único bit cause um erro não detectado pelo checksum? Se não, por quê? Se sim, como isso pode acontecer? O comprimento do checksum influencia em alguma coisa aqui?

6. Um pacote de uma camada superior está dividido em 10 quadros, cada um deles com 80% de chance de chegar sem danos. Se o protocolo de enlace de dados não fizer nenhum controle de erros, quantas vezes em média a mensagem deverá ser enviada para que o processo inteiro seja concluído?

7. Você consegue imaginar alguma circunstância em que seria preferível um protocolo de loop aberto (p. ex., um código de Hamming) aos protocolos de feedback discutidos neste capítulo?

8. Para proporcionar maior confiabilidade que a obtida com um único bit de paridade, um esquema de codificação para detecção de erros utiliza um bit de paridade para verificar todos os bits de numeração ímpar e um segundo para todos os bits de numeração par. Qual é a distância de Hamming desse código?

9. Depois de notar que o serviço de mensagens instantâneas que você usa todos os dias não oferece detecção de erros, você decide adotar, por conta própria, um mecanismo de detecção de erros simples: envia todas as suas mensagens duas vezes. Qual é a distância de Hamming correspondente e a taxa de código? Qual é a semelhança entre isso e a inclusão de um bit de paridade?

10. Imagine um mecanismo de detecção de erros que envia cada mensagem duas vezes. Supondo que ocorram exatamente dois erros de único bit, qual é a probabilidade de os erros passarem sem ser detectados? Qual é a probabilidade quando se usa um bit de paridade? Qual método detecta mais erros?

11. Um byte de 8 bits com valor binário 10101111 deve ser codificado usando um código de Hamming com paridade par. Qual é o valor binário após a codificação?

12. Um byte de 8 bits com valor binário 10011010 deve ser codificado usando um código de Hamming com paridade *ímpar*. Qual é o valor binário após a codificação?

13. Um código de Hamming de 12 bits com paridade *ímpar*, cujo valor hexadecimal é 0xB4D, chega a um receptor. Qual era o valor original em hexadecimal? Suponha que não exista mais de 1 bit com erro.

14. Os códigos de Hamming têm uma distância de três e podem ser usados para corrigir um único erro ou detectar um erro duplo. Eles podem ser usados para realizar ambos ao mesmo tempo? Explique sua resposta. Em geral, se a distância de Hamming for n, quantos erros podem ser corrigidos? Quantos erros podem ser detectados?

15. Considere um protocolo que, para cada 16 bytes de dados de mensagem, seja acrescentado 1 byte de dados redundantes. Esse protocolo pode utilizar um código de Hamming para corrigir erros isolados?

16. Uma forma de detectar erros é transmitir dados como um bloco de n linhas com k bits por linha e acrescentar bits de paridade a cada linha e a cada coluna. O canto inferior direito é um bit de paridade que verifica sua linha e sua coluna. Esse esquema detectará todos os erros simples (isolados)? E os erros duplos? E os erros triplos? Mostre que esse esquema não pode detectar alguns erros de quatro bits.

17. No problema anterior, quantos erros podem ser detectados e corrigidos?
18. Indique uma fórmula para o limite inferior do número de bits redundantes r que precisam ser acrescentados a uma mensagem m, a fim de corrigir todos os erros simples e duplos.
19. Dada a resposta da questão anterior, explique a popularidade dos complexos mecanismos probabilísticos de correção de erros, como os códigos de convolução e a verificação de paridade de baixa densidade, discutidos neste capítulo.
20. Suponha que sejam transmitidos dados em blocos com tamanhos de 1.000 bits. Qual é a taxa máxima de erro sob a qual o mecanismo de detecção de erros e retransmissão (1 bit de paridade por bloco) é melhor do que usar o código de Hamming? Suponha que os erros de bit sejam independentes um do outro e nenhum erro de bit ocorra durante a retransmissão.
21. Um bloco de bits com n linhas e k colunas utiliza bits de paridade horizontais e verticais para a detecção de erros. Imagine que exatamente 4 bits sejam invertidos em virtude de erros de transmissão. Derive uma expressão para a probabilidade de que o erro não seja detectado.
22. Suponha que uma mensagem 1001 1100 1010 0011 seja transmitida usando o checksum da Internet (palavra de 4 bits). Qual é o valor do checksum?
23. Qual é o resto obtido pela divisão de $x^7 + x^5 + 1$ pelo polinômio gerador $x^3 + 1$?
24. Um fluxo de bits 10011101 é transmitido com a utilização do método CRC padrão descrito no texto. O polinômio gerador é $x^3 + 1$. Mostre a sequência de bits real transmitida. Suponha que o terceiro bit a partir da esquerda seja invertido durante a transmissão. Mostre que esse erro é detectado na extremidade receptora. Dê um exemplo de erro de bit, na sequência de bits transmitida, que não será detectado pelo receptor.
25. Um fluxo de bits 11100110 é transmitido com a utilização do método CRC-padrão descrito no texto. O polinômio gerador é $x^4 + x^3 + 1$. Mostre a sequência de bits real transmitida. Suponha que o terceiro bit a partir da esquerda seja invertido durante a transmissão. Mostre que esse erro é detectado na extremidade receptora. Dê um exemplo de erro de bit, na sequência de bits transmitida, que não será detectado pelo receptor.
26. Os protocolos de enlace de dados sempre colocam o CRC em um final (trailer), em vez de um cabeçalho. Por quê?
27. Na discussão do protocolo ARQ na Seção 3.3.3, esboçamos uma situação que resultou no receptor aceitando duas cópias do mesmo quadro, em decorrência de uma perda do quadro de confirmação. É possível que um receptor aceite várias cópias do mesmo quadro quando nenhum dos quadros (mensagem ou confirmação) foi perdido?
28. Um canal tem uma taxa de bits de 4 kbps e um atraso de propagação de 20 ms. Para que faixa de variação de tamanhos de quadros a técnica stop-and-wait proporciona uma eficiência de pelo menos 50%?
29. Dois protocolos, A e B, diferem apenas nos tamanhos de janela de transmissão. O protocolo A usa uma janela de 20 quadros. O protocolo B é um protocolo stop-and-wait. Os dois protocolos são transportados por dois canais idênticos. Se o protocolo A atinge quase 100% de eficiência da largura de banda, qual é a eficiência de largura de banda do protocolo B?
30. Um protocolo stop-and-wait alcança 25% de eficiência da largura de banda usando quadros de 900 bits por meio de um canal com 50 ms de atraso de propagação de mão única. Em bits por segundo, qual é o atraso de propagação desse canal?
31. Um protocolo stop-and-wait alcança 60% de eficiência da largura de banda usando quadros de 300 bits por meio de um canal com 50 kbps de largura de banda. Qual é o atraso de propagação em mão única desse canal?
32. Um protocolo stop-and-wait que usa quadros de 800 bits percorre um canal com um atraso de propagação de mão única de 8 ms e uma largura de banda de 1200 kbps. Qual é a eficiência de largura de banda que esse protocolo atinge nesse canal?
33. Um protocolo de janela deslizante usa quadros de 1.000 bits e um tamanho de janela de transmissão fixo de 3. Ele atinge quase 100% de eficiência da largura de banda em um canal de 250 kbps. O mesmo protocolo é usado em um canal aprimorado, que possui o mesmo atraso mas dobra a largura de banda. Qual é a eficiência da largura de banda do protocolo no novo canal?
34. No protocolo 3, é possível que o transmissor inicialize o timer quando ele já estiver funcionando? Nesse caso, como isso poderia acontecer? Se não, por que não é possível?
35. Um tronco T1 com o comprimento de 3.000 Km é utilizado para transmitir quadros de 64 bytes usando o protocolo 5. Se a velocidade de propagação for de 6 μs/Km, quantos bits deverão ter os números de sequência?
36. Imagine que um protocolo de janela deslizante utilize tantos bits para números de sequência que nunca ocorra sobreposição. Que relações devem ser mantidas entre os quatros limitadores da janela e o tamanho da janela, que é constante e idêntica para o transmissor e o receptor?
37. No protocolo 6, quando um quadro de dados chega, é feita uma verificação para confirmar se o número de sequência é diferente do esperado, e se *no_nak* é verdadeira. Se as duas condições forem verdadeiras, será enviada uma NAK. Caso contrário, o timer auxiliar será iniciado. Imagine que o comando **else** tenha sido omitido. Essa alteração afetaria a exatidão do protocolo?
38. Imagine que o loop **while** de três instruções próximo ao fim do protocolo 6 fosse removido do código. Isso afetaria a exatidão do protocolo ou apenas o desempenho? Explique sua resposta.
39. No problema anterior, considere que um protocolo de janela deslizante seja usado em seu lugar. Para qual tamanho da janela de transmissão a utilização do enlace será de 100%? Você pode ignorar os tempos de processamento do protocolo no transmissor e no receptor.
40. Suponha que o caso dos erros de checksum fosse removido da instrução **switch** do protocolo 6. Como essa mudança afetaria a operação do protocolo?

41. No protocolo 6, o código de *frame_arrival* tem uma seção utilizada para NAKs. Essa seção será chamada se o quadro recebido for uma NAK e outra condição for satisfeita. Crie uma situação em que a presença dessa outra condição seja essencial.

42. Considere a operação do protocolo 6 sobre uma linha perfeita (i.e., livre de erros) de 1 Mbps. O tamanho máximo de quadro é de 1.000 bits. Novos pacotes são gerados a cada segundo. O intervalo de timeout é de 10 ms. Se o timer especial de confirmação fosse eliminado, ocorreriam timeouts desnecessários. Quantas vezes em média a mensagem seria transmitida?

43. No protocolo 6, $MAX\_SEQ = 2^n - 1$. Embora essa condição seja evidentemente desejável para tornar a utilização dos bits de cabeçalho mais eficiente, não demonstramos que ela é essencial. Por exemplo, o protocolo funciona corretamente para $MAX\_SEQ = 4$?

44. Quadros de 1.000 bits são enviados por um canal de 1 Mbps usando um satélite geoestacionário cujo tempo de propagação a partir da Terra é de 270 ms. As confirmações sempre são transportadas por piggyback em quadros de dados. Os cabeçalhos são muito curtos. São utilizados números de sequência de 3 bits. Qual é a utilização máxima do canal que é possível alcançar para:
    (a) Stop-and-wait?
    (b) Protocolo 5?
    (c) Protocolo 6?

45. Confirmações negativas disparam diretamente uma resposta no transmissor, enquanto a falta de confirmações positivas só dispara uma ação após um timeout. Seria possível criar um canal de comunicação confiável usando apenas confirmações negativas e nenhuma confirmação positiva? Se for possível, mostre um exemplo. Se for impossível, explique o motivo.

46. Considere um canal de satélite de 64 kbps livre de erros utilizado para enviar quadros de dados de 512 bytes em um sentido, com confirmações muito curtas voltando no outro sentido. Qual é o throughput máximo para os tamanhos de janelas iguais a 1, 7, 15 e 127? O tempo de propagação entre a Terra e o satélite é de 270 ms.

47. Um cabo com 100 km de comprimento funciona na taxa de dados T1. A velocidade de propagação no cabo é igual a 2/3 da velocidade da luz no vácuo. Quantos bits o cabo pode conter?

48. Cite pelo menos um motivo pelo qual o PPP utiliza a inserção de bytes e não a inserção de bits para evitar que bytes de flag acidentais na carga útil causem confusão.

49. Qual é o overhead mínimo para o envio de um pacote IP usando o PPP? Leve em consideração apenas o overhead introduzido pelo próprio PPP, e não o overhead do cabeçalho IP. Qual é o overhead máximo?

50. O fluxo de dados a seguir é enviado por meio de um quadro PPP sobre SONET: ESC FLAG FLAG ESC. Qual é a sequência de bytes transmitida na carga útil? Escreva sua resposta como uma sequência de bytes, cada um representado por oito uns ou zeros. A sequência de bits usada para representar ESC é 01111101 e a sequência de bits para FLAG é 01111110.

51. Um pacote IP de 100 bytes é transmitido por um circuito terminal usando a pilha de protocolos ADSL. Quantas células ATM serão transmitidas? Descreva seu conteúdo resumidamente.

52. O objetivo deste exercício de laboratório é implementar um mecanismo de detecção de erros usando o algoritmo CRC padrão descrito no texto. Escreva dois programas, um *gerador* e um *verificador*. O programa *gerador* lê na entrada padrão uma mensagem de *n* bits que tem a forma de uma sequência de valores 0 e 1 como uma linha de texto ASCII. A segunda linha é o polinômio de *k* bits, também em ASCII. A saída padrão é uma linha de texto ASCII com *n* + *k* valores, e 0 e 1 representam a mensagem a ser transmitida. Em seguida, são atribuídos valores de saída ao polinômio, exatamente como ele foi lido na entrada. O programa verificador lê a saída no programa gerador e transmite uma mensagem indicando se ela está correta ou não. Por fim, escreva um programa, chamado *alterar*, que inverta 1 bit na primeira linha, dependendo de seu argumento (o número do bit, considerando o bit mais à esquerda como igual a 1), mas copie o restante das duas linhas de forma correta. Digitando:

    gerador <arquivo | verificador

    você deverá ver que a mensagem está correta; porém, digitando

    gerador <arquivo | alterar arg | verificador

    você deverá obter a mensagem de erro.

4
A subcamada de controle de acesso ao meio

Muitos protocolos de comunicação da camada de enlace, que estudamos no Capítulo 3, contam com um meio de comunicação por broadcast para transmitir dados. Qualquer um daqueles protocolos requer mecanismos adicionais para permitir que vários transmissores compartilhem o meio de transmissão de forma eficiente e justa.

Em qualquer rede de broadcast, a questão fundamental é determinar quem tem direito de usar o canal quando há uma disputa por ele. Para tornar essa questão mais clara, considere uma chamada de conferência, na qual seis pessoas, em seis telefones, estão conectadas entre si, de forma que cada uma pode ouvir e falar com todas as outras. É muito provável que, quando uma delas parar de falar, duas ou mais comecem a falar ao mesmo tempo, causando confusão. Em uma reunião face a face, a confusão é evitada por meios externos. Por exemplo, as pessoas levantam a mão para pedir permissão para falar. Quando apenas um canal está disponível, determinar quem deve ser o próximo a falar é muito mais difícil. Existem vários protocolos destinados a solucionar o problema, e eles formam o conteúdo deste capítulo. Na literatura, os canais de broadcast às vezes são referidos como **canais de multiacesso** ou **canais de acesso aleatório**.

Os protocolos usados para determinar quem será o próximo em um canal de multiacesso pertencem a uma subcamada da camada de enlace de dados, chamada **MAC (Medium Access Control)**. Ela é especialmente importante em LANs, particularmente nas sem fio, pois o wireless é naturalmente um canal de broadcast. Alguns aspectos de uma WAN (p. ex., uma interconexão direta) utilizam enlaces ponto a ponto; outros (p. ex., uma rede de acesso compartilhada em um ISP de cabo) são compartilhados e também contam com a camada MAC para facilitar o compartilhamento. Como os canais de multiacesso têm uma relação muito íntima com as LANs, neste capítulo trataremos das LANs em geral, bem como de algumas questões que não fazem parte estritamente da subcamada MAC, mas o assunto principal será o controle do canal.

Tecnicamente, a subcamada MAC é a parte inferior da camada de enlace de dados e, portanto, deveríamos tê-la estudado antes de analisar todos os protocolos ponto a ponto apresentados no Capítulo 3. No entanto, para a maioria das pessoas, é mais fácil entender os protocolos que envolvem várias partes após protocolos de duas partes serem bem compreendidos. Por essa razão, nos desviamos um pouco da ordem de apresentação estritamente de baixo para cima.

4.1 O PROBLEMA DA ALOCAÇÃO DE CANAIS

O tema central deste capítulo é definir como alocar um único canal de broadcast entre usuários concorrentes. O canal poderia ser uma parte do espectro sem fio em uma região geográfica, ou um fio isolado ou fibra óptica ao qual vários nós são conectados. Isso não importa. Nos dois casos, o canal conecta cada usuário a todos os outros e qualquer usuário que faz uso completo do canal interfere na utilização que os outros também fazem dele.

Analisaremos primeiro as limitações dos esquemas de alocação estáticos para o tráfego em rajada. Depois, mostraremos as principais premissas usadas para modelar os esquemas dinâmicos que examinaremos nas próximas seções.

4.1.1 Alocação estática de canais

A maneira tradicional de alocar um único canal, como um tronco telefônico, entre vários usuários concorrentes é dividir sua capacidade usando um dos esquemas de multiplexação que descrevemos na Seção 2.4.4, como FDM (Frequency Division Multiplexing). Se existem N usuários, a largura de banda é dividida em N partes do mesmo tamanho, e a cada usuário será atribuída uma parte. Como cada usuário tem uma banda de frequência particular, não há interferência entre eles. Quando existe apenas um número pequeno e constante de usuários, cada um dos quais com um fluxo constante ou uma carga de tráfego pesada, essa divisão é um mecanismo de alocação simples e eficiente. Um exemplo de uso sem fio são as estações de rádio FM. Cada estação recebe uma parte da banda de FM e a utiliza, na maior parte do tempo, para transmitir seu sinal.

No entanto, quando o número de transmissores é grande e continuamente variável, ou quando o tráfego ocorre em rajadas, a FDM apresenta alguns problemas. Se o espectro for dividido em N regiões, e menos de N usuários estiverem interessados em estabelecer comunicação no momento, grande parte do valioso espectro será desperdiçada e, se mais de N usuários quiserem se comunicar, alguns deles terão o acesso negado por falta de largura de banda, mesmo que alguns dos usuários aos quais uma banda de frequência foi alocada raramente transmitam ou recebam dados.

Contudo, mesmo supondo que o número de usuários poderia ser, de algum modo, mantido constante em N, a divisão de um único canal disponível em subcanais estáticos revela uma ineficiência inerente. O problema básico é que, quando alguns usuários ficam inativos, sua largura de banda é simplesmente perdida. Eles não estão utilizando essa largura de banda, e ninguém mais pode fazê-lo. Uma alocação estática não é apropriada para a maioria dos sistemas de computadores em que o tráfego de dados ocorre em rajadas (são comuns relações de 1.000:1 entre o tráfego de pico e o tráfego médio). Em consequência disso, a maioria dos canais permanecerá ociosa na maior parte do tempo.

O fraco desempenho da FDM estática pode ser facilmente visto com um simples cálculo da teoria do enfileiramento. Vamos começar com o atraso de tempo médio, T, para um canal com capacidade C bps. Consideramos que os quadros chegam aleatoriamente, com uma taxa de chegada de λ quadros/s. O comprimento de cada quadro varia, com um comprimento médio de $1/\mu$ bits. Com esses parâmetros, a taxa de serviço do canal é μC quadros/s. Pela teoria do enfileiramento, o resultado é

$$T = \frac{1}{\mu C - \lambda}$$

(Para os curiosos, esse resultado é para uma fila "M/M/1". Ele requer que a aleatoriedade dos tempos entre as chegadas e os comprimentos de quadro siga uma distribuição exponencial ou, de modo equivalente, obedeça a uma série de Poisson.)

Em nosso exemplo, se C é 100 Mbps, o comprimento do quadro médio, $1/\mu$, é 10.000 bits e a taxa de chegada de quadros, λ, é 5.000 quadros/s, então $T = 200$ μs. Observe que, se ignorarmos o atraso de enfileiramento e simplesmente perguntarmos quanto tempo é necessário para enviar um quadro de 10.000 bits em uma rede de 100 Mbps, obteremos a resposta (incorreta) de 100 μs. Esse resultado só é válido quando não há disputa pelo canal.

Agora, vamos dividir o único canal em N subcanais independentes, cada um com capacidade de C/N bps. A taxa média de entrada em cada um dos subcanais será, agora, λ/N. Ao recalcularmos T, obteremos:

$$T_N = \frac{1}{\mu(C/N) - (\lambda/N)} = \frac{N}{\mu C - \lambda} = NT$$

O atraso médio para o canal dividido é N vezes pior do que seria se todos os quadros estivessem, de alguma forma mágica, distribuídos de maneira ordenada em uma grande fila central. Esse mesmo resultado explica por que um banco cheio de caixas eletrônicos funciona melhor com uma única fila alimentando todas as máquinas do que uma fila separada à frente de cada máquina.

Os mesmos argumentos que se aplicam à FDM também se aplicam a outras formas de dividir o canal estaticamente. Se usássemos a multiplexação por divisão de tempo, ou TDM (Time Division Multiplexing), e alocássemos cada usuário a cada n-ésimo slot de tempo, e ainda se um usuário não usar o slot alocado, este será simplesmente desperdiçado. O mesmo é válido se dividirmos as redes fisicamente. Usando mais uma vez nosso exemplo anterior, se substituíssemos a rede de 100 Mbps por dez redes de 10 Mbps e fizéssemos a alocação estática de cada usuário a uma delas, o atraso médio saltaria de 200 μs para 2 ms.

Como nenhum dos métodos estáticos tradicionais de alocação de canais funciona bem com um tráfego em rajada, agora trataremos dos métodos dinâmicos.

4.1.2 Premissas para a alocação dinâmica de canais

Antes de começarmos a descrever o primeiro dos muitos métodos de alocação de canais a serem discutidos neste capítulo, vale a pena formular cuidadosamente o problema da alocação. Existem cinco premissas fundamentais subjacentes a todo trabalho realizado nessa área, que serão descritas a seguir.

1. **Tráfego independente**. O modelo consiste em N **estações** independentes (computadores, telefones), cada qual com um programa ou usuário que gera quadros para transmissão. O número esperado de quadros gerados em um intervalo de duração Δt é $\lambda \Delta t$, onde λ é

uma constante (a taxa de chegada de novos quadros). Uma vez gerado um quadro, a estação é bloqueada e nada faz até que o quadro tenha sido transmitido com êxito.

2. **Premissa de canal único**. Um único canal está disponível para todas as comunicações – todas as estações podem transmitir e receber por ele. As estações são consideradas igualmente capazes, embora os protocolos possam atribuir diferentes papéis (p. ex., prioridades) a elas.

3. **Colisões observáveis**. Se dois quadros são transmitidos simultaneamente, eles se sobrepõem no tempo, e o sinal resultante é adulterado. Esse evento é denominado **colisão**. Todas as estações podem detectar colisões. Um quadro que tenha sofrido colisão terá de ser retransmitido posteriormente. Não há outros erros além dos gerados por colisões.

4. **Tempo contínuo ou segmentado (slotted)**. O tempo pode ser considerado contínuo, caso em que a transmissão do quadro pode começar a qualquer instante. Como alternativa, o tempo pode ser segmentado ou dividido em intervalos discretos (slots). As transmissões de quadros sempre começam no início de um slot. Um slot pode conter 0, 1 ou mais quadros, correspondentes a um slot ocioso, a uma transmissão bem-sucedida ou a uma colisão, respectivamente.

5. **Detecção de portadora (carrier sense) ou sem detecção de portadora**. Com a premissa de detecção de portadora, as estações conseguem detectar se o canal está sendo usado antes de tentar utilizá-lo. Se for detectado que o canal está ocupado, nenhuma estação tentará usá-lo até que ele fique livre. Se não houver detecção de portadora, as estações não conseguem detectar o canal antes de tentar utilizá-lo. Elas simplesmente vão em frente e transmitem. Somente mais tarde conseguem determinar se a transmissão foi ou não bem-sucedida.

Ainda é necessário discutir essas premissas um pouco mais. A primeira diz que as chegadas de quadro são independentes, entre estações ou em uma estação específica, e que eles são gerados de modo imprevisível, mas a uma taxa constante. Na realidade, essa premissa não é um modelo de tráfego de rede particularmente bom, pois sabemos que os pacotes chegam em rajadas em intervalos escalonados de tempo (Paxson e Floyd, 1995). Pesquisas recentes confirmam que o padrão ainda existe (Fontugne et al. 2017). Apesar disso, **modelos de Poisson**, como normalmente são chamados, são úteis em parte porque são matematicamente tratáveis. Eles nos ajudam a analisar protocolos para entender, em linhas gerais, como o desempenho muda ao longo de um intervalo de operação e como ele se compara com outros projetos.

A premissa de canal único é o núcleo do modelo. Não existem formas externas de comunicação. As estações não podem levantar as mãos para solicitar que o professor lhes permita falar, de modo que precisaremos de soluções melhores.

As três premissas restantes dependem da engenharia do sistema, e diremos quais delas são mantidas quando examinarmos um protocolo em particular.

A premissa de colisão também é básica. As estações precisam de um modo para detectar colisões se tiverem de transmitir quadros em vez de deixar que se percam. Para canais com fio, o hardware do nó pode ser projetado para detectar colisões quando elas ocorrerem. As estações podem, então, terminar suas transmissões prematuramente para evitar desperdiçar capacidade. Essa detecção é muito mais difícil para canais sem fio, de modo que as colisões normalmente são deduzidas após o fato, pela falta de um quadro de confirmação esperado. Também é possível que alguns quadros envolvidos em uma colisão sejam recebidos com sucesso, dependendo dos detalhes dos sinais e do hardware de recepção. Contudo, essa situação não é o caso comum, de modo que iremos supor que todos os quadros envolvidos em uma colisão são perdidos. Também veremos protocolos projetados para impedir colisões em primeiro lugar.

O objetivo das duas premissas alternativas em relação ao tempo é que o tempo segmentado pode ser usado para melhorar o desempenho. Todavia, é preciso que as estações sigam um relógio mestre ou sincronizem suas ações entre si para dividir o tempo em intervalos distintos. Logo, ele nem sempre está disponível. Discutiremos e analisaremos os sistemas com os dois tipos de tempo. Para determinado sistema, somente um deles é válido.

Da mesma forma, uma rede pode ter a detecção de portadora ou não. Em geral, as redes com fio têm detecção de portadora. No entanto, as redes sem fio não podem usá-la de forma efetiva, porque nem toda estação está dentro do alcance de rádio das outras. De modo semelhante, a detecção de portadora não estará disponível em outros ambientes nos quais uma estação não pode se comunicar diretamente com outras estações, por exemplo, um modem a cabo no qual as estações precisam se comunicar pelo headend do cabo. Observe que a palavra "portadora" (*carrier*), nesse sentido, se refere a um sinal pelo canal, e não tem nenhuma relação com as operadoras comuns (p. ex., as empresas de telefonia) que remontam à época do Pony Express.

Para evitar qualquer mal-entendido, vale a pena observar que nenhum protocolo de multiacesso garante entrega confiável. Mesmo na ausência de colisões, o receptor pode ter copiado parte do quadro incorretamente por diversos motivos. Outras partes da camada de enlace ou de camadas superiores oferecem confiabilidade.

4.2 PROTOCOLOS DE ACESSO MÚLTIPLO

Existem muitos algoritmos conhecidos para alocar um canal de acesso múltiplo. Nas seções a seguir, estudaremos uma pequena amostra dos mais interessantes e apresentaremos alguns exemplos práticos de sua utilização.

4.2.1 ALOHA

A história do nosso primeiro protocolo de acesso múltiplo, ou MAC, começa no Havaí primitivo, no início da década de 1970. Nesse caso, "primitivo" pode ser interpretado como "não tendo um sistema telefônico funcional". Isso não tornava a vida mais agradável para o pesquisador Norman Abramson e seus colegas da University of Hawaii, que estavam tentando conectar usuários nas ilhas remotas ao computador principal em Honolulu. Esticar seus próprios cabos sob o Oceano Pacífico estava fora de cogitação e, portanto, eles procuravam uma solução diferente.

A solução encontrada usava rádios de curta distância, com cada terminal de usuário compartilhando a mesma frequência upstream para enviar quadros ao computador central. Isso incluía um método simples e elegante para resolver o problema de alocação de canal. Seu trabalho foi ampliado por vários pesquisadores desde então (Schwartz e Abramson, 2009). Embora o trabalho de Abramson, denominado sistema ALOHA, usasse a radiofrequência terrestre, a ideia básica é aplicável a qualquer sistema em que usuários sem nenhuma coordenação estão competindo pelo uso de um único canal compartilhado.

Descreveremos aqui duas versões do ALOHA: original e slotted (segmentado). Elas diferem quanto ao fato de o tempo ser contínuo, como na versão original, ou dividido em slots discretos em que todos os quadros devem se encaixar.

ALOHA original

A ideia básica de um sistema ALOHA é simples: permitir que os usuários transmitam sempre que tiverem dados para enviar. Naturalmente, haverá colisões, e os quadros que colidirem serão danificados. Os transmissores precisam, de alguma maneira, descobrir se isso acontece. No sistema ALOHA, após cada estação ter transmitido seu quadro para o computador central, este retransmite o quadro para todas as estações. Desse modo, uma estação transmissora pode escutar por broadcast a partir do hub para ver se seu quadro passou. Em outros sistemas, como nas LANs com fio, o transmissor precisa ser capaz de escutar colisões enquanto transmite.

Se o quadro foi destruído, o transmissor apenas espera um período aleatório e o envia novamente. O tempo de espera deve ser aleatório, caso contrário os mesmos quadros continuarão a colidir repetidas vezes, de forma inflexível. Os sistemas em que vários usuários compartilham um canal comum de forma que possa gerar conflitos em geral são conhecidos como **sistemas de disputa**.

A Figura 4.1 mostra um esboço da geração de quadros em um sistema ALOHA. Os quadros foram criados com o mesmo comprimento porque o throughput dos sistemas ALOHA é maximizado quando o comprimento dos quadros é uniforme em vez de variável.

Sempre que dois quadros tentarem ocupar o canal ao mesmo tempo, haverá uma colisão (como pode ser visto na Figura 4.1) e ambos serão danificados. Se o primeiro bit de um novo quadro se sobrepuser apenas ao último bit de um quadro quase terminado, os dois quadros serão totalmente destruídos (ou seja, terão checksums incorretos) e terão de ser retransmitidos posteriormente. O checksum não consegue (e não deve) fazer distinção entre uma perda total e uma perda parcial. Quadro com erro é quadro com erro, sem distinções.

Uma questão interessante é: qual é a eficiência de um canal ALOHA? Em outras palavras, que fração de todos os quadros transmitidos escapa de colisões nessas

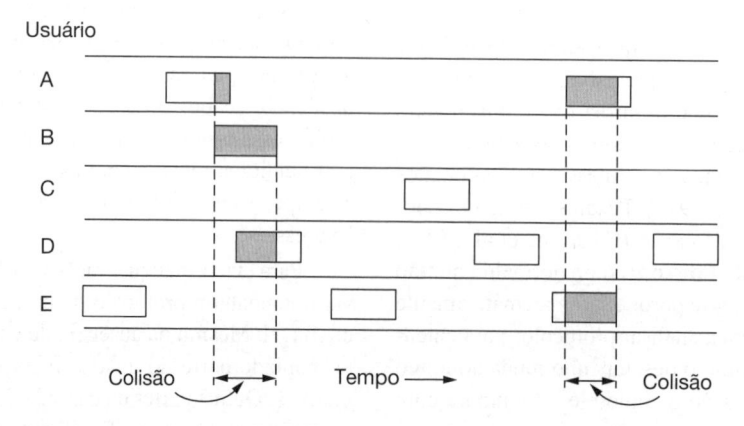

Figura 4.1 No ALOHA original, os quadros são transmitidos em tempos totalmente arbitrários.

circunstâncias tão caóticas? Vamos considerar primeiro um conjunto infinito de usuários interativos em seus terminais (estações). O usuário sempre se encontra em um de dois estados: digitação ou espera. Inicialmente, todos os usuários estão no estado de digitação. Quando uma linha é conectada, o usuário para de digitar e espera uma resposta. Então, a estação transmite um quadro contendo a linha e verifica o canal para saber se a transmissão foi bem-sucedida. Em caso afirmativo, o usuário vê a resposta e volta a digitar. Caso contrário, ele continua a esperar e o quadro é retransmitido continuamente até ser enviado com êxito.

O "tempo de quadro" representa o período necessário para transmitir o quadro padrão de comprimento fixo (i.e., o comprimento do quadro dividido pela taxa de bits). Nesse ponto, supomos que os novos quadros sejam gerados pelas estações de acordo com uma distribuição de Poisson, com uma média de N quadros por tempo de quadro. (A premissa de população infinita é necessária para garantir que N não diminuirá à medida que os usuários forem bloqueados). Se $N > 1$, a comunidade de usuários está gerando quadros em uma taxa superior à capacidade do canal, e praticamente todos os quadros sofrerão colisões. Para um throughput razoável, esperaríamos $0 < N < 1$.

Além dos novos quadros, as estações também geram retransmissões de quadros que sofreram colisões anteriormente. Vamos supor ainda que os quadros antigos e novos combinados também sejam uma distribuição de Poisson, com média G por tempo de quadro. Evidentemente, $G \geq N$. Em situações de carga baixa (ou seja, $N \approx 0$), ocorrerão poucas colisões e, portanto, haverá poucas retransmissões. Por conseguinte, $G \approx N$. Em situações de carga alta, ocorrerão várias colisões e, portanto, $G > N$. Para qualquer carga, o throughput S é simplesmente a carga oferecida, G, multiplicada pela probabilidade P_0 de uma transmissão ser bem-sucedida – isto é, $S = GP_0$, onde P_0 é a probabilidade de um quadro não sofrer colisão.

Um quadro não sofrerá colisão se nenhum outro for enviado dentro de um tempo de quadro a partir de seu início, como mostra a Figura 4.2. Em que condições o quadro sombreado chegará sem erros? Seja t o tempo necessário para enviar um quadro. Se qualquer outro usuário tiver gerado um quadro no intervalo entre t_0 e $t_0 + t$, o final desse quadro colidirá com o início do quadro sombreado. Na verdade, esse quadro já estava condenado antes de o primeiro bit ser transmitido; porém, como no ALOHA original uma estação não escuta o canal antes de transmitir, não há como saber se já havia outro quadro a caminho. Da mesma forma, qualquer outro quadro iniciado entre $t_0 + t$ e $t_0 + 2t$ colidirá com o final do quadro sombreado.

A probabilidade de k quadros serem gerados durante determinado tempo de quadro, no qual G quadros são esperados, é obtida pela distribuição de Poisson

$$\Pr[k] = \frac{G^k e^{-G}}{k!} \quad (4.1)$$

e, portanto, a probabilidade de zero quadros é simplesmente e^{-G}. Em um intervalo com duração de dois tempos de quadro, o número médio de quadros gerados é $2G$. A probabilidade de nenhum outro quadro ser iniciado durante todo o período de vulnerabilidade é, portanto, indicada por $P_0 = e^{-2G}$. Usando $S = GP_0$, obtemos:

$$S = Ge^{-2G}$$

A Figura 4.3 mostra a relação entre o tráfego oferecido e o throughput. O throughput máximo ocorre em $G = 0,5$, com $S = 1/2e$, o que corresponde a aproximadamente 0,184. Em outras palavras, o melhor que podemos esperar é uma utilização do canal de 18%. Esse resultado não é muito animador, mas, com todas as pessoas transmitindo à vontade, dificilmente poderíamos esperar uma taxa de 100% de êxito.

Slotted ALOHA

Logo depois que o ALOHA entrou em cena, Roberts (1972) publicou um método para duplicar a capacidade de um

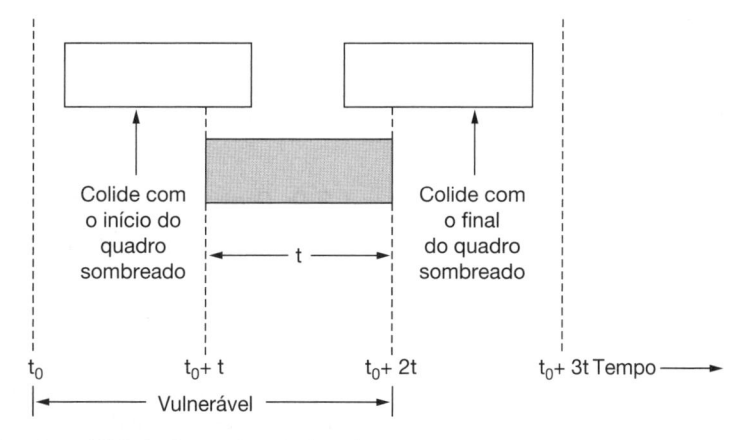

Figura 4.2 Período de vulnerabilidade do quadro sombreado.

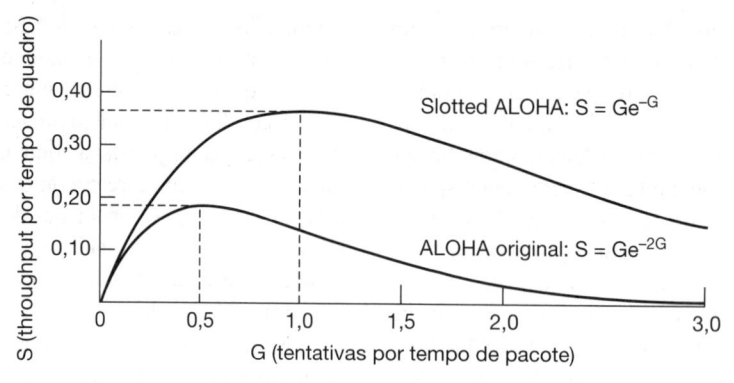

Figura 4.3 Throughput em comparação com o tráfego oferecido para sistemas ALOHA.

sistema ALOHA. Sua proposta era dividir o tempo em intervalos discretos, chamados **slots**, com cada intervalo correspondendo a um quadro. Esse método exige que os usuários concordem em relação às fronteiras dos slots. Uma forma de alcançar a sincronização entre os usuários seria ter uma estação especial que emitisse um sinal sonoro no início de cada intervalo, como um relógio.

No método de Roberts, que passou a ser conhecido como **slotted ALOHA** – em contraste com o **ALOHA original** de Abramson –, um computador não tem permissão para transmitir sempre que o usuário digita uma linha. Em vez disso, é necessário esperar o início do próximo slot. Consequentemente, o ALOHA original contínuo transforma-se em um sistema discreto. O período de vulnerabilidade está agora reduzido à metade. Para verificar isso, examine a Figura 4.2 e imagine as colisões que agora são possíveis. A probabilidade de não haver outro tráfego durante o mesmo slot de nosso quadro de teste é e^{-G}, o que nos leva a:

$$S = Ge^{-G}$$

Como podemos ver na Figura 4.3, a taxa máxima do slotted ALOHA é $G = 1$, com um throughput $S = 1/e$, ou aproximadamente 0,368, o dobro do ALOHA original. Se o sistema estiver funcionando a uma taxa de $G = 1$, a probabilidade de um slot vazio será 0,368 (pela Equação 4.1). O melhor que podemos esperar com a utilização de um slotted ALOHA é 37% de slots vazios, 37% de sucessos e 26% de colisões. O funcionamento em valores superiores de G reduz o número de slots vazios, mas aumenta exponencialmente o número de colisões. Para ver como ocorre esse rápido crescimento de colisões com G, considere a transmissão de um quadro de teste. A probabilidade de ele evitar uma colisão é de e^{-G}, que é a probabilidade de todos os outros usuários estarem inativos nesse slot. A probabilidade de uma colisão é, então, apenas $1 - e^{-G}$. A probabilidade de uma transmissão exigir exatamente k tentativas (ou seja, $k - 1$ colisões seguidas por uma transmissão bem-sucedida) é

$$P_k = e^{-G}(1 - e^{-G})^{k-1}$$

O número esperado de transmissões, E, por cada linha digitada em um terminal é, portanto,

$$E = \sum_{k=1}^{\infty} kP_k = \sum_{k=1}^{\infty} ke^{-G}(1 - e^{-G})^{k-1} = e^{G}$$

Como resultado da dependência exponencial de E em relação a G, pequenos aumentos na carga do canal podem reduzir drasticamente seu desempenho.

O slotted ALOHA é importante por uma razão que, a princípio, talvez não seja óbvia. Ele foi criado na década de 1970, foi usado em alguns sistemas experimentais e depois foi quase esquecido (exceto por autores de livro excêntricos, que gostavam dele). Quando foi criado o acesso à Internet por cabo, surgiu o problema de como alocar um canal compartilhado entre vários usuários concorrentes, e o slotted ALOHA foi resgatado para salvar a situação, com um punhado de outras ideias misturadas. Com frequência, protocolos perfeitamente válidos caem em desuso por razões políticas (p. ex., quando alguma grande empresa deseja que todas as outras sigam seu modelo) ou em virtude de tendências tecnológicas em constante mudança. Então, anos depois, alguém inteligente percebe que um protocolo descartado muito antes resolve seu problema atual. Por essa razão, neste capítulo estudaremos diversos protocolos elegantes que não são muito utilizados hoje, mas que poderiam facilmente ser empregados em aplicações futuras, desde que projetistas de redes em número suficiente tivessem conhecimento deles. É claro que também estudaremos muitos protocolos usados atualmente.

4.2.2 Protocolos de acesso múltiplo com detecção de portadora

Com o slotted ALOHA, a melhor utilização de canal que é possível conseguir é $1/e$. Isso não surpreende, pois, com as estações transmitindo à vontade, sem prestar atenção ao que as outras estão fazendo, é provável que ocorram muitas colisões. Contudo, em LANs, as estações podem detectar o que outras estão fazendo e, então, adaptar seu comportamento de acordo com essa situação, podendo atingir uma utilização melhor que $1/e$. Nesta seção, estudaremos alguns protocolos que melhoram o desempenho da rede.

Os protocolos nos quais as estações escutam uma portadora (i.e., uma transmissão) e funcionam de acordo com ela são denominados **protocolos com detecção de portadora**. Muitos deles têm sido propostos e já há muito tempo foram analisados com detalhes. Por exemplo, consulte Kleinrock e Tobagi (1975). A seguir, mencionaremos algumas versões dos protocolos com detecção de portadora.

CSMA persistente e não persistente

O primeiro protocolo com detecção de portadora que estudaremos aqui denomina-se **CSMA (Carrier Sense Multiple Access) 1-persistente**. Esse é um nome extenso para indicar o esquema CSMA mais simples. Quando uma estação tem dados a transmitir, primeiro ela escuta o canal para ver se mais alguém está transmitindo no momento. Se o canal estiver desocupado, as estações enviam seus dados. Caso contrário, a estação espera até que ele fique desocupado e então transmite um quadro. Se ocorrer uma colisão, a estação espera um intervalo de tempo aleatório e começa tudo de novo. Esse protocolo é denominado 1-persistente porque a estação transmite com probabilidade 1 sempre que encontra o canal desocupado.

Você poderia esperar que esse esquema evitasse colisões, exceto no caso raro de transmissões simultâneas, mas, na verdade, isso não acontece (a situação é muito pior do que esta). Se duas estações estão prontas no meio da transmissão de uma terceira estação, ambas esperarão educadamente até que a transmissão termine e, depois, ambas começarão a transmitir simultaneamente, resultando em uma colisão. Se elas não fossem tão impacientes, haveria menos colisões.

De modo mais sutil, o atraso de propagação tem um efeito importante sobre as colisões. Há uma chance de que, logo após uma estação começar a transmitir, outra estação fique pronta para transmitir e escutar o canal. Se o sinal da primeira estação ainda não tiver atingido a segunda, esta detectará um canal desocupado e também começará a transmitir, resultando em uma colisão. Essa probabilidade depende do número de quadros que cabem no canal, ou o **produto largura de banda-atraso** do canal. Se apenas uma pequena fração do quadro couber no canal, o que é o caso na maioria das LANs, uma vez que o atraso de propagação é pequeno, o risco de uma colisão acontecer é pequeno. Quanto maior o produto largura de banda-atraso, maior será a importância desse efeito e pior será o desempenho do protocolo.

Mesmo assim, esse protocolo tem um desempenho bem melhor que o ALOHA original, pois ambas as estações respeitam a transmissão e desistem de interferir no quadro de uma terceira estação, de modo que ele atravessa sem problemas. Exatamente o mesmo se aplica ao slotted ALOHA.

Um segundo protocolo com detecção de portadora é o **CSMA não persistente**. Nesse protocolo, é feita uma tentativa consciente de ser menos ávido que no protocolo anterior. Como antes, uma estação escuta o canal quando deseja enviar um quadro e, se ninguém mais estiver transmitindo, inicia a transmissão imediatamente. No entanto, se o canal já estiver sendo utilizado, a estação não permanecerá escutando continuamente a fim de se apoderar de imediato do canal após detectar o fim da transmissão anterior. Em vez disso, a estação aguardará durante um intervalo aleatório e, em seguida, repetirá o algoritmo. Consequentemente, esse algoritmo leva a uma melhor utilização do canal, e a atrasos maiores do que no CSMA 1-persistente.

O último protocolo é o **CSMA p-persistente**. Ele se aplica a canais segmentados (slotted) e funciona da forma apresentada a seguir. Quando está pronta para transmitir, a estação escuta o canal. Se ele estiver desocupado, a estação transmite com uma probabilidade p. Com uma probabilidade $q = 1 - p$, haverá um adiamento até o próximo slot. Se este também estiver desocupado, haverá uma transmissão ou um novo adiamento, com probabilidades p e q. Esse processo se repete até o quadro ser transmitido ou até que outra estação tenha iniciado uma transmissão. Neste último caso, ela age como se tivesse ocorrido uma colisão (ou seja, aguarda durante um intervalo aleatório e reinicia a transmissão). Se inicialmente detectar que o canal está ocupado, a estação espera pelo próximo slot e aplica o algoritmo anterior. O IEEE 802.11 usa uma melhoria do CSMA p-persistente, que discutiremos na Seção 4.4.

A Figura 4.4 mostra o throughput calculado em comparação com o tráfego oferecido para os três protocolos, bem como para o ALOHA original e o slotted ALOHA.

CSMA com detecção de colisões

Os protocolos CSMA persistentes e não persistentes são um avanço claro em relação ao ALOHA, pois garantem que nenhuma estação começará a transmitir enquanto o canal estiver ocupado. Contudo, se duas estações perceberem que o canal está desocupado e começarem a transmitir simultaneamente, seus sinais ainda causarão colisão. Outro avanço é que as estações podem detectar a colisão rapidamente e interromper a transmissão de forma abrupta (em vez de completá-la), pois não têm como reparar a situação. Essa estratégia economiza tempo e largura de banda.

Esse protocolo, conhecido como **CSMA/CD (CSMA with Collision Detection**), é a base da LAN Ethernet clássica; assim, vale a pena dedicarmos algum tempo a examiná-lo em detalhes. É importante observar que a detecção de colisão é um processo analógico. O hardware da estação deve escutar o canal enquanto está transmitindo. Se o sinal que ela lê de volta for diferente do sinal que está enviando, ela saberá que está havendo uma colisão. As implicações

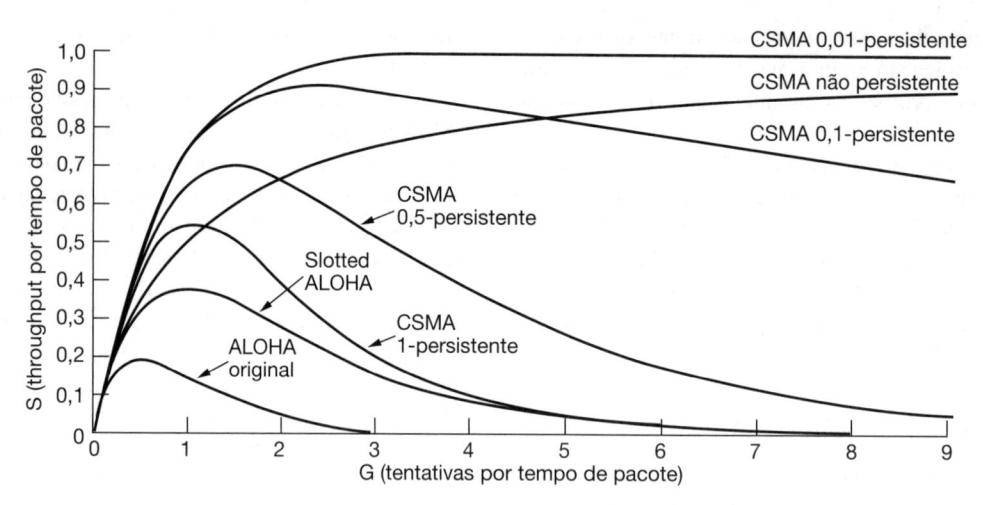

Figura 4.4 Comparação entre a utilização do canal e a carga de vários protocolos de acesso aleatório.

são que um sinal recebido não deverá ser pequeno em comparação com o sinal transmitido (o que é difícil para as redes sem fio, pois os sinais recebidos podem ser um milhão de vezes mais fracos do que os sinais transmitidos) e que a modulação deve ser escolhida para permitir que as colisões sejam detectadas (p. ex., uma colisão de dois sinais de 0 volt pode muito bem ser impossível de detectar).

O CSMA/CD e vários outros protocolos de LANs utilizam o modelo conceitual apresentado na Figura 4.5. No ponto marcado com t_0, uma estação terminou a transmissão de seu quadro. Qualquer outra estação que tenha um quadro a ser enviado pode transmiti-lo. Se duas ou mais estações decidirem transmitir simultaneamente, haverá uma colisão. Se uma estação detecta uma colisão, ela cancela sua transmissão, espera um intervalo aleatório e, em seguida, tenta novamente (supondo que nenhuma outra estação tenha começado a transmitir nesse ínterim). Dessa forma, nosso modelo de CSMA/CD consistirá em períodos alternados de disputa e de transmissão, com a ocorrência de períodos de inatividade quando todas as estações estiverem em repouso (p. ex., por falta de trabalho).

Agora, vamos analisar mais de perto os detalhes do algoritmo de disputa. Suponha que duas estações comecem uma transmissão no instante exato t_0. Quanto tempo elas levarão para perceber que houve uma colisão? A resposta a essa pergunta é essencial para determinar a duração do intervalo de disputa e, portanto, quais serão o atraso e o throughput.

O tempo mínimo para a detecção de uma colisão é apenas o tempo que o sinal leva para se propagar de uma estação até a outra. Com base nessa informação, você poderia pensar que uma estação que não detectasse uma colisão durante um intervalo igual ao tempo de propagação em todo o cabo, após ter iniciado sua transmissão, teria certeza de haver se apoderado do cabo. Com o termo "apoderado", queremos dizer que todas as outras estações sabem da transmissão e não interferirão. Essa conclusão está incorreta.

Considere a pior hipótese possível a seguir. Seja τ o tempo de propagação de um sinal entre as duas estações mais distantes. Em t_0, uma estação começa a transmitir. Em $t_0 + \tau - \varepsilon$, um instante antes de o sinal chegar à estação mais distante, essa estação também começa a transmitir. É claro que ela detecta a colisão quase instantaneamente e para, mas o pequeno ruído causado pela colisão não retorna à estação original até o período $2\tau - \varepsilon$. Em outras palavras, no pior cenário, uma estação só poderá ter certeza de ter se apoderado do canal após transmitir durante o período 2τ sem detectar uma colisão.

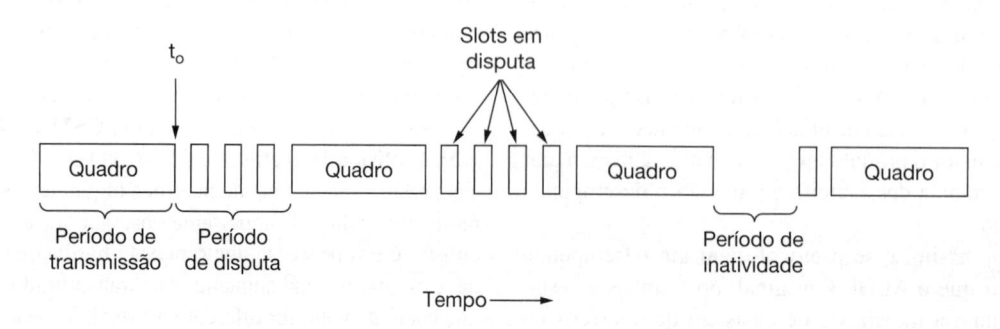

Figura 4.5 O CSMA/CD pode estar em um destes três estados: transmissão, disputa ou inatividade.

Compreendendo isso, podemos pensar na disputa do CSMA/CD como um sistema slotted ALOHA, com uma largura de slot igual a 2τ. Em um cabo coaxial de 1 km de comprimento, $\tau \approx 5\mu s$. A diferença para CSMA/CD em comparação com o slotted ALOHA é que os slots em que apenas uma estação transmite (ou seja, em que o canal é apoderado) são acompanhados pelo restante de um quadro. Essa diferença melhorará bastante o desempenho se o tempo do quadro for muito maior que o tempo de propagação.

4.2.3 Protocolos livres de colisão

Embora as colisões não ocorram com o CSMA/CD depois que uma estação captura o canal sem ambiguidade, elas ainda podem ocorrer durante o período de disputa. Essas colisões afetam de modo adverso o desempenho do sistema, em especial quando o produto largura de banda-atraso é grande, por exemplo, quando o cabo é longo (ou seja, quando τ é grande) e os quadros são curtos. As colisões não só reduzem a largura de banda, mas também tornam variável o tempo para transmitir um quadro, o que não é bom para um tráfego em tempo real, como VoIP. Além disso, o CSMA/CD não é aplicável de maneira universal.

Nesta seção, examinaremos alguns protocolos que resolvem a disputa pelo canal sem a ocorrência de colisões, nem mesmo durante o período de disputa. A maioria desses protocolos não é usada atualmente em sistemas importantes, mas, em um campo que muda rapidamente, a existência de alguns protocolos com excelentes propriedades disponíveis para sistemas futuros frequentemente é algo bom.

Nos protocolos que descreveremos, vamos supor que existam exatamente N estações, cada uma programada com um endereço exclusivo de 0 até $N - 1$. O fato de que algumas estações talvez possam estar inativas durante parte do tempo não tem importância. Também supomos que o atraso de propagação é desprezível. A pergunta básica permanece: que estação terá a posse do canal após uma transmissão bem-sucedida? Continuaremos a utilizar o modelo mostrado na Figura 4.5 com seus slots discretos de disputa.

O protocolo bit-map

Em nosso primeiro protocolo livre de colisão, o **método básico bit-map**, cada período de disputa consiste em exatamente N slots. Se tiver um quadro para transmitir, a estação 0 envia um bit 1 durante o slot número zero. Nenhuma outra estação poderá transmitir durante esse slot. Independentemente do que a estação 0 fizer, a estação 1 terá a oportunidade de transmitir um bit 1 durante o slot 1, mas apenas se tiver um quadro na fila para ser enviado. Em geral, é possível que a estação j informe que tem um quadro para transmitir inserindo um bit 1 no slot j. Depois que todos os N slots tiverem passado, cada estação terá total conhecimento de quais estações desejam transmitir. Nesse ponto, elas começam a transmitir em ordem numérica (ver Figura 4.6).

Como todas as estações concordam sobre quem será a próxima a transmitir, nunca haverá colisões. Após a última estação ter transmitido seu quadro, um evento que todas as estações podem monitorar com facilidade, inicia-se outro período de disputa de N bits. Se uma estação ficar pronta logo após seu slot de bits ter passado, ela não conseguirá transmitir e precisará permanecer inativa até que todas as demais tenham tido a chance de transmitir e o bit-map tenha voltado a passar por ela.

Protocolos como esse, nos quais o desejo de transmitir é difundido antes de ocorrer a transmissão real, são chamados de **protocolos de reserva**, pois eles reservam a posse do canal com antecedência e impedem colisões. Vamos analisar rapidamente o desempenho desse protocolo. Para facilitar, mediremos o tempo em unidades do slot de bits de disputa, com os quadros de dados consistindo em d unidades de tempo.

Em condições de carga baixa, o bit-map simplesmente será repetido várias vezes, por falta de quadros de dados. Considere a situação do ponto de vista de uma estação com numeração baixa, como 0 ou 1. Normalmente, quando ela fica pronta para enviar, o slot "atual" estará em algum ponto no meio do bit-map. Em média, a estação terá de esperar $N/2$ slots para que a varredura atual seja concluída e mais N slots completos até que a varredura seguinte se encerre, para poder começar a transmitir.

As estações que estiverem aguardando e tiverem números mais altos obterão resultados melhores. Em geral, elas só precisarão esperar pela metade de uma varredura ($N/2$ slots de bits) antes de iniciar a transmissão. As estações com numeração mais alta raramente precisam esperar pela próxima varredura. Como as estações de numeração baixa precisam esperar em média 1,5 N slots e as de numeração alta precisam esperar em média 0,5 N slot, a média para todas as estações é N slots.

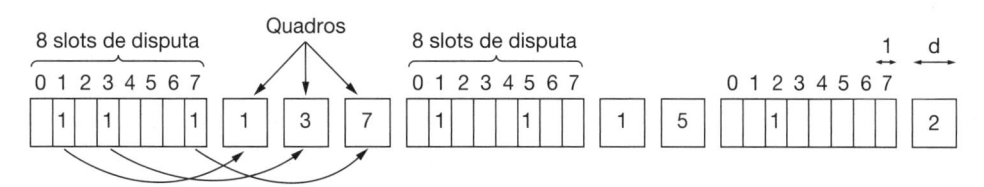

Figura 4.6 O protocolo básico bit-map.

É fácil calcular a eficiência do canal com carga baixa. O overhead por quadro é de N bits, e o volume de dados é de d bits, o que resulta em uma eficiência igual a $d/(d + N)$.

Sob carga alta, quando todas as estações têm algo a enviar o tempo todo, o período de disputa de N bits é dividido proporcionalmente entre N quadros, produzindo um overhead de apenas 1 bit por quadro, ou uma eficiência igual a $d/(d + 1)$. O atraso médio para um quadro é equivalente à soma do tempo de espera na fila dentro da estação, mais um adicional de $(N-1)d + N$, uma vez que ele alcança o início de sua fila interna. Esse intervalo é o tempo necessário para esperar até que todas as outras estações tenham sua vez para enviar um quadro e outro bit-map.

Passagem de tokens

A essência do protocolo bit-map é que ele permite que cada estação transmita um quadro por vez, em uma ordem predefinida. Outra forma de realizar a mesma coisa é passar uma pequena mensagem, chamada **token** ou **sinal**, de uma estação para a seguinte, na mesma ordem predefinida. O token representa a permissão para enviar. Se uma estação tem um quadro na fila para transmissão quando recebe o token, ela pode enviar esse quadro antes de passar o token para a próxima estação. Se ela não tiver um quadro na fila, ela simplesmente passará o token.

Em um protocolo que utiliza a topologia de anel de tokens (**token ring**), esta é usada para definir a ordem em que as estações transmitem. As estações são conectadas às seguintes formando um anel único. A passagem do token para a estação seguinte consiste simplesmente em receber o token em uma direção e transmiti-lo em outra, como vemos na Figura 4.7. Os quadros também são transmitidos na direção do token. Desse modo, eles circularão em torno do anel e alcançarão qualquer estação que seja o destino. Contudo, para impedir que o quadro circule indefinidamente (assim como o próprio token), alguma estação precisa removê-lo do anel. Essa estação pode ser a que enviou o quadro originalmente, depois que ele passou por um ciclo completo, ou a estação de destino do quadro.

Observe que não precisamos de um anel físico para implementar a passagem de tokens. Em vez disso, o canal que conecta as estações poderia ser um único e longo barramento (cabo). Em seguida, cada estação usa o barramento para enviar o token para a próxima estação em uma sequência predefinida. A posse do token permite que uma estação use o barramento para enviar um quadro. Esse protocolo é chamado de **barramento de tokens** (ou **token bus**). Ele é definido no IEEE 8024, um padrão que fracassou ao ponto de o IEEE retirá-lo. Os padrões nem sempre são eternos.

O desempenho da passagem de tokens é semelhante ao do protocolo bit-map, embora os slots de disputa e os quadros de um ciclo agora estejam embaralhados. Depois de enviar um quadro, cada estação precisa esperar que todas as N estações (incluindo ela mesma) transmitam o token aos seus vizinhos e as outras $N-1$ estações transmitam um quadro, se tiverem um. Uma diferença sutil é que, como todas as posições no ciclo são equivalentes, não existe parcialidade para estações com numeração baixa ou alta. Para o token ring, cada estação também está apenas transmitindo o token, enquanto sua estação vizinha anterior no protocolo realiza o passo seguinte. Cada token não precisa se propagar para todas as estações antes que o protocolo avance para o passo seguinte.

Os token rings surgiram como protocolos MAC com certa consistência. Um antigo protocolo token ring (chamado "Token Ring" e padronizado como IEEE 802.5) era popular na década de 1980 como uma alternativa à Ethernet clássica. Na década de 1990, um token ring muito mais rápido, chamado **FDDI (Fiber Distributed Data Interface)**, foi extinto pela Ethernet comutada. Na década de 2000, um token ring chamado **RPR (Resilient Packet Ring)** foi definido como IEEE 802.17 para padronizar a mistura de anéis metropolitanos em uso pelos ISPs. Ainda veremos o que a década de 2020 nos oferecerá.

Contagem regressiva binária

Um problema com o protocolo básico bit-map, e também com a passagem de tokens, é que o overhead é de 1 bit por estação e, portanto, ele não se adapta muito bem a redes com milhares de estações. Podemos fazer melhor que isso usando endereços binários de estações com um canal que, de alguma forma, combine transmissões. Uma estação que queira usar o canal transmite seu endereço como uma sequência de bits binários, começando com o bit de alta ordem. Supomos que todos os endereços têm o mesmo número de bits. Os bits de cada posição de endereço das diferentes estações passam juntos por uma operação OR booleana pelo canal quando são enviados ao mesmo tempo. Chamaremos esse protocolo de **contagem regressiva binária**. Ele foi usado no Datakit (Fraser, 1983). Esse protocolo pressupõe implicitamente que os atrasos de transmissão são desprezíveis, de forma que todas as estações detectam bits declarados quase instantaneamente.

Para evitar conflitos, é necessário que seja aplicada uma regra de arbitragem: assim que uma estação percebe

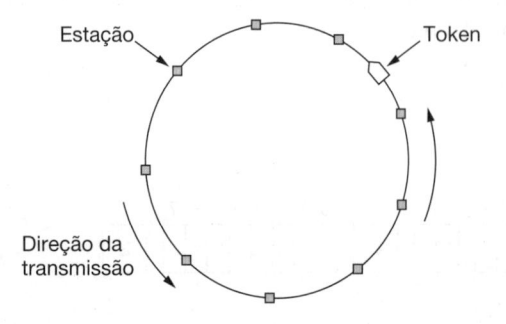

Figura 4.7 Token ring.

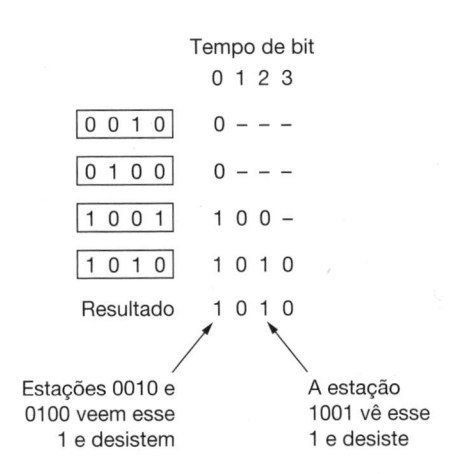

```
             Tempo de bit
              0 1 2 3
    ┌─────────┐
    │ 0 0 1 0 │  0 - - -
    └─────────┘
    ┌─────────┐
    │ 0 1 0 0 │  0 - - -
    └─────────┘
    ┌─────────┐
    │ 1 0 0 1 │  1 0 0 -
    └─────────┘
    ┌─────────┐
    │ 1 0 1 0 │  1 0 1 0
    └─────────┘
     Resultado   1 0 1 0

  Estações 0010 e       A estação
  0100 veem esse        1001 vê esse
  1 e desistem          1 e desiste
```

Figura 4.8 Protocolo de contagem regressiva binária. Um traço significa inatividade.

que um bit de alta ordem que em seu endereço era 0 foi sobrescrito por um bit 1, ela desiste. Por exemplo, se as estações 0010, 0100, 1001 e 1010 estiverem todas tentando acessar o canal, no primeiro período de um bit, as estações transmitirão 0, 0, 1 e 1, respectivamente. Esses valores passarão pela operação OR para formar um valor 1. As estações 0010 e 0100 veem o valor 1 e sabem que uma estação de numeração mais alta está disputando o canal e, portanto, desistem da tentativa na rodada atual. As estações 1001 e 1010 prosseguem.

O próximo bit é 0, e ambas as estações continuam a transmissão. O próximo bit é 1 e, portanto, a estação 1001 desiste. A vencedora é a estação 1010, pois tem o endereço mais alto. Após vencer a disputa, é provável que agora ela possa transmitir um quadro, após o qual terá início outro ciclo de disputa. A Figura 4.8 ilustra esse protocolo. Ele tem a propriedade de dar às estações com numeração mais alta uma prioridade maior do que a concedida às estações de numeração mais baixa, o que pode ser bom ou ruim, dependendo do contexto.

Com esse método, a eficiência do canal é $d/(d + \log_2 N)$. No entanto, se o formato do quadro tiver sido corretamente escolhido, de forma que o endereço do transmissor seja o primeiro campo do quadro, mesmo esses $\log_2 N$ bits não serão desperdiçados, e a eficiência será de 100%.

A contagem regressiva binária é um exemplo de protocolo simples, elegante e eficiente, que está esperando o momento de ser redescoberto. Esperamos que algum dia ele encontre um novo lar.

4.2.4 Protocolos de disputa limitada

Vimos até agora duas estratégias básicas para a aquisição de canais em uma rede de broadcast: protocolos de disputa, como no CSMA, e protocolos livres de colisão. Cada estratégia é classificada de acordo com seu desempenho em relação a duas medidas importantes: o atraso em carga baixa e a eficiência de canal em carga alta. Em condições de carga leve, a disputa (ou seja, o ALOHA original ou o slotted ALOHA) é preferível, em virtude de seu baixo índice de atraso (pois as colisões são raras). À medida que a carga aumenta, a disputa torna-se cada vez menos interessante, pois o overhead associado à arbitragem do canal torna-se maior. O oposto também é verdadeiro em relação aos protocolos livres de colisão. Em carga baixa, eles têm um alto índice de atraso, mas, à medida que a carga aumenta, a eficiência do canal melhora (pois os overheads são fixos).

Obviamente, seria bom se pudéssemos combinar as melhores propriedades dos protocolos de disputa e dos protocolos livres de colisão, chegando a um novo protocolo que usaria não só a disputa em cargas baixas, para proporcionar um baixo índice de atraso, mas também a técnica livre de colisão em carga alta, para oferecer uma boa eficiência do canal. Esses protocolos, que chamaremos de **protocolos de disputa limitada**, de fato existem, e concluirão nosso estudo sobre redes com detecção de portadora.

Até agora, os únicos protocolos de disputa que estudamos são simétricos. Ou seja, cada estação tenta acessar o canal com alguma probabilidade, p, com todas as estações usando o mesmo p. É interessante observar que o desempenho geral do sistema às vezes pode ser melhorado com o uso de um protocolo que atribua probabilidades distintas a diferentes estações.

Antes de examinarmos os protocolos assimétricos, faremos uma pequena revisão do desempenho do caso simétrico. Suponha que k estações estejam disputando o acesso a um canal. Cada uma tem a probabilidade p de transmitir durante cada slot. A probabilidade de alguma estação acessar o canal com sucesso durante determinado slot é a probabilidade de que qualquer estação transmita, com probabilidade p, e todas as outras $k - 1$ estações adiem, cada uma com probabilidade $1 - p$. Esse valor é $kp(1 - p)^{k-1}$. Para encontrar o valor ideal de p, diferenciamos em relação a p, definimos o resultado como zero e resolvemos a equação para p. Ao fazer isso, descobrimos que o melhor valor de p é $1/k$. Ao substituirmos $p = 1/k$, obteremos:

$$\Pr[\text{sucesso com } p \text{ ideal}] = \left(\frac{k-1}{k}\right)^{k-1}$$

Essa probabilidade está representada na Figura 4.9. Para um pequeno número de estações, as chances de sucesso são boas, mas, tão logo o número de estações alcance até mesmo cinco, a probabilidade cai até um número próximo de seu valor assintótico, $1/e$.

Pela Figura 4.9, fica evidente que a probabilidade de alguma estação adquirir o canal só pode ser aumentada diminuindo-se o volume de competição. Os protocolos de disputa limitada fazem exatamente isso. Primeiro, eles dividem as estações em grupos (não necessariamente

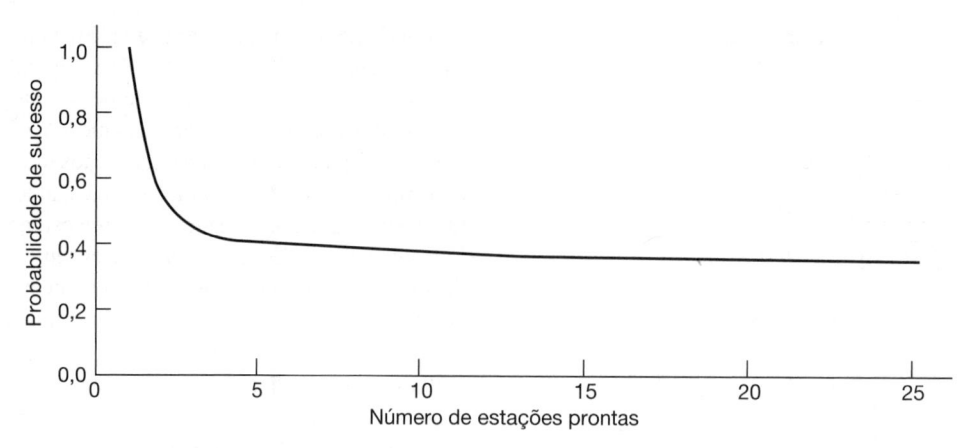

Figura 4.9 Probabilidade de aquisição de um canal de disputa simétrico.

disjuntos). Apenas os membros do grupo 0 podem disputar o slot 0. Se um deles obtiver êxito, adquirirá o canal e transmitirá seu quadro. Se um slot permanecer inativo ou se ocorrer uma colisão, os membros do grupo 1 disputarão o slot 1, etc. Fazendo-se uma divisão apropriada das estações em grupos, o volume de disputa por cada slot pode ser reduzido e, assim, a operação de cada slot ficará próxima à extremidade esquerda da Figura 4.9.

O truque é a maneira de atribuir estações a slots. Antes de analisarmos o caso geral, vamos considerar algumas situações especiais. Em um extremo, cada grupo tem apenas um membro. Essa atribuição garante que nunca ocorrerão colisões, pois existirá, no máximo, uma estação disputando qualquer slot dado. Já vimos esse tipo de protocolo antes (p. ex., a contagem regressiva binária). A próxima situação especial é atribuir duas estações por grupo. A probabilidade de ambas tentarem transmitir durante um slot é p^2, que, para um p pequeno, é desprezível. À medida que mais e mais estações são atribuídas ao mesmo slot, a probabilidade de colisão aumenta, mas diminui a extensão da varredura de bit-map necessária para que todas tenham uma chance. A situação-limite consiste em um único grupo que contém todas as estações (ou seja, o slotted ALOHA). O que precisamos é de uma forma de atribuir dinamicamente estações a slots, com várias estações por slot quando a carga for baixa, e poucas estações (ou apenas uma) por slot quando a carga for alta.

O protocolo adaptativo tree-walk

Uma maneira particularmente simples de fazer as atribuições necessárias consiste em usar o algoritmo desenvolvido pelo exército norte-americano para testar a incidência de sífilis em soldados durante a Segunda Guerra Mundial (Dorfman, 1943). Em resumo, o exército extraiu uma amostra de sangue de N soldados. Uma parte de cada amostra foi colocada em um único tubo de teste. Essa amostra misturada foi submetida a teste para detectar anticorpos. Se nenhum anticorpo fosse encontrado, todos os soldados do grupo eram considerados saudáveis. Se houvesse anticorpos, duas novas amostras misturadas eram preparadas, uma dos soldados numerados de 1 a $N/2$ e outra com o sangue dos demais soldados. O processo era repetido recursivamente até que os soldados infectados fossem identificados.

Para a versão computacional desse algoritmo (Capetanakis, 1979), é conveniente imaginar as estações como as folhas de uma árvore binária, conforme ilustra a Figura 4.10. No primeiro slot de disputa que segue uma transmissão de quadro bem-sucedida, o slot 0, todas as estações têm permissão para tentar acessar o canal. Se uma delas conseguir, muito bem. Se ocorrer uma colisão, durante o slot 1 apenas as estações que estiverem sob o nó 2 da árvore poderão disputar o canal. Se uma delas se apoderar dele, o slot seguinte ao quadro ficará reservado para as estações do nó 3. Por sua vez, se duas ou mais estações no nó 2 quiserem transmitir, haverá uma colisão durante o slot 1 e, nesse caso, será a vez do nó 4 durante o slot 2.

Basicamente, se ocorrer uma colisão durante o slot 0, toda a árvore será pesquisada, primeiro em profundidade, a fim de localizar todas as estações prontas para transmissão. Cada slot de bits é associado a algum nó específico da árvore. Se houver uma colisão, a pesquisa continuará

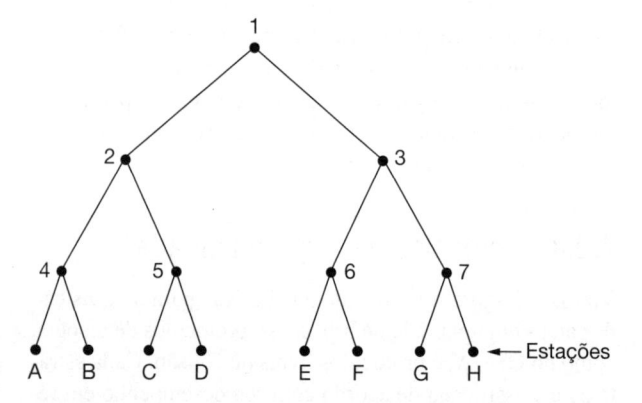

Figura 4.10 A árvore para oito estações.

recursivamente com os filhos localizados à esquerda e à direita desse nó. Se um slot de bits estiver inativo ou se houver apenas uma estação transmitindo nesse slot, a pesquisa de seu nó poderá ser encerrada, pois todas as estações prontas terão sido localizadas. (Se houvesse mais de uma, uma colisão teria ocorrido.)

Quando a carga do sistema está muito pesada, quase não vale a pena o esforço de dedicar o slot 0 ao nó 1, pois esse procedimento só faz sentido na eventualidade improvável de que exatamente uma estação tenha um quadro a ser transmitido. Assim, alguém poderia argumentar que os nós 2 e 3 também deveriam ser ignorados, pela mesma razão. Em termos mais gerais, em que nível da árvore a pesquisa deve ter início? É claro que, quanto maior for a carga, mais baixo na árvore o ponto de início da pesquisa deve estar. Por ora, vamos supor que cada estação tenha uma boa estimativa do número q de estações prontas, por exemplo, com base no monitoramento de tráfego mais recente.

Para prosseguir, vamos numerar os níveis da árvore a partir do topo, com o nó 1 da Figura 4.10 no nível 0, os nós 2 e 3 no nível 1, e assim por diante.. Observe que cada nó do nível i tem uma fração 2^{-i} das estações que se encontram abaixo dele. Se as q estações prontas estiverem uniformemente distribuídas, o número esperado dessas estações abaixo de um nó específico do nível i será apenas $2^{-i} q$. Intuitivamente, seria de se esperar que o nível ideal para iniciar a pesquisa na árvore fosse aquele no qual o número médio de estações em disputa por slot fosse igual a 1, isto é, o nível em que $2^{-i} q = 1$. Resolvendo essa equação, descobrimos que $i = \log_2 q$.

Foram descobertas diversas melhorias no algoritmo básico, as quais são abordadas em detalhes por Bertsekas e Gallager (1992), mas os pesquisadores ainda estão trabalhando nisso (De Marco e Kowalski, 2017). Por exemplo, considere a hipótese em que as estações G e H são as únicas que estão esperando para transmitir. No nó 1, ocorrerá uma colisão, de modo que 2 será testado e descoberto como nó inativo. É inútil testar o nó 3, pois é certo que haverá colisão (sabemos que duas ou mais estações abaixo de 1 estão prontas e que nenhuma delas está abaixo de 2; portanto, todas devem estar abaixo de 3). A sondagem do nó 3 pode ser ignorada, e o nó 6 será testado em seguida. Quando essa sondagem também não produzir nenhum resultado, 7 poderá ser ignorado e o nó G poderá ser testado em seguida.

4.2.5 Protocolos de LANs sem fio

Um sistema de notebooks que se comunicam por rádio pode ser considerado uma LAN sem fio, como discutimos na Seção 1.4.3. Essa LAN é um exemplo de canal de broadcast. Ela também tem propriedades um pouco diferentes das que caracterizam as LANs com fio, o que leva a diferentes protocolos MAC. Nesta seção, analisaremos alguns deles. Na Seção 4.4, examinaremos a rede 802.11 (WiFi) em detalhes.

Uma configuração comum para uma LAN sem fio é um edifício comercial com pontos de acesso (PAs) estrategicamente posicionados. Todos os PAs são interconectados com o uso de cobre ou fibra, para melhorar a conectividade com as estações que falam com eles. Se a potência de transmissão dos PAs e dos notebooks for ajustada para um alcance de dezenas de metros, as salas vizinhas se tornarão uma única célula e o edifício inteiro passará a ser um grande sistema celular, como os que estudamos no Capítulo 2, exceto que cada célula só tem um canal, compartilhado por todas as estações em sua célula, incluindo o PA. Em geral, ela oferece larguras de banda de megabits/s até gigabits/s. Teoricamente, o IEEE 802.11ac pode atingir 7 Gbps; porém, na prática, ele é muito mais lento.

Já notamos que os sistemas sem fio normalmente não podem detectar uma colisão enquanto ela está ocorrendo. O sinal recebido em uma estação pode ser curto, talvez um milhão de vezes mais fraco que o sinal que está sendo transmitido. Encontrá-lo é como procurar uma onda no oceano. Em vez disso, as confirmações são usadas para descobrir colisões e outros erros após o fato.

Há uma diferença ainda mais importante entre as LANs sem fio e as convencionais. Uma estação em uma LAN sem fio pode não ser capaz de transmitir quadros ou recebê-los de todas as estações, em decorrência do alcance de rádio limitado das estações. Nas LANs com fio, quando uma estação envia um quadro, todas as outras estações o recebem. A ausência dessa propriedade nas LANs sem fio causa uma série de complicações.

Vamos simplificar supondo que cada transmissor de rádio tenha algum alcance fixo, representado por uma região de cobertura circular dentro da qual outra estação possa detectar e receber a transmissão da estação. É importante observar que, na prática, as regiões de cobertura não são tão regulares, pois a propagação dos sinais de rádio depende do ambiente. As paredes e outros obstáculos que atenuam e refletem sinais podem fazer o alcance ser bastante diferente em diversas direções. Mas um modelo circular simples servirá aos nossos propósitos.

Uma abordagem simples para o uso de uma LAN sem fio seria tentar o CSMA: basta escutar outras transmissões e transmitir apenas se ninguém mais estiver usando o canal. O problema é que esse protocolo realmente não é uma boa maneira de pensar nas redes sem fio, pois o que importa para a recepção é a interferência no receptor, e não no transmissor. Para ver a natureza do problema, considere a Figura 4.11, na qual ilustramos quatro estações sem fio. Para os nossos propósitos, não importa quais são PAs e quais são notebooks. O alcance do rádio é tal que A e B estão dentro do alcance e podem interferir um no outro. C também pode interferir em B e D, mas não em A.

Considere primeiro o que acontece quando A está transmitindo para B, como mostra a Figura 4.11(a). Se A transmitir e depois C imediatamente detectar o meio físico,

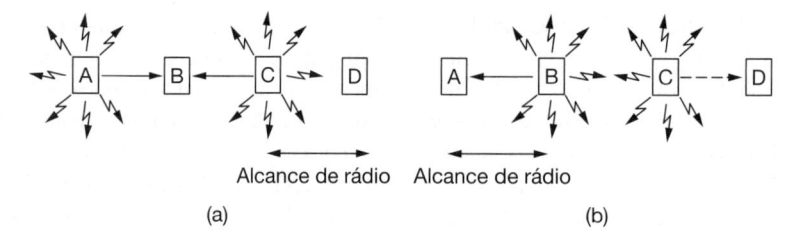

Figura 4.11 Uma LAN sem fio. (a) *A* e *C* são terminais ocultos ao transmitir para *B*. (b) *B* e *C* são terminais expostos ao transmitir para *A* e *D*.

ele não ouvirá *A*, pois essa estação está fora do alcance e, portanto, *C* concluirá incorretamente que pode transmitir para *B*. Se começar a transmitir, *C* interferirá em *B*, removendo o quadro de *A*. (Consideramos aqui que nenhum esquema tipo CDMA é usado para oferecer múltiplos canais, de modo que as colisões inutilizam o sinal e destroem os dois quadros.) Queremos um protocolo MAC que impeça esse tipo de colisão, pois isso desperdiça largura de banda. O problema de uma estação não conseguir detectar uma provável concorrente pelo meio físico, porque a estação concorrente está muito longe, é denominado **problema da estação oculta**.

Agora, vamos considerar uma situação diferente: *B* está transmitindo para *A* ao mesmo tempo que *C* deseja transmitir para *D*, como mostra a Figura 4.11(b). Se detectar o meio físico, *C* ouvirá uma transmissão em andamento e concluirá incorretamente que não pode transmitir para *D* (como mostra a linha tracejada). Na verdade, essa transmissão só geraria uma recepção de má qualidade na zona entre *B* e *C*, em que nenhum dos receptores desejados está localizado. Queremos um protocolo MAC que impeça esse tipo de adiamento, pois ele desperdiça largura de banda. Essa situação é chamada de **problema da estação exposta**.

O problema é que, antes de iniciar uma transmissão, a estação realmente deseja saber se há ou não atividade de rádio em torno do receptor. O CSMA apenas informa a ela se há ou não atividade na estação que detecta a portadora.

Com um fio, todos os sinais se propagam para todas as estações e, portanto, não existe distinção. Todavia, somente uma transmissão pode ocorrer de cada vez em qualquer parte do sistema. Em um sistema baseado em ondas de rádio de pequeno alcance, várias transmissões podem ocorrer simultaneamente, se todas tiverem destinos diferentes e eles estiverem fora do alcance uns dos outros. Queremos que essa concorrência aconteça quando a célula se tornar cada vez maior, da mesma forma que pessoas em uma festa não devem esperar que todos na sala fiquem em silêncio antes de começar a falar; várias conversas podem ocorrer ao mesmo tempo em uma sala grande, desde que elas não sejam dirigidas para o mesmo local.

Um protocolo antigo e influente, que trata desses problemas em LANs sem fio, é o **acesso múltiplo com prevenção de colisão**, ou **MACA** (**Multiple Access with Collision Avoidance**) (Karn, 1990 e Garcia-Luna-Aceves, 2017). A ideia básica consiste em fazer o transmissor estimular o receptor a liberar um quadro curto como saída, de modo que as estações vizinhas possam detectar essa transmissão e evitar transmitir enquanto o quadro de dados (grande) estiver sendo recebido. Essa técnica é usada no lugar da detecção de portadora.

O MACA é ilustrado na Figura 4.12. Vamos analisar agora como *A* envia um quadro para *B*. *A* inicia a transmissão enviando um quadro de **solicitação para envio**, ou **RTS** (**Request to Send**), para *B*, como mostra a Figura 4.12(a).

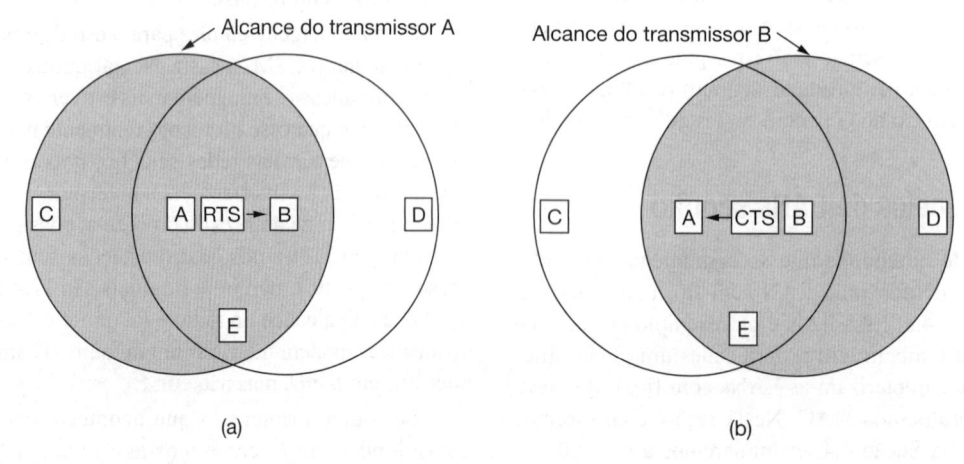

Figura 4.12 O protocolo MACA. (a) *A* está enviando um quadro RTS para *B*. (b) *B* está respondendo com um quadro CTS para *A*.

Esse quadro curto (30 bytes) contém o comprimento do quadro de dados que possivelmente será enviado em seguida. Depois disso, *B* responde com um quadro de **liberação para envio**, ou **CTS** (**Clear to Send**), como mostra a Figura 4.12(b). O quadro CTS contém o tamanho dos dados (copiado do quadro RTS). Após o recebimento do quadro CTS, *A* inicia a transmissão.

Agora, vejamos como reagem as estações que estão ouvindo ambos os quadros. Qualquer estação que esteja ouvindo o quadro RTS está próxima de *A* e deve permanecer inativa por tempo suficiente para que o CTS seja transmitido de volta para *A*, sem conflito. Qualquer estação que esteja ouvindo o CTS está próxima de *B* e deve permanecer inativa durante a transmissão de dados que está a caminho, cujo tamanho pode ser verificado pelo exame do quadro CTS.

Na Figura 4.12, *C* está dentro do alcance de *A*, mas não no alcance de *B*. Portanto, essa estação pode detectar o RTS de *A*, mas não o CTS de *B*. Desde que não interfira no CTS, a estação é livre para transmitir enquanto o quadro de dados está sendo enviado. Ao contrário, *D* está dentro do alcance de *B*, mas não de *A*. Ela não detecta o RTS, mas sim o CTS. Ao detectá-lo, ela recebe a indicação de que está perto de uma estação que está prestes a receber um quadro e, portanto, adia a transmissão até o momento em que o envio desse quadro provavelmente esteja concluído. A estação *E* detecta as duas mensagens de controle e, como *D*, deve permanecer inativa até que a transmissão do quadro de dados seja concluída.

Apesar dessas precauções, ainda pode haver colisões. Por exemplo, *B* e *C* poderiam enviar quadros RTS para *A* ao mesmo tempo. Haverá uma colisão entre esses quadros e eles se perderão. No caso de uma colisão, um transmissor que não obtiver êxito (ou seja, o que não detectar um CTS no intervalo esperado) aguardará durante um intervalo aleatório e tentará novamente mais tarde.

4.3 ETHERNET

Agora, concluímos nossa discussão resumida sobre protocolos de alocação de canais e, portanto, é hora de analisar como esses princípios se aplicam a sistemas reais. Muitos dos projetos para redes pessoais, locais e metropolitanas foram padronizados com o nome IEEE 802. Alguns desses padrões sobreviveram, mas muitos não, como vimos na Figura 1.38. Algumas pessoas que acreditam em reencarnação creem que Charles Darwin retornou como membro da associação de padrões do IEEE com a finalidade de eliminar os menos capazes. Os mais importantes entre os sobreviventes são os padrões 802.3 (Ethernet) e 802.11 (LAN sem fio). O Bluetooth (PAN sem fio) é bastante utilizado, mas agora foi padronizado fora do 802.15.

Começaremos nosso estudo dos sistemas reais com a Ethernet, provavelmente o tipo de rede de computação mais utilizado no mundo. Existem dois tipos de Ethernet: **Ethernet clássica**, que resolve o problema de acesso múltiplo por meio de técnicas que estudamos neste capítulo, e **Ethernet comutada**, em que dispositivos chamados **switches** são usados para conectar diferentes computadores. É importante observar que, embora ambas sejam chamadas Ethernet, elas são muito diferentes. A Ethernet clássica é a forma original, que atuava em velocidades de 3 a 10 Mbps. A Ethernet comutada é a evolução da Ethernet, e trabalha em velocidades de 100, 1.000, 10.000, 40.000 ou 100.000 Mbps, ao que chamamos Fast Ethernet, gigabit Ethernet, 10 gigabit Ethernet, 40 gigabit Ethernet ou 100 gigabit Ethernet. Na prática, somente a Ethernet comutada é usada atualmente.

Discutiremos essas formas históricas da Ethernet em ordem cronológica, mostrando como elas se desenvolveram. Como Ethernet e IEEE 802.3 são idênticos, exceto por uma pequena diferença (que discutiremos em breve), muitas pessoas usam os termos "Ethernet" e "IEEE 802.3" para indicar a mesma coisa. Também faremos isso aqui. Para obter mais informações sobre Ethernet, consulte Spurgeon e Zimmerman (2014).

4.3.1 Camada física da Ethernet clássica

A história da Ethernet começa mais ou menos na época da ALOHA, quando um aluno chamado Bob Metcalfe conseguiu seu título de bacharel no MIT e depois "subiu o rio" para obter seu título de Ph.D. em Harvard. Durante seus estudos, conheceu o trabalho de Abramson sobre ALOHA. Ele ficou tão interessado que, depois de se formar em Harvard, decidiu passar o verão no Havaí trabalhando com Abramson, antes de iniciar seu trabalho no Xerox PARC (Palo Alto Research Center). Quando chegou ao PARC, viu que os pesquisadores de lá haviam projetado e montado o que mais tarde seriam chamados computadores pessoais. Mas as máquinas eram isoladas. Usando seu conhecimento do trabalho de Abramson, Metcalfe, com seu colega David Boggs, projetou e implementou a primeira rede local (Metcalfe e Boggs, 1976). Ele usou um único cabo coaxial grosso e conseguiu trabalhar a 3 Mbps.

Metcalfe e Boggs chamaram o sistema de **Ethernet**, fazendo referência ao *éter transmissor de luz* (do inglês *luminiferous ether*), através do qual se acreditava que a radiação eletromagnética se propagava. (Quando o físico britânico do século XIX James Clerk Maxwell descobriu que a radiação eletromagnética poderia ser descrita por uma equação de onda, os cientistas acharam que o espaço deveria estar repleto de algum meio etéreo em que a radiação estava se propagando. Somente depois do famoso experimento de Michelson-Morley, em 1887, é que os físicos descobriram que a radiação eletromagnética podia se propagar no vácuo.)

A rede Ethernet da Xerox foi tão bem-sucedida que DEC, Intel e Xerox chegaram a um padrão em 1978 para uma Ethernet de 10 Mbps, chamado **padrão DIX**. Com uma pequena mudança, o padrão DIX tornou-se o padrão IEEE 802.3 em 1983. Infelizmente para a Xerox, ela já tinha um histórico de criar invenções originais (como o computador pessoal) e não conseguir comercializá-las, história contada em *Fumbling the Future* [Tateando o futuro], de Smith e Alexander (1988). Quando a Xerox mostrou pouco interesse em fazer algo com a Ethernet além de ajudar a padronizá-la, Metcalfe formou sua própria empresa, a 3Com, para vender adaptadores Ethernet para PCs. Ele vendeu muitos milhões deles.

A Ethernet clássica percorria o prédio como um cabo longo único, ao qual todos os computadores eram conectados. Essa arquitetura é mostrada na Figura 4.13. A primeira variedade, popularmente conhecida como **thick Ethernet**, era semelhante a uma mangueira amarela de jardim, com marcações a cada 2,5 m, mostrando onde conectar os computadores. (O padrão 802.3 não *exigia* realmente que o cabo fosse amarelo, mas *sugeria* isso.) Ela foi acompanhada pela **thin Ethernet**, que encurvava com mais facilidade e fazia conexões usando conectores BNC padrão da indústria. A thin Ethernet era muito mais barata e fácil de instalar, mas só podia ter 185 m por segmento (em vez dos 500 m da thick Ethernet), cada um dos quais podendo lidar com apenas 30 máquinas (em vez de 100).

Cada versão da Ethernet tem um comprimento máximo de cabo por segmento (ou seja, comprimento não amplificado) sobre o qual o sinal será propagado. Para permitir redes maiores, vários cabos podem ser conectados por **repetidores**. Um repetidor é um dispositivo da camada física que recebe, amplifica (ou seja, regenera) e retransmite sinais nas duas direções. Em relação ao software, diversos segmentos de cabo conectados por repetidores não são diferentes de um único cabo (exceto por um pequeno atraso introduzido pelos repetidores).

Por um a um desses cabos, a informação era enviada usando a codificação Manchester que estudamos na Seção 2.4.3. Uma Ethernet poderia conter vários segmentos de cabo e vários repetidores, mas dois transceptores não poderiam estar mais de 2,5 km afastados um do outro e nenhum caminho entre dois transceptores quaisquer poderia atravessar mais de quatro repetidores. O motivo para essa restrição foi para que o protocolo MAC, que examinaremos em seguida, funcionasse corretamente.

4.3.2 O protocolo da subcamada MAC Ethernet clássica

O formato usado para transmitir quadros é mostrado na Figura 4.14. Cada quadro começa com um *Preâmbulo* de 8 bytes, cada um contendo o padrão de bits 10101010 (com exceção do último byte, em que os dois últimos bits são 11). Esse último byte é chamado de delimitador de *Início de quadro* para o 802.3. A codificação Manchester desse padrão produz uma onda quadrada de 10 MHz por 6,4 μs, a fim de permitir a sincronização entre o clock do receptor e o clock do transmissor. Os dois últimos bits 1 dizem ao receptor que o restante do quadro está para começar.

Em seguida, o quadro contém dois endereços, um para o destino e um para a origem. Cada um deles possui 6 bytes de extensão. O primeiro bit transmitido do endereço de destino é 0 para endereços comuns e 1 para endereços de grupos. Estes permitem que diversas estações escutem um único endereço. Quando um quadro é enviado para um

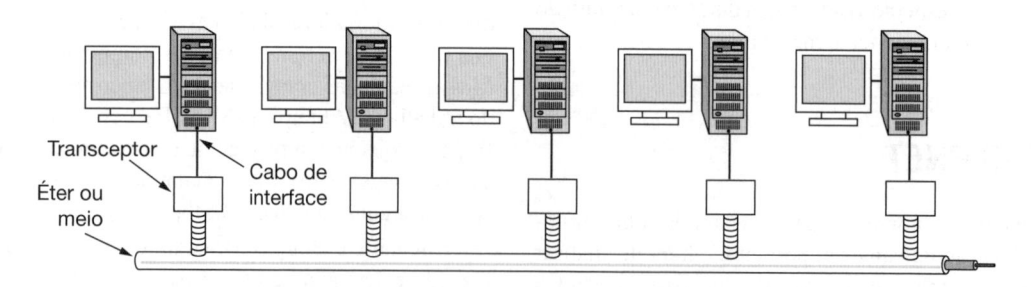

Figura 4.13 Arquitetura da Ethernet clássica.

Figura 4.14 Formato dos quadros. (a) Ethernet (DIX). (b) IEEE 802.3

endereço de grupo, todas as estações do grupo o recebem. A transmissão para um grupo de estações é chamada de **multicasting**. O endereço que consiste em todos os bits 1 é reservado para **broadcasting**. Um quadro contendo todos os bits 1 no campo de destino é aceito por todas as estações da rede. O multicasting é mais seletivo, mas envolve o gerenciamento de grupos para definir quais estações pertencem ao grupo. Por sua vez, o broadcasting não diferencia entre estação alguma e, por isso, não requer qualquer gerenciamento de grupos.

Uma característica interessante dos endereços de origem da estação é que eles são globalmente exclusivos, atribuídos de forma centralizada pelo IEEE para garantir que duas estações em qualquer lugar do mundo nunca tenham o mesmo endereço. A ideia é que qualquer estação possa endereçar de forma exclusiva qualquer outra estação simplesmente informando o número de 48 bits correto. Para fazer isso, os três primeiros bytes do campo de endereço são usados para um **identificador exclusivo da organização**, ou **OUI (Organizationally Unique Identifier)**. Os valores para esse campo são atribuídos diretamente pelo IEEE e indicam o fabricante. Os fabricantes recebem blocos de 2^{24} endereços. O fabricante atribui os três últimos bytes do endereço e programa o endereço completo na NIC antes que ela seja vendida.

Em seguida, vem o campo *Tipo* ou *Tamanho*, dependendo se o quadro é Ethernet ou IEEE 802.3. A Ethernet usa um campo *Tipo* para informar ao receptor o que fazer com o quadro. Vários protocolos da camada de rede podem estar em uso ao mesmo tempo na mesma máquina; assim, quando chega um quadro Ethernet, o sistema operacional tem de saber a qual deles deve entregar o quadro. O campo *Tipo* especifica que processo deve receber o quadro. Por exemplo, um código tipo 0x0800 significa que os dados contêm um pacote IPv4.

O IEEE 802.3, em sua sabedoria, decidiu que esse campo transportaria o tamanho do quadro, pois o tamanho Ethernet era determinado examinando o interior dos dados – uma violação do uso de camadas, se é que isso existiu. Naturalmente, isso significava que não havia como o receptor descobrir o que fazer com um quadro que chegava. Esse problema foi tratado pelo acréscimo de outro cabeçalho para o protocolo de controle lógico do enlace dentro dos dados, que veremos mais adiante. Ele usa 8 bytes para transportar os 2 bytes de informação do tipo de protocolo.

Infelizmente, quando o 802.3 foi publicado, já havia tanto hardware e software para a Ethernet DIX em uso que poucos fabricantes e usuários tiveram interesse em modificar os campos de *Tipo* e *Tamanho*. Em 1997, o IEEE jogou a toalha e disse que as duas maneiras poderiam ser usadas. Felizmente, todos os campos de *Tipo* em uso antes de 1997 tinham valores maiores que 1500, que ficou bem estabelecido como o tamanho máximo dos dados. Agora, a regra é que qualquer número menor ou igual a 0x600 (1536) pode ser interpretado como *Tamanho*, ao passo que qualquer número maior que 0x600 pode ser interpretado como *Tipo*. Agora o IEEE pode afirmar que todos estão usando seu padrão e todos os outros podem continuar fazendo o que já faziam (não se preocupar com o LLC [logical link control]) sem se sentir culpados por isso. Isso é o que acontece quando a política (industrial) encontra a tecnologia.

Depois, vêm os dados, com até 1.500 bytes. Esse limite foi escolhido de forma um tanto arbitrária na época em que o padrão Ethernet foi esculpido, principalmente com base no fato de que um transceptor precisa ter RAM suficiente para guardar um quadro inteiro e, em 1978, a RAM tinha um custo muito alto. Um limite superior maior significaria mais RAM e, consequentemente, um transceptor mais caro.

Além de haver um comprimento máximo de quadro, também existe um comprimento mínimo. Embora um campo de dados de 0 bytes às vezes seja útil, ele causa um problema. Quando um transceptor detecta uma colisão, ele trunca o quadro atual, o que significa que bits perdidos e fragmentos de quadros aparecem a todo instante no cabo. Para tornar mais fácil a distinção entre quadros válidos e lixo, o padrão Ethernet exige que os quadros válidos tenham pelo menos 64 bytes de extensão, do endereço de destino até o campo de checksum, incluindo ambos. Se a parte de dados de um quadro for menor que 46 bytes, o campo *Preenchimento* será usado para preencher o quadro até o tamanho mínimo.

Outra (e mais importante) razão para a existência de um quadro de comprimento mínimo é impedir que uma estação conclua a transmissão de um quadro curto antes de o primeiro bit ter atingido a outra extremidade do cabo, em que ele poderá colidir com outro quadro. Esse problema é ilustrado na Figura 4.15. No tempo 0, a estação *A*, localizada em uma extremidade da rede, envia um quadro. Vamos chamar de τ o tempo de propagação que ele leva para atingir a outra extremidade. Momentos antes de o quadro chegar à outra extremidade (ou seja, no tempo $\tau - \varepsilon$), a estação mais distante, *B*, inicia a transmissão. Quando detecta que está recebendo mais potência do que está transmitindo, *B* sabe que ocorreu uma colisão, interrompe a transmissão e gera uma rajada de sinal ruidoso de 48 bits para avisar as demais estações. Em outras palavras, ela bloqueia o éter (meio) para ter certeza de que o transmissor não ignorará a colisão. Aproximadamente no tempo 2τ, o transmissor detecta a rajada de ruídos e também cancela sua transmissão. Depois, ele espera por um tempo aleatório antes de tentar novamente.

Se uma estação tentar transmitir um quadro muito curto, é concebível que ocorra uma colisão, mas a transmissão será concluída antes que a rajada de sinal ruidoso retorne no instante 2τ. Então, o transmissor concluirá incorretamente que o quadro foi enviado com êxito. Para evitar que essa situação ocorra, a transmissão de todos os quadros deve

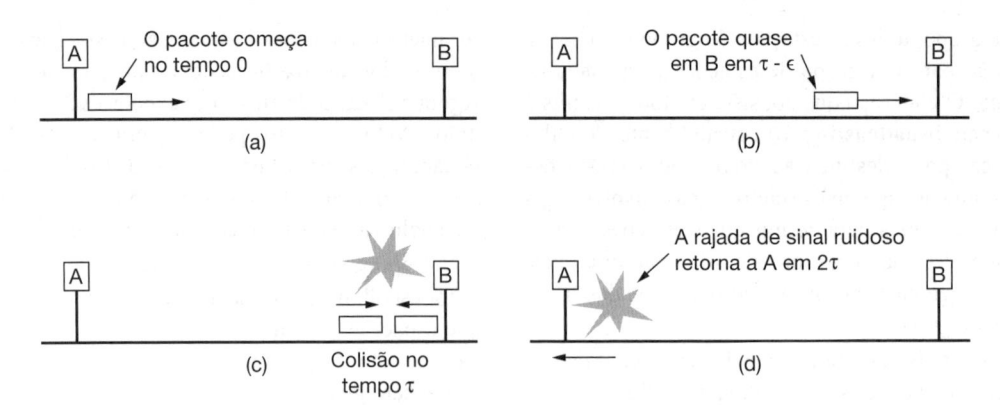

Figura 4.15 A detecção de colisão pode demorar até o tempo 2τ.

demorar mais de 2τ para transmitir, de forma que a transmissão ainda esteja acontecendo quando a rajada de sinal ruidoso voltar ao transmissor. Para uma LAN de 10 Mbps com um comprimento máximo de 2.500 m e quatro repetidores (de acordo com a especificação 802.3), o tempo de ida e volta (incluindo o tempo de propagação pelos quatro repetidores) foi calculado em quase 50 μs na pior das hipóteses. Portanto, o quadro mínimo deve demorar pelo menos esse tempo para ser transmitido. A 10 Mbps, um bit demora 100 ns, e assim 500 bits é o menor tamanho de quadro que oferece a garantia de funcionar. Para acrescentar certa margem de segurança, esse número foi arredondado para 512 bits ou 64 bytes.

O último campo Ethernet é o *Checksum*. Ele é um CRC de 32 bits do tipo que estudamos na Seção 3.2. De fato, é definido exatamente pelo polinômio gerador que mostramos lá, que apareceu para PPP, ADSL e outros enlaces também. Esse CRC é um código de detecção de erro usado para determinar se os bits do quadro foram recebidos corretamente. Ele simplesmente realiza a detecção de erros, com o quadro sendo descartado se algum erro for detectado.

CSMA/CD com backoff exponencial binário

A Ethernet clássica utiliza o algoritmo CSMA/CD 1-persistente que estudamos na Seção 4.2. Esse descritor só significa que as estações sentem o meio quando elas têm um quadro para transmitir e o enviam assim que o meio se torna desocupado. Elas monitoram o canal em busca de colisões enquanto transmitem. Se houver uma colisão, elas cancelam a transmissão com um curto sinal de interferência e retransmitem após um intervalo aleatório.

Vejamos agora como é determinado o intervalo aleatório quando ocorre uma colisão, pois esse é um método novo. O modelo ainda é o da Figura 4.5. Depois de uma colisão, o tempo é dividido em slots discretos, cujo comprimento é igual ao pior tempo de propagação da viagem de ida e volta no éter (2τ). Para acomodar o caminho mais longo permitido pelo padrão Ethernet, o tempo de duração do slot foi definido como 512 períodos de duração de um bit, ou 51,2 μs.

Depois da primeira colisão, cada estação espera 0 ou 1 tempo de slot aleatoriamente antes de tentar novamente. Se duas estações colidirem e selecionarem o mesmo número aleatório, elas colidirão novamente. Depois da segunda colisão, cada uma seleciona ao acaso 0, 1, 2 ou 3 e aguarda durante esse número de tempos de slot. Se ocorrer uma terceira colisão (cuja probabilidade é de 0,25), na próxima vez o número de slots que a estação deverá esperar será escolhido ao acaso no intervalo de 0 a $2^3 - 1$.

Em geral, depois de i colisões, é escolhido um número aleatório entre 0 e $2^i - 1$, e esse número de slots será ignorado. Entretanto, após terem sido alcançadas dez colisões, o intervalo de randomização será congelado em um máximo de 1.023 slots. Depois de 16 colisões, o controlador desiste e informa o erro ao computador. Qualquer recuperação adicional caberá às camadas superiores.

Esse algoritmo, chamado **backoff exponencial binário**, foi escolhido para se adaptar dinamicamente ao número de estações que estão tentando transmitir. Se o intervalo de escolha do número aleatório para todas as colisões fosse 1023, o risco de duas estações colidirem uma segunda vez seria desprezível, mas o tempo de espera médio depois de uma colisão seria de centenas de períodos de slot, ocasionando um atraso significativo. Em contrapartida, se cada estação sempre esperasse entre 0 ou 1 slot, e se 100 estações tentassem transmitir ao mesmo tempo, elas colidiriam repetidas vezes até que 99 delas escolhessem 1 e a estação restante escolhesse 0. Isso poderia levar anos. Aumentando-se exponencialmente o intervalo de tempo aleatoriamente, à medida que ocorre um número cada vez maior de colisões consecutivas, o algoritmo assegura um baixo atraso quando apenas algumas estações colidem, mas também garante que a colisão seja resolvida em um período de tempo razoável quando muitas estações colidirem. A restrição de recuo a 1023 impede que o limite aumente demais.

Se não houver colisão, o transmissor considera que o quadro provavelmente foi entregue com êxito. Ou seja, nem CSMA/CD nem Ethernet oferecem confirmações. Essa escolha é apropriada para canais com fio e de fibra óptica, que têm baixas taxas de erro. Quaisquer erros que ocorram devem então ser detectados pelo CRC e recuperados pelas camadas mais altas. Para canais sem fio, que têm mais erros, veremos que as confirmações realmente são utilizadas.

4.3.3 Desempenho da Ethernet

Agora, vamos examinar rapidamente o desempenho da Ethernet sob condições de carga alta e constante, ou seja, k estações sempre prontas a transmitir. Uma análise completa do algoritmo de backoff exponencial binário é muito complicada. Em vez disso, seguiremos Metcalfe e Boggs (1976) e vamos supor uma probabilidade de retransmissão constante em cada slot. Se cada estação transmitir durante um slot de disputa com probabilidade p, a probabilidade A de que alguma estação tome posse do canal existente nesse slot será:

$$A = kp(1-p)^{k-1}$$

A é maximizado quando $p = 1/k$, com $A \to 1/e$, à medida que $k \to \infty$. A probabilidade de que o intervalo de disputa tenha exatamente j slots é $A(1-A)^{j-1}$, de forma que o número médio de slots por disputa é dado por

$$\sum_{j=0}^{\infty} jA(1-A)^{j-1} = \frac{1}{A}$$

Como cada slot tem uma duração de 2τ, o intervalo médio de disputa, w, é $2\tau/A$. Supondo-se um valor ideal para p, o número médio de slots de disputa nunca será maior que e; portanto, w é, no máximo, $2\tau e \approx 5,4\tau$.

Se o quadro leva em média P segundos para ser transmitido, quando muitas estações tiverem quadros para enviar,

$$\text{Eficiência do canal} = \frac{P}{P + 2\tau/A} \quad (4.2)$$

Aqui, vemos onde a distância máxima do cabo entre duas estações entra nos números do desempenho. Quanto maior for o cabo, maior será o intervalo de disputa, o que explica por que o padrão Ethernet especifica um comprimento máximo de cabo.

É instrutivo formular a Equação 4.2 em termos do comprimento do quadro, F, da largura de banda da rede, B, do comprimento do cabo, L, e da velocidade de propagação do sinal, c, para o caso ideal de e slots de disputa por quadro. Com $P = F/B$, a Equação 4.2 passa a ser:

$$\text{Eficiência do canal} = \frac{1}{1 + 2BLe/cF} \quad (4.3)$$

Quando o segundo termo no denominador for grande, a eficiência da rede será baixa. Mais especificamente, aumentar a largura de banda da rede ou a distância (o produto BL) reduz a eficiência para determinado tamanho de quadro. Infelizmente, a maior parte das pesquisas em hardware de rede visa exatamente ao aumento desse produto. As pessoas querem alta largura de banda a longas distâncias (MANs de fibra óptica, p. ex.), o que sugere que o padrão Ethernet implementado dessa maneira talvez não seja o melhor sistema para essas aplicações. Veremos outras formas de implementar a Ethernet na próxima seção.

Na Figura 4.16, a eficiência do canal é representada contra o número de estações prontas para $2\tau = 51,2$ μs e uma taxa de dados de 10 Mbps, usando-se a Equação 4.3. Com um tempo por slot de 64 bytes, não surpreende que quadros de 64 bytes não sejam eficientes. Por sua vez, com quadros de 1.024 bytes e um valor assintótico de e slots de 64 bytes por intervalo de disputa, o período de disputa é de 174 bytes e a eficiência é de 85%. Esse resultado é muito melhor do que os 37% de eficiência da slotted ALOHA.

Talvez valha a pena mencionar que houve um grande número de análises teóricas sobre o desempenho da Ethernet (e de outras redes). A maioria dos resultados deve ser considerada com certa cautela (talvez muita cautela) por duas razões. Primeiro, praticamente todos esses trabalhos presumem que o tráfego obedece a uma série de Poisson. Quando os pesquisadores começaram a analisar dados reais, eles descobriram que o tráfego de rede raras vezes é de Poisson, e sim semelhante ou em forma de rajada em um intervalo escalonado de tempo (Paxson e Floyd, 1995; e Fontugne et al., 2017). Isso significa que calcular uma média durante intervalos longos não suaviza o tráfego. Assim como no uso de modelos questionáveis, muitas das análises focam nos casos de desempenho "interessantes" para carga estranhamente alta. Boggs et al. (1988) mostraram, com

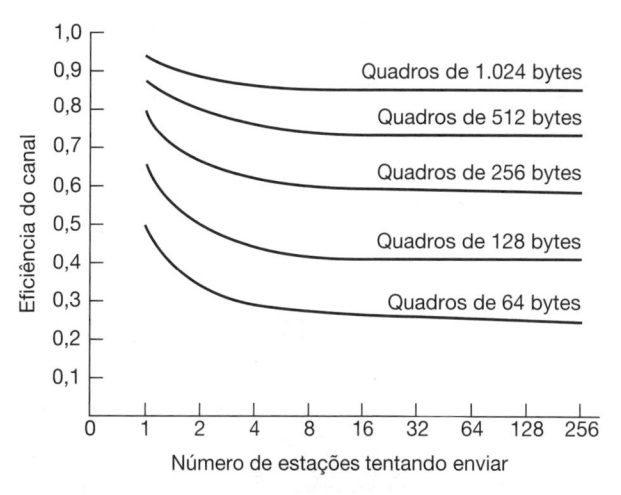

Figura 4.16 Eficiência da Ethernet a 10 Mbps com tempos por slot de 512 bits.

experimentos, que a Ethernet funciona bem na realidade, até mesmo com carga moderadamente alta.

4.3.4 Ethernet comutada

A Ethernet logo começou a evoluir para longe da arquitetura de cabo longo único da Ethernet clássica (o éter). Os problemas associados a encontrar interrupções ou conexões partidas a levaram para um tipo diferente de padrão de fiação, em que cada estação tem um cabo dedicado esticado até um **hub** central. Um hub simplesmente conecta todos os fios eletricamente, como se eles fossem únicos. Essa configuração pode ser vista na Figura 4.17(a).

Os fios eram pares trançados da companhia telefônica, pois a maioria dos prédios de escritórios já estava conectada dessa forma e normalmente havia muita capacidade ociosa disponível. Esse reúso foi um ganho, mas reduziu o tamanho máximo do cabo do hub para 100 m (200 m, se fossem usados pares trançados de alta qualidade da Categoria 5). A inclusão ou remoção de uma estação é mais simples nessa configuração, e uma interrupção de cabo pode ser facilmente detectada. Com a vantagem de elas serem capazes de usar a fiação existente e a facilidade de manutenção, os hubs de par trançado rapidamente se tornaram a forma dominante na topologia Ethernet.

Todavia, os hubs não aumentam a capacidade, pois são logicamente equivalentes ao cabo longo e único da Ethernet clássica. Quando mais e mais estações são acrescentadas, cada estação recebe uma fatia cada vez menor da capacidade fixa. Por fim, a LAN saturará. Uma saída é usar uma velocidade maior, digamos, de 10 Mbps para 100 Mbps, 1 Gbps ou velocidades ainda maiores. Mas, com o crescimento da multimídia e de servidores poderosos, até mesmo a Ethernet de 1 Gbps pode ficar saturada.

Felizmente, existe outra solução para lidar com o aumento da carga: a Ethernet comutada. O núcleo desse sistema é um **switch**, que contém uma placa integrada (ou *backplane*) de alta velocidade que conecta todas as portas, como mostra a Figura 4.17(b). Por fora, um switch se parece com um hub. Ambos são caixas, normalmente com 4 a 48 portas, cada uma contendo um conector RJ-45 padrão para um cabo de par trançado. Cada cabo conecta o switch ou hub a um único computador, como mostra a Figura 4.18. Um switch também tem as mesmas vantagens de um hub. É muito fácil acrescentar ou remover uma nova estação conectando ou desconectando um fio, e é fácil encontrar a maioria das falhas, pois um cabo ou porta com defeito normalmente afetará apenas uma estação. Ainda existe um componente compartilhado que pode falhar – o próprio switch –, mas, se todas as estações perderem conectividade, o pessoal de TI sabe o que fazer para resolver o problema: substituir o switch inteiro.

Dentro do switch, porém, algo muito diferente está acontecendo. Os switches só enviam quadros às portas para as quais esses quadros são destinados. Quando uma porta do switch recebe um quadro Ethernet de uma estação, o switch verifica os endereços Ethernet para saber para qual porta o quadro se destina. Essa etapa requer que o switch descubra quais portas correspondem a quais endereços, um processo que explicaremos na Seção 4.8, quando analisarmos o caso geral dos switches conectados a outros switches. Por enquanto, basta considerar que o switch

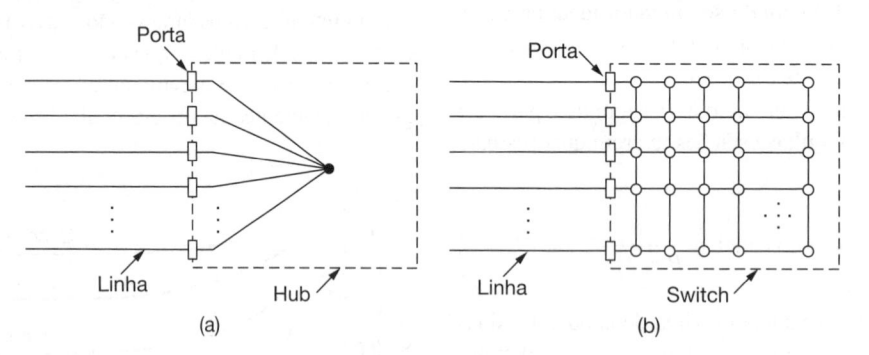

Figura 4.17 (a) Hub. (b) Switch.

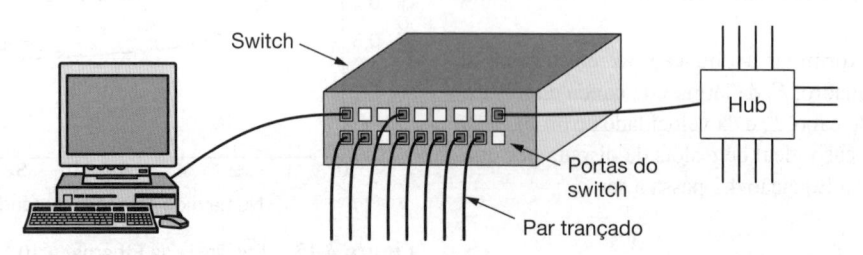

Figura 4.18 Um switch Ethernet.

conhece a porta de destino do quadro. Depois, ele encaminha o quadro por sua placa interna de alta velocidade até a porta de destino. A placa interna normalmente trabalha com muitos Gbps, usando um protocolo próprio que não precisa ser padronizado, pois fica inteiramente oculto dentro do switch. A porta de destino, então, transmite o quadro no fio para que ele alcance a estação intencionada. Nenhuma das outras portas sequer saberá que o quadro existe.

O que acontecerá se duas estações ou portas quiserem transmitir um quadro ao mesmo tempo? Novamente, os switches diferem dos hubs. Em um hub, todas as estações estão no mesmo **domínio de colisão**. Elas precisam usar o algoritmo CSMA/CD para programar suas transmissões. Em um switch, cada porta é seu próprio domínio de colisão independente. No caso comum de um cabo full-duplex, a estação e a porta podem enviar um quadro no cabo ao mesmo tempo, sem se preocupar com outras portas e estações. As colisões agora são impossíveis e o CSMA/CD não é necessário. Contudo, se o cabo for half-duplex, a estação e a porta precisam disputar com CSMA/CD pela transmissão, de forma normal.

Um switch melhora o desempenho em relação a um hub de duas maneiras. Primeiro, como não existem colisões, a capacidade é usada de modo mais eficiente. Segundo, e mais importante, com um switch, vários quadros podem ser enviados simultaneamente (por estações diferentes). Esses quadros alcançarão as portas do switch e trafegarão pela placa integrada do switch para ser enviados nas portas apropriadas. Todavia, como dois quadros podem ser enviados para a mesma porta de saída ao mesmo tempo, o switch precisa ter um buffer, para que possa temporariamente enfileirar um quadro de entrada até que ele possa ser transmitido para a porta de saída. Em geral, essas melhorias dão um grande ganho de desempenho, o que não é possível com um hub. O throughput total do sistema normalmente pode ser aumentado em uma ordem de grandeza, dependendo do número de portas e padrões de tráfego.

A mudança nas portas em que os quadros são enviados também tem benefícios para a segurança. A maioria das interfaces de LAN possui um **modo promíscuo**, em que *todos* os quadros são dados a cada computador, não apenas os endereçados a ele. Com um hub, cada computador conectado pode ver o tráfego enviado entre todos os outros computadores. Espiões adoram esse recurso. Com um switch, o tráfego é encaminhado apenas para as portas às quais ele é destinado. Essa restrição oferece melhor isolamento, de modo que o tráfego não escapará com facilidade nem cairá em mãos erradas. Contudo, é melhor criptografar o tráfego se a segurança realmente for necessária.

Tendo em vista que o switch espera apenas quadros Ethernet padrão em cada porta de entrada, é possível usar algumas dessas portas como concentradoras. Na Figura 4.18, a porta localizada no canto superior direito não está conectada a uma estação isolada, mas a um hub de 12 portas. À medida que chegam ao hub, os quadros disputam a rede Ethernet normalmente, inclusive com colisões e backoff exponencial binário. Os quadros bem-sucedidos são enviados ao switch e são tratados como quaisquer outros quadros recebidos. O switch não sabe que eles tiveram de brigar para chegar lá. Uma vez no switch, eles são enviados para a linha de saída correta pela placa integrada de alta velocidade. Também é possível que o destino correto fosse uma das linhas conectadas ao hub, quando o quadro já foi entregue, de modo que o switch simplesmente o descarta. Os hubs são mais simples e mais baratos que os switches, mas, em decorrência da queda nos preços dos switches, eles estão rapidamente se tornando espécies em extinção. As redes modernas usam Ethernet comutada quase exclusivamente. Apesar disso, ainda existem hubs legados.

4.3.5 Fast Ethernet

Ao mesmo tempo em que os switches estavam se tornando populares, a velocidade da Ethernet de 10 Mbps estava sendo pressionada. A princípio, 10 Mbps parecia ser o paraíso, da mesma forma que os modems a cabo pareciam ser o paraíso para os usuários de modems telefônicos de 56 kbps. Todavia, o que era novidade se dissipou com rapidez. Como uma espécie de corolário da Lei de Parkinson ("O trabalho se expande até preencher o tempo disponível para sua conclusão"), parecia que os dados se expandiam para preencher toda a largura de banda disponível para sua transmissão.

Muitas instalações precisavam de maior largura de banda e tinham diversas LANs de 10 Mbps conectadas por um labirinto de repetidores, hubs e switches, embora às vezes parecesse, para os administradores de redes, que elas estavam conectadas por goma de mascar e tela de arame. Contudo, até mesmo com switches Ethernet, a largura de banda máxima de um único computador era limitada pelo cabo que o conectava à porta do switch.

Foi nesse ambiente que o IEEE reuniu o comitê do 802.3 em 1992, com instruções para produzir uma LAN mais rápida. Uma das propostas era manter o 802.3 exatamente como estava, apenas tornando-o mais rápido. Outra proposta era refazê-lo completamente, para integrar um grande número de novos recursos, como tráfego em tempo real e voz digitalizada, mas manter o antigo nome (por motivos de marketing). Após alguma discussão, o comitê decidiu manter o 802.3 como ele era, simplesmente tornando-o mais rápido. Essa estratégia realizaria o trabalho antes que a tecnologia mudasse, evitando problemas não previstos com um projeto totalmente novo. O novo projeto também seria compatível com as LANs Ethernet existentes. As pessoas que apoiavam a proposta perdedora fizeram o que qualquer pessoa do setor de informática que se preza faria nessas circunstâncias — formaram seu próprio comitê e padronizaram sua LAN assim mesmo (como o padrão 802.12). Esse padrão fracassou por completo.

O trabalho foi feito rapidamente (pelas normas dos comitês de padronização) e o resultado, o 802.3u, foi oficialmente aprovado pelo IEEE em junho de 1995. Tecnicamente, o 802.3u não é um padrão novo, mas um adendo ao padrão 802.3 existente (para enfatizar sua compatibilidade). Essa estratégia é muito utilizada. Como praticamente todos o chamam de **Fast Ethernet**, em vez de 802.3u, faremos o mesmo.

A ideia básica por trás da Fast Ethernet era simples: manter os antigos formatos de quadros, interfaces e regras de procedimentos, e apenas reduzir o tempo de bit de 100 ns para 10 ns. Tecnicamente, teria sido possível copiar a Ethernet clássica de 10 Mbps e continuar a detectar colisões a tempo, pela simples redução do comprimento máximo do cabo a um décimo do comprimento original. Entretanto, as vantagens do cabeamento de par trançado eram tão grandes que a Fast Ethernet se baseou inteiramente nesse projeto. Por isso, todos os sistemas Fast Ethernet usam hubs e switches; porém, cabos multiponto com conectores de pressão ou conectores BNC não são permitidos.

Entretanto, algumas decisões ainda precisavam ser tomadas, sendo que a mais importante dizia respeito aos tipos de fios que seriam aceitos. Um dos concorrentes era o par trançado da Categoria 3. O argumento a favor dele era que todo escritório do mundo ocidental tinha pelo menos quatro pares trançados da Categoria 3 (ou melhor) instalados entre ele e um armário de fiação telefônica a uma distância máxima de 100 m. Às vezes, há dois cabos desse tipo. Desse modo, o uso do par trançado da Categoria 3 tornaria possível conectar computadores desktop usando a Fast Ethernet, sem a necessidade de refazer a fiação do prédio, uma enorme vantagem para muitas empresas.

A principal desvantagem do par trançado da Categoria 3 é sua incapacidade para transportar sinais de 100 Mbps por 100 m, a distância máxima especificada entre o computador e o hub para hubs de 10 Mbps. Por sua vez, a fiação de par trançado da Categoria 5 é capaz de tratar 100 m com facilidade, e a fibra pode ir muito mais longe que isso. Decidiu-se permitir as três possibilidades, como mostra a Figura 4.19, mas incentivar a solução da Categoria 3, para que fosse possível obter a capacidade de transporte adicional necessária.

O esquema de par trançado sem blindagem, ou UTP (Unshielded Twisted Pair), da Categoria 3, formalmente chamado **100Base-T4**, emprega uma velocidade de sinalização de 25 MHz, somente 25% mais rápida do que os 20 MHz da Ethernet padrão. (Lembre-se de que a codificação Manchester, discutida na Seção 2.4.3, requer dois períodos de clock para cada um dos 10 milhões de bits enviados a cada segundo.) Contudo, para atingir a taxa de bits necessária, o 100Base-T4 exige quatro pares trançados. Dos quatro pares, um sempre é para o hub, um sempre é do hub e os outros dois são comutáveis para a direção da transmissão atual. Para conseguir 100 Mbps dos três pares trançados na direção da transmissão, um esquema bastante complicado é usado em cada par trançado. Ele envolve o envio de dígitos ternários com três níveis de tensão. Esse esquema provavelmente não ganhará nenhum prêmio de elegância, e (felizmente) deixaremos de lado os detalhes. Todavia, como a fiação da telefonia padrão há décadas tem quatro pares por cabo, a maioria dos escritórios é capaz de usar a fiação existente. É claro que isso significa abrir mão do telefone do seu escritório, mas esse certamente é um pequeno preço a pagar por um e-mail mais rápido.

O 100Base-T4 foi deixado de lado quando muitos prédios de escritórios tiveram a fiação trocada para o UTP de Categoria 5 para Ethernet **100Base-TX**, que veio para dominar o mercado. Esse projeto é mais simples porque os fios podem lidar com taxas de clock de 125 MHz. Somente dois pares trançados por estação são usados, um para o hub e outro a partir dele. Nem a codificação binária direta (ou seja, NRZ) nem a codificação Manchester são usadas. Em vez disso, é usada a codificação **4B/5B**, que descrevemos na Seção 2.4.3. Quatro bits de dados são codificados como 5 bits de sinal e enviados a 125 MHz para fornecer 100 Mbps. Esse esquema é simples, mas tem transições suficientes para sincronização e usa a largura de banda do fio relativamente bem. O sistema 100Base-TX é full-duplex; as estações podem transmitir a 100 Mbps em um par trançado e recebem em 100 Mbps em outro par trançado ao mesmo tempo.

A última opção, o **100Base-FX**, utiliza dois filamentos de fibra multimodo, um para cada sentido; por isso, ele também é full-duplex, com 100 Mbps em cada sentido. Nessa configuração, a distância entre uma estação e o switch pode ser de até 2 km.

A Fast Ethernet permite a interconexão por hubs ou switches. Para garantir que o algoritmo CSMA/CD

Nome	Cabo	Tam. máx. de segmento	Vantagens
100Base-T4	Par trançado	100 m	Utiliza UTP da Categoria 3
100Base-TX	Par trançado	100 m	Full-duplex a 100 Mbps (UTP Cat. 5)
100Base-FX	Fibra óptica	2.000 m	Full-duplex a 100 Mbps; grandes distâncias

Figura 4.19 O cabeamento Fast Ethernet original.

continue a funcionar, o relacionamento entre o tamanho de quadro mínimo e o tamanho de cabo máximo deve ser mantido enquanto a velocidade da rede sobe de 10 Mbps para 100 Mbps. Assim, ou o comprimento mínimo do quadro de 64 bytes deve aumentar ou o comprimento máximo do cabo de 2.500 m deve diminuir proporcionalmente. A escolha fácil foi que a distância máxima entre duas estações quaisquer fosse diminuída por um fator de 10, pois um hub com cabos de 100 m já está dentro desse novo máximo. Contudo, os cabos 100Base-FX de 2 km são muito longos para aceitar um hub de 100 Mbps com o algoritmo de colisão normal da Ethernet. Esses cabos, em vez disso, precisam ser conectados a um switch e operar em um modo full-duplex para que não haja colisões.

Os usuários rapidamente começaram a implantar a Fast Ethernet, mas eles não quiseram abandonar as placas Ethernet de 10 Mbps nos computadores mais antigos. Por conseguinte, praticamente todos os switches Ethernet podem lidar com uma mistura de estações de 10 Mbps e 100 Mbps. Para facilitar o upgrading, o próprio padrão oferece um mecanismo chamado **autonegociação**, que permite que duas estações negociem automaticamente a velocidade ideal (10 ou 100 Mbps) e o tipo de duplex (half ou full). Isso quase sempre funciona bem, mas pode ocasionar problemas de divergência do duplex quando uma extremidade do enlace autonegocia e a outra não, ficando definida como o modo full-duplex (Shalunov e Carlson, 2005). A maioria dos produtos Ethernet utiliza esse recurso para se configurar.

4.3.6 Gigabit Ethernet

A tinta mal havia secado no padrão Fast Ethernet quando o comitê 802 começou a trabalhar em uma Ethernet ainda mais rápida, prontamente apelidada de **gigabit Ethernet**. O IEEE ratificou a forma mais popular como 802.3ab em 1999. A seguir descreveremos algumas das principais características da gigabit Ethernet. Você pode encontrar mais informações em Spurgeon e Zimmerman (2014).

Os objetivos do comitê para a gigabit Ethernet eram essencialmente os mesmos do comitê para a Fast Ethernet: torná-la 10 vezes mais rápida, mantendo a compatibilidade com todos os padrões Ethernet existentes. Em particular, a gigabit Ethernet tinha de oferecer o serviço de datagrama não confirmado com unicasting e broadcasting, empregar o mesmo esquema de endereçamento de 48 bits já em uso e manter o mesmo formato de quadro, inclusive seus tamanhos mínimo e máximo. O padrão final atendeu a todos esses objetivos.

Também como a Fast Ethernet, todas as configurações da gigabit Ethernet utilizam enlaces ponto a ponto. Na configuração mais simples, ilustrada na Figura 4.20(a), dois computadores estão diretamente conectados um ao outro. Contudo, o caso mais comum consiste em um switch ou um hub conectado a vários computadores e possivelmente a switches ou hubs adicionais, como mostra a Figura 4.20(b). Em ambas as configurações, cada cabo Ethernet tem exatamente dois dispositivos conectados a ele, nem mais nem menos.

Assim como a Fast Ethernet, a gigabit Ethernet admite dois modos de operação: o full-duplex e o half-duplex. O modo "normal" é o full-duplex, que permite tráfego em ambos os sentidos ao mesmo tempo. Ele é usado quando existe um switch central conectado a computadores (ou outros switches) na periferia. Nessa configuração, todas as linhas têm buffers de armazenamento, de forma que cada computador e cada switch são livres para enviar quadros sempre que quiserem. O transmissor não precisa observar o canal para saber se ele está sendo usado por mais alguém, pois a disputa é impossível. Na linha entre um computador e um switch, o computador é o único transmissor possível para o switch naquela linha, e a transmissão terá sucesso ainda que o switch nesse instante esteja transmitindo um quadro para o computador (porque a linha é full-duplex). Tendo em vista que nenhuma disputa é possível, o protocolo CSMA/CD não é usado, e assim o comprimento máximo do cabo é determinado pela intensidade do sinal, não pelo tempo que uma rajada de sinal

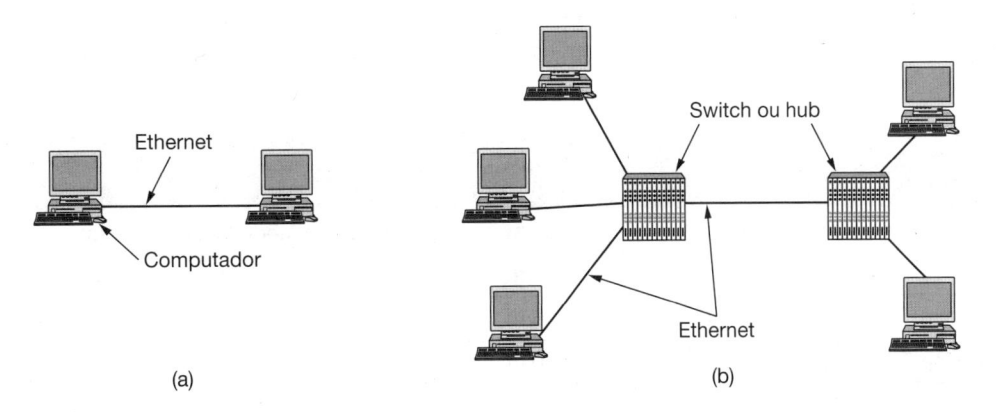

Figura 4.20 (a) Uma Ethernet com duas estações. (b) Uma Ethernet com várias estações.

ruidoso leva para se propagar de volta até o transmissor na pior das hipóteses. Os switches são livres para se misturar e combinar suas velocidades. A autonegociação é admitida, como na Fast Ethernet, mas agora a escolha é entre 10, 100 e 1.000 Mbps.

O outro modo de operação, o half-duplex, é usado quando os computadores estão conectados a um hub, não a um switch. Um hub não armazena os quadros recebidos em buffers. Em vez disso, ele estabelece conexões elétricas internas para todas as linhas, simulando o cabo multiponto usado na Ethernet clássica. Nesse modo, colisões são possíveis e, portanto, é necessário o protocolo CSMA/CD padrão. Tendo em vista que um quadro mínimo de 64 bytes (o mais curto permitido) agora pode ser transmitido 100 vezes mais rápido que na Ethernet clássica, a distância máxima é 100 vezes menor (ou seja, 25 m), a fim de manter a propriedade essencial de que o transmissor ainda transmitirá quando uma rajada de sinal ruidoso voltar a ele, mesmo na pior das hipóteses. Com um cabo de 2.500 m, o transmissor de um quadro de 64 bytes a 1 Gbps terminaria a transmissão bem antes de o quadro sequer ter chegado a percorrer um décimo da distância até a outra extremidade, quanto mais ir até a extremidade e voltar.

Essa restrição de distância foi tão séria que duas características foram acrescentadas ao padrão para aumentar a distância máxima do cabo para 200 m, o que provavelmente é suficiente para a maioria dos escritórios. A primeira característica, chamada **extensão de portadora**, basicamente informa ao hardware para adicionar seu próprio preenchimento ao quadro normal, a fim de estendê-lo para 512 bytes. Considerando que esse preenchimento é adicionado pelo hardware transmissor e removido pelo hardware receptor, o software não tem conhecimento desse fato, o que significa que não é necessária qualquer mudança no software existente. A desvantagem é que o uso de 512 bytes de largura de banda para transmitir 46 bytes de dados do usuário (a carga útil de um quadro de 64 bytes) tem uma eficiência de linha de apenas 9%.

A segunda característica, chamada **rajada de quadros**, permite a um transmissor enviar uma sequência concatenada de vários quadros em uma única transmissão. Se a rajada total tiver menos de 512 bytes, o hardware a preencherá novamente. Se houver quadros suficientes esperando pela transmissão, esse esquema será altamente eficiente e preferível à extensão de portadora.

Com toda franqueza, é difícil imaginar uma organização se envolvendo com as dificuldades de compra e instalação de placas gigabit Ethernet para obter alto desempenho, e depois conectar os computadores a um antigo hub para simular a Ethernet clássica, com todas as suas colisões. As interfaces e os switches da gigabit Ethernet eram muito caros, mas seu preço caiu rapidamente à medida que o volume de vendas aumentou. Ainda assim, a compatibilidade é sagrada na indústria de informática e, então, o comitê é obrigado a aceitá-la. Hoje, a maioria dos computadores vem com uma interface Ethernet capaz de operar a 10, 100 e 1.000 Mbps (e talvez ainda mais), compatível com todas as velocidades.

A gigabit Ethernet admite cabeamento de cobre e de fibra, como mostra a Figura 4.21. A sinalização à velocidade de aproximadamente 1 Gbps requer a codificação e o envio de um bit a cada nanossegundo. Esse truque foi realizado inicialmente com cabos de cobre curtos e blindados (a versão 1000Base-CX) e fibras ópticas. Para estas, dois comprimentos de onda são permitidos e o resultado são duas versões: 0,85 mícron (curto, para 1000Base-SX) e 1,3 mícron (longo, para 1000Base-LX).

A sinalização no comprimento de onda curto pode ser alcançada com LEDs mais baratos. Ela é usada com a fibra multimodo e é útil para conexões dentro de um prédio, pois pode se estender até 500 m para a fibra de 50 micra. A sinalização no comprimento de onda longo exige lasers. Todavia, quando combinado com a fibra de modo único (10 micra), o comprimento do cabo pode ser de até 5 km. Esse limite permite conexões a longa distância entre prédios, como para o backbone de um campus, como em um enlace ponto a ponto dedicado. Outras variações do padrão permitiram enlaces ainda mais longos sobre a fibra de modo único.

Para enviar bits por essas versões da gigabit Ethernet, a codificação **8B/10B**, que descrevemos na Seção 2.4.3, foi emprestada de outra tecnologia de redes, chamada Fibre Channel. Esse esquema codifica 8 bits de dados em palavras de código de 10 bits, que são enviadas pelo fio ou fibra, daí o nome 8B/10B. As palavras de código foram escolhidas de modo que pudessem ser balanceadas (ou seja,

Nome	Cabo	Distância máxima do segmento	Vantagens
1000Base-SX	Fibra óptica	550 m	Fibra multimodo (50, 62,5 micra)
1000Base-LX	Fibra óptica	5.000 m	Modo único (10μ) ou multimodo (50, 62,5μ)
1000Base-CX	2 pares de STP	25 m	Par trançado blindado
1000Base-T	4 pares de UTP	100 m	UTP padrão da Categoria 5

Figura 4.21 O cabeamento da gigabit Ethernet.

tivessem o mesmo número de 0s e 1s) com transições suficientes para a recuperação de clock. O envio dos bits codificados com NRZ requer uma largura de banda de sinalização de 25% a mais do que a necessária para os bits não codificados, uma grande melhoria em relação à expansão de 100% da codificação Manchester.

Contudo, todas essas opções exigiam novos cabos de cobre ou fibra para dar suporte à sinalização mais rápida. Nenhum deles utilizava a grande quantidade de UTP de Categoria 5 que havia sido instalada com a Fast Ethernet. Dentro de um ano, o 1000Base-T surgiu para preencher essa lacuna, e tem sido a forma mais popular de gigabit Ethernet desde então. As pessoas aparentemente não quiseram mudar a fiação de seus prédios.

Uma sinalização mais complicada é necessária para fazer a Ethernet funcionar a 1.000 Mbps sobre fios de Categoria 5. Para começar, todos os quatro pares trançados no cabo são usados, e cada um é usado nas duas direções ao mesmo tempo, usando o processamento de sinal digital para separar os sinais. Pelos fios, um a um, cinco níveis de tensão que transportam 2 bits são usados para sinalizar em 125 Msímbolos/s. O mapeamento para produzir os símbolos a partir dos bits não é simples. Ele envolve embaralhamento e transições, seguidos por um código de correção de erros em que quatro valores são embutidos em cinco níveis de sinal.

Uma velocidade de 1 Gbps é bastante alta. Por exemplo, se um receptor estiver ocupado com alguma outra tarefa, mesmo durante 1 ms, e não esvaziar o buffer de entrada em alguma linha, nesse intervalo poderão se acumular até 1.953 quadros. Além disso, quando um computador em uma gigabit Ethernet estiver transmitindo dados pela linha a um computador em uma Ethernet clássica, serão muito prováveis sobrecargas no buffer. Como consequência dessas duas observações, a gigabit Ethernet admite controle de fluxo. O mecanismo consiste na transmissão de um quadro de controle especial de uma extremidade a outra, informando que a extremidade receptora deve fazer uma pausa durante algum período predeterminado. Para controle de fluxo, são usados quadros PAUSE, contendo o tipo 0x8808. As pausas são dadas em unidades de tempo mínimo por quadro. Para a gigabit Ethernet, a unidade de tempo é 512 ns, permitindo pausas de até 33,6 ms.

Existe mais uma extensão introduzida com a gigabit Ethernet. **Quadros jumbo** permitem que os quadros tenham mais de 1.500 bytes, normalmente até 9 KB. Essa extensão é patenteada. Ela não é reconhecida pelo padrão porque, se for usada, a Ethernet não será mais compatível com versões anteriores, mas, de qualquer forma, a maioria dos vendedores oferece suporte para ela. O raciocínio é que 1.500 bytes representam uma unidade curta nas velocidades de gigabit. Manipulando blocos de informação maiores, a taxa de quadros pode ser diminuída, com o processamento associado a ela, como a interrupção do processador para

dizer que um quadro chegou, ou a divisão e recombinação de mensagens que eram muito grandes para caber em um quadro Ethernet.

4.3.7 Ethernet de 10 gigabits

Assim que a gigabit Ethernet foi padronizada, o comitê 802 ficou entediado e quis voltar ao trabalho. O IEEE pediu que se iniciassem os estudos sobre a Ethernet de 10 gigabits. Esse trabalho seguiu aproximadamente os mesmos moldes dos padrões Ethernet anteriores, com os padrões para fibra e cabo de cobre blindado, que apareceram primeiro em 2002 e 2004, seguidos pelo padrão para par trançado de cobre em 2006.

A velocidade de 10 Gbps é verdadeiramente prodigiosa, mil vezes mais rápida que a Ethernet original. Onde ela poderia ser necessária? A resposta é: dentro dos centros de dados e estações, para conectar roteadores de ponta, switches e servidores, bem como em troncos de longa distância e alta largura de banda, entre estações que habilitam redes metropolitanas inteiras com base em Ethernet e fibra. As conexões de longa distância utilizam fibra óptica, enquanto as conexões curtas podem usar cobre ou fibra.

Todas as versões da Ethernet de 10 gigabits admitem apenas operação full-duplex. CSMA/CD não faz mais parte do projeto, e os padrões se concentram em detalhes das camadas físicas que podem trabalhar em velocidades muito altas. Contudo, a compatibilidade ainda é importante, de modo que as interfaces Ethernet de 10 gigabits autonegociam e recuam para a velocidade mais baixa admitida pelas duas extremidades da linha.

Os principais tipos de Ethernet de 10 gigabits são listados na Figura 4.22. A fibra multimodo com comprimento de onda de $0,85\mu$ (curta) e $1,5\mu$ (estendida) é usada para longas distâncias. A 10GBase-ER pode percorrer distâncias de 40 km, o que a torna adequada para aplicações remotas. Todas essas versões enviam um fluxo serial de informações, produzido pelo embaralhamento dos bits de dados, depois a codificação com um código **64B/66B**. Essa codificação tem menos overhead do que uma codificação 8B/10B.

A primeira versão de cobre definida, 10GBase-CX4, usa um cabo com quatro pares de fiação de cobre twinaxial. Cada par usa codificação 8B/10B e trabalha a 3,125 Gsímbolos/s para alcançar 10 Gbps. Essa versão é mais barata do que a fibra e chegou cedo ao mercado, mas ainda não sabemos se em longo prazo vencerá a Ethernet de 10 gigabits sobre a fiação de par trançado mais comum.

A 10GBase-T é uma versão que usa cabos UTP. Embora exija fiação de Categoria 6a, para pequenas distâncias, ela pode usar categorias inferiores (incluindo a Categoria 5) para permitir algum reúso do cabeamento instalado. Não é surpresa que a camada física seja muito complicada para alcançar 10 Gbps sobre par trançado. Só veremos por alto alguns dos detalhes de alto nível. Cada um dos quatro pares

Nome	Cabo	Distância máxima do segmento	Vantagens
10GBase-SR	Fibra óptica	Até 300 m	Fibra multimodo (0,85 μ)
10GBase-LR	Fibra óptica	10 km	Fibra monomodo (1,3 μ)
10GBase-ER	Fibra óptica	40 km	Fibra monomodo (1,5 μ)
10GBase-CX4	4 pares de twinax	15 m	Cobre twinaxial
10GBase-T	4 pares de UTP	100 m	UTP padrão da Categoria 6a

Figura 4.22 O cabeamento da Ethernet de 10 gigabits.

trançados é usado para enviar 2.500 Mbps/s em ambas as direções. Essa velocidade é alcançada usando-se uma taxa de sinalização de 800 Msímbolos/s, com símbolos que usam 16 níveis de tensão. Os símbolos são produzidos embaralhando-se os dados, protegendo-os com o código LDPC (Low Density Parity Check) e codificando ainda mais para correção de erros.

A Ethernet de 10 gigabits ainda está sacudindo o mercado, mas o comitê 802.3 já fez progressos. Ao final de 2007, o IEEE criou um grupo para padronizar a Ethernet operando a 40 Gbps e a 100 Gbps. Essa atualização permitirá que a Ethernet concorra em ambientes de desempenho muito alto, incluindo conexões de longa distância em redes de backbone e conexões curtas, nas placas integradas de equipamentos. O padrão ainda não está concluído, mas já estão disponíveis produtos patenteados.

4.3.8 Ethernet de 40 e 100 gibabits

Depois de terminar de padronizar a Ethernet de 10 gigabits, o comitê 802.11 começou a trabalhar em novos padrões para Ethernet de 40 gigabits/s e 100 gigabits/s. O primeiro é voltado para conexões internas nos data centers, não em escritórios comuns e certamente não em usuários finais. Este último é direcionado ao backbone da Internet e, dessa forma, deve funcionar em trechos de rede óptica de milhares de quilômetros. Um uso possível é uma LAN virtual privada para conectar um data center com um milhão de CPUs a outro data center com um milhão de CPUs.

O primeiro padrão foi 802.3ba, aprovado em 2010, seguido pelo 802.3bj (2014) e 802.3cd (2018). Todos eles definem Ethernet em 40 Gbps e 100 Gbps. Os objetivos do projeto incluíram:

1. Compatibilidade com padrões 802.3 para 1 gigabit/s.
2. Permitir que os tamanhos de quadro mínimo e máximo permanecessem os mesmos.
3. Lidar com taxas de erro de bit de 10^{-12} ou menos.
4. Funcionar bem em redes ópticas.
5. Ter taxas de dados de 40 Gbps ou 100 Gbps.
6. Permitir o uso de fibra monomodo ou multimodo e placas integradas especializadas.

Os novos padrões eliminam o fio de cobre em favor da fibra óptica e placas integradas de alto desempenho (cobre) usadas em data centers que suportam a computação em nuvem. Podem ser usados meia dúzia de esquemas de modulação, incluindo 64B/66B (como 8B/10B, porém com mais bits). Além disso, até 10 pistas paralelas a 10 Gbps cada uma podem ser usadas para chegar a 100 Gbps. As pistas são normalmente bandas de frequência diferentes em uma fibra óptica. A integração em redes ópticas existentes usa a recomendação G.709 da ITU.

Por volta de 2018, um pequeno número de empresas começou a introduzir switches e placas adaptadoras de rede de 100 Gbps. Para quem 100 Gbps não é suficiente, já foi iniciado o trabalho nos padrões para até 400 gigabits/s, também chamados de 400GbE. Os padrões são 802.3cd, 802.3ck, 802.3cm e 802.3cn, se você quiser pesquisá-los. A 400 Gbps, um filme 4K típico (compactado) pode ser baixado por completo em cerca de 2 segundos.

4.3.9 Retrospectiva da Ethernet

A Ethernet existe há mais de 40 anos e não tem concorrentes sérios; portanto, é provável que continue no mercado ainda por muitos anos. Poucas arquiteturas de CPUs, sistemas operacionais ou linguagens de programação seriam capazes de se manter na liderança por quatro décadas, continuando com força. Sem dúvida, a Ethernet fez algo correto. O que foi?

Provavelmente a principal razão para sua longevidade seja o fato de que a Ethernet é simples e flexível. Na prática, simples se traduz como confiável, de baixo custo e de fácil manutenção. Depois que a arquitetura de hub e switch foi adotada, as falhas se tornaram extremamente raras. As pessoas hesitam em substituir algo que funciona bem o tempo todo, em especial quando sabem que uma quantidade terrível de itens da indústria de informática funciona muito mal. Muitas das chamadas "atualizações" são bem piores que as versões substituídas por elas.

Simplicidade também se traduz em economia. A fiação de par trançado tem custo relativamente baixo, assim como os componentes do hardware. Eles começam caros quando há uma transição, por exemplo, novas NICs ou switches da gigabit Ethernet, mas são apenas acréscimos a uma rede bem estabelecida (não uma substituição dela) e os preços caem rapidamente à medida que o volume de vendas aumenta.

A Ethernet é de fácil manutenção. Não existe nenhum software para instalar (além dos drivers) e não há nenhuma tabela de configuração para gerenciar (e errar). Além disso, a inclusão de novos hosts é simples: basta conectá-los.

Outro ponto importante é que a Ethernet é capaz de interoperar facilmente com o TCP/IP, que se tornou dominante. O IP é um protocolo não orientado a conexões e, portanto, se ajusta perfeitamente à Ethernet, que também é não orientada a conexões. O IP não tem a mesma facilidade para se ajustar a alternativas orientadas a conexão, como o ATM. Essa falta de compatibilidade definitivamente prejudicou as chances de sucesso do ATM.

Por fim, e talvez mais importante, a Ethernet foi capaz de evoluir em certos aspectos cruciais. As velocidades aumentaram várias ordens de grandeza, e os hubs e switches foram introduzidos, mas essas mudanças não exigiram alterações no software e normalmente permitiam que o cabeamento existente fosse reutilizado por um tempo. Quando um vendedor de redes aparece em uma grande instalação e diz: "Tenho esta nova e fantástica rede para você. Basta se desfazer de todo o seu hardware e reescrever todo o seu software", ele tem um problema.

Muitas tecnologias alternativas, que você provavelmente nem sequer ouviu falar, eram mais rápidas que a Ethernet quando foram introduzidas. Assim como o ATM, essa lista inclui o FDDI (Fiber Distributed Data Interface) e o Fibre Channel,* duas LANs ópticas baseadas em anéis. Ambas eram incompatíveis com a Ethernet. Nenhuma delas teve sucesso. Elas eram muito complicadas, o que resultava em chips complexos e altos preços. A lição que deveria ter sido aprendida aqui é que as coisas precisam ser mantidas simples. Por fim, a Ethernet os alcançou em termos de velocidade, geralmente pegando parte de sua tecnologia emprestada, por exemplo, a codificação 4B/5B do FDDI e a codificação 8B/10B do Fibre Channel. Então, ou elas não tinham mais vantagens e desapareceram silenciosamente ou tiveram funções especializadas.

Parece que a Ethernet continuará a se expandir em suas aplicações por algum tempo. A Ethernet de 10 gigabits acabou com as restrições de distância do CSMA/CD. Tem sido realizado muito esforço para a **carrier-grade Ethernet**, ou simplesmente **Carrier-Ethernet**, para permitir que os provedores de rede ofereçam serviços baseados em Ethernet aos seus clientes para redes metropolitanas e a longas distâncias (Hawkins, 2016). Essa aplicação transporta quadros Ethernet a longas distâncias através da fibra

e exige melhores recursos de gerenciamento para ajudar as operadoras a oferecer serviços confiáveis e de alta qualidade. As redes com velocidade muito alta, como 100GbE, também estão sendo usadas em placas integradas, conectando componentes em grandes roteadores ou servidores. Esses dois usos são adicionais ao envio de quadros entre computadores em escritórios. O próximo passo é a 400GbE, e esse nem sequer poderá ser o último.

4.4 LANS SEM FIO

As LANs sem fio estão cada vez mais populares e um número crescente de casas, escritórios, lanchonetes, bibliotecas, aeroportos, zoológicos e outros lugares públicos está sendo equipado com elas, para conectar computadores, notebooks, tablets e smartphones à Internet. As LANs sem fio também podem ser usadas para permitir que dois ou mais computadores vizinhos se comuniquem sem usar a Internet.

O principal padrão de LAN sem fio é o 802.11. Vimos algumas informações básicas sobre ele na Seção 1.5.3. Agora, vamos examinar mais de perto a tecnologia. Nas próximas seções, estudaremos a pilha de protocolos, as técnicas de transmissão de rádio na camada física, o protocolo da subcamada MAC, a estrutura do quadro e os serviços fornecidos. Para obter mais informações sobre o 802.11, consulte Bing (2017) e Davis (2018). Para conhecer os detalhes mais profundos, consulte os próprios padrões publicados pelo IEEE.

4.4.1 802.11: arquitetura e pilha de protocolos

As redes 802.11 podem ser usadas em dois modos. O modo mais popular é conectar clientes, como laptops e smartphones, a outra rede, como uma intranet da empresa ou a Internet. Esse modo aparece na Figura 4.23(a). No modo de infraestrutura, cada cliente está associado a um **PA (ponto de acesso)**, que, por sua vez, está conectado a outra rede. O cliente transmite e recebe seus pacotes por meio do PA. Vários PAs podem ser conectados, normalmente por uma rede com fio chamada **sistema de distribuição**, para formar uma rede 802.11 estendida. Nesse caso, os clientes podem enviar quadros aos outros clientes por meio de seus PAs.

O outro modo, mostrado na Figura 4.23(b), é uma **rede ad hoc**. Trata-se de uma coleção de computadores que estão associados de modo que possam enviar quadros diretamente uns aos outros. Não existe PA. Como o acesso à Internet é a principal aplicação para redes sem fio, as redes ad hoc não são muito populares.

Agora, vejamos os protocolos. Todos os protocolos 802, incluindo 802.11 e Ethernet, têm certas características

---

*Ele se chama "Fibre Channel" e não "Fiber Channel", pois o editor do documento era britânico.

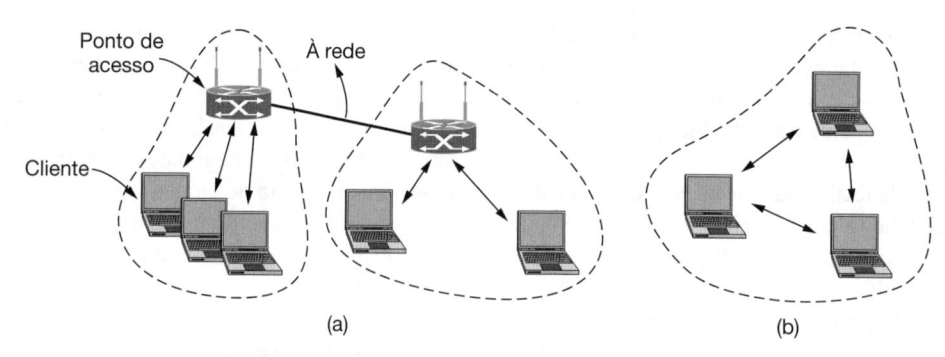

Figura 4.23 Arquitetura 802.11. (a) Modo de infraestrutura. (b) Modo ad hoc.

comuns em sua estrutura. Uma visão parcial da pilha de protocolos do 802.11 para suas principais variantes é dada na Figura 4.24. A pilha é a mesma para clientes e PAs. A camada física corresponde muito bem à camada física do modelo OSI, mas a camada de enlace de dados em todos os protocolos 802 se divide em duas ou mais subcamadas. No 802.11, a subcamada MAC determina como o canal é alocado, isto é, quem terá a oportunidade de transmitir a seguir. Acima dela encontra-se a subcamada LLC, cujo trabalho é ocultar as diferenças entre as diversas variações do 802 e torná-las indistinguíveis no que se refere à camada de rede. Essa poderia ter sido uma responsividade significativa, mas atualmente a LLC é uma camada de cola, que identifica o protocolo (p. ex., IP) que é transportado dentro de um quadro 802.11.

Várias técnicas de transmissão foram acrescentadas à camada física à medida que o 802.11 evoluiu desde o seu aparecimento, em 1997. Duas das técnicas iniciais, infravermelho como nos controles remotos de televisão e salto de frequência na banda de 2,4 GHz, agora não são mais usadas. A terceira técnica inicial, o espectro de dispersão de sequência direta a 1 ou 2 Mbps na banda de 2,4 GHz, foi estendida para trabalhar em velocidades de até 11 Mbps e tornou-se rapidamente um sucesso. Ela agora é conhecida como 802.11b.

Para dar aos viciados em redes sem fio o aumento de velocidade tão desejado, novas técnicas de transmissão, baseadas no esquema OFDM (Orthogonal Frequency Division Multiplexing), que descrevemos na Seção 2.5.3, foram introduzidas em 1999 e em 2003. A primeira é chamada 802.11a e usa uma banda de frequência diferente, a de 5 GHz. A segunda ficou com 2,4 GHz e compatibilidade. Ela é chamada 802.11g. Ambas oferecem velocidades de até 54 Mbps.

Técnicas de transmissão que usam simultaneamente várias antenas no transmissor e no receptor para aumentar a velocidade foram finalizadas como 802.11n, em outubro de 2009.

Em dezembro de 2013, o IEEE já tinha usado todas as letras do alfabeto, e publicou o próximo padrão como 802.11ac. Como um parêntese, os membros do comitê 802.11 conhecem o alfabeto inteiro, e usam as letras "que faltam", como 802.11r, para pequenas melhorias e acréscimos técnicos (geralmente, para esclarecimentos e reparos de falhas). O 802.11ac opera na banda de 5 GHz, o que significa que os dispositivos mais antigos, que usam apenas a banda de 2,4 GHz, não poderão usá-lo. Os dispositivos móveis mais modernos usam 802.11ac. Mais recentemente, o padrão 802.11ax foi aprovado para ainda mais velocidade.

Agora, vamos examinar cada uma dessas técnicas de transmissão em linhas gerais. Contudo, abordaremos

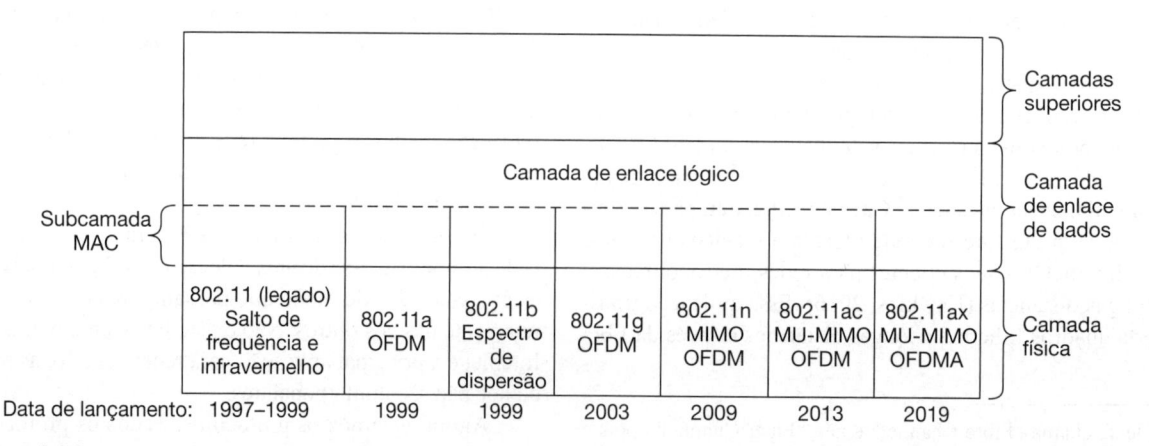

Figura 4.24 Parte da pilha de protocolos do 802.11.

apenas aquelas que estão em uso, pulando os métodos de transmissão 802.11 legados. Tecnicamente, elas pertencem à camada física e deveriam ter sido examinadas no Capítulo 2; porém, como estão estritamente relacionadas às LANs em geral e em particular à LAN 802.11, preferimos tratá-las aqui.

4.4.2 802.11: a camada física

Cada uma das técnicas de transmissão torna possível enviar um quadro MAC de uma estação para outra através do ar. Contudo, elas diferem na tecnologia usada e na velocidade que podem alcançar na prática. Uma descrição detalhada dessas tecnologias está muito além do escopo deste livro, mas algumas palavras sobre cada uma relacionarão as técnicas ao conteúdo abordado no Capítulo 2, fornecendo aos leitores interessados material para pesquisar mais informações em outras fontes.

Todas as técnicas do 802.11 utilizam rádios de curto alcance para transmitir sinais nas bandas de frequência ISM de 2,4 GHz ou 5 GHz. Essas bandas têm a vantagem de não ser licenciadas e, portanto, estar disponíveis gratuitamente a qualquer transmissor que queira cumprir algumas restrições, como a potência irradiada de no máximo 1 W (embora 50 mW seja mais comum para rádios de LAN sem fio). Infelizmente, esse fato também é conhecido pelos fabricantes de aparelhos de abertura automática de garagem, telefones sem fio, fornos de micro-ondas e diversos outros dispositivos, todos competindo com os notebooks e smartphones pelo mesmo espectro. A banda de 2,4 GHz costuma ser mais sobrecarregada do que a de 5 GHz, de modo que esta pode ser melhor para algumas aplicações, embora tenha um alcance mais curto, em virtude da frequência mais alta. Infelizmente, as ondas de rádio mais curtas a 5 GHz não penetram em paredes tão bem quanto as de 2,4 GHz, de modo que 5 GHz não é uma vantagem definitiva.

Todos os métodos de transmissão também definem taxas múltiplas. A ideia é que diferentes taxas podem ser usadas dependendo das condições atuais. Se o sinal sem fio for fraco, uma taxa baixa poderá ser usada. Se o sinal for claro, a taxa mais alta poderá ser usada. Esses ajustes constituem o que chamamos de **adaptação de taxa**. Como as taxas variam por um fator de 10 ou mais, uma boa adaptação de taxa é importante para um bom desempenho. É claro que, pelo fato de ela não ser necessária para a interoperabilidade, os padrões não dizem como a adaptação de taxa deve ser feita.

O primeiro método de transmissão que veremos é o **802.11b**, de espectro de dispersão que admite taxas de 1, 2, 5,5 e 11 Mbps, embora na prática a taxa de operação seja quase sempre 11 Mbps. Isso é semelhante ao sistema CDMA, que examinamos na Seção 2.4.4, exceto que há somente um código de espalhamento compartilhado por todos os usuários. O espalhamento é usado para satisfazer ao requisito da FCC de que a potência deve ser espalhada pela banda ISM. A sequência de espalhamento usada pelo 802.11b é uma **sequência de Barker**. Ela tem como propriedade uma baixa autocorrelação, exceto quando as sequências estão alinhadas, o que permite que um receptor intercepte o início de uma transmissão. Para transmitir em uma taxa de 1 Mbps, a sequência de Barker é usada com a modulação BPSK para enviar 1 bit por 11 chips. Os chips são transmitidos a uma taxa de 11 Mchips/s. Para enviar a 2 Mbps, ela é usada com a modulação QPSK para enviar 2 bits por 11 chips. As taxas mais altas são diferentes, pois usam uma técnica conhecida como **chaveamento de código complementar**, ou **CCK (Complementary Code Keying)**, para construir códigos em vez da sequência de Barker. A taxa de 5,5 Mbps envia 4 bits em cada código de 8 chips, e a taxa de 11 Mbps envia 8 bits em cada código de 8 chips.

Em seguida, chegamos ao **802.11a**, que admite taxas de até 54 Mbps na banda ISM de 5 GHz. Você poderia esperar que o 802.11a viesse antes do 802.11b, mas não foi assim. Embora o grupo 802.11a tenha sido estabelecido primeiro, o padrão 802.11b foi aprovado primeiro e seu produto chegou ao mercado bem antes dos produtos 802.11a, parcialmente em virtude da dificuldade de operar na banda mais alta de 5 GHz.

O método 802.11a é baseado na **multiplexação por divisão ortogonal de frequência**, ou **OFDM (Orthogonal Frequency Division Multiplexing)**, pois a OFDM usa o espectro com eficiência e resiste a degradações do sinal sem fio, como o enfraquecimento por múltiplos caminhos. Os bits são enviados por 52 subportadoras em paralelo, 48 transportando dados e 4 usadas para sincronização. Cada símbolo dura 4 μs e envia 1, 2, 4 ou 6 bits. Os bits são codificados para correção de erros, primeiro com um código de convolução binário, de modo que somente 1/2, 2/3 ou 3/4 dos bits não são redundantes. Com diferentes combinações, o 802.11a pode trabalhar em oito taxas, variando de 6 a 54 Mbps. Essas taxas são significativamente mais rápidas do que as taxas 802.11b, e existe menos interferência na banda de 5 GHz. Contudo, o 802.11b tem um alcance que é cerca de sete vezes maior que o do 802.11a, o que em muitas situações é mais importante.

Mesmo com o alcance maior, o pessoal do 802.11b não tinha intenção de permitir que esse início vencesse o campeonato de velocidade. Felizmente, em maio de 2002, a FCC retirou sua regra, existente havia muito tempo, de exigir que todo equipamento de comunicação sem fio operasse nas bandas ISM nos Estados Unidos para usar o espectro de dispersão, de modo que passou a trabalhar no **802.11g**, que foi aprovado pelo IEEE em 2003. Ele copia os métodos de modulação OFDM do 802.11a, mas opera na banda ISM estreita de 2,4 GHz, com o 802.11b. Ele oferece as mesmas taxas do 802.11a (6 a 54 Mbps) mais, é claro, a compatibilidade com quaisquer dispositivos 802.11b que estejam nas proximidades. Todas essas diferentes escolhas podem ser confusas para os clientes, de modo que é comum que os produtos ofereçam suporte para 802.11a/b/g em uma única placa de interface de rede.

Não satisfeito em parar aí, o comitê do IEEE começou a trabalhar em uma camada física de alto throughput, chamada **802.11n**. Ela foi ratificada em 2009. Seu objetivo foi um throughput de pelo menos 100 Mbps depois que todos os overheads da rede sem fio fossem removidos. Isso exigia um aumento de velocidade bruto, com um fator de pelo menos quatro. Para isso acontecer, o comitê dobrou os canais de 20 MHz para 40 MHz e reduziu os overheads de enquadramento, permitindo que um grupo de quadros fosse enviado em conjunto. Todavia, o mais significativo é que o 802.11n usa até quatro antenas para transmitir até quatro fluxos de informação ao mesmo tempo. Os sinais dos fluxos interferem no receptor, mas eles podem ser separados usando as técnicas de comunicação de **entrada múltipla, saída múltipla, ou MIMO (Multiple Input, Multiple Output)**. O uso de múltiplas antenas oferece um grande aumento de velocidade e, além disso, melhora o alcance e a confiabilidade. MIMO, assim como OFDM, é uma daquelas ideias de comunicação inteligentes que estão mudando os projetos das redes sem fio e das quais, provavelmente, todos nós ouviremos falar muito no futuro. Para obter uma breve introdução às antenas múltiplas no 802.11, consulte Halpein et al. (2010).

Em 2013, o IEEE publicou o padrão 802.11ac. Ele usa canais mais largos (80 MHz e 160 MHz), modulação 256-QAM e **MU-MIMO (MultiUser MIMO)**, com até oito fluxos e outros truques para aumentar a taxa de bits até um máximo teórico de 7 Gbps, embora, na prática, isso nunca tenha sido alcançado. Os dispositivos móveis mais modernos geralmente usam 802.11ac.

Outro padrão 802.11 recente é o **802.11ad**, que opera na banda de 60 GHz (57 a 71 GHz), o que significa que as ondas de rádio são muito curtas: somente 5 mm de extensão. Essas ondas não penetram em paredes ou outros objetos, de modo que o padrão só é útil dentro de uma única sala. Entretanto, essa é uma vantagem e também uma desvantagem. Significa que, não importando o que a pessoa no outro escritório ou apartamento esteja fazendo, não interferirá com o que você está fazendo. A combinação de alta largura de banda e penetração fraca o torna ideal para o streaming de filmes 4K ou 8K não compactados, de uma estação base em uma sala para dispositivos móveis na sala. Uma melhoria neste padrão, aumentando a largura de banda por um fator de quatro, é o padrão **802 11ay**.

Agora chegamos ao **802.11ax**, às vezes conhecido como o padrão de rede **sem fio de alta eficiência**. O nome mais conhecido do consumidor é **WiFi 6** (se você pensou que ficaria com WiFi de 1 a 5, se enganou; os nomes antigos eram baseados nos números dos padrões IEEE e a WiFi Alliance decidiu chamar essa revisão de WiFi 6 porque é a sexta versão do padrão WiFi). Ele permite uma codificação QAM mais eficiente, juntamente com um novo esquema de modulação, OFDMA. Ele pode (a princípio) operar em partes não licenciadas do espectro de até 7 GHz e pode (teoricamente) atingir uma taxa de dados de 11 Gbps. Você pode tentar isso em casa, se quiser, mas a menos que tenha um laboratório de teste perfeitamente projetado, você não obterá 11 Gbps. No entanto, você pode alcançar 1 Gbps.

No 802.11ax OFDMA, um alocador central reserva unidades de recursos de comprimento fixo para cada uma das estações de transmissão, reduzindo assim a disputa em implantações densas. O 802.11ax também oferece suporte para a reutilização do espectro espacial, por meio de uma técnica chamada **coloração**, pela qual um remetente marca o início de sua transmissão de modo a permitir que outros remetentes determinem se pode haver uso simultâneo do espectro. Em algumas circunstâncias, um remetente pode transmitir simultaneamente se reduzir sua potência de modo apropriado.

Além disso, o 802.11ax usa 1024-QAM, que permite que cada símbolo codifique 10 bits, em oposição aos 8 bits/símbolo no 256-QAM, usado pelo 802.11ac. O padrão também oferece suporte a uma programação mais inteligente, por meio de um recurso chamado **tempo de despertar-alvo ou horário de ativação desejado**, que permite que um roteador coloque os dispositivos da casa em programações de transmissão, para minimizar colisões. Esse recurso é provavelmente mais útil em casas inteligentes, onde cada vez mais dispositivos conectados podem precisar enviar "sinais de vida" periodicamente para o roteador doméstico.

4.4.3 802.11: o protocolo da subcamada MAC

Agora, vamos retornar dos domínios da engenharia elétrica para os da ciência da computação. O protocolo da subcamada MAC do 802.11 é bastante diferente do protocolo da Ethernet, em razão da complexidade inerente à comunicação sem fio.

Primeiro, os rádios quase sempre são half-duplex, significando que eles não podem transmitir e escutar rajadas de sinais ruidosos ao mesmo tempo em uma única frequência. O sinal recebido pode facilmente ser um milhão de vezes mais fraco do que o sinal transmitido, de modo que não pode ser detectado ao mesmo tempo. Com a Ethernet, uma estação só precisa esperar até o éter ficar inativo para começar a transmitir. Se não receber de volta uma rajada de sinal ruidoso enquanto transmite os primeiros 64 bytes, é quase certo que o quadro tenha sido entregue corretamente. No caso das LANs sem fio, esse mecanismo de detecção de colisão não funciona.

Em vez disso, o 802.11 tenta evitar colisões com um protocolo chamado **CSMA com prevenção de colisão, ou CSMA/CA (CSMA with Collision Avoidance)**.

Ele é conceitualmente semelhante ao CSMA/CD da Ethernet, com detecção de portadora antes de transmitir e o algoritmo de recuo (backoff) exponencial binário após as colisões. Contudo, uma estação que tem um quadro para transmitir começa com um recuo aleatório (exceto no caso em que ela não tenha usado o canal recentemente e o canal esteja inoperante). Ela não espera por uma colisão. O número de slots a recuar é escolhido na faixa de 0 a, digamos, 15, no caso da camada física OFDM. A estação espera até que o canal esteja inoperante, detectando que não existe sinal por um curto período (chamado DIFS, como explicaremos mais adiante), e conta regressivamente os slots inoperantes, interrompendo quando os quadros forem enviados. Ela envia seu quadro quando o contador chega a 0. Se o quadro passar, o destino imediatamente envia uma confirmação curta. A falta de uma confirmação é deduzida como indicativo de erro, seja uma colisão, seja outro erro qualquer. Nesse caso, o transmissor dobra o período de recuo e tenta novamente, continuando com o recuo exponencial, como na Ethernet, até que o quadro tenha sido transmitido com sucesso ou o número máximo de retransmissões tenha sido alcançado.

Uma linha do tempo como exemplo aparece na Figura 4.25. A estação *A* é a primeira a transmitir um quadro. Enquanto *A* está transmitindo, as estações *B* e *C* ficam prontas para enviar. Elas veem que o canal está ocupado e esperam até que ele esteja livre. Pouco depois de *A* receber uma confirmação, o canal é liberado. Contudo, em vez de enviar um quadro imediatamente e colidir, *B* e *C* realizam um recuo. *C* escolhe um recuo pequeno e, assim, transmite primeiro. *B* interrompe sua contagem enquanto detecta que *C* está usando o canal e retoma depois que *C* tiver recebido uma confirmação. *B* logo conclui seu recuo e transmite seu quadro.

Em comparação com a Ethernet, existem duas diferenças principais. Primeiro, iniciar os recuos cedo ajuda a evitar colisões. Essa prevenção vale a pena porque as colisões são dispendiosas, já que o quadro inteiro é transmitido mesmo que ocorra uma colisão. Em segundo lugar, as confirmações são usadas para deduzir colisões, pois estas não podem ser detectadas.

Esse modo de operação é chamado de **função de coordenação distribuída**, ou DCF (**Distributed Coordination Function**), pois cada estação atua de modo independente, sem qualquer tipo de controle central. O padrão também inclui um modo de operação opcional, chamado de **função de coordenação de ponto**, ou PCF (**Point Coordination Function**), em que o PA controla toda a atividade em sua célula, assim como uma estação-base de celular. Todavia, o PCF não é usado na prática porque normalmente não existe um modo de impedir que as estações em outra rede vizinha transmitam um tráfego simultâneo.

O segundo problema é que o alcance de transmissão de estações distintas pode não ser o mesmo. Com um fio, o sistema é preparado de modo que todas as estações possam escutar umas às outras. Com a complexidade da propagação por ondas de rádio, essa situação não acontece para as estações sem fio. Consequentemente, podem surgir situações como o problema do terminal oculto, mencionado anteriormente e ilustrado novamente na Figura 4.26(a). Como nem todas as estações estão dentro do mesmo alcance de rádio, as transmissões que acontecem em uma parte de uma célula podem não ser recebidas em outra parte da mesma célula. Nesse exemplo, a estação *C* está transmitindo para a estação *B*. Se *A* detectar o canal, ela não escutará nada e concluirá incorretamente que agora pode começar a transmitir para *B*. Essa decisão leva a uma colisão.

A situação inversa é o problema do terminal exposto, ilustrado na Figura 4.26(b). Aqui, *B* deseja enviar para *C* e, portanto, escuta o canal. Quando ele detecta uma transmissão, conclui incorretamente que não pode transmitir para *C*, embora *A* de fato possa estar transmitindo para *D* (não mostrado). Essa decisão desperdiça uma oportunidade de transmissão.

Para reduzir ambiguidades sobre qual estação está transmitindo, o 802.11 define a detecção do canal de modo físico e virtual. A detecção física simplesmente verifica o

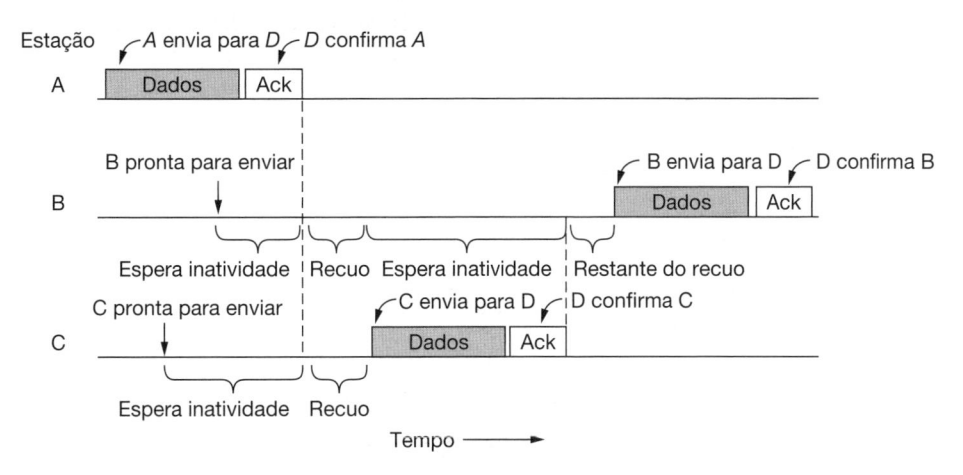

Figura 4.25 Transmitindo um quadro com CSMA/CA.

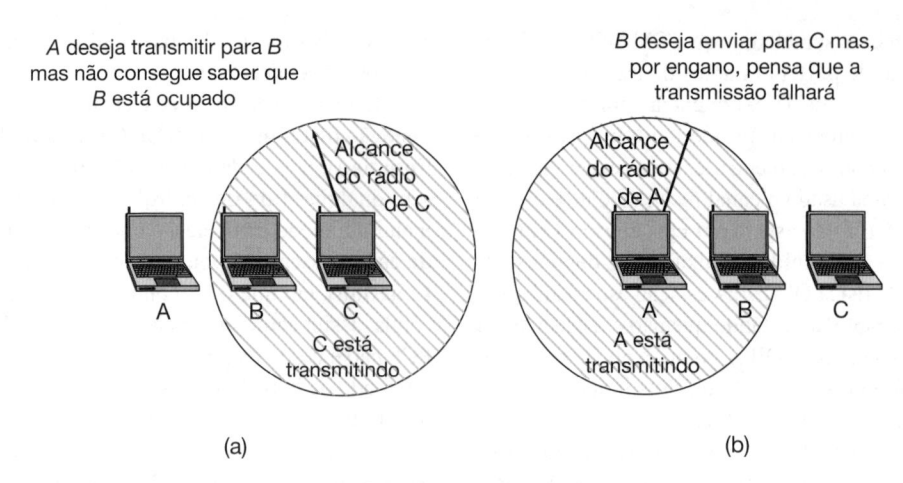

Figura 4.26 (a) O problema do terminal oculto. (b) O problema do terminal exposto.

meio para ver se existe um sinal válido. Com a detecção virtual, cada estação mantém um registro lógico de quando o canal está em uso rastreando o **vetor de alocação de rede**, ou **NAV (Network Allocation Vector)**. Todo quadro transporta um campo NAV que diz quanto tempo levará para concluir a sequência da qual esse quadro faz parte. As estações que escutam esse quadro sabem que o canal estará ocupado pelo período indicado em NAV, independentemente se elas podem detectar um sinal físico. Por exemplo, o NAV de um quadro de dados inclui o tempo necessário para enviar uma confirmação. Todas as estações que escutarem o quadro de dados serão adiadas durante o período de confirmação, mesmo que não a escutem. Basicamente, o NAV funciona como um temporizador de contagem regressiva, em cujo período o transmissor assume que o canal está ocupado. No padrão 802.11, as unidades do NAV são microssegundos. Em locais mais densos, o NAV definido por um transmissor pode ser redefinido por outros transmissores no mesmo intervalo de transmissão, causando colisões e desempenho abaixo do ideal. Para mitigar esse efeito, o 802.11ax introduz dois NAVs: um modificado por quadros correspondentes aos quadros aos quais a estação está associada, e o outro modificado por quadros que são ouvidos pela estação, mas se formaram em redes sobrepostas.

Um mecanismo RTS/CTS opcional usa o NAV para impedir que os terminais transmitam quadros ao mesmo tempo que os terminais ocultos. Isso aparece na Figura 4.27. Nesse exemplo, A deseja enviar para B. C é uma estação dentro do alcance de A (e possivelmente dentro do alcance de B, mas isso não importa). D é uma estação dentro do alcance de B, mas não dentro do alcance de A.

O protocolo começa quando A decide enviar dados para B. A começa a transmitir um quadro RTS para B, pedindo permissão para lhe enviar (Request To Send) um quadro. Se B recebe esse pedido, responde com um quadro CTS, indicando que o canal está liberado para enviar (Clear To Send). Ao receber o CTS, A envia seu quadro e inicia um timer de ACK (confirmação). Ao recebimento correto do quadro de dados, a estação B responde com um quadro ACK, completando a troca. Se o timer de ACK de A expirar antes que o ACK retorne a ela, isso é tratado como uma colisão e o protocolo inteiro é realizado novamente, após um recuo.

Agora, vamos considerar essa troca do ponto de vista de C e D. Como C está dentro do alcance de A, ela pode receber o quadro RTS. Se receber, essa estação percebe que alguém transmitirá dados em breve. Pela informação fornecida no pedido de RTS, ela pode estimar o tempo que a sequência levará, incluindo o ACK final. Assim, para o

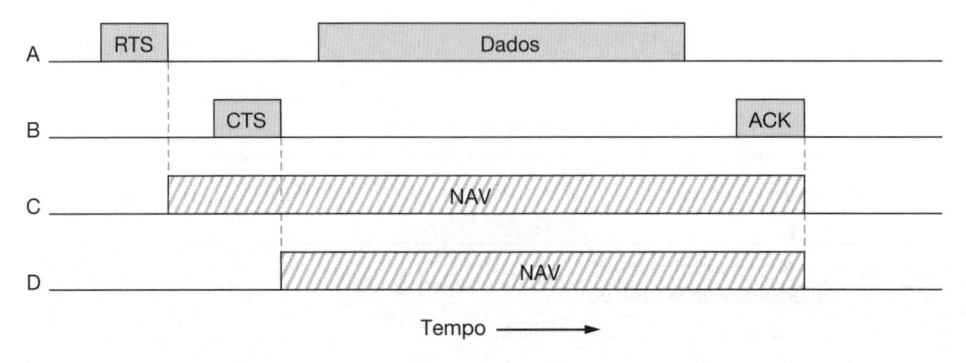

Figura 4.27 O uso da detecção de canal virtual com o CSMA/CA.

bem de todos, a estação C desiste de transmitir algo até que a troca seja concluída. Ela faz isso atualizando seu registro do NAV para indicar que o canal está ocupado, como mostra a Figura 4.27. D não escuta o RTS, mas escuta o CTS, de modo que também atualiza seu NAV. Observe que os sinais NAV não são transmitidos; eles são apenas lembretes internos para ficar em silêncio por determinado período.

Entretanto, embora RTS/CTS pareça ser bom na teoria, esse é um daqueles projetos que provaram ter pouco valor na prática. Existem vários motivos pelos quais ele raramente é usado. Ele não ajuda para quadros curtos (que são enviados no lugar do RTS) ou para o PA (que, por definição, todos podem ouvir). Para outras situações, ele só atrasa a operação. RTS/CTS no 802.11 é um pouco diferente daquele do protocolo MACA, que vimos na Seção 4.2, pois qualquer um que escuta o RTS ou o CTS permanece em silêncio por todo o período, para permitir que o ACK seja enviado sem colisão. Por causa disso, a técnica não ajuda com terminais expostos como o MACA fazia, somente com terminais ocultos. Com frequência, existem poucos terminais ocultos, e o CSMA/CA já os ajuda atrasando as estações que não têm êxito na transmissão, qualquer que seja a causa, para aumentar as chances de êxito das transmissões.

O CSMA/CA com detecções física e virtual é o núcleo do protocolo 802.11. Contudo, existem outros mecanismos que foram desenvolvidos para acompanhá-lo. Como cada um desses mecanismos foi controlado pelas necessidades da operação real, vamos examiná-los rapidamente.

A primeira necessidade que examinaremos é a confiabilidade. Ao contrário das redes fisicamente conectadas, as redes sem fio são ruidosas e pouco confiáveis, em grande parte em virtude da interferência com outros dispositivos, como fornos de micro-ondas, que também utilizam as bandas ISM não licenciadas. O uso de confirmações e retransmissões não ajuda muito se a probabilidade de transferir um quadro for pequena em primeiro lugar.

A estratégia principal usada para aumentar as transmissões com êxito é reduzir a taxa de transmissão. Taxas mais baixas usam modulações mais robustas, que mais provavelmente serão recebidas de modo correto para determinada relação sinal-ruído. Se muitos quadros se perderem, uma estação poderá reduzir a taxa. Se os quadros forem entregues com pouca perda, uma estação ocasionalmente poderá testar uma taxa mais alta para ver se ela deve ser usada.

Outra estratégia para melhorar as chances de o quadro atravessar a rede sem prejuízo é enviar quadros mais curtos. Se a probabilidade de ocorrer um erro em qualquer bit é p, então a probabilidade de um quadro de n bits ser recebido de forma inteiramente correta é $(1 - p)^n$. Por exemplo, para $p = 10^{-4}$, a probabilidade de receber um quadro Ethernet completo (12.144 bits) sem erros é menor que 30%. A maioria dos quadros será perdida. Mas, se os quadros tiverem apenas um terço desse tamanho (4.048 bits), dois terços deles serão recebidos corretamente. Agora, a maioria dos quadros passará e menos retransmissões serão necessárias.

Quadros mais curtos podem ser implementados reduzindo-se o tamanho máximo da mensagem que é aceita a partir da camada de rede. Como alternativa, o 802.11 permite que os quadros sejam divididos em partes menores, chamadas **fragmentos**, cada uma com seu próprio checksum. O tamanho do fragmento não é fixado pelo padrão, mas é um parâmetro que pode ser ajustado pelo PA. Os fragmentos são numerados individualmente e confirmados com o uso de um protocolo do tipo stop-and-wait (i.e., o transmissor não pode enviar o fragmento $k + 1$ enquanto não receber a confirmação do fragmento k). Depois que um canal é "apoderado", vários fragmentos podem ser enviados em rajada. Eles seguem um após o outro com uma confirmação (e, possivelmente, retransmissões) no intervalo, até que o quadro inteiro tenha sido transmitido com sucesso ou o tempo de transmissão atinja o máximo permitido. O mecanismo NAV mantém as outras estações inativas apenas até a próxima confirmação, mas outro mecanismo (veja a seguir) é usado para permitir que uma rajada de fragmentos seja enviada sem que outras estações enviem um quadro no meio.

A segunda necessidade que discutiremos é economizar energia. A duração da bateria é sempre um problema nos dispositivos móveis sem fio. O padrão 802.11 dedica atenção à questão do gerenciamento de energia, para que os clientes não a desperdicem quando não têm informações para enviar ou para receber.

O mecanismo básico para economizar energia é calcado em **quadros de baliza (beacon frames)**. As balizas são transmissões periódicas do PA (p. ex., a cada 100 ms). Os quadros de baliza anunciam a presença do PA aos clientes e transportam parâmetros do sistema, como o identificador do PA, a hora, o tempo até a próxima baliza e configurações de segurança.

Os clientes podem definir um bit de gerenciamento de energia nos quadros que eles enviam ao PA, para informar que estão entrando no **modo de economia de energia**. Nele, o cliente pode cochilar e o PA manterá em buffer o tráfego (barrado) voltado para ele. Para verificar o tráfego que chegou, o cliente acorda a cada baliza e verifica um mapa de tráfego enviado como parte do quadro de baliza. Esse mapa diz ao cliente se existe tráfego à espera no buffer. Se houver, o cliente envia uma pool message (consulta) ao PA, que em seguida envia o tráfego armazenado. O cliente pode, então, voltar a dormir até que a próxima baliza seja enviada.

Outro mecanismo de economia de energia, chamado **APSD (Automatic Power Save Delivery)**, também foi acrescentado ao 802.11 em 2005. Com esse novo mecanismo, o PA mantém quadros em buffer e os envia para um cliente logo depois de ele enviar quadros ao PA. O cliente pode, então, dormir até que tenha mais tráfego para enviar (e receber). Esse mecanismo funciona bem para aplicações como VoIP, que têm tráfego frequente nos dois sentidos. Por exemplo, um telefone sem fio VoIP poderia usá-lo para enviar e receber quadros a cada 20 ms, com muito mais frequência do que o intervalo de baliza de 100 ms, enquanto chochila nos intervalos.

A terceira e última necessidade que examinaremos é a qualidade de serviço. Quando o tráfego VoIP no exemplo anterior competir com o tráfego peer-to-peer, o VoIP sofrerá. Ele será adiado em virtude da disputa com o tráfego peer-to-peer de alta largura de banda, embora a largura de banda VoIP seja baixa. Esses atrasos provavelmente degradarão as chamadas de voz. Para impedir que isso ocorra, gostaríamos de permitir que o tráfego VoIP siga antes do tráfego peer-to-peer, pois tem maior prioridade.

O IEEE 802.11 tem um mecanismo inteligente para fornecer esse tipo de qualidade de serviço que foi apresentado como um conjunto de extensões sob o nome 802.11e em 2005. Ele funciona estendendo o CSMA/CA com intervalos cuidadosamente definidos entre os quadros. Depois que um quadro é enviado, é necessária certa quantidade de tempo de inatividade antes que qualquer estação possa enviar um quadro para verificar se o canal não está mais sendo usado. O truque é definir diferentes intervalos para diferentes tipos de quadros.

Cinco intervalos são representados na Figura 4.28. O intervalo entre quadros de dados regulares é chamado de **espaçamento entre quadros DCF**, ou **DIFS (DCF InterFrame Spacing)**. Qualquer estação pode tentar adquirir o canal para enviar um novo quadro até que o meio tenha ficado ocioso por DIFS. As regras habituais de disputa se aplicam e, se ocorrer uma colisão, o algoritmo de backoff (recuo exponencial binário) pode ser necessário. O menor intervalo é o **espaçamento curto entre quadros**, ou **SIFS (Short InterFrame Spacing)**, usado para permitir que as partes de um único diálogo tenham a chance de transmitir primeiro. Isso inclui permitir que o receptor envie um ACK, outras sequências de quadro de controle, como RTS e CTS, ou permitir que o transmissor envie uma rajada de fragmentos. O envio do próximo fragmento após esperar apenas o SIFS é o que impede que outra estação entre com um quadro no meio da troca.

Os dois intervalos **AIFS (Arbitration InterFrame Space)** mostram exemplos de dois níveis de prioridade. O intervalo curto, AIFS$_1$, é menor que o DIFS, porém maior que o SIFS. Ele pode ser usado pelo PA para mover o tráfego de voz e outro tráfego de alta prioridade para o início da fila. O PA esperará por um intervalo mais curto antes de enviar o tráfego de voz e, assim, o fará antes do tráfego normal. O intervalo longo, AIFS$_4$, é maior que o DIFS. Ele é usado para o tráfego de segundo plano, que pode ser adiado para depois do tráfego regular. O PA esperará por um intervalo maior antes de enviá-lo, dando ao tráfego regular a oportunidade para transmitir primeiro. O mecanismo completo de qualidade de serviço define quatro níveis de prioridade, que têm diferentes parâmetros de recuo, bem como diferentes parâmetros ociosos.

O último intervalo, o **espaçamento estendido entre quadros**, ou **EIFS (Extended InterFrame Spacing)**, só é usado por uma estação que tenha acabado de receber um quadro defeituoso ou desconhecido, a fim de informar sobre o problema. A ideia é que, como o receptor talvez não tenha nenhum conhecimento do que está acontecendo, ele deve esperar um tempo significativo para evitar interferir em um diálogo em andamento entre duas estações.

Outra parte das extensões de qualidade de serviço é a noção de uma **TXOP**, ou **oportunidade de transmissão**. O mecanismo de CSMA/CA original permite que as estações enviem um quadro de cada vez. Esse projeto foi bom até o aumento das taxas de transferência. Com o 802.11a/g, uma estação poderia enviar a 6 Mbps e outra estação enviar a 54 Mbps. Cada uma delas passa a enviar um quadro, mas a estação de 6 Mbps leva nove vezes mais tempo (ignorando os overheads fixos) que a estação de 54 Mbps para enviar seu quadro. Essa disparidade tem o efeito colateral indesejado de atrasar um transmissor rápido que esteja competindo com um transmissor lento para aproximadamente a taxa do transmissor lento. Por exemplo, novamente ignorando overheads fixos, enviando sozinhos, os transmissores de 6 e 54 Mbps receberão em suas próprias taxas, mas, ao enviar juntos, ambos receberão 5,4 Mbps na média. Essa é uma penalidade cruel para o transmissor rápido. Esse problema é conhecido como **anomalia de taxa** (Heusse et al., 2003).

Com oportunidades de transmissão, cada estação recebe uma fatia igual de tempo no ar, não um número igual de

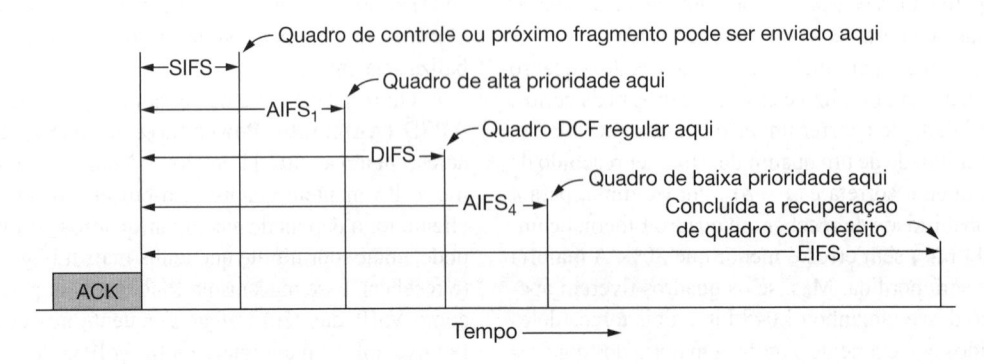

Figura 4.28 Espaçamento entre quadros no 802.11.

quadros. As estações que enviam a uma taxa mais alta que seu tempo receberão um throughput maior. Em nosso exemplo, ao enviar juntos, os transmissores de 6 Mbps e 54 Mbps agora receberão 3 Mbps e 27 Mbps, respectivamente.

4.4.4 802.11: estrutura do quadro

O padrão 802.11 define três classes de quadros em trânsito: dados, controle e gerenciamento. Cada um deles tem um cabeçalho com diversos campos usados na subcamada MAC. Além disso, existem alguns cabeçalhos usados pela camada física, mas eles lidam principalmente com as técnicas de modulação empregadas e, portanto, não os discutiremos aqui.

Veremos como exemplo o formato do quadro de dados mostrado na Figura 4.29. Primeiro vem o campo *Controle de quadro*, que é composto de 11 subcampos. O primeiro desses subcampos denomina-se *Versão do protocolo*, definido como 00. Ele existe para permitir que versões futuras do 802.11 operem ao mesmo tempo na mesma célula. Depois, temos os campos *Tipo* (dados, controle ou gerenciamento) e *Subtipo* (p. ex., RTS ou CTS). Para um quadro de dados comum (sem qualidade de serviço), eles são definidos como 10 e 0000 em binário. Os bits *Para DS* e *De DS* indicam se o quadro está indo ou vindo da rede conectada aos PAs, o que é chamado de sistema de distribuição. O bit *Mais fragmentos* significa que mais fragmentos virão em seguida. O bit *Repetir* indica uma retransmissão de um quadro enviado anteriormente. O bit *Gerenciamento de energia* indica que o transmissor está entrando no modo de economia de energia. O bit *Mais dados* indica que o transmissor tem quadros adicionais para o receptor. O bit *Quadro protegido* especifica que o corpo do quadro foi criptografado por segurança. Discutiremos rapidamente sobre segurança na próxima seção. Por fim, o bit *Ordem* informa ao receptor que a camada superior espera que a sequência de quadros chegue estritamente em ordem.

O segundo campo do quadro de dados, *Duração*, informa por quanto tempo (em microssegundos) o quadro e sua confirmação ocuparão o canal. Esse campo está presente em todos os tipos de quadros, incluindo os de controle, e representa a forma como outras estações administram o mecanismo NAV.

Em seguida vêm os endereços. Os quadros de dados enviados de e para um PA contêm três endereços, todos em formato padrão IEEE 802. O primeiro é do receptor, e o segundo é do transmissor. É óbvio que eles são necessários, mas para que serve o terceiro endereço? Lembre-se de que o PA é simplesmente um ponto de repasse para os quadros enquanto trafegam entre um cliente e outro ponto na rede, talvez um cliente distante ou um portal para a Internet. O terceiro endereço indica esse ponto distante.

O campo *Sequência* numera os quadros, para que as duplicatas possam ser detectadas. Dos 16 bits disponíveis, 4 identificam o fragmento e 12 contêm um número que é avançado a cada nova transmissão. O campo *Dados* contém a carga útil de até 2.312 bytes. Os primeiros bytes dessa carga útil estão em um formato conhecido como **controle lógico do enlace**, ou **LLC** (**Logical Link Control**). Essa camada é a tag (cola) que identifica o protocolo de nível mais alto (p. ex., IP) ao qual as cargas úteis devem ser passadas. Por último vem o *Checksum do quadro*, que é o mesmo CRC de 32 bits que vimos na Seção 3.2.2 e em outros lugares.

Os quadros de gerenciamento têm um formato semelhante ao dos quadros de dados, mais um formato para a parte de dados que varia com o subtipo (p. ex., parâmetros nos quadros de baliza). Os quadros de controle são curtos. Como todos os quadros, eles têm os campos de *Controle de quadro*, *Duração* e *Checksum do quadro*. Contudo, eles podem ter apenas um endereço e nenhuma parte de dados. A informação mais importante está no campo *Subtipo* (p. ex., ACK, RTS e CTS).

4.4.5 Serviços

O padrão 802.11 define que cada LAN sem fio compatível deve fornecer os serviços para clientes, para PAs e para a rede que os conecta. Esses serviços são agrupados em vários tipos.

Associação e entrega de dados

O serviço de **associação** é usado pelas estações móveis para conectá-las aos PAs. Em geral, ele é usado imediatamente

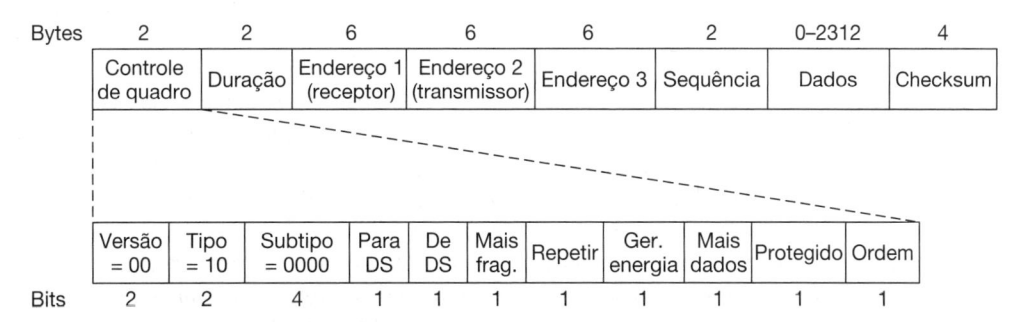

Bytes	2	2	6	6	6	2	0–2312	4
	Controle de quadro	Duração	Endereço 1 (receptor)	Endereço 2 (transmissor)	Endereço 3	Sequência	Dados	Checksum

	Versão = 00	Tipo = 10	Subtipo = 0000	Para DS	De DS	Mais frag.	Repetir	Ger. energia	Mais dados	Protegido	Ordem
Bits	2	2	4	1	1	1	1	1	1	1	1

Figura 4.29 Formato do quadro de dados 802.11.

após uma estação se deslocar dentro do alcance de rádio do PA. Ao chegar, a estação descobre a identidade e os recursos do PA, seja pelos quadros de baliza, seja perguntando diretamente ao PA. Os recursos incluem as taxas de dados admitidas, os arranjos de segurança, os requisitos de economia de energia, o suporte para qualidade de serviço e outros. A mensagem de baliza do PA também inclui um **SSID (Service Set IDentifier)**, que a maioria das pessoas conhece como o nome da rede. A estação envia um pedido para se associar ao PA, o qual pode aceitá-lo ou rejeitá-lo. Embora as balizas sempre sejam um broadcast, o SSID pode ou não ser um broadcast. Se o SSID não for broadcast, a estação deverá conhecer (ou descobrir), de alguma forma, o nome para associar a esse PA.

A **reassociação** permite mudar seu PA preferido. Esse recurso é útil para estações móveis que se deslocam de um PA para outro na mesma LAN 802.11 estendida, como uma transferência (handoff) na rede celular. Se for usado corretamente, não haverá perda de dados em consequência da transferência. (Contudo, o 802.11, assim como o padrão Ethernet, é apenas um serviço que faz o melhor possível, sem garantias.) A estação móvel ou o PA também pode se **desassociar**, interrompendo assim o relacionamento. Uma estação deve usar esse serviço antes de se desligar ou sair da rede, mas o PA também pode usá-lo antes de se desativar para manutenção. O padrão 802.11w acrescentou os quadros de autenticação e desassociação.

Quando os quadros alcançam o PA, o **serviço de distribuição** determina como roteá-los. Se o destino for local para o PA, os quadros poderão ser enviados diretamente pelo ar. Caso contrário, eles terão de ser encaminhados pela rede fisicamente conectada. O **serviço de integração** trata de qualquer tradução necessária para um quadro ser enviado fora da LAN 802.11, ou para chegar de fora dela. O caso comum aqui é conectar a LAN sem fio à Internet.

A transmissão de dados é o objetivo de tudo isso, e assim o 802.11 oferece um **serviço de entrega de dados**, o qual permite que as estações transmitam e recebam dados usando os protocolos que descrevemos anteriormente no capítulo. Tendo em vista que o 802.11 foi modelado com base no padrão Ethernet e que a transmissão em uma rede Ethernet não oferece a garantia de ser 100% confiável, a transmissão sobre redes 802.11 também não oferece qualquer garantia de confiabilidade. As camadas mais altas devem lidar com a detecção e a correção de erros.

Segurança e privacidade

As estações também devem se **autenticar** antes que possam enviar quadros pelo PA, mas a autenticação é tratada de diferentes maneiras, dependendo da escolha do esquema de segurança. Se a rede 802.11 estiver "aberta", qualquer um tem permissão para usá-la. Caso contrário, são necessárias credenciais para autenticação.

Um método de autenticação comum, chamado **WPA2 (WiFi Protected Access 2)**, implementa a segurança conforme a definição no padrão 802.11i. (O WPA original é um esquema intermediário que implementa um subconjunto do 802.11i. Pularemos isso e iremos diretamente para o esquema completo.) Com o WPA2, o PA pode falar com um servidor de autenticação, que tem um banco de dados de nomes de usuários e senhas, para determinar se a estação tem permissão para acessar a rede. Como alternativa, pode-se configurar uma chave previamente compartilhada, que é um nome elegante para uma senha de rede. Vários quadros são trocados entre a estação e o PA por meio de desafio e resposta, permitindo que a estação prove que tem as credenciais corretas. Essa troca acontece após a associação.

Outro processo de autenticação comumente usado em redes corporativas é o **802.1X**, que implementa uma abordagem chamada **autenticação baseada em porta**. O 802.1X depende de autenticação centralizada (p. ex., autenticação de dispositivos em um servidor centralizado), o que cria as possibilidades de controle de acesso, contabilidade, cobrança e atribuição mais refinados. A estação que está autenticando às vezes é chamada de suplicante; esse dispositivo se autentica na rede por meio de um autenticador, que se comunica com o servidor de autenticação. O 802.1X conta com uma estrutura de autenticação chamada **EAP (Enhanced Authentication Protocol)**. A estrutura EAP define mais de 50 métodos diferentes para realizar a autenticação, mas os métodos comuns incluem **EAP-TLS**, que realiza autenticação com base em certificados; **EAP-TTLS** e **PEAP**, que permitem que o cliente se associe usando diversos métodos, incluindo autenticação baseada em senha; e **EAP-SIM**, em que um telefone móvel pode autenticar usando um SIM. O 802.1X tem muitas vantagens sobre o WPA simples, como a capacidade de executar controle de acesso minucioso com base no usuário, mas requer uma infraestrutura de certificado para administrar.

O esquema que foi usado antes do WPA se chamava **WEP (Wired Equivalent Privacy)**. Para esse esquema, a autenticação com uma chave previamente compartilhada acontece antes da associação. Agora, WEP é considerado inseguro e não é mais utilizado. A primeira demonstração prática de que o WEP foi quebrado apareceu quando Adam Stubblefield era um estagiário de verão na AT&T (Stubblefield et al., 2002). Ele foi capaz de codificar e testar um ataque em uma semana, grande parte desse tempo foi gasto para obter permissão da gerência para comprar as placas WiFi necessárias para as experiências. O software para descobrir senhas WEP agora está disponível gratuitamente.

Com o WEP falhando e o WPA desaprovado, a próxima tentativa foi o WPA2. Ele utiliza um serviço de privacidade que gerencia os detalhes da criptografia e da descriptografia. O algoritmo de criptografia para WPA2 é baseado no **padrão de criptografia avançado**, ou **AES (Advanced Encryption Standard)**, um padrão do governo dos Estados

Unidos aprovado em 2002. As chaves usadas para criptografia são determinadas durante o procedimento de autenticação. Infelizmente, o esquema do WPA2 foi quebrado em 2017 (Vanhoef e Piessens, 2017). Uma boa segurança é muito difícil, até mesmo com criptografia inquebrável, pois o gerenciamento da chave é o elo mais fraco.

Priorização e controle de energia

Para lidar com o tráfego com diferentes prioridades, existe um serviço de **tráfego QoS (o minúsculo) escalonado**. Ele usa os protocolos que descrevemos para dar tratamento preferencial ao tráfego de voz e vídeo em comparação com o melhor tráfego possível e o de segundo plano. Um serviço de acompanhamento também oferece sincronização de timer da camada mais alta. Isso permite que as estações coordenem suas ações, o que pode ser útil para o processamento de mídia.

Finalmente, existem dois serviços que ajudam as estações a gerenciar seu uso do espectro. O serviço de **controle de potência de transmissão** oferece às estações as informações que elas precisam para atender aos limites regulamentares sobre potência de transmissão, que variam de uma região para outra. O serviço de **seleção dinâmica de frequência** dá às estações a informação de que elas precisam para evitar transmitir em frequências na banda de 5 GHz que estão sendo usadas em um radar nas proximidades.

Com esses serviços, o 802.11 oferece um rico conjunto de funcionalidade para conectar à Internet clientes móveis vizinhos. Ele tem sido um grande sucesso, e o padrão repetidamente tem sido alterado para acrescentar mais funcionalidade. Para ter uma ideia de onde o padrão se encontra e para onde está se encaminhando, consulte Hiertz et al. (2010).

4.5 BLUETOOTH

Em 1994, a empresa sueca L. M. Ericsson ficou interessada em conectar seus telefones móveis a outros dispositivos (p. ex., laptops) sem cabos. Em 1998, junto com outras quatro empresas (IBM, Intel, Nokia e Toshiba), ela formou um SIG (Special Interest Group, ou seja, um consórcio) com o objetivo de desenvolver um padrão sem fio para interconectar dispositivos de computação e comunicação, além de acessórios, utilizando rádios sem fio de curto alcance, baixa potência e baixo custo. O projeto foi denominado **Bluetooth**, em homenagem a Harald Blaatand (Bluetooth) II (940-981), um rei viking que unificou (i.e., conquistou) a Dinamarca e a Noruega, também "sem cabos".

O Bluetooth 1.0 foi lançado em julho de 1999 e, desde então, o SIG nunca voltou atrás. Todo tipo de dispositivo eletrônico de consumo agora usa Bluetooth, desde telefones móveis e notebooks a headsets, impressoras, teclados, mouse, jogos, relógios, aparelhos de música, unidades de navegação e outros. Os protocolos Bluetooth permitem que esses dispositivos se encontrem e se conectem, um ato chamado **emparelhamento**, e transfiram dados com segurança.

Os protocolos também evoluíram durante a última década. Depois que os protocolos iniciais se estabilizaram, taxas de dados maiores foram acrescentadas ao Bluetooth 2.0 em 2004. Com a versão 3.0, em 2009, o Bluetooth pôde ser usado para o emparelhamento de dispositivo em combinação com o 802.11 para alcançar transferência de dados com alto throughput. A versão 4.0, em junho de 2010, especificou a operação em baixa potência. Isso será prático para pessoas que não querem trocar a bateria regularmente em todos esses dispositivos por toda a casa.

Explicaremos os principais aspectos do Bluetooth 4.0 a seguir, pois esta ainda é a versão mais utilizada. Depois, discutiremos o Bluetooth 5.0 e como ele difere da versão anterior (quase totalmente em pequenos detalhes).

4.5.1 Arquitetura do Bluetooth

Vamos começar nosso estudo do sistema Bluetooth com uma avaliação rápida do que ele contém e do que planeja fazer. A unidade básica de um sistema Bluetooth é uma **piconet**, que consiste em um nó mestre e até sete nós escravos ativos,* situados em uma distância de 10 m. Podem existir muitas piconets na mesma sala (grande) e elas podem até mesmo ser conectadas por um nó de ponte, que participa de várias piconets, como mostra a Figura 4.30. Uma coleção interconectada de piconets é chamada de **scatternet**.

Além dos sete nós escravos ativos em uma piconet, pode haver até 255 nós estacionários (inativos) na rede. Esses nós são dispositivos que o mestre comutou para um estado de baixa energia, a fim de reduzir o consumo em sua bateria. No estado estacionário, o dispositivo não pode fazer nada, exceto responder a um sinal de ativação ou de baliza do mestre. Também existem dois níveis intermediários de energia, *hold* e *sniff*, mas eles não serão estudados aqui.

A razão para a estrutura mestre/escravo é que os projetistas pretendiam facilitar a implementação de chips Bluetooth completos por menos de 5 dólares. Em consequência dessa decisão, os escravos são "não inteligentes", fazendo basicamente apenas o que o mestre determina. Em seu núcleo, uma piconet é um sistema TDM centralizado, no qual o mestre controla o clock e define qual dispositivo vai se comunicar em cada slot de tempo. Toda comunicação é feita entre o mestre e um escravo, não sendo possível a comunicação direta entre escravos.

---

*A terminologia oficial do Bluetooth é mestre/escravo. Pedimos desculpas se isso lhe ofender.

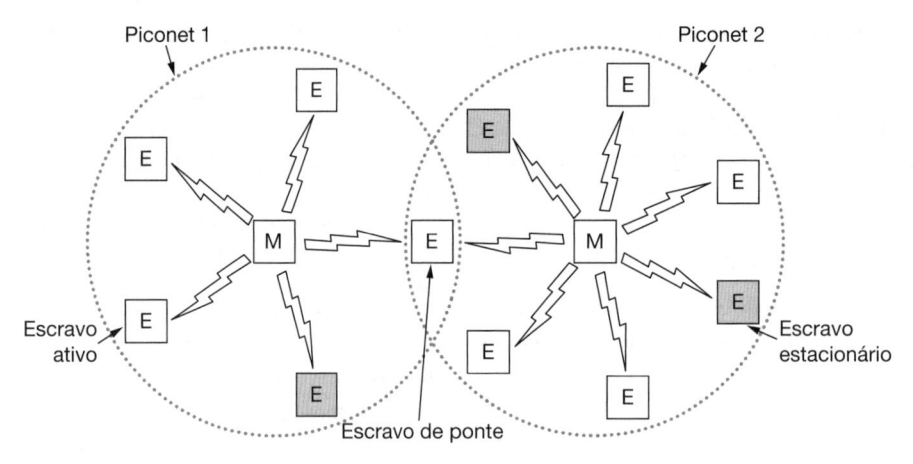

Figura 4.30 Duas piconets podem ser conectadas para formar uma scatternet.

4.5.2 Aplicações do Bluetooth

A maioria dos protocolos de rede só fornece canais entre entidades que se comunicam, deixando para os projetistas de aplicações a tarefa de descobrir a sua utilidade. Por exemplo, o 802.11 não especifica se os usuários devem usar seu notebook para ler e-mails, navegar na Web ou qualquer outra ação. Em contrapartida, a especificação Bluetooth SIG determina aplicações em particular para que tenham suporte e ofereçam diferentes pilhas de protocolos para cada um. No momento em que este livro foi escrito, havia mais de duas dúzias de aplicações específicas, chamadas **perfis**. Infelizmente, essa abordagem aumentou muito a complexidade. Omitiremos a complexidade aqui, mas veremos os perfis rapidamente, para entender de modo mais claro o que o Bluetooth SIG está tentando realizar.

Seis dos perfis são para diferentes usos de áudio e vídeo. Por exemplo, os perfis de intercomunicação permitem que dois telefones se conectem como walkie-talkies. Os perfis de headset e hands-free oferecem comunicação por voz entre um headset e sua estação-base, pois poderiam ser usados para telefonia hands-free enquanto se dirige um carro. Outros perfis são para streaming de áudio e vídeo com qualidade estéreo, digamos, de um aparelho de música portátil para fones de ouvido, ou de uma câmera digital para uma TV.

O perfil de dispositivo de interface humana é para conectar teclado e mouse aos computadores. Outros perfis permitem que um telefone móvel ou outro computador receba imagens de uma câmera ou envie imagens para uma impressora. Talvez seja mais interessante um perfil para usar um telefone móvel como um controle remoto para uma TV (habilitada para Bluetooth).

Outros perfis ainda permitem o uso de rede. O perfil de rede pessoal permite que dispositivos Bluetooth formem uma rede ad hoc ou acessem outra rede remotamente, como uma LAN 802.11, por meio de um PA. O perfil de rede discada foi realmente a motivação original para o projeto inteiro. Ele permite que um notebook se conecte a um telefone móvel contendo um modem embutido, sem usar fios, apenas sinais de rádio.

Os perfis para troca de informações da camada mais alta também foram definidos. O perfil de sincronização serve para carregar dados para um telefone móvel quando ele sai de casa e coleta dados dele ao retornar.

Pularemos o restante dos perfis, exceto para mencionar que alguns servem como blocos de montagem sobre os quais os perfis citados são baseados. O perfil de acesso genérico, no qual todos os outros perfis são baseados, oferece um modo de estabelecer e manter enlaces seguros (canais) entre o mestre e os escravos. Os outros perfis genéricos definem os fundamentos da troca de objeto e transporte de áudio e vídeo. Os perfis utilitários são muito usados para funções como emular uma linha serial, o que é especialmente útil para muitas aplicações legadas.

Seria realmente necessário explicar todas essas aplicações em detalhes e fornecer diferentes pilhas de protocolos para cada uma? É provável que não, mas surgiram diversos grupos de trabalho que elaboraram partes distintas do padrão, e cada um se concentrou em seu problema específico, gerando seu próprio perfil. Imagine tudo isso como uma aplicação da lei de Conway. (Na edição de abril de 1968 da revista *Datamation*, Melvin Conway observou que, se designar *n* pessoas para escrever um compilador, você obterá um compilador de *n* passagens ou, de modo mais geral, a estrutura de software reflete a estrutura do grupo que o produziu.) Provavelmente teria sido possível concluir o trabalho com duas pilhas de protocolos em vez de 25, uma para transferência de arquivos e uma para comunicação em tempo real.

4.5.3 A pilha de protocolos do Bluetooth

O padrão Bluetooth tem muitos protocolos agrupados livremente em camadas, como mostra a Figura 4.31. A primeira observação a fazer é que a estrutura não segue o modelo

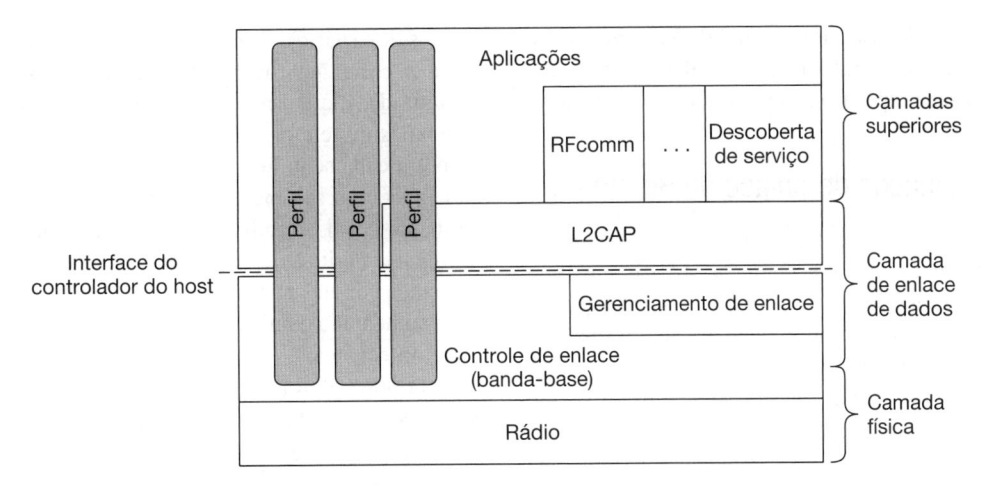

Figura 4.31 A arquitetura de protocolos do Bluetooth.

OSI, o modelo TCP/IP, o modelo 802 ou qualquer outro modelo conhecido.

A camada inferior é a camada física de rádio, que corresponde muito bem à camada física nos modelos OSI e 802. Ela lida com a transmissão e a modulação de rádio. Muitas das preocupações aqui estão relacionadas ao objetivo de tornar o sistema mais econômico, para que possa vir a ser um item do mercado de massa.

A camada de controle de enlace (ou banda-base) é de certa forma análoga à subcamada MAC, mas também inclui elementos da camada física. Ela lida com a maneira como o mestre controla os slots de tempo e como esses slots estão agrupados em quadros.

Em seguida, temos dois protocolos que usam o protocolo de controle de enlace. O gerenciador de enlaces cuida do estabelecimento de canais lógicos entre dispositivos, incluindo gerenciamento de energia, emparelhamento e criptografia, e qualidade de serviço. Ele se encontra abaixo da linha da interface do controlador do host. Essa interface é uma conveniência para a implementação: normalmente, os protocolos abaixo da linha serão implementados em um chip Bluetooth, e os acima dela serão implementados no dispositivo Bluetooth que hospeda o chip.

O protocolo de enlace acima da linha é o **L2CAP** (**Logical Link Control Adaptation Protocol**). Ele enquadra mensagens de tamanho variável e oferece confiabilidade, se necessário. Muitos protocolos utilizam L2CAP, como os dois protocolos utilitários mostrados. O protocolo de descoberta de serviço é usado para localizar serviços dentro da rede e o protocolo RFcomm (comunicação por radiofrequência) simula a porta serial padrão encontrada nos PCs para a conexão de teclado, mouse e modem, entre outros dispositivos.

A camada superior é onde as aplicações estão localizadas. Os perfis são representados por caixas verticais, pois cada uma delas define uma fatia da pilha de protocolos para determinada finalidade. Perfis específicos, como o de headset, normalmente contêm apenas os protocolos necessários para essa aplicação e nenhum outro. Por exemplo, os perfis podem incluir o L2CAP se tiverem pacotes para enviar, mas o pulam se tiverem apenas um fluxo contínuo de amostras de áudio.

Nas próximas seções, examinaremos a camada de rádio Bluetooth e diversos protocolos de enlace, pois eles correspondem aproximadamente à camada física e à subcamada MAC nas outras pilhas de protocolos que estudamos.

4.5.4 A camada de rádio do Bluetooth

A camada de rádio move os bits do mestre para o escravo, ou vice-versa. Ela é um sistema de baixa potência com um alcance de 10 m, operando na banda ISM de 2,4 GHz, como o 802.11. A banda está dividida em 79 canais de 1 MHz cada um. Para coexistir com as outras redes usando a banda ISM, é utilizado o espectro de espalhamento por salto de frequência. Pode haver até 1.600 saltos/s pelos slots com um tempo de parada de 625 μs. Todos os nós em uma piconet mudam de frequência simultaneamente, seguindo a temporização de slot e a sequência de salto pseudoaleatória ditada pelo mestre.

Infelizmente, as primeiras versões de Bluetooth e 802.11 interferiram o suficiente para arruinar as transmissões um do outro. Algumas empresas responderam banindo o Bluetooth completamente, mas, por fim, uma solução técnica foi elaborada. A solução é que o Bluetooth adapte sua sequência de saltos para excluir canais em que existam outros sinais de ondas de rádio, o que reduz a interferência prejudicial. Esse processo é chamado de **salto de frequência adaptativo**.

Três formas de modulação são usadas para enviar bits em um canal. O esquema básico é usar o chaveamento por mudança de frequência para enviar um símbolo de 1 bit a cada microssegundo, dando uma taxa de dados bruta de 1 Mbps. As taxas melhoradas foram introduzidas com a versão 2.0 do Bluetooth. Essas taxas utilizam o chaveamento por deslocamento de fase para enviar 2 ou 3 bits por símbolo, para taxas de dados brutas de 2 ou 3 Mbps. As taxas melhoradas são usadas apenas na parte de dados dos quadros.

4.5.5 As camadas de enlace do Bluetooth

A camada de controle de enlace (ou banda-base) é a estrutura mais próxima de uma subcamada MAC que o Bluetooth tem. Ela transforma o fluxo bruto de bits em quadros e define alguns formatos importantes. Em sua forma mais simples, o mestre em cada piconet define uma série de slots de tempo de 625 μs, com as transmissões do mestre começando nos slots pares e as transmissões dos escravos começando nos slots ímpares. Esse esquema é a tradicional multiplexação por divisão de tempo (TDM), em que o mestre fica com metade dos slots e os escravos compartilham a outra metade. Os quadros podem ter 1, 3 ou 5 slots de duração. Cada quadro tem um overhead de 126 bits para um código de acesso e cabeçalho, mais um tempo de acomodação de 250-260 μs por salto, para permitir que os circuitos de rádio se estabilizem. Por questão de confidencialidade, a carga útil do quadro pode ser criptografada, com uma chave escolhida quando o mestre e o escravo se conectam. Os saltos só acontecem entre os quadros, e não durante um quadro. O resultado é que um quadro de 5 slots é muito mais eficiente do que um quadro de 1 slot, pois o overhead é constante, porém mais dados são enviados.

O protocolo gerenciador de enlace estabelece canais lógicos, chamados **enlaces**, para transportar quadros entre um dispositivo mestre e um escravo que descobriram um ao outro. Um procedimento de emparelhamento é seguido para garantir que os dois dispositivos tenham permissão para se comunicar antes que o enlace seja usado. O antigo método de emparelhamento determinava que os dois dispositivos fossem configurados com o mesmo número de identificação pessoal, ou PIN (Personal Identification Number), de quatro dígitos. O PIN correspondente é o modo como cada dispositivo sabe que está se conectando ao dispositivo remoto correto. Contudo, usuários e dispositivos sem criatividade usam PINs padrão, como "0000" e "1234", significando que, na prática, esse método fornece pouquíssima segurança.

O novo método de **emparelhamento simples seguro** permite que os usuários confirmem se os dois dispositivos estão exibindo a mesma passkey, ou que a observem em um dispositivo e a insiram no segundo dispositivo. Esse método é mais seguro, pois os usuários não precisam escolher ou definir um PIN. Eles simplesmente confirmam uma passkey mais longa, gerada pelo dispositivo. Naturalmente, ela não pode ser usada em alguns dispositivos com entrada/saída limitada, como um headset portátil.

Quando o emparelhamento está concluído, o protocolo do gerenciador de enlace estabelece os enlaces. Existem dois tipos principais de enlaces para transportar a carga útil (dados do usuário). O primeiro é o enlace **síncrono orientado a conexões**, ou SCO (Synchronous Connection Oriented). Ele é usado para dados em tempo real, como conexões de telefone. Esse tipo de enlace aloca um slot fixo em cada sentido. Um escravo pode ter até três enlaces SCO com seu mestre. Cada enlace SCO pode transmitir um canal de áudio PCM de 64.000 bps. Em virtude da natureza crítica no tempo dos enlaces SCO, os quadros enviados por eles nunca são retransmitidos. Em vez disso, para aumentar a confiabilidade, pode-se usar a correção de erros antecipada.

O outro tipo é o enlace **assíncrono não orientado a conexões**, ou ACL (Asynchronous ConnectionLess). Esse tipo de enlace é usado para dados de comutação de pacotes, disponíveis em intervalos irregulares. O tráfego ACL é entregue com base no melhor serviço possível, sem garantias. Os quadros podem se perder e precisar ser retransmitidos. Um escravo só pode ter um enlace ACL com seu mestre.

Os dados enviados por enlaces ACL vêm da camada L2CAP, que tem quatro funções principais. Primeiro, ela aceita pacotes de até 64 KB das camadas superiores e os divide em quadros para transmissão. Na extremidade distante, os quadros são montados novamente em pacotes. Em segundo lugar, ela lida com a multiplexação e a demultiplexação de várias origens de pacotes. Quando um pacote é montado novamente, a L2CAP determina a qual protocolo da camada superior ele será entregue, por exemplo, RFcomm ou descoberta de serviço. Terceiro, lida com controle de erros e retransmissão. Ela detecta os erros e retransmite os pacotes que não foram confirmados. Por fim, impõe requisitos de qualidade de serviço entre enlaces múltiplos.

4.5.6 A estrutura de quadro do Bluetooth

Há vários formatos de quadros definidos no Bluetooth, mas o mais importante é apresentado de duas formas na Figura 4.32. Ele começa com um código de acesso que normalmente identifica o mestre, para que os escravos situados dentro do alcance de rádio de dois mestres possam conhecer o destino de cada tráfego. Em seguida, há um cabeçalho de 54 bits contendo campos típicos da subcamada MAC. Se o quadro for enviado na taxa de transferência básica, o campo de dados vem em seguida. Ele tem até 2.744 bits para uma transmissão de cinco slots. Para um único slot de tempo, o formato é o mesmo, exceto pelo fato de o campo de dados ter 240 bits.

Se o quadro for enviado na taxa melhorada, a parte de dados pode ter até duas ou três vezes a quantidade de bits, pois cada símbolo transporta 2 ou 3 bits em vez de 1. Esses dados são precedidos por um campo de espera e um padrão de sincronismo que é usado para mudar para a taxa de dados mais rápida. Ou seja, o código de acesso e o cabeçalho

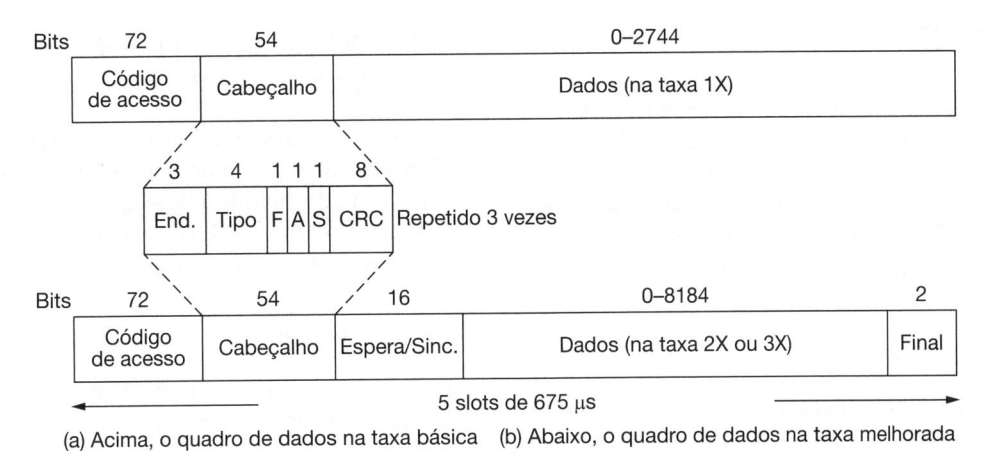

Figura 4.32 Um quadro de dados típico do Bluetooth nas taxas de dados (a) básica e (b) melhorada.

são transportados na taxa básica e somente a parte dos dados é transportada na taxa mais rápida. Os quadros na taxa melhorada terminam com um final curto.

Vamos examinar rapidamente o cabeçalho. O campo *Endereço* identifica qual dos oito dispositivos ativos é o destino do quadro. O campo *Tipo* identifica o tipo de quadro (ACL, SCO, polling ou nulo), o tipo de correção de erros usado no campo de dados, e de quantos slots é a duração do quadro. O bit *Fluxo* é definido por um escravo quando seu buffer está cheio e não pode receber mais dados. Esse bit habilita uma forma primitiva de controle de fluxo. O bit *Confirmação* é usado para transportar uma mensagem ACK "de carona" em um quadro. O bit *Sequência* é usado para numerar os quadros, a fim de detectar retransmissões. O protocolo é stop-and-wait e, assim, 1 bit é suficiente. Em seguida, temos o cabeçalho de 8 bits *Checksum*. O cabeçalho de 18 bits inteiro é repetido três vezes para formar o cabeçalho de 54 bits mostrado na Figura 4.32. No lado receptor, um circuito simples examina as três cópias de cada bit. Se todas forem iguais, o bit será aceito. Caso contrário, vence a opinião da maioria. Desse modo, 54 bits de capacidade de transmissão são usados para enviar 10 bits de cabeçalho. A razão para isso é que, para transmitir dados de maneira confiável em um ambiente ruidoso usando dispositivos de baixo custo e de baixa potência (2,5 mW), com pouca capacidade de computação, é necessária uma grande redundância.

São usados vários formatos para o campo de dados de quadros ACL e SCO. Entretanto, os quadros SCO na taxa básica são mais simples: o campo de dados tem sempre 240 bits. São definidas três variantes, permitindo 80, 160 ou 240 bits de carga útil real, sendo os bits restantes usados para a correção de erros. Na versão mais confiável (carga útil de 80 bits), o conteúdo é simplesmente repetido três vezes, da mesma forma que o cabeçalho.

Podemos calcular a capacidade com esse quadro da seguinte forma: tendo em vista que o escravo só pode usar os slots ímpares, ele recebe 800 slots/s, da mesma maneira que o mestre. Com uma carga útil de 80 bits, a capacidade de canal do escravo é de 64.000 bps, assim como a capacidade de canal do mestre. Essa capacidade é exatamente o bastante para um único canal de voz PCM full-duplex (e esse é o motivo de ter sido escolhida uma taxa de saltos de 1.600 saltos/s). Ou seja, apesar de uma largura de banda bruta de 1 Mbps, um único canal de voz satura completamente a piconet. A eficiência de 10% é o resultado de gastar 41% da capacidade no tempo de preparação, 20% com cabeçalhos e 26% na codificação de repetição. Essa deficiência destaca o valor de taxas melhoradas e quadros com mais de um único slot.

4.5.7 Bluetooth 5

Em junho de 2016, o Bluetooth Special Interest Group introduziu o Bluetooth 5. Em janeiro de 2019, apareceu o Bluetooth 5.1. Estas foram atualizações relativamente pequenas ao padrão Bluetooth 4. Apesar disso, existem algumas diferenças entre o Bluetooth 4 e ambos os padrões Bluetooth 5. Aqui está uma lista das principais diferenças no Bluetooth 5.0:

1. Suporte para dispositivos da IoT (Internet das Coisas).
2. A velocidade foi aumentada de 1 Mbps para 2 Mbps.
3. O tamanho da mensagem subiu de 31 bytes para 255 bytes.
4. O alcance interno passou de 10 m para 40 m.
5. Os requisitos de potência foram ligeiramente reduzidos.
6. O intervalo das balizas aumentou ligeiramente.
7. A segurança é ligeiramente melhor.

No todo, não houve muita mudança, mas, dada a necessidade de compatibilidade, não era de se esperar que houvesse. O padrão Bluetooth 5.1 teve algumas pequenas atualizações nas áreas de rastreamento de dispositivo, caching e alguns outros itens secundários.

4.6 DOCSIS

A rede de TV a cabo foi projetada originalmente para levar programas de televisão aos lares. Agora, ela também é muito utilizada como uma alternativa ao sistema telefônico, para levar Internet aos lares. A seguir, descrevemos a "camada MAC" no padrão DOCSIS, implementada pela maioria dos provedores de serviço a cabo.

4.6.1 Visão geral

De certa forma, a especificação DOCIS também possui uma subcamada MAC, embora ela seja um pouco menos distinta da camada de enlace do que em outros protocolos, conforme estudamos em capítulos anteriores. No entanto, o protocolo tem vários aspectos que se enquadram nos objetivos padrão da subcamada MAC, incluindo alocação de canal (que ocorre por meio de um processo de solicitação--concessão), configuração de qualidade de serviço e um modelo de encaminhamento exclusivo. Esta seção trata de todas essas questões. Mais recentemente, o DOCSIS 3.1 full-duplex (agora chamado DOCSIS 4.0) introduziu novas tecnologias para escalonamento e cancelamento de interferência.

O DOCSIS tem um formato de quadro MAC padrão, que abarca um conjunto de campos, incluindo o comprimento do quadro MAC, uma soma de verificação e um campo de cabeçalho estendido, que oferece suporte a uma variedade de funções, incluindo a segurança da camada de enlace. Alguns cabeçalhos oferecem suporte a funções específicas, incluindo temporização de downstream, ajuste de energia de upstream, solicitações de largura de banda e concatenação de quadros. Um tipo específico de quadro é chamado de quadro de solicitação, que é a forma como o modem a cabo solicita a largura de banda, conforme descrito mais adiante nesta seção.

4.6.2 Alcance

Um modem a cabo transmite o que é chamado de solicitação de **variação**, que permite ao CMTS (headend) determinar o atraso da rede até o modem a cabo, bem como realizar os ajustes de potência necessários. A variação é efetivamente o ajuste periódico de vários parâmetros de transmissão, especificamente temporização, frequência e potência. O CMTS sonda o modem a cabo, o que o aciona para enviar uma solicitação de variação. Com base nessa mensagem, o CMTS fornece ao modem uma resposta para ajudá-lo a ajustar a temporização e a potência de transmissão do sinal. Por padrão, o intervalo ocorre aproximadamente uma vez a cada 30 segundos, mas pode ser configurado para ocorrer com mais frequência; intervalos de variação típicos podem ser de cerca de 10 a 20 segundos.

4.6.3 Alocação de largura de banda do canal

Um CMTS DOCSIS reserva largura de banda para cada modem a cabo por meio de um processo de solicitação--concessão. Cada fluxo de tráfego upstream ou downstream normalmente recebe um fluxo de serviço, e cada fluxo de serviço tem sua largura de banda alocada pelo CMTS.

Fluxos de serviço

Em geral, a alocação de canais no DOCSIS envolve a alocação de canais entre um **CMTS** e um ou mais modems a cabo, que estão localizados nas casas dos assinantes. O CMTS deve atender a todos os canais upstream e downstream e descarta qualquer quadro com um endereço MAC de origem que não seja um dos modems a cabo atribuídos no grupo. De grande importância para a camada MAC do DOCSIS é a noção de um **fluxo de serviço**, que fornece uma maneira de gerenciar a qualidade da gestão do serviço tanto upstream quanto downstream. Cada modem a cabo tem um ID de fluxo de serviço associado, que é negociado durante o registro do modem a cabo; cada modem a cabo pode ter vários fluxos de serviço associados. Diferentes fluxos de serviço podem ter diferentes limitações associadas a diferentes tipos de tráfego. Por exemplo, cada fluxo de serviço pode ter um tamanho máximo de pacote, ou, então, um fluxo de serviço pode ser dedicado a um determinado tipo de aplicativo, como um aplicativo de taxa de bits constante. Todos os modems a cabo devem suportar pelo menos um fluxo de serviço upstream e um downstream, chamado de fluxo de serviço primário.

O processo de solicitação-concessão e o DOCSIS de baixa latência

Quando um modem a cabo tem dados para enviar, ele faz uma solicitação curta que informa ao CMTS quantos dados ele deve enviar e aguarda uma mensagem de alocação de largura de banda subsequente, que descreve as oportunidades de transmissão upstream que um transmissor pode ter para transmitir dados.

A transmissão upstream é dividida em intervalos discretos por um mecanismo de alocação de largura de banda upstream chamado **minislot**. Um minislot é simplesmente uma unidade de granularidade de tempo para transmissão upstream, normalmente em incrementos de 6,25 μs. Dependendo da versão do DOCSIS, um minislot pode precisar ser um múltiplo de potência de dois desse incremento; nas versões mais modernas, essa restrição não se aplica. Ajustando os minislots que são concedidos a um fluxo de serviço específico, o CMTS pode implementar com eficácia a qualidade de serviço e a priorização para diferentes fluxos de tráfego.

De modo geral, a qualidade do serviço permitiu ao CMTS alocar mais largura de banda para diferentes modems a cabo (permitindo assim que um assinante que é provisionado para um nível de serviço superior alcance um nível de serviço superior). Mais recentemente, no entanto, as revisões do DOCSIS também permitiram um serviço diferenciado para aplicações sensíveis à latência. Especificamente, uma nova revisão do protocolo DOCSIS permite baixa latência, por meio de uma nova especificação chamada **LLD (Low-Latency DOCSIS)**. O LLD reconhece que, para muitas aplicações interativas, como jogos e videoconferência, a baixa latência é tão importante quanto o alto throughput. Em alguns casos, em redes DOCSIS existentes, a latência para alguns fluxos pode ser bastante alta, devido ao tempo de aquisição da mídia compartilhada e ao tempo de enfileiramento.

O LLD trata desses problemas reduzindo o atraso de ida e volta associado ao processo de concessão de solicitação e usando duas filas – uma para tráfego de aplicações sensíveis à latência e outra para tráfego que não é sensível à latência. O menor atraso de solicitação-concessão reduz a quantidade de tempo que o CMTS usa para realizar cálculos de agendamento, dos 2–4 milissegundos anteriores para 1 milissegundo. O LLD também usa mecanismos para escalonar concessões proativamente a um fluxo de serviço, a fim de eliminar totalmente o atraso associado ao processo de solicitação-concessão. Também permite que as aplicações determinem se têm pacotes que não podem ser enfileirados, por meio da marcação de um campo de serviço diferenciado no quadro DOCSIS. Para obter mais informações sobre LLD, consulte White (2019).

4.7 COMUTAÇÃO NA CAMADA DE ENLACE DE DADOS

Muitas empresas têm diversas LANs e desejam conectá-las. Não seria conveniente se pudéssemos apenas juntar as LANs para criar uma LAN maior? De fato, podemos fazer isso quando as conexões são feitas com dispositivos chamados **bridges**. Os switches Ethernet que descrevemos na Seção 4.3.4 são um nome moderno para as bridges; eles oferecem funcionalidade que vai além da Ethernet clássica e de hubs Ethernet, facilitando a junção de várias LANs em uma rede maior e mais rápida. Usaremos os termos "bridge" e "switch" para indicar a mesma coisa.

As bridges operam na camada de enlace de dados, de modo que examinam os endereços nessa camada para encaminhar quadros. Tendo em vista que elas não têm de examinar o campo de carga útil dos quadros que encaminham, as bridges podem tratar dos pacotes IP ou de quaisquer outros tipos de pacotes, como os pacotes AppleTalk. Em contrapartida, os *roteadores* examinam os endereços em pacotes e efetuam o roteamento com base neles, de modo que só trabalham com os protocolos para os quais foram projetados para lidar.

Nesta seção, examinaremos como as bridges funcionam e como são usadas para juntar várias LANs físicas em uma única LAN lógica. Também veremos como realizar o inverso e tratar uma LAN física como múltiplas LANs lógicas, chamadas LANs virtuais. As duas tecnologias oferecem flexibilidade útil para o gerenciamento de redes. Para ver um estudo abrangente sobre bridges, switches e tópicos relacionados, consulte Perlman (2000) e Yu (2011).

4.7.1 Uso de bridges

Antes de iniciarmos o estudo da tecnologia de bridges, vale a pena examinar algumas situações comuns em que elas são usadas. Mencionaremos três razões pelas quais uma única organização pode ter várias LANs.

Primeiro, muitas universidades e departamentos de empresas têm suas próprias LANs, principalmente para conectar seus computadores pessoais, servidores e dispositivos como impressoras. Como os objetivos dos diversos departamentos são diferentes, muitos deles escolhem LANs distintas, sem se importar com o que outros setores estão fazendo. Mais cedo ou mais tarde, surge a necessidade de interação, por isso as bridges são necessárias. Nesse exemplo, a existência de diversas LANs deve-se à autonomia de seus proprietários.

Segundo, a organização pode estar geograficamente dispersa em vários edifícios separados por distâncias consideráveis. Talvez seja mais econômico ter LANs separadas em cada edifício e conectá-las com bridges e enlaces de fibra óptica por longa distância que estender todos os cabos até um único switch central. Mesmo que estender os cabos fosse fácil de fazer, existem limites para seu tamanho (p. ex., 200 m para a gigabit Ethernet com par trançado). A rede não funcionaria para cabos maiores em virtude de atenuação excessiva do sinal ou pelo atraso de ida e volta. A única solução é partir a LAN e instalar bridges para juntar as partes, aumentando a distância física total que pode ser coberta.

Terceiro, talvez seja necessário dividir aquilo que logicamente é uma única LAN em LANs separadas (conectadas por bridges), a fim de acomodar a carga. Por exemplo, em muitas universidades grandes, há milhares de estações de trabalho disponíveis para as necessidades de computação dos funcionários e dos alunos. As empresas também podem ter milhares de funcionários. A escala desse sistema impede que se coloquem todas as estações de trabalho em uma única LAN – existem mais computadores do que portas em qualquer hub Ethernet, e mais estações do que é permitido em uma única Ethernet clássica.

Mesmo que fosse possível conectar todas as estações de trabalho com fios, colocar mais estações em um hub

Ethernet ou na Ethernet clássica não aumentaria a capacidade. Todas as estações compartilham a mesma quantidade fixa de largura de banda. Quanto mais estações houver, menor a largura de banda média por estação.

Entretanto, duas LANs separadas têm o dobro da capacidade de uma única LAN. As bridges permitem que as LANs sejam reunidas enquanto mantêm essa capacidade. O importante é não enviar tráfego para portas onde ele não seja necessário, para que cada LAN possa trabalhar em velocidade plena. Esse comportamento também aumenta a confiabilidade, pois, em uma única LAN, um nó com defeito que continua enviando um fluxo contínuo de lixo pode travar a LAN inteira. Decidindo o que encaminhar e o que não encaminhar, as bridges atuam como portas de incêndio em um prédio, impedindo que um único nó descontrolado trave o sistema inteiro.

Para tornar esses benefícios facilmente disponíveis, o ideal é que as bridges sejam completamente transparentes. Deverá ser possível sair e comprar bridges, conectar os cabos da LAN nas bridges e tudo funcionar perfeitamente, instantaneamente. Não deve ser preciso fazer mudanças de hardware ou de software, nem configuração de endereço de switches, nem baixar tabelas de roteamento ou de parâmetros, nada mesmo. Basta conectar os cabos e sair. Além disso, a operação das LANs existentes não deverá ser afetada de forma alguma pelas bridges. Em relação às estações, não deverá haver diferença observável por estarem ou não fazendo parte de uma LAN com bridge. Deverá ser tão fácil mover estações pela LAN com bridge quanto em uma LAN isolada.

É surpreendente como realmente é possível criar bridges transparentes. Dois algoritmos são utilizados: um de aprendizado reverso, para evitar que o tráfego seja enviado para onde não é necessário, e um spanning tree, para interromper loops que possam ser formados quando os switches são conectados de forma incorreta. Agora, vejamos esses algoritmos, um por vez, para aprender como essa mágica é realizada.

4.7.2 Learning bridges

A topologia de duas LANs unidas por bridge aparece na Figura 4.33 para dois casos. No lado esquerdo, duas LANs multidrop, como as Ethernets clássicas, são unidas por uma estação especial – a bridge – que fica nas duas LANs. No lado direito, as LANs com cabos ponto a ponto, incluindo um hub, são reunidas. As bridges são os dispositivos aos quais as estações e o hub são conectados. Se a tecnologia de LAN é Ethernet, as bridges são mais bem conhecidas como switches Ethernet.

As bridges foram desenvolvidas quando as Ethernets clássicas estavam sendo usadas, de modo que normalmente aparecem em topologias com cabos multidrop, como na Figura 4.33(a). Todavia, todas as topologias encontradas hoje são compostas de cabos e switches ponto a ponto. As bridges funcionam da mesma maneira nas duas configurações. Todas as estações conectadas à mesma porta em uma bridge pertencem ao mesmo domínio de colisão, e este é diferente do domínio de colisão para outras portas. Se houver mais de uma estação, como em uma Ethernet clássica, um hub ou um enlace half-duplex, o protocolo CSMA/CD é usado para transmitir quadros.

Contudo, há uma diferença no modo como são montadas as LANs conectadas com bridges. Para unir LANs multidrop, uma bridge é acrescentada como uma nova estação em cada uma das LANs multidrop, como na Figura 4.33(a). Para unir LANs ponto a ponto, os hubs são conectados a uma bridge ou, de preferência, substituídos por uma bridge, para aumentar o desempenho. Na Figura 4.33(b), as bridges substituíram todos menos um hub.

Diferentes tipos de cabos também podem ser conectados a uma bridge. Por exemplo, o cabo que conecta a bridge *B1* à *B2* na Figura 4.33(b) poderia ser um enlace de fibra óptica de longa distância, enquanto o cabo que conecta as bridges às estações poderia ser um cabo de par trançado em curta distância. Esse arranjo é útil para unir LANs em prédios diferentes.

Agora, vamos considerar o que acontece dentro das bridges. Cada uma delas opera em modo promíscuo, ou

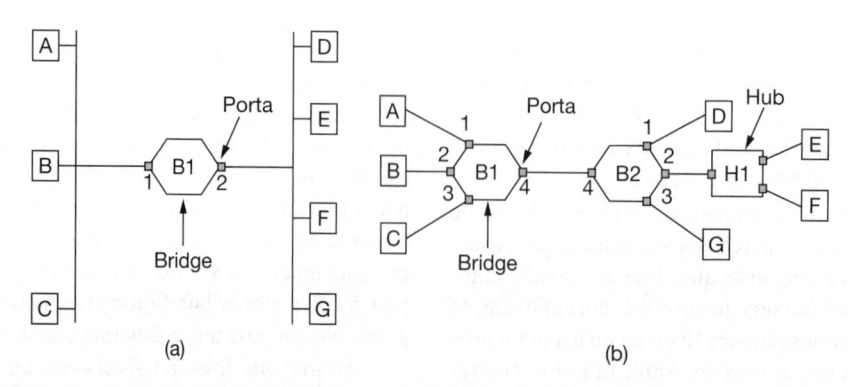

Figura 4.33 (a) Bridge conectando duas LANs multidrop. (b) Bridges (e um hub) conectando sete estações ponto a ponto.

seja, aceita cada quadro transmitido pelas estações conectadas a cada uma das portas. A bridge precisa decidir se encaminhará ou descartará cada quadro e, no primeiro caso, a que porta o enviará. Essa decisão é tomada usando o endereço de destino. Como exemplo, considere a topologia da Figura 4.33(a). Se a estação *A* enviar um quadro à estação *B*, a bridge *B1* receberá o quadro na porta 1. Esse quadro pode ser descartado imediatamente, sem mais cerimônias, pois já está na porta correta. Contudo, na topologia da Figura 4.33(b), suponha que *A* envie um quadro para *D*. A bridge *B1* receberá o quadro na porta 1 e o enviará pela porta 4. A bridge *B2* receberá, então, o quadro em sua porta 4 e o enviará pela sua porta 1.

Um modo simples de implementar esse esquema é ter uma grande tabela (hash) dentro da bridge. Ela pode listar cada destino possível e a que porta de saída ele pertence. Por exemplo, na Figura 4.33(b), a tabela em *B1* listaria *D* como pertencente à porta 4, pois tudo o que *B1* precisa saber é em que porta colocar os quadros para alcançar *D*. Ou seja, na verdade, haverá outros encaminhamentos, caso o quadro que alcança *B2* não seja de interesse para *B1*.

Quando as bridges são conectadas pela primeira vez, todas as tabelas de hash estão vazias. Nenhuma das bridges sabe onde estão os destinatários e, por isso, elas usam o algoritmo de inundação: cada quadro de entrada para um destino desconhecido é enviado para todas as portas às quais a bridge está conectada, com exceção da porta de onde o quadro chegou. Com o passar do tempo, as bridges aprendem onde estão os destinatários. A partir do momento em que um destinatário se torna conhecido, os quadros destinados a ele são colocados somente na porta apropriada e não são mais inundados para as demais.

O algoritmo usado pelas bridges é o de **aprendizado reverso**. Como já dissemos, as bridges operam em modo promíscuo, portanto, elas veem todo quadro enviado em qualquer uma de suas portas. Examinando o endereço de origem, elas podem descobrir que máquina está acessível em quais portas. Por exemplo, se a bridge *B1* da Figura 4.33(b) vir um quadro na porta 3 vindo de *C*, ela saberá que *C* pode ser alcançada através da porta 3, assim, ela cria uma entrada em sua tabela hash. Qualquer quadro subsequente endereçado a *C* que chegue na *B1* ou em qualquer outra porta será encaminhado para a porta 3.

A topologia pode ser alterada à medida que máquinas e bridges são ativadas, desativadas e deslocadas. Para tratar de topologias dinâmicas, sempre que é criada uma entrada da tabela hash o tempo de chegada do quadro é indicado na entrada. Sempre que chega um quadro cuja origem já está na tabela, sua entrada é atualizada com a hora atual. Desse modo, o tempo associado a cada entrada informa a última vez que foi visto um quadro proveniente dessa máquina.

Periodicamente, um processo na bridge varre a tabela hash e elimina todas as entradas que tenham mais de alguns minutos. Dessa forma, se um computador for desconectado de sua LAN, levado para outro lugar no prédio e reconectado nesse outro local, dentro de poucos minutos ele estará de volta à operação normal, sem nenhuma intervenção manual. Esse algoritmo também significa que, se uma máquina estiver inativa por alguns minutos, qualquer tráfego enviado a ela terá de ser difundido por inundação, até que ela mesma envie um quadro em seguida.

O procedimento de roteamento para um quadro de entrada depende da porta em que ele chega (a porta de origem) e do endereço ao qual ele se destina (o endereço de destino). O procedimento é o seguinte:

1. Se a porta para o endereço de destino e a porta de origem forem uma só, o quadro será descartado.
2. Se a porta para o endereço de destino e a porta de origem forem diferentes, o quadro será encaminhado para a porta de destino.
3. Se a porta de destino for desconhecida, o quadro será inundado e enviado para todas as portas, com exceção da porta de origem.

Você pode estar questionando se o primeiro caso pode ocorrer com enlaces ponto a ponto. A resposta é que ele pode ocorrer se forem usados hubs para conectar um grupo de computadores a uma bridge. Um exemplo aparece na Figura 4.33(b), em que as estações *E* e *F* estão conectadas ao hub *H1*, que por sua vez está conectado à bridge *B2*. Se *E* envia um quadro para *F*, o hub o repassará para *B2*, bem como para *F*. É isso que os hubs fazem – conectam todas as portas de modo que um quadro que chega a uma porta é simplesmente enviado por todas as outras portas. O quadro chegará a *B2* na porta 2, que já é a porta de saída certa para alcançar o destino. A bridge *B2* só precisa descartar o quadro.

À medida que cada quadro chegar, esse algoritmo será aplicado, de modo que ele normalmente é implementado com chips VLSI de uso especial. Os chips pesquisam e atualizam a entrada na tabela, em alguns microssegundos. Como as bridges só examinam os endereços MAC para decidir como encaminhar os quadros, é possível começar a encaminhar assim que o campo do cabeçalho de destino tiver chegado, antes que o restante do quadro tenha chegado (é claro, desde que a linha de saída esteja disponível). Esse projeto reduz a latência da passagem pela bridge, bem como o número de quadros que a bridge terá de manter em buffer. Ele é conhecido como **comutação cut-through** ou **roteamento wormhole**, e normalmente é tratado no hardware.

Podemos ver a operação de uma bridge em termos de pilhas de protocolo para entender o que significa ser um dispositivo da camada de enlace. Considere um quadro enviado da estação *A* para a estação *D* na configuração da Figura 4.33(a), em que as LANs são Ethernet. O quadro passará por uma bridge. A visão de processamento da pilha de protocolos aparece na Figura 4.34.

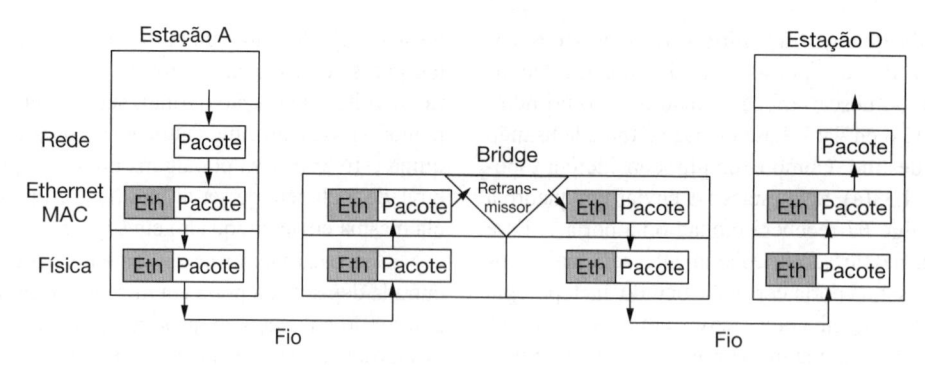

Figura 4.34 Processamento de protocolos em uma bridge.

O pacote vem de uma camada mais alta e desce até a camada Ethernet MAC. Ele adquire um cabeçalho Ethernet (e também um final, não mostrado na figura). Essa unidade é passada para a camada física, sai pelo cabo e é apanhada pela bridge.

Na bridge, o quadro é passado da camada física para a camada Ethernet MAC. Essa camada estende o processamento em comparação com a camada Ethernet MAC em uma estação. Ela passa o quadro para um retransmissor, ainda dentro da camada MAC. O serviço de retransmissão da bridge usa apenas o cabeçalho Ethernet MAC para determinar como lidar com o quadro. Nesse caso, ela passa o quadro para a camada Ethernet MAC da porta usada para atingir a estação D, e o quadro continua seu caminho.

No caso geral, os retransmissores em determinada camada podem reescrever os cabeçalhos dessa camada. As LANs virtuais oferecerão um exemplo em breve. A bridge nunca deve examinar o interior do quadro e descobrir que ele está transportando um pacote IP; isso é irrelevante para o processamento interno da bridge e violaria o uso do modelo em camadas do protocolo. Observe também que uma bridge com k portas terá k ocorrências de camadas MAC e física. O valor de k é 2 para nosso exemplo simples.

4.7.3 Spanning Tree Bridges

Para aumentar a confiabilidade, os enlaces redundantes podem ser usados entre as bridges. No exemplo da Figura 4.35, existem dois enlaces em paralelo entre um par de bridges. Esse projeto garante que, se um enlace for interrompido, a rede não será dividida em dois conjuntos de computadores que não podem conversar entre si.

Entretanto, essa redundância também introduz alguns problemas adicionais, porque cria loops na topologia. Podemos ver um exemplo simples desses problemas observando como um quadro enviado por A para um destino previamente não observado é tratado na Figura 4.35. Cada bridge segue as regras normais para tratamento de destinos desconhecidos, que é inundar o quadro. Vamos chamar o quadro de A que alcança a bridge $B1$ de quadro F_0. A bridge envia cópias desse quadro por todas as suas outras portas.

Só consideraremos as portas da bridge que conectam $B1$ a $B2$ (embora o quadro também seja enviado para as outras portas). Como existem dois enlaces de $B1$ para $B2$, duas cópias do quadro alcançarão $B2$. Elas são mostradas na Figura 4.35 como F_1 e F_2.

Pouco tempo depois, a bridge $B2$ recebe esses quadros. Contudo, ela não sabe (e não pode saber) que eles são cópias do mesmo quadro, em vez de dois quadros diferentes enviados um após o outro. Assim, a bridge $B2$ apanha F_1 e envia cópias dele para todas as outras portas, e também apanha F_2 e envia cópias dele por todas as outras portas. Isso produz quadros F_3 e F_4, enviados ao longo dos dois enlaces para $B1$. A bridge $B1$, então, vê dois novos quadros com destinos desconhecidos e os copia novamente. Esse ciclo prossegue indefinidamente.

A solução para essa dificuldade é estabelecer a comunicação entre as bridges e sobrepor a topologia real com uma spanning tree que alcance cada bridge. Na realidade, algumas conexões potenciais entre as bridges são ignoradas para que se construa uma topologia fictícia livre de loops, que é um subconjunto da topologia real.

Por exemplo, na Figura 4.36, vemos cinco bridges interconectadas que também têm estações conectadas a elas. Essa estação se conecta a apenas uma bridge. Existem algumas conexões redundantes entre as bridges para que os quadros sejam encaminhados em loops se todos os enlaces forem usados. Essa topologia pode ser considerada um grafo em que as bridges são os nós e os enlaces ponto a ponto

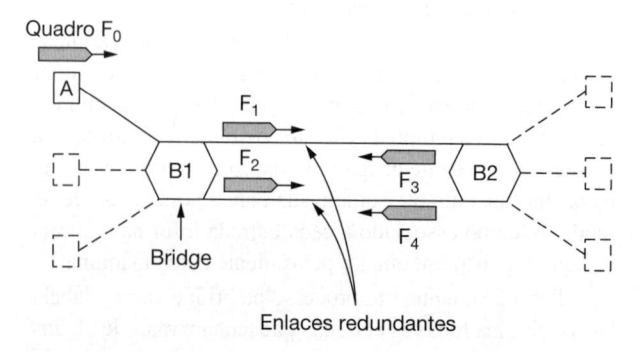

Figura 4.35 Bridges com dois enlaces paralelos.

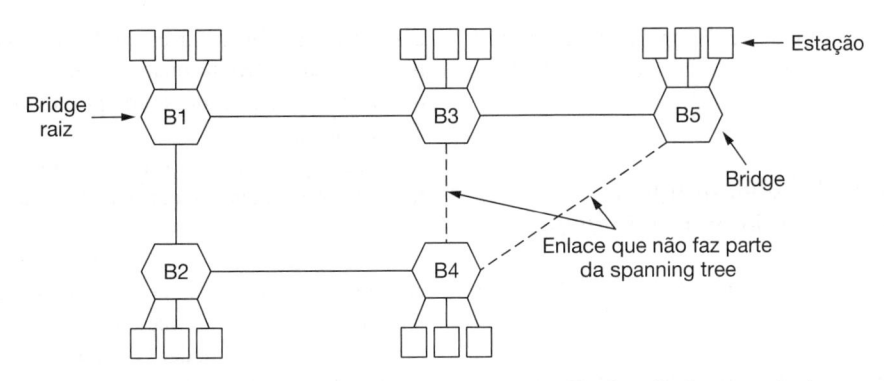

Figura 4.36 Uma spanning tree conectando cinco bridges. As linhas pontilhadas não fazem parte da spanning tree.

são as arestas. O grafo pode ser reduzido a uma spanning tree que, por definição, não contém ciclos, eliminando os enlaces mostrados como linhas tracejadas na Figura 4.36. Com a utilização da spanning tree, existe exatamente um caminho de cada estação para qualquer outra estação. Uma vez que as bridges entram em acordo em relação à spanning tree, tudo o que é encaminhado entre as estações segue a spanning tree. Como existe um único caminho de cada origem até cada destino, é impossível haver loops.

Para construir a spanning tree, as bridges executam um algoritmo distribuído. Cada bridge transmite periodicamente por broadcast uma mensagem de configuração por todas as suas portas aos seus vizinhos e processa as mensagens que recebe de outras bridges, conforme descreveremos a seguir. Essas mensagens não são encaminhadas, pois seu propósito é construir a árvore, que pode, então, ser usada para o encaminhamento.

Primeiro as bridges precisam escolher, entre elas, a que será usada como raiz. Para fazer essa escolha, cada uma delas inclui um identificador com base no endereço MAC na mensagem de configuração, bem como o identificador da bridge que se acredita ser a raiz. Os endereços MAC são instalados pelo fabricante com a garantia de ser exclusivos em todo o mundo, o que torna esses identificadores convenientes e exclusivos. As bridges escolhem aquela com o menor identificador para ser a raiz. Depois que mensagens suficientes tiverem sido trocadas para espalhar a notícia, todas as bridges chegarão a um acordo sobre qual delas é a raiz. Na Figura 4.36, a bridge *B1* tem o menor identificador e se torna a raiz.

Em seguida, é construída uma árvore de caminhos mais curtos a partir da raiz até cada bridge. Na Figura 4.36, as bridges *B2* e *B3* podem ser alcançadas diretamente a partir da *B1*, em um salto que é o caminho mais curto. A *B4* pode ser alcançada em dois saltos, por meio de *B2* ou *B3*. Para desempatar, é escolhido o caminho por meio da bridge com o menor identificador, de modo que *B4* é alcançada por meio de *B2*. A *B5* pode ser alcançada em dois saltos por meio de *B3*.

Para encontrar esses caminhos mais curtos, as bridges incluem a distância a partir da raiz em suas mensagens de configuração. Cada uma delas se lembra do caminho mais curto que encontra até a raiz. As bridges, então, desativam as portas que não fazem parte do caminho mais curto.

Embora a árvore se espalhe por todas as bridges, nem todos os enlaces (ou mesmo as bridges) estão necessariamente presentes na árvore. Isso acontece porque o desligamento das portas poda alguns enlaces da rede e impede loops. Mesmo depois que a spanning tree é estabelecida, o algoritmo continua a funcionar durante a operação normal, com a finalidade de detectar automaticamente mudanças na topologia e atualizar a árvore.

O algoritmo usado para a construção da spanning tree foi inventado por Radia Perlman. Seu trabalho foi resolver o problema de juntar LANs sem loops. Ela teve uma semana para fazer isso, mas teve a ideia do algoritmo spanning tree em um dia. Felizmente, ela teve tempo suficiente para escrevê-lo em forma de poema (Perlman, 1985):

> *I think that I shall never see*
> *A graph more lovely than a tree.*
> *A tree whose crucial property*
> *Is loop-free connectivity.*
> *A tree which must be sure to span.*
> *So packets can reach every LAN.*
> *First the Root must be selected*
> *By ID it is elected.*
> *Least cost paths from Root are traced*
> *In the tree these paths are placed.*
> *A mesh is made by folks like me*
> *Then bridges find a spanning tree.**

O algoritmo spanning tree foi, então, padronizado como IEEE 802.1D e usado por muitos anos. Em 2001, ele foi revisado para encontrar mais rapidamente uma nova

---

*N. de T. (Creio que nunca verei/Um grafo melhor que uma árvore./Uma árvore cuja propriedade fundamental/É a conectividade sem loops./Uma árvore que precisa se espalhar/Para que os pacotes possam alcançar cada LAN./Primeiro a raiz deve ser selecionada/Por ID ela é eleita./Caminhos de menor custo a partir da raiz são traçados./Na árvore esses caminhos são colocados./Uma malha é feita por pessoas como eu/Depois as bridges acham uma spanning tree.)

spanning tree após uma mudança de topologia. Para ver um estudo mais detalhado sobre as bridges, consulte Perlman (2000).

4.7.4 Repetidores, hubs, bridges, switches, roteadores e gateways

Até agora neste livro, examinamos diversas maneiras de transferir quadros e pacotes de um computador para outro. Mencionamos repetidores, hubs, bridges, switches, roteadores e gateways. Todos esses dispositivos são de uso comum, mas diferem entre si em detalhes sutis e não muito sutis. Por existir uma grande quantidade desses dispositivos, provavelmente vale a pena examiná-los em conjunto para ver quais são as semelhanças e as diferenças entre eles.

A chave para entendê-los é observar que eles operam em camadas diferentes, como ilustra a Figura 4.37(a). A camada é importante, porque diferentes dispositivos utilizam fragmentos de informações diferentes para decidir como realizar a comutação. Em um cenário típico, o usuário gera alguns dados a serem enviados para uma máquina remota. Esses dados são repassados à camada de transporte, que então acrescenta um cabeçalho (p. ex., um cabeçalho TCP) e repassa o pacote resultante à camada de rede situada abaixo dela. Essa camada adiciona seu próprio cabeçalho para formar um pacote da camada de rede (p. ex., um pacote IP). Na Figura 4.37(b), vemos o pacote IP sombreado na cor cinza. Em seguida, o pacote vai para a camada de enlace de dados, que adiciona seu próprio cabeçalho e seu checksum (CRC) e entrega o quadro resultante à camada física para transmissão, digamos, por uma LAN.

Agora, vamos examinar os dispositivos de comutação e ver como eles se relacionam aos pacotes e quadros. Na parte inferior, na camada física, encontramos os repetidores. Estes são dispositivos analógicos que trabalham com sinais nos cabos aos quais estão conectados. Um sinal que aparece em um deles é limpo, amplificado e colocado em outro cabo. Os repetidores não reconhecem quadros, pacotes ou cabeçalhos. Eles entendem os símbolos codificados em bits como volts. Por exemplo, a Ethernet clássica foi projetada para permitir quatro repetidores, que amplificam o sinal a fim de estender o comprimento máximo do cabo de 500 para 2.500 m.

Em seguida, temos os hubs. Um hub tem várias interfaces de entrada que ele conecta eletricamente. Os quadros que chegam a quaisquer dessas interfaces são enviados a todas as outras. Se dois quadros chegarem ao mesmo tempo, eles colidirão, exatamente como ocorre em um cabo coaxial. Todas as linhas que chegam a um hub devem operar na mesma velocidade. Os hubs diferem dos repetidores pelo fato de (normalmente) não amplificarem os sinais de entrada e serem projetados para conter várias linhas de entrada, mas as diferenças são pequenas. Assim como os repetidores, os hubs são dispositivos da camada física que não examinam os endereços da camada de enlace nem os utilizam de maneira alguma.

Agora, vamos subir até a camada de enlace de dados, em que encontramos bridges e switches. Acabamos de estudar as bridges com certa profundidade. Uma bridge conecta duas ou mais LANs. Como um hub, uma bridge moderna tem várias portas, normalmente o suficiente para 4 a 48 linhas de entrada de um certo tipo. Diferentemente de um hub, cada porta é isolada para ser seu próprio domínio de colisão; se a porta tem uma linha ponto a ponto full-duplex, o algoritmo CSMA/CD não é necessário. Quando um quadro chega, a bridge extrai o endereço de destino do cabeçalho de quadro e examina uma tabela, a fim de verificar para onde deve enviá-lo. No caso de uma rede Ethernet, esse endereço é o endereço de destino de 48 bits mostrado na Figura 4.14. A bridge só envia o quadro à porta onde ele é necessário, e pode encaminhar vários quadros ao mesmo tempo.

As bridges oferecem desempenho muito melhor que os hubs, e o isolamento entre suas portas também significa que as linhas de entrada podem trabalhar com diferentes velocidades, possivelmente ainda com diferentes tipos de rede. Um exemplo comum é uma bridge com portas que se conectam à Ethernet de 10, 100 e 1.000 Mbps. O uso de buffer dentro da bridge é necessário para aceitar um quadro em uma porta e transmiti-lo por uma porta diferente.

Camada de aplicação	Gateway de aplicação
Camada de transporte	Gateway de transporte
Camada de rede	Roteador
Camada de enlace de dados	Bridge, switch
Camada física	Repetidor, hub

(a)

Pacote (fornecido pela camada de rede)

Cabeçalho de quadro	Cabeçalho de pacote	Cabeçalho TCP	Dados do usuário	CRC

Quadro (feito pela camada de enlace de dados)

(b)

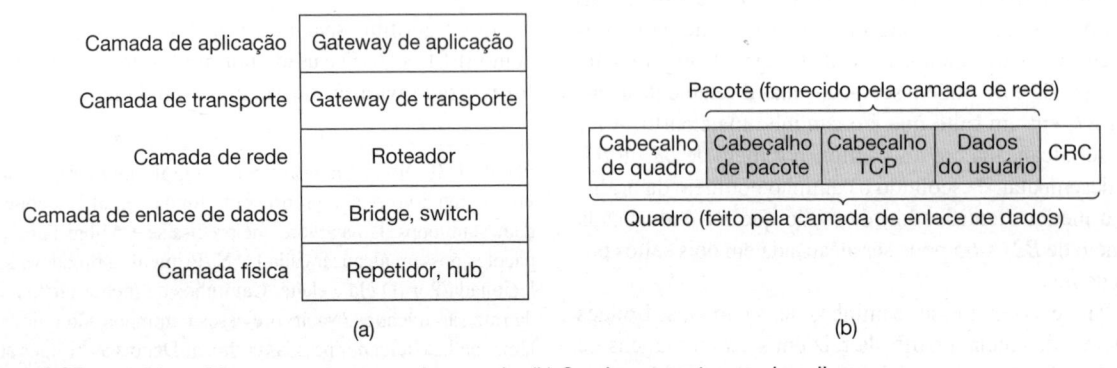

Figura 4.37 (a) Dispositivos presentes em cada camada. (b) Quadros, pacotes e cabeçalhos.

Se os quadros entrarem mais rapidamente do que podem ser retransmitidos, a bridge poderá ficar sem espaço em buffer e ter de começar a descartar quadros. Por exemplo, se uma gigabit Ethernet estiver empurrando bits para uma Ethernet de 10 Mbps na velocidade máxima, a bridge terá de mantê-los em buffer, na esperança de não ficar sem memória. Esse problema ainda existe mesmo que todas as portas trabalhem na mesma velocidade, pois mais de uma porta pode estar enviando quadros a determinada porta de destino.

As bridges visavam originalmente à união de diferentes tipos de LANs, por exemplo, uma LAN Ethernet e uma Token Ring. Contudo, isso nunca funcionou bem, em razão das diferenças entre elas. Diferentes formatos de quadro exigem cópia e reformatação, o que requer tempo de CPU, um novo cálculo de checksum e introduz a possibilidade de erros não detectados, em decorrência de bits incorretos na memória da bridge. O uso de diferentes tamanhos máximos de quadro também é um problema sério sem uma boa solução. Basicamente, quadros muito grandes para ser encaminhados devem ser descartados. Muita coisa para se evidenciar.

Duas áreas em que as LANs podem diferir são segurança e qualidade de serviço. Algumas têm criptografia da camada de enlace (p. ex., 802.11) e outras não (p. ex., Ethernet). Algumas têm recursos de qualidade de serviço, como prioridades (p. ex., 802.11) e outras não (p. ex., Ethernet). Consequentemente, quando um quadro precisa trafegar entre essas LANs, pode não ser possível fornecer a segurança ou a qualidade de serviço esperadas pelo emissor. Por todos esses motivos, as bridges modernas normalmente funcionam para um tipo de rede, e os roteadores, que veremos em breve, são usados em seu lugar para unir redes de diferentes tipos.

Os switches são bridges modernas com outro nome. As diferenças são mais por questões de marketing do que técnicas, mas existem alguns pontos que precisam ser conhecidos. As bridges foram desenvolvidas quando a Ethernet clássica estava em uso, de modo que tendem a unir relativamente poucas LANs e, portanto, ter relativamente poucas portas. O termo "switch" é mais popular hoje em dia. Além disso, todas as instalações modernas usam enlaces ponto a ponto, como cabos de par trançado, de modo que computadores individuais se conectam diretamente a um switch e, portanto, este costuma ter muitas portas. Finalmente, "switch" também é usado como um termo geral. Com uma bridge, a funcionalidade é clara. Em contrapartida, um switch pode se referir a um switch Ethernet ou a um tipo de dispositivo completamente diferente, que toma decisões de encaminhamento, como um switch usado em telefonia.

Até o momento, vimos repetidores e hubs, que são bastante semelhantes, bem como bridges e switches, que são ainda mais parecidos. Agora vamos passar para os roteadores, os quais são diferentes de todos os dispositivos anteriores. Quando um pacote entra em um roteador, o cabeçalho de quadro e o final são retirados, e o pacote localizado no campo de carga útil do quadro (sombreado na Figura 4.37) é repassado ao software de roteamento. Esse software utiliza o cabeçalho de pacote para escolher uma linha de saída. No caso de um pacote IP, o cabeçalho do pacote conterá um endereço de 32 bits (IPv4) ou de 128 bits (IPv6), mas não um endereço IEEE 802 de 48 bits. O software de roteamento não vê os endereços de quadro e nem mesmo sabe se o pacote veio de uma LAN ou de uma linha ponto a ponto. Estudaremos os roteadores e o roteamento no Capítulo 5.

Subindo até outra camada, encontramos gateways de transporte. Esses dispositivos conectam dois computadores que utilizam diferentes protocolos de transporte orientados a conexões. Por exemplo, suponha que um computador que utiliza o protocolo TCP/IP orientado a conexões precise se comunicar com um computador que utiliza um protocolo de transporte orientado a conexões diferente, chamado SCTP. O gateway de transporte pode copiar os pacotes de uma conexão para a outra, reformatando-os caso seja necessário.

Finalmente, os gateways de aplicação reconhecem o formato e o conteúdo dos dados e convertem mensagens de um formato para outro. Por exemplo, um gateway de correio eletrônico poderia converter mensagens da Internet em mensagens SMS para telefones móveis. Assim como "switch", "gateway" é um termo bastante genérico. Ele se refere a um processo de encaminhamento que atua em uma camada superior.

4.7.5 LANs virtuais

Quando foram criadas as primeiras redes locais, grossos cabos amarelos se estendiam pelos condutores de muitos prédios comerciais. Todo computador era conectado a esses cabos por onde eles passavam. Ninguém parava para pensar sobre que computador pertencia a qual LAN. Todas as pessoas que trabalhavam em escritórios adjacentes tinham seus equipamentos conectados à mesma LAN, quer elas trabalhassem juntas, quer não. A geografia era mais importante que os organogramas corporativos.

Com o advento do par trançado e dos hubs na década de 1990, tudo isso mudou. A fiação dos prédios foi trocada (a um custo considerável) para eliminar todos os grossos cabos amarelos e instalar pares trançados, que iam de cada escritório até os armários centrais de fiação instalados no fim de cada corredor ou em uma sala de máquinas central, como ilustra a Figura 4.38. Se o encarregado da fiação fosse um visionário, eram instalados pares trançados da Categoria 5; se fosse um avarento, a fiação telefônica existente (da Categoria 3) era usada (até ser substituída alguns anos mais tarde, quando surgiu a Fast Ethernet).

Hoje, os cabos mudaram e os hubs se tornaram switches, mas o padrão de fiação ainda é o mesmo. Esse padrão

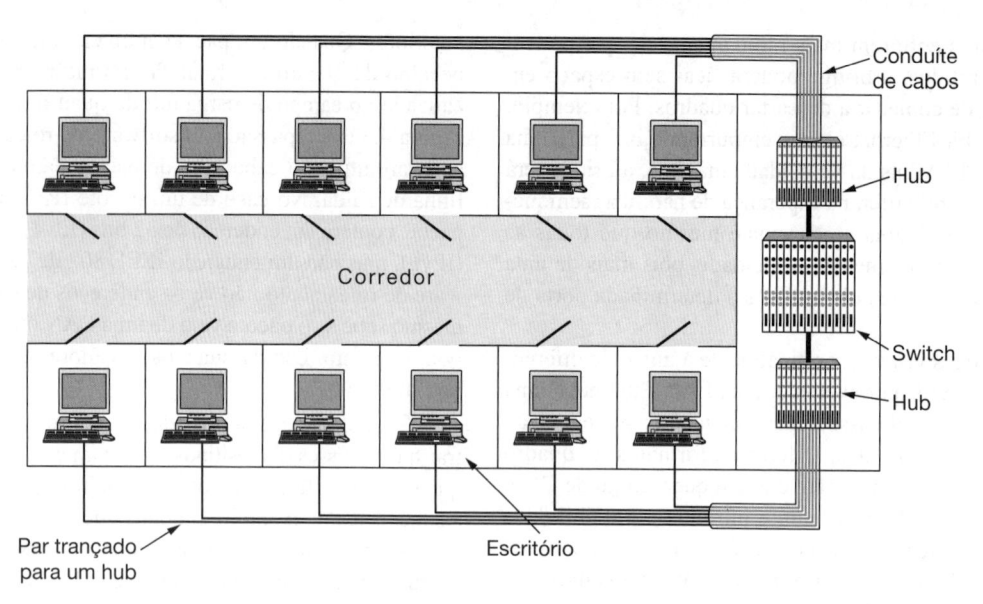

Figura 4.38 Um prédio com fiação centralizada, utilizando hubs e um switch.

possibilita configurar LANs logicamente, em vez de fisicamente. Por exemplo, se uma empresa deseja k LANs, ela pode comprar k switches. Escolhendo cuidadosamente quais conectores ligar a quais switches, os ocupantes de uma LAN podem ser escolhidos de um modo que faça sentido para a organização, sem considerar muito a geografia.

É importante saber quem está conectado a cada LAN? Afinal, em quase todas as organizações, todas as LANs estão interconectadas. A resposta é sim, isso com frequência é importante. Os administradores de redes gostam de agrupar os usuários em LANs de modo a refletir a estrutura organizacional, em lugar do layout físico do prédio, por várias razões. Uma delas é a segurança. Uma LAN poderia hospedar servidores Web e outros computadores voltados para uso público. Outra LAN poderia hospedar computadores que contivessem os registros do departamento de recursos humanos, que não devem ser passados para fora do departamento. Nessa situação, faz sentido colocar todos os computadores em uma única LAN e não permitir que nenhum servidor seja acessado de fora dela. A gerência tende a franzir a testa quando escuta que esse arranjo é impossível.

Uma segunda questão é a carga. Algumas LANs são utilizadas mais intensamente que outras, e pode ser interessante separá-las. Por exemplo, se o pessoal da área de pesquisa estiver realizando várias experiências e alguma delas sair do controle e saturar a LAN, é bem possível que o pessoal da gerência não fique muito entusiasmado por ter de doar uma parte de sua capacidade de computação reservada para uma videoconferência para ajudar os colegas do outro departamento. Novamente, isso pode causar, na gerência, a impressão da necessidade de instalar uma rede mais rápida.

Uma terceira questão é o tráfego de broadcast. As bridges enviam tráfego de broadcast quando o local do destino é desconhecido, e os protocolos da camada superior também o utilizam. Por exemplo, quando um usuário quer enviar um pacote a um endereço IP representado por x, como saber qual endereço MAC colocar no quadro? Estudaremos essa questão no Capítulo 5, mas, em resumo, o usuário transmitirá um quadro contendo a seguinte pergunta: "A quem pertence o endereço IP x?". Em seguida, o usuário aguardará uma resposta. À medida que o número de comunicações em uma LAN aumenta, o mesmo acontece com a quantidade de broadcasts circulando. Cada broadcast consome mais capacidade da LAN do que um quadro normal, pois ele é entregue a cada computador na LAN. Evitando que as LANs sejam maiores do que precisam ser, reduzimos o impacto do tráfego de broadcast.

Um problema relacionado ao broadcast é que, de vez em quando, uma interface de rede sofrerá uma pane e começará a gerar um fluxo infinito de quadros de broadcast. Se a rede realmente estiver sem sorte, alguns desses quadros gerarão respostas que levarão a ainda mais tráfego. O resultado dessa **tempestade de broadcast** é que (1) a capacidade da LAN inteira será ocupada por esses quadros e (2) todas as máquinas em todas as LANs interconectadas serão danificadas, processando e descartando todos os quadros que estiverem sendo transmitidos.

A princípio, pode parecer que seria possível limitar o escopo das tempestades de broadcast separando as LANs com bridges ou switches; porém, se o objetivo é conseguir transparência (i.e., poder mover uma máquina de uma LAN diferente usando a bridge sem que alguém note a mudança), então as bridges têm de encaminhar quadros de broadcast.

Depois de verificarmos por que seria interessante para as empresas ter várias LANs com escopo restrito, vamos voltar ao problema de desacoplar a topologia lógica da topologia física. A criação de uma topologia física para refletir a estrutura organizacional pode acrescentar trabalho e custo, mesmo com fiação centralizada e switches. Por exemplo, se duas pessoas no mesmo departamento trabalham em prédios diferentes, pode ser mais fácil conectá-las a diferentes switches que fazem parte de LANs diferentes. Mesmo que esse não seja o caso, um usuário poderia ser deslocado dentro da empresa de um departamento para outro sem mudar de escritório, ou poderia mudar de escritório sem mudar de departamento. Isso pode fazer o usuário estar na LAN errada até que o administrador mude o conector do usuário de um switch para outro. Além disso, o número de computadores que pertencem a diferentes departamentos pode não corresponder bem ao número de portas nos switches; alguns departamentos podem ser muito pequenos e outros tão grandes que exigem vários switches. Isso resulta em portas do switch desperdiçadas, que não são usadas.

Em muitas empresas, as mudanças organizacionais ocorrem o tempo todo; isso significa que os administradores de sistemas passam muito tempo retirando plugues e inserindo-os de novo em algum outro lugar. Além disso, em alguns casos, a mudança não pode ser feita de modo algum, porque o par trançado da máquina do usuário está longe demais do hub correto (p. ex., em outro prédio), ou então as portas do switch disponíveis estão na LAN errada.

Em resposta à solicitação de usuários que desejam maior flexibilidade, os fornecedores de redes começaram a buscar um meio de recompor a fiação dos prédios inteiramente via software. O conceito resultante é chamado LAN virtual, ou **VLAN** (**Virtual LAN**) e foi até mesmo padronizado pelo comitê IEEE 802. Atualmente, ele está sendo implementado em muitas organizações. Vamos examiná-lo em seguida.

As VLANs se baseiam em switches especialmente projetados para reconhecê-las. Para configurar uma rede baseada em VLANs, o administrador da rede decide quantas delas haverá, quais computadores estarão em qual VLAN e qual será o nome de cada uma. Geralmente, elas são identificadas (informalmente) por cores, pois assim é possível imprimir diagramas de cores que mostram o layout físico das máquinas, com os membros da LAN vermelha em vermelho, os membros da LAN verde em verde, e assim por diante. Desse modo, os layouts físico e lógico são visíveis em um único diagrama.

Como exemplo, considere as LANs conectadas por bridges da Figura 4.39, em que nove das máquinas pertencem à VLAN G (*gray* – cinza) e cinco pertencem à VLAN W (*white* – branca). As máquinas da VLAN cinza estão espalhadas por dois switches, incluindo as duas máquinas que se conectam a um switch por meio de um hub.

Para fazer as VLANs funcionarem corretamente, é necessário definir tabelas de configuração nas bridges. Essas tabelas informam quais são as VLANs acessíveis através de cada uma das portas. Quando um quadro chega, digamos, da VLAN cinza, ele tem de ser encaminhado para todas as portas marcadas com um G. Isso é válido para o tráfego comum (i.e., de unicast) para o qual as pontes não descobriram o local do destino, bem como para os tráfegos de multicast e de broadcast. Observe que uma porta pode ser rotulada com várias cores de VLAN.

Como um exemplo, suponha que uma das estações cinza conectadas à bridge *B1* na Figura 4.39 envie um quadro para um destino que não tenha sido observado anteriormente. A bridge *B1* receberá o quadro e verá que ele veio de uma máquina na VLAN cinza e, por isso, o quadro inundará todas as portas rotuladas com G (exceto a porta de chegada). O quadro será enviado às cinco outras estações cinza conectadas a *B1*, além do enlace de *B1* até a bridge *B2*. Na *B2*, o quadro será igualmente encaminhado por todas as portas rotuladas com G. Isso envia o quadro a uma estação adiante e ao hub (que transmitirá o quadro a todas as suas estações). O hub tem os dois rótulos, pois se conecta a máquinas das duas VLANs. O quadro não é enviado pelas outras portas sem G no rótulo, pois a bridge sabe que não existem máquinas na VLAN cinza que possam ser alcançadas por meio dessas portas.

Em nosso exemplo, o quadro é enviado apenas da bridge *B1* para a bridge *B2*, pois existem máquinas na VLAN cinza que estão conectadas a *B2*. Examinando a VLAN branca, podemos ver que a porta da *B2* que se conecta à *B1* não está rotulada com W. Isso significa que um quadro na VLAN branca não será encaminhado da *B2* para

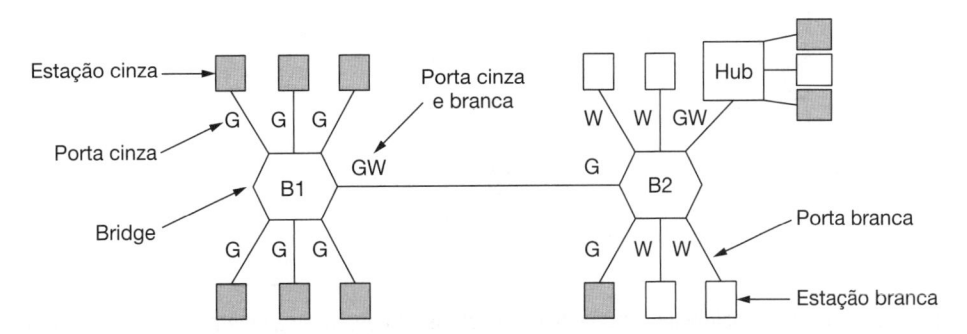

Figura 4.39 Duas VLANs, cinza e branca, em uma LAN com bridge.

a *B1*. Esse comportamento é correto, pois nenhuma estação na VLAN branca está conectada à *B1*.

O padrão IEEE 802.1Q

Para implementar esse esquema, as bridges precisam saber a qual VLAN pertence um quadro que chega. Sem essa informação, por exemplo, quando a bridge *B2* receber um quadro da bridge *B1*, na Figura 4.39, ela não sabe se encaminha o quadro na VLAN cinza ou branca. Se estivéssemos criando um novo tipo de LAN, seria muito fácil apenas acrescentar um campo VLAN no cabeçalho. Mas o que fazer no caso do padrão Ethernet, que é a LAN dominante e que não tem um campo sobressalente que possa ser usado como identificador da VLAN?

O comitê 802 do IEEE enfrentou esse problema em 1995. Depois de muita discussão, ele fez o inconcebível e mudou o cabeçalho do padrão Ethernet. O novo formato foi publicado no padrão **802.1Q** do IEEE, emitido em 1998. O novo formato contém uma tag de VLAN; vamos examiná-lo rapidamente. Não surpreende que a mudança de algo tão bem estabelecido quanto o cabeçalho Ethernet não seja inteiramente trivial. Algumas questões que surgem são:

1. Precisaremos jogar fora várias centenas de milhões de placas Ethernet existentes?
2. Se não, quem gerará os novos campos?
3. O que acontecerá com os quadros que já têm o tamanho máximo?

É claro que o comitê 802 estava (ainda que de forma muito dolorosa) consciente desses problemas e teve de apresentar soluções, o que realmente fez.

A chave para a solução é perceber que os campos VLAN só são realmente usados pelas bridges e switches, e *não* pelas máquinas dos usuários. Desse modo, na Figura 4.39, não é realmente essencial que eles estejam presentes nas linhas que saem para as estações finais, desde que estejam na linha entre as bridges. Portanto, para usar VLANs, as bridges têm de reconhecer a VLAN. Esse fato torna o projeto viável.

Quanto a descartar todas as placas Ethernet existentes, a resposta é não. Lembre-se de que o comitê 802.3 não poderia nem mesmo fazer as pessoas transformarem o campo *Tipo* em um campo *Tamanho*. Você pode imaginar a reação ao anúncio de que todas as placas Ethernet existentes teriam de ser jogadas fora. Contudo, as novas placas Ethernet são compatíveis com o 802.1Q e podem preencher corretamente os campos VLAN.

Como pode haver computadores (e switches) que não reconhecem a VLAN, a primeira bridge que a reconhece e toca em um quadro acrescenta os campos de VLAN e a última no caminho os remove. Um exemplo de topologia mista aparece na Figura 4.40. Nela, os computadores que reconhecem a VLAN geram quadros marcados (ou seja, 802.1Q) diretamente, e a comutação posterior utiliza essas tags. Os símbolos sombreados são máquinas que reconhecem VLANs e os símbolos vazios não as reconhecem.

Com o 802.1Q, os quadros são coloridos dependendo da porta na qual são recebidos. Para que esse método funcione, todas as máquinas em uma porta precisam pertencer à mesma VLAN, o que reduz a flexibilidade. Por exemplo, na Figura 4.40, essa propriedade é mantida para todas as portas nas quais um computador individual se conecta a uma bridge, mas não para a porta na qual o hub se conecta a *B2*.

Além disso, a bridge pode usar o protocolo da camada mais alta para selecionar a cor. Desse modo, os quadros que chegam a uma porta podem ser colocados em VLANs diferentes, dependendo se elas transportam pacotes IP ou quadros PPP.

Outros métodos são viáveis, mas não são admitidos pelo 802.1Q. Como exemplo, o endereço MAC pode ser usado para selecionar a cor da VLAN. Isso poderia ser útil para quadros chegando de uma LAN 802.11 próxima, em que notebooks enviam quadros por portas diferentes enquanto se movem. Um endereço MAC seria, então, mapeado a uma VLAN fixa, independentemente da porta em que ele entrou na LAN.

Quanto ao problema de quadros maiores que 1.518 bytes, o 802.1Q simplesmente aumentou o limite para 1.522 bytes.

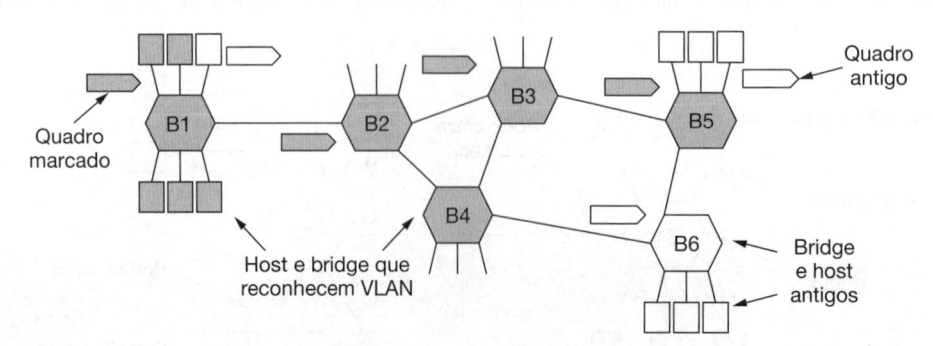

Figura 4.40 LAN com bridge, parcialmente consciente da VLAN. Os sombreados são máquinas que reconhecem VLANs e os vazios não as reconhecem.

Felizmente, apenas computadores e switches que reconhecem a VLAN precisam dar suporte a eles.

Agora, vamos examinar o formato de quadro 802.1Q. Ele está representado na Figura 4.41. A única mudança é o acréscimo de um par de campos de 2 bytes. O primeiro é o campo *ID de protocolo de VLAN*, que sempre tem o valor 0x8100. Como esse número é maior que 1.500, todas as placas Ethernet o interpretam como um tipo, e não como um tamanho. O que uma placa antiga faz com um quadro desse tipo é discutível, pois tais quadros não deveriam ser enviados a placas antigas.

O segundo campo de 2 bytes contém três subcampos. O principal é o *Identificador de VLAN*, que ocupa os 12 bits de baixa ordem. É isso que interessa – a cor da VLAN à qual o quadro pertence. O campo de 3 bits *Prioridade* não tem nenhuma relação com VLANs, mas, como a mudança no cabeçalho Ethernet é um evento que acontece uma vez a cada década, demora três anos e envolve uma centena de pessoas, por que não incluir alguns outros benefícios? Esse campo torna possível distinguir o tráfego em tempo real permanente do tráfego em tempo real provisório e do tráfego não relacionado ao tempo, a fim de fornecer melhor qualidade de serviço nas redes Ethernet. Ele é necessário para voz sobre a Ethernet (embora o IP tivesse um campo semelhante durante um quarto de século sem que ninguém jamais o tenha usado).

O último campo, o indicador de formato canônico, ou *CFI* (*Canonical Format Indicator*), deveria ter sido chamado indicador de ego corporativo, ou *CEI* (*Corporate Ego Indicator*). Originalmente, ele foi criado para indicar endereços MAC little-endian *versus* endereços MAC big-endian, mas esse uso se perdeu em outras controvérsias. Sua presença agora indica que a carga útil contém um quadro 802.5 congelado que está esperando encontrar outra LAN 802.5 no destino, enquanto é transportado por uma rede Ethernet nesse meio-tempo. É claro que toda essa organização não tem nenhuma relação com as VLANs. No entanto, a política do comitê de padrões não é diferente da política comum: se você votar a favor do meu bit, eu votarei a favor do seu – uma negociação mais sofisticada que uma barganha comum.

Como já dissemos, quando um quadro marcado chega a um switch que reconhece VLANs, o switch utiliza a ID da VLAN como um índice em uma tabela para descobrir por meio de que portas deve enviar o quadro. Contudo, de onde vem a tabela? Se ela for construída manualmente, voltaremos à estaca zero: a configuração manual de bridges. A beleza da ponte transparente é o fato de ela ser plug-and--play e não exigir qualquer configuração manual. Seria uma vergonha terrível perder essa propriedade. Felizmente, as bridges que reconhecem VLANs também podem se auto-configurar com base na observação das tags que passam por elas. Se um quadro marcado como VLAN 4 chegar à porta 3, então aparentemente alguma máquina na porta 3 está na VLAN 4. O padrão 802.1Q explica como construir as tabelas dinamicamente, em grande parte por meio de referências a partes apropriadas do padrão 802.1D.

Antes de encerrarmos o assunto de roteamento de VLANs, vale a pena fazer uma última observação. Muitas pessoas no universo da Internet e das redes Ethernet defendem, de forma enfática, a interligação de redes não orientadas a conexões e se opõem violentamente a qualquer sinal de conexões na camada de enlace de dados ou na camada de rede. Ainda assim, as VLANs introduzem algo surpreendentemente semelhante a uma conexão. Para usar as VLANs de forma apropriada, cada quadro transporta um novo identificador especial que é usado como um índice para uma tabela interna do switch, a fim de procurar o local para onde o quadro deve ser enviado. É isso mesmo que acontece nas redes orientadas a conexões. Nas redes não orientadas a conexões, deve-se utilizar o endereço de destino para roteamento e não alguma espécie de identificador de conexão. Veremos mais detalhes sobre essa rejeição às conexões no Capítulo 5.

4.8 RESUMO

Algumas redes administram todo o fluxo de comunicações por meio de um único canal. Nessas redes, a grande questão é a alocação desse canal entre as estações que desejam utilizá-lo. FDM e TDM são esquemas de alocação simples

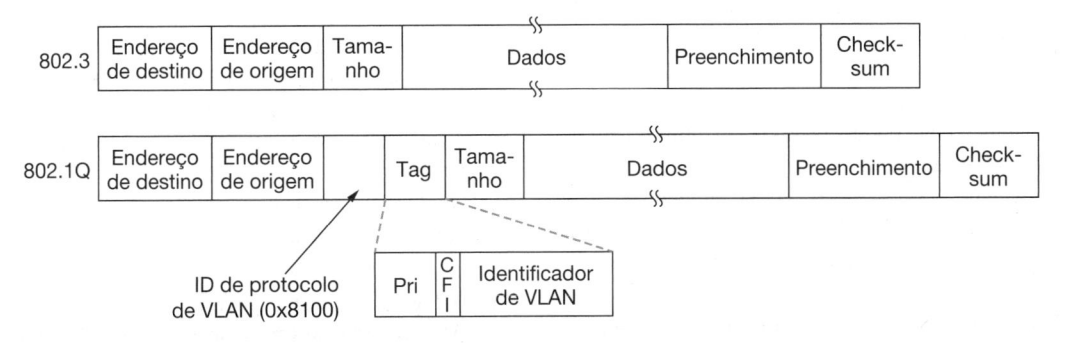

Figura 4.41 Os formatos de quadros Ethernet 802.3 (antigo) e 802.1Q.

e eficientes quando o número de estações é pequeno e fixo, e o tráfego é contínuo. Ambos são amplamente utilizados nessas circunstâncias, como para dividir a largura de banda nos enlaces usados como troncos telefônicos. No entanto, quando o número de estações é grande e variável, ou quando o tráfego ocorre em rajadas – o caso comum nas redes de computadores – FDM e TDM não são boas opções.

Foram criados diversos algoritmos dinâmicos de alocação de canal. O protocolo ALOHA, com e sem segmentação (o ALOHA original ou o slotted ALOHA), é usado em muitas derivações nos sistemas reais, por exemplo, nas redes DOCSIS. Como uma melhoria quando o estado do canal pode ser detectado, as estações podem evitar iniciar uma transmissão enquanto outra estação está transmitindo. Essa técnica, a detecção de portadora, levou a uma série de protocolos CSMA para LANs e MANs. Essa é a base para a Ethernet clássica e para as redes 802.11.

Uma classe de protocolos que elimina por completo a disputa, ou pelo menos a reduz consideravelmente, é bastante conhecida há anos. O protocolo bit-map, topologias em anéis e a contagem regressiva binária eliminam totalmente a disputa. O protocolo tree-walk reduz a disputa dividindo de forma dinâmica as estações em dois grupos com tamanhos diferentes, e permitindo a disputa apenas dentro de um grupo; o ideal é que esse grupo seja escolhido de tal forma que apenas uma estação que esteja pronta para transmitir tenha permissão para fazê-lo. As versões modernas dos protocolos MAC, incluindo DOCSIS e Bluetooth, tomam medidas explícitas para evitar a disputa, atribuindo intervalos de transmissão aos transmissores.

As LANs sem fio têm os problemas adicionais de dificuldade em detectar as transmissões que colidem, e as regiões de cobertura das estações podem ser diferentes. Na LAN sem fio dominante, IEEE 802.11, as estações usam CSMA/CA para aliviar o problema de deixar pequenas lacunas para impedir colisões. As estações também podem usar o protocolo RTS/CTS para combater terminais ocultos que surgem em decorrência do segundo problema, embora o overhead do RTS/CTS seja muito alto na prática, devido ao problema do terminal exposto, que quase nunca é usado, especialmente em ambientes densos.

Em contrapartida, muitos clientes agora utilizam mecanismos para realizar a seleção de canal a fim de evitar disputa. O IEEE 802.11 normalmente é usado para conectar notebooks e outros dispositivos a PAs wireless, mas também pode ser usado entre dispositivos. Qualquer uma das várias camadas físicas pode ser usada, incluindo o FDM multicanal com e sem várias antenas, e o espectro de dispersão. As versões modernas do 802.11 incluem recursos de segurança na camada de enlace, incluindo o suporte para autenticação, bem como a codificação avançada para dar suporte à transmissão MIMO.

A Ethernet é a forma dominante de LAN com fio. A Ethernet clássica usava CSMA/CD para alocação de canal em um cabo amarelo do tamanho de uma mangueira de jardim, esticado de uma máquina para outra. A arquitetura mudou quando as velocidades passaram de 10 Mbps para 10 Gbps, e continuam subindo. Agora, enlaces ponto a ponto, como o par trançado, são conectados a hubs e switches. Com os switches modernos e enlaces full-duplex, não existe disputa nos enlaces e o switch pode encaminhar os quadros em paralelo entre diferentes portas.

Com prédios repletos de LANs, é preciso que haja uma maneira de interconectar todas elas. As bridges plug-and-play são usadas para essa finalidade, sendo construídas com um algoritmo de aprendizado e um algoritmo spanning tree. Como essa funcionalidade está embutida nos switches modernos, os termos "bridge" e "switch" são usados para indicar a mesma coisa. Para ajudar no gerenciamento de LANs com bridges, as VLANs permitem que a topologia física seja dividida em diferentes topologias lógicas. O padrão de VLAN, o IEEE 802.1Q, introduz um novo formato de quadros Ethernet.

PROBLEMAS

1. Para resolver este problema, use uma fórmula deste capítulo, mas primeiro a enuncie. Os quadros chegam aleatoriamente a um canal de 100 Mbps para transmissão. Se estiver ocupado quando um quadro chegar, o canal aguardará sua vez em uma fila. O comprimento do quadro está distribuído exponencialmente com uma média de 10.000 bits/quadro. Para cada uma das taxas de chegada de quadros a seguir, determine o atraso médio experimentado pelo quadro, incluindo tanto o tempo de enfileiramento quanto o tempo de transmissão.
   (a) 90 quadros/s.
   (b) 900 quadros/s.
   (c) 9.000 quadros/s.

2. Um grupo de N estações compartilha um canal ALOHA original de 56 kbps. Cada estação transmite em média um quadro de 1.000 bits a cada 100 s, mesmo que o anterior ainda não tenha sido enviado (as estações podem, por exemplo, armazenar os quadros enviados em um buffer). Qual é o valor máximo de N?

3. Dez mil estações de reserva de uma companhia aérea estão competindo pelo uso de um único canal slotted ALOHA. Em média, a estação faz 18 solicitações/hora. Um slot ocupa 125 μs. Qual é a carga total aproximada do canal?

4. As medições de um canal slotted ALOHA com um número infinito de usuários mostram que 10% dos slots estão ociosos.
   (a) Qual é a carga do canal, G?
   (b) Qual é o throughput?
   (c) O canal está subcarregado ou sobrecarregado?

5. A Figura 4.4 ilustra que o throughput máximo varia do ALOHA original (mais baixo) até o CSMA 0,01-persistente (mais alto). Para alcançar o throughput máximo, um

protocolo precisa fazer algumas escolhas, por exemplo, dar suporte ao hardware extra ou aumentar o tempo de espera. Para os protocolos representados nessa figura, explique qual escolha cada protocolo faz para alcançar o throughput mais alto.

6. Qual é o tamanho de um slot de disputa em CSMA/CD para (a) um cabo twin de 2 km (a velocidade de propagação do sinal é 82% da velocidade de propagação do sinal no vácuo)? E (b) um cabo de fibra óptica multimodo de 40 km (a velocidade de propagação é 65% da velocidade de propagação do sinal no vácuo)?

7. Quanto tempo uma estação s terá de esperar, na pior das hipóteses, antes de poder começar a transmitir seu quadro sobre uma LAN que use o protocolo bit-map básico?

8. No protocolo de contagem regressiva binária, explique como uma estação com número mais baixo pode ser impedida de enviar um pacote.

9. Veja a Figura 4.10. Suponha que as estações saibam que existem quatro estações prontas: B, D, G e H. Como o protocolo adaptativo tree-walk atravessa a árvore para permitir que todas as quatro estações enviem seu quadro? Quantas colisões adicionais acontecem se a busca começar da raiz?

10. Um grupo de amigos se reúne para jogar videogames interativos com alto uso de CPU e rede. Os amigos jogam juntos usando uma rede sem fio de alta largura de banda. O sinal sem fio não pode se propagar através das paredes, mas os amigos estão todos na mesma sala. Em tal configuração, seria melhor usar o CSMA não persistente ou o protocolo token ring? Por favor, explique sua resposta.

11. Uma coleção de 2^n estações usa o protocolo adaptativo tree-walk para arbitrar o acesso a um cabo compartilhado. Em determinado instante, duas delas se aprontam. Qual é o número mínimo, máximo e médio de slots para percorrer a árvore se $2^n \gg 1$?

12. As LANs sem fio que estudamos usavam protocolos como CSMA/CA e RTS/CTS no lugar de CSMA/CD. Sob quais condições, se houver alguma, seria possível usar CSMA/CD em seu lugar?

13. Seis estações, de A até F, se comunicam usando o protocolo MACA. Seria possível duas transmissões ocorrerem simultaneamente? Explique sua resposta.

14. Um prédio comercial de sete andares tem 15 escritórios adjacentes por andar. Cada escritório contém uma tomada (um soquete) para um terminal na parede frontal. Dessa forma, as tomadas formam uma grade retangular em um plano vertical, com uma distância de 4 m entre as tomadas, tanto na direção horizontal quanto na vertical. Supondo que seja viável passar um cabo linear entre qualquer par de tomadas, seja na horizontal, na vertical ou na diagonal, quantos metros de cabo seriam necessários para conectar todas as tomadas usando:
    (a) Uma configuração em estrela com um único roteador no centro?
    (b) Uma LAN 802.3 clássica?

15. Qual é a taxa baud da rede Ethernet clássica de 10 Mbps?

16. Estruture a codificação Manchester em uma Ethernet clássica para o fluxo de bits 0001110101.

17. Uma LAN CSMA/CD de 10 Mbps (não 802.3), com 1 km de extensão, tem uma velocidade de propagação de 200 m/μs. Não são permitidos repetidores nesse sistema. Os quadros de dados têm 256 bits, incluindo 32 bits de cabeçalho, checksum e outras formas de overhead. O primeiro slot de bits depois de uma transmissão bem-sucedida é reservado para o receptor capturar o canal com o objetivo de enviar um quadro de confirmação de 32 bits. Qual será a taxa de dados efetiva, excluindo o overhead, se partirmos do princípio de que não há colisões?

18. Considere a montagem de uma rede CSMA/CD operando a 1 Gbps por um cabo de 1 km sem repetidores. A velocidade do sinal no cabo é de 200.000 km/s. Qual é o tamanho mínimo do quadro?

19. Um pacote IP a ser transmitido por uma rede Ethernet tem 60 bytes de comprimento, incluindo todos os seus cabeçalhos. Se o LLC não estiver em uso, será necessário utilizar preenchimento no quadro Ethernet? Em caso afirmativo, de quantos bytes?

20. Os quadros Ethernet devem ter pelo menos 64 bytes para garantir que o transmissor ainda esteja ativo na eventualidade de ocorrer uma colisão na extremidade remota do cabo. O tamanho mínimo do quadro nas redes Fast Ethernet também é de 64 bytes, mas é capaz de transportar o mesmo número de bits com uma velocidade dez vezes maior. Como é possível manter o mesmo tamanho mínimo de quadro?

21. A especificação 1000Base-SX afirma que o clock deverá operar a 1250 MHz, embora a gigabit Ethernet só deva oferecer uma taxa de dados máxima de 1 Gbps. Essa velocidade mais alta serve para oferecer uma margem de segurança extra? Se não, o que acontece nesse caso?

22. Quantos quadros por segundo a gigabit Ethernet pode manipular? Pense cuidadosamente e leve em conta todos os casos relevantes. *Dica*: o fato de ela ser uma gigabit Ethernet é importante.

23. Identifique duas redes que permitam que os quadros sejam reunidos em sequência. Por que é importante haver essa característica?

24. Na Figura 4.27 são mostradas quatro estações, A, B, C e D. Qual das duas últimas estações você acha que está mais próxima de A, e por quê?

25. Dê um exemplo para mostrar que o RTC/CTS no protocolo 802.11 é um pouco diferente daquele do protocolo MACA.

26. Veja a Figura 4.33(b). Imagine que todas as estações, bridges e hubs mostrados na figura sejam estações sem fio, e que os enlaces indicam que duas estações estão dentro do alcance uma da outra. Se $B2$ estiver transmitindo para D quando $B1$ quiser transmitir para A e $H1$ quiser transmitir para F, quais pares de estações são terminais ocultos ou expostos?

27. Uma LAN sem fio com um PA tem dez estações clientes. Quatro delas têm taxas de dados de 6 Mbps, quatro têm taxas de dados de 18 Mbps e as duas últimas têm taxas de dados de 54 Mbps. Qual é a taxa de dados experimentada por cada estação quando todas as dez estações estão transmitindo dados juntas e
    (a) TXOP não é usada?

(b) TXOP é usada?

28. Suponha que uma LAN 802.11b de 11 Mbps esteja transmitindo quadros de 64 bytes em sequência por um canal de rádio com uma taxa de erros de bits igual a 10^{-7}. Quantos quadros por segundo serão danificados em média?

29. Dois dispositivos conectados à mesma rede 802.11 estão baixando um arquivo grande da Internet. Explique como um dispositivo poderia obter uma taxa de dados mais alta que o outro (ab)usando um mecanismo do 802.11 voltado para oferecer qualidade de serviço.

30. A Figura 4.28 mostra diferentes tempos de espera na 802.11 para quadros com diferentes prioridades. Essa técnica evita que o tráfego de alta prioridade, como os quadros transportando dados em tempo real, fiquem presos pelo tráfego comum. Cite uma desvantagem dessa técnica.

31. Apresente duas razões pelas quais as redes poderiam usar um código de correção de erros em vez de detecção de erros e retransmissão.

32. Por que soluções como PCF (Point Coordination Function) são mais adequadas para as versões do 802.11 que operam em frequências mais altas?

33. Uma desvantagem dos perfis do Bluetooth é que eles aumentam bastante a complexidade do protocolo. Qual é a vantagem desses perfis do ponto de vista das aplicações?

34. Imagine uma rede onde as estações se comunicam usando raios laser, semelhante à montagem que aparece na Figura 2.11. Explique as semelhanças (e as diferenças) entre essa montagem e as redes Ethernet e 802.11, e também como isso afetaria o projeto dessa camada de enlace de dados e os protocolos MAC.

35. Na Figura 4.30, observamos que um dispositivo Bluetooth pode estar em duas piconets ao mesmo tempo. Existe alguma razão pela qual um dispositivo não possa ser o mestre em ambas as piconets ao mesmo tempo?

36. Qual é o tamanho máximo do campo de dados para um quadro Bluetooth de 3 slots na taxa básica? Explique sua reposta.

37. O Bluetooth admite dois tipos de enlaces entre um mestre e um escravo. Quais são eles e para que é usado cada um?

38. Mencionamos que a eficiência de um quadro de 1 slot com codificação de repetição é de cerca de 13% na taxa de dados básica. Qual será a eficiência se, em vez disso, for usado um quadro de 5 slots com codificação de repetição na taxa de dados básica?

39. Os quadros de baliza na variante de espectro de dispersão de salto de frequência do 802.11 contêm o tempo de parada. Você acha que os quadros de baliza análogos no Bluetooth também contêm o tempo de parada? Explique sua resposta.

40. Um switch projetado para uso com Fast Ethernet tem uma placa integrada que pode mover 10 Gbps. Na pior das hipóteses, quantos quadros/s ela pode tratar?

41. Considere a LAN estendida conectada usando as bridges *B1* e *B2* na Figura 4.33(b). Suponha que as tabelas hash nas duas bridges estejam vazias. Qual será a tabela hash de *B2* após a seguinte sequência de transmissões de dados:
    (a) *B* transmite um quadro para *E*.
    (b) *F* transmite um quadro para *A*.
    (c) *A* transmite um quadro para *B*.
    (d) *G* transmite um quadro para *E*.
    (e) *D* transmite um quadro para *C*.
    (f) *C* transmite um quadro para *A*.

    Suponha que cada quadro seja transmitido após o quadro anterior ter sido recebido.

42. Considere a LAN estendida conectada usando as bridges *B1* e *B2* na Figura 4.33(b). Suponha que as tabelas hash nas duas bridges estejam vazias. Qual destas transmissões de dados leva a um broadcast:
    (a) *A* transmite um quadro para *C*.
    (b) *B* transmite um quadro para *E*.
    (c) *C* transmite um quadro para *B*.
    (d) *G* transmite um quadro para *C*.
    (e) *E* transmite um quadro para *F*.
    (f) *D* transmite um quadro para *C*.

    Suponha que cada quadro seja transmitido após o quadro anterior ter sido recebido.

43. Considere a LAN estendida conectada usando as bridges *B1* e *B2* na Figura 4.33(b). Suponha que as tabelas hash nas duas bridges estejam vazias. Liste todas as portas em que um pacote será encaminhado para a seguinte sequência de transmissões de dados:
    (a) *A* transmite um quadro para *C*.
    (b) *E* transmite um quadro para *F*.
    (c) *F* transmite um quadro para *E*.
    (d) *G* transmite um quadro para *E*.
    (e) *D* transmite um quadro para *A*.
    (f) *B* transmite um quadro para *F*.

44. Veja a Figura 4.36. Imagine que uma bridge adicional, *B0*, esteja conectada às bridges *B4* e *B5*. Desenhe a nova spanning tree para essa topologia.

45. Considere a rede da Figura 4.39. Se uma máquina conectada à bridge *B1* de repente se tornasse branca, seriam necessárias mudanças nos rótulos? Neste caso, quais?

46. Considere uma LAN Ethernet com sete bridges. A bridge 0 está conectada a 1 e 2. As bridges 3, 4, 5 e 6 estão conectadas a ambas 1 e 2. Suponha que a maioria dos quadros seja endereçada a estações conectadas à bridge 2. Primeiro esboce a spanning tree construída pelo protocolo Ethernet e, em seguida, esboce uma spanning tree alternativa que reduza a latência média do quadro.

47. Considere duas redes Ethernet. Na rede (a), as estações estão conectadas a um hub por meio de cabos full-duplex. Na rede (b), as estações estão conectadas a um switch usando cabos half-duplex. Para cada uma dessas redes, por que o CSMA/CD (não) é necessário?

48. Os switches store-and-forward levam vantagem sobre os switches cut-through no que se refere a quadros danificados. Explique qual é essa vantagem.

49. Mencionamos, na Seção 4.8.3, que algumas bridges podem nem sequer estar presentes na spanning tree. Mostre um cenário no qual uma bridge pode não estar presente na spanning tree.

50. Para fazer as VLANs funcionarem, são necessárias tabelas de configuração nas bridges. E se as VLANs da Figura 4.39 usarem hubs em vez de switches? Os hubs também necessitam de tabelas de configuração? Por quê?

51. Na Figura 4.40, o switch no domínio final da tecnologia antiga do lado direito é um switch que reconhece VLANs. Seria possível usar ali um switch da tecnologia antiga? Nesse caso, como isso funcionaria? Se não, por que não?

52. Capture traços de mensagens enviados pelo seu próprio computador usando o modo promíscuo várias vezes por alguns minutos. Crie um simulador para um único canal de comunicação e implemente os protocolos CSMA/CD. Avalie a eficiência desses protocolos usando seus próprios traços para representar diferentes estações disputando pelo canal. Discuta as representações desses traços como cargas de trabalho da camada de enlace.

53. Escreva um programa que simule o comportamento do protocolo CSMA/CD sobre Ethernet quando existirem N estações prontas para transmitir enquanto um quadro está sendo transmitido. Seu programa deve informar os momentos em que cada estação inicia com êxito a transmissão de seu quadro. Suponha que ocorra um pulso de clock em cada período de slot (51,2 μs) e que uma sequência de detecção de colisão e transmissão de interferência demore um período de slot. Todos os quadros têm o comprimento máximo permitido.

54. Baixe o programa wireshark em *www.wireshark.org*. Esse é um programa de código aberto gratuito para monitorar redes e relatar o que está acontecendo lá. Aprenda sobre ele assistindo a um dos muitos tutoriais no YouTube. Existem muitas páginas da Web discutindo experimentos que você pode fazer com ele. Essa é uma boa maneira de ter uma ideia prática daquilo que acontece em uma rede.

5
A camada de rede

A camada de rede está relacionada à transferência de pacotes da origem para o destino. Chegar ao destino pode exigir vários hops (saltos) em roteadores intermediários ao longo do percurso. Essa função contrasta claramente com a função da camada de enlace de dados, que tem o objetivo mais modesto de apenas mover quadros de uma extremidade de um "fio" (virtual) para a outra. Portanto, a camada de rede é a camada mais baixa que lida com a transmissão ponto a ponto.

Para alcançar seus objetivos, a camada de rede deve conhecer a topologia da rede (ou seja, o conjunto de todos os roteadores e enlaces) e escolher os caminhos mais apropriados que a compõem – isso vale até mesmo para redes grandes. A camada de rede também deve ter o cuidado de escolher rotas que evitem sobrecarregar algumas das linhas de comunicação e roteadores enquanto deixa outras ociosas. Por fim, quando a origem e o destino estão em redes operadas de forma independente, às vezes denominados sistemas autônomos, ocorrem novos desafios, como a coordenação dos fluxos de tráfego por várias redes e o gerenciamento da utilização da rede. Esses problemas normalmente são tratados na camada de rede; os operadores da rede costumam ser encarregados de lidar com esses desafios manualmente. Tradicionalmente, esses profissionais tinham de reconfigurar a camada de rede de forma manual, por meio da configuração de baixo nível. Contudo, mais recentemente, o surgimento de redes definidas pelos software e hardware programáveis possibilitou a configuração da camada de rede por meio de programas de software de nível mais alto, até mesmo para redefinir totalmente suas funções. Neste capítulo, estudaremos todas essas questões e as ilustraremos usando principalmente a Internet e o protocolo de sua camada de rede, o IP (Internet Protocol).

5.1 QUESTÕES DE PROJETO DA CAMADA DE REDE

Nas seções a seguir, apresentaremos informações introdutórias sobre algumas das questões com as quais os projetistas da camada de rede devem se preocupar. Entre elas estão o serviço oferecido à camada de transporte e o projeto interno da rede.

5.1.1 Comutação de pacotes store-and-forward

Antes de começarmos a explicar os detalhes da camada de rede, vale a pena reafirmar o contexto em que operam os protocolos dela. Esse contexto pode ser visto na Figura 5.1. Os principais componentes da rede são os equipamentos do ISP (roteadores, switches e dispositivos intermediárias conectados por linhas de transmissão), mostrados na elipse sombreada, e os equipamentos dos clientes, mostrados fora da elipse. O host *H1* está diretamente conectado a um dos roteadores do ISP, denominado *A*, talvez como um computador pessoal conectado a um modem DSL. Em contrapartida, *H2* está em uma LAN, que poderia ser a Ethernet de um escritório, com um roteador, *F*, pertencente e operado pelo cliente. Esse roteador também tem uma linha dedicada para o equipamento do ISP. Mostramos *F* fora da elipse porque ele não pertence ao ISP. Entretanto, para os propósitos deste capítulo, os roteadores nas instalações do cliente são considerados parte da rede do ISP, porque executam os mesmos algoritmos que os roteadores do ISP (e nossa principal preocupação aqui é o estudo dos algoritmos).

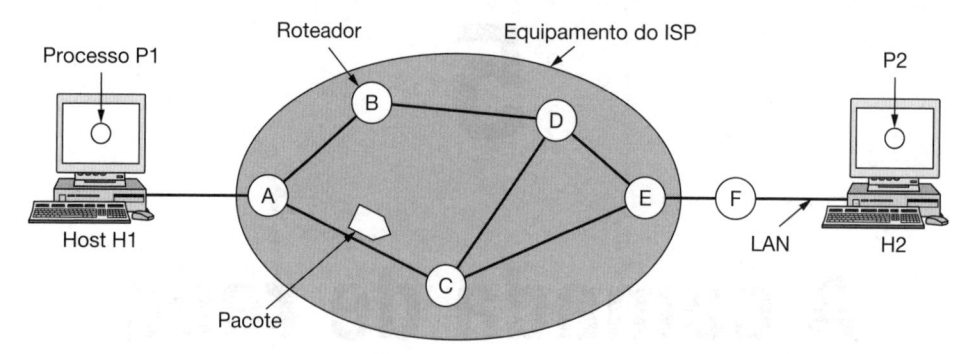

Figura 5.1 O ambiente dos protocolos da camada de rede.

Esse equipamento é usado da maneira descrita a seguir. Um host com um pacote a enviar o transmite para o roteador mais próximo, seja em sua própria LAN, seja sobre um enlace ponto a ponto para o ISP (p. ex., por uma linha ADSL ou um fio de TV a cabo). O pacote é armazenado ali até chegar completamente, de forma que o checksum possa ser conferido. Em seguida, ele é encaminhado para o próximo roteador ao longo do caminho, até alcançar o host de destino, onde ele é entregue. Esse mecanismo é a comutação de pacotes store-and-forward, como vimos em capítulos anteriores.

5.1.2 Serviços oferecidos à camada de transporte

A camada de rede oferece serviços à camada de transporte na interface entre elas. Uma questão importante é identificar os tipos de serviços que a camada de rede oferece à camada de transporte. Os serviços precisam ser cuidadosamente planejados tendo em vista os objetivos a seguir:

1. Os serviços devem ser independentes da tecnologia presente nos roteadores.
2. A camada de transporte deve ser isolada do número, do tipo e da topologia dos roteadores presentes.
3. Os endereços de rede que tornam os pacotes disponíveis para a camada de transporte devem usar um plano de numeração uniforme, mesmo nas LANs e WANs.

Tendo definido esses objetivos, os projetistas da camada de rede têm muita liberdade para escrever especificações detalhadas dos serviços a serem oferecidos à camada de transporte. Essa liberdade costuma se transformar em uma violenta batalha entre duas facções. A discussão se concentra na seguinte questão: a camada de rede deve fornecer serviço orientado a conexões ou não orientado a conexões?

Um lado, representado pela comunidade da Internet, alega que a tarefa dos roteadores é movimentar pacotes e nada mais. Na visão dessas pessoas (baseada em 40 anos de experiência com uma rede de computadores real), a rede é inerentemente não confiável, independentemente de como tenha sido projetada. Portanto, os hosts devem aceitar esse fato e fazer eles próprios o controle de erros (ou seja, detecção e correção de erros) e o controle de fluxo.

Esse ponto de vista leva à conclusão de que o serviço de rede deve ser não orientado a conexões, praticamente restrito às primitivas SEND PACKET e RECEIVE PACKET. Em particular, não devem ser feitos ordenação de pacotes nem controle de fluxo, pois os hosts cuidarão disso de qualquer maneira e, em geral, não há grande vantagem em fazer a mesma tarefa duas vezes. Esse raciocínio é um exemplo do **argumento fim a fim**, um princípio de projeto que tem sido muito influente na modelagem da Internet (Saltzer et al., 1984). Além disso, cada pacote deve ter o endereço de destino completo, pois todos são transportados independentemente de seus predecessores, se for o caso.

O outro lado, representado pelas companhias telefônicas, alega que a rede deve fornecer um serviço orientado a conexões confiável. Elas afirmam que os 100 anos de experiência bem-sucedida com o sistema telefônico mundial servem como um excelente guia. De acordo com essa visão, a qualidade de serviço é o fator dominante e, sem conexões na rede, é muito difícil alcançar qualidade de serviço, em especial no caso de tráfego em tempo real, como voz e vídeo.

Mesmo depois de várias décadas, essa controvérsia ainda está muito viva. Antigamente, as redes de dados muito usadas, como a X.25 na década de 1970 e sua sucessora, Frame Relay, na década de 1980, eram orientadas à conexão. Contudo, desde os dias da ARPANET e da Internet inicial, as camadas de rede não orientadas à conexão cresceram muito em popularidade. O protocolo IP agora é um símbolo de sucesso sempre presente. Ele não recuou mesmo diante de uma tecnologia orientada à conexão, chamada ATM, que foi desenvolvida para aboli-lo na década de 1980; em vez disso, agora é a ATM que tem seu uso em nichos e o IP que está assumindo as redes de telefonia. Debaixo dos panos, porém, a Internet está evoluindo e recursos orientados à conexão, como a qualidade de serviço, tornam-se mais importantes. Dois exemplos de tecnologias orientadas a conexões são MPLS (MultiProtocol Label

Switching), que descreveremos neste capítulo, e VLANs, que vimos no Capítulo 4. As duas tecnologias são muito utilizadas.

5.1.3 Implementação do serviço não orientado a conexões

Depois de analisar as duas classes de serviço que a camada de rede pode oferecer a seus usuários, chegou a hora de vermos como ela funciona por dentro. São possíveis duas organizações, dependendo do tipo de serviço oferecido. Se for ofertado o serviço não orientado a conexões, os pacotes serão injetados individualmente na rede e roteados de modo independente uns dos outros. Não será necessária nenhuma configuração antecipada. Nesse contexto, os pacotes frequentemente são chamados de **datagramas** (em analogia com os telegramas) e a rede será denominada **rede de datagramas**. Se for usado o serviço orientado a conexões, terá de ser estabelecido um caminho desde o roteador de origem até o de destino, antes de ser possível enviar quaisquer pacotes de dados. Essa conexão é chamada de **circuito virtual**, em analogia aos circuitos físicos estabelecidos pelo sistema telefônico, e a rede é denominada **rede de circuitos virtuais**. Nesta seção, examinaremos as redes de datagramas; na próxima, estudaremos as redes de circuitos virtuais.

Vejamos agora como funciona uma rede de datagramas. Suponha que o processo *P1* da Figura 5.2 tenha uma mensagem longa para *P2*. Ele entrega a mensagem à camada de transporte, com instruções para que ela seja entregue a *P2* do host *H2*. O código da camada de transporte é executado em *H1*, em geral dentro do sistema operacional. Ele acrescenta um cabeçalho de transporte ao início da mensagem e entrega o resultado à camada de rede, que talvez simplesmente seja outro procedimento no sistema operacional.

Neste exemplo, vamos supor que a mensagem seja quatro vezes mais longa que o tamanho máximo do pacote e, portanto, que a camada de rede tenha de dividi-la em quatro pacotes, 1, 2, 3 e 4, e enviar cada um deles ao roteador *A* usando algum protocolo ponto a ponto, como o PPP. Nesse ponto, o ISP assume o controle. Todo roteador tem uma tabela interna que informa para onde devem ser enviados os pacotes a serem entregues a cada possível destino. Cada entrada da tabela é um par que consiste em um destino e na linha de saída a ser utilizada para esse destino. Somente podem ser usadas linhas diretamente conectadas. Por exemplo, na Figura 5.2, *A* tem apenas duas linhas de saída – para *B* e *C* – e, assim, todo pacote recebido deve ser enviado a um desses roteadores, mesmo que o destino seja algum outro roteador. A tabela de roteamento inicial de *A* é mostrada na figura sob o título "inicial".

Em *A*, os pacotes 1, 2 e 3 foram armazenados por algum tempo, tendo chegado ao enlace de entrada, e seus checksums conferidos. Em seguida, cada um deles foi encaminhado para *C*, de acordo com a tabela de *A*, dentro de um novo quadro. O pacote 1 foi então encaminhado para *E* e depois para *F*. Chegando a *F*, ele foi enviado dentro de um quadro para *H2* pela LAN. Os pacotes 2 e 3 seguem a mesma rota.

Entretanto, aconteceu algo diferente com o pacote 4. Quando chegou ao roteador *A*, ele foi enviado para o roteador *B*, embora seu destino também fosse *F*. Por alguma razão, *A* decidiu enviar o pacote 4 por uma rota diferente da que foi usada para os três primeiros pacotes. Talvez ele tenha tomado conhecimento de uma obstrução de tráfego em algum lugar ao longo do caminho *ACE* e tenha atualizado

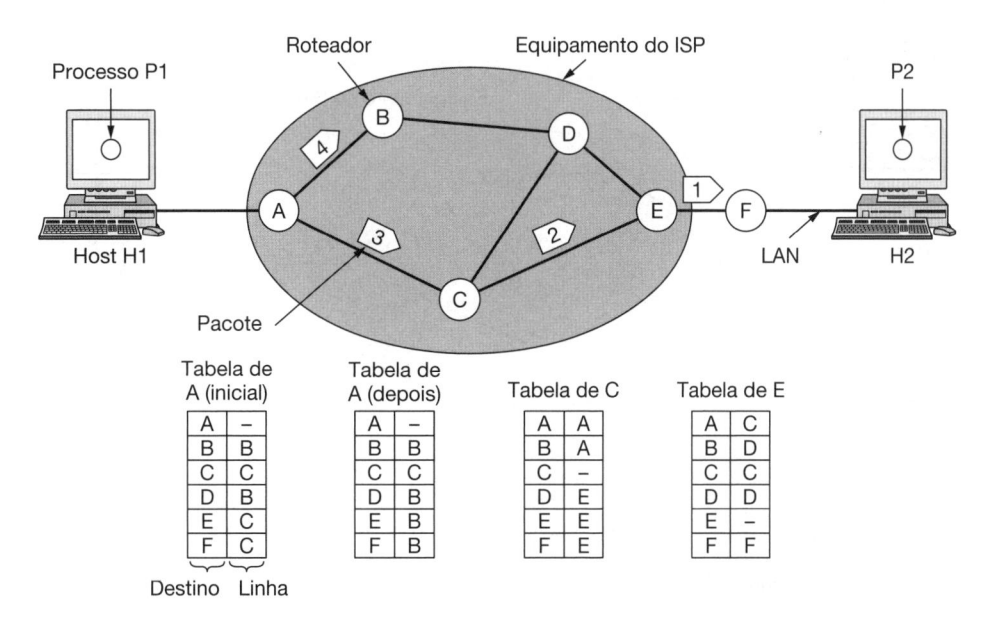

Figura 5.2 Roteamento em uma rede de datagramas.

sua tabela de roteamento, como mostramos na figura sob o título "depois". O algoritmo que gerencia as tabelas e toma as decisões de roteamento é chamado **algoritmo de roteamento**, um dos principais assuntos que estudaremos neste capítulo. Como veremos, existem diferentes tipos de algoritmos.

O IP, que é a base para a Internet inteira, é um exemplo dominante de serviço de rede não orientado a conexões. Cada pacote transporta um endereço IP de destino que os roteadores utilizam para encaminhar cada pacote individualmente. Os endereços têm 32 bits nos pacotes IPv4 e 128 bits nos pacotes IPv6. Vamos descrever o IP com muito mais detalhes mais adiante neste capítulo.

5.1.4 Implementação do serviço orientado a conexões

No caso do serviço orientado a conexões, precisamos de uma rede de circuitos virtuais. Vejamos como ela funciona. A ideia que rege os circuitos virtuais é evitar a necessidade de escolher uma nova rota para cada pacote enviado, como na Figura 5.2. Em vez disso, quando uma conexão é estabelecida, escolhe-se uma rota desde a máquina de origem até a máquina de destino, como parte da configuração da conexão, e essa rota é armazenada em tabelas internas dos roteadores. Ela é usada por todo o tráfego que flui pela conexão, exatamente como ocorre no sistema telefônico. Quando a conexão é liberada, o circuito virtual também é encerrado. Com o serviço orientado a conexões, cada pacote transporta um identificador, informando a qual circuito virtual ele pertence.

Como exemplo, considere a situação da Figura 5.3. Na figura, o host *H1* estabeleceu a conexão 1 com *H2*. Ela é memorizada como a primeira entrada de cada uma das tabelas de roteamento. A primeira linha da tabela de *A* informa que, se um pacote contendo o identificador de conexão 1 chegar de *H1*, ele será enviado ao roteador *C* e receberá o identificador de conexão 1. De modo semelhante, a primeira entrada em *C* faz o roteamento do pacote para *E*, também com o identificador de conexão 1.

Agora, vejamos o que acontece se *H3* também quiser estabelecer uma conexão com *H2*. Ele escolhe o identificador de conexão 1 (porque está iniciando a conexão, e essa é sua única conexão) e informa à rede que ela deve estabelecer o circuito virtual. Isso conduz à segunda linha nas tabelas. Observe que, nesse caso, temos um conflito, pois, embora *A* possa distinguir facilmente os pacotes da conexão 1 provenientes de *H1* dos pacotes da conexão 1 que vêm de *H3*, *C* não tem como fazer o mesmo. Por essa razão, *A* atribui um identificador de conexão diferente ao tráfego de saída correspondente à segunda conexão. Evitar conflitos desse tipo é a razão pela qual os roteadores precisam ter a capacidade de substituir identificadores de conexões para os pacotes de saída.

Um exemplo de serviço de rede orientado a conexões é o MPLS. Ele é usado dentro das redes do ISP na Internet, com os pacotes IP inseridos em um cabeçalho MPLS com um identificador ou rótulo de conexão de 20 bits. O MPLS normalmente fica oculto aos clientes, com o ISP estabelecendo conexões a longas distâncias para grandes volumes de tráfego, mas ele está sendo cada vez mais utilizado para ajudar na qualidade do serviço e também em outras tarefas

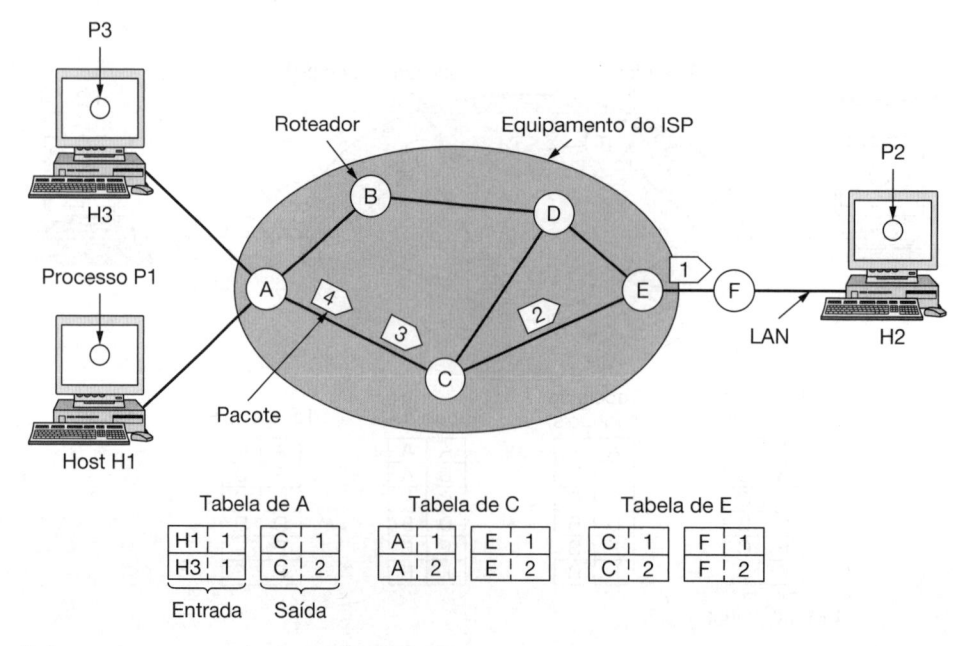

Figura 5.3 Roteamento em uma rede de circuitos virtuais.

de gerenciamento do tráfego do ISP. Veremos mais a respeito do MPLS em outro ponto deste capítulo.

5.1.5 Comparação entre redes de circuitos virtuais e de datagramas

Tanto os circuitos virtuais como os datagramas têm seus fãs e seus detratores. Agora, vamos tentar resumir os argumentos de ambos os lados. As principais questões estão listadas na Figura 5.4, ainda que os puristas provavelmente encontrem um exemplo contrário para tudo o que está disposto nela.

Dentro da rede, existem vários dilemas entre circuitos virtuais e datagramas. Um deles é o compromisso entre o tempo de configuração e o tempo de análise do endereço. O uso de circuitos virtuais exige uma fase de configuração, que leva tempo e consome recursos. Contudo, quando esse preço é pago, é fácil descobrir o que fazer com um pacote de dados em uma rede de circuitos virtuais: o roteador simplesmente usa o número do circuito para indexar sua tabela e descobrir para onde vai o pacote. Em uma rede de datagramas, nenhuma configuração é necessária, mas é preciso um procedimento de pesquisa mais complicado para mapear o endereço de destino.

Uma questão relacionada é que os endereços de destino usados nas redes de datagrama são maiores que os números de circuito usados nas redes de circuito virtual, pois eles têm um significado global. Se os pacotes tenderem a ser muito pequenos, incluir um endereço de destino completo em cada pacote poderá representar um volume significativo de overhead e, portanto, haverá desperdício de largura de banda.

Outra questão é a quantidade de espaço exigido em tabelas na memória do roteador. Uma rede de datagramas precisa ter uma entrada para cada destino possível, enquanto uma rede de circuitos virtuais só precisa de uma entrada para cada circuito virtual. No entanto, essa vantagem é um pouco ilusória, pois pacotes de configuração de conexões também têm de ser roteados e, da mesma forma que os datagramas, eles usam endereços de destino.

Os circuitos virtuais têm algumas vantagens na garantia da qualidade de serviço e ao evitar o congestionamento dentro da rede, pois os recursos (p. ex., buffers, largura de banda e ciclos de CPU) podem ser reservados antecipadamente, quando a conexão é estabelecida. Quando os pacotes começarem a chegar, a largura de banda e a capacidade do roteador necessárias já estarão instaladas. Com uma rede de datagramas, é mais difícil evitar o congestionamento.

No caso de sistemas de processamento de transações (p. ex., lojas que utilizam o telefone para verificar compras com cartões de crédito), o overhead necessário para configurar e limpar um circuito virtual pode reduzir facilmente o uso do circuito. Caso se espere que a maior parte do tráfego seja desse tipo, o uso de circuitos virtuais esporádicos dentro da rede fará pouco sentido. Contudo, para usos de longa duração, como o tráfego VPN entre dois escritórios corporativos, os circuitos virtuais permanentes (configurados manualmente e que duram meses ou anos) talvez sejam úteis nessa situação.

Os circuitos virtuais também têm um problema de vulnerabilidade. Se um roteador apresentar uma falha e perder sua capacidade de memória, mesmo que volte um segundo depois, todos os circuitos virtuais que estiverem passando

Questão	Rede de datagramas	Rede de circuitos virtuais
Configuração de circuitos	Desnecessária	Obrigatória
Endereçamento	Cada pacote contém os endereços completos de origem e de destino	Cada pacote contém um pequeno número do circuito virtual
Informações sobre o estado	Os roteadores não armazenam informações sobre o estado das conexões	Cada circuito virtual requer espaço em tabelas de roteadores por conexão
Roteamento	Cada pacote é roteado independentemente	A rota é escolhida quando o circuito virtual é estabelecido e todos os pacotes a seguem
Efeito de falhas no roteador	Nenhum, com exceção dos pacotes perdidos durante a falha	Todos os circuitos virtuais que tiverem passado pelo roteador que apresentou o defeito serão encerrados
Qualidade de serviço	Difícil	Fácil, se for possível alocar recursos suficientes com antecedência para cada circuito virtual
Controle de congestionamento	Difícil	Fácil, se for possível alocar recursos suficientes com antecedência para cada circuito virtual

Figura 5.4 Comparação entre redes de circuitos virtuais e de datagramas.

por ele terão de ser interrompidos. Em contrapartida, se um roteador de datagramas ficar fora do ar, somente serão afetados os usuários cujos pacotes estiverem enfileirados no roteador naquele momento (e talvez nem todos eles, pois o transmissor provavelmente os retransmitirá em breve). A perda de uma linha de comunicação é fatal para os circuitos virtuais que a utilizam, mas pode ser compensada com facilidade se forem usados datagramas. Estes também permitem que os roteadores equilibrem o tráfego pela rede, pois as rotas podem ser parcialmente alteradas durante uma longa sequência de transmissões de pacotes.

5.2 ALGORITMOS DE ROTEAMENTO EM UMA ÚNICA REDE

A principal função da camada de rede é rotear pacotes da máquina de origem para a máquina de destino. Nesta seção, discutimos como a camada de rede realiza essa função dentro de um único domínio administrativo ou sistema autônomo. Na maioria das redes, os pacotes necessitarão de vários hops para cumprir o trajeto. A única exceção importante diz respeito às redes de broadcast, mas mesmo aqui o roteamento depende do fato de a origem e o destino não estarem no mesmo segmento da rede. Os algoritmos que escolhem as rotas e as estruturas de dados que elas utilizam constituem um dos elementos mais importantes do projeto da camada de rede.

O **algoritmo de roteamento** é a parte do software da camada de rede responsável pela decisão sobre a linha de saída a ser usada na transmissão do pacote de entrada. Se a rede internamente utilizar datagramas, essa decisão deverá ser tomada mais uma vez para cada pacote de dados recebido, pois a melhor rota pode ter sido alterada desde a última vez. Se a rede internamente utilizar circuitos virtuais, as decisões de roteamento serão tomadas somente quando um novo circuito virtual estiver sendo estabelecido. Daí em diante, os pacotes de dados seguirão a rota previamente estabelecida. Às vezes, essa última circunstância é chamada de **roteamento por sessão**, pois uma rota permanece em vigor durante toda uma sessão (p. ex., uma sessão de login em uma rede VPN).

Algumas vezes, é útil fazer distinção entre o roteamento, que é a tomada de decisão sobre quais rotas utilizar, e o encaminhamento, que acontece quando um pacote chega. Podemos imaginar que um roteador tem dois processos internamente. Um deles trata cada pacote que chega, procurando a linha de saída que será usada em sua tabela de roteamento. Esse processo é o **encaminhamento**. O outro processo é responsável pelo preenchimento e pela atualização das tabelas de roteamento. É nele que o algoritmo de roteamento entra em cena.

Mesmo que as rotas sejam escolhidas independentemente para cada pacote ou apenas quando novas conexões são estabelecidas, certas propriedades são desejáveis em um algoritmo de roteamento: exatidão, simplicidade, robustez, estabilidade, equidade e eficiência. Os itens exatidão e simplicidade são autoexplicativos, mas, a princípio, talvez a necessidade de robustez seja menos óbvia. Uma vez que uma rede de maior porte é instalada, espera-se que ela funcione continuamente durante anos sem apresentar qualquer falha no sistema. Durante esse período, haverá todos os tipos de falhas de hardware e software. Os hosts, os roteadores e as linhas falharão repetidamente, e a topologia mudará muitas vezes. O algoritmo de roteamento deve ser capaz de aceitar as alterações de topologia e de tráfego sem exigir que todas as tarefas de todos os hosts sejam interrompidas. Imagine o problema que haveria se a rede precisasse ser reiniciada sempre que algum roteador apresentasse falha.

A estabilidade também é um objetivo importante do algoritmo de roteamento. Existem algoritmos que nunca convergem para um conjunto viável de rotas, independentemente do tempo em que são executados. Um algoritmo estável alcança um ponto de equilíbrio e permanece nesse estado. Ele também deve convergir rapidamente, pois a comunicação pode ser interrompida até que o algoritmo de roteamento tenha alcançado um ponto de equilíbrio.

A equidade e a eficiência podem parecer óbvias, pois certamente ninguém faria oposição a elas. No entanto, como se vê, com frequência elas têm objetivos conflitantes. Como um exemplo simples, observe a Figura 5.5. Suponha que o tráfego entre A e A', entre B e B' e entre C e C' seja suficiente para saturar os enlaces horizontais. Para maximizar o fluxo total, o tráfego de X para X' deve ser desativado por completo. Infelizmente, talvez X e X' não vejam a situação dessa maneira. É evidente que se faz necessário um meio-termo entre eficiência global e equidade para as conexões individuais.

Antes de tentarmos encontrar um meio-termo entre equidade e eficiência, devemos decidir o que estamos buscando otimizar. A minimização do atraso médio do pacote é uma candidata óbvia, e o mesmo vale para a maximização do throughput total da rede. Além disso, esses dois objetivos também estão em conflito, pois operar qualquer sistema de enfileiramento em uma velocidade próxima a sua capacidade máxima implica um longo atraso de enfileiramento. Como meio-termo, muitas redes tentam minimizar a distância que um pacote deve percorrer, ou simplesmente reduzir o número de hops que um pacote deve dar. Qualquer uma dessas escolhas tende a melhorar o atraso e a reduzir a largura de banda consumida por pacote, o que, por sua vez, também tende a melhorar o throughput geral da rede.

Os algoritmos de roteamento podem ser agrupados em duas classes principais: não adaptativos e adaptativos. Os **algoritmos não adaptativos** não baseiam suas decisões de roteamento em medidas ou estimativas do tráfego e da topologia atuais. Em vez disso, a escolha da rota a ser

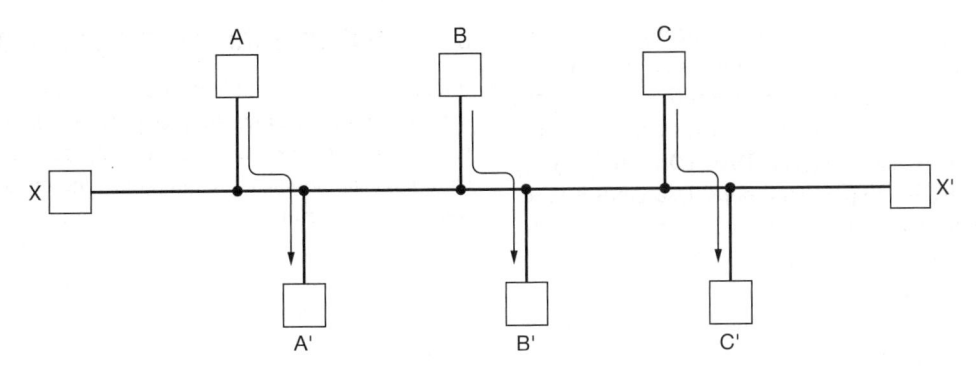

Figura 5.5 Rede com conflito entre equidade e eficiência.

utilizada para ir de I até J (para todo I e todo J) é previamente calculada off-line, sendo transferida para os roteadores quando a rede é iniciada. Às vezes esse procedimento é chamado de **roteamento estático**. Por não responder bem a falhas, o roteamento estático é mais útil para situações em que a escolha de rotas é óbvia. Por exemplo, o roteador F na Figura 5.3 deve enviar para o roteador E os pacotes direcionados à rede, independentemente do destino.

Em contraste, os **algoritmos adaptativos** alteram as decisões de roteamento para refletir mudanças na topologia e, às vezes, também no tráfego. Esses algoritmos de **roteamento dinâmico** diferem em termos do lugar em que obtêm suas informações (p. ex., no local, de roteadores adjacentes ou de todos os roteadores), do momento em que alteram as rotas (p. ex., quando a topologia muda ou a cada ΔT segundos, quando a carga se altera) e da métrica utilizada na otimização (p. ex., distância, número de hops ou tempo estimado de tráfego).

Nas próximas seções, trataremos de uma variedade de algoritmos de roteamento. Os algoritmos abordam modelos de entrega além de transmitir um pacote de uma origem para um destino. Às vezes o objetivo é enviar o pacote para vários, todos ou um entre um conjunto de destinos. Todos os algoritmos de roteamento que descrevemos aqui tomam decisões com base na topologia; deixamos a possibilidade de decisões com base nos níveis de tráfego para a Seção 5.3.

5.2.1 O princípio de otimização

Antes de estudarmos algoritmos específicos, talvez valha a pena lembrar que é possível criar uma descrição geral das rotas ideais sem levar em conta a topologia ou o tráfego de rede. Essa descrição é conhecida como **princípio de otimização** (Bellman, 1957), que estabelece que, se o roteador J estiver no caminho ideal entre o roteador I e o roteador K, o caminho ideal de J até K também estará na mesma rota. Para confirmar isso, chame a parte da rota entre I e J de r_1 e o restante de r_2. Se existisse uma rota melhor que r_2 entre J e K, ela poderia ser concatenada com r_1 para melhorar a rota entre I e K, contradizendo nossa afirmação de que $r_1 r_2$ é ideal.

Como consequência direta do princípio de otimização, podemos observar que o conjunto de rotas ideais de todas as origens para determinado destino forma uma árvore com raiz no destino. Uma árvore como essa é chamada de **árvore de escoamento** e está ilustrada na Figura 5.6(b), em que a métrica de distância é o número de hops. O objetivo de todos os algoritmos de roteamento é descobrir e utilizar as árvores de escoamento em todos os roteadores.

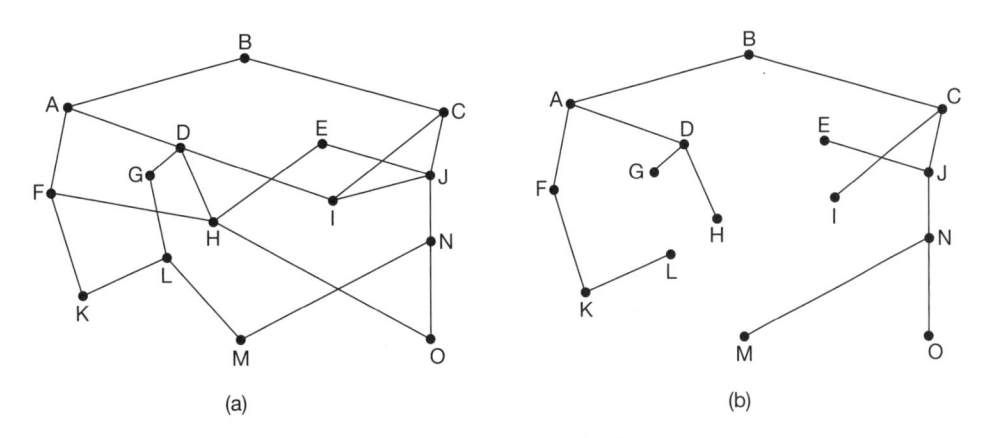

Figura 5.6 (a) Uma rede. (b) Uma árvore de escoamento para o roteador B.

Observe que uma árvore de escoamento não é necessariamente exclusiva; pode haver outras árvores com os mesmos tamanhos de caminho. Se permitirmos que todos os caminhos possíveis sejam escolhidos, a árvore se torna uma estrutura mais geral chamada **DAG (Directed Acyclic Graph)**. Os DAGs não possuem loops. Usaremos árvores de escoamento como uma abreviação conveniente para esses dois casos. Ambos os casos também dependem da suposição técnica de que os caminhos não interferem uns nos outros. Assim, por exemplo, um engarrafamento no trânsito em um caminho não causará o desvio para outro caminho.

Como uma árvore de escoamento é de fato uma árvore, ela não contém loops; portanto, cada pacote será entregue dentro de um número finito e limitado de hops. Na prática, nem tudo é tão fácil assim. Enlaces e roteadores podem sair do ar e voltar à atividade durante a operação; desse modo, diferentes roteadores podem ter estimativas distintas sobre a topologia atual. Além disso, empregamos alguns artifícios para resolver a seguinte questão: cada roteador deve obter individualmente as informações sobre a base de cálculo de sua árvore de escoamento ou esses dados serão obtidos por algum outro meio? Retornaremos a essa questão em breve. Contudo, o princípio de otimização e a árvore de escoamento permitem que se faça um teste de benchmark para detectar que outros algoritmos de roteamento podem ser medidos.

5.2.2 Roteamento pelo caminho mais curto

Iniciaremos nosso estudo prático de algoritmos de roteamento com uma técnica simples para calcular os caminhos ideais a partir de uma imagem completa da rede. Esses caminhos são aqueles que queremos que um algoritmo de roteamento distribuído encontre, embora nem todos os roteadores possam conhecer todos os detalhes da rede.

A ideia é criar um grafo da rede, com cada nó representando um roteador e cada arco indicando uma linha de comunicação, ou enlace. Para escolher uma rota entre determinado par de roteadores, o algoritmo simplesmente encontra o caminho mais curto entre eles.

O conceito de **caminho mais curto** merece uma explicação. Uma forma de medir o comprimento do caminho é usar o número de hops. Empregando-se essa métrica, os caminhos *ABC* e *ABE* da Figura 5.7 são igualmente longos. Outra métrica é a distância geográfica em quilômetros e, nesse caso, *ABC* é claramente muito mais longo que *ABE* (supondo-se que a figura tenha sido desenhada em escala).

Entretanto, muitas outras métricas também são possíveis além do número de hops e da distância física. Por exemplo, cada arco poderia ser identificado com o atraso médio de enfileiramento e de transmissão referente a um pacote de teste padrão, de acordo com as especificações de testes executados a cada hora. Na representação deste grafo, o caminho mais curto é o caminho mais rápido, e não o caminho com menor número de arcos ou quilômetros.

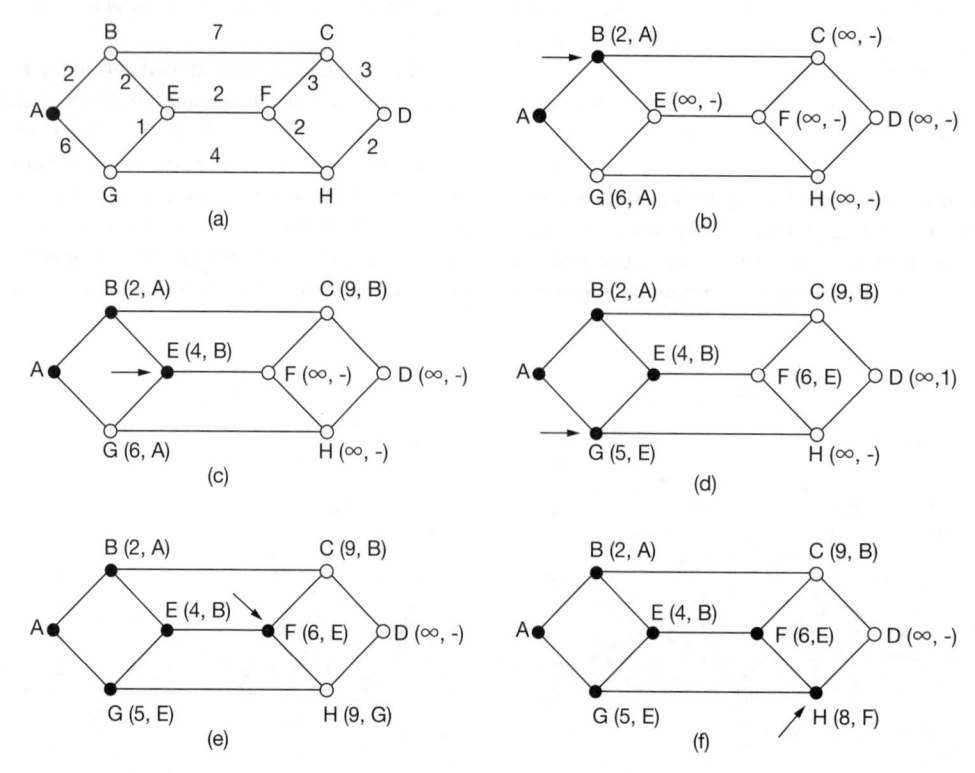

Figura 5.7 As seis primeiras etapas utilizadas no cálculo do caminho mais curto de A até D. As setas indicam o nó ativo.

No caso geral, os rótulos dos arcos podem ser calculados como uma função da distância, da largura de banda, do tráfego médio, do custo de comunicação, do atraso medido e de outros fatores. Alterando-se a função de ponderação (atribuição de pesos), o algoritmo então calcularia o caminho "mais curto" medido de acordo com qualquer critério ou como uma combinação de critérios.

São conhecidos diversos algoritmos para calcular o caminho mais curto entre dois nós de um grafo. O algoritmo que vamos examinar agora se deve a Dijkstra (1959) e encontra os caminhos mais curtos entre uma origem e todos os destinos na rede. Cada nó é identificado (entre parênteses) por sua distância a partir do nó de origem ao longo do melhor caminho conhecido. As distâncias devem ser não negativas, como acontecerá se elas forem baseadas em quantidades reais, como largura de banda e atraso. Inicialmente, nenhum caminho é conhecido; portanto, todos os nós são rotulados com infinito. À medida que o algoritmo prossegue e os caminhos são encontrados, os rótulos podem mudar, refletindo melhores caminhos. Um rótulo pode ser provisório ou permanente. No início, todos são provisórios. Quando se descobre que um rótulo representa o caminho mais curto possível até a origem desse nó, ele se torna permanente e, daí em diante, nunca mais é alterado.

Para ilustrar como funciona o algoritmo de identificação, vamos examinar o grafo ponderado não orientado mostrado na Figura 5.7(a), em que os pesos representam, por exemplo, a distância. Desejamos encontrar o caminho mais curto de A até D. Começamos marcando o nó A como permanente, o que é indicado por um círculo preenchido. A seguir, examinamos separadamente cada um dos nós adjacentes a A (o nó ativo), alterando o rótulo de cada um deles para indicar a distância até A. Sempre que um nó é rotulado novamente, ele também é rotulado com o nó a partir do qual o teste foi feito; assim, podemos reconstruir o caminho final mais tarde. Se a rede tivesse mais de um caminho mais curto de A até D e quiséssemos encontrar todos eles, precisaríamos nos lembrar de todos os nós de teste que poderiam alcançar um nó com a mesma distância.

Após examinarmos cada um dos nós adjacentes a A, verificamos todos os nós provisoriamente rotulados no grafo inteiro e tornamos permanente o nó que tem o menor rótulo, como mostra a Figura 5.7(b). Esse nó passa a ser o novo nó ativo.

Agora, começamos por B e examinamos todos os nós adjacentes a ele. Se a soma do rótulo de B e a distância entre B e o nó que está sendo considerado for menor que o rótulo desse nó, teremos um caminho mais curto, portanto, o nó será rotulado novamente.

Depois que todos os nós adjacentes ao nó ativo tiverem sido inspecionados e os rótulos provisórios tiverem sido alterados, na medida do possível, o grafo inteiro será pesquisado até ser encontrado o nó com o rótulo provisório de menor valor. Esse nó passará a ser o nó permanente e se tornará o nó ativo na próxima iteração. A Figura 5.7 mostra as seis primeiras etapas do algoritmo.

Para saber por que o algoritmo funciona, observe a Figura 5.7(c). Nesse momento, tornamos E permanente. Suponha a existência de um caminho mais curto que ABE, digamos, $AXYZE$ (para algum X e Y). Há duas possibilidades: ou o nó Z já se tornou permanente ou não. Se ele já se tornou permanente, então E já foi testado (na iteração que se segue àquela em que Z se tornou permanente); assim, o caminho $AXYZE$ não escapou à nossa atenção e, portanto, não pode ser um caminho mais curto.

Agora, leve em conta a hipótese de Z ainda ter um rótulo provisório. Se o rótulo em Z for maior ou igual ao de E, então $AXYZE$ não poderá ser um caminho mais curto que ABE. Se o rótulo for menor que o de E, então Z e não E se tornará permanente primeiro, permitindo que E seja testado a partir de Z.

Esse algoritmo é mostrado na Figura 5.8, na linguagem C. As variáveis globais n e *dist* descrevem o grafo e são inicializadas antes de *shortest_path* ser chamado. A única diferença entre o programa e o algoritmo descrito anteriormente é que, na Figura 5.8, calculamos o caminho mais curto a partir do nó terminal t, em vez de começarmos no nó de origem, s.

Como os caminhos mais curtos de t até s em um grafo não orientado são iguais ao caminho mais curto de s até t, não importa em que extremidade comecemos. A razão para a pesquisa no sentido inverso é que cada nó é rotulado com seu predecessor em vez de ser rotulado com seu sucessor. Quando o caminho final for copiado na variável de saída, *path*, o caminho será então invertido. Os dois efeitos reversos se cancelarão e a resposta será produzida na ordem correta.

5.2.3 Flooding

Quando o algoritmo de roteamento é implementado, cada roteador precisa tomar decisões com base no conhecimento local, não na imagem completa da rede. Uma técnica local simples é a de **flooding** (inundação), na qual cada pacote de entrada é enviado para cada linha de saída, exceto para aquela em que chegou.

Evidentemente, o algoritmo de inundação gera uma grande quantidade de pacotes duplicados, na verdade um número infinito, a menos que algumas medidas sejam tomadas para tornar o processo mais lento. Uma delas é ter um contador de hops contido no cabeçalho de cada pacote; o contador é decrementado em cada hop, com o pacote sendo descartado quando o contador atingir zero. O ideal é que o contador de hops seja iniciado com a distância do caminho desde a origem até o destino. Se não souber o tamanho do caminho, o transmissor poderá iniciar o contador com o valor referente ao pior caso, ou seja, a dimensão total da rede.

```
#define MAX_NODES 1024                          /* número máximo de nós */
#define INFINITY 1000000000                     /* um número maior que cada caminho máximo */
int n, dist[MAX_NODES][MAX_NODES];              /* dist[i][j] é a distância de i até j */

void shortest_path(int s, int t, int path[])
{ struct state {                                /* o caminho sendo usado */
        int predecessor;                        /* nó anterior */
        int length;                             /* distância da origem até este nó */
        enum {permanent, tentative} label;      /* estado do rótulo */
  } state[MAX_NODES];

  int i, k, min;
  struct state *p;

  for (p = &state[0]; p < &state[n]; p++) {     /* inicializa estado */
        p->predecessor = –1;
        p->length = INFINITY;
        p->label = tentative;
  }
  state[t].length = 0; state[t].label = permanent;
  k = t;                                        /* k é o nó ativo inicial */
  do {                                          /* Existe caminho melhor a partir de k? */
        for (i = 0; i < n; i++)                 /* este grafo tem n nós */
             if (dist[k][i] != 0 && state[i].label == tentative) {
                  if (state[k].length + dist[k][i] < state[i].length) {
                        state[i].predecessor = k;
                        state[i].length = state[k].length + dist[k][i];
                  }
             }

        /* Acha o nó provisoriamente rotulado com o menor rótulo. */
        k = 0; min = INFINITY;
        for (i = 0; i < n; i++)
             if (state[i].label == tentative && state[i].length < min) {
                  min = state[i].length;
                  k = i;
             }
        state[k].label = permanent;
  } while (k != s);

  /* Copia o caminho para array de saída. */
  i = 0; k = s;
  do {path[i++] = k; k = state[k].predecessor; } while (k >= 0);
}
```

Figura 5.8 O algoritmo de Dijkstra para calcular o caminho mais curto através de um grafo.

O flooding com um contador de hops pode produzir um número exponencial de pacotes duplicados à medida que o contador de hops duplica os pacotes já vistos. Uma técnica melhor para conter o processo de flooding é controlar quais pacotes foram transmitidos, a fim de evitar transmiti-los uma segunda vez. Uma forma de conseguir isso é fazer o roteador de origem inserir um número de sequência em cada pacote recebido de seus hosts. Portanto, cada roteador precisará de uma lista por roteador de origem informando quais números de sequência originários desse ponto já foram vistos. Se houver um pacote de entrada na lista, ele não será transmitido por flooding.

Para evitar que as listas cresçam indefinidamente, cada uma delas deve ser incrementada de acordo com um contador k, o que significa que todos os números de sequência até k foram vistos. Quando um pacote for recebido, será fácil verificar se ele é uma cópia (comparando seu número de sequência com k); se for, ele será descartado. Além disso, a lista completa abaixo de k não é necessária, visto que k resume essa lista.

O algoritmo de flooding não é prático para enviar a maioria dos pacotes, mas tem sua utilidade. Primeiro, ele garante que um pacote seja entregue a cada nó na rede. Isso pode ser um desperdício se houver um único destino precisando do pacote, mas é eficiente para a difusão de informações. Em redes sem fio, todas as mensagens transmitidas por uma estação podem ser recebidas por todas as outras estações dentro de seu alcance de rádio, o que, na verdade, representa o flooding, e alguns algoritmos empregam essa propriedade.

Em segundo lugar, o flooding é tremendamente robusto. Mesmo que grandes quantidades de roteadores estejam sobrecarregadas de bits (p. ex., em uma rede militar localizada em uma zona de guerra), o flooding encontrará um caminho, se existir, para levar um pacote ao seu destino. Ele também exige pouco no modo de configuração, pois os roteadores só precisam conhecer seus vizinhos. Isso significa que o flooding pode ser usado como um bloco de montagem para outros algoritmos de roteamento que são mais eficientes, porém precisam de mais configuração. Também pode ser usado como uma unidade de medida que servirá como base de comparação com outros algoritmos de roteamento. O flooding sempre escolhe o caminho mais curto, pois todos os caminhos possíveis são selecionados em paralelo. Em consequência disso, nenhum outro algoritmo é capaz de produzir um atraso de menor duração (se ignorarmos o overhead gerado pelo próprio processo de inundação).

5.2.4 Roteamento por vetor de distância

Geralmente, as redes de computadores utilizam algoritmos de roteamento dinâmicos que são mais complexos que o flooding, porém mais eficientes, porque encontram os caminhos mais curtos para a topologia atual. Dois algoritmos dinâmicos específicos, o roteamento por vetor de distância e o roteamento de estado de enlace, são os mais conhecidos. Nesta seção, vamos estudar o primeiro deles. Na próxima seção, estudaremos o segundo.

Um algoritmo de **roteamento por vetor de distância** opera fazendo cada roteador manter uma tabela (i.e., um vetor) que fornece a melhor distância conhecida até cada destino e determina qual enlace deve ser utilizado para chegar lá. Essas tabelas são atualizadas por meio da troca de informações com os vizinhos. No fim, cada roteador saberá o melhor enlace para alcançar cada destino.

Às vezes, o algoritmo de roteamento por vetor de distância recebe outros nomes, sendo o mais comum o algoritmo de roteamento distribuído de **Bellman-Ford**, que recebeu o nome dos pesquisadores que o desenvolveram (Bellman, 1957; e Ford e Fulkerson, 1962). Ele foi o algoritmo de roteamento original da ARPANET e também foi utilizado na Internet, com o nome RIP.

No roteamento por vetor de distância, cada roteador mantém uma tabela de roteamento indexada para cada roteador da rede e que contém uma entrada para cada um deles. Essa entrada contém duas partes: a linha de saída preferencial a ser utilizada para o destino e uma estimativa da distância até esse destino. A métrica utilizada pode ser o número de hops ou outra medida, conforme discutimos para o cálculo do caminho mais curto.

Presume-se que o roteador conheça a "distância" até cada um de seus vizinhos. Se a métrica for o hop, a distância será de apenas um hop. Se for o atraso de propagação, o roteador poderá medi-lo diretamente com pacotes ECHO especiais, que o receptor identifica com um registro de tempo e transmite de volta o mais rápido que puder.

Por exemplo, suponha que o atraso seja usado como métrica e que o roteador saiba qual é o atraso até cada um de seus vizinhos. Uma vez a cada T ms, cada roteador envia a cada vizinho uma lista de seus atrasos estimados até cada destino. Ele também recebe uma lista semelhante de cada vizinho. Imagine que uma dessas tabelas tenha acabado de chegar do vizinho X, sendo X_i a estimativa de X sobre o tempo que ele levará para chegar até o roteador i. Se o roteador souber que o atraso para X é de m ms, ele também saberá que pode alcançar o roteador i por meio de X em $X_i + m$ ms. Efetuando esse cálculo para cada vizinho, um roteador pode descobrir qual estimativa parece ser a melhor, e também usar essa estimativa e o enlace correspondente em sua nova tabela de roteamento. Observe que a antiga tabela de roteamento não é utilizada no cálculo.

Esse processo de atualização é ilustrado na Figura 5.9. A parte (a) mostra uma rede. As quatro primeiras colunas da parte (b) mostram os vetores de atraso recebidos dos vizinhos do roteador J. A alega ter um atraso de 12 ms até B, um atraso de 25 ms até C, um atraso de 40 ms até D, etc. Suponha que J tenha medido ou estimado seu atraso até seus vizinhos A, I, H e K como 8, 10, 12 e 6 ms, respectivamente.

Considere a forma como J calcula sua nova rota até o roteador G. Ele sabe que pode chegar até A em 8 ms e A alega ser capaz de chegar a G em 18 ms; portanto, J sabe que pode contar com um atraso de 26 ms até G, se encaminhar pacotes destinados a G para A. Da mesma forma, ele calcula o atraso para G via I, H e K como 41 (31 + 10), 18 (6 + 12) e 37 (31 + 6) ms, respectivamente. O melhor desses valores é 18; portanto, J cria uma entrada em sua tabela de roteamento indicando que o atraso até G é 18 ms e que a rota a ser utilizada passa por H. O mesmo cálculo é feito para todos os outros destinos, com a nova tabela de roteamento mostrada na última coluna da figura.

O problema da contagem ao infinito

O estabelecimento de rotas para os melhores caminhos pela rede é chamado de **convergência**. O roteamento por vetor de distância é útil como uma técnica simples para os roteadores calcularem coletivamente os caminhos mais curtos, mas tem um sério inconveniente na prática: apesar de convergir para a resposta correta, ele pode fazê-lo muito lentamente. Em particular, ele reage com rapidez às boas notícias, mas reage lentamente às más. Imagine um roteador cuja melhor rota até o destino X seja grande. Se, na próxima

Para ver a que velocidade as boas notícias se propagam, considere a rede de cinco nós (linear) da Figura 5.10, na qual a métrica para calcular o atraso é o número de hops. Suponha que *A* inicialmente esteja inativo e que todos os outros roteadores saibam disso. Em outras palavras, todos eles registraram o atraso até *A* como infinito.

Quando *A* está ativo, os outros roteadores tomam conhecimento dele por meio de trocas de vetores. Para simplificar, vamos supor que exista um gongo gigantesco em algum lugar e que ele seja tocado periodicamente para dar início a uma troca de vetores em todos os roteadores ao mesmo tempo. No momento da primeira troca, *B* toma conhecimento de que seu vizinho da esquerda tem atraso zero até *A*. Agora, *B* cria uma entrada em sua tabela de roteamento, indicando que *A* está a um hop de distância à esquerda. Todos os outros roteadores continuam imaginando que *A* está inativo. Nesse momento, as entradas da tabela de roteamento correspondentes a *A* são as que estão ilustradas na segunda linha da Figura 5.10(a). Na troca seguinte, *C* descobre que *B* tem um caminho de comprimento 1 até *A* e, portanto, atualiza sua tabela de roteamento para indicar um caminho de comprimento 2, mas *D* e *E* só detectam as boas notícias mais tarde. É claro que as boas notícias estão sendo espalhadas na velocidade de um hop por troca. Em uma rede cujo caminho mais longo tenha o comprimento de *N* hops, dentro de *N* trocas todos saberão quais enlaces e roteadores foram recentemente reativados.

Agora, vamos considerar a situação da Figura 5.10(b), em que todos os enlaces e roteadores estão inicialmente ativos. Os roteadores *B*, *C*, *D* e *E* têm distâncias até *A* iguais a 1, 2, 3 e 4, respectivamente. De repente, *A* é desativado, ou então a linha entre *A* e *B* é interrompida (o que efetivamente é o mesmo, do ponto de vista de *B*).

Na primeira troca de pacotes, *B* nada detecta vindo de *A*. Felizmente, *C* informa: "Não se preocupe. Tenho um caminho até *A* de comprimento 2". Pouco adianta *B* saber que o caminho de *C* passa pelo próprio *B*. Apesar de *B* saber disso, *C* pode ter dez enlaces de saída, todos com caminhos independentes até *A* de comprimento 2. Por

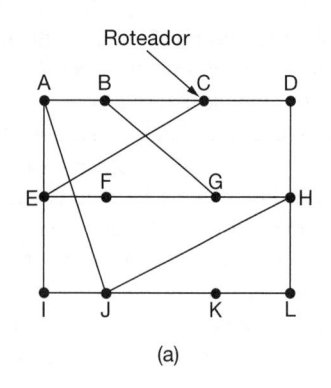

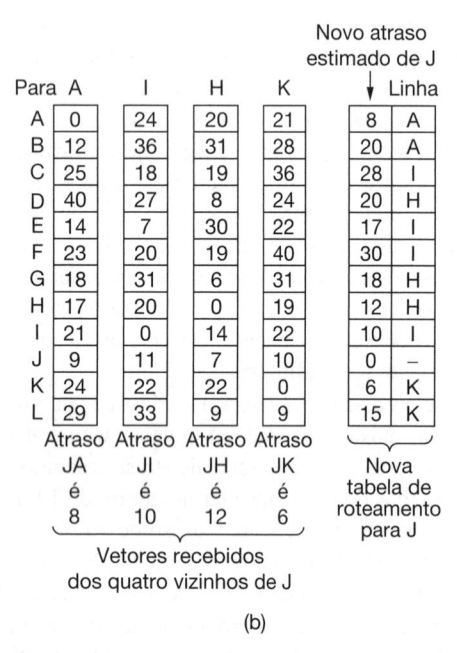

Figura 5.9 (a) Uma rede. (b) Entrada de *A*, *I*, *H*, *K* e a nova tabela de roteamento para *J*.

troca, o vizinho *A* repentinamente relatar um pequeno atraso até *X*, o roteador deixará de usar a linha que vai até *A* e enviará o tráfego para *X*. Em uma troca de vetores, a boa notícia sempre é processada.

Figura 5.10 O problema da contagem ao infinito.

conseguinte, *B* agora imagina que pode alcançar *A* via *C*, com um comprimento de caminho igual a 3. *D* e *E* não atualizam suas entradas correspondentes a *A* na primeira troca.

Na segunda troca, *C* percebe que cada um de seus vizinhos alega ter um caminho até *A* de comprimento 3. Ele seleciona um desses caminhos ao acaso e torna 4 sua nova distância até *A*, como mostra a terceira fileira da Figura 5.10(b). As trocas subsequentes produzem o histórico mostrado no restante da Figura 5.10(b).

A partir dessa figura, deve ficar claro por que as más notícias se propagam lentamente: nenhum roteador tem um valor maior que uma unidade a mais que o valor mínimo de todos os seus vizinhos. Gradualmente, todos os roteadores seguem seu caminho até infinito, mas o número de trocas necessárias depende do valor numérico utilizado para infinito. Por essa razão, é melhor definir infinito como o caminho mais longo mais uma unidade.

Não é de surpreender totalmente que esse problema seja conhecido como problema da **contagem ao infinito**. Houve algumas tentativas de resolvê-lo, por exemplo, impedindo que os roteadores anunciassem seus melhores caminhos recém-descobertos aos seus vizinhos, em um processo conhecido como reversão envenenada, descrita na RFC 1058. Contudo, nenhuma dessas heurísticas funcionou bem na prática, apesar dos nomes bonitos. O núcleo do problema é que, quando *X* informa a *Y* que tem um caminho em algum lugar, *Y* não tem como saber se ele próprio está no caminho.

5.2.5 Roteamento de estado de enlace

O roteamento por vetor de distância foi utilizado na ARPANET até 1979, quando foi substituído pelo roteamento de estado de enlace. O problema principal que causou sua retirada foi que o algoritmo geralmente levava muito tempo para convergir (em decorrência do problema da contagem ao infinito). Por conseguinte, ele foi substituído por um algoritmo inteiramente novo, agora chamado **roteamento de estado de enlace**. Variantes do roteamento de estado de enlace, chamadas IS-IS e OSPF, são os algoritmos de roteamento mais usados dentro de grandes redes e da Internet atualmente.

A ideia por trás do roteamento de estado de enlace é simples e pode ser estabelecida em cinco partes. Cada roteador deve fazer o seguinte:

1. Descobrir seus vizinhos e aprender seus endereços de rede.
2. Medir a distância ou o custo até cada um de seus vizinhos.
3. Criar um pacote que informe tudo o que ele acabou de aprender.
4. Enviar esse pacote e receber pacotes de todos os outros roteadores.
5. Calcular o caminho mais curto até cada um dos outros roteadores.

Com efeito, a topologia completa é distribuída para todos os outros roteadores. Em seguida, o algoritmo de Dijkstra pode ser usado em cada roteador para encontrar o caminho mais curto até os demais. A seguir, estudaremos cada uma dessas cinco etapas em detalhes.

Conhecendo os vizinhos

Quando um roteador é iniciado, sua primeira tarefa é aprender quem são seus vizinhos. Esse objetivo é alcançado enviando-se um pacote HELLO especial em cada linha ponto a ponto. O roteador da outra extremidade deve enviar de volta uma resposta informando quem é. Esses nomes devem ser globalmente exclusivos, pois, quando mais tarde um roteador distante ouvir que esses três roteadores estão todos conectados a *F*, é essencial que ele possa determinar se os três representam o mesmo *F*.

Quando dois ou mais roteadores estão conectados por um enlace de broadcast (p. ex., em um switch, em um anel ou na Ethernet clássica), a situação é um pouco mais complicada. A Figura 5.11(a) ilustra uma LAN broadcast à qual

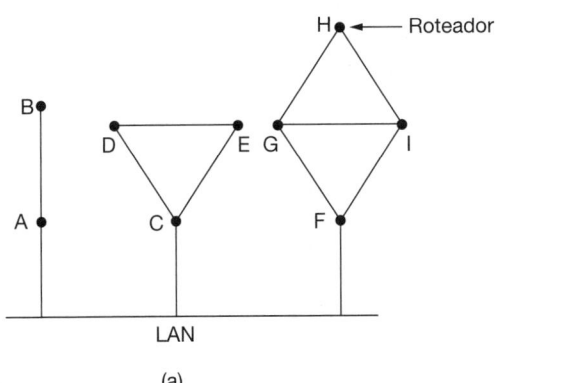

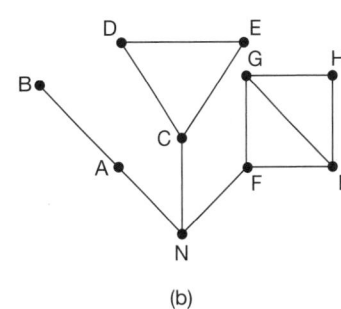

Figura 5.11 (a) Nove roteadores e uma LAN broadcast. (b) Um modelo de grafo de (a).

três roteadores, A, C e F, estão diretamente conectados. Cada um desses roteadores está conectado a um ou mais roteadores adicionais, como mostra a figura.

A LAN broadcast oferece conectividade entre cada par de roteadores conectados. Contudo, a modelagem da LAN com muitos enlaces ponto a ponto aumenta o tamanho da topologia e leva ao desperdício de mensagens. Uma forma melhor de modelar a LAN é considerá-la um nó, conforme mostra a Figura 5.11(b). Aqui, introduzimos um novo nó artificial, N, ao qual A, C e F estão conectados. Um **roteador designado** na LAN é selecionado para desempenhar o papel de N no protocolo de roteamento. A possibilidade de ir de A até C na LAN é representada aqui pelo caminho ANC.

Como medir o custo do enlace

O algoritmo de roteamento de estado de enlace exige que cada enlace tenha uma medida da distância ou de custo para encontrar os caminhos mais curtos. O custo para alcançar os vizinhos pode ser definido automaticamente, ou então configurado pelo operador da rede. Uma escolha comum é tornar o custo inversamente proporcional à largura de banda do enlace. Por exemplo, a Ethernet de 1 Gbps pode ter um custo de um e a Ethernet de 100 Mbps, um custo de dez. Isso faz os caminhos de maior capacidade se tornarem as melhores escolhas.

Se a rede estiver espalhada geograficamente, o atraso dos enlaces pode ser computado no custo, de modo que os caminhos por enlaces mais curtos são as melhores escolhas. A forma mais simples de determinar esse atraso é enviar um pacote ECHO especial pelo enlace, que o outro lado precisa devolver imediatamente. Medindo o tempo de ida e volta e dividindo-o por dois, o roteador transmissor pode obter uma estimativa razoável do atraso.

Como criar pacotes de estado de enlace

Uma vez obtidas as informações necessárias para a troca, a próxima etapa é cada roteador criar um pacote que contenha todos os dados. O pacote começa com a identidade do transmissor, seguida por um número de sequência e pelo tempo de vida (TTL, a ser descrito mais adiante) e por uma lista de vizinhos. É fornecido o custo até cada vizinho. Um exemplo de rede é apresentado na Figura 5.12(a), sendo os custos mostrados como rótulos nas linhas. Os pacotes de estado de enlace correspondentes a todos os seis roteadores são mostrados na Figura 5.12(b).

É fácil criar os pacotes de estado de enlace. Difícil é determinar quando criá-los. Uma possibilidade é criá-los periodicamente, ou seja, em intervalos regulares. Outra possibilidade é criá-los durante a ocorrência de algum evento significativo, como uma linha ou vizinho que sai do ar, entra em atividade novamente ou altera suas propriedades de forma considerável.

Distribuição dos pacotes de estado de enlace

A parte mais complicada do algoritmo é distribuir os pacotes de estado de enlace. Todos os roteadores precisam obter todos os pacotes de estado de enlace de modo rápido e confiável. Se diferentes roteadores estiverem usando diferentes versões da topologia, as rotas que eles calculam podem ter inconsistências, como loops, máquinas inacessíveis e outros problemas.

Primeiro, descreveremos o algoritmo básico de distribuição. Depois, vamos aperfeiçoá-lo. A ideia fundamental é usar o flooding para distribuir os pacotes de estado de enlace para todos os roteadores. Para manter o controle do flooding, cada pacote contém um número de sequência que é incrementado para cada novo pacote enviado. Os roteadores controlam todos os pares (roteador de origem, sequência) que veem. Quando é recebido, o novo pacote de estado de enlace é conferido na lista de pacotes já verificados. Se for novo, será encaminhado a todas as linhas, exceto àquela por onde chegou. Se for uma cópia, será descartado. Se um pacote recebido tiver número de sequência mais baixo que o mais alto número de sequência detectado até o momento, ele será rejeitado e considerado obsoleto, pois o roteador terá dados mais recentes.

Esse algoritmo apresenta alguns problemas, mas eles são contornáveis. Primeiro, se os números de sequência se repetirem, haverá confusão. A solução aqui é usar um número de sequência de 32 bits. Com um pacote de estado de enlace por segundo, seriam necessários 137 anos para

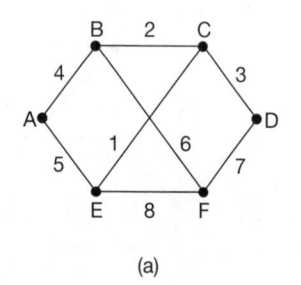

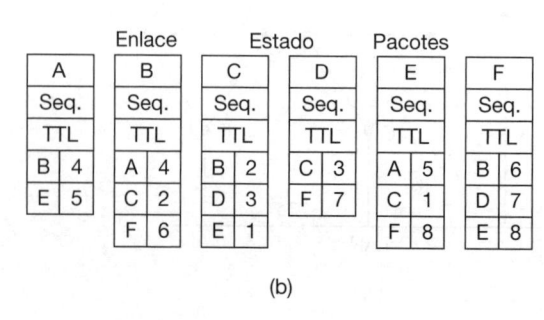

Enlace		Estado		Pacotes	
A	B	C	D	E	F
Seq.	Seq.	Seq.	Seq.	Seq.	Seq.
TTL	TTL	TTL	TTL	TTL	TTL
B 4	A 4	B 2	C 3	A 5	B 6
E 5	C 2	D 3	F 7	C 1	D 7
	F 6	E 1		F 8	E 8

(a)   (b)

Figura 5.12 (a) Uma rede. (b) Os pacotes de estado de enlace correspondentes a essa rede.

um número se repetir; portanto, essa possibilidade pode ser ignorada.

Segundo, se um roteador apresentar falha, ele perderá o controle de seu número de sequência. Se ele começar de novo em zero, o pacote seguinte será rejeitado por ser considerado uma cópia.

Terceiro, se um número de sequência for adulterado e o número 65.540 for recebido no lugar do número 4 (um erro de 1 bit), os pacotes de 5 a 65.540 serão rejeitados como obsoletos, pois 65.540 será considerado o número de sequência atual.

A solução para todos esses problemas é incluir o tempo de vida ou TTL de cada pacote após o número de sequência e decrementá-lo uma vez por segundo. Quando o TTL atingir zero, as informações desse roteador serão descartadas. Normalmente, um novo pacote chega, digamos, a cada 10 segundos; logo, as informações do roteador só alcançarão o timeout (tempo-limite) quando um roteador estiver inativo (ou quando seis pacotes consecutivos se perderem, um evento improvável). O campo *TTL* também é decrementado por roteador durante o processo inicial de flooding, para garantir que nenhum pacote será perdido e durará um período indefinido (um pacote cujo TTL for zero será descartado).

Alguns aprimoramentos nesse algoritmo o tornam mais resistente. Quando um pacote de estado de enlace chega a um roteador para flooding, ele não é imediatamente enfileirado para transmissão. Em vez disso, ele é colocado em uma área de retenção para aguardar um pouco, caso mais enlaces estejam chegando ou saindo. Se outro pacote de estado de enlace da mesma origem chegar antes da transmissão do primeiro pacote, seus números de sequência serão comparados. Se forem iguais, a cópia será descartada. Se forem diferentes, o mais antigo será descartado. Para evitar erros nos enlaces, todos os pacotes de estado de enlace são confirmados.

A estrutura de dados utilizada pelo roteador *B* da rede mostrada na Figura 5.12(a) é representada na Figura 5.13. Cada linha aqui corresponde a um pacote de estado de enlace recém-chegado, mas ainda não totalmente processado.

A tabela registra a origem do pacote, seu número de sequência e TTL, além dos dados correspondentes. Além disso, há flags de transmissão e confirmação para cada um dos três enlaces de *B* (para *A*, *C* e *F*, respectivamente). Flags de transmissão significam que o pacote deve ser enviado no enlace indicado. Flags de confirmação significam que ele deve ser confirmado ali.

Na Figura 5.13, o pacote de estado de enlace de *A* chega diretamente; portanto, ele deve ser enviado para *C* e *F* e confirmado por *A*, conforme indicam os bits de flag. Da mesma forma, o pacote proveniente de *F* deve ser encaminhado para *A* e *C*, e confirmado por *F*.

Entretanto, a situação com o terceiro pacote, proveniente de *E*, é diferente. Ele chegou duas vezes, uma vez por *EAB* e outra por *EFB*. Consequentemente, ele só precisa ser enviado para *C*, mas deve ser confirmado por *A* e *F*, conforme indicam os bits.

Se uma cópia for recebida enquanto o original ainda estiver no buffer, os bits deverão ser alterados. Por exemplo, se uma cópia do estado de *C* chegar de *F* antes de a quarta entrada da tabela ter sido encaminhada, os seis bits serão trocados para 100011, indicando que o pacote deve ser confirmado para *F*, mas não deve ser enviado para lá.

Como calcular as novas rotas

Uma vez que um roteador tenha acumulado um conjunto completo de pacotes de estado de enlace, ele poderá criar o grafo da rede inteira, pois todos os enlaces estarão representados. Na verdade, todo enlace será representado duas vezes, uma vez em cada sentido. Os diferentes sentidos podem até mesmo ter diferentes custos. Então, os cálculos de caminho mais curto poderão achar diferentes caminhos do roteador *A* para *B* e vice-versa.

Agora o algoritmo de Dijkstra pode ser executado localmente com a finalidade de criar os caminhos mais curtos até todos os destinos possíveis. Os resultados desse algoritmo dizem ao roteador qual enlace utilizar para alcançar cada destino. Essa informação é inserida nas tabelas de roteamento, e a operação normal pode ser retomada.

Origem	Seq.	TTL	Flags de envio			Flags de ACK			Dados
			A	C	F	A	C	F	
A	21	60	0	1	1	1	0	0	
F	21	60	1	1	0	0	0	1	
E	21	59	0	1	0	1	0	1	
C	20	60	1	0	1	0	1	0	
D	21	59	1	0	0	0	1	1	

Figura 5.13 O buffer de pacotes correspondente ao roteador *B* da Figura 5.12(a).

Em comparação com o roteamento por vetor de distância, o roteamento de estado de enlace requer mais memória e cálculos. Para uma rede com *n* roteadores, cada qual com *k* vizinhos, a memória necessária para armazenar os dados de entrada é proporcional a *kn*, que, no mínimo, é tão grande quanto a tabela de roteamento que relaciona todos os destinos. Além disso, o tempo de cálculo cresce mais rápido que *kn*, mesmo com estruturas de dados mais eficientes, um problema nas grandes redes. Apesar disso, em muitas situações práticas, o roteamento de estado de enlace funciona muito bem, pois não sofre com os problemas de convergência lenta.

O roteamento de estado de enlace é muito utilizado em redes reais; portanto, vale a pena fazer alguns comentários sobre exemplos de protocolos que o utilizam. Muitos ISPs utilizam o protocolo de **estado de enlace intersistemas**, ou **IS-IS (Intermediate System-Intermediate System)** (Oran, 1990). Ele foi projetado para uma antiga rede chamada DECnet, adotado mais tarde pela ISO para uso com os protocolos OSI e depois modificado para lidar com outros protocolos também, entre os quais se destaca o IP. O **OSPF (Open Shortest Path First)**, que será discutido na Seção 5.7.6, é o outro principal protocolo de estado de enlace. Ele foi projetado pela IETF muitos anos depois do IS-IS e adotou muitas das inovações projetadas para aquele. Entre essas inovações estão as seguintes: um método de autoestabilização de atualizações de estado de enlace por flooding, o conceito de roteador designado em uma LAN e o método de cálculo e suporte à divisão do caminho, além de várias métricas. Consequentemente, há pouca diferença entre o IS-IS e o OSPF. A mais importante delas é que o IS-IS pode transportar simultaneamente informações sobre vários protocolos da camada de rede (p. ex., IP, IPX e AppleTalk). O OSPF não apresenta esse recurso, que é uma vantagem em grandes ambientes de vários protocolos.

Um comentário geral sobre algoritmos de roteamento também é pertinente aqui. Estado de enlace, vetor de distância e outros algoritmos contam com o processamento em todos os roteadores para calcular as rotas. Problemas com o hardware ou com o software, até mesmo com um pequeno número de roteadores, podem causar grandes complicações na rede. Por exemplo, se um roteador alegar ter um enlace que na realidade não tem, ou se esquecer de um enlace que tem, o grafo da rede ficará incorreto. Se um roteador deixar de encaminhar pacotes ou danificá-los enquanto os encaminhar, a rota não funcionará como se espera. Por fim, se a memória do roteador se esgotar ou se ele calcular o roteamento incorretamente, as falhas serão inúmeras. À medida que a rede cresce até a faixa de dezenas ou centenas de milhares de nós, a probabilidade de algum roteador falhar ocasionalmente deixará de ser desprezível. O truque é tentar limitar os danos quando acontecer o inevitável. Perlman (1988) discute em detalhes esses problemas e suas possíveis soluções.

5.2.6 Roteamento hierárquico dentro de uma rede

À medida que as redes aumentam de tamanho, as tabelas de roteamento dos roteadores crescem proporcionalmente. Não apenas a memória do roteador é consumida por tabelas cada vez maiores, mas também é necessário dedicar maior tempo de CPU para percorrê-las e mais largura de banda para enviar relatórios de status sobre elas. Além disso, mesmo que cada roteador pudesse armazenar a topologia inteira, seria muito difícil recalcular os caminhos mais curtos toda vez que a rede sofresse mudanças na topologia; imagine, por exemplo, se uma rede muito grande precisasse calcular os caminhos mais curtos toda vez que um enlace na rede falhasse ou se recuperasse. Em determinado momento, a rede pode crescer até o ponto em que deixará de ser viável cada roteador ter uma entrada correspondente a cada outro roteador, de forma que o roteamento terá de ser feito de forma hierárquica, com o uso de **áreas de roteamento**.

Quando o roteamento hierárquico for utilizado, os roteadores serão divididos naquilo que denominaremos **regiões** ou **áreas**, e cada um conhecerá todos os detalhes sobre como rotear pacotes para destinos dentro de sua própria região, mas não saberá nada sobre a estrutura interna de outras regiões. Quando diferentes redes estão interconectadas, é natural que cada uma seja vista como uma região separada, a fim de liberar os roteadores de uma rede da necessidade de conhecer a estrutura topológica das demais.

No caso de redes muito grandes, uma hierarquia de dois níveis talvez seja insuficiente; provavelmente será necessário reunir as regiões em agrupamentos (clusters), os agrupamentos em zonas, as zonas em grupos, etc., até faltarem nomes para os agregados. Como exemplo de uma hierarquia de vários níveis, vejamos como um pacote poderia ser roteado de Berkeley, na Califórnia, até Malindi, no Quênia. O roteador de Berkeley conheceria a topologia detalhada da Califórnia, mas enviaria todo o tráfego de fora do estado para o roteador de Los Angeles. Este seria capaz de rotear o tráfego para outros roteadores domésticos, mas enviaria todo o tráfego destinado a outros países para Nova Iorque. O roteador de Nova Iorque seria programado de modo a direcionar todo o tráfego para o roteador no país de destino responsável pelo tratamento do tráfego vindo do exterior, digamos, em Nairóbi. Por fim, o pacote seguiria seu caminho descendente pela árvore no Quênia até chegar a Malindi.

A Figura 5.14 fornece um exemplo quantitativo do roteamento em uma hierarquia de dois níveis com cinco regiões. A tabela de roteamento completa do roteador *1A* tem 17 entradas, como mostra a Figura 5.14(b). Quando o roteamento for feito hierarquicamente, como na Figura 5.14(c), haverá entradas para todos os roteadores locais, como antes, mas todas as outras regiões terão sido condensadas em

Figura 5.14 Roteamento hierárquico.

Tabela completa para 1A

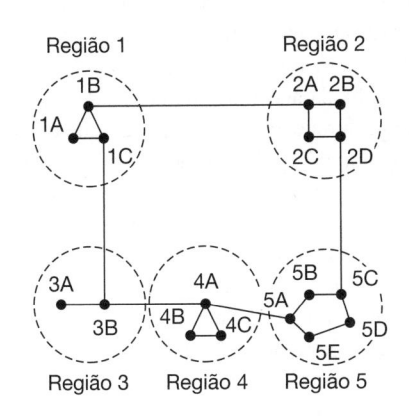

Dest.	Linha	Hops
1A	–	–
1B	1B	1
1C	1C	1
2A	1B	2
2B	1B	3
2C	1B	3
2D	1B	4
3A	1C	3
3B	1C	2
4A	1C	3
4B	1C	4
4C	1C	4
5A	1C	4
5B	1C	5
5C	1B	5
5D	1C	6
5E	1C	5

Tabela hierárquica para 1A

Dest.	Linha	Hops
1A	–	–
1B	1B	1
1C	1C	1
2	1B	2
3	1C	2
4	1C	3
5	1C	4

(a) (b) (c)

um único roteador; portanto, todo o tráfego destinado à região 2 passará pela linha *1B-2A*, mas o restante do tráfego remoto utilizará a linha *1C-3B*. O roteamento hierárquico reduz a tabela de 17 para 7 entradas. À medida que cresce a relação entre o número de regiões e o número de roteadores por região, a economia de espaço na tabela aumenta.

Infelizmente, esses ganhos em espaço não são gratuitos. Há um preço a ser pago: um aumento no comprimento do caminho. Por exemplo, a melhor rota de *1A* até *5C* passa pela região 2; no entanto, com o roteamento hierárquico, todo o tráfego destinado à região 5 segue pela região 3, porque essa é a melhor opção para a maior parte dos destinos na região 5.

Quando uma única rede se torna muito extensa, surge uma questão interessante: "Quantos níveis a hierarquia deve ter?". Por exemplo, considere uma rede com 720 roteadores. Se não houver hierarquia, cada roteador precisará de 720 entradas na tabela de roteamento. Se a rede for particionada em 24 regiões de 30 roteadores cada uma, cada roteador precisará de 30 entradas locais e mais 23 entradas remotas, perfazendo um total de 53 entradas. Se for escolhida uma hierarquia de três níveis com oito agrupamentos, cada um deles contendo nove regiões de dez roteadores, cada roteador precisará de dez entradas para roteadores locais, oito entradas para roteamento até outras regiões dentro de seu próprio agrupamento e sete entradas para agrupamentos distantes, perfazendo um total de 25 entradas. Kamoun e Kleinrock (1979) descobriram que o número ideal de níveis para uma rede com N roteadores é $\ln N$, exigindo um total de $e \ln N$ entradas por roteador. Eles também demonstraram que o aumento na extensão do caminho médio efetivo causado pelo roteamento hierárquico é suficientemente pequeno, de forma que, de modo geral, é aceitável.

5.2.7 Roteamento por broadcast

Em algumas aplicações, os hosts precisam enviar mensagens a muitos ou a todos os outros hosts. Por exemplo, um serviço de distribuição de relatórios sobre o tempo, atualizações do mercado de ações ou programas de rádio ao vivo poderiam funcionar melhor por meio do envio das informações a todas as máquinas, permitindo que as que estivessem interessadas lessem os dados. O envio de um pacote a todos os destinos simultaneamente é chamado de **broadcasting** (difusão). Foram propostos vários métodos para implementar esse recurso.

Um método de broadcasting que não exige recursos especiais da rede permite à origem simplesmente enviar um pacote específico a cada destino. O método não só desperdiça largura de banda mas também exige que a origem tenha uma lista completa de todos os destinos. Esse método não é desejável na prática, embora se aplique de forma generalizada.

Uma melhora é o **roteamento para vários destinos**, em que cada pacote contém uma lista de destinos ou um mapa de bits indicando os destinos desejados. Quando um pacote chega a um roteador, este verifica todos os destinos para determinar o conjunto de linhas de saída que serão necessárias. (Uma linha de saída será necessária se for a melhor rota a pelo menos um dos destinos.) O roteador gera uma nova cópia do pacote para cada linha de saída a ser utilizada e inclui em cada pacote somente os destinos que usarão a linha. Na verdade, o conjunto de destinos é particionado entre as linhas de saída. Após um número suficiente de hops, cada pacote será transportado somente para um destino e poderá ser tratado como um pacote normal. O roteamento para vários destinos é como utilizar pacotes endereçados separadamente, exceto pelo fato de que, quando vários pacotes tiverem de seguir a mesma rota, um deles pagará toda a passagem e os restantes viajarão de graça. A largura de banda da rede, portanto, é usada de modo mais eficiente. Contudo, esse esquema ainda requer que a origem conheça todos os destinos, e ainda é muito trabalhoso para um roteador determinar para onde enviar um pacote para vários destinos, da mesma forma que para múltiplos pacotes distintos.

Já vimos uma técnica de roteamento por broadcast melhor: o flooding. Quando implementado com um número de sequência por origem, o flooding utiliza enlaces de modo eficiente com uma regra de decisão nos roteadores que é relativamente simples. Embora o flooding não seja muito adequado para a comunicação ponto a ponto comum, ele deve ser levado em consideração no broadcasting. Contudo, podemos fazer ainda melhor quando as rotas de caminho mais curto para os pacotes normais tiverem sido calculadas.

Um vez compreendida, a ideia do **encaminhamento pelo caminho inverso** é elegante e muito simples (Dalal e Metcalfe, 1978). Quando um pacote de broadcast chega em um roteador, este verifica se o pacote chegou pelo enlace que normalmente é usado para enviar pacotes *para a origem do broadcast*. Em caso afirmativo, há uma excelente possibilidade de que o pacote de broadcast tenha seguido a melhor rota a partir do roteador e seja, portanto, a primeira cópia a chegar a ele. Se for esse o caso, o roteador encaminhará cópias do pacote para todos os enlaces, exceto para aquele por onde ele chegou. Contudo, se o pacote de broadcast chegou por um enlace diferente do preferido para alcançar o destino, ele é descartado como uma provável duplicata.

Um exemplo do algoritmo de encaminhamento pelo caminho inverso é mostrado na Figura 5.15. A parte (a) mostra uma rede, a parte (b) mostra uma árvore de escoamento para o roteador *I* dessa rede e a parte (c) mostra como funciona o algoritmo de encaminhamento pelo caminho inverso. No primeiro hop, *I* envia pacotes para *F, H, J* e *N*, como indica a segunda linha da árvore. Cada um desses pacotes chega ao caminho preferencial para *I* (supondo que o caminho preferencial acompanhe a árvore de escoamento) e é, então, indicado por um círculo em torno da letra. No segundo hop, são gerados oito pacotes, dois por roteador que recebeu um pacote no primeiro hop. Por sua vez, todos os oito pacotes chegam a roteadores não visitados anteriormente, e cinco deles chegam ao longo da linha preferencial. Dos seis pacotes gerados no terceiro hop, somente três chegam pelo caminho preferencial (em *C, E* e *K*); os outros são cópias. Depois de cinco hops e 24 pacotes, o broadcasting termina, em comparação com quatro hops e 14 pacotes que haveria se a árvore de escoamento fosse seguida exatamente.

A principal vantagem do encaminhamento pelo caminho inverso é que ele, ao mesmo tempo, é eficiente e fácil de implementar. Ele envia o pacote de broadcast por enlace apenas uma vez em cada sentido, assim como no flooding, enquanto exige apenas que os roteadores saibam como alcançar todos os destinos, sem ter de lembrar dos números de sequência (ou usar outros mecanismos para interromper o flooding) ou listar todos os destinos no pacote.

Nosso último algoritmo de broadcast melhora o comportamento do encaminhamento pelo caminho inverso. Ele faz uso explícito da árvore de escoamento – ou qualquer outra árvore spanning tree – para o roteador que inicia o broadcast. Uma **spanning tree** é uma árvore que é um subconjunto da rede que inclui todos os roteadores, mas não contém loops. As árvores de escoamento são do tipo spanning tree. Se cada roteador souber quais de suas linhas pertencem à spanning tree, ele poderá copiar um pacote de broadcast da entrada para todas as linhas da spanning tree, exceto para aquela pela qual o pacote chegou. Esse método faz excelente uso da largura de banda, gerando um número mínimo absoluto de pacotes necessários para realizar essa tarefa. Na Figura 5.15, por exemplo, quando a árvore de escoamento da

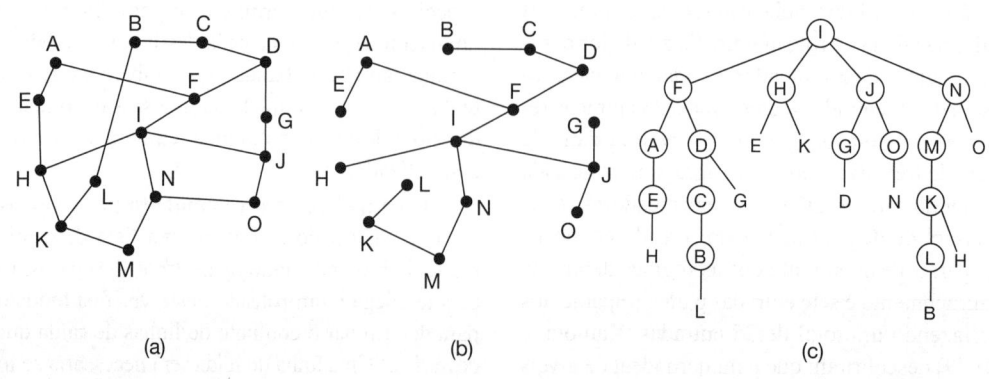

Figura 5.15 Encaminhamento pelo caminho inverso. (a) Uma rede. (b) Árvore de escoamento para o roteador *I*. (c) Árvore construída por encaminhamento pelo caminho inverso de *I*.

parte (b) é usada como spanning tree, o pacote de broadcast é enviado com o mínimo de 14 pacotes. O único problema é que cada roteador deve ter conhecimento de alguma spanning tree para que o método seja aplicável. Às vezes essas informações estão disponíveis (p. ex., com o roteamento de estado de enlace, em que todos os roteadores conhecem a topologia completa e, por isso, podem calcular uma spanning tree), mas às vezes não (p. ex., no caso do roteamento por vetor de distância).

5.2.8 Roteamento por multicast

Algumas aplicações, como jogos com mais de um participante ou vídeo ao vivo de um evento esportivo, transmitido para muitos locais de exibição, enviam pacotes para vários receptores. A menos que o grupo seja muito pequeno, o envio de um pacote distinto a cada receptor é dispendioso. Em contrapartida, o broadcasting de um pacote é um desperdício se o grupo tiver, digamos, mil máquinas em uma rede de um milhão de nós, de modo que a maioria dos receptores não está interessada na mensagem (ou, pior ainda, os receptores estão definitivamente interessados, mas não deveriam ver a mensagem, por exemplo, porque faz parte de um evento esportivo "pay-per-view"). Desse modo, precisamos de um meio para enviar mensagens a grupos bem definidos que têm um tamanho numericamente grande, mas pequeno quando comparado à rede como um todo.

O envio de uma mensagem a um desses grupos denomina-se **multicasting** (multidifusão) e seu algoritmo de roteamento utilizado é chamado de **roteamento por multicasting**. Todos os esquemas de multicasting exigem algum método para criar e destruir grupos, bem como para identificar quais roteadores são membros de um grupo. O modo como essas tarefas serão realizadas não interessa ao algoritmo de roteamento. Por enquanto, vamos considerar que cada grupo é identificado por um endereço de multicast e que os roteadores conhecem os grupos aos quais eles pertencem. Retornaremos ao assunto de membros de grupo quando descrevermos o multicasting da Internet, na Seção 5.7.8.

Os esquemas de roteamento por multicast se baseiam nos esquemas de roteamento por broadcast que já estudamos, enviando pacotes pelas spanning trees para entregá-los aos membros do grupo enquanto utilizam a largura de banda com eficiência. Todavia, a melhor spanning tree a ser usada depende se o grupo é coeso, com receptores espalhados pela maior parte da rede, ou esparso, com boa parte da rede não pertencente ao grupo. Nesta seção, vamos considerar esses dois casos.

Se o grupo é coeso, o broadcast é um bom ponto de partida, pois ele leva o pacote com eficiência a todas as partes da rede. Contudo, o broadcast alcançará alguns roteadores que não fazem parte do grupo, o que é um desperdício. A solução explorada por Deering e Cheriton (1990) é podar a spanning tree por broadcast, removendo os enlaces que não levam a membros. O resultado é uma spanning tree de multicast eficiente.

Como um exemplo, considere os dois grupos, 1 e 2, na rede mostrada na Figura 5.16(a). Alguns roteadores estão

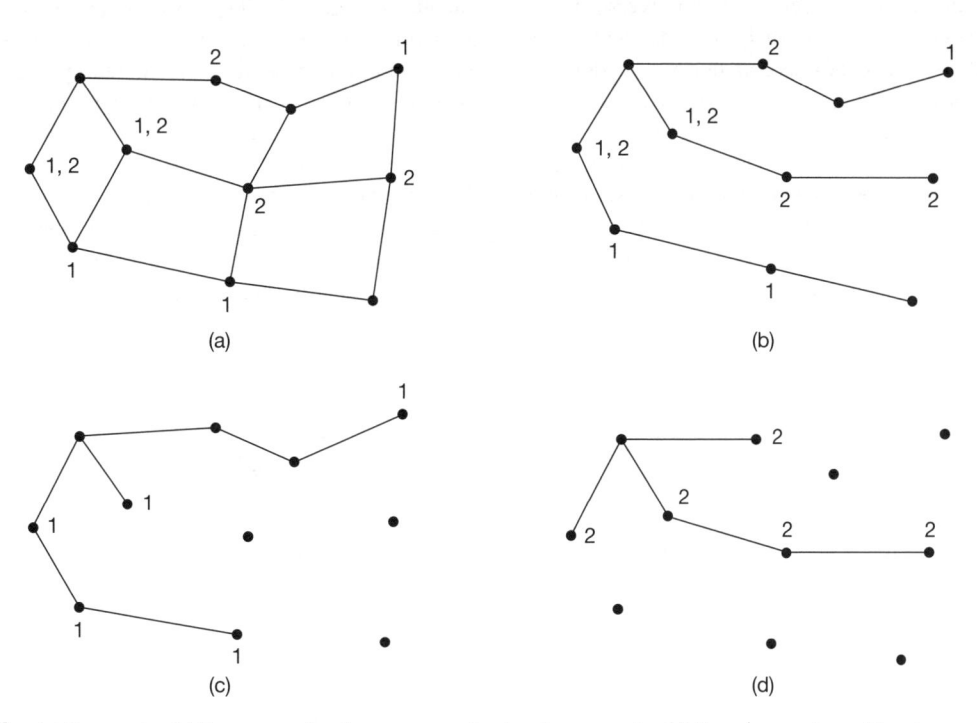

Figura 5.16 (a) Uma rede. (b) Uma spanning tree para o roteador da esquerda. (c) Uma árvore de multicast para o grupo 1. (d) Uma árvore de multicast para o grupo 2.

associados a hosts que pertencem a um ou a ambos os grupos, como indica a figura. Uma spanning tree correspondente ao roteador situado mais à esquerda é mostrada na Figura 5.16(b). Essa árvore pode ser usada para o broadcast, mas é um exagero para o multicast, como podemos ver pelas duas versões podadas que aparecem em seguida. Na Figura 5.16(c), todos os enlaces que não levam a hosts que são membros do grupo 1 foram removidos. O resultado é a spanning tree de multicast para o roteador mais à esquerda enviado para o grupo 1. Os pacotes são encaminhados apenas ao longo dessa spanning tree, o que é mais eficiente que a árvore de broadcast, pois existem sete enlaces em vez de dez. A Figura 5.16(d) mostra a spanning tree de multicast após a poda para o grupo 2. Ela também é eficiente, com apenas cinco enlaces dessa vez. Percebe-se, assim, que diferentes grupos de multicast têm diferentes spanning trees.

Existem vários métodos que podem ser usados para podar uma spanning tree. O mais simples pode ser usado se o roteamento de estado de enlace for empregado e cada roteador estiver ciente da topologia completa, inclusive quais hosts pertencem a cada um dos grupos. Cada roteador pode, então, construir sua própria spanning tree podada para cada transmissor para o grupo em questão, normalmente construindo uma árvore de escoamento para o transmissor e, depois, removendo todos os enlaces que não conectam membros do grupo ao nó de escoamento. O **MOSPF (Multicast OSPF)** é um exemplo de um protocolo de estado de enlace que funciona dessa maneira (Moy, 1994).

Quando se emprega o roteamento por vetor de distância, é possível utilizar outra estratégia de poda. O algoritmo básico é o encaminhamento pelo caminho inverso. Entretanto, sempre que um roteador sem hosts pertencentes a um grupo específico e sem conexões com outros roteadores recebe uma mensagem de multicast relacionada a esse grupo, ele responde com uma mensagem PRUNE, informando ao transmissor que este não deve enviar mais mensagens de multicast para esse grupo. Quando um roteador sem membros de grupos entre seus próprios hosts recebe tais mensagens em todas as suas linhas para as quais ele envia o multicast, ele também pode responder com uma mensagem PRUNE. Assim, a rede será podada recursivamente. O protocolo de roteamento multicast por vetor de distância, ou **DVMRP (Distance Vector Multicast Routing Protocol)**, é um exemplo de protocolo de roteamento de multicast que funciona dessa maneira (Waitzman et al., 1988).

A poda resulta em spanning trees eficientes, que usam apenas os enlaces realmente necessários para alcançar os membros do grupo. Uma desvantagem potencial desse algoritmo é que ele gera muito trabalho para os roteadores, especialmente em redes maiores. Suponha que uma rede tenha n grupos, cada qual com uma média de m nós. Em cada roteador e para cada grupo, devem ser armazenadas m spanning trees podadas, perfazendo um total de mn árvores. Por exemplo, a Figura 5.16(c) mostra a spanning tree para o roteador mais à esquerda enviando para o grupo 1. A spanning tree para o roteador mais à direita enviando para o grupo 1 (que não aparece) será muito diferente, pois os pacotes retornarão diretamente para os membros do grupo, em vez de pelo lado esquerdo do grafo. Isso, por sua vez, significa que os roteadores devem encaminhar pacotes destinados ao grupo 1 em diferentes direções, dependendo de qual nó está enviando ao grupo. Quando existem muitos grupos grandes, com muitos transmissores, é necessário um armazenamento considerável para todas as árvores.

Um projeto alternativo utiliza **árvores baseadas em núcleo** para calcular uma única spanning tree por grupo (Ballardie et al., 1993). Todos os roteadores concordam com uma raiz (o **núcleo** ou **ponto de encontro**) e montam a árvore enviando um pacote de cada membro para essa raiz. A árvore é a união dos caminhos traçados por esses pacotes. A Figura 5.17(a) mostra uma árvore baseada em núcleo para o grupo 1. Para enviar uma mensagem para esse grupo, um transmissor manda um pacote ao núcleo. Quando o pacote alcança o núcleo, ele é encaminhado pela árvore. Isso pode ser visto na Figura 5.17(b) para o transmissor no lado direito da rede. Como uma otimização de desempenho, os pacotes destinados ao grupo não precisam alcançar o núcleo antes de ser transmitidos por multicast. Assim que o pacote alcança a árvore, ele pode ser encaminhado para cima, em direção à raiz, ou para baixo, para

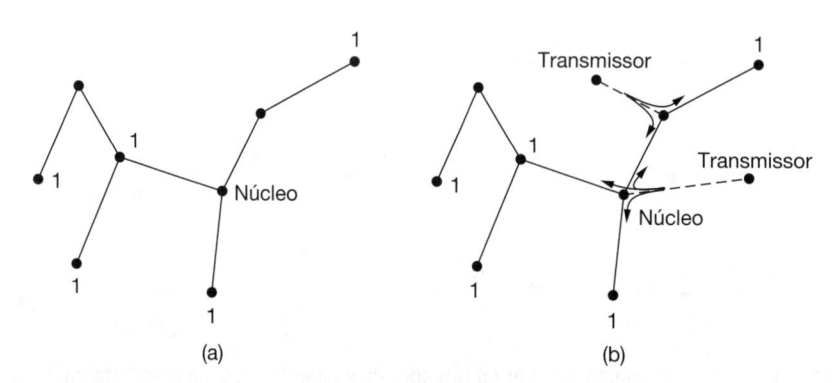

Figura 5.17 (a) Árvore baseada em núcleo para o grupo 1. (b) Enviando para o grupo 1.

todos os outros galhos. Isso acontece para o transmissor no topo da Figura 5.17(b).

Ter uma árvore compartilhada não é ideal para todas as origens. Por exemplo, na Figura 5.17(b), o pacote do transmissor no lado direito alcança o membro do grupo superior direito por meio do núcleo em três hops, e não diretamente. A ineficiência depende do local onde o núcleo e os transmissores estão localizados, mas normalmente é razoável quando o núcleo está no meio dos transmissores. Quando existe apenas um único transmissor, como em um vídeo transmitido para um grupo, o uso do transmissor como núcleo é o ideal.

Observe também que as árvores compartilhadas podem ser uma economia importante em custos de armazenamento, envio de mensagens e computação. Cada roteador precisa manter apenas uma árvore por grupo, em vez de *m* árvores. Além disso, os roteadores que não fazem parte da árvore não realizam trabalho para dar suporte ao grupo. Por esse motivo, técnicas de árvore compartilhada, como as árvores baseadas em núcleo, são usadas em multicasting para grupos esparsos na Internet como parte dos protocolos populares como o multicast independente de protocolo (Fenner et al., 2006).

5.2.9 Roteamento por anycast

Até aqui, estudamos os modelos de entrega em que uma origem envia para um único destino (chamado **unicast**), para todos os destinos (chamado **broadcast**) e para um grupo de destinos (chamado **multicast**). Outro modelo de entrega, chamado **anycast**, às vezes também é útil. No anycast, um pacote é entregue ao membro mais próximo de um grupo (Partridge et al., 1993). Os esquemas que encontram esses caminhos são chamados de **roteamento por anycast**.

Por que desejaríamos usá-lo? Às vezes, os nós oferecem um serviço, como a hora do dia ou a distribuição de conteúdo, para o qual obter a informação correta é tudo o que importa, e não o nó que é contatado; qualquer nó servirá. Por exemplo, o anycast é usado na Internet como parte do DNS, conforme veremos no Capítulo 7.

Felizmente, não teremos de criar novos esquemas de roteamento para o anycast, pois o roteamento normal por vetor de distância e de estado de enlace pode produzir rotas de anycast. Suponha que queiramos realizar o anycast para os membros do grupo 1. Todos eles receberão o endereço "1", em vez dos diferentes endereços. O roteamento por vetor de distância distribuirá vetores normalmente, e os nós escolherão o caminho mais curto até o destino 1. Isso resultará em nós enviando para a ocorrência mais próxima do destino 1. As rotas aparecem na Figura 5.18(a). Esse procedimento funciona porque o protocolo de roteamento não observa que existem várias ocorrências do destino 1. Ou seja, ele acredita que todas as ocorrências do nó 1 são o mesmo nó, como na topologia mostrada na Figura 5.18(b).

Esse procedimento também funciona para o roteamento de estado de enlace, embora exista uma consideração adicional de que o protocolo de roteamento não deva encontrar caminhos aparentemente curtos que passam pelo nó 1. Isso resultaria em saltos pelo hiperespaço, pois as ocorrências do nó 1 são, na realidade, nós localizados em diferentes partes da rede. Contudo, os protocolos de estado de enlace já fazem essa distinção entre roteadores e hosts. Passamos por cima desse fato anteriormente porque ele não foi necessário para nossa discussão.

5.3 CONTROLE DE TRÁFEGO NA CAMADA DE REDE

Quando há pacotes demais em qualquer parte da rede, isso pode causar atraso de pacotes e uma perda prejudicial ao desempenho. Essa situação é chamada de **congestionamento**.

5.3.1 Necessidade de controle de tráfego: congestionamento

As camadas de rede e transporte compartilham a responsabilidade de lidar com o congestionamento. Como ele ocorre dentro da rede, é a camada de rede que o experimenta

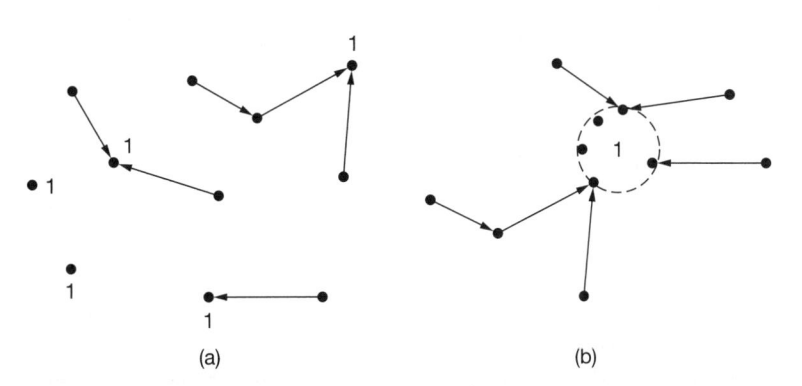

Figura 5.18 (a) Rotas de anycast para o grupo 1. (b) Topologia vista pelo protocolo de roteamento.

diretamente e, por fim, precisa determinar o que fazer com os pacotes em excesso. Contudo, o modo mais eficiente de controlar o congestionamento é reduzir a carga que a camada de transporte está colocando sobre a rede. Isso exige que as camadas de rede e de transporte trabalhem juntas. A camada de rede não atenua automaticamente o congestionamento, mas os operadores da rede podem configurar roteadores, switches e outros dispositivos nela para reduzir os seus efeitos, normalmente tomando ações que encorajariam um dispositivo a reduzir sua taxa de transmissão ou enviando tráfego ao longo de caminhos diferentes e menos congestionados na rede. Nesta seção, examinaremos os aspectos do congestionamento que dizem respeito à camada de rede e os mecanismos que ela utiliza para controlá-lo e gerenciá-lo. Para evitar confusão com o uso mais comum da fase de "controle de congestionamento", que costuma ser usada por alguns autores para descrever funções da camada de transporte, neste capítulo discutiremos as práticas para gerenciar o congestionamento na camada de rede como **controle de congestionamento** ou **controle de tráfego**. No Capítulo 6, completaremos o assunto abordando os mecanismos que a camada de transporte utiliza para gerenciar o controle de congestionamento.

A Figura 5.19 ilustra o início do congestionamento. Quando o número de pacotes que os hosts enviam pela rede está dentro de sua capacidade de transporte, a quantidade de tráfego entregue é proporcional à quantidade enviada. Se o dobro for enviado, o dobro será entregue. Entretanto, à medida que a carga oferecida se aproxima da capacidade de transporte, rajadas de tráfego ocasionalmente preenchem os buffers dentro dos roteadores e alguns pacotes se perdem. Esses pacotes perdidos consomem parte da capacidade, de modo que o número de pacotes entregues cai para menos do que a curva ideal. A rede agora está congestionada.

Em algum ponto, a rede poderá experimentar um **colapso de congestionamento**, em que o desempenho cai enquanto a carga oferecida aumenta além da capacidade. Resumindo, o colapso de congestionamento ocorre quando o aumento da carga na rede resulta efetivamente em menos tráfego sendo entregue com sucesso. Isso pode acontecer porque os pacotes podem ser atrasados dentro da rede por tanto tempo que não são mais úteis quando saírem dela. Por exemplo, no início da Internet, o tempo que um pacote gastava esperando um acúmulo de pacotes à sua frente para ser enviado por um enlace lento de 56 kbps atingia o tempo máximo que ele poderia permanecer na rede. Depois disso, tinha de ser descartado. Um modo de falha diferente ocorre quando os transmissores retransmitem pacotes já bastante atrasados, achando que eles foram perdidos. Nesse caso, cópias do mesmo pacote serão entregues pela rede, novamente desperdiçando sua capacidade. Para capturar esses fatores, o eixo y da Figura 5.19 é indicado como **goodput**, que é a taxa em que os pacotes *úteis* são entregues pela rede.

Gostaríamos de projetar redes que evitassem o congestionamento sempre que fosse possível e não sofressem com o colapso se elas se tornassem congestionadas de alguma maneira. Infelizmente, em uma rede de comutação de pacotes, o congestionamento não pode ser totalmente evitado. Se os fluxos de pacotes começarem a chegar repentinamente em três ou quatro linhas de entrada e todos precisarem da mesma linha de saída, uma fila será formada. Se a memória for insuficiente para conter todos eles, os pacotes se perderão. A inclusão de mais memória ajudará até certo ponto, mas Nagle (1987) descobriu que, se os roteadores tiverem um volume infinito de memória, o congestionamento piorará, e não melhorará. Mais recentemente, os pesquisadores descobriram que muitos dispositivos de rede costumam ter mais memória do que precisam, um conceito que se tornou conhecido como **bufferbloat**. Os dispositivos de rede com muita memória podem prejudicar o desempenho da rede por vários motivos. Primeiro, no momento em que os pacotes chegarem ao início da fila, eles já terão seu tempo limite esgotado (repetidamente) e as cópias já terão sido enviadas. Segundo, como discutiremos no Capítulo 6, os transmissores precisam de informações oportunas sobre o congestionamento da rede, e se os pacotes forem armazenados nos buffers do roteador, em vez de serem descartados, os transmissores continuarão a enviar tráfego, o que congestiona a rede. Isso piora as coisas, e não melhora – leva ao colapso do congestionamento.

Enlaces ou roteadores de pouca largura de banda, que processam pacotes mais lentamente do que a capacidade de um enlace da rede, também podem ficar congestionados. Nos casos em que a rede possui capacidade adicional em outras partes, o congestionamento pode ser mitigado direcionando parte do tráfego do gargalo para outras (menos congestionadas) partes da rede. No entanto, o aumento das demandas de tráfego pode resultar no congestionamento de todas as partes da rede. Nessa situação, duas técnicas

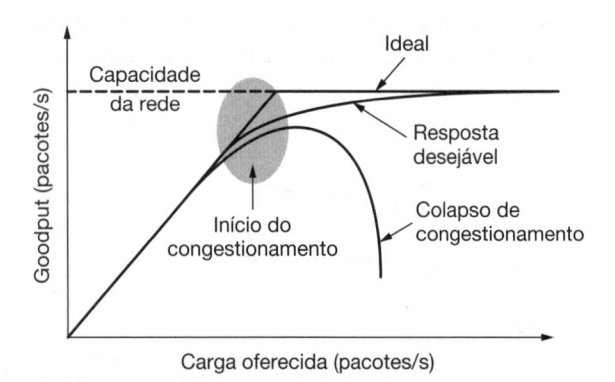

Figura 5.19 Quando há congestionamento, o desempenho cai significativamente: as taxas de perda de pacotes e a latência, aumentam à medida que as filas do roteador se enchem de pacotes.

podem ser usadas pelos operadores: cortar a carga (i.e., remover o tráfego) ou oferecer mais capacidade.

Vale a pena destacar a diferença entre **controle de congestionamento**, **controle de tráfego** e **controle de fluxo**, pois o relacionamento entre eles é muito sutil. O controle de tráfego (também chamado engenharia de tráfego) se baseia na garantia de que a rede é capaz de transportar o tráfego oferecido; ele pode ser realizado por dispositivos na rede ou pelos transmissores de tráfego (normalmente, por meio de mecanismos no protocolo de transporte, que são indicados por controle de congestionamento). O controle de congestionamento tem a ver com o comportamento de todos os hosts e roteadores. O controle de fluxo, por sua vez, está relacionado ao tráfego entre um transmissor em particular e um receptor em particular, e geralmente garante que um transmissor rápido não transmita dados com mais rapidez do que a capacidade de processamento do receptor. Sua função é garantir que nenhum dado se perca porque o transmissor é mais poderoso do que o receptor, enviando dados mais rapidamente do que o receptor é capaz de absorvê-los.

Para entender a diferença entre esses dois conceitos, considere uma rede de fibra óptica com capacidade de 100 Gbps, na qual um supercomputador está tentando transferir um arquivo para um computador pessoal que é capaz de tratar apenas 1 Gbps. Mesmo que não haja congestionamento (a rede em si não apresenta problemas), o controle de fluxo é necessário para forçar o supercomputador a parar com frequência, permitindo que o computador pessoal tenha a chance de "respirar".

No outro extremo, considere uma rede com linhas de 1 Mbps e mil computadores de grande porte, metade dos quais está tentando transferir arquivos a 100 kbps para a outra metade. O problema aqui não é o fato de os transmissores rápidos serem mais poderosos que os receptores lentos, mas sim a questão de o tráfego total oferecido exceder o que a rede é capaz de tratar.

A razão para o controle de congestionamento e o controle de fluxo com frequência serem confundidos é que a melhor forma de lidar com esses dois problemas é fazer o host diminuir a velocidade. Dessa forma, um host pode receber uma mensagem "reduzir velocidade", seja porque o receptor não pode manipular a carga, seja porque a rede não é capaz de tratá-la. Voltaremos a esse assunto no Capítulo 6.

Iniciaremos nosso estudo do controle de congestionamento examinando as técnicas que podem ser usadas em diferentes escalas de tempo. Depois, veremos estratégias gerais para evitar que os congestionamentos ocorram, seguidas por técnicas para lidar com os congestionamentos, uma vez que se manifestem.

5.3.2 Técnicas de controle de congestionamento

A presença de congestionamento significa que a carga é (temporariamente) maior do que os recursos (em uma parte da rede) podem tratar. Podemos imaginar duas soluções: aumentar os recursos ou diminuir a carga. Como vemos na Figura 5.20, essas soluções normalmente são aplicadas em diferentes escalas de tempo para impedir o congestionamento ou reagir a ele quando ocorre.

A forma mais básica de evitar o congestionamento é criar uma rede que combine bem com o tráfego que ela transporta. Se existe um enlace com pouca largura de banda no caminho ao longo do qual a maior parte do tráfego é direcionada, o congestionamento é provável. Às vezes, recursos podem ser acrescentados dinamicamente quando existe um congestionamento sério, por exemplo, ativando roteadores de reserva ou habilitando linhas que normalmente são usadas apenas como backups (para tornar o sistema tolerante a falhas) ou adquirindo largura de banda no mercado aberto. Mais frequentemente, os enlaces e roteadores normalmente muito utilizados são atualizados na primeira oportunidade. Isso é chamado **provisionamento**, e acontece em uma escala de tempo de meses, controlada pelas tendências de tráfego em longo prazo.

Para obter o máximo da capacidade da rede existente, as rotas podem ser ajustadas para os padrões de tráfego que mudam durante o dia, à medida que os usuários da rede acordam e dormem em diferentes fusos horários. Por exemplo, rotas podem ser alteradas para deslocar o tráfego para longe de caminhos muito usados alterando os pesos do caminho mais curto. Algumas estações de rádio possuem helicópteros que voam sobre sua cidade para informar sobre congestionamentos nas estradas, possibilitando aos ouvintes direcionar seus pacotes (carros) para fora dos pontos críticos. Isso é chamado **roteamento com conhecimento do tráfego**. Dividir o tráfego por vários caminhos também é útil.

Provisionamento da rede	Roteamento com conhecimento do tráfego	Controle de acesso	Controle de tráfego	Corte de carga
Mais lento (preventivo)				Mais rápido (reativo)

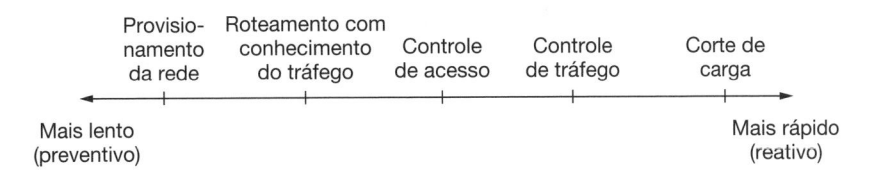

Figura 5.20 Escalas de tempo das técnicas para o controle de tráfego e congestionamento.

Entretanto, às vezes não é possível aumentar a capacidade, especialmente em escalas de tempo curtas. A única forma de superar o congestionamento é diminuir a carga. Em uma rede de circuito virtual, novas conexões podem ser recusadas se fizerem a rede se tornar congestionada. Isso é chamado de **controle de acesso**, um conceito que, de forma simples, nega aos transmissores a capacidade de enviar tráfego se a capacidade da rede não puder suportá-lo.

Quando o congestionamento é iminente, a rede pode oferecer feedback às fontes cujo fluxo de tráfego é responsável pelo problema. A rede pode solicitar que essas fontes controlem seu tráfego, ou então a própria rede pode atrasar o tráfego, um processo que às vezes é chamado de **supressão (throttling)**. Duas dificuldades com essa técnica são como identificar o início do congestionamento e como informar à fonte que ela precisa diminuir sua velocidade. Para enfrentar o primeiro problema, os roteadores podem monitorar a carga média, o atraso com enfileiramento ou a perda de pacotes e enviar um feedback aos transmissores, explícita ou implicitamente (p. ex., descartando pacotes), para que eles diminuam a velocidade.

Quando o feedback é explícito, os roteadores precisam participar de um loop de feedback com as fontes. Para que o esquema funcione de forma correta, a escala de tempo deve ser ajustada cuidadosamente. Se toda vez que dois pacotes chegarem em sequência um roteador gritar PARE, e toda vez que um roteador ficar ocioso por 20 μs gritar SIGA, o sistema oscilará muito e nunca convergirá. Contudo, se ele esperar 30 minutos para ter certeza antes de dizer algo, o mecanismo de congestionamento reagirá muito lentamente para ter qualquer utilidade. A entrega de feedback em tempo é uma questão essencial. Outro problema é que os roteadores enviam mais mensagens quando a rede já está congestionada.

Outra técnica é fazer a rede descartar pacotes que ela não pode entregar. O nome geral para isso é corte de carga, e existem várias formas de conseguir isso, incluindo modelagem de tráfego (restringir a velocidade de transmissão para determinado transmissor) e controle de tráfego (remover o tráfego de determinado transmissor se ele ultrapassar alguma velocidade). Uma boa política para escolher quais pacotes descartar pode ajudar a impedir o colapso de congestionamento. Todos esses tópicos serão discutidos a seguir.

Roteamento com conhecimento do tráfego

A primeira técnica que examinaremos é o roteamento com conhecimento do tráfego. Os esquemas de roteamento que examinamos na Seção 5.2 usavam pesos de enlace fixos, que se adaptavam às mudanças na topologia, mas não às mudanças na carga. O objetivo de levar em consideração a carga quando se calculam as rotas é deslocar o tráfego para fora dos pontos críticos, que serão os primeiros lugares na rede a experimentar congestionamento.

O modo mais direto de fazer isso é definir o peso do enlace como uma função da largura de banda do enlace (fixa) e atraso de propagação mais a carga medida (variável) ou atraso médio do enfileiramento. Os caminhos com menor peso, portanto, favorecerão os caminhos menos carregados, se todos os outros critérios forem iguais.

O roteamento com conhecimento do tráfego foi usado no início da Internet de acordo com esse modelo (Khanna e Zinky, 1989). Contudo, existe um risco. Considere a rede da Figura 5.21, que é dividida em duas partes, Leste e Oeste, conectadas por dois enlaces, *CF* e *EI*. Suponha que a maior parte do tráfego entre Leste e Oeste esteja usando o enlace *CF* e, como resultado, ele esteja bastante carregado, com longos atrasos. A inclusão do atraso de enfileiramento no peso usado para o cálculo do caminho mais curto tornará *EI* mais atraente. Depois que as novas tabelas de roteamento tiverem sido inseridas, a maior parte do tráfego Leste-Oeste agora passará para *EI*, carregando esse enlace. Consequentemente, na próxima atualização, *CF* parecerá ser o caminho mais curto. Como resultado, as tabelas de

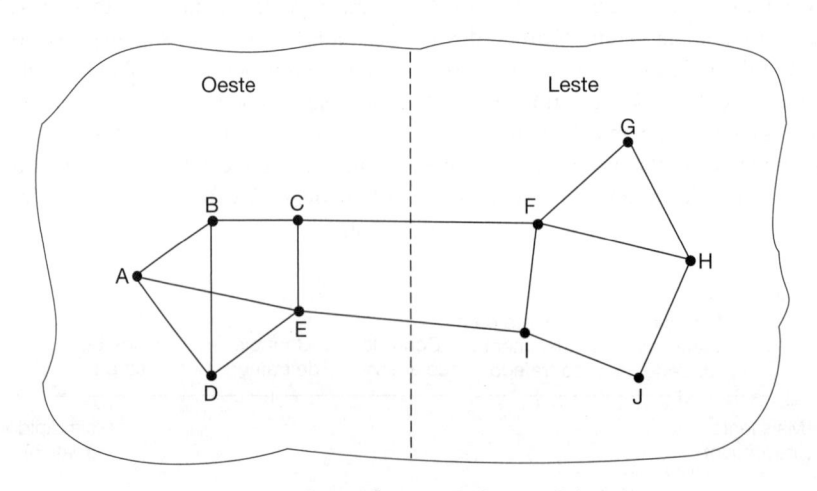

Figura 5.21 Uma rede em que as partes Leste e Oeste são conectadas por dois enlaces.

roteamento poderão oscilar bastante, ocasionando um roteamento errático e muitos problemas potenciais.

Se a carga for ignorada e apenas a largura de banda e o atraso de propagação forem considerados, esse problema deixará de existir. As tentativas de incluir a carga, mas mudar os pesos dentro de uma faixa estreita, só atrasam as oscilações no roteamento. Duas técnicas podem contribuir para uma solução bem-sucedida. A primeira é o roteamento por caminhos múltiplos, em que pode haver vários caminhos de uma origem a um destino. Em nosso exemplo, isso significa que o tráfego pode ser espalhado pelos dois enlaces, de Leste a Oeste. A segunda é que o esquema de roteamento desloque o tráfego pelas rotas de maneira lenta o suficiente para que seja capaz de convergir, como no esquema de Gallagher (1977).

Com essas dificuldades, na Internet, os protocolos de roteamento geralmente não ajustam suas rotas dependendo da carga. Em vez disso, os ajustes são feitos no protocolo de roteamento em escalas de tempo mais lentas pelos operadores de rede, alterando lentamente a configuração e os parâmetros de roteamento, um processo chamado engenharia de tráfego. A engenharia de tráfego sempre foi um processo manual e trabalhoso, semelhante a uma arte oculta. Algum trabalho tentou formalizar esse processo, mas as cargas de tráfego da Internet são imprevisíveis o suficiente e os parâmetros de configuração do protocolo são variados e desajeitados o suficiente para que o processo permaneça razoavelmente primitivo. Contudo, mais recentemente, o advento da rede definida por software permitiu automatizar algumas dessas tarefas, e o uso crescente de certas tecnologias, como túneis MPLS em toda a rede, deu aos operadores mais flexibilidade para uma ampla gama de tarefas de engenharia de tráfego.

Controle de acesso

Uma técnica muito usada em redes de circuito virtual para reduzir o congestionamento é o **controle de acesso**. A ideia é simples: não monte um novo circuito virtual a menos que a rede possa transportar o tráfego adicional sem ficar congestionada. Assim, as tentativas de estabelecer um circuito virtual podem falhar. Isso é melhor do que a alternativa, pois permitir que mais pessoas entrem quando a rede está ocupada só torna as coisas piores. Por analogia, no sistema telefônico, quando uma central está sobrecarregada, ela realiza controle de acesso não emitindo sinais de discar.

O truque com esta técnica é descobrir quando um novo circuito virtual conduzirá ao congestionamento. A tarefa é simples na rede telefônica, em virtude da largura de banda fixa das chamadas (64 kbps para áudio não compactado). Entretanto, os circuitos virtuais nas redes de computadores têm diversas formas e tamanhos. Assim, o circuito precisa vir com alguma caracterização de seu tráfego se tivermos de aplicar o controle de acesso.

O tráfego normalmente é descrito em termos de sua velocidade e forma. O problema de como descrevê-lo de modo simples, porém significativo, é difícil porque o tráfego é tipicamente feito em rajadas – a velocidade média é apenas metade da história. Por exemplo, é mais difícil lidar com o tráfego que varia enquanto se navega pela Web do que com um streaming de vídeo com o mesmo throughput em longo prazo, pois as rajadas de tráfego da Web têm maior probabilidade de congestionar os roteadores na rede. Um descritor muito utilizado, que captura esse efeito, é o leaky bucket ou token bucket. Um leaky bucket tem dois parâmetros que delimitam a velocidade média e o tamanho da rajada instantânea de tráfego. Como estes são dois mecanismos comuns para a modelagem de tráfego, vamos examiná-los com mais detalhes naquela seção.

Armada com as descrições de tráfego, a rede pode decidir se admitirá o novo circuito virtual. Uma possibilidade é que a rede reserve capacidade suficiente ao longo dos caminhos de cada um de seus circuitos virtuais para que o congestionamento não ocorra. Nesse caso, a descrição do tráfego é um acordo de serviço sobre o que a rede garantirá a seus usuários. Impedimos o congestionamento, mas nos desviamos para o tópico relacionado à qualidade de serviço um pouco cedo demais; retornaremos a isso mais adiante.

Mesmo sem fazer garantias, a rede pode usar descrições de tráfego para controle de acesso. A tarefa é, então, estimar quantos circuitos caberão dentro da capacidade de transporte da rede sem congestionamento. Suponha que todos os circuitos virtuais que possam lidar com o tráfego em velocidades de até 10 Mbps passem pelo mesmo enlace físico de 100 Mbps. Quantos circuitos deverão ser admitidos? É claro que dez circuitos podem ser admitidos sem risco de congestionamento, mas isso é um desperdício no caso normal, pois raramente acontecerá de todos os dez estarem transmitindo em volume máximo ao mesmo tempo. Nas redes reais, medições de comportamento passado, que capturam as estatísticas das transmissões, podem ser usadas para estimar o número de circuitos a admitir, para negociar um melhor desempenho para o risco aceitável.

O controle de acesso também pode ser combinado com o roteamento com conhecimento do tráfego, considerando rotas em torno dos pontos críticos do tráfego como parte do estabelecimento da conexão. Por exemplo, considere a rede ilustrada na Figura 5.22(a), em que dois roteadores estão congestionados, conforme indicado.

Suponha que um host conectado ao roteador *A* queira estabelecer uma conexão com um host conectado ao roteador *B*. Normalmente, essa conexão passaria por um dos roteadores congestionados. Para evitar essa situação, podemos redesenhar a rede como mostra a Figura 5.22(b), omitindo os roteadores congestionados e todas as suas linhas. A linha tracejada mostra uma rota possível para o circuito virtual, que evita os roteadores congestionados. Shaikh et al. (1999) têm um projeto para esse tipo de roteamento sensível à carga.

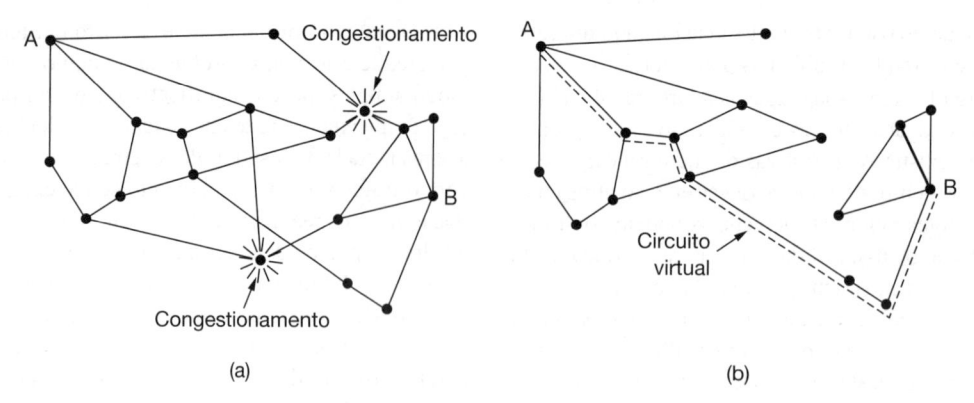

Figura 5.22 (a) Uma rede congestionada. (b) A parte da rede que não está congestionada. Um circuito virtual de A para B também aparece.

Corte de carga

Quando nenhum dos métodos anteriores fizer o congestionamento desaparecer, os roteadores poderão chamar a artilharia pesada: o **corte de carga**. Esta é uma maneira diferente de dizer que, quando os roteadores estão sendo inundados por pacotes que não podem manipular, eles simplesmente os descartam. A expressão vem do universo da geração de energia elétrica, que se refere à prática das concessionárias de apagar intencionalmente certas áreas para impedir que toda a rede entre em colapso nos dias quentes de verão, quando a demanda por eletricidade (para alimentar os aparelhos de ar condicionado) ultrapassa muito a capacidade de fornecimento.

A questão-chave para um roteador se afogando em pacotes é saber quais pacotes descartar. A escolha preferida pode depender do tipo das aplicações que usam a rede. Para uma transferência de arquivos, um pacote antigo vale mais do que um novo. Isso porque descartar o pacote 6 e manter os pacotes de 7 a 10, por exemplo, só forçará o receptor a realizar mais trabalho para manter em buffer dados que ele ainda não pode usar. Ao contrário, para mídia em tempo real, um pacote novo vale mais do que um antigo. Isso porque os pacotes se tornam inúteis se forem atrasados e perderem o tempo no qual devem ser reproduzidos para o usuário.

A primeira dessas políticas (o antigo é melhor que o novo) costuma ser chamada política do **vinho**, e a segunda (o novo é melhor que o antigo) é chamada política do **leite**, pois a maioria das pessoas preferiria beber leite novo e vinho velho, e não o contrário.

O corte de carga mais inteligente exige a cooperação dos transmissores. Um exemplo são os pacotes que transportam informações de roteamento. Esses pacotes são mais importantes do que os pacotes de dados normais, pois estabelecem rotas; se forem perdidos, a rede pode perder a conectividade. Outro exemplo é que certos algoritmos para compactação de vídeo, como MPEG, transmitem periodicamente um quadro inteiro e depois enviam quadros subsequentes sob a forma de diferenças em relação ao último quadro completo. Nesse caso, descartar um pacote que faz parte de uma diferença é preferível a descartar um que faz parte de um quadro completo, pois pacotes futuros dependem do quadro completo.

Para implementar uma política de descarte inteligente, as aplicações devem marcar seus pacotes para indicar à rede qual a importância deles. Depois, quando os pacotes tiverem de ser descartados, os roteadores poderão descartar primeiro os pacotes da classe menos importante, depois os da próxima classe mais importante, e assim por diante.

É claro que, a menos que exista algum incentivo especial para evitar marcar os pacotes com MUITO IMPORTANTE – NUNCA DESCARTAR, ninguém o fará. O incentivo pode vir sob a forma de dinheiro, a fim de desencorajar a marcação inescrupulosa. Por exemplo, a rede pode deixar que os transmissores enviem mais rapidamente do que o permitido pelo serviço que eles adquiriram se marcarem pacotes em excesso como baixa prioridade. Essa estratégia não é realmente uma má ideia, pois faz uso mais eficiente dos recursos ociosos, permitindo que os hosts os utilizem enquanto ninguém mais está interessado, mas sem estabelecer um direito a eles quando a situação fica difícil.

Modelagem de tráfego

Antes que a rede possa fazer garantias de desempenho, ela precisa saber que tráfego está sendo garantido. Na rede telefônica, essa caracterização é simples. Por exemplo, uma chamada de voz (em formato não compactado) precisa de 64 kbps e consiste em uma amostra de 8 bits a cada 125 μs. Contudo, o tráfego nas redes de dados é **por rajada**. Ele normalmente chega em taxas não uniformes à medida que a taxa de tráfego varia (p. ex., videoconferência com compactação), os usuários interagem com as aplicações (p. ex., navegação em uma nova página Web) e os computadores alternam-se entre as tarefas. As rajadas de tráfego são mais difíceis de lidar do que o tráfego com taxa constante, pois elas podem preencher os buffers e causar perda de pacotes.

A **modelagem de tráfego** é uma técnica relacionada à regulagem da taxa média do fluxo de dados que entra na rede. O objetivo é permitir que as aplicações transmitam uma grande variedade de tráfego que se ajuste a suas necessidades, incluindo algumas rajadas, embora haja um modo simples e útil de descrever os possíveis padrões de tráfego da rede. Quando um fluxo é configurado, o usuário e a rede (i.e., o cliente e o provedor) concordam com determinado padrão de tráfego (ou seja, uma forma) para aquele fluxo. Com efeito, o cliente diz ao provedor "Meu padrão de transmissão se parece com isso; você consegue lidar com ele?".

Às vezes, esse acordo é chamado **acordo de nível de serviço**, ou **SLA (Service Level Agreement)**, especialmente quando ele é feito por fluxos agregados e longos períodos, como todo o tráfego para determinado cliente. Desde que o cliente cumpra sua parte no negócio e envie somente pacotes que estejam de acordo com o contrato, a concessionária de comunicações promete entregá-los em tempo.

A modelagem de tráfego reduz o congestionamento e ajuda a rede a cumprir sua promessa. Todavia, para que isso funcione, também há a questão de como o provedor saberá se o cliente está cumprindo o acordo e o que fazer em caso negativo. Os pacotes que excedem o do padrão combinado podem ser descartados pela rede, ou então ser marcados como tendo menor prioridade. O monitoramento de um fluxo de tráfego é chamado de **controle de tráfego**.

A modelagem e o controle não são tão importantes para o peer-to-peer e outras transferências que consumirão toda e qualquer largura de banda disponível, mas são de grande importância para dados em tempo real, como conexões de áudio e vídeo, que têm requisitos rigorosos de qualidade de serviço. Já vimos um modo de limitar a quantidade de dados que uma aplicação envia: a janela deslizante, que usa um parâmetro para limitar quantos dados estão em trânsito em determinado momento, o que indiretamente limita a velocidade. Agora, veremos um modo mais genérico de caracterizar o tráfego, com os algoritmos leaky bucket e token bucket. As formulações são ligeiramente diferentes, mas dão um resultado equivalente.

Imagine um balde (bucket) com um pequeno furo no fundo, como ilustra a Figura 5.23(b). Independentemente da velocidade com que a água entra no balde, o fluxo de saída ocorrerá a uma taxa constante, R, quando houver qualquer quantidade de água no balde e zero quando o balde estiver vazio. Além disso, quando o balde estiver cheio até a capacidade B, qualquer água que entrar escorrerá pelas bordas e se perderá.

Esse balde pode ser usado para modelar ou controlar os pacotes que entram na rede, como mostra a Figura 5.23(a). Conceitualmente, cada host está conectado à rede por uma linha que contém um leaky bucket. Para enviar um pacote para a rede, deverá ser possível colocar mais água no balde. Se um pacote chegar quando o balde estiver cheio, ou o pacote deverá ser enfileirado até que uma quantidade de água suficiente seja escoada para mantê-lo ou deverá ser descartado. O primeiro caso poderia acontecer em um host modelando seu tráfego para a rede como parte do sistema operacional. O segundo poderia acontecer no hardware, em uma interface de rede do servidor que está controlando o tráfego que entra na rede. Essa técnica foi proposta por Turner (1986) e é chamada de **algoritmo leaky bucket**.

Uma ideia diferente, porém equivalente, é imaginar a interface de rede como um balde que está sendo enchido, como mostra a Figura 5.23(c). A torneira está jorrando na velocidade R e o balde tem uma capacidade B, como antes. Agora, para enviar um pacote, temos de poder apanhar água, ou símbolos (tokens), à medida que o conteúdo for chamado normalmente, a partir do balde (em vez de colocar água no balde). Não mais do que um número fixo de tokens, B, poderá ficar acumulado no balde, e, se ele estiver vazio, temos de esperar até que mais símbolos cheguem antes de poder enviar outro pacote. Esse algoritmo é chamado de **algoritmo token bucket**.

Os leaky e token buckets limitam a velocidade de um fluxo em longo prazo, mas permitem que rajadas de curto prazo até um tamanho máximo regulado passem inalteradas e sem sofrer nenhum atraso artificial. Grandes rajadas serão suavizadas por um modelo de tráfego leaky bucket para reduzir o congestionamento na rede. Como exemplo, imagine que um computador possa produzir dados a 1.000 Mbps

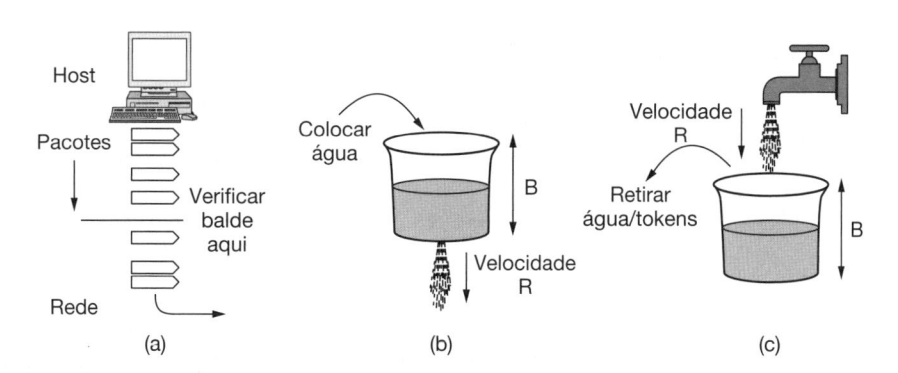

Figura 5.23 (a) Modelando pacotes. (b) Um leaky bucket. (c) Um token bucket.

(125 milhões de bytes por segundo) e que o primeiro enlace da rede também funcione nessa velocidade. O padrão de tráfego que o host gera aparece na Figura 5.24(a). Esse padrão é em rajadas. A taxa média por segundo é de 200 Mbps, embora o host envie uma rajada de 16.000 KB na velocidade máxima de 1.000 Mbps (por 1/8 de segundo).

Agora, suponha que os roteadores possam aceitar dados na velocidade máxima somente por intervalos curtos, até que seus buffers se encham. O tamanho do buffer é de 9.600 KB, menor que a rajada de tráfego. Para intervalos longos, os roteadores funcionam melhor em velocidades que não ultrapassam 200 Mbps (digamos, porque essa é toda a largura de banda dada ao cliente). A implicação é que, se o tráfego for enviado nesse padrão, parte dele será descartada na rede, pois não cabe nos buffers dos roteadores.

Para evitar essa perda de pacotes, podemos modelar o tráfego no host com um token bucket. Se usarmos uma velocidade, R, de 200 Mbps e uma capacidade, B, de 9.600 KB, o tráfego estará dentro daquilo que a rede pode lidar. A saída desse token bucket aparece na Figura 5.24(b). O host pode enviar no máximo a 1.000 Mbps por um curto período até que tenha escoado totalmente o balde. Depois, ele precisa recuar para 200 Mbps até que a rajada tenha sido enviada. O efeito é distribuir a rajada com o tempo, pois ela foi muito grande para lidar com tudo ao mesmo tempo. O nível do token bucket aparece na Figura 5.24(e). Ele começa cheio e é esvaziado pela rajada inicial. Quando alcança zero, novos pacotes só podem ser enviados na velocidade em que o buffer está enchendo; não pode haver mais rajadas até que o balde tenha se recuperado. O balde se enche quando nenhum tráfego está sendo enviado e permanece nivelado quando o tráfego está sendo enviado na velocidade do enchimento.

Também podemos moldar o tráfego para ter menos rajadas. A Figura 5.24(c) mostra a saída de um token bucket com R = 200 Mbps e uma capacidade de 0. Esse é o caso extremo em que o tráfego foi completamente suavizado. Nenhuma rajada é permitida, e o tráfego entra na rede em uma velocidade constante. O nível do balde correspondente, mostrado na Figura 5.24(f), sempre está vazio. O tráfego está sendo enfileirado no host para ser lançado na rede e sempre existe um pacote esperando para ser enviado quando for permitido.

Finalmente, a Figura 5.24(d) mostra o nível do balde para um token bucket com R = 200 Mbps e uma capacidade de B = 16.000 KB. Esse é o menor token bucket através do qual o tráfego passa sem alteração. Ele poderia ser usado em um roteador na rede para controlar o tráfego que o host envia. No entanto, se o host estiver enviando tráfego em conformidade com o token bucket, como combinado com a rede, o tráfego passará pelo mesmo token bucket usado no roteador de borda da rede. Se o host enviar em uma velocidade mais rápida, ou com rajada maior, o token bucket ficará sem água. Se isso acontecer, o controlador de tráfego saberá que o tráfego não está em conformidade com o combinado. Ele então removerá os pacotes em excesso ou reduzirá sua prioridade, dependendo do desenho da rede. Em nosso exemplo, o balde se esvazia apenas momentaneamente, no final da rajada inicial, depois recupera o suficiente para a próxima rajada.

Os leaky e token buckets são fáceis de implementar. Agora, vamos descrever a operação de um token bucket. Embora tenhamos descrito a água fluindo continuamente

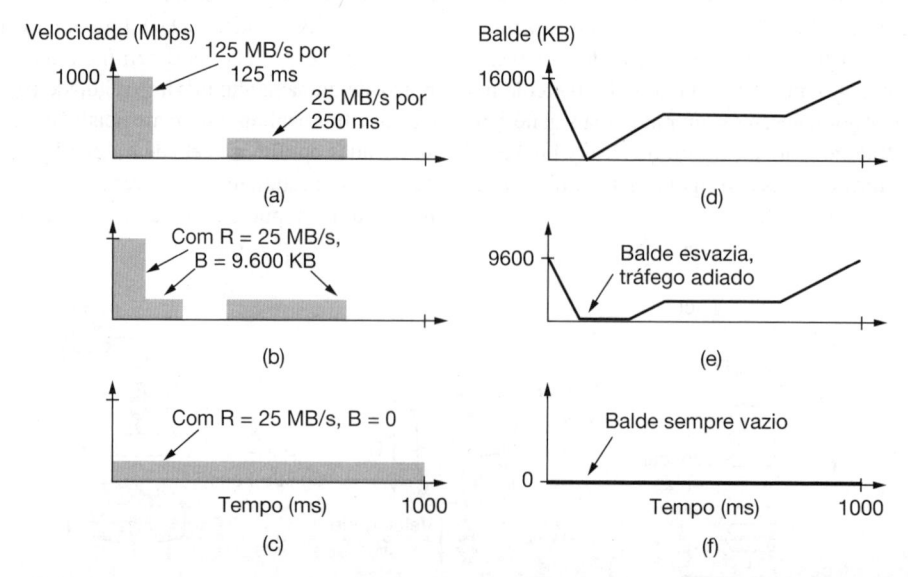

Figura 5.24 (a) Tráfego de um host. Saída modelada por um token bucket na velocidade de 200 Mbps e capacidade de (b) 9.600 KB e (c) 0 KB. Nível do token bucket para modelagem com velocidade de 200 Mbps e capacidade de (d) 16.000 KB, (e) 9.600 KB e (f) 0 KB.

para dentro e fora do balde, as implementações reais precisam funcionar com quantidades discretas. Um token bucket é implementado com um contador para o nível do balde. Esse contador é avançado por $R/\Delta T$ unidades a cada batida de clock de ΔT segundos. Isso seria 200 Kbits a cada ms em nosso exemplo anterior. Toda vez que uma unidade de tráfego é enviada pela rede, o contador é decrementado e o tráfego pode ser enviado até que o contador atinja zero.

Quando todos os pacotes são do mesmo tamanho, o nível do balde pode simplesmente ser contado nos pacotes (p. ex., 200 Kbits são 20 pacotes de 1.250 bytes). Contudo, geralmente são usados pacotes de tamanho variável. Nesse caso, o nível do balde é contado em bytes. Se a contagem de bytes residual é muito baixa para enviar um pacote grande, o pacote precisa esperar até o próximo sinal (ou ainda mais tempo, se a taxa de preenchimento for pequena).

Calcular a duração da rajada máxima (até que o balde esvazie) é um pouco complicado. O cálculo não é feito simplesmente dividindo-se 9.600 KB por 125 MB/s, porque chegam mais símbolos enquanto a rajada está sendo transmitida. Se chamarmos a duração da rajada de S segundos, a taxa de saída máxima de M bytes/s, a capacidade do token bucket de B bytes e a taxa de chegada de símbolos de R bytes/s, podemos ver que uma rajada de saída contém no máximo $B + RS$ bytes. Também sabemos que o número de bytes em uma rajada à velocidade máxima de duração igual a S segundos é MS. Consequentemente, temos:

$$B + RS = MS$$

Podemos resolver essa equação para obter $S = B/(M - R)$. Para nossos parâmetros de $B = 9.600$ KB, $M = 125$ MB/s e $R = 25$ MB/s, obtemos um tempo de rajada de cerca de 94 ms.

Um problema potencial com o algoritmo de token bucket é que ele reduz rajadas grandes para a taxa em longo prazo R. Normalmente desejamos reduzir a taxa de pico, mas sem diminuir a taxa em longo prazo (e também sem aumentar a taxa a longo prazo para permitir mais tráfego na rede). Uma forma de obter um tráfego mais suave é inserir um segundo token bucket após o primeiro. A taxa do segundo balde deve ser muito maior que a do primeiro. Basicamente, o primeiro balde caracteriza o tráfego, consertando sua velocidade média, mas permitindo algumas rajadas. O segundo balde reduz a taxa de pico em que as rajadas são enviadas para a rede. Por exemplo, se a taxa do segundo token bucket for definida como 500 Mbps e a capacidade for definida como 0, a rajada inicial entrará na rede a uma taxa de pico de 500 Mbps, que é menor que a taxa de 1.000 Mbps que tínhamos anteriormente.

O uso de todos esses buckets pode ser um pouco complicado. Quando os token buckets são usados para a modelagem de tráfego nos hosts, os pacotes são enfileirados e adiados até que os algoritmos permitam que sejam enviados. Quando os token buckets são usados para controle de tráfego nos roteadores da rede, o algoritmo é simulado para garantir que não sejam enviados mais pacotes que o permitido. Não obstante, essas ferramentas fornecem meios para modelar o tráfego de rede de maneira mais gerenciável, a fim de atender aos requisitos de qualidade de serviço.

Controle ativo da fila

Na Internet e em muitas outras redes de computadores, os transmissores ajustam suas transmissões para enviar o máximo de tráfego que a rede pode oferecer prontamente. Nesse ambiente, a rede visa a operar imediatamente antes do início do congestionamento. Quando este é iminente, ela precisa dizer aos transmissores para desacelerar suas transmissões e seguir em um ritmo mais lento. Esse feedback é o comportamento normal, não uma situação excepcional. A expressão **prevenção de congestionamento** às vezes é usada para comparar esse ponto de operação com um em que a rede se torna (demasiadamente) congestionada.

Agora, vamos examinar algumas técnicas para controlar o tráfego que podem ser usadas nas redes de datagramas e nas redes de circuitos virtuais. Cada uma delas deve resolver dois problemas. Primeiro, os roteadores precisam determinar quando o congestionamento está se aproximando, de preferência antes que ele seja alcançado. Para fazer isso, cada roteador pode monitorar continuamente os recursos que está usando. Três possibilidades são a utilização dos enlaces de saída, a colocação de pacotes enfileirados no buffer do roteador e a numeração dos pacotes que se perdem em razão do buffering insuficiente. Dessas possibilidades, a segunda é a mais útil. As médias da utilização não são diretamente responsáveis pela explosão da maior parte do tráfego – uma utilização de 50% pode ser baixa para um tráfego tranquilo e muito alta para um tráfego altamente variável. As contagens de pacotes perdidos chegam muito tarde. O congestionamento já terá sido estabelecido quando esses pacotes forem perdidos.

O atraso de enfileiramento dentro dos roteadores captura diretamente qualquer congestionamento experimentado pelos pacotes. Ele quase sempre deve ser baixo, mas saltará quando houver uma rajada de tráfego que gera um acúmulo. Para manter uma boa estimativa do atraso de enfileiramento, d, uma amostra do tamanho instantâneo da fila, s, pode ser tomada periodicamente e d atualizado de acordo com

$$d_{novo} = \alpha d_{antigo} + (1 - \alpha)s$$

onde a constante α determina a velocidade que o roteador se esquece da história recente. Isso é chamado média móvel ponderada exponencialmente, ou **EWMA (Exponentially Weighted Moving Average)**. Ela suaviza as flutuações e é equivalente a um filtro passa-baixa. Sempre que d muda para acima de algum patamar predefinido, o roteador observa o início do congestionamento.

O segundo problema é que os roteadores precisam entregar um feedback em tempo aos transmissores que estão causando o congestionamento. Este é experimentado na rede, mas aliviá-lo requer ação por parte dos transmissores que estão usando a rede. Para oferecer feedback, o roteador precisa identificar os transmissores corretos e adverti-los cuidadosamente, sem enviar muito mais pacotes por uma rede já congestionada. Diferentes esquemas utilizam diferentes mecanismos de feedback, conforme descreveremos em seguida.

Detecção aleatória prematura

É bem conhecido o fato de que lidar com o congestionamento após sua detecção inicial é mais eficaz do que permitir que o congestionamento se consolide e depois tentar lidar com ele. Essa observação nos leva a uma ideia interessante sobre o corte de carga, que é a de descartar pacotes antes que todo o espaço dos buffers realmente se esgote.

A motivação para essa ideia é que a maioria dos hosts da Internet ainda não recebe sinais de congestionamento dos roteadores na forma de uma notificação explícita. Em vez disso, a única indicação confiável de congestionamento que os hosts recebem da rede é a perda de pacotes. Afinal, é difícil montar um roteador que não descarte pacotes quando está sobrecarregado. Protocolos de transporte como o TCP são preparados para reagir à perda pelo congestionamento, tornando a origem mais lenta em resposta. O raciocínio por trás dessa lógica é que o TCP foi projetado para redes fisicamente conectadas, as quais são muito confiáveis; assim, a perda de pacotes se deve muito mais ao overflow dos buffers do que a erros de transmissão. Os enlaces sem fio precisam recuperar erros de transmissão na camada de enlace (de modo que não sejam vistos na camada de rede) para que funcionem bem com o TCP.

Esse fato pode ser explorado para ajudar a reduzir o congestionamento. Fazendo os roteadores descartarem os pacotes mais cedo, antes que a situação se torne desesperadora, a ideia consiste em ter tempo para empreender alguma ação antes que seja tarde demais. Um algoritmo popular para isso é chamado de **detecção aleatória prematura**, ou **RED (Random Early Detection)** (Floyd e Jacobson, 1993). Para determinar quando começar a descartar, os roteadores mantêm uma média acumulada do tamanho de suas filas. Quando o tamanho médio da fila em algum enlace ultrapassa determinado patamar, o enlace é considerado congestionado e uma pequena fração dos pacotes é descartada aleatoriamente. A escolha aleatória de pacotes torna mais provável que os emissores mais rápidos notem um pacote descartado; essa é a melhor opção, pois o roteador não sabe distinguir qual origem está causando mais problema na rede de datagramas. O transmissor afetado notará a perda quando não houver confirmações e, então, o protocolo de transporte diminuirá a velocidade. Assim, o pacote perdido está entregando a mesma mensagem que o pacote de notificação, mas implicitamente, sem o roteador enviar qualquer sinal explícito.

Os roteadores RED melhoram o desempenho em comparação com os roteadores que descartam pacotes quando seus buffers estão cheios, embora possam exigir ajustes para que funcionem bem. Por exemplo, o número ideal de pacotes a descartar depende de quantos transmissores precisam ser notificados do congestionamento. Contudo, a notificação explícita é a opção preferida, se estiver disponível. Ela funciona exatamente da mesma maneira, mas entrega um sinal de congestionamento explicitamente, e não na forma de uma perda; a RED é usada quando os hosts não podem receber sinais explícitos.

Pacotes reguladores

O modo mais direto de notificar um transmissor sobre o congestionamento é comunicar-lhe diretamente. Nessa técnica, o roteador seleciona um pacote congestionado e envia um **pacote regulador** de volta ao host de origem, dando-lhe o destino encontrado no pacote. O pacote original pode ser marcado (um bit de cabeçalho é ativado), de modo que não gere mais pacotes reguladores adiante no caminho e seja encaminhado de modo normal. Para evitar o aumento da carga na rede durante um momento de congestionamento, o roteador também pode enviar pacotes reguladores em um ritmo lento.

Quando o host de origem recebe o pacote regulador, ele é solicitado a reduzir o tráfego enviado ao destino especificado, por exemplo, em 50%. Em uma rede de datagramas, simplesmente escolher pacotes aleatórios quando houver um congestionamento provavelmente fará os pacotes reguladores serem enviados a transmissores rápidos, pois eles terão a maioria dos pacotes na fila. O feedback criado por esse protocolo pode ajudar a impedir o congestionamento, embora não controle nenhum transmissor, a menos que ele cause problema. Pelo mesmo motivo, é provável que vários pacotes reguladores sejam enviados a determinado host de destino. O host deverá ignorar esses pedidos adicionais periodicamente até que sua redução no tráfego tenha surtido efeito. Depois desse período, outros pacotes reguladores indicam que a rede ainda está congestionada.

Um exemplo de pacote regulador usado na antiga Internet é a mensagem SOURCE QUENCH (Postel, 1981). Contudo, ela nunca vingou, talvez porque as circunstâncias em que ela foi gerada e o efeito que ela tinha não foram claramente especificados. A Internet moderna usa um projeto de notificação alternativo, que descreveremos a seguir.

Notificação explícita de congestionamento

Em vez de gerar pacotes adicionais para advertir quanto ao congestionamento, um roteador pode marcar qualquer pacote que ele encaminha (definindo um bit no cabeçalho do pacote) para sinalizar que está havendo congestionamento. Quando a rede entrega o pacote, o destino pode observar que existe congestionamento e informar ao transmissor quando ele enviar um pacote de resposta. O transmissor pode, então, reduzir suas transmissões, como antes.

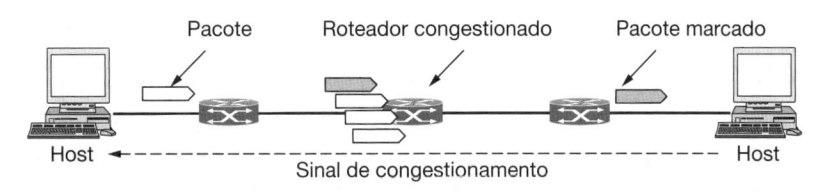

Esse projeto é chamado **notificação explícita de congestionamento**, ou **ECN (Explicit Congestion Notification)**, e é usado na Internet (Ramakrishnan et al., 2001). Ele é uma melhoria de antigos protocolos de sinalização de congestionamento, principalmente o esquema de feedback binário de Ramakrishnan e Jain (1988), que era usado na arquitetura DECNET. Dois bits no cabeçalho do pacote IP são usados para registrar se o pacote experimentou congestionamento. Os pacotes são desmarcados quando enviados, conforme ilustra a Figura 5.25. Se qualquer um dos roteadores pelos quais eles passarem estiver congestionado, o roteador, então, marcará o pacote como tendo experimentado congestionamento quando ele for encaminhado. O destino ecoará quaisquer marcas de volta ao transmissor como um sinal explícito de congestionamento em seu próximo pacote de resposta. Isso pode ser visto com uma linha tracejada na figura, para indicar o que acontece acima do nível IP (p. ex., no TCP). O transmissor precisa, então, reduzir suas transmissões, como no caso dos pacotes reguladores.

Pacotes reguladores hop a hop

Em altas velocidades ou em longas distâncias, muitos pacotes novos podem ser transmitidos após o congestionamento ter sido sinalizado, em razão do atraso, antes que o sinal tenha surtido efeito. Suponha que um host em São Francisco (o roteador A da Figura 5.26) esteja enviando tráfego para um host em Nova Iorque (o roteador D da Figura 5.26) na velocidade OC-3 de 155 Mbps. Se o host de Nova Iorque começar a esgotar o espaço de buffers, levará cerca de 40 ms para um pacote regulador voltar a São Francisco e solicitar que a transmissão seja mais lenta. Uma indicação de ECN levará ainda mais tempo, pois ela é entregue por meio do destino. A propagação do pacote regulador é mostrada como a segunda, terceira e quarta etapas da Figura 5.26(a). Nesses 40 ms, outros 6,2 megabits terão sido enviados. Mesmo que o host em São Francisco seja imediatamente interrompido, os 6,2 megabits na rede continuarão a trafegar e terão de ser tratados. Somente no sétimo diagrama da Figura 5.26(a) é que o roteador em Nova Iorque notará um fluxo mais lento.

Uma abordagem alternativa é fazer o pacote regulador ter efeito a cada hop pelo qual passar, como mostra a sequência da Figura 5.26(b). Aqui, assim que o pacote regulador atinge F, o nó F é solicitado a reduzir o fluxo para D. Fazendo isso, F terá de dedicar mais buffers à conexão, pois a origem ainda estará transmitindo a plena carga, mas dará alívio imediato a D, como um remédio para dor de cabeça em um comercial de televisão. Na etapa seguinte, o pacote regulador atingirá E, o que o fará reduzir o fluxo para F. Essa ação impõe uma demanda maior sobre os buffers de E, mas proporciona alívio imediato a F. Por fim, o pacote regulador atinge A e o fluxo genuinamente diminui sua velocidade.

O efeito líquido desse esquema hop a hop é oferecer alívio rápido no ponto de congestionamento, ao preço de aumentar o consumo de buffers do fluxo ascendente (upstream). Dessa maneira, o congestionamento pode ser cortado pela raiz sem perda de pacotes. A ideia é analisada com mais detalhes em Mishra et al. (1996).

5.4 QUALIDADE DE SERVIÇO E QUALIDADE DE EXPERIÊNCIA DA APLICAÇÃO

As técnicas que examinamos nas seções anteriores foram projetadas para reduzir o congestionamento e melhorar o desempenho das redes. Contudo, existem aplicações (e clientes) que exigem garantias de desempenho mais altas da rede do que "o melhor que poderia ser feito sob as atuais circunstâncias", também chamado de **melhor esforço**. Ainda assim, muitas aplicações frequentemente precisam de um throughput mínimo e latência máxima para funcionar. Nesta seção, continuaremos nosso estudo sobre o desempenho da rede, mas com um foco mais nítido nas alternativas para oferecer uma qualidade de serviço adequada às necessidades das aplicações. Essa é uma área em que a Internet está passando por uma atualização em longo prazo. Mais recentemente, também houve um foco maior na **Qualidade de experiência (QoE)** do usuário, que reconhece, finalmente, que a experiência do usuário importa, e diferentes aplicações têm requisitos e limites muito diferentes, no que se refere ao desempenho da rede. Uma área cada vez mais visada refere-se à estimativa da QoE do usuário dada a capacidade de observar apenas o tráfego criptografado da rede.

Figura 5.25 Notificação explícita de congestionamento.

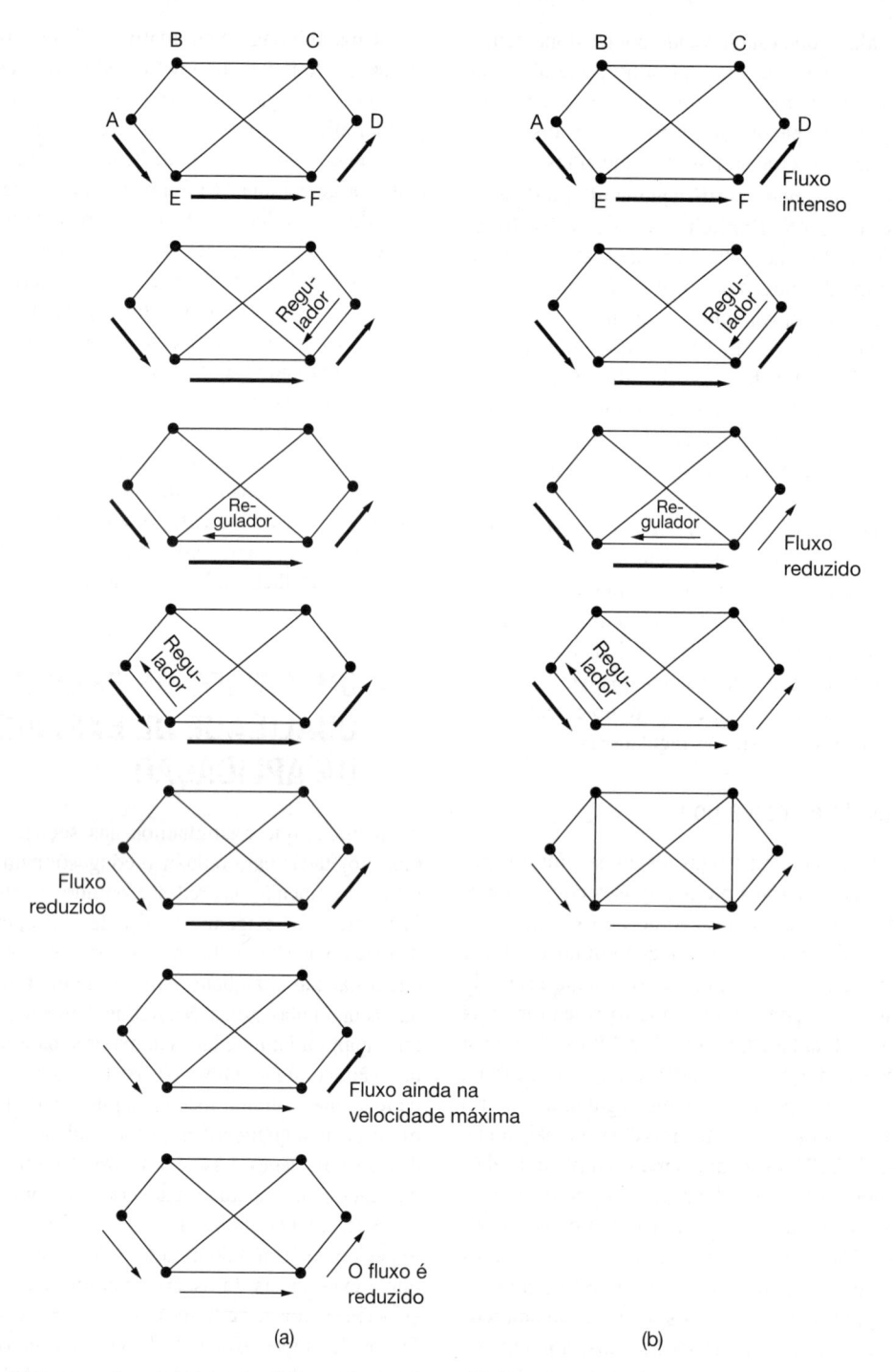

Figura 5.26 (a) Um pacote regulador que afeta apenas a origem. (b) Um pacote regulador que afeta cada hop pelo qual passa.

5.4.1 Requisitos de qualidade de serviço da aplicação

Uma sequência de pacotes de uma origem até um destino é chamada **fluxo** (Clark, 1988). Em uma rede orientada a conexões, um fluxo pode ser todos os pacotes de uma conexão; em uma rede não orientada a conexões, são todos os pacotes enviados de um processo para outro. As necessidades de cada fluxo podem ser caracterizadas por quatro parâmetros principais: largura de banda, atraso, flutuação e perda. Juntos, esses parâmetros determinam a **qualidade de serviço**, ou **QoS** (**Quality of Service**), que o fluxo exige.

Várias aplicações comuns e a rigidez de seus requisitos estão listadas na Figura 5.27. Observe que os requisitos

Aplicação	Largura de banda	Atraso	Flutuação	Perda
E-mail	Baixa	Baixo	Baixa	Média
Compartilhamento de arquivos	Alta	Baixo	Baixa	Média
Acesso à Web	Média	Médio	Baixa	Média
Login remoto	Baixa	Médio	Média	Média
Áudio por demanda	Baixa	Baixo	Alta	Baixa
Vídeo por demanda	Alta	Baixo	Alta	Baixa
Telefonia	Baixa	Alto	Alta	Baixa
Videoconferência	Alta	Alto	Alta	Baixa

Figura 5.27 Rigidez de requisitos de qualidade de serviço das aplicações.

da rede são menos exigentes do que os da aplicação naqueles casos em que a aplicação pode melhorar o serviço fornecido pela rede. Em particular, as redes não precisam ser isentas de perda para a transferência confiável de arquivos, e elas não precisam entregar pacotes com atrasos idênticos para a reprodução de áudio e vídeo. Alguma perda poderá ser reparada com retransmissões, e alguma quantidade de flutuação pode ser suavizada mantendo-se pacotes em buffer no receptor. Contudo, não há nada que as aplicações possam fazer para remediar a situação se a rede oferecer pouca largura de banda ou muito atraso.

As aplicações diferem em suas necessidades em largura de banda, com o e-mail, áudio em todas as suas formas e o login remoto não precisando de muita, mas o compartilhamento de arquivos e vídeo em todas as suas formas precisando de muita largura de banda.

Mais interessantes são os requisitos de atraso. As aplicações de transferência de arquivos, incluindo e-mail e vídeo, não são sensíveis ao atraso. Se todos os pacotes estiverem uniformemente atrasados por alguns segundos, não haverá qualquer dano. Aplicações interativas, como navegação na Web e login remoto, são mais sensíveis ao atraso. Aplicações em tempo real, como telefonia e videoconferência, têm requisitos estritos de atraso. Se todas as palavras em uma ligação telefônica forem atrasadas por um longo tempo, os usuários considerarão a conexão inaceitável. Por sua vez, a reprodução de arquivos de áudio ou vídeo de um servidor não exige baixo atraso.

A variação (ou seja, desvio padrão) no atraso ou no tempo de chegada do pacote é chamada de **flutuação**. As três primeiras aplicações na Figura 5.27 não são sensíveis aos pacotes que têm entre si intervalos irregulares de chegada. O login remoto às vezes é sensível a isso, pois as atualizações na tela aparecerão em pequenas rajadas se a conexão sofrer muita flutuação. O vídeo e especialmente o áudio são extremamente sensíveis à flutuação. Se o usuário estiver vendo um vídeo pela rede e os quadros forem adiados por exatamente 2.000 segundos, não haverá prejuízo.

Mas, se o tempo de transmissão variar aleatoriamente entre 1 e 2 segundos, o resultado será terrível, a menos que a aplicação oculte a flutuação. Para o áudio, uma flutuação de até mesmo alguns milissegundos é claramente perceptível.

As quatro primeiras aplicações têm requisitos mais rigorosos sobre a perda do que áudio e vídeo, pois todos os bits precisam ser entregues corretamente. Esse objetivo normalmente é alcançado com retransmissões de pacotes perdidos na rede pela camada de transporte. Isso é trabalho desperdiçado; seria melhor se a rede recusasse pacotes que ela provavelmente perderia em primeiro lugar. Aplicações de áudio e vídeo podem tolerar alguns pacotes perdidos sem retransmissão, pois as pessoas não observam pausas curtas ou quadros pulados ocasionalmente.

Para acomodar uma série de aplicações, as redes podem dar suporte a diferentes categorias de QoS. Um exemplo influente vem das redes ATM, que faziam parte de uma grande visão da rede, mas que desde então se tornaram uma tecnologia de nicho. Elas dão suporte a:

1. Taxa de bits constante (p. ex., telefonia).
2. Taxa de bits variável em tempo real (p. ex., videoconferência compactada).
3. Taxa de bits variável não em tempo real (p. ex., assistir a um filme por demanda).
4. Taxa de bits disponível (p. ex., transferência de arquivos).

Essas categorias também são úteis para outros propósitos e outras redes. A taxa de bits constante é uma tentativa de simular um fio que oferece uma largura de banda e um atraso uniformes. A taxa de bits variável ocorre quando o vídeo é compactado, com alguns quadros sendo mais compactados que outros. Desse modo, a transmissão de um quadro com uma grande quantidade de detalhes pode exigir o envio de muitos bits, enquanto a transmissão de uma foto de uma parede branca pode se compactar extremamente bem. Os filmes por demanda não são realmente em tempo real, pois alguns segundos de vídeo podem ser facilmente mantidos em buffer no receptor antes que a reprodução seja iniciada, de modo que a flutuação na rede simplesmente causa variação na quantidade de vídeo armazenado, mas não exibido. A taxa de bits disponível se destina a aplicações como e-mail, não sensíveis ao atraso ou à flutuação e que usam a largura de banda que puderem obter.

5.4.2 Superprovisionamento

Uma solução fácil para fornecer um serviço de boa qualidade é construir uma rede com capacidade suficiente para qualquer tráfego que seja direcionado a ela. O nome dessa solução é **superprovisionamento**. A rede resultante transportará o tráfego de aplicativos sem perdas significativas e, assumindo um esquema de roteamento decente, entregará pacotes com baixa latência. O desempenho não pode ser melhor do que isso. Até certo ponto, o sistema telefônico é superprovisionado porque é raro pegar o telefone e não ouvir o tom de discagem instantaneamente. Há tanta capacidade disponível que a demanda quase sempre pode ser atendida.

O problema dessa solução é que ela é cara. Basicamente resolve-se um problema jogando dinheiro nele. Os mecanismos de qualidade de serviço permitem que uma rede com menos capacidade atenda aos requisitos da aplicação a um custo mais baixo. Além disso, o superprovisionamento é baseado no tráfego esperado. Todas as apostas serão canceladas se o padrão de tráfego mudar muito. Com mecanismos de qualidade de serviço, a rede pode honrar as garantias de desempenho que oferece mesmo quando há picos de tráfego, ao custo de recusar algumas solicitações. Quatro questões devem ser tratadas para garantir a qualidade do serviço:

1. O que as aplicações precisam da rede.
2. Como regular o tráfego que entra na rede.
3. Como reservar recursos em roteadores para garantir o desempenho.
4. Se a rede pode aceitar mais tráfego com segurança.

Nenhuma técnica isolada lida com todos esses problemas de forma eficiente. Em vez disso, diversas técnicas foram desenvolvidas para uso na camada de rede (e de transporte). Soluções práticas de qualidade de serviço combinam várias técnicas. Para tanto, descreveremos duas versões da qualidade de serviço para a Internet, denominadas Serviços integrados e Serviços diferenciados.

5.4.3 Listagem de pacotes

A capacidade de regular a forma do tráfego oferecido é um bom início para garantir a qualidade de serviço. Todavia, para oferecer uma garantia de desempenho, temos de reservar recursos suficientes ao longo da rota que os pacotes percorrem na rede. Para isso, estamos considerando que todos os pacotes de um fluxo seguem a mesma rota. Dispersá-los pelos roteadores ao acaso torna difícil estabelecer qualquer garantia. Como consequência, algo semelhante a um circuito virtual tem de ser configurado desde a origem até o destino, e todos os pacotes que pertencem ao fluxo devem seguir essa rota.

Os algoritmos que alocam recursos do roteador entre os pacotes de um fluxo e entre fluxos concorrentes são chamados de **algoritmos de escalonamento de pacotes**. Três tipos de recursos potencialmente podem ser reservados para diferentes fluxos:

1. Largura de banda.
2. Espaço em buffer.
3. Ciclos de CPU.

O primeiro recurso, a largura de banda, é o mais óbvio. Se um fluxo exige 1 Mbps e a linha de saída tem uma capacidade de 2 Mbps, tentar orientar três fluxos por essa linha é uma estratégia que não vai funcionar. Desse modo, reservar largura de banda não significa sobrecarregar nenhuma linha de saída.

Um segundo recurso frequentemente escasso é o espaço em buffer. Quando um pacote chega, em geral ele é armazenado no roteador até poder ser transmitido na linha de saída escolhida. A finalidade do buffer é absorver pequenas rajadas de tráfego à medida que os fluxos disputam uns com os outros. Se nenhum buffer estiver disponível, o pacote terá de ser descartado, pois não há lugar para colocá-lo. Para alcançar uma boa qualidade de serviço, alguns buffers podem ser reservados para um fluxo específico, de forma que o fluxo não tenha de competir pelos buffers com outros fluxos. Até um número máximo, sempre haverá um buffer disponível quando o fluxo precisar de um.

Finalmente, os ciclos de CPU também podem constituir um recurso escasso. O processamento de um pacote exige tempo de CPU do roteador e, assim, o roteador só pode processar certo número de pacotes por segundo. Embora os roteadores modernos sejam capazes de processar a maioria dos pacotes rapidamente, alguns tipos de pacotes exigem maior processamento de CPU, como os pacotes ICMP, que descreveremos na Seção 5.7.4. É preciso ter certeza de que a CPU não está sobrecarregada, a fim de assegurar o processamento oportuno desses pacotes.

Escalonamento First-In, First Out (FIFO)

Os algoritmos de escalonamento de pacotes alocam largura de banda e outros recursos do roteador determinando quais dos pacotes no buffer serão enviados na linha de saída em seguida. Já descrevemos o escalonador mais simples quando explicamos o funcionamento dos roteadores. Cada roteador mantém pacotes em buffer em uma fila para cada linha de saída, até que possam ser enviados na mesma ordem em que chegaram. Esse algoritmo é conhecido como

FIFO (First-In, First-Out), ou, de modo equivalente, **FCFS (First-Come, First-Served)**.

Roteadores FIFO normalmente descartam pacotes recém-chegados quando a fila está cheia. Como o pacote recém-chegado teria sido colocado no final da fila, esse comportamento é chamado de **descarte de cauda**. Ele é intuitivo, e você pode estar questionando quais são as alternativas que existem. De fato, o algoritmo RED que descrevemos na Seção 5.3.2 escolheu um pacote recém-chegado para descartar aleatoriamente quando o tamanho médio da fila cresceu muito. Os outros algoritmos de escalonamento que descreveremos também criam outras oportunidades para decidir qual pacote descartar quando os buffers estão cheios.

Enfileiramento ordenado com rodízio de filas

O escalonamento FIFO é simples de implementar, mas não é adequado para fornecer boa qualidade de serviço, pois, quando existem múltiplos fluxos, um deles pode facilmente afetar o desempenho dos outros. Se o primeiro fluxo for agressivo e enviar grandes rajadas de pacotes, eles se alojarão na fila. Processar pacotes na ordem de chegada significa que o transmissor agressivo pode tomar conta da maior parte da capacidade dos roteadores no encaminhamento interno de pacotes, prejudicando os outros fluxos e reduzindo sua qualidade de serviço. Para aumentar o problema, os pacotes de outros fluxos que não são encaminhados internamente provavelmente sofrerão adiamentos, pois eles devem ficar na fila atrás dos muitos pacotes do transmissor mais agressivo.

Muitos algoritmos de escalonamento de pacotes foram criados para oferecer isolamento mais robusto entre os fluxos e afastar tentativas de interferência (Bhatti e Crowcroft, 2000). Um dos primeiros foi o algoritmo de **enfileiramento ordenado com rodízio de filas**, criado por Nagle (1987). A essência dele é que os roteadores têm filas separadas, uma para cada fluxo para determinada linha de saída. Quando a linha fica ociosa, o roteador varre as filas em rodízio, como mostra a Figura 5.28. Depois, ele pega o primeiro pacote na próxima fila. Dessa forma, com n hosts competindo pela linha de saída, cada host consegue enviar um de cada n pacotes. Isso é justo no sentido de que todos os fluxos passam a enviar pacotes na mesma velocidade. O envio de mais pacotes não melhorará essa velocidade.

Embora seja um início, o algoritmo tem uma falha: ele oferece mais largura de banda para os hosts que usam grandes pacotes do que para os que usam pequenos pacotes. Demers et al. (1990) sugeriram uma melhoria em que a operação é feita de modo que simule um rodízio byte a byte, em vez de um rodízio pacote a pacote. O truque é calcular um tempo virtual que seja o número da rodada em que cada pacote acabaria sendo enviado. Cada rodada escoa um byte de todas as filas que possuem dados para enviar. Os pacotes são, então, classificados na ordem da hora de finalização e enviados nessa ordem.

Esse algoritmo e um exemplo das horas de finalização para os pacotes que chegam por três fluxos são ilustrados na Figura 5.29. Se um pacote tem tamanho L, a rodada em que ele terminará é simplesmente L rodadas após a hora de início. Essa é a hora do término do pacote anterior ou a hora da chegada do pacote, se a fila estiver vazia quando ele chegar.

Pela tabela na Figura 5.29(b) e examinando apenas os dois primeiros pacotes nas duas filas superiores, os pacotes chegam na ordem A, B, D e F. O pacote A chega na rodada 0 e tem 8 bytes de extensão, de modo que sua hora de término é a rodada 8. De maneira semelhante, a hora de término para o pacote B é 11. O pacote D chega enquanto B está sendo enviado. Sua hora de término é 9 rodadas de byte após iniciar quando B chega, ou 20. De modo similar, a hora de término para F é 16. Na ausência de novas chegadas, a ordem de envio relativa é A, B, F, D, embora F tenha chegado depois de D. É possível que outro pacote pequeno chegue no fluxo superior e obtenha uma hora de término anterior a D. Ele só saltará adiante de D se a transmissão desse pacote não tiver sido iniciada. O enfileiramento ordenado com rodízio de filas não se apropria de pacotes que estão sendo transmitidos atualmente. Como os pacotes são enviados por inteiro, esse enfileiramento é apenas uma aproximação do esquema byte a byte ideal. Mas ele é uma boa aproximação, ficando dentro de uma transmissão de pacote do esquema ideal em todos os momentos.

Enfileiramento ordenado com rodízio de filas ponderado

Uma deficiência desse algoritmo na prática é que ele dá a todos os hosts a mesma prioridade. Em muitas situações, é

Figura 5.28 Enfileiramento ordenado com rodízio de filas.

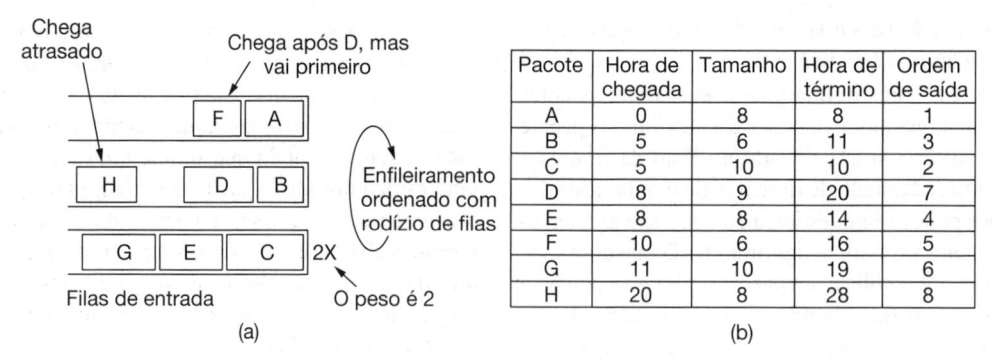

Figura 5.29 (a) Enfileiramento ordenado com rodízio de filas ponderado. (b) Horas de término para os pacotes.

Pacote	Hora de chegada	Tamanho	Hora de término	Ordem de saída
A	0	8	8	1
B	5	6	11	3
C	5	10	10	2
D	8	9	20	7
E	8	8	14	4
F	10	6	16	5
G	11	10	19	6
H	20	8	28	8

desejável dar, por exemplo, mais largura de banda aos servidores de vídeo do que, digamos, aos servidores de arquivos. Isso é facilmente possível dando ao servidor de vídeo dois ou mais bytes por rodada. Esse algoritmo modificado é chamado **enfileiramento ordenado com rodízio de filas ponderado**, ou **WFQ (Weighted Fair Queueing)**. Deixando o número de bytes por rodada ser o peso de um fluxo, W, podemos agora fornecer a fórmula para calcular a hora de término:

$$F_i = \max(A_i, F_{i-1}) + L_i/W$$

onde A_i é a hora de chegada, F_i é a hora de término e L_i é o tamanho do pacote i. A fila inferior da Figura 5.29(a) tem um peso 2, de modo que seus pacotes são enviados mais rapidamente, como você pode ver nas horas de término da Figura 5.29(b).

Outra consideração prática é a complexidade da implementação. O WFQ requer que os pacotes sejam inseridos por sua hora de término em uma fila ordenada. Com N fluxos, essa é, na melhor das hipóteses, uma operação de ordem $O(\log N)$ por pacote, que é difícil de conseguir para muitos fluxos em roteadores de alta velocidade. Shreedhar e Varghese (1995) descrevem uma aproximação chamada **rodízio por déficit**, que pode ser implementada de modo muito eficiente, com apenas $O(1)$ operações por pacote. O WFQ é muito usado com essa aproximação.

Também existem outros tipos de algoritmos de escalonamento. Um exemplo simples é o escalonamento por prioridade, em que cada pacote é marcado com uma prioridade. Os pacotes com alta prioridade sempre são enviados antes de quaisquer pacotes de baixa prioridade que são mantidos em buffer. Dentro de uma prioridade, os pacotes são enviados na ordem FIFO (ou seja, primeiro a entrar, primeiro a sair). Contudo, o escalonamento por prioridade tem a desvantagem de que uma rajada de pacotes de alta prioridade poderá deixar os pacotes de baixa prioridade esperando indefinidamente. O WFQ normalmente oferece uma alternativa melhor. Dando à fila de alta prioridade um peso grande, digamos 3, os pacotes de alta prioridade normalmente atravessarão um caminho curto (pois relativamente poucos pacotes devem ter alta prioridade), embora alguma fração dos pacotes de baixa prioridade continue a ser enviada mesmo quando existe tráfego de alta prioridade. Um sistema de prioridades alta e baixa é basicamente um sistema WFQ de duas filas em que a alta prioridade tem peso infinito.

Como um exemplo final de escalonador, os pacotes podem carregar registros de tempo e ser enviados na ordem desses registros. Clark et al. (1992) descrevem um projeto em que o registro de tempo grava quanto o pacote está atrasado ou adiantado enquanto é enviado por uma sequência de roteadores no caminho. Os pacotes que tiverem sido enfileirados atrás de outros em um roteador tendem a estar atrasados, e os pacotes que foram atendidos primeiro tendem a estar adiantados. Enviar pacotes na ordem de registros de tempo tem o efeito benéfico de agilizar pacotes lentos ao mesmo tempo que atrasa pacotes rápidos. O resultado é que todos são entregues pela rede com um atraso mais consistente, o que obviamente é uma coisa boa.

Reunindo todos os elementos

Já vimos até aqui todos os elementos necessários para QoS, e agora é hora de reuni-los para realmente oferecê-la. As garantias de QoS são estabelecidas por meio do processo de controle de acesso. Primeiro vimos o controle de acesso usado para regular o congestionamento, o que é uma garantia de desempenho, apesar de fraca. As garantias que estamos considerando agora são mais fortes, mas o modelo é o mesmo. O usuário oferece à rede um fluxo com um requisito de QoS desejado. A rede decide, então, com base em sua capacidade e na quantidade de compromissos que já assumiu para outros fluxos, se deve admitir ou rejeitar o fluxo. Se aceitar, a rede reserva capacidade com antecedência nos roteadores para garantir a QoS quando o tráfego for enviado no novo fluxo.

As reservas devem ser feitas em todos os roteadores ao longo da rota que os pacotes tomarão pela rede. Qualquer roteador sem reservas no caminho poderia se tornar congestionado, e um único roteador congestionado pode quebrar a garantia de QoS. Muitos algoritmos de roteamento encontram o único melhor caminho entre cada origem e cada destino e enviam todo o tráfego por ele. Isso pode fazer alguns fluxos serem rejeitados se não houver capacidade de reserva suficiente ao longo do melhor caminho. As garantias de QoS para novos fluxos ainda podem ser ajustadas escolhendo-se uma rota diferente para o fluxo que tenha capacidade em excesso. Isso é chamado de **roteamento por QoS**. Chen e Nahrstedt (1998) oferecem uma visão geral dessas técnicas. Também é possível dividir o tráfego para cada destino por vários caminhos, para encontrar a capacidade em excesso com mais facilidade. Um método simples é que os roteadores escolham caminhos de mesmo custo e dividam o tráfego igual ou proporcionalmente com a capacidade dos enlaces de saída. Todavia, algoritmos mais sofisticados também estão disponíveis (Nelakuditi e Zhang, 2002).

Dado um caminho, a decisão de aceitar ou rejeitar um fluxo não é uma simples questão de comparar os recursos (largura de banda, buffers, ciclos) solicitados pelo fluxo com a capacidade em excesso do roteador nessas três dimensões. O problema é um pouco mais complicado. Para começar, embora algumas aplicações possam conhecer seus requisitos de largura de banda, poucas sabem algo sobre buffers ou ciclos de CPU; então, no mínimo, é necessário encontrar uma forma diferente de descrever fluxos e traduzir essa descrição para recursos do roteador. Veremos isso em breve.

Em seguida, algumas aplicações são muito mais tolerantes à perda ocasional dentro de um prazo final que outras. As aplicações precisam escolher entre os tipos de garantias que a rede pode oferecer, sejam elas rígidas, sejam por comportamento que será mantido na maior parte do tempo. Tudo o mais sendo igual, todos gostariam de garantias rígidas, mas a dificuldade é que elas são caras, pois, na pior das hipóteses, restringem o comportamento. As garantias para a maior parte dos pacotes normalmente são suficientes para as aplicações, e mais fluxos com essa garantia oferecida podem ser admitidos como uma capacidade fixa.

Por fim, algumas aplicações podem estar dispostas a pechinchar sobre os parâmetros de fluxo e outras não. Por exemplo, um aplicativo gerenciador de filmes que normalmente funciona a 30 quadros/s pode estar disposto a reduzir sua velocidade para 25 quadros/s, se não houver largura de banda suficiente para admitir 30 quadros/s. De modo semelhante, o número de pixels por quadro, a largura de banda de áudio e outras propriedades podem ser ajustáveis.

Como muitas partes talvez estejam envolvidas na negociação de fluxo (o transmissor, o receptor e todos os roteadores ao longo do caminho entre eles), os fluxos devem ser descritos com precisão em termos de parâmetros específicos que podem ser negociados. Um conjunto desses parâmetros é chamado de **especificação de fluxo**. Em geral, o transmissor (p. ex., o servidor de vídeo) produz uma especificação de fluxo propondo os parâmetros que ele gostaria de usar. À medida que a especificação se propaga ao longo da rota, cada roteador a examina e modifica os parâmetros conforme for necessário. As modificações só podem reduzir o fluxo, não aumentá-lo (p. ex., uma taxa de dados mais baixa, e não mais alta). Quando ela chega à outra extremidade, os parâmetros podem ser estabelecidos.

Como exemplo do que pode haver em uma especificação de fluxo, considere a Figura 5.30, baseada nas RFCs 2210 e 2211 para os serviços integrados, um projeto de QoS que veremos na próxima seção. A especificação tem cinco parâmetros. Os dois primeiros, a *taxa de token bucket* e o *tamanho do token bucket,* usam um token bucket para fornecer a taxa máxima sustentada que o transmissor pode transmitir, com a média calculada para um longo intervalo de tempo, e a maior rajada que ele pode enviar por um curto intervalo de tempo.

O terceiro parâmetro, a *taxa de dados de pico*, é a taxa máxima de transmissão tolerada, mesmo durante breves intervalos. O transmissor nunca deve excedê-la, mesmo para rajadas curtas.

Os dois últimos parâmetros especificam os tamanhos mínimo e máximo do pacote, incluindo os cabeçalhos da camada de transporte e da camada de rede (p. ex., TCP e IP). O tamanho mínimo é importante porque o processamento de cada pacote demora um tempo fixo, independentemente de quanto ele seja curto. Um roteador pode estar preparado para manipular 10.000 pacotes/s de 1 KB cada um, mas não estar preparado para tratar 100.000 pacotes/s de 50 bytes cada um, embora isso represente uma taxa de dados mais baixa. O tamanho máximo do pacote é importante em razão de limitações internas da rede que não podem ser excedidas. Por exemplo, se parte do caminho passar por uma rede Ethernet, o tamanho máximo do pacote será restrito a não mais que 1.500 bytes, independentemente do tamanho que o restante da rede possa manipular.

Uma pergunta interessante é como um roteador transforma uma especificação de fluxo em um conjunto de reservas de recursos específicos. À primeira vista, pode parecer que, se um roteador tem um enlace que transmite a, digamos, 1 Gbps e o pacote tem, em média, 1.000 bits, ele pode processar 1 milhão de pacotes/s. Contudo, essa observação é falsa, pois sempre haverá períodos ociosos no enlace decorrentes de flutuações estatísticas na carga. Se o enlace precisar de cada bit de capacidade para realizar seu

Parâmetro	Unidade
Taxa de token bucket	Bytes/s
Tamanho do token bucket	Bytes
Taxa de dados de pico	Bytes/s
Tamanho mínimo do pacote	Bytes
Tamanho máximo do pacote	Bytes

Figura 5.30 Um exemplo de especificação de fluxo.

trabalho, a ociosidade até mesmo por alguns bits criará um acúmulo do qual ele nunca poderá se livrar.

Até mesmo com uma carga ligeiramente abaixo da capacidade teórica, as filas podem se acumular e os atrasos podem ocorrer. Considere uma situação em que os pacotes chegam aleatoriamente com uma taxa de chegada média de λ pacotes/s. Os pacotes têm tamanhos variáveis e podem ser enviados no enlace com uma taxa de serviço média de μ pacotes/s. Sob a hipótese de que as distribuições de chegada e serviço são distribuições de Poisson (o que é chamado sistema de enfileiramento M/M/1, onde "M" significa Markov, ou seja, do tipo Poisson), pode ser provado, usando a teoria de enfileiramento, que o atraso médio experimentado por um pacote, T, é

$$T = \frac{1}{\mu} \times \frac{1}{1 - \lambda/\mu} = \frac{1}{\mu} \times \frac{1}{1 - \rho}$$

onde $\rho = \lambda/\mu$ é a utilização de CPU. O primeiro fator, $1/\mu$, indica qual seria o tempo do serviço na ausência de competição. O segundo fator é a lentidão ocasionada pela competição com outros fluxos. Por exemplo, se $\lambda = 950.000$ pacotes/s e $\mu = 1.000.000$ pacotes/s, então $\rho = 0,95$ e o atraso médio experimentado por pacote será de 20 μs, em vez de 1 μs. Esse tempo considera tanto o tempo de enfileiramento quanto o tempo de serviço, como pode ser visto quando a carga é muito baixa ($\lambda/\mu \approx 0$). Se houver, digamos, 30 roteadores ao longo da rota do fluxo, somente o atraso de enfileiramento será responsável por 600 μs de atraso.

Um método para relacionar especificações de fluxo a recursos do roteador, que corresponde a garantias de largura de banda e desempenho no atraso, é dado por Parekh e Gallagher (1993, 1994). Ele é baseado nas fontes de tráfego modeladas por token buckets (R, B) e WFQ nos roteadores. Cada fluxo recebe um peso de WFQ, W, grande o bastante para escoar sua taxa de token bucket, R, como mostra a Figura 5.31. Por exemplo, se o fluxo tem uma taxa de 1 Mbps e o roteador e o enlace de saída têm uma capacidade de 1 Gbps, o peso para o fluxo precisa ser maior que 1/1.000 do total dos pesos para todos os fluxos nesse roteador para o enlace de saída. Isso garante uma largura de banda mínima para o fluxo. Se ele não puder receber uma taxa grande o bastante, o fluxo não poderá ser admitido.

O maior atraso de enfileiramento que o fluxo verá é uma função do tamanho da rajada do token bucket. Considere os dois casos extremos. Por um lado, se o tráfego for suave, sem nenhuma rajada, os pacotes serão escoados do roteador tão rapidamente quanto eles chegam. Não haverá atraso de enfileiramento (ignorando os efeitos do uso de pacotes). Por outro lado, se o tráfego for em rajadas, então uma rajada de tamanho máximo, B, poderá chegar ao roteador ao mesmo tempo. Nesse caso, o atraso de enfileiramento máximo, D, será o tempo gasto para escoar essa rajada na largura de banda garantida, ou B/R (novamente ignorando os efeitos do uso de pacotes). Se esse atraso for muito grande, o fluxo deverá solicitar mais largura de banda da rede.

Essas garantias são rígidas. Os token buckets limitam as rajadas da origem, e o enfileiramento ordenado com rodízio de filas isola a largura de banda dada a diferentes fluxos. Isso significa que o fluxo atenderá suas garantias de largura de banda e atraso, independentemente de como os outros fluxos concorrentes se comportam no roteador. Esses outros fluxos não podem quebrar a garantia, mesmo economizando tráfego e com todos enviando ao mesmo tempo.

Além disso, o resultado é mantido para um caminho por vários roteadores em qualquer topologia de rede. Cada fluxo recebe uma largura de banda mínima, que é garantida em cada roteador. O motivo para cada fluxo receber um atraso máximo é mais sutil. Na pior das hipóteses, em que uma rajada de tráfego atinge o primeiro roteador e compete com o tráfego de outros fluxos, ela será adiada até o atraso máximo D. Contudo, esse atraso também suavizará a rajada. Por sua vez, isso significa que a rajada não admitirá mais atrasos de enfileiramento em roteadores mais adiante. O atraso de enfileiramento geral será, no máximo, D.

5.4.4 Serviços integrados

Entre 1995 e 1997, a IETF dedicou um grande esforço à criação de uma arquitetura para streaming de multimídia. Esse trabalho resultou em mais de duas dezenas de RFCs, começando com as RFCs 2205 a 2212. A esse trabalho foi dado o nome genérico de **serviços integrados**. Ele teve como objetivo as aplicações de unicast e multicast. Um exemplo do primeiro tipo de aplicação é um único usuário que recebe um streaming de vídeo transmitido por

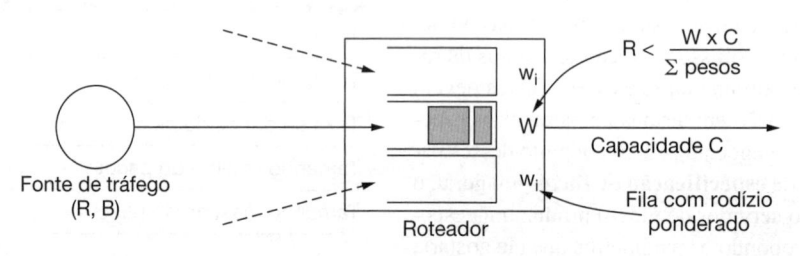

Figura 5.31 Garantias de largura de banda e atraso com token buckets e WFQ.

um site de notícias. Outro exemplo é um conjunto de estações de televisão digital que transmitem seus programas sob a forma de fluxos de pacotes IP para muitos receptores situados em diversos locais. A seguir, vamos nos concentrar no multicast, pois o unicast é um caso especial de multicast.

Em muitas aplicações de multicast, os grupos podem alterar seus membros dinamicamente; por exemplo, quando as pessoas entram em uma videoconferência ou se entediam e passam para uma novela ou para o canal de esportes. Sob essas condições, a estratégia de fazer os transmissores reservarem largura de banda com antecedência não funciona muito bem, pois ela exigiria que cada transmissor rastreasse todas as entradas e saídas de sua audiência. No caso de um sistema projetado para transmitir programas de televisão a milhões de assinantes, esse esquema não funcionaria de forma alguma.

RSVP – Resource Reservation Protocol

A parte principal da arquitetura de serviços integrados visível aos usuários da rede é o **RSVP**, descrito nas RFCs 2205 a 2210. Esse protocolo é empregado para fazer as reservas; outros protocolos são usados para transmitir os dados. O RSVP permite que vários transmissores enviem os dados para vários grupos de receptores, torna possível aos receptores individuais mudar livremente de canais e otimiza o uso da largura de banda ao mesmo tempo que elimina o congestionamento.

Em sua forma mais simples, o protocolo utiliza roteamento por multicast com spanning trees, como discutido anteriormente. Cada grupo recebe um endereço. Para enviar dados a um grupo, um transmissor coloca o endereço dele em seus pacotes. Em seguida, o algoritmo de roteamento por multicast padrão constrói uma spanning tree que abrange todos os membros. O algoritmo de roteamento não faz parte do RSVP. A única diferença em relação ao multicasting normal são algumas informações extras transmitidas periodicamente ao grupo por multicast, a fim de informar aos roteadores ao longo da árvore que devem manter certas estruturas de dados em suas respectivas memórias.

Como exemplo, considere a rede da Figura 5.32(a). Os hosts 1 e 2 são transmissores de multicast, e os hosts 3, 4 e 5 são receptores de multicast. Nesse exemplo, os transmissores e os receptores estão separados, mas, em geral, os dois conjuntos podem se sobrepor. As árvores de multicast para os hosts 1 e 2 são mostradas na Figura 5.32(b) e na Figura 5.32(c), respectivamente.

Para obter melhor recepção e eliminar o congestionamento, qualquer um dos receptores de um grupo pode enviar uma mensagem de reserva pela árvore para o transmissor. A mensagem é propagada com a utilização do algoritmo de encaminhamento pelo caminho inverso, discutido anteriormente. Em cada hop, o roteador detecta a reserva e guarda a largura de banda necessária. Na seção anterior, vimos como um escalonador de enfileiramento ordenado com rodízio de filas ponderado pode ser usado para fazer essa reserva. Se a largura de banda disponível não for suficiente, ele informa a falha. No momento em que a mensagem retornar à origem, a largura de banda já terá sido reservada ao longo de todo o caminho entre o transmissor e o receptor, fazendo a solicitação de reserva ao longo da spanning tree.

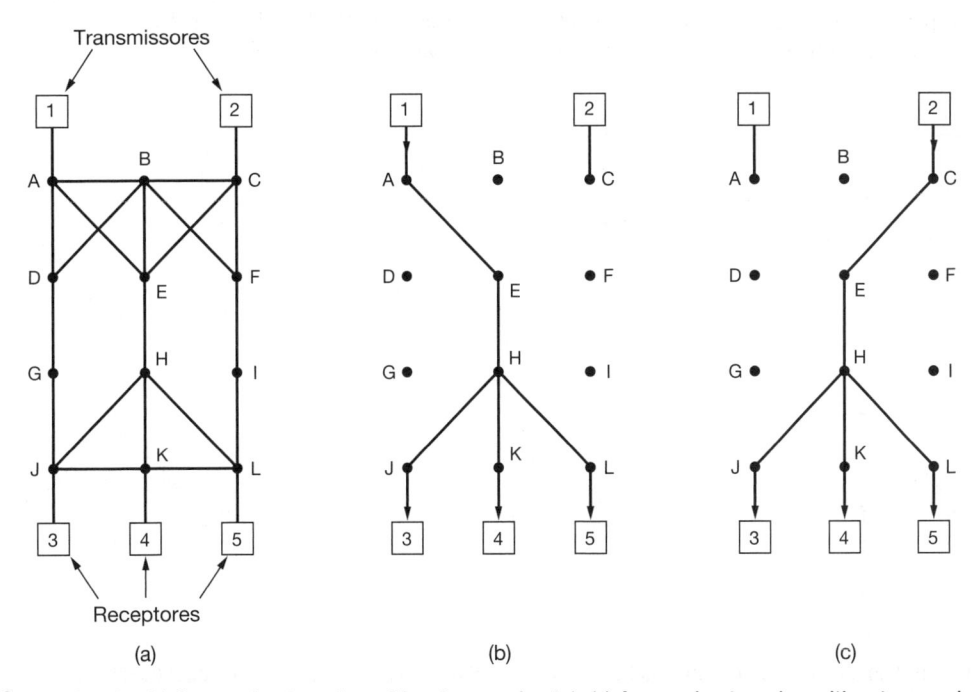

Figura 5.32 (a) A rede. (b) A spanning tree de multicast para o host 1. (c) A spanning tree de multicast para o host 2.

Um exemplo desse processo de reserva pode ser visto na Figura 5.33(a). Aqui, o host 3 solicitou um canal ao host 1. Uma vez estabelecido o canal, os pacotes podem fluir do host 1 até o host 3, sem congestionamento. Agora, considere o que acontecerá se, em seguida, o host 3 reservar um canal para o outro transmissor, o host 2, de forma que o usuário possa assistir a dois programas de televisão ao mesmo tempo. Um segundo caminho será reservado, como ilustra a Figura 5.33(b). Observe que são necessários dois canais distintos entre o host 3 e o roteador E, pois dois fluxos independentes estão sendo transmitidos.

Por fim, na Figura 5.33(c), o host 5 decide assistir ao programa que está sendo transmitido pelo host 1 e também faz uma reserva. Primeiro, é reservada uma largura de banda dedicada até o roteador H. Entretanto, esse roteador percebe que já está sendo alimentado pelo host 1; assim, como a largura de banda necessária já foi reservada, ele não precisa reservar mais nada. Observe que os hosts 3 e 5 poderiam ter solicitado diferentes volumes de largura de banda (p. ex., o host 3 tem uma tela pequena e só deseja a informação em baixa resolução), portanto, a capacidade reservada deve ser grande o suficiente para satisfazer ao receptor mais voraz.

Ao fazer uma reserva, um receptor pode (opcionalmente) especificar uma ou mais origens a partir das quais deseja receber informações. Ele também pode especificar se essas opções serão fixas durante o período de reserva, ou se deseja manter em aberto a opção de alterar as origens mais tarde. Os roteadores utilizam essas informações para otimizar o planejamento da largura de banda. Em particular, dois receptores só são configurados para compartilhar um caminho se ambos concordarem em não alterar as origens posteriormente.

O motivo para essa estratégia no caso totalmente dinâmico é que a largura de banda reservada é desacoplada da opção de origem. Quando reserva a largura de banda, um receptor pode alternar para outra origem e manter a parte válida do caminho existente para a nova origem. Por exemplo, se o host 2 estiver transmitindo diversos fluxos de vídeo, o host 3 poderá alternar entre eles quando quiser sem alterar sua reserva, pois os roteadores não se importam com o programa a que o receptor está assistindo.

5.4.5 Serviços diferenciados

Os algoritmos baseados em fluxo têm potencial para oferecer boa qualidade de serviço a um ou mais fluxos, porque eles reservam quaisquer recursos necessários ao longo da rota. Contudo, eles também têm a desvantagem de exigir uma configuração antecipada para estabelecer cada fluxo, algo que não se ajusta bem quando existem milhares ou milhões de fluxos. Além disso, eles mantêm o estado interno por fluxo nos roteadores, tornando-os vulneráveis a quedas. Por fim, as mudanças exigidas no código do roteador são substanciais e envolvem trocas complexas de roteador para roteador, a fim de configurar os fluxos. Em consequência disso, embora o trabalho com os serviços integrados continue, ainda existem poucas implementações de RSVP ou de algo semelhante.

Por essas razões, a IETF também criou uma abordagem mais simples para oferecer qualidade de serviço, uma estratégia que pode ser implementada em grande parte no local em cada roteador, sem configuração antecipada e sem ter de envolver todo o caminho. Essa abordagem é conhecida como qualidade de serviço **baseada em classe** (em vez de baseada em fluxo). A IETF padronizou uma arquitetura para ela, chamada arquitetura de **serviços diferenciados**, descrita nas RFCs 2474, 2475 e várias outras. Vamos descrevê-la agora.

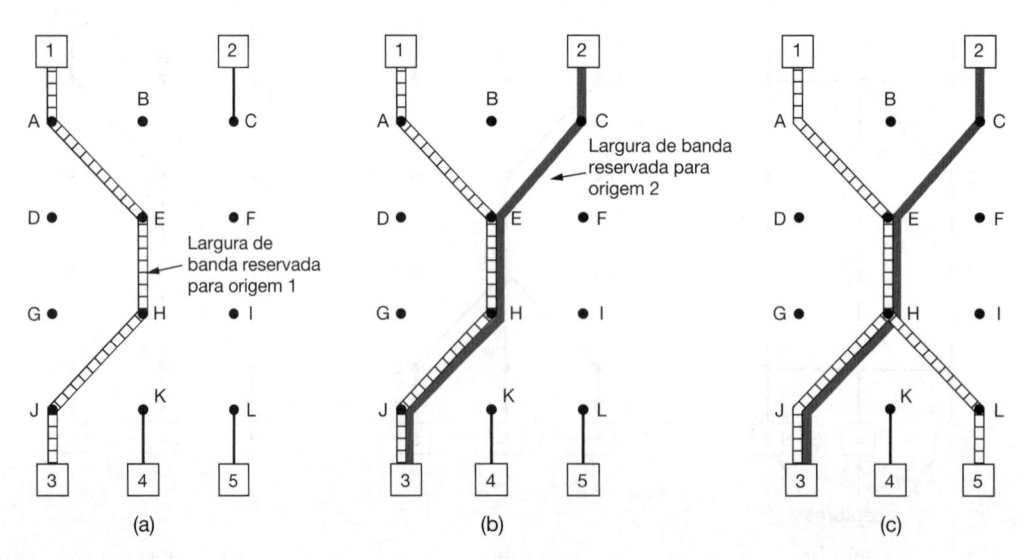

Figura 5.33 (a) O host 3 solicita um canal ao host 1. (b) Em seguida, o host 3 solicita um segundo canal, agora ao host 2. (c) O host 5 solicita um canal ao host 1.

Os serviços diferenciados (differentiated services – DS) podem ser oferecidos por um conjunto de roteadores que formam um domínio administrativo (p. ex., um ISP ou uma empresa de telecomunicações). A administração define um conjunto de classes de serviço com regras de encaminhamento correspondentes. Se um cliente fizer a assinatura para DS, seus pacotes que entrarem no domínio serão marcados com a classe a que pertencem. Essa informação é executada no campo *differentiated services* dos pacotes IPv4 e IPv6 (descritos na Seção 5.7.1). As classes são definidas como **comportamentos por hop**, pois correspondem ao tratamento que o pacote receberá em cada roteador, e não uma garantia pela rede. Um serviço melhor é fornecido aos pacotes com alguns comportamentos por hop (p. ex., um serviço premium) e não a outros (p. ex., o serviço regular). O tráfego dentro de uma classe talvez tenha de obedecer a alguma forma específica, como a de um leaky bucket com uma taxa de escoamento especificada. Uma operadora com certo tino comercial poderia cobrar uma tarifa extra por pacote especial transportado, ou poderia permitir até N pacotes especiais por mês a uma taxa mensal adicional fixa. Observe que esse esquema não exige nenhuma configuração antecipada, nenhuma reserva de recursos e nenhuma negociação demorada e ponto a ponto para cada fluxo, como ocorre no caso dos serviços integrados. Isso torna relativamente fácil implementar os serviços diferenciados.

O serviço baseado em classe também ocorre em outros campos. Por exemplo, as empresas de entrega de pacotes frequentemente oferecem serviço noturno, em dois e em três dias. As empresas aéreas oferecem serviço de primeira classe, classe executiva e classe econômica. Os trens interurbanos muitas vezes têm várias classes de serviço. Até mesmo o metrô de Paris tem duas classes de serviço. No caso dos pacotes, as classes de serviço podem diferir em termos de atraso, flutuação e probabilidade de os pacotes serem descartados na eventualidade de ocorrer congestionamento, entre outras possibilidades (mas talvez não de quadros Ethernet, mais espaçosos).

Para tornar mais clara a diferença entre a qualidade de serviço baseada em fluxo e a qualidade de serviço baseada em classe, vamos considerar o exemplo da telefonia na Internet. Com um esquema baseado em fluxo, cada chamada telefônica obtém seus próprios recursos e garantias. Com um esquema baseado em classe, todas as chamadas telefônicas juntas obtêm os recursos reservados para a classe de telefonia. Esses recursos não podem ser tirados pelos pacotes da classe de navegação Web ou de outras classes, mas nenhuma chamada telefônica recebe qualquer recurso privado reservado apenas para ela.

Encaminhamento expresso

A escolha de classes de serviço cabe a cada operadora, mas, como os pacotes com frequência são encaminhados entre redes pertencentes a diferentes operadoras, a IETF definiu algumas classes de serviço independentes da rede. A mais simples delas é a de **encaminhamento expresso**; portanto, vamos começar por ela. Essa classe é descrita na RFC 3246.

A ideia que rege o encaminhamento expresso é muito simples. Há duas classes de serviço disponíveis: regular e expressa. A maioria do tráfego deve ser regular, mas uma pequena fração dos pacotes é expressa. Os pacotes expressos devem ser capazes de transitar pela rede como se nenhum outro pacote estivesse presente. Desse modo, eles receberão serviço com poucas perdas, atrasos e flutuações – exatamente o que é necessário para o VoIP. Uma representação simbólica desse sistema de "dois tubos" é dada na Figura 5.34. Observe que ainda existe apenas uma linha física. Os dois canais lógicos mostrados na figura representam um modo de reservar largura de banda, não uma segunda linha física.

Um modo de implementar essa estratégia é o seguinte: os pacotes são classificados como expressos ou regulares e marcados de acordo com esse critério. Essa etapa pode ser feita no host transmissor ou no (primeiro) roteador de ingresso. A vantagem de fazer a classificação no host transmissor é que mais informações estão disponíveis a respeito de quais pacotes pertencem a quais fluxos. Essa tarefa pode ser realizada pelo software de rede ou ainda pelo sistema operacional, para evitar ter de mudar as aplicações existentes. Por exemplo, está se tornando comum que os pacotes VoIP sejam marcados para serviço expresso pelos

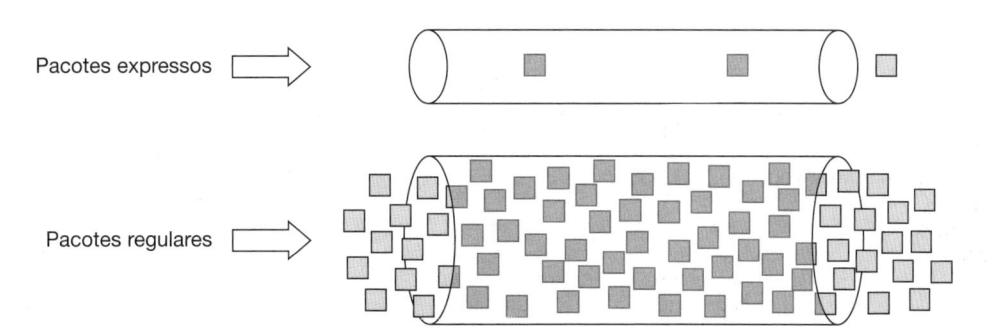

Figura 5.34 Pacotes expressos experimentam uma rede sem tráfego.

hosts. Se os pacotes passarem por uma rede corporativa ou ISP que aceite o serviço expresso, eles receberão tratamento preferencial. Se a rede não aceitar o serviço expresso, nenhum dano será causado. Nesse caso, faz sentido pelo menos tentar.

Naturalmente, se a marcação for feita pelo host, o roteador de ingresso provavelmente policiará o tráfego para garantir que os clientes não estejam enviando mais tráfego expresso do que aqueles que efetivamente pagaram. Dentro da rede, os roteadores podem ter duas filas de saída para cada linha de saída, uma para os pacotes expressos e outra para os pacotes regulares. Quando um pacote chega, ele é enfileirado de acordo com seu tipo. A fila expressa recebe mais prioridade que a regular, por exemplo, usando um escalonador de prioridade. Desse modo, os pacotes expressos veem uma rede desafogada, mesmo quando, na realidade, existe uma alta carga de tráfego regular.

Encaminhamento garantido

Um esquema um pouco mais elaborado para gerenciar as classes de serviço é o **encaminhamento garantido**. Ele é descrito na RFC 2597 e especifica que haverá quatro classes de prioridade, cada uma delas tendo seus próprios recursos. As três classes superiores poderiam ser chamadas de ouro, prata e bronze. Além disso, também são definidas três classes de descarte de pacotes que estejam sofrendo congestionamento: baixo, médio e alto. Considerados em conjunto, esses dois fatores definem 12 classes de serviço.

A Figura 5.35 mostra uma forma possível de processar pacotes no esquema de encaminhamento garantido. A primeira etapa consiste em classificar os pacotes em uma das quatro classes de prioridade. Como antes, essa etapa poderia ser feita no host transmissor (como mostra a figura) ou no roteador de ingresso, e os pacotes de prioridade mais alta podem ser limitados pelo operador como parte da oferta de serviço.

A próxima etapa é determinar a classe de descarte para cada pacote. Isso é feito pela passagem dos pacotes de cada classe de prioridade por um controlador de tráfego, como um token bucket. O gerenciador permite que todo o tráfego passe, mas identifica os pacotes que cabem dentro de pequenas rajadas como baixo descarte, pacotes que excedem as pequenas rajadas como descarte médio e pacotes que ultrapassam grandes rajadas como descarte alto. A combinação de classes de prioridade e descarte é, então, codificada em cada pacote.

Por fim, os pacotes são processados pelos roteadores na rede com um escalonador de pacotes que distingue as diferentes classes. Uma escolha comum é usar o enfileiramento ordenado com rodízio de filas ponderado para as quatro classes de prioridade, com as classes mais altas recebendo pesos maiores. Desse modo, elas receberão mais largura de banda, mas as classes mais baixas não ficarão totalmente sem largura de banda. Por exemplo, se os pesos dobrarem de uma classe para a próxima, mais alta, a classe mais alta receberá o dobro da largura de banda. Em uma classe de prioridade, os pacotes com uma classe de descarte mais alta podem ser preferencialmente descartados executando-se um algoritmo como RED. O RED começará a descartar pacotes à medida que o congestionamento se acumula, mas antes que o roteador tenha ficado sem espaço em buffer. Nesse estágio, ainda existe espaço em buffer para aceitar pacotes com baixo descarte enquanto pacotes com alto descarte são removidos.

5.5 INTERLIGAÇÃO DE REDES

Até agora, supusemos implicitamente que havia uma única rede homogênea, com cada máquina usando o mesmo protocolo em cada camada. Infelizmente, essa suposição é muito otimista. Existem muitas redes diferentes, incluindo PANs, LANs, MANs e WANs. Descrevemos Ethernet, Internet por cabo, as redes de telefone fixo e móvel, 802.11 e outras. Diversos protocolos estão sendo bastante utilizados em cada camada dessas redes.

5.5.1 Visão geral

Nas seções a seguir, examinaremos cuidadosamente as questões que surgem quando duas ou mais redes são interconectadas para formar uma **rede interligada**, ou, simplesmente, uma **internet** (com "i" minúsculo).

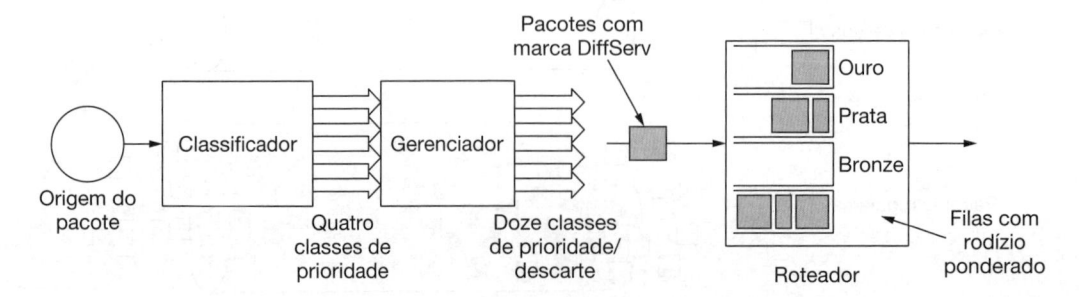

Figura 5.35 Uma implementação possível do fluxo de dados para encaminhamento garantido.

Seria muito mais simples unir as redes se todos usassem uma única tecnologia de rede, e normalmente acontece de existir um tipo dominante de rede, como a Ethernet. Não sabemos se essa multiplicidade de tecnologias é uma condição temporária, que passará tão logo alguém perceba quanto a rede [preencha com sua rede favorita] é maravilhosa. Mas não conte com isso. A história mostra que esse é apenas um desejo. Diferentes tipos de redes resolvem diferentes problemas, de modo que, por exemplo, a Ethernet e as redes por satélite provavelmente serão sempre diferentes. A reutilização de sistemas existentes, como a execução de redes de dados em cima de redes por cabo, a rede telefônica e as linhas da rede de energia elétrica, acrescenta restrições que causam divergências nos recursos da rede. A heterogeneidade veio para ficar.

Se sempre haverá redes diferentes, seria mais simples se não precisássemos interconectá-las. Isso também é pouco provável. Bob Metcalfe postulou que o valor de uma rede com N nós é o número de conexões que podem ser feitas entre os nós, ou N^2 (Gilder, 1993). Isso significa que grandes redes são muito mais valiosas do que as redes pequenas, pois elas permitem muito mais conexões, de modo que sempre haverá um incentivo para combinar redes menores.

A Internet é o principal exemplo dessa interconexão. (Escreveremos Internet com a letra "I" maiúscula para distingui-la de outras internets, ou redes interligadas.) A finalidade de juntar todas essas redes é permitir que os usuários em qualquer uma delas se comuniquem com os usuários em todas as outras. Quando você paga a um ISP pelo serviço da Internet, o valor pode ser cobrado de acordo com a largura de banda de sua conexão, mas o que você está realmente pagando é a capacidade de trocar pacotes com qualquer outro host que também esteja conectado à Internet. Afinal, a Internet não seria muito popular se você só pudesse enviar pacotes para outros hosts na mesma cidade.

Como as redes normalmente diferem em aspectos importantes, levar pacotes de uma rede para outra nem sempre é tão fácil. Temos de resolver problemas de heterogeneidade e também de escala enquanto a rede interligada resultante fica maior. Vamos começar examinando como as redes podem diferir para ver com o que estamos lidando. Depois, veremos a técnica usada com tanto sucesso pelo IP, o protocolo da camada de rede da Internet, incluindo técnicas para tunelamento em redes, roteamento em redes interligadas e fragmentação de pacotes.

5.5.2 Diferenças entre redes

As redes podem diferir em várias aspectos. Algumas dessas diferenças, como técnicas de modulação ou formatos de quadros distintos, encontram-se nas camadas física e de enlace de dados, mas elas não nos interessam agora. Em vez disso, na Figura 5.36, listamos algumas diferenças que podem ocorrer na camada de rede. É a superação dessas diferenças que torna a interligação de redes mais difícil do que a operação de uma única rede.

Quando os pacotes enviados por uma origem em uma rede devem transitar por uma ou mais redes externas antes de chegar à rede de destino, podem ocorrer muitos problemas nas linhas existentes entre elas. Para começar, a origem precisa ser capaz de endereçar o destino. O que fazemos quando uma origem está em uma rede Ethernet e o destino está em uma rede de telefone celular? Supondo que ainda possamos especificar um destino de celular a partir de uma rede Ethernet, os pacotes cruzariam de uma rede não orientada a conexões para uma rede orientada a conexões. Isso pode exigir que uma nova conexão seja configurada sem aviso prévio, o que introduz atraso, e muito overhead se a conexão não for usada para muito mais pacotes.

Muitas diferenças específicas também podem ter de ser acomodadas. Como realizamos o multicast de um

Item	Algumas possibilidades
Serviço oferecido	Orientado a conexões e não orientado a conexões
Endereçamento	Diferentes tamanhos, simples ou hierárquico
Broadcasting	Presente ou ausente (também multicast)
Tamanho do pacote	Cada rede tem seu próprio tamanho máximo
Ordenação	Entrega ordenada e não ordenada
Qualidade de serviço	Pode estar presente ou ausente; muitos tipos
Confiabilidade	Diferentes níveis de perda
Segurança	Regras de privacidade, criptografia, etc.
Parâmetros	Diferentes timeouts, especificações de fluxo, etc.
Contabilidade	Por tempo de conexão, por pacote, por byte ou nenhuma

Figura 5.36 Algumas das muitas diferenças possíveis entre redes.

pacote a um grupo com alguns membros em uma rede que não admite multicast? Os diferentes tamanhos máximos de pacotes usados por redes distintas também são uma grande dor de cabeça. Como passar um pacote de 8.000 bytes por uma rede cujo tamanho máximo é de 1.500 bytes? Se os pacotes em uma rede orientada a conexões transitarem por uma rede não orientada a conexões, eles poderão chegar em uma ordem diferente daquela em que foram enviados. Isso é algo que o transmissor provavelmente não esperava, e também pode chegar como uma surpresa (desagradável) ao receptor.

Esses tipos de diferenças podem ser ocultados com algum esforço. Por exemplo, um gateway juntando duas redes pode gerar pacotes separados para cada destino simular o multicasting. Um pacote grande poderia ser desmembrado, enviado em partes e depois montado de volta. Os receptores poderiam manter pacotes em buffer e entregá-los em ordem.

As redes também podem diferir em alguns aspectos que são mais difíceis de reconciliar. O exemplo mais claro é a qualidade de serviço. Se uma rede tem forte QoS e a outra oferece serviço de melhor esforço, será impossível fazer garantias de largura de banda e atraso para o tráfego em tempo real de ponto a ponto. De fato, eles provavelmente só podem ser feitos enquanto a rede de melhor esforço for operada em baixa utilização, ou quase nunca usada, o que provavelmente não é o objetivo da maioria dos ISPs. Os mecanismos de segurança são problemáticos, mas pelo menos a criptografia para confidencialidade e integridade de dados pode ser disposta sobre as redes que ainda não a incluíram. Finalmente, as diferenças na contabilidade podem levar a contas que não são bem recebidas quando o uso normal de repente se torna caro, como já descobriram os usuários de telefone móvel em *roaming* com planos de dados.

5.5.3 Conexão de redes heterogêneas

Existem duas escolhas básicas para conectar redes diferentes: podemos criar dispositivos que traduzam ou convertam pacotes de cada tipo de rede em pacotes para outra rede ou, como bons cientistas da computação, podemos tentar resolver o problema acrescentando uma camada indireta e criando uma camada comum em cima das diferentes redes; inicialmente, esses dispositivos eram chamados de **gateways**.

Desde cedo, Cerf e Kahn (1974) argumentaram em favor de uma camada comum para ocultar as diferenças entre as redes existentes. Essa técnica tem sido tremendamente bem-sucedida, e a camada que eles propuseram por fim foi separada nos protocolos TCP e IP. Quase quatro décadas depois, o IP é o alicerce da Internet moderna. Por essa realização, Cerf e Kahn receberam o Turing Award de 2004, informalmente conhecido como o Prêmio Nobel da ciência da computação. O IP oferece um formato de pacote universal que todos os roteadores reconhecem e que pode ser passado por quase todas as redes. O IP estendeu o alcance das redes de computadores para assumir a rede telefônica. Ele também funciona em redes de sensores e outros dispositivos pequenos que anteriormente eram considerados com muito poucos recursos para oferecer suporte.

Discutimos vários dispositivos que conectam as redes, incluindo repetidores, hubs, switches, bridges, roteadores e gateways. Os repetidores e hubs simplesmente movem bits de um fio para outro. Eles são, em grande parte, dispositivos analógicos e não entendem coisa alguma sobre protocolos de camada mais alta. Bridges e switches operam na camada de enlace. Eles podem ser usados para criar redes, mas apenas com pouca intervenção do protocolo no processo, por exemplo, entre switches Ethernet de 10, 100 e 1.000 Mbps. Nosso foco nesta seção é a interconexão de dispositivos que operam na camada de rede, ou seja, os roteadores. Deixaremos os gateways, que são dispositivos de conexão de camada mais alta, para mais tarde.

Primeiro, exploraremos em alto nível como a interconexão com uma camada de rede comum pode ser usada para interconectar redes diferentes. Uma rede interligada composta de redes 802.11, MPSL e Ethernet aparece na Figura 5.37(a). Suponha que a máquina de origem na rede 802.11 queira enviar um pacote para a máquina de destino na rede Ethernet. Como essas tecnologias são diferentes, e elas são separadas ainda mais por outro tipo de rede (MPLS), é preciso haver algum processamento adicional nos limites entre as redes.

Como diferentes redes podem, em geral, ter diferentes formas de endereçamento, o pacote transporta um endereço da camada de rede que pode identificar qualquer host pelas três redes. O primeiro limite que o pacote alcança é quando ele faz a transição de uma rede 802.11 para uma rede MPLS. A 802.11 oferece um serviço não orientado a conexões, mas a MPLS oferece um serviço orientado a conexões. Isso significa que um circuito virtual precisa ser estabelecido para cruzá-la. Quando o pacote tiver atravessado o circuito virtual, ele alcançará a rede Ethernet. Nesse limite, o pacote pode ser muito grande para ser transportado, pois a 802.11 pode trabalhar com quadros maiores que a Ethernet. Para resolver esse problema, o pacote é dividido em fragmentos, e cada um deles é enviado separadamente. Quando os fragmentos alcançam o destino, eles são remontados. Então, o pacote completou sua jornada.

O processamento de protocolo para essa jornada aparece na Figura 5.37(b). A origem aceita dados da camada de transporte e gera um pacote com o cabeçalho comum da camada de rede, que, nesse exemplo, é o IP. O cabeçalho da rede contém o endereço de destino, que é usado para determinar que o pacote deve ser enviado pelo primeiro roteador. Assim, o pacote é encapsulado em um quadro 802.11, cujo destino é o primeiro roteador, e transmitido. No roteador, o pacote é removido do campo de dados do quadro e o cabeçalho do quadro 802.11 é descartado. O roteador agora examina o endereço IP no pacote e pesquisa esse endereço em sua tabela de roteamento. Com base

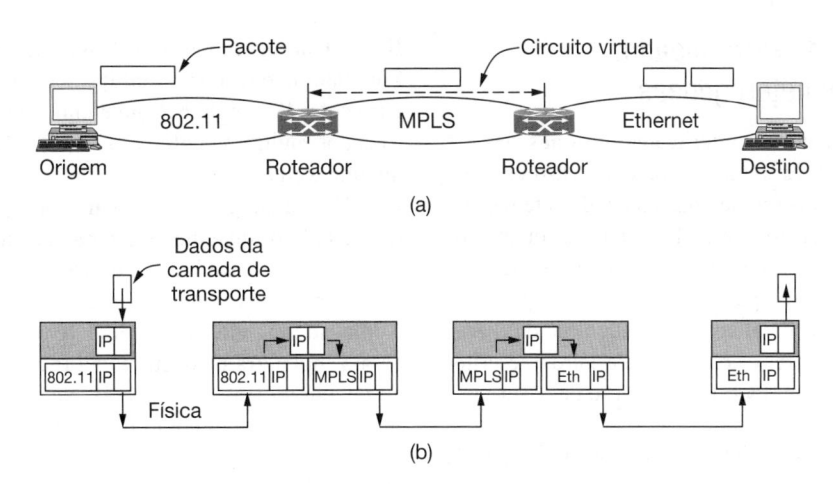

Figura 5.37 (a) Um pacote cruzando diferentes redes. (b) Processamento de protocolo das camadas de rede e de enlace.

nesse endereço, ele decide enviar o pacote para o roteador seguinte. Para essa parte do caminho, um circuito virtual MPLS deve ser estabelecido para o segundo roteador e o pacote deve ser encapsulado com cabeçalhos MPLS que trafegam por esse circuito. No outro extremo, o cabeçalho MPLS é descartado e o endereço de rede é novamente consultado para encontrar o próximo hop da camada de rede. Esse é o próprio destino. Como o pacote é muito grande para ser enviado pela Ethernet, ele é dividido em duas partes. Cada uma é colocada em um campo de dados de um quadro Ethernet e enviada para o endereço Ethernet do destino, onde o cabeçalho Ethernet tem cada um dos quadros removidos e o conteúdo é remontado. O pacote finalmente alcança seu destino.

Observe que existe uma diferença essencial entre o caso roteado e o caso comutado (bridge ou switch). Com um roteador, o pacote é extraído do quadro e o endereço da rede no pacote é usado para decidir para onde enviá-lo. Com um switch (ou bridge), o quadro inteiro é transportado com base em seu endereço MAC. Para comutar os pacotes, os switches não precisam entender o protocolo da camada de rede usado. Os roteadores sim.

Infelizmente, a interconexão de redes não é tão fácil quanto poderia parecer. Na verdade, quando as bridges foram introduzidas, a intenção era que elas unissem diferentes tipos de redes ou, pelo menos, diferentes tipos de LANs. Elas deveriam fazer isso traduzindo quadros de uma LAN para quadros de outra. Contudo, isso não funcionou bem, pela mesma dificuldade que há na interligação de redes: diferenças nos recursos das LANs, diferentes tamanhos máximos de pacotes e LANs com e sem classes de prioridade, difíceis de mascarar. Hoje, as bridges são usadas predominantemente para conectar o mesmo tipo de rede na camada de enlace, e os roteadores conectam diferentes redes na camada de rede.

A interconexão de redes tem sido muito bem-sucedida na montagem de grandes redes, mas ela só funciona quando existe uma camada de rede comum. Na verdade, têm surgido muitos protocolos de rede com o tempo. É difícil fazer todos combinarem com um único formato quando as empresas percebem que é comercialmente proveitoso ter um formato próprio que elas controlam. Alguns exemplos além do IP, que agora é o protocolo de rede quase universal, foram IPX, SNA e AppleTalk. Nenhum deles continua sendo usado de forma generalizada, mas sempre há outros. Os exemplos mais relevantes agora provavelmente são o IPv4 e o IPv6. Embora ambos sejam versões do IP, eles não são compatíveis (ou então não teria sido necessário criar o IPv6).

Um roteador que pode lidar com vários protocolos de rede é chamado de **roteador multiprotocolos**. Ele precisa ou traduzir os protocolos ou permitir a conexão por um protocolo de camada mais alta. Nenhuma dessas técnicas é totalmente satisfatória. A conexão em uma camada mais alta, digamos, usando o TCP, requer que todas as redes o implementem (o que pode não ser o caso). Depois, ela limita o uso das redes em aplicações que usam TCP (o que não inclui muitas aplicações em tempo real).

A alternativa é traduzir pacotes entre as redes. Todavia, a menos que os formatos de pacotes sejam parentes próximos com os mesmos campos de informação, tais conversões sempre serão incompletas e normalmente fadadas ao fracasso. Por exemplo, endereços IPv6 têm 128 bits de extensão. Eles não caberão em um campo de endereço IPv4 de 32 bits, não importa quanto o roteador tente. Fazer o IPv4 e o IPv6 funcionarem na mesma rede tem sido um grande obstáculo para a implementação do IPv6. (Para ser franco, o mesmo acontece para fazer os clientes entenderem por que eles devem querer IPv6 em primeiro lugar.) Problemas maiores podem ser esperados quando se traduzem entre protocolos fundamentalmente diferentes, como protocolos de rede orientados e não orientados a conexões. Com essas dificuldades, a conversão raramente é experimentada. Comprovadamente, até mesmo o IP tem funcionado apenas o suficiente para servir como um tipo de denominador comum. Ele requer pouco das redes em que é executado, mas oferece apenas o melhor serviço possível como resultado.

5.5.4 Conexão de extremidades em redes heterogêneas

Lidar com o caso geral da interligação de duas redes é extremamente difícil. Entretanto, existe um caso especial muito comum que proporciona bons resultados até mesmo para protocolos de rede diferentes. Isso acontece quando os hosts de origem e de destino estão no mesmo tipo de rede, mas há uma rede de outro tipo entre eles. Por exemplo, imagine um banco internacional com uma rede IPv6 em Paris, uma rede IPv6 em Londres e conectividade entre os escritórios por meio de Internet IPv4. Essa situação pode ser vista na Figura 5.38.

A solução para esse problema é uma técnica chamada **tunelamento (tunneling)**. Para enviar um pacote IP a um host no escritório em Londres, um host em Paris constrói o pacote contendo um endereço IPv6 em Londres e o envia para o roteador multiprotocolo que conecta a rede IPv6 de Paris à Internet IPv4. Quando esse roteador recebe o pacote IPv6, ele o encapsula com um cabeçalho IPv4 endereçado ao lado IPv4 do roteador multiprotocolo que se conecta à rede IPv6 de Londres. Ou seja, o roteador coloca um pacote (IPv6) dentro de um pacote (IPv4). Quando esse pacote embrulhado chega, o roteador em Londres remove o pacote IPv6 original e o envia adiante para o host de destino.

O caminho pela Internet IPv4 pode ser visto como um grande túnel que se estende de um roteador multiprotocolo para o outro. O pacote IPv6 só trafega de uma extremidade do túnel para a outra, confortável em sua bela caixa. Ele não precisa, de forma alguma, se preocupar em lidar com o IPv4. O mesmo acontece com os hosts de Paris ou Londres. Somente os roteadores multiprotocolo precisam entender os pacotes IPv4 e IPv6. Com efeito, a viagem inteira de um roteador multiprotocolo para o outro é como um hop por um único enlace.

Uma analogia pode tornar o processo de tunelamento mais claro. Imagine uma pessoa dirigindo seu carro de Paris a Londres. Na França, o carro trafega usando sua própria energia; no entanto, ao chegar ao Canal da Mancha, ele é colocado em um trem de alta velocidade e transportado para a Inglaterra pelo Eurotúnel (não é permitido o tráfego de automóveis nesse túnel). Na realidade, o carro está sendo transportado como uma carga, conforme mostra a Figura 5.39. Na outra extremidade, o carro passa a transitar nas estradas inglesas e continua a trafegar com sua própria energia. Em uma rede externa, o tunelamento de pacotes funciona da mesma forma.

O tunelamento é bastante usado para conectar hosts e redes isoladas usando outras redes. A rede resultante é chamada **overlay**, pois efetivamente foi sobreposta em uma rede básica. A implantação de um protocolo de rede com um novo recurso é um motivo comum, como mostra o nosso exemplo "IPv6 sobre IPv4". A desvantagem do tunelamento é que nenhum dos hosts na rede, pertencentes ao túnel formado pelos hosts terminais, pode ser alcançado, pois os pacotes não podem escapar no meio do túnel. Contudo, essa limitação dos túneis é transformada em uma vantagem com as **VPNs (Virtual Private Networks)**. Uma VPN é simplesmente um overlay usado para fornecer uma medida de segurança. Exploraremos as VPNs quando chegarmos ao Capítulo 8.

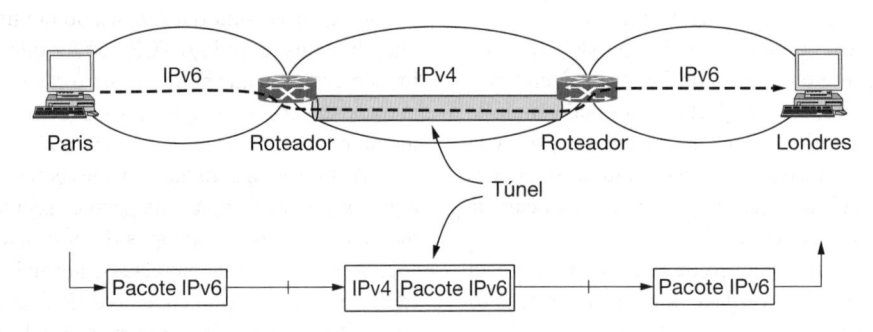

Figura 5.38 Tunelamento de um pacote de Paris a Londres.

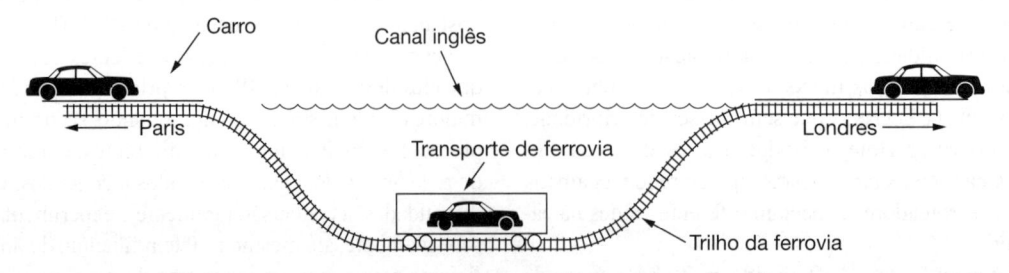

Figura 5.39 Tunelamento de um carro da França até a Inglaterra.

5.5.5 Roteamento entre múltiplas redes

O roteamento por uma rede interligada é semelhante ao roteamento em uma única rede, mas há algumas outras complicações. Para começar, as redes podem usar internamente diferentes algoritmos de roteamento. Por exemplo, uma rede pode usar o roteamento de estado de enlace e outro roteamento por vetor de distância. Como os algoritmos de estado de enlace precisam conhecer a topologia, mas os algoritmos por vetor de distância não, essa diferença apenas não deixaria claro como encontrar os caminhos mais curtos pela rede interligada.

As redes usadas por diferentes operadores ocasionam problemas maiores. Primeiro, os operadores podem ter diferentes ideias sobre qual é um bom caminho pela rede. Um operador pode querer rotear com o menor atraso, enquanto outro pode querer a rota menos dispendiosa. Isso levará os operadores a usar diferentes quantidades para definir os custos do caminho mais curto (p. ex., milissegundos de atraso *versus* custo monetário). Os pesos não serão comparáveis entre as redes, de modo que os caminhos mais curtos na rede interligada não serão bem definidos.

Pior ainda, um operador pode não querer que outro operador conheça os detalhes dos caminhos em sua rede, talvez porque os pesos e os caminhos possam refletir informações confidenciais (como o custo monetário) que representam uma vantagem comercial competitiva.

Finalmente, a rede interligada pode ser muito maior do que qualquer uma das redes que a compreendem. Portanto, ela pode exigir algoritmos de roteamento que evoluem bem usando uma hierarquia, mesmo que nenhuma das redes individuais precise usar uma.

Todas essas considerações levam a um algoritmo de roteamento em dois níveis. Dentro de cada rede, um protocolo de gateway interior ou **intradomínio** é usado para o roteamento. ("Gateway" é um termo mais antigo para "roteador".) Ele poderia ser um protocolo de estado de enlace do tipo que já descrevemos. Entre as redes que compõem a rede interligada, é usado um **interdomínio** ou protocolo de gateway exterior. Todas as redes podem usar diferentes protocolos intradomínio, mas elas precisam usar o mesmo protocolo interdomínio. Na Internet, o protocolo de roteamento interdomínio é chamado BGP (Border Gateway Protocol). Vamos descrevê-lo na Seção 5.7.7.

Há mais um termo importante para apresentar. Como cada rede é operada independentemente de todas as outras, ela normalmente é chamada de sistema autônomo, ou AS (Autonomous System). Um bom modelo mental para um AS é uma rede de ISP. De fato, uma rede de ISP pode ser composta de mais de um AS, se for gerenciada, ou, se for adquirida, como múltiplas redes. Mas a diferença normalmente não é significativa.

Os dois níveis normalmente não são estritamente hierárquicos, pois caminhos muito abaixo do ideal podem resultar de uma grande rede internacional e uma pequena rede regional se ambos forem considerados uma única rede. Contudo, relativamente poucas informações sobre as rotas dentro das redes são expostas para encontrar as rotas pela rede interligada. Isso ajuda a resolver todas as complicações, pois melhora a escala e permite que os operadores selecionem livremente as rotas dentro de suas próprias redes usando um protocolo à sua escolha. Isso também não exige que os pesos sejam comparados entre as redes nem expõe informações confidenciais fora delas.

Todavia, dissemos pouco até aqui sobre como as rotas pelas redes da internet são determinadas. Na Internet, um grande fator determinante são os arranjos comerciais entre os ISPs. Cada ISP pode cobrar ou receber dinheiro dos outros ISPs para transportar tráfego. Outro aspecto é que, se o roteamento da interligação de redes exigir a travessia de fronteiras internacionais, várias leis podem subitamente entrar em ação, como a lei de privacidade estrita da Suécia, sobre a exportação de dados pessoais sobre cidadãos suecos a partir do país. Todos esses fatores não técnicos estão incluídos no conceito de uma **política de roteamento** que controla o modo como as redes autônomas selecionam as rotas que utilizam. Retornaremos às políticas de roteamento quando descrevermos o BGP.

5.5.6 Suporte a diferentes tamanhos de pacotes: fragmentação

Cada rede ou enlace impõe um tamanho máximo a seus pacotes. Entre as principais causas para essa limitação, temos:

1. Hardware (p. ex., o tamanho de um quadro Ethernet).
2. Sistema operacional (p. ex., todos os buffers têm 512 bytes).
3. Protocolos (p. ex., o número de bits no campo de tamanho do pacote).
4. Compatibilidade com algum padrão (inter)nacional.
5. Desejo de reduzir de alguma forma as retransmissões provocadas por erros.
6. Desejo de evitar que um pacote ocupe o canal por muito tempo.

O resultado de todos esses fatores é que os projetistas de redes não têm liberdade para escolher o tamanho máximo de pacote que desejam. As cargas úteis máximas para algumas tecnologias comuns são de 1.500 bytes para Ethernet e 2.272 bytes para 802.11. O IP é mais generoso, e permite pacotes com até 65.515 bytes.

Os hosts normalmente preferem transmitir pacotes grandes, pois isso reduz os overheads de pacote, como largura de banda desperdiçada em bytes de cabeçalho. Um problema óbvio de interligação de redes aparece quando um pacote grande deseja atravessar uma rede cujo tamanho de pacote máximo é muito pequeno. Esse incômodo tem sido um problema persistente, e as soluções para ele têm evoluído com a grande experiência obtida na Internet.

Uma solução é garantir que o problema não ocorra em primeiro lugar. Contudo, é mais fácil falar do que fazer. Uma origem normalmente não conhece o caminho que um pacote tomará na rede até um destino, de modo que certamente não sabe o tamanho que os pacotes devem ter para que cheguem lá. Esse tamanho de pacote é chamado **unidade máxima de transmissão do caminho**, ou **Path MTU (Path Maximum Transmission Unit)**. Mesmo que a origem não saiba a MTU do caminho, os pacotes são roteados de forma independente em uma rede não orientada a conexões, como a Internet. Esse roteamento significa que os caminhos podem ser alterados de repente, o que pode mudar inesperadamente a MTU do caminho.

A solução alternativa para o problema é permitir que os roteadores quebrem os pacotes em **fragmentos**, enviando cada um deles como um pacote separado da camada de rede. Todavia, como todo pai de filho pequeno sabe, converter um objeto grande em pequenos fragmentos é muito mais fácil do que o processo inverso. (Os físicos até mesmo deram um nome a esse efeito: a segunda lei da termodinâmica.) As redes de comutação de pacotes também têm problemas para montar os fragmentos de volta.

Existem duas estratégias opostas para recombinar os fragmentos de volta ao pacote original. A primeira é tornar a fragmentação causada por uma rede de "pacotes pequenos" transparente a quaisquer redes subsequentes através das quais o pacote deve passar em seu caminho até o destino.

Essa opção é mostrada na Figura 5.40(a). Nessa técnica, quando um pacote de tamanho superior chega a G_1, o roteador o desmembra em fragmentos. Cada um deles é endereçado para o mesmo roteador de saída, G_2, onde as partes são recombinadas. Desse modo, a passagem pela rede de pacotes pequenos se torna transparente. As redes subsequentes nem sequer sabem que houve fragmentação.

A fragmentação transparente é simples, mas apresenta alguns problemas. Primeiro, o roteador de saída deve saber quando recebeu todas as partes, portanto, é necessário incluir um campo de contagem ou um bit de "fim de pacote" em cada um deles. Segundo, como todos os pacotes têm de sair pelo mesmo roteador para que possam ser reconstruídos, as rotas são restritas. Como não é permitido que alguns fragmentos sigam uma rota até o destino e que outros fragmentos percorram uma rota distinta, há uma perda considerável em termos de desempenho. Mais significativa é a quantidade de trabalho que o roteador pode ter de fazer. Ele pode precisar manter os fragmentos em buffer assim que chegam e decidir quando descartá-los, se nem todos os fragmentos chegarem. Parte desse trabalho também pode ser desperdiçada, pois o pacote pode passar por uma série de redes de pequenos pacotes, tendo de ser repetidamente fragmentado e reconstruído.

A outra estratégia de fragmentação é evitar recombinar os fragmentos em qualquer roteador intermediário. Quando um pacote é fragmentado, cada pedaço é tratado como se fosse o pacote original. Os roteadores passam os fragmentos, como mostra a Figura 5.40(b), e a reconstrução ocorre apenas no host de destino.

A principal vantagem da fragmentação não transparente é que ela exige menos trabalho dos roteadores. O IP funciona assim. Um projeto completo requer que os fragmentos sejam numerados de modo que o fluxo de dados original possa ser reconstruído. O projeto usado pelo IP é

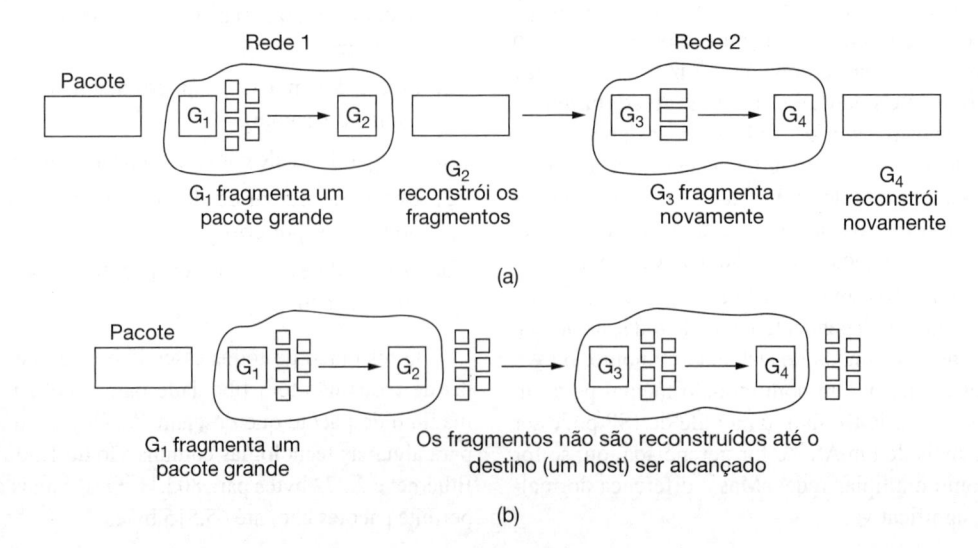

Figura 5.40 (a) Fragmentação transparente. (b) Fragmentação não transparente.

dar a cada fragmento um número de pacote (transportado em todos os pacotes), um deslocamento de byte absoluto dentro do pacote e uma flag indicando se esse é o final do pacote. Um exemplo aparece na Figura 5.41. Embora simples, esse projeto tem algumas propriedades atraentes. Os fragmentos podem ser colocados em um buffer no destino, no local certo para a reconstrução, mesmo que eles cheguem fora de ordem. Os pedaços também podem ser subdivididos se passarem por uma rede com uma MTU ainda menor. Isso pode ser visto na Figura 5.41(c). As retransmissões do pacote (se todos os fragmentos não fossem recebidos) podem ser divididas em diferentes partes. Finalmente, os fragmentos podem ter um tamanho qualquer, até um de único byte mais o cabeçalho do pacote. Em todos os casos, o destino simplesmente usa o número do pacote e o deslocamento de fragmento para colocar os dados na posição correta, e a flag de final de pacote para determinar quando ele tem o pacote completo.

Infelizmente, esse projeto ainda tem problemas. O overhead pode ser maior do que com a fragmentação transparente, pois os cabeçalhos de fragmento agora são transportados por alguns enlaces em que eles podem não ser necessários. Mas o problema real ainda é a existência de fragmentos. Kent e Mogul (1987) argumentaram que essa fragmentação prejudica o desempenho porque, assim como os overheads do cabeçalho, um pacote inteiro é perdido se qualquer uma de suas partes for perdida, e também porque a fragmentação é mais um peso para os hosts do que o que foi observado originalmente.

Isso nos leva de volta à solução original de remover a fragmentação na rede, estratégia usada na Internet moderna. O processo é chamado de **descoberta da MTU do caminho** (Mogul e Deering, 1990). Ele funciona da seguinte forma: cada pacote IP é enviado com seus bits de cabeçalho definidos para indicar que nenhuma fragmentação poderá ser realizada. Se um roteador recebe um pacote muito grande, ele gera um pacote de erro, retorna-o para a origem e o remove. Isso é mostrado na Figura 5.42. Quando a origem recebe o pacote de erro, ela usa a informação no interior para refragmentá-lo em partes pequenas o suficiente para o roteador tratar. Se um roteador mais adiante no caminho tiver uma MTU ainda menor, o processo é repetido.

A vantagem da descoberta da MTU do caminho é que a origem agora sabe que tamanho de pacote enviar. Se as

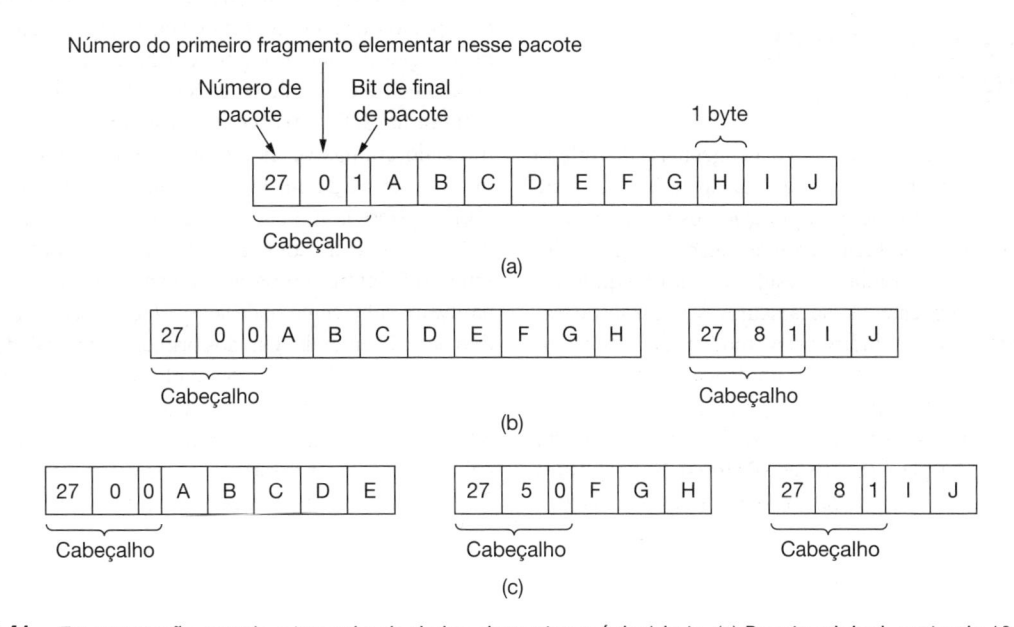

Figura 5.41 Fragmentação quando o tamanho de dados elementares é de 1 byte. (a) Pacote original, contendo 10 bytes de dados. (b) Fragmentos após passarem por uma rede com tamanho máximo de pacote de 8 bytes de carga útil mais cabeçalho. (c) Fragmentos após passarem por um gateway de tamanho 5.

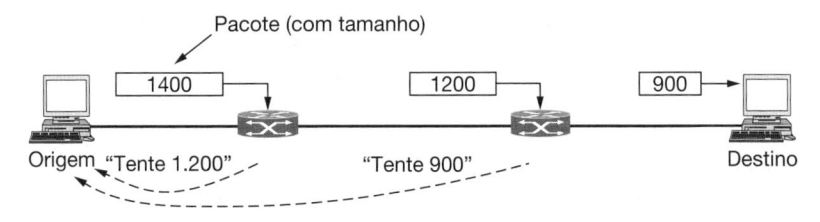

Figura 5.42 Descoberta da MTU do caminho.

rotas e a MTU do caminho mudarem, novos pacotes de erro serão disparados e a origem se adaptará ao novo caminho. Contudo, a fragmentação ainda é necessária entre a origem e o destino, a menos que as camadas mais altas descubram a MTU do caminho e passem a quantidade certa de dados ao IP. TCP e IP normalmente são implementados juntos (como "TCP/IP") para poder passar esse tipo de informação. Mesmo que isso não seja feito para outros protocolos, a fragmentação ainda terá sido passada da rede para os hosts.

A desvantagem da descoberta da MTU do caminho é que podem ser adicionados atrasos de inicialização simplesmente para enviar um pacote. Mais de um atraso de ida e volta podem ser necessários para sondar o caminho e encontrar a MTU antes que qualquer dado seja entregue ao destino. Isso levanta a questão da existência de projetos melhores. A resposta provavelmente é "Sim". Considere o projeto em que cada roteador simplesmente trunca os pacotes que excedem sua MTU. Isso garantiria que o destino descobrisse a MTU o mais rápido possível (a partir da quantidade de dados que foram descartados) e recebesse alguns dos dados.

5.6 REDES DEFINIDAS POR SOFTWARE

Historicamente, o gerenciamento e a engenharia de tráfego são muito desafiadores: exigem que os operadores de rede ajustem os parâmetros de configuração dos protocolos de roteamento, que então recalculam as rotas. O tráfego flui através dos novos caminhos e resulta em um reequilíbrio do tráfego. Infelizmente, os mecanismos de controle de tráfego dessa maneira são indiretos: as mudanças na configuração de roteamento resultam em mudanças no roteamento tanto na rede quanto entre as redes, e esses protocolos podem interagir de maneiras imprevisíveis. A **rede definida por software**, ou **SDN** (**Software-Defined Networking**) procura corrigir muitos desses problemas. Vamos discutir isso a seguir.

5.6.1 Visão geral

De certa forma, as redes sempre foram "definidas por software", no sentido de que o software configurável em execução nos roteadores é responsável por procurar informações nos pacotes e tomar decisões de encaminhamento sobre eles. Ainda assim, o software que executa os algoritmos de roteamento e implementa outras lógicas sobre o encaminhamento de pacotes historicamente era integrado verticalmente com o hardware de rede. Uma operadora que comprou um roteador Cisco ou Juniper estava, de certa forma, presa à tecnologia de software que o fornecedor enviou com o hardware. Por exemplo, não era possível simplesmente fazer alterações na maneira como o OSPF ou o BGP funcionam. Um dos principais conceitos que impulsionaram a SDN foi reconhecer que o **plano de controle**, o software e a lógica que selecionam as rotas e decidem o que fazer com o tráfego de encaminhamento, seja executado em software e possa operar completamente separado do **plano de dados**, a tecnologia baseada em hardware responsável por realmente realizar pesquisas nos pacotes e decidir o que fazer com eles. Os dois planos são mostrados na Figura 5.43.

Dada a separação arquitetônica do plano de controle e do plano de dados, a próxima etapa lógica natural é reconhecer que o plano de controle nem sequer precisa ser executado no hardware de rede! Na verdade, uma instanciação comum da SDN envolve um programa logicamente centralizado, muitas vezes escrito em uma linguagem de alto nível (p. ex., Python, Java, Golang, C), tomando decisões lógicas sobre como encaminhá-las e comunicá-las a cada dispositivo de encaminhamento na rede. Esse canal de comunicação entre o programa de software de alto nível e o hardware subjacente pode ser qualquer coisa que o dispositivo de rede entenda. Um dos primeiros controladores SDN usava o próprio BGP como um plano de controle (Feamster et al., 2003); depois disso, tecnologias como OpenFlow, NETCONF e YANG surgiram como formas mais flexíveis de comunicar informações de plano de controle com dispositivos de rede. Em certo sentido, SDN foi uma reencarnação de uma ideia bem estabelecida (ou seja, controle

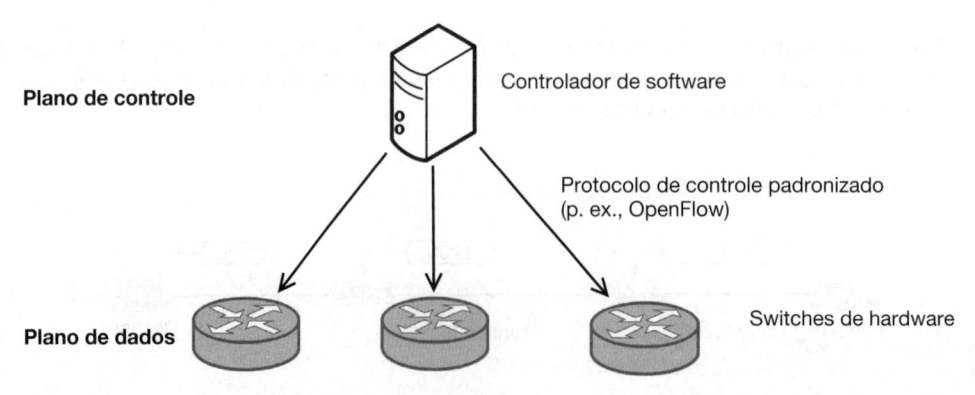

Figura 5.43 Separação dos planos de controle e dados na SDN.

centralizado) em um momento em que vários ativadores (APIs de chipset aberto, controle de software de sistemas distribuídos) também estavam em um nível de maturidade para permitir que as ideias da arquitetura finalmente obtivessem uma posição.

Enquanto a tecnologia da SDN continua a evoluir rapidamente, o princípio central da separação dos planos de dados e de controle permanece invariável. A tecnologia SDN evoluiu ao longo de vários anos; os leitores que queiram apreciar uma história completa sobre ela podem ler mais para apreciar o início dessa tecnologia cada vez mais popular (Feamster et al., 2013). A seguir, examinamos várias das principais tendências em SDN: (1) controle sobre o roteamento e o encaminhamento (ou seja, a tecnologia por trás do plano de controle); (2) hardware programável e encaminhamento personalizável (ou seja, a tecnologia que torna o plano de dados mais programável); e (3) telemetria programável de redes (uma aplicação de gerenciamento de redes que reúne duas partes e, de várias maneiras, pode ser a aplicação mais importante para a SDN).

5.6.2 Plano de controle SDN: controle de software logicamente centralizado

Uma das principais ideias técnicas que estão por trás da SDN é um plano de controle executado separadamente dos roteadores, geralmente como um único programa logicamente centralizado. De certa forma, a SDN sempre existiu: os roteadores são configuráveis e muitas redes grandes muitas vezes até mesmo geram sua configuração de roteador automaticamente a partir de um banco de dados centralizado, o mantêm no controle da versão e enviam essas configurações para os roteadores por meio de scripts. Embora, em certo sentido, esse tipo de configuração possa ser chamado de SDN, tecnicamente falando, ele apenas dá às operadoras um controle limitado sobre como o tráfego é encaminhado pela rede. Normalmente, os programas de controle da SDN (às vezes chamados de "controladores") são mais responsáveis pela lógica de controle, como o cálculo dos caminhos através da rede em favor dos roteadores, é simplesmente atualizar as tabelas de encaminhamento resultantes de forma remota.

O trabalho inicial em redes definidas por software visava tornar mais fácil para os operadores de rede executar tarefas de engenharia de tráfego, controlando diretamente as rotas que cada roteador na rede seleciona, em vez de depender do ajuste indireto dos parâmetros de configuração da rede. Logo, as primeiras encarnações da SDN objetivavam trabalhar dentro das restrições dos protocolos de roteamento da Internet existentes, usando-os para controlar diretamente as rotas. Um dos exemplos foi a **plataforma de controle de roteamento**, ou **RCP** (**Routing Control Platform**) (Feamster et al., 2003), que posteriormente foi implantada em redes de backbone para realizar o balanceamento de carga de tráfego e defesa contra ataques de negação de serviço (DoS). Desenvolvimentos posteriores incluíram um sistema denominado Ethane (Casado et al., 2007), que usava controle de software centralizado para autenticar hosts dentro de uma rede. Todavia, um dos problemas com o Ethane era que ele exigia switches personalizados para operar, o que limitava sua implantação na prática.

Depois de demonstrar esses benefícios da SDN para o gerenciamento de rede, os operadores e fornecedores de rede começaram a obervá-la. Além disso, havia uma porta dos fundos conveniente para tornar os switches ainda mais flexíveis, por meio de um plano de controle programável: muitos switches de rede dependiam de um chipset Broadcom comum, que tinha uma interface que permitia gravações diretas na memória do switch. Uma equipe de pesquisadores trabalhou com fornecedores de switch para expor essa interface aos programas de software, por fim desenvolvendo um protocolo denominado **OpenFlow** (McKeown et al., 2008). Ele foi exposto por muitos fornecedores de switch que estavam tentando competir com o fornecedor de switch dominante, a Cisco. Inicialmente, o protocolo admitia uma interface muito simples: gravar em uma memória endereçável por conteúdo, que agia como uma simples **tabela de combinação-ação**. Esta tabela permitiu que um switch identificasse os pacotes que correspondiam a um ou mais campos no cabeçalho do pacote (p. ex., endereço MAC, endereço IP) e executasse uma de um conjunto de ações possíveis, incluindo encaminhar o pacote para uma porta específica, descartando-o ou enviando-o para um controlador de software fora do caminho.

Havia várias versões do protocolo OpenFlow padrão. A versão 1.0 tinha uma *única* tabela de combinação-ação, na qual as entradas podiam se referir a correspondências exatas em combinações de campos de cabeçalho de pacote (p. ex., endereço MAC, endereço IP) ou entradas curinga (p. ex., um endereço IP ou prefixo de endereço MAC). Versões posteriores do OpenFlow (sendo a mais proeminente o OpenFlow 1.3) adicionaram operações mais complexas, incluindo *cadeias* de tabelas, mas muito poucos fornecedores implementaram esses padrões. Expressar conjunções AND e OR nesses tipos de combinações acabou sendo um pouco complicado, especialmente para programadores, de modo que surgiram algumas tecnologias para tornar mais fácil expressar combinações mais complexas de condicionais (Foster et al., 2011), e até mesmo incorporar aspectos temporais e outros nas decisões de encaminhamento (Kim et al., 2015). No fim, a adoção de algumas dessas tecnologias foi limitada: o protocolo OpenFlow ganhou alguma força em grandes data centers, onde as operadoras podiam ter controle total sobre a rede. No entanto, a adoção generalizada em redes de longa distância e corporativas provou ser mais limitada porque as operações que podiam ser realizadas na tabela de encaminhamento eram muito restritas.

Além disso, muitos fornecedores de switch nunca implementaram totalmente as versões posteriores do padrão, dificultando a implantação de soluções que dependessem desses padrões na prática. Em última análise, no entanto, o protocolo OpenFlow deixou vários legados importantes: (1) controle sobre uma rede com um único programa de software centralizado, permitindo a coordenação entre dispositivos de rede e elementos de encaminhamento, e (2) a capacidade de expressar tal controle sobre toda a rede a partir de uma única linguagem de programação de alto nível (p. ex., Python, Java).

Por fim, o OpenFlow acabou sendo uma interface muito limitadora. Ele não foi projetado visando um controle de rede flexível, mas sim um produto de conveniência: os dispositivos de rede já tinham tabelas de pesquisa baseadas em TCAM em seus switches e o OpenFlow foi, mais do que qualquer coisa, uma iniciativa orientada para o mercado para abrir a interface com essas tabelas, a fim de que programas de software externos pudessem escrever nela. Não demorou muito para que os pesquisadores de rede começassem a pensar também em uma maneira melhor de projetar o hardware, para permitir tipos mais flexíveis de controle no plano de dados. A próxima seção discute os desenvolvimentos em hardware programável que, em última análise, tornaram os próprios switches mais programáveis.

Enquanto isso, o controle de software programável, inicialmente focado principalmente em redes de trânsito e de data center, está começando a encontrar seu caminho também nas redes de celular. Por exemplo, o projeto CORD (Central Office Re-Architected as a Datacenter) visa desenvolver uma rede 5G a partir de componentes de hardware e software de código aberto desagregados (Peterson et al., 2019).

5.6.3 Plano de dados SDN: hardware programável

Reconhecendo as limitações do chipset OpenFlow, um desenvolvimento posterior em SDN foi tornar programável o próprio hardware. Uma série de desenvolvimentos em hardware programável, tanto em placas de interface de rede (NICs; Network Interface Cards) quanto em switches, tornaram possível personalizar tudo, desde o formato do pacote até o comportamento de encaminhamento.

A arquitetura geral às vezes é chamada de **arquitetura de switch independente de protocolo**. Ela envolve um conjunto fixo de pipelines de processamento, cada uma com memória para tabelas de combinação-ação, alguma quantidade de memória de registrador e operações simples, como adição (Bosshart et al., 2013). O modelo de encaminhamento normalmente é chamado de **tabelas de combinação reconfiguráveis**, ou **RMT** (**Reconfigurable Match Tables**), uma arquitetura de pipeline inspirada nas arquiteturas RISC. Cada estágio do pipeline de processamento pode ler informações dos cabeçalhos dos pacotes, fazer modificações nos valores do cabeçalho com base em operações aritméticas simples e escrever de volta os valores nos pacotes. A pipeline de processamento é mostrada na Figura 5.44. A arquitetura do chip inclui um analisador programável, um conjunto de estágios de combinação, que têm estado e podem realizar cálculos aritméticos em pacotes, bem como realizar decisões simples de encaminhamento e descarte, e um "montador", que grava os valores resultantes de volta nos pacotes. Cada um dos estágios de leitura/modificação pode alterar o estado que é mantido em cada estágio, além de quaisquer metadados de pacote (p. ex., informações sobre a profundidade da fila que um pacote individual vê).

O modelo RMT também permite formatos personalizados de cabeçalho de pacote, possibilitando o armazenamento de informações adicionais, além daquelas que estão nos cabeçalhos do protocolo padrão de cada pacote. O modelo RMT possibilita que um programador altere aspectos do plano de dados do hardware, sem modificar o próprio hardware. O programador pode especificar várias tabelas de correspondência de qualquer tamanho, sujeito a um limite geral de recursos. Isso também dá ao operador flexibilidade suficiente para modificar quaisquer campos de cabeçalho.

Os chipsets modernos, como o Barefoot Tofino, possibilitam realizar o processamento personalizado de pacotes

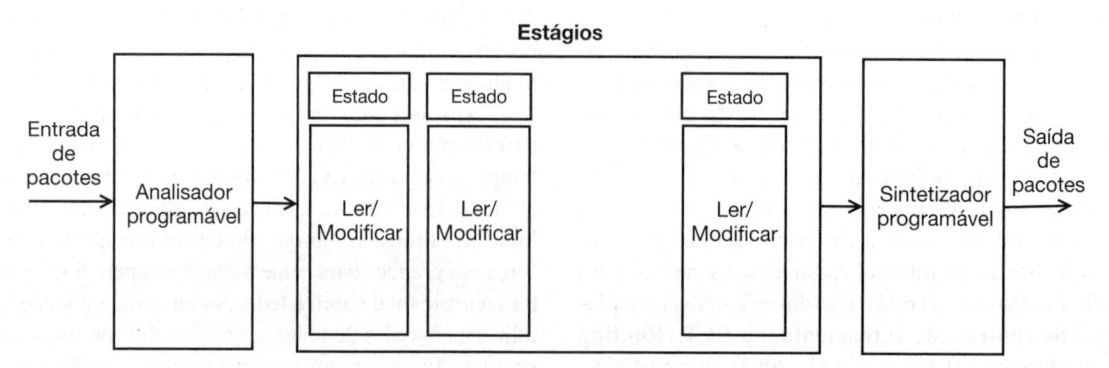

Figura 5.44 Pipeline reconfigurável de combinação-ação para um plano de dados programável.

independente de protocolo na entrada e na saída de pacotes, conforme mostra a Figura 5.45. A capacidade de realizar processamento personalizado tanto na entrada quanto na saída torna possível fazer análises sobre tempos de fila (p. ex., quanto tempo os pacotes individuais passam nas filas), bem como encapsulamento e desencapsulamento personalizados. Também torna possível executar o gerenciamento ativo de fila (p. ex., RED) em filas de saída, com base em metadados que estariam disponíveis nas filas de entrada. O trabalho em andamento está investigando maneiras de explorar essa arquitetura para fins de gerenciamento de tráfego e congestionamento, como realizar medições detalhadas de fila (Chen et al., 2019).

Em geral, esse nível de programabilidade provou ser mais útil em redes de data center, cujas arquiteturas podem se beneficiar dos altos níveis de personalização. Contudo, o modelo também permite algumas melhorias e recursos gerais. Por exemplo, possibilita aos pacotes transportar informações sobre o estado da própria rede, permitindo aplicações como a chamada **telemetria de rede em banda**, ou **INT** (**In-band Network Telemetry**), tecnologia que permite aos pacotes transportar informações, por exemplo, sobre a latência ao longo de cada hop em um caminho da rede.

NICs programáveis, bibliotecas como Data Plane Development Kit (DPDK) da Intel e o surgimento de pipelines de processamento mais flexíveis, como o chipset Barefoot Tofino, que é programável com uma linguagem chamada P4 (Bosshart et al., 2014), agora permitem que os operadores de rede desenvolvam protocolos personalizados e processamento de pacotes mais extenso no próprio hardware do switch. P4 é uma linguagem de alto nível, independente de protocolo, para a programação de processadores de pacotes, como o chip RMT. Também surgiram planos de dados programáveis para switches de software (na verdade, muito antes dos switches de hardware programáveis). Nessa linha, um importante avanço no controle programável de switches foi o desenvolvimento do Open vSwitch (OVS), uma implementação em código aberto de um switch que processa pacotes em múltiplas camadas, operando como um módulo no kernel do Linux. O switch de software oferece uma série de recursos, de VLANs a IPv6. O surgimento do OVS permitiu que os operadores de rede personalizassem o encaminhamento em data centers, em particular, com o OVS funcionando como um switch no hipervisor dos servidores nos data centers.

5.6.4 Telemetria programável de redes

Um dos benefícios mais importantes da SDN é sua capacidade de suportar a medição programável da rede. Por muitos anos, o hardware de rede expôs apenas uma quantidade limitada de informações sobre o tráfego de rede, como estatísticas agregadas sobre fluxos de tráfego que o switch de rede vê (p. ex., por meio de padrões como IPFIX). Por sua vez, o suporte para a captura de cada pacote de rede também pode ser proibitivo, dada a quantidade de armazenamento e largura de banda que seria necessária para capturar o tráfego, bem como a quantidade de processamento que seria necessária para analisar os dados em um ponto posterior. Para muitos aplicativos, é necessário encontrar um equilíbrio entre a granularidade dos rastreamentos de pacotes e a escalabilidade dos agregados IPFIX. Esse equilíbrio é necessário para dar suporte a tarefas de gerenciamento de rede, como medição de desempenho de aplicações, e para as tarefas de controle de congestionamento que discutimos anteriormente.

O hardware de switch programável, como aquele que discutimos na seção anterior, pode permitir uma telemetria mais flexível. Uma tendência, por exemplo, é permitir

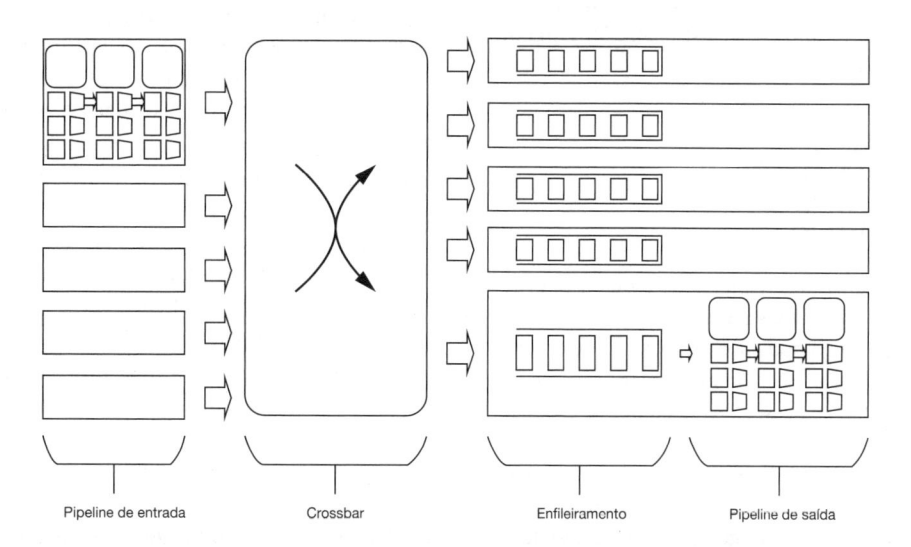

Figura 5.45 Pipelines de combinação-ação reconfiguráveis na entrada e na saída.

que as operadoras expressem consultas sobre o tráfego de rede em linguagens de programação de alto nível usando frameworks como MapReduce (Dean e Ghemawat, 2008). Esse paradigma, projetado inicialmente para processamento de dados em grandes clusters, também serve naturalmente a consultas sobre tráfego de rede, por exemplo, quantos bytes ou pacotes são destinados a um determinado endereço ou porta, dentro de uma janela de tempo especificada? Infelizmente, o hardware de switch programável não é (ainda) sofisticado o bastante para suportar consultas complexas e, como resultado, a consulta pode precisar ser particionada entre o processador de stream e o switch de rede. Diversas tecnologias visam possibilitar o suporte a esse tipo de particionamento de consultas (Gupta et al., 2019). A pesquisa de problemas em aberto envolve descobrir como mapear construções e abstrações de consulta de alto nível de modo eficiente para hardware e software de switch de nível inferior.

Um dos últimos desafios para a telemetria de rede programável nos próximos anos é a crescente difusão do tráfego criptografado na Internet. Por um lado, a criptografia melhora a privacidade, tornando difícil para os intrusos da rede ver o conteúdo do tráfego do usuário. Entretanto, por outro lado, também é mais difícil para os operadores de rede gerenciar suas redes quando não podem ver o conteúdo do tráfego. Um exemplo diz respeito ao rastreamento da qualidade dos fluxos de vídeo da Internet. Na ausência de criptografia, o conteúdo do tráfego torna aparentes detalhes como a taxa de bits e a resolução do vídeo. Quando o tráfego é criptografado, essas propriedades devem ser deduzidas indiretamente, com base nas propriedades do tráfego de rede que podem ser observadas diretamente (p. ex., tempos entre chegadas de pacotes, bytes transferidos). Trabalhos recentes exploraram as maneiras de deduzir automaticamente as propriedades de nível superior do tráfego de aplicações de rede a partir de estatísticas de nível inferior (Bronzino et al., 2020). No final das contas, os operadores de rede precisarão de modelos melhores para ajudar a deduzir como condições (como o congestionamento) afetam o desempenho da aplicação.

5.7 A CAMADA DE REDE DA INTERNET

Agora é hora de discutirmos a camada de rede da Internet detalhadamente. Contudo, antes de entrarmos nesses detalhes, vale a pena dar uma olhada nos princípios que controlaram seu projeto no passado e a tornaram o sucesso que ela é hoje. Com frequência, as pessoas parecem ter se esquecido deles. Esses princípios são enumerados e discutidos na RFC 1958, que merece ser lida (e isso deve ser obrigatório para todos os projetistas de protocolo – com uma prova final). Essa RFC se baseia bastante nas ideias estabelecidas por Clark (1988) e Saltzer et al. (1984). Agora, vamos resumir o que consideramos ser os dez maiores princípios (do mais ao menos importante).

1. **Certifique-se de que funciona**. Não conclua o projeto ou o padrão até que vários protótipos tenham conseguido se comunicar com sucesso uns com os outros. Normalmente, um número muito grande de projetistas escreve no início um padrão de mil páginas, obtém sua aprovação e depois descobre que ele tem falhas profundas e não funciona. Então, esses projetistas escrevem a versão 1.1 do padrão. Esse não é o melhor caminho.

2. **Mantenha a simplicidade**. Quando estiver em dúvida, use a solução mais simples. William de Occam enunciou este princípio (a navalha de Occam) no século XIV. Em termos modernos: os recursos entram em conflito. Se um recurso não for absolutamente essencial, deixe-o de fora, em especial se o mesmo efeito puder ser obtido pela combinação de outros recursos.

3. **Faça escolhas claras**. Se houver várias maneiras de executar a mesma ação, escolha apenas uma. Ter duas ou mais opções para realizar a mesma ação é procurar problemas. Com frequência, os padrões têm diferentes opções, modos ou parâmetros, porque várias partes poderosas insistem em afirmar que sua alternativa é a melhor. Os projetistas devem resistir com firmeza a essa tendência. Basta dizer não.

4. **Explore a modularidade**. Esse princípio leva diretamente à ideia de pilhas de protocolos, em que cada uma das camadas é independente de todas as outras. Desse modo, se as circunstâncias exigirem mudanças em um módulo ou em uma camada, os outros itens não serão afetados.

5. **Espere heterogeneidade**. Diferentes tipos de hardware, instalações de transmissão e aplicações ocorrerão em qualquer rede de grande porte. Para lidar com isso, o projeto de rede deve ser simples, geral e flexível.

6. **Evite opções e parâmetros estáticos**. Se os parâmetros forem inevitáveis (p. ex., tamanho máximo de pacote), é melhor fazer o transmissor e o receptor negociarem um valor em vez de definir opções fixas.

7. **Procure um bom projeto; ele não precisa ser perfeito**. Frequentemente, os projetistas têm um bom projeto, mas não conseguem lidar com algum caso especial complicado. Em vez de alterar o projeto, eles devem dar continuidade ao bom projeto e entregar o fardo de trabalhar com ele às pessoas que fizeram as exigências complexas.

8. **Seja rígido ao enviar e tolerante ao receber**. Em outras palavras, só envie pacotes que obedeçam rigorosamente aos padrões, mas espere receber pacotes que talvez não sejam plenamente compatíveis e procure lidar com eles.

9. **Pense na escalabilidade**. Se o sistema tiver de manipular milhões de hosts e bilhões de usuários de

forma efetiva, nenhum banco de dados centralizado de qualquer tipo será tolerável, e a carga deverá ser espalhada da maneira mais uniforme possível pelos recursos disponíveis.
10. **Considere desempenho e custo**. Se uma rede tiver fraco desempenho ou custos exagerados, ninguém a usará.

Agora vamos deixar de lado os princípios gerais e iniciar o exame dos detalhes da camada de rede da Internet. Nela, a Internet pode ser vista como um conjunto de redes ou sistemas autônomos, ou ASs (Autonomous Systems), conectados entre si. Não existe uma estrutura real, mas diversos backbones principais, construídos a partir de linhas de grande largura de banda e roteadores rápidos.

O maior desses backbones, ao qual todos os outros se conectam para alcançar o restante da Internet, é chamado de **rede de nível 1**. Conectados aos backbones estão os ISPs, que oferecem acesso à Internet para casas e empresas, data centers e instalações repletas de máquinas servidoras, e redes regionais (de nível intermediário). Os data centers oferecem grande parte do conteúdo enviado pela Internet. Conectados às redes regionais estão mais ISPs, LANs em muitas universidades e empresas, além de outras redes na borda. Um esquema dessa organização semi-hierárquica é mostrado na Figura 5.46.

O elemento que mantém a Internet unida é o protocolo da camada de rede, o **IP (Internet Protocol)**. Ao contrário da maioria dos protocolos da camada de rede mais antigos, o IP foi projetado desde o início tendo como objetivo a interligação de redes. Uma boa maneira de pensar na camada de rede é esta: sua tarefa é fornecer a melhor forma possível (ou seja, sem garantias) de transportar pacotes da origem para o destino, independentemente de essas máquinas estarem na mesma rede ou de haver outras redes entre elas.

Na Internet, a comunicação funciona da seguinte forma: a camada de transporte recebe os fluxos de dados e os divide para que possam ser enviados como pacotes IP. Teoricamente, os pacotes podem ter até 64 KB, no entanto, na prática, eles geralmente têm no máximo 1.500 bytes (e, portanto, cabem em um único quadro Ethernet). Os roteadores IP encaminham cada pacote pela Internet, por um caminho de um roteador para o seguinte, até que o destino seja alcançado. No destino, a camada de rede entrega os dados à camada de transporte, que os oferece ao processo receptor. Quando todos os fragmentos finalmente chegam à máquina de destino, eles são remontados pela camada de rede no datagrama original. Esse datagrama é, então, entregue à camada de transporte.

No exemplo da Figura 5.46, um pacote originando-se em um host na rede doméstica precisa atravessar quatro redes e um grande número de roteadores IP antes de chegar à rede da empresa na qual o host de destino está localizado. Isso não é raro na prática, e existem muitos caminhos maiores. Também há muita conectividade redundante na Internet, com backbones e ISPs conectando-se uns aos outros em diversos locais. Isso significa que existem muitos caminhos possíveis entre dois hosts. A tarefa dos protocolos de roteamento IP é decidir quais deles serão usados.

5.7.1 O protocolo IP versão 4 (IPv4)

Um local apropriado para iniciar nosso estudo da camada de rede da Internet é o formato dos próprios datagramas IP. Um datagrama IPv4 consiste em uma parte de cabeçalho

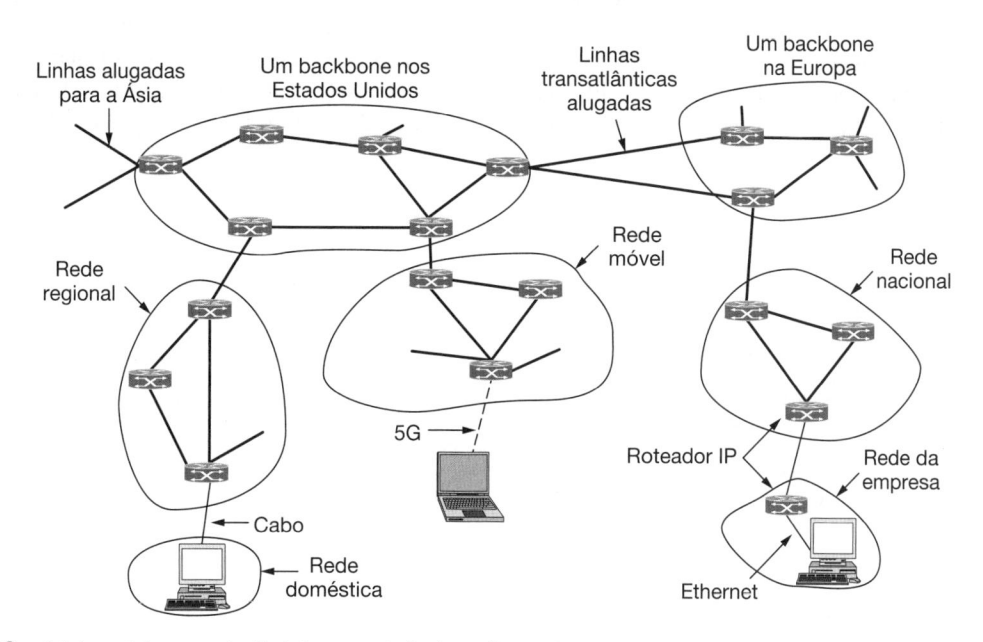

Figura 5.46 A Internet é uma coleção interconectada de muitas redes.

e uma parte de dados. O cabeçalho tem uma parte fixa de 20 bytes e uma parte opcional de tamanho variável. O formato do cabeçalho é mostrado na Figura 5.47. Os bits são transmitidos da esquerda para a direita e de cima para baixo, com o bit de mais alta ordem do campo *Versão* aparecendo primeiro. (Essa é uma ordem de byte de rede "big-endian". Em máquinas "little-endian", como os computadores x86 da Intel, uma conversão de software é exibida na transmissão e na recepção.) Fazendo um retrospecto, "little-endian" teria sido uma escolha melhor, mas, quando o IP foi projetado, ninguém sabia que ele viria a dominar a computação.

O campo *Versão* controla a versão do protocolo à qual o datagrama pertence. A versão 4 domina a Internet hoje, e foi aí que começamos nossa discussão. Incluindo a versão no início de cada datagrama, é possível ter uma transição entre as versões por um longo período. Na verdade, o IPv6, a próxima versão do IP, foi definido há mais de uma década, embora ainda esteja só começando a ser implementado. Vamos descrevê-lo mais adiante nesta seção. Seu uso por fim será forçado quando cada uma das quase 2^{31} pessoas na China tiverem um PC desktop, um notebook e um telefone IP. A propósito da numeração, o IPv5 era um protocolo de fluxo em tempo real experimental, e nunca foi amplamente utilizado.

Como o tamanho do cabeçalho não é constante, existe um campo no cabeçalho, *IHL*, que informa seu tamanho em palavras de 32 bits. O valor mínimo é 5, quando não há nenhuma opção presente. O valor máximo desse campo de 4 bits é 15, que limita o cabeçalho a 60 bytes, e, portanto, o campo *Opções* a 40 bytes. Para algumas opções, como aquela que registra a rota que um pacote tomou, 40 bytes é muito pouco, tornando essas opções inúteis.

O campo *Serviços diferenciados* é um dos poucos campos que mudaram (ligeiramente) seu significado com o passar dos anos. Originalmente, ele se chamava *Tipo de serviço*. Ele foi e ainda é destinado a distinguir entre diferentes classes de serviços. São possíveis várias combinações de confiabilidade e velocidade. Para voz digitalizada, a entrega rápida vence a entrega segura. Para a transferência de arquivos, uma transmissão sem erros é mais importante do que uma transmissão rápida. O campo *Tipo de serviço* fornecia 3 bits para prioridade de sinal e 3 bits para sinalizar se um host se importava mais com atraso, throughput ou confiabilidade. Contudo, ninguém realmente sabia o que fazer com esses bits nos roteadores, de modo que ficaram sem uso por muitos anos. Quando os serviços diferenciados foram projetados, a IETF jogou a toalha e reutilizou esse campo. Agora, os seis bits superiores são usados para marcar o pacote com sua classe de serviço; descrevemos os serviços expressos e garantidos anteriormente neste capítulo. Os 2 bits inferiores são usados para transportar informações explícitas de notificação de congestionamento, por exemplo, se o pacote o experimentou; descrevemos essa notificação explícita como parte do controle de congestionamento anteriormente neste capítulo.

O campo *Tamanho total* inclui tudo o que há no datagrama – cabeçalho e dados. O tamanho máximo é de 65.535 bytes. Atualmente, esse limite superior é tolerável, mas, com as futuras redes, serão necessários datagramas maiores.

O campo *Identificação* é necessário para permitir que o host de destino determine a qual datagrama pertence um fragmento recém-chegado. Todos os fragmentos de um datagrama contêm o mesmo valor de *Identificação*.

Em seguida, há um bit não utilizado, o que é surpreendente, pois o espaço disponível no cabeçalho IP é extremamente escasso. Como uma piada de primeiro de abril, Bellovin (2003) propôs o uso desse bit para detectar tráfego malicioso. Isso simplificaria bastante a segurança, pois os pacotes com o bit "malicioso" marcado seriam conhecidos por terem sido enviados por invasores e poderiam simplesmente ser descartados. Infelizmente, a segurança na rede não é tão simples assim, mas valeu a tentativa.

Depois vêm dois campos de 1 bit relacionados à fragmentação. *DF* significa *Don't Fragment* (Não Fragmentar).

Versão	IHL	Serviços diferenciados			Tamanho total
Identificação			DF	MF	Deslocamento de fragmento
Tempo de vida (TTL)		Protocolo			Checksum do cabeçalho
Endereço de origem					
Endereço de destino					
Opções (0 ou mais palavras)					

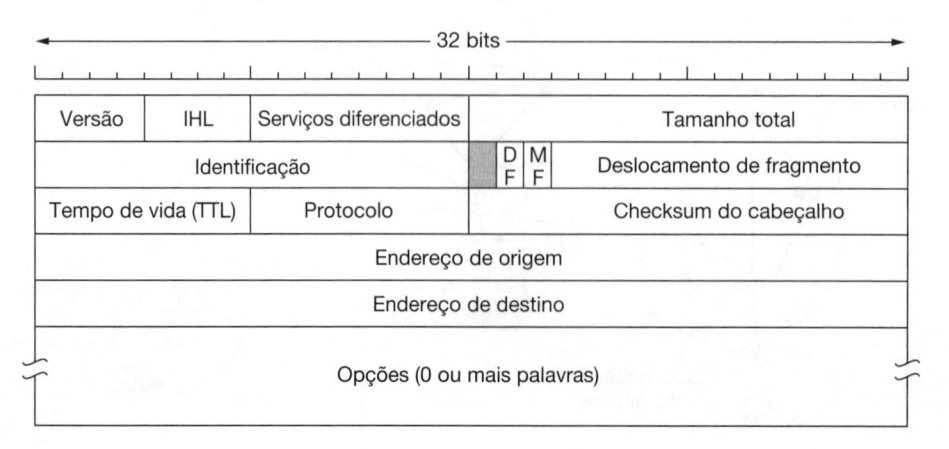

← 32 bits →

Figura 5.47 O cabeçalho IPv4.

Trata-se de uma ordem para os roteadores não dividirem o datagrama. Originalmente, a intenção era dar suporte a hosts incapazes de unir as partes novamente. Agora ele é usado como parte do processo de descobrir a MTU do caminho, que é o maior pacote que pode atravessar um caminho sem ser fragmentado. Marcando o datagrama com o bit *DF*, o transmissor sabe que ele chegará com uma só parte, ou uma mensagem de erro será retornada ao transmissor.

MF significa Mais Fragmentos. Todos os fragmentos, exceto o último, têm esse conjunto de bits, necessário para saber quando chegaram todas as partes de um datagrama.

O campo *Deslocamento de fragmento* informa a que ponto do datagrama atual o fragmento pertence. Todos os fragmentos de um datagrama, com exceção do último, devem ser múltiplos de 8 bytes, a unidade elementar de fragmento. Como são fornecidos 13 bits, existem no máximo 8.192 partes por datagrama, resultando em um tamanho máximo de pacote igual ao limite do campo *Tamanho total*. Trabalhando juntos, os campos *Identificação*, *MF* e *Deslocamento de fragmento* são usados para implementar a fragmentação descrita na Seção 5.5.6.

O campo *TTL* é um contador usado para limitar a vida útil dos pacotes. Esse campo originalmente deveria contar o tempo em segundos, permitindo uma vida útil máxima de 255 s. Esse contador deve ser decrementado a cada hop e supõe-se que ele seja decrementado diversas vezes quando estiver enfileirado durante um longo tempo em um roteador. Na prática, ele simplesmente conta os hops. Quando o contador chega a zero, o pacote é descartado e um pacote de advertência é enviado ao host de origem. Esse recurso evita que os datagramas fiquem vagando indefinidamente, algo que aconteceria se as tabelas de roteamento fossem danificadas.

Quando tiver montado um pacote completo, a camada de rede precisará saber o que fazer com ele. O campo *Protocolo* informa a que processo de transporte o datagrama deve ser entregue. O TCP é uma possibilidade, mas também há o UDP e alguns outros. A numeração dos protocolos se aplica a toda a Internet. Os protocolos e outros números atribuídos foram listados inicialmente na RFC 1700, mas hoje eles estão contidos em um banco de dados on-line localizado em www.iana.org.

Como o cabeçalho transporta informações vitais, como endereços, ele contém seu próprio checksum por proteção, o *Checksum do cabeçalho*. O algoritmo tem como objetivo somar todas as meias palavras de 16 bits do cabeçalho à medida que elas chegam, utilizando a aritmética de complemento de um e, depois, calculando o complemento de um do resultado. Para os propósitos desse algoritmo, supomos que esse campo seja zero no momento da chegada. Esse checksum é útil para detectar erros enquanto o pacote atravessa a rede. Observe que ele deve ser recontado a cada hop, porque pelo menos um campo sempre se altera (o campo *TTL*), mas existem artifícios que podem ser usados para acelerar o cálculo.

Os campos *Endereço de origem* e *Endereço de destino* indicam o endereço IP das linhas de rede de origem e de destino. Discutiremos os endereços da Internet na próxima seção.

O campo *Opções* foi projetado para permitir que versões posteriores do protocolo incluam informações inexistentes no projeto original, possibilitando a experimentação de novas ideias e evitando a alocação de bits de cabeçalho para informações raramente necessárias. Existem opções de tamanhos variáveis. Cada uma começa com um código de 1 byte identificando a opção. Algumas opções são seguidas por um campo de tamanho de opção de 1 byte e, depois, por 1 ou mais bytes de dados. O campo *Opções* é preenchido até alcançar um múltiplo de 4 bytes. Originalmente, havia cinco opções definidas, como mostra a Figura 5.48.

A opção *Security* mostra o nível de segurança da informação. Teoricamente, um roteador militar poderia usar esse campo para especificar que não se devem seguir rotas que passam por certos países que os militares consideram "perigosos". Na prática, todos os roteadores a ignoram, pois sua única função prática é ajudar os espiões a descobrir mais facilmente onde estão as melhores informações.

A opção *Strict source routing* fornece o caminho completo da origem ao destino como uma sequência de endereços IP. O datagrama é obrigado a seguir exatamente essa rota. Essa opção é mais útil principalmente para os gerentes de sistemas enviarem pacotes de emergência quando as tabelas de roteamento estão danificadas ou para fazer medições de sincronização ou desempenho.

A opção *Loose source routing* exige que o pacote percorra uma lista de roteadores específicos, na ordem especificada, mas permite que ele passe por outros roteadores

Opção	Descrição
Security	Especifica o nível de segurança do datagrama
Strict source routing	Mostra o caminho completo a ser seguido
Loose source routing	Apresenta uma lista de roteadores que não devem ser esquecidos
Record route	Faz cada roteador anexar seu endereço IP
Timestamp	Faz cada roteador anexar seu endereço e seu registro de tempo

Figura 5.48 Algumas opções do IP.

durante o percurso. Normalmente, essa opção forneceria um pequeno número de roteadores, a fim de forçar determinado caminho. Por exemplo, se for necessário forçar um pacote a ir de Londres até Sidney pelo Oeste e não pelo Leste, essa opção poderia especificar roteadores em Nova Iorque, Los Angeles e Honolulu. A opção é útil principalmente quando considerações políticas ou econômicas exigem a passagem por certos países ou que eles sejam evitados.

A opção *Record route* informa aos roteadores ao longo do caminho que eles devem anexar seu endereço IP ao campo *Opções*. Isso permite que administradores de sistemas depurem algoritmos de roteamento ("Por que os pacotes de Houston para Dallas estão passando primeiro por Tóquio?"). Quando a ARPANET foi criada, nenhum pacote passava por mais de nove roteadores; por isso, 40 bytes de opção eram mais do que suficientes. Como já foi dito, agora esse espaço é muito pequeno.

Por fim, a opção *Timestamp* é semelhante à opção *Record route*, exceto pelo fato de, além de registrar seu endereço IP de 32 bits, cada roteador também mantém um registro de tempo de 32 bits. Essa opção também é mais útil para medição da rede.

Hoje, as opções do IP perderam popularidade. Muitos roteadores as ignoram ou não as processam de modo eficiente, deixando-as de lado como um caso incomum. Ou seja, elas são aceitas apenas parcialmente e raramente são usadas.

5.7.2 Endereços IP

Um recurso que define o IPv4 são seus endereços de 32 bits. Cada host e roteador na Internet tem um endereço IP que pode ser usado nos campos *Endereço de origem* e *Endereço de destino* dos pacotes IP. É importante observar que um endereço IP não se refere realmente a um host. Na verdade, ele se refere a uma interface de rede; assim, se um host estiver em duas redes, ele precisará ter dois endereços IP. Contudo, na prática, a maioria dos hosts está em uma única rede e, portanto, só tem um endereço IP. Ao contrário, os roteadores têm várias linhas e, portanto, vários endereços IP.

Prefixos

Os endereços IP são hierárquicos, diferentemente dos endereços Ethernet. Cada endereço de 32 bits é composto de uma parte de rede de tamanho variável nos bits superiores e de uma parte de host nos bits inferiores. A parte de rede tem o mesmo valor para todos os hosts em uma única rede, como uma LAN Ethernet. Isso significa que uma rede corresponde a um bloco contíguo de espaço de endereços IP. Esse bloco é chamado de **prefixo**.

Os endereços IP são escritos em **notação decimal com ponto**. Nesse formato, cada um dos 4 bytes é escrito em decimal, de 0 a 255. Por exemplo, o endereço hexadecimal de 32 bits 80D00297 é escrito como 128.208.2.151. Os prefixos são escritos dando o menor endereço IP no bloco e o tamanho do bloco. O tamanho do prefixo é determinado pelo número de bits na parte de rede; os bits restantes fazem parte do campo de host e podem variar. Isso significa que o tamanho do endereço deve ser uma potência de dois. Por convenção, ele é escrito após o endereço IP do prefixo com uma barra seguida pelo tamanho em bits da parte da rede. Em nosso exemplo, se o prefixo tiver 2^8 endereços e, portanto, deixar 24 bits para a parte de rede, ele é escrito como 128.208.0.0/24.

Como o tamanho do prefixo não pode ser deduzido apenas pelo endereço IP, os protocolos de roteamento devem transportar os prefixos aos roteadores. Às vezes, os prefixos são simplesmente descritos por seu tamanho, como em um "/16" que é pronunciado como "barra 16". O tamanho do prefixo corresponde a uma máscara binária de 1s na parte destinada à rede. Quando escrita dessa forma, ela é chamada de **máscara de sub-rede** e pode ser submetida a um AND com o endereço IP a fim de extrair apenas a parte da rede do endereço IP. Para nosso exemplo, a máscara de sub-rede é 255.255.255.0. A Figura 5.49 mostra um prefixo e uma máscara de sub-rede.

Endereços hierárquicos têm vantagens e desvantagens significativas. A principal vantagem dos prefixos é que os roteadores podem encaminhar pacotes com base apenas na parte de rede do endereço, desde que cada uma das redes tenha um bloco de endereços exclusivos. A parte do host não importa para os roteadores, pois todos os hosts na mesma rede estarão na mesma direção. Somente quando os pacotes chegam à rede para a qual são destinados é que eles são encaminhados para o host correto. Isso torna as tabelas de roteamento muito menores do que elas seriam de outra forma. Considere que o número de hosts na Internet está se aproximando de um bilhão. Essa seria uma tabela muito grande para cada roteador manter. Todavia, usando uma hierarquia, os roteadores precisam manter rotas somente para cerca de 300 mil prefixos.

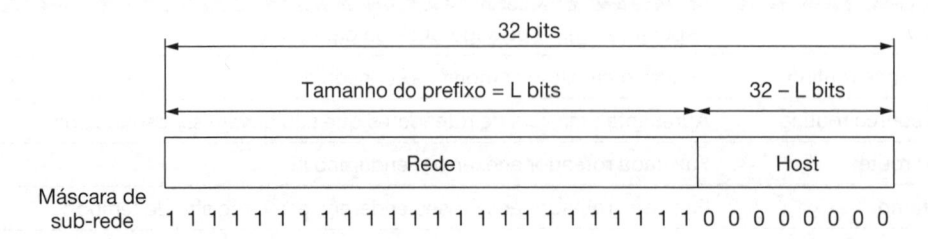

Figura 5.49 Um prefixo IP e uma máscara de sub-rede.

Embora o uso de uma hierarquia permita a expansão do roteamento na Internet, ele tem duas desvantagens. Primeiro, o endereço IP de um host depende do local onde ele está na rede. Um endereço Ethernet pode ser usado em qualquer lugar do mundo, mas cada endereço IP pertence a uma rede específica, e os roteadores só poderão entregar pacotes destinados a esse endereço na rede. Projetos como o IP móvel são necessários para dar suporte a hosts que se movem entre as redes, mas que querem manter os mesmos endereços IP.

A segunda desvantagem é que a hierarquia desperdiça endereços, a menos que seja cuidadosamente gerenciada. Se os endereços são atribuídos a redes em blocos (muito) grandes, haverá (muitos) endereços que são alocados, mas não usados. Essa alocação não importaria muito se houvesse muitos endereços para utilizar. Todavia, há mais de duas décadas foi observado que o tremendo crescimento da Internet estava esgotando rapidamente o espaço de endereços livres. O IPv6 é a solução para essa escassez, mas, até que ele seja largamente implantado, haverá muita pressão para alocar endereços IP de modo que sejam usados de maneira mais eficiente.

Sub-redes

Para evitar conflitos, os números de rede são controlados por uma corporação não lucrativa chamada **ICANN (Internet Corporation for Assigned Names and Numbers)**. Ela delegou partes do espaço de endereços a diversas autoridades regionais, que distribuíram endereços IP aos ISPs e a outras empresas. Esse é o processo pelo qual uma empresa aloca um bloco de endereços IP.

Contudo, esse processo é apenas o começo da história, pois a atribuição de endereços IP é contínua, à medida que as empresas crescem. Dissemos que o roteamento por prefixo exige que todos os hosts de uma rede tenham o mesmo número de rede. Essa propriedade poderá causar problemas à medida que as redes crescem. Por exemplo, imagine uma universidade que começou com nosso exemplo de prefixo /16 para uso pelo departamento de ciência da computação, para os computadores em sua Ethernet. Um ano mais tarde, o departamento de engenharia elétrica quis entrar na Internet, e o mesmo aconteceu com o departamento de artes. Que endereços IP esses departamentos deverão usar? Para obter outros blocos, seria preciso sair da universidade, e isso pode ser caro e inconveniente. Além do mais, o /16 já alocado tem endereços suficientes para mais de 60.000 hosts. A intenção poderia ser permitir um crescimento significativo, mas, até que isso aconteça, é um desperdício alocar mais blocos de endereços IP à mesma universidade. É necessária uma organização diferente.

A solução para esses problemas é permitir que uma rede seja dividida em diversas partes para uso interno, como várias redes, mas externamente continue a funcionar como uma única rede. Isso é **subdivisão de rede**, e as redes (como as LANs Ethernet) que resultam da divisão de uma rede maior são chamadas de **sub-redes**. Como dissemos no Capítulo 1, você precisa estar ciente de que esse novo uso do termo entra em conflito com o uso mais antigo de "sub-rede", que significa o conjunto de todos os roteadores e enlaces de comunicação em uma rede.

A Figura 5.50 mostra como as sub-redes podem ajudar em nosso exemplo. O único /16 foi dividido em partes. Essa segmentação não precisa ser uniforme, mas cada parte precisa estar alinhada de modo que os bits possam ser usados na parte destinada ao host. Nesse caso, metade do bloco (/17) é alocada ao departamento de ciência da computação, um quarto é alocado ao departamento de engenharia elétrica (/18) e um oitavo (/19), ao departamento de artes. O oitavo restante não é alocado. Um modo diferente de ver como o bloco foi dividido é examinar os prefixos resultantes quando escritos em notação binária:

```
Ciência da computação:   10000000   11010000   1|xxxxxxx   xxxxxxxx
Engenharia elétrica:     10000000   11010000   00|xxxxxx   xxxxxxxx
Artes:                   10000000   11010000   011|xxxxx   xxxxxxxx
```

Aqui, a barra vertical (|) mostra o limite entre a parte da sub-rede e a parte do host.

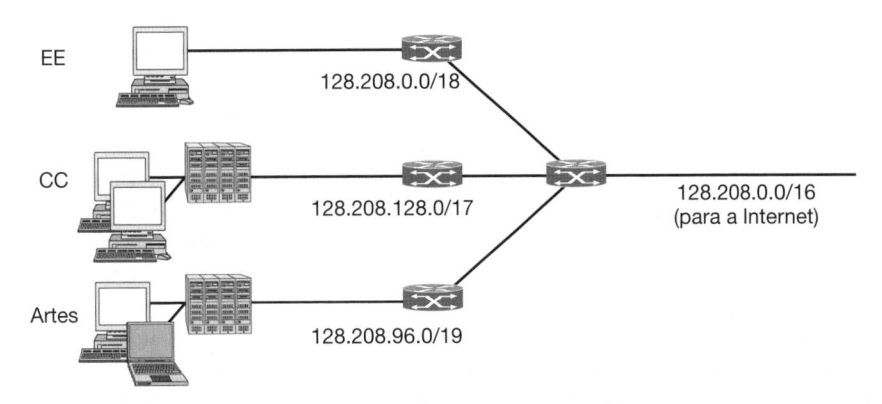

Figura 5.50 Dividindo um prefixo IP em redes separadas, com a subdivisão de rede.

Quando um pacote entra no roteador principal, como ele sabe a qual sub-rede deve ir? É aí que entram os detalhes de nossos prefixos. Uma maneira seria cada roteador ter uma tabela com 65.536 entradas, informando qual linha de saída usar para cada host no campus. Mas isso prejudicaria o benefício principal da expansão que obtemos com o uso de uma hierarquia. Em vez disso, os roteadores simplesmente precisam conhecer as máscaras de sub-rede para as redes no campus.

Quando um pacote chega, o roteador examina o endereço de destino e verifica a qual sub-rede ele pertence. O roteador pode fazer isso passando o endereço de destino pela operação AND com a máscara para cada sub-rede e verificando se o resultado é o prefixo correspondente. Por exemplo, considere um pacote destinado para o endereço IP 128.208.2.151. Para ver se ele é para o departamento de ciência da computação, realizamos o AND com 255.255.128.0 para apanhar os 17 primeiros bits (que é 128.208.0.0) e vemos se eles correspondem ao endereço do prefixo (que é 128.208.128.0). Eles não correspondem. Verificando os primeiros 18 bits para o departamento de engenharia elétrica, obtemos 128.208.0.0 ao realizar o AND com a máscara de sub-rede. Isso combina com o endereço do prefixo, de modo que o pacote é encaminhado para a linha que leva à rede de engenharia elétrica.

As divisões da sub-rede podem ser mudadas mais tarde, se for preciso, atualizando todas as máscaras de sub-rede nos roteadores dentro da universidade. Como a subdivisão de redes não é visível fora da rede, a alocação de uma nova sub-rede não exige contatar a ICANN nem alterar qualquer banco de dados externo.

CIDR – Classless InterDomain Routing

Mesmo que os blocos de endereços IP sejam alocados de modo que os endereços sejam usados de modo eficiente, ainda haverá um problema: a explosão da tabela de roteamento.

Os roteadores nas organizações na borda da rede, como uma universidade, precisam ter uma entrada para cada uma de suas sub-redes, informando ao roteador qual linha usar para chegar a essa rede. Para as rotas até destinos fora da organização, eles podem usar a regra padrão simples de enviar os pacotes na linha até o ISP que conecta a organização ao restante da Internet. Os outros endereços de destino precisam ser enviados para algum outro lugar.

Os roteadores nos ISPs e backbones no meio da Internet não têm esse luxo. Eles precisam saber que caminho seguir para chegar a cada rede, e nenhum padrão simples funcionará. Esses roteadores de núcleo são considerados como estando na **zona livre padrão** da Internet. Atualmente, ninguém mais sabe quantas redes estão conectadas à Internet, mas é um número grande, provavelmente pelo menos um milhão. Isso pode gerar uma tabela muito grande. Ela pode não parecer grande pelos padrões dos computadores, mas observe que os roteadores precisam realizar uma pesquisa nessa tabela para encaminhar cada pacote, e os roteadores em ISPs grandes podem encaminhar até milhões de pacotes por segundo. Hardware especializado e memória veloz são necessários para processar pacotes nessas velocidades, e não um computador de uso geral.

Além disso, algoritmos de roteamento exigem que cada roteador troque com outros informações sobre os endereços que ele pode alcançar. Quanto maiores as tabelas, mais informações precisam ser comunicadas e processadas. O processamento cresce pelo menos linearmente com o tamanho da tabela. Maior comunicação aumenta a probabilidade de que algumas partes se percam, pelo menos temporariamente, possivelmente levando a instabilidades de roteamento.

O problema da tabela de roteamento poderia ter sido resolvido indo para uma hierarquia mais profunda, como a rede telefônica. Por exemplo, fazer cada endereço IP conter um campo de país, estado/província, cidade, rede e host pode funcionar. Então, cada roteador só precisaria saber como chegar a cada país, estado ou província em seu próprio país, a cidades em seu estado ou província, e a redes em sua cidade. Infelizmente, essa solução exigiria muito mais do que 32 bits para endereços IP e usaria endereços de modo ineficaz (e Liechtenstein teria tantos bits em seus endereços quanto os Estados Unidos).

Felizmente, há algo que podemos fazer para reduzir os tamanhos da tabela de roteamento. Podemos aplicar a mesma ideia das sub-redes: os roteadores em diferentes locais podem saber a respeito de determinado endereço IP como pertencentes a prefixos de diferentes tamanhos. Contudo, em vez de dividir um bloco de endereços em sub-redes, aqui combinamos vários prefixos pequenos em um único prefixo maior. Esse processo é chamado de **agregação de rota**. O maior prefixo resultante às vezes é chamado de **super-rede**, ao contrário das sub-redes como a divisão de blocos de endereços.

Com a agregação, os endereços IP estão contidos em prefixos de tamanhos variáveis. O mesmo endereço IP que um roteador trata como parte de um /22 (um bloco contendo 2^{10} endereços) pode ser tratado por outro roteador como parte de um /20 maior (que contém 2^{12} endereços). Fica a cargo de cada roteador ter a informação de prefixo correspondente. Esse projeto funciona com sub-redes e é chamado **CIDR (Classless Inter-Domain Routing)**. A versão mais recente dele está especificada na RFC 4632 (Fuller e Li, 2006). O nome destaca o contraste com endereços que codificam a hierarquia de classes, que explicaremos em breve.

Para tornar o CIDR mais fácil de entender, vamos considerar um exemplo em que um bloco de 8.192 endereços IP esteja disponível a partir de 194.24.0.0. Suponha que a Cambridge University precise de 2.048 endereços e tenha recebido os endereços de 194.24.0.0 a 194.24.7.255, junto com a máscara 255.255.248.0. Esse é um prefixo /21. Em seguida, a Oxford University pede 4.096 endereços. Como um bloco de 4.096 endereços precisa estar em um limite de 4.096 bytes, Oxford não pode receber endereços começando em 194.24.8.0. Em vez disso, ela recebe de 194.24.16.0 a 194.24.31.255, junto com uma máscara de sub-rede 255.255.240.0. Por fim, a University of Edinburgh pede 1.024 endereços e recebe os endereços de 194.24.8.0 a 194.24.11.255 e a máscara 255.255.252.0. Essas atribuições são resumidas na Figura 5.51.

Todos os roteadores na zona livre padrão agora são informados sobre os endereços IP nas três redes. Os roteadores próximos às universidades podem precisar enviar para uma linha de saída diferente para cada um dos prefixos, de modo que eles precisam de uma entrada para cada um dos prefixos em suas tabelas de roteamento. Um exemplo é o roteador em Londres na Figura 5.52.

Agora, vejamos essas três universidades do ponto de vista de um roteador distante em Nova Iorque. Todos os endereços IP nos três prefixos devem ser enviados de Nova Iorque (ou dos Estados Unidos em geral) para Londres. O processo de roteamento em Londres observa isso e combina os três prefixos em uma única entrada agregada para o prefixo 194.24.0.0/19 que ele passa para o roteador em Nova Iorque. Esse prefixo contém 8K endereços e abrange as três universidades e os 1.024 endereços não alocados de outra forma. Usando a agregação, três prefixos foram reduzidos a um, diminuindo os prefixos de que o roteador de Nova Iorque precisa ser informado e as entradas da tabela de roteamento no roteador de Nova Iorque.

Quando a agregação é ativada, esse é um processo automático. Ele depende de quais prefixos estão localizados na Internet, não das ações de um administrador atribuindo endereços às redes. A agregação é bastante usada em toda a Internet e pode reduzir o tamanho das tabelas de roteamento para cerca de 200 mil prefixos.

Outro detalhe é que os prefixos podem se sobrepor. A regra é que os pacotes sejam enviados na direção da rota mais específica, ou do **maior prefixo combinado**, que possui menos endereços IP. O roteamento com o maior prefixo combinado oferece um grau útil de flexibilidade, como pode ser visto no comportamento do roteador em Nova Iorque na Figura 5.53. Esse roteador ainda usa um único prefixo agregado para enviar o tráfego de três universidades para Londres. Todavia, o bloco de endereços previamente disponíveis dentro desse prefixo foi agora alocado a uma rede em São Francisco. Uma possibilidade é o roteador em Nova Iorque manter quatro prefixos, enviando pacotes para três deles em Londres e para o quarto em São Francisco. Em vez disso, o roteamento por maior prefixo combinado pode lidar com esse encaminhamento com os dois prefixos que aparecem. Um prefixo geral é usado para

Universidade	Primeiro endereço	Último endereço	Quantos	Prefixo
Cambridge	194.24.0.0	194.24.7.255	2.048	194.24.0.0/21
Edinburgh	194.24.8.0	194.24.11.255	1.024	194.24.8.0/22
(Disponível)	194.24.12.0	194.24.15.255	1.024	194.24.12.0/22
Oxford	194.24.16.0	194.24.31.255	4.096	194.24.16.0/20

Figura 5.51 Um conjunto de atribuições de endereços IP.

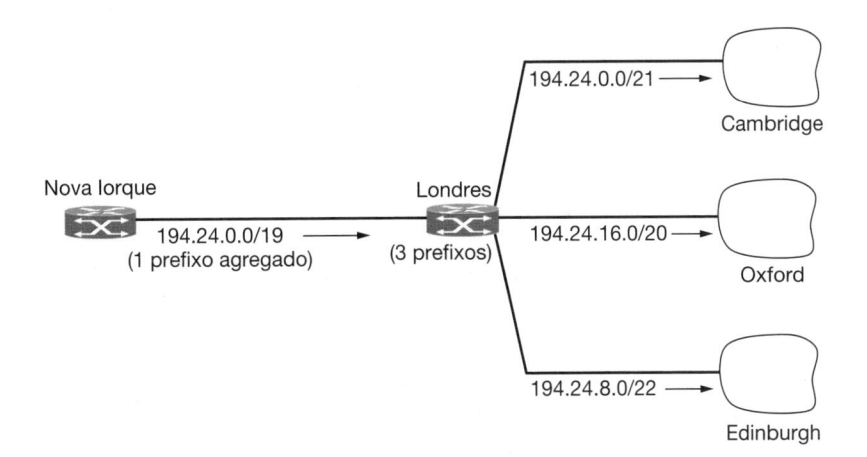

Figura 5.52 Agregação de prefixos IP.

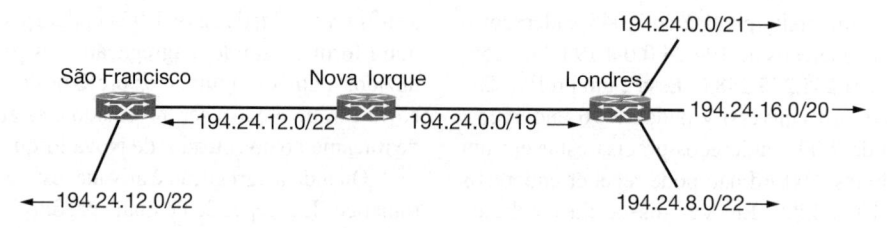

Figura 5.53 Roteamento pelo maior prefixo combinado no roteador em Nova Iorque.

o tráfego direto para o bloco inteiro em Londres. Um prefixo mais específico também é usado para direcionar uma parte do prefixo maior para São Francisco. Com a regra do maior prefixo combinado, os endereços IP dentro da rede de São Francisco serão enviados no enlace contínuo para São Francisco, e todos os outros endereços IP no prefixo maior serão enviados para Londres.

Por conceito, o CIDR funciona da seguinte forma: quando um pacote chega, a tabela de roteamento é varrida para determinar se o destino se encontra dentro do prefixo. É possível que várias entradas com diferentes tamanhos de prefixo combinem, caso em que é usada a entrada com o maior prefixo. Assim, se houver uma combinação para uma máscara /20 e uma máscara /24, a entrada /24 será usada para pesquisar a linha de saída para o pacote. Contudo, esse processo seria tedioso se a tabela fosse realmente varrida entrada por entrada. Em vez disso, foram criados algoritmos complexos para agilizar o processo de combinação de endereço (Ruiz-Sanchez et al., 2001). Os roteadores comerciais utilizam chips VLSI personalizados com esses algoritmos embutidos no hardware.

Endereçamento em classes especiais

Para ajudá-lo a entender melhor por que o CIDR é tão útil, vamos apresentar rapidamente o projeto que o precedeu. Antes de 1993, os endereços IP eram divididos em cinco categorias, listadas na Figura 5.54. Essa alocação passou a se chamar **endereçamento em classes**.

Os formatos das classes A, B e C permitem até 128 redes com 16 milhões de hosts cada uma, 16.384 redes com até 65.536 hosts cada uma e 2 milhões de redes (p. ex., LANs) com até 256 hosts cada uma (embora algumas dessas sejam especiais). Também há suporte para multicast (o formato da classe D), em que um datagrama é direcionado para vários hosts. Os endereços começando com 1111 são reservados para uso futuro. Eles seriam valiosos para usar agora, dada a escassez de espaço de endereços IPv4. Infelizmente, muitos hosts não aceitarão esses endereços como válidos, pois têm ficado fora dos limites por tanto tempo que é difícil ensinar novos truques a hosts antigos.

Esse é um projeto hierárquico, mas, diferentemente do CIDR, os tamanhos dos blocos de endereço são fixos. Existem mais de 2 bilhões de endereços de 21 bits, mas a organização do espaço de endereços por classes desperdiça milhões deles. Em particular, o vilão real é a rede de classe B. Para a maioria das organizações, uma rede de classe A, com 16 milhões de endereços, é muito grande, e uma rede de classe C, com 256 endereços, é muito pequena. Uma rede de classe B, com 65.536, é ideal. No folclore da Internet, essa situação é conhecida como o **problema dos três ursos** (como em *Goldilocks and the Three Bears* [Southey, 1848]).

Na realidade, porém, um endereço de classe B é muito grande para a maioria das organizações. Os estudos têm

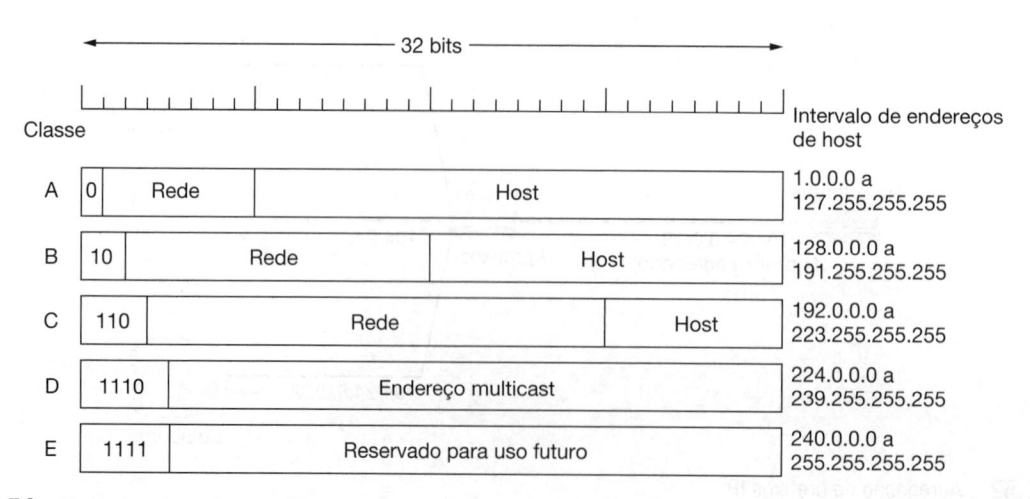

Figura 5.54 Formatos de endereços IP.

mostrado que mais da metade de todas as redes de classe B tem menos de 50 hosts. Uma rede de classe C teria sido suficiente, mas, sem dúvida, cada organização que pediu um endereço de classe B pensou que um dia ultrapassaria o campo de host de 8 bits. Fazendo um retrospecto, poderia ter sido melhor ter tido redes de classe C usando 10 bits em vez de 8 para o campo de host, permitindo 1.022 hosts por rede. Se isso acontecesse, a maioria das organizações provavelmente teria ficado com uma rede de classe C e haveria meio milhão delas (contra apenas 16.384 redes de classe B).

É difícil culpar os projetistas da Internet por não terem oferecido mais (e menores) endereços de classe B. Na época em que foi tomada a decisão de criar as três classes, a Internet era uma rede de pesquisa conectando as principais universidades de pesquisa dos Estados Unidos (mais algumas poucas empresas e militares realizando pesquisas com redes). Ninguém percebeu que a Internet se tornava um sistema de comunicação de mercado em massa, competindo com a rede telefônica. Na época, alguém sem dúvida disse: "Os Estados Unidos têm cerca de 2 mil faculdades e universidades. Mesmo que todas elas se conectem à Internet e muitas outras universidades em outros países também se juntem, nunca chegaremos aos 16 mil, pois não existem tantas universidades no mundo inteiro. Além do mais, ter como número de host um número inteiro de bytes agiliza o processamento do pacote" (o que, na época, era feito inteiramente no software). Talvez algum dia as pessoas voltem e culpem aqueles que projetaram o esquema do número de telefone e digam: "Que idiotas. Por que eles não incluíram o número do planeta no número do telefone?". Contudo, no momento, isso não parece ser necessário.

Para enfrentar esses problemas, as sub-redes foram introduzidas para atribuir blocos de endereços com flexibilidade dentro de uma organização. Mais tarde, o CIDR foi acrescentado para reduzir o tamanho da tabela de roteamento global. Hoje, os bits que indicam se um endereço IP pertence à rede de classe A, B ou C não são mais usados, embora as referências a essas classes na literatura ainda sejam comuns.

Para ver como o descarte das classes tornou o encaminhamento mais complicado, considere como isso era simples no sistema antigo com classes. Quando um pacote chegava a um roteador, uma cópia do endereço IP era deslocada 28 bits para a direita, para gerar um número de classe de 4 bits. Um desvio de 16 bits desviava então os pacotes para as classes A, B, C (e D, E), com oito dos casos para a classe A, quatro para a classe B e dois para a classe C. Então, o código para cada classe mascarava o número de rede de 8, 16 ou 24 bits e o alinhava à direita em uma palavra de 32 bits. O número de rede era então pesquisado na tabela A, B ou C, normalmente indexando para redes A e B e realizando o hash para redes C. Quando a entrada era encontrada, a linha de saída poderia ser pesquisada e o pacote, encaminhado. Isso é muito mais simples do que a operação de combinação de maior prefixo correspondente, que não pode mais usar uma simples pesquisa de tabela, pois um endereço IP pode ter um prefixo de qualquer tamanho.

Os endereços de classe D continuam a ser usados na Internet para multicast. Na realidade, pode ser mais preciso dizer que eles estão começando a ser usados para multicast, pois o multicast na Internet não foi muito implementado no passado.

Também existem vários outros endereços que têm significados especiais, como mostra a Figura 5.55. O endereço IP 0.0.0.0, o menor deles, é usado pelos hosts quando estão sendo inicializados. Isso significa "essa rede" ou "esse host". Os endereços IP com 0 como número de rede referem-se à rede atual. Esses endereços permitem que as máquinas se refiram à sua própria rede sem conhecer seu número (mas elas precisam conhecer a máscara de rede para saber quantos 0s incluir). O endereço que consiste apenas em 1s, ou 255.255.255.255 – o mais alto –, é usado para apontar todos os hosts na rede indicada. Ele permite o broadcasting na rede local, normalmente uma LAN. Os endereços com um número de rede apropriado e apenas 1s no campo de host permitem que as máquinas enviem pacotes de broadcast para LANs distantes em qualquer parte da Internet. Todavia, muitos administradores de rede desativam esse recurso, pois ele é um sério risco à segurança. Finalmente, todos os endereços na forma 127.*xx.yy.zz* são reservados para o teste de loopback. Os pacotes enviados a esse endereço não são enviados para os fios, mas processados

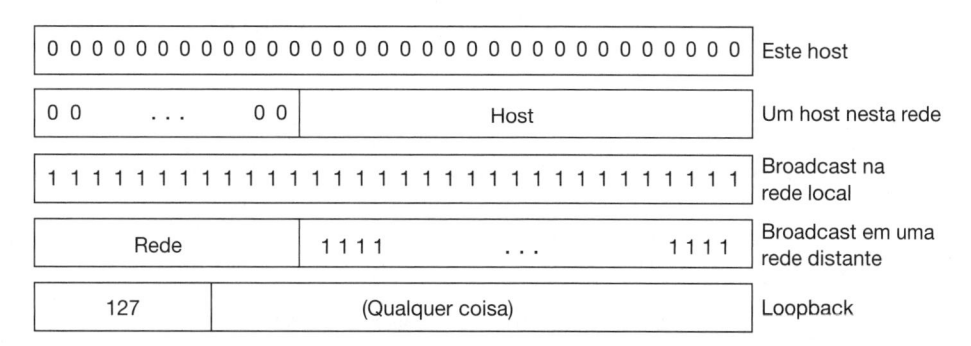

0 0 0 0 0 0 0 0 0 0 0 0 0 0 0 0 0 0 0 0 0 0 0 0 0 0 0 0 0 0 0 0	Este host
0 0 ... 0 0	Host	Um host nesta rede
1 1 1 1 1 1 1 1 1 1 1 1 1 1 1 1 1 1 1 1 1 1 1 1 1 1 1 1 1 1 1 1	Broadcast na rede local
Rede	1 1 1 1 ... 1 1 1 1	Broadcast em uma rede distante
127	(Qualquer coisa)	Loopback

Figura 5.55 Endereços IP especiais.

localmente e tratados como pacotes de chegada. Isso permite que os pacotes sejam enviados para o host sem que um transmissor conheça seu número, o que é útil para fins de teste.

NAT – Network Address Translation

Os endereços IP são escassos. Um ISP poderia ter um endereço /16, fornecendo 65.534 números de hosts. Se ele tiver um número maior do que esse de clientes, haverá um problema. De fato, com endereços de 32 bits, existem apenas 2^{32} deles, e todos já se foram.

Essa escassez levou à criação de técnicas para usar o endereço IP com cautela. Uma delas é atribuir dinamicamente um endereço IP ao computador quando ele se conectar e usar a rede, tomando-o de volta quando o host se tornar inativo. Desse modo, um único endereço /16 poderá manipular até 65.534 usuários ativos.

Essa estratégia funciona bem em alguns casos, por exemplo, para redes discadas e computadores móveis e outros que podem estar temporariamente ausentes ou desligados. Contudo, ela não funciona muito bem para clientes empresariais. Muitos computadores nas empresas devem estar ligados continuamente. Alguns são máquinas de funcionários, que recebem backup à noite, e outros são servidores que podem ter de atender a uma solicitação remota a qualquer momento, sem aviso. Essas empresas têm um enlace de acesso que sempre oferece conectividade ao restante da Internet.

Cada vez mais, essa situação também se aplica a usuários domésticos que assinam serviços de ADSL ou Internet por cabo, pois não existe cobrança por tempo de conexão (apenas uma taxa fixa mensal). Muitos desses usuários têm dois ou mais computadores em casa, muitas vezes um para cada membro da família, e todos eles querem estar on-line o tempo todo. A solução aqui é conectar todos os computadores a uma rede doméstica por meio de uma LAN e inserir um roteador (wireless) nela. O roteador, então, se conecta ao ISP. Do ponto de vista do ISP, agora a família equivale a uma pequena empresa com alguns computadores. Bem-vindos à Silva & Silva Ltda. Com as técnicas que vimos até aqui, cada computador precisa ter seu próprio endereço IP o dia inteiro. Para um ISP com muitos milhares de clientes, principalmente clientes empresariais e famílias que são como pequenas empresas, a demanda por endereços IP pode ultrapassar rapidamente o bloco disponível.

O problema de esgotar os endereços IP não é apenas teórico, que poderia ocorrer em algum momento no futuro distante. Ele está acontecendo aqui e agora mesmo. A solução em longo prazo é a Internet inteira migrar para o IPv6, que tem endereços de 128 bits. Essa transição está ocorrendo com lentidão e a conclusão do processo demorará muitos anos. Para contornar a situação nesse meio-tempo, foi necessário fazer uma rápida correção, que veio sob a forma da **NAT** (**Network Address Translation**), descrita na RFC 3022 e que resumiremos a seguir. Para obter mais informações, consulte Dutcher (2001).

A ideia básica por trás da NAT é atribuir a cada empresa um único endereço IP (ou, no máximo, um número pequeno deles) para tráfego na Internet. *Dentro* da empresa, todo computador obtém um endereço IP exclusivo, usado para roteamento do tráfego interno. Todavia, quando um pacote sai da empresa e vai para o ISP, ocorre uma conversão do endereço IP interno para o endereço IP público. Essa tradução utiliza três intervalos de endereços IP que foram declarados como privativos. As redes podem utilizá-los internamente como desejarem. A única regra é que nenhum pacote contendo esses endereços pode aparecer na própria Internet. Os três intervalos reservados são:

```
10.0.0.0      – 10.255.255.255/8      (16.777.216 hosts)
172.16.0.0    – 172.31.255.255/12     (1.048.576 hosts)
192.168.0.0   – 192.168.255.255/16    (65.536 hosts)
```

O primeiro intervalo permite a utilização de 16.777.216 endereços (com exceção dos endereços contendo apenas 0 ou apenas 1, como sempre) e é a escolha habitual, mesmo que a rede não necessite de tantos endereços.

A operação da NAT é mostrada na Figura 5.56. Dentro das instalações do cliente, toda máquina tem um endereço exclusivo da forma 10.*x.y.z*. Contudo, quando um pacote deixa as instalações da empresa, ele passa por uma **NAT** que converte o endereço de origem IP interno, 10.0.0.1 na

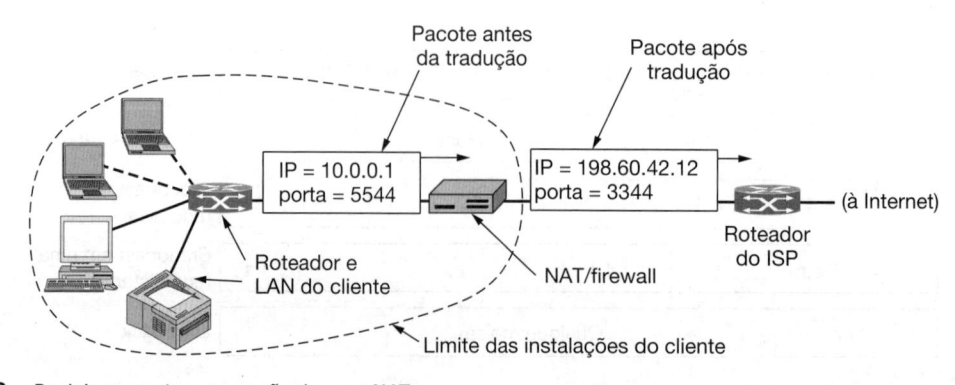

Figura 5.56 Posicionamento e operação de uma NAT.

figura, no endereço IP verdadeiro da empresa, 198.60.42.12 nesse exemplo. Com frequência, a NAT é combinada em um único dispositivo com um firewall, que oferece segurança por meio do controle cuidadoso do que entra na empresa e do que sai dela. Estudaremos os firewalls no Capítulo 8. Também é possível integrar a NAT a um roteador ou modem ADSL.

Até agora, deixamos de lado um pequeno detalhe: quando a resposta volta (p. ex., de um servidor da Web), ela é naturalmente endereçada para 198.60.42.12; então, como a NAT sabe por qual endereço deve substituir o endereço da resposta? Aqui reside o problema com a NAT: se houvesse um campo sobressalente no cabeçalho IP, ele poderia ser usado para controlar qual foi o transmissor real, mas só resta um bit ainda não utilizado. Em princípio, uma nova opção poderia ser criada para conter o endereço de origem verdadeiro, mas isso exigiria mudar o código do IP em todas as máquinas na Internet inteira para tratar da nova opção. Essa não é uma alternativa promissora para uma correção rápida.

O que realmente aconteceu é que os projetistas da NAT observaram que a maioria dos pacotes IP transporta uma carga útil TCP ou UDP. Quando estudarmos o TCP e o UDP no Capítulo 6, veremos que ambos têm cabeçalhos contendo uma porta de origem e uma de destino. Descreveremos a seguir apenas as portas TCP, mas o mesmo princípio é válido para as portas UDP. As portas são inteiros de 16 bits que indicam onde a conexão TCP começa e termina. Elas fornecem o campo necessário para fazer a NAT funcionar.

Quando um processo deseja estabelecer uma conexão TCP com um processo remoto, ele se associa a uma porta TCP não utilizada em sua própria máquina, a qual é chamada **porta de origem**, e informa ao código do TCP para onde devem ser enviados os pacotes que chegarem pertencentes a essa conexão. O processo também fornece uma **porta de destino** para informar a quem devem ser entregues os pacotes no lado remoto. As portas de 0 a 1023 são reservadas para serviços conhecidos. Por exemplo, a porta 80 é usada por servidores Web, de forma que clientes remotos possam localizá-los. Cada mensagem TCP enviada contém uma porta de origem e uma de destino. Juntas, elas servem para identificar os processos que utilizam a conexão nas duas extremidades.

Uma analogia deve tornar mais claro o uso das portas. Imagine uma empresa com um único número de telefone principal. Quando as pessoas ligam para esse número, acessam um telefonista, que pergunta qual ramal elas desejam e em seguida as conecta a esse ramal. O número principal é equivalente ao endereço IP do cliente, e os ramais em ambas as extremidades são equivalentes às portas. As portas constituem um grupo extra de 16 bits de endereçamento que identifica o processo que receberá cada pacote de entrada.

Usando o campo *Porta de origem*, podemos resolver nosso problema de mapeamento. Sempre que um pacote de saída entra na NAT, o endereço de origem 10.*x.y.z* é substituído pelo endereço IP verdadeiro do cliente. Além disso, o campo *Porta de origem* do TCP é substituído por um índice na tabela de tradução de 65.536 entradas da NAT. Essa entrada da tabela contém a porta de origem e o endereço IP original. Por fim, tanto o checksum do cabeçalho IP quanto o do cabeçalho TCP são recalculados e inseridos no pacote. É necessário substituir o campo *Porta de origem*, pois as conexões das máquinas 10.0.0.1 e 10.0.0.2 podem, por exemplo, usar a mesma porta 5000, e, assim, o campo *Porta de origem* sozinho não é suficiente para identificar o processo transmissor.

Quando um pacote chega à NAT vindo do ISP, o campo *Porta de destino* no cabeçalho TCP é extraído e usado como índice para a tabela de mapeamento da NAT. A partir da entrada localizada, o endereço IP interno e a porta TCP original são extraídos e inseridos no pacote. Em seguida, os checksums do IP e do TCP são recalculados e inseridos no pacote. O pacote é, então, repassado ao roteador do cliente para entrega normal, utilizando o endereço 10.*x.y.z*.

Embora esse tipo de esquema resolva o problema, muitas pessoas na comunidade IP o consideram uma abominação. Em resumo, a seguir estão algumas objeções. Primeiro, a NAT viola o modelo arquitetônico do IP, que estabelece que todo endereço IP identifica de forma exclusiva uma única máquina em todo o mundo. Toda a estrutura de software da Internet se baseia nesse fato. Com a NAT, milhares de máquinas podem usar (e usam) o endereço 10.0.0.1.

Em segundo lugar, a NAT fere o modelo de conectividade de ponto a ponto da Internet, que diz que qualquer host pode enviar um pacote para outro a qualquer momento. Como o mapeamento na NAT é configurado por pacotes de saída, os pacotes de entrada não podem ser aceitos antes dos de saída. Na prática, isso significa que um usuário doméstico com uma NAT pode fazer conexões TCP/IP com um servidor Web remoto, mas um usuário remoto não pode fazer conexões com um servidor de jogos na rede doméstica com uma NAT. É necessário usar técnicas de configuração especiais ou a **travessia da NAT** para dar suporte a esse tipo de situação.

Terceiro, a NAT faz a Internet mudar suas características de rede não orientada a conexões para uma espécie de rede orientada a conexões. O problema é que a NAT deve manter o estado (o mapeamento) para cada conexão que passa por ela. Fazer isso é uma propriedade das redes orientadas a conexões, e não das redes não orientadas a conexões. Se a NAT sofrer uma pane e sua tabela de mapeamento se perder, todas as conexões TCP serão destruídas. Na ausência da NAT, panes em roteadores não terão nenhum efeito em longo prazo sobre conexões TCP. O processo transmissor simplesmente entrará em timeout dentro de alguns segundos e retransmitirá todos os pacotes não confirmados. Com a NAT, a Internet se torna tão vulnerável quanto uma rede comutada por circuitos.

Em quarto lugar, a NAT viola a regra mais fundamental da distribuição de protocolos em camadas: a camada k não pode fazer nenhuma suposição sobre o que a camada $k + 1$ inseriu no campo de carga útil. Esse princípio básico existe para manter as camadas independentes. Se o TCP for atualizado mais tarde para TCP-2, com um layout de cabeçalho diferente (p. ex., portas de 32 bits), a NAT falhará. Toda a ideia de protocolos em camadas tem o objetivo de assegurar que as mudanças em uma camada não exigirão mudanças em outras. A NAT destrói essa independência.

Quinto, os processos na Internet não são obrigados a usar o TCP ou o UDP. Se um usuário na máquina A decidir empregar algum novo protocolo de transporte para se comunicar com um usuário na máquina B (p. ex., no caso de uma aplicação de multimídia), a introdução de uma NAT fará a aplicação falhar, porque a NAT não será capaz de localizar corretamente o campo *Porta de origem* do TCP.

Um sexto problema relacionado é que algumas aplicações usam várias conexões TCP/IP ou portas UDP de maneiras predefinidas. Por exemplo, o **protocolo de transferência de arquivos** padrão, o **FTP (File Transfer Protocol)**, insere endereços IP no corpo do pacote para o receptor extrair e usar. Por não saber nada sobre esses arranjos, a NAT não pode reescrever os endereços IP ou considerá-los de alguma outra forma. Essa falta de conhecimento significa que o FTP e outras aplicações, como o protocolo de telefonia da Internet H.323 (que estudaremos no Capítulo 7), têm essa propriedade e podem falhar na presença da NAT, a menos que sejam tomadas precauções especiais. Talvez seja possível corrigir a NAT para esses casos, mas ter de corrigir o código na NAT toda vez que surge uma nova aplicação não é uma boa ideia.

Por fim, como o campo *Porta de origem* do TCP é de 16 bits, no máximo 65.536 máquinas podem ser mapeadas em um endereço IP. Na realidade, o número é um pouco menor, porque as primeiras 4.096 portas estão reservadas para usos especiais. Contudo, se vários endereços IP estiverem disponíveis, cada um deles poderá manipular até 61.440 máquinas.

Esses e outros problemas com a NAT são discutidos na RFC 2993. Apesar dos problemas, a NAT é muito usada na prática, especialmente em redes domésticas e de pequenas empresas, como a última técnica ágil para lidar com a falta de endereços IP. Ela tem sido usada com firewalls para privacidade, pois impede os pacotes de chegada não solicitados, por padrão. Por esse motivo, é provável que ela não desapareça mesmo quando o IPv6 tiver sido implantado de modo geral.

5.7.3 IP versão 6

O IP tem sido muito usado há décadas. Ele tem funcionado extremamente bem, conforme demonstrado pelo crescimento exponencial da Internet. Infelizmente, ele tornou-se vítima de sua própria popularidade: está próximo de esgotar os endereços disponíveis. Até mesmo com CIDR e NAT usando endereços com mais cautela, os últimos endereços IPv4 foram atribuídos pela ICANN em 25 de novembro de 2019. Esse desastre iminente foi reconhecido há quase duas décadas e gerou muita discussão e controvérsia dentro da comunidade da Internet sobre o que fazer a respeito.

Nesta seção, descreveremos o problema e várias soluções propostas. A única solução é passar para endereços maiores. O **IPv6 (IP versão 6)** é um projeto substituto que faz exatamente isso. Ele usa endereços de 128 bits; uma escassez desses endereços provavelmente não ocorrerá no futuro previsível. Todavia, o IPv6 provou ser muito difícil de implementar. Ele é um protocolo diferente da camada de rede e não se interliga realmente com o IPv4, apesar de muitas semelhanças. Além disso, as empresas e usuários não sabem ao certo por que eles deveriam querer o IPv6 de qualquer forma. O resultado é que o IPv6 está implementado e é usado em apenas uma pequena fração da Internet (estima-se que seja 25%), apesar de ser um Internet Standard desde 1998. Os próximos anos serão interessantes. Cada endereço IPv4 agora vale até US$ 19. Em 2019, um homem foi condenado por armazenar 750.000 endereços IP (valendo cerca de US$ 14 milhões) e vendê-los no mercado ilegal.

Além desses problemas técnicos, há outra questão em paralelo. No início, a Internet era amplamente usada por universidades, indústrias de alta tecnologia e órgãos governamentais dos Estados Unidos (especialmente pelo Departamento de Defesa). Com a explosão do interesse pela Internet a partir de meados da década de 1990, ela começou a ser usada por um grupo diferente de pessoas, em especial as com necessidades específicas. Por um lado, milhares de pessoas com smartphones a utilizam para manter contato com suas bases. Por outro, com a inevitável convergência das indústrias de informática, comunicação e entretenimento, talvez não demore para que cada telefone e cada televisor do mundo seja um nó da Internet, resultando no uso de áudio e vídeo por demanda em um bilhão de máquinas. Sob essas circunstâncias, ficou claro que o IP precisava evoluir para se tornar mais flexível.

Vendo esses problemas no horizonte, em 1990 a IETF começou a trabalhar em uma nova versão do IP, que nunca ficaria sem endereços, resolveria uma série de outros problemas e também seria mais flexível e eficiente. Seus principais objetivos eram:

1. Aceitar bilhões de hosts, mesmo com alocação ineficiente de espaço de endereços.
2. Reduzir o tamanho das tabelas de roteamento.
3. Simplificar o protocolo, de modo a permitir que os roteadores processem os pacotes com mais rapidez.
4. Oferecer mais segurança (autenticação e privacidade).

5. Dar mais importância ao tipo de serviço, particularmente no caso de dados em tempo real.
6. Auxiliar o multicasting, possibilitando a especificação de escopos.
7. Permitir que um host mude de lugar sem precisar mudar de endereço.
8. Permitir que o protocolo evoluísse no futuro.
9. Permitir a coexistência entre protocolos novos e antigos durante anos.

O projeto do IPv6 apresentou uma oportunidade importante para melhorar todos os recursos no IPv4 que ficaram aquém do que se deseja agora. Para chegar a um protocolo que atendesse a todos esses requisitos, a IETF convocou os interessados em apresentar suas propostas na RFC 1550. Inicialmente, foram recebidas 21 respostas. Em dezembro de 1992, havia sete propostas muito interessantes em estudo. Elas variavam desde pequenos ajustes no IP até sua eliminação pura e simples, com a criação de um protocolo totalmente diferente.

Uma proposta era executar o TCP em cima do CLNP, o protocolo de camada de rede desenvolvido para o OSI. Com seus endereços de 160 bits, o CLNP seria capaz de oferecer um espaço de endereços infinito, pois poderia dar a cada molécula de água nos oceanos endereços suficientes (cerca de 2^5) para montar uma pequena rede. Essa escolha também unificaria os dois principais protocolos da camada de rede. No entanto, para muita gente, isso seria o mesmo que admitir que o mundo OSI ainda tinha suas vantagens, uma afirmação politicamente incorreta nos círculos da Internet. A padronização do protocolo CLNP tinha características muito parecidas com a do IP, portanto, não podemos afirmar que os dois protocolos sejam, de fato, muito diferentes. Na verdade, o protocolo que acabou sendo escolhido apresenta muito mais diferenças em relação ao IP do que o CLNP. Um dos fatores que pesaram contra o CLNP foi a baixa qualidade em relação aos tipos de serviços oferecidos, algo de fundamental importância para uma transmissão multimídia eficiente.

As três melhores propostas foram publicadas na *IEEE Network* (Deering, 1993; Francis, 1993; e Katz e Ford, 1993). Depois de muita discussão, revisão e disputa, foi selecionada uma versão combinada modificada das propostas de Deering e Francis, agora chamada **SIPP** (**Simple Internet Protocol Plus**), à qual foi atribuída a designação **IPv6** (**Internet Protocol version 6**).

O IPv6 atende a todos os objetivos da IETF, preservando os bons recursos do IP, descartando ou reduzindo a importância das características ruins e criando outras quando necessário. Genericamente, o IPv6 não é compatível com o IPv4, mas o é com todos os outros protocolos auxiliares da Internet, incluindo TCP, UDP, ICMP, IGMP, OSPF, BGP e DNS, apesar de serem necessárias pequenas modificações para lidar com endereços mais longos.

Os principais recursos do IPv6 serão discutidos a seguir. Para obter mais informações sobre ele, consulte as RFCs de 2460 a 2466.

Em primeiro lugar, o IPv6 tem endereços mais longos que o IPv4. Eles têm 128 bits, o que resolve o problema que o IPv6 se propõe a resolver: oferecer um número praticamente ilimitado de endereços na Internet. Voltaremos a descrever os endereços mais adiante.

O segundo aperfeiçoamento importante no IPv6 é a simplificação do cabeçalho. Ele contém apenas sete campos (contra os 13 do IPv4). Essa mudança permite aos roteadores processar os pacotes com mais rapidez e, dessa forma, melhorar o throughput e o atraso. Também voltaremos a descrever o cabeçalho em breve.

A terceira mudança importante foi o melhor suporte para as opções oferecidas. Essa alteração era essencial para o novo cabeçalho, pois os campos então obrigatórios agora são opcionais (pois não são usados com tanta frequência). Além disso, é diferente a forma como as opções são representadas, o que torna mais simples para os roteadores ignorar as opções a que eles não se propõem. Esse recurso diminui o tempo de processamento de pacotes.

Uma quarta área em que o IPv6 representa um grande avanço é a segurança. A IETF já estava farta de ver reportagens nos jornais com meninos precoces de 12 anos que, utilizando seus computadores pessoais, conseguiam devassar segredos de grandes instituições financeiras e militares pela Internet. Havia uma forte sensação de que era preciso fazer algo para melhorar a segurança. A autenticação e a privacidade são recursos importantes do novo IP. Todavia, mais tarde essas características foram integradas ao IPv4, assim, na área de segurança não há mais diferenças tão grandes.

Por fim, foi dada maior atenção à qualidade de serviço. Diversos esforços corajosos foram feitos no passado para melhorar a QoS; porém, com o crescimento atual da multimídia na Internet, a sensação de urgência é maior.

O cabeçalho principal do IPv6

O cabeçalho do IPv6 é mostrado na Figura 5.57. O campo *Versão* é sempre 6 para o IPv6 (e 4 para o IPv4). Durante o período de transição do IPv4, que já passou de uma década, os roteadores serão capazes de examinar esse campo para identificar o tipo de pacote que eles têm. A propósito, a realização desse teste desperdiça algumas instruções no caminho crítico, visto que o cabeçalho do enlace de dados normalmente indica o protocolo de rede para demultiplexação e, portanto, alguns roteadores podem pular a verificação. Por exemplo, o campo *Tipo* da Ethernet tem diferentes valores para indicar uma carga útil IPv4 ou IPv6. As discussões entre os que desejam "fazer o que é certo" e os que querem "tornar o processo mais rápido" ainda deverão se estender por um longo tempo e serão motivo de muita polêmica.

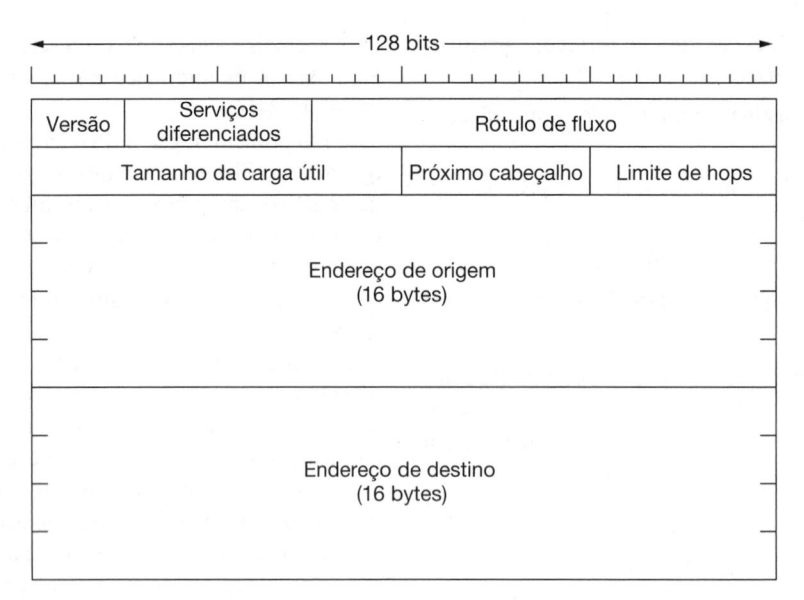

```
┌──────────────────────── 128 bits ────────────────────────┐
│ Versão │ Serviços      │         Rótulo de fluxo         │
│        │ diferenciados │                                 │
├────────┴───────────────┬──────────────────┬──────────────┤
│  Tamanho da carga útil │ Próximo cabeçalho│ Limite de hops│
├────────────────────────┴──────────────────┴──────────────┤
│                                                          │
│                    Endereço de origem                    │
│                       (16 bytes)                         │
│                                                          │
├──────────────────────────────────────────────────────────┤
│                                                          │
│                    Endereço de destino                   │
│                       (16 bytes)                         │
│                                                          │
└──────────────────────────────────────────────────────────┘
```

Figura 5.57 O cabeçalho fixo IPv6 (exigido).

O campo *Serviços diferenciados* (originalmente chamado *Classe de tráfego*) é usado para distinguir a classe de serviço para pacotes com diferentes requisitos de entrega em tempo real. Ele é usado com a arquitetura de serviço diferenciado para qualidade de serviço da mesma maneira que o campo de mesmo nome no pacote IPv4. Além disso, os 2 bits de baixa ordem são usados para sinalizar indicações explícitas de congestionamento, novamente da mesma maneira que no IPv4.

O campo *Rótulo de fluxo* permite que uma origem e um destino marquem grupos de pacotes que têm os mesmos requisitos e devem ser tratados da mesma maneira pela rede, formando uma pseudoconexão. Por exemplo, um fluxo de pacotes entre um processo de determinado host de origem e certo processo de um host de destino específico pode ter severas restrições em termos de atraso e, por essa razão, necessitar de uma largura de banda reservada. O fluxo pode ser configurado com antecedência e ter um identificador atribuído a ele. Quando aparece um pacote com o campo *Rótulo de fluxo* com valor diferente de zero, todos os roteadores podem verificar nas tabelas internas que tipo de tratamento especial ele exige. Na prática, os fluxos são uma tentativa de ter a flexibilidade de uma rede de datagramas com as garantias de uma rede de circuitos virtuais.

Para fins de qualidade de serviço, cada fluxo é designado por endereço de origem, endereço de destino e número de fluxo. Esse projeto significa que até 2^{20} fluxos podem estar ativos ao mesmo tempo entre determinado par de endereços IP. Por essa razão, quando dois fluxos enviados por diferentes hosts e com o mesmo número de fluxo passarem pelo mesmo roteador, este será capaz de distingui-los usando os endereços de origem e de destino. Para que os roteadores possam analisar os números de fluxo com mais facilidade, eles serão escolhidos ao acaso, em vez de serem atribuídos sequencialmente a partir de 1.

O campo *Tamanho de carga útil* determina o número de bytes que seguem o cabeçalho de 40 bytes da Figura 5.57. O nome desse campo, que no IPv4 era *Tamanho total*, foi alterado em virtude de uma pequena mudança de significado a que foi submetido: os 40 bytes do cabeçalho deixaram de ser contados como parte do tamanho, como acontecia até então. Essa mudança significa que a carga útil agora pode ser de 65.535 bytes em vez de meros 65.515 bytes.

O campo *Próximo cabeçalho* revela um segredo. O cabeçalho pode ser simplificado, pois existe a possibilidade de haver outros cabeçalhos de extensão (opcionais). Esse campo informa quais dos seis cabeçalhos de extensão (atuais) seguem esse cabeçalho, se houver algum. Se esse cabeçalho for o último do IP, o campo *Próximo cabeçalho* revelará para qual tratador de protocolo de transporte (p. ex., TCP, UDP) o pacote deverá ser enviado.

O campo *Limite de hops* é usado para impedir que os pacotes tenham duração eterna. Na prática, ele é igual ao campo *TTL* do IPv4, ou seja, um campo que é decrementado a cada hop. Teoricamente, no IPv4 ele indica um tempo em segundos, mas nenhum roteador o utilizava dessa maneira. Por esse motivo, seu nome foi alterado para refletir o modo como ele é usado de fato.

Em seguida, vêm os campos *Endereço de origem* e *Endereço de destino*. A proposta original de Deering, o SIP, utilizava endereços de 8 bytes; porém, durante o processo de revisão, muitas pessoas perceberam que, com endereços de 8 bytes, o IPv6 esgotaria os endereços disponíveis em apenas algumas décadas, enquanto os endereços de 16 bytes nunca se esgotariam. Outras pessoas afirmavam que 16 bytes seriam um exagero, e outras alegavam que endereços de 20 bytes seriam compatíveis com o protocolo de datagramas do OSI. Outro grupo ainda queria endereços de tamanho variável. Depois de muita discussão (e algumas palavras que não poderíamos citar neste livro), chegou-se à conclusão conciliadora de que a melhor opção era utilizar endereços de 16 bytes.

Foi criada uma nova notação para representar endereços de 16 bytes. Eles são escritos sob a forma de oito grupos de quatro dígitos hexadecimais, separados por sinais de dois-pontos entre os grupos, como no exemplo a seguir:

8000:0000:0000:0000:0123:4567:89AB:CDEF

Tendo em vista que vários endereços conterão muitos zeros, foram autorizadas três otimizações. Em primeiro lugar, os zeros à esquerda dentro de um grupo podem ser omitidos, de modo que 0123 pode ser escrito como 123. Em segundo lugar, um ou mais grupos de 16 bits zero podem ser substituídos por um par de sinais de dois-pontos. Consequentemente, o endereço anterior pode ser escrito da seguinte maneira:

8000::123:4567:89AB:CDEF

Por fim, os endereços IPv4 podem ser escritos empregando-se um par de sinais de dois-pontos e um número decimal tradicional, como neste exemplo:

::192.31.20.46

Talvez não seja necessário ser tão explícito em relação a isso, mas existem muitos endereços de 16 bytes. Especificamente, existem 2^{128} deles, o que significa cerca de 3×10^{38}. Se o planeta inteiro, terra e água, fosse coberto de computadores, o IPv6 permitiria 7×10^{23} endereços IP por metro quadrado. Os estudantes de química perceberão que esse número é maior que o número de Avogadro. Embora não exista a intenção de dar a cada molécula na superfície da Terra seu próprio endereço IP, não estamos longe de chegar a essa marca.

Na prática, o espaço de endereços não será usado com eficiência, exatamente como acontece com o espaço de endereços dos números telefônicos (o código de área de Manhattan, 212, está próximo da saturação, mas o de Wyoming, 307, está quase vazio). Na RFC 3194, Durand e Huitema calcularam que, usando a alocação dos números de telefones como um guia, mesmo considerando-se a hipótese mais pessimista, ainda assim haverá mais de mil endereços IP por metro quadrado de toda a superfície da Terra (incluindo rios e mares). Em qualquer situação provável, haverá trilhões deles por metro quadrado. Em resumo, parece improvável que eles venham a se esgotar em qualquer ponto no futuro previsível.

É interessante comparar o cabeçalho do IPv4 (Figura 5.47) com o cabeçalho do IPv6 (Figura 5.57) e ver o que foi mantido e o que foi descartado no IPv6. O campo *IHL* foi eliminado, pois o cabeçalho do IPv6 tem um tamanho fixo. O campo *Protocolo* foi retirado porque o campo *Próximo cabeçalho* identifica o que vem depois do último cabeçalho IP (p. ex., um segmento UDP ou TCP).

Todos os campos relacionados à fragmentação foram removidos, pois o IPv6 dá um tratamento diferente à ela. Para começar, todos os hosts compatíveis com o IPv6 devem determinar dinamicamente o tamanho de pacote que será usado. Eles fazem isso usando o procedimento de descoberta da MTU do caminho, descrito na Seção 5.5.6. Resumindo, quando um host enviar um pacote IPv6 muito grande, em vez de fragmentá-lo, o roteador incapaz de encaminhá-lo descartará o pacote e enviará uma mensagem de erro de volta ao host transmissor. Essa mensagem instrui o host a dividir todos os novos pacotes enviados a esse destino. Fazer o host enviar pacotes que têm o tamanho correto é muito mais eficiente do que fazer os roteadores os fragmentarem no ato. Além disso, o pacote de tamanho mínimo que os roteadores precisam saber encaminhar aumentou de 576 para 1.280 bytes, permitindo 1.024 bytes de dados e muitos cabeçalhos.

Por fim, o campo *Checksum* foi eliminado, porque esse cálculo reduz o desempenho de forma significativa. Com as redes confiáveis usadas atualmente, além do fato de a camada de enlace de dados e as camadas de transporte terem seus próprios checksums, a importância de um novo checksum é insignificante, se comparada com a queda de desempenho que ele acarreta. Com a remoção de todos esses recursos, o protocolo da camada de rede ficou muito mais enxuto e prático. Assim, o objetivo do IPv6 – um protocolo a um só tempo rápido e flexível, capaz de oferecer um grande espaço de endereços – foi atendido por esse projeto.

Cabeçalhos de extensão

Ocasionalmente, alguns dos campos ausentes do IPv4 ainda serão necessários; assim, o IPv6 introduziu o conceito de **cabeçalho de extensão** (opcional). Esses cabeçalhos podem ser criados com a finalidade de oferecer informações extras, desde que elas sejam codificadas de maneira eficiente. Atualmente, há seis tipos de cabeçalhos de extensão definidos, mostrados na Figura 5.58. Todos eles são opcionais, mas, se houver mais de um, eles terão de aparecer logo depois do cabeçalho fixo e, de preferência, na ordem listada.

Alguns desses cabeçalhos têm um formato fixo, outros contêm um número variável de opções de comprimento. Nesses casos, cada item é codificado como uma tupla (*Tipo, Tamanho, Valor*). *Tipo* é um campo de 1 byte que identifica a opção. Os valores de *Tipo* foram escolhidos de tal forma que os dois primeiros bits informem o que os roteadores que não sabem como processar a opção devem fazer. Estas são as possibilidades: ignorar a opção, descartar o pacote, descartar o pacote e enviar de volta um pacote ICMP e, ainda, a mesma opção anterior sem que, no entanto, sejam enviados pacotes ICMP para endereços

Cabeçalho de extensão	Descrição
Hop-by-hop options	Informações diversas para os roteadores
Destination options	Informações adicionais para o destino
Routing	Lista parcial de roteadores a visitar
Fragmentation	Gerenciamento de fragmentos de datagramas
Authentication	Verificação da identidade do transmissor
Encrypted security payload	Informações sobre o conteúdo criptografado

Figura 5.58 Cabeçalhos de extensão do IPv6.

multicasting (para impedir que um pacote de multicasting defeituoso gere milhões de relatórios ICMP).

Tamanho também é um campo de 1 byte. Ele identifica o tamanho do *Valor* (0 a 255 bytes), o qual contém todas as informações obrigatórias, com no máximo 255 bytes.

O cabeçalho hop-by-hop é usado para as informações que todos os roteadores ao longo do caminho devem examinar. Até agora, uma opção foi definida: compatibilidade com datagramas além de 64 KB. O formato desse cabeçalho é mostrado na Figura 5.59. Quando ele é usado, o campo *Tamanho da carga útil* do cabeçalho fixo é definido como zero.

A exemplo de todos os outros cabeçalhos de extensão, esse começa com 1 byte, cuja função é identificar o tipo de cabeçalho que vem a seguir. Depois desse byte, há um deles cuja função é identificar o tamanho do cabeçalho hop-by-hop em bytes, excluindo os primeiros 8 bytes, que são obrigatórios. Todas as extensões começam dessa maneira.

Os 2 bytes seguintes indicam que essa opção define o tamanho do datagrama (código 194) e que o tamanho é um número de 4 bytes. Os quatro últimos bytes mostram o tamanho do datagrama. Não são permitidos datagramas com menos de 65.536 bytes; isso resultará na eliminação do pacote no primeiro roteador e no envio de uma mensagem de erro ICMP. Os datagramas que utilizam essa extensão de cabeçalho são chamados **jumbogramas**, e o seu uso é importante para as aplicações de supercomputadores, que devem transferir gigabytes de dados pela Internet com eficiência.

O cabeçalho de opções de destino é usado em campos que só precisam ser interpretados no host de destino. Na versão inicial do IPv6, as únicas opções definidas são opções nulas para preencher esse cabeçalho até formar um múltiplo de 8 bytes; portanto, inicialmente ele não será

Próximo cabeçalho	0	194	4
Tamanho da carga útil jumbo			

Figura 5.59 O cabeçalho de extensão hop-by-hop para datagramas grandes (jumbogramas).

utilizado. Esse campo foi incluído para garantir que o novo software de roteamento e de host poderá tratá-lo, no caso de alguém imaginar uma opção de destino algum dia.

O cabeçalho de roteamento lista um ou mais roteadores que devem ser visitados no caminho até o destino. Ele é muito semelhante ao roteamento de origem livre do IPv4 pelo fato de que todos os endereços listados têm de ser visitados em ordem; porém, outros roteadores não listados também podem ser visitados. O formato do cabeçalho de roteamento é mostrado na Figura 5.60.

Os quatro primeiros bytes do cabeçalho de extensão para roteamento contêm quatro inteiros de 1 byte. Os campos *Próximo cabeçalho* e *Tamanho da extensão do cabeçalho* já foram descritos. O campo *Tipo de roteamento* fornece o formato do restante do cabeçalho. O tipo 0 informa que uma palavra reservada de 32 bits segue a primeira palavra, e é acompanhada por algum número de endereços IPv6. Outros tipos podem ser criados no futuro, se necessário. Por fim, o campo *Segmentos restantes* controla quantos endereços da lista ainda não foram visitados. Ele é decrementado toda vez que um endereço é visitado. Quando chega a 0, o pacote fica por sua própria conta, sem nenhuma orientação adicional sobre qual rota seguir. Em geral, a essa altura ele está tão perto do destino que a melhor rota é evidente.

O cabeçalho de fragmento lida com a fragmentação da mesma maneira que o IPv4. O cabeçalho contém o identificador do datagrama, o número do fragmento e um bit que informa se haverá novos fragmentos em seguida. No IPv6, ao contrário do IPv4, apenas o host de origem pode fragmentar um pacote. Os roteadores ao longo do caminho não podem fazê-lo. Essa mudança é uma grande ruptura filosófica com o IP original, mas acompanha a prática atual para o IPv4. Além disso, ela simplifica o trabalho dos roteadores e faz o roteamento ir mais rápido. Como já dissemos, se um roteador for confrontado com um pacote muito grande, ele o descartará e enviará um pacote de erro ICMP de volta à origem. Tais informações permitem que o host de origem utilize esse cabeçalho para dividir o pacote em pedaços menores e tentar outra vez.

O cabeçalho de autenticação oferece um mecanismo pelo qual o receptor de um pacote pode ter certeza de quem

Próximo cabeçalho	Tamanho da extensão do cabeçalho	Tipo de roteamento	Segmentos restantes
Dados específicos do tipo			

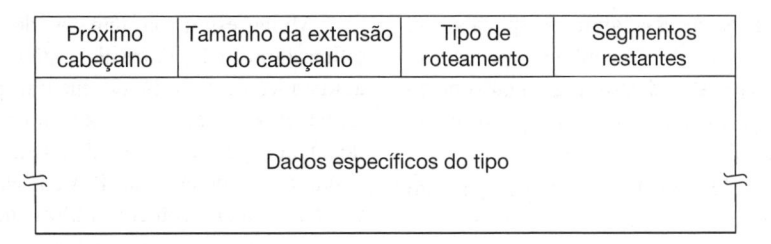

Figura 5.60 O cabeçalho de extensão para roteamento.

o enviou. A carga útil de segurança criptografada torna possível criptografar o conteúdo de um pacote, de modo que apenas o destinatário pretendido possa ler seu conteúdo. Esses cabeçalhos utilizam técnicas criptográficas, que descreveremos no Capítulo 8, para alcançar os objetivos a que se propõem.

Controvérsias

Considerando o processo de projeto aberto e o ardor com que as pessoas defenderam suas opiniões, não foi surpresa que muitas das escolhas feitas para o IPv6 tenham gerado tanta polêmica. Vamos apresentar um breve resumo dessas controvérsias. Se desejar conhecer todos os detalhes, consulte as RFCs relevantes.

Já mencionamos o argumento sobre o tamanho do endereço. O resultado, fruto de uma conciliação, foi o uso de endereços de comprimento fixo de 16 bytes.

O tamanho do campo *Limite de hops* também provocou muita discussão. De um lado estavam os defensores da tese de que seria um grande equívoco limitar o número de hops a um máximo de 255 (implícito na utilização de um campo de 8 bits). Afinal, os caminhos de 32 hops são comuns agora e, daqui a 10 anos, talvez sejam comuns caminhos muito mais longos. Essas pessoas argumentaram que a utilização de um tamanho de endereço gigantesco era algo inovador, mas usar um pequeno número de hops era retrógrado. Para elas, o maior pecado que a ciência da computação poderia cometer seria oferecer tão poucos bits.

Do outro lado estavam os que acreditavam que a ampliação excessiva do campo incharia o cabeçalho. Além disso, a função do campo *Limite de hops* é impedir que os pacotes vagueiem por muito tempo, tese incompatível com o tempo necessário para percorrer 65.535 hops. Por fim, com o crescimento da Internet, serão criados cada vez mais enlaces de longa distância, tornando possível ir de qualquer país a qualquer outro, usando no máximo meia dúzia de hops. Se forem necessários mais de 125 hops para ir da origem até o destino por seus respectivos gateways internacionais, algo estará errado com os backbones nacionais. Os defensores dos 8 bits venceram essa batalha.

Outro problema foi o tamanho máximo do pacote. A comunidade dos supercomputadores desejava pacotes com mais de 64 KB. Quando um supercomputador inicia a transferência, ele está tentando executar uma tarefa importantíssima e não deve ser interrompido a cada 64 KB. O argumento contrário ao uso de grandes pacotes é que, se um pacote de 1 MB alcançar uma linha T1 de 1,5 Mbps, ele a ocupará durante 5 segundos, o que produzirá um atraso bastante perceptível para os usuários interativos que estão compartilhando a linha. Chegou-se a um acordo quanto a essa questão: os pacotes normais foram limitados a 64 KB, mas o cabeçalho de extensão hop-by-hop pode ser usado para permitir a utilização de jumbogramas.

Outro assunto polêmico foi a remoção do checksum do IPv4. Algumas pessoas comparavam esse movimento à remoção dos freios de um automóvel. Dessa forma, o veículo ficaria mais leve e mais veloz, mas, se ocorresse alguma situação inesperada, haveria um sério problema.

O argumento contrário aos checksums levava em conta que qualquer aplicação que realmente se preocupasse com a integridade dos dados teria de incluir um checksum na camada de transporte e, por essa razão, seria uma redundância ter um novo checksum no IP (além do da camada de enlace de dados). Vale lembrar também que a experiência mostrava que o cálculo do checksum do IP representava um grande desperdício no IPv4. Os que eram contrários ao checksum venceram essa batalha, e o IPv6 ficou sem ele.

Os hosts móveis também foram motivo de discórdia. Quando um computador portátil vai de um canto a outro do mundo, ele pode continuar a operar no destino com o mesmo endereço IPv6 ou tem de usar um esquema com agentes domésticos? Algumas pessoas quiseram dar ao IPv6 uma compatibilidade explícita com hosts móveis. Esse esforço fracassou, pois não foi possível chegar a um consenso quanto a essa questão.

Provavelmente a maior batalha se deu no campo da segurança. Todos concordavam que ela era essencial. O problema foi descobrir onde usá-la. O argumento para inseri-la na camada de rede é que nessa camada ela se torna um serviço padrão que todas as aplicações podem usar sem qualquer planejamento prévio. O argumento contrário é que, em geral, tudo o que as aplicações realmente seguras desejam é a criptografia, na qual a aplicação de origem cuida da codificação, e a aplicação de destino a desfaz. Se não for assim, o usuário estará à mercê de implementações potencialmente problemáticas, sobre as quais ele não tem o menor controle, na camada de rede. A resposta a esse argumento é que essas aplicações podem se abster de usar os recursos de segurança do IP, executando elas mesmas essa tarefa. A réplica a esse argumento é que as pessoas que não confiam na execução adequada dessa tarefa não estão dispostas a pagar o preço das desajeitadas e lentas implementações IP que dispõem desse recurso, ainda que ele esteja desativado.

Outro aspecto a ser levado em consideração quanto à localização da segurança diz respeito ao fato de que, em muitos países (mas não em todos), as leis de exportação que envolvem a criptografia são muito rígidas, especialmente para dados pessoais. Alguns países, como a França e o Iraque, também impõem inúmeras restrições quanto a seu uso doméstico; portanto, as pessoas não podem guardar segredos do governo. Consequentemente, os Estados Unidos (e muitos outros países) não teriam mercado consumidor para nenhuma implementação do IP que usasse um sistema criptográfico suficientemente forte para ser digno de valor. A maioria dos fabricantes de computadores se opõe vigorosamente a manter dois conjuntos de software, um para uso doméstico e outro para exportação.

Um ponto em que não houve controvérsia é que ninguém espera que a Internet usando IPv4 seja desligada em um domingo à noite e volte como uma Internet usando IPv6 na manhã de segunda-feira. Em vez disso, "ilhas" isoladas de IPv6 serão convertidas, inicialmente comunicando-se por meio de túneis, conforme mostramos na Seção 5.5.4. À medida que as ilhas IPv6 crescerem, elas se fundirão formando ilhas maiores. Por fim, todas as ilhas se fundirão e a Internet estará totalmente convertida.

Pelo menos esse foi o plano. A implementação provou ser o calcanhar de Aquiles do IPv6. Ele continua sendo pouco usado, embora todos os principais sistemas operacionais o admitam totalmente. A maioria das implementações é de situações novas, em que um operador de rede – por exemplo, um operador de telefonia móvel – precisa de um grande número de endereços IP. Apesar disso, ele está assumindo o controle lentamente. Na Comcast, a maior parte do tráfego agora é IPv6, e um quarto da Google também é IPv6, de modo que há um progresso.

Muitas estratégias têm sido definidas para ajudar a facilitar a transição. Entre elas estão maneiras de configurar automaticamente os túneis que transportam o IPv6 pela Internet IPv4, e maneiras para os hosts encontrarem automaticamente as extremidades do túnel. Os hosts de pilha dupla têm uma implementação IPv4 e IPv6, de modo que possam selecionar qual protocolo utilizar dependendo do destino do pacote. Essas estratégias facilitarão a implantação substancial que parece inevitável quando os endereços IPv4 se esgotarem. Para obter mais informações sobre o IPv6, consulte Davies (2008).

5.7.4 Protocolos de controle da Internet

Além do IP, que é usado para transferência de dados, a Internet tem diversos protocolos de controle que são usados na camada de rede. Eles incluem ICMP, ARP e DHCP. Nesta seção, veremos cada um deles, descrevendo as versões que correspondem ao IPv4, pois são protocolos que estão em uso. ICMP e DHCP têm versões semelhantes para o IPv6; o equivalente do ARP é chamado NDP (Neighbor Discovery Protocol) para o IPv6.

ICMP – Internet Control Message Protocol

A operação da Internet é monitorada de perto pelos roteadores. Quando acontece algo inesperado durante o processamento do pacote em um roteador, o evento é relatado ao transmissor pelo **protocolo de mensagem de controle da Internet**, ou **ICMP (Internet Control Message Protocol)**. O ICMP também é usado para testar a Internet. Cerca de 12 tipos de mensagens ICMP são definidos, cada um sendo transportado encapsulado dentro de um pacote IP. Os mais importantes estão listados na Figura 5.61.

A mensagem DESTINATION UNREACHABLE é usada quando o roteador não pode localizar o destino ou quando um pacote com o bit *DF* não pode ser entregue porque uma rede com um "pacote pequeno" se encontra no caminho.

Tipo de mensagem	Descrição
Destination unreachable	O pacote não pôde ser entregue
Time exceeded	O campo TTL atingiu 0
Parameter problem	Campo de cabeçalho inválido
Source quench	Restringe o envio de pacotes
Redirect	Ensina uma rota a um roteador
Echo e echo reply	Verificam se uma máquina está ativa
Timestamp request/reply	O mesmo que Echo, mas com registro de tempo
Router advertisement/solicitation	Encontra um roteador próximo

Figura 5.61 Os principais tipos de mensagem ICMP.

A mensagem TIME EXCEEDED é enviada quando um pacote é descartado, pois seu contador de *TTL* alcançou zero. Esse evento é um sintoma de que os pacotes estão realizando um looping ou que os valores do contador estão sendo definidos com um número muito baixo.

Um uso inteligente dessa mensagem de erro é o utilitário **traceroute**, que foi desenvolvido por Van Jacobson em 1987. Sem qualquer tipo de suporte de rede privilegiado, o traceroute encontra os roteadores ao longo do caminho do host para um endereço IP de destino. O método é simplesmente enviar uma sequência de pacotes para o destino, primeiro com um TTL de 1, depois um TTL de 2, 3, e assim por diante. Os contadores nesses pacotes alcançarão zero em roteadores sucessivos ao longo do caminho. Cada um deles enviará fielmente uma mensagem TIME EXCEEDED de volta ao host. Por essas mensagens, o host pode determinar os endereços IP dos roteadores ao longo do caminho, além de manter estatísticas e tempos sobre as partes do caminho. Não foi para isso que a mensagem TIME EXCEEDED foi criada, mas talvez ela seja a ferramenta de depuração mais poderosa de todos os tempos.

A mensagem PARAMETER PROBLEM indica que um valor ilegal foi detectado no campo de cabeçalho. Esse problema indica um bug no software de rede do IP do host transmissor ou possivelmente no software de rede do roteador no caminho.

A mensagem SOURCE QUENCH há muito tempo era usada para restringir os hosts que estavam enviando pacotes em demasia. Quando um host recebia essa mensagem, ele deveria desacelerar. Ela raramente continua a ser usada porque, quando ocorre congestionamento, esses pacotes tendem a acrescentar mais combustível ao fogo, e não é correto responder a eles. O controle de congestionamento na Internet agora é feito em grande parte tomando ação na camada de transporte, usando perdas de pacotes como um sinal de congestionamento; vamos estudá-lo em detalhes no Capítulo 6.

A mensagem REDIRECT é usada quando um roteador observa que um pacote parece estar roteado incorretamente. Ela é usada pelo roteador para dizer ao host transmissor que utilize uma rota melhor.

As mensagens ECHO e ECHO REPLY são enviadas pelos hosts para ver se determinado destino pode ser alcançado e está atualmente ativo. Ao receber a mensagem ECHO, o destino deve enviar de volta uma mensagem ECHO REPLY. Essas mensagens são usadas no utilitário **ping**, que verifica se um host está ativo na Internet.

As mensagens TIMESTAMP REQUEST e TIMESTAMP REPLY são semelhantes, exceto que o tempo de chegada da mensagem e o tempo de saída da resposta são registrados na resposta. Esse serviço pode ser usado para medir o desempenho da rede.

As mensagens ROUTER ADVERTISEMENT e ROUTER SOLICITATION são usadas para permitir que os hosts encontrem roteadores vizinhos. Um host precisa descobrir o endereço IP de pelo menos um roteador para enviar pacotes pela rede local.

Além dessas mensagens, outras foram definidas. A lista on-line agora é mantida em *www.iana.org/assignments/icmp-parameters*.

ARP – Address Resolution Protocol

Embora cada máquina na Internet tenha um ou mais endereços IP, estes não são suficientes para enviar pacotes. As placas de interface de rede, ou NICs da camada de enlace de dados, como as placas Ethernet, não entendem endereços da Internet. No caso da Ethernet, cada NIC já fabricado vem equipado com um endereço Ethernet exclusivo de 48 bits. Os fabricantes de NICs Ethernet solicitam um bloco de endereços Ethernet ao IEEE para garantir que duas NICs não tenham o mesmo endereço (para evitar conflitos caso duas NICs apareçam na mesma LAN). As NICs enviam e recebem quadros com base nos endereços Ethernet de 48 bits. Elas não conhecem nada a respeito de endereços IP de 32 bits.

A questão agora é: como os endereços IP são mapeados em endereços da camada de enlace de dados, como a Ethernet? Para explicar como isso funciona, vamos usar o exemplo da Figura 5.62, em que é ilustrada uma pequena universidade com redes /24. Uma rede (CC) é uma Ethernet comutada no departamento de ciência da computação. Ela tem o prefixo 192.32.65.0/24. A outra LAN (EE), também Ethernet comutada, está no departamento de engenharia elétrica e tem o prefixo 192.32.63.0/24. As duas LANs são conectadas por um roteador IP. Cada máquina em uma Ethernet e cada linha no roteador têm um endereço Ethernet único, rotulado de *E1* a *E6*, e um endereço IP único na rede CC ou EE.

Vamos começar vendo como um usuário no host 1 envia um pacote para um usuário no host 2 na rede CC. Suponha que o transmissor conheça o nome do receptor pretendido, possivelmente algo como *eagle.cs.uni.edu*. O primeiro passo é encontrar o endereço IP para o host 2. Essa pesquisa é realizada pelo DNS, o qual estudaremos no Capítulo 7. Por enquanto, vamos considerar apenas que o DNS retorna o endereço IP para o host 2 (192.32.65.5).

O software da camada superior no host 1 agora monta um pacote com 192.32.65.5 no campo *Endereço de destino* e passa para o IP transmitir. O IP pode examinar o endereço e ver que o destino está na rede CC (ou seja, sua própria rede). Contudo, ele ainda precisa, de alguma forma, encontrar o endereço Ethernet do destino para enviar o quadro. Uma solução é ter um arquivo de configuração em algum lugar no sistema que mapeie os endereços IP em endereços Ethernet. Embora essa solução certamente seja possível, para organizações com milhares de máquinas, manter todos esses arquivos atualizados é uma tarefa demorada e passível de erros.

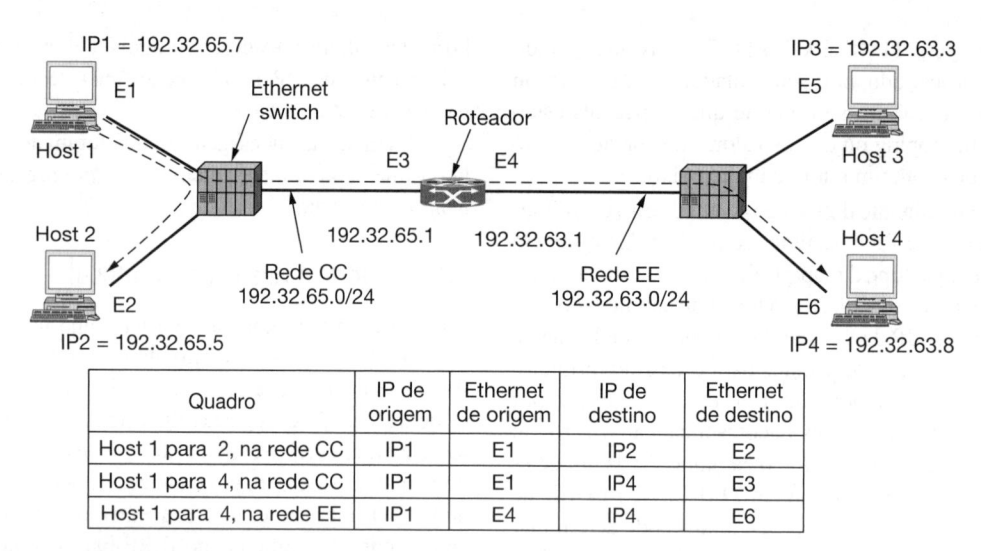

Quadro	IP de origem	Ethernet de origem	IP de destino	Ethernet de destino
Host 1 para 2, na rede CC	IP1	E1	IP2	E2
Host 1 para 4, na rede CC	IP1	E1	IP4	E3
Host 1 para 4, na rede EE	IP1	E4	IP4	E6

Figura 5.62 Duas LANs Ethernet comutadas, unidas por um roteador.

Uma solução melhor é que o host 1 envie um pacote de broadcast para a Ethernet perguntando quem possui o endereço IP 192.32.65.5. O broadcast chegará a cada máquina na Ethernet CC, e cada uma verificará seu endereço IP. O host 2 sozinho responderá com seu endereço Ethernet (*E2*). Desse modo, o host 1 aprenderá que o endereço IP 192.32.65.5 está no host com o endereço Ethernet *E2*. O protocolo usado para fazer essa pergunta e obter uma resposta é chamado de **ARP (Address Resolution Protocol)**, que é utilizado por quase toda máquina na Internet. O ARP é definido na RFC 826.

A vantagem de usar o ARP sobre os arquivos de configuração é a simplicidade. O gerenciador do sistema não precisa fazer muito, exceto atribuir a cada máquina um endereço IP e decidir sobre as máscaras de sub-rede. O ARP faz o restante.

Nesse ponto, o IP no host 1 monta um quadro Ethernet endereçado a *E2*, põe o pacote IP (endereçado a 192.32.65.5) no campo de carga útil e o coloca na Ethernet. Os endereços IP e Ethernet desse pacote são mostrados na Figura 5.62. O NIC Ethernet do host 2 detecta esse quadro, reconhece-o como um quadro por si só e causa uma interrupção. O driver Ethernet extrai o pacote IP da carga útil e o passa para o IP, que vê que ele está endereçado corretamente e o processa.

Diversas otimizações são possíveis para fazer o ARP funcionar de modo mais eficiente. Para começar, quando uma máquina executa o ARP, ela coloca o resultado em cache caso precise entrar em contato com a mesma máquina em breve. Da próxima vez, ela encontrará o mapeamento em seu próprio cache, eliminando, assim, a necessidade de um segundo broadcast. Em muitos casos, o host 2 precisará enviar uma resposta de volta, o que o força também a executar o ARP para determinar o endereço Ethernet do transmissor. Esse broadcast ARP pode ser movido fazendo o host 1 incluir seu mapeamento IP para Ethernet no pacote ARP. Quando o broadcast ARP chega ao host 2, o par (192.32.65.7, *E1*) é inserido no cache ARP do host 2. Na verdade, todas as máquinas na Ethernet podem entrar com esse mapeamento em seus caches ARP.

Para permitir que os mapeamentos mudem, por exemplo, quando um host é configurado para usar um novo endereço IP (mas manter seu endereço Ethernet antigo), as entradas no cache ARP devem esgotar seu tempo-limite após alguns minutos. Um modo mais inteligente de ajudar a manter atualizada a informação em cache e otimizar o desempenho é fazer cada máquina enviar seu mapeamento por broadcast quando for configurada. Esse broadcast geralmente é feito na forma de um ARP procurando seu próprio endereço IP. Não deve haver uma resposta, mas um efeito colateral do broadcast é criar ou atualizar uma entrada no cache ARP de cada máquina. Isso é conhecido como **ARP gratuito**. Se uma resposta chegar (inesperadamente), duas máquinas receberam o mesmo endereço IP. O erro deve ser resolvido pelo administrador da rede antes que as duas máquinas possam usar a rede.

Agora vejamos a Figura 5.62 novamente, mas dessa vez considere que o host 1 deseja enviar um pacote para o host 4 (192.32.63.8) na rede EE. O host 1 verá que o endereço IP de destino não está na rede CC. Ele sabe enviar todo esse tráfego fora da rede para o roteador, que também é conhecido como o **gateway padrão**. Por convenção, o gateway padrão é o endereço mais baixo na rede (198.31.65.1). Para enviar um quadro ao roteador, o host 1 ainda deve conhecer o endereço Ethernet da interface do roteador na rede CC. Ele descobre isso enviando um broadcast ARP para 198.31.65.1, do qual descobre *E3*. Depois, ele envia o quadro. Os mesmos mecanismos de pesquisa são usados para enviar um pacote de um roteador para o seguinte, por uma sequência de roteadores em um caminho na Internet.

Quando a NIC Ethernet do roteador recebe esse quadro, ela entrega o pacote ao software IP. Ela sabe pelas máscaras de rede que o pacote deve ser enviado para a rede EE, onde alcançará o host 4. Se o roteador não souber o endereço Ethernet para o host 4, então ele usará o ARP novamente para o descobrir. A tabela na Figura 5.62 lista os endereços Ethernet e IP de origem e destino que estão presentes nos quadros, conforme observado nas redes CC e EE. Observe que os endereços Ethernet mudam com o quadro em cada rede, enquanto os endereços IP permanecem constantes (pois indicam as extremidades através de todas as redes interconectadas).

Também é possível enviar um pacote do host 1 ao host 4 sem que o host 1 saiba que o host 4 está em uma rede diferente. A solução é fazer o roteador responder aos ARPs na rede CC para o host 4 e dar seu endereço Ethernet, *E3*, como resposta. Não é possível fazer o host 4 responder diretamente, pois ele não verá a solicitação ARP (pois os roteadores não encaminham broadcasts em nível de Ethernet). O roteador, então, recebe quadros enviados para 192.32.63.8 e os encaminha para a rede EE. Essa solução é chamada de **proxy ARP** e é usada em casos especiais, em que um host deseja aparecer em uma rede, embora resida em outra. Uma situação comum, por exemplo, é um computador móvel que deseja que algum outro nó capture pacotes para ele quando não estiver em sua rede doméstica.

DHCP – Dynamic Host Configuration Protocol

O ARP (bem como outros protocolos da Internet) pressupõe que os hosts são configurados com alguma informação básica, como seus próprios endereços IP. Como os hosts obtêm essa informação? É possível configurar manualmente cada computador, mas isso é tedioso e passível de erros. Existe um modo melhor, chamado **protocolo de configuração dinâmica de host**, ou **DHCP (Dynamic Host Configuration Protocol)**.

Com DHCP, cada rede precisa ter um servidor DHCP responsável pela configuração. Quando um computador é iniciado, ele tem um endereço Ethernet ou outro endereço da camada de enlace embutido na NIC, mas não um endereço IP. Assim como o ARP, o computador envia uma solicitação de broadcast por endereço IP em sua rede. Ele faz isso usando um pacote DHCP DISCOVER, que precisa alcançar o servidor DHCP. Se esse servidor não estiver conectado diretamente à rede, o roteador será configurado para receber broadcasts DHCP e repassá-los ao servidor DHCP, onde quer que esteja localizado.

Quando o servidor recebe a solicitação, ele aloca um endereço IP livre e o envia ao host em um pacote DHCP OFFER (que novamente pode ser repassado pelo roteador). Para fazer isso funcionar até mesmo quando os hosts não têm endereços IP, o servidor identifica um host usando seu endereço Ethernet (que é transportado no pacote DHCP DISCOVER).

Um problema que surge com a atribuição automática de endereços IP a partir de um pool é por quanto tempo um endereço IP deve ser alocado. Se um host sair da rede e não retornar seu endereço IP ao servidor DHCP, esse endereço será permanentemente perdido. Após certo tempo, muitos endereços podem se perder. Para impedir que isso aconteça, a atribuição de endereço IP pode ser por um período de tempo fixo, em uma técnica chamada **leasing**. Imediatamente antes que o tempo de validade de leasing termine, o host precisa pedir uma renovação ao DHCP. Se ele deixar de fazer uma solicitação ou se ela for negada, o host não pode mais usar o endereço IP que lhe foi dado anteriormente.

O DHCP é descrito nas RFCs 2131 e 2132. Ele é muito usado na Internet para configurar todos os tipos de parâmetros, além de oferecer endereços IP aos hosts. Tanto em redes empresariais como domésticas, o DHCP é usado pelos ISPs para definir os parâmetros dos dispositivos pelo enlace de acesso à Internet, de modo que os clientes não precisam ligar para seus ISPs para receber essa informação. Alguns exemplos comuns da informação configurada incluem a máscara de rede, o endereço IP do gateway padrão e os endereços IP de DNS e servidores de hora. O DHCP em grande parte substituiu os protocolos anteriores (chamados RARP e BOOTP) com funcionalidades bem mais limitadas.

5.7.5 Rótulos de comutação e MPLS

Até aqui, em nosso passeio pela camada de rede da Internet, focamos exclusivamente os pacotes como datagramas encaminhados pelos roteadores IP. Também há outro tipo de tecnologia que está começando a ser largamente empregada, especialmente pelos ISPs, a fim de mover o tráfego da Internet por suas redes. Essa tecnologia se chama **MPLS (MultiProtocol Label Switching)** e está perigosamente perto da comutação de circuitos. Apesar de muitas pessoas na comunidade da Internet terem uma grande aversão pelas redes orientadas à conexão, a ideia parece estar voltando. Como Yogi Berra disse certa vez, isso é como um *déjà vu* de tudo novamente. Contudo, existem diferenças essenciais entre o modo como a Internet lida com a construção da rota e a maneira como as redes orientadas à conexão fazem isso, de forma que a técnica certamente não é a comutação de circuitos tradicional.

O MPLS acrescenta um rótulo na frente de cada pacote, e o encaminhamento é baseado no rótulo, em vez do endereço de destino. Transformar o rótulo em um índice para uma tabela interna faz da descoberta da linha de saída correta simplesmente uma questão de pesquisa de tabela. Usando essa técnica, o encaminhamento pode ser feito muito rapidamente. Essa vantagem foi a motivação original por trás do MPLS, que começou como uma tecnologia patenteada, conhecida por vários nomes, incluindo **comutação de tags**. Por fim, a IETF começou a padronizar a ideia. Ela é descrita na RFC 3031 e em muitas outras RFCs. Os principais benefícios com o tempo foram o roteamento, que é flexível, e o encaminhamento, que é adequado e rápido para a qualidade de serviço.

A primeira pergunta a fazer é: onde entra o rótulo? Como os pacotes IP não foram projetados para circuitos virtuais, não existe um campo disponível para os números de circuito virtual dentro do cabeçalho IP. Por esse motivo, um novo cabeçalho MPLS teve de ser acrescentado na frente do cabeçalho IP. Em uma conexão roteador a roteador usando PPP como o protocolo de enquadramento, o formato do quadro, incluindo os cabeçalhos PPP, MPLS, IP e TCP, pode ser visto na Figura 5.63.

O cabeçalho MPLS genérico tem 4 bytes de extensão e quatro campos. O mais importante é o campo *Rótulo*, que mantém o índice. O campo *QoS* indica a classe de serviço. O campo *S* relaciona-se ao empilhamento de vários rótulos (que discutiremos mais adiante). O campo *TTL* indica quantas outras vezes mais o pacote pode ser encaminhado. Ele é decrementado em cada roteador e, se atingir 0, é descartado. Esse recurso impede o loop infinito no caso da instabilidade do roteamento.

O MPLS fica entre o protocolo da camada de rede IP e o protocolo da camada de enlace PPP. Ele não é realmente um protocolo da camada 3, pois depende do IP ou de outros endereços da camada de rede para estabelecer caminhos por rótulo. Ele também não é realmente um protocolo da camada 2, pois encaminha pacotes por vários hops, e não por um único enlace. Por esse motivo, às vezes é descrito como um protocolo da camada 2,5. Ele é uma ilustração de que protocolos reais nem sempre se encaixam perfeitamente em nosso modelo ideal de protocolos em camadas.

Pelo lado positivo, como os cabeçalhos MPLS não fazem parte do pacote da camada de rede ou do quadro da camada de enlace de dados, o MPLS é, em grande parte, independente das duas camadas. Entre outras coisas, essa propriedade significa que é possível montar switches MPLS que possam encaminhar tanto pacotes IP quanto pacotes que não sejam IP, dependendo do que aparecer. É desse recurso que vem o "multiprotocolo" no nome MPLS. O MPLS também pode transportar pacotes IP por redes não IP.

Quando um pacote melhorado com MPLS chega a um **LSR (Label Switched Router)**, o rótulo é usado como um índice para uma tabela, a fim de determinar a linha de saída e também o novo rótulo a usar. Essa comutação de rótulos é usada em todas as redes de circuito virtual. Os rótulos têm significado apenas local e dois roteadores podem alimentar pacotes não relacionados com o mesmo rótulo em outro roteador para transmissão pela mesma linha de saída. Para que sejam distinguidos na outra ponta, os rótulos devem ser remapeados em cada hop. Vimos esse mecanismo em ação na Figura 5.3. O MPLS usa a mesma técnica.

A propósito, algumas pessoas distinguem entre *encaminhamento* e *comutação*. O encaminhamento é o processo de encontrar uma melhor combinação para um endereço de destino em uma tabela, para decidir para onde enviar pacotes. Um exemplo é o algoritmo do maior prefixo combinado, usado para o encaminhamento IP. Ao contrário, a comutação usa um rótulo tirado do pacote como um índice para uma tabela de encaminhamento. Isso é mais simples e mais rápido. Essas definições, porém, estão longe de ser unânimes.

Como a maioria dos hosts e roteadores não entende o MPLS, também devemos perguntar quando e como os rótulos são anexados aos pacotes. Isso acontece quando um pacote IP alcança a borda de uma rede MPLS. O **roteador de borda de rótulo**, ou **LER (Label Edge Router)**, inspeciona o endereço IP de destino e outros campos para ver qual caminho na rede MPLS o pacote deve seguir, e coloca o rótulo correto na frente do pacote. Dentro da rede MPLS, esse rótulo é usado para encaminhar o pacote. Na outra borda da rede MPLS, o rótulo já terá atendido à sua finalidade e será removido, revelando novamente o pacote IP para a próxima rede. Esse processo pode ser visto na Figura 5.64. Uma diferença em relação aos circuitos virtuais tradicionais é o nível de agregação. Certamente, é possível que cada fluxo tenha seu próprio conjunto de rótulos pela rede MPLS. Todavia, é mais comum que os roteadores agrupem vários fluxos que terminam em determinado roteador ou LAN e usem um único rótulo para eles. Diz-se que os fluxos agrupados sob um único rótulo pertencem à mesma **classe de equivalência de encaminhamento**, ou **FEC (Forwarding Equivalence Class)**. Essa classe abrange não apenas aonde os pacotes estão indo, mas também sua classe de serviço (no sentido dos serviços diferenciados), pois todos os pacotes são tratados da mesma maneira para fins de encaminhamento.

Com o roteamento tradicional de circuito virtual, não é possível agrupar vários caminhos distintos com diferentes extremidades no mesmo identificador de circuito virtual, pois não haveria como distingui-los no destino. Com o MPLS, os pacotes ainda contêm seu endereço de destino, além do rótulo. Ao final da rota, o cabeçalho do rótulo pode ser removido e o encaminhamento pode continuar normalmente, usando o endereço de destino da camada de rede.

Na realidade, o MPLS vai ainda mais adiante. Ele pode operar em vários níveis ao mesmo tempo, acrescentando

| PPP | MPLS | IP | TCP | Dados do usuário | CRC |

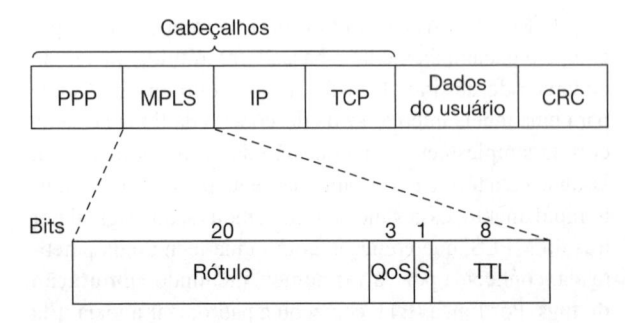

Bits: 20 | 3 | 1 | 8
Rótulo | QoS | S | TTL

Figura 5.63 Transmitindo um segmento TCP usando IP, MPLS e PPP.

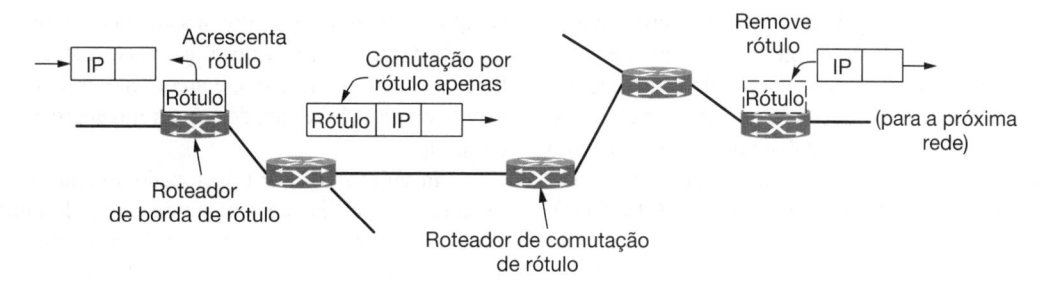

Figura 5.64 Encaminhando um pacote IP por uma rede MPLS.

mais de um rótulo à frente de um pacote. Por exemplo, suponha que existam muitos pacotes que já tenham diferentes rótulos (pois queremos tratar os pacotes de forma diferente em algum lugar na rede) que deverão seguir um caminho comum até algum destino. Em vez de estabelecer muitos caminhos de comutação de rótulos, um para cada rótulo diferente, podemos estabelecer um único caminho. Quando os pacotes já rotulados atingem o início desse caminho, outro rótulo é acrescentado à frente. Isso é chamado de pilha de rótulos. O rótulo mais externo guia os pacotes ao longo do caminho. Ele é removido no final do caminho, os rótulos são revelados e, se houver alguns, são usados para encaminhar o pacote mais adiante. O bit *S* na Figura 5.63 permite que um roteador removendo um rótulo saiba se ainda existem rótulos adicionais. Ele é definido como 1 para o rótulo inferior e 0 para todos os demais.

A última pergunta que faremos é como as tabelas de encaminhamento de rótulos são montadas de modo que os pacotes as sigam. Essa é uma área de diferença importante entre MPLS e projetos convencionais de circuito virtual. Nas redes tradicionais de circuito virtual, quando um usuário quer estabelecer uma conexão, um pacote de configuração é disparado na rede, para criar o caminho e as entradas da tabela de encaminhamento. O MPLS não envolve os usuários na fase de configuração, pois exigir que eles façam algo diferente de enviar um datagrama atrapalharia grande parte do software da Internet existente.

Em vez disso, a informação de encaminhamento é estabelecida por protocolos, que são uma combinação de protocolos de roteamento e de estabelecimento de conexão. Esses protocolos de controle são nitidamente separados do encaminhamento de rótulos, o que permite que vários protocolos de controle sejam utilizados. Uma das variantes funciona dessa maneira: quando um roteador é iniciado, ele verifica para quais rotas ele é o destino (p. ex., quais prefixos pertencem às suas interfaces). Depois, cria uma ou mais FECs para elas, aloca um rótulo para cada uma e passa os rótulos a seus vizinhos. Estes, por sua vez, entram com os rótulos em suas tabelas de encaminhamento e enviam novos rótulos aos seus vizinhos, até que todos os roteadores tenham adquirido o caminho. Recursos também podem ser reservados à medida que o caminho é construído, para garantir uma qualidade de serviço apropriada. Outras variantes podem estabelecer caminhos diferentes, como caminhos de engenharia de tráfego que levam em conta a capacidade não usada, e criar caminhos por demanda para dar suporte a ofertas de serviço, como a qualidade.

Embora as ideias básicas por trás do MPLS sejam simples, os detalhes são complicados, com muitas variantes e casos de uso que estão sendo ativamente desenvolvidos. Para obter mais informações, consulte Davie e Farrel (2008) e Davie e Rekhter (2000).

5.7.6 OSPF – protocolo de roteamento de gateway interior

Neste ponto, já terminamos nosso estudo de como os pacotes são encaminhados na Internet. É hora de prosseguir para o próximo assunto: roteamento na Internet. Como já dissemos, a Internet é composta por um grande número de redes independentes, ou **sistemas autônomos** (**Autonomous Systems, ASs**), que são operados por diferentes organizações, normalmente uma empresa, universidade ou ISP. Dentro de sua própria rede, uma organização pode usar seu próprio algoritmo para roteamento interno, ou **roteamento intradomínio**, como normalmente é mais conhecido. Apesar disso, existem apenas alguns protocolos padrão que são populares. Nesta seção, estudaremos o problema de roteamento intradomínio e veremos o protocolo OSPF, que é bastante utilizado na prática. Um protocolo de roteamento intradomínio também é chamado de **protocolo de gateway interior** (**Interior Gateway Protocol, IGP**). Na próxima seção, estudaremos o problema de roteamento entre redes operadas independentemente, ou **roteamento interdomínio**. Para esse caso, todas as redes devem usar o mesmo protocolo de roteamento interdomínio ou **protocolo de gateway exterior**. O protocolo usado na Internet é o BGP (Border Gateway Protocol), que será discutido na Seção 5.7.7.

Os primeiros protocolos de roteamento intradomínio usavam um projeto por vetor de distância, baseado no algoritmo de Bellman-Ford distribuído, herdado da ARPANET. O **RIP** (**Routing Information Protocol**) é o principal exemplo que é usado até os dias de hoje. Ele funciona bem em sistemas pequenos, mas não muito bem quando as redes se tornam maiores. Ele também sofre do problema de contagem ao infinito e de convergência geralmente lenta. A ARPANET passou para um protocolo de estado de enlace em maio de 1979, em decorrência desses problemas, e em 1988 a IETF começou a trabalhar em um protocolo de estado de enlace para o roteamento intradomínio. Esse protocolo, chamado **OSPF (Open Shortest Path First)**, tornou-se padrão em 1990. Ele ocasionou um protocolo chamado **IS-IS (Intermediate-System to Intermediate--System)**, que se tornou um padrão ISO. Em virtude de sua herança compartilhada, os dois protocolos são muito mais semelhantes do que diferentes. Para ver a história completa, consulte a RFC 2328. Eles são os protocolos de roteamento intradomínio mais difundidos, e a maioria dos fornecedores de roteador agora oferece suporte para ambos. O OSPF é mais utilizado em redes de empresas, e o IS-IS é mais usado em redes de ISP. Faremos um esboço de como o OSPF funciona.

Dada a longa experiência com outros protocolos de roteamento, o grupo que estava projetando o OSPF tinha uma longa lista de requisitos que precisavam ser atendidos. Primeiro, o algoritmo tinha de ser publicado na literatura aberta, daí o "O" (Open) em OSPF. Uma solução patenteada, pertencente a uma empresa, não serviria. Em segundo lugar, o novo protocolo deveria dar suporte a uma série de métricas de distância, incluindo distância física, atraso, e assim por diante. Em terceiro lugar, ele tinha de ser um algoritmo dinâmico, que se adaptasse às mudanças na topologia de maneira automática e rápida.

Em quarto lugar, e novo para o OSPF, ele tinha de dar suporte ao roteamento com base no tipo de serviço. O novo protocolo deveria ser capaz de rotear o tráfego em tempo real de uma maneira e o restante do tráfego de outra. Na época, o IP tinha um campo *Tipo de serviço*, mas nenhum protocolo de roteamento existente o utilizava. Esse campo foi incluído no OSPF, mas ninguém o utilizava ainda, e, por fim, foi removido. Talvez esse requisito tenha estado à frente de seu tempo, e precedeu o trabalho da IETF sobre serviços diferenciados, que rejuvenesceu as classes de serviço.

Em quinto lugar, e relacionado ao anterior, o OSPF tinha de realizar balanceamento de carga, dividindo-a por várias linhas. A maioria dos protocolos anteriores enviava todos os pacotes por uma única melhor rota, mesmo que houvesse duas rotas que fossem igualmente boas. A outra rota nem sequer era usada. Em muitos casos, a divisão da carga por várias rotas oferece melhor desempenho.

Em sexto lugar, o suporte para sistemas hierárquicos era necessário. Em 1988, algumas redes tinham se tornado tão grandes que não se poderia esperar que algum roteador conhecesse a topologia inteira. O OSPF tinha de ser projetado de modo que nenhum roteador precisasse disso.

Em sétimo lugar, algum modo de segurança era exigido para impedir que estudantes procurando diversão bisbilhotassem os roteadores enviando-lhes informações de roteamento falsas. Finalmente, era preciso algum meio de lidar com os roteadores que estavam conectados à Internet por meio de um túnel. Os protocolos anteriores não cuidavam disso muito bem.

O OSPF tem suporte para enlaces ponto a ponto (p. ex., SONET) e redes de broadcast (p. ex., a maioria das LANs). Na realidade, ele é capaz de dar suporte a redes com vários roteadores, cada um deles podendo se comunicar diretamente com os outros (chamadas **redes de acesso múltiplo**), mesmo que eles não tenham capacidade de broadcast. Os protocolos anteriores também não cuidavam desse caso corretamente.

Um exemplo de uma rede de sistema autônomo aparece na Figura 5.65(a). Os hosts são omitidos porque geralmente não desempenham um papel no OSPF, ao

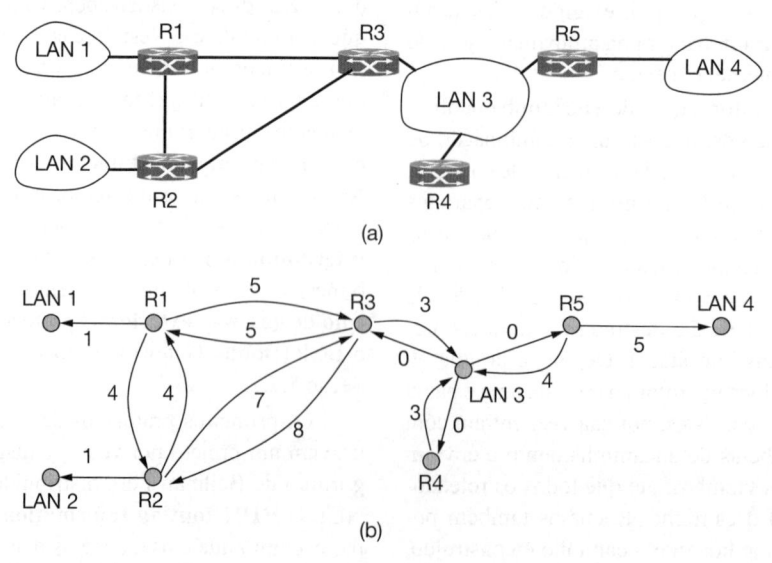

Figura 5.65 (a) Um sistema autônomo. (b) Uma representação gráfica de (a).

contrário dos roteadores e das redes (que podem conter hosts). A maioria dos roteadores na Figura 5.65(a) é conectada a outros roteadores por enlaces ponto a ponto e às redes para alcançar os hosts nessas redes. Contudo, os roteadores *R3*, *R4* e *R5* são conectados por uma LAN de broadcast, como a Ethernet comutada.

O OSPF opera abstraindo a coleção de redes, roteadores e enlaces reais em um grafo direcionado no qual cada arco recebe um peso (distância, atraso, etc.). Uma conexão ponto a ponto entre dois roteadores é representada por um par de arcos, um em cada direção. Seus pesos podem ser diferentes. Uma rede de broadcast é representada por um nó para a própria rede, mais um nó para cada roteador. Os arcos desse nó da rede para os roteadores têm peso 0. Apesar disso, eles são importantes, pois, sem eles, não existe caminho pela rede. Outras redes, que possuem apenas hosts, têm apenas um arco chegando até elas, e não um retornando. Essa estrutura gera rotas aos hosts, mas não através deles.

A Figura 5.65(b) mostra a representação gráfica da rede da Figura 5.65(a). O que o OSPF fundamentalmente faz é representar a rede real como um grafo como este e, depois, usar o método de estado de enlace para que cada roteador calcule o caminho mais curto de si mesmo para todos os outros nós. Múltiplos caminhos podem ser encontrados, os quais são igualmente curtos. Nesse caso, o OSPF se lembra do conjunto de caminhos mais curtos e, durante o encaminhamento de pacotes, o tráfego é dividido entre eles. Isso ajuda a balancear a carga. Isso é chamado **ECMP** (**Equal Cost MultiPath**).

Muitos dos ASs na Internet são, por si sós, grandes e não triviais para administrar. Para trabalhar nessa escala, o OSPF permite que um AS seja dividido em **áreas** numeradas, onde uma área é uma rede ou um conjunto de redes contíguas. As áreas não se sobrepõem, mas não precisam ser completas, ou seja, alguns roteadores podem não pertencer a uma área. Os roteadores que se encontram totalmente dentro de uma área são chamados de **roteadores internos**. Uma área é uma generalização de uma rede individual. Fora de uma área, seus destinos são visíveis, mas não sua topologia. Essa característica ajuda na expansão do roteamento.

Cada AS tem uma **área de backbone**, chamada de área 0. Os roteadores nessa área são chamados de **roteadores de backbone**. Todas as áreas são conectadas ao backbone, possivelmente por túneis, de modo que é possível seguir de qualquer área no AS para qualquer outra área nele por meio do backbone. Um túnel é representado no grafo simplesmente como outro arco com um custo. Assim como outras áreas, a topologia do backbone não é visível fora dele.

Cada roteador que está conectado a duas ou mais áreas é chamado de **roteador de borda de área**. Ele também precisa fazer parte do backbone. A tarefa de um roteador de borda de área é resumir os destinos em uma área e injetar esse resumo nas outras às quais ele está conectado. Esse resumo inclui informação de custo, mas nem todos os detalhes da topologia dentro de uma área. A passagem de informações de custo permite que os hosts em outras áreas encontrem o melhor roteador de borda a usar para entrar em uma área. Não passar informação de topologia reduz o tráfego e simplifica os cálculos do caminho mais curto dos roteadores em outras áreas. Contudo, se houver apenas um roteador de borda fora de uma área, nem mesmo o resumo precisa ser passado. As rotas para destinos fora da área sempre começam com a instrução "Vá até o roteador de borda". Esse tipo de área é chamada de **área de stub**.

O último tipo de roteador é o **roteador de limite de AS**. Ele injeta na área as rotas para destinos externos em outros ASs. As rotas externas aparecem então como destinos que podem ser alcançados por meio do roteador de limite de AS com algum custo. Uma rota externa pode ser injetada em um ou mais roteadores de limite de AS. A relação entre ASs, áreas e os diversos tipos de roteadores aparece na Figura 5.66. Um roteador pode desempenhar vários papéis; por exemplo, um roteador de borda também é um roteador de backbone.

Durante a operação normal, cada roteador dentro de uma área tem o mesmo banco de dados de estado de enlace e executa o mesmo algoritmo de caminho mais curto. Sua tarefa principal é calcular o caminho mais curto de si mesmo para cada um dos roteadores e para a rede no AS inteiro. Um roteador de borda de área precisa dos bancos de dados para todas as áreas às quais está conectado, e deve

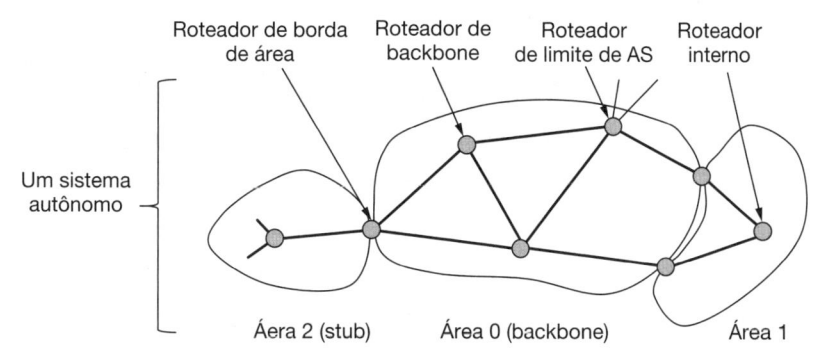

Figura 5.66 A relação entre ASs, backbones e áreas no OSPF.

executar o algoritmo do caminho mais curto para cada área separadamente.

Para uma origem e um destino na mesma área, é escolhida a melhor rota intra-área (que se encontra totalmente dentro dela). Para uma origem e um destino em áreas diferentes, a rota interárea deve ir da origem para o backbone, atravessá-lo até a área de destino e depois até o destino. Esse algoritmo força uma configuração de estrela no OSPF, com o backbone sendo o hub e as outras áreas sendo as pontas. Como a rota com o menor custo é escolhida, os roteadores em diferentes partes da rede podem usar diferentes roteadores de borda de área para entrar no backbone e na área de destino. Os pacotes são roteados da origem ao destino "como se encontram", sem serem encapsulados ou tunelados (a menos que sigam para uma área cuja única conexão para o backbone é um túnel). Além disso, as rotas para destinos externos podem incluir um custo externo do roteador de limite do AS pelo caminho externo, se desejado, ou apenas o custo interno para o AS.

Quando um roteador é iniciado, ele envia mensagens HELLO em todas as conexões ponto a ponto e as transmite por multicast nas LANs para o grupo consistindo em todos os outros roteadores. A partir das respostas, cada roteador descobre quem são seus vizinhos. Os roteadores na mesma LAN são todos os vizinhos.

O OSPF funciona trocando informações entre roteadores adjacentes, o que não é o mesmo que entre roteadores vizinhos. Em particular, é ineficaz fazer cada roteador em uma LAN falar com outro roteador na LAN. Para evitar essa situação, um deles é eleito como **roteador designado**. Ele é considerado **adjacente** a todos os outros em sua LAN, e troca informações com eles. Com efeito, ele está atuando como o único nó que representa a LAN. Os roteadores vizinhos que não são adjacentes não trocam informações uns com os outros. Um roteador designado de backup sempre é mantido atualizado, para facilitar a transição caso o roteador designado principal falhe e precise ser substituído imediatamente.

Durante a operação normal, cada roteador periodicamente envia mensagens LINK STATE UPDATE para cada um de seus roteadores adjacentes. Essas mensagens dão seu estado e oferecem os custos usados no banco de dados topológico. Essas mensagens de flooding são confirmadas, para torná-las confiáveis. Cada mensagem tem um número de sequência, de modo que um roteador pode ver se um LINK STATE UPDATE é mais antigo ou mais novo do que o que ele tem atualmente. Os roteadores também enviam essas mensagens quando um enlace é ativado ou desativado, ou quando seu custo muda.

Mensagens DATABASE DESCRIPTION dão os números de sequência de todas as entradas de estado de enlace atualmente mantidas pelo transmissor. Comparando seus próprios valores com os do transmissor, o receptor pode determinar quem tem os valores mais recentes. Essas mensagens são usadas quando um enlace é ativado.

Qualquer parceiro pode solicitar informações de estado de enlace do outro usando mensagens LINK STATE REQUEST. O resultado desse algoritmo é que cada par de roteadores adjacentes verifica quem tem os dados mais recentes, e novas informações são espalhadas pela área dessa maneira. Todas essas mensagens são enviadas diretamente em pacotes IP. Os cinco tipos de mensagens são resumidos na Figura 5.67.

Finalmente, podemos juntar todas as partes. Usando flooding, cada roteador informa a todos os outros em sua área sobre seus enlaces para outros roteadores e redes e o custo desses enlaces. Essa informação permite que cada roteador construa o grafo para sua(s) área(s) e calcule os caminhos mais curtos. A área de backbone também faz esse trabalho. Além disso, os roteadores de backbone aceitam informações dos roteadores de borda de área, a fim de calcular a melhor rota a partir de cada roteador de backbone para cada um dos outros roteadores. Essa informação é propagada de volta para os roteadores de borda de área, que a anunciam dentro de suas áreas. Usando essa informação, os roteadores internos podem selecionar a melhor rota para um destino fora de sua área, incluindo o melhor roteador de saída para o backbone.

5.7.7 BGP – protocolo de roteamento de gateway exterior

Dentro de um único AS, OSPF e IS-IS são os protocolos normalmente utilizados. Entre os ASs, um protocolo diferente, chamado **BGP (Border Gateway Protocol)**, é

Tipo de mensagem	Descrição
Hello	Usada para descobrir quem são os vizinhos
Link state update	Oferece os custos do transmissor aos seus vizinhos
Link state ack	Confirma a atualização do estado de enlace
Database description	Anuncia quais atualizações o transmissor tem
Link state request	Solicita informações do parceiro

Figura 5.67 Os cinco tipos de mensagens OSPF.

utilizado. Um protocolo diferente é necessário porque os objetivos de um protocolo intradomínio e de um interdomínio não são os mesmos. Tudo o que um protocolo intradomínio tem a fazer é mover pacotes da forma mais eficiente possível da origem ao destino. Ele não precisa se preocupar com a política.

Ao contrário, os protocolos de roteamento interdomínio precisam se preocupar muito com a política (Metz, 2001). Por exemplo, um AS corporativo poderia desejar ter a capacidade de enviar pacotes e recebê-los de qualquer site da Internet. Entretanto, pode não ser interessante transportar pacotes de trânsito começando em um AS estrangeiro e terminando em um AS estrangeiro diferente, mesmo que seu próprio AS esteja no caminho mais curto entre os dois ASs estrangeiros ("Isso é problema seu, e não nosso"). Por sua vez, pode ser interessante transportar o tráfego para seus vizinhos, ou mesmo para outros ASs específicos que pagaram por esse serviço. Companhias telefônicas, por exemplo, podem ter interesse em atuar como operadoras para seus clientes, mas não para outras pessoas. Os protocolos de gateway exterior em geral, e o BGP em particular, têm sido designados para permitir que muitos tipos de políticas de roteamento sejam impostos no tráfego entre ASs.

As normas típicas envolvem considerações políticas, de segurança ou econômicas. Alguns possíveis exemplos de restrições de roteamento são:

1. Não transporte tráfego comercial na rede educacional.
2. Nunca envie tráfego do Pentágono em uma rota que passa pelo Iraque.
3. Use TeliaSonera em vez de Verizon, pois é mais barato.
4. Não use AT&T na Austrália, porque o desempenho é fraco.
5. O tráfego começando ou terminando na Apple não deve transitar pelo Google.

Como você pode imaginar por essa lista, as políticas de roteamento podem ser altamente individuais. Elas normalmente são patenteadas, pois contêm informações comerciais confidenciais. Contudo, podemos descrever alguns padrões que capturam o raciocínio das empresas mencionadas anteriormente e que normalmente são usados como ponto de partida.

Uma política de roteamento é implementada decidindo que tráfego pode fluir por quais dos enlaces entre os ASs. Uma política comum é que um ISP cliente paga a outro ISP provedor para entregar pacotes a qualquer outro destino na Internet e receber pacotes enviados de qualquer outro destino. O ISP cliente compra **serviço de trânsito** do ISP provedor. Isso é muito semelhante a um cliente em casa comprando serviço de acesso à Internet de um ISP. Para fazer isso funcionar, o provedor deve anunciar as rotas para todos os destinos na Internet ao cliente pelo enlace que os conecta. Desse modo, o cliente terá uma rota a ser usada para enviar pacotes a qualquer lugar. Reciprocamente, o cliente deverá anunciar rotas somente para os destinos em sua rede até o provedor. Isso permitirá que o provedor envie tráfego para o cliente somente para esses endereços; o cliente não deseja tratar do tráfego intencionado para outros destinos.

Podemos ver um exemplo de serviço de trânsito na Figura 5.68. Nela, existem quatro ASs que estão conectados. A conexão normalmente é feita com um enlace nos **pontos de troca da Internet**, ou **IXPs (Internet eXchange Points)**, instalações em que muitos ISPs têm um enlace com a finalidade de se conectar a outros ISPs. *AS2*, *AS3* e *AS4* são clientes de *AS1* – eles compram serviço de trânsito dele. Assim, quando a origem *A* envia para o destino *C*, os pacotes atravessam de *AS2* para *AS1* e, finalmente, para *AS4*. Os anúncios de roteamento transitam no sentido oposto ao dos pacotes. *AS4* anuncia *C* como um destino para seu provedor de trânsito, *AS1*, para permitir que as origens alcancem *C* por meio de *AS1*. Mais tarde, *AS1* anuncia uma rota para *C* a seus outros clientes, incluindo *AS2*, para permitir que os clientes saibam que eles podem enviar tráfego para *C* por meio de *AS1*.

Na Figura 5.68, todos os outros ASs compram serviço de trânsito de *AS1*. Isso lhes oferece conectividade, de modo que possam interagir com qualquer host na Internet.

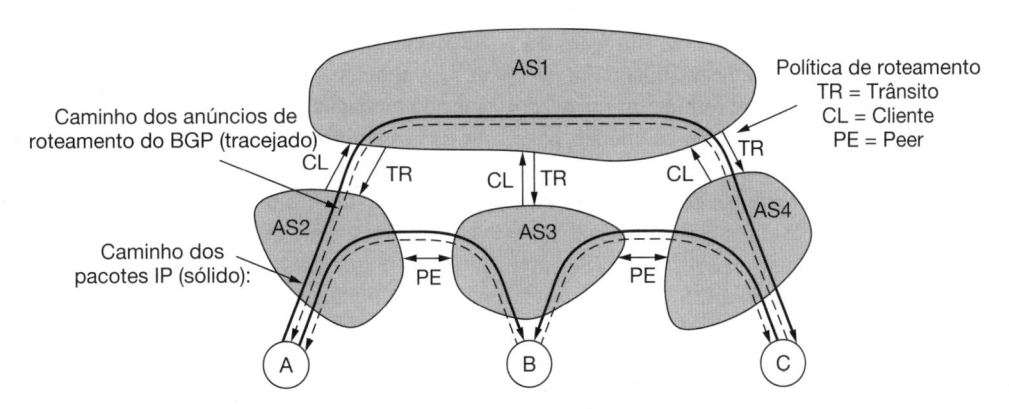

Figura 5.68 Políticas de roteamento entre quatro sistemas autônomos.

Porém, eles precisam pagar por esse privilégio. Suponha que *AS2* e *AS3* troquem muito tráfego. Visto que suas redes já estão conectadas, se eles quiserem, podem usar uma política diferente – podem enviar tráfego diretamente de um para outro gratuitamente. Isso reduzirá a quantidade de tráfego que *AS1* precisa entregar em seu favor, e espera-se que reduzam suas contas. Essa política é chamada de **peering sem acordo**, ou **interconexão sem acordo**.

Para implementá-la, dois ASs enviam anúncios de roteamento um para o outro, para os endereços que residem em suas redes. Isso torna possível que *AS2* envie para *AS3* pacotes de *A* destinados para *B* e vice-versa. Todavia, observe que o peering sem acordo não é transitivo. Na Figura 5.68, *AS3* e *AS4* também fazem par um com o outro. Esse arranjo permite que o tráfego de *C* destinado para *B* seja enviado diretamente para *AS4*. O que acontece se *C* envia um pacote para *A*? *AS3* só está anunciando uma rota para *B* para *AS4*. Ele não está anunciando uma rota para *A*. A consequência é que o tráfego não passará de *AS4* para *AS3* para *AS2*, embora exista um caminho físico. Essa restrição é exatamente o que *AS3* deseja. Ele faz par com *AS4* para trocar tráfego, mas não deseja transportar o tráfego de *AS4* para outras partes da Internet, pois não está sendo pago para fazer isso. Em vez disso, *AS4* recebe serviço de trânsito de *AS1*. Assim, é *AS1* quem transportará o pacote de *C* para *A*.

Agora que sabemos a respeito de trânsito e peering sem acordo, também podemos ver que *A*, *B* e *C* têm arranjos de trânsito. Por exemplo, *A* precisa comprar acesso à Internet de *AS2*. *A* poderia ser um único computador doméstico ou uma rede de empresa com muitas LANs. Todavia, ele não precisa rodar BGP, pois é uma **rede stub** conectada ao restante da Internet por apenas um enlace. Assim, o único lugar para ele enviar pacotes destinados para fora da rede é pelo enlace com *AS2*. Não há outro lugar para ir. Esse caminho pode ser arranjado simplesmente pela criação de uma rota padrão. Por esse motivo, não mostramos *A*, *B* e *C* como ASs que participam no roteamento interdomínio.

Arranjos de negócios para trânsito e peering sem acordo são implementados por meio de uma combinação de políticas de roteamento que implementam (1) preferência entre várias rotas até um destino e (2) filtragem de como as rotas são anunciadas para redes vizinhas. Em geral, a preferência funciona da seguinte forma: um roteador preferirá as rotas aprendidas primeiro com os clientes pagantes, seguidas pelas rotas aprendidas com os pares sem acordo e, por fim, as rotas aprendidas com as redes do provedor. O raciocínio é simples: um AS prefere enviar tráfego ao longo de rotas pelas quais é pago, em vez de enviar tráfego em rotas em que é necessário pagar pelo uso. Por razões semelhantes, um AS anunciará todas as suas rotas para os clientes, mas não anunciará novamente as rotas aprendidas de um par sem acordo ou do provedor de trânsito para outros pares ou provedores. Além desses dois acordos comerciais, os ASs têm outros acordos, incluindo o **peering pago**, em que um AS paga a outro pelo acesso a rotas aprendidas com os clientes desses ASs. O peering pago é semelhante ao peering sem acordo, exceto que o dinheiro muda de mãos. Finalmente, também pode haver arranjos de **trânsito parcial**, por meio dos quais um AS pode pagar a outro AS por rotas para algum subconjunto de todos os destinos da Internet.

Algumas redes de empresas são conectadas a vários ISPs. Essa técnica é usada para melhorar a confiabilidade, pois, se o caminho por um ISP falhar, outro pode ser utilizado. Essa técnica é chamada de **multihoming**. Nesse caso, a rede da empresa provavelmente executará um protocolo de roteamento interdomínio (p. ex., BGP) para dizer a outros ASs quais endereços devem ser alcançados por meio de quais enlaces do ISP.

São possíveis muitas variações sobre essas políticas de trânsito e peering, mas elas já ilustram como os relacionamentos e o controle da empresa sobre o local onde os anúncios de rota se encontram podem implementar diferentes tipos de políticas. Agora, vamos considerar com mais detalhes como os roteadores executando BGP anunciam rotas uns para os outros e selecionam caminhos sobre os quais os pacotes são encaminhados.

BGP é uma forma de protocolo por vetor de distância, mas é muito diferente dos protocolos por vetor de distância intradomínio, como o RIP. Já vimos que essa política, em vez da distância mínima, é usada para escolher quais rotas utilizar. Outra grande diferença é que, em vez de manter apenas o custo da rota para cada destino, cada roteador BGP registra o caminho utilizado. Essa técnica é chamada de **protocolo por vetor de caminho**. O caminho consiste no roteador do próximo hop (que pode estar no outro lado do ISP, e não adjacente) e na sequência de ASs, ou **caminho do AS**, que a rota seguiu (dado na ordem inversa). Por fim, pares de roteadores BGP se comunicam uns com os outros estabelecendo conexões TCP. Operar dessa maneira oferece comunicação confiável e também oculta todos os detalhes da rede sendo atravessada.

Um exemplo de como as rotas BGP são anunciadas aparece na Figura 5.69. Existem três ASs, e o do meio está fornecendo trânsito para os ISPs da esquerda e da direita. Um anúncio de rota para o prefixo *C* começa em *AS3*. Quando propagado pelo enlace para *R2c* no topo da figura, ele tem o caminho de AS de simplesmente *AS3* e o roteador do próximo hop de *R3a*. Na parte de baixo, ele tem o mesmo caminho de AS, mas um próximo hop diferente, pois veio por um enlace diferente. Esse anúncio continua a se propagar e atravessa o limite para *AS1*. No roteador *R1a*, no topo da figura, o caminho do AS é *AS2*, *AS3* e o próximo hop é *R2a*.

Transportar o caminho completo com a rota a ser seguida torna mais fácil para o roteador receptor detectar e acabar com os loops de roteamento. Uma regra é que cada

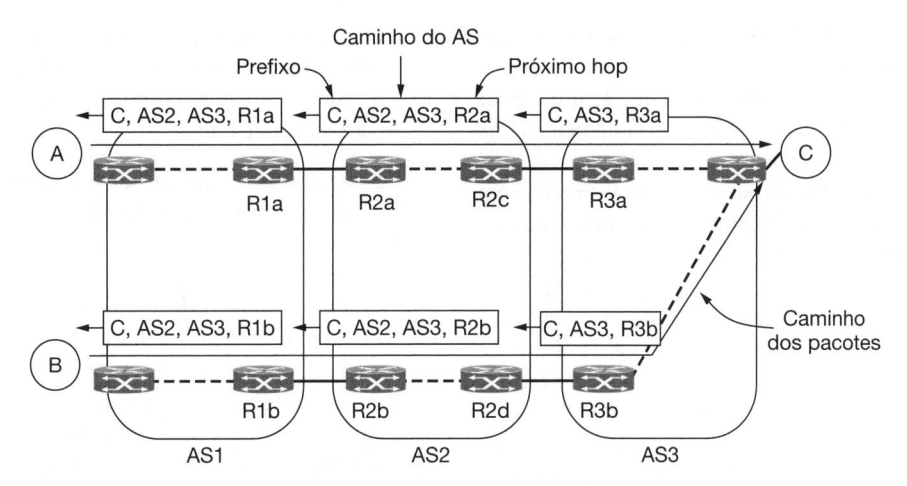

Figura 5.69 Propagação dos anúncios de rota BGP.

roteador que envia uma rota para fora do AS inicia seu próprio número de AS para a rota. (É por isso que a lista está em ordem invertida.) Quando um roteador recebe uma rota, ele verifica se seu próprio número de AS já está no caminho do AS. Se estiver, um loop foi detectado e o anúncio é descartado. Contudo, e de certa forma ironicamente, no fim da década de 1990 observou-se que, apesar dessa precaução, o BGP sofre de uma versão do problema da contagem ao infinito (Labovitz et al., 2001). Não existem loops de longa vida, mas as rotas às vezes podem demorar a convergir e ter loops transitórios.

Oferecer uma lista de ASs é um modo muito primitivo de especificar um caminho. Um AS poderia ser uma pequena empresa, ou uma rede de backbone internacional. Não dá para saber isso pela rota. O BGP nem sequer tenta, pois diferentes ASs podem usar diferentes protocolos intradomínio cujos custos não podem ser comparados. Mesmo que pudessem ser comparados, um AS pode não querer revelar suas métricas internas. Essa é uma das maneiras pelas quais os protocolos de roteamento interdomínio diferem dos intradomínio.

Até aqui, vimos como um anúncio de rota é enviado pelo enlace entre dois ISPs. Ainda precisamos de alguma maneira para propagar as rotas BGP de um lado do ISP para o outro, de modo que possam ser enviadas para o próximo ISP. Essa tarefa poderia ser tratada pelo protocolo intradomínio, mas, como o BGP é muito bom na expansão para redes grandes, normalmente se utiliza uma variante dele. Ela é chamada de **BGP interno**, ou **iBGP (internal BGP)**, para distingui-la do uso regular do BGP, como **BGP externo**, ou **eBGP (external BGP)**.

A regra para propagar rotas dentro de um ISP é que cada roteador no limite do ISP descobre todas as rotas vistas por todos os outros roteadores de limite, por consistência. Se um roteador de limite no ISP descobrir um prefixo para o IP 128.208.0.0/16, todos os outros roteadores descobrirão esse prefixo. Este poderá, então, ser alcançado a partir de todas as partes do ISP, não importando como os pacotes entram no ISP a partir de outros ASs.

Não mostramos essa propagação na Figura 5.69 para evitar confusão, mas, por exemplo, o roteador *R2b* saberá que pode alcançar *C* por meio do roteador *R2c* no alto ou do roteador *R2d* na parte de baixo. O próximo hop é atualizado à medida que a rota cruza dentro do ISP, de modo que os roteadores no lado distante do ISP sabem qual roteador usar para sair do ISP no outro lado. Isso pode ser visto nas rotas mais à esquerda, em que o próximo hop aponta para um roteador no mesmo ISP, e não para um roteador no próximo ISP.

Agora, podemos descrever a principal peça que faltava, que é o modo como os roteadores BGP escolhem a rota a utilizar para cada destino. Cada roteador BGP pode descobrir uma rota para determinado destino a partir do roteador ao qual está conectado no próximo ISP e a partir de todos os outros roteadores no limite (que escutaram diferentes rotas dos roteadores aos quais estão conectados em outros ISPs). Cada um precisa decidir qual rota nesse conjunto é a melhor. Por fim, a resposta é que fica a critério do ISP escrever alguma política para escolher a rota preferida. Contudo, essa explicação é muito genérica e não satisfaz de forma alguma, de modo que podemos pelo menos descrever algumas estratégias comuns.

A primeira estratégia é que as rotas por redes peering são escolhidas em preferência às rotas por meio de provedores de acesso. As primeiras são gratuitas; as últimas têm um custo monetário. Uma estratégia semelhante é que as rotas do cliente recebem preferência mais alta. Só é bom negócio enviar o tráfego diretamente para os clientes que estão pagando.

Um tipo diferente de estratégia é a regra padrão de que os caminhos de AS mais curtos são melhores. Isso é discutível, pois um AS poderia ser uma rede de qualquer tamanho, de modo que o caminho por três ASs pequenos poderia ser mais curto do que um caminho por um AS grande. Todavia, em média, mais curto costuma ser melhor, e essa regra é um critério de desempate comum.

A estratégia final é preferir a rota que tem o menor custo dentro do ISP. Essa é a estratégia implementada na Figura 5.69. Os pacotes enviados de *A* para *C* saem de *AS1* no roteador de cima, *R1a*. Os pacotes enviados de *B* saem pelo roteador de baixo, *R1b*. O motivo é que tanto *A* quanto *B* estão tomando o caminho com menor custo ou a rota mais rápida para fora de *AS1*. Por estarem localizados em partes diferentes do ISP, a saída mais rápida para cada um é diferente. A mesma coisa acontece quando os pacotes passam por *AS2*. Na última perna, *AS3* precisa transportar o pacote de *B* passando por sua própria rede.

Essa estratégia é conhecida como **saída antecipada** ou **roteamento "batata quente"**. Ela tem o efeito colateral curioso de tender a tornar as rotas assimétricas. Por exemplo, considere o caminho seguido quando *C* envia um pacote de volta para *B*. O pacote sairá de *AS3* rapidamente, no roteador de cima, para evitar desperdiçar seus recursos. De modo semelhante, ele permanecerá no topo quando *AS2* lhe passar para *AS1* o mais rapidamente possível. Depois, o pacote terá uma viagem mais longa em *AS1*. Essa é a imagem-espelho do caminho seguido de *B* até *C*.

Essa discussão deverá deixar claro que cada roteador BGP escolhe sua melhor rota a partir das possibilidades conhecidas. Não acontece, como se poderia esperar de forma ingênua, de o BGP escolher um caminho a seguir no nível do AS e o OSPF escolher caminhos dentro de cada um dos ASs. O BGP e o protocolo de gateway interior estão muito mais profundamente integrados. Isso significa que, por exemplo, o BGP pode encontrar o melhor ponto de saída de um ISP para o próximo nesse ponto, e variará pelo ISP, como no caso da política "batata quente". Isso também significa que os roteadores BGP em diferentes partes de um AS podem escolher diferentes caminhos de AS para alcançar o mesmo destino. O ISP deve ter o cuidado de configurar todos os roteadores BGP para fazer escolhas compatíveis, dada toda essa liberdade, mas isso pode ser feito na prática.

Essas políticas são implementadas com diversas configurações e definições do protocolo. O principal aspecto dessa mecânica, que vale a pena entender, é o processo de seleção de rota, que permite a um roteador selecionar uma rota para um destino da Internet, dadas múltiplas opções. A seleção de rota prossegue com as seguintes etapas:

1. Prefira a rota com o valor de preferência local mais alto.
2. Prefira a rota com o comprimento de caminho de AS mais curto.
3. Prefira rotas descobertas por conexões externas (i.e., via eBGP) àquelas descobertas por conexões internas (i.e., via iBGP).
4. Entre as rotas aprendidas pelo mesmo AS vizinho, prefira aquelas com o menor valor de discriminador de múltipla saída (MED).
5. Prefira rotas com o custo de caminho IGP mais curto para o endereço IP do próximo hop na rota BGP (onde o endereço IP do próximo hop normalmente é aquele do roteador de borda).

Essas etapas de seleção de rota prosseguem em sequência até que o roteador escolha uma única rota para cada prefixo IP. O roteador executa o processo descrito anteriormente para cada prefixo IP em sua tabela de roteamento. Embora essa ordem pareça extensa e complicada, ela é bastante intuitiva. O valor de **preferência local** para cada rota é um valor que a operadora de rede local pode definir e permanece interno a esse AS. Por ter a maior precedência entre as regras de seleção de rota, permite que um operador implemente os tipos de preferências e prioridades de rota que discutimos anteriormente nesta seção (p. ex., preferindo uma rota aprendida de um cliente em vez de uma rota de peering sem acordo). Após essa regra, as demais geralmente envolvem a seleção de rotas curtas, bem como uma forma de implementar o roteamento com saída antecipada, conforme descrito anteriormente. Por exemplo, a preferência por uma rota aprendida de um AS externo em vez de um roteador interno é uma tentativa de implementar a saída antecipada. De modo semelhante, a preferência por uma rota com um custo de caminho IGP mais curto para o roteador de borda também é uma tentativa de implementar a saída antecipada.

O interessante é que só arranhamos a superfície do BGP. Para obter mais informações, consulte a especificação do BGP versão 4 na RFC 4271 e nas RFCs relacionadas. Contudo, observe que grande parte de sua complexidade está nas políticas, que não são descritas na especificação do protocolo BGP.

Engenharia de tráfego interdomínio

Conforme já foi dito anteriormente neste capítulo, os operadores de rede geralmente precisam ajustar os parâmetros e a configuração dos protocolos de rede para controlar a utilização e o congestionamento. Essas práticas de engenharia de tráfego são comuns com o BGP, em que um operador pode querer controlar como ele seleciona as rotas para controlar como o tráfego entra na rede (**engenharia de tráfego de entrada**) ou como ele sai da rede (**engenharia de tráfego de saída**).

A maneira mais comum de realizar a engenharia de tráfego de entrada é ajustando o modo como os roteadores definem o atributo de preferência local para rotas individuais. Ao definir um valor de preferência local mais alto para todas as rotas aprendidas de um determinado AS do cliente, por exemplo, um operador pode garantir que as rotas do cliente sejam escolhidas, digamos, no lugar de uma rota de trânsito sempre que a rota do cliente existir. A engenharia de tráfego de entrada é mais complicada, porque o BGP não permite que um AS diga a outro AS como selecionar rotas (daí o nome, autônomo). No entanto, uma operadora pode enviar sinais indiretos aos roteadores em redes vizinhas para controlar como eles selecionam as rotas. Uma maneira comum de fazer isso é aumentar artificialmente o comprimento do caminho do AS, repetindo o próprio AS da rede várias vezes no anúncio de rota, uma prática chamada **prefixo do caminho do AS**. Outro artifício é aproveitar a correspondência de prefixo mais longa e simplesmente dividir um prefixo em vários menores (mais longos), para que os roteadores upstream prefiram as rotas com prefixos mais longos. Por exemplo, uma rota para um prefixo /20 poderia ser dividida em rotas para dois prefixos /21, quatro prefixos /22, e assim por diante. No entanto, essa técnica tem algum custo, pois pode aumentar o tamanho das tabelas de roteamento e, além de um determinado comprimento, os roteadores filtrarão os anúncios.

5.7.8 Multicast na Internet

A comunicação IP normal é feita entre um transmissor e um receptor. Todavia, para algumas aplicações, é útil que um processo seja capaz de enviar dados para um grande número de receptores simultaneamente. Alguns exemplos são o streaming de um evento esportivo ao vivo para muitos espectadores, oferecendo atualizações de programa a um pool de servidores replicados, e tratando de chamadas telefônicas de conferência digital (ou seja, em múltiplas partes).

O IP oferece suporte para a comunicação um para muitos, ou multicasting, usando endereços IP de classe D. Cada endereço de classe D identifica um grupo de hosts. Vinte e oito bits estão disponíveis para identificar os grupos, de modo que mais de 250 milhões de grupos podem existir ao mesmo tempo. Quando um processo envia um pacote para um endereço de classe D, é feita uma tentativa pelo melhor esforço para entregá-lo a todos os membros do grupo endereçado, mas nenhuma garantia é dada. Alguns membros podem não receber o pacote.

A faixa de endereços IP 224.0.0.0/24 é reservada para multicast na rede local. Nesse caso, nenhum protocolo de roteamento é necessário. Os pacotes são transmitidos por multicast simplesmente transmitindo-os na LAN com um endereço de multicast. Todos os hosts na LAN recebem os broadcasts, e os hosts que são membros do grupo processam o pacote. Os roteadores não encaminham o pacote pela LAN. Alguns exemplos dos endereços de multicast locais são:

224.0.0.1	Todos os sistemas em uma LAN
224.0.0.2	Todos os roteadores em uma LAN
224.0.0.5	Todos os roteadores OSPF em uma LAN
224.0.0.251	Todos os servidores de DNS em uma LAN

Outros endereços de multicast podem ter membros em redes diferentes. Nesse caso, um protocolo de roteamento é necessário. Mas, primeiro, os roteadores de multicast precisam saber quais hosts são membros de um grupo. Um processo pede ao seu host para se juntar a um grupo específico. Ele também pode pedir a seu host para sair do grupo. Cada host registra a quais grupos seus processos pertencem atualmente. Quando o último processo em um host sai de um grupo, ele não é mais um membro desse grupo. Cerca de uma vez por minuto, cada roteador multicast envia um pacote de consulta a todos os hosts em sua LAN (usando o endereço de multicast local 224.0.0.1, naturalmente), pedindo a eles que informem de volta os grupos aos quais pertencem atualmente. Os roteadores de multicast podem ou não estar localizados com os roteadores padrão. Cada host envia respostas de volta para todos os endereços de classe D em que está interessado. Esses pacotes de consulta e resposta utilizam um protocolo chamado **protocolo de gerenciamento de grupo da Internet**, ou **IGMP** (**Internet Group Management Protocol**), descrito na RFC 3376.

Qualquer um dos diversos protocolos de roteamento multicast pode ser usado para criar spanning trees de multicast que oferecem caminhos dos transmissores para todos os membros do grupo. Os algoritmos usados são aqueles que descrevemos na Seção 5.2.8. Dentro do AS, o protocolo principal usado é o **multicast independente de protocolo**, ou **PIM** (**Protocol Independent Multicast**), que pode ser de vários tipos. No Dense Mode PIM, cria-se uma árvore de encaminhamento podada de caminho reverso. Isso é adequado para situações em que os membros estão em toda a parte da rede, como ao distribuir arquivos para muitos servidores dentro da rede de um centro de dados. No Sparse Mode PIM, as spanning trees criadas são semelhantes às árvores baseadas em núcleo. Isso é adequado para situações como um provedor de conteúdo realizando o multicasting de TV para os assinantes em sua rede IP. Uma variante desse projeto, chamada Source-Specific Multicast PIM, é otimizada para o caso em que existe apenas um transmissor para o grupo. Finalmente, as extensões do multicast ao BGP ou túneis precisam ser usadas para criar rotas multicasting quando os membros do grupo estão em mais de um AS.

5.8 POLÍTICA NA CAMADA DE REDE

O gerenciamento de tráfego se tornou um tópico relacionado à política nos últimos anos, à medida que o tráfego de streaming de vídeo se tornou uma fração dominante do tráfego geral e a interconexão da Internet tornou-se cada vez mais direta entre provedores de conteúdo e redes de acesso. Dois aspectos da camada de rede relacionados à política são as disputas entre pares e a priorização de tráfego (às vezes associada à **neutralidade da rede**). Discutiremos cada um desses aspectos a seguir.

5.8.1 Disputas entre pares

Embora o BGP seja um padrão técnico, em última análise, a interconexão equivale a dinheiro de roteamento. O tráfego flui ao longo de caminhos que tornam o provedor de serviços e as redes de trânsito mais rentáveis; pagar pelo trânsito é considerado um último recurso. O peering sem acordo, é claro, depende de ambas as partes concordarem que a interconexão é mutuamente benéfica. Quando uma rede sente que está fechando o negócio, ela pode pedir à outra rede que pague. A outra rede de conexão pode concordar ou recusar, mas se as negociações forem interrompidas, isso resultará na chamada **disputa de peering**.

Uma disputa de peering de alto nível ocorreu há alguns anos. Nos últimos anos, grandes provedores de conteúdo têm enviado tráfego suficiente para congestionar qualquer enlace de interconexão. Em 2013, grandes provedores de vídeo estavam congestionando enlaces de interconexão entre provedores de trânsito e redes de acesso residenciais. Em última análise, o tráfego de streaming de vídeo esgotou a capacidade desses enlaces, criando uma utilização tão grande nos enlaces de interconexão que era difícil para as redes de acesso resolverem sem ter de provisionar capacidade extra. A questão então passou a ser quem deveria pagar pelo aumento da capacidade da rede. No final, em muitos casos, os grandes provedores de conteúdo acabaram pagando às redes de acesso pela interconexão direta, efetivamente um acordo de peering pago, conforme discutimos anteriormente neste capítulo. Muitos interpretaram erroneamente essas circunstâncias como algo relacionado à perda de priorização igualitária ou ao bloqueio do tráfego de vídeo. Na verdade, os incidentes resultaram de disputas comerciais sobre qual rede deveria ser responsável pelo pagamento para fornecer pontos de interconexão. Para obter mais informações sobre disputas de peering e como elas são tratadas, consulte The Peering Playbook (Norton, 2012).

As disputas de peering são tão antigas quanto a Internet comercial. Como uma fração maior do tráfego na Internet passa por interconexões privadas, entretanto, a natureza dessas disputas provavelmente evoluirá. Por exemplo, redes de acesso residencial atualmente enviam uma fração muito alta de seu próprio tráfego para as mesmas nuvens distribuídas onde outro conteúdo está hospedado. Portanto, não é do interesse deles permitir que as interconexões com essas plataformas de nuvem distribuídas experimentem uma alta utilização. Há pouco tempo, algumas operadoras chegaram a prever a morte total das conexões de trânsito (Huston, 2018). Resta saber se isso vai acontecer, mas nem é preciso dizer que a dinâmica de peering, interconexão e trânsito continua a evoluir rapidamente.

5.8.2 Priorização de tráfego

A priorização de tráfego, dos tipos que discutimos anteriormente neste capítulo, é um tema complicado, que às vezes atinge o domínio da política. Um aspecto central do gerenciamento de tráfego é a priorização do tráfego sensível à latência (p. ex., jogos e vídeo interativo) para que a alta utilização de outros tipos de tráfego (p. ex., a transferência de um grande arquivo) não resulte em uma experiência geral ruim para o usuário. Algumas aplicações, como transferências de arquivos, não exigem interatividade, enquanto aplicações interativas geralmente exigem baixas latências e jitter (variação dos atrasos).

Para alcançar um bom desempenho para uma combinação de tráfego de aplicações, os operadores de rede geralmente instituem várias formas de priorização de tráfego, incluindo métodos como as abordagens de enfileiramento justo ponderado descritas anteriormente. Além disso, conforme discutido, as versões mais recentes do DOCSIS terão suporte para colocar o tráfego de aplicações interativas em filas de baixa latência. O tratamento diferenciado em diferentes tipos de tráfego da aplicação pode, na verdade, resultar em melhor qualidade da experiência para certas aplicações, sem afetar negativamente a qualidade da experiência para outras classes de aplicações.

Contudo, a priorização começa a ficar mais complicada se e quando o dinheiro muda de mãos. O terceiro trilho na política da Internet é a **priorização paga**, pela qual uma parte pode pagar a um provedor de serviços de Internet para que seu tráfego receba prioridade mais alta do que outro tráfego concorrente do mesmo tipo de aplicação. Essa priorização paga pode ser vista como um comportamento anticompetitivo. Em outros casos, uma rede de trânsito com uma oferta de serviço específica (p. ex., vídeo ou voz sobre IP) pode priorizar seu próprio serviço em relação aos serviços de concorrentes. Por exemplo, certa vez, a AT&T bloqueou as chamadas de vídeo do FaceTime. Por esses motivos, a priorização pode muitas vezes ser um ponto sensível em discussões sobre **neutralidade da rede**. O conceito de neutralidade da rede tem implicações jurídicas e políticas complexas, que vão além do escopo de um livro-texto técnico sobre redes, mas as **regras claras** geralmente aceitas são:

1. Sem bloqueio.
2. Sem supressão.
3. Sem priorização paga.
4. Divulgação de qualquer prática de priorização.

Qualquer política de neutralidade de rede geralmente também permite exceções para práticas razoáveis de gerenciamento de rede (p. ex., priorização para melhorar a eficiência da rede, bloqueio ou filtragem por motivos de segurança na rede). O que constitui "razoável" muitas vezes é deixado para os advogados decidirem. Outra questão política e legal é quem (ou seja, qual agência do governo) decide quais são as regras e quais devem ser as penalidades por infringi-las. Alguns aspectos dos debates sobre a política de neutralidade da rede nos Estados

Unidos, por exemplo, são sobre se um provedor de serviços de Internet é mais semelhante a uma empresa de serviços de telefonia (p. ex., AT&T) ou a um provedor de informações e conteúdo (p. ex., Google). Dependendo da resposta a essa pergunta, diferentes agências do governo podem definir as regras sobre tudo, desde a priorização à privacidade.

5.9 RESUMO

A camada de rede fornece serviços à camada de transporte. Ela pode se basear em circuitos virtuais ou em datagramas. Em ambos os casos, sua principal tarefa é rotear pacotes da origem até o destino. Nas redes de datagramas, uma decisão de roteamento é tomada para cada pacote. Nas redes de circuitos virtuais, ela é tomada quando o circuito virtual é estabelecido.

Muitos algoritmos de roteamento são usados nas redes de computadores. O flooding é um algoritmo simples para enviar um pacote por todos os caminhos. A maioria dos algoritmos encontra o caminho mais curto e se adapta às mudanças na topologia da rede. Os algoritmos principais são o roteamento por vetor de distância e o roteamento de estado de enlace. A maioria das redes reais utiliza um desses algoritmos. Outros assuntos importantes relacionados ao roteamento são o uso de hierarquia em grandes redes, o roteamento de hosts móveis e o roteamento por broadcast, multicast e anycast.

As redes podem facilmente se tornar congestionadas, aumentando o atraso e a perda de pacotes. Os projetistas de rede tentam evitar o congestionamento projetando-a para que tenha capacidade suficiente, escolhendo rotas não congestionadas, recusando-se a aceitar mais tráfego, sinalizando as origens para reduzir a velocidade e escoando a carga.

A próxima etapa, além de lidar com o congestionamento, é tentar de fato alcançar a qualidade de serviço prometida. Algumas aplicações se importam mais com o throughput, enquanto outras se importam mais com o atraso e a flutuação. Os métodos que podem ser usados para fornecer diferentes qualidades de serviço incluem uma combinação de adequação de tráfego, reserva de recursos nos roteadores e controle de acesso. Entre as abordagens adotadas para obter boa qualidade de serviço estão os serviços integrados da IETF (incluindo RSVP) e os serviços diferenciados.

As redes apresentam diferenças em vários aspectos; portanto, podem ocorrer problemas quando várias estão interconectadas. Quando diversas redes têm diferentes tamanhos máximos de pacote, a fragmentação pode ser necessária. Diferentes redes podem usar diferentes protocolos de roteamento internamente, mas precisam executar um protocolo comum externamente. Às vezes, os problemas podem ser superados efetuando-se o tunelamento quando um pacote passa por uma rede hostil, mas, se as redes de origem e de destino forem diferentes, essa estratégia não funcionará.

A Internet tem uma rica variedade de protocolos relacionados à camada de rede. Entre eles, encontram-se o protocolo de datagrama, o IP e os protocolos de controle, como ICMP, ARP e DHCP, associados. Um protocolo orientado à conexão, chamado MPLS, transporta pacotes IP por algumas redes. Um dos principais protocolos de roteamento usado dentro das redes é o OSPF, e o protocolo de roteamento usado entre as redes é o BGP. A Internet está esgotando rapidamente os endereços IP, de modo que foi desenvolvida uma nova versão do IP, o IPv6, que ainda está sendo lentamente implementado.

PROBLEMAS

1. Existem circunstâncias em que o serviço orientado a conexões entregará (pelo menos, deveria) pacotes fora de ordem? Explique.

2. Considere o seguinte problema de projeto referente à implementação do serviço de circuito virtual. Se os circuitos virtuais forem usados internamente à rede, cada pacote de dados deverá ter um cabeçalho de 3 bytes e cada roteador deve ter 8 bytes de armazenamento para identificação do circuito. Se os datagramas forem usados internamente, cabeçalhos de 15 bytes serão necessários, mas não será necessário nenhum espaço de tabela no roteador. A capacidade de transmissão custa 1 centavo por 10^6 bytes, por hop. Uma memória muita rápida de um roteador pode ser adquirida por 1 centavo por byte e é depreciada em dois anos, considerando uma semana útil de 40 horas. Estatisticamente, uma sessão é executada por 1000 segundos em média, durante os quais 200 pacotes são transmitidos. O pacote médio requer quatro hops. Qual implementação é mais barata e em quanto?

3. Mostre que o problema da contagem ao infinito mostrada na Figura 5.10(b) pode ser resolvido fazendo os roteadores acrescentarem em seus vetores de distância o enlace de saída para cada par de destino e custo. Por exemplo, na Figura 5.10(a), o nó C não apenas anuncia uma rota para A com distância 2, mas também comunica que esse caminho passa pelo nó B. Mostre as distâncias de todos os roteadores para A depois de cada troca de vetor de distância, até que todos os roteadores notem que A não pode mais ser alcançado.

4. Considere a rede da Figura 5.12(a). O roteamento por vetor de distância é usado e os seguintes vetores acabaram de entrar no roteador D: de A: (B: 5, E: 4); de B: (A: 4, C: 1, F: 5); de C: (B: 3, D: 4, E: 3); de E: (A: 2, C: 2, F: 2); de F: (B: 1, D: 2, E: 3). Os custos dos enlaces de D para C e E são 3 e 4, respectivamente. Qual é a nova tabela de roteamento de D? Forneça a linha de saída a ser usada e o custo esperado.

5. Considere a rede da Figura 5.7, mas ignore os pesos nas linhas. Suponha que ela use o flooding como algoritmo de

roteamento. Se um pacote enviado por *A* até *D* tem uma contagem de hops máxima de 3, liste todas as rotas que ele seguirá. Informe também quantos hops de largura de banda ele consome.

6. Cite uma heurística simples para localizar dois caminhos através de uma rede de determinada origem para determinado destino que possa sobreviver à perda de qualquer linha de comunicação (desde que existam dois desses caminhos). Os roteadores são considerados suficientemente confiáveis; portanto, não é preciso se preocupar com a possibilidade de panes.

7. Considere a rede da Figura 5.12(a). O roteamento por vetor de distância é usado e os seguintes vetores acabaram de entrar no roteador *C*: de *B*: (5, 0, 8, 12, 6, 2); de *D*: (16, 12, 6, 0, 9, 10); e de *E*: (7, 6, 3, 9, 0, 4). Os custos dos enlaces de *C* para *B*, *D* e *E* são 6, 3 e 5, respectivamente. Qual é a nova tabela de roteamento de *C*? Forneça a interface de saída a ser usada e o custo esperado.

8. Explique a diferença entre roteamento, encaminhamento e comutação.

9. Na Figura 5.13, o OU booleano dos dois conjuntos de bits *ACF* é 111 em cada linha. Trata-se de uma coincidência ou ele é mantido em todas as redes, independentemente das circunstâncias?

10. No roteamento hierárquico com 4.800 roteadores, que tamanhos de região e de agrupamento devem ser escolhidos para minimizar o tamanho da tabela de roteamento no caso de uma hierarquia de três camadas? Um bom ponto de partida é a hipótese de que uma solução com *k* agrupamentos de *k* regiões com *k* roteadores está próxima de ser ideal; isso significa que *k* é aproximadamente a raiz cúbica de 4.800 (cerca de 16). Utilize um processo de tentativa e erro para verificar as combinações em que todos os três parâmetros estão na vizinhança genérica de 16.

11. No texto foi declarado que, quando um host móvel não está em sua localização de origem, os pacotes enviados para sua LAN são interceptados pelo agente local nessa LAN. Em uma rede IP de uma LAN 802.3, de que maneira o agente local executa essa interceptação?

12. Observando a rede da Figura 5.6, quantos pacotes são gerados por broadcast de *B*, usando-se:
    (a) Encaminhamento pelo caminho inverso?
    (b) A árvore de escoamento?

13. Considere a rede da Figura 5.15(a). Imagine que uma nova linha seja acrescentada entre *F* e *G*, mas que a árvore de escoamento da Figura 5.15(b) permaneça inalterada. Que mudanças ocorrerão na Figura 5.15(c)?

14. Considere dois hosts conectados por meio de um roteador. Explique como pode ocorrer congestionamento, mesmo quando os dois hosts e o roteador usam controle de fluxo, mas sem controle de congestionamento. Depois explique como o receptor pode ser sobrecarregado, mesmo quando utiliza controle de congestionamento, mas sem controle de fluxo.

15. Como um possível mecanismo de controle de congestionamento em uma rede que utiliza circuitos virtuais internamente, um roteador poderia privar-se de confirmar um pacote recebido até (1) saber que sua última transmissão ao longo do circuito virtual foi recebida com sucesso e (2) ter um buffer livre. Para simplificar, suponha que os roteadores usem um protocolo stop-and-wait e que cada circuito virtual tenha um buffer dedicado a ele em cada sentido do tráfego. Se ele precisar de *T* segundos para transmitir um pacote (dados ou confirmação) e houver *n* roteadores no caminho, qual será a taxa em que os pacotes serão entregues ao host de destino? Suponha que os erros de transmissão sejam raros e que a conexão entre host e roteador seja infinitamente rápida, de modo que não há gargalo.

16. Uma rede de datagramas permite que os roteadores eliminem pacotes sempre que precisarem. A probabilidade de um roteador descartar um pacote é *p*. Considere o caso de um host de origem conectado ao roteador de origem, que está conectado ao roteador de destino que, por sua vez, está conectado ao host de destino. Se um dos roteadores descartar um pacote, o host de origem por fim sofrerá um timeout e fará novas tentativas. Se as linhas host-roteador e roteador-roteador fossem contadas como hops, qual seria o número médio de:
    (a) Hops que um pacote executa por transmissão?
    (b) Transmissões que um pacote cria?
    (c) Hops necessários por pacote recebido?

17. Descreva duas diferenças importantes entre o método ECN e o método RED de prevenção de congestionamento.

18. Explique como as grandes transferências de arquivo poderiam degradar a latência observada por uma aplicação de jogos e pequenas transferências de arquivo.

19. Uma possível solução para o problema anterior envolve modelar o tráfego de transferência de arquivos de modo que ele nunca exceda uma certa taxa. Você decide modelar o tráfego de modo que a taxa de envio nunca ultrapasse os 20 Mbps. Para implementar essa modelagem, seria preciso usar um token bucket ou um leaky bucket, ou nenhum deles funcionará? Qual deverá ser a taxa de escoamento do bucket?

20. Dado um transmissor enviando a 100 Mbps, você também gostaria de remover (controlar) o tráfego automaticamente do transmissor após 1 segundo. Qual deveria ser o tamanho do bucket em bytes?

21. Um computador usa um token bucket com uma capacidade de 500 megabytes (MB) e uma taxa de 5 MB por segundo. A máquina começa a gerar 15 MB por segundo quando o bucket contém 300 MB. Quanto tempo levará para enviar 1000 MB?

22. Considere as filas de pacotes mostradas na Figura 5.29. Qual é a hora de término e a ordem de saída dos pacotes se a fila do meio, em vez da fila inferior, tiver um peso de 2? Ordene alfabeticamente os pacotes com a mesma hora de término.

23. Imagine uma especificação de fluxo que possui um tamanho máximo de pacote de 1000 bytes, uma taxa de token bucket de 10 milhões de bytes/s, um tamanho de token bucket de 1 milhão de bytes e uma taxa de transmissão máxima de 50 milhões de bytes/s. Quanto tempo pode durar uma rajada na velocidade máxima?

24. A rede da Figura 5.32 utiliza o RSVP com árvores de multicast nos hosts 1 e 2. Suponha que o host 3 solicite um canal de largura de banda de 2 MB/s para um fluxo proveniente do host 1 e outro canal de largura de banda de 1 MB/s para um fluxo do host 2. Ao mesmo tempo, o host 4 solicita um canal de largura de banda igual a 2 MB/s para um fluxo do host 1, e o host 5 solicita um canal de largura de banda de 1 MB/s para um fluxo vindo do host 2. Qual será a largura de banda total reservada para essas solicitações nos roteadores *A*, *B*, *C*, *E*, *H*, *J*, *K* e *L*?

25. Um roteador pode processar 2 milhões de pacotes/s. A carga oferecida a ele é de 1,5 milhão de pacotes/s em média. Se uma rota da origem até o destino contiver 10 roteadores, quanto tempo será gasto no enfileiramento e no envio pelo roteador?

26. Considere o usuário de serviços diferenciados com encaminhamento expresso. Existe alguma garantia de que os pacotes expressos experimentarão um atraso mais curto que os pacotes regulares? Por quê?

27. Suponha que o host *A* esteja conectado a um roteador *R*1, que *R*1 esteja conectado a outro roteador *R*2, e que *R*2 esteja conectado ao host *B*. Suponha que uma mensagem TCP contendo 900 bytes de dados e 20 bytes de cabeçalho TCP seja repassada ao código IP do host *A* para ser entregue a *B*. Mostre os campos *Tamanho total*, *Identificação*, *DF*, *MF* e *Deslocamento de fragmento* do cabeçalho IP em cada pacote transmitido pelos três enlaces. Suponha que o enlace *A-R*1 possa admitir um tamanho máximo de quadro de 1.024 bytes, incluindo um cabeçalho de quadro de 14 bytes, que o enlace *R*1-*R*2 possa admitir um tamanho máximo de quadro de 512 bytes, incluindo um cabeçalho de quadro de 8 bytes, e que o enlace *R*2-*B* possa admitir um tamanho máximo de quadro de 512 bytes, incluindo um cabeçalho de quadro de 12 bytes.

28. Um roteador está transmitindo pacotes IP cujo comprimento total (dados mais cabeçalho) é de 1.024 bytes. Supondo que os pacotes tenham a duração de 10 segundos, qual será a velocidade máxima de linha em que o roteador poderá operar sem o perigo de percorrer o espaço de números de identificação de datagramas do IP?

29. Um datagrama IP usando a opção *Strict source routing* tem de ser fragmentado. Para você, a opção é copiada para cada fragmento ou basta colocá-la no primeiro fragmento? Explique sua resposta.

30. Suponha que, em vez de ser utilizados 16 bits na parte de rede de um endereço de classe B, tenham sido usados 20 bits. Nesse caso, existiram quantas redes da classe B?

31. Converta o endereço IP cuja representação hexadecimal é C22F1582 em uma notação decimal com pontos.

32. Dois dispositivos habilitados para IPv6 desejam se comunicar pela Internet. Infelizmente, o caminho entre eles inclui uma rede que ainda não implementou o IPv6. Elabore uma forma para que os dois dispositivos se comuniquem.

33. Uma rede na Internet tem uma máscara de sub-rede 255.255.240.0. Qual é o número máximo de hosts que ela aceita?

34. Enquanto os endereços IP são experimentados para redes específicas, os endereços Ethernet não o são. Você consegue imaginar um bom motivo para isso acontecer?

35. Um grande número de endereços IP consecutivos está disponível a partir de 198.16.0.0. Suponha que quatro organizações, *A*, *B*, *C* e *D*, solicitem 4.000, 2.000, 4.000 e 8.000 endereços, respectivamente, e nessa ordem. Para cada uma delas, forneça o primeiro endereço IP atribuído, o último endereço IP atribuído e a máscara na notação *w.x.y.z/s*.

36. Um roteador acabou de receber estes novos endereços IP: 57.6.96.0/21, 57.6.104.0/21, 57.6.112.0/21 e 57.6.120.0/21. Se todos usarem a mesma linha de saída, eles poderão ser agregados? Em caso afirmativo, por quê? Em caso negativo, por quê?

37. O conjunto de endereços IP de 29.18.0.0 até 29.18.127.255 foi agregado a 29.18.0.0/17. Contudo, existe uma lacuna de 1.024 endereços não atribuídos, desde 29.18.60.0 até 29.18.63.255, que agora são repentinamente atribuídos a um host que utiliza uma linha de saída diferente. Agora é necessário dividir o endereço agregado em seus blocos constituintes, acrescentar o novo bloco à tabela e, depois, verificar se é possível uma reagregação? Em caso contrário, o que poderia ser feito?

38. Considere três roteadores, *A*, *B* e *C*. O roteador *A* anuncia rotas para os intervalos de endereços 37.62.5.0/24, 37.62.2.0/23 e 37.62.128.0/17. O roteador *B* anuncia rotas para os intervalos de endereços 37.61.63.0/24 e 37.62.64.0/18. Esses dois roteadores agregam esses intervalos e anunciam o resultado ao roteador *C*. Mostre o comportamento do roteamento incorreto que resulta se a tabela de roteamento de *C* tiver apenas esses dois intervalos de endereços agregados. O que os roteadores podem fazer para impedir que isso aconteça?

39. Muitas empresas adotam a política de manter dois (ou mais) roteadores para estabelecer conexão com a Internet, a fim de proporcionar alguma redundância no caso de um deles ficar inativo. Essa política ainda será possível com a NAT? Explique sua resposta.

40. Você deseja jogar com seu amigo na Internet. Seu amigo está executando um servidor de jogos e fornece o número da porta em que o servidor está escutando. Suponha que sua rede e a de seu amigo estejam separadas da Internet por uma NAT. O que a NAT faz com os pacotes de entrada que você envia? Como esse problema pode ser evitado sem remover as NATs?

41. Duas máquinas na mesma rede tentam usar o mesmo número de porta para se comunicar com um servidor em outra rede. Isso é possível? Explique o motivo. O que mudaria se essas máquinas estivessem separadas das outras redes por uma NAT?

42. Você acabou de explicar o que é um protocolo ARP a um amigo. No final, ele diz: "Entendi. Como o ARP fornece um serviço à camada de rede, isso significa que ele faz parte da camada de enlace de dados". O que você diz a ele?

43. Você conecta o seu smartphone à rede WiFi em sua casa, a qual é criada pelo modem obtido do seu provedor. Usando DHCP, seu celular obtém o endereço IP 192.168.0.103.

Qual é o provável endereço IP de origem da mensagem DHCP OFFER?

44. Descreva uma forma de remontar os fragmentos IP no destino.

45. A maioria dos algoritmos de remontagem do datagrama IP tem um timer para evitar que um fragmento perdido seja anexado definitivamente aos buffers de remontagem. Suponha que um datagrama tenha sido dividido em quatro fragmentos. Os três primeiros chegam, mas o último deles está atrasado. A certa altura, o timer é desativado e os três fragmentos contidos na memória do receptor são descartados. Logo depois, chega o último fragmento. O que deve ser feito com ele?

46. No IP, o checksum abrange apenas o cabeçalho, não os dados. Para você, por que essa estrutura foi escolhida?

47. Uma pessoa que mora em Boston viaja para Minneapolis levando consigo seu computador portátil. Para sua surpresa, a LAN no seu destino em Minneapolis é do tipo IP sem fio; portanto, ela não precisa se conectar. Mesmo assim, será preciso percorrer toda a empresa com agentes locais e externos para fazer os e-mails e outros tipos de tráfego chegarem corretamente?

48. O IPv6 utiliza endereços de 16 bytes. Se um bloco de 1 milhão de endereços for alocado a cada picossegundo, qual será a duração desses endereços?

49. Uma das soluções que os ISPs usam para lidar com a escassez dos endereços IPv4 é alocá-los dinamicamente aos seus clientes. Quando o IPv6 for totalmente implementado, o espaço de endereços será grande o suficiente para dar a cada dispositivo um endereço exclusivo. Para reduzir a complexidade do sistema, os endereços IPv6 poderiam ser atribuídos aos dispositivos de forma permanente. Explique por que esta não é uma boa solução.

50. O campo *Protocolo* usado no cabeçalho do IPv4 não é encontrado no cabeçalho fixo do IPv6. Por quê?

51. Quando o protocolo IPv6 é introduzido, o protocolo ARP tem de ser alterado? Se houver necessidade de mudanças, elas serão conceituais ou técnicas?

52. Crie um programa para simular o roteamento usando o algoritmo de flooding. Cada pacote deve conter um contador que é decrementado a cada hop. Quando o contador chegar a zero, o pacote será descartado. O tempo é discreto, com cada linha tratando de um pacote a cada intervalo. Crie três versões do programa: todas as linhas sofrem flooding, todas as linhas com exceção da de entrada sofrem flooding, e somente as *k* melhores linhas (escolhidas estatisticamente) sofrem flooding. Compare o algoritmo de flooding com o roteamento determinístico ($k = 1$) em termos de atraso e de largura de banda utilizada.

53. Crie um programa capaz de simular uma rede de computadores usando tempo discreto. O primeiro pacote de cada fila do roteador cria um hop por intervalo. Cada roteador tem apenas um número finito de buffers. Se um pacote chegar e não houver espaço, ele será descartado e não será retransmitido. Em vez disso, há um protocolo ponto a ponto completo, com intervalos de timeout e pacotes de confirmação, que em algum momento regenera o pacote do roteador de origem. Represente o throughput da rede como uma função do intervalo de timeout ponto a ponto, parametrizado pela taxa de erros.

54. Crie uma função para realizar o encaminhamento em um roteador IP. O procedimento tem um único parâmetro, um endereço IP. Ele também tem acesso a uma tabela global que consiste em um array de triplas. Cada tripla contém três inteiros: um endereço IP, uma máscara de sub-rede e a linha de saída a ser usada. A função pesquisa o endereço IP na tabela usando o CIDR e retorna com o seu valor e a linha que deverá ser usada.

55. Use o programa *traceroute* (UNIX) ou o programa *tracert* (Windows) para traçar a rota desde seu computador até várias universidades em outros continentes. Faça uma lista dos enlaces transoceânicos que você descobrir. Alguns sites que você deve tentar são:

www.berkeley.edu (Califórnia)
www.mit.edu (Massachusetts)
www.vu.nl (Amsterdã)
www.ucl.ac.uk (Londres)
www.usyd.edu.au (Sidney)
www.u-tokyo.ac.jp (Tóquio)
www.uct.ac.za (Cidade do Cabo)

6
A camada de transporte

Com a camada de rede, a camada de transporte é o núcleo da hierarquia de protocolos. A camada de rede oferece remessa de pacotes fim a fim usando datagramas ou circuitos virtuais. A camada de transporte se baseia na camada de rede para oferecer transporte de dados de um processo em uma máquina de origem a um processo em uma máquina de destino com um nível de confiabilidade desejado independentemente das redes físicas em uso no momento. Ela provê as abstrações de que as aplicações precisam para usar a rede. Sem a camada de transporte, todo o conceito de protocolos em camadas faria pouco sentido. Neste capítulo, estudaremos em detalhes a camada de transporte, bem como seus serviços e a seleção de projeto de uma API para enfrentar questões de confiabilidade, conexões e controle de congestionamento, protocolos como TCP e UDP, e desempenho.

6.1 O SERVIÇO DE TRANSPORTE

Nas próximas seções, apresentaremos uma introdução ao serviço de transporte. Veremos que tipo de serviço é oferecido à camada de aplicação. Para tornar mais concreta essa questão, examinaremos dois conjuntos de primitivas da camada de transporte. Primeiro, estudaremos uma primitiva simples (mas hipotética) para mostrar as ideias básicas. Em seguida, analisaremos a interface comumente utilizada na Internet.

6.1.1 Serviços oferecidos às camadas superiores

O principal objetivo da camada de transporte é oferecer um serviço confiável, eficiente e econômico a seus usuários, que, em geral, são processos presentes na camada de aplicação. Para atingir esse objetivo, a camada de transporte utiliza vários serviços oferecidos pela camada de rede. O hardware/software da camada de transporte que executa o trabalho é chamado de **entidade de transporte**, que pode estar localizada no núcleo do sistema operacional, em um pacote da biblioteca vinculada às aplicações em rede, em outro processo do usuário ou na placa de interface de rede. As duas primeiras opções são mais comuns na Internet. O relacionamento (lógico) existente entre as camadas de rede, de transporte e de aplicação está ilustrado na Figura 6.1.

Assim como existem dois tipos de serviço de rede – o orientado a conexões e o não orientado a conexões –, também existem dois tipos de serviço de transporte. O serviço de transporte orientado a conexões é semelhante ao serviço de rede orientado a conexões em muitos aspectos. Em ambos os casos, as conexões têm três fases: o estabelecimento, a transferência de dados e o encerramento.

O endereçamento e o controle de fluxo também são semelhantes em ambas as camadas. Além disso, o serviço de transporte não orientado a conexões é semelhante ao serviço de rede não orientado a conexões. Contudo, observe que pode ser difícil oferecer um serviço de transporte não orientado a conexões sobre um serviço de rede orientado a conexões, pois é ineficaz estabelecer uma conexão para enviar um único pacote e encerrá-la imediatamente depois.

Diante disso, fazemos a seguinte pergunta: se o serviço da camada de transporte é tão semelhante ao serviço da camada de rede, por que há duas camadas distintas? Por que uma só camada não é suficiente? A resposta, embora sutil, é de importância crucial. O código de transporte funciona inteiramente nas máquinas dos usuários, mas a

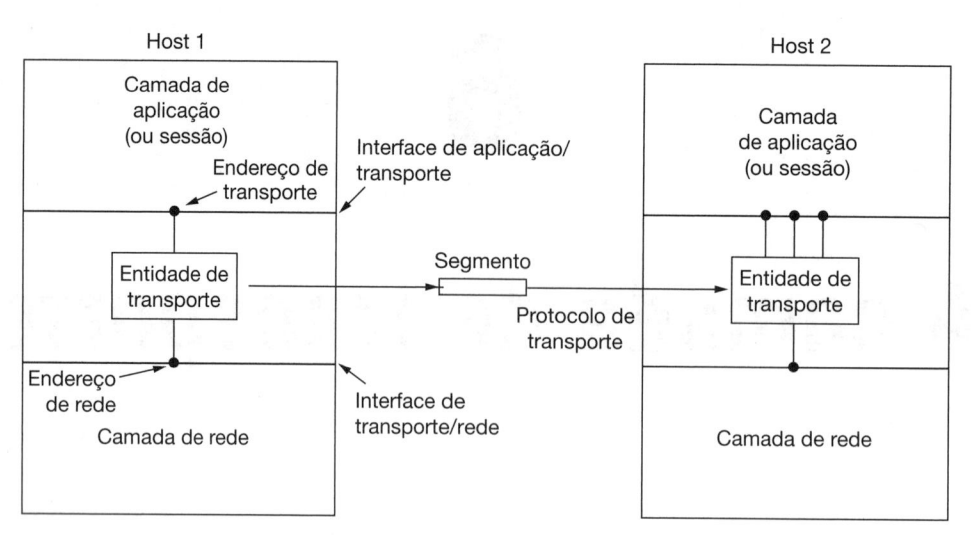

Figura 6.1 As camadas de rede, de transporte e de aplicação.

camada de rede funciona principalmente nos roteadores, cuja operação é de responsabilidade da concessionária de comunicações (pelo menos no caso de uma rede geograficamente distribuída). O que acontecerá se a camada de rede oferecer um serviço inadequado? E se perder pacotes com frequência? O que acontecerá se os roteadores apresentarem falhas ocasionais?

Problemas acontecem. Os usuários não têm qualquer controle real sobre a camada de rede, portanto, não podem resolver o problema de um serviço ineficaz usando roteadores melhores ou aumentando o controle de erros na camada de enlace de dados, pois não têm roteadores. A única possibilidade é colocar sobre a camada de rede outra camada que melhore a qualidade do serviço. Se, em uma rede não orientada a conexões, pacotes forem perdidos ou danificados, a entidade de transporte pode detectar o problema e compensá-lo usando retransmissões. Se, em uma rede orientada a conexões, uma entidade de transporte for informada no meio de uma longa transmissão de que sua conexão de rede foi encerrada de forma abrupta, sem nenhuma indicação do que ocorreu com os dados que estavam sendo transferidos, ela poderá estabelecer uma nova conexão de rede com a entidade de transporte remota. Usando essa nova conexão de rede, ela poderá perguntar à entidade remota quais dados chegaram e quais não chegaram, e depois retomar a transmissão a partir da interrupção.

Em síntese, a existência de uma camada de transporte torna o serviço de transporte mais confiável que o serviço de rede subjacente, que pode não ser tão confiável. Além disso, as primitivas do serviço de transporte podem ser implementadas sob a forma de chamadas a procedimentos de biblioteca, a fim de torná-las independentes das primitivas do serviço de rede. As chamadas do serviço de rede podem variar muito de uma rede para outra (p. ex., chamadas baseadas em uma Ethernet não orientada a conexões podem ser muito diferentes das chamadas em uma rede orientada a conexões). Ocultar o serviço de rede por trás de um conjunto de primitivas de serviço de transporte garante que a mudança da rede simplesmente requer substituição de um conjunto de procedimentos de biblioteca por outro que faça a mesma coisa com um serviço subjacente diferente. É bom ter aplicações independentes da camada de rede.

Graças à camada de transporte, os desenvolvedores de aplicações distribuídas em rede podem escrever códigos de acordo com um conjunto de primitivas padrão e permitir que esses programas funcionem em uma grande variedade de redes, sem a preocupação de lidar com diferentes interfaces de redes e níveis de confiabilidade. Se todas as redes reais fossem perfeitas e tivessem as mesmas primitivas de serviço, e ainda a garantia de nunca mudar, provavelmente a camada de transporte não seria necessária. Contudo, na vida real ela cumpre a função primordial de tornar as camadas superiores do projeto imunes à tecnologia, ao projeto e a imperfeições da rede.

Por essa razão, muitas pessoas fazem distinção entre as camadas de 1 a 4, por um lado, e as camadas acima de 4, por outro. As quatro camadas inferiores são consideradas o **provedor de serviços de transporte**, enquanto as camadas superiores constituem o **usuário de serviços de transporte**. Essa distinção entre provedor e usuário tem um impacto considerável sobre o projeto das camadas e coloca a camada de transporte em uma posição-chave, pois ela representa a principal fronteira entre o provedor e o usuário do serviço de transmissão de dados confiável. Esse é o nível que as aplicações veem.

6.1.2 Primitivas do serviço de transporte

Para permitir que os usuários tenham acesso ao serviço de transporte, a camada de transporte deve oferecer algumas operações aos programas de aplicação, ou seja, uma interface de serviço de transporte. Cada serviço de transporte tem sua própria interface. Nesta seção, veremos primeiro um serviço de transporte (hipotético) simples e sua interface, a fim de examinarmos os seus fundamentos. Na próxima seção, estudaremos um exemplo real.

O serviço de transporte é semelhante ao serviço de rede, mas existem algumas diferenças importantes entre eles. A principal delas é que o serviço de rede representa o modelo oferecido pelas redes reais, com todos os atributos. As redes reais podem perder pacotes, portanto, o serviço de rede, em geral, não é confiável.

Em contraste, o serviço de transporte orientado a conexões é confiável. É óbvio que as redes reais não são infalíveis, mas essa é exatamente a função da camada de transporte – oferecer um serviço confiável sobre uma rede não confiável.

Como exemplo, considere dois processos em uma única máquina, conectados por um canal (pipe) no UNIX (ou qualquer outro serviço de comunicação entre processos). Supomos que a conexão entre eles é perfeita, sem levar em consideração confirmações, pacotes perdidos, congestionamentos, etc. Esses processos esperam ter uma conexão 100% confiável. O processo A insere os dados em uma extremidade do canal, e o processo B os recebe na outra. O serviço de transporte orientado a conexões consiste em ocultar as imperfeições do serviço de rede, de modo que os processos do usuário possam simplesmente supor a existência de um fluxo de bits livre de erros mesmo quando estão em máquinas diferentes.

A propósito, a camada de transporte também pode oferecer um serviço não confiável (de datagramas). Contudo, há relativamente pouco a dizer sobre esse assunto além de que "são datagramas" e, assim, neste capítulo, vamos nos concentrar no serviço de transporte orientado a conexões. Apesar disso, há algumas aplicações, como a computação cliente-servidor e o streaming de multimídia, que se beneficiam do serviço de transporte não orientado a conexões; por essa razão, estudaremos alguns detalhes sobre ele mais adiante.

A segunda diferença entre o serviço de rede e o serviço de transporte está relacionada ao destinatário do serviço. Do ponto de vista das extremidades da rede, o serviço de rede só é usado pelas entidades de transporte. Poucos usuários criam suas próprias entidades de transporte, portanto, poucos usuários ou programas veem a estrutura do serviço de rede. Por sua vez, muitos programas (e programadores) veem as primitivas de transporte. Por isso, o serviço de transporte deve ser conveniente e fácil de usar.

Para ter uma ideia de como deve ser um serviço de transporte, considere as cinco primitivas apresentadas na Figura 6.2. Essa interface de transporte é uma estrutura bem básica, mas denota o que uma interface de transporte orientada a conexões deve fazer. Ela permite aos programas aplicativos estabelecer, usar e encerrar conexões, o que é suficiente para muitas aplicações.

Para entender como essas primitivas devem ser usadas, considere uma aplicação com um servidor e uma série de clientes remotos. Primeiro, o servidor executa uma primitiva LISTEN, geralmente chamando um procedimento de biblioteca que emite uma chamada de sistema para bloquear o servidor até que um cliente apareça. Quando um cliente quer se comunicar com o servidor, ele executa uma primitiva CONNECT. Para executá-la, a entidade de transporte bloqueia o transmissor e envia um pacote ao servidor. Encapsulada no campo carga útil desse pacote encontra-se uma mensagem da camada de transporte destinada à entidade de transporte do servidor.

Faremos agora algumas observações rápidas sobre a terminologia. Por falta de um termo mais adequado, usaremos **segmento** para denominar as mensagens enviadas de uma entidade de transporte a outra entidade de transporte. TCP, UDP e outros protocolos da Internet utilizam esse termo. Alguns protocolos mais antigos usavam o desajeitado acrônimo **TPDU** (unidade de dados de protocolo de transporte, do inglês **Transport Protocol Data Unit**). Essa nomenclatura não é mais muito usada, mas você poderá encontrá-la em artigos e livros mais antigos.

Portanto, os segmentos (trocados pela camada de transporte) estão contidos em pacotes (trocados pela camada de rede). Por sua vez, os pacotes estão contidos em quadros (trocados pela camada de enlace de dados). Quando um quadro chega, a camada de enlace de dados processa o cabeçalho do quadro e, se o endereço de destino combina para a entrega local, transmite o conteúdo do campo de carga útil do quadro à entidade de rede. Em seguida, a entidade de rede, de modo semelhante, processa o cabeçalho do pacote e envia o conteúdo do campo carga útil do pacote

Primitiva	Pacote enviado	Significado
LISTEN	(nenhum)	Bloqueia até algum processo tentar conectar
CONNECT	CONNECTION REQ.	Tenta ativamente estabelecer uma conexão
SEND	DATA	Envia informação
RECEIVE	(nenhum)	Bloqueia até que um pacote DATA chegue
DISCONNECT	DISCONNECTION REQ.	Solicita uma liberação da conexão

Figura 6.2 As primitivas para um serviço de transporte simples.

à entidade de transporte. Esse aninhamento é ilustrado na Figura 6.3.

Voltando ao exemplo de cliente-servidor, a chamada CONNECT do cliente envia um segmento CONNECTION REQUEST ao servidor. Quando o segmento chega, a entidade de transporte verifica se o servidor está bloqueado em uma primitiva LISTEN (ou seja, pronto para administrar solicitações). Em seguida, ela desbloqueia o servidor e transmite um segmento CONNECTION ACCEPTED de volta para o cliente. Quando esse segmento chega a seu destino, o cliente é desbloqueado e a conexão é estabelecida.

Agora, é possível trocar dados utilizando-se as primitivas SEND e RECEIVE. Em sua forma mais simples, qualquer uma das partes pode executar uma primitiva RECEIVE (com bloqueio) para aguardar que a outra execute uma primitiva SEND. Quando o segmento chega a seu destino, o receptor é desbloqueado. Em seguida, ele pode processar o segmento e enviar uma resposta. Esse sistema funciona bem desde que as partes controlem de quem é a vez de enviar os dados.

Cabe observar que, na camada de transporte, até mesmo uma troca de dados simples e unidirecional é mais complexa do que na camada de rede. Cada pacote de dados enviado também será confirmado (ao final). Os pacotes que transportam segmentos de controle também são confirmados, de forma explícita ou implícita. Essas confirmações são gerenciadas por entidades de transporte que utilizam o protocolo da camada de rede e não são visíveis para os usuários de transporte. Da mesma forma, as entidades de transporte têm de lidar com timers e retransmissões. Esse mecanismo também não é percebido pelos usuários de transporte. Para eles, uma conexão é um canal de bits confiável: um usuário envia bits por uma das extremidades e eles são recebidos na outra como em um passe de mágica. A habilidade de ocultar sua complexidade é o que torna os protocolos em camadas uma ferramenta tão útil.

Quando uma conexão não é mais necessária, ela deve ser encerrada para desocupar espaço na tabela alocada dentro das duas entidades de transporte. O encerramento da conexão tem duas variantes: assimétrica e simétrica. Na variante assimétrica, qualquer um dos usuários de transporte pode emitir uma primitiva DISCONNECT, fazendo um segmento DISCONNECT ser enviado à entidade de transporte remota. Quando esse segmento chega a seu destino, a conexão é encerrada.

Na variante simétrica, cada direção da comunicação é encerrada separadamente e de forma independente da outra. Quando uma das partes executa uma primitiva DISCONNECT, isso significa que não há mais dados a enviar, mas ainda é possível receber dados enviados pela outra parte. Nesse modelo, a conexão só é encerrada quando os dois lados tiverem executado uma primitiva DISCONNECT.

Um diagrama de estados para o estabelecimento e encerramento de uma conexão com essas primitivas simples é mostrado na Figura 6.4. Cada transição é acionada por algum evento, seja ele uma primitiva executada pelo usuário de transporte local ou um pacote que chega. Por simplicidade, supomos que cada segmento é confirmado separadamente e que um modelo de desconexão simétrico está sendo usado, com o cliente dando início ao procedimento. Cabe observar que esse modelo é muito simples. Veremos adiante outros modelos mais realistas, quando descrevermos o modo como o TCP funciona.

6.1.3 Soquetes de Berkeley

Agora, vamos analisar resumidamente outro conjunto de primitivas de transporte, as primitivas de soquetes de programação usadas para o TCP. Os soquetes foram lançados inicialmente como parte da distribuição do software UNIX 4.2BSD de Berkeley em 1983. Eles logo se tornaram populares. As primitivas agora são bastante usadas para programação na Internet em muitos sistemas operacionais, especialmente sistemas baseados no UNIX, e existe uma API em estilo soquete para o Windows, chamada "winsock".

Essas primitivas são mostradas na Figura 6.5. Em geral, elas seguem o mesmo modelo do nosso primeiro exemplo, mas oferecem mais recursos e maior flexibilidade. Não vamos mostrar os segmentos correspondentes a elas nesta seção; essa discussão ficará para mais adiante.

As quatro primeiras primitivas na lista são executadas pelos servidores nessa mesma ordem. A primitiva SOCKET cria um novo ponto final e aloca espaço da tabela para ele

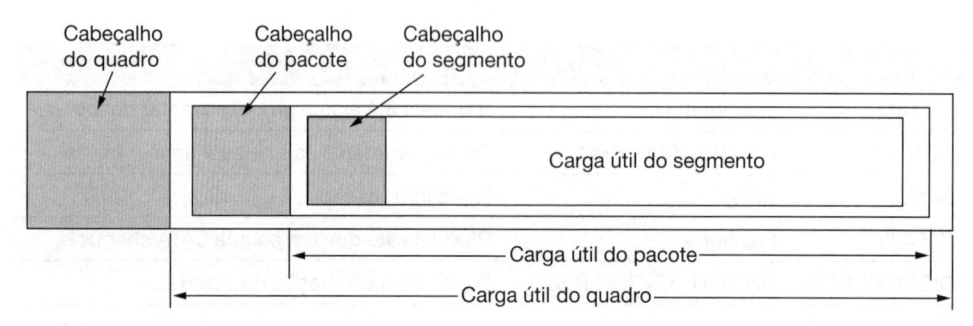

Figura 6.3 Aninhamento de segmentos, pacotes e quadros.

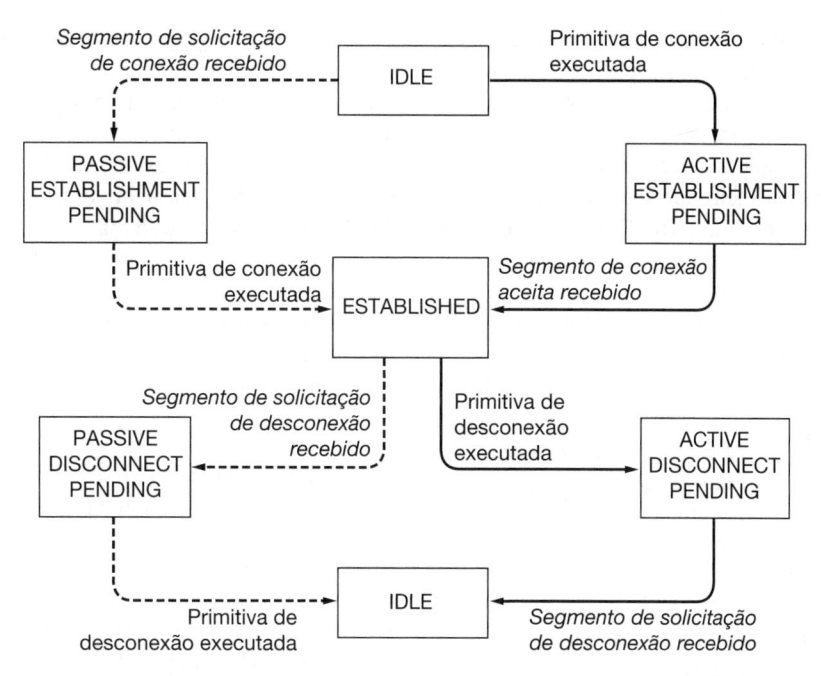

Figura 6.4 Diagrama de estados para um esquema simples de gerenciamento de conexão. As transições identificadas em itálico são causadas pela chegada de pacotes. As linhas contínuas mostram a sequência de estados do cliente. As linhas tracejadas mostram a sequência de estados do servidor.

na entidade de transporte. Os parâmetros da chamada especificam o formato de endereçamento a ser usado, o tipo de serviço desejado (p. ex., um fluxo de bytes confiável) e o protocolo. Uma chamada SOCKET bem-sucedida retorna um descritor de arquivo comum que será usado nas chamadas subsequentes, exatamente como uma chamada OPEN sobre um arquivo.

Os soquetes recém-criados não têm endereços de rede – eles são atribuídos através da primitiva BIND. Uma vez que um servidor tenha designado um endereço para um soquete, os clientes remotos já podem se conectar a ele. A razão para uma chamada SOCKET não criar um endereço diretamente é que alguns processos consideram importante manter seus endereços (p. ex., eles vêm usando o mesmo endereço há muitos anos e todos já o conhecem).

Em seguida, temos a chamada LISTEN, que aloca espaço para a fila de chamadas recebidas, caso vários clientes tentem se conectar ao mesmo tempo. Ao contrário da chamada LISTEN em nosso primeiro exemplo, no modelo de soquetes, LISTEN não é uma chamada de bloqueio.

Para bloquear a espera por uma conexão de entrada, o servidor executa uma primitiva ACCEPT. Quando chega um segmento solicitando uma conexão, a entidade de transporte cria um novo soquete com as mesmas propriedades do original e retorna um descritor de arquivo para ele. Em seguida, o servidor pode desviar um processo ou uma thread

Primitiva	Significado
SOCKET	Criar um novo ponto final de comunicação
BIND	Associar um endereço local a um soquete
LISTEN	Anunciar a disposição para aceitar conexões; mostrar o tamanho da fila
ACCEPT	Estabelecer uma conexão de entrada passivamente
CONNECT	Tentar estabelecer uma conexão ativamente
SEND	Enviar alguns dados através da conexão
RECEIVE	Receber alguns dados da conexão
CLOSE	Encerrar a conexão

Figura 6.5 As primitivas de soquetes para TCP.

para tratar a conexão no novo soquete e voltar a esperar pela próxima conexão no soquete original. ACCEPT retorna um descritor de arquivo normal, que pode ser usado para ler e gravar da maneira padrão, como no caso de arquivos.

Agora, vamos ver o que acontece no lado cliente. Aqui também é preciso criar primeiro um soquete usando a primitiva SOCKET, mas a primitiva BIND não é necessária, pois o endereço usado não é importante para o servidor. A primitiva CONNECT bloqueia o responsável pela chamada e inicia o processo de conexão. Quando a conexão é concluída (ou seja, quando o segmento apropriado é recebido do servidor), o processo cliente é desbloqueado e a conexão é estabelecida. Depois disso, os dois lados podem usar as primitivas SEND e RECEIVE para transmitir e receber dados através da conexão full-duplex. As chamadas do sistema READ e WRITE padrão do UNIX também podem ser usadas, se nenhuma das opções especiais de SEND e RECEIVE for necessária.

O encerramento da conexão com soquetes é simétrico. Quando ambos os lados tiverem executado uma primitiva CLOSE, a conexão será encerrada.

Os soquetes provaram ser extremamente populares e são os padrões de fato para abstrair serviços de transporte às aplicações. A API de soquetes normalmente é usada com o protocolo TCP para oferecer um serviço orientado à conexão, chamado **fluxo de bytes confiável**, que é simplesmente um canal de bits confiável, que já descrevemos. Contudo, outros protocolos poderiam ser usados para a implementação desse serviço usando a mesma API. Tudo deverá ser o mesmo para os usuários do serviço de transporte.

Um ponto forte da API de soquetes é que ela pode ser usada por uma aplicação para outros serviços de transporte. Por exemplo, os soquetes podem ser usados com um serviço de transporte não orientado a conexões. Nesse caso, CONNECT define o endereço do peer de transporte remoto e SEND e RECEIVE enviam e recebem datagramas de e para o peer remoto. (Também é comum usar um conjunto expandido de chamadas, p. ex., SENDTO e RECEIVEFROM, que enfatizam mensagens e não limitam uma aplicação a um único peer de transporte.) Os soquetes também podem ser usados com protocolos de transporte que oferecem um fluxo de mensagens, em vez de um fluxo de bytes, e que realizam ou não controle de congestionamento. Por exemplo, o **DCCP (Datagram Congestion Controlled Protocol)** é uma versão do UDP com controle de congestionamento (Kohler et al., 2006). Fica a critério dos usuários de transporte entenderem qual serviço eles estão obtendo.

Entretanto, os soquetes provavelmente não são a última palavra em interfaces de transporte. Por exemplo, as aplicações normalmente trabalham com um grupo de fluxos relacionados, como um navegador Web que solicita vários objetos do mesmo servidor. Com os soquetes, o mais natural é que os programas aplicativos usem um fluxo por objeto. Essa estrutura significa que o controle de congestionamento é aplicado separadamente para cada fluxo, e não para todo o grupo, o que não é o ideal. Fica para a aplicação o peso de gerenciar o conjunto. Alguns protocolos e interfaces têm sido criados para dar suporte a grupos de fluxos relacionados com mais eficiência e simplicidade para a aplicação. Dois exemplos são **SCTP (Stream Control Transmission Protocol)**, definido na RFC 4960 (Ford, 2007), e QUIC (discutido mais adiante). Esses protocolos precisam mudar ligeiramente a API de soquetes para que obtenham os benefícios de grupos de fluxos relacionados, e eles também dão suporte a recursos como uma mistura de tráfego orientado a conexões e não orientado a conexões, e até mesmo múltiplos caminhos pela rede.

6.1.4 Exemplo de programação de soquetes: um servidor de arquivos da Internet

Como um exemplo de utilização das chamadas por soquetes, considere o código do cliente e o código do servidor da Figura 6.6. Nele, temos um servidor de arquivos da Internet muito primitivo, juntamente com um exemplo de cliente que o utiliza. O código tem muitas limitações (descritas a seguir), mas, em princípio, o código do servidor pode ser compilado e executado em qualquer sistema UNIX conectado à Internet. O código do cliente pode então ser compilado e executado em qualquer outra máquina UNIX conectada à Internet, em qualquer lugar do mundo. O código do cliente pode ser executado com parâmetros apropriados para buscar qualquer arquivo ao qual o servidor tem acesso em sua máquina. O arquivo é enviado para a saída padrão, que, é claro, pode ser redirecionada para um arquivo ou um canal.

Vamos examinar primeiro o código do servidor. Ele começa incluindo alguns cabeçalhos padrão, e os três últimos cabeçalhos contêm as principais definições e estruturas de dados relacionadas à Internet. Em seguida, temos uma definição de *SERVER_PORT* como 8080. Esse número foi escolhido arbitrariamente. Qualquer número entre 1.024 e 65.535 também funcionará, desde que não esteja em uso por algum outro processo; as portas abaixo de 1.023 são reservadas para usuários privilegiados.

As duas linhas seguintes no servidor definem constantes. A primeira determina, em bytes, o tamanho do bloco usado na transferência de arquivos. A segunda determina quantas conexões pendentes podem ser mantidas antes de conexões adicionais serem descartadas.

Depois das declarações de variáveis locais, tem início o código do servidor. Ele começa iniciando uma estrutura de dados que conterá o endereço IP do servidor. Essa estrutura de dados logo será vinculada ao soquete do servidor. A chamada a *memset* zera toda a estrutura de dados. As três atribuições seguintes preenchem três de seus campos, e a última delas contém a porta do servidor. As funções *htonl* e *htons* estão relacionadas com a conversão de valores para um formato padrão, de modo que o código funcione corretamente em máquinas little-endian (p. ex., Intel x86) e big-endian (p. ex., SPARC).

Em seguida, o servidor cria um soquete e verifica se ele contém erros (indicados por *s* < 0). Em uma versão de produção do código, a mensagem de erro poderia ser um pouco mais explicativa. A chamada a *setsockopt* é necessária para permitir que a porta seja reutilizada, de forma que o servidor funcione indefinidamente, recebendo solicitação após solicitação. Agora, o endereço IP é vinculado ao soquete e é realizada uma verificação para saber se a chamada a *bind* teve sucesso. A última etapa da inicialização é a chamada a *listen*, para anunciar a disposição do servidor para aceitar chamadas de entrada e informar ao sistema que ele deve armazenar um número de chamadas igual a *QUEUE_SIZE*, no caso de chegarem novas solicitações enquanto o servidor ainda estiver processando a solicitação atual. Se a fila estiver cheia e chegarem outras solicitações, elas serão descartadas de forma transparente.

Nesse momento, o servidor entra em seu loop principal, do qual ele nunca sai. A única maneira de interromper o loop é encerrá-lo externamente. A chamada a *accept* bloqueia o servidor até algum cliente tentar estabelecer uma

```
/* Esta página contém um programa cliente que pode solicitar um arquivo do
 * programa servidor na próxima página. O servidor responde enviando o arquivo inteiro.
 */

#include <sys/types.h>
#include <unistd.h>
#include <string.h>
#include <stdio.h>
#include <stdlib.h>
#include <sys/socket.h>
#include <netinet/in.h>
#include <netdb.h>

#define SERVER_PORT 8080         /* arbitrário, mas cliente e servidor devem combinar */
#define BUF_SIZE 4096            /* block transfer size */

int main(int argc, char **argv)
{
    int c, s, bytes;
    char buf[BUF_SIZE];                  /* buffer para arquivo de entrada */
    struct hostent *h;                   /* informações sobre servidor */
    struct sockaddr_in channel;          /* mantém endereço IP */

    if (argc != 3) {printf("Uso: cliente nome-servidor nome-arquivo"); exit(-1);}
    h = gethostbyname(argv[1]);          /* pesquisa endereço IP do host */
    if (!h) {printf("gethostbyname failed to locate %s0, argv[1]); exit(-1);}

    s = socket(PF_INET, SOCK_STREAM, IPPROTO_TCP);
    if (s <0) {printf("chamada de soquete falhou"); exit(-1);}
    memset(&channel, 0, sizeof(channel));
    channel.sin_family= AF_INET;
    memcpy(&channel.sin_addr.s_addr, h->h_addr,h->h_length);
    channel.sin_port= htons(SERVER_PORT);
    c = connect(s, (struct sockaddr *) &channel, sizeof(channel));
    if (c < 0) {printf("falha de conexão"); exit(-1);}

    /* Conexão agora estabelecida. Envia nome do arquivo com byte 0 no final. */
    write(s, argv[2], strlen(argv[2])+1);

    /* Captura o arquivo e o escreve na saída padrão. */
    while (1) {
        bytes = read(s, buf, BUF_SIZE);   /* lê do soquete */
        if (bytes <= 0) exit(0);          /* verifica final de arquivo */
        write(1, buf, bytes);             /* escreve na saída padrão */
    }
}
```

Figura 6.6 Código do servidor. *(Continua)*

```c
#include <sys/types.h>              /* Este é o código do servidor */
#include <string.h>
#include <stdio.h>
#include <stdlib.h>
#include <sys/fcntl.h>
#include <sys/socket.h>
#include <netinet/in.h>
#include <netdb.h>

#define SERVER_PORT 8080            /* arbitrário, mas cliente e servidor devem combinar */
#define BUF_SIZE 4096               /* tamanho do bloco de transferência */
#define QUEUE_SIZE 10

int main(int argc, char *argv[])
{ int s, b, l, fd, sa, bytes, on = 1;
  char buf[BUF_SIZE];               /* buffer para arquivo de saída */
  struct sockaddr_in channel;       /* mantém endereço IP */

  /* Monta estrutura de endereços para vincular ao soquete. */
  memset(&channel, 0, sizeof(channel));   /* canal zero */
  channel.sin_family = AF_INET;
  channel.sin_addr.s_addr = htonl(INADDR_ANY);
  channel.sin_port = htons(SERVER_PORT);

  /* Abertura passiva. Espera a conexão. */
  s = socket(AF_INET, SOCK_STREAM, IPPROTO_TCP);     /* cria soquete */
  if (s < 0) {printf("falha de chamada de socket"); exit(-1);}
  setsockopt(s, SOL_SOCKET, SO_REUSEADDR, (char *) &on, sizeof(on));

  b = bind(s, (struct sockaddr *) &channel, sizeof(channel));
  if (b < 0) {printf("falha de bind"); exit(-1);}

  l = listen(s, QUEUE_SIZE);        /* especifica tamanho da fila */
  if (l < 0) {printf("falha de listen"); exit(-1);}

  /* O soquete agora está preparado e vinculado. Espera conexão e a processa. */
  while (1) {
      sa = accept(s, 0, 0);         /* bloqueia solicitação de conexão */
      if (sa < 0) {printf("falha de accept"); exit(-1);}
      read(sa, buf, BUF_SIZE);      /* lê nome do arquivo do soquete */
      /* Captura e retorna o arquivo. */
      fd = open(buf, O_RDONLY);     /* abre arquivo para ser enviado de volta */
      if (fd < 0) {printf("falha de open"); exit(-1);}
      while (1) {
          bytes = read(fd, buf, BUF_SIZE);   /* lê do arquivo */
          if (bytes <= 0) break;             /* verifica se é final do arquivo */
          write(sa, buf, bytes);             /* grava bytes no soquete */
      }
      close(fd);                    /* fecha arquivo */
      close(sa);                    /* fecha conexão */
  }
}
```

Figura 6.6 (*Continuação*) Código do servidor.

conexão com ele. Se a chamada a *accept* tiver êxito, ela retornará um descritor de soquete que poderá ser usado para leitura e escrita, de maneira análoga ao uso de descritores de arquivos em operações de leitura e escrita nos canais. Contudo, diferentemente dos canais, que são unidirecionais, os soquetes são bidirecionais, e assim o soquete aceito (*sa*) pode ser usado para realizar a leitura da conexão e também para efetuar escritas. Um descritor de arquivo em um canal serve para leitura ou escrita, mas não para ambos.

Depois que a conexão é estabelecida, o servidor lê o nome do arquivo. Se o nome ainda não estiver disponível, o servidor será bloqueado esperando por ele. Após obter o nome do arquivo, o servidor o abre e, em seguida, entra em um loop que, alternadamente, lê blocos do arquivo e os envia pelo soquete, até copiar o arquivo inteiro. Depois, o servidor fecha o arquivo e a conexão, e espera que a próxima conexão apareça. Ele repete esse loop indefinidamente.

Agora, vamos examinar o lado do código do cliente. Para entender como ele funciona, é necessário compreender como é chamado. Supondo-se que ele seja denominado *client*, uma chamada típica será:

client flits.cs.vu.nl /usr/tom/filename >f

Essa chamada só funciona se o servidor já estiver em execução em *flits.cs.vu.nl* e o arquivo */usr/tom/filename* existir, e se o servidor tiver acesso de leitura para o arquivo. Se a chamada for bem-sucedida, o arquivo será transferido pela Internet e gravado em *f*; depois disso, o programa cliente será encerrado. Tendo em vista que o processo servidor continua após uma transferência, o cliente pode ser iniciado repetidamente para obter outros arquivos.

O código do cliente começa com algumas inclusões e declarações. A execução começa verificando se o código foi chamado com o número correto de argumentos (*argc* = 3 significa que o programa foi chamado com seu nome e mais dois argumentos). Observe que *argv*[1] contém o nome do servidor (p. ex., *flits.cs.vu.nl*) e é convertido em um endereço IP por *gethostbyname*. Essa função utiliza o DNS para pesquisar o nome. Estudaremos o DNS no Capítulo 7.

Em seguida, um soquete é criado e iniciado. Depois disso, o cliente tenta estabelecer uma conexão TCP com o servidor, usando *connect*. Se o servidor estiver funcionando na máquina citada e conectado a *SERVER_PORT*, e se ele estiver ocioso ou tiver espaço em sua fila *listen*, a conexão será (em algum momento) estabelecida. Usando a conexão, o cliente envia o nome do arquivo, escrevendo-o no soquete. O número de bytes enviados é uma unidade maior que o nome em si, tendo em vista que o byte 0 que encerra o nome também deve ser enviado para informar ao servidor em que ponto o nome termina.

Agora o cliente entra em um loop, lendo o arquivo bloco por bloco do soquete e copiando-o na saída padrão. Ao terminar, ele simplesmente encerra o loop.

O procedimento *fatal* imprime uma mensagem de erro e se encerra. O processo servidor precisa do mesmo procedimento, mas ele foi omitido por falta de espaço na página. Tendo em vista que o cliente e o servidor são compilados separadamente e em geral funcionam em computadores diferentes, eles não podem compartilhar o código da função *fatal*.

Apenas para registrar, esse servidor não é a última palavra em desempenho. Sua verificação de erros é escassa e seu relatório de erros é medíocre. Como ele trata de todas as demandas de modo estritamente sequencial (porque tem apenas um thread), seu desempenho é insatisfatório. É claro que ele nunca ouviu falar de segurança, e usar chamadas comuns do sistema UNIX não é a última palavra em independência de plataforma. Ele também faz algumas suposições tecnicamente ilegais, como a de considerar que o nome do arquivo cabe no buffer e é transmitido por inteiro de uma só vez. Apesar dessas limitações, é um servidor de arquivos da Internet completo e funcional. Para obter mais informações sobre programação com soquetes, consulte Donahoo e Calvert (2008, 2009) e Stevens et al. (2004).

6.2 ELEMENTOS DE PROTOCOLOS DE TRANSPORTE

O serviço de transporte é implementado por um **protocolo de transporte** usado entre duas entidades de transporte. Em alguns aspectos, esses protocolos lembram os de enlace de dados que estudamos em detalhes no Capítulo 3. Ambos têm de lidar com o controle de erros, com a definição de sequências e com o controle de fluxo, entre outros aspectos.

Entretanto, existem diferenças significativas entre os dois. Elas ocorrem devido às peculiaridades dos ambientes nos quais os dois protocolos operam, como mostra a Figura 6.7. Na camada de enlace de dados, dois roteadores se comunicam diretamente através de um canal físico com ou sem conexão por cabo, enquanto na camada de transporte esse canal físico é substituído pela rede inteira. Essa diferença tem muitas implicações importantes para os protocolos.

Por um lado, em enlaces fim a fim, como nos fios ou em fibra óptica, normalmente o roteador não precisa especificar com qual roteador deseja se comunicar, pois cada linha de saída leva diretamente a um determinado roteador. Na camada de transporte, é necessário o endereçamento explícito de destinos.

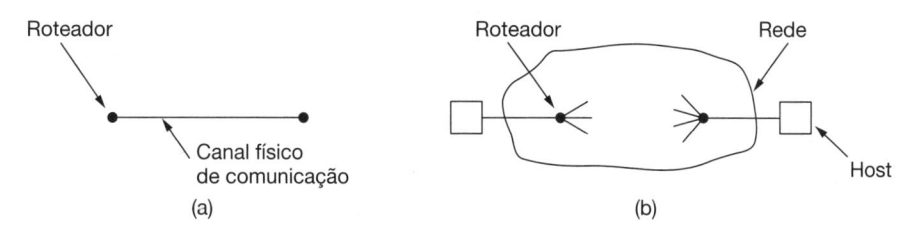

Figura 6.7 (a) Ambiente da camada de enlace de dados. (b) Ambiente da camada de transporte.

Por outro lado, o processo de estabelecimento de uma conexão através de um cabo, como mostra a Figura 6.7(a), é simples: a outra extremidade está sempre presente (a menos que haja alguma falha). De qualquer modo, não há muito a fazer. Até mesmo em enlaces sem fio, o processo não é muito diferente. Apenas enviar uma mensagem já é suficiente para que ela alcance todos os outros destinos. Se a mensagem não for confirmada devido a um erro, ela pode ser reenviada. Já na camada de transporte, o estabelecimento inicial da conexão é mais complicado, como veremos mais adiante.

Outra diferença (extremamente inoportuna) entre a camada de enlace de dados e a camada de transporte é a possível existência de capacidade de armazenamento na rede. Quando um roteador envia um pacote por um enlace, ele pode chegar a seu destino ou se perder, mas não ricocheteia nem se esconde em algum canto para emergir de repente, em um momento inoportuno, depois que outros pacotes foram enviados, muito tempo depois. Se a rede utilizar datagramas, que são roteados independentemente no interior da rede, haverá uma probabilidade significativa de que um pacote possa ficar armazenado por alguns segundos e ser entregue mais tarde, fora da ordem esperada, ou até mesmo que cheguem duplicatas dele. As consequências da habilidade de atrasar e duplicar pacotes às vezes podem ser desastrosas e exigir o uso de protocolos especiais para transportar a informação corretamente.

A última diferença entre as camadas de enlace de dados e de transporte é mais uma questão de grau, e não de espécie. Os controles de buffers e de fluxo são necessários em ambas as camadas, mas a presença de um número grande e dinamicamente variável de conexões na camada de transporte pode exigir outra estratégia que não a da camada de enlace de dados. No Capítulo 3, vimos que alguns dos protocolos alocam um número fixo de buffers para cada linha. Portanto, quando um quadro chegar, sempre haverá um buffer disponível. Na camada de transporte, o maior número de conexões que precisam ser gerenciadas e as variações na largura de banda que cada conexão pode receber tornam menos atraente a ideia de dedicar vários buffers a cada uma. Nas próximas seções, vamos analisar essas e outras questões importantes.

6.2.1 Endereçamento

Quando um processo de aplicação deseja estabelecer uma conexão com um processo de aplicação remoto, é necessário especificar a aplicação com a qual ele irá se conectar. O método normalmente utilizado é definir os endereços de transporte que os processos podem ouvir para receber solicitações de conexão. Na Internet, essas extremidades são chamadas de **portas**. Vamos utilizar a expressão genérica ponto de acesso de serviço de transporte, ou **TSAP** (**Transport Service Access Point**) para indicar uma extremidade específica na camada de transporte. Os pontos extremos análogos na camada de rede (ou seja, os endereços da camada de rede) são chamados, então, pontos de acesso de serviço de rede, ou **NSAPs** (**Network Service Access Points**). Os endereços IP são exemplos de NSAPs.

A Figura 6.8 ilustra o relacionamento entre os NSAPs, os TSAPs e uma conexão de transporte que os utiliza. Os processos de aplicações, tanto clientes quanto servidores, podem se associar a um TSAP para estabelecer uma conexão com um TSAP remoto. Essas conexões funcionam através dos NSAPs de cada host, como mostra a figura. O propósito de ter TSAPs é o fato de, em algumas redes,

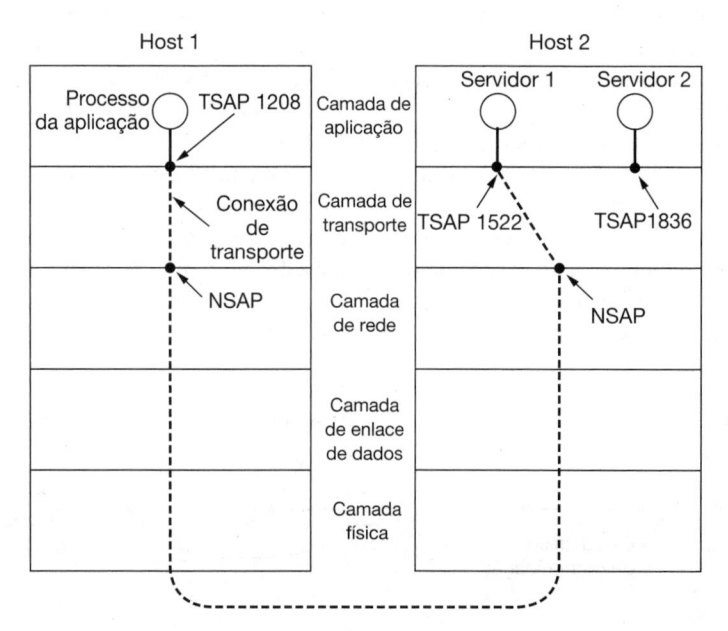

Figura 6.8 TSAPs, NSAPs e conexões de transporte.

cada computador ter um único NSAP, e assim necessitar de algum meio para distinguir entre vários pontos extremos de transporte que o compartilham.

Aqui está um possível cenário para uma conexão de transporte:

1. Um processo servidor de correio se associa ao TSAP 1522 no host 2 para aguardar a chegada de uma chamada. O modo como um processo se associa a um TSAP está fora do escopo do modelo de rede e depende exclusivamente do sistema operacional local. Por exemplo, poderia ser utilizada uma chamada como a nossa primitiva LISTEN.
2. Um processo de aplicação no host 1 deseja enviar uma mensagem de correio e, portanto, se junta ao TSAP 1208 e uma solicitação CONNECT. A solicitação especifica o TSAP 1208 no host 1 como origem e o TSAP 1522 no host 2 como destino. Em última análise, essa ação resulta no estabelecimento de uma conexão de transporte entre o processo de aplicação e o servidor.
3. O processo de aplicação envia, então, a mensagem de correio.
4. O servidor de correio responde para dizer que entregará a mensagem.
5. A conexão de transporte é encerrada (liberada).

Observe que pode haver outros servidores no host 2, associados a outros TSAPs e que estejam esperando pela chegada de conexões de entrada sobre o mesmo NSAP.

O quadro mostrado anteriormente é bom, exceto pelo fato de termos omitido um pequeno problema: como o processo de usuário do host 1 sabe que o servidor de correio está associado ao TSAP 1522? Uma possibilidade é o servidor de correio estar associado ao TSAP 1522 há anos e, gradualmente, todos os usuários da rede terem descoberto isso. Nesse modelo, os serviços têm endereços TSAP estáveis, que estão listados em arquivos guardados em locais conhecidos, como o arquivo /etc/services dos sistemas UNIX, que lista os servidores que estão associados de modo permanente a cada uma das portas, incluindo o fato de que o servidor de correio se encontra na porta TCP 25.

Embora os endereços TSAP estáveis possam funcionar para um pequeno número de serviços que nunca mudam (p. ex., o servidor da Web), em geral, os processos do usuário desejam se comunicar com outros processos do usuário que não têm endereços TSAP conhecidos com antecedência, ou que existem por um curto período de tempo.

Para cuidar dessa situação, um esquema alternativo pode ser utilizado. Nele, existe um processo especial, chamado **portmapper**. Para encontrar o endereço TSAP correspondente a determinado nome de serviço, como "BitTorrent", um usuário estabelece uma conexão com o portmapper (que escuta em um TSAP conhecido). O usuário envia então uma mensagem especificando o nome do serviço e o portmapper retorna o endereço TSAP. Depois, o usuário encerra a conexão com o portmapper e estabelece uma nova conexão com o serviço desejado.

Nesse modelo, quando um novo serviço é criado, ele precisa se registrar com o portmapper, dando seu nome de serviço (normalmente, uma string ASCII) e seu TSAP. O portmapper registra essa informação em seu banco de dados interno de modo que, quando chegarem consultas mais tarde, ele saberá as respostas.

A função do portmapper é semelhante à de um telefonista de auxílio à lista no sistema telefônico – ele oferece um mapeamento entre nomes e números. Assim como no sistema telefônico, é essencial que o endereço do TSAP bem conhecido usado pelo portmapper seja realmente bem conhecido. Se você não souber o número do telefonista de informações, não poderá ligar para descobrir o número desejado. Se você acha que o número a ser usado para obter informações é óbvio, tente fazer isso em algum outro país.

Muitos dos processos servidores que podem existir em uma máquina serão usados apenas raramente. É um desperdício ter cada um deles ativo e escutando em um endereço TSAP estável o dia inteiro. Um esquema alternativo aparece na Figura 6.9, de forma simplificada. Ele é conhecido como **protocolo de conexão inicial**. Em vez de ter todos os possíveis servidores escutando em um TSAP conhecido, cada máquina que desejar oferecer serviços a usuários remotos terá um **servidor de processos** especial, que funcionará como um proxy para servidores menos utilizados. Esse servidor é chamado *inetd* em sistemas UNIX. Ele ouve uma série de portas ao mesmo tempo, aguardando uma solicitação de conexão. Os usuários potenciais de um serviço devem começar com uma solicitação CONNECT, especificando o endereço TSAP do serviço que desejam. Se nenhum servidor os estiver aguardando, eles estabelecem uma conexão com o servidor de processos, como mostra a Figura 6.9(a).

Depois de receber a solicitação de entrada, o servidor de processos gera a conexão para o servidor solicitado, permitindo que ele herde a conexão já existente com o usuário. Em seguida, o novo servidor executa a tarefa solicitada, enquanto o servidor de processos volta a aguardar novas solicitações, como mostra a Figura 6.9(b). Esse método só se aplica quando os servidores podem ser criados por demanda.

6.2.2 Estabelecimento de conexões

Estabelecer uma conexão parece uma tarefa fácil, mas, na verdade, trata-se de um procedimento complicado. À primeira vista, pode parecer que basta uma entidade de transporte enviar um segmento CONNECTION REQUEST ao destino e aguardar uma resposta CONNECTION ACCEPTED. O problema é que a rede pode perder,

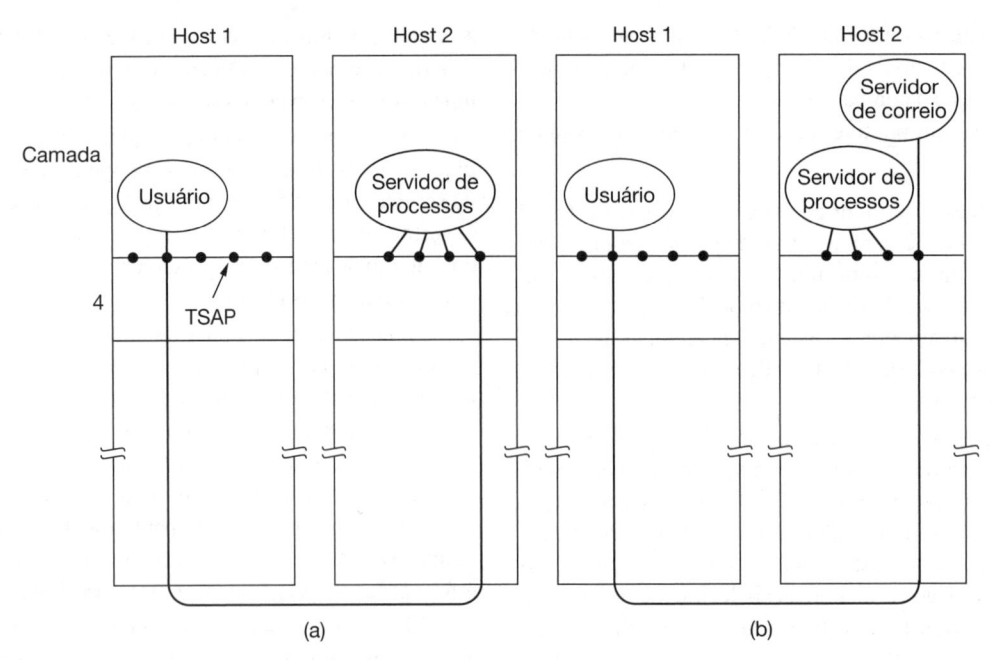

Figura 6.9 Como um processo do usuário no host 1 estabelece uma conexão com o servidor de correio no host 2 por meio de um servidor de processos.

atrasar, corromper e duplicar pacotes. Esse comportamento causa sérias complicações.

Problema: pacotes adiados e duplicados

Imagine uma rede tão congestionada que as confirmações quase nunca chegam a tempo, cada pacote sofre um timeout e é retransmitido duas ou três vezes. Suponha que a rede utilize datagramas internamente e que cada pacote siga uma rota específica. Alguns pacotes podem ficar detidos em um congestionamento de tráfego na rede e demorar muito para chegar, ou seja, eles ficam detidos e só surgem muito depois, quando o transmissor achou que eles tinham sido perdidos.

O pior que pode acontecer é um usuário estabelecer uma conexão com um banco, enviar mensagens dizendo ao banco para transferir uma grande quantia para a conta de uma pessoa não muito confiável. Infelizmente, os pacotes decidem tomar uma rota incomum até o destino e seguem explorando um canto remoto da rede. O transmissor esgota seu tempo-limite e os envia novamente. Dessa vez, os pacotes tomam a rota mais curta e são entregues rapidamente, de modo que o transmissor encerra a conexão.

Infelizmente, o lote inicial de pacotes finalmente chega ao destino na ordem, pedindo ao banco que estabeleça uma nova conexão e transfira o dinheiro (novamente). O banco não tem como saber que se trata de uma duplicata do pedido. Ele supõe que essa é uma segunda transação independente, e transfere o dinheiro mais uma vez.

Esse cenário pode parecer improvável, ou mesmo implausível, mas o importante é que os protocolos precisam ser elaborados para estarem corretos em todos os casos. Somente os casos comuns precisam ser implementados de modo eficiente para obter um bom desempenho na rede, mas o protocolo precisa ser capaz de lidar com os casos incomuns sem erros. Se não puder, então teremos montado uma rede razoável, que pode falhar sem aviso quando as condições se tornarem difíceis.

No restante desta seção, vamos estudar o problema das duplicatas atrasadas, dando ênfase especial aos algoritmos para estabelecer conexões confiáveis, de modo a evitar problemas como o que acabamos de descrever. O centro do problema é que as duplicatas atrasadas são consideradas pacotes novos. Não podemos impedir que os pacotes sejam duplicados e atrasados. Mas, se e quando isso acontecer, os pacotes devem ser rejeitados como duplicatas e não processados como pacotes novos.

O problema pode ser combatido de várias maneiras, no entanto, nenhuma delas é muito satisfatória. Uma alternativa possível é usar endereços de transporte descartáveis. Nessa abordagem, toda vez que um endereço de transporte é necessário, um novo endereço é criado. Ao fim da conexão, o endereço é descartado e nunca mais é usado. Os pacotes duplicados atrasados, então, nunca chegam a um processo de transporte e não podem causar danos. Todavia, essa alternativa torna mais difícil conectar com um processo.

Outra possibilidade é atribuir a cada conexão um identificador exclusivo (i.e., um número de sequência incrementado a cada conexão estabelecida), escolhido pelo lado que a inicia e colocado em cada segmento, inclusive naquele que solicita a conexão. Após o encerramento, cada entidade de transporte pode atualizar uma tabela que lista as conexões obsoletas como pares (entidade de transporte correspondente, identificador de conexão). Sempre que uma solicitação for recebida, será possível compará-la com a tabela para verificar se ela pertence a uma conexão já encerrada.

Infelizmente, esse esquema tem uma falha básica: ele exige que cada entidade de transporte mantenha certa quantidade de informações sobre o histórico das conexões por um tempo indeterminado. Esse histórico precisa persistir nas máquinas de origem e de destino. Caso contrário, se uma máquina apresentar defeito e perder sua memória, ela não terá mais como saber quais identificadores de conexões já foram utilizados.

É necessário usar outro método para simplificar o problema. Em vez de permitir que os pacotes permaneçam na rede eternamente, devemos criar um mecanismo para destruir os pacotes desatualizados que ainda estejam presentes. Com essa restrição, o problema poderá ser contornado.

A duração de um pacote pode ser limitada a um valor máximo conhecido, usando-se uma (ou mais) destas técnicas:

1. Restringir o projeto da rede.
2. Usar um contador de hops em cada pacote.
3. Utilizar um registro de data e hora em cada pacote (timestamp).

A primeira técnica inclui qualquer método que evite que um pacote execute um loop, combinado com algum meio de limitar o atraso devido ao congestionamento sobre o caminho mais longo possível (agora conhecido). Isso é difícil, pois as redes interligadas podem variar desde uma única cidade até um nível internacional. O segundo método consiste em ter um timer de hops, iniciado com algum valor apropriado e decrementado toda vez que o pacote é encaminhado. O protocolo de rede simplesmente descarta qualquer pacote cujo contador de hops chega a zero. A terceira técnica exige que cada pacote seja associado ao horário em que foi criado, com a concordância dos roteadores em descartar qualquer pacote mais antigo que um tempo previamente estabelecido. Esse último método exige que os clocks dos roteadores estejam sincronizados, o que não é uma tarefa fácil, e na prática um contador de hops é uma aproximação suficiente.

Na prática, é necessário garantir que não apenas o pacote seja destruído, mas também que todas as suas confirmações também sejam destruídas; portanto, introduziremos agora o valor T, algum múltiplo pequeno da verdadeira duração máxima do pacote. A duração máxima do pacote é uma constante conservadora para uma rede; para a Internet, esse valor é considerado arbitrariamente como 120 segundos. O múltiplo depende de um protocolo e tem o efeito de tornar T mais longo. Se esperarmos um tempo de T segundos após um pacote ser enviado, poderemos ter certeza de que todos os seus vestígios desapareceram, e que nem ele nem suas confirmações surgirão repentinamente para complicar as coisas.

Limitando o tempo de vida dos pacotes, é possível imaginar uma forma infalível de rejeitar segmentos duplicados atrasados. O método descrito a seguir foi proposto por Tomlinson (1975) e aprimorado mais tarde por Sunshine e Dalal (1978). Na prática, muitas de suas variações são amplamente utilizadas, inclusive no TCP.

O núcleo do método é fazer a origem rotular os segmentos com números de sequência que não serão reutilizados dentro de T segundos. O período, T, e a taxa de pacotes por segundo determinam o tamanho dos números de sequência. Desse modo, somente um pacote com determinado número de sequência pode estar pendente em determinado momento. As duplicatas desse pacote ainda poderão ocorrer, e elas devem ser descartadas pelo destino. Contudo, não acontece mais de uma duplicata atrasada de um pacote antigo ter o mesmo número de sequência e ser aceita pelo destino.

Para contornar o problema da perda de memória de uma máquina após um desastre, uma possibilidade é exigir que as entidades de transporte fiquem ociosas por T segundos após uma recuperação. O período ocioso permitirá que todos os segmentos antigos morram, de modo que o transmissor possa começar novamente com qualquer número de sequência. Contudo, em uma rede interligada complexa, T pode ser grande, de modo que essa estratégia não é atraente.

Em vez disso, Tomlinson propôs que cada host fosse equipado com um clock. Os clocks dos diferentes hosts não precisam estar sincronizados. Cada clock assume a forma de um timer binário incrementado em intervalos regulares. Além disso, o número de bits no timer deve ser maior ou igual ao número de bits dos números de sequência. Por último, e mais importante, o clock deve continuar funcionando mesmo que o host saia do ar.

Quando uma conexão é estabelecida, os k bits de baixa ordem do clock são usados como o número de sequência inicial. Assim, diferentemente de nossos protocolos do Capítulo 3, cada conexão começa a numerar seus segmentos com um número de sequência inicial diferente. O espaço de sequência deve ser tão extenso que, quando os números de sequência começarem a se repetir, os segmentos antigos com o mesmo número de sequência já deverão ter sido destruídos há muito tempo. O relacionamento linear entre o tempo e o número de sequência é ilustrado na Figura 6.10(a). A região proibida mostra os tempos para os quais os números de sequência do segmento são inválidos, impedindo seu uso. Se qualquer segmento for enviado com um número de sequência nessa região, ele poderia ser atrasado e personificar um pacote diferente com o mesmo número de sequência que será emitido pouco depois. Por exemplo, se o host falhar e reiniciar no instante 70 segundos, ele usará os números de sequência iniciais com base no clock para prosseguir de onde parou; o host não começa com um número de sequência inferior na região proibida.

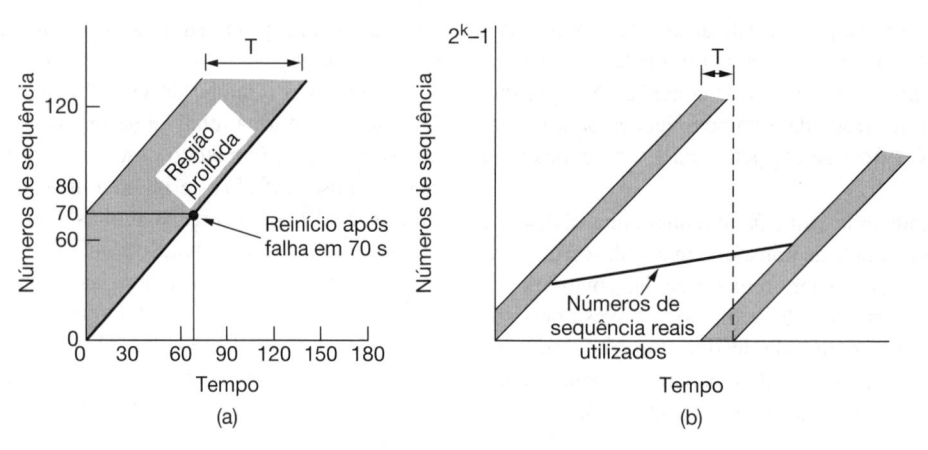

Figura 6.10 (a) Segmentos não podem entrar na região proibida. (b) O problema da ressincronização.

Uma vez que duas entidades de transporte tenham chegado a um acordo sobre o número de sequência inicial, qualquer protocolo de janela deslizante poderá ser usado para o controle de fluxo de dados. Esse protocolo de janela encontrará e descartará corretamente as duplicatas dos pacotes após já terem sido aceitas. Na verdade, a curva do número de sequência inicial (representada pela linha mais grossa) não é exatamente uma reta, e se parece com uma escada, pois o clock avança em passos discretos. Para simplificar, vamos ignorar esse detalhe.

Para manter os números de sequência de pacote fora da região proibida, precisamos tomar cuidado em dois aspectos, pois podemos ter problemas de duas maneiras distintas. Se um host enviar muitos dados muito rapidamente por uma conexão recém-aberta, a curva do número de sequência real contra o tempo pode crescer de forma mais inclinada do que a curva do número de sequência inicial contra o tempo, fazendo o número de sequência entrar na região proibida. Para impedir que isso aconteça, a taxa de dados máxima em qualquer conexão é de um segmento por pulso de clock. Isso também significa que a entidade de transporte deve esperar até que o pulso de clock ocorra antes de abrir uma nova conexão após um reinício por falha, a fim de que o mesmo número não seja usado duas vezes. Esses dois pontos são argumentos a favor de um pulso de clock curto (1 μs ou menos). Mas o pulso de clock não pode ser tão rápido quanto o número de sequência. Para uma taxa de clock C em um espaço de número de sequência de tamanho S, devemos ter $S/C > T$, de modo que os números de sequência não possam ser reiniciados muito rapidamente.

Entrar na região proibida por baixo, transmitindo muito rapidamente, não é a única maneira de ter problemas. Pela Figura 6.10(b), vemos que, em qualquer taxa de dados menor que a taxa do clock, a curva dos números de sequência reais usados contra o tempo por fim entrará na região proibida a partir da esquerda, à medida que os números de sequência forem reiniciados. Quanto maior a inclinação dos números de sequência reais, por mais tempo esse evento será adiado. Evitar essa situação limita a lentidão do avanço dos números de sequência em uma conexão (ou quanto tempo as conexões podem durar).

O método baseado em clock resolve o problema de não poder distinguir os segmentos duplicados e ainda mantidos dos novos segmentos. Contudo, existe um problema prático no seu uso para estabelecer conexões. Como normalmente não nos lembramos dos números de sequência entre as conexões no destino, ainda não temos como saber se um segmento CONNECTION REQUEST contendo um número de sequência inicial é uma duplicata de uma conexão recente. Esse obstáculo não existe durante uma conexão, pois o protocolo de janela deslizante se lembra do número de sequência atual.

Solução: handshake de três vias

Para resolver esse problema específico, Tomlinson (1975) criou o **handshake de três vias**. Esse protocolo de estabelecimento de conexão envolve um peer verificando com o outro se a solicitação de conexão está realmente ativa. O procedimento inicial normal quando o host 1 é iniciado aparece na Figura 6.11(a). O host 1 escolhe um número de sequência inicial x e o envia em segmento CONNECTION REQUEST para o host 2. Por sua vez, o host 2 responde com um segmento ACK que confirma x e anuncia seu próprio número de sequência inicial, y. Por fim, o host 1 confirma o número de sequência inicial escolhido pelo host 2 no primeiro segmento de dados que enviar.

Agora, vamos ver como o handshake de três vias funciona diante de duplicatas atrasadas de segmentos de controle. Na Figura 6.11(b), o primeiro segmento é uma duplicata atrasada da primitiva CONNECTION REQUEST de uma antiga conexão. Esse segmento chega ao host 2 sem o conhecimento do host 1. O host 2 reage a ele transmitindo um segmento ACK ao host 1, para verificar se o host 1 deseja realmente estabelecer uma nova conexão. Quando o host 1 rejeita a tentativa de conexão feita pelo host 2, este percebe que foi enganado por uma duplicata atrasada e

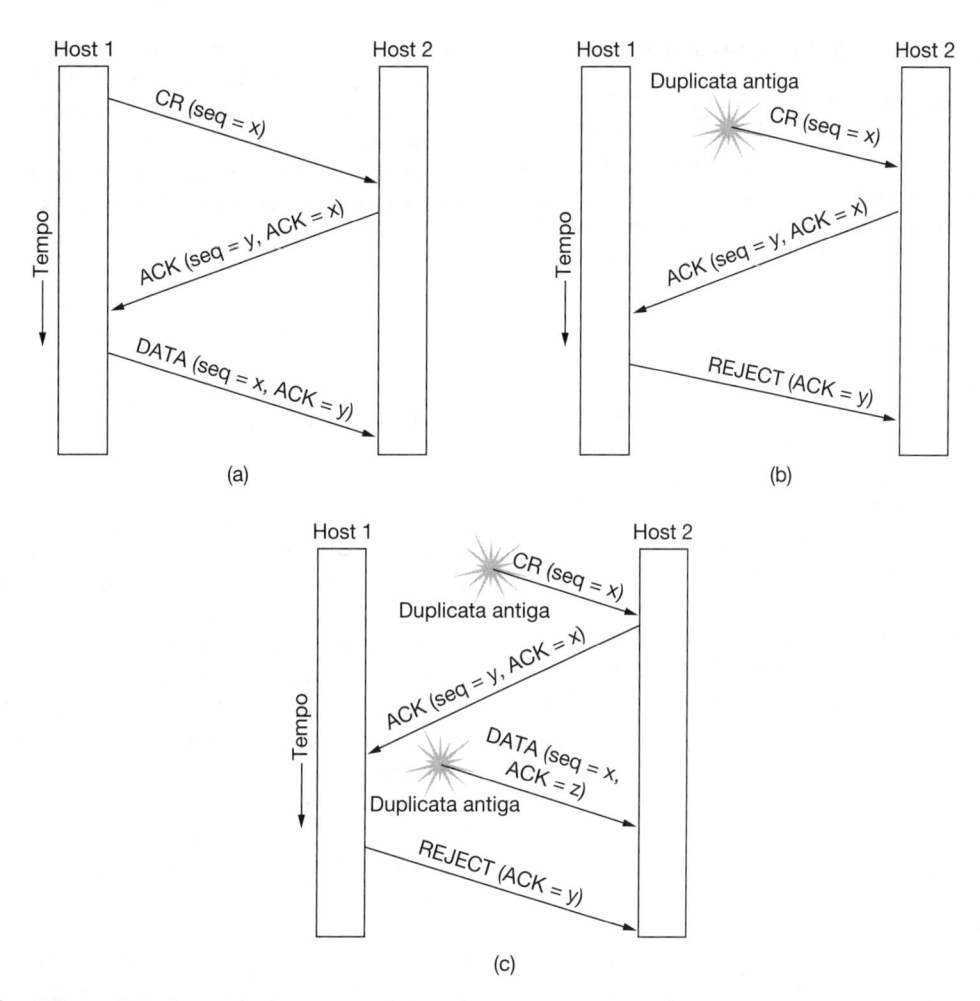

Figura 6.11 Três cenários de protocolos para o estabelecimento de uma conexão com o uso de um handshake de três vias. CR significa CONNECTION REQUEST. (a) Operação normal. (b) Duplicata antiga de CONNECTION REQUEST que surge repentinamente. (c) CONNECTION REQUEST e ACK duplicadas.

abandona a conexão. Dessa forma, uma duplicata atrasada não causa danos.

A pior situação ocorre quando tanto uma CONNECTION REQUEST atrasada quanto uma ACK estão pairando na sub-rede. Esse caso é ilustrado na Figura 6.11(c). Como no exemplo anterior, o host 2 recebe uma CONNECTION REQUEST atrasada e responde a ela. Nesse ponto, é importante entender que o host 2 propôs o uso de y como número de sequência inicial para o tráfego do host 2 ao host 1, o que implica não existir nenhum segmento que contenha o número de sequência y ou ainda existirem confirmações para y. Quando o segundo segmento atrasado finalmente chega ao host 2, o fato de z ter sido confirmado no lugar de y também faz o host 2 perceber que se trata de uma duplicata antiga. O importante a observar aqui é que não existe combinação alguma de segmentos antigos que possa fazer o protocolo falhar e configurar uma conexão por acidente quando ela não for solicitada.

O TCP sempre usa esse handshake de três vias para estabelecer conexões. Dentro de uma conexão, um período de tempo é usado para estender o número de sequência de 32 bits de modo que não reinicie dentro da duração máxima do pacote, até mesmo para conexões de gigabits por segundo. Esse mecanismo é um reparo para o TCP, que foi necessário para ser usado em enlaces cada vez mais rápidos. Ele é descrito na RFC 1323 e é chamado de **PAWS (Protection Against Wrapped Sequence numbers)**. Entre as conexões, para os números de sequência iniciais e antes de o PAWS ter aparecido, o TCP originalmente usava o esquema baseado em clock, que acabamos de descrever. Todavia, descobriu-se que havia uma vulnerabilidade de segurança. O clock tornava fácil para um invasor prever o próximo número de sequência inicial e enviar pacotes que enganavam o handshake de três vias e estabeleciam uma conexão falsa. Para fechar essa lacuna, os números de sequência inicial pseudoaleatórios são usados para as conexões na prática. Contudo, continua sendo importante que os números de sequência iniciais não se repitam por um intervalo, embora pareçam ser aleatórios a um observador. Caso contrário, as duplicatas atrasadas podem causar problemas.

6.2.3 Encerramento de conexões

Encerrar uma conexão é mais fácil do que estabelecê-la. No entanto, nesse procedimento há mais armadilhas do que se poderia esperar. Como já dissemos, existem dois tipos de encerramento de conexão, o simétrico e o assimétrico. O encerramento assimétrico representa o funcionamento do sistema telefônico, ou seja, quando um dos interlocutores desliga, a conexão é interrompida. Em contraste, o encerramento simétrico trata a conexão como duas conexões unidirecionais isoladas e exige que cada uma seja finalizada separadamente.

O encerramento assimétrico é repentino e pode resultar na perda de dados. Considere o cenário da Figura 6.12. Após o estabelecimento da conexão, o host 1 envia um segmento, que chega de forma correta ao host 2. Em seguida, o host 1 envia outro segmento. Infelizmente, o host 2 gera uma primitiva DISCONNECT antes de o segundo segmento chegar, o que resulta no encerramento da conexão e na perda dos dados.

Fica clara a necessidade de utilizar um protocolo de encerramento mais sofisticado para evitar a perda de dados. Uma forma de implementar essa estratégia é usar o encerramento simétrico, no qual cada direção da conexão é liberada de forma independente da outra. Nesse caso, um host pode continuar a receber dados mesmo depois de ter enviado um segmento DISCONNECT.

O encerramento simétrico é indicado quando cada processo tem uma quantidade fixa de dados a enviar e sabe com clareza quando terminou de enviá-los. Em outras situações, não é tão simples determinar que todo o trabalho foi concluído e que a conexão deve ser encerrada. É possível imaginar um protocolo no qual o host 1 diz: "Já terminei. Você também já terminou?". Se o host 2 responder: "Eu também já terminei, adeus!", a conexão poderá ser encerrada com segurança.

Infelizmente, nem sempre o protocolo funciona assim. Há um problema famoso que ilustra essa questão, chamado **problema dos dois exércitos**. Imagine que o exército branco está acampado em um vale, conforme ilustra a Figura 6.13. Acampados nas duas colinas ao redor do vale estão dois exércitos azuis. O exército branco tem um contingente maior que cada exército azul, mas juntos os exércitos azuis são maiores que o exército branco. Se um dos exércitos azuis atacar sozinho, ele será derrotado pelo exército branco; porém, se atacarem o exército branco simultaneamente, os dois exércitos azuis serão vitoriosos.

Os exércitos azuis desejam sincronizar seus ataques. Entretanto, eles só podem se comunicar através de mensageiros que caminham pelo vale, onde podem ser capturados e a mensagem perdida (ou seja, eles têm de usar um canal de comunicação não confiável). A questão é: existe algum protocolo que permita aos exércitos azuis vencer?

Suponha que o comandante do exército azul número 1 envie uma mensagem dizendo: "Proponho que nosso ataque seja ao amanhecer do dia 29 de março. Que tal?". Suponha também que a mensagem chegue a seu destino e que o comandante do exército azul número 2 concorde, e que sua mensagem chegue com segurança ao exército azul número 1. O ataque acontecerá? Provavelmente não, pois o comandante número 2 não tem como saber se o comandante número 1 recebeu sua resposta. Caso não tenha recebido

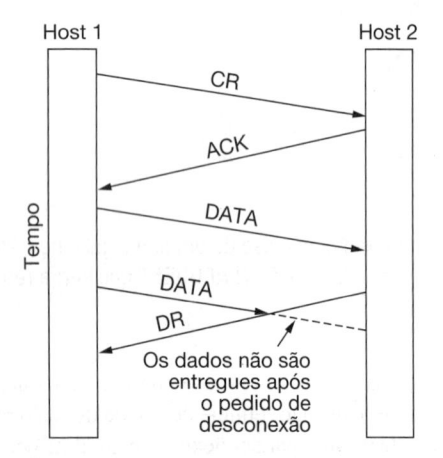

Figura 6.12 Desconexão repentina com perda de dados.

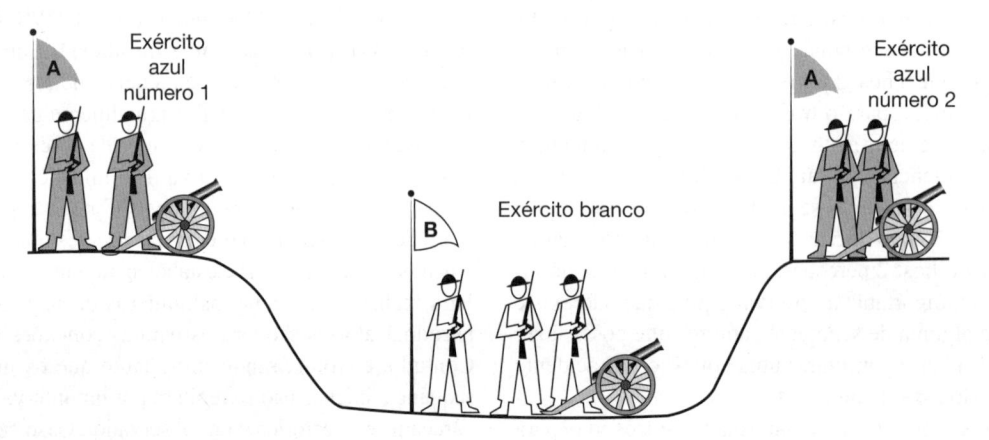

Figura 6.13 O problema dos dois exércitos.

a resposta, ele não vai atacar; portanto, seria inútil o exército azul número 2 iniciar a batalha sozinho.

Agora, vamos melhorar o protocolo tornando-o um handshake de três vias. O responsável pela proposta original deve confirmar a resposta fornecida. Supondo que nenhuma mensagem se perca, o exército azul número 2 receberá a confirmação. No entanto, agora é a vez de o comandante do exército número 1 hesitar. Afinal, ele não sabe se sua confirmação chegou ao destino e assim o exército azul número 2 não vai atacar. Poderíamos criar aqui o handshake de quatro vias, mas isso também não ajudaria.

Na verdade, podemos provar que não existe nenhum protocolo que funcione. No entanto, vamos supor que esse protocolo existe. Nesse caso, deveríamos verificar se a última mensagem do protocolo é essencial ou não. Se não for, devemos removê-la (assim como todas as outras mensagens que não forem essenciais) até ficarmos com um protocolo no qual toda mensagem seja essencial. O que acontecerá se a mensagem final não chegar a seu destino? Acabamos de afirmar que ela é essencial; portanto, se essa mensagem se perder, o ataque não ocorrerá. Como o transmissor não tem certeza de que a mensagem final foi recebida, ele não arrisca um ataque. Pior ainda, o outro exército azul sabe disso e também não ataca.

Para compreender a relevância do problema dos dois exércitos no encerramento de conexões, basta substituir "atacar" por "desconectar". Se nenhum dos lados estiver preparado para encerrar a conexão até estar convencido de que o outro lado também está pronto, o encerramento jamais acontecerá.

Na prática, podemos evitar esse dilema deixando de lado a necessidade de um acordo e empurrando o problema para o usuário do transporte, deixando que cada lado decida independentemente de quando isso será feito. Esse é um problema mais fácil de ser resolvido. A Figura 6.14 ilustra quatro cenários de encerramento utilizando o handshake de

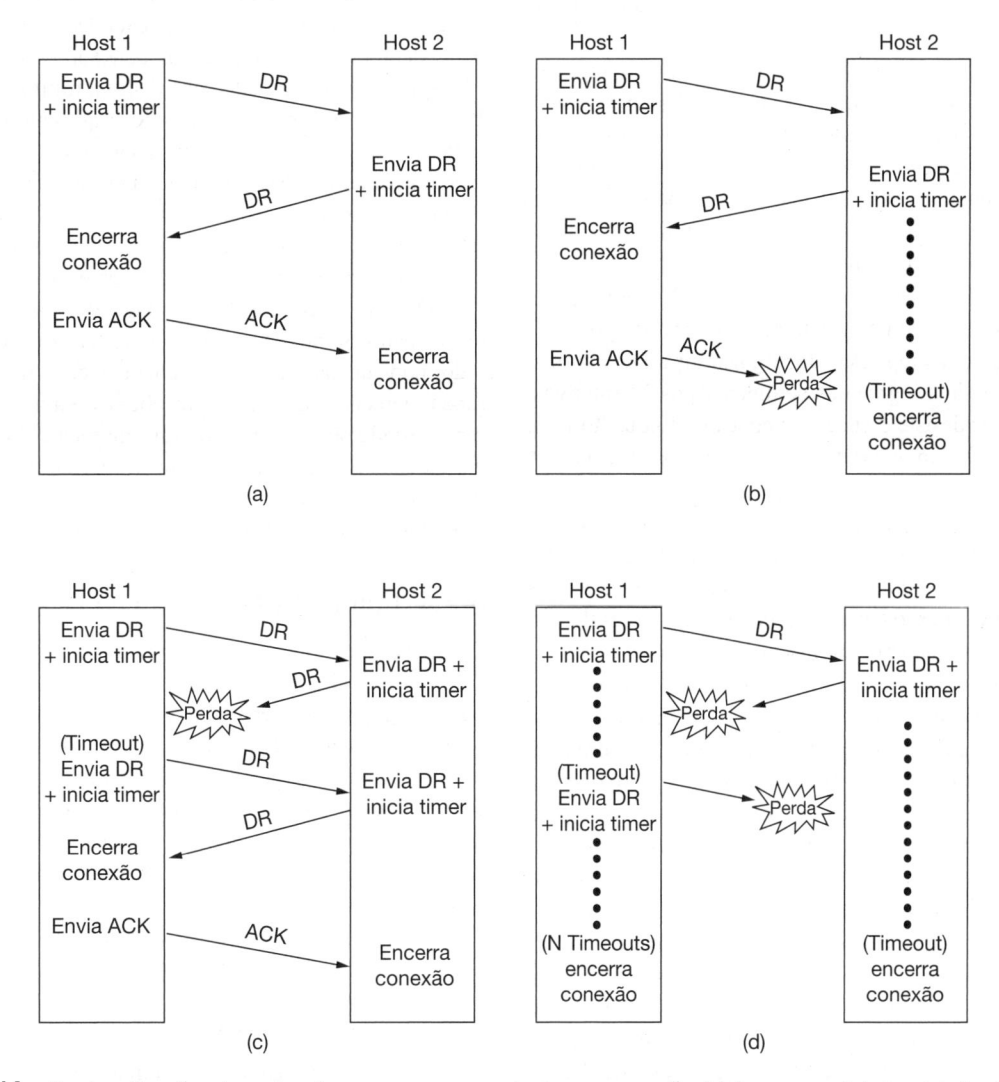

Figura 6.14 Quatro situações de protocolos para encerramento de uma conexão. (a) Caso normal de handshake de três vias. (b) ACK final perdida. (c) Resposta perdida. (d) Resposta perdida e DRs subsequentes perdidas.

três vias. Ainda que não seja infalível, em geral esse protocolo é o mais adequado.

Na Figura 6.14(a), vemos uma situação normal em que um dos usuários envia um segmento DR (DISCONNECTION REQUEST) para dar início ao encerramento da conexão. Quando o segmento chega, o receptor também retorna um segmento DR e dispara um timer para o caso de a DR se perder. Quando essa DR chega, o transmissor original envia um segmento ACK e encerra a conexão. Finalmente, quando um segmento ACK chega, o receptor também encerra a conexão. Encerrar uma conexão significa que a entidade de transporte remove as informações sobre essa conexão de sua tabela de conexões atualmente abertas e envia algum tipo de sinal ao proprietário da conexão (o usuário de transporte). Essa ação é diferente de um usuário de transporte emitindo uma primitiva DISCONNECT.

Se o último segmento ACK for perdido, como ilustra a Figura 6.14(b), a situação poderá ser salva pelo timer. Quando o timer expirar, a conexão será encerrada de qualquer forma.

Agora, vamos considerar o caso em que a segunda DR se perde. O usuário que der início à desconexão não receberá a resposta esperada, sofrerá um timeout e terá de começar tudo outra vez. Na Figura 6.14(c), podemos ver como isso funciona, supondo que da segunda vez nenhum segmento se perdeu e que todos os segmentos foram entregues de forma correta e em tempo.

Nosso último cenário, a Figura 6.14(d), é igual ao da Figura 6.14(c), exceto pelo fato de assumirmos agora que todas as tentativas repetidas de retransmitir a DR também falharam devido a segmentos perdidos. Após N tentativas, o transmissor desiste e encerra a conexão. Enquanto isso, o receptor sofre um timeout e também para de funcionar.

Apesar de em geral ser suficiente, na teoria esse protocolo pode falhar se a DR inicial e todas as N retransmissões se perderem. O transmissor desistirá e encerrará a conexão, enquanto o outro lado não saberá nada sobre todas as tentativas de desconexão e permanecerá ativo. Isso resulta em uma conexão semiaberta, e é inaceitável.

Poderíamos evitar esse problema não permitindo ao transmissor desistir após N tentativas e forçando-o a continuar tentando até obter resposta. Entretanto, se o outro lado tiver tempo a expirar (antes de se esgotar o tempo, ou seja, entrar em timeout), o transmissor continuará tentando para sempre, pois nenhuma resposta será recebida. Se não permitirmos que o lado receptor entre em timeout, o protocolo se comportará como na Figura 6.14(d).

Uma forma de extinguir conexões semiabertas é criar uma regra informando que, se nenhum segmento chegar durante determinado número de segundos, a conexão será encerrada automaticamente. Dessa forma, se um lado encerrar a conexão, o outro perceberá a falta de atividade e também encerrará a conexão. Essa regra também cuida do caso em que a conexão é interrompida (pois a rede não pode mais entregar pacotes entre os hosts) sem que alguma extremidade desconecte primeiro.

É obvio que, se essa regra for utilizada, será necessário que cada entidade de transporte tenha um timer que será interrompido e depois reiniciado sempre que um segmento for enviado. Se esse timer expirar, um segmento fictício será transmitido para evitar que o outro lado se desconecte. Se a regra de encerramento automático for usada e muitos segmentos fictícios seguidos se perderem em uma conexão inativa, a transmissão será encerrada automaticamente, um lado de cada vez.

Não trataremos mais desse assunto, mas já deve estar claro que encerrar uma conexão sem perda de dados não é tão simples quanto parecia à primeira vista. A lição que aprendemos aqui é que o usuário do transporte precisa estar envolvido na decisão de quando desconectar – o problema não pode ser resolvido de forma limpa pelas próprias entidades de transporte. Para entender a importância da aplicação, considere que, embora o TCP normalmente realize um encerramento simétrico (com cada lado encerrando independentemente sua metade da conexão com um pacote FIN quando tiver enviado seus dados), muitos servidores Web enviam ao cliente um pacote RST que causa um encerramento brusco da conexão, mais semelhante a um fechamento assimétrico. Isso só funciona porque o servidor Web conhece o padrão da troca de dados. Primeiro, ele recebe uma solicitação do cliente, que são todos os dados que o cliente enviará, e depois envia uma resposta a ele.

Quando o servidor Web termina com sua resposta, todos os dados foram enviados em ambas as direções. O servidor pode enviar um aviso ao cliente e encerrar a conexão repentinamente. Se o cliente receber esse aviso, ele encerrará o estado de sua conexão nesse momento. Se não receber o aviso, ele por fim notará que o servidor não está mais falando com ele e encerrará a conexão. De qualquer forma, os dados terão sido transferidos com sucesso.

6.2.4 Controle de erros e controle de fluxo

Tendo examinado o estabelecimento e o encerramento da conexão com algum detalhe, agora veremos como as conexões são gerenciadas enquanto estão em uso. As principais questões são controle de erros e controle de fluxo. Controle de erros significa garantir que os dados sejam entregues com o nível de confiabilidade desejado, normalmente que todos sejam entregues sem qualquer erro. Controle de fluxo significa impedir que um transmissor rápido sobrecarregue um receptor lento.

Essas duas questões já apareceram antes, quando estudamos a camada de enlace de dados. As soluções usadas na camada de transporte têm os mesmos mecanismos que estudamos no Capítulo 3. Como uma recapitulação muito rápida:

1. Um quadro transporta um código de detecção de erro (p. ex., um CRC ou checksum) que é usado para verificar se a informação foi recebida corretamente.

2. Um quadro transporta um número de sequência para se identificar e ser retransmitido pelo transmissor até que receba uma confirmação de recebimento bem-sucedido do receptor. Isso é chamado **ARQ (Automatic Repeat reQuest)**.

3. Existe um número máximo de quadros que o transmissor permitirá que estejam pendentes ao mesmo tempo, interrompendo se o receptor não estiver confirmando quadros com rapidez suficiente. Se esse máximo for um pacote, o protocolo é chamado **stop-and-wait**. Janelas maiores permitem a canalização e melhoram o desempenho sobre enlaces longos e rápidos.

4. O protocolo de **janela deslizante** combina esses recursos e também é usado para dar suporte à transferência de dados bidirecional.

Visto que esses mecanismos são usados em quadros na camada de enlace, é natural questionar por que eles também seriam usados em segmentos na camada de transporte. Contudo, na prática, há pouca duplicação entre as camadas de enlace e de transporte. Embora os mesmos mecanismos sejam utilizados, existem diferenças em função e em grau.

Para uma diferença em função, considere a detecção de erro. O checksum da camada de enlace protege um quadro enquanto ele atravessa um único enlace. O checksum da camada de transporte protege um segmento enquanto ele atravessa um caminho de rede inteiro. Essa é uma verificação fim a fim, que não é o mesmo que ter uma verificação em cada enlace. Saltzer et al. (1984) descrevem uma situação em que os pacotes foram corrompidos dentro de um roteador. Os checksums da camada de enlace protegeram os pacotes somente enquanto eles atravessaram um enlace, e não enquanto eles estavam dentro do roteador. Assim, os pacotes foram entregues incorretamente, embora estivessem corretos segundo as verificações em cada enlace.

Esse e outros exemplos levaram Saltzer et al. a articular o **argumento fim a fim**. De acordo com esse argumento, a verificação da camada de transporte que é executada fim a fim é essencial para a exatidão, e as verificações da camada de enlace não são essenciais, mas apesar disso são valiosas para melhorar o desempenho (pois sem elas um pacote corrompido pode ser enviado pelo caminho inteiro desnecessariamente).

Como uma diferença em grau, considere as retransmissões e o protocolo de janela deslizante. A maioria dos enlaces sem fio, diferentemente dos enlaces de satélite, pode ter apenas um único quadro pendente a partir do transmissor de uma só vez. Ou seja, o produto largura de banda-atraso para o enlace é tão pequeno que nem sequer um quadro inteiro pode ser armazenado dentro do enlace. Nesse caso, um tamanho de janela pequeno é suficiente para o bom desempenho. Por exemplo, o 802.11 usa um protocolo stop-and-wait, transmitindo ou retransmitindo cada quadro e esperando que seja confirmado antes de prosseguir para o quadro seguinte. Ter um tamanho de janela maior que um quadro aumentaria a complexidade sem melhorar o desempenho. Para enlaces com fio e de fibra óptica, como a Ethernet (comutada) ou backbones de ISP, a taxa de erros é baixa o suficiente para que as retransmissões da camada de enlace possam ser omitidas, pois as retransmissões fim a fim repararão a perda residual de quadros.

Por sua vez, muitas conexões TCP têm um produto largura de banda-atraso que é muito maior que um único segmento. Considere uma conexão enviando dados pelos Estados Unidos a 1 Mbps com um tempo de ciclo de 200 ms. Até mesmo para essa conexão lenta, 200 Kbits de dados serão armazenados no receptor no tempo necessário para enviar um segmento e receber uma confirmação. Para essas situações, uma grande janela deslizante deve ser usada e o stop-and-wait prejudicará o desempenho. Em nosso exemplo, isso limitaria o desempenho a um segmento a cada 200 ms, ou 5 segmentos/s, não importa quão veloz a rede realmente seja.

Dado que os protocolos de transporte geralmente usam janelas deslizantes maiores, veremos a questão do buffering de dados com mais cuidado. Como um host pode ter muitas conexões, cada uma tratada separadamente, ele pode precisar de uma quantidade substancial de buffering para as janelas deslizantes. Os buffers são necessários no transmissor e no receptor. Certamente, eles são necessários no transmissor para manter todos os segmentos transmitidos mas ainda não confirmados. Eles são necessários lá porque esses segmentos podem ser perdidos e precisam ser retransmitidos.

Todavia, como o transmissor está mantendo buffers, o receptor pode ou não dedicar buffers específicos a conexões específicas, como desejar. O receptor pode, por exemplo, manter um único pool de buffers compartilhado por todas as conexões. Quando um segmento chega, é feita uma tentativa de adquirir dinamicamente um novo buffer. Se houver um disponível, o segmento é aceito; caso contrário, ele é descartado. Como o transmissor está preparado para retransmitir segmentos perdidos pela rede, nenhum prejuízo permanente será causado se o receptor descartar segmentos, embora alguns recursos sejam desperdiçados. O transmissor simplesmente continua tentando até receber uma confirmação.

A melhor alternativa entre buffering na origem e buffering no destino depende do tipo de tráfego transportado pela conexão. Para um tráfego em rajada, com baixa largura de banda, como aquele produzido por um usuário digitando em um computador remoto, é razoável não dedicar nenhum buffer, mas adquiri-lo dinamicamente nas duas extremidades, confiando no buffering no transmissor se os segmentos ocasionalmente tiverem de ser descartados. Contudo, para a transferência de arquivos e outro tráfego com alta largura de banda, é melhor que o receptor não dedique uma janela inteira de buffers, mas permita que os dados fluam em velocidade máxima. Essa é a estratégia usada pelo TCP.

Ainda resta a questão de como organizar o pool de buffers. Se a maioria dos segmentos for quase do mesmo tamanho, é natural organizá-los como um pool de buffers de tamanho idêntico, com um segmento por buffer, como na Figura 6.15(a). Contudo, se houver uma grande variação no tamanho do segmento, de solicitações curtas para páginas Web a pacotes grandes em transferências de arquivo peer-to-peer, um conjunto de buffers de tamanho fixo apresentará problemas. Se o tamanho do buffer for escolhido para ser igual ao maior tamanho de segmento possível, o espaço será desperdiçado sempre que um segmento curto chegar. Se o tamanho do buffer for escolhido para ser menor que o tamanho máximo do segmento, vários buffers serão necessários para segmentos longos, com a complexidade criada nesse caso.

Outra abordagem para o problema do tamanho dos buffers é usar buffers de tamanho variável, como mostra a Figura 6.15(b). A vantagem nesse caso é a melhor utilização de memória, à custa de um gerenciamento de buffers mais complicado. Uma terceira possibilidade é dedicar um grande buffer circular a cada conexão, como ilustra a Figura 6.15(c). Esse sistema é simples e elegante, e não depende do tamanho dos segmentos, mas só faz um bom uso da memória quando todas as conexões têm uma carga muito pesada.

À medida que as conexões são abertas e fechadas e que o padrão de tráfego se altera, o transmissor e o receptor precisam ajustar dinamicamente suas alocações de buffers. Consequentemente, o protocolo de transporte deve permitir que o host transmissor solicite espaço em buffer na outra extremidade da conexão. Os buffers poderiam ser alocados por conexão ou de maneira coletiva, para todas as conexões em execução entre os dois hosts. Em contrapartida, o receptor, conhecendo a situação de seus buffers (mas sem conhecer o tráfego oferecido), poderia dizer ao transmissor: "Tenho X buffers reservados para você". Se o número de conexões abertas aumentar, talvez seja necessário reduzir uma alocação de buffer; portanto, o protocolo deve oferecer essa possibilidade.

Um modo razoavelmente genérico de manejar a alocação dinâmica de buffers é desvincular o seu gerenciamento das confirmações, ao contrário do que ocorre com os protocolos de janela deslizante do Capítulo 3. Na verdade, o gerenciamento dinâmico de buffers significa usar uma janela de tamanho variável. Inicialmente, o transmissor solicita determinado número de buffers, com base em suas necessidades. Em seguida, de acordo com o número solicitado, o receptor oferece todos os buffers de que dispõe. Sempre que enviar um segmento, o transmissor deverá decrementar sua alocação, parando por completo quando ela chegar a zero. Em seguida, o receptor transmite (de carona) as confirmações e as alocações de buffers no tráfego reverso. O TCP usa esse esquema, transportando alocações de buffer em um campo do cabeçalho chamado *Tamanho de janela*.

A Figura 6.16 mostra um exemplo de como o gerenciamento dinâmico de janelas poderia funcionar em uma rede de datagramas com números de sequência de 4 bits. Nesse exemplo, os dados fluem em segmentos do host A para o host B e as confirmações e alocações de buffers fluem em segmentos no sentido contrário. Inicialmente, A quer oito buffers, dos quais só recebe quatro. Em seguida, A envia três segmentos, sendo que o terceiro é perdido. O segmento 6 confirma a recepção de todos os segmentos até o número de sequência 1, inclusive, permitindo que A libere esses buffers, e informa a A que ele tem permissão para enviar mais três segmentos, começando pelo segmento

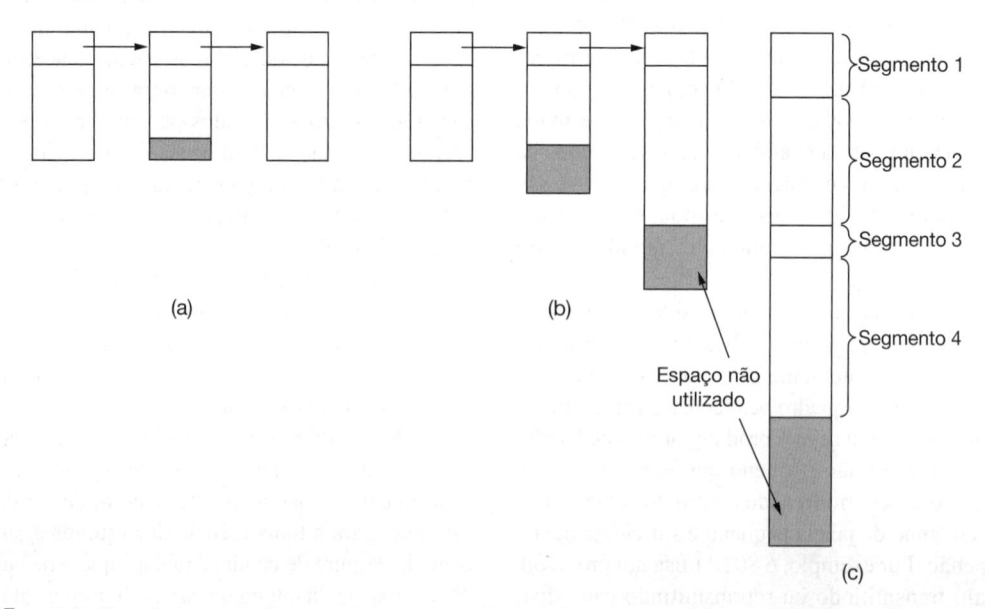

Figura 6.15 (a) Buffers de tamanho fixo encadeados. (b) Buffers de tamanho variável encadeados. (c) Um grande buffer circular por conexão.

	A	Mensagem	B	Comentários
1	→	< request 8 buffers>	→	A deseja 8 buffers
2	←	<ack = 15, buf = 4>	←	B concede mensagens 0-3 apenas
3	→	<seq = 0, data = m0>	→	A tem 3 buffers restantes agora
4	→	<seq = 1, data = m1>	→	A tem 2 buffers restantes agora
5	→	<seq = 2, data = m2>	...	Mensagem perdida, mas A acha que tem 1 restante
6	←	<ack = 1, buf = 3>	←	B confirma 0 e 1, permite 2-4
7	→	<seq = 3, data = m3>	→	A tem 1 buffer restante
8	→	<seq = 4, data = m4>	→	A tem 0 buffer restante e deve parar
9	→	<seq = 2, data = m2>	→	A atinge o timeout e retransmite
10	←	<ack = 4, buf = 0>	←	Tudo confirmado, mas A ainda bloqueado
11	←	<ack = 4, buf = 1>	←	A pode agora enviar 5
12	←	<ack = 4, buf = 2>	←	B encontrou novo buffer em algum lugar
13	→	<seq = 5, data = m5>	→	A tem 1 buffer restante
14	→	<seq = 6, data = m6>	→	A agora está bloqueado novamente
15	←	<ack = 6, buf = 0>	←	A ainda está bloqueado
16	...	<ack = 6, buf = 4>	←	Impasse em potencial

Figura 6.16 Alocação dinâmica de buffers. As setas mostram o sentido da transmissão. As reticências (...) indicam a perda de um segmento.

seguinte ao de número 1 (i.e., os segmentos 2, 3 e 4). *A* sabe que já enviou o segmento de número 2 e assim imagina que pode enviar os segmentos 3 e 4, o que acaba por fazer. Nesse ponto, ele é bloqueado e deve aguardar a alocação de mais buffers. Entretanto, pode haver retransmissões (linha 9) induzidas por timeouts durante o bloqueio, pois elas utilizam buffers que já haviam sido alocados. Na linha 10, *B* confirma a recepção de todos os segmentos até 4, inclusive, mas se recusa a permitir que *A* continue. Essa situação é impossível com os protocolos de janela fixa do Capítulo 3. O próximo segmento de *B* para *A* aloca outro buffer e permite que *A* continue. Isso acontecerá quando *B* tem espaço em buffer, provavelmente porque o usuário do transporte aceitou mais segmentos de dados.

Podem surgir problemas potenciais com esquemas dc alocação de buffers desse tipo em redes de datagramas, caso ocorra a perda de segmentos de controle – e eles certamente surgem. Observe a linha 16. *B* já alocou mais buffers para *A*, mas o segmento da alocação foi perdido. Como os segmentos de controle não respeitam uma sequência nem sofrem timeout, *A* está em um impasse. Para evitar que isso aconteça, cada host deve enviar periodicamente segmentos de controle informando o status dos buffers e das confirmações em cada conexão. Dessa forma, o impasse será resolvido mais cedo ou mais tarde.

Até agora, partimos da suposição de que o único limite imposto sobre a taxa de dados do transmissor é o espaço em buffer disponível no receptor. Isso normalmente não acontece. A memória já foi muito cara, mas os preços caíram bastante. Os hosts podem ser equipados com memória suficiente, de modo que a falta de buffers raramente ou nunca será um problema, até mesmo para conexões remotas. É claro que isso depende do tamanho do buffer sendo definido como grande o suficiente, o que nem sempre aconteceu no caso do TCP (Zhang et al., 2002).

Quando o espaço em buffer deixar de limitar o fluxo máximo, surgirá outro gargalo: a capacidade de transporte da rede. Se os roteadores adjacentes puderem trocar dados em uma taxa de no máximo x pacotes/s, e se houver k caminhos disjuntos entre um par de hosts, esses hosts não poderão trocar mais de kx segmentos/s, independentemente do espaço em buffer disponível em cada extremidade da conexão. Se o transmissor forçar muito a transmissão (ou seja, enviar mais de kx segmentos/segundo), a rede ficará congestionada, pois não será capaz de entregar os segmentos na mesma taxa em que eles chegam.

É necessário um mecanismo que limite as transmissões com base na capacidade de transporte da rede, em vez da capacidade dos buffers do receptor. Belsnes (1975) propôs o uso de um esquema de controle de fluxo com uma janela deslizante, no qual o transmissor ajusta dinamicamente o tamanho da janela à capacidade de transporte da rede.

Isso significa que o tamanho da janela deslizante pode implementar controle de fluxo e controle de congestionamento. Se a rede puder administrar c segmentos/s e o tempo de ciclo (incluindo transmissão, propagação, enfileiramento, processamento no receptor e retorno da confirmação) for r, a janela do transmissor deverá ser cr. Com uma janela desse tamanho, o transmissor normalmente opera com toda a capacidade do pipeline. Qualquer pequena diminuição no desempenho da rede bloqueará o fluxo. Como a capacidade de rede disponível para qualquer fluxo varia com o tempo, o tamanho da janela deverá ser ajustado com frequência, para acompanhar as mudanças na capacidade de transporte. Como veremos mais adiante, o TCP usa um esquema semelhante.

6.2.5 Multiplexação

A multiplexação, ou compartilhamento de várias conversações em conexões, circuitos virtuais e enlaces físicos, tem um papel importante em diversas camadas da arquitetura de rede. Na camada de transporte, a necessidade da multiplexação pode surgir de diversas formas. Por exemplo, se houver apenas um endereço de rede disponível em um host, todas as conexões de transporte nessa máquina terão de utilizá-lo. Ao chegar um segmento, é necessário encontrar algum meio de descobrir a qual processo ele deve ser entregue. Essa situação, denominada **multiplexação**, é ilustrada na Figura 6.17(a). Nessa figura, quatro conexões de transporte distintas utilizam a mesma conexão de rede (p. ex., um endereço IP) para o host remoto.

A multiplexação também pode ser útil na camada de transporte por outra razão. Por exemplo, suponha que um host tenha vários caminhos de rede que ele possa usar. Se um usuário necessitar de maior largura de banda ou mais confiabilidade do que um dos caminhos de rede pode fornecer, uma saída será uma conexão que distribua o tráfego entre vários caminhos de rede em rodízio, como indica a Figura 6.17(b). Esse modo de operação é chamado de **multiplexação inversa**. Com k conexões de rede abertas, a largura de banda efetiva é aumentada k vezes. Um exemplo comum de multiplexação inversa é o SCTP, que pode trabalhar com uma conexão usando várias interfaces de rede. Ao contrário, o TCP utiliza uma única extremidade de rede. A multiplexação inversa também é encontrada na camada de enlace, quando vários enlaces de baixa velocidade são usados em paralelo como um enlace de alta velocidade.

6.2.6 Recuperação de falhas

Se os hosts e roteadores estiverem sujeitos a interrupções em seu funcionamento ou se as conexões tiverem longa vida (p. ex., download grande de software ou multimídia), a recuperação dessas panes se tornará uma questão importante. Se a entidade de transporte estiver inteiramente contida nos hosts, a recuperação de falhas na rede ou no roteador será simples. As entidades de transporte esperam segmentos perdidos o tempo todo e sabem como lidar com eles usando retransmissões.

Um problema mais complexo é como recuperar o funcionamento depois de uma pane no host. Em particular, talvez seja preferível que os clientes possam continuar funcionando quando os servidores falharem e forem rapidamente reiniciados em seguida. Para ilustrar a dificuldade, vamos supor que um host, o cliente, esteja enviando um arquivo muito grande a outro host, o servidor de arquivos, utilizando um protocolo stop-and-wait simples. A camada de transporte do servidor simplesmente passa os segmentos que chegam para o usuário de transporte, um a um. No meio da transmissão, o servidor sai do ar. Quando ele volta a funcionar, suas tabelas são reiniciadas, e ele não sabe mais exatamente onde estava.

Na tentativa de recuperar seu estado anterior, o servidor pode transmitir um segmento por broadcast a todos os outros hosts, comunicando seu problema e solicitando que seus clientes o informem sobre o status de todas as conexões abertas. Cada cliente pode estar em um dos seguintes estados: um segmento pendente, $S1$, ou nenhum segmento pendente, $S0$. Com base apenas nessas informações de estado, o cliente tem de decidir se deve ou não retransmitir o segmento mais recente.

À primeira vista, parece óbvio que o cliente só deve retransmitir se houver um segmento não confirmado pendente (i.e., se ele se encontrar no estado $S1$) durante a queda do servidor. Contudo, uma análise mais detalhada revela

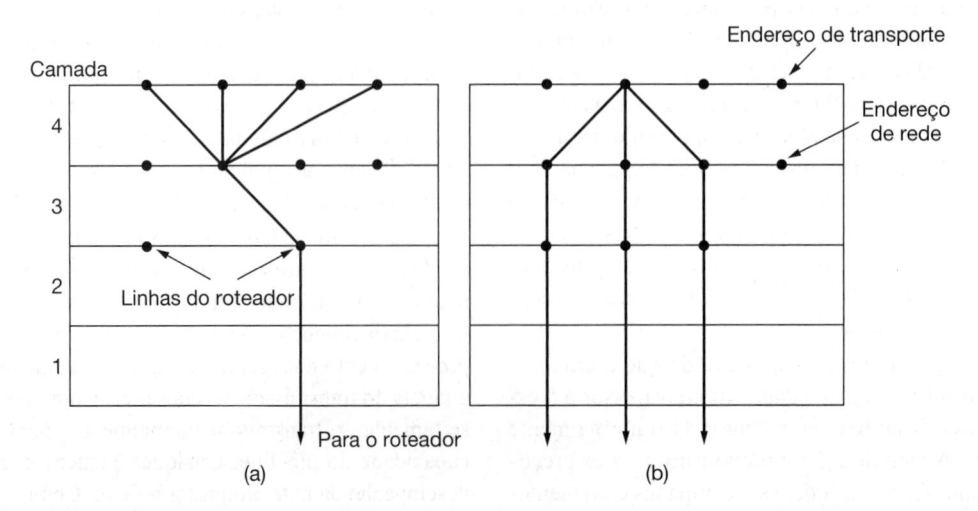

Figura 6.17 (a) Multiplexação. (b) Multiplexação inversa.

as dificuldades dessa abordagem simplista. Por exemplo, considere a situação na qual a entidade de transporte do servidor primeiro envia uma confirmação e depois, quando a confirmação tiver sido enviada, efetua uma gravação no processo de aplicação. Gravar um segmento no fluxo de saída e enviar uma confirmação são dois eventos distintos que não podem ser realizados simultaneamente. Se ocorrer uma falha após o envio da confirmação, mas antes de a gravação ser feita, o cliente receberá a confirmação e assim ficará no estado *S0* quando chegar o anúncio de que o funcionamento foi recuperado. Consequentemente, o cliente não retransmitirá, porque imagina (incorretamente) que o segmento chegou. Essa decisão do cliente ocasiona a perda de um segmento.

A essa altura, você deve estar pensando: "É fácil resolver esse problema. Basta reprogramar a entidade de transporte para gravar primeiro o segmento e depois enviar a confirmação". Tente outra vez. Imagine que a gravação foi feita mas a falha do servidor ocorreu antes de ser possível enviar a confirmação. O cliente estará no estado *S1* e, portanto, retransmitirá, acarretando uma duplicata do segmento não detectada no fluxo de saída para o processo de aplicação do servidor.

Independentemente da forma como o cliente e o servidor são programados, sempre haverá situações em que o protocolo não recuperará o funcionamento de modo apropriado. O servidor poderá ser programado de duas maneiras: para confirmar primeiro ou para gravar primeiro. O cliente poderá ser programado de quatro formas: para sempre retransmitir o último segmento, para nunca retransmitir o último segmento, para retransmitir somente no estado *S0* ou para retransmitir somente no estado *S1*. Isso nos dá oito combinações, mas, como veremos, para cada combinação existe algum conjunto de eventos que faz o protocolo falhar.

Há três eventos possíveis no servidor: enviar uma confirmação (*A*), gravar no processo de saída (*W*) e sofrer uma pane (*C*). Os três eventos podem ocorrer em seis ordens distintas: *AC(W)*, *AWC*, *C(AW)*, *C(WA)*, *WAC* e *WC(A)*, onde os parênteses são usados para indicar que nem *A* nem *W* podem seguir *C* (ou seja, não há nenhum evento após uma pane). A Figura 6.18 mostra as oito combinações de estratégias do cliente e do servidor, e as sequências de eventos válidas para cada uma delas. Observe que, para cada estratégia, existe alguma sequência de eventos que resulta na falha do protocolo. Por exemplo, se o cliente sempre retransmitir, o evento *AWC* gerará uma duplicata não detectada, mesmo que os dois outros eventos funcionem perfeitamente.

Tornar o protocolo mais elaborado também não ajuda muito. Ainda que o cliente e o servidor troquem vários segmentos antes de o servidor tentar gravar, de forma que o cliente saiba exatamente o que está para acontecer, o cliente não terá meios para saber se ocorreu uma pane imediatamente antes ou imediatamente após a gravação. A conclusão é inevitável: sob nossas regras básicas de não haver eventos simultâneos – ou seja, eventos separados acontecem um após o outro, e não ao mesmo tempo –, a queda e a recuperação do host não podem ser realizadas de forma transparente para as camadas mais altas.

Em termos mais genéricos, esse resultado pode ser reafirmado como o fato de que "a recuperação de uma queda da camada N só pode ser feita pela camada $N + 1$", e mesmo assim somente se a camada mais elevada mantiver um volume suficiente de informações sobre o *status* para reconstruir onde estava antes que o problema ocorresse. Como mencionamos anteriormente, a camada de transporte pode se recuperar de falhas na camada de rede, desde que cada extremidade da conexão tenha uma ideia do ponto em que está.

Esse problema nos leva à questão do que significa de fato a chamada confirmação fim a fim. Em princípio, o protocolo de transporte é fim a fim, pois não é encadeado como as camadas inferiores. Considere agora o caso de um usuário que solicita transações relativas a um banco

Estratégia usada pelo host transmissor	Estratégia usada pelo host receptor					
	Primeiro ACK, depois gravar			Primeiro gravar, depois ACK		
	AC(W)	AWC	C(AW)	C(WA)	WAC	WC(A)
Sempre retransmitir	OK	DUP	OK	OK	DUP	DUP
Nunca retransmitir	LOST	OK	LOST	LOST	OK	OK
Retransmitir em S0	OK	DUP	LOST	LOST	DUP	OK
Retransmitir em S1	LOST	OK	OK	OK	OK	DUP

OK = Protocolo funciona corretamente
DUP = Protocolo gera uma mensagem duplicada
LOST = Protocolo perde uma mensagem

Figura 6.18 Diferentes combinações de estratégias do cliente e do servidor.

de dados remoto. Suponha que a entidade de transporte remota esteja programada de modo a passar primeiro os segmentos para a camada imediatamente superior e só então enviar a confirmação. Até mesmo nesse caso, o fato de uma confirmação ter sido recebida na máquina do usuário não quer dizer necessariamente que o host remoto funcionou por tempo suficiente para atualizar o banco de dados. Uma confirmação fim a fim verdadeira, cujo recebimento indica que o trabalho foi realmente realizado e cuja falta indica que ele não foi cumprido, talvez seja algo impossível de alcançar. Esse assunto é discutido com mais detalhes por Saltzer et al. (1984).

6.3 CONTROLE DE CONGESTIONAMENTO

Se as entidades de transporte em muitas máquinas enviarem muitos pacotes para a rede com muita rapidez, a rede ficará congestionada, com o desempenho degradado enquanto os pacotes são atrasados e perdidos. Controlar o congestionamento para evitar esse problema é responsabilidade conjunta das camadas de rede e de transporte. O congestionamento ocorre nos roteadores, de modo que é detectado na camada de rede. Contudo, o congestionamento é causado pelo tráfego enviado para a rede pela camada de transporte. O único modo eficaz de controlá-lo é fazer os protocolos de transporte enviarem pacotes mais lentamente para a rede.

No Capítulo 5, estudamos os mecanismos de controle de congestionamento na camada de rede. Nesta seção, estudaremos a outra metade do problema, os mecanismos de controle de congestionamento na camada de transporte. Depois de descrever os objetivos do controle de congestionamento, descreveremos como os hosts podem regular a taxa de envio dos pacotes para a rede. A Internet conta bastante com a camada de transporte para o controle de congestionamento, e algoritmos específicos são elaborados para TCP e outros protocolos.

6.3.1 Alocação desejável de largura de banda

Antes de descrevermos como regular o tráfego, temos de entender o que estamos tentando alcançar executando um algoritmo de controle de congestionamento. Ou seja, temos de especificar o estado em que um bom algoritmo de controle de congestionamento operará na rede. O objetivo é mais do que simplesmente evitar o congestionamento, trata-se de encontrar uma boa alocação de largura de banda para as entidades de transporte que estão usando a rede. Uma boa alocação oferecerá bom desempenho, pois usa toda a largura de banda disponível mas evita congestionamento, será justa entre entidades de transporte concorrentes e rastreará rapidamente as mudanças nas demandas de tráfego. Vamos esclarecer cada um desses critérios por vez.

Eficiência e potência

Uma alocação eficiente de largura de banda por entidades de transporte usará toda a capacidade da rede que se encontra disponível. Todavia, não é muito certo pensar que, se existe um enlace de 100 Mbps, cinco entidades de transporte deverão receber 20 Mbps cada uma. Elas normalmente deverão receber menos de 20 Mbps para que tenham um bom desempenho. O motivo é que o tráfego normalmente é feito por rajada. Lembre-se de que, na Seção 5.3, descrevemos o **goodput** (ou vazão normalizada, a taxa de pacotes úteis que chegam ao receptor) como uma função da carga oferecida. Essa curva e uma curva correspondente para o atraso como uma função da carga oferecida são apresentadas na Figura 6.19.

À medida que a carga aumenta na Figura 6.19(a), o goodput inicialmente aumenta na mesma velocidade, mas quando a carga se aproxima da capacidade, o goodput aumenta mais gradualmente. Isso ocorre porque as rajadas de tráfego ocasionalmente podem se acumular e causar mais perdas nos buffers dentro da rede. Se o protocolo de transporte for mal projetado e retransmitir pacotes que foram atrasados, mas não perdidos, a rede pode entrar em colapso de congestionamento. Nesse estado, os transmissores estão

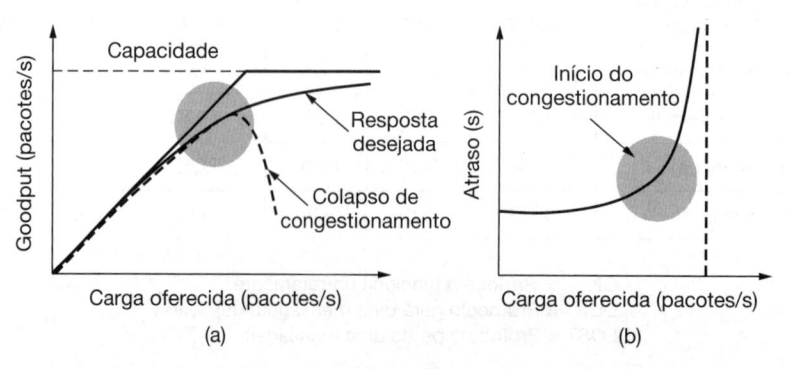

Figura 6.19 (a) Goodput e (b) atraso como função da carga oferecida.

furiosamente enviando pacotes, mas cada vez menos trabalho útil está sendo realizado.

O atraso correspondente é dado na Figura 6.19(b). Inicialmente, o atraso é fixo, representando o atraso de propagação pela rede. À medida que a carga se aproxima da capacidade, o atraso aumenta, lentamente a princípio e depois muito mais rápido. Isso novamente é por causa do tráfego que tende a se acumular em carga alta. O atraso não pode realmente ir até o infinito, exceto em um modelo em que os roteadores têm buffers infinitos. Em vez disso, os pacotes serão perdidos após experimentarem um atraso máximo de buffering.

Para o goodput e o atraso, o desempenho começa a degradar no início do congestionamento. Intuitivamente, obteremos o melhor desempenho a partir da rede se alocarmos largura de banda até que o atraso comece a cair rapidamente. Esse ponto está abaixo da capacidade. Para identificá-lo, Kleinrock (1979) propôs a métrica da **potência**, onde

$$potência = \frac{carga}{atraso}$$

A potência inicialmente aumentará com a carga oferecida, pois o atraso continua sendo pequeno e relativamente constante, mas alcançará um máximo e cairá à medida que o atraso crescer rapidamente. A carga com a mais alta potência representa uma carga eficiente para a entidade de transporte colocar sobre a rede. A rede deve tentar ficar o mais próximo possível disso.

Imparcialidade max-min

Na discussão anterior, não falamos sobre como dividir a largura de banda entre diferentes transmissores de transporte. Isso parece uma questão simples de responder – damos a todos os transmissores uma fração igual da largura de banda –, mas ela envolve várias considerações.

Talvez a primeira delas seja perguntar o que esse problema tem a ver com o controle de congestionamento. Afinal, se a rede der a um transmissor alguma quantidade de largura de banda para usar, o transmissor deve usar apenas essa largura de banda. Contudo, as redes em geral não têm uma reserva de largura de banda estrita para cada fluxo ou conexão. Isso pode acontecer para alguns fluxos, se a qualidade de serviço for admitida, mas muitas conexões buscarão usar qualquer largura de banda que estiver disponível ou serão reunidas pela rede sob uma alocação comum. Por exemplo, os serviços diferenciados da IETF separam o tráfego em duas classes e as conexões competem pela largura de banda dentro de cada classe. Os roteadores IP normalmente têm todas as conexões competindo pela mesma largura de banda. Nessa situação, é o mecanismo de controle de congestionamento que está alocando largura de banda às conexões concorrentes.

Uma segunda consideração é o que significa uma fatia justa para os fluxos em uma rede. Seria muito simples se N fluxos usassem um único enlace, quando todos eles poderiam ter $1/N$ da largura de banda (embora a eficiência dite que eles usem pouco menos se o tráfego for em rajadas). Mas o que acontece se os fluxos tiverem caminhos de rede diferentes, porém sobrepostos? Por exemplo, um fluxo pode atravessar três enlaces e os outros fluxos podem atravessar um enlace. O fluxo de três enlaces consome mais recursos da rede. Pode ser mais justo em certo sentido dar-lhe menos largura de banda do que os fluxos de um enlace. Certamente, deve ser possível dar suporte a mais fluxos de um enlace reduzindo a largura de banda do fluxo de três enlaces. Esse ponto demonstra uma tensão inerente entre justiça e eficiência.

Contudo, adotaremos uma noção de justiça que não depende do comprimento do caminho da rede. Até mesmo com esse modelo simples, dar às conexões uma fração igual da largura de banda é um pouco complicado, pois diferentes conexões usarão diferentes caminhos pela rede e esses caminhos por si só terão diferentes capacidades. Nesse caso, é possível que um fluxo seja engarrafado em um enlace mais adiante e use uma parte menor de um enlace anterior do que outros fluxos; reduzir a largura de banda dos outros fluxos causaria lentidão, mas não ajudaria o fluxo com gargalo.

A forma de justiça que normalmente é desejada para uso da rede é a **imparcialidade max-min**. Uma alocação é imparcial max-min se a largura de banda dada a um fluxo não puder ser aumentada sem diminuir a largura de banda dada a outro fluxo com uma alocação que não seja maior. Ou seja, aumentar a largura de banda de um fluxo só tornará a situação pior para fluxos menos afortunados.

Vejamos um exemplo. Um alocação imparcial max-min é mostrada para uma rede com quatro fluxos, A, B, C e D, na Figura 6.20. Cada um dos enlaces entre os roteadores tem a mesma capacidade, considerada como 1 unidade, embora no caso geral os enlaces tenham diferentes capacidades. Três fluxos competem pelo enlace inferior esquerdo entre as rotas $R4$ e $R5$. Cada um deles, portanto, recebe 1/3 do enlace. O fluxo restante, A, compete com B no enlace de $R2$ a $R3$. Como B tem uma alocação de 1/3, A recebe os 2/3 restantes do enlace. Observe que todos os outros enlaces têm capacidade de reserva. Todavia, essa capacidade não pode ser dada a qualquer um dos fluxos sem diminuir a capacidade de outro fluxo mais baixo. Por exemplo, se mais da largura de banda do enlace entre $R2$ e $R3$ for dada ao fluxo B, haverá menos para o fluxo A. Isso é razoável, pois o fluxo A já tem mais largura de banda. Contudo, a capacidade de fluxo C ou D (ou ambos) deve ser diminuída para oferecer mais largura de banda a B, e esses fluxos terão menos largura de banda do que B. Assim, a alocação é imparcial max-min.

Alocações max-min podem ser calculadas dado um conhecimento global da rede. Um modo intuitivo de pensar

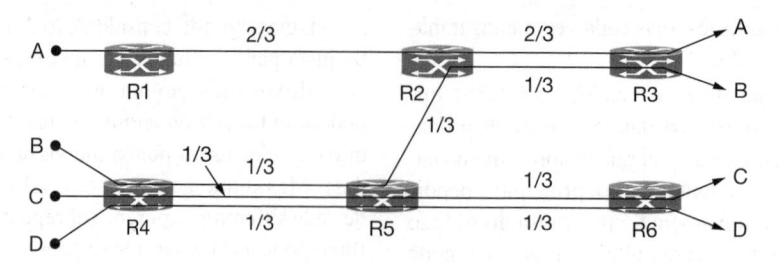

Figura 6.20 Alocação de largura de banda max-min para quatro fluxos.

sobre elas é imaginar que a taxa para todos os fluxos começa com zero e é aumentada lentamente. Quando a taxa alcança um gargalo para qualquer fluxo, então ele deixa de aumentar. Todos os outros fluxos continuam a aumentar, compartilhando igualmente a capacidade disponível, até que eles também alcancem seus respectivos gargalos.

Uma terceira consideração é o nível para avaliar a imparcialidade. Uma rede poderia ser imparcial em nível de conexões, conexões entre um par de hosts ou todas as conexões por host. Examinamos essa questão quando discutimos WFQ (Weighted Fair Queueing) na Seção 5.4 e concluímos que cada uma dessas definições tem seus problemas. Por exemplo, a definição de imparcialidade por host significa que um servidor ocupado não se sai melhor que um telefone móvel, embora a definição de imparcialidade por conexão encoraje os hosts a abrir mais conexões. Como não existe uma resposta clara, a imparcialidade normalmente é considerada por conexão, mas a imparcialidade precisa geralmente não é um problema. Na prática, é mais importante que nenhuma conexão tenha falta de largura de banda do que as demais conexões receberem precisamente a mesma quantidade de largura de banda. De fato, com o TCP, é possível abrir várias conexões e competir pela largura de banda com mais agressividade. Essa tática é usada por aplicações famintas por largura de banda, como BitTorrent para compartilhamento de arquivos peer-to-peer.

Convergência

Um último critério é que o algoritmo de controle de congestionamento convirja rapidamente para uma alocação imparcial e eficiente da largura de banda. Essa discussão do ponto de operação desejável considera um ambiente de rede estático. Contudo, as conexões sempre estão indo e vindo em uma rede, e a largura de banda necessária para determinada conexão também variará com o tempo, por exemplo, à medida que um usuário navega pelas páginas Web e ocasionalmente baixa vídeos grandes.

Devido à variação na demanda, o ponto de operação ideal para a rede muda com o tempo. Um bom algoritmo de controle de congestionamento rapidamente converge para o ponto de operação ideal, e deve acompanhar esse ponto à medida que ele muda com o tempo. Se a convergência for muito lenta, o algoritmo nunca estará próximo do ponto de operação em mudança. Se o algoritmo não for estável, ele pode deixar de convergir para o ponto certo em alguns casos, ou até mesmo oscilar em torno do ponto certo.

Um exemplo de alocação de largura de banda que muda com o tempo e converge rapidamente aparece na Figura 6.21. Inicialmente, o fluxo 1 tem toda a largura de banda. Um segundo depois, o fluxo 2 começa. Ele também precisa de largura de banda. A alocação rapidamente muda para dar a cada um deles metade da largura de banda. Em 4 segundos, um terceiro fluxo se junta. Contudo, ele usa apenas 20% da largura de banda, que é menos do que sua fatia imparcial (que é um terço). Os fluxos 1 e 2 rapidamente

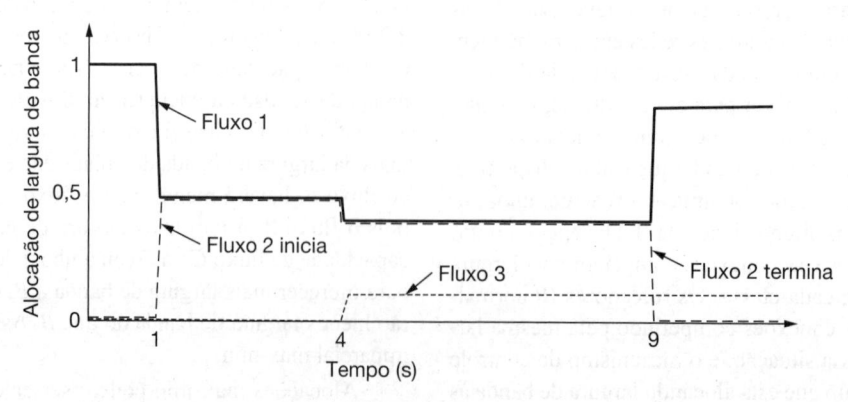

Figura 6.21 Mudando a alocação de largura de banda com o tempo.

se ajustam, dividindo a largura de banda disponível para que cada um tenha 40% do total. Em 9 segundos, o segundo fluxo sai e o terceiro fluxo permanece inalterado. O primeiro fluxo rapidamente captura 80% da largura de banda. Em todos os momentos, a largura de banda alocada total é aproximadamente 100%, de modo que a rede é totalmente usada, e os fluxos concorrentes recebem o mesmo tratamento (mas não têm que usar mais largura de banda do que precisam).

6.3.2 Regulando a velocidade de envio

Agora é hora do curso principal. Como regulamos as taxas de envio para obter uma alocação de largura de banda desejável? A taxa de envio pode ser limitada por dois fatores. O primeiro é o controle de fluxo, caso exista um buffering insuficiente no extremo receptor. O segundo é o congestionamento, caso exista capacidade insuficiente na rede. Na Figura 6.22, vemos esse problema ilustrado de forma hidráulica. Na Figura 6.22(a), vemos um cano grosso levando a um receptor de pequena capacidade. Essa é uma situação limitada de controle de fluxo. Desde que o transmissor não envie mais água do que o balde pode conter, nenhuma água será perdida. Na Figura 6.22(b), o fator limitador não é a capacidade do balde, mas a capacidade interna de transporte da rede. Se muita água chegar rapidamente, ela se acumulará e parte será perdida (nesse caso, transbordando a capacidade do funil).

Esses casos podem parecer semelhantes ao do transmissor, de modo que transmitir muito rápido faz os pacotes serem perdidos. Contudo, eles têm diferentes causas e exigem diferentes soluções. Já falamos sobre uma solução de controle de fluxo com uma janela de tamanho variável. Agora, consideraremos uma solução de controle de congestionamento. Como qualquer um desses problemas pode ocorrer, o protocolo de transporte em geral precisará executar as duas soluções e diminuir a velocidade se houver algum problema.

O modo como um protocolo de transporte deve regular a velocidade de envio depende da forma do feedback retornado pela rede. Diferentes camadas de rede podem retornar diferentes tipos de feedback, que pode ser explícito ou implícito, preciso ou impreciso.

Um exemplo de projeto explícito e preciso é quando os roteadores dizem aos transmissores a taxa em que podem transmitir. Os projetos na literatura, como o XCP (eXplicit Congestion Protocol), operam dessa maneira (Katabi et al., 2002). Um projeto explícito e impreciso é o uso de ECN (Explicit Congestion Notification) com TCP. Nesse projeto, os roteadores definem bits nos pacotes que sofrem congestionamento para alertar os transmissores para reduzir a velocidade, mas eles não lhes informam quanto devem reduzir.

Em outros projetos, não existe sinal explícito. O FAST TCP mede o atraso de ciclo e usa essa métrica como um sinal para evitar congestionamento (Wei et al., 2006).

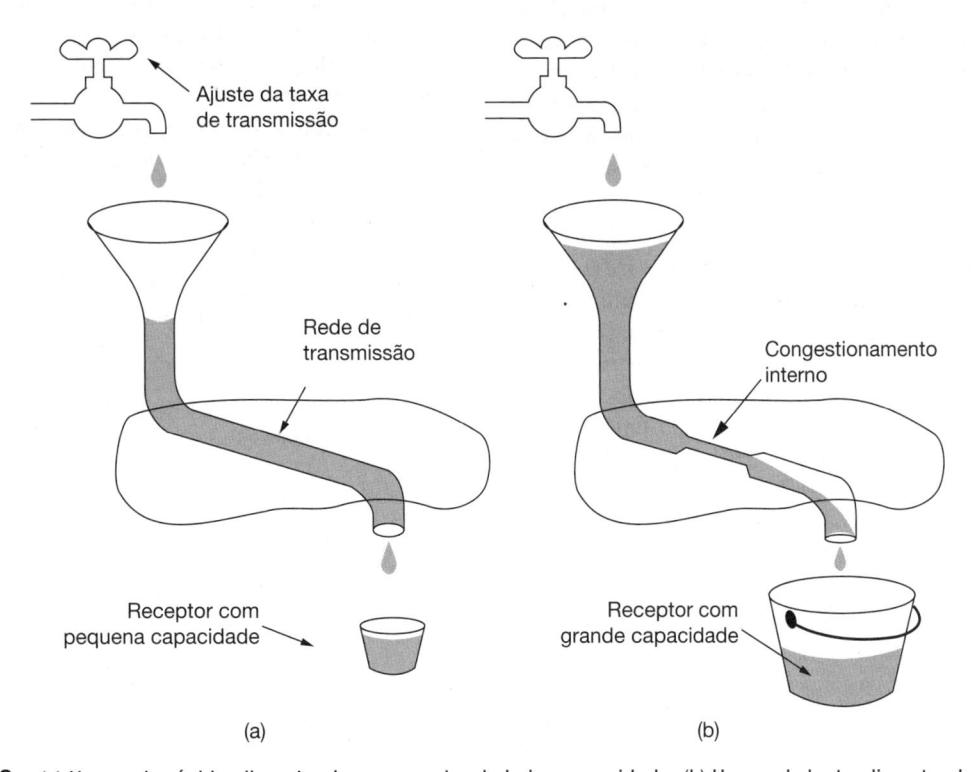

Figura 6.22 (a) Uma rede rápida alimentando um receptor de baixa capacidade. (b) Uma rede lenta alimentando um receptor de alta capacidade.

Protocolo	Sinal	Explícito?	Preciso?
XCP	Velocidade a usar	Sim	Sim
XCP com ECN	Advertência de congestionamento	Sim	Não
FAST TCP	Atraso fim a fim	Não	Sim
TCP COMPOSTO	Perda de pacote e atraso fim a fim	Não	Sim
CUBIC TCP	Perda de pacote	Não	Não
TCP	Perda de pacote	Não	Não

Figura 6.23 Sinais de alguns protocolos de controle de congestionamento.

Por fim, na forma de controle de congestionamento mais prevalente hoje na Internet, o TCP com tail drop ou roteadores RED, a perda de pacotes é deduzida e usada para sinalizar que a rede ficou congestionada. Existem muitas variantes dessa forma de TCP, incluindo CUBIC TCP, que é usado no Linux (Ha et al., 2008). Certas combinações também são possíveis. Por exemplo, o Windows inclui TCP composto, que usa perda de pacotes e atraso como sinais de feedback (Tan et al., 2006). Esses projetos são resumidos na Figura 6.23.

Se for dado um sinal explícito e preciso, a entidade de transporte pode usá-lo para ajustar sua taxa ao novo ponto de operação. Por exemplo, se o XCP disser aos transmissores que velocidade deve ser usada, estes podem simplesmente usar essa velocidade. Nos outros casos, porém, alguma tentativa será feita aleatoriamente. Na ausência de um sinal de congestionamento, os transmissores deverão aumentar sua velocidade. Quando um sinal de congestionamento é dado, os transmissores devem diminuir sua velocidade. O modo como a velocidade é aumentada ou diminuída é dado por uma **lei de controle**. Essas leis têm um efeito importante sobre o desempenho.

Chiu e Jain (1989) estudaram o caso do feedback de congestionamento binário e concluíram que **AIMD (Additive Increase Multiplicative Decrease)** é a lei de controle apropriada para chegar ao ponto operacional eficiente e imparcial. Para defender esse caso, eles construíram um argumento gráfico para o caso simples de duas conexões competindo pela largura de banda de um único enlace. O grafo na Figura 6.24 mostra a largura de banda alocada ao usuário 1 no eixo x e ao usuário 2 no eixo y. Quando a alocação é totalmente imparcial, os dois usuários recebem a mesma quantidade de largura de banda. Isso pode ser visto pela linha de imparcialidade pontilhada. Quando as alocações somam 100% da capacidade do enlace, a alocação é eficiente, o que pode ser visto pela linha de eficiência pontilhada. Um sinal de congestionamento é dado pela rede para os dois usuários quando a soma de suas alocações cruza essa linha. A interseção delas é o ponto operacional desejado, quando os dois usuários têm a mesma largura de banda e toda a largura de banda da rede é usada.

Considere o que acontece a partir de alguma alocação inicial se o usuário 1 e o usuário 2 aumentarem aditivamente suas respectivas larguras de banda com o tempo. Por exemplo, cada um pode aumentar sua velocidade de envio em 1 Mbps a cada segundo. Por fim, o ponto operacional cruza a linha da eficiência e os dois usuários recebem um sinal de congestionamento da rede. Nesse estágio, eles precisam reduzir suas alocações. Todavia, uma diminuição aditiva simplesmente os faria oscilar ao longo de uma linha aditiva. Essa situação pode ser vista na Figura 6.24. O comportamento manterá o ponto operacional próximo da eficiência, mas não necessariamente será imparcial.

De modo semelhante, considere o caso em que os dois usuários aumentam multiplicativamente sua largura de banda com o tempo até que recebam um sinal de congestionamento. Por exemplo, os usuários podem aumentar sua velocidade de envio em 10% a cada segundo. Se eles diminuírem multiplicativamente sua velocidade de transmissão, o ponto operacional simplesmente oscilará ao longo de uma linha multiplicativa. Esse comportamento também aparece na Figura 6.24. A linha multiplicativa tem uma inclinação diferente da linha aditiva. (Ela aponta para a origem, enquanto a linha aditiva tem um ângulo de 45 graus.) Contudo, de outras maneiras, ela não é melhor. Em nenhum dos casos os usuários convergirão para as velocidades de envio ótimas, que sejam imparciais e eficientes.

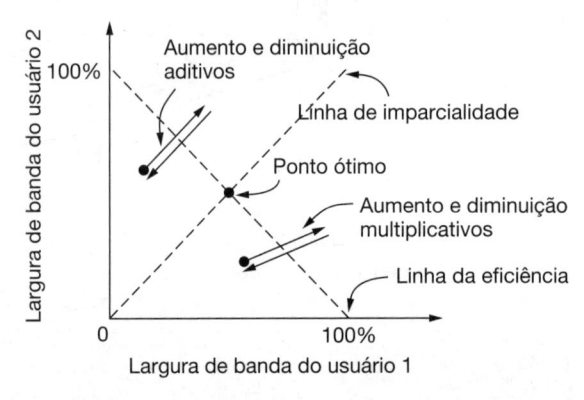

Figura 6.24 Ajustes aditivos e multiplicativos da largura de banda.

Agora, considere o caso em que os usuários aumentam aditivamente suas alocações de largura de banda e depois as diminuem multiplicativamente quando o congestionamento é sinalizado. Esse comportamento é a lei de controle AIMD, e aparece na Figura 6.25. Pode-se ver que o caminho traçado por esse comportamento converge para o ponto ótimo, que é imparcial e eficiente. Essa convergência acontece independentemente do ponto de partida, tornando o AIMD muito útil. Por esse mesmo argumento, a única outra combinação, o aumento multiplicativo com diminuição aditiva, divergiria do ponto ótimo.

AIMD é a lei de controle usada pelo TCP, com base nesse argumento e em outro argumento de estabilidade (o de que é fácil levar a rede ao congestionamento e difícil recuperá-la, de modo que a política de aumento deve ser suave e a política de diminuição, agressiva). Ele não é muito imparcial, pois as conexões TCP ajustam seu tamanho de janela por determinado valor a cada tempo de ciclo. Diferentes conexões terão diferentes tempos de ciclo. Isso leva a uma imparcialidade na qual as conexões com hosts mais próximos receberão mais largura de banda do que as conexões com hosts distantes, tudo o mais sendo igual.

Na Seção 6.5, descreveremos com detalhes como o TCP implementa uma lei de controle AIMD para ajustar a velocidade de envio e oferece controle de congestionamento. Essa tarefa é mais difícil do que parece, pois as velocidades são medidas por algum intervalo e o tráfego é feito em rajadas. Em vez de ajustar a velocidade diretamente, uma estratégia normalmente utilizada na prática é ajustar o tamanho de uma janela deslizante – a qual é usada pelo TCP. Se o tamanho da janela é W e o tempo de ciclo é RTT, a taxa equivalente é W/RTT. Essa estratégia é fácil de combinar com controle de fluxo, que já usa uma janela, e tem a vantagem de que o transmissor regula os pacotes usando confirmações e, portanto, atrasa em um RTT se parar de receber relatórios de que os pacotes estão saindo da rede.

Como uma última questão, pode haver muitos protocolos de transporte diferentes que enviam tráfego para a rede. O que acontecerá se os diferentes protocolos competirem com diferentes leis de controle para evitar o congestionamento? Alocações de largura de banda desiguais, isso é o que acontece. Como o TCP é a forma dominante de controle de congestionamento na Internet, existe pressão significativa da comunidade por novos protocolos de transporte a serem projetados, de modo que concorram de forma justa com ele. Os primeiros protocolos de streaming de mídia causavam problemas reduzindo excessivamente a vazão do TCP, pois não competiam com imparcialidade. Isso trouxe a ideia de controle de congestionamento **com um TCP amigável**, em que o TCP e protocolos de transporte diferentes podem ser livremente mesclados sem efeitos prejudiciais (Floyd et al., 2000).

6.3.3 Problemas da rede sem fio

Os protocolos de transporte como o TCP, que implementam controle de congestionamento, devem ser independentes das tecnologias subjacentes das camadas de rede e de enlace. Essa é uma boa teoria, mas na prática existem problemas com redes sem fio. O principal deles é que a perda de pacotes normalmente é usada como um sinal de congestionamento, inclusive pelo TCP, conforme já discutimos. As redes sem fio perdem pacotes o tempo todo, devido a erros de transmissão. Elas simplesmente não são tão confiáveis quanto as redes com fio.

Com a lei de controle AIMD, a alta vazão requer níveis muito pequenos de perda de pacotes. As análises de Padhye et al. (1998) mostram que a vazão se relaciona com o inverso da raiz quadrada da taxa de perda de pacotes. Na prática, isso significa que a taxa de perdas para conexões TCP velozes é muito pequena; 1% é uma taxa de perdas moderada, e, quando a taxa atinge 10%, a conexão efetivamente terá deixado de funcionar. Contudo, para redes sem fio, como as LANs 802.11, taxas de perda de quadros de pelo menos 10% são comuns. Essa diferença significa que, sem medidas de proteção, os esquemas de controle de congestionamento que usam perda de pacotes como um sinal desnecessariamente sufocarão as conexões que atuam sobre enlaces sem fio em velocidades muito baixas.

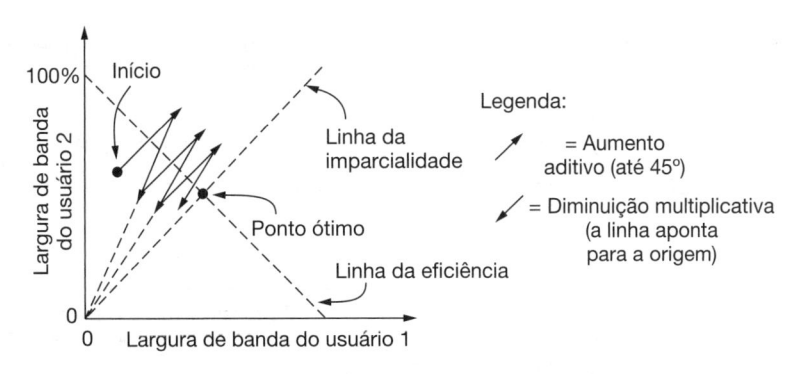

Figura 6.25 Lei de controle do aumento aditivo com diminuição multiplicativa (AIMD).

Para funcionar bem, as únicas perdas de pacote que o algoritmo de controle de congestionamento deve observar são aquelas devidas à largura de banda insuficiente, e não as devidas a erros de transmissão. Uma solução para esse problema é mascarar as perdas sem fio usando retransmissões pelo enlace sem fio. Por exemplo, o 802.11 usa um protocolo stop-and-wait para entregar cada quadro, tentando realizar transmissões novamente várias vezes, se for preciso, antes de informar uma perda de pacote à camada superior. No caso normal, cada pacote é entregue apesar de erros de transmissão transitórios, que não são visíveis às camadas mais altas.

A Figura 6.26 mostra um caminho com um enlace com e sem fio, para o qual a estratégia de máscara é utilizada. Existem dois aspectos a serem observados. Primeiro, o transmissor não necessariamente sabe que o caminho inclui um enlace sem fio, pois tudo o que ele vê é o enlace com fio ao qual está conectado. Os caminhos na Internet são heterogêneos e não existe um método geral para que o transmissor saiba quais tipos de enlaces compreendem o caminho inteiro. Isso complica o problema do controle de congestionamento, pois não há um modo fácil de usar um protocolo para enlaces sem fio e outro protocolo para enlaces com fio.

O segundo aspecto é um quebra-cabeça. A figura mostra dois mecanismos que são controlados por perda: retransmissões de quadro da camada de enlace e controle de congestionamento na camada de transporte. O quebra-cabeça é como esses dois mecanismos podem coexistir sem se confundirem. Afinal, uma perda deve fazer apenas um mecanismo tomar alguma ação, pois esse é um erro de transmissão ou um sinal de congestionamento. Não é possível que haja ambos. Se os dois mecanismos tomarem alguma ação (retransmitindo o quadro e diminuindo a velocidade de envio), então voltaremos ao problema original de transportes que rodam mais lentamente por enlaces sem fio. Considere esse quebra-cabeça por um instante e veja se você pode solucioná-lo.

A solução é que os dois mecanismos atuam em escalas de tempo diferentes. As retransmissões da camada de enlace acontecem na ordem de microssegundos a milissegundos para enlaces sem fio, como o 802.11. Os timers de perda nos protocolos de transporte disparam na ordem de milissegundos a segundos. A diferença é de três ordens de grandeza. Isso permite que os enlaces sem fio detectem as perdas de quadros e os retransmitam para reparar erros de transmissão muito tempo antes de a perda de pacote ser deduzida pela entidade de transporte.

A estratégia de máscara é suficiente para permitir que os protocolos de transporte funcionem bem pela maioria dos enlaces sem fio. Contudo, essa nem sempre é uma solução ideal. Alguns enlaces sem fio têm longos tempos de ciclo, como os satélites. Para eles, outras técnicas devem ser usadas para mascarar a perda, como FEC (Forward Error Correction), ou o protocolo de transporte deve usar um sinal sem perda para o controle de congestionamento.

Um segundo problema do controle de congestionamento por enlaces sem fio é a capacidade variável. Ou seja, a capacidade de um enlace sem fio mudar com o tempo, às vezes bruscamente, à medida que os nós se movem e a relação sinal-ruído varia com a mudança das condições no canal. Isso é diferente dos enlaces com fio, cuja capacidade é fixa. O protocolo de transporte precisa se adaptar à capacidade variável dos enlaces sem fio, ou então congestionará a rede ou deixará de usar a capacidade disponível.

Uma solução possível para esse problema é simplesmente não se preocupar com isso. Essa estratégia é viável porque os algoritmos de controle de congestionamento já deverão tratar do caso de novos usuários entrando na rede ou usuários existentes mudando sua velocidade de envio. Embora a capacidade dos enlaces com fio seja fixa, o comportamento variável de outros usuários se apresenta como variabilidade na largura de banda que está disponível a determinado usuário. Assim, é possível simplesmente usar TCP por um caminho com um enlace sem fio 802.11 e obter um desempenho razoável.

Todavia, quando existe muita variabilidade sem fio, os protocolos de transporte projetados para enlaces com fio podem ter dificuldade de acompanhar, oferecendo um desempenho fraco. A solução nesse caso é um protocolo de transporte que seja projetado para enlaces cabeados. Um ambiente particularmente desafiador é uma rede em malha sem fio em que vários enlaces sem fio interferindo se

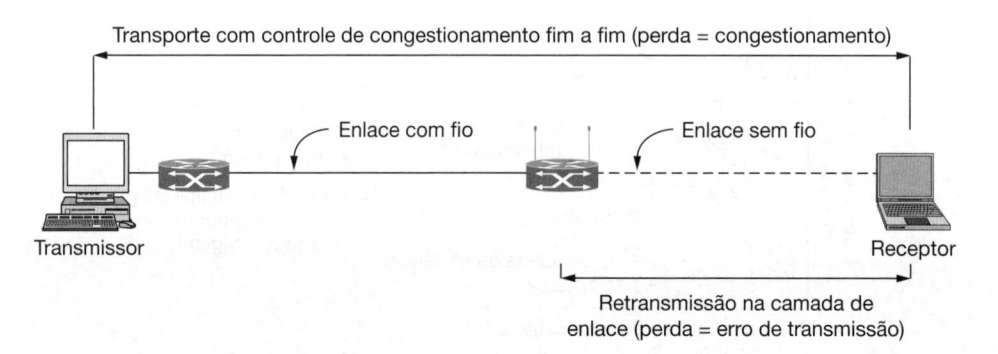

Figura 6.26 Controle de congestionamento sobre um caminho com um enlace sem fio.

cruzam, as rotas mudam devido à mobilidade e existe muita perda. Existe pesquisa em andamento nessa área. Consulte em Li et al. (2009) um exemplo de projeto de protocolo de transporte sem fio.

6.4 OS PROTOCOLOS DE TRANSPORTE DA INTERNET: UDP

A Internet tem dois protocolos principais na camada de transporte, um não orientado a conexões e outro orientado a conexões, que se complementam. O protocolo não orientado a conexões é o UDP. Ele faz quase tudo além de enviar pacotes entre aplicações, permitindo que as aplicações criem seus próprios protocolos em cima, conforme a necessidade. O protocolo orientado a conexões é o TCP. Ele faz quase tudo. Faz conexões e acrescenta confiabilidade com retransmissões, junto com controle de fluxo e controle de congestionamento, tudo em favor das aplicações que o utilizam.

Nas próximas seções, estudaremos UDP e TCP. Começaremos com UDP, pois é o mais simples, e veremos dois de seus usos. Como UDP é um protocolo da camada de transporte que normalmente é executado no sistema operacional e os protocolos que usam UDP normalmente são executados no espaço do usuário, esses usos poderiam ser considerados aplicações. Contudo, as técnicas que eles empregam são úteis para muitas aplicações, e o melhor é considerá-los pertencentes a um serviço de transporte, e por isso serão explicados aqui.

6.4.1 Introdução ao UDP

O conjunto de protocolos da Internet admite um protocolo de transporte não orientado a conexões, o protocolo de datagrama do usuário, ou **UDP (User Datagram Protocol)**. Ele oferece um meio para as aplicações enviarem datagramas IP encapsulados sem que seja necessário estabelecer uma conexão e é descrito na RFC 768.

O UDP transmite **segmentos** que consistem em um cabeçalho de 8 bytes, seguido pela carga útil. O cabeçalho é mostrado na Figura 6.27. As duas **portas** servem para identificar os pontos extremos nas máquinas de origem e destino. Quando um pacote UDP chega, sua carga útil é entregue ao processo associado à porta de destino. Essa associação ocorre quando a primitiva BIND ou algo semelhante são usados, como vimos na Figura 6.6 para o TCP (o processo de vinculação é idêntico para o UDP). Pense nas portas como caixas de correio que as aplicações podem alugar para receber pacotes. Falaremos mais sobre elas quando descrevermos o TCP, que também usa portas. De fato, o principal valor de ter o UDP em relação ao uso do IP bruto é a adição das portas de origem e de destino. Sem os campos de porta, a camada de transporte não saberia o que fazer com o pacote que chega. Com eles, a camada entrega o segmento encapsulado à aplicação correta.

A porta de origem é necessária principalmente quando uma resposta precisa ser enviada de volta à origem. Copiando o campo *Porta de origem* do segmento de entrada no campo *Porta de destino* do segmento de saída, o processo que transmite a resposta pode especificar qual processo na máquina transmissora deve recebê-lo.

O campo *Comprimento do UDP* inclui o cabeçalho de 8 bytes e os dados. O comprimento mínimo é de 8 bytes, para incluir o cabeçalho, e o máximo é de 65.515 bytes, que é menor que o maior número que caberá em 16 bits, devido ao limite de tamanho nos pacotes IP.

Um campo opcional de *Checksum do UDP* também é fornecido para gerar confiabilidade extra. Ele faz o checksum do cabeçalho, dos dados e de um pseudocabeçalho conceitual do IP. Ao realizar um cálculo, o campo de *Checksum* é definido como zero e o campo de dados é preenchido com um byte zero adicional se seu comprimento for um número ímpar. O algoritmo de checksum consiste simplesmente em somar todas as palavras de 16 bits com complemento de um e apanhar o complemento de um da soma. Por conseguinte, quando o receptor realiza o cálculo sobre o segmento inteiro, incluindo o campo de *Checksum*, o resultado deve ser 0. Se o checksum não for calculado, ele será armazenado como 0, pois, por uma feliz coincidência da aritmética de complemento de um, um valor 0 verdadeiro calculado é armazenado com todos os bits iguais a 1. No entanto, é tolice desativá-lo, a menos que a qualidade dos dados não tenha importância (p. ex., no caso de voz digitalizada).

O pseudocabeçalho para o caso do IPv4 aparece na Figura 6.28. Ele contém os endereços IPv4 de 32 bits das máquinas de origem e de destino, o número de protocolo para o UDP (17) e a contagem de bytes para o segmento UDP (incluindo o cabeçalho). Para o IPv6, ele é diferente, porém

←——————————— 32 bits ———————————→
Porta de origem	Porta de destino
Comprimento do UDP	Checksum do UDP

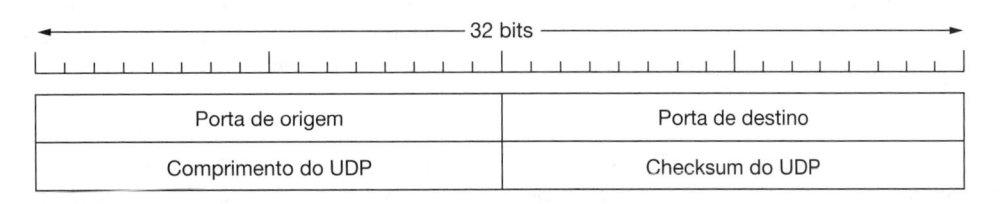

Figura 6.27 O cabeçalho UDP.

|←——————————— 32 bits ———————————→|

| Endereço de origem |
| Endereço de destino |
| 0 0 0 0 0 0 0 0 | Protocolo = 17 | Comprimento do UDP |

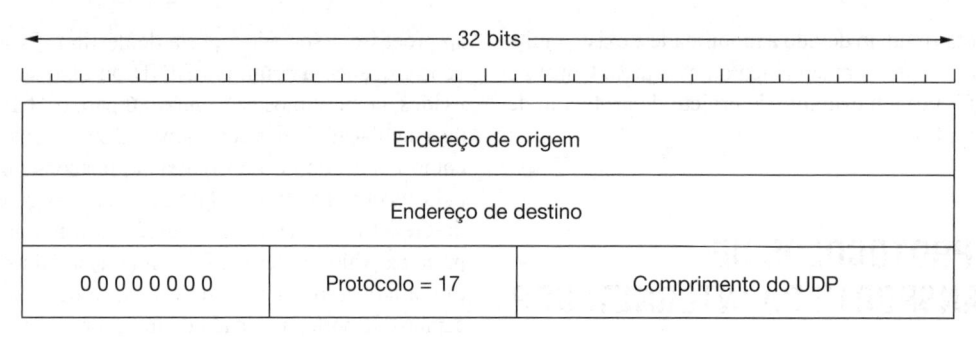

Figura 6.28 O pseudocabeçalho IPv4 incluído no checksum do UDP.

similar. A inclusão do pseudocabeçalho no cálculo do checksum do UDP ajuda a detectar pacotes não entregues, mas incluí-lo também infringe a hierarquia de protocolos, pois os endereços IP nele pertencem à camada do IP, e não à camada do UDP. O TCP usa o mesmo pseudocabeçalho para o seu checksum.

Vale a pena mencionar explicitamente algumas ações que o UDP *não* realiza. Ele não realiza controle de fluxo, controle de congestionamento ou retransmissão após a chegada de um segmento incorreto. Tudo isso cabe aos processos do usuário. O que ele faz é fornecer uma interface para o protocolo IP com o recurso adicional de demultiplexação de vários processos que utilizam as portas e detecção opcional de erro fim a fim. Isso é tudo que ele faz.

Para aplicações que requerem controle preciso sobre o fluxo de pacotes, os erros ou a sincronização, o UDP fornece apenas aquilo que é determinado. Uma área em que ele é especialmente útil é nas situações cliente-servidor. Normalmente, o cliente envia uma solicitação curta para o servidor e espera uma resposta curta de volta. Se a solicitação ou a resposta se perderem, o cliente pode entrar em timeout e tentar novamente. Não apenas o código é simples, mas menos mensagens são necessárias (uma em cada sentido) do que com um protocolo exigindo uma preparação inicial, como o TCP.

Uma aplicação que utiliza o UDP desse modo é o DNS (Domain Name System), que estudaremos no Capítulo 7. Em resumo, um programa que precisa pesquisar o endereço IP de algum nome de host – como *www.cs.berkeley.edu* – pode enviar um pacote UDP contendo o nome do host a um servidor DNS. O servidor responde com um pacote UDP que contém o endereço IP do host. Não é necessária nenhuma preparação antecipada e também nenhum encerramento posterior. Basta enviar duas mensagens pela rede.

6.4.2 Chamada de procedimentos remotos

Em certo sentido, enviar uma mensagem a um host remoto e obter de volta uma resposta é muito semelhante a fazer uma chamada de função em uma linguagem de programação. Em ambos os casos, você começa com um ou mais parâmetros e recebe de volta um resultado. Essa observação levou as pessoas a tentar organizar interações de solicitação/resposta em redes no formato de chamadas de procedimentos. Tal organização torna as aplicações de rede muito mais fáceis de programar e mais familiares. Por exemplo, imagine uma função chamada *obter_endereço_IP(nome_do_host)* que funcione enviando um pacote UDP a um servidor DNS e aguardando a resposta, chegando ao timeout e tentando de novo, caso não receba um retorno com rapidez suficiente. Desse modo, todos os detalhes de redes podem ficar ocultos ao programador.

O trabalho fundamental nessa área foi realizado por Birrell e Nelson (1984). Em resumo, o que os autores sugeriram foi permitir que os programas chamassem procedimentos localizados em hosts remotos. Quando um processo na máquina 1 chama um procedimento na máquina 2, o processo de chamada em 1 é suspenso, e a execução do procedimento chamado ocorre em 2. As informações podem ser transportadas do chamador até o chamado nos parâmetros, e podem voltar no resultado do procedimento. Nenhuma passagem de mensagens é visível para o programador da aplicação. Essa técnica é conhecida como chamada de procedimento remoto, ou **RPC** (**Remote Procedure Call**), e se tornou a base para muitas aplicações em redes. Tradicionalmente, o procedimento chamador é conhecido como cliente, e o procedimento chamado é conhecido como servidor; também usaremos esses nomes aqui.

A ideia por trás da RPC é tornar uma chamada de procedimento remoto o mais semelhante possível a uma chamada local. Na forma mais simples, para chamar um procedimento remoto, o programa cliente deve estar vinculado a um pequeno procedimento de biblioteca, chamado **stub do cliente**, que representa o procedimento do servidor no espaço de endereços do cliente. De modo semelhante, o servidor está vinculado a um procedimento chamado **stub do servidor**. Esses procedimentos ocultam o fato de que a chamada de procedimento do cliente até o servidor não é local.

As etapas reais na criação de uma RPC são mostradas na Figura 6.29. A etapa 1 é a chamada do cliente ao stub do cliente. Essa é uma chamada de procedimento local, com os parâmetros colocados na pilha da maneira normal. A etapa

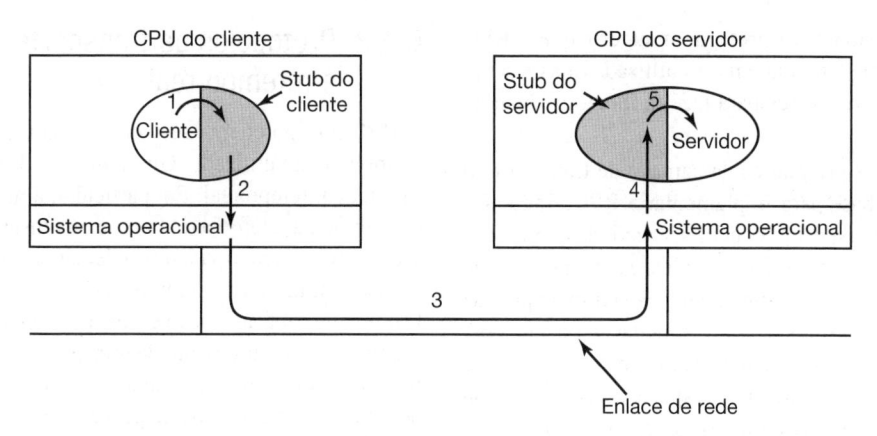

Figura 6.29 Etapas na criação de uma chamada de procedimento remoto. Os stubs estão sombreados.

2 é o stub do cliente empacotando os parâmetros em uma mensagem e efetuando uma chamada de sistema para enviar a mensagem. Empacotar os parâmetros é chamado de de **marshaling** (empacotamento de forma padronizada). A etapa 3 é o sistema operacional enviando a mensagem da máquina cliente até a máquina servidora. A etapa 4 é o sistema operacional passando o pacote recebido ao stub do servidor. Finalmente, a etapa 5 é o stub do servidor chamando o procedimento servidor com os parâmetros desagrupados. A resposta segue o mesmo caminho no sentido inverso.

O principal detalhe que devemos observar nesse caso é que o procedimento cliente, escrito pelo usuário, simplesmente realiza uma chamada de procedimento normal (i.e., local) ao stub do cliente, que tem o mesmo nome que o procedimento servidor. Tendo em vista que o procedimento cliente e o stub do cliente estão no mesmo espaço de endereços, os parâmetros são repassados no modo habitual. De forma semelhante, o procedimento servidor é chamado por um procedimento em seu espaço de endereços com os parâmetros que ele espera. Para o procedimento servidor, nada é incomum. Desse modo, em vez de ser realizada uma E/S via soquetes, a comunicação de rede é feita simulando-se uma chamada de procedimento normal.

Apesar da elegância conceitual da RPC, existem algumas fases obscuras. Uma delas é o uso de parâmetros de ponteiros. Normalmente, a passagem de um ponteiro em um procedimento não é problema. O procedimento chamado pode usar um ponteiro do mesmo modo que o chamador o utiliza, porque ambos os procedimentos convivem no mesmo espaço de endereços virtuais. Com a RPC, a passagem de ponteiros é impossível, porque o cliente e o servidor estão em espaços de endereços diferentes.

Em alguns casos, podem ser usados artifícios para tornar possível a passagem de ponteiros. Suponha que o primeiro parâmetro seja um ponteiro para um inteiro k. O stub do cliente pode encapsular k e enviá-lo para o servidor. O stub do servidor cria então um ponteiro para k e o repassa ao procedimento servidor, da maneira esperada. Quando o procedimento servidor devolve o controle ao stub do servidor, este último envia k de volta ao cliente, onde o novo k é copiado sobre o antigo, pois o servidor pode tê-lo alterado. Na realidade, a sequência de chamada padrão da chamada por referência foi substituída pela cópia/restauração. Infelizmente, esse artifício nem sempre funciona, por exemplo, se o ponteiro indicar um grafo ou outra estrutura de dados complexa. Por essa razão, algumas restrições devem ser impostas sobre parâmetros para procedimentos chamados remotamente, conforme veremos.

Um segundo problema é que, em linguagens com tipificação fraca, como C, é perfeitamente válido escrever um procedimento que calcula o produto interno de dois vetores (arrays) sem especificar o tamanho de cada um. Cada vetor poderia terminar com um valor especial conhecido apenas pelo procedimento de chamada e pelo procedimento chamado. Sob essas circunstâncias, é essencialmente impossível para o stub do cliente encapsular os parâmetros: ele não tem como determinar o seu tamanho.

O terceiro problema é que nem sempre é possível deduzir os tipos de parâmetros, nem mesmo com base em uma especificação formal ou do próprio código. Um exemplo é *printf*, que pode ter qualquer número de parâmetros (pelo menos um), e eles podem ser uma mistura qualquer de números inteiros, curtos, longos, de caracteres, de strings, de números em ponto flutuante de diversos tamanhos e de outros tipos. Tentar chamar *printf* a partir de um procedimento remoto seria praticamente impossível, porque C é uma linguagem muito permissiva. Todavia, uma regra estabelece que a RPC pode ser usada desde que você não use as linguagens C (ou C++), pois estas não são muito usadas pelos desenvolvedores de aplicações distribuídas.

Um quarto problema se relaciona ao uso de variáveis globais. Em geral, o procedimento chamador e o procedimento chamado podem se comunicar usando variáveis globais (embora esta não seja uma boa prática), além dos parâmetros. Contudo, se o procedimento chamado for deslocado para uma máquina remota, o código falhará, porque as variáveis globais não serão mais compartilhadas.

Esses problemas não pretendem sugerir que a RPC seja impossível. De fato, ela é muito utilizada, mas são necessárias algumas restrições para fazê-la funcionar bem na prática.

Em termos de protocolos da camada de transporte, o UDP é uma boa base para implementar a RPC. Tanto solicitações quanto respostas podem ser enviadas como um único pacote UDP no caso mais simples, e a operação pode ser rápida. Entretanto, uma implementação também precisa incluir outros mecanismos. Como a solicitação ou a resposta podem se perder, o cliente precisa manter um timer para retransmiti-las. Observe que uma resposta serve como uma confirmação implícita para uma solicitação, de modo que a solicitação não precisa ser confirmada separadamente. Às vezes, os parâmetros ou resultados podem ser maiores que o tamanho máximo de pacote UDP, quando algum protocolo será necessário para entregar mensagens grandes em partes e reagrupá-las corretamente. Se várias solicitações e respostas puderem se sobrepor (como no caso da programação concorrente), um identificador será necessário para combinar a solicitação com a resposta.

Uma preocupação de nível mais alto é que a operação pode não ser idempotente (i.e., não pode ser repetida com segurança). O caso simples é o de operações idempotentes como solicitações e respostas de DNS. O cliente pode seguramente retransmitir essas solicitações várias vezes se não chegar uma resposta. Não importa se o servidor nunca recebeu a solicitação, ou se foi a resposta que se perdeu. O retorno, quando finalmente chega, será o mesmo (supondo que o banco de dados do DNS não seja atualizado nesse ínterim). Contudo, nem todas as operações são idempotentes, por exemplo, quando elas têm efeitos colaterais importantes, como incrementar um timer. A RPC para essas operações exige semântica mais robusta, de modo que, quando o programa chama um procedimento, ele não seja executado várias vezes. Nesse caso, pode ser necessário estabelecer uma conexão TCP e enviar a solicitação por ela, em vez de usar UDP.

6.4.3 Protocolos de transporte em tempo real

A RPC do tipo cliente-servidor é uma área em que o UDP é amplamente utilizado. Outra área é a das aplicações multimídia em tempo real. Em particular, à medida que o rádio da Internet, a telefonia da Internet, a música por demanda, a videoconferência, o vídeo sob demanda e outras aplicações de multimídia se tornaram mais comuns, as pessoas descobriram que cada aplicação estava reinventando aproximadamente o mesmo protocolo de transporte em tempo real. Aos poucos, ficou claro que seria uma boa ideia ter um protocolo de transporte em tempo real genérico para várias aplicações.

Desse modo, foi criado o **protocolo de transporte em tempo real**, ou **RTP (Real-time Transport Protocol)**. Ele é descrito na RFC 3550 e agora está difundido para aplicações multimídia. Vamos descrever dois aspectos do transporte em tempo real. O primeiro é o RTP para transportar dados de áudio e vídeo em pacotes. O segundo é o processamento que ocorre, principalmente no receptor, para reproduzir áudio e vídeo no momento certo. Essas funções se encaixam na pilha de protocolos, como mostra a Figura 6.30.

O RTP normalmente trabalha no espaço do usuário sobre o UDP (no sistema operacional) e opera da maneira descrita a seguir. A aplicação multimídia consiste em vários fluxos de áudio, vídeo, texto e possivelmente muitos outros. Esses fluxos são armazenados na biblioteca RTP, que se encontra no espaço do usuário, juntamente com a aplicação. Essa biblioteca efetua a multiplexação dos fluxos e os codifica em pacotes RTP, que são então colocados em um soquete. Na outra extremidade do soquete (no sistema operacional), os pacotes UDP são gerados e incorporados a pacotes RTP, e entregues ao IP para transmissão por um enlace, como a Ethernet. O processo inverso ocorre no receptor. A aplicação multimídia por fim recebe os dados multimídia da biblioteca RTP, que é responsável por reproduzir a mídia. A pilha de protocolos para essa situação é mostrada na Figura 6.30(a). O aninhamento de pacotes é mostrado na Figura 6.30(b).

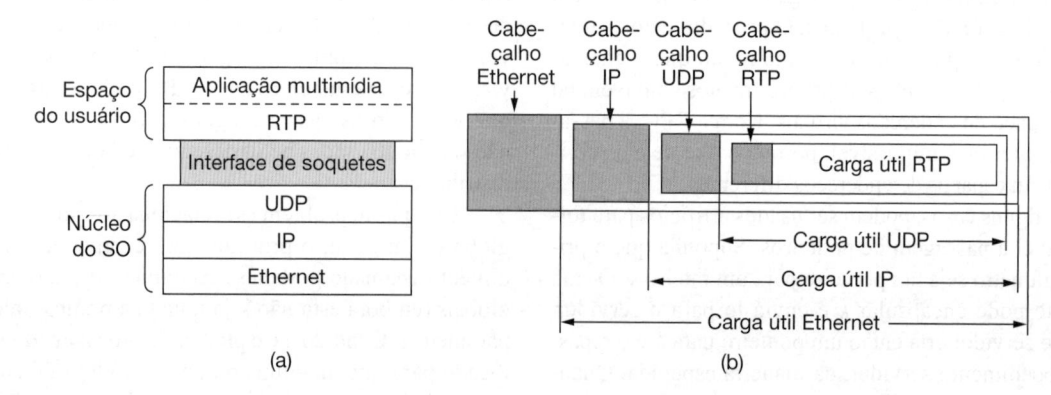

Figura 6.30 (a) A posição do RTP na pilha de protocolos. (b) O aninhamento de pacotes.

Como consequência dessa estrutura, é um pouco difícil dizer em que camada o RTP está. Como ele funciona no espaço do usuário e está vinculado ao programa de aplicação, certamente parece ser um protocolo de aplicação. Contudo, ele é um protocolo genérico e independente das aplicações que apenas fornece recursos de transporte, e assim também é semelhante a um protocolo de transporte. Talvez a melhor descrição do RTP seja como um protocolo de transporte implementado na camada de aplicação, motivo pelo qual está sendo abordado neste capítulo.

RTP – O protocolo de transporte em tempo real

A função básica do RTP é multiplexar diversos fluxos de dados em tempo real sobre um único fluxo de pacotes UDP. O fluxo UDP pode ser enviado a um único destino (unicasting) ou a vários destinos (multicasting). Como o RTP utiliza simplesmente o UDP normal, seus pacotes não são tratados de maneira especial pelos roteadores, a menos que alguns recursos de qualidade de serviço normais do IP estejam ativos. Em particular, não há qualquer garantia especial sobre entrega, e pacotes podem ser perdidos, atrasados, adulterados, etc.

O formato RTP contém vários recursos para auxiliar os receptores a trabalhar com informações multimídia. Cada pacote enviado em um fluxo RTP recebe um número uma unidade maior que seu predecessor. Essa numeração permite ao destino descobrir se algum pacote está faltando. Se um pacote for omitido, a melhor ação que o destino deve executar fica a cargo da aplicação – ela pode pular um quadro de vídeo se os pacotes estiverem transportando dados de vídeo, ou aproximar um valor que falta por interpolação, se os pacotes estiverem transportando dados de áudio. A retransmissão não é uma opção prática, pois o pacote retransmitido provavelmente chegaria tarde demais para ser útil. Como consequência, o RTP não tem confirmação e nenhum mecanismo para solicitar retransmissões.

Cada carga útil do RTP pode conter várias amostras, e elas podem ser codificadas de qualquer forma que a aplicação desejar. Para permitir a interoperação, o RTP define vários perfis (p. ex., um único fluxo de áudio) e, para cada perfil, podem ser permitidos vários formatos de codificação. Por exemplo, um único fluxo de áudio pode ser codificado em amostras PCM de 8 bits a 8 KHz, usando codificação delta, codificação preditiva, codificação GSM, MP3, e assim por diante. O RTP fornece um campo de cabeçalho no qual a origem pode especificar a codificação, mas que não tem nenhum outro envolvimento na maneira de realizá-la.

Outro recurso de que muitas aplicações em tempo real necessitam é a marcação com período de tempo. Aqui, a ideia é permitir que a origem associe um período de tempo à primeira amostra em cada pacote. Os períodos de tempo são relativos ao início do fluxo, e assim somente as diferenças entre os períodos de tempo são significativas. Os valores absolutos não têm qualquer significado. Como veremos em breve, esse mecanismo permite ao destino realizar algum buffering e reproduzir cada amostra depois de um número exato de milissegundos, contados desde o início do fluxo, independentemente de quando chegou o pacote contendo a amostra.

O uso de períodos de tempo não apenas reduz os efeitos da variação no atraso da rede, mas também permite a sincronização de vários fluxos. Por exemplo, um programa de televisão digital poderia ter um fluxo de vídeo e dois fluxos de áudio. Os dois fluxos de áudio poderiam ser para broadcasts estereofônicos ou para tratamento de filmes com uma trilha sonora no idioma original e outra dublada no idioma local, dando ao espectador a possibilidade de escolher. Cada fluxo vem de um dispositivo físico diferente, mas se eles forem marcados com um período de tempo baseado em um único contador, poderão ser reproduzidos de modo sincronizado, mesmo que os fluxos sejam transmitidos e/ou recebidos de maneira um tanto errática.

O cabeçalho do RTP é ilustrado na Figura 6.31. Ele consiste em três palavras de 32 bits e, potencialmente, algumas extensões. A primeira palavra contém o campo de

```
|←————————————— 32 bits —————————————→|
| Ver. | P | X | CC | M | Tipo de carga útil | Número de sequência |
|              Período de tempo                                    |
|         Identificador de origem de sincronização                 |
|         Identificador de origem contribuinte                     |
```

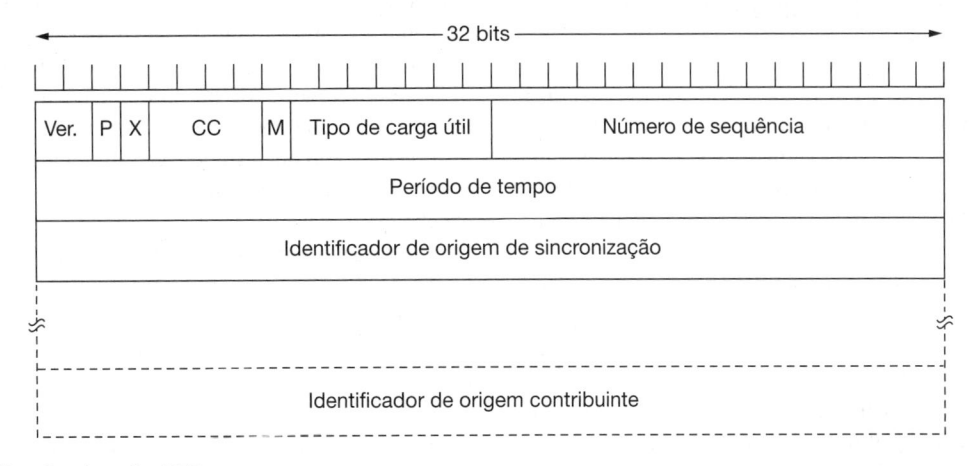

Figura 6.31 O cabeçalho RTP.

Versão, que já está em 2. Vamos esperar que essa versão esteja bem próxima da versão final, pois só falta definir um ponto de código (embora 3 talvez seja definido como uma indicação de que a versão real estava em uma palavra de extensão).

O bit *P* indica que o pacote foi completado até chegar a um múltiplo de 4 bytes. O último byte de preenchimento informa quantos bytes foram acrescentados. O bit *X* indica que um cabeçalho de extensão está presente, mas seu formato e significado não são definidos. O único detalhe definido é que a primeira palavra da extensão fornece o comprimento. Essa é uma válvula de escape para quaisquer exigências imprevistas.

O campo *CC* informa quantas origens de contribuição estão presentes, de 0 a 15 (veja a seguir). O bit *M* é um bit marcador específico da aplicação. Ele pode ser usado para marcar o começo de um quadro de vídeo, o começo de uma palavra em um canal de áudio ou qualquer outro elemento que a aplicação reconheça. O campo *Tipo de carga útil* informa que o algoritmo de codificação foi usado (p. ex., áudio não compactado de 8 bits, MP3, etc.). Tendo em vista que todo pacote apresenta esse campo, a codificação pode mudar durante a transmissão. O campo *Número de sequência* é apenas um contador incrementado em cada pacote RTP enviado, usado para detectar pacotes perdidos.

O *Período de tempo* é produzido pela origem do fluxo para anotar quando a primeira amostra no pacote foi realizada. Esse valor pode ajudar a reduzir a flutuação de sincronização (chamada **jitter**) no receptor, desacoplando a reprodução do momento da chegada do pacote. O *Identificador de origem de sincronização* informa a que fluxo o pacote pertence. Esse é o método usado para multiplexar e demultiplexar vários fluxos de dados em um único fluxo de pacotes UDP. Por fim, o campo *Identificador de origem contribuinte*, se estiver presente, será usado quando houver mixers de áudio no estúdio. Nesse caso, o mixer será a origem de sincronização, e os fluxos que estão sendo mixados serão listados nesse campo.

RTCP – O protocolo de controle de transporte em tempo real

O protocolo RTP tem um irmão caçula, o **protocolo de controle de transporte em tempo real**, ou **RTCP (Real-time Transport Control Protocol)**. Ele é definido com o RTP na RFC 3550 e cuida do feedback, da sincronização e da interface do usuário, mas não transporta nenhuma amostra de mídia.

A primeira função pode ser usada para fornecer feedback sobre o atraso, variação do atraso (ou jitter), largura de banda, congestionamento e outras propriedades de rede para as origens. Essas informações podem ser usadas pelo processo de codificação para aumentar a taxa de dados (e oferecer melhor qualidade) quando a rede estiver funcionando bem e para reduzir a taxa de dados quando houver problemas na rede. Fornecendo feedback contínuo, os algoritmos de codificação podem ser adaptados continuamente para oferecer a melhor qualidade possível sob as circunstâncias atuais. Por exemplo, se a largura de banda aumentar ou diminuir durante a transmissão, a codificação pode passar de MP3 para PCM de 8 bits e para codificação delta, conforme for necessário. O campo *Tipo de carga útil* é usado para informar ao destino qual algoritmo de codificação será empregado no pacote atual, tornando possível variar o algoritmo de acordo com a demanda.

Um problema para fornecer feedback é que os relatórios RTCP são enviados a todos os participantes. Para uma aplicação multicast com um grupo grande, a largura de banda usada pelo RTCP rapidamente se tornaria muito grande. Para impedir que isso aconteça, os transmissores RTCP reduzem a taxa de seus relatórios para consumir coletivamente não mais do que, digamos, 5% da largura de banda de mídia. Para fazer isso, cada participante precisa conhecer a largura de banda de mídia, que ele descobre pelo transmissor, e o número de participantes, que ele estima verificando outros relatórios RTCP.

O RTCP também lida com a sincronização entre fluxos. O problema é que diferentes fluxos podem utilizar clocks distintos, com granularidades e taxas de flutuação diferentes. O RTCP pode ser usado para manter esses elementos sincronizados.

Por fim, o RTCP fornece um modo para nomear as diversas origens (p. ex., em texto ASCII). Essas informações podem ser exibidas na tela do receptor, para indicar quem está se comunicando no momento.

Para obter mais informações sobre o RTCP, consulte Perkins (2003).

Transmissão com buffering e controle de jitter

Quando a informação de mídia chega até o receptor, ela precisa ser reproduzida no momento certo. Em geral, esse não será o momento em que o pacote RTP chegou ao receptor, pois os pacotes levarão tempos ligeiramente diferentes para transitar pela rede. Mesmo que os pacotes sejam despachados exatamente com os intervalos certos entre eles no transmissor, eles alcançarão o receptor com tempos relativamente diferentes. Até mesmo uma pequena quantidade de jitter no pacote pode causar imperfeições de mídia que a distorcem, como quadros de vídeo irregulares e áudio ininteligível, se a mídia for simplesmente reproduzida quando ela chega.

A solução para esse problema é manter pacotes em **buffer** no receptor antes que sejam reproduzidos, para reduzir o jitter. Como exemplo, na Figura 6.32, vemos um fluxo de pacotes sendo entregue com uma quantidade substancial de jitter. O pacote 1 é enviado do servidor em $t = 0$ segundo e chega ao cliente em $t = 1$ segundo. O pacote 2 tem mais atraso e leva 2 segundos para chegar. Quando um pacote chega, ele é mantido em buffer na máquina cliente.

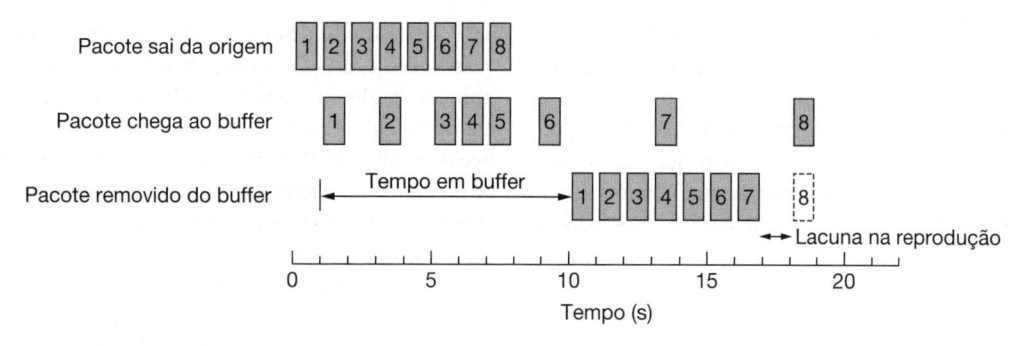

Figura 6.32 Suavizando o fluxo de saída, mantendo pacotes em buffer.

Em $t = 10$ segundos, a reprodução começa. Nesse momento, os pacotes de 1 a 6 foram mantidos em buffer, de modo que podem ser removidos do buffer em intervalos uniformes, para gerar uma reprodução suave. No caso geral, não é necessário usar intervalos uniformes, pois os períodos de tempo RTP dizem quando a mídia deve ser reproduzida.

Infelizmente, podemos ver que o pacote 8 está tão atrasado que não está disponível quando entra em cena. Existem duas opções. O pacote 8 pode ser pulado e o player prosseguir para os próximos pacotes ou a reprodução pode parar até que o pacote 8 chegue, criando uma parada incômoda na música ou no filme. Em uma aplicação de mídia ao vivo, como em uma chamada VoIP, o pacote normalmente será pulado. Aplicações ao vivo não funcionam bem se forem interrompidas. Em uma aplicação de streaming de mídia, o player pode interromper. Esse problema pode ser aliviado atrasando o tempo ainda mais, usando um buffer maior. Para um player com streaming de áudio ou vídeo, os buffers de cerca de 10 segundos normalmente são usados para garantir que os pacotes (que não são descartados na rede) cheguem a tempo. Para aplicações ao vivo, como videoconferência, buffers curtos são necessários para garantir resposta a tempo.

Uma consideração importante para a reprodução suave é o **ponto de reprodução**, ou quanto tempo esperar pela mídia no receptor antes de iniciar a reprodução. Essa decisão depende do jitter. A diferença entre uma conexão com jitter baixo e jitter alto pode ser vista na Figura 6.33. O atraso médio pode não diferir muito dos dois, mas, se houver um jitter alto, o ponto de reprodução pode ser muito mais adiante, para capturar 99% dos pacotes, do que se houvesse um jitter baixo.

Para escolher um bom ponto de reprodução, a aplicação pode medir o jitter examinando a diferença entre os períodos de tempo e a hora da chegada. Cada diferença oferece uma amostra do atraso (mais um deslocamento qualquer, fixo). No entanto, o atraso pode mudar com o tempo, devido a outras rotas de tráfego concorrentes e variáveis. Para acomodar essa mudança, as aplicações podem adaptar seu ponto de reprodução enquanto estão em execução. Contudo, se isso não for bem-feito, mudar o ponto de reprodução pode produzir um efeito observável ao usuário. Um modo de evitar o problema para o áudio é adaptar o ponto de reprodução entre os **períodos de fala**, nos intervalos de uma conversa. Ninguém notará a diferença entre um silêncio curto e outro ligeiramente maior. O RTP permite que as aplicações definam o bit marcador M para indicar o início de um novo período de fala com essa finalidade.

Se o atraso absoluto até que a mídia seja reproduzida for muito longo, as aplicações ao vivo sofrerão. Nada pode

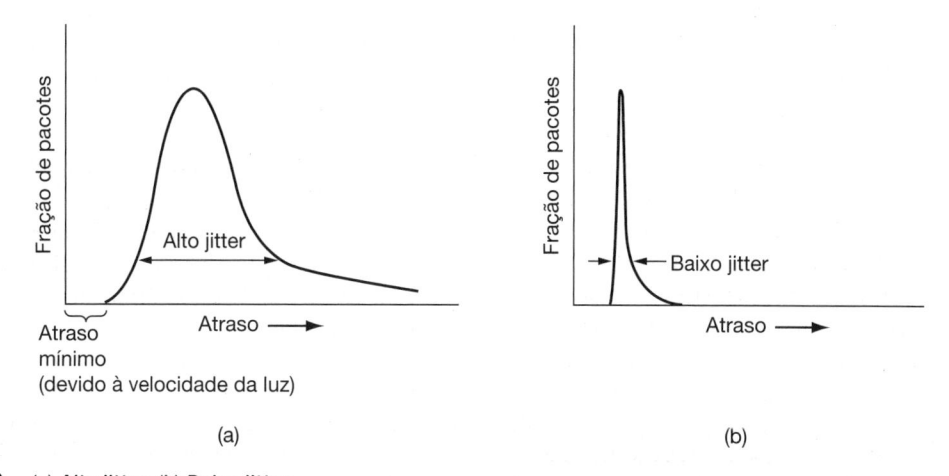

Figura 6.33 (a) Alto jitter. (b) Baixo jitter

ser feito para reduzir o atraso de propagação se já estiver sendo usado um caminho direto. O ponto de reprodução pode ser encontrado simplesmente aceitando-se que uma fração maior de pacotes chegará muito tarde para ser reproduzida. Se isso não for aceitável, a única maneira de atrair o ponto de reprodução é reduzir o jitter usando uma qualidade de serviço melhor, por exemplo, o serviço diferenciado de encaminhamento expresso. Ou seja, é necessário haver uma rede melhor.

6.5 OS PROTOCOLOS DE TRANSPORTE DA INTERNET: TCP

O UDP é um protocolo simples e tem alguns usos muito importantes, como interações cliente-servidor e multimídia; porém, para a maioria das aplicações da Internet, é necessária uma entrega confiável e em sequência. O UDP não pode proporcionar isso, e assim foi preciso criar outro protocolo. Ele se chama TCP e é o principal elemento da Internet. Vamos estudá-lo em detalhes nas próximas seções.

6.5.1 Introdução ao TCP

O **protocolo de controle de transmissão**, ou **TCP (Transmission Control Protocol)**, foi projetado especificamente para oferecer um fluxo de bytes fim a fim confiável em uma rede interligada não confiável. Uma rede interligada é diferente de uma única rede porque suas diversas partes podem ter topologias, larguras de banda, atrasos, tamanhos de pacote e outros parâmetros completamente diferentes. O TCP foi projetado para se adaptar dinamicamente às propriedades da rede interligada e ser robusto diante dos muitos tipos de falhas que podem ocorrer.

Esse protocolo foi definido formalmente na RFC 793, em setembro de 1981. Com o passar do tempo, diversas melhorias foram realizadas, e vários erros e inconsistências foram corrigidos. Para dar uma ideia da extensão do TCP, as RFCs importantes agora são a RFC 793 e mais: esclarecimentos e soluções de alguns bugs na RFC 1122; extensões para alto desempenho na RFC 1323; confirmações seletivas na RFC 2018; controle de congestionamento na RFC 2581; modificação de propósito dos campos de cabeçalho para qualidade de serviço na RFC 2873; melhores sincronizações de retransmissão na RFC 2988; e notificação explícita de congestionamento na RFC 3168. A coleção completa é ainda maior, o que levou a um guia para as muitas RFCs, publicado como outro documento RFC, a RFC 4614.

Cada máquina compatível com o TCP tem uma entidade de transporte TCP, que pode ser um procedimento de biblioteca, um processo do usuário ou, mais comumente, parte do núcleo do sistema. Em todos os casos, ele gerencia fluxos e interfaces TCP para a camada IP. Uma entidade TCP aceita fluxos de dados do usuário provenientes de processos locais, divide-os em partes de no máximo 64 KB (na prática, geralmente temos 1.460 bytes de dados, para que ele possa caber em um único quadro Ethernet com os cabeçalhos IP e TCP) e envia cada parte em um datagrama IP distinto. Quando os datagramas que contêm dados TCP chegam a uma máquina, eles são enviados à entidade TCP, que restaura os fluxos de bytes originais. Para simplificar, às vezes utilizamos apenas "TCP", a fim de fazer referência tanto à entidade de transporte TCP (um software) quanto ao protocolo TCP (um conjunto de regras). Pelo contexto, ficará claro a qual deles estaremos nos referindo. Por exemplo, em "O usuário envia os dados para TCP", está claro que estamos nos referindo à entidade de transporte TCP.

A camada IP não oferece qualquer garantia de que os datagramas serão entregues da forma apropriada, nem indicação alguma da velocidade com que os datagramas podem ser enviados. Cabe ao TCP enviar datagramas com velocidade suficiente para utilizar a capacidade, mas sem causar congestionamento, além de definir o timeout aceito e retransmitir quaisquer datagramas que não foram entregues. Os datagramas também podem chegar fora de ordem; o TCP também terá de reorganizá-los em mensagens na sequência correta. Resumindo, o TCP deve fornecer bom desempenho com a confiabilidade que a maioria das aplicações deseja, mas que o IP não oferece.

6.5.2 O modelo de serviço do TCP

O serviço TCP é obtido tanto pelo remetente quanto pelo receptor criando pontos fim a fim, chamados soquetes, conforme discutido na Seção 6.1.3. Cada soquete tem um número (endereço) que consiste no endereço IP do host e em um número de 16 bits local para esse host, chamado **porta**. Porta é o nome usado pelo TCP para um TSAP. Para que o serviço TCP funcione, é necessário que uma conexão seja explicitamente estabelecida entre um soquete em uma máquina e um soquete em outra máquina. As chamadas de soquetes estão listadas na Figura 6.5.

Um soquete pode ser utilizado por várias conexões ao mesmo tempo. Em outras palavras, duas ou mais conexões podem terminar no mesmo soquete. As conexões são identificadas nas duas extremidades pelos identificadores de soquetes, ou seja, (*soquete1*, *soquete2*). Nenhum número de circuito virtual ou qualquer outro identificador é usado.

As portas com números abaixo de 1.024 são reservadas para serviços padronizados, que normalmente só podem ser iniciados por usuários privilegiados (p. ex., root em sistemas UNIX). Elas são denominadas **portas conhecidas**. Por exemplo, qualquer processo que deseja recuperar remotamente o correio de um host pode se conectar à porta 143 do host de destino para entrar em contato com seu daemon IMAP. A lista de portas conhecidas é dada em *www.iana.org*, e mais de 700 já foram atribuídas. Algumas das mais conhecidas estão listadas na Figura 6.34.

Porta	Protocolo	Uso
20, 21	FTP	Transferência de arquivos
22	SSH	Login remoto, substituto do Telnet
25	SMTP	E-mail
80	HTTP	World Wide Web
110	POP-3	Acesso remoto a e-mail
143	IMAP	Acesso remoto a e-mail
443	HTTPS	Web segura (HTTP sobre SSL/TLS)
543	RTSP	Controle de player de mídia
631	IPP	Compartilhamento de impressora

Figura 6.34 Algumas portas atribuídas.

Outras portas de 1.024 a 49.151 podem ser registradas na IANA para serem usadas por usuários privilegiados, mas as aplicações podem escolher e escolhem suas próprias portas. Por exemplo, a aplicação de compartilhamento de arquivos peer-to-peer BitTorrent (não oficialmente) usa as portas 6881-6887, mas também pode trabalhar com outras.

Certamente seria possível fazer o daemon FTP se associar à porta 21 durante a inicialização, fazer o daemon SSH se associar à porta 22 em tempo de inicialização, e assim por diante. Todavia, isso ocuparia a memória com daemons que ficariam ociosos na maior parte do tempo. Em vez disso, geralmente se tem um único, chamado **inetd** (**Internet daemon**) no UNIX, que se associa a várias portas e espera pela primeira conexão de entrada. Quando isso ocorre, o *inetd* ativa um novo processo e executa nele o daemon apropriado, deixando-o tratar a solicitação. Desse modo, os daemons diferentes de *inetd* só estão ativos quando há trabalho a ser realizado. O *inetd* descobre que porta deve usar a partir de um arquivo de configuração. Consequentemente, o administrador do sistema pode configurá-lo para ter daemons permanentes nas portas mais ocupadas (p. ex., a porta 80) e *inetd* nas restantes.

Todas as conexões TCP são full-duplex e ponto a ponto. Full-duplex quer dizer que o tráfego pode ser feito em ambas as direções ao mesmo tempo. Ponto a ponto significa que cada conexão tem exatamente dois pontos terminais. O TCP não admite os processos de multicasting ou broadcasting.

Uma conexão TCP é um fluxo de bytes e não um fluxo de mensagens. As fronteiras das mensagens não são preservadas de ponta a ponta. Por exemplo, se o processo transmissor executar quatro gravações de 512 bytes em um fluxo TCP, esses dados poderão ser entregues ao processo receptor em quatro partes de 512 bytes, em duas de 1.024 bytes, uma de 2.048 bytes (ver Figura 6.35) ou em qualquer outra divisão. Não há um meio de o receptor detectar a(s) unidade(s) em que os dados foram gravados, não importa quanto ele tente.

No UNIX, os arquivos também têm essa propriedade. O leitor de um arquivo não é capaz de distinguir se ele foi gravado um bloco por vez, um byte por vez ou todo de uma vez. A exemplo do que acontece com um arquivo UNIX, o software TCP não tem ideia do significado dos bytes, e também não está interessado em descobri-lo. Um byte é apenas um byte.

Quando uma aplicação repassa dados para a entidade TCP, ela pode enviá-los imediatamente ou armazená-los em um buffer (para aguardar outros dados e enviar um volume maior de uma só vez), de acordo com suas necessidades. Entretanto, há ocasiões em que a aplicação realmente quer que os dados sejam enviados de imediato. Por exemplo, suponha que um usuário de um jogo interativo queira enviar um fluxo de atualizações. É essencial que as atualizações sejam enviadas imediatamente, e não mantidas em buffer até que haja uma coleção delas. Para forçar a saída dos dados, o TCP tem uma flag PUSH, que é transportada nos

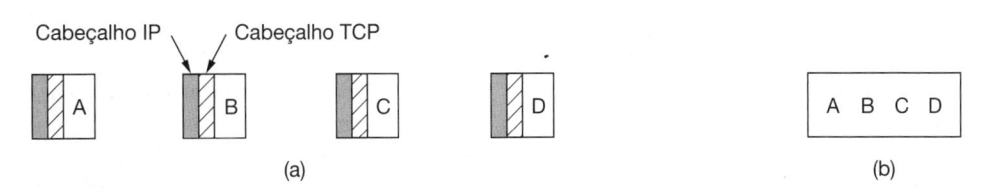

Figura 6.35 (a) Quatro segmentos de 512 bytes enviados como datagramas IP separados. (b) Os 2.048 bytes de dados entregues à aplicação em uma única chamada READ.

pacotes. A intenção original foi permitir que as aplicações digam às implementações TCP, por meio da flag PUSH, para não adiar a transmissão. Contudo, as aplicações não podem literalmente definir a flag PUSH quando enviarem dados. Em vez disso, diferentes sistemas operacionais criaram diferentes opções para agilizar a transmissão (p. ex., TCP_NODELAY em Windows e Linux).

Para os arqueólogos da Internet, também mencionaremos um recurso interessante do serviço TCP que permanece no protocolo, mas que raramente é usado: **dados urgentes**. Quando uma aplicação tem dados de alta prioridade, que devem ser processados imediatamente – por exemplo, se um usuário interativo pressionar a combinação de teclas CTRL-C para interromper uma computação remota que já foi iniciada –, a aplicação transmissora pode colocar alguma informação de controle no fluxo de dados e lhe passar para o TCP junto com a flag URGENT. Esse evento faz o TCP parar de acumular dados e transmitir tudo que tem para essa conexão imediatamente.

Quando os dados urgentes são recebidos no destino, a aplicação receptora é interrompida (na terminologia UNIX, ela recebe um sinal) e para tudo o que estiver fazendo para ler o fluxo de dados e encontrar os dados urgentes. O final dos dados urgentes é marcado para que a aplicação saiba quando eles terminarem. O início dos dados urgentes não é marcado, e a aplicação deve saber identificá-lo.

Esse esquema oferece um mecanismo de sinalização pouco sofisticado, deixando a maior parte do trabalho para a aplicação. Contudo, embora os dados urgentes sejam potencialmente úteis, eles não encontraram uma aplicação atraente e por isso caíram em desuso. Seu uso agora é desencorajado devido a diferenças de implementação, deixando que as aplicações lidem com sua própria sinalização. Talvez os protocolos de transporte futuros ofereçam melhor sinalização.

6.5.3 O protocolo TCP

Nesta seção, apresentaremos uma visão geral do protocolo TCP. Na próxima, veremos o cabeçalho do protocolo, campo a campo.

Uma característica fundamental do TCP, que domina o projeto do protocolo, é que cada byte em uma conexão TCP tem seu próprio número de sequência de 32 bits. Quando a Internet começou, as linhas entre roteadores eram principalmente linhas dedicadas de 56 kbps, e assim um host funcionando a toda a velocidade demorava mais de uma semana para percorrer todos os números de sequência. Na velocidade das redes modernas, os números de sequência podem ser consumidos a uma taxa alarmante, como veremos mais adiante. São usados números de sequência de 32 bits separados para a posição da janela deslizante em um sentido e para confirmações no sentido oposto, como descreveremos a seguir.

As entidades transmissoras e receptoras do TCP trocam dados na forma de segmentos. Um **segmento TCP** consiste em um cabeçalho fixo de 20 bytes (além de uma parte opcional), seguido por zero ou mais bytes de dados. O software TCP decide qual deve ser o tamanho dos segmentos. Ele pode acumular dados de várias gravações em um único segmento ou dividir os dados de uma única gravação em vários deles. Dois fatores restringem o tamanho do segmento. Primeiro, cada um, incluindo o cabeçalho, deve caber na carga útil do IP, que é de 65.515 bytes. Segundo, cada enlace tem uma unidade máxima de transferência, ou **MTU (Maximum Transfer Unit)**. Cada segmento deve caber na MTU no transmissor e receptor, de modo que possa ser enviado e recebido em um único pacote, não fragmentado. Na prática, a MTU geralmente tem 1.500 bytes (o tamanho da carga útil Ethernet) e, portanto, define o limite superior de tamanho dos segmentos.

Todavia, ainda é possível que os pacotes IP transportando segmentos TCP sejam fragmentados ao passar por um caminho da rede para o qual algum enlace tenha uma MTU pequena. Se isso acontecer, o desempenho é diminuído e causa outros problemas (Kent e Mogul, 1987). Em vez disso, as implementações TCP modernas realizam **descoberta da MTU do caminho** usando a técnica explicada na RFC 1191, que foi descrita na Seção 5.5.6. Essa técnica usa mensagens de erro ICMP para encontrar a menor MTU para qualquer enlace no caminho. O TCP, então, ajusta o tamanho do segmento para baixo, para evitar fragmentação.

O protocolo básico utilizado pelas entidades TCP é o de janela deslizante com um tamanho de janela dinâmico. Quando envia um segmento, o transmissor também dispara um contador. Quando o segmento chega ao destino, a entidade TCP receptora retorna um segmento (com ou sem dados, de acordo com as circunstâncias) com um número de confirmação igual ao próximo número de sequência que espera receber e o tamanho restante da janela. Se o contador do transmissor expirar antes de a confirmação ser recebida, o segmento será retransmitido.

Apesar de esse protocolo parecer simples, há muitos detalhes sobre ele que veremos a seguir. Os segmentos podem chegar fora de ordem – os bytes 3.072 a 4.095 podem chegar, mas não podem ser confirmados, porque os bytes 2.048 a 3.071 ainda não chegaram. Além disso, os segmentos podem se atrasar tanto que o timer do transmissor expira e ele tem de retransmiti-los. As retransmissões podem incluir diferentes faixas de bytes em relação à transmissão original, exigindo uma administração cuidadosa para controlar quais bytes foram recebidos corretamente. Todavia, como cada byte no fluxo tem seu próprio deslocamento exclusivo, isso pode ser feito.

O TCP deve estar preparado para lidar com todos esses problemas e resolvê-los de maneira eficiente. Foi feito um grande esforço no sentido de otimizar o desempenho dos fluxos TCP, mesmo diante dos problemas da rede. A seguir, descreveremos diversos algoritmos usados por muitas implementações do TCP.

6.5.4 O cabeçalho do segmento do TCP

A Figura 6.36 mostra o layout de um segmento TCP. Cada segmento começa com um cabeçalho de formato fixo de 20 bytes. Ele pode ser seguido por opções de cabeçalho. Depois delas, se for o caso, pode haver até 65.535 − 20 − 20 = 65.495 bytes de dados, em que o primeiro valor 20 se refere ao cabeçalho IP e o segundo ao cabeçalho TCP. Segmentos sem nenhum dado são válidos e são comumente usados para confirmações e mensagens de controle.

Vamos analisar o cabeçalho TCP campo a campo. Os campos *Porta de origem* e *Porta de destino* identificam os pontos terminais da conexão. A porta TCP mais o endereço IP de seu host formam uma extremidade exclusiva de 48 bits. As extremidades de origem e de destino juntas identificam a conexão. Esse identificador de conexão é chamado de **quíntupla**, pois consiste em cinco partes de informação: o protocolo (TCP), IP de origem e porta de origem, e IP de destino e porta de destino.

Os campos *Número de sequência* e *Número de confirmação* desempenham suas funções habituais. Observe que o segundo especifica o próximo byte esperado e não o último byte recebido corretamente. Ele é uma **confirmação acumulativa**, pois resume os dados recebidos com um único número. Ele não vai além dos dados perdidos. Ambos têm 32 bits, pois cada byte de dados é numerado em um fluxo TCP.

O campo *Comprimento do cabeçalho TCP* informa quantas palavras de 32 bits existem no cabeçalho TCP. Essa informação é necessária, porque o campo *Opções* tem tamanho variável; assim, o mesmo acontece com o cabeçalho. Tecnicamente, na verdade, esse campo indica o início dos dados dentro do segmento com base em palavras de 32 bits, mas esse número é apenas o tamanho do cabeçalho em palavras e, portanto, o efeito é o mesmo.

Em seguida, temos um campo de 4 bits que não é utilizado. O fato de esse campo ter sobrevivido intacto por 30 anos (pois apenas 2 dos 6 bits reservados originais foram reivindicados) é a prova de como o TCP é bem organizado. Protocolos menores teriam precisado dele para corrigir bugs no projeto original.

Agora temos oito flags de 1 bit. *CWR* (*Congestion Window Reduced*) e *ECE* (*ECN Echo*) são usados para sinalizar congestionamento quando a ECN (Explicit Congestion Notification) é usada, conforme especificado na RFC 3168. A *ECE* é definida para sinalizar uma mensagem *ECN-Echo* a um transmissor TCP para solicitar a redução de velocidade quando o receptor TCP receber uma indicação de congestionamento da rede. A flag *CWR* é usada para sinalizar *Janela de congestionamento reduzida* do transmissor TCP para o receptor TCP, de modo que ele saiba que o transmissor diminuiu a velocidade e pode parar de enviar uma mensagem *ECN-Echo*. Discutiremos o papel da mensagem ECN no controle de congestionamento TCP na Seção 6.5.10.

O valor 1 é atribuído a *URG* se o *Ponteiro para urgente* estiver sendo usado. O *Ponteiro para urgente* é usado para indicar um deslocamento de bytes a partir do número de sequência atual em que os dados urgentes devem ser encontrados. Esse recurso substitui as mensagens de interrupção. Como já mencionamos, esse recurso representa uma forma estruturada de permitir que o transmissor envie um sinal ao receptor sem envolver o serviço TCP no motivo da interrupção, mas isso raramente é usado.

À flag *ACK* é atribuído o bit 1 para indicar que o *Número de confirmação* é válido. Isso acontece para quase todos os pacotes. Se *ACK* for igual a zero, isso significa que o segmento não contém uma confirmação e assim o campo *Número de confirmação* é ignorado.

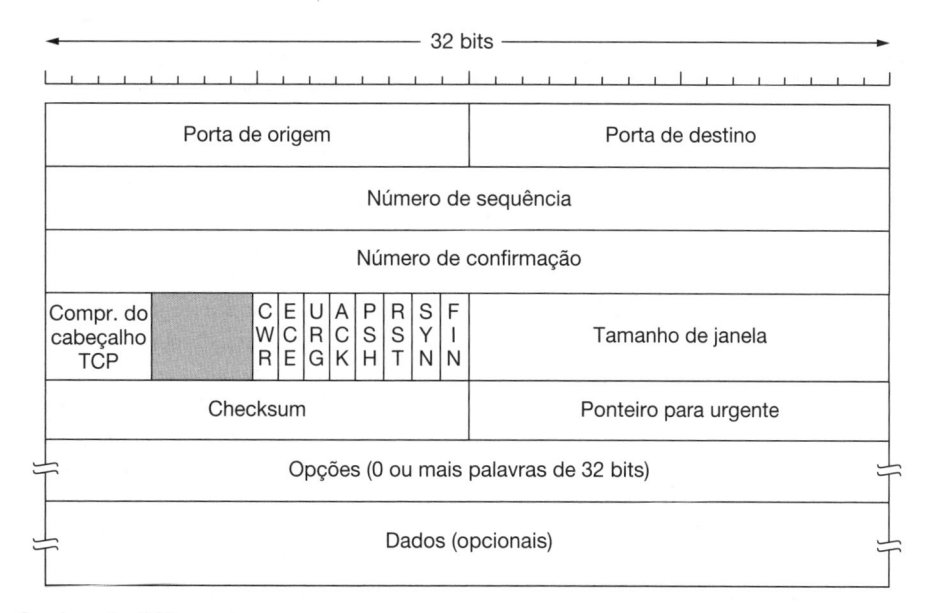

32 bits	
Porta de origem	Porta de destino
Número de sequência	
Número de confirmação	
Compr. do cabeçalho TCP / C W R / E C E / U R G / A C K / P S H / R S T / S Y N / F I N	Tamanho de janela
Checksum	Ponteiro para urgente
Opções (0 ou mais palavras de 32 bits)	
Dados (opcionais)	

Figura 6.36 O cabeçalho TCP.

A flag *PSH* indica dados com PUSH. Com ele, o receptor é solicitado a entregar os dados à aplicação mediante sua chegada, em vez de armazená-los até que um buffer completo tenha sido recebido (o que ele poderia fazer para manter a eficiência).

A flag *RST* é utilizada para reiniciar imediatamente uma conexão que tenha ficado confusa devido a uma falha no host ou por qualquer outra razão. Ela também é utilizada para rejeitar um segmento inválido ou para recusar uma tentativa de conexão. Em geral, se receber um segmento com o bit *RST* ativado, isso significa que você tem um problema.

A flag *SYN* é usada para estabelecer conexões. A solicitação de conexão tem *SYN* = 1 e *ACK* = 0 para indicar que o campo de confirmação por piggyback não está sendo utilizado. A resposta contém uma confirmação e, portanto, tem *SYN* = 1 e ACK = 1. Basicamente, o bit *SYN* é usado para indicar CONNECTION REQUEST e CONNECTION ACCEPTED, enquanto o bit *ACK* é usado para distinguir entre essas duas possibilidades.

A flag *FIN* é utilizada para encerrar uma conexão. Ela indica que o transmissor não tem mais dados para *transmitir*. Entretanto, um processo pode continuar a *receber* dados indefinidamente, mesmo depois que a conexão tiver sido encerrada. Tanto o segmento *SYN* quanto o segmento *FIN* têm números de sequência e, portanto, são processados na ordem correta.

O controle de fluxo no TCP é administrado por meio de uma janela deslizante de tamanho variável. O campo *Tamanho de janela* indica quantos bytes podem ser enviados a partir do byte confirmado. Um campo *Tamanho de janela* igual a 0 é valido e informa que todos os bytes até *Número de confirmação* – 1, inclusive, foram recebidos, mas que o receptor precisa de um descanso no momento e agradeceria muito se nenhum outro dado fosse enviado. Mais tarde, o receptor pode conceder permissão para enviar, transmitindo um segmento com o mesmo *Número de confirmação* e com um campo *Tamanho de janela* diferente de zero.

Nos protocolos do Capítulo 3, as confirmações de quadros recebidos e a permissão para enviar novos quadros eram mantidas juntas. Isso era uma consequência do tamanho fixo da janela para cada protocolo. No TCP, as confirmações e a permissão para enviar dados adicionais são completamente isoladas. Na verdade, um receptor pode dizer: "Recebi os bytes até *k*, mas não quero mais agora". Esse desacoplamento (na verdade, uma janela de tamanho variável) proporciona flexibilidade adicional. Vamos estudá-lo em detalhes a seguir.

Um *Checksum* também é fornecido para aumentar a confiabilidade. Ele confere o checksum do cabeçalho, dos dados e do pseudocabeçalho exatamente da mesma maneira que o UDP, exceto que o pseudocabeçalho tem o número de protocolo para TCP e o checksum é obrigatório. Para obter mais detalhes, consulte a Seção 6.4.1.

O campo *Opções* foi projetado como uma forma de oferecer recursos extras, ou seja, aqueles que não foram previstos pelo cabeçalho comum. Muitas opções foram definidas e várias são comumente utilizadas. As opções são de tamanho variável, preenchem um múltiplo de 32 bits usando o preenchimento com zeros e podem se estender para 40 bytes para acomodar o maior cabeçalho TCP que pode ser especificado. Algumas opções são transportadas quando uma conexão é estabelecida para negociar ou informar o outro lado das capacidades. Outras opções são transportadas sobre pacotes durante o tempo de vida da conexão. Cada opção tem uma codificação de Tipo-Tamanho-Valor.

Uma opção muito utilizada é aquela que permite a cada host estipular o tamanho máximo do segmento, ou **MSS (Maximum Segment Size)**, que está disposto a receber. O uso de segmentos grandes é mais eficiente do que a utilização de segmentos pequenos, pois o cabeçalho de 20 bytes pode ser diluído em um maior volume de dados; porém, é possível que hosts pequenos não sejam capazes de administrar segmentos muito grandes. Durante a configuração da conexão, cada lado pode anunciar sua capacidade máxima e avaliar a capacidade de seu parceiro. Se um host não usar essa opção, o valor padrão de 536 bytes será estipulado para a carga útil. Todos os hosts da Internet são obrigados a aceitar segmentos TCP de 536 + 20 = 556 bytes. O tamanho máximo do segmento nos dois sentidos não precisa ser o mesmo.

Para enlaces com alta largura de banda, alto atraso ou ambos, a janela de 64 KB, correspondente a um campo de 16 bits, é quase sempre um problema. Por exemplo, em uma linha OC-12 (de aproximadamente 600 Mbps), é necessário menos de 1 ms para enviar uma janela de 64 KB completa. Se o atraso de propagação da viagem de ida e volta for de 50 ms (o mais comum em um cabo de fibra óptica transcontinental), o transmissor ficará inativo durante mais de 98% do tempo, aguardando confirmações. Um tamanho de janela maior permitiria que o transmissor continuasse enviando os dados. A opção **window scale** (fator de escala da janela) permite ao transmissor e ao receptor negociar um fator de escala no início de uma conexão. Os dois lados usam o fator de escala para deslocar o campo *Tamanho de janela* para 14 bits à esquerda, permitindo assim janelas de até 2^{30} bytes. A maior parte das implementações do TCP já é compatível com essa opção.

A opção **timestamp** (registro de tempo) transporta um período de tempo enviado pelo transmissor e ecoado pelo receptor. Ele está incluído em cada pacote, uma vez que seu uso é definido durante o estabelecimento da conexão, e é utilizado para calcular as amostras de tempo de ida e volta que são usadas para estimar quando um pacote foi perdido. Ele também é usado como uma extensão lógica do número de sequência de 32 bits. Em uma conexão rápida, o número de sequência pode se esgotar rapidamente, ocasionando uma possível confusão entre dados novos e antigos. O esquema PAWS, descrito anteriormente, descarta os segmentos que chegam com períodos de tempo antigos para evitar esse problema.

Por fim, a opção **SACK (Selective ACKnowledgement)** permite que um receptor informe a um transmissor os intervalos de números de sequência que ele recebeu. Ele incrementa o *Número de confirmação* e é usado após um pacote ter sido perdido, mas após os dados subsequentes (ou duplicados) terem chegado. Os novos dados não aparecem no campo *Número de confirmação* no cabeçalho, pois esse campo oferece apenas o próximo byte esperado em ordem. Com o SACK, o transmissor está explicitamente ciente de quais dados o receptor tem e, portanto, pode determinar quais dados devem ser retransmitidos. O SACK é definido nas RFC 2108 e 2883 e é usado cada vez mais. Descrevemos o seu uso junto com controle de congestionamento na Seção 6.5.10.

6.5.5 Estabelecimento de conexões TCP

As conexões TCP são estabelecidas por meio do handshake de três vias discutido na Seção 6.2.2. Para estabelecer uma conexão, um lado – digamos, o servidor – aguarda passivamente por uma conexão de entrada, executando as primitivas LISTEN e ACCEPT, nessa ordem, através da especificação de determinada origem ou de ninguém em particular.

O outro lado – digamos, o cliente – executa uma primitiva CONNECT, especificando o endereço IP e a porta à qual deseja se conectar, o tamanho máximo do segmento TCP que está disposto a aceitar e, opcionalmente, alguns dados do usuário (p. ex., uma senha). A primitiva CONNECT envia um segmento TCP com o bit da flag *SYN* ativado e um bit da flag *ACK* desativado, e aguarda uma resposta da outra ponta.

Quando esse segmento chega ao destino, a entidade TCP dessa estação verifica se existe um processo que tenha executado uma primitiva LISTEN na porta informada no campo *Porta de destino*. Caso contrário, ela envia uma resposta com o bit da flag *RST* ativado para rejeitar a conexão.

Se algum processo estiver na escuta da porta, ele receberá o segmento TCP de entrada. Em seguida, ele poderá aceitar ou rejeitar a conexão. Se o processo aceitar, um segmento de confirmação será retornado. A sequência dos segmentos TCP enviados em condições normais é ilustrada na Figura 6.37(a). Observe que um segmento *SYN* consome 1 byte de espaço de sequência, para que seja confirmado sem ambiguidade.

No caso de dois hosts tentarem estabelecer uma conexão entre os mesmos dois soquetes simultaneamente, ocorrerá a sequência de eventos ilustrada na Figura 6.37(b). O resultado desses eventos é o estabelecimento de apenas uma conexão e não de duas, porque as conexões são identificadas por suas extremidades. Se a primeira configuração resultar em uma conexão identificada por (x, y) e a segunda também, haverá somente uma entrada na tabela, a saber, para (x, y).

Lembre-se de que o número de sequência inicial escolhido por cada host deve ser reciclado lentamente, em vez de ser uma constante como 0. Essa regra serve para proteger contra pacotes duplicados atrasados, conforme discutimos na Seção 6.2.2. Originalmente, isso era feito com um esquema baseado em clock, em que um pulso de clock ocorria a cada 4 μs.

Entretanto, uma vulnerabilidade com a implementação do handshake de três vias é que o processo que escuta precisa se lembrar de seu número de sequência assim que responde com seu próprio segmento *SYN*. Isso significa que um transmissor malicioso pode amarrar recursos em um host enviando um fluxo de segmentos *SYN* e nunca continuando para completar a conexão. Esse ataque é chamado de **inundação de SYN**, e prejudicou muitos servidores

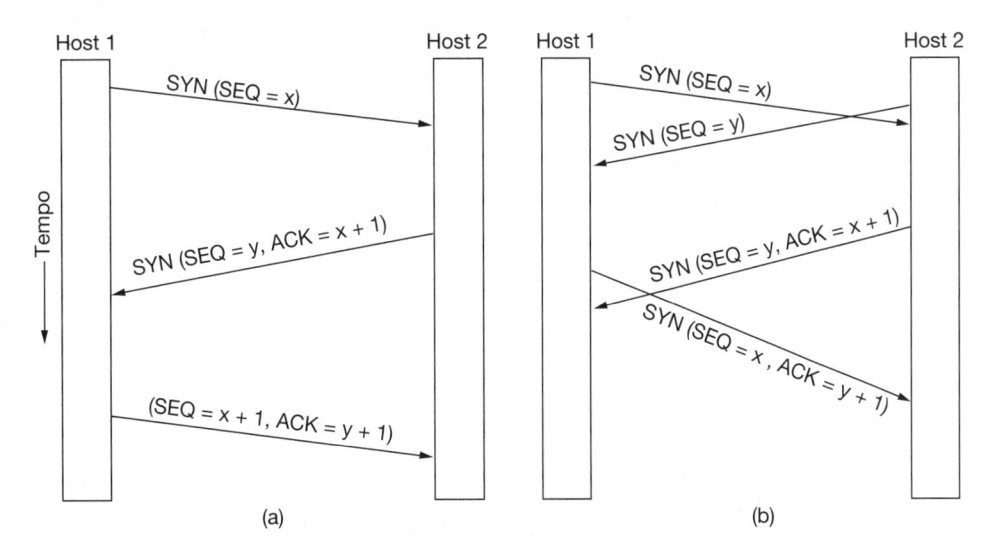

Figura 6.37 (a) Estabelecimento da conexão TCP no caso normal. (b) Estabelecimento de conexão simultâneo nos dois lados.

Web na década de 1990. Agora, já conhecemos algumas formas de nos defender contra ele.

Um modo de proteger contra esse ataque é usar **cookies SYN**. Em vez de lembrar-se do número de sequência, um host escolhe um número de sequência gerado criptograficamente, coloca-o no segmento de saída e se esquece dele. Se o handshake de três vias for concluído, esse número de sequência (mais 1) será retornado para o host. Ele pode então recriar o número de sequência correto executando a mesma função criptográfica, desde que as entradas para essa função sejam conhecidas, por exemplo, o endereço IP e a porta do outro host, e um segredo local. Esse procedimento permite que o host verifique se um número de sequência confirmado está correto sem ter de se lembrar do número de sequência separadamente. Existem alguns problemas, como a incapacidade de lidar com opções do TCP, de modo que os cookies SYN podem ser usados somente quando o host está sujeito a uma inundação de SYN. Contudo, eles são uma guinada interessante no estabelecimento da conexão. Para obter mais informações, consulte a RFC 4987 e Lemon (2002).

6.5.6 Encerramento da conexão TCP

Apesar de as conexões TCP serem full-duplex, fica mais fácil compreender como elas são encerradas se as considerarmos um par de conexões simplex. Cada conexão simplex é encerrada de modo independente de sua parceira. Para encerrar uma conexão, qualquer um dos lados pode enviar um segmento com o bit *FIN* ativado, o que significa que não há mais dados para transmitir. Quando *FIN* é confirmado, essa direção é desativada para novos dados. No entanto, os dados podem continuar a fluir indefinidamente no outro sentido. Quando os dois sentidos da conexão estiverem desativados, ela será encerrada. De modo geral, são necessários quatro segmentos TCP para encerrar uma conexão, isto é, um *FIN* e um *ACK* para cada sentido. Todavia, é possível que o primeiro *ACK* e o segundo *FIN* ocupem o mesmo segmento, o que baixa o número total para três.

A exemplo do que ocorre com as ligações telefônicas em que duas pessoas se despedem e desligam simultaneamente, é possível que as duas extremidades da conexão TCP enviem segmentos *FIN* ao mesmo tempo. Eles são confirmados do modo habitual, e a conexão é desativada. Na verdade, não há nenhuma diferença essencial entre as situações em que os dois hosts encerram a conexão de forma sequencial ou simultânea.

Para evitar que ocorra o problema dos dois exércitos (discutido na Seção 6.2.3), são utilizados timers. Se uma resposta para um *FIN* não chegar no período equivalente a duas vezes o tempo máximo de duração de um pacote, o transmissor do *FIN* encerrará a conexão. Por fim, o outro lado perceberá que não há mais ninguém na escuta e também sofrerá um timeout. Mesmo que essa solução não seja perfeita, pois a solução perfeita é teoricamente impossível, ela terá de bastar. Na prática, os problemas são raros.

6.5.7 Modelagem e gerenciamento de conexões TCP

As etapas necessárias para o estabelecimento e o encerramento de conexões podem ser representadas em uma máquina de estados finitos com os 11 estados mostrados na Figura 6.38. Em cada estado, determinados eventos são válidos. Quando ocorre um evento válido, é possível executar uma ação. Se ocorrer qualquer outro evento, será reportado um erro.

Estado	Descrição
CLOSED	Nenhuma conexão ativa ou pendente
LISTEN	O servidor está esperando a chegada de uma chamada
SYN RCVD	Uma solicitação de conexão chegou; espera por ACK
SYN SENT	A aplicação começou a abrir uma conexão
ESTABLISHED	O estado normal para a transferência de dados
FIN WAIT 1	A aplicação informou que terminou de transmitir
FIN WAIT 2	O outro lado concordou em encerrar
TIME WAIT	Aguarda a entrega de todos os pacotes
CLOSING	Ambos os lados tentaram encerrar a transmissão simultaneamente
CLOSE WAIT	O outro lado deu início a um encerramento
LAST ACK	Aguarda a entrega de todos os pacotes

Figura 6.38 Os estados usados na máquina de estados finitos para o gerenciamento de uma conexão TCP.

Cada conexão começa no estado *CLOSED*. Ela sai desse estado ao executar uma abertura passiva (LISTEN) ou ativa (CONNECT). Se o outro lado executar a primitiva oposta, a conexão será estabelecida e o estado passará a ser *ESTABLISHED*. O encerramento da conexão pode ser iniciado por qualquer um dos lados. Quando é completado, o estado volta a ser *CLOSED*.

A máquina de estados finitos propriamente dita está ilustrada na Figura 6.39. Uma situação comum em que um cliente se conecta ativamente a um servidor passivo é representada pelas linhas mais escuras – a linha contínua para o cliente e a linha tracejada para o servidor. As linhas mais claras representam sequências de eventos incomuns. Cada linha na Figura 6.39 é marcada por um par *evento/ ação*. O evento pode ser uma chamada de sistema iniciada pelo usuário (CONNECT, LISTEN, SEND ou CLOSE),

uma chegada de segmento (*SYN, FIN, ACK* ou *RST*) ou, em um caso único, um período de timeout igual a duas vezes a duração máxima dos pacotes. A ação é o envio de um segmento de controle (*SYN, FIN* ou *RST*) ou nada, indicado por um traço –. Os comentários são mostrados entre parênteses.

O diagrama pode ser mais bem compreendido se seguirmos primeiro o caminho de um cliente (a linha escura contínua) e depois o caminho do servidor (a linha escura tracejada). Quando um programa de aplicação na máquina cliente emite uma solicitação CONNECT, a entidade TCP local cria um registro de conexão, assinala que ela se encontra no estado *SYN SENT* e envia um segmento *SYN*. Observe que muitas conexões podem estar abertas (ou sendo abertas) ao mesmo tempo por várias aplicações; portanto, o estado se refere a cada conexão e é incluído no registro

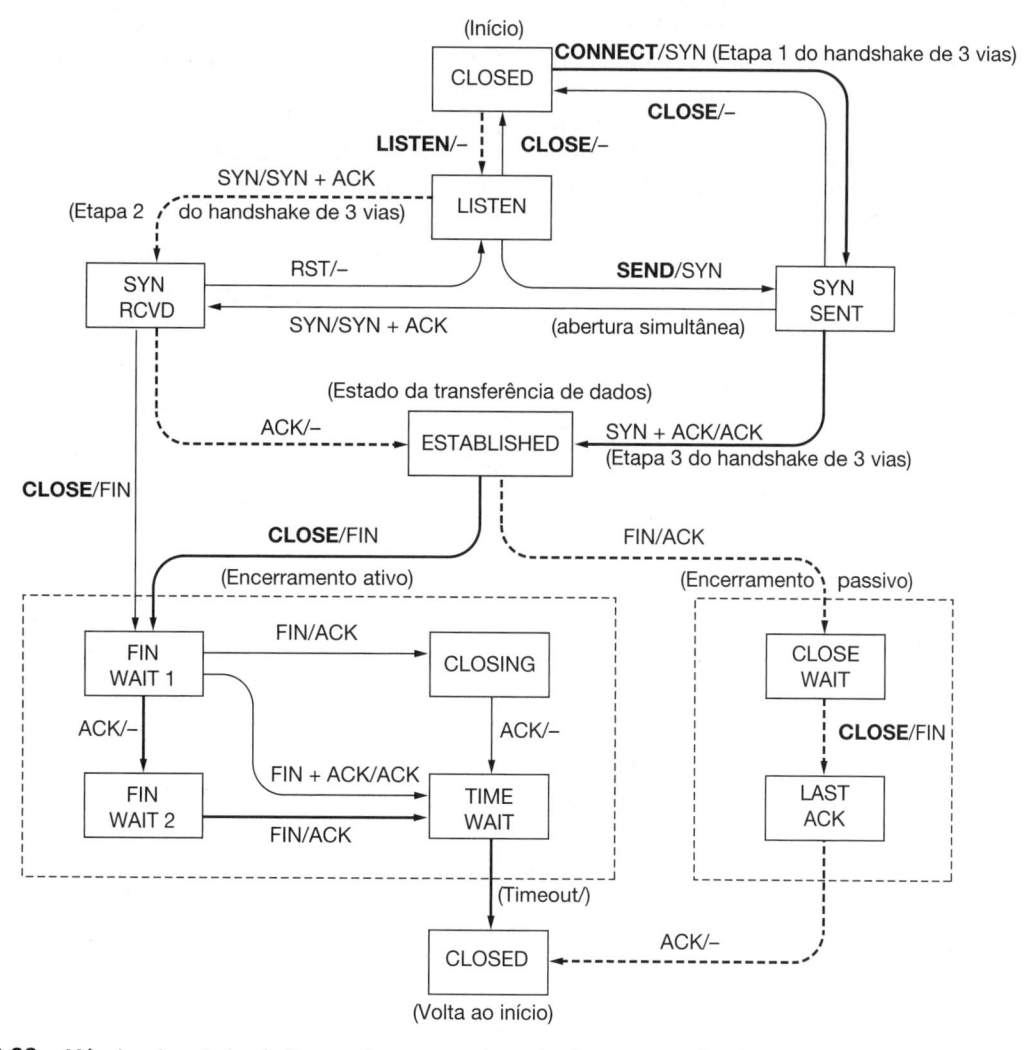

Figura 6.39 Máquina de estados finitos usada no gerenciamento de uma conexão TCP. A linha contínua mais escura representa o caminho normal de um cliente. A linha tracejada mais escura representa o caminho normal de um servidor. As linhas mais finas representam eventos incomuns. Cada transição é identificada pelo evento que a provoca e pela ação resultante dela, separados por uma barra.

de conexões. Quando *SYN + ACK* chegam, o TCP envia o *ACK* final do handshake de três vias e passa para o estado *ESTABLISHED*. Só então os dados podem ser transmitidos e recebidos.

Quando uma aplicação é encerrada, ela executa uma primitiva CLOSE, o que faz a entidade TCP local enviar um segmento *FIN* e aguardar o *ACK* correspondente (o quadro tracejado marca o "encerramento ativo"). Quando *ACK* chega, há uma transição para o estado *FIN WAIT 2* e aquela direção da conexão é desativada. Quando o outro lado também for desativado, chegará um *FIN* que será confirmado. Agora os dois lados estão desativados, mas o TCP aguarda um período equivalente ao tempo máximo de duração de um pacote para ter certeza de que todos os pacotes da conexão foram recebidos, caso alguma confirmação tenha se perdido. Quando o timer expirar, o TCP removerá o registro da conexão.

Examinaremos agora o gerenciamento de conexões do ponto de vista do servidor. Ele executa uma primitiva LISTEN e aguarda para ver quem aparece. Quando um *SYN* chegar, ele será confirmado e o servidor passará para o estado *SYN RCVD*. Quando o *SYN* do servidor for confirmado, o handshake de três vias estará completo e o servidor passará para o estado *ESTABLISHED*. Nesse caso, a transferência de dados já pode ocorrer.

Quando acabar de transmitir seus dados, o cliente executará uma primitiva CLOSE, o que faz um *FIN* chegar ao servidor (o quadro tracejado marca o "encerramento passivo"). Em seguida, o servidor recebe um sinal. Quando ele também executar uma primitiva CLOSE, um *FIN* será enviado ao cliente. Quando a confirmação do cliente for recebida, o servidor encerrará a conexão e apagará o registro da conexão.

6.5.8 Janela deslizante do TCP

Como já dissemos, o gerenciamento de janelas no TCP desvincula as questões de confirmação do recebimento correto dos segmentos da alocação de buffer pelo receptor. Por exemplo, suponha que o receptor tenha um buffer de 4.096 bytes, como ilustra a Figura 6.40. Se o transmissor enviar um segmento de 2.048 bytes e este for recebido de forma correta, o receptor o confirmará. Contudo, como agora ele só tem 2.048 bytes de espaço disponível em seu buffer (até que alguma aplicação retire alguns dados), o receptor anunciará uma janela de 2.048 bytes começando no próximo byte esperado.

Agora, o transmissor envia outros 2.048 bytes, que são confirmados, mas a janela anunciada tem tamanho 0. O transmissor deve parar até que o processo da aplicação

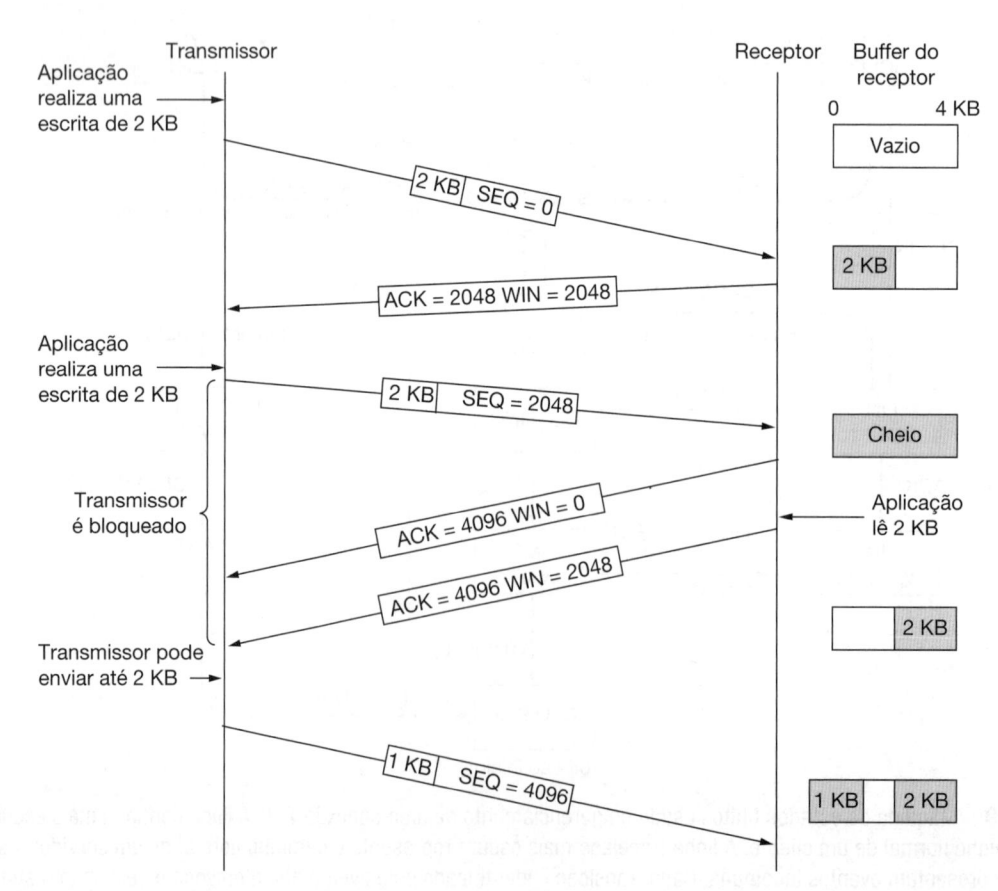

Figura 6.40 Gerenciamento de janelas no TCP.

no host receptor tenha removido alguns dados do buffer, quando o TCP poderá anunciar uma janela maior e mais dados poderão ser enviados.

Quando a janela é 0, o transmissor não pode enviar segmentos da forma como faria sob condições normais, mas há duas exceções. Primeira, os dados urgentes podem ser enviados para, por exemplo, permitir que o usuário encerre o processo executado na máquina remota. Segunda, o transmissor pode enviar um segmento de 1 byte para fazer o receptor anunciar novamente o próximo byte esperado e o tamanho da janela. Esse pacote é chamado de **window probe**. O padrão TCP oferece essa opção de forma explícita para evitar um impasse no caso de uma atualização da janela se perder.

Os transmissores não são obrigados a enviar os dados assim que os recebem da aplicação. Nem os receptores têm a obrigação de enviar as confirmações imediatamente. Por exemplo, na Figura 6.40, quando os primeiros 2 KB de dados chegaram, o TCP, sabendo que havia uma janela de 4 KB disponível, estaria completamente correto se apenas armazenasse os dados no buffer até chegarem outros 2 KB, a fim de poder transmitir um segmento com 4 KB de carga útil. Essa liberdade pode ser explorada para melhorar o desempenho geral.

Considere uma conexão para um terminal remoto, por exemplo, usando SSH ou Telnet, que reage a cada tecla pressionada. Na pior das hipóteses, quando um caractere chega à entidade TCP receptora, o TCP cria um segmento TCP de 21 bytes, que será repassado ao IP para ser enviado como um datagrama IP de 41 bytes. No lado receptor, o TCP envia imediatamente uma confirmação de 40 bytes (20 bytes de cabeçalho TCP e 20 bytes de cabeçalho IP). Mais tarde, quando o terminal remoto tiver lido o byte, o TCP enviará uma atualização da janela, movendo a janela um byte para a direita. Esse pacote também tem 40 bytes. Por último, quando o terminal tiver processado o caractere, ele o ecoará para exibição local usando um pacote de 41 bytes. No total, 162 bytes de largura de banda são utilizados e quatro segmentos são enviados para cada caractere digitado. Quando a largura de banda é escassa, esse método não se mostra uma boa opção.

Uma abordagem usada por muitas implementações do TCP para otimizar essa situação é chamada de **confirmações adiadas**. A ideia é retardar as confirmações e atualizações de janelas durante 500 ms, na esperança de encontrar algum dado que lhes dê "uma carona". Supondo que o terminal ecoe dentro de 500 ms, apenas um pacote de 41 bytes precisará ser retornado ao usuário remoto, reduzindo à metade a contagem de pacotes e o uso da largura de banda.

Embora essa regra reduza a carga imposta à rede pelo receptor, o transmissor ainda estará operando de modo ineficiente, enviando pacotes de 41 bytes que contêm apenas um byte de dados. Uma forma de reduzir esse uso é conhecida como **algoritmo de Nagle** (Nagle, 1984). A sugestão de Nagle é simples: quando os dados chegarem ao transmissor em pequenas partes, basta enviar o primeiro byte e armazenar no buffer todos os outros, até que o byte pendente tenha sido confirmado. Em seguida, envie todos os caracteres armazenados no buffer em um único segmento TCP e comece a armazenar no buffer novamente, até que o próximo segmento seja confirmado. Ou seja, somente um pacote pequeno pode estar pendente a qualquer momento. Se muitas partes dos dados forem enviadas pela aplicação em um tempo de ida e volta, o algoritmo de Nagle colocará as muitas partes em um segmento, reduzindo bastante a largura de banda utilizada. O algoritmo diz ainda que um novo segmento deveria ser enviado se vários dados completassem um segmento máximo.

O algoritmo de Nagle é muito utilizado por implementações TCP, mas há ocasiões em que é melhor desativá-lo. Em particular, em jogos interativos executados na Internet, os jogadores normalmente desejam um fluxo rápido de pequenos pacotes de atualização. Reunir as atualizações para enviá-las em rajadas faz o jogo responder indevidamente, o que deixa os usuários insatisfeitos. Um problema mais sutil é que o algoritmo de Nagle às vezes pode interagir com confirmações adiadas e causar um impasse temporário: o receptor espera por dados nos quais pode enviar uma confirmação de carona, e o transmissor espera a confirmação para enviar mais dados. Essa interação pode adiar os downloads de páginas Web. Devido a esses problemas, o algoritmo de Nagle pode ser desativado (uma opção chamada *TCP_NODELAY*). Mogul e Minshall (2001) discutem essa e outras soluções.

Outro problema que pode arruinar o desempenho do TCP é a **síndrome do janelamento inútil** (Clark, 1982). Esse problema ocorre quando os dados são passados para a entidade TCP transmissora em grandes blocos, mas uma aplicação interativa no lado receptor lê os dados apenas um byte por vez. Para entender a situação, observe a Figura 6.41. Inicialmente, o buffer TCP no lado receptor está cheio (ou seja, ele tem uma janela de tamanho 0) e o transmissor sabe disso. Em seguida, uma aplicação interativa lê um caractere do fluxo TCP. Essa ação faz o TCP receptor ficar satisfeito e enviar uma atualização da janela ao transmissor, informando que ele pode enviar 1 byte. O transmissor agradece e envia 1 byte. Agora, o buffer se enche outra vez; portanto, o receptor confirma o segmento de 1 byte e atribui o valor 0 ao tamanho da janela. Esse comportamento pode durar para sempre.

A solução apresentada por Clark é evitar que o receptor envie uma atualização da janela de 1 byte. Em vez disso, ele é forçado a aguardar até que haja um espaço considerável na janela para anunciar o fato. Para ser mais específico, o receptor não deve enviar uma atualização da janela até que possa lidar com o tamanho máximo do segmento que anunciou quando a conexão foi estabelecida, ou até que seu buffer esteja com metade de sua capacidade livre; o que for menor. Além disso, o transmissor também pode ajudar não enviando segmentos muito pequenos. Em vez disso, deve

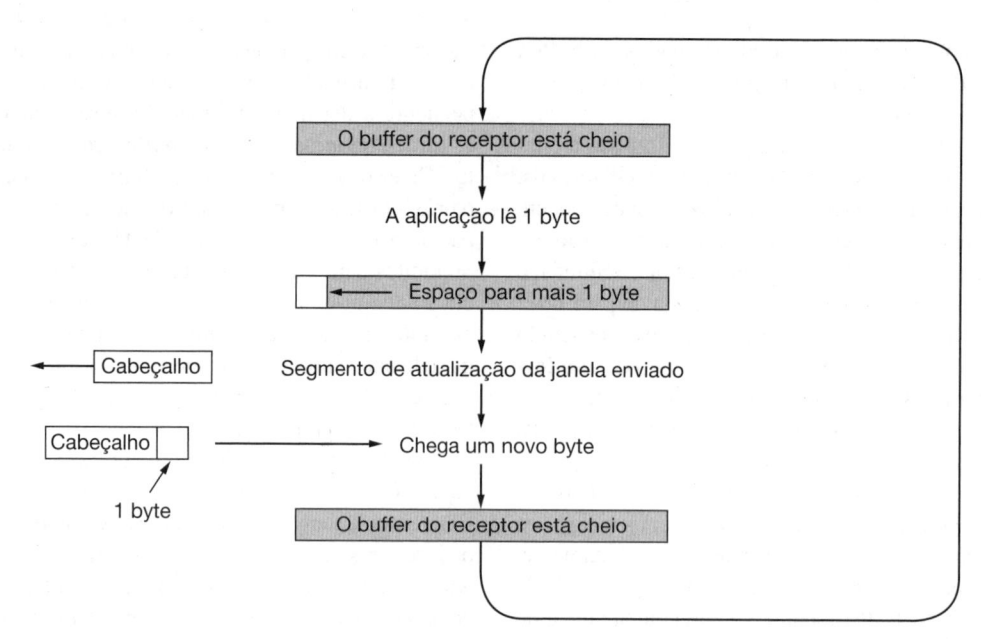

Figura 6.41 Síndrome do janelamento inútil.

tentar aguardar até que possa enviar um segmento inteiro ou pelo menos um que contenha dados equivalentes à metade da capacidade do buffer no lado receptor.

O algoritmo de Nagle e a solução de Clark para a síndrome do janelamento inútil são complementares. Nagle tentava resolver o problema causado pelo fato de a aplicação transmissora entregar dados ao TCP um byte por vez. Já Clark tentava acabar com o problema criado pelo fato de a aplicação receptora retirar os dados do TCP um byte por vez. Ambas as soluções são válidas e podem funcionar juntas. O objetivo é evitar que o transmissor envie segmentos pequenos e que o receptor tenha de solicitá-los.

O TCP receptor pode fazer mais para melhorar o desempenho da rede do que apenas realizar a atualização das janelas em unidades grandes. Assim como o TCP transmissor, ele também tem a capacidade de armazenar dados em buffer, portanto, pode bloquear uma solicitação READ da aplicação até ter um bom volume de dados a oferecer. Isso reduz o número de chamadas ao TCP (e também o overhead). Isso também aumenta o tempo de resposta, no entanto, para aplicações não interativas, como a transferência de arquivos, a eficiência pode ser mais importante que o tempo de resposta a solicitações individuais.

Outro problema para o receptor é o que fazer com os segmentos que chegam fora de ordem. O receptor armazenará os dados em buffer até que possam ser passados para a aplicação em ordem. Na realidade, nada de ruim aconteceria se os segmentos fora de ordem fossem descartados, pois eles por fim seriam retransmitidos pelo transmissor, mas isso seria um desperdício.

As confirmações só podem ser enviadas quando todos os dados até o byte confirmado tiverem sido recebidos. Isso é chamado de confirmação acumulativa. Se o receptor receber os segmentos 0, 1, 2, 4, 5, 6 e 7, ele poderá confirmar tudo até o último byte do segmento 2, inclusive. Quando o transmissor sofrer um timeout, ele retransmitirá o segmento 3. Se tiver armazenado os segmentos de 4 a 7, o receptor poderá, ao receber o segmento 3, confirmar todos os bytes até o fim do segmento 7.

6.5.9 Gerenciamento de timers do TCP

O TCP utiliza vários timers (pelo menos conceitualmente) para realizar seu trabalho. O mais importante deles é o de retransmissão, ou **RTO** (**Retransmission Timeout**). Quando um segmento é enviado, um timer de retransmissão é iniciado. Se o segmento for confirmado antes de o timer expirar, ele será interrompido. Contudo, se o timer expirar antes de a confirmação chegar, o segmento será retransmitido (e o timer disparado mais uma vez). Com isso, surge a seguinte pergunta: qual deve ser esse período de tempo?

Esse problema é muito mais difícil na camada de transporte do que nos protocolos de enlace de dados, como o 802.11. Nesse último caso, o atraso esperado é medido em microssegundos e é altamente previsível (ou seja, tem pouca variância), de modo que o timer pode ser definido para expirar pouco depois da confirmação esperada, como mostra a Figura 6.42(a). Como as confirmações raramente são adiadas na camada de enlace de dados (devido à falta de congestionamento), a ausência de uma confirmação no momento esperado geralmente significa que ou o quadro ou a confirmação foram perdidos.

O TCP encontra um ambiente radicalmente distinto. A função densidade de probabilidade para o tempo gasto para uma confirmação TCP voltar é mais semelhante à

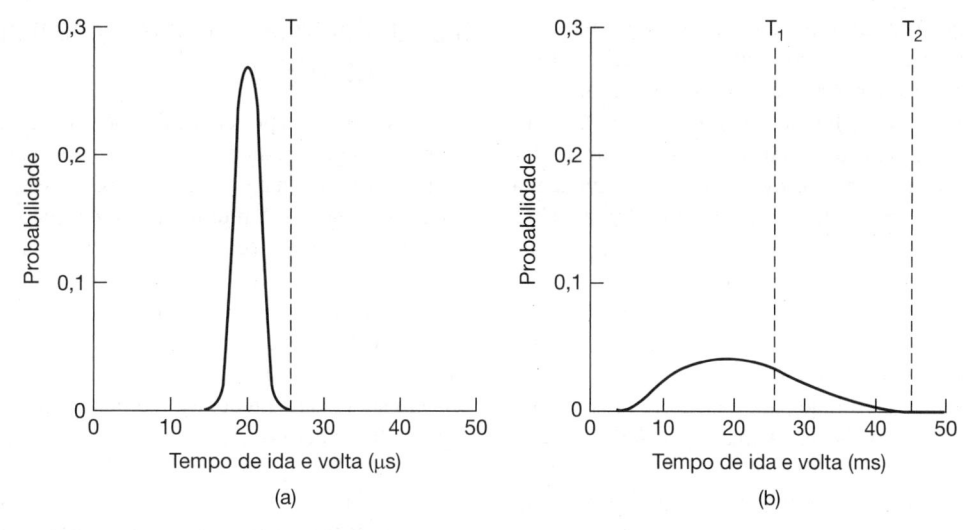

Figura 6.42 (a) Densidade de probabilidade de tempos de chegada de confirmações na camada de enlace de dados. (b) Densidade de probabilidade de tempos de chegada de confirmações para o TCP.

Figura 6.42(b) do que à Figura 6.42(a). Ela é maior e mais variável. Determinar o tempo de ida e volta ao destino é complicado. Mesmo quando é conhecido, decidir sobre o intervalo de tempo também é difícil. Se o período de tempo for muito curto, digamos T_1 na Figura 6.42(b), haverá retransmissões desnecessárias, enchendo a Internet com pacotes inúteis. Se ele for muito longo (p. ex., T_2), o desempenho sofrerá devido ao longo atraso de retransmissão sempre que o pacote se perder. Além do mais, a média e a variância da distribuição de chegada da confirmação podem mudar rapidamente dentro de alguns segundos, enquanto o congestionamento se acumula ou é resolvido.

A solução é usar um algoritmo dinâmico que adapte constantemente o intervalo de tempo, com base em medições contínuas do desempenho da rede. O algoritmo geralmente usado pelo TCP é atribuído a Jacobson (1988) e funciona da seguinte forma: para cada conexão, o TCP mantém uma variável, *SRTT* (Smoothed Round-Trip Time), que é a melhor estimativa atual do tempo de ida e volta até o destino em questão. Quando um segmento é enviado, um timer é iniciado, tanto para ver quanto tempo a confirmação leva como também para disparar uma retransmissão se o tempo for muito longo. Se a confirmação retornar antes de o timer expirar, o TCP mede o tempo gasto para a confirmação, digamos, *R*. Depois, ele atualiza o *SRTT* de acordo com a fórmula

$$SRTT = \alpha\, SRTT + (1 - \alpha)\, R$$

onde α é um fator de nivelamento que determina a rapidez com que os valores antigos são esquecidos. Normalmente, $\alpha = 7/8$. Esse tipo de fórmula é uma média móvel ponderada exponencialmente, ou **EWMA (Exponentially Weighted Moving Average)**, ou filtro passa-baixa, que descarta o ruído nas amostras.

Mesmo com um bom valor de *SRTT*, escolher um período de tempo de retransmissão adequado é uma questão não trivial. As implementações iniciais do TCP usavam $2xRTT$, mas a experiência mostrou que um valor constante era muito inflexível, pois deixava de responder quando a variância subia. Em particular, modelos de enfileiramento de tráfego aleatório (ou seja, de Poisson) preveem que, quando a carga se aproxima de sua capacidade, o atraso se torna grande e altamente variável. Isso pode fazer o timer de retransmissão disparar e uma cópia do pacote ser retransmitida, embora o pacote original ainda esteja transitando na rede. Isso é mais provável que aconteça sob condições de alta carga, que é o pior momento para enviar pacotes adicionais para a rede.

Para resolver esse problema, Jacobson propôs tornar o valor do período de tempo sensível à variância nos tempos de ida e volta, bem como o tempo de ida e volta nivelado. Essa mudança exige registrar outra variável nivelada, *RTTVAR* (Round-Trip Time VARiation), que é atualizada usando-se a fórmula:

$$RTTVAR = \beta\, RTTVAR + (1 - \beta)\, |SRTT - R|$$

Esta é uma média EWMA, como antes, e normalmente $\beta = 3/4$. O período de tempo de retransmissão, *RTO*, é definido como

$$RTO = SRTT + 4 \times RTTVAR$$

A escolha do fator 4 é de certa forma arbitrária, mas a multiplicação por 4 pode ser feita em um único deslocamento, e menos de 1% de todos os pacotes vem atrasado com um desvio padrão maior que quatro. Observe que a *RTTVAR* não é exatamente o mesmo que o desvio padrão (na realidade, é o desvio da média), mas na prática é bastante próxima. O artigo de Jacobson está repleto de truques inteligentes para calcular os períodos de tempo usando apenas somas, subtrações e deslocamentos de inteiros. Essa economia agora não é necessária para os hosts modernos, mas se tornou parte da cultura que permite que o TCP funcione em todos os tipos de dispositivos, desde supercomputadores até pequenos dispositivos. Até agora, ninguém a incluiu em um chip de RFID, mas quem sabe algum dia?

Outros detalhes sobre como calcular esse período de tempo, incluindo os valores iniciais das variáveis, são dados na RFC 2988. O timer de retransmissão também é mantido em um mínimo de 1 segundo, independentemente das estimativas. Esse é um valor conservador (embora empírico, de certa forma), escolhido para impedir retransmissões falsas, com base nas medições (Allman e Paxson, 1999).

Um problema que ocorre com a coleta das amostras, R, do tempo de ida e volta, é o que fazer quando um segmento expira seu período de tempo e é enviado novamente. Quando a confirmação chega, não fica claro se ela se refere à primeira transmissão ou a alguma outra. A decisão errada pode contaminar seriamente o período de tempo de retransmissão. Phil Karn descobriu esse problema pelo modo mais difícil. Karn é um radioamador interessado em transmitir pacotes TCP/IP via radioamador, um meio notoriamente não confiável. Ele fez uma proposta simples: não atualizar as estimativas sobre quaisquer segmentos que tiverem sido retransmitidos. Além disso, o período de tempo é dobrado a cada retransmissão bem-sucedida, até que os segmentos passem pela primeira vez. Esse reparo é chamado de **algoritmo de Karn** (Karn e Partridge, 1987) e a maioria das implementações do TCP o utiliza.

O timer de retransmissão não é o único que o TCP utiliza. Um segundo timer é o **timer de persistência**. Ele é projetado para impedir o impasse a seguir: o receptor envia uma confirmação com um tamanho de janela 0, dizendo ao transmissor para esperar. Mais tarde, o receptor atualiza a janela, mas o pacote com a atualização se perde. Agora, o transmissor e o receptor estão esperando que o outro faça algo. Quando o timer de persistência expira, o transmissor envia uma consulta ao receptor. A resposta dessa consulta indica o tamanho da janela. Se ainda for 0, o timer de persistência é definido novamente e o ciclo se repete. Se for diferente de zero, os dados agora podem ser enviados.

O terceiro timer que algumas implementações utilizam é o **timer keepalive**. Quando uma conexão estiver ociosa por muito tempo, o timer keepalive pode expirar e fazer um lado verificar se o outro lado ainda está lá. Se ele não responder, a conexão é encerrada. Esse recurso é discutível, pois aumenta o overhead e pode terminar uma conexão ativa devido a uma interrupção transitória da rede.

O último timer usado em cada conexão TCP é aquele usado no estado *TIME WAIT* durante o encerramento. Ele usa o dobro do tempo de vida máximo do pacote para garantir que, quando uma conexão for fechada, todos os pacotes criados por ela terão expirado.

6.5.10 Controle de congestionamento do TCP

Deixamos uma das principais funções do TCP para o final: o controle de congestionamento. Quando a carga oferecida a qualquer rede é maior que sua capacidade, acontece um congestionamento. A Internet não é exceção a essa regra. A camada de rede detecta o congestionamento quando as filas se tornam grandes nos roteadores e tenta gerenciá-lo, mesmo que apenas descartando pacotes. Cabe à camada de transporte receber o feedback do congestionamento da camada de rede e diminuir a velocidade do tráfego que está enviando para a rede. Na Internet, o TCP desempenha o principal papel no controle do congestionamento, bem como no transporte confiável. É por isso que esse protocolo é tão especial.

Abordamos a situação geral do controle de congestionamento na Seção 6.3. Um detalhe importante foi que um protocolo de transporte usando uma lei de controle AIMD em resposta aos sinais de congestionamento binários da rede convergiria para uma alocação de largura de banda imparcial e eficiente. O controle de congestionamento do TCP é baseado na implementação dessa técnica usando uma janela e com perda de pacotes como sinal binário. Para fazer isso, o TCP mantém uma **janela de congestionamento** cujo tamanho é o número de bytes que o transmissor pode ter na rede a qualquer momento. A velocidade correspondente é o tamanho da janela dividido pelo tempo de ida e volta da conexão. O TCP ajusta o tamanho da janela de acordo com a regra AIMD.

Lembre-se de que a janela de congestionamento é mantida *além* da janela de controle de fluxo, que especifica o número de bytes que o receptor pode armazenar em buffer. As duas janelas são acompanhadas em paralelo, e o número de bytes que pode ser enviado é a menor das duas janelas. Assim, a janela efetiva é o menor entre o que o transmissor e o receptor pensam ser o correto. Se um não quer, dois não brigam. O TCP deixará de enviar dados se a janela de congestionamento ou a janela de controle de fluxo estiverem temporariamente cheias. Se o receptor disser "envie 64 KB", mas o transmissor souber que rajadas de mais de 32 KB entopem a rede, ele enviará 32 KB. Se o receptor disser "envie 64 KB" e o transmissor souber que rajadas de até 128 KB são enviadas sem nenhum esforço, ele enviará os 64 KB solicitados. A janela de controle de fluxo foi descrita anteriormente, e a seguir descreveremos apenas a janela de congestionamento.

O controle de congestionamento moderno foi acrescentado ao TCP em grande parte por meio dos esforços de Van Jacobson (1988). Essa é uma história fascinante. A partir de 1986, a popularidade crescente da Internet levou à primeira ocorrência do que passou a ser conhecido como **colapso de congestionamento**, um período prolongado durante o qual o goodput caiu bruscamente (ou seja, por um fator de mais de 100) devido ao congestionamento na rede. Jacobson e muitos outros se propuseram a entender o que estava acontecendo a fim de remediar a situação.

O reparo de alto nível que Jacobson implementou foi aproximar uma janela de congestionamento AIMD. A parte interessante, e grande parte da complexidade do controle de congestionamento do TCP, é como ele acrescentou isso a uma implementação existente sem alterar nenhum formato de mensagem, tornando-o instantaneamente implementável. Para começar, ele observou que a perda de pacotes é um sinal adequado de congestionamento. Esse sinal chega um pouco tarde (quando a rede já está congestionada), mas é bastante confiável. Afinal, é difícil montar um roteador que não descarte pacotes quando está sobrecarregado. Esse fato provavelmente não mudará. Mesmo quando aparecerem memórias de terabytes para manter grandes quantidades de pacotes em buffer, provavelmente teremos redes de terabits/s para preencher essas memórias.

Todavia, usar a perda de pacotes como um sinal de congestionamento depende de os erros de transmissão serem relativamente raros. Isso normalmente não acontece para redes sem fio, como 802.11, motivo pelo qual elas incluem seu próprio mecanismo de retransmissão na camada de enlace. Devido às retransmissões sem fio, a perda de pacotes da camada de rede normalmente é mascarada nessas redes. Ela também é rara em outros enlaces, pois os fios e as fibras ópticas normalmente têm baixas taxas de erro de bit.

Todos os algoritmos TCP da Internet consideram que os pacotes perdidos são causados por congestionamento e monitoram os períodos de tempo, procurando sinais de problemas da forma como os mineiros observam seus canários. É preciso que haja um bom timer de retransmissão para detectar sinais de perda de pacotes com precisão e em tempo. Já discutimos como o timer de retransmissão do TCP inclui estimativas da média e variação nos tempos de ida e volta. Consertar esse timer, incluindo um fator de variação, foi um passo importante no trabalho de Jacobson. Dado um bom período de tempo de retransmissão, o transmissor TCP pode acompanhar o número de bytes pendentes, que estão sobrecarregando a rede. Ele simplesmente observa a diferença entre os números de sequência que são transmitidos e confirmados.

Agora, parece que nossa tarefa é fácil. Tudo o que precisamos fazer é acompanhar a janela de congestionamento, usando números de sequência e confirmação, e ajustá-la usando uma regra AIMD. Como você poderia esperar, a coisa é mais complicada. Uma consideração inicial é que o modo como os pacotes são enviados para a rede, até mesmo por pequenos períodos de tempo, deve corresponder ao caminho da rede. Caso contrário, o tráfego causará congestionamento. Por exemplo, considere um host com uma janela de congestionamento de 64 KB conectado a uma Ethernet comutada de 1 Gbps. Se o host enviar a janela inteira ao mesmo tempo, essa rajada de tráfego poderá passar por uma linha ADSL lenta de 1 Mbps mais adiante no caminho. A rajada que levava meio milissegundo na linha de 1 Gbps prenderá a linha de 1 Mbps por meio segundo, tumultuando completamente protocolos como o VoIP. Esse comportamento poderia ser uma boa ideia em um protocolo projetado para causar congestionamento, mas não em um protocolo para controlá-lo.

Entretanto, acontece que podemos usar pequenas rajadas de pacotes para o nosso proveito. A Figura 6.43 mostra o que acontece quando um transmissor em uma rede rápida (o enlace de 1 Gpbs) envia uma pequena rajada de quatro pacotes para um receptor em uma rede lenta (o enlace de 1 Mbps), que é o gargalo ou a parte mais lenta do caminho. Inicialmente, os quatro pacotes atravessam o enlace o mais rapidamente quanto o transmissor puder enviá-los. No roteador, eles são enfileirados enquanto são enviados, pois leva mais tempo para enviar um pacote pelo enlace lento do que para receber o próximo pacote pelo enlace rápido. Mas a fila não é grande, pois somente um pequeno número de pacotes foi enviado ao mesmo tempo. Observe o maior tamanho dos pacotes no enlace lento. O mesmo pacote, digamos, de 1 KB, agora é maior, pois leva mais tempo para ser enviado em um enlace lento do que em um enlace rápido.

Por fim, os pacotes chegam ao receptor, onde são confirmados. Os tempos para as confirmações refletem os tempos em que os pacotes chegaram ao receptor depois de cruzar o enlace lento. Eles são espalhados em comparação com os pacotes originais no enlace rápido. À medida que essas confirmações trafegam pela rede e retornam ao transmissor, elas preservam esse tempo.

A observação principal é esta: as confirmações retornam ao transmissor aproximadamente na velocidade em que os pacotes podem ser enviados pelo enlace mais lento no caminho. Essa é exatamente a velocidade que o transmissor deseja usar. Se ele injetar novos pacotes na

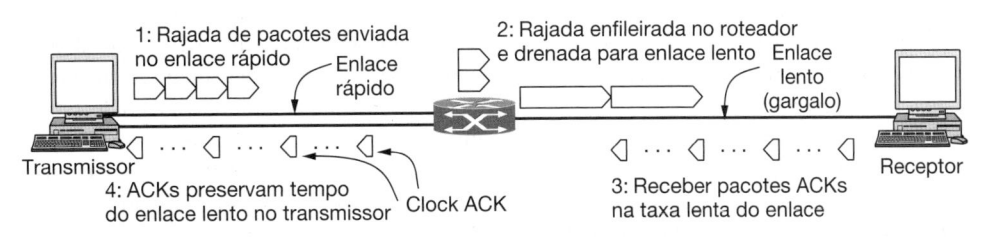

Figura 6.43 Uma rajada de pacotes de um transmissor e o clock ACK retornando.

rede nessa velocidade, eles serão enviados na velocidade que o enlace mais lento permite, mas não ficarão enfileirados nem congestionarão nenhum roteador ao longo do caminho. Esse esquema de temporização é conhecido como **clock ACK**. Essa é uma parte essencial do TCP. Usando um clock ACK, o TCP nivela o tráfego e evita filas desnecessárias nos roteadores.

A segunda consideração é que a regra AIMD levará um tempo muito grande para alcançar um bom ponto de operação em redes rápidas se a janela de congestionamento for iniciada a partir de um tamanho pequeno. Considere uma rede modesta que pode dar suporte a 10 Mbps com um RTT de 100 ms. A janela de congestionamento apropriada é o produto largura de banda-atraso, que é 1 Mbit ou 100 pacotes de 1.250 bytes cada um. Se a janela de congestionamento começar em 1 pacote e aumentar em 1 pacote a cada RTT, ela será de 100 RTTs ou 10 segundos antes que a conexão esteja rodando na velocidade correta. Esse é um longo tempo a esperar só para chegar à velocidade certa para uma transferência. Poderíamos reduzir esse tempo inicial começando com uma janela inicial maior, digamos, de 50 pacotes. Mas essa janela seria muito grande para enlaces lentos ou curtos. Isso causaria congestionamento se fosse usado tudo ao mesmo tempo, conforme acabamos de descrever.

Em vez disso, a solução que Jacobson achou para lidar com essas duas considerações é uma mistura de aumento linear e multiplicativo. Quando a conexão é estabelecida, o transmissor inicia a janela de congestionamento em um valor inicial pequeno de, no máximo, quatro segmentos; os detalhes são descritos na RFC 3390, e o uso de quatro segmentos é um aumento de um segmento a partir do valor inicial, com base na experiência. O transmissor então envia a janela inicial. Os pacotes levarão um tempo de ida e volta para ser confirmados. Para cada segmento que é confirmado antes de o timer de retransmissão expirar, o transmissor soma os bytes correspondentes a um segmento na janela de congestionamento. Além disso, quando esse segmento tiver sido confirmado, existe um a menos na rede. O resultado é que cada segmento confirmado permite que mais dois sejam enviados. A janela de congestionamento está dobrando a cada tempo de ida e volta.

Esse algoritmo é chamado de **partida lenta**, mas não é nada lento – ele tem crescimento exponencial –, exceto em comparação com o algoritmo anterior, que permitia que uma janela de controle de fluxo inteira fosse enviada ao mesmo tempo. A partida lenta pode ser vista na Figura 6.44. No primeiro tempo de ida e volta, o transmissor injeta um pacote na rede (e o receptor recebe um pacote). Dois pacotes são enviados no próximo tempo de ida e volta, depois quatro pacotes no terceiro tempo de ida e volta.

A partida lenta funciona bem para uma faixa de velocidades de enlace e tempos de ida e volta e utiliza um clock ACK para combinar a velocidade do transmissor com o caminho na rede. Dê uma olhada no modo como as confirmações retornam do transmissor ao receptor na Figura 6.44.

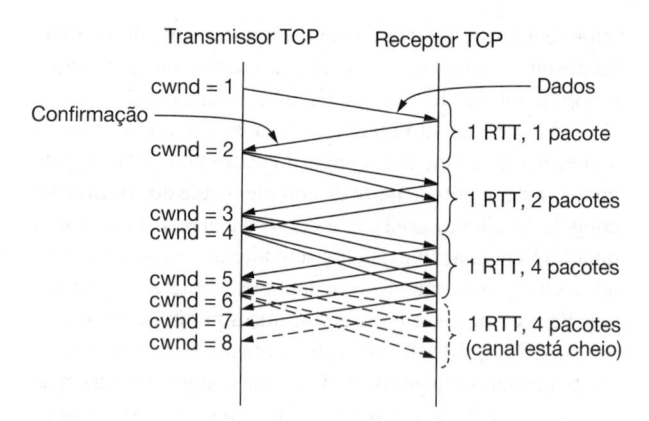

Figura 6.44 Partida lenta de uma janela de congestionamento inicial de um segmento.

Quando o transmissor recebe uma confirmação, ele aumenta a janela de congestionamento em um e imediatamente envia dois pacotes para a rede. (Um pacote é o aumento de um; o outro pacote é um substituto para o pacote que foi confirmado e saiu da rede. Em todo o tempo, o número de pacotes confirmados é dado pela janela de congestionamento.) Porém, esses dois pacotes não necessariamente chegarão ao receptor tão próximos um do outro quanto foram enviados. Por exemplo, suponha que o transmissor esteja em uma Ethernet de 100 Mbps. Cada pacote de 1.250 bytes leva 100 μs para ser enviado. Assim, o atraso entre eles pode ser tão pequeno quanto 100 μs. A situação muda se esses pacotes atravessarem um enlace ADSL de 1 Mbps durante o caminho. Agora, são gastos 10 ms para enviar o mesmo pacote. Isso significa que o espaçamento mínimo entre os dois pacotes aumentou por um fator de 100. A menos que os pacotes tenham que esperar juntos em uma fila de um enlace mais adiante, o espaçamento continuará sendo grande.

Na Figura 6.44, esse esforço é mostrado impondo-se um espaçamento mínimo entre os pacotes de dados que chegam ao receptor. O mesmo espaçamento é mantido quando o receptor envia confirmações e, consequentemente, quando o transmissor as recebe. Se o caminho da rede for lento, as confirmações chegarão lentamente (após um atraso de um RTT). Se o caminho da rede for rápido, as confirmações chegarão rapidamente (novamente, após o RTT). Tudo o que o transmissor precisa fazer é seguir o tempo do clock ACK enquanto injeta novos pacotes, que é o que a partida lenta faz.

Como a partida lenta causa crescimento exponencial, em algum momento (mas não muito depois) ela enviará muitos pacotes para a rede muito rapidamente. Quando isso acontece, as filas se acumulam na rede. Quando as filas estiverem cheias, um ou mais pacotes serão perdidos. Depois que isso acontecer, o transmissor TCP expirará seu período de tempo quando uma confirmação não chegar em tempo. Na Figura 6.44, há evidência de um crescimento muito rápido da partida lenta. Depois de três RTTs, quatro pacotes estão na rede. Eles usam um RTT inteiro para chegar ao receptor. Ou seja, uma janela de congestionamento de quatro pacotes tem o tamanho certo para essa conexão. Contudo, à medida que esses pacotes são confirmados, a partida lenta continua a aumentar a janela de congestionamento, alcançando oito pacotes em outro RTT. Apenas quatro deles podem alcançar o receptor em um RTT, não importa quantos sejam enviados; ou seja, o canal da rede está cheio. Pacotes adicionais colocados na rede pelo transmissor se acumularão nas filas do roteador, pois não podem ser entregues ao receptor com rapidez suficiente. Logo, haverá congestionamento e perda de pacotes.

Para conservar a partida lenta sob controle, o transmissor mantém um limite para a conexão chamado **limite de partida lenta**. Inicialmente, isso é definido com um valor arbitrariamente alto, com o tamanho da janela de controle de fluxo, de modo que não limitará a conexão. O TCP continua aumentando a janela de congestionamento na partida lenta até que um período de tempo expire ou a janela de congestionamento ultrapasse o limite (ou a janela do receptor esteja cheia).

Sempre que uma perda de pacote é detectada, por exemplo, por um timeout, o limite de partida lenta é definido para a metade da janela de congestionamento e o processo inteiro é reiniciado. A ideia é que a janela atual é muito grande, pois causou um congestionamento anteriormente que só agora foi detectado por um timeout. Metade da janela, que foi usada com sucesso em um momento anterior, provavelmente é uma melhor estimativa para uma janela de congestionamento que está próxima da capacidade do caminho, mas não causará perda. Em nosso exemplo da Figura 6.44, aumentar a janela de congestionamento para oito pacotes pode causar perda, enquanto a janela de congestionamento de quatro pacotes no RTT anterior foi o valor correto. A janela de congestionamento, então, retorna ao seu valor mínimo inicial e a partida lenta é retomada.

Sempre que o limite de partida lenta é ultrapassado, o TCP passa de partida lenta para aumento aditivo. Nesse modo, a janela de congestionamento é aumentada em um segmento a cada tempo de ida e volta. Assim como a partida lenta, isso normalmente é implementado com um aumento para cada segmento que é confirmado, em vez de um aumento único por RTT. Sejam a janela de congestionamento *cwnd* e o tamanho máximo de segmento *MSS*. Uma aproximação comum é aumentar *cwnd* em ($MSS \times MSS$)/*cwnd* para cada um dos *cwnd*/*MSS* pacotes que podem ser confirmados. Esse aumento não precisa ser rápido. A ideia completa é que uma conexão TCP gaste muito tempo com sua janela de congestionamento próxima do valor ideal – não tão pequeno para que a vazão seja baixa, nem tão grande para que ocorra congestionamento.

O aumento aditivo aparece na Figura 6.45 para a mesma situação da partida lenta. Ao final de cada RTT, a janela de congestionamento do transmissor terá crescido o suficiente para que possa injetar um pacote adicional na rede.

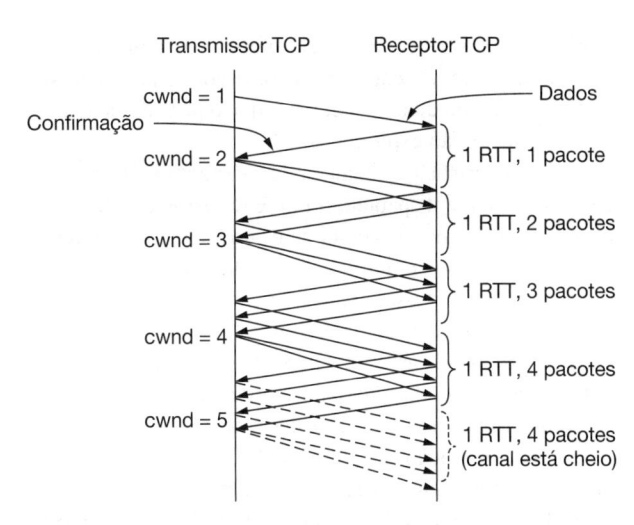

Figura 6.45 Aumento aditivo a partir de uma janela de congestionamento inicial de um segmento.

Em comparação com a partida lenta, a taxa de crescimento linear é muito mais lenta. Ela faz pouca diferença para janelas de congestionamento pequenas, como acontece aqui, mas uma diferença grande no tempo gasto para aumentar a janela de congestionamento para 100 segmentos, por exemplo.

Há mais uma coisa que podemos fazer para melhorar o desempenho. O defeito no esquema até aqui é esperar por um timeout. Os períodos de tempo são relativamente longos, pois precisam ser conservadores. Após a perda de um pacote, o receptor não pode confirmar além dele, de modo que o número de confirmação permanecerá fixo, e o transmissor não poderá enviar novos pacotes para a rede, pois sua janela de congestionamento permanece cheia. Essa condição pode continuar por um período relativamente longo, até que o timer seja disparado e o pacote perdido seja retransmitido. Nesse estágio, o TCP inicia novamente a partida lenta.

Há um modo rápido para o transmissor reconhecer que um de seus pacotes se perdeu. Quando os pacotes além do pacote perdido chegam ao receptor, eles disparam confirmações que retornam ao transmissor. Essas confirmações contêm o mesmo número de confirmação. Elas são chamadas **confirmações duplicadas**. Toda vez que o transmissor as recebe, é provável que outro pacote tenha chegado ao receptor e o pacote perdido ainda não tenha aparecido.

Como os pacotes podem tomar caminhos diferentes pela rede, eles podem chegar fora de ordem. Isso disparará confirmações duplicadas, embora nenhum pacote tenha sido perdido. Contudo, isso é raro na Internet na maior parte do tempo. Quando existe reordenação por vários caminhos, os pacotes recebidos normalmente não são reordenados em demasia. Assim, o TCP, de uma forma bastante arbitrária, considera que três confirmações duplicadas significam que um pacote foi perdido. A identidade do pacote perdido também pode ser deduzida pelo número de confirmação. Ele é o próximo na sequência. Esse pacote pode então ser retransmitido imediatamente, antes que o período de tempo para retransmissão expire.

Essa heurística é chamada de **retransmissão rápida**. Depois que ela é disparada, o limite de partida lenta ainda está definido como metade da janela de congestionamento atual, assim como em um timeout. A partida lenta pode ser reiniciada definindo-se a janela de congestionamento para um pacote. Com essa janela de congestionamento, um novo pacote será enviado após um tempo de ida e volta que é gasto para confirmar o pacote retransmitido junto com todos os dados que foram enviados antes que a perda fosse detectada.

Uma ilustração do algoritmo de congestionamento que criamos até aqui aparece na Figura 6.46. Essa versão do TCP é chamada de TCP Tahoe, devido à versão 4.2BSD Tahoe em que ela foi incluída, em 1988. O tamanho máximo do segmento aqui é 1 KB. Inicialmente, a janela de congestionamento era de 64 KB, mas houve um timeout, de modo que o limite é definido como 32 KB e a janela de congestionamento para 1 KB para a transmissão 0. A janela de congestionamento cresce exponencialmente até atingir o limite (32 KB). A janela aumenta toda vez que uma nova confirmação chega, e não de forma contínua, o que leva ao padrão descontínuo em escada. Após o limite ser ultrapassado, a janela cresce linearmente. Ela aumenta em um segmento a cada RTT.

As transmissões na rodada 13 não têm sorte (elas deveriam saber disso), e uma delas se perde na rede. Isso é detectado quando chegam três confirmações duplicadas. Nesse momento, o pacote perdido é retransmitido, o limite é definido para metade da janela atual (no momento, 40 KB, de modo que a metade é 20 KB) e a partida lenta é iniciada novamente. Reiniciar com uma janela de congestionamento de um pacote exige um tempo de ida e volta para todos os dados previamente transmitidos saírem da rede e serem confirmados, incluindo o pacote retransmitido. A janela de congestionamento cresce com a partida lenta, como fazia anteriormente, até alcançar o novo limite de 20 KB. Nesse momento, o crescimento volta a se tornar linear. Ele continuará dessa forma até que outra perda de pacote seja detectada por confirmações duplicadas ou até que um período de tempo seja expirado (ou a janela do receptor chegue ao extremo).

O TCP Tahoe (que incluía bons timers de retransmissão) ofereceu um algoritmo de controle de congestionamento funcional, que resolveu o problema do colapso do congestionamento. Jacobson observou que é possível fazer ainda melhor. No momento da retransmissão rápida, a conexão está trabalhando com uma janela de congestionamento muito grande, mas ainda está trabalhando com um clock ACK funcional. Toda vez que outra confirmação duplicada chega, é provável que outro pacote tenha saído da rede. Usando confirmações duplicadas para contar os pacotes na rede, é possível permitir que alguns pacotes saiam da rede e continuem a enviar um novo pacote para cada confirmação duplicada adicional.

Recuperação rápida é a heurística que implementa esse comportamento. Esse é um modo temporário que visa a manter o clock ACK funcionando com uma janela de congestionamento que é o novo limite, ou metade do valor da janela de congestionamento no momento da retransmissão rápida. Para fazer isso, confirmações duplicadas são contadas (incluindo as três que dispararam a retransmissão rápida) até que o número de pacotes na rede tenha caído para o novo limite. Isso leva cerca de metade de um tempo de ida e volta. Daí em diante, um novo pacote pode ser enviado para cada confirmação duplicada recebida. Um tempo de ida e volta após a retransmissão rápida e o pacote perdido terá sido confirmado. Nesse momento, o fluxo de confirmações duplicadas terminará e o modo de recuperação rápida será encerrado. A janela de congestionamento será definida para o novo limite de partida lenta e crescerá pelo aumento linear.

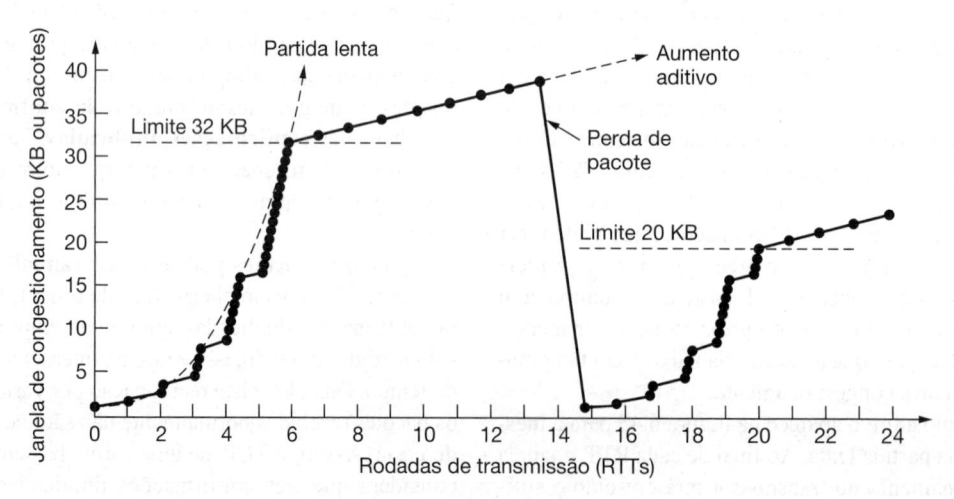

Figura 6.46 Partida lenta seguida pelo aumento aditivo no TCP Tahoe.

O resultado dessa heurística é que o TCP evita a partida lenta, exceto quando a conexão é iniciada e quando ocorre um timeout. O último também pode acontecer quando mais de um pacote é perdido e a retransmissão rápida não se recupera adequadamente. Em vez de partidas lentas repetidas, a janela de congestionamento de uma conexão em execução segue um padrão **dente de serra** de aumento aditivo (por um segmento a cada RTT) e diminuição multiplicativa (pela metade em um RTT). Essa é exatamente a regra AIMD que procuramos implementar.

Esse comportamento dente de serra aparece na Figura 6.47. Ele é produzido pelo TCP Reno, que tem o nome da versão 4.3BSD Reno de 1990, na qual foi incluído. Trata-se basicamente do TCP Tahoe com recuperação rápida. Após uma partida lenta inicial, a janela de congestionamento sobe linearmente até que uma perda de pacote seja detectada pelas confirmações duplicadas. O pacote perdido é retransmitido e a recuperação rápida é usada para manter o clock ACK funcionando até que a retransmissão seja confirmada. Nesse momento, a janela de congestionamento é retomada a partir do novo limite de partida lenta, em vez de 1. Esse comportamento continua indefinidamente, e a conexão gasta a maior parte do tempo com sua janela de congestionamento próxima do valor ideal do produto largura de banda-atraso.

O TCP Reno, com seus mecanismos para ajustar a janela de congestionamento, formou a base para o controle de congestionamento TCP por mais de duas décadas. A maior parte das mudanças nos anos intermediários ajustou esses mecanismos de algumas formas, por exemplo, alterando as escolhas da janela inicial e removendo diversas ambiguidades. Algumas melhorias foram feitas para a recuperação de duas ou mais perdas em uma janela de pacotes. Por exemplo, a versão TCP NewReno usa um avanço parcial do número de confirmação após uma transmissão encontrar e reparar outra perda (Hoe, 1996), conforme descrito na RFC 3782. Desde meados da década de 1990, surgiram diversas variações que seguem os princípios que descrevemos, mas que usam leis de controle ligeiramente diferentes. Por exemplo, o Linux usa uma variante chamada CUBIC TCP (He et al., 2008) e o Windows inclui uma variante chamada TCP composto (Tan et al., 2006).

Duas mudanças maiores também afetaram as implementações do TCP. Primeiro, grande parte da sua complexidade vem da dedução, por um fluxo de confirmações duplicadas, de quais pacotes chegaram e quais pacotes se perderam. O número de confirmação acumulativo não oferece essa informação. Um reparo simples é o uso de SACK, que lista até três intervalos de bytes que foram recebidos. Com essa informação, o transmissor pode decidir mais diretamente quais pacotes retransmitir e acompanhá-los a caminho para implementar a janela de congestionamento.

Quando transmissor e receptor estabelecem uma conexão, cada um deles envia a opção do TCP *SACK permitido* para sinalizar que eles entendem as confirmações seletivas. Quando o SACK é ativado para uma conexão, ela funciona como mostra a Figura 6.48. Um receptor usa o campo de *Número de confirmação* do TCP normalmente, como uma confirmação acumulativa do byte mais alto na ordem que foi recebido. Ao receber o pacote 3 fora de ordem (porque o pacote 2 se perdeu), ele envia uma *opção SACK* para os dados recebidos junto com a confirmação acumulativa (duplicada) para o pacote 1. A *opção SACK* oferece os intervalos de bytes que foram recebidos acima do número dado pela confirmação acumulativa. O primeiro intervalo é o pacote que disparou a confirmação duplicada. Os próximos intervalos, se houver, são blocos mais antigos. Até três intervalos normalmente são usados. Quando o pacote 6 é recebido, dois intervalos de bytes SACK são usados para indicar que o pacote 6 e os pacotes 3 e 4 foram recebidos, além de todos os pacotes até o pacote 1. Pela informação em cada *opção SACK* que recebe, o transmissor pode decidir quais pacotes retransmitir. Nesse caso, a retransmissão dos pacotes 2 e 5 seria uma boa ideia.

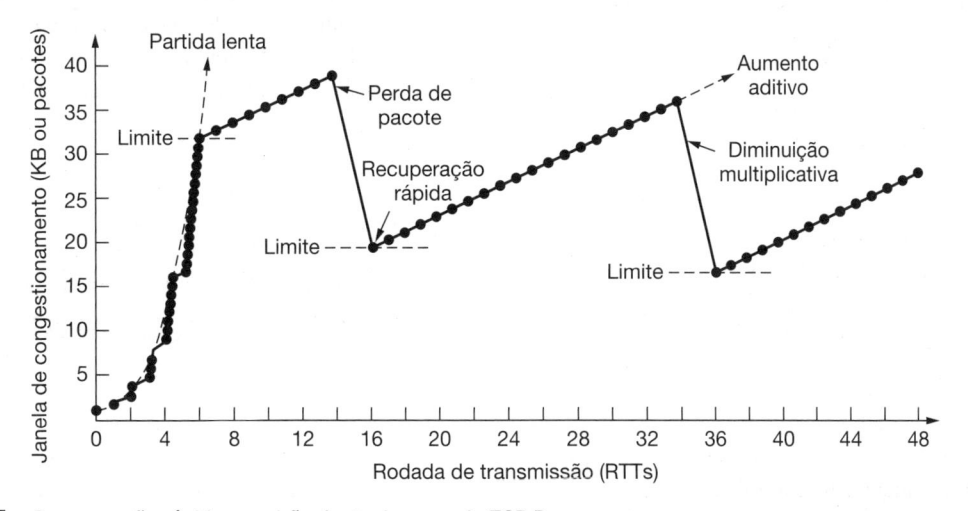

Figura 6.47 Recuperação rápida e padrão dente de serra do TCP Reno.

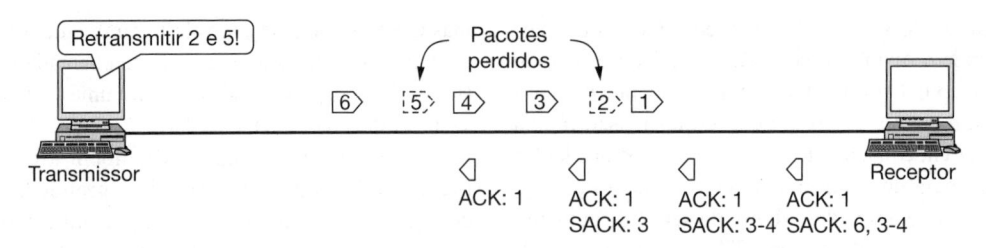

Figura 6.48 Confirmações seletivas.

SACK é informação estritamente consultiva. A detecção real de perda usando confirmações duplicadas e ajustes na janela de congestionamento prosseguem exatamente como antes. Contudo, com SACK, o TCP pode se recuperar mais facilmente de situações em que vários pacotes se perdem aproximadamente ao mesmo tempo, pois o transmissor TCP sabe quais pacotes não foram recebidos. O SACK agora é muito utilizado. Ele é descrito na RFC 2883, e o controle de congestionamento TCP usando SACK é descrito na RFC 3517.

A segunda mudança é o uso de ECN junto com a perda de dados como um sinal de congestionamento. ECN é um mecanismo da camada IP para notificar os hosts quanto ao congestionamento que descrevemos na Seção 5.3.2. Com ele, o receptor TCP pode receber sinais de congestionamento do IP.

O uso de ECN é ativado para uma conexão TCP quando transmissor e receptor indicam que são capazes de usar ECN definindo os bits *ECE* e *CWR* durante o estabelecimento da conexão. Se o bit ECN for usado, cada pacote que transporta um segmento TCP é marcado no cabeçalho IP para mostrar que pode transportar um sinal ECN. Os roteadores que dão suporte ao mecanismo ECN definirão um sinal de congestionamento nos pacotes que podem transportar flags ECN quando o congestionamento estiver se aproximando, em vez de descartar esses pacotes após a ocorrência do congestionamento.

O receptor TCP é informado se qualquer pacote que chega transportar um sinal de congestionamento ECN. O receptor, então, usa a flag para sinalizar ao transmissor TCP que seus pacotes sofreram congestionamento. O transmissor diz ao receptor que ele ouviu o sinal por meio da flag *CWR*.

O transmissor TCP reage a essas notificações de congestionamento exatamente da mesma maneira como faz com a perda de pacotes que é detectada por confirmações duplicadas. Todavia, a situação é estritamente melhor. O congestionamento foi detectado e nenhum pacote foi prejudicado de forma alguma. O mecanismo ECN é descrito na RFC 3168. Ele exige suporte do host e do roteador, e ainda não é muito usado na Internet.

Para obter mais informações sobre o conjunto completo de comportamentos de controle de congestionamento implementados no TCP, consulte a RFC 5681.

6.5.11 CUBIC TCP

Para lidar com produtos largura de banda-atraso cada vez maiores, foi desenvolvido o **CUBIC TCP** (Ha et al., 2008). Como já dissemos, as redes com grandes produtos largura de banda-atraso usam um longo tempo de ida e volta para atingir a capacidade disponível do caminho de ponta a ponta. A técnica básica por trás do CUBIC TCP é aumentar a janela de congestionamento de forma que ela seja uma função do tempo desde a última confirmação duplicada, em vez de simplesmente com base na chegada dos ACKs.

A janela de congestionamento do CUBIC também é ajustada de forma diferente em função do tempo. Ao contrário da técnica padrão de controle de congestionamento AIMD, conforme descrito anteriormente, a janela de congestionamento aumenta de acordo com uma função cúbica, que inicialmente tem um crescimento na janela de congestionamento, seguido por um período de platô e, finalmente, um período de crescimento mais rápido. A Figura 6.49 mostra a evolução da janela de congestionamento do CUBIC TCP ao longo do tempo. Novamente, uma das principais diferenças entre o CUBIC e outras versões do TCP é que a janela de congestionamento evolui em função do tempo, desde o último evento de congestionamento, aumentando rapidamente e, em seguida, estabilizando para a janela de congestionamento que o transmissor atingiu antes do último evento de congestionamento e, em seguida, aumentando novamente para testar a taxa ideal acima dessa taxa até que ocorra outro evento de congestionamento.

O CUBIC TCP é implementado por padrão nos kernels Linux 2.6.19 e superiores, bem como nas versões modernas do Windows.

6.6 PROTOCOLOS DE TRANSPORTE E CONTROLE DE CONGESTIONAMENTO

À medida que a capacidade da rede aumenta, alguns dos modos de operação convencionais do TCP não atingem mais o desempenho ideal. Em particular, os protocolos orientados a conexão, como o TCP, podem sofrer com a alta sobrecarga do estabelecimento da conexão, bem como

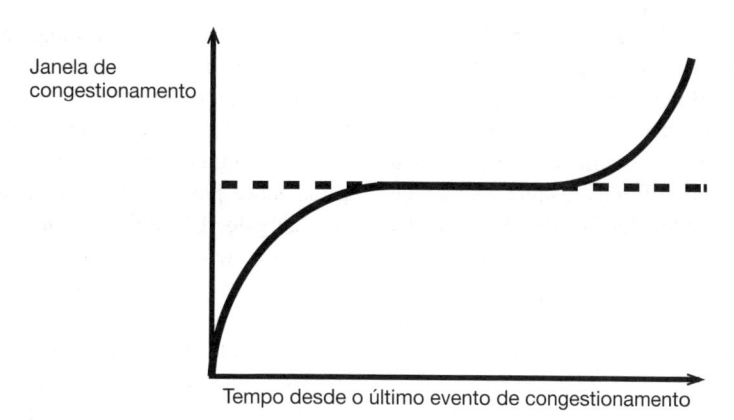

Figura 6.49 Evolução da janela de congestionamento do CUBIC TCP.

problemas de desempenho em redes com grandes buffers. No restante desta seção, discutiremos alguns desenvolvimentos recentes em protocolos de transporte para tratar dessas questões.

6.6.1 QUIC: Quick UDP Internet Connections

O **QUIC**, inicialmente proposto como **Quick UDP Internet Connections**, é um protocolo de transporte que visa melhorar algumas das características de vazão (throughput) e latência do TCP. Antes de ser padronizado, ele foi usado em mais da metade das conexões entre o navegador Chrome e os serviços do Google. No entanto, a maioria dos navegadores Web, com exceção do Google Chrome, não oferece suporte ao protocolo.

Como o próprio nome sugere, o QUIC trabalha em cima do UDP e seu principal objetivo é tornar mais rápidos os protocolos de aplicação, como os protocolos da Web (discutidos no Capítulo 7). Discutiremos como o QUIC interage com os protocolos das aplicações Web com mais detalhes no Capítulo 7. Como veremos, uma aplicação como a Web depende do estabelecimento de várias conexões em paralelo para carregar uma página Web individual. Como muitas dessas conexões são para um servidor comum, estabelecer uma nova conexão para carregar cada objeto individual da Web pode resultar em uma sobrecarga significativa. Como resultado, o QUIC visa multiplexar essas conexões em um único fluxo UDP, ao mesmo tempo garantindo que, se houver atraso na transferência de um único objeto da Web, este não bloqueie a transferência de outros objetos.

Como o QUIC é baseado em UDP, ele não alcança automaticamente um transporte confiável. Se alguns dados forem perdidos em um fluxo, o protocolo pode continuar transferindo dados para outros fluxos de forma independente, o que pode melhorar o desempenho de enlaces com altas taxas de erro de transmissão. O QUIC também faz várias outras otimizações para melhorar o desempenho, como pegar carona (piggyback) nas informações de criptografia no nível da aplicação no estabelecimento da conexão de transporte e criptografar cada pacote individualmente para que a perda de um não impeça a decodificação dos pacotes subsequentes. O QUIC também oferece mecanismos para melhorar a velocidade de transferência da rede (p. ex., de uma conexão de dados móveis do celular para uma conexão WiFi), usando um identificador de conexão como uma forma de manter o estado quando os dispositivos mudam de rede.

6.6.2 BBR: controle de congestionamento baseado em banda larga com gargalo

Quando os buffers de gargalo são grandes, algoritmos de controle de congestionamento baseados em perdas, como os descritos anteriormente, acabam enchendo esses buffers, causando um fenômeno conhecido como **bufferbloat** (inchaço de buffer). A ideia por trás do bufferbloat é bem simples: quando os dispositivos de rede em um caminho da rede têm buffers muito grandes, um transmissor TCP com uma grande janela de congestionamento pode enviar a uma taxa que excede em muito a capacidade da rede antes de receber um sinal de perda. Os buffers no meio da rede podem encher, atrasando eventos de congestionamento para os transmissores que estão enviando pacotes muito rapidamente (ou seja, sem descartar pacotes) e, mais importante, aumentando a latência da rede para transmissores cujos pacotes estão enfileirados atrás dos pacotes em um buffer grande (Gettys, 2011).

A solução do problema de bufferbloat pode ser de várias formas. Uma delas é simplesmente reduzir o tamanho dos buffers nos dispositivos de rede; infelizmente, isso exigiria convencer fornecedores e fabricantes de dispositivos de rede, de pontos de acesso sem fio a roteadores de backbone, a reduzir o tamanho dos buffers em seus dispositivos. Mesmo que essa batalha pudesse ser ganha, há muitos dispositivos legados na rede para contar apenas com essa solução. Outra forma é desenvolver uma alternativa para o controle de congestionamento baseado em perdas, que é a abordagem adotada pelo BBR.

A ideia principal por trás do BBR é medir a largura de banda do gargalo e o atraso de propagação de ida e volta, e usar estimativas desses parâmetros para enviar exatamente no ponto operacional apropriado. Assim, o BBR rastreia *continuamente* a largura de banda com gargalo e o atraso de propagação de ida e volta. O TCP já rastreia o tempo de ida e volta, mas o BBR estende a funcionalidade existente, rastreando a taxa de entrega do protocolo de transporte ao longo do tempo. O BBR calcula, com eficiência, a largura de banda com gargalo como o maior valor da taxa de entrega medida em uma determinada janela de tempo – normalmente, de seis a dez viagens de ida e volta.

A filosofia geral do BBR é que, até o produto largura de banda-atraso do caminho, o tempo de ida e volta não aumentará porque nenhum buffer adicional está ocorrendo. No entanto, a taxa de entrega permanecerá inversamente proporcional ao tempo de ida e volta, e proporcional à quantidade de pacotes a caminho (a janela). Quando a quantidade de pacotes a caminho excede o produto largura de banda-atraso, a latência começa a aumentar conforme os pacotes são enfileirados e a taxa de entrega atinge um patamar. É nesse ponto que o BBR pretende operar. A Figura 6.50 mostra como o tempo de ida e volta e a taxa de entrega variam com a quantidade de dados a caminho do destino (ou seja, enviados, mas não confirmados). O ponto operacional ideal para o BBR ocorre quando o aumento da quantidade de tráfego a caminho aumenta o tempo geral de ida e volta, mas não aumenta a taxa de entrega.

A chave para o BBR é, portanto, atualizar continuamente as estimativas da largura de banda com gargalo e da latência de ida e volta. Cada confirmação fornece informações novas e atualizadas sobre tempos de ida e volta e taxas médias de entrega, com verificações para garantir que a taxa de entrega não seja limitada pela aplicação (como às vezes é o caso em protocolos de solicitação-resposta). A segunda parte do BBR é o andamento dos próprios dados para corresponder à taxa de largura de banda com gargalo. A **taxa de estímulo** é o parâmetro crítico para o controle de congestionamento baseado em BBR. No estado uniforme, a taxa na qual o BBR envia é simplesmente uma função da largura de banda com gargalo e do tempo de ida e volta. O BBR minimiza o atraso, gastando a maior parte do seu tempo com a quantidade de dados a caminho relativa ao produto largura de banda-atraso, exatamente na taxa da largura de banda com gargalo. A convergência para a taxa com gargalo é muito rápida.

O Google implantou o BBR de forma bastante difundida, tanto em sua rede de backbone interna quanto em muitos de seus aplicativos. Uma questão em aberto, entretanto, é a facilidade com que o controle de congestionamento baseado em BBR compete com o controle de congestionamento convencional, baseado no TCP. Em um experimento recente, por exemplo, os pesquisadores descobriram que um transmissor BBR consumia 40% da capacidade do enlace ao compartilhar um caminho de rede com 16 outras conexões de transporte, cada uma recebendo menos de 4% da largura de banda restante (Ware et al., 2019). Pode-se mostrar que em geral o BBR assume uma parcela fixa da capacidade disponível, independentemente do número de fluxos TCP concorrentes. Infelizmente, o que há de melhor para analisar as propriedades de imparcialidade dos novos algoritmos de controle de congestionamento é

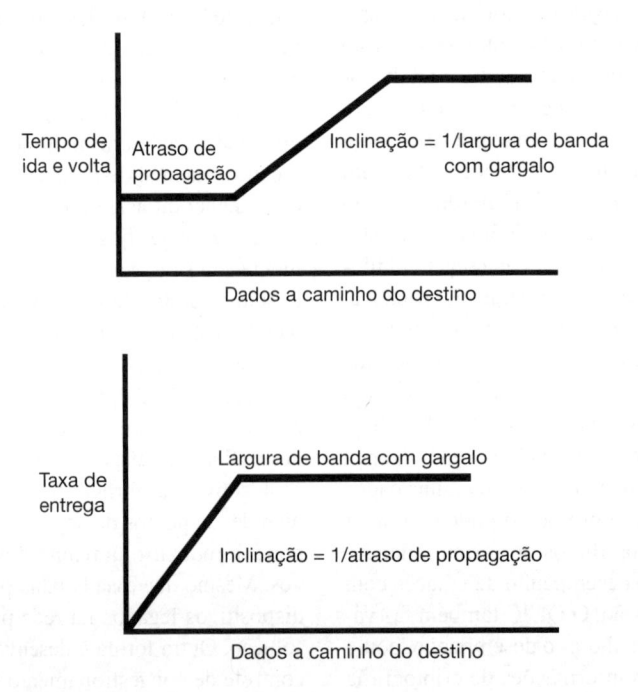

Figura 6.50 Ponto de operação do BBR.

simplesmente experimentá-los e ver o que acontece. Nesse caso, parece que ainda há um trabalho significativo a ser feito para garantir que o BBR interaja bem com o tráfego TCP existente na Internet.

6.6.3 O futuro do TCP

Como força motriz da Internet, o TCP tem sido usado em muitas aplicações e estendido com o passar do tempo para oferecer bom desempenho em cada vez mais topologias de rede. Muitas versões são implantadas com implementações ligeiramente diferentes dos algoritmos clássicos que descrevemos, especialmente para controle de congestionamento e robustez contra ataques. É provável que o TCP continue a evoluir com a Internet. Nesta seção, vamos mencionar dois aspectos em particular.

O primeiro é que o TCP não oferece a semântica de transporte que todas as aplicações desejam. Por exemplo, algumas aplicações desejam enviar mensagens ou registros cujos limites precisam ser preservados. Outras trabalham com um grupo de conversações relacionadas, como um navegador Web que transfere vários objetos a partir do mesmo servidor. Outras ainda desejam melhorar o controle sobre os caminhos na rede que elas utilizam. O TCP, com suas interfaces de soquetes padrão, não atende muito bem a essas necessidades. Basicamente, a aplicação tem o peso de lidar com qualquer problema não resolvido pelo TCP. Isso gerou propostas para novos protocolos que oferecessem uma interface ligeiramente diferente. Dois exemplos são SCTP e SST. Contudo, toda vez que alguém propõe mudar algo que tenha funcionado tão bem por tanto tempo, há sempre uma imensa batalha entre esses dois lados: "os usuários estão exigindo mais recursos" e "se não quebrou, não conserte".

O segundo aspecto é o controle de congestionamento. Você poderia esperar que esse fosse um problema resolvido após nossas deliberações e os mecanismos que foram desenvolvidos com o tempo. Não é bem assim. A forma de controle de congestionamento TCP que descrevemos, que é mais usada, é baseada em perdas de pacote como um sinal de congestionamento. Quando Padhye et al. (1998) modelaram a vazão do TCP com base no padrão dente de serra, eles descobriram que a taxa de perda de pacotes precisa cair rapidamente com o aumento de velocidade. Para alcançar uma vazão de 1 Gbps com um tempo de ida e volta de 100 ms e pacotes de 1.500 bytes, um pacote pode ser perdido aproximadamente a cada 10 minutos. Essa é uma taxa de perda de pacote de 2×10^{-8}, que é incrivelmente pequena. Isso é muito pouco frequente para servir como um bom sinal de congestionamento, e qualquer outra fonte de perda (p. ex., taxas de erro de transmissão de pacote de 10^{-7}) pode facilmente dominá-la, limitando a vazão.

Esse relacionamento não foi problema no passado, mas as redes estão se tornando cada vez mais rápidas, levando muitas pessoas a revisar o controle de congestionamento. Uma possibilidade é usar um controle de congestionamento alternativo, em que o sinal não é nenhuma perda de pacote. Mostramos vários exemplos na Seção 6.2. O sinal poderia ser o tempo de ida e volta, que cresce quando a rede se torna congestionada, conforme usado pelo FAST TCP (Wei et al., 2006). Outras técnicas também são possíveis, e o tempo mostrará qual é a melhor.

6.7 QUESTÕES DE DESEMPENHO

As questões referentes ao desempenho são muito importantes nas redes de computadores. Quando centenas ou milhares de computadores estão interconectados, são comuns interações complexas que trazem consequências imprevistas. Com frequência, essa complexidade resulta em um fraco desempenho, cujas razões todos desconhecem. Nas próximas seções, examinaremos várias questões relacionadas ao desempenho das redes, a fim de constatar que tipos de problemas existem e o que pode ser feito para solucioná-los.

Infelizmente, compreender o desempenho de uma rede é mais uma arte do que uma ciência. Pouco do que existe em termos de teoria é realmente útil na prática. O que podemos fazer é oferecer algumas regras práticas obtidas com a dura experiência e apresentar exemplos reais. Deixamos essa discussão para depois do estudo da camada de transporte nas redes TCP porque o desempenho obtido pelas aplicações depende do desempenho combinado das camadas de transporte, rede e enlace, e para podermos usar o TCP como exemplo em vários lugares.

Nas próximas seções, estudaremos seis aspectos do desempenho das redes:

1. Problemas de desempenho.
2. Medição do desempenho da rede.
3. Medição da vazão da rede de acesso.
4. Medição da qualidade da experiência.
5. Projeto de host para redes rápidas.
6. Processamento rápido de segmentos.
7. Compactação de cabeçalho.
8. Protocolos para redes longas de banda larga.

Esses aspectos consideram o desempenho da rede tanto no host quanto pela rede, e à medida que as redes aumentam em velocidade e tamanho.

6.7.1 Problemas de desempenho em redes de computadores

Alguns problemas de desempenho, como o congestionamento, são causados pela sobrecarga temporária de recursos. Se, de repente, um roteador receber um tráfego maior do que é capaz de manipular, haverá um congestionamento e uma queda de desempenho. Estudamos o congestionamento em detalhes neste capítulo e no anterior.

O desempenho também é prejudicado quando há um desequilíbrio nos recursos estruturais. Por exemplo, se uma linha de comunicação de gigabits estiver conectada a um PC com poucos recursos, o pobre host não será capaz de processar os pacotes recebidos com a rapidez necessária, e alguns deles serão perdidos. Esses pacotes serão retransmitidos, aumentando o atraso, desperdiçando largura de banda e geralmente reduzindo o desempenho.

As sobrecargas também podem ser disparadas de forma sincronizada. Por exemplo, se um segmento contiver um parâmetro inadequado (como a porta a que ele se destina), em muitos casos o receptor, muito solícito, retornará uma notificação de erro. Agora, imagine o que poderia acontecer se um segmento inadequado fosse transmitido por broadcast para mil máquinas – cada uma delas poderia enviar de volta uma mensagem de erro. Isso causaria um **congestionamento de broadcast** que poderia paralisar a rede. O UDP sofreu com esse problema até que o protocolo ICMP fosse alterado para impedir que os hosts respondessem a erros nos segmentos UDP enviados a endereços de broadcast. As redes sem fio, particularmente, precisam ter cuidado para evitar respostas de broadcast não verificadas, pois o broadcast ocorre naturalmente e sua largura de banda é limitada.

Um segundo exemplo de sobrecarga sincronizada é o que acontece depois de uma falha no fornecimento de energia elétrica. Quando a energia retorna, todas as máquinas reiniciam ao mesmo tempo. Uma sequência de reinício típica poderia exigir o acesso a um servidor qualquer (DHCP), para confirmar a identidade do usuário, e depois a algum servidor de arquivos para obter uma cópia do sistema operacional. Se centenas de máquinas em um centro de dados fizerem isso ao mesmo tempo, o servidor provavelmente interromperá seu funcionamento devido à sobrecarga.

Mesmo na ausência de sobrecargas sincronizadas e quando há recursos suficientes disponíveis, pode ocorrer um desempenho fraco devido à falta de ajuste do sistema. Por exemplo, em uma máquina com uma CPU potente e muita memória, mas com pouca memória alocada em buffers, o controle de fluxo atrasará o recebimento do segmento e limitará o desempenho. Esse foi um problema para muitas conexões TCP quando a Internet se tornou mais rápida, mas o tamanho padrão da janela de controle de fluxo permaneceu fixo em 64 KB.

Outra questão relacionada ao ajuste é a definição dos timeouts. Quando um segmento é enviado, em geral um timer é ativado para evitar sua perda. Se o timeout for muito curto, haverá retransmissões desnecessárias, aumentando o volume do tráfego. Se, ao contrário, o timeout for muito longo, ocorrerão atrasos desnecessários após a perda de um segmento. Outros parâmetros ajustáveis incluem o tempo de espera por dados para enviar uma confirmação por piggyback antes de decidir enviar uma confirmação separada, e ainda o número de retransmissões antes de uma desistência.

Outro problema de desempenho que ocorre com as aplicações de tempo real, como áudio e vídeo, é o jitter. Haver largura de banda suficiente, na média, não é o bastante para um bom desempenho. Atrasos de transmissão curtos também são necessários. Conseguir consistentemente atrasos curtos exige uma engenharia cuidadosa da carga na rede, suporte para qualidade de serviço nas camadas de enlace e de rede, ou ambos.

6.7.2 Medição do desempenho da rede

Os operadores e os usuários tentam medir o desempenho de suas redes. Por exemplo, uma técnica popular é acessar a medição da vazão da rede (às vezes chamado simplesmente de "velocidade"). Muitos usuários da Internet utilizam ferramentas como Speedtest (*www.speedtest.net*) para medir o desempenho das redes de acesso. A técnica convencional para realizar esses testes há muito tempo tem sido enviar o máximo de tráfego pela rede o mais rapidamente possível (como que "enchendo os canos"). Todavia, à medida que a velocidade das redes de acesso aumenta, a medição da velocidade de um enlace de acesso se torna mais difícil, pois encher os canos exige mais dados, enquanto os gargalos na rede entre o cliente e o servidor em teste passam para outro ponto da rede. Talvez ainda mais importante seja o fato de que a velocidade está se tornando menos relevante para o desempenho da rede do que a qualidade da experiência ou o desempenho de uma aplicação. Como resultado, a medição do desempenho da rede está continuando a evoluir, especialmente na era das redes de acesso de gigabits.

6.7.3 Medição da vazão da rede de acesso

A técnica convencional para medir a vazão da rede é simplesmente enviar tantos dados ao longo de um caminho de rede quantos a rede poderá suportar durante um determinado período de tempo e dividir a quantidade de dados transferidos pelo tempo necessário para transferi-los, resultando em um cálculo da vazão média. Embora pareça simples e geralmente apropriada, essa abordagem encontra uma série de deficiências: a mais importante é que uma única conexão TCP normalmente não pode esgotar a capacidade de um enlace da rede, especialmente porque a velocidade dos enlaces de acesso continua a subir. Além disso, se o teste capturar a parte inicial da transferência, então ele pode apanhar as taxas de transferência antes do estado estacionário (p. ex., partida lenta do TCP), o que poderia resultar em um teste que subestima a vazão da rede de acesso. Finalmente, os testes baseados no cliente (como speedtest.net ou qualquer tipo de teste de vazão que possa ser executado a partir de um dispositivo cliente) cada vez mais acabam medindo limitações de desempenho além da rede de acesso (p. ex., o rádio do dispositivo, a rede de acesso sem fio).

Para compensar essas deficiências, que se tornaram cada vez mais agudas à medida que as redes de acesso começam a exceder as velocidades de gigabits, algumas práticas recomendadas surgiram para medir o rendimento da rede de acesso (Feamster et al., 2020). A primeira é usar várias conexões TCP paralelas para preencher a capacidade do enlace de acesso. Os testes iniciais de velocidade mostraram que quatro conexões TCP normalmente eram suficientes para preencher a capacidade da rede de acesso (Sundaresan, 2011); a maioria das ferramentas modernas baseadas no cliente, incluindo Speedtest e o teste de vazão usado pela Federal Trade Communications, usa pelo menos quatro conexões paralelas para medir a capacidade da rede. Algumas dessas ferramentas até escalam o número de conexões de rede, de modo que aquelas que parecem ter maior capacidade sejam testadas com mais conexões paralelas.

Uma segunda prática recomendada, que se tornou cada vez mais importante conforme a vazão do enlace de acesso do ISP excede a da rede doméstica (e outras partes do caminho de ponta a ponta), é realizar testes de vazão da rede de acesso diretamente a partir do roteador doméstico. Isso reduz a probabilidade de que fatores estranhos (p. ex., um dispositivo cliente, a rede sem fio do usuário) restrinjam o teste de vazão.

Conforme as velocidades continuam a aumentar, é provável que outras práticas recomendadas possam surgir, como a medição para vários destinos da Internet em paralelo a partir de uma única conexão de acesso. Essa técnica pode ser necessária, especialmente se o lado do servidor dessas conexões se tornar a fonte de mais gargalos para a vazão da rede. Conforme as velocidades continuam a aumentar, há também um interesse maior no desenvolvimento dos chamados testes de vazão "passivos", que não injetam grandes quantidades de tráfego adicional na rede, mas o observam à medida que ele atravessa a rede e tentam estimar a vazão da rede com base em observações passivas (embora medições passivas confiáveis da vazão do acesso passivo ainda não existam, essa técnica pode, em última análise, não ser tão diferente daquela usada pelo BBR para monitorar taxas de latência e entrega a fim de estimar a largura de banda com gargalo).

6.7.4 Medição da qualidade da experiência

Em última análise, à medida que as velocidades da rede de acesso aumentam, a métrica de desempenho que mais se destaca pode não ser a velocidade da rede de acesso em termos de vazão, mas sim se os aplicativos funcionam como os usuários esperam. Por exemplo, no caso do vídeo, a experiência de um usuário geralmente não depende da vazão, além de um determinado ponto (Ramachandran et al., 2019). Portanto, a experiência de um usuário ao transmitir um vídeo é definida por fatores como a rapidez do início da reprodução (atraso na partida), se sofre paradas e a resolução. Além de cerca de 50 Mbps, no entanto, nenhum desses fatores depende particularmente da vazão do enlace de acesso, mas de outras propriedades da rede (latência, jitter e, assim por diante).

Consequentemente, a moderna medição do desempenho da rede está indo além dos simples testes de velocidade, em um esforço para estimar a qualidade da experiência do usuário, normalmente com base na observação passiva do tráfego da rede. Esses estimadores estão se tornando bastante difundidos para streaming de vídeo (Ahmed et al., 2017; Krishnamoorthy et al., 2017; Mangla et al., 2018; e Bronzino et al., 2020). Os desafios estão em realizar esse tipo de otimização em uma classe geral de serviços de vídeo e, finalmente, para uma classe maior de aplicações (p. ex., jogos, realidade virtual).

Naturalmente, a qualidade da experiência de um usuário é uma medida para saber se essa pessoa está satisfeita com o serviço que está usando. Essa métrica é, em última análise, uma consideração humana e pode até exigir feedback humano (p. ex., pesquisas em tempo real ou mecanismos de feedback do usuário). Os provedores de serviços de Internet continuam interessados em mecanismos que possam deduzir ou prever a qualidade da experiência e do envolvimento do usuário a partir de aspectos que eles podem medir diretamente (p. ex., vazão da aplicação, perda de pacotes e tempos entre chegadas, etc.).

Ainda estamos longe de ver a estimativa automática da qualidade da experiência do usuário com base na medição passiva de recursos no tráfego de rede, mas essa área continua sendo fértil para exploração na interseção entre aprendizado de máquina e uso da rede. Em última análise, as aplicações podem ir além da rede, já que os protocolos de transporte (e operadores de rede) podem até otimizar recursos para usuários que exigem uma experiência de maior qualidade. Por exemplo, o usuário que está recebendo um streaming de vídeo em uma parte remota da casa, mas foi embora, pode se importar muito menos com a qualidade do fluxo da aplicação do que o usuário que está profundamente envolvido em um filme. Claro, pode ser muito complicado distinguir entre um usuário que está assistindo intensamente a um vídeo e outro que foi até a cozinha para pegar uma bebida e não se preocupou em apertar o botão de pausa antes de sair.

6.7.5 Projeto de host para redes rápidas

Medições e ajustes podem melhorar o desempenho consideravelmente, mas não podem substituir um bom projeto. Uma rede mal projetada pode ser melhorada, mas só até certo ponto. Daí em diante, ela precisa ser totalmente refeita.

Nesta seção, apresentaremos algumas regras práticas para implementação de software de protocolos de rede em hosts. Surpreendentemente, a experiência mostra que isso normalmente é um gargalo de desempenho em redes que poderiam ser rápidas, por dois motivos. Primeiro, as NICs (placas de interface de rede) e os roteadores já foram projetados (com suporte de hardware) para que funcionem na "velocidade do enlace". Isso significa que eles podem processar pacotes tão rapidamente quanto os pacotes podem chegar ao enlace. Segundo, o desempenho relevante é aquele que as aplicações obtêm. Não é a capacidade do enlace, mas a vazão e o atraso após o processamento da rede e do transporte.

A redução dos overheads de software melhora o desempenho aumentando a vazão e diminuindo o atraso. Ela também pode reduzir a energia que é gasta na rede, que é uma consideração importante para computadores móveis. A maioria dessas ideias é do conhecimento dos projetistas de redes há anos. Elas foram especificadas pela primeira vez por Mogul (1993); nosso tratamento é paralelo ao dele. Outra fonte relevante é Metcalfe (1993).

A velocidade do host é mais importante que a velocidade da rede

Longos anos de experiência mostraram que em quase todas as redes o sistema operacional e o overhead do protocolo dominam o tempo real no enlace. Por exemplo, teoricamente o tempo mínimo da RPC em uma rede Ethernet a 1 Gbps é 102 μs, o que corresponde a uma solicitação mínima (64 bytes) seguida por uma resposta mínima (64 bytes). Na prática, superar o tempo de overhead do software e fazer o tempo da RPC ficar próximo ao esperado é um aperfeiçoamento substancial e raramente acontece.

Da mesma forma, o maior problema de trabalhar a 1 Gbps é conseguir que os bits passem do buffer do usuário para o enlace de fibra óptica com rapidez suficiente, e fazer o host receptor processá-los à mesma velocidade com que eles chegam. Se duplicar a velocidade do host (CPU e memória), com frequência você chegará perto de duplicar a vazão. Duplicar a capacidade da rede não tem nenhum efeito prático se o gargalo estiver nos hosts.

Reduza o número de pacotes para reduzir o overhead

Cada segmento tem uma certa quantidade de overhead (p. ex., o cabeçalho), assim como os dados (p. ex., a carga útil). A largura de banda é exigida para os dois componentes. O processamento também é exigido para os dois componentes (p. ex., o processamento do cabeçalho e a realização do checksum). Quando 1 milhão de bytes estão sendo enviados, o custo dos dados é o mesmo, não importa qual seja o tamanho do segmento. Todavia, usar segmentos de 128 bytes significa 32 vezes o overhead por segmento ao usar segmentos de 4 KB. Os overheads de largura de banda e processamento se acumulam rapidamente para reduzir a vazão.

O overhead por pacote nas camadas inferiores amplifica esse efeito. Cada pacote recebido causa uma nova interrupção se o host estiver acompanhando. Em um processador moderno com pipeline, cada interrupção desfaz o pipeline com a CPU, interfere no cache, exige uma mudança no contexto de gerenciamento de memória, anula a tabela de previsão de desvio e força a gravação de um número substancial de registradores de CPU. Uma redução de n vezes no número de segmentos transmitidos causa uma redução de n vezes no overhead dos pacotes e nas interrupções.

Você poderá dizer que pessoas e computadores são fracos em multitarefas. Essa observação está por trás do desejo de enviar pacotes de MTU tão grandes que passarão pelo caminho da rede sem fragmentação. Mecanismos como o algoritmo de Nagle e a solução de Clark também são tentativas de evitar o envio de pacotes pequenos.

Minimize a movimentação de dados

O modo mais simples de implementar uma pilha de protocolos em camadas é com um módulo para cada camada. Infelizmente, isso ocasiona a cópia (ou, pelo menos, o acesso aos dados em múltiplas passadas), pois cada camada faz seu próprio trabalho. Por exemplo, após um pacote ser recebido pela NIC, ele normalmente é copiado para um buffer do núcleo. A partir daí, ele é copiado para um buffer da camada de rede para processamento pela camada de rede, depois para um buffer da camada de transporte para processamento pela camada de transporte, e finalmente para o processo da aplicação receptora. Não é raro que um pacote seja copiado três ou quatro vezes antes de o segmento encapsulado nele ser entregue.

Toda essa operação de cópia pode diminuir bastante o desempenho, pois as operações de memória são uma ordem de grandeza mais lenta do que as instruções registrador-registrador. Por exemplo, se 20% das instruções realmente vão para a memória (ou seja, são perdas de cache), o que é provável quando se movimentam os pacotes que chegam, o tempo de execução médio da instrução é diminuído por um fator de 2,8 (0,8 × 1 + 0,2 × 10). O auxílio do hardware não ajudará aqui. O problema é, em grande parte, de cópia pelo sistema operacional.

Um sistema operacional inteligente reduzirá a cópia combinando o processamento de múltiplas camadas. Por exemplo, TCP e IP normalmente são implementados juntos (como "TCP/IP"), de modo que não é necessário copiar a carga útil do pacote quando o processamento passa da camada de rede para a de transporte. Outro truque comum é realizar várias operações dentro de uma camada em uma única passada pelos dados. Por exemplo, os checksums normalmente são calculados enquanto se copiam os dados (quando eles precisam ser copiados) e o checksum recém--calculado é anexado ao final.

Minimize as mudanças de contexto

Uma regra relacionada é que as mudanças de contexto (p. ex., do modo de núcleo para o modo usuário) são fatais. Elas têm as mesmas propriedades ruins que as interrupções e cópia combinadas. Esse custo é o motivo pelo qual os protocolos de transporte normalmente são implementados no núcleo. Assim como a redução da quantidade de pacotes, é possível reduzir as mudanças de contexto por meio de um procedimento de biblioteca que envia os dados para um buffer interno até que haja um volume substancial de dados. Da mesma forma, na estação receptora, os pequenos segmentos recebidos devem ser agrupados e repassados de uma só vez ao usuário, em vez de individualmente, com a finalidade de minimizar as mudanças de contexto.

Na melhor das hipóteses, um pacote recebido provoca uma mudança de contexto do usuário atual para o núcleo, e depois uma mudança para o processo receptor, a fim de enviar os dados recém-chegados. Infelizmente, em alguns sistemas operacionais ocorrem outras mudanças de contexto. Por exemplo, se o gerenciador da rede executar um processo especial no espaço do usuário, a chegada de um pacote provavelmente causará uma mudança de contexto do usuário atual para o núcleo, depois outra mudança do núcleo para o gerenciador de rede, seguida por outra de volta ao núcleo, e uma última do núcleo para o processo receptor. Essa sequência é ilustrada na Figura 6.51. Todas essas mudanças de contexto em cada pacote desperdiçam tempo de CPU e podem ter um efeito devastador sobre o desempenho da rede.

Prevenir o congestionamento é melhor do que remediá-lo

A velha máxima de que é melhor prevenir do que remediar se aplica ao congestionamento da rede. Quando uma rede está congestionada, pacotes são perdidos, há desperdício de largura de banda, atrasos inúteis acontecem, e muito mais. Todos esses custos são desnecessários, e remediar essa situação toma tempo e paciência. É muito melhor evitar que tudo isso aconteça. Impedir o congestionamento é como ser vacinado: dói um pouco na hora, mas evita algo que poderia causar muito mais dor no futuro.

Evite os timeouts

Os timers são necessários nas redes, mas devem ser usados com moderação, e os timeouts devem ser minimizados. Quando um timer expira, em geral alguma ação é repetida. Se essa repetição for imprescindível, tudo bem, mas repeti-la sem necessidade é um desperdício.

O melhor modo de evitar trabalho desnecessário é cuidar para que os timers sejam programados de maneira um pouco conservadora. Um timer que demora tempo demais para expirar aumenta o atraso de uma conexão, caso haja a (improvável) perda de um segmento. Um timer que expira cedo demais utiliza muitos recursos do host, desperdiça largura de banda e aumenta a carga em dezenas de roteadores sem uma boa razão para tal.

6.7.6 Processamento rápido de segmentos

Agora que já vimos as regras gerais, vamos examinar alguns métodos específicos para tornar esse processamento de segmento mais rápido. Para obter mais informações, consulte Clark et al. (1989) e Chase et al. (2001).

O overhead do processamento de segmentos tem dois componentes: o overhead por segmento e o overhead por byte. Ambos devem ser combatidos. O segredo para o processamento rápido de segmentos é separar a situação normal bem-sucedida (a transferência de dados em um sentido) e dar a ela um tratamento especial. Muitos protocolos tendem a enfatizar o que fazer quando algo sai errado (p. ex., um pacote perdido), mas, para que eles funcionem rapidamente, o projetista deve procurar reduzir o tempo de processamento quando tudo correr bem. Minimizar o tempo de processamento quando ocorre um erro é secundário.

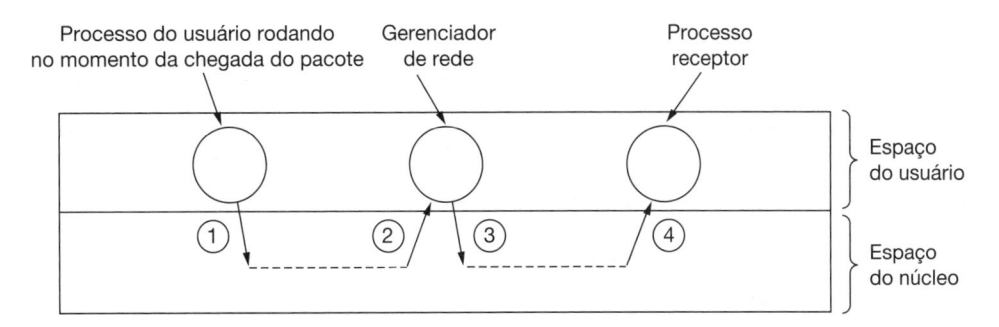

Figura 6.51 Quatro mudanças de contexto para manipular um pacote por meio de um gerenciador de rede do espaço do usuário.

Ainda que seja necessária uma sequência especial de segmentos para chegar ao estado *ESTABLISHED*, uma vez nele, o processamento de segmentos se dá de forma simples até um dos lados começar a fechar a conexão. Vamos começar examinando o lado transmissor no estado *ESTABLISHED* quando há dados a serem transmitidos. Para facilitar a compreensão, faremos a suposição de que a entidade de transporte está no núcleo, embora as mesmas ideias também sejam verdadeiras caso ela seja uma biblioteca ou um processo do espaço do usuário dentro do processo transmissor. Na Figura 6.52, o processo transmissor fica preso no núcleo para executar um *SEND*. A primeira providência da entidade de transporte é realizar um teste para verificar se esse é o caso normal: o estado é *ESTABLISHED*, nenhum dos lados está tentando fechar a conexão, um segmento regular (ou seja, não está fora da banda) completo está sendo transmitido e há espaço de janela suficiente no receptor. Se todas as condições forem atendidas, não serão necessários outros testes e será possível seguir o caminho mais rápido pela entidade de transporte transmissora. Em geral, esse caminho é seguido durante a maior parte do tempo.

No caso normal, os cabeçalhos dos segmentos de dados consecutivos são quase idênticos. Para tirar proveito desse fato, um protótipo de cabeçalho é armazenado na entidade de transporte. No início do caminho rápido, ele é copiado com a maior velocidade possível para um buffer auxiliar, palavra por palavra. Esses campos que mudam de segmento para segmento são então sobrescritos no buffer. Com frequência, esses campos são facilmente derivados de variáveis de estado, como o próximo número de sequência. Em seguida, um ponteiro para o cabeçalho do segmento completo e um ponteiro para os dados do usuário são repassados à camada de rede. Aqui, pode-se utilizar a mesma estratégia (não mostrada na Figura 6.52). Por último, a camada de rede repassa o pacote resultante à camada de enlace de dados para transmissão.

Como um exemplo do funcionamento desse princípio na prática, consideraremos o TCP/IP. A Figura 6.53(a) mostra o cabeçalho do TCP. Os campos iguais entre segmentos consecutivos em um fluxo de uma só via são mostrados sombreados. Tudo o que a entidade de transporte transmissora tem de fazer é copiar as cinco palavras do protótipo do cabeçalho para o buffer de saída, preencher o próximo número de sequência (copiando-o de uma palavra na memória), calcular o checksum e incrementar o número de sequência na memória. Em seguida, a entidade pode passar o

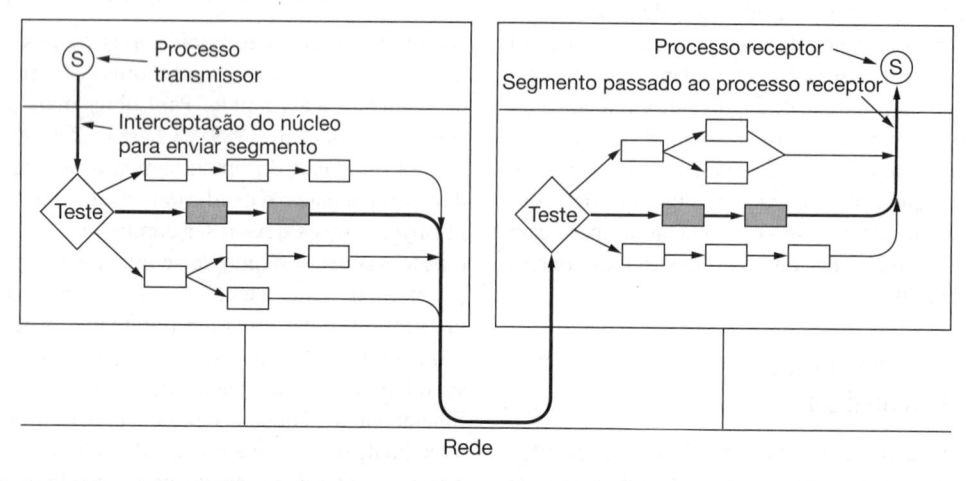

Figura 6.52 O caminho rápido do transmissor para o receptor é ilustrado pela linha mais grossa. As etapas do processamento nesse caminho estão sombreadas.

Figura 6.53 (a) O cabeçalho TCP. (b) O cabeçalho IP. Em ambos os casos, eles foram tirados do protótipo sem nenhuma alteração.

cabeçalho e os dados para um procedimento especial do IP, a fim de transmitir um segmento máximo regular. Depois disso, o IP copia seu protótipo de cabeçalho de cinco palavras [ver Figura 6.53(b)] para o buffer, preenche o campo *Identificação* e calcula seu checksum. Com isso, o pacote fica pronto para transmissão.

Agora, vamos ver o processamento do caminho rápido no lado receptor da Figura 6.52. A primeira etapa é localizar o registro de conexão para o segmento recebido. No caso do TCP, ele pode ser armazenado em uma tabela hash cuja chave é alguma função simples dos dois endereços IP e das duas portas. Uma vez que o registro de conexão é localizado, ambos os endereços e ambas as portas devem ser comparados, a fim de verificar se o registro correto foi encontrado.

Uma otimização que frequentemente acelera ainda mais a pesquisa de registros de conexões deve manter um ponteiro para a última conexão usada e experimentar esse registro primeiro. Clark et al. (1989) utilizaram essa opção e observaram uma taxa de aproveitamento de mais de 90%.

Em seguida, o segmento é analisado para verificar se é um segmento normal, ou seja, se o estado é *ESTABLISHED*, se nenhum dos lados está tentando encerrar a conexão, se está completo e não tem flags especiais definidos, e se o número de sequência é o esperado. A realização desses testes exige apenas algumas instruções. Se todas as condições forem atendidas, será chamado um procedimento de caminho rápido especial do TCP.

O caminho rápido atualiza o registro da conexão e copia os dados para o usuário. Enquanto faz isso, ele calcula o checksum, eliminando assim uma passagem extra pelos dados. Se o checksum estiver correto, o registro da conexão será atualizado e uma confirmação será enviada de volta. **Prognóstico de cabeçalho** é o nome dado ao esquema geral de primeiro fazer uma verificação rápida para ver se o cabeçalho é o que se espera, e depois fazer um procedimento especial tratar desse caso. Muitas implementações TCP o utilizam. Quando essa otimização e todas as outras descritas neste capítulo são aplicadas ao mesmo tempo, é possível fazer o TCP funcionar a 90% da velocidade de uma cópia local memória a memória, supondo-se que a rede seja suficientemente rápida.

Duas outras áreas nas quais pode haver ganhos importantes de desempenho são o gerenciamento de buffers e o gerenciamento de timers. A grande questão no gerenciamento de buffers é evitar cópias desnecessárias, como já dissemos. O gerenciamento de timers também é importante porque quase todos os timers programados não chegam a expirar. Eles são programados para prevenir a perda de segmentos, mas a maioria dos segmentos chega de forma correta, assim como suas confirmações. Consequentemente, é importante otimizar o gerenciamento, no caso de timers que raras vezes expiram.

Um esquema comum é usar uma lista encadeada contendo os eventos de timers ordenados por tempo de expiração. A entrada inicial contém um contador que informa quantos pulsos faltam para a expiração. Cada entrada sucessiva contém um contador que informa quantos pulsos a separam da anterior. Assim, se os timers expirarem em 3, 10 e 12 pulsos, os contadores serão 3, 7 e 2, respectivamente.

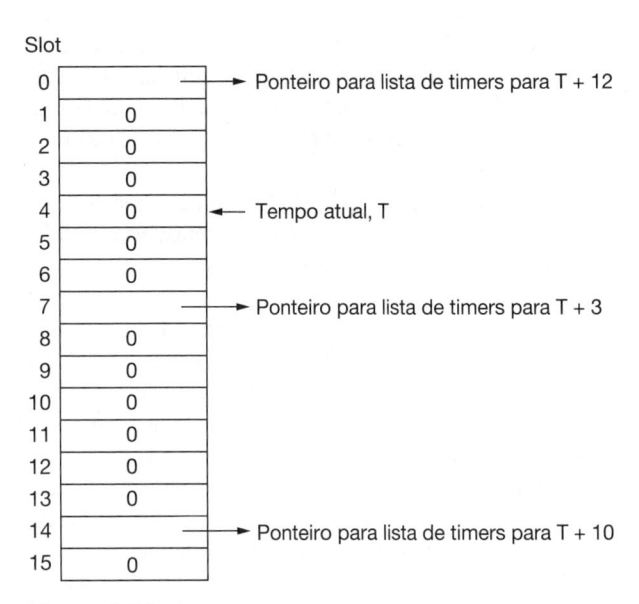

Figura 6.54 Uma roda de sincronismo.

A cada pulso de clock, o contador na entrada inicial é decrementado. Quando ele chega a zero, seu evento é processado e o próximo item da lista torna-se o inicial. Seu contador não precisa ser alterado. Nesse esquema, a inclusão e a exclusão de timers são operações de alto custo, com tempos de execução proporcionais ao tamanho da lista.

Uma estratégia muito mais eficiente pode ser usada se o intervalo máximo do timer for fixo e previamente conhecido. Aqui pode ser usada uma array chamada **roda de sincronismo**, como mostra a Figura 6.54. Cada slot corresponde a um pulso de clock. O tempo atual é $T = 4$. Os timers foram programados para expirar a 3, 10 e 12 pulsos a partir de agora. Se, de repente, um novo timer for programado para expirar em 7 pulsos, outra entrada será criada no slot 11. Da mesma forma, se o timer programado para $T + 10$ tiver de ser cancelado, a lista que começa no slot 14 deverá ser verificada e a entrada correspondente removida. Observe que a array da Figura 6.54 não contém nenhum timer acima de $T + 15$.

Quando há um pulso de clock, o ponteiro atual é avançado um slot (de forma circular). Se a entrada indicada for diferente de zero, todos os seus timers serão processados. Muitas variações sobre essa ideia básica são descritas em Varghese e Lauck (1987).

6.7.7 Compactação de cabeçalho

Estivemos examinando redes rápidas por muito tempo. Há muito mais. Agora, vamos considerar o desempenho nas redes sem fio e em outras redes em que a largura de banda é limitada. Reduzir o overhead de software pode ajudar computadores móveis a trabalhar com mais eficiência, mas não melhora o desempenho quando os enlaces da rede são o gargalo.

Para usar bem a largura de banda, os cabeçalhos de protocolos e as cargas úteis devem ser transportados com o mínimo de bits. Para as cargas úteis, isso significa usar codificações compactas de informação, como imagens que estão em formato JPEG em vez de um mapa de bits, ou formatos de documento como PDF, que incluem compactação. Isso também significa mecanismos de caching em nível de aplicação, como caches Web que reduzem transferências.

E os cabeçalhos de protocolo? Na camada de enlace, os cabeçalhos para redes sem fio normalmente compactam porque foram projetados visando a uma largura de banda escassa. Por exemplo, pacotes em redes orientadas a conexão têm identificadores de conexão curtos, ao invés de endereços mais longos. Contudo, protocolos de camada mais alta, como IP, TCP e UDP, vêm em uma versão para todas as camadas de enlace, e não são projetados com cabeçalhos compactos. De fato, o processamento rápido para reduzir o overhead de software normalmente leva a cabeçalhos que não são tão compactos quanto poderiam ser de outra forma (p. ex., o IPv6 tem cabeçalhos mais compactados do que o IPv4).

Os cabeçalhos de camada mais alta podem gerar um ganho de desempenho significativo. Considere, por exemplo, os dados VoIP que são transportados com a combinação de IP, UDP e RTP. Esses protocolos exigem 40 bytes de cabeçalho (20 para IPv4, 8 para UDP e 12 para RTP). Com IPv6, a situação é ainda pior: 60 bytes, incluindo 40 bytes de cabeçalho IPv6. Os cabeçalhos podem acabar sendo a maior parte dos dados transmitidos, consumindo mais da metade da largura de banda.

A **compactação de cabeçalho** é usada para reduzir a largura de banda ocupada pelos cabeçalhos dos protocolos das camadas superiores nos enlaces. Esquemas projetados especialmente são usados no lugar dos métodos de uso geral. Isso porque os cabeçalhos são curtos, de modo que não são muito bem compactados individualmente, e a descompactação exige que todos os dados anteriores sejam recebidos. Isso não acontecerá se um pacote for perdido.

A compactação de cabeçalho obtém grandes ganhos usando o conhecimento do formato do protocolo. Um dos primeiros esquemas foi projetado por Van Jacobson (1990) para compactação de cabeçalhos TCP/IP por enlaces seriais lentos. Ele é capaz de compactar um cabeçalho TCP/IP típico de 40 bytes para uma média de 3 bytes. O truque para esse método é indicado na Figura 6.53. Muitos dos campos de cabeçalho não mudam de um pacote para outro. Por exemplo, não é preciso enviar o mesmo TTL IP ou os mesmos números de porta TCP em todo e qualquer pacote. Eles podem ser omitidos no lado transmissor do enlace e preenchidos no lado receptor.

De modo semelhante, outros campos mudam de uma maneira previsível. Por exemplo, com exceção da perda, o número de sequência do TCP avança com os dados. Nesses casos, o receptor pode prever o valor provável. O número real só precisa ser transportado quando for diferente do que é esperado. Mesmo assim, ele pode ser transportado como uma pequena mudança do valor anterior, como quando o número de confirmação aumenta quando novos dados são recebidos no sentido oposto.

Com a compactação de cabeçalho, é possível ter cabeçalhos simples em protocolos de camada superior e codificações compactas para enlaces com pouca largura de banda. **ROHC (RObust Header Compression)** é uma versão moderna da compactação de cabeçalho que é definida como uma estrutura na RFC 5795. Ela é projetada para tolerar a perda que pode ocorrer nos enlaces sem fio. Existe um perfil para cada conjunto de protocolos a ser compactado, como IP/UDP/RTP. Os cabeçalhos compactados são transportados referindo-se a um contexto, que é basicamente uma conexão; os campos de cabeçalho podem ser facilmente previstos para pacotes da mesma conexão, mas não para pacotes de conexões diferentes. Na operação típica, ROHC reduz cabeçalhos IP/UDP/RTP de 40 bytes para 1 a 3 bytes.

Embora a compactação de cabeçalho vise principalmente a reduzir as necessidades de largura de banda, ela também pode ser útil para reduzir o atraso – que é composto por atraso de propagação, que é fixo para um caminho na rede, e por atraso de transmissão, que depende da largura de banda e da quantidade de dados a serem enviados. Por exemplo, um enlace de 1 Mbps envia 1 bit em 1 μs. No caso de mídia por redes sem fio, a rede é relativamente lenta, de modo que o atraso de transmissão pode ser um fator importante no atraso geral e um atraso consistentemente baixo é importante para a qualidade do serviço.

A compactação de cabeçalho pode ajudar reduzindo a quantidade de dados enviados e, portanto, reduzindo o atraso na transmissão. O mesmo efeito pode ser obtido enviando-se pacotes menores. Isso compensará um maior overhead de software por um menor atraso de transmissão. Observe que outra fonte de atraso em potencial é o no enfileiramento para acessar o enlace sem fio. Isso também pode ser significativo, pois os enlaces sem fio são muito utilizados como recurso limitado em uma rede. Nesse caso, ele precisa ter mecanismos de qualidade de serviço que dão um atraso baixo aos pacotes em tempo real. Apenas a compactação de cabeçalho não é suficiente.

6.7.8 Protocolos para redes longas de banda larga

Desde a década de 1990, tem havido redes de gigabits que transmitem dados a grandes distâncias. Devido à combinação de uma rede rápida de banda larga (ou "fat pipe") e de longo atraso, elas são chamadas de **redes longas de banda larga**. Quando surgiram, a primeira reação das pessoas foi usar os protocolos existentes nelas, mas diversos problemas apareceram rapidamente. Nesta seção, discutiremos alguns dos problemas com o aumento da velocidade e o atraso dos protocolos de rede.

O primeiro problema é que muitos protocolos utilizam números de sequência de 32 bits. Quando a Internet começou, as linhas entre os roteadores eram principalmente linhas concedidas de 56 kbps, de modo que um host transmitindo em velocidade plena levava mais de uma semana para percorrer todos os números de sequência. Para os projetistas do TCP, 2^{32} era uma aproximação do infinito, pois havia pouco perigo de pacotes antigos ficarem rodando uma semana depois que fossem transmitidos. Com a Ethernet de 10 Mbps, esse tempo passou para 57 minutos, muito menor, mas ainda assim viável. Com uma Ethernet de 1 Gbps jogando dados na Internet, o tempo é cerca de 34 segundos, muito abaixo do tempo de vida máximo do pacote na Internet, que é de 120 segundos. De repente, 2^{32} não é uma aproximação tão boa do infinito, pois um transmissor rápido pode percorrer o espaço de sequência enquanto pacotes antigos ainda existem na rede.

O problema é que muitos projetistas de protocolo simplesmente consideraram, sem afirmar isso, que o tempo exigido para ocupar o espaço de sequência inteiro seria muito maior que o tempo de vida máximo do pacote. Consequentemente, não havia necessidade de se preocupar com o problema de duplicatas antigas ainda existindo quando os números de sequência fossem reiniciados. Em velocidades de gigabits, essa suposição não declarada falha. Felizmente, é possível estender o número de sequência efetivo tratando o período de tempo que pode ser transportado como uma opção no cabeçalho TCP de cada pacote como os bits de alta ordem. Esse mecanismo é chamado PAWS, conforme já descrevemos.

O segundo problema é que o tamanho da janela de controle de fluxo precisa ser bastante aumentado. Por exemplo, considere o envio de uma rajada de 64 KB de dados de San Diego para Boston a fim de preencher o buffer de 64 KB do receptor. Suponha que o enlace seja de 1 Gbps e o atraso unidirecional da velocidade da luz na fibra seja de 20 ms. Inicialmente, a $t = 0$, o canal está vazio, conforme ilustra a Figura 6.55(a). Somente 500 µs depois, na Figura 6.55(b), todos os segmentos estão na fibra. O segmento inicial agora estará em algum ponto nas proximidades de Brawley, ainda ao sul da Califórnia. Contudo, o transmissor precisa parar até que ele receba uma atualização de janela.

Após 20 ms, o segmento inicial alcança Boston, como mostra a Figura 6.55(c), e é confirmado. Finalmente, 40 ms depois de iniciar, a primeira confirmação retorna ao transmissor e a segunda rajada pode ser transmitida. Como a linha de transmissão foi usada por 1,25 ms dos 100, a eficiência é de cerca de 1,25%. Essa situação é típica de um protocolo mais antigo rodando por linhas de gigabits.

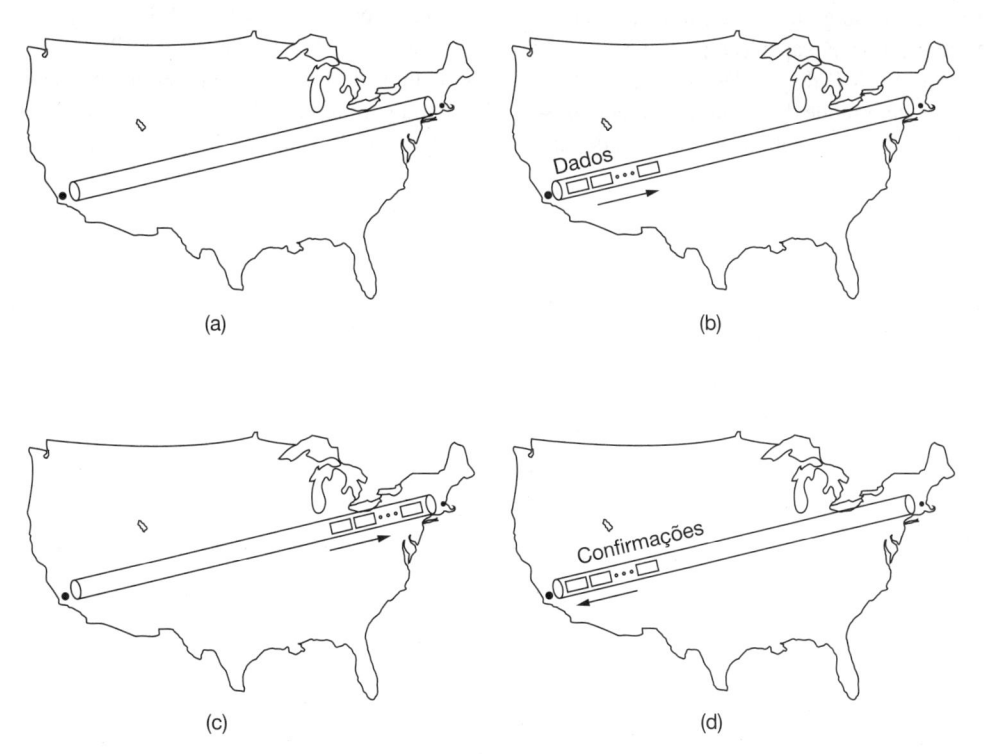

Figura 6.55 O estado da transmissão de 1 Mbit de San Diego para Boston. (a) Em $t = 0$. (b) Após 500 µs. (c) Após 20 ms. (d) Após 40 ms.

Uma quantidade útil para ter em mente ao analisar o desempenho da rede é o **produto largura de banda-atraso**. Ele é obtido multiplicando-se a largura de banda (em bits/s) pelo tempo de atraso de ida e volta (em segundos). O produto é a capacidade do canal do transmissor ao receptor e de volta (em bits).

Para o exemplo da Figura 6.55, o produto largura de banda-atraso é de 40 milhões de bits. Em outras palavras, o transmissor teria que transmitir uma rajada de 40 milhões de bits para poder continuar em velocidade plena até que a primeira confirmação retornasse. É necessário que haja esse número de bits para encher o canal (nos dois sentidos). É por isso que uma rajada de meio milhão de bits só atinge uma eficiência de 1,25%: isso significa apenas 1,25% da capacidade do canal.

A conclusão que podemos tirar aqui é que, para obter um bom desempenho, a janela do receptor precisa ser pelo menos tão grande quanto o produto largura de banda-atraso, e de preferência um pouco maior, pois o receptor pode não responder instantaneamente. Para uma linha de gigabit transcontinental, pelo menos 5 MB são necessários.

O terceiro problema, também relacionado, é que esquemas de retransmissão simples, como o protocolo go-back-n, não funcionam bem em linhas com um produto largura de banda-atraso grande. Considere o enlace transcontinental de 1 Gbps com um tempo de transmissão de ida e volta de 40 ms. Um transmissor pode enviar 5 MB em uma viagem de ida e volta. Se um erro for detectado, somente depois de 40 ms é que o transmissor será informado a respeito. Se o protocolo go-back-n for usado, o transmissor terá que retransmitir não apenas o pacote com problema, mas também os 5 MB de pacotes que vieram depois. É claro que isso é um grande desperdício de recursos. São necessários protocolos mais complexos, como o de repetição seletiva.

O quarto problema é que as linhas de gigabits são fundamentalmente diferentes das linhas de megabits, pois as longas linhas de gigabits são limitadas por atraso em vez de limitadas por largura de banda. Na Figura 6.56, mostramos o tempo gasto para transferir um arquivo de 1 Mbit por 4.000 km em diversas velocidades de transmissão. Em velocidades de até 1 Mbps, o tempo de transmissão é dominado pela taxa em que os bits podem ser enviados. Por volta de 1 Gbps, o atraso de ida e volta de 40 ms é superior ao tempo de 1 ms gasto para colocar os bits na fibra. Outros aumentos na largura de banda dificilmente terão algum efeito.

A Figura 6.56 tem implicações infelizes para os protocolos de rede. Ela diz que os protocolos stop-and-wait, como RPC, têm um limite superior inerente em seu desempenho. Esse limite é ditado pela velocidade da luz. Nenhuma quantidade de progresso tecnológico na óptica conseguirá melhorar as coisas (porém, novas leis da física ajudariam). A menos que possa ser encontrado algum outro uso para uma linha de gigabits enquanto um host está esperando uma resposta, ela não é melhor do que uma linha de megabits, apenas mais cara.

Um quinto problema é que as velocidades de comunicação têm melhorado com mais rapidez que as velocidades de computação. (Nota para os engenheiros de computação: saiam e vençam os engenheiros da comunicação! Estamos contando com vocês.) Na década de 1970, a ARPANET funcionava a 56 kbps e tinha computadores que funcionavam em aproximadamente 1 MIPS. Compare esses números com computadores de 1.000 MIPS trocando pacotes por uma linha de 1 Gbps. O número de instruções por byte diminuiu por um fator de mais de 10. Os números exatos são discutíveis, dependendo das datas e cenários, mas a conclusão é esta: há menos tempo disponível para processamento

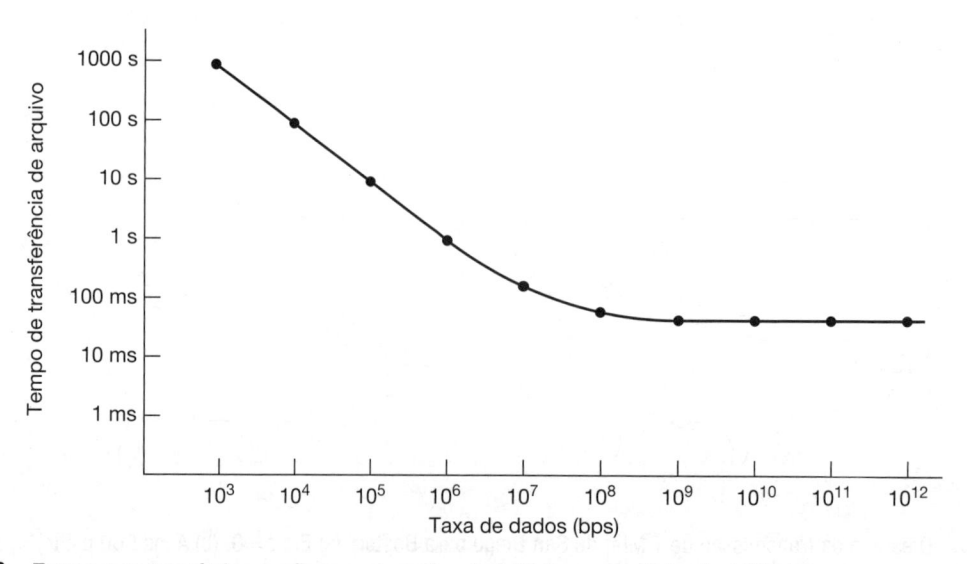

Figura 6.56 Tempo para transferir e confirmar um arquivo de 1 Mbit por uma linha de 4.000 km.

de protocolo do que havia antes, de modo que os protocolos precisam se tornar mais simples.

Agora, vamos passar dos problemas para as formas de lidar com eles. O princípio básico que todos os projetistas de redes de alta velocidade precisam aprender de cor é:

Projete visando à velocidade, e não à otimização da largura de banda.

Os protocolos antigos normalmente eram projetados para minimizar o número de bits nos enlaces, geralmente usando campos pequenos e compactando-os em bytes e palavras. Essa preocupação ainda é válida para redes sem fio, mas não para redes de gigabits. O processamento de protocolo é o problema, de modo que os protocolos precisam ser projetados para minimizá-lo. Os projetistas do IPv6 certamente entenderam esse princípio.

Um modo atraente de aumentar a velocidade é criar interfaces de rede rápidas em hardware. A dificuldade com essa estratégia é que, a menos que o protocolo seja incrivelmente simples, o hardware simplesmente significa uma placa com uma segunda CPU e seu próprio programa. Para garantir que o coprocessador de rede seja mais barato que a CPU principal, ele normalmente é um chip mais lento. A consequência desse projeto é que grande parte do tempo na CPU principal (rápida) fica ocioso aguardando que a segunda CPU (lenta) realize o trabalho crítico. É um mito pensar que a CPU principal tem outro trabalho a fazer enquanto espera. Além do mais, quando duas CPUs de uso geral se comunicam, pode haver condições de disputa, de modo que protocolos complicados são necessários entre os dois processadores para sincronizá-los corretamente e evitar disputas. Normalmente, a melhor técnica é tornar os protocolos simples e deixar que a CPU principal faça o trabalho.

O layout de pacotes é uma consideração importante nas redes de gigabits. O cabeçalho deve conter o mínimo possível de campos, a fim de reduzir o tempo de processamento. Esses campos devem ser grandes o suficiente para realizar o trabalho e ter alinhamento de palavras com a finalidade de agilizar o processamento. Nesse contexto, "grande o suficiente" significa que não ocorrerão problemas como repetição de números de sequência enquanto ainda existem pacotes antigos, receptores incapazes de anunciar espaço de janela suficiente porque o campo da janela é muito pequeno, e assim por diante.

O tamanho máximo dos dados deve ser grande, para reduzir o overhead de software e permitir uma operação eficiente. Para redes de alta velocidade, 1.500 bytes é muito pouco, motivo pelo qual a Ethernet de gigabit admite quadros jumbo de até 9 KB e o IPv6 admite pacotes jumbograma com mais de 64 KB.

Agora, vamos examinar a questão do feedback nos protocolos de alta velocidade. Devido ao loop de atraso (relativamente) longo, o feedback deverá ser evitado, se possível: o receptor gasta muito tempo para sinalizar o transmissor. Um exemplo de feedback é controlar a taxa de transmissão usando um protocolo de janela deslizante. Os protocolos do futuro poderão passar para protocolos baseados em taxa, para evitar os (longos) atrasos inerentes ao envio de atualizações de janela do receptor ao transmissor. Nesse protocolo, o transmissor pode enviar tudo o que desejar, desde que não envie mais rápido do que alguma taxa que o transmissor e o receptor combinaram antecipadamente.

Um segundo exemplo de feedback é o algoritmo de partida lenta de Jacobson. Ele promove várias sondagens para verificar quanto a rede pode manipular. Em uma rede de alta velocidade, fazer meia dúzia de pequenas sondagens para ver como a rede se comporta desperdiça um grande volume de largura de banda. Um esquema mais eficiente é fazer o transmissor, o receptor e a rede reservarem os recursos necessários no momento de estabelecer a conexão. Reservar recursos antecipadamente também oferece a vantagem de tornar mais fácil a redução do jitter. Em resumo, buscar altas velocidades leva o projeto inexoravelmente em direção a uma operação orientada a conexões, ou algo bem parecido.

Outro recurso valioso é a possibilidade de enviar um volume normal de dados junto com a solicitação de conexão. Desse modo, é possível economizar o tempo de uma viagem de ida e volta.

6.8 RESUMO

A camada de transporte é a chave para a compreensão dos protocolos em camadas. Ela oferece vários serviços, dos quais o mais importante é um fluxo de bytes confiável, orientado a conexões e de fim a fim, do transmissor até o receptor. Ela é acessada por meio de primitivas de serviço que permitem o estabelecimento, o uso e o encerramento de conexões. Uma interface comum da camada de transporte é oferecida pelos soquetes de Berkeley.

Os protocolos de transporte devem ser capazes de realizar o gerenciamento de conexões em redes não confiáveis. O estabelecimento de conexões é complicado pela existência de duplicatas de pacotes atrasados que podem reaparecer em momentos inoportunos. Para lidar com eles, são necessários handshakes de três vias para estabelecer conexões. O encerramento de uma conexão é um pouco mais fácil, mas ainda assim está longe de ser uma questão trivial, devido ao problema dos dois exércitos.

Mesmo quando a camada de rede é totalmente confiável, a camada de transporte tem muito trabalho a fazer. Ela deve manipular todas as primitivas de serviço, gerenciar as conexões e os timers, alocar largura de banda com controle de congestionamento e executar uma janela deslizante de tamanho variável para o controle de fluxo.

O controle de congestionamento deve alocar toda a largura de banda disponível entre fluxos concorrentes de forma imparcial, e deve acompanhar as mudanças no uso da rede. A lei de controle AIMD converge para uma alocação imparcial e eficiente.

A Internet tem dois protocolos de transporte importantes: UDP e TCP. O primeiro é não orientado a conexões, usado principalmente como um invólucro para pacotes IP, com o recurso adicional de multiplexar e demultiplexar vários processos utilizando um único endereço IP. O UDP pode ser usado, por exemplo, em interações cliente-servidor, empregando RPC. Ele também pode ser usado na construção de protocolos em tempo real, como o RTP.

O principal protocolo de transporte da Internet é o TCP, que fornece um fluxo de bytes bidirecional confiável, com controle de congestionamento, com um cabeçalho de 20 bytes em todos os segmentos. Muito trabalho tem sido realizado na tentativa de otimizar o seu desempenho, com os algoritmos de Nagle, Clark, Jacobson, Karn e outros.

UDP e TCP sobreviveram muito bem aos anos, mas ainda há espaço para melhorias no desempenho e solução de problemas causados pelas modernas redes de alta velocidade. CUBIC TCP, QUIC e BBR são alguns dos aperfeiçoamentos mais modernos.

O desempenho da rede normalmente é dominado pelo overhead de processamento de protocolos e de segmentos, e essa situação piora em velocidades mais altas. Os protocolos devem ser projetados para minimizar o número de segmentos e funcionar em caminhos com produto largura de banda-atraso alto. Para redes de gigabits, são necessários protocolos simples e processamento rápido.

PROBLEMAS

1. Em nosso exemplo de primitivas de transporte da Figura 6.1, a primitiva LISTEN é uma chamada de bloqueio. Ela é estritamente necessária? Caso não seja, explique como uma primitiva sem bloqueio poderia ser usada. Que vantagem isso ofereceria em relação ao esquema descrito no texto?

2. Uma aplicação de bate-papo usando TCP chama repetidamente receive() e imprime os dados recebidos como uma nova mensagem. Diga qual seria um problema com essa abordagem.

3. No modelo básico da Figura 6.4, parte-se do pressuposto de que os pacotes podem se perder na camada de rede e, por isso, devem ser confirmados individualmente. Suponha que a camada de rede seja 100% confiável e nunca perca pacotes. Que mudanças, se houver, são necessárias na Figura 6.4?

4. Em ambas as partes da Figura 6.6, existe um comentário de que o valor de SERVER_PORT deve ser igual no cliente e no servidor. Por que isso é tão importante?

5. Suponha que o esquema baseado em clock empregado na geração de números de sequência iniciais seja usado com um contador de clock de 15 bits de largura. O clock pulsa a cada 100 ms, e o tempo de vida máximo de cada pacote é de 60 segundos. Com que frequência a ressincronização deve ser feita:
   (a) Na pior das hipóteses.
   (b) Quando os dados consumirem 240 números de sequência/minuto.

6. Por que o tempo máximo de duração de um pacote T deve ser longo o suficiente para assegurar que não apenas o pacote mas também todas as suas confirmações tenham desaparecido?

7. Considere um protocolo da camada de transporte, orientado a conexões, que usa um clock para determinar números de sequência de pacote. O clock usa um contador de 10 bits e bate uma vez a cada 125 ms. O tempo de vida máximo do pacote é de 64 segundos. Se o transmissor envia 4 pacotes por segundo, quanto tempo a conexão poderia durar sem entrar na região proibida?

8. Explique as diferenças no uso do protocolo de janela deslizante na camada de enlace e na camada de transporte, em termos dos timeouts do protocolo.

9. Considere o problema da recuperação do funcionamento depois de panes nos hosts (Figura 6.18). Se o intervalo entre a escrita e o envio de uma confirmação, ou vice-versa, pode se tornar relativamente pequeno, quais são as duas melhores estratégias transmissor/receptor para minimizar a possibilidade de uma falha do protocolo?

10. Na Figura 6.20, suponha que um novo fluxo E seja acrescentado, seguindo de $R1$ para $R2$ para $R6$. Como a alocação de largura de banda max-min muda para os cinco fluxos?

11. Na Figura 6.20, suponha que os fluxos sejam reorganizados de modo que A passe por $R1$, $R2$ e $R3$, B passe por $R1$, $R2$, $R5$ e $R6$, C passe por $R4$, $R2$ e $R3$, e D passe por $R4$, $R2$ e $R3$. Qual é a alocação de largura de banda max-min?

12. Discuta as vantagens e desvantagens dos protocolos confiáveis e de janela deslizante.

13. Algumas outras políticas de imparcialidade no controle de congestionamento são Additive Increase Additive Decrease (AIAD), Multiplicative Increase Additive Decrease (MIAD) e Multiplicative Increase Multiplicative Decrease (MIMD). Discuta essas três políticas em termos de convergência e estabilidade.

14. Considere um protocolo da camada de transporte que usa Additive Increase Square Root Decrease (AISRD). Essa versão converge para o compartilhamento imparcial da largura de banda?

15. Dois hosts enviam dados simultaneamente por uma rede com capacidade de 1 Mbps. O host A usa UDP e transmite um pacote de 100 bytes a cada 1 ms. O host B gera dados a uma taxa de 600 kbps e usa TCP. Qual host obterá o throughput mais alto?

16. Por que o UDP existe? Não teria sido suficiente deixar que os processos dos usuários enviassem pacotes IP brutos?

17. Considere um protocolo simples no nível da aplicação, elaborado sobre o UDP e que permite a um cliente recuperar um arquivo de um servidor remoto que reside em um endereço conhecido. Primeiro, o cliente envia uma

solicitação com o nome do arquivo, e o servidor responde com uma sequência de pacotes de dados contendo partes diferentes do arquivo solicitado. Para assegurar confiabilidade e entrega em sequência, o cliente e o servidor utilizam um protocolo stop-and-wait. Ignorando a questão óbvia do desempenho, você percebe algum problema com esse protocolo? Pense cuidadosamente na possibilidade de panes em processos.

18. Um cliente transmite uma solicitação de 128 bytes a um servidor localizado a 100 km de distância sobre uma linha de fibra óptica de 1 gigabit. Qual é a eficiência da linha durante a chamada de procedimento remoto?

19. Considere a situação do problema anterior novamente. Calcule o menor tempo de resposta possível para a linha de 1 Gbps e para uma linha de 1 Mbps. Que conclusão é possível tirar desses dados?

20. Tanto o UDP quanto o TCP empregam números de portas para identificar a entidade de destino ao entregarem uma mensagem. Forneça duas razões pelas quais esses protocolos criaram uma nova ID abstrata (números de portas), em vez de usar IDs de processos, que já existiam quando esses protocolos foram projetados.

21. Por que o RTP normalmente é implementado sobre UDP e não sobre TCP? Identifique algumas condições sob as quais uma aplicação pode usar o RTP implementado sobre TCP.

22. Considere duas redes, $N1$ e $N2$, que têm o mesmo atraso médio entre uma origem A e um destino D. Em $N1$, o atraso experimentado por diferentes pacotes é uniformemente distribuído com um atraso máximo de 10 segundos, enquanto em $N2$, 99% dos pacotes experimentam menos de um segundo de atraso sem limite sobre o atraso máximo. Discuta como o RTP pode ser usado nesses dois casos para transmitir o fluxo de áudio/vídeo ao vivo.

23. Qual é o tamanho total da MTU mínima do TCP, incluindo o overhead do TCP e do IP, mas sem incluir o overhead da camada de enlace de dados?

24. A fragmentação e a remontagem de datagramas são tratadas pelo IP e são invisíveis para o TCP. Isso quer dizer que o TCP não tem de se preocupar com a chegada de dados na ordem errada?

25. O RTP é usado para transmitir áudio com qualidade de CD, que gera um par de amostras de 16 bits 44.100 vezes/s, uma amostra para cada um dos canais estereofônicos. Quantos pacotes por segundo o RTP deve transmitir?

26. A um processo no host 1 foi atribuída a porta p, e a um processo no host 2 foi atribuída a porta q. É possível haver duas ou mais conexões TCP entre essas duas portas ao mesmo tempo?

27. Na Figura 6.36 vimos que, além do campo de *Confirmação* de 32 bits, existe um bit *ACK* na quarta palavra. Isso realmente acrescenta algo? Por quê?

28. Considere uma conexão TCP que esteja enviando dados a uma velocidade tão alta que comece a reutilizar números de sequência dentro do tempo de vida máximo do segmento. Isso pode ser evitado aumentando-se o tamanho do segmento? Por quê?

29. Descreva duas maneiras de entrar no estado *SYN RCVD* da Figura 6.39.

30. Indique uma desvantagem em potencial quando o algoritmo de Nagle for usado em uma rede muito congestionada.

31. Você está jogando um jogo on-line por uma rede de alta latência. O jogo exige que você toque rapidamente em objetos na tela. Contudo, o jogo só mostra o resultado de suas ações em rajadas. Esse comportamento poderia ser causado por uma opção do TCP? Poderia haver alguma outra causa (relacionada à rede)?

32. Considere o efeito de usar a partida lenta em uma linha com um tempo de percurso de ida e volta de 10 ms e sem congestionamento. A janela de recepção tem 24 KB e o tamanho máximo do segmento é 2 KB. Quanto tempo é necessário para que a primeira janela completa possa ser enviada?

33. Suponha que a janela de congestionamento do TCP seja definida como 18 KB e que ocorra um timeout. Qual será o tamanho da janela se as próximas quatro rajadas de transmissão forem bem-sucedidas? Suponha que o tamanho máximo do segmento seja 1 KB.

34. Considere uma conexão que utiliza o TCP Reno. A conexão tem uma janela de congestionamento inicial com tamanho de 1 KB, e um patamar inicial de 64. Suponha que o aumento aditivo utilize um tamanho de degrau de 1 KB. Qual é o tamanho da janela de congestionamento na rodada de transmissão 8, se a primeira rodada de transmissão tem número 0?

35. Se o tempo de viagem de ida e volta no TCP, denominado *RTT*, for igual a 30 ms, e se as confirmações seguintes chegarem depois de 26, 32 e 24 ms, respectivamente, qual será a nova estimativa para *RTT* empregando-se o algoritmo de Jacobson? Considere $\alpha = 0{,}9$.

36. Uma máquina TCP está transmitindo janelas completas de 65.535 bytes através de um canal de 1 Gbps que tem um atraso de 10 ms em um dos sentidos. Qual é a vazão máxima que é possível alcançar? Qual é a eficiência da linha?

37. Qual é a maior velocidade da linha em que um host pode transmitir cargas úteis do TCP de 1.500 bytes com uma duração máxima de pacote de 120 segundos, sem que os números de sequência se repitam? Leve em conta o overhead do TCP, do IP e da Ethernet. Suponha que os quadros Ethernet possam ser enviados continuamente.

38. Para enfrentar as limitações do IP versão 4, um grande esforço teve de ser feito pela IETF, resultando no projeto do IP versão 6, e ainda existe relutância significativa em sua adoção. Todavia, nenhum esforço muito grande é necessário para resolver as limitações do TCP. Explique por que isso acontece.

39. Em uma rede com um tamanho máximo de segmento igual a 128 bytes, tempo máximo de duração de um segmento igual a 30 segundos e um número de sequência de 8 bits, qual é a taxa máxima de transferência de dados por conexão?

40. Considere uma conexão TCP que usa um tempo de vida máximo do segmento de 128 segundos. Suponha que a conexão *não* use a opção de timestamp. O que pode ser dito a respeito da taxa máxima de dados?

41. Considere uma conexão TCP entre um transmissor e um receptor em que: o transmissor precisa enviar exatamente 30 segmentos para o receptor, *ssthresh* é 4, o *cwnd* inicial (na rodada de transmissão zero) é 1, o tempo de ida e volta entre o transmissor e o receptor é de 500 milissegundos, o tamanho máximo do segmento é de 1000 bytes e a largura de banda no gargalo é de 64 kbps. Suponha que (1) o transmissor receba uma confirmação de duplicata tripla para o 14º segmento e retransmita com sucesso o segmento na próxima viagem de ida e volta; (2) na primeira tentativa, os segmentos 25-30 são todos perdidos em uma única janela de transmissão; (3) nenhuma outra perda acontece. Qual é a vazão média da conexão durante a fase de prevenção de congestionamento, em kilobits por segundo? Qual é a vazão média, em kilobits por segundo, em toda a conexão? Qual é a taxa de perda média em toda a transmissão? Durante quais rodadas o buffer no enlace de gargalo é preenchido? Em qual rodada o buffer no enlace de gargalo tem mais pacotes? Qual é a latência adicional máxima que esse uso do buffer introduz na latência de fim a fim, em milissegundos?

42. Suponha que você esteja medindo o tempo necessário para receber um segmento. Quando ocorrer uma interrupção, você lerá o clock do sistema em milissegundos. Quando o segmento tiver sido completamente processado, você lerá o clock mais uma vez. O valor 0 ms é medido 270 mil vezes, e 1 ms é medido 730 mil vezes. Quanto tempo é necessário para receber um segmento?

43. Uma CPU executa instruções a uma velocidade de 1.000 MIPS. Os dados podem ser copiados 64 bits de cada vez, sendo necessárias dez instruções para copiar cada palavra. Se um pacote recebido tiver de ser copiado quatro vezes, esse sistema conseguirá tratar de uma linha de 1 Gbps? Para simplificar, suponha que todas as instruções, mesmo aquelas que leem ou gravam na memória, funcionam a uma velocidade máxima de 1.000 MIPS.

44. Para contornar o problema da repetição dos números de sequência enquanto os pacotes antigos ainda existem, é possível utilizar números de sequência de 64 bits. Contudo, um cabo de fibra óptica pode utilizar uma velocidade de 75 Tbps, pelo menos teoricamente. Qual é o tempo máximo de duração dos pacotes necessário para garantir que as redes de 75 Tbps do futuro não tenham problemas de repetição dos números de sequência, mesmo com números de sequência de 64 bits? Suponha que cada byte tenha seu próprio número de sequência, como acontece no TCP.

45. Considere um computador de 1.000 MIPS que pode executar uma instrução por nanossegundo. Suponha que sejam necessárias 50 instruções para processar um cabeçalho de pacote, independentemente do tamanho da carga útil, e 10 instruções para cada 8 bytes de carga útil. Quantos pacotes por segundo ele pode processar se os pacotes tiverem (a) 128 bytes e (b) 1024 bytes? Qual é o goodput em bytes/s em ambos os casos?

46. Para uma rede de 1 Gbps operando por 4.000 km, o atraso é o fator limitante, e não a largura da banda. Considere uma MAN com uma distância média entre a origem e o destino de 20 km. Em qual taxa de dados o atraso do percurso de ida e volta devido à velocidade da luz é igual ao atraso da transmissão para um pacote de 1 KB?

47. Calcule o produto largura de banda-atraso para as redes a seguir: (1) T1 (1,5 Mbps), (2) Ethernet (10 Mbps), (3) T3 (45 Mbps) e (4) STS-3 (155 Mbps). Considere um RTT de 100 ms. Lembre-se de que um cabeçalho TCP tem 16 bits reservados para o *Tamanho de janela*. Quais são as implicações, de acordo com seus cálculos?

48. Qual é o produto largura de banda-atraso para um canal de 50 Mbps em um satélite geoestacionário? Se todos os pacotes forem de 1.500 bytes (incluindo o overhead), qual deverá ser o tamanho da janela, medido em pacotes?

49. Cite algumas das possíveis causas pelas quais um teste de velocidade baseado no cliente de uma rede de acesso não pode medir a velocidade verdadeira do enlace de acesso.

50. Considere o cabeçalho TCP da Figura 6.36. Toda vez que um segmento TCP é enviado, ele inclui 4 bits não usados. Como o desempenho será afetado pela remoção desses bits e o deslocamento de todos os quatro bits dos campos seguintes para a esquerda?

51. O servidor de arquivos da Figura 6.6 está longe de ser perfeito e poderiam ser feitos alguns aperfeiçoamentos. Faça as seguintes modificações:
    (a) Dê ao cliente um terceiro argumento que especifique um intervalo de bytes.
    (b) Adicione uma flag do cliente –w que permita a gravação do arquivo no servidor.

52. Uma função comum que todos os protocolos de rede precisam é manipular mensagens. Lembre-se de que os protocolos manipulam mensagens acrescentando/removendo cabeçalhos. Alguns protocolos podem quebrar uma única mensagem em múltiplos fragmentos, e mais tarde juntá-los de volta em uma única mensagem. Para isso, projete e implemente uma biblioteca de gerenciamento de mensagem que ofereça suporte para criar uma nova mensagem, anexar um cabeçalho a uma mensagem, remover um cabeçalho de uma mensagem, quebrar uma mensagem em duas, combinar duas mensagens em uma e salvar uma cópia de uma mensagem. Sua implementação precisa minimizar a cópia de dados de um buffer para outro ao máximo possível. É fundamental que as operações que manipulam mensagens não toquem nos dados delas, mas apenas manipulem ponteiros.

53. Projete e implemente um sistema de bate-papo que permita a conversa entre vários grupos de usuários. Um coordenador de bate-papo reside em um endereço de rede conhecido, utiliza o UDP para comunicação com clientes de bate-papo, instala servidores de bate-papo para cada sessão e mantém um diretório de sessão. Existe um servidor de bate-papo por sessão, o qual usa o TCP para se comunicar com clientes. Um cliente de bate-papo permite que usuários iniciem, se reúnam e saiam de uma sessão. Projete e implemente o código do coordenador, do servidor e do cliente.

7
A camada de aplicação

Depois de passarmos por todas as camadas preliminares, chegamos àquela em que são encontradas todas as aplicações. As camadas inferiores à camada de aplicação têm a função de oferecer um serviço de transporte confiável, mas, na verdade, elas não executam nenhuma tarefa real para os usuários. Neste capítulo, estudaremos algumas aplicações reais em redes.

No entanto, mesmo na camada de aplicação, há necessidade de protocolos de suporte, a fim de permitir que as aplicações funcionem. Assim, antes de iniciarmos o estudo das aplicações em si, examinaremos um protocolo importante: o DNS (Domain Name System), que relaciona os nomes da Internet aos respectivos endereços IP. Depois disso, examinaremos três aplicações reais: correio eletrônico, World Wide Web (geralmente chamada apenas de "Web") e, por fim, multimídia, incluindo o moderno streaming de vídeo. Terminaremos o capítulo explicando melhor a distribuição do conteúdo, incluindo as redes peer-to-peer e as redes de entrega de conteúdo.

7.1 DNS – DOMAIN NAME SYSTEM

Embora os programas possam se referir em teoria a páginas Web, caixas de correio e outros recursos que utilizam os endereços de rede (p. ex., endereços IP) dos computadores em que estão armazenados, esses endereços são difíceis para as pessoas memorizarem. Além disso, navegar pelas páginas Web de uma empresa a partir de *128.111.24.41* significa que, se a empresa mudar o servidor Web para uma máquina diferente, com um endereço IP diferente, todos precisam ser informados sobre o novo endereço IP. Embora passar um site da Web de um endereço IP para outro possa parecer algo rebuscado, na prática, essa noção geral acontece com muita frequência, na forma de balanceamento de carga. Especificamente, muitos sites modernos hospedam seu conteúdo em várias máquinas, em geral, clusters distribuídos geograficamente. A organização que hospeda o conteúdo pode querer "mudar" a comunicação de um cliente de um servidor Web para outro. O DNS normalmente é a forma mais conveniente de fazer isso.

Nomes de alto nível, legíveis, desassociam os nomes das máquinas dos endereços dessas máquinas. Desse modo, o servidor Web da empresa poderia ser conhecido como *www.cs.uchicago.edu* independentemente do seu endereço IP. Já que os dispositivos ao longo do caminho da rede enviam o tráfego ao seu destino com base no endereço IP, esses nomes de domínio legíveis aos humanos precisam ser convertidos em endereços IP; o sistema de nomes de domínio, ou **DNS (Domain Name System)**, é o mecanismo que faz isso. Nas próximas seções, estudaremos como o DNS faz esse mapeamento, e também como ele evoluiu durante as últimas décadas. Em particular, um dos desenvolvimentos mais significativos em termos de DNS nos últimos anos são suas implicações para a privacidade do usuário. Exploraremos essas implicações e diversos desenvolvimentos recentes em criptografia do DNS relacionados à privacidade.

7.1.1 História e visão geral

Na ARPANET havia simplesmente um arquivo, *hosts.txt*, que listava todos os nomes de computador e seus endereços IP. Toda noite, esse arquivo era acessado por todos os hosts no local em que era mantido. Para uma rede de algumas centenas de grandes máquinas com tempo compartilhado, essa estratégia funcionava razoavelmente bem.

No entanto, bem antes que milhões de PCs estivessem conectados à Internet, todos os envolvidos perceberam que essa estratégia não poderia continuar a ser utilizada para sempre. Em algum momento, o arquivo se tornaria grande demais. Contudo, a razão mais importante é que poderia haver conflitos de nomes de hosts constantemente, a menos que os nomes fossem gerenciados de forma centralizada – algo totalmente fora de cogitação em uma enorme rede internacional, devido à carga e à latência. Para resolver esses problemas, foi criado o sistema de nomes de domínios, ou DNS (Domain Name System), em 1983. Ele tem sido uma parte fundamental da Internet desde então.

DNS é um esquema hierárquico de atribuição de nomes e um sistema de banco de dados distribuído para implementar esse esquema de nomenclatura. Ele é mais usado para mapear nomes de hosts em endereços IP, mas também pode servir para outros objetivos, que serão explicados com mais detalhes a seguir. O DNS é um dos protocolos em evolução mais ativo na Internet, sendo definido nas RFCs 1034, 1035, 2181 e elaborado com mais detalhes em muitas outras RFCs.

7.1.2 O processo de pesquisa do DNS

O DNS é utilizado da seguinte forma: para mapear um nome em um endereço IP, um programa de aplicação chama um procedimento de biblioteca (normalmente, *gethostbyname* ou algo equivalente) e repassa a ele o nome como um parâmetro. Esse processo às vezes é chamado de **resolvedor stub**, o qual envia uma consulta contendo o nome de um resolvedor de DNS local, normalmente chamado **resolvedor recursivo local**, ou simplesmente **resolvedor local**, que passa a realizar uma chamada **pesquisa recursiva** pelo nome contra um conjunto de resolvedores de DNS. O resolvedor recursivo local, por fim, retorna uma resposta com o endereço IP correspondente para o resolvedor stub, que então passa o resultado para a função que emitiu a consulta em primeiro lugar. As mensagens de consulta e resposta são enviadas como pacotes UDP. Munido do endereço IP, o programa pode então se comunicar com o host correspondente ao nome DNS que foi encontrado. Esse processo será explicado com mais detalhes neste capítulo.

Em geral, o resolvedor stub emite uma consulta recursiva ao resolvedor local, o que significa que ele simplesmente pergunta e aguarda uma resposta. O resolvedor local, por sua vez, emite uma sequência de consultas aos respectivos servidores de nomes para cada parte da hierarquia de nomes; o servidor de nomes responsável por uma parte específica da hierarquia costuma ser chamado de **servidor de nomes autorizado** para esse domínio. Como veremos mais adiante, o DNS usa cache, mas os caches podem estar desatualizados. O servidor de nomes autorizado é, bem, uma autoridade. Por definição, ele sempre está correto. Antes de descrever a operação mais detalhada do DNS, descrevemos a hierarquia do servidor de nomes de DNS e como os nomes são alocados.

Quando o resolvedor stub de um host envia uma consulta ao resolvedor local, este trata da resolução até ter a resposta desejada ou nenhuma resposta. Ele *não* retorna respostas parciais. Em contrapartida, o servidor de nomes raiz (e cada servidor de nomes subsequente) não continua recursivamente a consulta para o servidor de nomes local. Ele apenas retorna uma resposta parcial e segue para a próxima consulta. O resolvedor local é responsável por continuar a resolução, emitindo mais consultas iterativas.

O processo de resolução de nomes geralmente envolve ambos os mecanismos. Uma consulta recursiva pode sempre parecer preferível, mas muitos servidores de nomes (especialmente o raiz) não trabalham assim. Eles são muito ocupados. As consultas iterativas colocam a carga em cima de quem as originou. A justificativa para o servidor de nomes local suportar uma consulta recursiva é que ele está fornecendo um serviço para os hosts em seu domínio. Esses hosts não precisam ser configurados para executar um servidor de nomes completo, apenas para acessar o servidor local. Um identificador de transação de 16 bits é incluído em cada consulta e copiado para a resposta de modo que um servidor de nomes possa corresponder as respostas à respectiva consulta, mesmo se várias consultas estiverem pendentes ao mesmo tempo.

Todas as respostas, incluindo as parciais retornadas, são armazenadas em cache. Dessa forma, se um computador em *cs.vu.nl* consultar *cs.uchicago.edu*, a resposta será mantida em cache. Se logo depois disso, outro host em *cs.vu.nl* também consultar *cs.uchicago.edu*, a resposta já será conhecida. Melhor ainda, se um host consultar um host diferente no mesmo domínio, digamos *noise.cs.uchicago.edu*, a consulta pode ser enviada diretamente para o servidor de nomes autorizado para *cs.uchicago.edu*. Da mesma forma, as consultas para outros domínios em *uchicago.edu* podem começar diretamente do servidor de nomes *uchicago.edu*. O uso de respostas em cache reduz bastante as etapas de uma consulta, além de melhorar o desempenho. O cenário original que esboçamos é, na verdade, o pior caso, que ocorre quando nenhuma informação útil está disponível no cache.

As respostas em cache não são oficiais, pois as alterações feitas em *cs.uchicago.edu* não serão propagadas para todos os caches no mundo que possam saber disso. Por esse motivo, as entradas de cache não devem durar muito. Esse é o motivo pelo qual o campo *Tempo de vida* é incluído em cada registro de recurso do DNS, uma parte do banco de dados DNS que discutiremos em breve. Ele informa aos servidores de nomes remotos por quanto tempo os registros devem permanecer em cache. Se uma determinada máquina tiver o mesmo endereço IP por anos, pode ser seguro armazenar essas informações em cache por um dia. Para informações mais voláteis, pode ser mais seguro limpar os registros após alguns segundos ou um minuto.

As consultas ao DNS têm um formato simples, que inclui o nome que está sendo consultado (QNAME), bem como outras informações auxiliares, como um identificador de transação, que normalmente é usado para o mapeamento entre consultas e respostas. Inicialmente, o ID da transação ocupava apenas 16 bits e as consultas e respostas não eram protegidas – essa decisão de projeto deixou o DNS vulnerável a uma série de ataques, incluindo algo chamado de ataque de envenenamento de cache, cujos detalhes discutiremos mais adiante, no Capítulo 8. Ao executar uma série de pesquisas iterativas, um resolvedor DNS recursivo pode enviar o QNAME inteiro para a sequência de servidores de nomes autorizados, que retornam as respostas. Em algum ponto, os projetistas de protocolo indicaram que o envio do QNAME inteiro para cada servidor de nomes autorizado, em uma sequência de resolvedores iterativos, constituía um risco à privacidade. Como resultado, muitos resolvedores recursivos agora usam um processo chamado de **minimização de QNAME**, por meio do qual o resolvedor local envia apenas a parte da consulta sobre a qual o respectivo servidor de nomes autorizado possui informações. Por exemplo, com a minimização de QNAME, dado um nome para resolver, como *www.cs.uchicago.edu*, um resolvedor local enviaria apenas a string *cs.uchicago.edu* para o servidor de nomes autorizado para *uchicago.edu*, ao contrário do nome de domínio totalmente qualificado (FQDN, Fully Qualified Domain Name), para evitar revelar todo o FQDN ao servidor de nomes autorizado. Para obter mais informações sobre a minimização de QNAME, consulte a RFC 7816.

Até muito recentemente, as consultas e as respostas do DNS dependiam do UDP como seu protocolo de transporte, com base na lógica de que precisavam ser rápidas e leves e não podiam lidar com a sobrecarga correspondente de um handshake TCP de três vias. No entanto, vários desenvolvimentos, incluindo a insegurança resultante do protocolo DNS e os inúmeros ataques subsequentes aos quais foi sujeito, variando de envenenamento de cache a ataques distribuídos de negação de serviço (DDoS), resultaram em uma tendência crescente para o uso do TCP como protocolo de transporte para o DNS. Mais tarde, isso permitiu que o DNS aproveitasse protocolos modernos e seguros das camadas de transporte e aplicação, resultando em DNS-over-TLS (DoT) e DNS-over-HTTPS (DoH). Discutiremos esses desenvolvimentos com mais detalhes mais adiante neste capítulo.

Se o resolvedor stub do DNS não receber uma resposta dentro de um período de tempo relativamente curto (um período de timeout), o cliente DNS repetirá a consulta, tentando outro servidor para o domínio após um pequeno número de tentativas. Esse processo foi projetado para lidar com o caso em que o servidor fica inativo, bem como com a perda do pacote de consulta ou resposta.

7.1.3 O ambiente de nomes e a hierarquia do DNS

Gerenciar um grande conjunto de nomes que está em mudança constante não é um problema de fácil resolução. Em um sistema postal, o gerenciamento de nomes é feito por meio do uso de letras que especificam (implícita ou explicitamente) o país, o estado ou a província, a cidade, a rua e o nome do destinatário. Graças ao uso desse tipo de endereçamento hierárquico, não há confusão entre o João da Silva que mora na Rua Barata Ribeiro, em São Paulo, e o João da Silva que mora na Rua Barata Ribeiro, no Rio de Janeiro. O DNS funciona da mesma forma.

Para a Internet, o topo da hierarquia de nomes é controlado por uma organização chamada **ICANN** (**Internet Corporation for Assigned Names and Numbers**). A ICANN foi criada para essa finalidade em 1998, como parte do amadurecimento da Internet para uma abrangência mundial, econômica. Conceitualmente, a Internet é dividida em mais de 250 **domínios de nível superior**, em que cada um deles cobre muitos hosts. Um domínio é dividido em subdomínios, e estes são partidos ainda mais, e assim por diante. Todos esses domínios podem ser representados por uma árvore, como mostra a Figura 7.1. As folhas da árvore representam domínios que não possuem subdomínios (mas contêm máquinas, é claro). Um domínio de folha pode conter um único host, ou então pode representar uma empresa e conter milhares de hosts.

Os domínios de nível superior são compostos por vários tipos: **gTLD (generic Top Level Domain)**, **ccTLD (country code Top Level Domain)** e outros. Alguns dos TLDs genéricos originais, listados na Figura 7.2, incluem domínios originais da década de 1980 e domínios de nível superior introduzidos por meio de solicitações à ICANN. Os domínios de países incluem uma entrada para cada país, conforme a definição da ISO 3166. Os nomes de domínio de países internacionalizados que usam alfabeto não latino foram introduzidos em 2010 e permitem que as pessoas nomeiem hosts em árabe, chinês, cirílico, hebreu ou outros idiomas.

Em 2011, havia apenas 22 gTLDs, mas em junho de 2011, a ICANN votou pelo fim das restrições à criação de gTLDs adicionais, permitindo que empresas e outras organizações selecionassem domínios de nível superior essencialmente arbitrários, incluindo TLDs que incluem caracteres não latinos (p. ex., cirílico). A ICANN começou a aceitar inscrições para novos TLDs no início de 2012. O custo inicial da inscrição para um novo TLD foi de quase 200 mil dólares. Alguns dos primeiros novos gTLDs

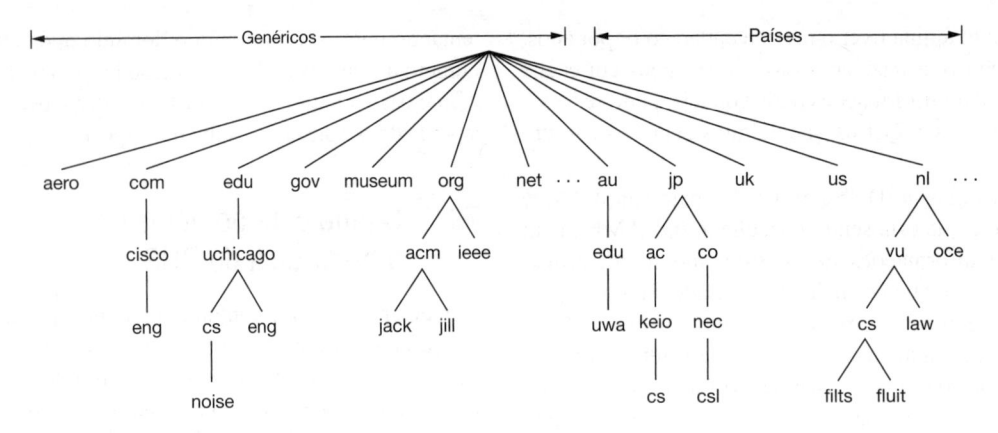

Figura 7.1 Uma parte do espaço de nomes de domínios da Internet.

tornaram-se operacionais em 2013 e, em julho de 2013, os primeiros quatro novos gTLDs foram lançados com base no contrato assinado em Durban, na África do Sul. Todos os quatro foram baseados em caracteres não latinos: a palavra árabe para "Web", a palavra russa para "on-line", a palavra russa para "site'" e a palavra chinesa para "jogo".

Alguns gigantes da tecnologia se inscreveram para muitos gTLDs: Google e Amazon, por exemplo, solicitaram cada um cerca de 100 novos gTLDs. Hoje, alguns dos gTLDs mais populares incluem *top*, *loan*, *xyz*, e assim por diante.

É fácil obter um domínio de segundo nível, como *nome-da-empresa.com*. Os domínios de nível superior são

Domínio	Uso pretendido	Data de início	Restrito?
com	Comercial	1985	Não
edu	Instituições educacionais	1985	Sim
gov	Governo	1985	Sim
int	Organizações internacionais	1988	Sim
mil	Militares	1985	Sim
net	Provedores de rede	1985	Não
org	Organizações não lucrativas	1985	Não
aero	Transporte aéreo	2001	Sim
biz	Negócios	2001	Não
coop	Cooperativas	2001	Sim
info	Informativos	2002	Não
museum	Museus	2002	Sim
name	Pessoas	2002	Não
pro	Profissionais	2002	Sim
cat	Catalão	2005	Sim
jobs	Empregos	2005	Sim
mobi	Dispositivos móveis	2005	Sim
tel	Detalhes de contato	2005	Sim
travel	Indústria de viagens	2005	Sim
xxx	Indústria do sexo	2010	Não

Figura 7.2 Os TLDs genéricos originais, em 2010. Em 2020, havia mais de 1.200 gTLDs.

controlados pelos **registradores** apontados pela ICANN. Por exemplo, o registro para *com* é da Verisign. Um nível abaixo, as **registrantes** vendem nomes de domínio diretamente aos usuários. Existem muitas delas, competindo com preço e serviço. As registrantes comuns incluem Domain.com, GoDaddy e NameCheap. A Figura 7.3 mostra a relação entre registradores e registrantes no que se refere ao registro de um nome de domínio.

O nome de domínio que uma máquina envia para consulta normalmente é chamado de **nome de domínio totalmente qualificado**, ou **FQDN (Fully Qualified Domain Name)**, como *www.cs.uchicago.edu* ou *cisco.com*. O FQDN começa com a parte mais específica do nome de domínio, e cada parte da hierarquia é separada por um ".". (Tecnicamente, todos os FQDNs também terminam com um ".", indicando a raiz da hierarquia do DNS, embora a maioria dos sistemas operacionais complete essa parte do nome do domínio automaticamente.)

Cada domínio tem seu nome definido pelo caminho ascendente entre ele e a raiz (sem nome). Esses componentes são separados por pontos. Dessa forma, o departamento de engenharia da Cisco poderia ser *eng.cisco.com*, em vez de um nome no estilo UNIX, como */com/cisco/eng*. Observe que essa nomenclatura hierárquica significa que *eng.cisco.com* não entra em conflito com um possível uso de *eng* em *eng.uchicago.edu*, que poderia ser usado pelo departamento de língua inglesa da University of Chicago.

Os nomes de domínios podem ser absolutos ou relativos. Um nome de domínio absoluto sempre termina com um ponto (p. ex., *eng.cisco.com.*), ao contrário de um nome de domínio relativo. Os nomes relativos têm de ser interpretados em algum contexto para determinar exclusivamente seu verdadeiro significado. Em ambos os casos, um nome de domínio se refere a um nó específico da árvore e a todos os nós abaixo dele.

Os nomes de domínios não fazem distinção entre letras maiúsculas e minúsculas, de modo que *edu*, *Edu* e *EDU* significam a mesma coisa. Os nomes de componentes podem ter até 63 caracteres, e os nomes de caminhos completos não podem exceder 255 caracteres. O fato de que o DNS não diferencia maiúsculas de minúsculas tem sido usado para proteção contra vários ataques de DNS, incluindo os ataques por envenenamento de cache DNS, usando uma técnica chamada codificação 0x20 (Dagon et al., 2008), que discutiremos em detalhes mais adiante neste capítulo.

Em princípio, os domínios podem ser inseridos na hierarquia em domínios genéricos ou de país. Por exemplo, o domínio *cs.gatech.edu* poderia ser igualmente listado sob o domínio de país *us* como *cc.gt.atl.ga.us*. Contudo, na prática, quase todas as organizações dos Estados Unidos estão sob um domínio genérico e, praticamente, todas fora dos Estados Unidos estão sob o domínio de seu país. Não existe regra contra o registro sob vários domínios de nível superior – grandes empresas normalmente fazem isso (p. ex., *sony.com*, *sony.net* e *sony.nl*).

Cada domínio controla como serão alocados todos os domínios abaixo dele. Por exemplo, o Japão tem os domínios *ac.jp* e *co.jp*, que espelham *edu* e *com*. A Holanda não faz essa distinção e coloca todas as organizações diretamente sob *nl*. As universidades australianas estão todas sob *edu.au*. Assim, os três domínios a seguir representam departamentos de ciência da computação e engenharia elétrica de universidades:

1. *cs.chicago.edu* (University of Chicago, nos Estados Unidos);
2. *cs.vu.nl* (Vrije Universiteit, na Holanda);
3. *ee.uwa.edu.au* (University of Western Australia).

Para que um novo domínio seja criado, é necessária a permissão do domínio no qual ele será incluído. Por exemplo, se um grupo de pesquisa em segurança da University of Chicago quiser ser conhecido como *security.cs.uchicago.edu*, ele precisará da permissão de quem gerencia *cs.chicago.edu*. (Felizmente, essa pessoa normalmente não está muito distante, graças à arquitetura de gerenciamento distribuída do DNS.) Da mesma forma, se uma nova universidade for licenciada, digamos a University of Northern South Dakota, ela terá de solicitar ao gerente do domínio *edu* que lhe atribua o domínio *unsd.edu* (se estiver disponível). Dessa forma, os conflitos de nomes são evitados e cada domínio pode controlar seus subdomínios. Uma vez que um novo domínio tenha sido criado e registrado, ele poderá criar subdomínios, tais como *cs.unsd.edu*, sem que seja necessária a permissão de alguém que esteja em um nível mais alto na árvore.

A atribuição de nomes leva em consideração as fronteiras organizacionais, e não as redes físicas. Por exemplo, mesmo que os departamentos de ciência da computação e de engenharia elétrica estejam no mesmo prédio e compartilhem a mesma LAN, eles poderão ter domínios distintos. Da mesma forma, mesmo que o departamento de ciência da computação esteja dividido em dois prédios, normalmente todos os hosts instalados em ambos pertencerão ao mesmo domínio.

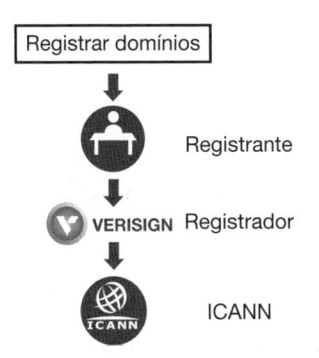

Figura 7.3 A relação entre registradores e registrantes.

7.1.4 Consultas e respostas do DNS

Agora, vamos examinar a estrutura, o formato e o propósito das consultas do DNS, e como os servidores de DNS respondem a essas consultas.

Consultas do DNS

Conforme já vimos, um cliente DNS normalmente emite uma consulta a um resolvedor recursivo local, que realiza uma consulta iterativa para, por fim, resolvê-la. A consulta mais comum é aquela com o tipo de registro *A*, que pede um mapeamento de um nome de domínio para um endereço IP para um ponto da extremidade da Internet correspondente. O DNS tem uma variedade de outros registros de recursos (com as consultas correspondentes), conforme discutiremos na próxima seção, sobre registros de recursos (ou seja, respostas).

Embora o mecanismo principal do DNS há muito tempo tenha sido mapear nomes legíveis por humanos para endereços IP, ao longo dos anos, as consultas de DNS foram usadas para diversos outros propósitos. Outro uso comum para consultas de DNS é procurar domínios em uma lista paralela baseada em DNS, ou **DNSBL (DNS-based blacklist)**, que normalmente são mantidas com endereços IP associados a transmissores de spam e malware. Para pesquisar um nome de domínio em um DNSBL, um cliente pode enviar uma consulta de registro A a um servidor DNS especial, como *pbl.spamhaus.org* (uma "lista paralela de política"), que corresponde a uma lista de endereços IP que não deveriam estar fazendo conexões com servidores de e-mail. Para pesquisar um endereço IP específico, um cliente simplesmente inverte os octetos do endereço IP e acrescenta o resultado a *pbl.spamhaus.org*.

Por exemplo, para pesquisar 127.0.0.2, um cliente simplesmente emitiria uma consulta para 2.0.0.127.*pbl. spamhaus.org*. Se o endereço IP correspondente estivesse na lista, a consulta de DNS retornaria um endereço IP que normalmente codifica algumas informações adicionais, como a procedência dessa entrada na lista. Se o endereço IP não estiver na lista, o servidor DNS indicará isso, emitindo a resposta NXDOMAIN correspondente, equivalente a "não existe tal domínio".

Extensões e melhorias nas consultas do DNS

As consultas de DNS tornaram-se mais sofisticadas e complexas ao longo do tempo, à medida que as necessidades de atender clientes com informações cada vez mais específicas e as preocupações com a segurança aumentaram. Duas extensões significativas para consultas DNS nos últimos anos têm sido o uso da **sub-rede do cliente DNS estendido EDNS0 CS** ou simplesmente opção de **sub-rede do cliente EDNS**, por meio da qual um resolvedor recursivo local do cliente passa a sub-rede de endereço IP do resolvedor stub para o servidor de nomes autorizado.

O mecanismo EDNS0 CS permite que o servidor de nomes autorizado para um nome de domínio saiba o endereço IP do cliente que executou a consulta inicialmente. Conhecer essas informações normalmente permite que um servidor DNS autorizado execute um mapeamento mais eficaz para uma cópia mais próxima de um serviço replicado. Por exemplo, se um cliente emitisse uma consulta para google.com, o servidor de nomes autorizado da Google normalmente desejaria retornar um nome que corresponde a um servidor front-end próximo ao cliente. Logicamente, a capacidade de fazer isso depende de saber onde na rede (e, de preferência, geograficamente, onde no mundo) o cliente está localizado. Em geral, um servidor de nomes autorizado pode ver apenas o endereço IP do resolvedor recursivo local.

Se o cliente que iniciou a consulta estiver localizado perto de seu respectivo resolvedor local, o servidor autorizado desse domínio poderá determinar um mapeamento de cliente apropriado simplesmente a partir da localização do DNS recursivo local. No entanto, cada vez mais, os clientes começaram a usar resolvedores recursivos locais que podem ter endereços IP que dificultam a sua localização. Por exemplo, Google e Cloudflare operam resolvedores de DNS públicos (8.8.8.8 e 1.1.1.1, respectivamente). Se um cliente estiver configurado para usar um desses resolvedores recursivos locais, o servidor de nomes autorizado não descobre muitas informações úteis a partir do endereço IP do resolvedor recursivo. O EDNS0 CS resolve esse problema incluindo a sub-rede IP na consulta do servidor recursivo local, para que o servidor autorizado possa ver a sub-rede IP do cliente que iniciou a consulta.

Como já vimos, os nomes nas consultas DNS não diferenciam maiúsculas de minúsculas. Essa característica permitiu que os resolvedores DNS modernos incluíssem bits adicionais de um ID de transação na consulta, definindo cada caractere em um QNAME para um caso arbitrário. Um ID de transação de 16 bits é vulnerável a diversos ataques de envenenamento de cache, incluindo o ataque Kaminsky, descrito no Capítulo 8. Essa vulnerabilidade acontece em parte porque o ID da transação DNS tem apenas 16 bits. Aumentar o número de bits no ID da transação exigiria a alteração da especificação do protocolo DNS, que é uma tarefa dificílima.

Uma alternativa foi desenvolvida, geralmente chamada de **codificação 0x20**, em que um servidor recursivo local alternaria maiúsculas e minúsculas em cada QNAME (p. ex., *uchicago.edu* poderia se tornar *uCHicaGO.EDu* ou algo semelhante), permitindo que cada letra no nome de domínio codifique um bit adicional para o ID da transação DNS. O problema, é claro, é que nenhum outro resolvedor deverá alterar as letras do QNAME em consultas ou respostas iterativas subsequentes. Se as maiúsculas/minúsculas forem preservadas, a resposta correspondente conterá o QNAME da forma original indicada pelo resolvedor recursivo local, agindo efetivamente com a inclusão dos bits ao identificador da transação. A coisa toda é um artifício feio, mas essa é a natureza de tentar mudar um software bastante utilizado enquanto se mantém a compatibilidade com as versões anteriores.

Respostas do DNS e registros de recursos

Todo domínio, seja um único host, seja um domínio de nível superior, pode ter um conjunto de **registros de recursos** associado a ele. Esses registros são o banco de dados DNS. Para um único host, o registro de recurso mais comum é apenas seu endereço IP, mas também existem muitos outros tipos. Quando um resolvedor repassa um nome de domínio ao DNS, o que ele obtém são os registros de recursos associados àquele nome. Portanto, a principal função do DNS é mapear nomes de domínios em registros de recursos.

Um registro de recurso é uma tupla de cinco campos. Apesar de serem codificados em binário para proporcionar maior eficiência, na maioria das exposições os registros de recursos são mostrados como texto ASCII, uma linha para cada registro de recurso, da seguinte forma:

Nome_domínio Tempo_de_vida Classe Tipo Valor

Nome_domínio informa o domínio ao qual esse registro se aplica. Normalmente, existem muitos registros para cada domínio, e cada cópia do banco de dados armazena informações sobre vários domínios. Assim, esse campo é a chave de pesquisa primária utilizada para atender às consultas. A ordem dos registros no banco de dados não é significativa.

Tempo_de_vida fornece uma indicação da estabilidade do registro. As informações muito estáveis recebem um número alto, como 86.400 (o número de segundos em um dia). As informações muito voláteis (como os preços de ações), ou que os operadores possam querer mudar com frequência (p. ex., para permitir o balanceamento de carga de um único nome por vários endereços IP) recebem um número baixo, como 60 segundos (1 minuto). Voltaremos a esse ponto mais adiante, quando discutirmos o caching.

O terceiro campo de cada registro de recurso é *Classe*. No caso de informações relacionadas à Internet, ele é sempre *IN*. Para informações não relacionadas à Internet, podem ser empregados outros códigos, porém, estes raramente são encontrados na prática.

O campo *Tipo* informa qual é o tipo do registro – os mais importantes estão listados na Figura 7.4.

Um registro *SOA* fornece o nome da principal fonte de informações sobre a zona do servidor de nomes (descrita a seguir), o endereço de correio eletrônico do administrador, um número de série exclusivo e diversos flags e timeouts.

Tipos comuns de registro

O tipo de registro mais importante é o *A* (de Address). Ele contém um endereço IPv4 de 32 bits de algum host. O registro *AAAA* correspondente, ou "A quádruplo", mantém um endereço IPv6 de 128 bits. Cada host da Internet deve ter pelo menos um endereço IP, de forma que outras máquinas possam se comunicar com ele. Alguns hosts têm duas ou mais interfaces de rede; nesse caso, eles terão dois ou mais registros de recurso do tipo *A* ou *AAAA*. Além disso, um único serviço (p. ex., *google.com*) pode ser hospedado em muitas máquinas geograficamente distribuídas por todo o mundo (Calder et al., 2013). Nesses casos, um resolvedor DNS pode retornar vários endereços para um único nome de domínio. No caso de um serviço geograficamente distribuído, um resolvedor poderá retornar ao seu cliente um ou mais endereços IP de um servidor que está próximo do

Tipo	Significado	Valor
SOA	Início de autoridade	Parâmetros para essa zona
A	Endereço IPv4 de um host	Inteiro de 32 bits
AAAA	Endereço IPv6 de um host	Inteiro de 128 bits
MX	Troca de mensagens de e-mail	Prioridade, domínio disposto a aceitar correio eletrônico
NS	Servidor de nomes	Nome de um servidor para este domínio
CNAME	Nome canônico	Nome de domínio
PTR	Ponteiro	Nome alternativo de um endereço IP
SPF	Estrutura de política do transmissor	Codificação de texto da política de envio de mensagens de e-mail
SRV	Serviço	Host que o oferece
TXT	Texto	Texto ASCII descritivo

Figura 7.4 Os principais tipos de registros de recursos.

cliente (geográfica ou topologicamente), a fim de melhorar o desempenho e equilibrar a carga.

Um tipo de registro importante é o *NS*. Ele especifica um servidor de nomes para o domínio ou subdomínio. Ele é um host que tem uma cópia do banco de dados para um domínio e é usado como parte do processo de pesquisa de nomes, o que veremos adiante. Outro tipo de registro comum é o *MX*. Ele especifica o nome do host preparado para aceitar mensagens de e-mail para o domínio especificado. O registro *MX* é utilizado porque nem toda máquina está preparada para aceitar correio eletrônico. Se alguém quiser enviar e-mail para, por exemplo, *bill@microsoft.com*, o host transmissor precisará encontrar um servidor de correio localizado em *microsoft.com* que esteja disposto a aceitá-lo. O registro *MX* pode prestar essa informação.

Os registros *CNAME* permitem a criação de nomes alternativos. Por exemplo, uma pessoa familiarizada com a Internet que deseja enviar uma mensagem para alguém cujo nome de login seja *paul* no departamento de ciência da computação da University of Chicago poderá imaginar que *paul@cs.chicago.edu* seja o endereço correto. Na realidade, esse endereço não servirá, pois o domínio do departamento de ciência da computação é *cs.uchicago.edu*. Como um serviço para as pessoas que não sabem disso, a universidade poderia criar uma entrada *CNAME* para orientar pessoas e programas na direção correta. Uma entrada como esta poderia realizar essa função:

www.cs.uchicago.edu   120   IN   CNAME   hnd.cs.uchicago.edu

*CNAME*s normalmente são usados para nomes alternativos de sites, pois os endereços comuns de servidor Web (que geralmente começam com *www*) costumam ser hospedados em máquinas que atendem a diversos propósitos e cujo nome principal não é *www*.

O registro *PTR* indica outro nome, e normalmente é usado para associar um endereço IP a um nome correspondente. Pesquisas PTR que associam um nome a um endereço IP correspondente costumam ser chamados de **lookups reversos**.

SRV é um tipo de registro mais novo, que permite que um host seja identificado para determinado serviço em um domínio. Por exemplo, o servidor Web para *www.cs.uchicago.edu* poderia ser identificado como *hnd.cs.uchicago.edu*. Esse registro generaliza o registro *MX* que realiza a mesma tarefa, mas é apenas para servidores de correio eletrônico.

SPF permite que um domínio codifique informações sobre quais máquinas no domínio enviarão e-mails ao restante da Internet. Isso ajuda as máquinas receptoras a verificar se o correio é válido. Se ele estiver sendo recebido de uma máquina que se chama *dodgy*, mas os registros de domínio disserem que o correio só será enviado do domínio por uma máquina chamada *smtp*, é provável que esse e-mail seja indesejado e forjado.

Por último na lista, os registros *TXT* foram fornecidos originalmente para permitir que os domínios se identificassem de forma arbitrária. Hoje, eles normalmente codificam informações legíveis à máquina, em geral a informação *SPF*.

Por fim, chegamos ao campo *Valor*, que pode ser um número, um nome de domínio ou uma string ASCII. A semântica dependerá do tipo de registro. Na Figura 7.4, é mostrada uma breve descrição dos campos *Valor* de cada um dos principais tipos de registros.

Registros DNSSEC

A implementação original do DNS não considerava a segurança do protocolo. Particularmente, os servidores de nomes ou resolvedores do DNS podiam manipular o conteúdo de qualquer registro de DNS, fazendo com que o cliente pudesse receber informações incorretas. A RFC 3833 destaca algumas das ameaças à segurança do DNS e como o DNSSEC trata delas. Os registros DNSSEC permitem que as respostas dos servidores de nomes de DNS transportem assinaturas digitais, que o resolvedor local ou stub pode verificar para garantir que os registros de DNS não foram modificados ou adulterados. Cada servidor DNS calcula um hash (uma espécie de checksum longo) do **RRSET (Resource Record Set)** para cada conjunto de registros de recursos do mesmo tipo, com suas chaves criptográficas privadas. As chaves públicas correspondentes podem ser usadas para verificar as assinaturas nos RRSETs. (Para os que não estão acostumados com criptografia, o Capítulo 8 contém uma base técnica.)

Naturalmente, para verificar a assinatura de um RRSET com a chave pública correspondente do servidor de nomes, é preciso verificar a autenticidade da chave pública desse servidor. Isso pode ser feito se a chave pública de um servidor de nomes autorizado for assinada pelo servidor de nomes pai, na hierarquia de nomes. Por exemplo, o servidor de nomes autorizado *.edu* poderia assinar a chave pública correspondente ao servidor de nomes autorizado *chicago.edu*, e assim por diante.

O DNSSEC possui dois registros de recursos relacionados a chaves públicas: (1) o registro RRSIG, que corresponde a uma assinatura pelo RRSET, assinada com a chave privada do servidor de nomes autorizado correspondente; e (2) o registro DNSKEY, que é a chave pública do RRSET correspondente, assinada pela chave privada do pai. Essa estrutura hierárquica para assinaturas permite que as chaves públicas do DNSSEC para a hierarquia do servidor de nomes seja distribuída no ato. Somente as chaves públicas no nível raiz precisam ser distribuídas de outro modo, e essas chaves podem ser distribuídas da mesma forma como os resolvedores ficam sabendo a respeito dos endereços IP dos servidores de nomes raiz. O Capítulo 8 discute outros detalhes sobre o DNSSEC.

Zonas de DNS

A Figura 7.5 mostra um exemplo do tipo de informação que se pode encontrar em um registro de recursos de DNS típico para um nome de domínio específico. Esta figura ilustra parte de um banco de dados (hipotético) para o domínio *cs.vu.nl* mostrado na Figura 7.1, que normalmente é chamado **arquivo de zona de DNS**, ou simplesmente **zona de DNS**, para abreviar. Esse arquivo de zona contém sete tipos de registros de recursos.

A primeira linha sem comentários da Figura 7.5 apresenta algumas informações básicas sobre o domínio, que não nos interessarão em detalhes. As duas linhas seguintes mostram a primeira e a segunda opções para a entrega de email-s enviados para *pessoa@cs.vu.nl*. A entrada *zephyr* (uma máquina específica) deve ser a primeira opção a ser experimentada. Se ela não servir, *top* será a próxima opção. A próxima linha identifica o servidor de nomes para o domínio como *star*.

Depois da linha em branco (que foi incluída para facilitar a leitura) há outras informando os endereços IP para *star, zephyr* e *top*. Em seguida, há um nome alternativo, *www.cs.vu.nl*, ou seja, um endereço que pode ser usado sem a necessidade de especificar uma máquina. A criação desse nome alternativo permite que *cs.vu.nl* modifique seu servidor da World Wide Web sem invalidar o endereço que as pessoas utilizam para acessá-lo. Há um argumento semelhante para *ftp.cs.vu.nl*.

A seção para a máquina *flits* lista dois endereços IP e três escolhas são dadas para o tratamento de e-mails enviados a *flits.cs.vu.nl*. A primeira escolha é naturalmente o próprio *flits*, mas se ele estiver fora do ar, *zephyr* e *top* são a segunda e a terceira opções.

As três linhas seguintes contêm uma entrada típica para um computador – nesse caso, *rowboat.cs.vu.nl*. As informações fornecidas contêm o endereço IP e as caixas de correio principal e secundária. Em seguida, vem uma entrada para um computador que não é capaz de receber e-mail por si só, seguida de uma entrada para uma impressora (laserjet) conectada à Internet.

Pelo menos em teoria, um único servidor de nomes poderia conter o banco de dados DNS inteiro e responder a todas as consultas referentes a ele. Na prática, esse servidor ficaria tão sobrecarregado que seria inútil. Além disso, caso ele ficasse fora do ar, toda a Internet seria atingida.

Para evitar os problemas associados à presença de uma única fonte de informações, o espaço de nomes do DNS é dividido em **zonas** não superpostas. Uma forma possível de dividir o espaço de nomes da Figura 7.1 é mostrada na Figura 7.6. Cada zona circulada contém uma parte da árvore.

A localização das fronteiras de uma zona fica a cargo de seu administrador. Essa decisão é tomada principalmente com base no número de servidores de nomes desejados, e onde. Por exemplo, na Figura 7.6, a University of Chicago tem uma zona para *chicago.edu* que trata do tráfego para *cs.uchicago.edu*, mas não de *eng.uchicago.edu*, que é uma

```
; Dados oficiais para cs.vu.nl
cs.vu.nl.        86400    IN    SOA      star boss (9527,7200,7200,241920,86400)
cs.vu.nl.        86400    IN    MX       1 zephyr
cs.vu.nl.        86400    IN    MX       2 top
cs.vu.nl.        86400    IN    NS       star

star             86400    IN    A        130.37.56.205
zephyr           86400    IN    A        130.37.20.10
top              86400    IN    A        130.37.20.11
www              86400    IN    CNAME    star.cs.vu.nl
ftp              86400    IN    CNAME    zephyr.cs.vu.nl

flits            86400    IN    A        130.37.16.112
flits            86400    IN    A        192.31.231.165
flits            86400    IN    MX       1 flits
flits            86400    IN    MX       2 zephyr
flits            86400    IN    MX       3 top

rowboat                   IN    A        130.37.56.201
                          IN    MX       1 rowboat
                          IN    MX       2 zephyr

little-sister             IN    A        130.37.62.23

laserjet                  IN    A        192.31.231.216
```

Figura 7.5 Uma parte de um possível banco de dados DNS (arquivo de zona) para *cs.vu.nl*.

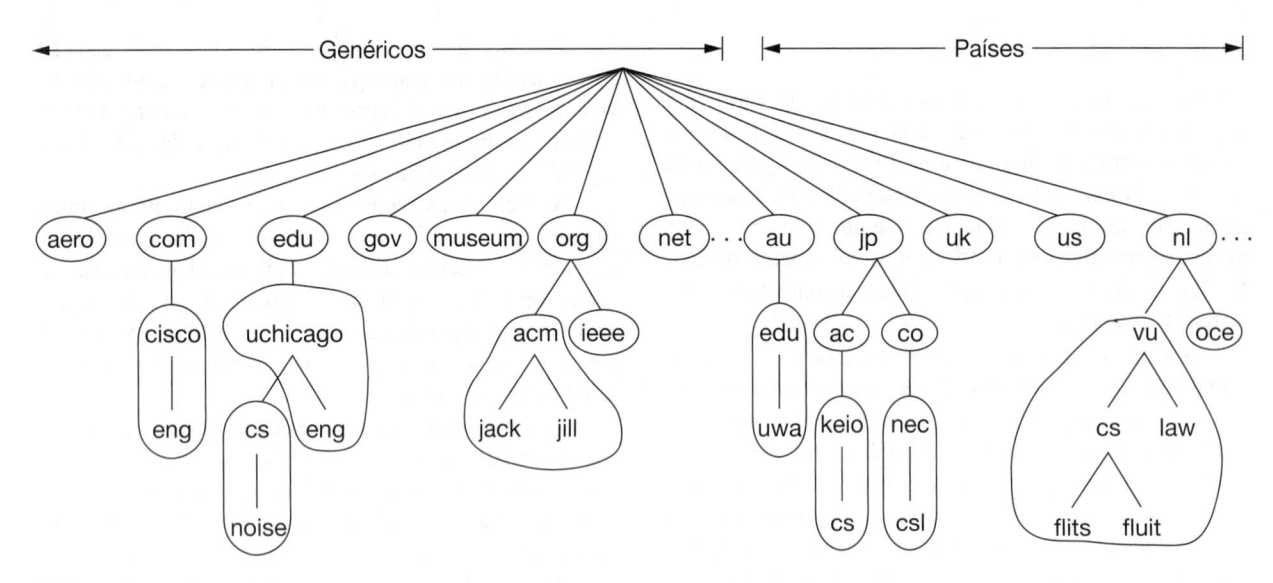

Figura 7.6 Parte do espaço de nomes do DNS dividido em zonas (que estão circuladas).

zona separada com seus próprios servidores de nomes. Tal decisão pode ser tomada quando um departamento como língua inglesa não deseja ter seu próprio servidor de nomes, mas um departamento como ciência da computação sim.

7.1.5 Resolução de nomes

Cada zona está associada a um ou mais servidores de nomes. Estes são hosts que mantêm o banco de dados para a zona. Normalmente, uma zona terá um servidor de nomes primário, que recebe informações de um arquivo em seu disco, e um ou mais servidores de nomes secundários, que recebem informações do servidor de nomes primário. Para melhorar a confiabilidade, alguns dos servidores de nomes podem estar localizados fora da zona.

O processo de pesquisa de um nome e localização de um endereço é chamado de **resolução de nomes**. Quando um resolvedor tem uma consulta sobre um nome de domínio, ele passa a consulta para um servidor de nomes local. Se o domínio buscado cair sob a jurisdição do servidor de nomes, como *top.cs.vu.nl* caindo sob *cs.vu.nl*, ele retornará os registros de recursos oficiais. Um **registro oficial** é aquele que vem da autoridade que controla o registro e, portanto, sempre está correto. Os registros oficiais contrastam com os **registros em cache**, que podem estar desatualizados.

O que acontece quando o domínio é remoto, como quando *flits.cs.vu.nl* deseja encontrar o endereço IP de *cs.uchicago.edu* na University of Chicago? Nesse caso, e se não houver informações sobre o domínio disponíveis localmente em cache, o servidor de nomes inicia uma consulta remota, que segue o processo mostrado na Figura 7.7. A etapa 1 mostra a consulta que é enviada ao servidor de nomes local. Ela contém o nome de domínio buscado, o tipo (A) e a classe (IN).

A próxima etapa é começar no topo da hierarquia de nomes pedindo a um dos **servidores de nomes raiz**, os quais têm informações sobre cada domínio de alto nível.

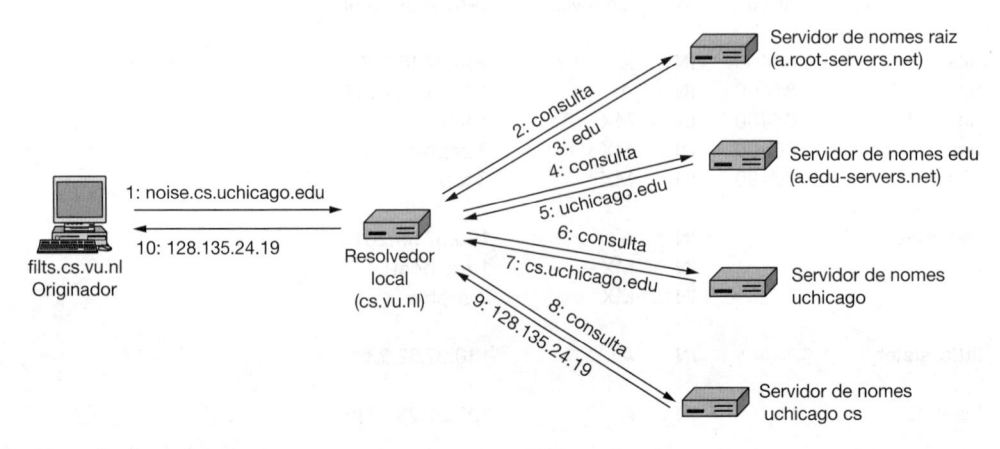

Figura 7.7 Exemplo de um resolvedor procurando um nome remoto em dez etapas.

Isso pode ser visto na etapa 2 da Figura 7.7. Para entrar em contato com um servidor raiz, cada servidor de nomes precisa ter informações sobre um ou mais servidores de nomes raiz. Essa informação normalmente está presente em um arquivo de configuração do sistema que é carregado no cache DNS quando o servidor DNS é iniciado. Essa é simplesmente uma lista de registros *NS* para a raiz e os registros *A* correspondentes.

Existem 13 servidores de nomes raiz, de um modo pouco criativo chamados *a.root-servers.net* a *m.root-servers.net*. Cada servidor raiz poderia ser logicamente um único computador. Contudo, como a Internet inteira depende dos servidores raiz, eles são computadores poderosos e altamente replicados. A maioria dos servidores está presente em vários locais geográficos e alcançados por meio de roteamento anycast, em que um pacote é entregue para a próxima instância de um endereço de destino; descrevemos o anycast no Capítulo 5. A replicação melhora a confiabilidade e o desempenho.

O servidor de nomes raiz provavelmente não saberá o endereço de uma máquina em *uchicago.edu*, e provavelmente também não conhece o servidor de nomes para *uchicago.edu*. Mas ele precisa conhecer o servidor de nomes para o domínio *edu*, em que *cs.uchicago.edu* está localizado. Ele retorna o nome e endereço IP para a parte da resposta na etapa 3.

O servidor de nomes local, então, continua sua busca. Ele envia a consulta inteira para o servidor de nomes *edu* (*a.edu-servers.net*). Esse servidor de nomes retorna um servidor de nomes para *uchicago.edu*. Isso é visto nas etapas 4 e 5. Mais próximo agora, o servidor de nomes local envia a consulta para o servidor de nomes *uchicago.edu* (etapa 6). Se o nome de domínio que está sendo buscado estivesse no departamento de língua inglesa, a resposta seria encontrada, pois a zona *uchicago.edu* inclui o departamento de língua inglesa. Mas o departamento de ciência da computação decidiu manter seu próprio servidor de nomes. A consulta retorna o nome e endereço IP do servidor de nomes da ciência da computação de *uchicago.edu* (etapa 7).

Finalmente, o servidor de nomes local consulta o servidor de nomes da ciência da computação de *uchicago.edu* (etapa 8). Esse servidor é oficial para o domínio *cs.uchicago.edu*, de modo que deve ter a resposta. Ele retorna a resposta final (etapa 9), que o servidor de nomes local encaminha como resposta para *flits.cs.vu.nl* (etapa 10).

7.1.6 Prática com o DNS

Você pode explorar esse processo usando ferramentas padrão como o programa *dig* que está instalado na maioria dos sistemas UNIX. Por exemplo, digitar

```
dig ns @a.edu-servers.net cs.chicago.edu
```

motivará o envio de uma consulta para *cs.uchicago.edu* ao servidor de nomes *a.edu-servers.net* e a impressão do resultado para seus servidores de nomes. Isso lhe mostrará a informação obtida na etapa 4 no exemplo anterior, e você descobrirá o nome e o endereço IP dos servidores de nomes *uchicago.edu*. A maioria das organizações terá vários servidores de nomes, caso um deles fique inoperante – meia dúzia deles é muito comum. Se você tem acesso a um sistema UNIX, Linux ou MacOS, experimente usar o programa *dig* para ver o que ele pode fazer. Você pode aprender muito sobre o DNS com seu uso. (O programa *dig* também está disponível para Windows, mas você pode ter que o instalar sozinho.)

Embora sua finalidade seja simples, deve ficar claro que o DNS é um sistema distribuído, grande e complexo, que compreende milhões de servidores de nomes que trabalham juntos. Ele forma um elo importante entre os nomes de domínio legíveis aos humanos e os endereços IP das máquinas. Além disso, inclui replicação e caching para ganhar desempenho e confiabilidade, sendo projetado para ser altamente robusto.

Algumas aplicações precisam usar nomes de maneiras mais flexíveis, por exemplo, dando nome ao conteúdo e resolvendo para o endereço IP do host próximo que tem o conteúdo. Isso se encaixa no modelo de busca e download de um filme. É o filme que importa, e não o computador que tem uma cópia dele, de modo que tudo o que é necessário é o endereço IP de *qualquer* computador próximo que tenha uma cópia do filme. As redes de entrega de conteúdo são uma forma de realizar esse mapeamento. Vamos descrever como elas se baseiam no DNS mais adiante neste capítulo, na Seção 7.5.

7.1.7 Privacidade do DNS

Historicamente, as consultas e respostas do DNS não eram criptografadas. Como resultado, qualquer outro dispositivo ou bisbilhoteiro na rede (p. ex., outros dispositivos, um administrador de sistemas, uma rede de cafeteria) poderia, de certa maneira, observar o tráfego DNS de um usuário e determinar as informações a respeito dele. Por exemplo, uma consulta a um site como *uchicago.edu* pode indicar que um usuário estava navegando no site da University of Chicago. Embora essa informação possa parecer inofensiva, as pesquisas de DNS em sites como o *webmd.com* podem indicar que um usuário estava realizando uma pesquisa médica. As combinações de pesquisas associadas com outros dados muitas vezes podem até revelar informações mais específicas, possivelmente até mesmo o site exato que o usuário está visitando.

As questões de privacidade associadas às consultas DNS tornaram-se mais contenciosas ao considerar aplicações emergentes, como a Internet das Coisas (IoT) e casas inteligentes. Por exemplo, as consultas de DNS que um dispositivo emite podem revelar informações sobre o tipo de dispositivo que os usuários têm em suas casas inteligentes e até que ponto eles estão interagindo com esses dispositivos. Por exemplo, as consultas DNS que uma câmera conectada a Internet ou um monitor de sono emitem podem identificar exclusivamente esse dispositivo (Apthorpe et al., 2019). Dadas as atividades cada vez mais confidenciais que as pessoas realizam em dispositivos conectados à Internet, de navegadores a dispositivos "inteligentes" conectados à Internet, há um desejo cada vez maior de criptografar as consultas e respostas DNS.

Vários desenvolvimentos recentes estão prestes a remodelar totalmente o DNS. O primeiro é o movimento em direção à criptografia de consultas e respostas do DNS. Várias organizações, incluindo Cloudflare e Google, agora oferecem aos usuários a oportunidade de direcionar seu tráfego DNS para seus próprios resolvedores recursivos locais e, além disso, oferecem suporte para transporte criptografado (p. ex., TLS, HTTPS) entre o resolvedor stub DNS e seu resolvedor local. Em alguns casos, essas organizações fazem parceria com fabricantes de navegadores Web (p. ex., Mozilla) para direcionar potencialmente todo o tráfego DNS para esses resolvedores locais por padrão.

Se todas as consultas e respostas do DNS forem trocadas com provedores de nuvem por transporte criptografado como padrão, as implicações para o futuro da arquitetura da Internet podem ser extremamente significativas. Especificamente, os provedores de serviços de Internet não terão mais a capacidade de observar as consultas DNS das redes domésticas de seus assinantes, o que foi, no passado, uma das principais maneiras de os ISPs monitorarem essas redes em busca de infecções e malware (Antonakakis et al., 2010). Outras funções, como o controle dos pais e vários outros serviços que os ISPs oferecem, também dependem do exame do tráfego DNS.

Em última análise, duas questões um tanto ortogonais estão em jogo. A primeira é a mudança do DNS em direção ao transporte criptografado, que quase todos concordariam ser uma mudança positiva (havia preocupações iniciais sobre o desempenho, que agora já foram resolvidas). A segunda questão é mais complicada: envolve quem consegue operar os resolvedores recursivos locais. Anteriormente, o resolvedor recursivo local geralmente era operado pelo ISP de um usuário; no entanto, se a resolução do DNS passar para o navegador, via DoH, os navegadores (no momento, os dois mais populares são controlados por um único provedor dominante, o Google) podem controlar quem está em posição de observar o tráfego DNS. Desse modo, o operador do resolvedor recursivo local pode ver as consultas DNS do usuário e associá-las a um endereço IP; se o usuário deseja que seu ISP ou uma grande empresa de publicidade veja seu tráfego de DNS deve ser escolha sua, mas as configurações padrão no navegador podem determinar quem acaba vendo a maior parte desse tráfego. Atualmente, uma grande gama de organizações, de ISPs a provedores de conteúdo e empresas de publicidade, está tentando estabelecer o que está sendo chamado de **resolvedores recursivos confiáveis**, ou **TRRs** (**Trusted Recursive Resolvers**), que são resolvedores recursivos locais que usam DoT ou DoH para resolver consultas para os clientes. O tempo dirá como esses desenvolvimentos acabarão remodelando a arquitetura do DNS.

Mesmo DoT e DoH não resolvem completamente todas as questões de privacidade relacionadas ao DNS, pois o operador do resolvedor local ainda deve ser confiável com informações confidenciais: a saber, as consultas DNS e os endereços IP dos clientes que emitiram essas consultas. Outros aprimoramentos recentes para DNS e DoH têm sido propostos, incluindo **DNS alheio** (ou **oblivious DNS**) (Schmitt et al., 2019) e **DoH alheio** (ou **oblivious DoH**) (Kinnear et al., 2019), em que o resolvedor stub criptografa a consulta original para o resolvedor recursivo local, que por sua vez envia a consulta criptografada para um serviço de nome autorizado, que pode decodificar e resolver a consulta, mas não conhece a identidade ou o endereço IP do resolvedor stub que iniciou a consulta. A Figura 7.8 mostra esse relacionamento.

A maioria dessas implementações ainda está no estágio inicial, na forma de protótipos iniciais e padrões de rascunho sendo discutidos na IETF, no grupo de trabalho sobre privacidade do DNS.

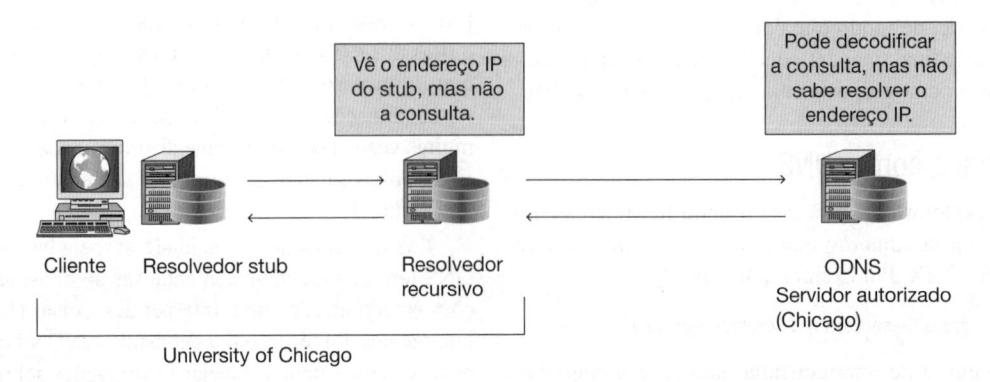

Figura 7.8 DNS alheio.

7.1.8 Disputa por nomes

À medida que a Internet se tornou mais comercial e mais internacional, ela também se tornou mais controversa, especialmente em questões relacionadas a nomes. Essa controvérsia inclui a própria ICANN. Por exemplo, a criação do domínio *xxx* levou vários anos e processos judiciais para ser resolvida. Colocar voluntariamente conteúdo adulto em seu próprio domínio é algo bom ou ruim? (Algumas pessoas não queriam conteúdo adulto disponível na Internet, enquanto outras queriam colocar tudo em um domínio, para que os filtros pudessem facilmente encontrá-lo e bloqueá-lo das crianças.) Alguns dos domínios se auto-organizam, enquanto outros têm restrições sobre quem pode obter um nome, conforme observado na Figura 7.8. Mas quais restrições são apropriadas? Considere o domínio *pro*, por exemplo. Ele é para profissionais qualificados. Mas quem, exatamente, é um profissional? Médicos e advogados certamente são profissionais. Mas e quanto a fotógrafos autônomos, professores de piano, mágicos, bombeiros hidráulicos, barbeiros, exterminadores, tatuadores, mercenários e prostitutas? Essas ocupações são aceitáveis? De acordo com quem?

Também há dinheiro envolvido nisso. Tuvalu (um pequeno país insular a meio caminho entre o Havaí e a Austrália) vendeu um arrendamento de seu domínio *tv* por 50 milhões de dólares, tudo porque o código do país é adequado para sites de anúncios na televisão. Praticamente todas as palavras comuns (em inglês) foram incluídas no domínio *com*, junto com os erros de ortografia mais comuns. Experimente artigos domésticos, animais, plantas, partes do corpo, etc. A prática de registrar um domínio apenas para devolvê-lo e vendê-lo a uma parte interessada por um preço muito mais alto ainda tem um nome, chama-se **cybersquatting**. Muitas empresas que se atrasaram quando a era da Internet começou, descobriram que seus nomes de domínio óbvios já haviam sido comprados quando tentaram adquiri-los. Em geral, desde que nenhuma marca registrada seja violada e nenhuma fraude esteja envolvida, os nomes são atendidos para o primeiro que chegar. No entanto, as políticas para resolver disputas de nomes ainda estão sendo aperfeiçoadas.

7.2 CORREIO ELETRÔNICO

O correio eletrônico, ou **e-mail**, como é chamado por muitos, já existe há mais de duas décadas. Mais rápido e mais barato que o correio tradicional, o e-mail tem sido uma aplicação popular desde os primeiros dias da Internet. Antes de 1990, ele era empregado principalmente nos meios acadêmicos. Durante os anos 1990, ficou conhecido para o público em geral e seu uso cresceu exponencialmente, até alcançar um número de mensagens enviadas por dia imensamente maior que o número de cartas remetidas pelo **correio convencional** (i.e., cartas escritas em papel). Outras formas de comunicação pela rede, como mensagens instantâneas e chamadas de voz sobre IP, tiveram seu uso bastante expandido durante a década passada, mas o e-mail continua sendo a maior força da comunicação na Internet. Ele é muito usado na indústria para a comunicação dentro da empresa, por exemplo, para permitir que funcionários espalhados pelo mundo inteiro cooperem em projetos complexos. Infelizmente, assim como o correio tradicional, a maior parte do e-mail (cerca de 9 entre 10 mensagens) é lixo ou **spam**. Embora os sistemas estejam preparados para remover grande parte desse lixo, muita coisa ainda passa, e existem estudos em andamento o tempo todo (p. ex., Dan et al., 2019 e Zhang et al., 2019).

Como a maioria das outras formas de comunicação, o correio eletrônico desenvolveu suas próprias convenções e estilos. Em particular, é muito informal e tem baixa limitação de uso. Pessoas que nunca sonhariam telefonar ou mesmo escrever uma carta para alguém muito importante não hesitam nem um segundo em enviar uma mensagem de e-mail escrita às pressas e sem cuidado. Eliminando a maior parte das dicas associadas a cargo, idade e sexo, os debates por e-mail normalmente focam o conteúdo, e não o status. Com o e-mail, uma ideia brilhante de um aluno iniciante pode ter mais impacto do que uma ideia tola de um vice-presidente executivo.

O correio eletrônico está repleto de elementos de jargão, como AP (a propósito), RCTR (rolando no chão de tanto rir) e EMHO (em minha humilde opinião). Muitas pessoas também empregam pequenos símbolos ASCII chamados **smileys**, começando com o famoso ":-)". Esse símbolo e outros **emoticons** ajudam a transmitir o tom da mensagem. Eles se espalharam para outras formas de comunicação resumidas, como mensagens instantâneas, normalmente como **emoji** gráfico. Muitos smartphones têm centenas de emojis à disposição.

Os protocolos de e-mail também evoluíram durante o período de seu uso. Os primeiros sistemas de correio eletrônico consistiam simplesmente em protocolos de transferência de arquivos, com a convenção de que a primeira linha de cada mensagem (i.e., o arquivo) deveria conter o endereço do destinatário. Com o passar do tempo, o e-mail saiu da transferência de arquivos e muitos recursos foram acrescentados, como a capacidade de enviar uma mensagem para uma lista de destinatários. A capacidade de multimídia se tornou importante na década de 1990 para enviar mensagens com imagens e outro tipo de material não textual. Os programas para ler e-mails se tornaram muito mais sofisticados, passando de texto para interfaces gráficas com o usuário e acrescentando a capacidade de os usuários acessarem seu correio a partir de notebooks, aonde quer que estivessem. Finalmente, com a prevalência do spam, os sistemas de e-mail agora precisam prestar atenção na localização e remoção de e-mail indesejado.

Em nossa descrição de e-mail, vamos focar o modo como as mensagens são movidas entre os usuários, em vez da aparência dos programas leitores de e-mail. Apesar disso, depois de descrever a arquitetura geral, vamos começar com a parte do sistema de e-mail voltada para o usuário, pois ela é familiar à maioria dos leitores.

7.2.1 Arquitetura e serviços

Nesta seção, apresentaremos uma visão geral de como os sistemas de e-mail estão organizados e o que eles podem fazer. A arquitetura do sistema de e-mail aparece na Figura 7.9. Ela consiste em dois tipos de subsistemas: os **agentes do usuário**, que permitem que as pessoas leiam e enviem mensagens, e os **agentes de transferência de mensagens**, que deslocam as mensagens da origem até o destino. Também vamos nos referir aos agentes de transferência de mensagens informalmente como **servidores de correio.**

O agente do usuário é um programa que oferece uma interface gráfica, ou às vezes uma interface baseada em texto e comando, que permite aos usuários interagir com o sistema de e-mail. Ele inclui um meio de redigir mensagens e respostas às mensagens, exibir mensagens que chegam e organizar mensagens por arquivamento, pesquisa e descarte. O ato de enviar novas mensagens ao sistema de e-mail para entrega é chamado de **submissão de e-mail**.

Parte do processamento do agente do usuário pode ser feita automaticamente, antecipando o que o usuário deseja. Por exemplo, o e-mail que chega pode ser filtrado para extrair ou diminuir a prioridade de mensagens que provavelmente são spam. Alguns agentes do usuário incluem recursos avançados, como a criação de respostas de e-mail automáticas ("Estou de férias e entrarei em contato assim que retornar"). Um agente do usuário é executado no mesmo computador em que um usuário lê seu e-mail. Esse é apenas outro programa e pode ser executado em apenas parte do tempo.

Os agentes de transferência de mensagem normalmente são processos do sistema. Eles trabalham em segundo plano nas máquinas servidoras de e-mail e sempre estão disponíveis. Seu trabalho é mover automaticamente o e-mail pelo sistema do remetente ao destinatário com o SMTP (Simple Mail Transfer Protocol), discutido na Seção 7.2.4. Essa é a etapa de transferência de mensagem.

O SMTP foi especificado originalmente como a RFC 821 e revisado para se tornar a atual RFC 5321. Ele envia e-mail pelas conexões e informa de volta o status de entrega e quaisquer erros. Existem várias aplicações em que a confirmação da entrega é importante e pode ainda ter significado legal ("Bem, meritíssimo, meu sistema de e-mail não é muito confiável, e creio que a intimação eletrônica se perdeu em algum lugar").

Os agentes de transferência de mensagem também implementam **listas de correspondência**, em que uma cópia idêntica de uma mensagem é entregue a todos em uma lista de endereços de e-mail. Outros recursos avançados são as cópias carbono (cc), as cópias carbono ocultas (cco), as mensagens de alta prioridade, as mensagens secretas (i.e., criptografadas), os destinatários alternativos caso o destinatário principal não esteja disponível no momento, e ainda a possibilidade de assistentes lerem e responderem a correspondência de seus chefes.

Unindo os agentes do usuário e os agentes de transferência de mensagem estão os conceitos de caixas de correio e um formato padrão para mensagens de e-mail. As **caixas de correio** armazenam o e-mail recebido para um usuário. Elas são mantidas pelos servidores de e-mail. Os agentes do usuário simplesmente apresentam aos usuários uma visão do conteúdo de suas caixas de correio. Para isso, os agentes enviam aos servidores de correio comandos para manipular as caixas de correio, inspecionar seu conteúdo, excluir mensagens, e assim por diante. A recuperação do e-mail é a remessa final (etapa 3) na Figura 7.9. Com essa arquitetura, um usuário pode lançar mão de diferentes agentes do usuário em vários computadores para acessar uma única caixa de correio.

O e-mail é enviado entre os agentes de transferência de mensagem em um formato padrão. O formato original, a RFC 822, foi revisado para a atual RFC 5322 e estendido com suporte para conteúdo de multimídia e texto internacional. Esse esquema é chamado MIME. No entanto, as pessoas ainda se referem ao e-mail na Internet como RFC 822.

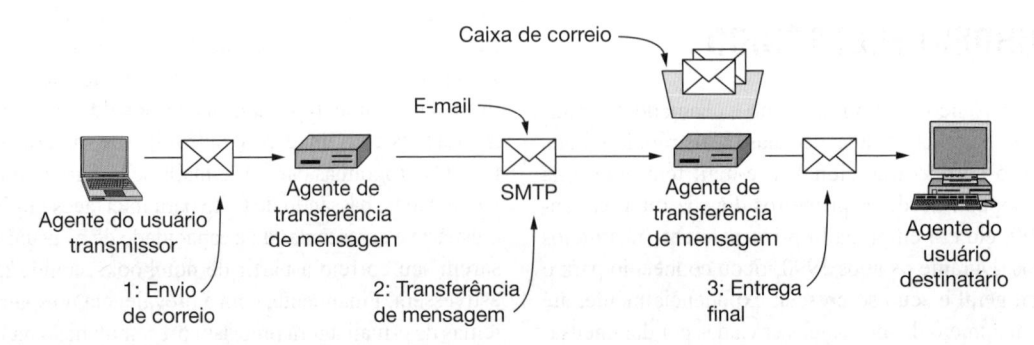

Figura 7.9 Arquitetura do sistema de e-mail.

A ideia principal no formato da mensagem é a distinção entre o **envelope** e seu conteúdo. O envelope encapsula a mensagem. Além disso, ele contém toda a informação necessária para transportar a mensagem, como o endereço de destino, a prioridade e o nível de segurança, todos distintos da mensagem propriamente dita. Os agentes de transporte de mensagem utilizam o envelope para roteamento, assim como é feito pelo correio tradicional.

A mensagem dentro do envelope consiste em duas partes separadas: o **cabeçalho** e o **corpo**. O cabeçalho contém informações de controle para os agentes do usuário. O corpo é inteiramente endereçado para o destinatário humano. Nenhum dos agentes se importa muito com isso. Os envelopes e as mensagens são ilustradas na Figura 7.10.

Vamos estudar as partes dessa arquitetura com mais detalhes, examinando as etapas envolvidas no envio de e-mail de um usuário para outro. Essa jornada começa com o agente do usuário.

7.2.2 O agente do usuário

Um agente do usuário é um programa (às vezes chamado **leitor de e-mail**) que aceita uma série de comandos para redigir, receber e responder as mensagens, bem como manipular caixas de correio. Existem muitos agentes do usuário populares, incluindo Gmail, do Google, Microsoft Outlook, Mozilla Thunderbird e Apple Mail. Eles podem variar bastante em sua aparência. A maioria dos agentes do usuário possui uma interface gráfica baseada em menu ou ícones, que exige um mouse ou uma interface de toque em dispositivos móveis menores. Agentes do usuário mais antigos, como Elm, mh e Pine, oferecem interfaces baseadas em texto e esperam comandos via caracteres do teclado. Funcionalmente, estes são os mesmos, pelo menos para mensagens de texto.

Os elementos típicos de uma interface de agente do usuário aparecem na Figura 7.11. Seu leitor de e-mail provavelmente será muito mais elegante, mas provavelmente tem funções equivalentes. Quando um agente do usuário for iniciado, ele normalmente apresentará um resumo das mensagens na caixa de correio do usuário. Em geral, o resumo terá uma linha para cada mensagem em alguma ordem. Ele destaca os principais campos da mensagem, que são extraídos do envelope ou cabeçalho da mensagem.

Sete linhas de resumo aparecem no exemplo da Figura 7.11. As linhas usam os campos *From* (de), *Subject* (assunto) e *Received* (recebida em), nesta ordem, para mostrar quem enviou a mensagem, qual é o assunto e quando ela foi recebida. Toda a informação é formatada de uma maneira visualmente atraente, em vez de exibir o conteúdo literal dos campos da mensagem, porém ela é baseada nos campos da mensagem. Assim, as pessoas que não incluírem um campo *Subject* geralmente descobrirão que as respostas aos seus e-mails costumam não ter a prioridade mais alta.

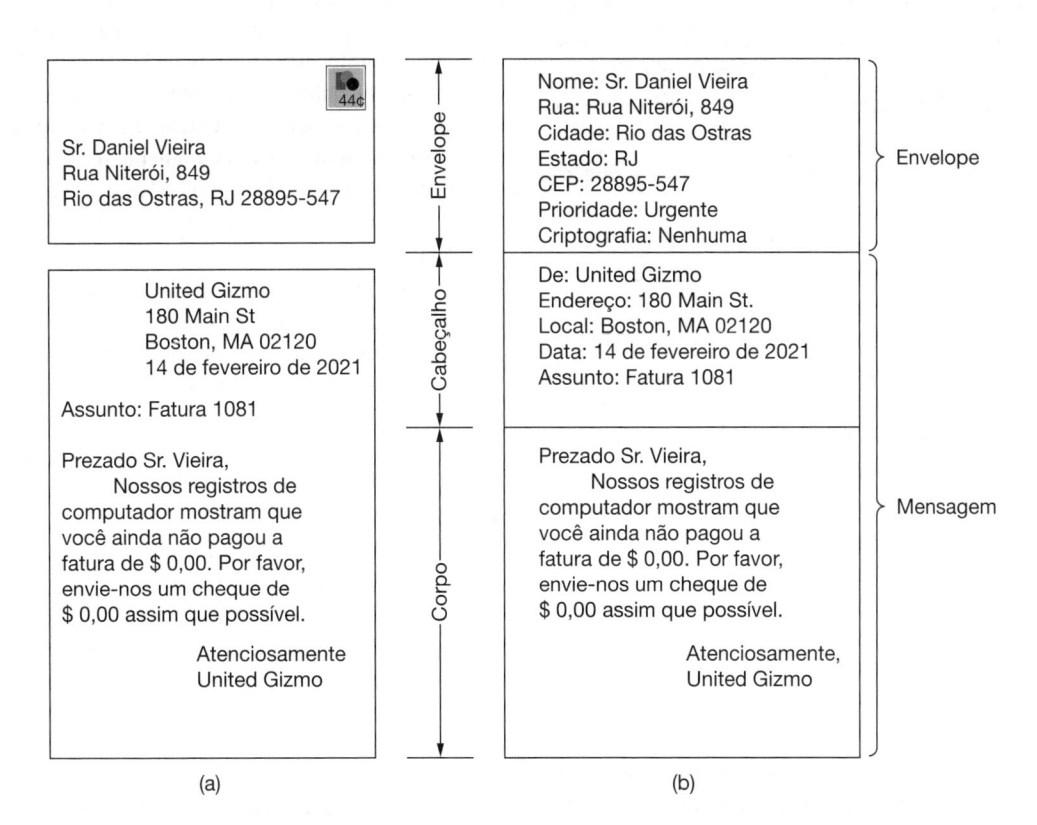

Figura 7.10 Envelopes e mensagens. (a) Correio convencional. (b) Correio eletrônico.

Pastas de mensagem		Resumo da mensagem	

Mail Folders
- All items
- Inbox
- Networks
- Travel
- Junk Mail

From		Subject	Received
trudy	✉	Not all Trudys are nasty	Today
Andy	📎	Material on RFID privacy	Today
djw	!	Have you seen this?	Mar 4
Amy N. Wong		Request for information	Mar 3
guido		Re: Paper acceptance	Mar 3
lazowska		More on that	Mar 2
Olivia	📎	I have an idea	Mar 2
...		...	...

Search 🔍

Busca da caixa de correio

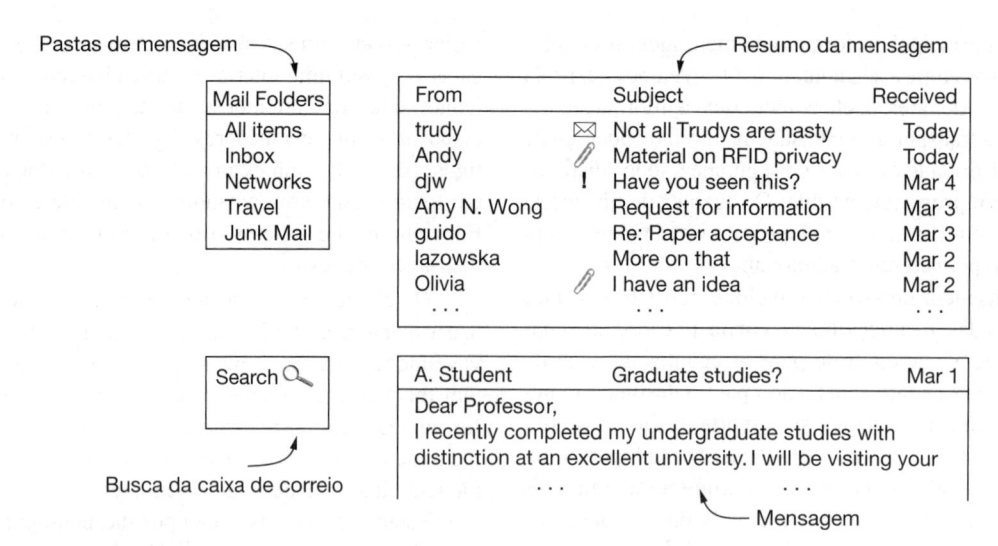

A. Student	Graduate studies?	Mar 1

Dear Professor,
I recently completed my undergraduate studies with
distinction at an excellent university. I will be visiting your
... ...

⟵ Mensagem

Figura 7.11 Elementos típicos da interface do agente do usuário.

Muitos outros campos ou indicações são possíveis. Os ícones ao lado dos assuntos da mensagem na Figura 7.11 poderiam indicar, por exemplo, e-mail não lido (o envelope), material anexado (o clipe de papel) e e-mail importante, pelo menos conforme julgado pelo emissor (o ponto de exclamação).

Muitas ordens de classificação também são possíveis. A mais comum é ordenar as mensagens com base na hora em que foram recebidas, primeiro as mais recentes, com algo indicando se a mensagem é nova ou já foi lida pelo usuário. Os campos no resumo e a ordem de classificação podem ser personalizados pelo usuário, de acordo com suas preferências.

Os agentes do usuário também precisam ser capazes de exibir as mensagens que chegam conforme a necessidade, de modo que as pessoas possam ler seu e-mail. Quase sempre uma pequena prévia de uma mensagem é fornecida, como na Figura 7.11, para ajudar os usuários a decidir quando vão ler mais e se vão pressionar o botão de SPAM. As prévias podem usar pequenos ícones ou imagens para descrever o conteúdo da mensagem. Outro tipo de processamento da apresentação inclui reformatar as mensagens para que caibam na tela e traduzir ou converter o conteúdo para formatos mais convenientes (p. ex., voz digitalizada para texto reconhecido).

Depois que a mensagem tiver sido lida, o usuário decide o que fazer com ela, e isso se chama **disposição da mensagem**. As opções incluem excluir a mensagem, enviar uma resposta, encaminhar a outro usuário e mantê-la para referência futura. A maioria dos agentes do usuário pode gerenciar uma caixa de correio para o e-mail que chega com várias pastas para salvá-lo. As pastas permitem que o usuário salve mensagens de acordo com o remetente, assunto ou outra categoria.

O arquivamento também pode ser feito automaticamente pelo agente do usuário, antes mesmo que ele leia as mensagens. Um exemplo comum é que os campos e o conteúdo das mensagens sejam inspecionados e usados, junto com o feedback do usuário sobre mensagens anteriores, para determinar se uma mensagem provavelmente é um spam. Muitos ISPs e empresas executam software que rotula o e-mail como importante ou spam, para que o agente do usuário possa arquivá-lo na caixa de correio correspondente. O ISP e a empresa têm a vantagem de verificar o e-mail de muitos usuários e pode haver listas de divulgadores de spam conhecidos. Se centenas de usuários acabam de receber uma mensagem semelhante, ela provavelmente é um spam. Classificando previamente o e-mail que chega como "provavelmente legítimo" e "provavelmente spam", o agente do usuário pode evitar muito trabalho por parte dos usuários, separando o material desejado do lixo.

E o spam mais popular? Ele é gerado por coleções de computadores infectados, chamados **botnets**, e seu conteúdo depende de onde você mora. Diplomas falsos são comuns na Ásia, e drogas baratas e outras ofertas de produtos duvidosos são comuns nos Estados Unidos. E-mails de contas bancárias não reivindicadas na Nigéria ainda estão circulando. Pílulas para aumentar várias partes do corpo são comuns em todos os lugares.

Outras regras de arquivamento podem ser elaboradas pelos usuários, e cada uma especifica uma condição e uma ação. Por exemplo, uma regra poderia dizer que qualquer mensagem recebida do chefe vai para uma pasta para leitura imediata e qualquer mensagem de uma lista de correspondência em particular vai para outra pasta, para ser lida mais tarde. Várias pastas aparecem na Figura 7.11. As mais importantes são Inbox (ou caixa de entrada), para o e-mail que chega e não é arquivado em outro lugar, e Junk Mail (lixo), para mensagens que são consideradas spam.

7.2.3 Formatos de mensagens

Agora passaremos da interface do usuário para o formato das próprias mensagens de e-mail. As mensagens enviadas pelo agente do usuário precisam ser colocadas em um formato padrão, para ser tratadas pelos agentes de transferência de mensagem. Primeiro, estudaremos as mensagens básicas em código ASCII utilizando a RFC 5322, que é a última revisão do formato de mensagem original da Internet, descrito na RFC 822 e suas muitas atualizações. Depois disso, veremos as extensões de multimídia aplicadas ao formato básico.

RFC 5322 – O formato de mensagem da Internet

As mensagens consistem em um envelope básico (descrito como parte do SMTP na RFC 5321), em alguns campos de cabeçalho, em uma linha em branco e no corpo da mensagem. Cada campo do cabeçalho consiste (logicamente) em uma única linha de texto ASCII contendo o nome do campo, um sinal de dois pontos e, para a maioria dos campos, um valor. A RFC 822 original foi elaborada há décadas e não distinguia claramente os campos do envelope dos campos do cabeçalho. Embora ela tenha sido revista na RFC 5322, não foi possível refazê-la completamente, devido à sua utilização difundida. Em uso normal, o agente do usuário cria uma mensagem e a repassa ao agente de transferência de mensagens, que, em seguida, emprega alguns dos campos de cabeçalho para criar o envelope real, em uma mistura meio antiquada de mensagem e envelope.

Os principais campos do cabeçalho relacionados ao transporte de mensagens são listados na Figura 7.12. O campo *To:* indica o endereço de e-mail do destinatário principal. Também é possível ter vários destinatários. O campo *Cc:* contém os endereços dos destinatários secundários (se houver). Em termos de entrega, não há distinção entre os destinatários principal e secundário. Trata-se de uma diferença inteiramente psicológica, importante apenas para as pessoas envolvidas, mas que não afeta o sistema de correio. O termo *Cc:* (cópia carbono) já está meio ultrapassado, pois os computadores não utilizam papel-carbono, mas é uma expressão consagrada pelo uso. O campo *Cco:* (cópia carbono oculta) é semelhante ao campo *Cc:*, exceto pelo fato de essa linha ser eliminada de todas as cópias enviadas aos destinatários principais e secundários. Esse recurso permite que as pessoas enviem cópias a terceiros sem que os destinatários principais e secundários saibam disso.

Os dois campos seguintes, *From:* e *Sender:*, informam quem escreveu e enviou a mensagem, respectivamente. Esses dois campos não precisam ter valores iguais. Por exemplo, um executivo pode escrever uma mensagem, mas na verdade seu assistente é quem a acaba transmitindo. Nesse caso, o executivo seria listado no campo *From:* e o assistente no campo *Sender:*. O campo *From:* é obrigatório, ao passo que *Sender:* pode ser omitido se for igual a *From:*. Esses campos são necessários caso a mensagem não possa ser entregue e tenha de ser devolvida ao remetente.

Uma linha contendo *Received:* é incluída por agente de transferência de mensagens ao longo do percurso. Ela contém a identidade do agente, a data e a hora em que a mensagem foi recebida e outras informações que podem ser usadas para localização de bugs no sistema de roteamento.

O campo *Return-Path:* é incluído pelo último agente de transferência de mensagens e seu objetivo é informar como voltar ao remetente. Em teoria, essas informações podem ser obtidas a partir de todos os cabeçalhos *Received:* (exceto pelo nome da caixa de correio do remetente), porém ele raramente é preenchido dessa forma e, em geral, contém apenas o endereço do remetente.

Além dos campos da Figura 7.12, as mensagens RFC 5322 também podem conter uma variedade de campos de cabeçalho utilizados pelos agentes do usuário ou pelos destinatários. Os mais comuns estão listados na Figura 7.13. A maior parte deles é autoexplicativa e não entraremos em detalhes sobre todos eles.

Às vezes o campo *Reply-To:* é usado quando nem a pessoa que redigiu nem a que enviou a mensagem quer ver a resposta. Por exemplo, um gerente de marketing escreve uma mensagem apresentando um novo produto aos clientes. A mensagem é enviada pelo assistente, mas o campo *Reply-To:* lista o chefe do departamento de vendas, que

Cabeçalho	Significado
To:	O(s) endereço(s) de e-mail do(s) destinatário(s) principal(is)
Cc:	O(s) endereço(s) de e-mail do(s) destinatário(s) secundário(s)
Cco:	O(s) endereço(s) de e-mail para cópias carbono ocultas
From:	A(s) pessoa(s) que criou(aram) a mensagem
Sender:	O endereço de e-mail do remetente
Received:	A linha incluída por cada agente de transferência ao longo da rota
Return-Path:	Pode ser usado para identificar um caminho de volta ao remetente

Figura 7.12 Campos do cabeçalho da RFC 5322 relacionados ao transporte de mensagem.

Cabeçalho	Significado
Date:	A data e a hora em que a mensagem foi enviada
Reply-To:	O endereço de e-mail para onde as respostas devem ser enviadas
Message-Id:	O número exclusivo que será usado para fazer referência a essa mensagem posteriormente
In-Reply-To:	Message-Id da mensagem original correspondente a essa resposta
References:	Outras Message-Ids relevantes
Keywords:	Palavras-chave escolhidas pelo usuário
Subject:	Pequeno resumo da mensagem apresentado em apenas uma linha

Figura 7.13 Alguns campos usados no cabeçalho de mensagem RFC 5322.

pode responder às perguntas e receber pedidos do produto. Esse campo também é útil quando o remetente tem duas contas de correio eletrônico e deseja que a resposta vá para a outra conta.

O campo *Message-Id:* é um número gerado automaticamente, que é usado para vincular as mensagens (p. ex., quando usado no campo *In-Reply-To:*) e para impedir a entrega duplicada.

O documento RFC 5322 menciona explicitamente que os usuários têm permissão de criar novos cabeçalhos para seu próprio uso. Por convenção, desde a RFC 822 esses cabeçalhos começam com a string *X-*. É certo que nenhum cabeçalho utilizará nomes começando com *X-* no futuro, a fim de evitar conflitos entre cabeçalhos oficiais e particulares. Às vezes, alguns estudantes pretensiosos criam campos como *X-Fruta-do-Dia:* ou *X-Doenca-da-Semana:*, que são válidos, mas nem sempre muito esclarecedores.

Depois dos cabeçalhos vem o corpo da mensagem. Os usuários colocam o que desejarem aqui. Algumas pessoas encerram suas mensagens com assinaturas elaboradas, incluindo citações de autores ou personalidades, declarações políticas e ressalvas de todos os tipos (p. ex., a Empresa ABC não é responsável por minhas opiniões; na verdade, ela nem sequer as compreende).

MIME – Multipurpose Internet Mail Extensions

Nos primórdios da ARPANET, o correio eletrônico consistia exclusivamente em mensagens de texto escritas em linguagem comum e expressas em código ASCII. Para esse ambiente, a RFC 822 fez tudo o que era preciso: especificou os cabeçalhos, mas deixou o conteúdo inteiramente a cargo dos usuários. Nos anos 1990, o uso mundial da Internet e a demanda por conteúdo mais rico através do sistema de e-mail mostrou que isso não era mais adequado. Os problemas incluíam o envio e o recebimento de mensagens em idiomas com acentos (p. ex., português e alemão), em alfabetos não latinos (p. ex., hebraico e russo), em idiomas sem alfabetos (p. ex., chinês e japonês), bem como mensagens que não contêm textos (p. ex., áudio, imagens e documentos e programas binários).

A solução foi o desenvolvimento do **MIME (Multipurpose Internet Mail Extensions)**, que está sendo amplamente utilizado para mensagens de e-mail enviadas pela Internet, bem como para descrever o conteúdo para outras aplicações, como a navegação Web. O MIME é descrito na RFC 2045 e nas seguintes, bem como nas RFCs 4288 e 4289.

A ideia básica do MIME é continuar a usar o formato da RFC 822, mas incluir uma estrutura para o corpo da mensagem e definir regras para aquelas que não utilizam o código ASCII. Por manterem o formato da RFC 822, as mensagens no padrão MIME podem ser enviadas através da utilização dos agentes e protocolos de e-mail existentes (com base na RFC 821 na época, e na RFC 5321 agora). Só é necessário alterar os programas de envio e recebimento, o que os próprios usuários podem fazer.

O MIME define cinco novos cabeçalhos de mensagens, como mostra a Figura 7.14. O primeiro deles informa ao agente do usuário receptor da mensagem não apenas que ele está lidando com uma mensagem MIME, como também a versão do padrão MIME que está sendo usada. Presume-se que qualquer mensagem que não contenha um cabeçalho *MIME-Version:* seja uma mensagem de texto simples escrita em linguagem comum (pelo menos uma usando apenas caracteres ASCII) e processada como tal.

O cabeçalho *Content-Description:* é uma string ASCII que informa o conteúdo da mensagem. Esse cabeçalho é necessário para que o destinatário saiba se vale a pena decodificar e ler a mensagem. Se a string informar "Foto do ratinho da Bárbara" e a pessoa que receber a correspondência não for muito chegada a esses bichinhos, provavelmente a mensagem será descartada em vez de ser decodificada em uma fotografia colorida de alta resolução.

O cabeçalho *Content-Id:* identifica o conteúdo. Ele utiliza o mesmo formato do cabeçalho *Message-Id*.

Content-Transfer-Encoding: informa como o corpo da mensagem está codificado para transmissão através da rede. Um problema importante na época em que o MIME

Cabeçalho	Significado
MIME-Version:	Identifica a versão do MIME
Content-Description:	String inteligível que identifica o conteúdo da mensagem
Content-Id:	Identificador exclusivo
Content-Transfer-Encoding:	Como o corpo da mensagem é codificado para transmissão
Content-Type:	Tipo e formato do conteúdo

Figura 7.14 Cabeçalhos de mensagem acrescentados pelo MIME.

foi desenvolvido foi que os protocolos de transferência de e-mail (SMTP) esperavam mensagens ASCII em que nenhuma linha era superior a mil caracteres. Os caracteres ASCII utilizam 7 bits de cada byte com 8 bits. Os dados binários, como programas executáveis e imagens, utilizam todos os 8 bits de cada byte, assim como conjuntos de caracteres estendidos. Não havia garantia de que esses dados seriam transferidos com segurança. Logo, era preciso algum método de transportar dados binários que os tornassem parecidos com mensagens de e-mail ASCII comuns. As extensões ao SMTP desde o desenvolvimento do MIME permitem que dados binários de 8 bits sejam transferidos, embora até hoje os dados binários nem sempre possam passar pelo sistema de e-mail corretamente se não forem decodificados.

O MIME oferece cinco esquemas de codificação de transferência, mais um escape para novos esquemas – caso seja necessário. O esquema mais simples é de mensagens de texto ASCII. Os caracteres ASCII utilizam 7 bits e podem ser transportados diretamente pelo protocolo de e-mail, desde que nenhuma linha ultrapasse mil caracteres.

O esquema seguinte mais simples é igual ao anterior, mas utiliza caracteres de 8 bits, isto é, são permitidos todos os valores de 0 a 255, inclusive. As mensagens que utilizam a codificação de 8 bits também devem aderir ao tamanho máximo de linha padrão.

Depois existem as mensagens que utilizam a codificação binária. Essas mensagens são arquivos binários que não só utilizam todos os 8 bits, como também não respeitam o limite de linha de mil caracteres. Os programas executáveis estão nessa categoria. Hoje, os servidores de e-mail podem negociar para enviar dados em codificação binária (ou em 8 bits), passando para ASCII se os dois lados não aceitarem a extensão.

A codificação ASCII de dados binários é chamada de **codificação base64**. Nesse esquema, grupos de 24 bits são divididos em até quatro unidades de 6 bits, com cada unidade sendo enviada como um caractere ASCII válido. A codificação é "A" para 0, "B" para 1, e assim por diante, seguida pelas 26 letras minúsculas, pelos dez dígitos e concluindo + e / para 62 e 63, respectivamente. As sequências == e = são usadas para indicar que o último grupo continha apenas 8 ou 16 bits, respectivamente. Os caracteres de retorno de cursor e avanço de linha são ignorados; portanto, podem ser inseridos à vontade para manter as linhas curtas. Os textos binários podem ser enviados com segurança usando esse esquema, embora de modo ineficiente. Essa codificação foi muito popular antes que os servidores de e-mail capazes de trabalhar com binário fossem implementados. Isso ainda é visto de modo geral.

O último cabeçalho mostrado na Figura 7.14 é na realidade o mais interessante. Ele especifica a natureza do corpo da mensagem e tem tido um impacto até mesmo fora do e-mail. Por exemplo, o conteúdo baixado da Web é rotulado com tipos MIME, de modo que o navegador sabe como apresentá-lo. O mesmo acontece com o streaming de mídia e transportes em tempo real, como VoIP.

Inicialmente, foram definidos sete tipos MIME na RFC 1521, e cada um deles tem um ou mais subtipos. O tipo e o subtipo são separados por uma barra, como em: "Content-Type: video/mpeg". Desde então, mais de 2.700 subtipos foram acrescentados, junto com dois novos tipos (fonte e modelo). Outras entradas estão sendo acrescentadas o tempo todo à medida que novos tipos de conteúdo são desenvolvidos. A lista de tipos e subtipos especificados é mantida on-line pela IANA em *www.iana.org/assignments/media-types*. Os tipos, juntamente com exemplos de subtipos mais utilizados, aparecem na Figura 7.15.

Os tipos MIME da Figura 7.15 devem ser autoexplicativos, com exceção talvez do último. Ele permite o uso de vários anexos em uma mensagem, cada um possuindo um tipo MIME diferente.

7.2.4 Transferência de mensagens

Agora que descrevemos os agentes do usuário e as mensagens de e-mail, estamos prontos para examinar como os agentes de transferência de mensagens as repassam do remetente ao destinatário. A transferência de e-mail é feita com o protocolo SMTP.

A maneira mais simples de mover mensagens é estabelecer uma conexão de transporte entre a máquina de origem e a de destino e, em seguida, transferir a mensagem. É assim que o SMTP funcionava originalmente. Com o passar do tempo, porém, dois usos diversos foram estabelecidos. O primeiro é o **envio de correio**, a etapa 1 na

Tipo	Subtipos de exemplo	Descrição
text	plain, html, xml, css	Texto em vários formatos
image	gif, jpeg, tiff	Imagens
audio	basic, mpeg, mp4	Sons
video	mpeg, mp4, quicktime	Filmes
font	fontes otf, ttf para composição tipográfica	Fontes
model	vrml	Modelo 3D
application	octect-stream, pdf, javascript, zip	Dados produzidos por aplicações
message	http, RFC 822	Mensagem encapsulada
multipart	mixed, alternative, parallel, digest	Combinação de vários tipos

Figura 7.15 Tipos de conteúdo MIME e exemplos de subtipos.

arquitetura de e-mail da Figura 7.9. Esse é o meio pelo qual os agentes do usuário enviam mensagens para o sistema de e-mail para entrega. O segundo uso é para transferir mensagens entre agentes de transferência de mensagem (etapa 2 na Figura 7.9). Essa sequência entrega o e-mail do agente de transferência de mensagem emissor ao receptor, em um hop. A entrega final é realizada com diferentes protocolos, os quais descreveremos na próxima seção.

Nesta seção, vamos descrever os fundamentos do protocolo SMTP e seu mecanismo de extensão. Depois, discutiremos como ele é usado de modo diferente para envio de correio e transferência de mensagem.

SMTP (Simple Mail Transfer Protocol) e extensões

Dentro da Internet, as mensagens de e-mail são entregues quando a máquina de origem estabelece uma conexão TCP com a porta 25 da máquina de destino. Um servidor de correio que se comunica em **SMTP (Simple Mail Transfer Protocol)** permanece na escuta nessa porta. Esse servidor aceita as conexões recebidas, sujeitas a algumas verificações de segurança, e também mensagens para entrega. Se uma mensagem não puder ser entregue, um relatório de erros contendo a primeira parte da mensagem não entregue será retornado ao remetente.

O SMTP é um protocolo ASCII muito simples. Isso não é um ponto fraco, mas um recurso. O uso de texto ASCII torna os protocolos fáceis de desenvolver, testar e depurar. Eles podem ser testados enviando comandos manualmente, e os registros das mensagens são fáceis de ler. A maioria dos protocolos da Internet em nível de aplicação agora trabalha dessa maneira (p. ex., HTTP).

Vamos examinar uma transferência de mensagem simples entre servidores de correio que entregam uma mensagem. Após estabelecer a conexão TCP com a porta 25, a máquina de transmissão, operando como cliente, espera que a máquina de recepção, operando como servidor, comunique-se primeiro. O servidor começa enviando uma linha de texto que fornece sua identidade e informa que está preparado para receber mensagens. Caso não esteja, o cliente encerrará a conexão e tentará outra vez mais tarde.

Se o servidor estiver disposto a aceitar e-mail, o cliente anunciará de quem veio a mensagem e para quem ela está indo. Se esse receptor existir no local de destino, o servidor dará ao cliente o sinal para enviar a mensagem. Em seguida, o cliente a enviará e o servidor a confirmará. Não são necessários checksums, porque o TCP fornece um fluxo de bytes confiável. Se houver mais mensagens, elas serão enviadas. Quando todo o e-mail tiver sido trocado em ambos os sentidos, a conexão será encerrada. Um exemplo do diálogo pode ser visto na Figura 7.16. As linhas enviadas pelo cliente (o transmissor) são marcadas como *C:*. As linhas enviadas pelo servidor (o receptor) são marcadas como *S:*.

O primeiro comando enviado pelo cliente é *HELO*. Entre as várias abreviações de quatro caracteres para *HELLO*, essa tem muito mais vantagens do que sua maior concorrente. A razão para que todos os comandos tivessem quatro caracteres se perdeu no tempo.

Na Figura 7.16, a mensagem é enviada para um único destinatário; portanto, apenas um comando *RCPT* é usado. Esses comandos são usados para enviar uma única mensagem a vários destinatários. Cada um deles é confirmado ou rejeitado individualmente. Ainda que alguns destinatários sejam rejeitados (por não existirem no destino), a mensagem poderá ser enviada aos outros.

Por fim, apesar de a sintaxe dos comandos de quatro caracteres enviados pelo cliente ser especificada de forma bastante rígida, a sintaxe das respostas é mais flexível. Apenas o código numérico é importante. Cada implementação pode incluir uma string qualquer depois do código.

O SMTP básico funciona bem, mas é limitado em vários aspectos. Ele não inclui autenticação. Isso significa que o comando *FROM* no exemplo poderia dar qualquer endereço de transmissor que ele quisesse. Isso é muito útil para enviar spam. Outra limitação é que o SMTP transfere mensagens

```
                S: 220 ee.uwa.edu.au SMTP service ready
C: HELO abcd.com
                S: 250 cs.uchicago.edu says hello to ee.uwa.edu.au
C: MAIL FROM: <alice@cs.uchicago.edu>
                S: 250 sender ok
C: RCPT TO: <bob@ee.uwa.edu.au>
                S: 250 recipient ok
C: DATA
                S: 354 Send mail; end with "." on a line by itself
C: From: alice@cs.uchicago.edu
C: To: bob@ee.uwa.edu.au
C: MIME-Version: 1.0
C: Message-Id: <0704760941.AA00747@ee.uwa.edu.au>
C: Content-Type: multipart/alternative; boundary = qwertyuiopasdfghjklzxcvbnm
C: Subject: Earth orbits sun integral number of times
C:
C: This is the preamble. The user agent ignores it. Have a nice day.
C:
C: --qwertyuiopasdfghjklzxcvbnm
C: Content-Type: text/html
C:
C: <p>Happy birthday to you
C: Happy birthday to you
C: Happy birthday dear <bold> Bob </bold>
C: Happy birthday to you
C:
C: --qwertyuiopasdfghjklzxcvbnm
C: Content-Type: message/external-body;
C:     access-type = "anon-ftp";
C:     site = "bicycle.cs.uchicago.edu";
C:     directory = "pub";
C:     name = "birthday.snd"
C:
C: content-type: audio/basic
C: content-transfer-encoding: base64
C: --qwertyuiopasdfghjklzxcvbnm
C: .
                S: 250 message accepted
C: QUIT
                S: 221 ee.uwa.edu.au closing connection
```

Figura 7.16   Transferência de uma mensagem de *alice@cs.uchicago.edu* para *bob@ee.uwa.edu.au*.

ASCII, e não dados binários. É por isso que a codificação de transferência de conteúdo MIME base64 foi necessária. Contudo, com essa codificação, a transmissão de correio usa a largura de banda de modo ineficaz, o que é um problema para mensagens grandes. Uma terceira limitação é que o SMTP envia mensagens às claras. Ele não tem criptografia para fornecer uma forma de privacidade contra olhares curiosos.

Para permitir que esses e muitos outros problemas relacionados ao processamento da mensagem sejam resolvidos, o SMTP foi revisado para ter um mecanismo de extensão – ele é uma parte obrigatória do padrão RFC 5321. O uso do SMTP com extensões é chamado de **ESMTP (Extended SMTP)**.

Os clientes que desejam usar uma extensão enviam uma mensagem *EHLO* em vez de *HELO* inicialmente. Se esta for rejeitada, o servidor é um SMTP comum, e o cliente deverá prosseguir pelo modo normal. Se o *EHLO* for aceito, o servidor responde com as extensões que ele aceita, e o cliente pode usar qualquer uma delas. Várias extensões comuns aparecem na Figura 7.17, que mostra a palavra-chave usada no mecanismo de extensão, com uma descrição da nova funcionalidade. Não examinaremos essas extensões com mais detalhes.

Para entender melhor como o SMTP e alguns dos outros protocolos descritos neste capítulo funcionam, experimente-os. Em todos os casos, vá primeiro até um

Palavra-chave	Descrição
AUTH	Autenticação do cliente
BINARYMIME	Servidor aceita mensagens binárias
CHUNKING	Servidor aceita mensagens grandes em pedaços
SIZE	Verificar tamanho da mensagem antes de tentar enviar
STARTTLS	Passar para transporte seguro (TLS; ver Capítulo 8)
UTF8SMTP	Endereços internacionalizados

Figura 7.17 Algumas extensões SMTP.

equipamento conectado à Internet. Em um sistema UNIX (ou Linux), digite em um shell:

    telnet mail.isp.com 25

substituindo *mail.isp.com* pelo nome DNS do servidor de correio do seu provedor. Em um sistema Windows, talvez seja preciso instalar primeiro o programa telnet (ou equivalente) e depois iniciá-lo. Esse comando estabelecerá uma conexão telnet (i.e., TCP) para a porta 25 nessa máquina. A porta 25 é a porta SMTP (veja na Figura 6.34 as portas para outros protocolos comuns). Provavelmente, você obterá uma resposta semelhante a esta:

    Trying 192.30.200.66...
    Connected to mail.isp.com
    Escape character is ']'.
    220 mail.isp.com Smail #74 ready at Fri, 25 Sept 2020 13:26 +0200

As três primeiras linhas são do telnet, informando-lhe o que está fazendo. A última linha é do servidor SMTP na máquina remota, anunciando sua disposição para se comunicar com você e aceitar mensagens de e-mail. Para descobrir que comandos ele aceita, digite:

    HELP

Desse ponto em diante, é possível uma sequência de comandos como a da Figura 7.16, se o servidor estiver disposto a aceitar seu e-mail. Mas você pode ter que digitar rapidamente, uma vez que a conexão pode expirar se ficar inativa por muito tempo. Além disso, nem todo servidor de correio eletrônico aceitará uma conexão telnet de uma máquina desconhecida a ele.

Envio de correio

No início, os agentes do usuário funcionavam no mesmo computador do agente de transferência de mensagem. Nesse esquema, tudo o que é necessário para enviar uma mensagem é que o agente do usuário fale com o servidor de correio local, usando o diálogo que acabamos de descrever. Contudo, esse esquema não é mais o caso comum.

Os agentes do usuário normalmente são executados em notebooks, PCs domésticos e smartphones. Eles nem sempre estão conectados à Internet. Os agentes de transferência de correio são executados no ISP e nos servidores da empresa. Eles sempre estão conectados à Internet. Essa diferença significa que um agente do usuário em Recife pode precisar entrar em contato com seu servidor de correio normal em Curitiba para enviar uma mensagem de e-mail, pois o usuário está viajando.

Por si só, essa comunicação remota não causa problema algum. É exatamente para isso que os protocolos TCP/IP são preparados para oferecer suporte. Todavia, um ISP ou uma empresa em geral não desejam que qualquer usuário remoto possa submeter mensagens ao seu servidor de correio para ser entregue em outro lugar. O ISP ou a empresa não estão executando o servidor como um serviço público. Além disso, esse tipo de **repasse de correio aberto** atrai os spammers, pois oferece um modo de se passar pelo remetente original e, portanto, tornar a mensagem mais difícil de ser identificada como spam.

Com essas considerações, o SMTP normalmente é usado para envio de correio com a extensão *AUTH*. Essa extensão permite que o servidor verifique as credenciais (nome de usuário e senha) do cliente para confirmar que ele deve estar oferecendo serviço de correio.

Existem várias outras diferenças no modo como o SMTP é usado para envio de correio. Por exemplo, a porta 587 é usada em preferência à porta 25 e o servidor SMTP pode verificar e corrigir o formato das mensagens enviadas pelo agente do usuário. Para obter mais informações sobre o uso restrito do SMTP para envio de correio, consulte a RFC 4409.

Transferência física

Quando o agente de transferência de correio de saída recebe uma mensagem do agente do usuário, ele a entrega ao agente de transferência de correio de entrada usando SMTP. Para fazer isso, o transmissor usa o endereço de destino. Considere a mensagem na Figura 7.16, endereçada para *bob@ee.uwa.edu.au*. Para qual servidor de correio a mensagem deve ser entregue?

Para determinar o servidor de correio correto a contatar, o DNS é consultado. Na seção anterior, descrevemos como o DNS contém vários tipos de registros, incluindo o registro *MX*, ou trocador de mensagens eletrônicas. Nesse caso, uma consulta do DNS é feita aos registros *MX* do domínio *ee.uwa.edu.au*. Essa consulta retorna uma lista ordenada dos nomes e endereços IP de um ou mais servidores de correio.

O agente de transferência de correio de saída, em seguida, faz uma conexão TCP com a porta 25 do endereço IP do servidor de correio para alcançar o agente de transferência de correio de entrada, e usa SMTP para repassar a mensagem. O agente de transferência de correio de entrada colocará o e-mail para o usuário *bob* na caixa de correio correta para Bob lê-lo posteriormente. Essa etapa de entrega local pode envolver a movimentação da mensagem entre computadores, se houver uma grande infraestrutura de correio.

Com esse processo de entrega, o e-mail trafega do agente de transferência de correio inicial para o final em um único hop. Não existem servidores intermediários no estágio de transferência de mensagem. Contudo, é possível que esse processo de entrega ocorra várias vezes. Um exemplo que já descrevemos é quando um agente de transferência de mensagem implementa uma lista de correspondência. Nesse caso, uma mensagem é recebida na lista. Depois, ela é expandida como uma mensagem para cada membro da lista, que é enviada para os endereços individuais dos membros.

Como outro exemplo de repasse, Bob pode ter se formado no MIT e também pode ser alcançado pelo endereço *bob@alum.mit.edu*. Em vez de ler o e-mail em várias contas, Bob pode fazer a mensagem enviada para esse endereço ser encaminhada para *bob@ee.uwa.edu*. Nesse caso, o e-mail enviado para *bob@alum.mit.edu* terá duas entregas. Primeiro, para o servidor de correio para *alum.mit.edu*. Depois, para o servidor de correio para *ee.uwa.edu.au*. Cada uma dessas pernas é uma entrega completa e separada no que se refere aos agentes de transferência de correio.

7.2.5 Entrega final

Nossa mensagem de e-mail está quase entregue. Ela chegou à caixa de correio de Bob. Tudo o que resta é transferir uma cópia da mensagem para o agente do usuário de Bob para exibição. Essa é a etapa 3 na arquitetura da Figura 7.9. Essa tarefa era simples no início da Internet, quando o agente do usuário e o agente de transferência de correio eram executados na mesma máquina como processos diferentes. O agente de transferência de correio simplesmente escrevia novas mensagens no final do arquivo da caixa de correio, e o agente do usuário simplesmente verificava se havia novo e-mail na caixa de correio.

Atualmente, o agente do usuário em um PC, notebook ou smartphone provavelmente estará em uma máquina diferente daquela do ISP ou do servidor de correio da empresa, e com certeza diferente da máquina de um provedor de correio, como o Gmail. Os usuários querem acessar seu e-mail remotamente, de onde quer que estejam. Eles querem acessar o e-mail do trabalho, dos seus PCs em casa, dos seus notebooks quando estiverem viajando e de LAN houses quando estiverem em, digamos assim, férias. Eles também querem trabalhar off-line, depois reconectar para receber o e-mail que chega e enviar e-mail. Além do mais, cada usuário pode executar vários agentes do usuário, dependendo de qual computador é conveniente para usar no momento. Vários agentes do usuário podem ainda estar rodando ao mesmo tempo.

Nesse esquema, o trabalho do agente do usuário é apresentar uma visão do conteúdo da caixa de correio e permitir que esta seja manipulada remotamente. Vários protocolos podem ser usados para essa finalidade, mas o SMTP não é um deles. O SMTP é um protocolo do tipo push – ele captura uma mensagem e se conecta a um servidor remoto para transferi-la. A remessa final não pode ser obtida dessa maneira, porque a caixa de correio precisa continuar a ser armazenada no agente de transferência de correio e o agente do usuário pode não estar conectado à Internet no momento em que o SMTP tenta repassar as mensagens.

IMAP – Internet Message Access Protocol

Um dos principais protocolos usados para a remessa final é o **IMAP (Internet Message Access Protocol)**. A versão 4 do protocolo é definida na RFC 3501 e em suas muitas atualizações. Para usá-lo, o servidor de correio executa um servidor IMAP que escuta na porta 143. O agente do usuário executa um cliente IMAP. O cliente se conecta ao servidor e começa a emitir comandos a partir daqueles listados na Figura 7.18.

Primeiro, o cliente iniciará um transporte seguro, se tiver que ser usado (a fim de manter as mensagens e os comandos confidenciais), e depois fará um login ou se autenticará de alguma maneira no servidor. Uma vez autenticado, haverá muitos comandos para listar pastas e mensagens, buscar mensagens ou ainda partes delas, marcá-las com flags para posterior exclusão e organizá-las em pastas. Para evitar confusão, observe que usamos o termo "pasta" aqui para manter a coerência com o restante do material nesta seção, em que um usuário tem uma única caixa de correio composta de várias pastas. Contudo, na especificação IMAP, o termo *caixa de correio* (*mailbox*) é usado em seu lugar. Um usuário, portanto, tem muitas caixas de correio IMAP, cada uma normalmente apresentada como uma pasta a ele.

O IMAP também tem muitos outros recursos. Ele tem a capacidade de endereçar e-mail não por número de mensagem, mas usando atributos (p. ex., mostre-me a primeira mensagem de Alice). As consultas podem ser realizadas no servidor para encontrar as mensagens que satisfazem a

Comando	Descrição
CAPABILITY	Lista capacidades do servidor
STARTTLS	Inicia o transporte seguro (TLS; ver Capítulo 8)
LOGIN	Login no servidor
AUTHENTICATE	Login com outro método
SELECT	Seleciona uma pasta
EXAMINE	Seleciona uma pasta apenas de leitura
CREATE	Cria uma pasta
DELETE	Exclui uma pasta
RENAME	Renomeia uma pasta
SUBSCRIBE	Acrescenta pasta no conjunto ativo
UNSUBSCRIBE	Remove pasta do conjunto ativo
LIST	Lista as pastas disponíveis
LSUB	Lista as pastas ativas
STATUS	Captura o status de uma pasta
APPEND	Acrescenta uma mensagem a uma pasta
CHECK	Captura um ponto de verificação de uma pasta
FETCH	Captura mensagens de uma pasta
SEARCH	Localiza mensagens em uma pasta
STORE	Altera flags de mensagem
COPY	Faz uma cópia de uma mensagem em uma pasta
EXPUNGE	Remove mensagens marcadas para exclusão
UID	Emite comandos usando identificadores exclusivos
NOOP	Não faz nada
CLOSE	Remove mensagens marcadas e fecha pasta
LOGOUT	Efetua o logout e fecha a conexão

Figura 7.18 Comandos IMAP (versão 4).

certos critérios, de modo que apenas estas sejam capturadas pelo cliente.

O IMAP é uma melhoria em relação a um protocolo de entrega final mais antigo, o **POP3 (Post Office Protocol, version 3)**, que é especificado na RFC 1939. O POP3 é mais simples, mas admite menos recursos e é menos seguro no uso diário. O e-mail normalmente é baixado para o computador do agente do usuário, em vez de permanecer no servidor de correio. Isso facilita a vida no servidor, mas é mais difícil para o usuário. Não é fácil ler o e-mail em vários computadores, além do que, se o computador do agente do usuário quebrar, todo o e-mail pode se perder permanentemente. Apesar disso, o POP3 ainda é utilizado.

Protocolos fechados também podem ser usados, pois atuam entre um servidor de correio e o agente do usuário, que pode ser fornecido pela mesma empresa. O Microsoft Exchange é um sistema de correio com um protocolo fechado.

Webmail

Uma alternativa cada vez mais popular ao IMAP e ao SMTP para fornecer serviço de e-mail é usar a Web como interface para enviar e receber e-mails. Os serviços de **Webmail** mais usados são Google Gmail, Microsoft Hotmail e Yahoo!Mail. Webmail é um exemplo de software (neste caso, um agente do usuário de correio) que é fornecido como um serviço que utiliza a Web.

Nessa arquitetura, o provedor executa serviços de correio normalmente para aceitar mensagens para usuários com SMTP na porta 25. Contudo, o agente do usuário é diferente. Em vez de ser um programa isolado, ele é uma interface do usuário fornecida por páginas Web. Isso significa que os usuários podem usar qualquer navegador que quiserem para acessar seu e-mail e enviar novas mensagens.

Quando o usuário vai até a página Web de e-mail do provedor, digamos, Gmail, é apresentado um formulário no qual ele deve informar um nome de login e sua senha. Essas informações são enviadas ao servidor, que então as valida. Se o login tiver sucesso, o servidor encontra a caixa de correio do usuário e monta uma página Web listando o seu conteúdo na hora. A página Web é então enviada para ser exibida pelo navegador.

Muitos dos itens na página que mostra a caixa de correio são clicáveis, de modo que as mensagens podem ser lidas, excluídas, etc. Para tornar a interface responsiva, as páginas Web normalmente incluirão programas em JavaScript. Esses programas são executados localmente no cliente em resposta a eventos locais (p. ex., cliques do mouse) e também podem baixar e atualizar mensagens em segundo plano, para preparar a próxima mensagem para exibição ou uma nova mensagem para envio. Nesse modelo, o envio de correio ocorre usando os protocolos normais da Web, postando dados para um URL. O servidor Web cuida da injeção de mensagens no sistema de entrega de correio tradicional, que descrevemos anteriormente. Por segurança, os protocolos padrão da Web também podem ser usados. Eles cuidam da criptografia de páginas Web, e não se o conteúdo da página Web é uma mensagem de e-mail.

7.3 A WORLD WIDE WEB

A Web, como a World Wide Web é popularmente conhecida, é uma estrutura arquitetônica que permite o acesso a documentos vinculados espalhados por milhões de máquinas na Internet. Em dez anos, ela deixou de ser um meio de distribuição de dados sobre física de alta energia na Suíça para se tornar a aplicação que milhões de pessoas consideram ser "A Internet". Sua enorme popularidade se deve à fácil utilização para principiantes e ao fornecimento de acesso com uma rica interface gráfica a uma grande quantidade de informações sobre quase todos os assuntos imagináveis, desde aborígenes até zoologia.

A Web começou em 1989 no CERN, o European Center for Nuclear Research. A ideia inicial foi ajudar grandes equipes, geralmente com membros em uma dúzia de países ou mais e fusos horários diferentes, a colaborar usando uma coleção de relatórios, plantas, desenhos, fotos e outros documentos produzidos por experimentos em física de partículas. A proposta para uma teia de documentos interligados veio do físico do CERN Tim Berners-Lee. O primeiro protótipo (baseado em texto) entrou em operação 18 meses depois. Uma demonstração pública na conferência Hypertext '91 chamou a atenção de outros pesquisadores, levando Marc Andreessen, da University of Illinois, a desenvolver o primeiro navegador gráfico, que foi chamado de Mosaic e lançado em fevereiro de 1993.

O restante, como dizem, agora é história. O Mosaic foi tão popular que um ano depois Andreessen saiu para formar uma empresa, a Netscape Communications Corp., cujo objetivo era desenvolver software para a Web. Pelos três anos seguintes, o Netscape Navigator e o Internet Explorer, da Microsoft, entraram em uma "batalha de navegadores", cada um tentando capturar uma fatia maior do novo mercado que o outro, acrescentando freneticamente mais recursos (e, portanto, mais bugs).

No decorrer das décadas de 1990 e 2000, sites e páginas Web, como o conteúdo da Web é chamado, cresceram exponencialmente até que houvesse milhões de sites e bilhões de páginas. Um pequeno número desses sites se tornou tremendamente popular. Esses sites e as empresas por trás deles definem em grande parte a Web conforme as pessoas a veem hoje. Alguns exemplos são: uma livraria (Amazon, iniciada em 1994), um mercado de leilões (eBay, 1995), um buscador (Google, 1998) e uma rede social (Facebook, 2004). O período da década de 2000, em que muitas empresas da Web passaram a valer centenas de milhões de dólares da noite para o dia, apenas para praticamente falir no dia seguinte, quando saíam de moda, tem até mesmo um nome específico. Ele se chama **era ponto com**. Novas ideias ainda estão chegando à Web. Muitas delas vêm de estudantes. Por exemplo, Mark Zuckerberg era um aluno de Harvard quando iniciou o Facebook, e Sergey Brin e Larry Page eram alunos de Stanford quando iniciaram o Google. Talvez você seja o próximo a surgir com uma ideia brilhante.

Em 1994, o CERN e o MIT assinaram um acordo criando o **W3C (World Wide Web Consortium)**, uma organização voltada para o desenvolvimento da Web, para a padronização de protocolos e para o incentivo da interoperabilidade entre os sites. Berners-Lee tornou-se o diretor. Desde então, centenas de universidades e empresas juntaram-se ao consórcio. Embora existam agora mais livros sobre a Web do que se possa imaginar, o melhor lugar para obter informações atualizadas é (naturalmente) a própria Web. A home page do consórcio está no endereço *www.w3.org*. Os leitores interessados são levados por links a páginas que englobam todos os numerosos documentos e atividades do consórcio.

7.3.1 Visão geral da arquitetura

Do ponto de vista dos usuários, a Web é uma vasta coleção mundial de conteúdo na forma de **páginas Web**. Cada página pode conter links (vínculos) para centenas de outros objetos, que podem estar hospedados em qualquer servidor na Internet, em qualquer lugar do mundo. Esses objetos podem ser outro texto e imagens, mas atualmente também incluem uma grande variedade de objetos, incluindo anúncios e scripts de rastreamento. Uma página também pode ter **links** para outras páginas Web – os usuários podem seguir um link dando um clique sobre ele, que os levará até a página indicada. Esse processo pode ser repetido indefinidamente. A ideia de fazer uma página apontar para outra, agora chamada **hipertexto**, foi criada por um visionário professor de engenharia elétrica do MIT, Vannevar Bush, em 1945 (Bush, 1945), bem antes da criação da Internet. De fato, isso foi antes da existência dos computadores comerciais, embora várias universidades tenham produzido protótipos primitivos que preenchiam grandes salas e tinham milhões de vezes menos potência do que um smart watch, mas consumindo mais energia elétrica do que uma pequena fábrica.

As páginas geralmente são visualizadas com o auxílio de um programa denominado **navegador** (ou **browser**). Brave, Chrome, Edge, Firefox, Opera e Safari são exemplos de navegadores conhecidos. O navegador busca a página solicitada, interpreta seu conteúdo e exibe a página na tela, devidamente formatada. O conteúdo em si pode ser uma mistura de texto, imagens e comandos de formatação, na forma de um documento tradicional, ou outras formas de conteúdo, como vídeos ou programas que produzem uma interface gráfica com a qual os usuários podem interagir.

Um exemplo de como isso é feito encontra-se na Figura 7.19, que contém muitos objetos. Neste caso, a página é da Federal Communications Commission dos Estados Unidos. Essa página mostra elementos de texto e gráficos (que normalmente são muito pequenos para serem lidos). Muitas partes da página incluem referências e links para outras páginas. A **página de índice**, que o navegador carrega, normalmente contém instruções para o navegador com relação aos locais de outros objetos a serem montados, além de como e onde apresentá-los na página.

Um pedaço de texto, ícone, imagem ou outro elemento da página que possa ser associado a outra página, são chamados **hiperlink**. Para seguir um link, um usuário de desktop ou notebook coloca o cursor do mouse na parte vinculada da área da página (fazendo o cursor mudar de forma) e clica. Em um smartphone ou tablet, o usuário simplesmente encosta no link. Seguir um link é simplesmente um modo de dizer ao navegador para buscar outra página. Nos primeiros dias da Web, os links eram grifados com sublinhado e texto colorido, para que pudessem ser destacados. Hoje, os criadores de páginas Web podem usar **folhas de estilo** para controlar a aparência de muitos aspectos da página, incluindo hiperlinks, de modo que um link pode efetivamente se parecer com qualquer coisa que o projetista do site desejar. A aparência de um link pode até mesmo ser dinâmica, por exemplo, ela pode mudar de aparência quando o mouse passar sobre ele. Os criadores da página são responsáveis por tornar os links visualmente distintos, para que o usuário tenha uma boa experiência.

Os leitores de uma página podem encontrar uma história interessante e clicar na área indicada, quando o navegador buscará a nova página para a exibir. Dezenas de outras páginas estão ligadas à primeira além do exemplo na Figura 7.19. Cada outra página pode ser composta de conteúdo na mesma máquina (ou máquinas) que a primeira, ou em máquinas no outro lado do mundo. O usuário não sabe disso. O navegador normalmente busca quaisquer objetos que o usuário lhe indicar, por meio de uma série de cliques. Assim, a movimentação entre as máquinas enquanto o conteúdo é exibido é transparente.

O navegador está exibindo uma página Web na máquina do cliente. Cada página é buscada por meio de uma solicitação a um ou mais servidores, que respondem com

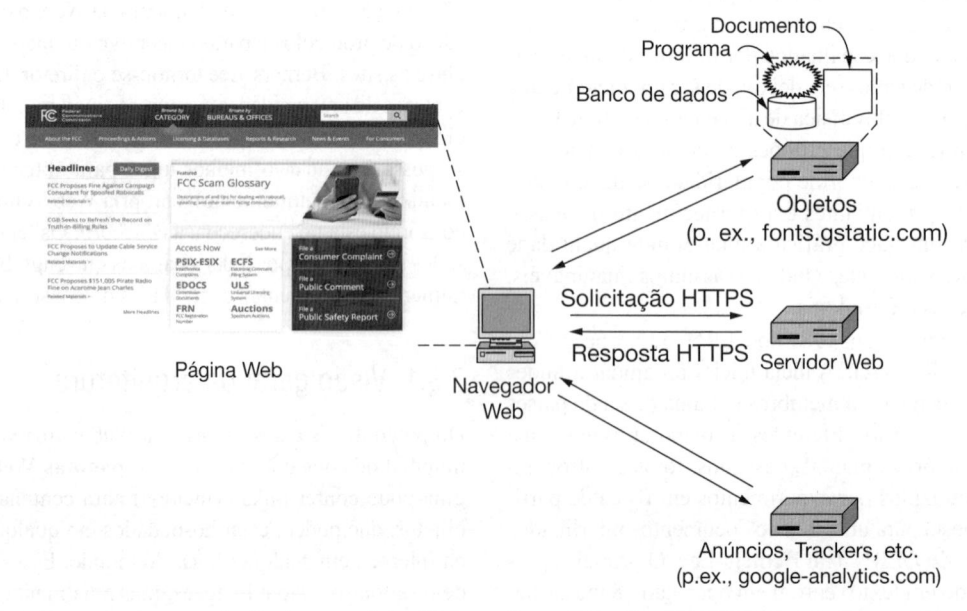

Figura 7.19 A busca e a apresentação de uma página Web envolve solicitações HTTP/HTTPS a muitos servidores.

o conteúdo da página. O protocolo de solicitação-resposta para buscar páginas é simples, baseado em texto, que roda sobre TCP, assim como no caso do SMTP. Ele é chamado de **HTTP (HyperText Transfer Protocol)**. A versão segura desse protocolo, que é o modo predominante de buscar conteúdo na Web atualmente, é chamado de **HTTPS (Secure HyperText Transfer Protocol)**. O conteúdo pode simplesmente ser um documento que é lido de um disco, ou então o resultado de uma consulta ao banco de dados e execução de um programa. Quanto à página, ela pode ser uma **página estática** se apresentar o mesmo documento toda vez que for exibida, ou **dinâmica**, se foi gerada sob demanda por um programa ou se contém um programa.

Uma página dinâmica pode se apresentar de forma diferente toda vez que for exibida. Por exemplo, a página inicial de uma loja virtual pode ser diferente para cada visitante. Se um cliente de livraria tiver comprado livros de mistério no passado, ao visitar a página inicial da loja, ele provavelmente verá novos livros de suspense apresentados de forma destacada, enquanto um cliente mais voltado para culinária poderia ser recebido com novos livros de receitas. Como o site acompanha quem gosta de que, é algo que veremos mais adiante. Contudo, resumindo, a resposta envolve cookies (até mesmo para visitantes que não gostam de culinária).

Na figura, o navegador entra em contato com diversos servidores para carregar a página Web. O conteúdo na página de índice pode ser carregado diretamente de arquivos hospedados em *fcc.gov*. O conteúdo auxiliar, como um vídeo incorporado, pode estar hospedado em um servidor separado, ainda em *fcc.gov*, mas talvez em uma infraestrutura dedicada à hospedagem do conteúdo. A página de índice também pode conter referências a outros objetos que o usuário nem sequer verá, como scripts de rastreamento ou anúncios que ficam hospedados em servidores de terceiros. O navegador busca todos esses objetos, scripts e outros, montando-os em uma única página vista pelo usuário.

A exibição acarreta uma série de processamentos, que dependem do tipo de conteúdo. Além de apresentar texto e gráficos, um processamento pode envolver a exibição de um vídeo ou a execução de um script que apresenta sua própria interface com o usuário como parte da página. Nesse caso, o servidor *fcc.gov* fornece a página principal, o servidor *fonts.gstatic.com* fornece objetos adicionais (p. ex., fontes) e o servidor *google-analytics.com* não fornece nada que o usuário possa ver, mas acompanha os visitantes do site. Falaremos mais sobre trackers e privacidade na Web mais adiante.

O lado cliente

Agora vamos examinar o lado do navegador Web da Figura 7.19 com mais detalhes. Basicamente, um navegador é um programa que pode exibir uma página Web e capturar o pedido do usuário para "seguir" outro conteúdo na página. Quando um item é selecionado, o navegador segue o hiperlink e busca o objeto que o usuário indica (p. ex., com um clique do mouse ou tocando no link na tela de um dispositivo móvel).

Quando a Web foi criada inicialmente, logo ficou aparente que ter uma página apontando para outra página Web exigia mecanismos para nomear e localizar páginas. Em particular, três perguntas tinham de ser respondidas antes que uma página selecionada pudesse ser exibida:

1. Como a página é chamada?
2. Onde a página está localizada?
3. Como a página pode ser acessada?

Se cada página recebesse de alguma forma um nome exclusivo, não haveria ambiguidade na identificação. Apesar disso, o problema não seria solucionado. Considere um paralelo entre as pessoas e as páginas. No Brasil, quase todos têm um número de CPF, que é um identificador exclusivo, de modo que duas pessoas não deveriam ter o mesmo número. Apesar disso, se você tiver apenas o número do CPF, não haverá como descobrir o endereço do seu proprietário, e certamente nenhuma forma de saber se você deve escrever para a pessoa em português, inglês, espanhol ou chinês. A Web tem basicamente os mesmos problemas.

A solução escolhida identifica as páginas de um modo que resolve os três problemas de uma só vez. Cada página recebe um **URL (Uniform Resource Locator)**, que efetivamente serve como o nome mundial da página. Os URLs têm três partes: o protocolo (também conhecido como o **esquema**), o nome DNS da máquina em que a página está localizada e o caminho que identifica exclusivamente a página específica (um arquivo para ler ou um programa para rodar na máquina). No caso geral, o caminho tem um nome hierárquico que modela uma estrutura de diretório de arquivo. Contudo, a interpretação do caminho fica a critério do servidor; ele pode ou não refletir a estrutura de diretório real.

Como um exemplo, o URL da página mostrada na Figura 7.19 é

https://fcc.gov/

Esse URL consiste em três partes: o protocolo (*https*), o nome DNS do host (*fcc.gov*) e o nome do caminho (/, que o servidor Web normalmente trata como algum objeto de índice padrão).

Quando um usuário clica em um hiperlink, o navegador executa uma série de etapas com o objetivo de buscar a página indicada. Vamos acompanhar as etapas que ocorrem quando esse link é selecionado.

1. O navegador determina o URL (verificando o que foi selecionado).
2. O navegador pergunta ao DNS qual é o endereço IP do servidor *fcc.gov*.
3. O DNS responde com 23.1.55.196.

4. O navegador estabelece uma conexão TCP com esse endereço IP; como o protocolo é HTTPS, a versão segura do HTTP, a conexão TCP seria pela porta 443 como padrão (a porta padrão para o HTTP, que é usada com muito menos frequência agora, é a porta 80).

5. Ele envia um comando HTTPS solicitando a página //, que o servidor Web normalmente considera que é alguma página de índice (p. ex., index.html, index.php ou algo semelhante, conforme configurado pelo servidor Web em *fcc.gov*).

6. O servidor envia a página como uma resposta HTTPS, por exemplo, fornecendo o arquivo /*index.html*, se este for determinado como o objeto de índice padrão.

7. Se a página incluir URLs que são necessários para a exibição, o navegador busca os outros URLs usando o mesmo processo. Neste caso, os URLs incluem várias imagens inseridas também capturadas do servidor, objetos embutidos de *gstatic.com* e um script de *google.analytics.com* (além de uma série de outros domínios que não são mostrados).

8. O navegador exibe a página /*index.html* conforme aparece na Figura 7.19.

9. As conexões TCP são fechadas se não houver outras solicitações para os mesmos servidores por um curto período.

Muitos navegadores exibem uma linha de status no rodapé da tela que indica qual etapa está sendo executada no momento. Dessa forma, quando o desempenho é fraco, o usuário pode verificar se a causa é falta de resposta do DNS, falta de resposta do servidor ou simplesmente congestionamento da rede durante a transmissão da página.

Uma forma mais detalhada de explorar e compreender o desempenho da página Web é por meio de um chamado **diagrama em cascata**, mostrado na Figura 7.20.

A figura mostra uma lista de todos os objetos que o navegador carrega no processo de carregamento desta página (neste caso, 64, mas muitas páginas têm centenas de objetos), bem como as dependências de tempo associadas ao carregamento de cada solicitação e as operações associadas a cada carregamento de página (p. ex., uma pesquisa DNS, uma conexão TCP, o download do conteúdo real, e assim por diante). Esses diagramas em cascata podem nos dizer muito sobre o comportamento de um navegador da Web – por exemplo, podemos descobrir o número de conexões paralelas que um navegador faz a qualquer servidor indicado, bem como se as conexões estão sendo reutilizadas. Também podemos descobrir o tempo relativo para pesquisas do DNS em comparação com os downloads reais dos objetos, além de outros gargalos de desempenho em potencial.

O projeto do URL tem a ponta aberta, no sentido de que é fácil fazer os navegadores usarem vários protocolos para chegar a diferentes tipos de recursos. De fato, os URLs para diversos outros protocolos foram definidos. Formas ligeiramente simplificadas dos mais comuns são listadas na Figura 7.21.

Vamos examinar a lista rapidamente. O protocolo *http* é a linguagem nativa da Web, aquela falada pelos servidores Web. **HTTP** significa **HyperText Transfer Protocol**. Vamos examiná-lo com mais detalhes nesta seção, com um foco em particular no HTTPS, a versão segura desse protocolo, que é usado de modo predominante para enviar objetos na Web atualmente.

O protocolo *ftp* é usado para acessar arquivos por FTP, o protocolo de transferência de arquivo da Internet. O FTP é anterior à Web, e tem sido usado há mais de quatro décadas. A Web facilita a obtenção de arquivos colocados em diversos servidores FTP no mundo inteiro, oferecendo uma interface simples e clicável em vez de uma interface por linha de comando, mais antiga. Esse acesso melhorado à informação é um motivo para o crescimento espetacular da Web.

É possível acessar um arquivo local como uma página Web usando o protocolo *file* ou, de forma mais simples, apenas nomeando-o. Essa técnica não exige um servidor. Naturalmente, ela só funciona para arquivos locais, e não remotos.

O protocolo *mailto* não tem realmente o glamour da busca de páginas Web, mas também é útil. Ele permite que os usuários enviem e-mail a partir de um navegador Web. A maioria dos navegadores responderá quando um link mailto for seguido, iniciando o agente de e-mail do usuário para redigir uma mensagem com o campo de endereço já preenchido.

Os protocolos *rtsp* e *sip* são para estabelecimento de sessões de streaming de mídia e chamadas de áudio e vídeo.

Por fim, o protocolo *about* é uma convenção que oferece informações sobre o navegador. Por exemplo, seguir o link *about:plugins* fará a maioria dos navegadores mostrar uma página listando os tipos MIME que eles tratam com extensões do navegador chamadas plug-ins. Muitos navegadores possuem informações muito interessantes na seção about; um exemplo no navegador Firefox é *about:telemetry*, que mostra todas as informações de desempenho e atividade que o navegador reúne sobre o usuário, *about:preferences* mostra as preferências do usuário, e *about:config* mostra muitos aspectos interessantes da configuração do navegador, incluindo se ele está realizando pesquisas de DNS-sobre-HTTPS (e para quais resolvedores recursivos confiáveis), conforme descrito na seção anterior sobre DNS.

Os próprios URLs foram elaborados não apenas para permitir que os usuários naveguem pela Web, mas para executar protocolos mais antigos, como FTP e e-mail, bem como protocolos mais novos para áudio e vídeo, além de oferecer acesso conveniente a arquivos locais e informações do navegador. Essa técnica torna desnecessários todos

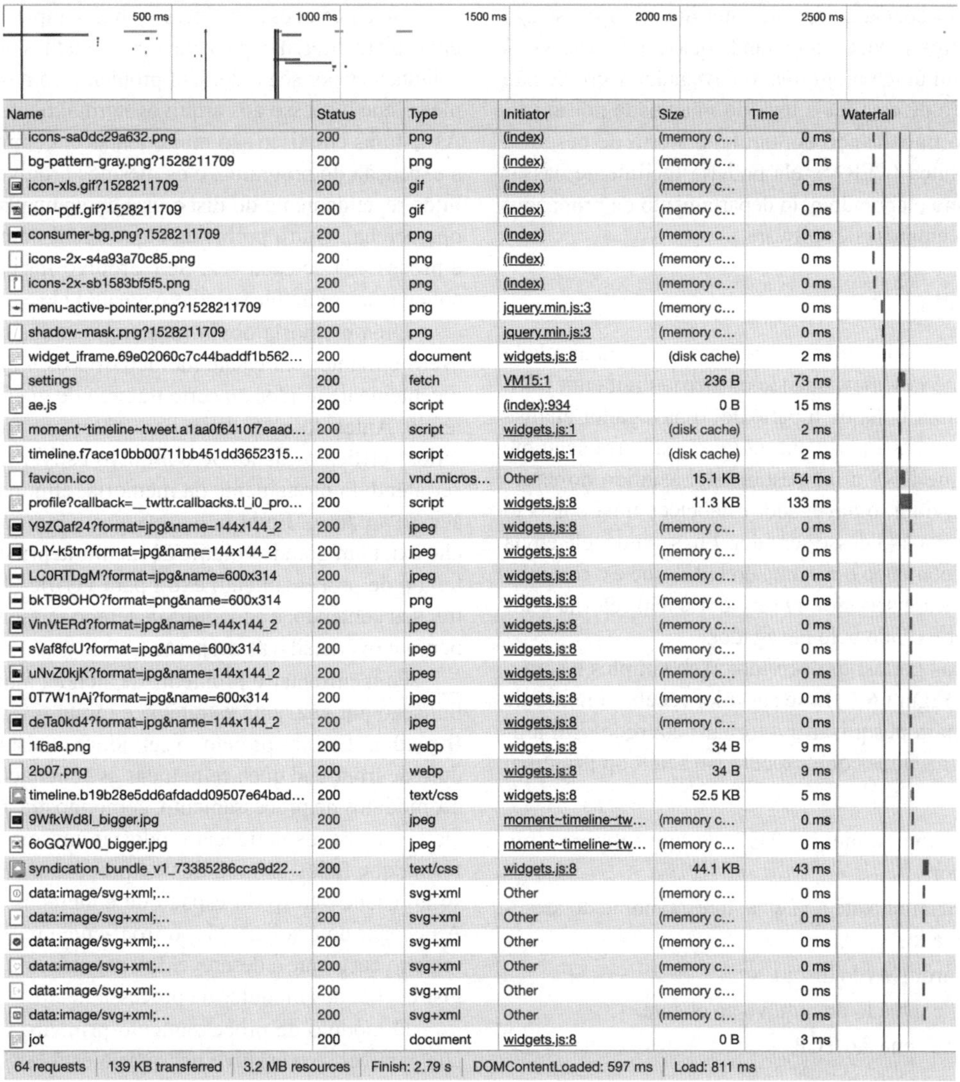

Name	Status	Type	Initiator	Size	Time	Waterfall
icons-sa0dc29a632.png	200	png	(index)	(memory c...	0 ms	
bg-pattern-gray.png?1528211709	200	png	(index)	(memory c...	0 ms	
icon-xls.gif?1528211709	200	gif	(index)	(memory c...	0 ms	
icon-pdf.gif?1528211709	200	gif	(index)	(memory c...	0 ms	
consumer-bg.png?1528211709	200	png	(index)	(memory c...	0 ms	
icons-2x-s4a93a70c85.png	200	png	(index)	(memory c...	0 ms	
icons-2x-sb1583bf5f5.png	200	png	(index)	(memory c...	0 ms	
menu-active-pointer.png?1528211709	200	png	jquery.min.js:3	(memory c...	0 ms	
shadow-mask.png?1528211709	200	png	jquery.min.js:3	(memory c...	0 ms	
widget_iframe.69e02060c7c44baddf1b562...	200	document	widgets.js:8	(disk cache)	2 ms	
settings	200	fetch	VM15:1	236 B	73 ms	
ae.js	200	script	(index):934	0 B	15 ms	
moment~timeline~tweet.a1aa0f6410f7eaad...	200	script	widgets.js:1	(disk cache)	2 ms	
timeline.f7ace10bb00711bb451dd3652315...	200	script	widgets.js:1	(disk cache)	2 ms	
favicon.ico	200	vnd.micros...	Other	15.1 KB	54 ms	
profile?callback=__twttr.callbacks.tl_i0_pro...	200	script	widgets.js:8	11.3 KB	133 ms	
Y9ZQaf24?format=jpg&name=144x144_2	200	jpeg	widgets.js:8	(memory c...	0 ms	
DJY-k5tn?format=jpg&name=144x144_2	200	jpeg	widgets.js:8	(memory c...	0 ms	
LC0RTDgM?format=jpg&name=600x314	200	jpeg	widgets.js:8	(memory c...	0 ms	
bkTB9OHO?format=png&name=600x314	200	png	widgets.js:8	(memory c...	0 ms	
VinVtERd?format=jpg&name=144x144_2	200	jpeg	widgets.js:8	(memory c...	0 ms	
sVaf8fcU?format=jpg&name=600x314	200	jpeg	widgets.js:8	(memory c...	0 ms	
uNvZ0kjK?format=jpg&name=144x144_2	200	jpeg	widgets.js:8	(memory c...	0 ms	
0T7W1nAj?format=jpg&name=600x314	200	jpeg	widgets.js:8	(memory c...	0 ms	
deTa0kd4?format=jpg&name=144x144_2	200	jpeg	widgets.js:8	(memory c...	0 ms	
1f6a8.png	200	webp	widgets.js:8	34 B	9 ms	
2b07.png	200	webp	widgets.js:8	34 B	9 ms	
timeline.b19b28e5dd6afdadd09507e64bad...	200	text/css	widgets.js:8	52.5 KB	5 ms	
9WfkWd8I_bigger.jpg	200	jpeg	moment~timeline~tw...	(memory c...	0 ms	
6oGQ7W00_bigger.jpg	200	jpeg	moment~timeline~tw...	(memory c...	0 ms	
syndication_bundle_v1_73385286cca9d22...	200	text/css	widgets.js:8	44.1 KB	43 ms	
data:image/svg+xml;...	200	svg+xml	Other	(memory c...	0 ms	
data:image/svg+xml;...	200	svg+xml	Other	(memory c...	0 ms	
data:image/svg+xml;...	200	svg+xml	Other	(memory c...	0 ms	
data:image/svg+xml;...	200	svg+xml	Other	(memory c...	0 ms	
data:image/svg+xml;...	200	svg+xml	Other	(memory c...	0 ms	
data:image/svg+xml;...	200	svg+xml	Other	(memory c...	0 ms	
jot	200	document	widgets.js:8	0 B	3 ms	

64 requests | 139 KB transferred | 3.2 MB resources | Finish: 2.79 s | DOMContentLoaded: 597 ms | Load: 811 ms

Figura 7.20 Diagrama em cascata para *fcc.gov*.

Nome	Usado para	Exemplo
http	Hipertexto (HTML)	http://www.ee.uwa.edu/~rob/
https	Hipertexto com segurança	https://www.bank.com/accounts/
ftp	FTP	ftp://ftp.cs.vu.nl/pub/minix/README
file	Arquivo local	file:///usr/nathan/prog.c
mailto	Envio de e-mail	mailto:JoaoSilva@acm.org
rtsp	Streaming de mídia	rtsp://youtube.com/montypython.mpg
sip	Chamadas de multimídia	sip:eve@adversary.com
about	Informação do navegador	about:plugins

Figura 7.21 Alguns esquemas de URL comuns.

os programas especializados de interface com o usuário para esses outros serviços, integrando quase todo o acesso à Internet em um único programa: o navegador Web. Se não fosse pelo fato de essa ideia ter sido imaginada por um físico britânico trabalhando em um laboratório de pesquisa europeu na Suíça (CERN), ela poderia facilmente passar como um plano elaborado pelo departamento de propaganda de alguma empresa de software.

O lado servidor

Já estudamos o lado cliente. Agora, vamos examinar o lado servidor. Como já vimos, quando o usuário digita um URL ou clica em uma linha de hipertexto, o navegador analisa o URL e interpreta a parte entre *http://* e a barra seguinte como um nome DNS a ser pesquisado. Munido do endereço IP do servidor, o navegador estabelece uma conexão TCP para a porta 443 desse servidor. Em seguida, ele envia um comando contendo o restante do URL, que é o caminho até a página nesse servidor. O servidor então retorna o arquivo para ser exibido pelo navegador.

Em linhas gerais, um servidor Web simples é semelhante ao da Figura 6.6. Esse servidor recebe o nome de um arquivo para pesquisar e retornar pela rede. Em ambos os casos, as etapas que executa em seu loop principal são:

1. Aceitar uma conexão TCP de um cliente (um navegador).
2. Obter o caminho até a página, que é o nome do arquivo solicitado.
3. Obter o arquivo (do disco).
4. Enviar o conteúdo do arquivo ao cliente.
5. Encerrar a conexão TCP.

Os servidores Web modernos têm outras características, mas, basicamente, é isso que um servidor Web faz para o caso simples de conteúdo que está contido em um arquivo. Para o conteúdo dinâmico, a terceira etapa pode ser substituída pelo exemplo de um programa (determinado pelo caminho) que gera e retorna o conteúdo.

No entanto, os servidores Web são implementados com um projeto diferente, para atender a centenas ou milhares de solicitações por segundo. Um problema com o projeto simples é que o acesso aos arquivos normalmente é o gargalo. As leituras em disco são muito lentas em comparação com a execução do programa, e os mesmos arquivos podem ser lidos repetidamente do disco usando chamadas ao sistema operacional. Outro problema é que apenas uma solicitação é processada de cada vez. Se o arquivo for grande, outras solicitações serão bloqueadas enquanto ele é transferido.

Uma melhoria óbvia (usada por todos os servidores Web) é manter em cache na memória os n arquivos mais recentemente usados ou certo número de gigabytes de conteúdo. Antes de ir ao disco para obter um arquivo, o servidor verifica o cache. Se o arquivo estiver lá, ele poderá ser atendido diretamente da memória, eliminando assim o acesso ao disco. Embora o armazenamento efetivo em cache exija um grande volume de memória principal e algum tempo de processamento extra para verificá-lo e administrar seu conteúdo, a economia de tempo quase sempre compensa o overhead e as despesas.

Para enfrentar o problema de atender a uma única solicitação por vez, uma estratégia é tornar o servidor **multithreaded**. Em um projeto, o servidor consiste em um módulo de front-end que aceita todas as solicitações recebidas e k módulos de processamento, como mostra a Figura 7.22. Os $k + 1$ threads pertencem todos ao mesmo processo, de forma que todos os módulos de processamento têm acesso ao cache dentro do espaço de endereços do processo. Ao chegar uma solicitação, o front-end a recebe e cria um registro curto que a descreve. Em seguida, ele entrega o registro a um dos módulos de processamento.

O módulo de processamento primeiro verifica o cache para ver se o arquivo necessário está lá. Se estiver, ele atualiza o registro para incluir um ponteiro para o arquivo no registro. Se não estiver lá, o módulo de processamento inicia uma operação de disco para armazená-lo no cache (possivelmente descartando algum outro arquivo em cache para criar espaço). Quando o arquivo vem do disco, ele é colocado no cache e também é enviado de volta ao cliente.

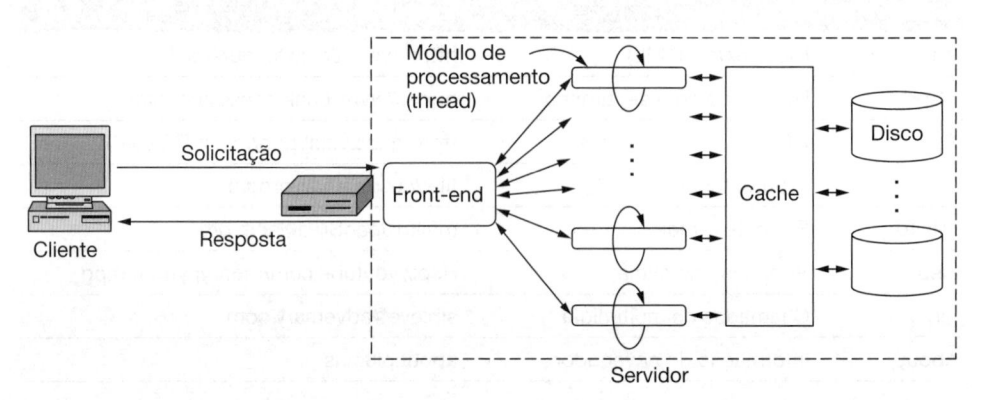

Figura 7.22 Um servidor Web multithreaded com um front-end e módulos de processamento.

A vantagem desse esquema é que, enquanto um ou mais módulos de processamento estão bloqueados esperando que uma operação de disco se complete (e, portanto, não consumindo tempo de CPU), outros módulos podem estar trabalhando ativamente em outras solicitações. Com k módulos de processamento, a vazão pode ser de até k vezes maior do que com um servidor de único thread. É claro que, quando o disco ou a rede é o fator limitador, é necessário ter vários discos ou uma rede mais rápida para obter qualquer melhoria real em relação ao modelo de único thread.

Basicamente, todas as arquiteturas Web modernas agora são projetadas conforme mostramos, com uma divisão entre o front-end e um back-end. O servidor Web de front-end normalmente é chamado de **proxy reverso**, pois ele busca o conteúdo de outros servidores (normalmente, back-end) e envia esses objetos ao cliente. O proxy é chamado de "reverso" porque está atuando em favor dos servidores, ao contrário de atuar em favor dos clientes.

Ao carregar uma página Web, um cliente quase sempre é primeiro direcionado (usando DNS) para um proxy reverso (ou seja, servidor de front-end), que começará a retornar objetos estáticos para o navegador Web do cliente, de modo que ele possa começar a carregar parte do conteúdo da página o mais rápido possível. Enquanto esses objetos (normalmente estáticos) estão sendo carregados, o back-end pode realizar operações complexas (p. ex., uma busca na Web, uma pesquisa no banco de dados ou a geração um conteúdo dinâmico de alguma outra forma), para enviar de volta ao cliente por meio do proxy reverso quando esses resultados e o conteúdo estiverem disponíveis.

7.3.2 Objetos Web estáticos

A base da Web é a transferência de páginas Web do servidor para o cliente. Em sua forma mais simples, os objetos da Web são estáticos. Contudo, atualmente, quase toda página que você encontra na Web terá algum conteúdo dinâmico, mas até mesmo nessas páginas dinâmicas uma grande quantidade de conteúdo (p. ex., o logotipo, as folhas de estilo, o cabeçalho e o rodapé) permanece estática. Os objetos estáticos são apenas arquivos que ficam armazenados em algum servidor da mesma maneira toda vez que são buscados e exibidos. Em geral, eles podem ser armazenados em cache, às vezes por muito tempo, e, portanto, são frequentemente colocados em caches de objetos próximos ao usuário. Só porque são estáticos, não significa que as páginas estão inertes no navegador. Uma página contendo um vídeo pode ser um objeto estático, por exemplo.

Como já dissemos, a língua internacional da Web, em que a maioria das páginas é escrita, é HTML. As páginas iniciais de professores universitários normalmente são objetos estáticos; em alguns casos, as empresas têm páginas Web dinâmicas, mas o resultado final do processo dinâmico de geração é uma página em HTML. A linguagem de marcação de hipertexto, ou **HTML (HyperText Markup Language)**, foi introduzida com a Web. Ela permite que os usuários produzam páginas que incluem texto, gráficos, vídeo, ponteiros para outras páginas Web e muito mais. Trata-se de uma linguagem de marcação, ou seja, uma linguagem para descrever como os documentos devem ser formatados. O termo "marcação" vem da época em que os editores realmente marcavam os documentos para informar ao impressor – naquele tempo, uma pessoa – que fontes usar, e assim por diante. Portanto, as linguagens de marcação contêm comandos explícitos de formatação. Por exemplo, em HTML, <b> **significa iniciar modo negrito,** e </b> significa fim do modo negrito. Além disso, <h1> significa iniciar um cabeçalho de nível 1 aqui. LaTeX e TeX são outros exemplos de linguagens de marcação, bem conhecidos da maioria dos autores acadêmicos. Ao contrário, o Microsoft Word *não* é uma linguagem de marcação, pois os comandos de formatação *não* são embutidos no texto.

A principal vantagem de uma linguagem de marcação em comparação com uma sem marcação explícita é que ela separa o conteúdo do modo como ele deve ser apresentado. A maioria das páginas Web modernas utiliza **folhas de estilo** para definir fontes, cores, tamanhos, preenchimento e muitos outros atributos de texto, listas, tabelas, cabeçalhos, anúncios e outros elementos da página. As folhas de estilo são escritas em uma linguagem chamada **CSS (Cascading Style Sheets)**.

Escrever um navegador, então, é muito simples: o navegador simplesmente precisa entender os comandos de marcação e a folha de estilo e aplicá-los ao conteúdo. Embutir todos os comandos de marcação dentro de cada arquivo HTML e padronizá-los permite que qualquer navegador Web leia e reformate qualquer página Web. Isso é fundamental, pois uma página pode ter sido produzida em uma janela de 3840 × 2160 com 24 bits de cores em um computador de alto nível, mas talvez tenha que ser exibida em uma janela de 640 × 320 em um telefone móvel. A simples redução linear não é uma boa ideia, pois dessa forma as letras ficariam muito pequenas e ninguém as poderia ler.

Embora certamente seja possível escrever documentos dessa forma com qualquer editor de textos comum, e muitas pessoas assim o fazem, também é possível usar processadores de textos ou editores de HTML especiais, que realizam a maior parte do trabalho (porém, dão ao usuário menos controle direto sobre os detalhes do resultado final). Existem muitos programas disponíveis para projetar páginas Web, como o Adobe Dreamweaver.

7.3.3 Páginas Web dinâmicas e aplicações Web

O modelo de página estática que usamos até aqui trata as páginas como documentos (multimídia) que são convenientemente interligados. Esse foi um modelo útil nos primeiros dias da Web, quando grandes quantidades de informação eram colocadas on-line. Atualmente, grande parte do entusiasmo em torno da Web é seu uso para aplicações e serviços. Alguns exemplos incluem a compra de produtos em sites de comércio eletrônico, pesquisa em catálogos de biblioteca, exibição de mapas, leitura e envio de e-mails e colaboração em documentos.

Esses novos usos são como o software de aplicação tradicional (p. ex., leitores de correio e processadores de textos). A diferença é que essas aplicações são executadas dentro do navegador, com os dados do usuário armazenados em servidores nos centros de dados da Internet. Elas usam protocolos Web para acessar informações por meio da Internet, e o navegador para exibir uma interface com o usuário. A vantagem dessa técnica é que os usuários não precisam instalar programas de aplicação separados e seus dados podem ser acessados a partir de diferentes computadores e apoiados pelo operador do serviço. Ela provou ser tão bem-sucedida que está competindo com o software de aplicação tradicional. Naturalmente, o fato de que essas aplicações são oferecidas gratuitamente por grandes provedores ajuda. Esse modelo é a forma prevalente de **computação em nuvem**, em que a computação passa dos computadores de desktop individuais para clusters de servidores compartilhados na Internet.

Para atuar como aplicações, as páginas Web não podem mais ser estáticas. Um conteúdo dinâmico é necessário. Por exemplo, uma página do catálogo da biblioteca deve refletir quais livros estão disponíveis atualmente e quais estão fora e, portanto, indisponíveis. De modo semelhante, uma página útil do mercado de ações permitiria ao usuário interagir com a página para ver preços de ações por diferentes períodos de tempo e calcular lucros e perdas. Como esses exemplos sugerem, o conteúdo dinâmico pode ser gerado por programas que são executados no servidor ou no navegador (ou nos dois lugares).

A situação geral é aquela mostrada na Figura 7.23. Por exemplo, considere um serviço de mapa que permite ao usuário inserir um endereço e apresenta um mapa correspondente do local. Dada uma solicitação por um local, o servidor Web precisa usar um programa para criar uma página que mostre o mapa a partir de um banco de dados de ruas e outras informações geográficas. Essa ação aparece como as etapas de 1 a 3. A solicitação (etapa 1) faz um programa ser executado no servidor. O programa consulta um banco de dados para gerar a página apropriada (etapa 2) e a retorna ao navegador (etapa 3).

Entretanto, o conteúdo dinâmico não é só isso. A página retornada pode conter programas que são executados no navegador. Em nosso exemplo de mapa, o programa permitiria ao usuário encontrar rotas e explorar as áreas vizinhas em diferentes níveis de detalhe. Ele atualizaria a página, aproximaria ou afastaria a imagem conforme instruído pelo usuário (etapa 4). Para lidar com algumas interações, o programa pode precisar de mais dados do servidor. Nesse caso, ele enviará uma solicitação ao servidor (etapa 5), que capturará mais informações do banco de dados (etapa 6) e retornará uma resposta (etapa 7). O programa, então, continuará atualizando a página (etapa 4). As solicitações e respostas acontecem em segundo plano – o usuário pode nem sequer saber delas, pois o URL da página e o título normalmente não mudam. Incluindo programas no lado do cliente, a página pode apresentar uma interface mais responsiva do que apenas com os programas no lado do servidor.

Geração dinâmica de páginas Web do lado servidor

Vejamos rapidamente o caso da geração de conteúdo no lado do servidor. Quando o usuário clica em um link em um formulário, por exemplo, para comprar alguma coisa, uma solicitação parte para o servidor no URL especificado com o formulário, junto com o conteúdo do formulário conforme preenchido pelo usuário. Esses dados precisam ser entregues a um programa ou script para que sejam processados. Assim, o URL identifica o programa a ser executado e os dados são fornecidos a ele como entrada. A página retornada por essa solicitação dependerá do que acontece durante o processamento. Ela não é fixa, como uma página estática. Se o pedido tiver sucesso, a página retornada poderia informar a data prevista para a entrega. Se não tiver sucesso, a página retornada poderia informar que os produtos solicitados estão indisponíveis ou que o cartão de crédito não foi aceito por algum motivo.

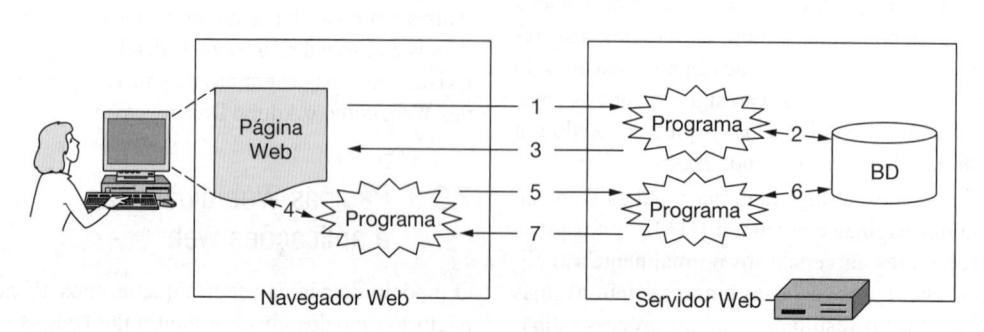

Figura 7.23 Páginas dinâmicas.

O modo exato como o servidor executa um programa em vez de recuperar um arquivo depende do projeto do servidor Web. Isso não é especificado pelos próprios protocolos da Web, porque a interface pode ser fechada e o navegador não precisa conhecer os detalhes. Do ponto de vista do navegador, ele está simplesmente fazendo uma solicitação e buscando uma página.

Apesar disso, APIs padrão foram desenvolvidas para os servidores Web chamarem os programas. A existência dessas interfaces torna mais fácil para os desenvolvedores estenderem diferentes servidores com aplicações Web. Veremos rapidamente duas APIs para lhe dar uma ideia do que elas envolvem.

A primeira API é um método para lidar com solicitações de página dinâmicas, que estão disponíveis desde o início da Web. Ele é chamado de **CGI (Common Gateway Interface)** e está definido na RFC 3875. CGI oferece uma interface para permitir que servidores Web falem com programas de back-end e scripts que podem aceitar entrada (p. ex., formulários) e gerem páginas HTML em resposta. Esses programas podem ser escritos em qualquer linguagem conveniente para o desenvolvedor, normalmente uma linguagem de scripting para facilitar o desenvolvimento. Escolha entre Python, Ruby, Perl ou sua linguagem favorita.

Por convenção, os programas chamados via CGI residem em um diretório chamado *cgi-bin*, visível no URL. O servidor mapeia uma solicitação para esse diretório a um nome de programa e executa esse programa como um processo separado. Ele fornece quaisquer dados enviados com a solicitação como entrada para o programa. A saída do programa fornece uma página Web que é retornada ao navegador.

A segunda API que examinaremos é bem diferente. A técnica aqui é embutir pequenos scripts dentro das páginas HTML e fazer eles serem executados pelo próprio servidor para gerar a página. Uma linguagem popular para escrever esses scripts é **PHP (Hypertext Preprocessor)**. Para usá-la, o servidor precisa entender PHP, assim como um navegador precisa entender CSS para interpretar as páginas Web com folhas de estilo. Normalmente, os servidores identificam páginas Web contendo PHP pela extensão de arquivo *php*, em vez de *html* ou *htm*. PHP é mais simples de usar do que CGI, e é muito utilizada.

Embora PHP seja fácil de usar, na realidade, trata-se de uma linguagem de programação poderosa para a interface entre a Web e um banco de dados do servidor. Ela contém variáveis, strings, arrays e a maior parte das estruturas de controle encontradas em C, mas tem um sistema de E/S muito mais poderoso do que apenas *printf*. PHP tem código fonte aberto, está disponível gratuitamente e é uma linguagem muito utilizada. Ela foi projetada especificamente para funcionar bem com o Apache, que também tem código fonte aberto e é o servidor Web mais utilizado no mundo.

Geração dinâmica de páginas Web do lado cliente

Os scripts PHP e CGI resolvem o problema de manipular a entrada e as interações com bancos de dados no servidor. Todos eles podem aceitar informações de entrada de formulários, pesquisar informações em um ou mais bancos de dados e gerar páginas HTML com os resultados. O que nenhum deles pode fazer é responder a movimentos do mouse ou interagir diretamente com os usuários. Para esse propósito, é necessário ter scripts incorporados em páginas HTML executadas na máquina cliente e não na máquina servidora. A partir do HTML 4.0, esses scripts são permitidos com o uso da tag <script>. O padrão HTML atual normalmente é chamado de **HTML5**, que inclui muitos recursos sintáticos novos para a incorporação de multimídia e conteúdo gráfico em geral, incluindo as tags <video>, <audio> e <canvas>. Particularmente, o elemento canvas facilita a apresentação dinâmica de formas bidimensionais e objetos bitmap. É interessante que o elemento canvas também possui várias considerações de privacidade, pois as propriedades de canvas da HTML costumam ser exclusivas em diferentes dispositivos. As questões de privacidade são significativas, pois a exclusividade desse elemento em dispositivos de usuários individuais permite que os operadores do site rastreiem os usuários, mesmo que estes excluam todos os cookies de rastreamento e bloqueiem seus scripts.

A linguagem de scripting mais popular para o lado do cliente é o **JavaScript**, de modo que iremos examiná-la rapidamente agora. Muitos livros já foram escritos sobre ela (p. ex., Coding, 2019 e Atencio, 2020). Apesar das semelhanças nos nomes, JavaScript não tem quase nada a ver com a linguagem de programação Java. Como outras linguagens de scripting, essa é uma linguagem de nível muito alto. Por exemplo, em uma única linha de JavaScript é possível mostrar uma caixa de diálogo, aguardar a entrada de texto e armazenar a string resultante em uma variável. Recursos de alto nível como este tornam o JavaScript ideal para projetar páginas Web interativas. Contudo, o fato de não ser padronizada e de mudar com muita rapidez torna extremamente difícil escrever programas em JavaScript que funcionem em todas as plataformas, mas talvez algum dia essa linguagem se estabilize.

É muito importante compreender que, embora PHP e JavaScript pareçam semelhantes por ambas as linguagens incorporarem código em arquivos HTML, elas são processadas de forma totalmente diferente. Com PHP, depois que o usuário clica no botão de envio, o navegador reúne as informações em uma longa string e as envia ao servidor como solicitação para uma página PHP. O servidor carrega o arquivo PHP e executa o script PHP que está inserido, a fim de produzir uma nova página HTML. Essa página é enviada de volta ao navegador para exibição. O navegador nem sequer sabe que ela foi produzida por um programa. Esse processamento aparece nas etapas de 1 a 4 da Figura 7.24(a).

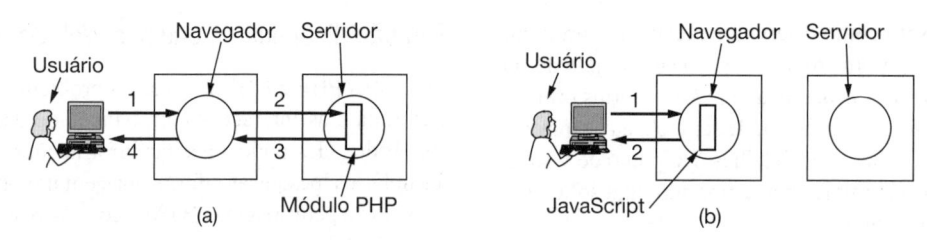

Figura 7.24 (a) Scripting no lado do servidor com PHP. (b) Scripting no lado do cliente com JavaScript.

Com JavaScript, quando o botão de envio é acionado, o navegador interpreta uma função JavaScript contida na página. Todo o trabalho é feito no local, dentro do navegador – não há contato com o servidor. Esse processamento é mostrado como as etapas 1 e 2 da Figura 7.24(b). Em consequência disso, o resultado é exibido quase instantaneamente; no caso do script PHP, pode haver um atraso de vários segundos antes de o código HTML resultante chegar ao cliente.

Essa diferença não significa que o JavaScript seja melhor que o PHP. Seus usos são completamente diferentes. O script PHP é usado quando é necessária a interação com um banco de dados no servidor. JavaScript (e outras linguagens no lado do cliente) é utilizado quando a interação se dá com o usuário no computador cliente. Sem dúvida é possível combiná-los, como veremos em breve.

7.3.4 HTTP e HTTPS

Agora que já entendemos o conteúdo e as aplicações da Web, é hora de examinarmos o protocolo usado para transportar toda essa informação entre os servidores e os clientes na Web. Ele é o **HTTP (HyperText Transfer Protocol)**, especificado na RFC 2616. Antes de entrarmos em muitos detalhes, é importante observarmos algumas distinções entre HTTP e sua versão segura, **HTTPS (Secure HyperText Transfer Protocol)**. Esses dois protocolos basicamente recuperam objetos da mesma maneira, e o padrão HTTP para recuperar objetos da Web está evoluindo de forma independente de sua versão segura, que efetivamente usa o protocolo HTTP sobre um protocolo de transporte seguro, chamado **TLS (Transport Layer Security)**. Neste capítulo, vamos nos ater aos detalhes do protocolo HTTP e como ele evoluiu desde as primeiras versões até as versões mais modernas, naquilo que é conhecido agora como HTTP/3. O Capítulo 8 tem mais detalhes sobre TLS, que efetivamente é o protocolo que transporta o HTTP, constituindo aquilo que pensamos ser o HTTPS. No restante desta seção, falaremos sobre HTTP; você pode pensar em HTTPS simplesmente como um HTTP que é transportado sobre TLS.

Visão geral

HTTP é um protocolo simples, do tipo solicitação-resposta. Suas versões convencionais normalmente rodam sobre TCP, embora a versão mais moderna, HTTP/3, em geral também roda sobre UDP. Ele especifica quais mensagens os clientes podem enviar para os servidores e quais respostas recebem de volta. Os cabeçalhos de solicitação e resposta são dados em ASCII, assim como no SMTP. O conteúdo é dado em formato tipo MIME, também como no SMTP. Esse modelo simples foi em parte responsável pelo sucesso inicial da Web, pois simplificou o desenvolvimento e a implantação.

Nesta seção, examinaremos as propriedades mais importantes do HTTP, conforme ele é usado atualmente. Todavia, antes de entrar nos detalhes, temos de observar que o modo como ele é usado na Internet está em evolução. O HTTP é um protocolo da camada de aplicação, pois roda em cima do TCP e está bastante associado à Web. É por isso que ele está sendo explicado neste capítulo. Contudo, em outro sentido, o HTTP está se tornando mais um protocolo de transporte, que oferece um meio para os processos comunicarem conteúdo entre os limites de diferentes redes. Esses processos não precisam ser um navegador Web nem um servidor Web. Um player de mídia poderia usar HTTP para falar com um servidor e solicitar informações do álbum. O software antivírus poderia usar HTTP para baixar as atualizações mais recentes. Os desenvolvedores poderiam usar HTTP para buscar arquivos do projeto. Produtos eletrônicos de consumo, como quadros de fotos digitais, normalmente usam um servidor HTTP inserido como interface para o mundo exterior. A comunicação entre máquinas cada vez mais utiliza HTTP. Por exemplo, o servidor de uma companhia aérea poderia entrar em contato com um servidor de uma locadora de veículos e fazer a reserva de um carro, tudo como parte de um pacote de férias oferecido pela companhia aérea.

Métodos

Embora o HTTP tenha sido projetado para utilização na Web, ele foi intencionalmente criado de modo mais geral que o necessário, visando às futuras aplicações orientadas a objetos. Por essa razão, são aceitas operações chamadas **métodos**, diferentes da simples solicitação de uma página Web.

Cada solicitação consiste em uma ou mais linhas de texto ASCII, sendo a primeira palavra da primeira linha o nome do método solicitado. Os métodos internos

Método	Descrição
GET	Lê uma página Web
HEAD	Lê um cabeçalho de página Web
POST	Acrescenta algo a uma página Web
PUT	Armazena uma página Web
DELETE	Remove a página Web
TRACE	Ecoa a solicitação recebida
CONNECT	Conecta através de um proxy
OPTIONS	Consulta opções para uma página

Figura 7.25   Os métodos internos de solicitações HTTP.

estão listados na Figura 7.25. Os nomes diferenciam letras maiúsculas de minúsculas, portanto, *GET* é um método válido, mas *get* não é.

O método *GET* solicita ao servidor que envie a página (ou "objeto", no caso mais genérico; mas pensar em uma página como o conteúdo de um arquivo é suficiente para entender os conceitos). A página é codificada em MIME de forma adequada. A maioria das solicitações a servidores da Web tem a forma de métodos *GET*, com uma sintaxe simples. A forma comum de *GET* é:

GET *filename* HTTP/1.1

onde *filename* identifica a página a ser buscada e 1.1 é a versão do protocolo que está sendo usado.

O método *HEAD* solicita apenas o cabeçalho da mensagem, sem a página propriamente dita. Ele pode ser usado para reunir informações destinadas à indexação ou apenas para testar a validade de um URL.

O método *POST* é usado quando os formulários são enviados. Assim como *GET*, ele contém um URL, mas, em vez de simplesmente capturar uma página, ele faz o upload de dados para o servidor (ou seja, o conteúdo do formulário ou parâmetros). O servidor, então, faz algo com os dados que depende do URL, conceitualmente acrescentando os dados ao objeto. O efeito poderia ser comprar um item, por exemplo, ou chamar um procedimento. Finalmente, o método retorna uma página indicando o resultado.

Os métodos restantes não são muito usados para navegação na Web. O método *PUT* é o contrário de *GET:* em vez de ler a página, ele escreve a página. Esse método possibilita criar uma coleção de páginas Web em um servidor remoto. O corpo da solicitação contém a página. Ela pode ser codificada usando MIME, quando as linhas após o *PUT* poderiam incluir cabeçalhos de autenticação, para provar que quem chamou realmente tem permissão para realizar a operação solicitada.

DELETE faz exatamente isso: exclui a página ou, pelo menos, indica que o servidor Web concordou em excluí-la. A exemplo de *PUT*, a autenticação e a permissão têm papel fundamental.

O método *TRACE* serve para depuração. Ele instrui o servidor a enviar de volta a solicitação. Esse método é útil quando as solicitações não estão sendo processadas corretamente e o cliente deseja saber qual solicitação o servidor recebeu de fato.

O método *CONNECT* permite que um usuário faça uma conexão com um servidor Web por meio de um dispositivo intermediário, como um cache Web.

O método *OPTIONS* fornece um meio para que o cliente consulte o servidor sobre uma página e obtenha os métodos e cabeçalhos que podem ser usados com ela.

Toda solicitação obtém uma resposta que consiste em uma linha de *status* e, possivelmente, informações adicionais (p. ex., uma página Web ou parte dela). A linha de *status* contém um código de *status* de três dígitos informando se a solicitação foi atendida e, se não foi, porque não. O primeiro dígito é usado para dividir as respostas em cinco grupos importantes, como mostra a Figura 7.26.

Os códigos 1xx raramente são usados na prática. Os códigos 2xx significam que a solicitação foi tratada com sucesso, e que o conteúdo (se houver) está sendo retornado. Os códigos 3xx informam ao cliente que ele deve procurar em outro lugar, usando um URL diferente ou seu próprio cache (conforme descreveremos mais adiante). Os códigos 4xx significam que a solicitação falhou devido a um erro do cliente, como uma solicitação inválida ou uma página inexistente. Por fim, os erros 5xx significam que o próprio servidor tem um problema interno, causado por um erro em seu código ou por uma sobrecarga temporária.

Código	Significado	Exemplos
1xx	Informação	100 = servidor concorda em tratar da solicitação do cliente
2xx	Sucesso	200 = solicitação com sucesso; 204 = nenhum conteúdo presente
3xx	Redirecionamento	301 = página movida; 304 = página em cache ainda válida
4xx	Erro do cliente	403 = página proibida; 404 = página não localizada
5xx	Erro do servidor	500 = erro interno do servidor; 503 = tente novamente mais tarde

Figura 7.26   Os grupos de respostas de código de status.

Cabeçalhos de mensagens

A linha de solicitação (p. ex., a linha com o método *GET*) pode ser seguida por linhas adicionais com mais informações. Elas são chamadas de **cabeçalhos de solicitação**. Essas informações podem ser comparadas com os parâmetros de uma chamada de procedimento. As respostas também podem ter **cabeçalhos de resposta**. Alguns cabeçalhos podem ser usados em um ou em outro sentido. Uma seleção dos mais importantes é dada na Figura 7.27. Essa lista não é curta, portanto, você pode imaginar que geralmente existe uma série de cabeçalhos em cada solicitação e resposta.

O cabeçalho *User-Agent* permite ao cliente informar ao servidor sobre sua implementação de navegador (p. ex., *Mozilla/5.0* e *Chrome/74.0.3729.169*). Essa informação é útil para permitir que os servidores ajustem suas respostas ao navegador, pois diferentes navegadores podem ter capacidades e comportamentos variados.

Os quatro cabeçalhos *Accept* informam ao servidor o que o cliente está disposto a aceitar na eventualidade de ele ter um repertório limitado daquilo que é aceitável. O primeiro cabeçalho especifica os tipos MIME que são bem-vindos (p. ex., *text/html*). O segundo fornece o conjunto de caracteres (p. ex., *ISO-8859-5* ou *Unicode-1-1*). O terceiro

Cabeçalho	Tipo	Conteúdo
User-Agent	Solicitação	Informações sobre o navegador e sua plataforma
Accept	Solicitação	O tipo de páginas que o cliente pode manipular
Accept-Charset	Solicitação	Os conjuntos de caracteres aceitáveis para o cliente
Accept-Encoding	Solicitação	As codificações de páginas que o cliente pode manipular
Accept-Language	Solicitação	Os idiomas com os quais o cliente pode lidar
If-Modified-Since	Solicitação	Data e hora para verificar atualização
If-None-Match	Solicitação	Tags enviadas anteriormente para verificar atualização
Host	Solicitação	O nome DNS do servidor
Authorization	Solicitação	Uma lista das credenciais do cliente
Referrer	Solicitação	O URL anterior do qual a solicitação veio
Cookie	Solicitação	Cookie previamente definido, enviado de volta ao servidor
Set-Cookie	Resposta	Cookie para o cliente armazenar
Server	Resposta	Informações sobre o servidor
Content-Encoding	Resposta	Como o conteúdo está codificado (p. ex., *gzip*)
Content-Language	Resposta	O idioma usado na página
Content-Length	Resposta	O tamanho da página em bytes
Content-Type	Resposta	O tipo MIME da página
Content-Range	Resposta	Identifica uma parte do conteúdo da página
Last-Modified	Resposta	Data e hora da última modificação na página
Expires	Resposta	Data e hora de quando a página deixa de ser válida
Location	Resposta	Informa para onde o cliente deve enviar sua solicitação
Accept-Ranges	Resposta	Indica que o servidor aceitará solicitações de intervalos de bytes
Date	Ambos	Data e hora em que a mensagem foi enviada
Range	Ambos	Identifica uma parte de uma página
Cache-Control	Ambos	Diretivas para o modo de tratar caches
ETag	Ambos	Tag para o conteúdo da página
Upgrade	Ambos	O protocolo para o qual o transmissor deseja passar

Figura 7.27 Alguns cabeçalhos de mensagem HTTP.

lida com métodos de compressão (p. ex., *gzip*). O quarto indica um idioma natural (p. ex., português). Se o servidor tiver uma opção de páginas, ele poderá usar essas informações para fornecer o que o cliente está procurando. Se ele for incapaz de satisfazer a solicitação, será retornado um código de erro e a solicitação falhará.

Os cabeçalhos *If-Modified-Since* e *If-None-Match* são usados com o caching, que descreveremos em breve. Eles permitem que o cliente solicite uma página para que seja enviada somente se a cópia em cache não for mais válida.

Host é o cabeçalho que identifica o servidor. Ele é retirado do URL. Esse cabeçalho é obrigatório, e é usado porque alguns endereços IP podem ter múltiplos nomes no DNS, e o servidor precisa ter algum meio de identificar o host a quem deve entregar a solicitação.

O cabeçalho *Authorization* é necessário para páginas protegidas. Nesse caso, o cliente talvez tenha de provar que tem direito de ver a página solicitada. Esse cabeçalho é usado para esse caso específico.

O cliente usa o cabeçalho *Referer* (que é um nome incorreto) para indicar o URL que se referiu (*referred*) ao URL que agora é solicitado. Normalmente, trata-se do URL da página anterior. Esse cabeçalho é particularmente útil para acompanhar a navegação na Web, pois informa aos servidores como um cliente chegou até a página.

Cookies são pequenos arquivos que os servidores gravam nos computadores clientes para manter informações para uso posterior. Um exemplo típico é um site de comércio eletrônico que usa um cookie do lado do cliente para rastrear o que ele pediu até agora. Cada vez que o cliente adiciona um item ao carrinho de compras, o cookie é atualizado para refletir o novo item pedido. Embora os cookies sejam tratados na RFC 2109 e não na RFC 2616, eles também têm cabeçalhos. O cabeçalho *Set-Cookie* é o modo como os servidores enviam cookies aos clientes. Espera-se que o cliente salve o cookie para que seja recuperado em solicitações subsequentes ao servidor usando o cabeçalho *Cookie*. (Observe que existe uma especificação mais recente para os cookies, com cabeçalhos mais novos, a RFC 2965, mas ela foi em grande parte rejeitada pelo setor, e não é muito implementada.)

Muitos outros cabeçalhos são usados nas respostas. O cabeçalho *Server* permite que o servidor identifique sua versão de software, se desejar. Os cinco seguintes, todos começando com *Content-*, permitem ao servidor descrever propriedades da página que está enviando.

O cabeçalho *Last-Modified* informa quando a página foi modificada pela última vez, e *Expires* informa por quanto tempo ela permanecerá válida. Esses dois cabeçalhos desempenham uma função importante no armazenamento de páginas em cache.

Location é o cabeçalho usado pelo servidor para informar ao cliente que ele deve tentar outro URL. Pode ser usado se a página tiver sido trocada de local ou para permitir que vários URLs se refiram à mesma página (possivelmente em servidores distintos). Ele também é usado por empresas que têm uma página Web principal no domínio *com*, mas que redirecionam os clientes para uma página nacional ou regional de acordo com seu endereço IP ou com seu idioma preferido.

Se uma página for muito grande, um cliente pequeno talvez não queira recebê-la toda de uma vez. Alguns servidores aceitarão solicitações de intervalos de bytes, de forma que a página possa ser obtida em várias unidades pequenas. O cabeçalho *Accept-Ranges* anuncia a disposição do servidor para lidar com esse tipo de solicitação de páginas parciais.

Agora, chegamos aos cabeçalhos que podem ser usados nos dois sentidos. *Date* pode ser usado nos dois sentidos e contém a data e a hora em que a mensagem foi enviada, enquanto o *Range* informa o intervalo de bytes da página que é fornecida pela resposta.

O cabeçalho *ETag* oferece uma tag curta que serve como nome para o conteúdo da página. Ele é usado para caching. O cabeçalho *Cache-Control* indica outras instruções explícitas sobre como manter as páginas em cache (ou, como geralmente acontece, como não manter em cache).

Por fim, o cabeçalho *Upgrade* é usado para passar para um novo protocolo de comunicação, como um futuro protocolo HTTP ou um transporte seguro. Ele permite que o cliente anuncie o que ele pode aceitar e o servidor declare o que está usando.

Caching

As pessoas normalmente retornam às páginas Web que já viram antes, e páginas relacionadas quase sempre têm os mesmos recursos internos. Alguns exemplos são as imagens usadas para navegação pelo site, bem como folhas de estilo e scripts comuns. Seria um desperdício capturar todos esses recursos para as páginas toda vez que eles forem exibidos, pois o navegador já mantém uma cópia.

Guardar as páginas que são buscadas para uso subsequente é chamado **caching**. A vantagem é que, quando uma página em cache pode ser reutilizada, não é necessário repetir a transferência. O HTTP tem suporte interno para ajudar os clientes a identificar quando eles podem reutilizar as páginas com segurança. Esse suporte melhora o desempenho, reduzindo tanto o tráfego quanto a latência na rede. A desvantagem é que o navegador agora precisa armazenar páginas, mas isso quase sempre compensa, pois o armazenamento local é barato. As páginas normalmente são mantidas em disco, para que possam ser usadas quando o navegador for executado em outro momento.

A questão difícil com o caching HTTP é como determinar que uma cópia previamente mantida em cache representa a mesma página que seria exibida se fosse buscada novamente no servidor. Essa determinação não pode ser feita unicamente pelo URL. Por exemplo, o URL pode indicar uma página que apresenta o item de notícias mais recente. O conteúdo dessa página será atualizado frequentemente, embora o URL continue sendo o mesmo. Como alternativa, o conteúdo da página pode ser uma lista dos deuses da mitologia grega e romana. Essa página deverá mudar com muito menos frequência.

O HTTP usa duas estratégias para enfrentar esse problema. Elas são mostradas na Figura 7.28 como formas de processamento entre a solicitação (etapa 1) e a resposta (etapa 5). A primeira estratégia é a validação da página (etapa 2). O cache é consultado e, se tiver uma cópia de uma página para o URL solicitado, sabe-se que ela é recente (ou seja, ainda válida) e não é preciso buscá-la novamente do servidor. Em vez disso, as páginas em cache podem ser retornadas diretamente. O cabeçalho *Expires* retorna quando a página em cache foi buscada originalmente e a data e hora atuais podem ser usadas para fazer essa determinação.

Nem todas as páginas vêm com um cabeçalho *Expires* conveniente, que informa quando a página deve ser buscada novamente no servidor. Afinal, é difícil fazer previsões – especialmente sobre o futuro. Nesse caso, o navegador pode usar heurísticas. Por exemplo, se a página não tiver sido modificada no ano anterior (conforme informado pelo cabeçalho *Last-Modified*), é bastante seguro apostar que não mudará na próxima hora. Contudo, não há garantias, e essa pode ser uma escolha errada. Por exemplo, as ações do mercado poderiam ter fechado para o dia, de modo que a página não mudará por horas, mas ela mudará rapidamente quando a próxima sessão de negociações começar. Assim, a validade do cache de uma página pode variar muito com o tempo. Por esse motivo, as heurísticas devem ser usadas com cuidado, embora em geral funcionem bem na prática.

Encontrar páginas que não expiraram é o uso mais benéfico do caching, pois significa que o servidor não precisa ser contatado. Infelizmente, isso nem sempre funciona. Os servidores precisam usar o cabeçalho *Expires* com cautela, pois eles podem não saber com certeza quando uma página será atualizada. Assim, as cópias em cache ainda podem estar atualizadas, mas o cliente não sabe disso.

A segunda estratégia é usada nesse caso. Com ela, o servidor responde se a cópia em cache ainda é válida. Essa solicitação é um **GET condicional**, e pode ser vista na etapa 3 da Figura 7.28. Se o servidor souber que a cópia em cache ainda é válida, ele poderá enviar uma resposta curta para dizer isso (etapa 4a). Caso contrário, ele precisará enviar a resposta completa (etapa 4b).

Outros campos do cabeçalho são usados para permitir que o servidor verifique se uma cópia em cache ainda é válida. O cliente tem a hora em que uma página em cache foi atualizada pela última vez, através do cabeçalho *Last-Modified*. Ele pode enviar essa hora ao servidor usando o cabeçalho *If-Modified-Since* para solicitar a página somente se ela tiver sido alterada depois desse período. Há muito mais coisas a dizer sobre o caching, pois ele tem um efeito muito grande sobre o desempenho, mas este não é o melhor lugar. Não é surpresa que haja tantos tutoriais na Web sobre o assunto, que você poderá encontrar facilmente procurando por "Web caching".

HTTP/1 e HTTP/1.1

O modo habitual de um navegador entrar em contato com um servidor é estabelecer uma conexão TCP para a porta 443 do HTTPS (ou para a porta 80 para o HTTP) na máquina servidora, embora esse procedimento não seja exigido formalmente. A vantagem de usar o TCP é que nem os navegadores nem os servidores têm de se preocupar com mensagens longas, confiabilidade ou controle de congestionamento. Todos esses assuntos são tratados pela implementação do TCP.

Antigamente na Web, com o HTTP/1.0, depois que a conexão era estabelecida, uma única solicitação era enviada e uma única resposta era devolvida. Então, a conexão TCP era encerrada. Em um mundo no qual as páginas Web típicas consistiam inteiramente em texto HTML, esse método era adequado. Rapidamente, uma página comum continha grandes números de links inseridos para conteúdo como ícones e outros atrativos visuais. O estabelecimento de uma conexão TCP separada para transportar um único ícone se tornou um modo de operação muito dispendioso.

Essa observação levou ao lançamento do HTTP/1.1, que admite **conexões persistentes**. Com elas, é possível estabelecer uma conexão TCP, enviar uma solicitação e obter uma resposta, e depois enviar solicitações adicionais e receber respostas adicionais. Essa estratégia também é chamada de **reúso de conexão**. Amortizando os custos da instalação, início e liberação do TCP por várias solicitações, o overhead relativo devido ao TCP é muito menor por solicitação.

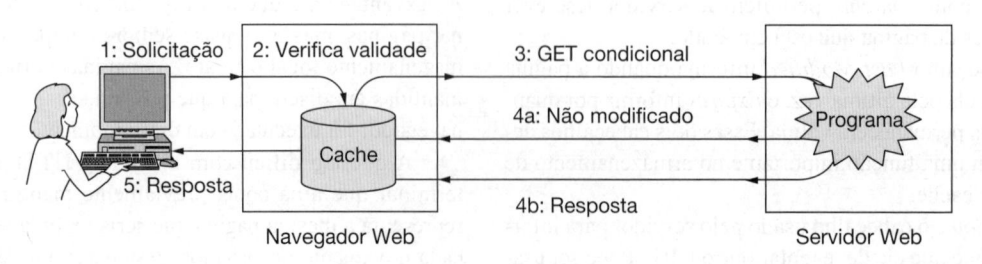

Figura 7.28 Caching HTTP.

Também é possível transportar as solicitações por pipeline, ou seja, enviar a solicitação 2 antes de chegar a resposta à solicitação 1.

A diferença de desempenho entre esses três casos aparece na Figura 7.29. A parte (a) mostra três solicitações, uma após a outra, e cada uma em uma conexão separada. Vamos supor que isso represente uma página Web com duas imagens inseridas no mesmo servidor. Os URLs das imagens são determinados à medida que a página principal é buscada, de modo que eles são buscados após a página principal. Atualmente, uma página típica tem cerca de 40 outros objetos que precisam ser buscados para apresentá-la, mas isso tornaria nossa figura muito grande, e por isso usaremos apenas dois objetos inseridos.

Na Figura 7.29(b), a página é buscada com uma conexão persistente. Ou seja, a conexão TCP é aberta no início, depois as mesmas três solicitações são enviadas, uma após a outra, como antes, e somente então a conexão é fechada. Observe que a busca é concluída mais rapidamente. Existem dois motivos para o ganho de velocidade. Primeiro, não é gasto tempo no estabelecimento de conexões adicionais. Cada conexão TCP exige pelo menos um tempo de ida e de volta para ser estabelecida. Segundo, a transferência das mesmas imagens prossegue mais rapidamente. Por que isso acontece? Devido ao controle de congestionamento do TCP. No início de uma conexão, ele usa o procedimento de partida lenta para aumentar a taxa de transferência até aprender o comportamento do caminho da rede. A consequência desse período de aquecimento é que várias conexões TCP curtas levam desproporcionalmente mais tempo para transferir informações do que uma conexão TCP mais longa.

Por fim, na Figura 7.29(c), existe uma conexão persistente e as solicitações são feitas por pipeline. Especificamente, a segunda e a terceira solicitações são enviadas em rápida sucessão assim que uma parte suficiente da página principal tiver sido recuperada para identificar que as imagens devem ser buscadas. As respostas a essas solicitações chegam em seguida. Esse método reduz o tempo de ociosidade do servidor, de modo que melhora seu desempenho.

Contudo, as conexões persistentes têm um preço a ser pago. Um novo problema que elas geram é saber quando fechar a conexão. Uma conexão com um servidor deve permanecer aberta enquanto a página é carregada. E depois? Há uma boa chance de o usuário clicar em um link que solicite outra página do servidor. Se a conexão permanecer aberta, a próxima solicitação pode ser atendida imediatamente. Contudo, não há garantias de que o cliente fará outra solicitação do servidor em pouco tempo. Na prática, clientes e servidores normalmente mantêm conexões persistentes abertas até que tenham ficado ociosos por um curto período (p. ex., 60 segundos) ou até que haja um grande número de conexões abertas e algumas tenham de ser encerradas.

O leitor atento pode ter notado que existe uma combinação que omitimos até aqui. Também é possível enviar uma solicitação por conexão TCP, mas executar várias conexões TCP em paralelo. Esse método de **conexão paralela** foi bastante usado pelos navegadores antes das conexões persistentes. Ele tem a mesma desvantagem das conexões sequenciais (overhead extra), porém, com desempenho muito melhor. Isso porque o estabelecimento e o aumento das conexões em paralelo escondem parte da latência. Em nosso exemplo, as conexões para as duas imagens inseridas poderiam ser estabelecidas ao mesmo tempo.

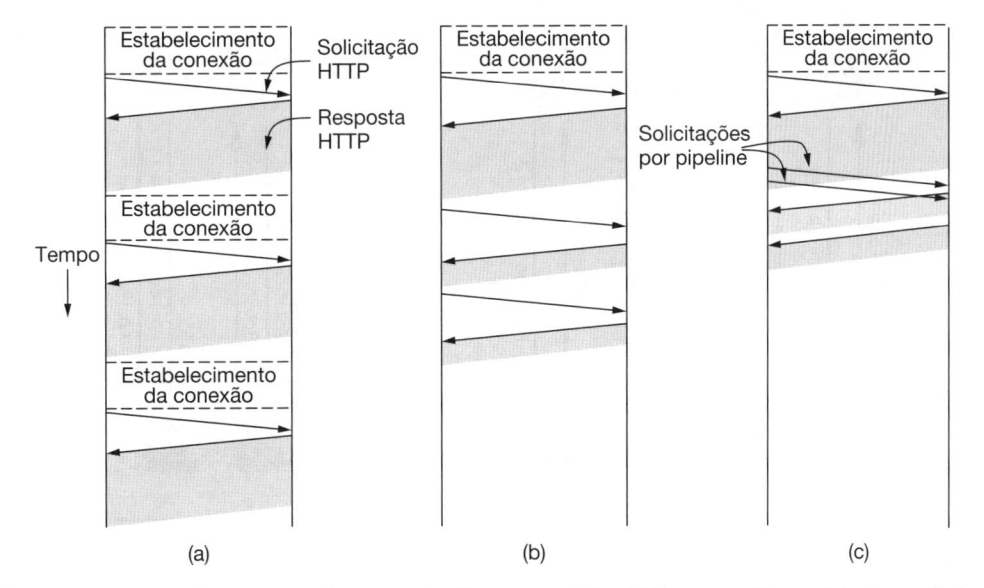

Figura 7.29 HTTP com (a) múltiplas conexões e solicitações sequenciais. (b) Uma conexão persistente e solicitações sequenciais. (c) Uma conexão persistente e solicitações por pipeline.

Contudo, executar muitas conexões TCP com o mesmo servidor é algo desencorajado. O motivo é que o TCP realiza controle de congestionamento para cada conexão independentemente. Como consequência, as conexões competem entre si, causando mais perdas de pacotes e, em geral, são usuários mais agressivos da rede do que uma conexão individual. As conexões persistentes são superiores e são preferidas às conexões paralelas, pois evitam o overhead e não sofrem com problemas de congestionamento.

HTTP/2

HTTP/1.0 já existe desde o início da Web, e HTTP/1.1 foi escrito em 2007. Por volta de 2012, já havia se passado um bom tempo, o IETF montou um grupo de trabalho para criar o que mais tarde se tornou o HTTP/2. O ponto de partida foi um protocolo que o Google tinha idealizado anteriormente, chamado SPDY. O produto final foi publicado em maio de 2015, como RFC 7540.

O grupo de trabalho tinha vários objetivos que deveriam ser alcançados, incluindo:

1. Permitir que clientes e servidores escolham qual versão do HTTP usar.
2. Manter a compatibilidade com o HTTP/1.1 tanto quanto possível.
3. Melhorar o desempenho com multiplexação, pipelining, compactação, etc.
4. Dar suporte às práticas existentes usadas nos navegadores, servidores, proxies, redes de entrega e outros.

Uma ideia importante era manter a compatibilidade com versões anteriores. As aplicações existentes tinham que funcionar com HTTP/2, mas as novas poderiam tirar proveito dos novos recursos, para melhorar o desempenho. Por esse motivo, cabeçalhos, URLs e a semântica geral não mudaram muito. O que mudou foi a forma como tudo é codificado e o modo como clientes e servidores interagem. No HTTP/1.1, um cliente abre uma conexão TCP com um servidor, envia uma solicitação como texto, espera uma resposta e, em muitos casos, fecha a conexão em seguida. Isso é repetido tantas vezes quantas forem necessárias para buscar uma página Web inteira. No HTTP/2, uma conexão TCP é estabelecida e muitas solicitações podem ser enviadas, em binário, possivelmente de forma priorizada, e o servidor pode responder a elas em qualquer ordem que desejar. Somente depois que todas as solicitações tenham sido respondidas é que a conexão TCP é encerrada.

Através de um mecanismo chamado **server push**, o HTTP/2 permite que o servidor envie arquivos que ele já sabe serem necessários, mas que o cliente pode não saber inicialmente. Por exemplo, se um cliente solicitar uma página Web e o servidor descobrir que ela usa uma folha de estilo e um arquivo JavaScript, ele pode enviá-los antes mesmo de eles serem solicitados. Isso elimina alguns atrasos. A Figura 7.30 mostra um exemplo em que são obtidas as mesmas informações (uma página Web, sua folha de estilo e duas imagens) em HTTP/1.1 e HTTP/2.

Observe que a Figura 7.30(a) é o melhor caso para HTTP/1.1, em que várias solicitações podem ser enviadas consecutivamente pela mesma conexão TCP, mas as regras são que elas devem ser processadas em ordem

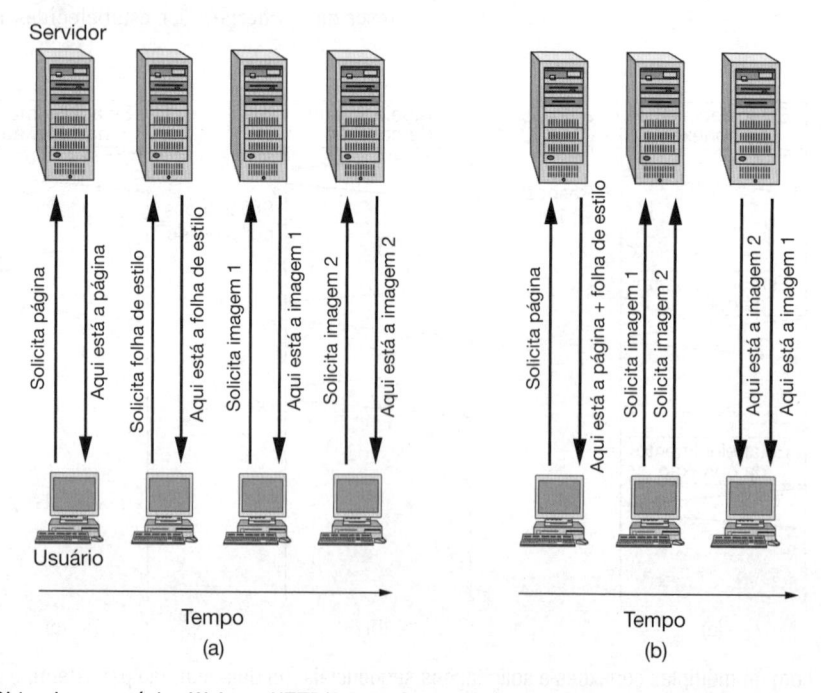

Figura 7.30 (a) Obtendo uma página Web em HTTP/1.1. (b) Obtendo a mesma página em HTTP/2.

e os resultados enviados de volta também em ordem. No HTTP/2 [Figura 7.30(b)], as respostas podem retornar em qualquer ordem. Por exemplo, se a imagem 1 for muito grande, o servidor pode enviar a imagem 2 primeiro, de modo que o navegador possa começar a exibir a página com a imagem 2 antes mesmo de a imagem 1 estar disponível. Isso não é permitido no HTTP/1.1. Além disso, observe que, na Figura 7.30(b), o servidor enviou a folha de estilo sem que o navegador a pedisse.

Além do pipelining e multiplexação de solicitações na mesma conexão TCP, o HTTP/2 compacta os cabeçalhos e os envia em binário para reduzir o uso da largura de banda e a latência. Uma sessão HTTP/2 consiste em uma série de quadros, cada um com um identificador separado. As respostas podem voltar em uma ordem diferente das solicitações, como na Figura 7.30(b), mas como cada resposta carrega o identificador da solicitação, o navegador pode determinar a qual solicitação cada resposta corresponde.

A criptografia foi um ponto sensível durante o desenvolvimento do HTTP/2. Algumas pessoas queriam muito e outras se opunham igualmente. A oposição estava principalmente relacionada às aplicações da IoT, em que a "coisa" não tem muito poder de computação. No final, a criptografia não foi exigida pelo padrão, mas todos os navegadores a exigem, então ela de fato existe de qualquer maneira, pelo menos para a navegação na Web.

HTTP/3

HTTP/3, ou simplesmente **H3**, é a terceira revisão principal do HTTP, projetado como um sucessor do HTTP/2. Sua principal diferença é o protocolo de transporte usado para dar suporte às mensagens HTTP: em vez de depender do TCP, ele depende de uma versão aumentada do UDP chamada **QUIC**, que conta com o controle de congestionamento do espaço do usuário executado em cima do UDP. O HTTP/3 começou simplesmente como HTTP-over-QUIC e se tornou a última revisão principal proposta para o protocolo. Muitas bibliotecas de código aberto que suportam lógica de cliente e servidor para QUIC e HTTP/3 estão disponíveis, em linguagens que incluem C, C++, Python, Rust e Go. Servidores Web populares, incluindo nginx, agora também oferecem suporte a HTTP/3 por meio de patches.

O protocolo de transporte QUIC oferece suporte a multiplexação de stream e controle de fluxo por stream, semelhante ao oferecido no HTTP/2. A confiabilidade no nível de fluxo e o controle de congestionamento em toda a conexão podem melhorar drasticamente o desempenho do HTTP, já que as informações de congestionamento podem ser compartilhadas entre as sessões e a confiabilidade pode ser amortizada por várias conexões que buscam objetos em paralelo. Uma vez existindo uma conexão com uma extremidade de servidor, o HTTP/3 permite que o cliente reutilize essa mesma conexão com vários URLs diferentes.

HTTP/3, rodando HTTP sobre QUIC, promete muitas melhorias de desempenho possíveis sobre HTTP/2, principalmente em virtude dos benefícios que o QUIC oferece para HTTP *versus* TCP. De certa forma, QUIC pode ser visto como a próxima geração do TCP. Ele oferece configuração de conexão sem viagens de ida e volta adicionais entre cliente e servidor; no caso em que uma conexão anterior foi estabelecida entre o cliente e o servidor, um restabelecimento da conexão de ida e volta zero é possível, desde que um segredo da conexão anterior tenha sido estabelecido e armazenado em cache. O QUIC garante entrega de bytes confiável e em ordem, dentro de um único fluxo, mas não oferece qualquer garantia com relação aos bytes em outros fluxos QUIC. Ele permite a entrega fora de ordem em um fluxo, mas o HTTP/3 não faz uso desse recurso. HTTP/3 sobre QUIC será executado exclusivamente usando HTTPS; as solicitações para (cada vez mais obsoletos) URLs HTTP não serão atualizadas para usar HTTP/3. Para obter mais detalhes sobre o HTTP/3, consulte *https://http3.net*.

7.3.5 Privacidade na Web

Uma das maiores preocupações nos últimos anos tem sido os problemas de privacidade associados à navegação na Web. Sites Web, aplicações Web e terceiros costumam usar mecanismos em HTTP para rastrear o comportamento do usuário, tanto no contexto de um único site ou aplicação Web quanto na Internet como um todo. Além disso, os invasores podem explorar vários canais laterais de informações no navegador ou dispositivo para rastrear os usuários. Esta seção descreve alguns dos mecanismos usados para rastrear usuários e identificar e dispositivos individuais.

Cookies

Uma forma convencional de implementar o rastreamento é colocar um **cookie** (na verdade, uma pequena quantidade de dados) nos dispositivos do cliente, que ele pode enviar de volta em visitas subsequentes a vários sites. Quando um usuário solicita um objeto da Web (p. ex., uma página Web), um servidor Web pode colocar um pedaço de estado persistente, chamado de cookie, em seu dispositivo, usando a diretiva "set-cookie" do HTTP. Os dados passados para o dispositivo do cliente usando esta diretiva são então armazenados localmente no dispositivo. Quando o dispositivo visitar esse domínio da Web no futuro, a solicitação HTTP passará o cookie, além da própria solicitação.

Cookies HTTP "primários" (ou seja, aqueles definidos pelo domínio do site que o usuário pretende visitar, como um site de compras ou de notícias) são úteis para melhorar a experiência. Por exemplo, os cookies são bastante usados para preservar o estado em uma "sessão" da Web. Eles permitem que um site rastreie informações úteis sobre o comportamento contínuo de um usuário em um site, por exemplo, se ele recentemente se conectou ao site ou quais itens colocou em um carrinho de compras.

Os cookies definidos por um domínio normalmente são visíveis apenas para ele mesmo. Por exemplo, uma rede de publicidade pode definir um cookie no dispositivo de um usuário, mas terceiros não podem fazê-lo. Essa política de segurança da Web, chamada de **política de mesma origem**, evita que uma parte leia um cookie que foi definido por outra parte e, em certo sentido, pode limitar como são compartilhadas as informações sobre um usuário individual.

Embora os cookies primários sejam frequentemente usados para melhorar a experiência do usuário, terceiros, como anunciantes e empresas de rastreamento, também podem definir cookies em dispositivos clientes, o que pode permitir que eles rastreiem os sites que os usuários visitam enquanto navegam por toda a Internet. Esse rastreamento ocorre da seguinte forma:

1. Quando um usuário visita um site, além do conteúdo que ele solicita diretamente, o dispositivo pode carregar conteúdo de sites de terceiros, inclusive de domínios de redes de publicidade. Carregar um anúncio ou script de terceiros permite que essa parte defina um cookie exclusivo no dispositivo do usuário.

2. Mais tarde, esse usuário pode visitar diferentes sites na Internet que carregam objetos da Web do mesmo terceiro que definiu as informações de rastreamento em um site diferente.

Um exemplo comum dessa prática pode ser dois sites diferentes que usam a mesma rede de publicidade para veicular anúncios. Nesse caso, a rede de publicidade veria: (1) o dispositivo do usuário retornar o cookie que definiu em um site diferente; (2) o cabeçalho de solicitação *referer* do HTTP que acompanha a solicitação para carregar o objeto do anunciante, indicando o site original que o dispositivo do usuário estava visitando. Essa prática é comumente conhecida como rastreamento entre sites.

Super cookies e outros identificadores de rastreamento armazenados localmente, que um usuário não pode controlar como faria com os cookies normais, podem permitir que um intermediário rastreie um usuário em sites da Web ao longo do tempo. Os identificadores exclusivos podem incluir itens como identificadores de rastreamento de terceiros codificados em cabeçalhos HTTP (especificamente, **HSTS – HTTP Strict Transport Security**) que não são apagados quando um usuário apaga seus cookies e marca que um terceiro intermediário, como um ISP móvel, pode inserir tráfego da Web não criptografado que atravessa um segmento da rede. Isso permite que terceiros, como anunciantes, construam um perfil da navegação de um usuário em um conjunto de sites, semelhante aos cookies de rastreamento da Web usados por redes de anúncios e provedores de aplicativos.

Trackers de terceiros

Os cookies da Web que se originam de um domínio de terceiros, usados em muitos sites, podem permitir que uma rede de publicidade ou outros terceiros rastreiem os hábitos de navegação de um usuário em qualquer site em que esse software de rastreamento esteja implantado (ou seja, qualquer site que contenha seus anúncios, botões de compartilhamento ou outro código incorporado). Redes de publicidade e outros terceiros normalmente rastreiam os padrões de navegação de um usuário por todos os sites que ele navega, geralmente usando software de rastreamento baseado em navegador. Em alguns casos, um terceiro pode desenvolver seu próprio software de rastreamento (p. ex., software de análise da Web). Em outros casos, eles podem usar um serviço de terceiros diferente para coletar e agregar esse comportamento nos sites.

Os sites podem permitir que redes de publicidade e outros rastreadores de terceiros operem em suas páginas, permitindo-lhes coletar dados analíticos, anunciar em outros sites (chamado de redirecionamento) ou monetizar o espaço de publicidade disponível por meio da inserção de anúncios cuidadosamente direcionados. Os anunciantes coletam dados sobre os usuários usando vários mecanismos de rastreamento, como cookies HTTP, objetos HTML5, JavaScript, identificação de dispositivo, identificação de navegador e outras tecnologias comuns da Web. Quando um usuário visita vários sites da Web que utilizam a mesma rede de publicidade, essa rede reconhece o dispositivo do usuário, permitindo acompanhá-lo na Web ao longo do tempo.

Usando um software de rastreamento desse tipo, um terceiro ou rede de publicidade pode descobrir as interações de um usuário, rede social e contatos, curtidas, interesses, compras, e assim por diante. Essas informações podem permitir saber se um anúncio resultou em uma compra, o mapeamento de relacionamentos entre pessoas, a criação de perfis detalhados de rastreamento de usuário, conduta de publicidade altamente direcionada e muito mais, devido à amplitude e ao escopo do rastreamento.

Mesmo nos casos em que alguém não é um usuário registrado de um serviço específico (p. ex., site de mídia social, mecanismo de busca), parou de usá-lo ou se desconectou desse serviço, muitas vezes ainda está sendo rastreado exclusivamente por rastreadores de terceiros (e primários). Os rastreadores de terceiros estão cada vez mais concentrados em alguns grandes provedores.

Além do rastreamento de terceiros com cookies, os mesmos anunciantes e rastreadores de terceiros podem rastrear o comportamento de navegação do usuário com técnicas como identificação da tela (um tipo de impressão digital do navegador), repetição da sessão (em que é possível ver uma reprodução de cada interação do usuário com uma página da Web em particular) e até mesmo a exploração do recurso de "preenchimento automático" de um navegador ou gerenciador de senhas para enviar de volta dados de formulários da Web, em geral antes mesmo de o usuário preencher o formulário. Essas tecnologias mais sofisticadas podem fornecer informações detalhadas sobre o comportamento do usuário e seus dados, incluindo detalhes minuciosos, como rolagens e cliques do mouse, e até mesmo, em alguns casos, o nome de usuário e senha para um determinado site (que pode ser intencional por parte do usuário ou não intencional por parte do site).

Um estudo recente sugere que casos específicos de software de rastreamento de terceiros são sutis. O mesmo estudo também descobriu que os sites de notícias têm o maior número de grupos de rastreamento de qualquer site primário – outras categorias populares para rastreamento incluem sites de artes, esportes e compras na Web. O rastreamento entre dispositivos refere-se à prática de vincular atividades de um único usuário em vários dispositivos (p. ex., smartphones, tablets, desktops e outros "dispositivos inteligentes"), a fim de rastrear o comportamento de um usuário mesmo quando ele usa dispositivos diferentes.

Certos aspectos do rastreamento entre dispositivos podem melhorar a experiência do usuário. Como ocorre com os cookies em um único dispositivo ou navegador, essa prática pode permitir que um usuário mantenha uma experiência transparente ao passar de um dispositivo para o outro (p. ex., continuar a ler um livro ou assistir a um filme do lugar onde parou). O rastreamento entre dispositivos também pode ser útil para prevenir fraudes – por exemplo, um provedor de serviços pode perceber que um usuário se conectou a partir de um dispositivo desconhecido em um local completamente novo. Quando um usuário tenta fazer um login de um dispositivo não reconhecido, um provedor de serviços pode tomar medidas adicionais para autenticá-lo (p. ex., com a autenticação de dois fatores).

O rastreamento entre dispositivos é mais comum por serviços primários, como provedores de serviços de e-mail, provedores de conteúdo (p. ex., serviços de streaming de vídeo) e sites de comércio, mas terceiros também estão se tornando cada vez mais adeptos a essa prática.

1. O rastreamento entre dispositivos pode ser determinístico, com base em um identificador persistente, como um login vinculado a um usuário específico.
2. O rastreamento entre dispositivos também pode ser probabilístico; o endereço IP é um exemplo de um identificador probabilístico que pode ser usado para implementar o rastreamento entre dispositivos. Por exemplo, tecnologias como tradução de endereço de rede podem fazer vários dispositivos em uma rede terem o mesmo endereço IP público. Suponha que um usuário visite um site a partir de um dispositivo móvel (p. ex., um smartphone) que ele utiliza em casa e no trabalho. Um terceiro pode definir informações de endereço IP nos cookies do dispositivo. Esse usuário pode então aparecer a partir de dois endereços IP públicos, um no trabalho e outro em casa, e esses dois endereços IP podem estar vinculados ao mesmo cookie de terceiros; se o usuário visitar esse terceiro a partir de dispositivos diferentes que compartilham um desses dois endereços IP, esses dispositivos adicionais podem ser vinculados ao mesmo usuário com alta confiança.

O rastreamento entre dispositivos geralmente usa uma combinação de técnicas determinísticas e probabilísticas; muitas delas não exigem que o usuário esteja logado em nenhum site para ativar esse tipo de rastreamento. Por exemplo, algumas partes oferecem serviços de "análise" que, quando incorporados em muitos sites primários, permitem que terceiros rastreiem um usuário em sites e dispositivos. Terceiros geralmente trabalham juntos para rastrear usuários em dispositivos e serviços usando uma prática chamada **sincronização de cookies**, descrita com mais detalhes posteriormente nesta seção.

O rastreamento entre dispositivos permite uma dedução mais sofisticada das atividades de mais alto nível do usuário, uma vez que os dados de diferentes dispositivos podem ser combinados para construir uma imagem mais abrangente da atividade de um usuário individual. Por exemplo, os dados sobre a localização de um usuário (conforme coletados de um dispositivo móvel) podem ser combinados com o histórico de pesquisa e com atividade de rede social (como "curtir") para determinar se ele visitou fisicamente uma loja após um pesquisa ou exposição de publicidade on-line.

Identificação de dispositivo e navegador

Mesmo quando os usuários desabilitam mecanismos comuns de rastreamento, como cookies de terceiros, eles ainda podem ser rastreáveis com base nas informações ambientais, contextuais e do dispositivo, que este retorna ao servidor. Com base na coleta dessas informações, um terceiro pode ser capaz de identificar de forma exclusiva, ou "fazer a impressão digital", um usuário em diferentes sites e ao longo do tempo.

Um método de identificação bem conhecido é uma técnica chamada **identificação de tela**, em que a tela HTML é usada para identificar um dispositivo. A tela HTML permite que uma aplicação Web desenhe gráficos em tempo real. As diferenças na renderização, suavização, dimensões e alguns outros recursos da fonte podem fazer cada dispositivo desenhar uma imagem de maneira diferente, e os pixels resultantes podem servir como uma identificação do dispositivo. A técnica foi descoberta pela primeira vez em 2012, mas não foi trazida à atenção do público antes de 2014. Embora tenha havido uma reação na época, muitos rastreadores continuam a usar a identificação de tela e técnicas relacionadas, como a identificação da fonte da tela, que identifica um dispositivo com base na lista de fontes do navegador; um estudo recente descobriu que essas técnicas ainda estão presentes em milhares de sites. Os sites também podem usar APIs do navegador para obter outras informações para rastrear dispositivos, incluindo o status da bateria, por exemplo, que pode ser usado para rastrear um usuário com base no nível de carga e no tempo de descarregamento. Outros relatórios descrevem como a descoberta do status da bateria de um dispositivo pode ser usada para rastrear um dispositivo e, portanto, associá-lo a um usuário (Olejnik et al., 2015).

Sincronização de cookies

Quando diferentes rastreadores de terceiros compartilham informações uns com os outros, essas partes podem rastrear um usuário individual, mesmo enquanto ele visita sites que têm diferentes mecanismos de rastreamento instalados. A **sincronização de cookies** é difícil de detectar e também facilita a fusão de conjuntos de dados sobre usuários individuais entre terceiros distintos, criando significativas preocupações de privacidade. Um estudo recente sugere que a prática de sincronização de cookies é muito comum entre os rastreadores de terceiros.

7.4 STREAMING DE ÁUDIO E VÍDEO

As aplicações da Web e de e-mail não são os únicos desenvolvimentos interessantes no uso de redes. Para muitas pessoas, áudio e vídeo são o Santo Graal das redes. Quando a palavra "multimídia" é mencionada, tanto a vanguarda tecnológica quanto os empresários começam a ficar com água na boca. O primeiro grupo consegue ver imensos desafios técnicos ao oferecer voz sobre IP e vídeo por demanda com 8K a cada computador. O últimos enxergam enormes lucros com isso.

Embora a ideia de enviar áudio e vídeo pela Internet já exista pelo menos desde a década de 1970, somente por volta de 2000 é que o tráfego de **áudio em tempo real** e de **vídeo em tempo real** cresceu mais intensamente. O tráfego em tempo real é diferente do tráfego da Web porque precisa ser reproduzido em alguma velocidade predeterminada para que seja útil. Afinal, assistir a um vídeo em câmera lenta, com várias interrupções, não é uma ideia de diversão para a maioria das pessoas. Ao contrário, a Web pode ter interrupções curtas, e os carregamentos de página podem levar mais ou menos tempo, dentro de certos limites, sem que isso cause um grande problema.

Duas coisas aconteceram para permitir esse crescimento. Primeiro, os computadores se tornaram muito mais poderosos e são equipados com microfones e câmeras, de modo que podem inserir, processar e enviar dados de áudio e vídeo com facilidade. Segundo, uma enxurrada de largura de banda da Internet passou a estar disponível. Enlaces de longa distância no núcleo da Internet utilizam muitos gigabits/s, e as redes de banda larga e sem fio 802.11c alcançam usuários na borda da Internet. Esses desenvolvimentos permitem que os ISPs executem grandes níveis de tráfego por seus backbones e significam que os usuários comuns podem se conectar à Internet de 100 a 1.000 vezes mais rápido do que com um modem de telefone a 56 kbps.

O aumento de largura de banda causou o crescimento do tráfego de áudio e vídeo, mas por motivos diferentes. As ligações telefônicas ocupam relativamente pouca largura de banda (em princípio, 64 kbps, porém menos quando compactadas), embora o serviço telefônico tradicionalmente seja caro. As empresas viram uma oportunidade para transportar o tráfego de voz pela Internet usando a largura de banda existente, para reduzir suas contas telefônicas. Empresas como Skype viram um modo de permitir que os clientes façam ligações telefônicas gratuitas usando suas conexões com a Internet. Companhias telefônicas que surgiram do nada viram um modo barato de realizar chamadas de voz tradicionais usando equipamento de rede IP. O resultado foi uma explosão de dados de voz transportados pelas redes da Internet, o que é chamado telefonia via Internet, discutida na Seção 7.4.4.

Diferentemente do áudio, o vídeo ocupa uma grande quantidade de largura de banda. O vídeo pela Internet com qualidade razoável é codificado com compressão, resultando em um fluxo de aproximadamente 8 Mbps para 4K (o que significa 7 GB para um filme de duas horas). Antes do acesso à Internet por banda larga, o envio de filmes pela rede era proibitivo. Isso não é mais assim. Com a ampla utilização da banda larga, foi possível pela primeira vez que os usuários assistissem em casa a um vídeo por demanda com qualidade decente. As pessoas gostam muito disso. Estima-se que cerca de um quarto dos usuários da Internet visite diariamente o YouTube, um site popular de compartilhamento de vídeo. O negócio de aluguel de filmes se transformou em downloads on-line. E o grande tamanho dos vídeos tem mudado a composição geral do tráfego da Internet. A maior parte do tráfego da Internet já é de vídeo, e estima-se que 90% do tráfego da Internet, dentro de alguns anos, será de vídeo.

Como existe largura de banda suficiente para transportar áudio e vídeo, a questão principal para desenvolver aplicações de streaming de mídia e teleconferência é o atraso de rede. Áudio e vídeo precisam de apresentação em tempo real, significando que eles têm de ser reproduzidos em uma velocidade predeterminada para que sejam úteis.

Longos atrasos significam que as chamadas que deveriam ser interativas deixam de sê-lo. Esse problema é claro se você já tiver falado em um telefone por satélite, quando o atraso de subida de meio segundo é bastante incômodo. Para tocar música e filmes pela rede, o atraso absoluto não importa, pois afeta apenas quando a mídia começa a ser reproduzida. Mas a variação no atraso, chamada **jitter**, ainda importa. Ela precisa ser mascarada pelo player ou então o áudio não será inteligível e o vídeo terá interrupções.

A propósito, o termo **multimídia** normalmente é usado no contexto da Internet para indicar vídeo e áudio. Literalmente, multimídia significa dois ou mais tipos de mídia. Essa definição torna este livro uma apresentação em multimídia, pois contém texto e gráficos (as figuras). Contudo, provavelmente não era isso que você tinha em mente, e portanto usamos o termo "multimídia" para indicar dois ou mais tipos de **mídia contínua**, ou seja, que precisa ser reproduzida durante algum intervalo de tempo bem definido. Os dois tipos de mídia normalmente são vídeo com áudio, isto é, imagens em movimento com som. Áudio e cheiro pode levar algum tempo. Muitas pessoas se referem ao áudio puro, como a telefonia via Internet ou o rádio via Internet, também como multimídia, o que logicamente não é exato. Na realidade, um termo melhor para todos esses casos é **streaming de mídia**. Apesar disso, vamos acompanhar a maioria e considerar o áudio em tempo real como sendo também multimídia.

7.4.1 Áudio digital

Um sinal de áudio (som) é uma onda acústica (de pressão) unidimensional. Quando uma onda acústica entra no ouvido, o tímpano vibra, fazendo os minúsculos ossos do ouvido interno vibrarem também, enviando impulsos nervosos ao cérebro. Esses pulsos são percebidos como sons pelo ouvinte. Da mesma forma, quando uma onda acústica chega a um microfone, ele produz um sinal elétrico, representando a amplitude do som como uma função do tempo.

A faixa de frequências sonoras captadas pelo ouvido humano começa em 20 e chega a 20.000 Hz. Alguns animais, em especial os cães, podem ouvir frequências mais altas. Os ouvidos percebem os sons no modo logarítmico, portanto, a razão de dois sons com potência A e B é, por convenção, expressa em **dB (decibéis)**, como a quantidade $10 \log_{10}(A/B)$. Se definirmos o limite mínimo de audibilidade (uma pressão sonora de cerca de 20 μpascals) para uma onda senoidal de 1 KHz como 0 dB, uma conversa normal terá cerca de 50 dB, e o limite máximo tolerável será de aproximadamente 120 dB, um intervalo dinâmico de mais de um milhão.

O ouvido humano é surpreendentemente sensível a variações de som que duram apenas milésimos de segundo. O olho, ao contrário, não percebe mudanças no nível da luz que durem por menos de alguns milissegundos. O resultado dessa observação é que a flutuação de apenas alguns milésimos de segundo durante uma transmissão de multimídia afeta mais a qualidade do som percebido do que a qualidade da imagem percebida.

O áudio digital é uma representação digital de uma onda de áudio que pode ser usada para recriá-lo. As ondas de áudio podem ser convertidas para a forma digital por um conversor analógico-digital, ou **ADC (Analog-to-Digital Converter)**. Um ADC recebe uma tensão elétrica como entrada e gera um número binário como saída. Na Figura 7.31(a) podemos ver um exemplo de uma onda senoidal. Para representar esse sinal na forma digital, podemos obter amostras a cada ΔT segundos, como indicam as alturas das barras na Figura 7.31(b). Se um sinal sonoro não for uma onda senoidal pura, mas sim uma superposição linear de ondas senoidais, em que o componente de frequência mais alto presente é f, o teorema de Nyquist (ver Capítulo 2) diz que é suficiente obter amostras a uma frequência $2f$. Usar uma taxa de amostragem maior não é interessante, pois as frequências mais altas que essa amostragem poderia detectar não estão presentes.

O processo inverso captura valores digitais e produz uma tensão elétrica analógica. Isso é feito por um conversor digital-analógico, ou **DAC (Digital-to-Analog Converter)**. Um alto-falante pode, então, converter a tensão analógica em ondas acústicas, para que as pessoas possam ouvir os sons.

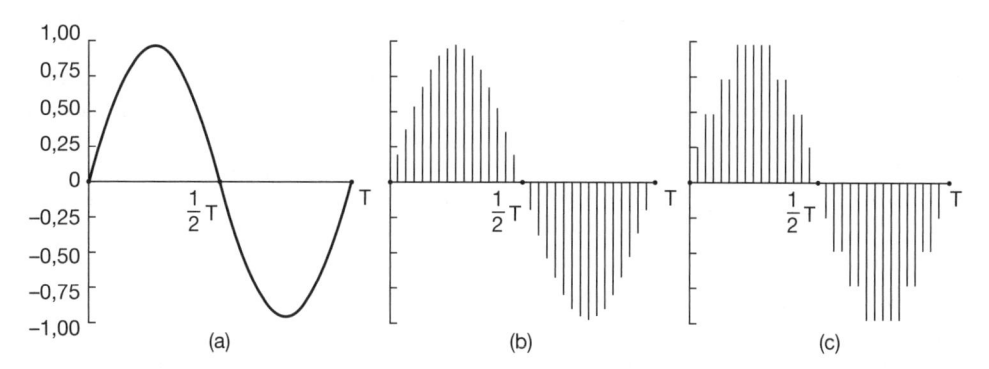

Figura 7.31 (a) Uma onda senoidal. (b) Amostragem da onda senoidal. (c) Quantização das amostras para 4 bits.

Compressão de áudio

O áudio normalmente é comprimido para reduzir as necessidades de largura de banda e tempos de transmissão, embora as taxas de dados de áudio sejam muito menores do que as de dados de vídeo. Todos os sistemas de compressão exigem dois algoritmos: um para comprimir os dados na origem e outro para descomprimi-los no destino. Na literatura, esses algoritmos são conhecidos como algoritmos de **codificação** e **decodificação**, respectivamente. Usaremos essa terminologia também.

Os algoritmos de compressão exibem certas assimetrias importantes para serem compreendidas. Embora estejamos considerando primeiro o áudio, elas se mantêm também para o vídeo. A primeira assimetria se aplica à codificação do material de origem. Para muitas aplicações, um documento de multimídia só será codificado uma vez (quando for armazenado no servidor de multimídia), mas será decodificado milhares de vezes (quando for reproduzido pelos clientes). Essa assimetria significa que é aceitável que o algoritmo de codificação seja lento e exija um hardware caro, desde que o algoritmo de decodificação seja rápido e não exija hardware caro.

Uma segunda assimetria é que o processo de codificação/decodificação não precisa ser reversível. Ou seja, ao comprimir um arquivo de dados, transmiti-lo e depois descomprimi-lo, o usuário espera receber de volta o original, exatamente até o último bit. Com a multimídia, esse requisito não existe. Em geral, é aceitável ter um sinal de áudio (ou vídeo) após a codificação e depois decodificá-lo de forma ligeiramente diferente do original, desde que o som ou a imagem sejam os mesmos. Quando a saída decodificada não é exatamente igual à entrada original, o sistema é considerado **com perdas**. Se a entrada e saída forem idênticas, o sistema é **sem perdas**. Os sistemas com perdas são importantes porque aceitar uma pequena quantidade de perda de informação normalmente significa um grande retorno em termos de taxa de compressão possível.

Muitos algoritmos de compressão de áudio foram desenvolvidos. Provavelmente, os formatos mais populares são **MP3** (**MPEG audio layer 3**) e **AAC** (**Advanced Audio Coding**), transportado em arquivos **MP4** (**MPEG-4**). Para evitar confusão, observe que MPEG oferece compressão de áudio e vídeo. MP3 refere-se à parte de compressão de áudio (parte 3) do padrão MPEG-1, e não à terceira versão do MPEG, que foi substituído pelo MPEG-4. AAC é o sucessor para MP3 e a codificação de áudio padrão usada em MPEG-4. MPEG-2 permite áudio MP3 e AAC. Ficou claro agora? A melhor coisa a respeito de padrões é que existem muitos para escolher. E, se você não gostar de nenhum deles, basta esperar um ou dois anos.

A compressão de áudio pode ser feita de duas maneiras. Na **codificação da forma de onda** o sinal é modificado matematicamente por uma transformação de Fourier em seus componentes de frequência. No Capítulo 2, mostramos um exemplo de função no tempo e suas amplitudes de Fourier na Figura 2.12(a). A amplitude de cada componente é então codificada de modo mínimo. O objetivo é reproduzir com precisão a forma de onda na outra extremidade, com a menor quantidade de bits possível.

O outro modo, chamado de **codificação perceptiva**, explora certas falhas no sistema auditivo para codificar um sinal que soe da mesma forma para um ouvinte humano, ainda que pareça bem diferente em um osciloscópio. A codificação perceptiva se baseia na ciência da **psicoacústica** – a forma como as pessoas percebem o som. MP3 e AAC são baseados nela.

A codificação perceptiva domina os sistemas modernos de multimídia, e por isso vamos examiná-la em seguida. Sua principal propriedade é que alguns sons podem mascarar outros. Por exemplo, imagine que você esteja transmitindo um concerto de flauta ao vivo em um dia quente de verão. De repente, uma equipe de trabalhadores liga suas britadeiras e começa a esburacar a rua. Ninguém mais consegue ouvir a flauta, e agora é suficiente codificar apenas a banda de frequência usada pelas britadeiras, porque os ouvintes não podem mais ouvir a flauta, e você pode economizar largura de banda. Isso se chama **máscara de frequência**.

Quando as britadeiras pararem, a flauta será inaudível por um curto período de tempo, porque o ouvido diminuiu seu ganho enquanto elas funcionavam e demora um tempo finito para aumentar novamente o ganho. A transmissão de sons de baixa amplitude durante esse período de recuperação não tem sentido, e a largura de banda também pode ser economizada. Esse efeito é chamado de **máscara temporal**. A codificação perceptiva se baseia em grande parte em não codificar ou transmitir o áudio que os ouvintes não perceberão de qualquer forma.

7.4.2 Vídeo digital

Agora que sabemos tudo sobre o ouvido humano, é hora de prosseguirmos para o olho. (Só para informar: não existe uma próxima seção sobre o nariz.) O olho humano tem a propriedade de, quando uma imagem aparece na retina, retê-la por alguns milissegundos antes que desapareça. Se uma sequência de imagens for apresentada a 50 imagens/s, o olho não nota que está vendo imagens diferentes. Todos os sistemas de vídeo, desde quando os irmãos Lumière inventaram o projetor de filmes em 1895, exploram esse princípio para produzir imagens em movimento.

A representação digital mais simples do vídeo é uma sequência de quadros, cada um consistindo em uma grade retangular de elementos de imagem, ou **pixels**. Os tamanhos comuns para as telas variam de 1280 × 720 (chamado **720p**), 1920 × 1080 (chamado **1080p** ou **vídeo HD**), 3840 × 2160 (chamado **4K**) e 7680 × 4320 (chamado **8K**).

A maior parte dos sistemas utiliza 24 bits por pixel, com 8 bits para cada um dos componentes vermelho, verde e azul (RGB). Vermelho, verde e azul são as cores primárias aditivas, e todas as outras cores podem ser criadas pela sobreposição destas com as intensidades apropriadas.

As taxas de quadros mais antigas variam de 24 quadros/s, usada por filmes tradicionais de 35 mm, passando por 25,00 quadros/s (o sistema PAL usado na maior parte do mundo) até 30 quadros/s (herdada do sistema de televisão NTSC dos Estados Unidos). Para os mais detalhistas, o sistema de televisão NTSC usa 29,97 quadros/s em vez de 30 quadros/s, pois os engenheiros precisaram de um pouco mais de largura de banda para a sinalização, e por isso reduziram a taxa durante a transição da TV em preto e branco para a colorida. Foi preciso um pouco mais de largura de banda devido ao gerenciamento de cores, e por isso reduziram a taxa em 0,03 quadros/s. O sistema PAL usa a cor desde que foi inventado, de modo que a taxa é realmente 25,00 quadros/s. Na França, um sistema ligeiramente diferente, SECAM, foi desenvolvido em parte para proteger as empresas francesas dos fabricantes de televisão alemães. Ele também trabalha com exatamente 25,00 quadros/s. Durante a década de 1950, os países comunistas da Europa oriental adotaram o SECAM para que seus cidadãos não pudessem assistir à televisão da Alemanha Ocidental (PAL), por receio de que tivessem más ideias.

Para reduzir a quantidade de largura de banda exigida para enviar sinais da televisão por radiodifusão no ar, as estações de TV adotaram um esquema em que os quadros eram divididos em dois **campos**, um com as linhas ímpares e outro com as linhas pares, que eram transmitidos alternadamente. Isso significou que 25 quadros/s correspondiam a 50 campos/s. Esse sistema é conhecido como **entrelaçamento**, e gera menos cintilação do que o envio de quadros inteiros um após o outro. Os modernos sistemas de vídeo não usam entrelaçamento, e simplesmente enviam quadros inteiros em sequência, normalmente a 50 quadros/s (PAL) ou 59,94 quadros/s (NTSC). Isso é chamado de **vídeo progressivo**.

Compressão de vídeo

Já deve estar claro, pela nossa discussão sobre vídeo digital, que a compressão é fundamental para o envio de vídeo pela Internet. Até mesmo o vídeo progressivo PAL de 720p exige 553 Mbps de largura de banda e HD, 4K e 8K exigem muito mais. Para produzir um padrão para compressão de vídeo que pudesse ser usado por todas as plataformas e por todos os fabricantes, os comitês de padrões criaram um grupo chamado **MPEG (Motion Picture Experts Group)** com a missão de elaborar um padrão mundial. Resumindo, os padrões que surgiram, conhecidos como MPEG-1, MPEG-2 e MPEG-4, funcionam da seguinte maneira: a cada intervalo de alguns segundos, um quadro de vídeo completo é transmitido. O quadro é comprimido usando algo como o conhecido algoritmo JPEG, usado para imagens digitais. Depois, pelos próximos segundos, em vez de usar quadros inteiros, o transmissor envia as diferenças entre o quadro atual e o quadro básico (completo) enviado mais recentemente.

Primeiro, vamos examinar rapidamente o algoritmo **JPEG (Joint Photographic Experts Group)** para compressão de uma única imagem parada. Em vez de trabalhar com os componentes RGB, ele converte a imagem em componentes de **luminescência** (brilho) e **crominância** (cor), pois o olho humano reage mais à luminescência que à crominância, permitindo que menos bits sejam usados para codificar a crominância sem perda da qualidade percebida da imagem. A imagem é então dividida em blocos normalmente de 8 × 8 ou 10 × 10 pixels, cada um processado separadamente. Separadamente, luminescência e crominância passam por um tipo de transformação de Fourier (tecnicamente, uma transformação de cossenos discretos) para obter o espectro. As amplitudes de alta frequência podem então ser descartadas. Quanto mais amplitudes descartadas, mais difusa é a imagem e menor é a imagem comprimida. Então, técnicas padrão de compressão sem perdas, como a codificação run-length e a codificação de Huffman, são aplicadas às amplitudes restantes. Se isso parece ser complicado, realmente é, mas os computadores são muito bons na execução de algoritmos complicados.

Agora, vamos à parte MPEG, descrita a seguir de forma simplificada. O quadro após um quadro JPEG completo (base) provavelmente será muito semelhante ao quadro JPEG, de modo que, em vez de codificar o quadro inteiro, somente os blocos que são diferentes do quadro básico são transmitidos. Um bloco contendo, digamos, um pedaço de céu azul provavelmente será o mesmo de 20 ms atrás, de modo que não é preciso transmiti-lo novamente. Somente os blocos que mudaram precisam ser retransmitidos.

Como exemplo, considere a situação de uma câmera bem presa a um tripé com um ator caminhando em direção a uma árvore parada e uma casa. Os três primeiros quadros aparecem na Figura 7.32. A codificação do segundo quadro só precisa enviar os blocos que mudaram. Por conceito, o receptor começa a produzir o segundo quadro copiando o primeiro em um buffer e depois aplicando as mudanças. Depois, ele armazena o segundo quadro não comprimido para exibição. Ele também usa o segundo quadro como base para aplicar as mudanças que chegam, descrevendo a diferença entre o terceiro e o segundo.

Contudo, a coisa é ligeiramente mais complicada do que isso. Se um bloco (digamos, o ator) estiver presente no segundo quadro, mas tiver sido movido, o MPEG permite que o codificador diga algo como "o bloco 29 do quadro anterior está presente no novo quadro, deslocado por uma distância (Δx, Δy) e, além disso, o sexto pixel mudou para *abc* e o 24º pixel agora é *xyz*". Isso permite uma compressão ainda maior.

Já falamos sobre as simetrias entre codificação e decodificação. Aqui vemos uma delas. O codificador pode gastar o tempo que quiser procurando blocos que foram

Figura 7.32 Três quadros consecutivos.

movidos e blocos que mudaram algo, para determinar se é melhor enviar uma lista de atualizações do quadro anterior ou um novo quadro JPEG completo. Encontrar um bloco que se moveu é muito mais trabalhoso do que simplesmente copiar um bloco da imagem anterior e colá-lo no novo, em um deslocamento (Δx, Δy) conhecido.

Para ser um pouco mais completo, o MPEG na realidade consiste em *três* tipos de quadros diferentes, e não apenas dois:

1. Quadros I (intracodificado): imagens estáticas, autocontidas e comprimidas.
2. Quadros P (preditivo): diferença bloco a bloco em relação ao quadro *anterior*.
3. Quadros B (bidirecional): diferenças bloco a bloco entre o quadro anterior e o quadro I *seguinte*.

Os quadros B exigem que o receptor pare de processar até que chegue o próximo quadro I, e depois trabalhe de volta a partir dele. Isso às vezes gera mais compressão, mas fazer o codificador verificar constantemente se as diferenças com o quadro anterior ou as diferenças com qualquer um dos próximos 30, 50 ou 80 quadros gera o menor resultado é demorado no lado da codificação, mas não no lado da decodificação. Essa assimetria é explorada ao máximo para oferecer o menor arquivo codificado possível. Os padrões MPEG não especificam como buscar, até que ponto buscar ou a qualidade da correspondência para decidir se serão enviadas as diferenças ou um novo bloco completo. Isso fica a critério de cada implementação.

Como já dissemos, áudio e vídeo são codificados separadamente. O arquivo final codificado com MPEG consiste em trechos contendo alguma quantidade de imagens comprimidas e o áudio comprimido correspondente, que será reproduzido enquanto os quadros nesse trecho são exibidos. Desse modo, áudio e vídeo se mantêm sincronizados.

Observe que esta é uma descrição bastante simplificada. Na realidade, outros truques também são usados para obter uma melhor compressão, mas as ideias básicas apresentadas aqui estão corretas em sua essência. O formato mais recente é o MPEG-4, também chamado de MP4. Ele é definido formalmente em um padrão conhecido como H.264. Seu sucessor (definido para resoluções de até 8K) é H.265. H.264 é o formato que a maioria das câmeras de vídeo comuns produz. Como a câmera atualmente precisa registrar o vídeo no cartão SD ou em outro meio em tempo real, ela tem pouco tempo para procurar blocos que tiveram pouca mudança. Consequentemente, a compressão não é tão boa quanto ao que um estúdio de Hollywood pode fazer quando aloca dinamicamente 10.000 computadores em um servidor em nuvem para codificar sua produção mais recente. Isso é assimetria de codificação/decodificação em ação.

7.4.3 Streaming de mídia armazenada

Agora, vamos prosseguir para as aplicações em rede. Nosso primeiro caso é o streaming de vídeo que já está armazenado em algum servidor, por exemplo, assistindo a um vídeo do YouTube ou Netflix. O exemplo mais comum disso é assistir a vídeos pela Internet. Essa é uma forma de vídeo por demanda, ou **VoD (Video on Demand)**. Outras formas de vídeo por demanda utilizam uma rede de provedor (separada da Internet) para oferecer os filmes – por exemplo, a rede de TV a cabo.

A Internet está repleta de sites de música e vídeo que fornecem arquivos de multimídia armazenada. Na realidade, o modo mais fácil de lidar com a mídia armazenada é *não* enviá-la por streaming. A melhor forma de disponibilizar o vídeo (ou trilha musical) é simplesmente tratar o arquivo de vídeo (ou áudio) pré-codificado como uma imensa página Web e deixar que o navegador o baixe. A sequência de quatro etapas aparece na Figura 7.33.

O navegador entra em ação quando o usuário clica em um filme. Na etapa 1, ele envia uma solicitação HTTP do filme para o servidor Web ao qual o filme está vinculado. Na etapa 2, o servidor busca o filme (que é apenas um arquivo em formato MP4 ou algum outro) e o envia de volta ao navegador. Usando o tipo MIME, o navegador pesquisa como deve exibir o arquivo. O navegador salva o filme inteiro em um arquivo auxiliar no disco, na etapa 3. Depois, ele inicia o player de mídia, passando-lhe o nome do arquivo auxiliar. Por fim, na etapa 4, o player de mídia começa a ler o arquivo e a reproduzir o filme. Conceitualmente, isso não é diferente de buscar e exibir uma página Web estática, exceto que o filme baixado é "exibido" usando um player de mídia, em vez de simplesmente escrevendo pixels na tela do navegador.

A princípio, essa técnica é completamente correta. Ela exibirá o filme. Não existe nenhum problema de rede em tempo real a ser resolvido, pois o download é simplesmente um download de arquivo. O único problema é que o vídeo inteiro precisa ser transmitido pela rede antes que o filme

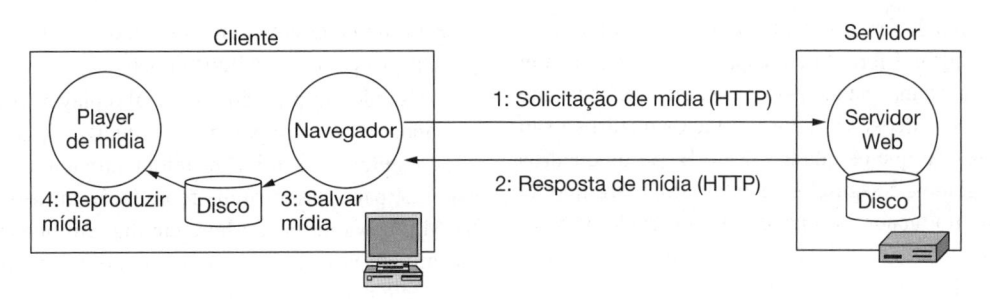

Figura 7.33 Reproduzindo mídia pela Web através de downloads simples.

comece. A maioria dos clientes não deseja esperar uma hora até que seu "vídeo por demanda" seja iniciado, de modo que é necessário haver algo melhor.

É necessário haver um player de mídia preparado para streaming. Ele pode ser parte do navegador Web ou um programa externo, chamado pelo navegador quando um vídeo precisar ser reproduzido. Os navegadores modernos, que aceitam HTML5, em geral têm um player de mídia internamente.

Um player de mídia tem cinco tarefas principais a fazer:

1. Administrar a interface com o usuário.
2. Tratar dos erros de transmissão.
3. Descomprimir o conteúdo.
4. Eliminar o jitter.
5. Descriptografar o arquivo.

A maioria dos players de mídia hoje em dia tem uma interface brilhante com o usuário, às vezes simulando uma unidade estéreo, com botões reluzentes, teclas, controles deslizantes e atrativos visuais. Normalmente, existem painéis frontais intercambiáveis, chamados **skins**, que o usuário pode aplicar ao player. O player de mídia precisa administrar tudo isso e interagir com o usuário.

As outras três tarefas estão relacionadas e dependem dos protocolos de rede. Analisaremos cada uma por vez, começando com o tratamento dos erros de transmissão. Lidar com erros depende da seguinte questão: se o transporte baseado em TCP, como HTTP, é usado para transportar a mídia, ou se é usado um transporte baseado em UDP, como o **RTP (Real Time Protocol)**. Se um transporte baseado em TCP estiver sendo utilizado, então não existem erros para o player de mídia corrigir, pois o TCP já oferece confiabilidade usando retransmissões. Esse é um modo fácil de lidar com erros, pelo menos para o player, mas isso complica a remoção do jitter em uma etapa posterior, pois pedir retransmissões após um tempo limite introduz atrasos incertos e variáveis no filme.

Como alternativa, um transporte baseado em UDP, como o RTP, pode ser usado para mover os dados. Com esses protocolos, não existem retransmissões. Assim, a perda de pacotes devido ao congestionamento ou erros de transmissão significará que parte da mídia não chegará. O player de mídia fica encarregado de lidar com esse problema. Uma forma é ignorar o problema e simplesmente deixar que os bits de vídeo e áudio fiquem errados. Se os erros forem pouco frequentes, isso funcionará bem e quase ninguém notará. Outra possibilidade é usar a **correção antecipada de erros**, como a codificação do arquivo de vídeo com alguma redundância, por exemplo, com um código de Hamming ou um código de Reed-Solomon. Assim, o player de mídia terá informações suficientes para corrigir erros por conta própria, sem ter que pedir retransmissões ou pular trechos de filmes danificados.

A desvantagem aqui é que adicionar redundância ao arquivo o torna maior. Outra técnica envolve o uso de retransmissão seletiva das partes do fluxo de vídeo que são mais importantes para reproduzir o conteúdo. Por exemplo, em uma sequência de vídeo comprimida, uma perda de pacote em um quadro I tem muito mais consequências, uma vez que os erros de decodificação que resultam da perda podem se propagar por todo o grupo de imagens. Em contrapartida, as perdas em quadros derivados, incluindo quadros P e quadros B, são mais fáceis de recuperar. Da mesma forma, o valor de uma retransmissão também depende se a retransmissão do conteúdo chegaria a tempo para a reprodução. Como resultado, algumas retransmissões podem ser muito mais valiosas do que outras, e a retransmissão seletiva de certos pacotes (p. ex., aqueles dentro de quadros I que chegariam antes da reprodução) é uma estratégia possível. Foram construídos protocolos em cima de RTP e QUIC para fornecer proteção contra perda desigual quando os vídeos são transmitidos por UDP (Feamster et al., 2000; e Palmer et al., 2018).

A terceira tarefa do player de mídia é descomprimir o conteúdo. Embora essa atividade seja computacionalmente intensa, ela é bem simples. O problema mais complicado é decodificar a mídia se o protocolo de rede não corrigir erros de transmissão. Em muitos esquemas de compressão, os dados seguintes não poderão ser descomprimidos até que os anteriores o sejam, pois os últimos são codificados em relação aos dados anteriores. Lembre-se de que um quadro P é baseado no quadro I mais recente (e em outros quadros I que o seguem). Se o quadro I estiver danificado e não puder ser decodificado, todos os quadros P subsequentes serão inúteis. O player de mídia será então forçado a esperar pelo próximo quadro I e simplesmente pulará alguns segundos do vídeo.

Essa realidade força o codificador a tomar uma decisão. Se os quadros I forem bem espaçados, digamos, um por segundo, a lacuna quando ocorrer um erro será bastante pequena, mas o vídeo será maior porque os quadros I são muito maiores do que os quadros P ou B. Se os quadros I tiverem, digamos, 5 segundos de intervalo, o arquivo de vídeo será muito menor, mas haverá um intervalo de 5 segundos se um quadro I for danificado e um intervalo menor se um quadro P for danificado. Por esse motivo, quando o protocolo subjacente é TCP, os quadros I podem ser espaçados muito mais do que se for usado RTP. Consequentemente, muitos sites de streaming de vídeo usam TCP para permitir um arquivo codificado menor, com quadros I mais espaçados e com menos largura de banda necessária para uma reprodução uniforme.

A quarta tarefa é eliminar o jitter, a maldição de todos os sistemas em tempo real. O TCP torna isso muito pior, pois introduz atrasos aleatórios sempre que são necessárias retransmissões. A solução geral que todos os sistemas de streaming usam é um buffer de reprodução. Antes de iniciar a reprodução do vídeo, o sistema coleta de 5 a 30 segundos de mídia, como mostra a Figura 7.34. A reprodução captura a mídia regularmente do buffer, de modo que o áudio seja claro e o vídeo seja suave. O atraso no início dá ao buffer uma chance de preencher até o **limite inferior**. A ideia é que os dados agora devem chegar com regularidade suficiente para que o buffer nunca seja completamente esvaziado. Se isso acontecesse, a reprodução de mídia pararia.

O armazenamento em buffer ocasiona uma nova complicação. O player de mídia precisa manter o buffer parcialmente cheio, de preferência entre os limites inferior e superior. Isso significa que, quando o buffer ultrapassa o limite superior, o player precisa dizer à fonte para parar de enviar, para não perder dados por falta de um local para armazená-los. O limite superior deve ser antes do final do buffer, porque os dados continuarão a ser transmitidos até que a solicitação *Stop* chegue ao servidor de mídia. Assim que o servidor parar de enviar e o pipeline estiver vazio, o buffer começará a ser esvaziado. Quando atinge o limite inferior, o player envia um comando *Start* para o servidor, para que este reinicie a transmissão.

Usando um protocolo no qual o player de mídia pode comandar o servidor para parar e iniciar, o player de mídia pode manter em seu buffer mídia suficiente, mas não em excesso, para garantir uma reprodução uniforme. Como a RAM é bastante barata hoje em dia, um player de mídia, mesmo em um smartphone, pode alocar espaço de buffer suficiente para armazenar um minuto ou mais de mídia, se necessário.

O mecanismo iniciar-parar tem outro recurso interessante. Ele desacopla a taxa de transmissão do servidor da taxa de reprodução. Suponha, por exemplo, que o player tenha que reproduzir o vídeo a 8 Mbps. Quando o buffer cai para o limite mínimo, o player dirá ao servidor para enviar mais dados. Se o servidor for capaz de entregá-los a 100 Mbps, não há problema. Eles simplesmente chegam e são armazenados no buffer. Quando o limite superior é alcançado, o player diz ao servidor para parar. Dessa forma, a taxa de transmissão do servidor e a taxa de reprodução são totalmente desacopladas. O que começou como um sistema em tempo real tornou-se um sistema simples de transferência de arquivos não em tempo real. Livrar-se de todos os requisitos de transmissão em tempo real é outra razão pela qual YouTube, Netflix, Hulu e outros servidores de streaming usam TCP. Isso torna o projeto de todo o sistema muito mais simples.

Determinar o tamanho do buffer é um pouco complicado. Se houver muita RAM disponível, à primeira vista parece que faz sentido ter um buffer grande e permitir que o servidor o mantenha quase cheio, apenas no caso de a rede sofrer algum congestionamento mais à frente. No entanto, os usuários às vezes são meticulosos. Se um usuário achar uma cena chata e usar os botões na interface do player para avançar, isso pode tornar a maior parte ou todo o buffer inútil. De qualquer forma, saltar para a frente (ou para trás) para um ponto específico no tempo provavelmente não funcionará, a menos que esse seja um quadro I. Caso contrário, o player deve procurar um quadro I próximo. Se o novo ponto de reprodução estiver fora do buffer, todo o buffer deve ser apagado e recarregado. Na verdade, os usuários que pulam muito (e há muitos deles) perdem largura de banda da rede ao invalidar dados preciosos em seus buffers. Para o sistema como um todo, a existência de usuários que pulam muito justifica a limitação do tamanho do buffer, mesmo se houver bastante RAM disponível. O ideal é que um player de mídia possa observar o comportamento do usuário e escolher um tamanho de buffer para combinar com o seu estilo de visualização.

Todos os vídeos comerciais são criptografados para evitar a pirataria, e portanto os players de mídia devem ser capazes de descriptografá-los à medida que chegam. Essa é a quinta tarefa na lista apresentada.

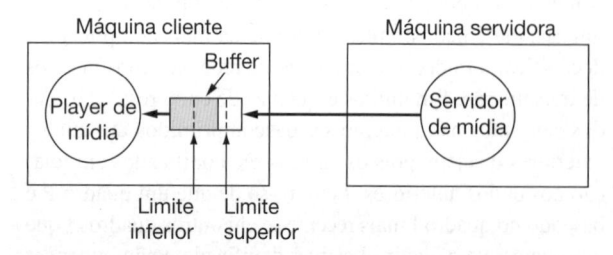

Figura 7.34 O player de mídia mantém a entrada em buffer, vinda do servidor de mídia, e reproduz a partir do buffer, e não diretamente da rede.

DASH e HLS

A grande quantidade de dispositivos para visualizar mídia gera algumas complicações que precisamos examinar agora. Uma pessoa que compra um monitor 8K lindo, reluzente e muito caro vai querer ver filmes na resolução de 7680 × 4320 a 100 ou 120 quadros/s. Todavia, se no meio de um filme emocionante, ela tiver que ir ao médico e quiser terminar de assisti-lo na sala de espera em um smartphone de 1280 × 720 que pode lidar com no máximo 25 quadros/s, ela tem um problema. Do ponto de vista do site de streaming, isso levanta a questão de qual resolução e taxa de quadros os filmes devem ser codificados.

A resposta fácil é usar todas as combinações possíveis. No máximo, isso desperdiça espaço em disco para codificar cada filme em sete resoluções de tela (p. ex., smartphone, NTSC, PAL, 720p, HD, 4K e 8K) e seis taxas de quadro (p. ex., 25, 30, 50, 60, 100 e 120), para um total de 42 variantes, mas o espaço em disco não é muito caro. Um problema maior, mas relacionado, é o que acontece quando o espectador está parado em casa com seu monitor grande e brilhante, mas, devido ao congestionamento da rede, a largura de banda entre ela e o servidor está mudando muito e nem sempre é compatível com a resolução total.

Felizmente, várias soluções já foram implementadas. Uma solução é o **DASH (Dynamic Adaptive Streaming over HTTP)**. A ideia básica é simples e compatível com HTTP (e HTTPS), portanto, o filme pode ser transmitido em uma página Web. O servidor de streaming primeiro codifica seus filmes em várias resoluções e taxas de quadros e os armazena em seu conjunto de discos. Cada versão não é armazenada como um único arquivo, mas como muitos arquivos, cada um armazenando, digamos, 10 segundos de vídeo e áudio. Isso significaria que um filme de 90 minutos com sete resoluções de tela e seis taxas de quadros (42 variantes) exigiria 42 × 540 = 22.680 arquivos separados, cada um com 10 segundos de conteúdo. Em outras palavras, cada arquivo contém um segmento do filme em uma resolução e taxa de quadros específicas. Associado ao filme está um manifesto, oficialmente conhecido como **MPD (Media Presentation Description)**, que lista os nomes de todos esses arquivos e suas propriedades, incluindo resolução, taxa de quadros e número do quadro dentro do filme.

Para que essa técnica funcione, tanto o player quanto o servidor devem usar o protocolo DASH. O lado do usuário pode ser o próprio navegador, um player enviado para o navegador como um programa JavaScript ou um aplicativo personalizado (p. ex., para um dispositivo móvel ou um decodificador de streaming). A primeira coisa que ele faz quando chega a hora de começar a ver o filme é buscar o manifesto do filme, que é apenas um arquivo pequeno, e portanto basta fazer uma solicitação *GET* normal do HTTPS.

O player então interroga o dispositivo onde está sendo executado para descobrir sua resolução máxima e possivelmente outras características, como quais formatos de áudio ele pode suportar e quantos alto-falantes possui. Em seguida, ele começa a executar alguns testes, enviando mensagens de teste ao servidor para tentar estimar quanta largura de banda está disponível. Depois de descobrir qual resolução a tela tem e quanta largura de banda está disponível, o player consulta o manifesto para encontrar os primeiros, digamos, 10 segundos do filme que oferecem a melhor qualidade para a tela e largura de banda disponível.

Contudo, esse não é o fim da história. Enquanto o filme é reproduzido, o player continua a executar testes de largura de banda. Cada vez que precisa de mais conteúdo, ou seja, quando a quantidade de mídia no buffer atinge o limite inferior, ele consulta novamente o manifesto e solicita o arquivo apropriado, dependendo de onde está no filme e de qual resolução e taxa de quadros deseja. Se a largura de banda variar muito durante a reprodução, o filme mostrado pode mudar de 8K a 100 quadros/s para HD a 25 quadros/s e depois retornar várias vezes por minuto. Desse modo, o sistema se adapta rapidamente às mudanças nas condições da rede e permite a melhor experiência de visualização, de acordo com os recursos disponíveis. Empresas como Netflix publicaram informações sobre como adaptam a taxa de bits de um stream de vídeo com base na ocupação do buffer de reprodução (Huang et al., 2014). Um exemplo pode ser visto na Figura 7.35.

Na Figura 7.35, conforme a largura de banda diminui, o player decide solicitar versões com resolução cada vez mais baixa. No entanto, ele também poderia ter se ajustado de outras maneiras. Por exemplo, enviar 300 quadros para uma exibição de 10 segundos requer menos largura de banda do que enviar 600 ou 1200 quadros para uma exibição de 10 segundos, mesmo com boa compressão. Em um artifício real, ele também poderia ter pedido uma versão de 10 quadros/s a 480 × 320 em preto e branco com som mono, se isso estivesse no manifesto. O DASH permite que o player se adapte às novas circunstâncias para dar ao usuário a melhor experiência possível. O comportamento do player e como ele solicita os segmentos varia dependendo da natureza do serviço de reprodução e do dispositivo. Serviços cujo objetivo é evitar novos eventos de buffering podem solicitar um grande número de segmentos antes de reproduzir o vídeo e solicitar segmentos em lotes; outros serviços, cujo objetivo é a interatividade, podem buscar segmentos DASH em um ritmo mais consistente e uniforme.

O DASH ainda está evoluindo. Por exemplo, há trabalho em andamento para reduzir a latência (Le Feuvre et al., 2015), melhorar a robustez (Wang e Ren, 2019), imparcialidade (Altamini, S., e Shirmohammadi, S., 2019), suporte à realidade virtual (Ribezzo et al., 2018) e aceitar melhor os vídeos 4K (Quinlan e Sreenan, 2018).

Atualmente, DASH é o método mais comum para streaming de vídeo, embora existam algumas alternativas

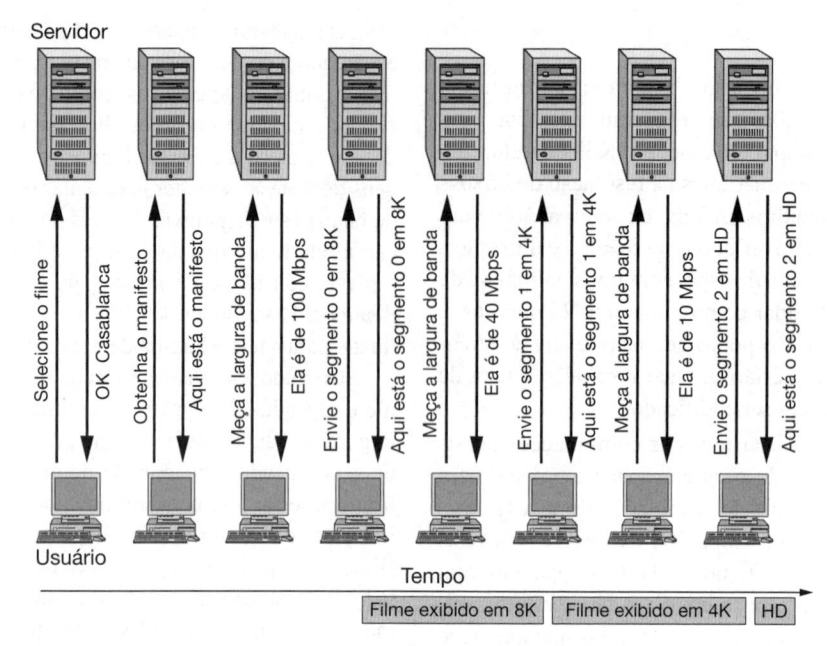

Figura 7.35 DASH usado para mudar o formato enquanto um filme é exibido.

que valem a pena discutir. O **HLS (HTTP Live Streaming)** da Apple também funciona em um navegador que usa HTTP. É o método preferido para exibir vídeos no Safari em iPhones, iPads, MacBooks e todos os dispositivos Apple. Também é muito utilizado por navegadores como Microsoft Edge, Firefox e Chrome, em plataformas Windows, Linux e Android. Ele também é compatível com muitos consoles de jogos, smart TVs e outros dispositivos que podem reproduzir conteúdo multimídia.

Como o DASH, o HLS requer que o servidor codifique o filme em várias resoluções e taxas de quadro, com cada segmento cobrindo apenas alguns segundos de vídeo, para oferecer uma adaptação rápida às variações nas condições. O HLS também tem outros recursos, incluindo avanço rápido, retrocesso rápido, legendas em vários idiomas e muito mais. Ele é descrito na RFC 8216.

Embora os princípios básicos sejam os mesmos, DASH e HLS diferem em alguns aspectos. DASH é adepto ao codec, o que significa que funciona com vídeos usando qualquer algoritmo de codificação. O HLS funciona apenas com algoritmos compatíveis com a Apple, mas como estes incluem H.264 e H.265, essa diferença é pequena porque quase todos os vídeos usam um deles. O DASH permite que terceiros insiram anúncios facilmente no fluxo de vídeo, o que o HLS não faz. O DASH pode lidar com esquemas arbitrários de gerenciamento de direitos digitais, enquanto o HLS suporta apenas o próprio sistema da Apple.

DASH é um padrão oficial aberto, enquanto o HLS é um produto patenteado. Mas isso é uma via de mão dupla. Como o HLS tem um patrocinador poderoso por trás dele, ele está disponível em muito mais plataformas do que o DASH e as implementações são extremamente estáveis. Contudo, o YouTube e a Netflix usam DASH. No entanto, o DASH não tem suporte nativo em dispositivos iOS. Muito provavelmente, os dois protocolos continuarão a coexistir nos próximos anos.

O streaming de vídeo tem sido uma grande força motriz da Internet há décadas. Para ver uma retrospectiva, consulte Li et al. (2013).

Um desafio contínuo com streaming de vídeo é estimar a **QoE (Quality of Experience)** do usuário, que é, informalmente, o quanto um usuário está satisfeito com o desempenho da aplicação. Obviamente, medir a QoE diretamente é um desafio (requer perguntar aos usuários sobre sua experiência), mas as operadoras de rede estão cada vez mais buscando determinar quando os aplicativos de streaming de vídeo passam por condições que podem afetar a experiência do usuário. De modo geral, os parâmetros que as operadoras pretendem estimar são o atraso de inicialização (quanto tempo um vídeo leva para começar a ser exibido), a resolução do vídeo e quaisquer ocorrências de paralisação ("rebuffering"). Pode ser um desafio identificar esses eventos em um fluxo de vídeo criptografado, especialmente para um ISP que não tem acesso ao software cliente; as técnicas de aprendizado de máquina estão cada vez mais sendo usadas para deduzir a qualidade da aplicação a partir de fluxos de tráfego de vídeo criptografados (Mangla et al., 2018; e Bronzino et al., 2020).

7.4.4 Streaming em tempo real

Não apenas os vídeos gravados são tremendamente populares na Web. O streaming em tempo real também é muito popular. Quando foi possível fornecer áudio e vídeo pela Internet, as estações comerciais de rádio e TV tiveram a ideia de transmitir seu conteúdo pela Internet, assim como pelo ar. Não muito tempo depois disso, as estações de faculdades começaram a colocar seus sinais pela Internet. Em seguida, os *alunos* das faculdades iniciaram suas próprias transmissões pela Internet.

Hoje, pessoas e empresas de todos os tamanhos realizam stream de áudio e vídeo ao vivo. A área é um manancial de inovação à medida que as tecnologias e os padrões evoluem. O streaming de mídia ao vivo é usado em chamadas on-line pelas principais estações de televisão – chamado **IPTV (IP TeleVision)** – e também em transmissão radiofônica de broadcast – chamado **rádio via Internet**. Tanto IPTV quanto rádio via Internet alcançam audiências no mundo inteiro para eventos que variam de desfiles de moda até a Copa do Mundo de futebol e diversas disputas ao vivo. O streaming ao vivo por IP é usado como uma tecnologia dos provedores a cabo, para montar seus próprios sistemas de broadcast. E é muito usado em operações de menor orçamento, desde sites adultos até zoológicos. Com a tecnologia atual, praticamente qualquer um pode iniciar streaming ao vivo rapidamente e com pouca despesa.

Uma técnica para o streaming ao vivo é gravar programas em disco. Os espectadores podem se conectar aos arquivamentos do servidor, puxar qualquer programa e baixá-lo para escutar. Um **podcast** é um episódio recuperado dessa maneira.

O streaming de eventos ao vivo acrescenta novas complicações à mistura, pelo menos às vezes. Para esportes, noticiários e anúncios políticos com longas e tediosas falas, o método da Figura 7.34 ainda funciona. Quando um usuário efetua o login em um site que está cobrindo um evento ao vivo, nenhum vídeo aparece durante alguns segundos, enquanto o buffer está se enchendo. Depois disso, tudo funciona como se ele estivesse assistindo a um filme. O player retira os dados do buffer, que é continuamente alimentado pelos dados do evento ao vivo. A única diferença real é que, quando há streaming de um filme de um servidor, este potencialmente pode carregar 10 segundos de filme em um segundo se a conexão for rápida o bastante. Com um evento ao vivo, isso não é possível.

Voz sobre IP

Um bom exemplo de streaming em tempo real em que o buffering não é possível é no uso da Internet para transmitir chamadas telefônicas (possivelmente com vídeo, como Skype e FaceTime). Antes, as chamadas de voz se faziam pela rede telefônica pública comutada, e o tráfego da rede era principalmente voz, com um pouco de tráfego de dados aqui e ali. Depois vieram a Internet e a Web. O tráfego de dados cresceu mais e mais, até que, por volta de 1999, havia tanto tráfego de dados quanto de voz (como a voz agora é digitalizada, ambos podem ser medidos em bits).

Por volta de 2002, o volume do tráfego de dados era uma ordem de grandeza a mais que o volume do tráfego de voz, e ainda crescendo exponencialmente, com o tráfego de voz permanecendo quase estático. Agora, o tráfego de dados tem várias ordens de grandeza a mais que o tráfego de voz.

A consequência desse crescimento tem sido a absorção da rede telefônica. O tráfego de voz agora é transportado usando tecnologias de Internet e representa apenas uma pequena fração da largura de banda da rede. Essa tecnologia revolucionária é conhecida como **voz sobre IP**, e também como **telefonia via Internet**. Ela também têm esse nome quando as chamadas incluem vídeo ou contam com vários participantes, ou seja, nas videoconferências.

A maior diferença entre o streaming de um filme pela Internet e a telefonia via Internet é a necessidade de baixa latência. A rede telefônica permite uma latência unidirecional de até 150 ms para um uso aceitável, após a qual o atraso começa a incomodar os participantes. (Chamadas internacionais podem ter uma latência de até 400 ms, um ponto em que a experiência do usuário está longe de ser positiva.)

Essa baixa latência é difícil de conseguir. Certamente, o buffering de 5 a 10 segundos de mídia não vai funcionar (como seria para o broadcasting de um evento esportivo ao vivo). Em vez disso, sistemas de vídeo e voz sobre IP precisam ser projetados com uma série de técnicas para minimizar a latência. Esse objetivo significa começar com UDP como uma escolha clara, em vez de TCP, pois as retransmissões do TCP introduzem pelo menos uma ida e volta de atraso.

No entanto, algumas formas de latência não podem ser reduzidas, mesmo com UDP. Por exemplo, a distância entre Seattle e Amsterdã é próxima de 8.000 km. O atraso de propagação na velocidade da luz para essa distância em fibra óptica é de 40 ms, com muita sorte. Na prática, o atraso de propagação pela rede será maior, pois cobrirá uma distância maior (os bits não seguem uma grande rota circular) e haverá atrasos de transmissão à medida que cada roteador IP armazenar e encaminhar um pacote. Esse atraso fixo é engolido pelo atraso considerado aceitável.

Outra fonte de latência está relacionada ao tamanho do pacote. Em geral, pacotes grandes são a melhor maneira de usar a largura de banda da rede, pois são mais eficientes. Contudo, em uma taxa de amostragem de áudio de 64 kbps, um pacote de 1 KB levaria 125 ms para ser preenchido (e ainda mais, se as amostras forem comprimidas). Esse atraso consumiria a maior parte do atraso geral permitido. Além disso, se o pacote de 1 KB for enviado por um enlace com acesso de banda larga que trabalha com apenas 1 Mbps, ele precisará de 8 ms para ser transmitido. Depois, acrescente outros 8 ms para o pacote passar pelo enlace de banda larga na outra extremidade. É claro que pacotes grandes não funcionarão.

Em vez disso, os sistemas de voz sobre IP utilizam pacotes curtos, para reduzir a latência ao custo da eficiência da largura de banda. Eles mantêm amostras de áudio em lotes de unidades menores, normalmente 20 ms. A 64 kbps, isso significa 160 bytes de dados, menos com compactação. Todavia, por definição, o atraso dessa divisão em pacotes será de 20 ms. O atraso de transmissão também será menor porque o pacote é mais curto. Em nosso exemplo, ele seria reduzido para algo em torno de 1 ms. Usando pacotes curtos, o atraso mínimo em uma direção para um pacote de Seattle a Amsterdã seria reduzido de um tempo inaceitável de 181 ms (40 + 125 + 16) para um tempo aceitável de 62 ms (40 + 20 + 2).

Ainda não falamos sobre o overhead do software, mas ele também consome parte do atraso considerado aceitável. Isso é especialmente verdadeiro para vídeo, pois a compressão costuma ser necessária para incluí-lo na largura de banda disponível. Diferentemente do streaming de um arquivo armazenado, não há tempo para haver um codificador computacionalmente intenso para altos níveis de compressão. O codificador e o decodificador precisam trabalhar com muita rapidez.

O buffering ainda é necessário para reproduzir as amostras de mídia em tempo (para evitar áudio ininteligível ou vídeo com paradas), mas a quantidade de buffering precisa ser muito pequena, pois o tempo restante em nosso atraso aceitável é medido em milissegundos. Quando um pacote leva muito tempo para chegar, o player pula as amostras que faltam, talvez reproduzindo o ruído ambiente ou repetindo um quadro para mascarar a perda ao usuário. Há um compromisso entre o tamanho do buffer usado para lidar com o jitter e a quantidade de mídia que é perdida. Um buffer menor reduz a latência, mas resulta em mais perda, devido ao jitter. Como consequência, quando o tamanho do buffer diminui, a perda é observada pelo usuário.

Os leitores atentos podem ter notado que não falamos nada sobre os protocolos da *camada de rede* até aqui nesta seção. A rede pode reduzir a latência ou, pelo menos, o jitter, usando mecanismos de qualidade de serviço. O motivo para que esse problema não tenha aparecido antes é que o streaming é capaz de operar com latência substancial, mesmo no caso de streaming ao vivo. Se a latência não for um problema importante, um buffer no host final será suficiente para tratar do problema do jitter. Contudo, para conferência em tempo real, normalmente é importante fazer a rede reduzir o atraso e o jitter para ajudar a cumprir o atraso permitido. O único momento em que isso não é importante é quando existe tanta largura de banda da rede disponível que todos recebem um bom serviço.

No Capítulo 5, descrevemos dois mecanismos de qualidade de serviço que ajudam nesse objetivo. Um deles é DS (Differentiated Services), em que os pacotes são marcados como pertencentes a diferentes classes, que recebem tratamento diferente dentro da rede. A marcação apropriada para pacotes de voz sobre IP é baixo atraso. Na prática, os sistemas definem o ponto de código DS para o valor bem conhecido para a classe *Expedited Forwarding* com o tipo de serviço *Low Delay*. Isso é útil em especial para enlaces de acesso de banda larga, que tendem a ficar congestionados quando o tráfego da Web ou outro tráfego compete no uso do enlace. Dado um caminho de rede estável, atraso e jitter são aumentados pelo congestionamento. Cada pacote de 1 KB leva 8 ms para ser enviado por um enlace de 1 Mbps, e um pacote de voz sobre IP trará consigo esses atrasos se tiver que ficar em uma fila atrás do tráfego da Web. Contudo, com uma marca de baixo atraso (*Low Delay*), os pacotes de voz sobre IP saltarão à frente da fila, adiantando-se aos pacotes Web e reduzindo seu atraso.

O segundo mecanismo que pode reduzir o atraso é garantir que haja largura de banda suficiente. Se a largura de banda disponível variar ou a taxa de transmissão flutuar (como no vídeo compactado) e às vezes não houver largura de banda suficiente, filas serão criadas, o que aumentará o atraso. Isso ocorrerá mesmo com DS. Para garantir uma largura de banda suficiente, uma reserva pode ser feita com a rede. Essa capacidade é fornecida pelos serviços integrados.

Infelizmente, isso não é muito implantado. Em vez disso, as redes são projetadas para um nível de tráfego esperado ou os clientes da rede recebem acordos de nível de serviço para determinado nível de tráfego. As aplicações precisam operar abaixo desse nível, para evitar causar congestionamento e introduzir atrasos desnecessários. Para a videoconferência casual em casa, o usuário pode escolher uma qualidade de vídeo como um proxy para necessidades de largura de banda, ou o software pode testar o caminho da rede e selecionar uma qualidade apropriada automaticamente.

Qualquer um desses fatores pode fazer a latência ser inaceitável, de modo que a conferência em tempo real requer que se preste atenção em todos eles. Para obter uma visão geral de voz sobre IP e uma análise desses fatores, consulte Sun et al. (2015).

Agora que já discutimos o problema da latência no caminho do streaming de mídia, vamos prosseguir para o outro problema principal que os sistemas de conferência precisam resolver: como estabelecer e encerrar chamadas. Veremos dois protocolos que são muito utilizados para essa finalidade, H.323 e SIP. Skype e FaceTime são outros sistemas importantes, mas seu funcionamento interno é fechado.

H.323

Ficou claro para todos desde o início que, antes que as chamadas de voz e vídeo fossem feitas pela Internet, se cada fornecedor projetasse sua própria pilha de protocolos, o sistema nunca funcionaria. Para evitar esse problema, várias partes interessadas se reuniram sob o patrocínio da ITU para desenvolver padrões. Em 1996, a ITU emitiu a recomendação **H.323**, intitulada "Visual Telephone Systems and Equipment for Local Area Networks Which Provide a Non-Guaranteed Quality of Service" (ou seja, sistemas e equipamentos de telefonia visual para redes locais que oferecem uma qualidade de serviço não garantida). Só mesmo a indústria de telefonia pensaria em tal título. A recomendação rapidamente mudou para "Packet-based Multimedia Communications Systems" (sistemas de comunicações multimídia baseados em pacotes) na revisão de 1998. H.323 foi a base para os primeiros sistemas amplamente difundidos de conferência da Internet e continua sendo a solução mais utilizada.

H.323 é mais uma avaliação da arquitetura de telefonia da Internet do que um protocolo específico. Ela faz referência a um grande número de protocolos específicos para codificação de voz, configuração de chamadas, sinalização, transporte de dados e outras áreas, em vez de especificar propriamente cada um desses elementos. O modelo geral é representado na Figura 7.36. No centro há um **gateway** que conecta a Internet à rede de telefonia. Ele se comunica por meio dos protocolos H.323 no lado da Internet e dos protocolos PSTN no lado da rede telefônica. Os dispositivos de comunicação são chamados **terminais**. Uma LAN pode ter um **gatekeeper** (guardião) que controla os pontos extremos sob sua jurisdição, denominada **zona**.

Uma rede de telefonia necessita de vários protocolos. Para começar, existe um protocolo para codificação e decodificação de áudio e vídeo. As representações da telefonia padrão para um único canal de voz como 64 kbps de áudio digital (8 mil amostras de 8 bits por segundo) são definidas na recomendação **G.711** da ITU. Todos os sistemas H.323 devem ter suporte para a G.711. Outras codificações que comprimem a voz são permitidas, mas não exigidas. Os sistemas H.323 empregam diversos algoritmos de compressão e admitem diferentes relações entre qualidade e largura de banda. Para o vídeo, as formas MPEG de compressão de vídeo que descrevemos anteriormente são admitidas, incluindo H.264.

Tendo em vista que são possíveis diversos algoritmos de compressão, é necessário um protocolo para permitir que os terminais negociem o algoritmo que vão usar. Esse protocolo é chamado **H.245**. Ele também negocia outros aspectos da conexão, como a taxa de bits. O RTCP é necessário para controlar os canais do RTP. Também é preciso um protocolo para estabelecer e encerrar conexões, fornecer sinais de discagem, gerar sons de chamada e o restante da telefonia padrão. A ITU **Q.931** é usada aqui. Os terminais também precisam de um protocolo para se comunicar com o gatekeeper (se existir). Para esse propósito, é usado o **H.225**. O canal do PC para o gatekeeper que ele gerencia é chamado canal **RAS (Registration/Admission/Status)**, e permite que os terminais entrem e saiam da zona, solicitem e retornem largura de banda e forneçam atualizações de status, entre outras coisas. Por fim, é necessário um protocolo para a transmissão de dados reais – o RTP sobre UDP é usado com esse propósito. Ele é gerenciado pelo RTCP, como sempre. O posicionamento de todos esses protocolos é mostrado na Figura 7.37.

Para ver como esses protocolos funcionam juntos, considere o caso de um terminal de PC em uma LAN (com um gatekeeper) que chama um telefone remoto. Primeiro, o PC tem de descobrir o gatekeeper e, para isso, transmite por broadcast um pacote UDP de descoberta para a porta 1718. Quando o gatekeeper responde, o PC descobre seu endereço IP. Agora, o PC se registra com o gatekeeper, enviando a ele uma mensagem RAS em um pacote UDP. Depois que a mensagem é aceita, o PC envia ao gatekeeper uma mensagem RAS de admissão solicitando largura de banda. Só depois que a largura de banda for concedida será possível iniciar a configuração de chamada. A ideia de solicitar largura de banda com antecedência tem a finalidade de permitir ao gatekeeper limitar o número de chamadas, a fim de evitar saturar a linha de saída, e desse modo oferecer a qualidade de serviço necessária.

A propósito, o sistema telefônico faz a mesma coisa. Quando você pega o receptor, um sinal é enviado à central local. Se a central tiver capacidade de reserva suficiente para outra chamada, ela gerará um sinal de discagem. Se não, você não ouvirá nada. Hoje, o sistema é tão superdimensionado que o tom de discagem é quase sempre instantâneo, mas, nos primeiros dias da telefonia, normalmente isso levava alguns segundos. Assim, se seus netos lhe perguntarem "por que existem tons de discagem?", agora você já sabe. Até lá, porém, provavelmente os telefones não existirão mais.

Agora, o PC estabelece uma conexão TCP para o gatekeeper, a fim de iniciar a configuração de chamada. A configuração de chamada utiliza os protocolos existentes

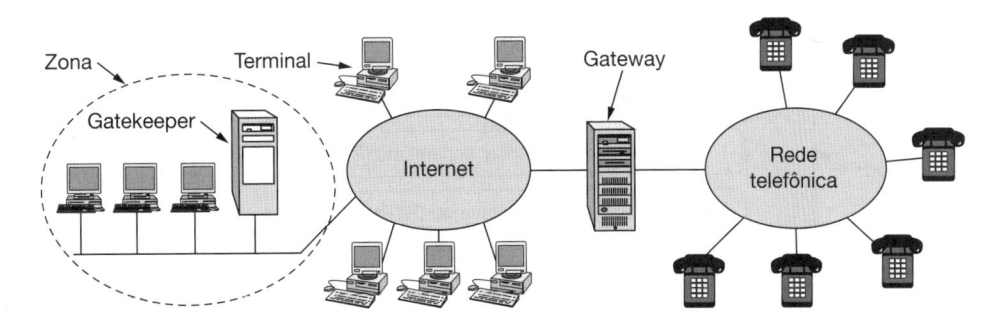

Figura 7.36 O modelo arquitetônico do H.323 para telefonia da Internet.

Áudio	Vídeo	Controle			
G.7xx	H.26x	RTCP	H.225 (RAS)	Q.931 (sinalização)	H.245 (controle de chamada)
RTP					
UDP			TCP		
IP					
Protocolo da camada de enlace					
Protocolo da camada física					

Figura 7.37 A pilha de protocolos H.323.

da rede telefônica, que são orientados a conexões e, portanto, o TCP é necessário. Em contrapartida, o sistema telefônico não tem nada semelhante ao RAS que permita aos telefones anunciar sua presença, e assim os projetistas do H.323 ficaram livres para usar o UDP ou o TCP para RAS. Eles optaram pelo UDP por ter um overhead mais baixo.

Depois que a largura de banda é alocada, o PC pode enviar uma mensagem Q.931 *SETUP* pela conexão TCP. Essa mensagem especifica o número do telefone que está sendo chamado (ou o endereço IP e a porta, se for uma chamada para um computador). O gatekeeper responde com uma mensagem Q.931 *CALL PROCEEDING* para confirmar o recebimento correto da solicitação. Então, o gatekeeper encaminha a mensagem *SETUP* para o gateway.

O gateway, que é metade computador e metade switch de telefonia, faz uma chamada telefônica comum para o telefone desejado (comum). A estação final à qual o telefone está conectado faz soar o sinal do telefone chamado e também envia de volta uma mensagem Q.931 *ALERT* para informar ao PC chamador que a chamada teve início. Quando a pessoa na outra extremidade da linha atende ao telefone, a estação final envia de volta uma mensagem Q.931 *CONNECT* para indicar ao PC que ele tem uma conexão.

Após o estabelecimento da conexão, o gatekeeper não está mais no loop, mas é claro que o gateway está. Os pacotes subsequentes ignoram o gatekeeper e vão diretamente para o endereço IP do gateway. Nesse momento, só temos um canal livre entre as duas partes. Trata-se apenas de uma conexão da camada física para movimentação de bits, e nada mais. Nenhum dos lados conhece detalhe algum sobre o outro.

O protocolo H.245 é usado agora para negociar os parâmetros da chamada. Ele usa o canal de controle H.245, que está sempre aberto. Cada lado começa anunciando seus recursos – por exemplo, se pode lidar com vídeo (o H.323 pode manipular vídeo) ou chamadas de conferência, quais codecs são aceitos, etc. Depois que cada lado sabe o que o outro pode usar, são configurados dois canais de dados unidirecionais, e também são atribuídos a cada parte um codec e outros parâmetros. Tendo em vista que cada lado pode ter um equipamento diferente, é possível que os codecs dos canais direto e reverso sejam diferentes. Depois de concluídas todas as negociações, o fluxo de dados pode começar a usar o RTP. Ele é gerenciado com o RTCP, que desempenha uma função importante no controle de congestionamento. Se houver vídeo presente, o RTCP vai lidar com a sincronização de áudio/vídeo. Os diversos canais são mostrados na Figura 7.38. Quando uma das partes desliga o telefone, o canal de sinalização de chamadas Q.931 é usado para liberar os recursos que não são mais necessários.

Quando a chamada termina, o PC que chama entra em contato com o gatekeeper novamente com uma mensagem

Chamador

- Canal de sinalização de chamada (Q.931)
- Canal de controle de chamada (H.245)
- Canal de dados de encaminhamento (RTP) →
- ← Canal de dados reverso (RTP)
- Canal de controle de dados (RTCP)

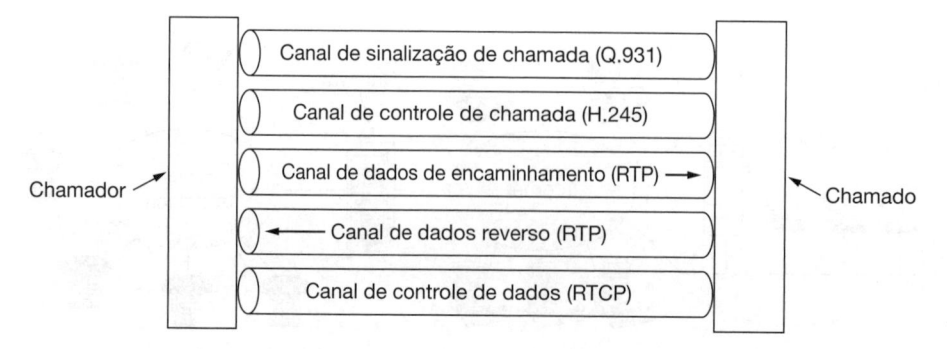

Chamado

Figura 7.38 Canais lógicos entre o chamador e o chamado durante a realização de uma chamada.

RAS para liberar a largura de banda que lhe foi atribuída. Como alternativa, ele pode fazer outra chamada.

Ainda não dissemos nada sobre a qualidade de serviço como parte do H.323, embora tenhamos dito que essa é uma parte importante para tornar a conferência em tempo real um sucesso. O motivo é que QoS está fora do escopo do H.323. Se a rede subjacente for capaz de produzir uma conexão estável, sem jitter, do PC que chama até o gateway, QoS na chamada será boa – caso contrário, não. Contudo, qualquer parte da chamada no lado do telefone estará livre de jitter, pois é assim que a rede telefônica foi projetada.

SIP – Session Initiation Protocol

O H.323 foi projetado pela ITU. Muitas pessoas na comunidade da Internet viam esse protocolo como um produto típico das empresas de telecomunicações: grande, complexo e inflexível. Consequentemente, a IETF estabeleceu um comitê para projetar uma forma mais simples e mais modular de utilizar voz sobre IP. O resultado mais importante até hoje é o **SIP (Session Initiation Protocol)**. A versão mais recente é descrita na RFC 3261, com muitas atualizações desde quando foi escrita. Esse protocolo descreve como preparar chamadas telefônicas via Internet, videoconferências e outras conexões de multimídia. Diferentemente do H.323, que é um conjunto de protocolos completo, o SIP tem um único módulo, mas foi projetado para interoperar bem com aplicações da Internet existentes. Por exemplo, ele define números de telefones como URLs, de forma que as páginas Web possam conter esses números, permitindo que um clique em um link inicie uma ligação telefônica (da mesma forma que o esquema *mailto* permite que um clique sobre um link abra um programa para enviar uma mensagem de e-mail).

O SIP pode estabelecer sessões entre duas partes (ligações telefônicas comuns), sessões de várias partes (em que todos podem ouvir e falar) e sessões de multicast (com um transmissor e muitos receptores). As sessões podem conter áudio, vídeo ou dados, sendo que os dados são úteis, por exemplo, para jogos em tempo real com vários participantes. O SIP cuida apenas da configuração, do gerenciamento e do encerramento de sessões. Outros protocolos, como RTP/RTCP, são usados para transporte de dados. O SIP é um protocolo da camada de aplicação e pode funcionar sobre o UDP ou o TCP, conforme a necessidade.

O SIP admite uma grande variedade de serviços, inclusive localização de quem está sendo chamado (que pode não estar em sua máquina local) e determinação dos recursos de chamada, bem como tratamento do mecanismo de configuração e encerramento de chamadas. No caso mais simples, o SIP configura uma sessão entre o computador do chamador e o computador de quem é chamado, portanto, vamos examinar primeiro esse caso.

Os números de telefones no SIP são representados como URLs que utilizam o esquema *sip*, por exemplo, *sip:elisa@cs.university.edu*, para uma usuária chamada Elisa no host especificado pelo nome DNS *cs.university.edu*. Os URLs do SIP também podem conter endereços IPv4, endereços IPv6 ou números de telefone reais.

O protocolo SIP é baseado em texto modelado sobre o HTTP. Uma parte envia uma mensagem em texto ASCII que consiste em um nome do método na primeira linha, seguido por outras linhas contendo cabeçalhos para passagem de parâmetros. Muitos cabeçalhos são tirados do MIME para permitir ao SIP interoperar com aplicações da Internet existentes. Os seis métodos definidos pela especificação do núcleo estão listados na Figura 7.39.

Para estabelecer uma sessão, o chamador cria uma conexão TCP com o chamado e envia uma mensagem *INVITE* sobre ela, ou então envia a mensagem *INVITE* em um pacote UDP. Em ambos os casos, os cabeçalhos da segunda linha e das linhas seguintes descrevem a estrutura do corpo da mensagem, que contém os recursos do chamador, tipos de mídia e formatos. Se quem foi chamado aceitar a ligação, ele responderá com um código de resposta do tipo HTTP (um número de três dígitos usando os grupos da Figura 7.26; 200 significa aceitação). Após a linha do código de resposta, o chamado também pode fornecer informações sobre seus recursos, tipos de mídia e formatos.

A conexão é feita com o uso de um handshake de três vias, de forma que o chamador responde com uma mensagem *ACK* para finalizar o protocolo e confirmar o recebimento da mensagem 200.

Método	Descrição
INVITE	Solicita o início de uma sessão
ACK	Confirma que uma sessão foi iniciada
BYE	Solicita o término de uma sessão
OPTIONS	Consulta um host sobre seus recursos
CANCEL	Cancela uma solicitação pendente
REGISTER	Informa um servidor de redirecionamento sobre a localização atual do usuário

Figura 7.39 Métodos SIP.

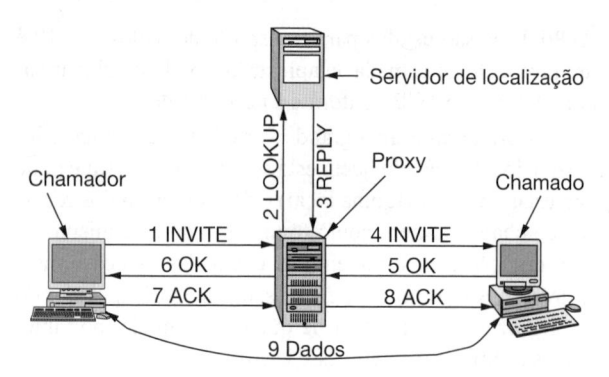

Figura 7.40 O uso de um servidor proxy e redirecionamento com SIP.

Qualquer uma das partes pode solicitar o término de uma sessão enviando uma mensagem que contém o método *BYE*. Quando o outro lado confirmar, a sessão será encerrada.

O método *OPTIONS* é usado para consultar uma máquina sobre seus próprios recursos. Em geral, ele é usado antes de uma sessão ser iniciada, a fim de descobrir se essa máquina é capaz de se comunicar usando voz sobre IP ou se está sendo utilizado qualquer outro tipo de sessão.

O método *REGISTER* se relaciona com a habilidade do SIP em localizar um usuário que está longe de casa e se conectar a ele. Essa mensagem é enviada a um servidor de localização do SIP que controla a localização de cada usuário. Esse servidor pode ser consultado mais tarde para descobrir a localização atual do usuário. A operação de redirecionamento é ilustrada na Figura 7.40. Aqui, o chamador envia a mensagem *INVITE* a um servidor proxy para ocultar o possível redirecionamento. Então, o proxy procura o usuário e envia a mensagem *INVITE* a ele. Em seguida ele atua como um repasse às mensagens subsequentes no handshake de três vias. As mensagens *LOOKUP* e *REPLY* não fazem parte do SIP; qualquer protocolo conveniente pode ser usado, dependendo do tipo de servidor de localização usado.

O SIP tem uma grande variedade de outros recursos que não descreveremos aqui, inclusive a espera de chamadas, triagem de chamadas, criptografia e autenticação. Ele também tem a capacidade de efetuar chamadas de um computador para um telefone comum, se houver um gateway apropriado disponível entre a Internet e o sistema de telefonia.

Comparação entre H.323 e SIP

O H.323 e o SIP permitem chamadas entre duas ou mais partes usando computadores e telefones como terminais. Ambos admitem negociação de parâmetros, criptografia e protocolos RTP/RTCP. Um resumo das semelhanças e diferenças entre eles é apresentado na Figura 7.41.

Embora os conjuntos de características sejam semelhantes, os dois protocolos diferem bastante na filosofia.

O H.323 é um padrão pesado, típico da indústria de telefonia, especificando a pilha de protocolos completa e definindo com precisão o que é permitido e o que é proibido. Essa abordagem leva a protocolos muito bem definidos em cada camada, facilitando a tarefa de interoperabilidade. O preço pago é um padrão grande, complexo e rígido, difícil de adaptar a aplicações futuras.

Ao contrário, o SIP é um protocolo típico da Internet e funciona permutando pequenas linhas de texto ASCII. Esse é um módulo leve que interopera bem com outros protocolos da Internet, mas não muito bem com os protocolos de sinalização do sistema telefônico existente. Pelo fato de o modelo de voz sobre IP da IETF ser altamente modular, ele é flexível e pode ser adaptado com facilidade a novas aplicações. A desvantagem reside nos problemas potenciais de interoperabilidade, enquanto as pessoas tentam interpretar o que o padrão significa.

7.5 ENTREGA DE CONTEÚDO

Houve uma época em que a Internet era toda comunicação ponto a ponto, como a rede telefônica. No início, os acadêmicos se comunicavam com máquinas remotas, fazendo login pela rede para realizar suas tarefas. As pessoas usaram o e-mail para se comunicar umas com as outras por um longo tempo, e agora também usam vídeo e voz sobre IP. Contudo, como a Web cresceu, a Internet tornou-se mais relativa a conteúdo do que comunicação. Muitas pessoas usam a Web para buscar informações, e existe uma vasta quantidade de download de música, vídeos e outros tipos de material. A passagem para o conteúdo foi tão pronunciada que a maior parte da largura de banda da Internet agora é usada para entregar vídeos armazenados.

Como a tarefa de distribuir conteúdo é diferente daquela da comunicação, ela impõe diferentes requisitos sobre a rede. Por exemplo, se Sandra quiser falar com Júnior, ela pode fazer uma chamada de voz sobre IP para o dispositivo móvel dele. A comunicação precisa ser com um computador em particular – não será possível chamar o computador de Paulo. Todavia, se Júnior quiser assistir à última partida de futebol de seu time, ele ficará satisfeito com o streaming de vídeo de qualquer computador que possa oferecer o serviço. Ele não se importa se o computador é o de Sandra ou o de Paulo ou, mais provavelmente, um servidor desconhecido na Internet. Ou seja, o local não importa para o conteúdo, exceto pelo aspecto do desempenho (e da legalidade).

A outra diferença é que alguns sites que oferecem conteúdo se tornaram incrivelmente populares. YouTube é um exemplo clássico. Ele permite que os usuários compartilhem vídeos de sua própria criação, sobre qualquer assunto que se possa imaginar. Muitas pessoas querem fazer isso – o restante de nós quer apenas assistir. O tráfego da Internet

Item	H.323	SIP
Projetado por	ITU	IETF
Compatibilidade com PSTN	Sim	Ampla
Compatibilidade com a Internet	Sim, com o tempo	Sim
Arquitetura	Monolítica	Modular
Completeza	Pilha de protocolos completa	SIP lida apenas com a configuração
Negociação de parâmetros	Sim	Sim
Sinalização de chamadas	Q.931 sobre TCP	SIP sobre TCP ou UDP
Formato de mensagens	Binário	ASCII
Transporte de mídia	RTP/RTCP	RTP/RTCP
Chamadas de vários participantes	Sim	Sim
Conferências de multimídia	Sim	Não
Endereçamento	URL ou número de telefone	URL
Término de chamadas	Explícito ou encerramento por TCP	Explícito ou por timeout
Mensagens instantâneas	Não	Sim
Criptografia	Sim	Sim
Tamanho do documento de padrões	1.400 páginas	250 páginas
Implementação	Grande e complexa	Moderada, mas há problemas
Status	Distribuído, esp. vídeo	Alternativo, esp. voz

Figura 7.41 Comparação entre H.323 e SIP.

hoje é mais de 70% streaming de vídeo, com a maioria desse tipo de tráfego sendo entregue por um pequeno número de provedores de conteúdo.

Nenhum servidor isolado é poderoso ou confiável o bastante para lidar com um nível de demanda desse tipo. Em vez disso, YouTube, Netflix e outros grandes provedores de conteúdo montam suas próprias redes de distribuição de conteúdo. Essas redes usam centros de dados espalhados pelo mundo inteiro para atender com conteúdo a um número extremamente grande de clientes, com bom desempenho e disponibilidade.

As técnicas usadas para distribuição de conteúdo foram desenvolvidas com o tempo. Desde cedo, com o crescimento da Web, sua popularidade quase foi sua ruína. Mais demandas por conteúdo levaram a servidores e redes que constantemente ficavam sobrecarregados. Muitas pessoas começaram a chamar a WWW de *World Wide Wait* (espera de alcance mundial). Para reduzir os atrasos sem fim, os pesquisadores também desenvolveram diferentes arquiteturas para usar a largura de banda para distribuir conteúdo.

Uma arquitetura comum para a distribuição de conteúdo é uma **CDN (Content Delivery Network)**, às vezes chamada de **Content Distribution Network**. Uma CDN é efetivamente um grande conjunto de caches distribuídos, que em geral enviam o conteúdo diretamente para os clientes. Antigamente, as CDNs eram limitadas a grandes provedores de conteúdo – um provedor de conteúdo com material muito popular paga a uma CND, como Akamai, para distribuir seu conteúdo, efetivamente preenchendo seus caches antecipadamente com o conteúdo que precisava ser distribuído. Hoje, muitos grandes provedores de conteúdo, incluindo Netflix, Google e até mesmo muitos ISPs que hospedam seu próprio conteúdo (p. ex., Comcast), operam suas próprias CDNs.

Outra forma de distribuir conteúdo é por meio de uma rede **P2P (Peer-to-Peer)**, em que os componentes enviam conteúdo uns para os outros, geralmente sem servidores providos separadamente ou sem ponto de controle central algum. Essa ideia capturou a imaginação das pessoas porque, atuando juntos, muitos pequenos participantes podem conseguir uma boa fatia.

7.5.1 Conteúdo e tráfego na Internet

Para projetar e preparar redes que funcionam bem, precisamos entender o tráfego que elas precisam transportar. Com a mudança para conteúdo, por exemplo, os servidores migraram de escritórios da empresa para centros de dados da Internet, que oferecem grandes quantidades de máquinas com excelente conectividade de rede. Hoje, para usar até mesmo um servidor pequeno, é mais fácil e mais barato alugar um servidor virtual hospedado em um centro de dados da Internet do que operar uma máquina real em casa ou no escritório, com conectividade de banda larga com a Internet.

O tráfego na Internet é altamente tendencioso. Muitas propriedades com as quais estamos acostumados são agrupadas ao redor de uma média. Por exemplo, a maioria dos adultos está próxima da altura média. Existem algumas pessoas altas e algumas pessoas baixas, mas poucos são muito altos ou muito baixos. Da mesma forma, a maioria dos romances possui centenas de páginas, muito poucos têm 20 ou 10 mil páginas. Para esses tipos de propriedades, é possível projetar para um intervalo que não seja muito grande, mas que capture a maioria da população.

O tráfego da Internet não é assim. Por muito tempo, soube-se que existe um pequeno número de sites com um tráfego maciço (p. ex., Google, YouTube e Facebook) e um grande número de sites com muito pouco tráfego.

A experiência com lojas de aluguel de vídeo, bibliotecas públicas e outras organizações desse tipo mostra que nem todos os itens são igualmente populares. Experimentalmente, quando N filmes estão disponíveis, a fração de todas as solicitações para o k-ésimo mais popular é aproximadamente C/k. Aqui, C é calculado para normalizar a soma como 1, ou seja,

$$C = 1/(1 + 1/2 + 1/3 + 1/4 + 1/5 + \ldots + 1/N)$$

Assim, o filme mais popular é sete vezes mais popular que o filme número sete. Esse resultado é conhecido como **lei de Zipf** (Zipf, 1949). Ela tem o nome de George Zipf, professor de linguística na Harvard University, que observou que a frequência do uso de uma palavra em um grande corpo de texto é inversamente proporcional à sua classificação. Por exemplo, a 40ª palavra mais comum é usada pelo dobro de vezes que a 80ª palavra mais comum e três vezes mais que a 120ª palavra mais comum.

Uma distribuição de Zipf aparece na Figura 7.42(a). Ela captura a noção de que existe um pequeno número de itens populares e muitos itens não populares. Para reconhecer as distribuições dessa forma, é conveniente desenhar os dados em uma escala logarítmica nos dois eixos, como mostra a Figura 7.42(b). O resultado deverá ser uma linha reta.

Quando as pessoas viram a popularidade das páginas Web, isso também seguiu aproximadamente a lei de Zipf (Breslay et al., 1999). Uma distribuição de Zipf é um exemplo em uma família de distribuições conhecidas como **leis da potenciação**, que são evidentes em muitos fenômenos humanos, como a distribuição de populações e riquezas na cidade. Elas têm a mesma propensão para descrever poucos grandes participantes e muitos participantes menores, e também aparecem como uma linha reta em um gráfico logarítmico nos dois eixos. Logo, descobriu-se que a topologia da Internet poderia ser descrita de forma aproximada com leis da potenciação (Siganos et al., 2003). Em seguida, os pesquisadores começaram a desenhar cada propriedade imaginável da Internet em uma escala logarítmica, observando uma linha reta e gritando: "Lei da potenciação!".

Entretanto, o que importa mais do que uma linha reta em um gráfico logarítmico nos dois eixos é o que essas distribuições significam para o projeto e para o uso de redes. Dadas as muitas formas de conteúdo que possuem distribuições da lei de Zipf ou da potenciação, parece fundamental que os sites na Internet sejam como Zipf em popularidade. Isso, por sua vez, significa que um site *normal* não é uma representação útil. Os sites são mais bem descritos como populares ou impopulares. Os dois tipos importam. A importância dos sites populares é óbvia, pois poucos deles já podem ser responsáveis pela maior parte do tráfego na Internet. Talvez seja surpresa saber que os sites impopulares também importam. Isso porque a quantidade total de tráfego direcionado para eles pode se acumular e se tornar uma grande fração do tráfego geral. O motivo é que existem muitos sites impopulares. A noção de que, coletivamente,

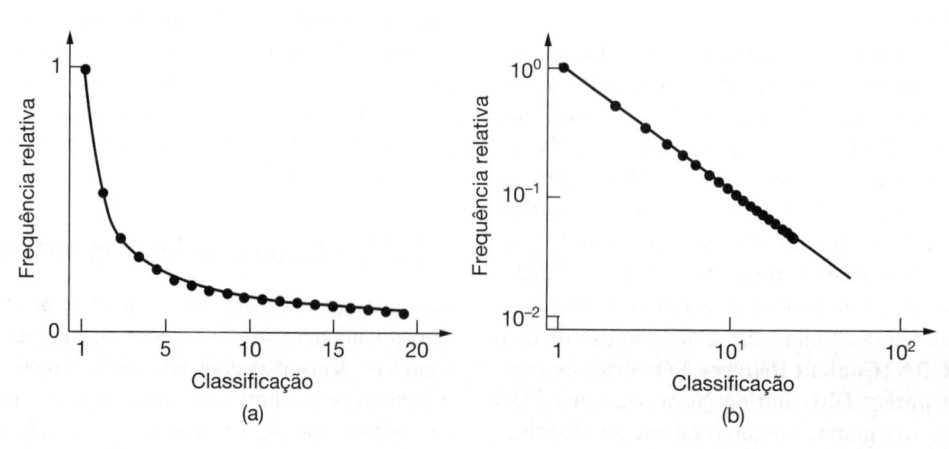

Figura 7.42 Distribuição de Zipf (a) em uma escala linear e (b) em uma escala logarítmica nos dois eixos.

muitas escolhas impopulares podem importar tem sido propagada por livros como *The Long Tail* (A cauda longa; Anderson, 2008a).

Para trabalhar de modo eficaz nesse mundo tendencioso, precisamos ser capazes de construir os dois tipos de sites. Os impopulares são fáceis de lidar. Usando DNS, muitos sites diferentes podem realmente apontar para o mesmo computador na Internet que executa todos os sites. Por sua vez, sites populares são difíceis de lidar. Não existe um único computador remotamente poderoso o suficiente, e o uso de um único computador tornaria o site inacessível para milhões de usuários *quando* (e não *se*) ele falhasse. Para lidar com esses sites, temos que criar sistemas de distribuição de conteúdo. Vamos averiguar isso em seguida.

7.5.2 Parques de servidores e proxies Web

Os projetos da Web que vimos até aqui têm uma única máquina servidora falando com várias máquinas clientes. Para montar grandes sites que funcionem bem, podemos agilizar o processamento no lado do servidor ou no lado do cliente. No lado do servidor, podem ser montados servidores mais poderosos como um parque de servidores, em que um cluster ou conjunto de computadores atua como um único servidor. No lado do cliente, o melhor desempenho pode ser alcançado com melhores técnicas de caching. Em particular, os caches proxy oferecem um grande cache compartilhado para um grupo de clientes.

Vamos descrever cada uma dessas técnicas, uma por vez. No entanto, observe que nenhuma delas é suficiente para montar os maiores sites. Esses sites populares exigem os métodos de distribuição de conteúdo que descreveremos nas próximas seções, que combinam comunicações em muitos locais.

Parques de servidores

Não importa quanta capacidade e largura de banda uma máquina tenha, ela só pode atender a muitas solicitações da Web enquanto a carga não for muito grande. A solução, nesse caso, é usar mais de um computador para criar um servidor Web. Isso nos leva ao modelo de **parque de servidores** da Figura 7.43.

A dificuldade com esse modelo aparentemente simples é que o conjunto de computadores que compõem o parque de servidores precisa se parecer com um único site lógico para os clientes. Se não, teremos simplesmente montado diferentes sites que funcionam em paralelo.

Existem várias soluções possíveis para fazer o conjunto de servidores parecer ser um único site. Todas as soluções assumem que qualquer um dos servidores pode lidar com uma solicitação de qualquer cliente. Para fazer isso, cada servidor precisa ter uma cópia do site. Os servidores aparecem como conectados a um banco de dados de back-end comum por meio de uma linha tracejada para essa finalidade.

A solução mais comum talvez seja usar o DNS para distribuir as solicitações entre os servidores do parque de servidores. Quando uma solicitação DNS é feita para o domínio DNS no URL da Web correspondente, o servidor DNS retorna uma resposta DNS que redireciona o cliente para um serviço de CDN (normalmente por uma referência de registro NS a um servidor de nomes que é autorizado para esse domínio), que por sua vez visa retornar ao cliente um endereço IP que corresponda a uma réplica do servidor próxima ao cliente. Se vários endereços IP forem retornados na resposta, o cliente geralmente tenta se conectar ao primeiro deles no conjunto de respostas fornecido. O efeito é que clientes diferentes entram em contato com servidores diferentes para acessar o mesmo site da Web, exatamente como pretendido, provavelmente um que esteja próximo ao cliente. Observe que esse processo, que às vezes é chamado de **mapeamento de cliente**, depende do servidor de nomes autorizado para saber a localização topológica ou geográfica do cliente. Discutiremos o mapeamento de cliente baseado em DNS com mais detalhes quando descrevermos as CDNs.

Atualmente, outra técnica popular para o balanceamento de carga é usar o **anycast IP**. Resumidamente, anycast IP é o processo pelo qual um único endereço IP pode ser anunciado a partir de vários pontos de conexão de rede diferentes (p. ex., uma rede na Europa e uma rede

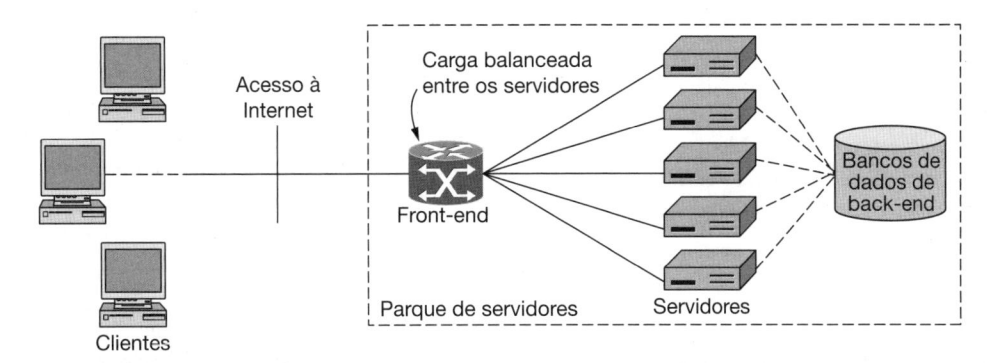

Figura 7.43 Um parque de servidores.

nos Estados Unidos). Se tudo correr bem, um cliente que busca entrar em contato com um determinado endereço IP acabará tendo seu tráfego roteado para a extremidade da rede mais próxima. Claro, como sabemos, o roteamento entre domínios na Internet nem sempre escolhe o caminho mais curto (ou mesmo o melhor) e, portanto, este método é muito mais granular e difícil de controlar do que o mapeamento de cliente baseado em DNS. No entanto, algumas CDNs grandes, como Cloudflare, usam o anycast IP em conjunto com o mapeamento de cliente baseado em DNS.

As outras soluções comuns são baseadas em um **front--end** que espalha as solicitações que chegam pelo pool de servidores no parque de servidores. Isso acontece mesmo quando o cliente contata o parque de servidores usando um endereço IP de destino. O front-end normalmente é um switch da camada de enlace ou um roteador IP, ou seja, um dispositivo que trata de quadros ou pacotes. Todas as soluções são baseadas no front-end (ou nos servidores) lendo os cabeçalhos da camada de rede, de transporte ou de aplicação e usando-os de maneiras fora do padrão. Uma solicitação e uma resposta na Web são transportadas como uma conexão TCP. Para funcionar corretamente, o front-end precisa distribuir todos os pacotes para uma solicitação ao mesmo servidor.

Um projeto simples é que o front-end envie por broadcast, para todos os servidores, todas as solicitações que chegarem. Cada servidor responde somente a uma fração das solicitações por acordo anterior. Por exemplo, 16 servidores poderiam examinar o endereço IP de origem e responder ao solicitante somente se os 4 últimos bits do endereço IP de origem combinarem com seus seletores configurados. Outros pacotes são descartados. Embora isso seja um desperdício da largura de banda que chega, normalmente as respostas são muito maiores do que a solicitação, de modo que não é tão ineficaz quanto parece.

Em um projeto mais geral, o front-end pode inspecionar os cabeçalhos IP, TCP e HTTP dos pacotes e mapeá-los arbitrariamente para um servidor. O mapeamento é chamado política de **balanceamento de carga**, pois o objetivo é balancear a carga de trabalho entre os servidores. A política pode ser simples ou complexa. Uma política simples poderia usar os servidores um após o outro, um por vez, ou em forma de rodízio. Com essa técnica, o front-end precisa se lembrar do mapeamento para cada solicitação, de modo que os pacotes seguintes que fazem parte da mesma solicitação sejam enviados ao mesmo servidor. Além disso, para tornar o site mais confiável do que um único servidor, o front-end deve observar quando os servidores falharam e parar de enviar solicitações a eles.

Proxies Web

O caching melhora o desempenho encurtando o tempo de resposta e reduzindo a carga na rede. Se o navegador puder determinar que uma página em cache é válida por si só, a página poderá ser capturada do cache imediatamente, sem nenhum tráfego na rede. Contudo, mesmo que o navegador tenha que pedir confirmação do servidor para saber se a página é válida, o tempo de resposta é curto e a carga da rede é reduzida, especialmente para páginas grandes, pois apenas uma mensagem pequena precisa ser enviada.

Mas o melhor que o navegador pode fazer é manter em cache todas as páginas que o usuário visitou anteriormente. Pela nossa discussão sobre popularidade, você deve se lembrar que, assim como algumas páginas populares que muitas pessoas visitam repetidamente, existem muitas e muitas páginas impopulares. Na prática, isso limita a eficácia do caching do navegador, pois há um grande número de páginas que são visitadas apenas uma vez por determinado usuário, e elas sempre precisam ser capturadas do servidor.

Uma estratégia para tornar os caches mais eficazes é compartilhá-los entre vários usuários. Desse modo, uma página já capturada para um usuário pode ser retornada para outro quando este fizer a mesma solicitação. Sem o caching do navegador, os dois usuários precisariam buscar a página do servidor. É claro que esse compartilhamento não pode ser feito para o tráfego criptografado, páginas que exigem autenticação e páginas que não podem ser mantidas em cache (p. ex., preços atuais de ações), que são retornadas por programas. As páginas dinâmicas criadas por programas, especialmente, são um caso crescente para o qual o caching não é eficaz. Apesar disso, existem muitas páginas que são visíveis a muitos usuários e se parecem iguais, não importa quem faça a solicitação (p. ex., imagens).

Um **proxy Web** é usado para compartilhar cache entre os usuários. Um proxy é um agente que atua em favor de alguém, como o usuário. Existem muitos tipos de proxies. Por exemplo, um proxy ARP responde a solicitações ARP em favor de um usuário que está em outro lugar (e não pode responder por si mesmo). Um proxy Web busca solicitações Web em favor de seus usuários. Ele normalmente oferece caching das respostas da Web e, por ser compartilhado pelos usuários, tem cache substancialmente maior do que um navegador.

Quando um proxy é usado, a configuração típica é que uma organização opere um proxy Web para todos os seus usuários. A organização pode ser uma empresa ou um ISP. Ambos buscam benefícios agilizando as solicitações Web para seus usuários e reduzindo suas necessidades de largura de banda. Embora um preço fixo, independentemente do uso, seja comum para os usuários finais, a maioria das empresas e ISPs é cobrada de acordo com a largura de banda que utilizam.

Essa configuração aparece na Figura 7.44. Para usar o proxy, cada navegador é configurado para fazer solicitações de página ao proxy, e não ao servidor real da página. Se o

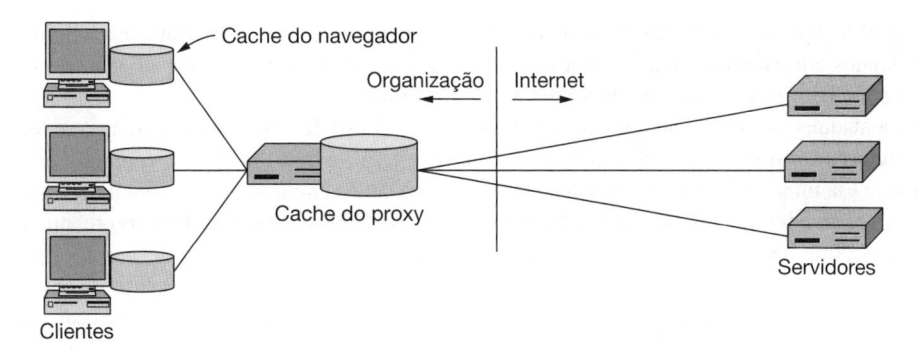

Figura 7.44 Cache de um proxy entre navegadores e servidores Web.

proxy tiver a página, ele a retornará imediatamente. Se não, ele buscará a página do servidor e a acrescentará em cache para uso futuro, depois disso, ele a retornará ao cliente que a solicitou.

Assim como o envio de solicitações da Web ao proxy em vez de ao servidor real, os clientes realizam seu próprio caching usando o cache do seu navegador. O proxy só é consultado depois que o navegador tiver tentado satisfazer a solicitação por seu próprio cache. Ou seja, o proxy oferece um segundo nível de caching.

Outros proxies podem ser acrescentados para oferecer níveis adicionais de caching. Cada proxy (ou o navegador) faz solicitações por meio de seu **proxy upstream**. Cada proxy upstream mantém caches para os **proxies downstream** (ou navegadores). Assim, é possível que os navegadores em uma empresa usem um proxy da empresa, que usa um proxy do ISP, que entra em contato com os servidores Web diretamente. Contudo, na prática, o único nível de caching de proxy que mostramos na Figura 7.44 normalmente é suficiente para obter o máximo dos benefícios em potencial. O problema novamente é a longa cauda da popularidade. Os estudos do tráfego da Web mostraram que o caching compartilhado é especialmente benéfico até que o número de usuários alcance aproximadamente o tamanho de uma pequena empresa (digamos, 100 pessoas). Quando o número de pessoas cresce muito, os benefícios do compartilhamento de um cache se tornam menores, devido às solicitações impopulares que não podem ser mantidas em cache devido à falta de espaço de armazenamento.

Os proxies Web oferecem benefícios adicionais que normalmente são um fator importante na decisão sobre seu emprego. Um deles é filtrar o conteúdo. O administrador pode configurar o proxy para impedir sites ou filtrar de alguma outra maneira as solicitações que ele faz. Por exemplo, muitos administradores não gostam que os funcionários assistam a vídeos do YouTube (ou, pior ainda, pornografia) no horário de trabalho, e definem seus filtros de forma a impedi-los. Outro benefício de ter proxies é a privacidade e o anonimato, quando o proxy encobre do servidor a identidade do usuário.

7.5.3 Redes de entrega de conteúdo

Parques de servidores e proxies Web ajudam a criar grandes sites e a melhorar o desempenho da Web, mas eles não são suficientes para sites verdadeiramente populares, que precisam enviar conteúdo em escala global. Para esses sites, uma técnica diferente é necessária.

As redes de entrega de conteúdo, ou **CDNs** (**Content Delivery Networks**), viram a ideia do caching da Web tradicional de ponta-cabeça. Em vez de fazer os clientes procurarem uma cópia da página solicitada em um cache próximo, é o provedor que coloca uma cópia da página em um conjunto de nós em diferentes locais e instrui o cliente a usar um nó vizinho como servidor.

As técnicas para usar o DNS para distribuição de conteúdo foram iniciadas pela Akamai a partir de 1998, quando a Web estava vergando sob a carga de seu crescimento inicial. A Akamai foi a primeira CDN importante, e logo tornou-se líder na indústria. Provavelmente ainda mais inteligente do que a ideia de usar DNS para conectar clientes a nós vizinhos tenha sido a estrutura de incentivo dos negócios deles. As empresas pagam à Akamai para oferecer seu conteúdo aos clientes, de modo que elas tenham sites Web responsivos que os clientes gostem de usar. Os nós CDN precisam ser colocados em locais da rede com boa conectividade, o que inicialmente significava dentro das redes do ISP. Na prática, um nó CDN consiste em um rack padrão de 19 polegadas, contendo um computador e muitos discos, com uma fibra óptica saindo dele para se conectar com a LAN interna do ISP.

Para os ISPs, existe um benefício em ter um nó CDN em suas redes, já que o nó da CDN reduz a quantidade de largura de banda de upstream da rede de que elas precisam (e pela qual devem pagar). Além disso, o nó CDN melhora a responsividade para os clientes do ISP. Assim, o provedor de conteúdo, o ISP e os clientes se beneficiam, e a CDN ganha dinheiro. Desde 1998, muitas empresas, incluindo Cloudflare, Limelight, Dyn e outras, entraram no negócio, de modo que esse agora é um ramo competitivo, com vários provedores. Como dissemos, muitos grandes provedores de conteúdo, como YouTube, Facebook e Netflix, operam suas próprias CDNs.

As maiores CDNs possuem centenas de milhares de servidores implantados em países do mundo inteiro. Essa grande capacidade também pode ajudar os sites Web a se defenderem contra ataques de DDoS. Se um invasor conseguir enviar centenas ou milhares de solicitações por segundo a um site que usa uma CDN, há uma boa chance de que a CDN consiga responder a todas elas. Desse modo, o site invadido poderá sobreviver até que a tempestade passe. Ou seja, a CDN pode rapidamente aumentar a capacidade de atendimento de um site. Algumas CDNs até mesmo anunciam sua capacidade de enfrentar ataques de DDoS em grande escala como uma vantagem para atrair provedores de conteúdo.

Os nós CDN representados em nosso exemplo normalmente são clusters de máquinas. O redirecionamento de DNS é feito em dois níveis: um para mapear clientes para o local aproximado da rede e outro para espalhar a carga sobre os nós nesse local. Alguns aspectos envolvidos são confiabilidade e desempenho. Para deslocar um cliente de uma máquina em um cluster para outra, as respostas do DNS no segundo nível são dadas com TTLs curtos, de modo que o cliente repetirá a resolução após um curto período. Finalmente, embora tenhamos nos concentrado nos aspectos de distribuição de objetos estáticos, como imagens e vídeos, as CDNs também podem aceitar a criação de página dinâmica, streaming de mídia e outros, sendo mais utilizadas para a distribuição de vídeo.

Preenchendo nós de cache CDN

Um exemplo do caminho que os dados seguem quando são distribuídos por uma CDN pode ser visto na Figura 7.45, em formato de árvore. O servidor de origem na CDN distribui uma cópia do conteúdo para outros nós na CDN, em Sidney, Boston e Amsterdã, neste exemplo. Isso é mostrado com linhas tracejadas. Os clientes então buscam páginas do nó "mais próximo", o que é mostrado com as linhas sólidas. Desse modo, os dois clientes em Sidney buscam a cópia da página que está armazenada em Sidney, nenhum deles busca a página do servidor de origem, que pode estar na Europa.

O uso de uma estrutura em árvore tem três vantagens. Primeiro, a distribuição de conteúdo pode ser expandida para tantos clientes quantos forem necessários, usando mais nós na CDN e mais níveis na árvore, quando a distribuição entre os nós das CDNs se tornar o gargalo. Não importa quantos clientes existam, a estrutura em árvore é eficiente. O servidor de origem não fica sobrecarregado, pois ele fala com os muitos clientes por meio da árvore de nós da CDN, não precisando responder a cada solicitação de página. Segundo, cada cliente recebe um bom desempenho, buscando páginas de um servidor próximo em vez das de um servidor distante. Isso porque o tempo de ida e volta para estabelecer uma conexão é mais curto, a partida lenta do TCP sobe mais rapidamente devido ao tempo de ida e volta mais curto e o caminho de rede mais curto terá menos chance de passar por regiões de congestionamento na Internet. Por fim, a carga total sobre a rede também é mantida no mínimo. Se os nós das CDNs forem bem posicionados, o tráfego para determinada página deverá passar por cada parte da rede apenas uma vez. Isso é importante porque, no fim, alguém está pagando pela largura de banda da rede.

Com o crescimento da criptografia na Web, e particularmente com o aumento do HTTPS para distribuição de conteúdo da Web, o envio de conteúdo a partir de CDNs se tornou mais complexo. Suponha, por exemplo, que você deseja recuperar *https://nytimes.com/*. Uma pesquisa de DNS para esse domínio pode indicar uma referência a um servidor de nomes em Dyn, como *ns1.p24.dynect.net*, que por sua vez o redirecionaria para um endereço IP hospedado na CDN Dyn. Mas, agora, esse servidor deve entregar conteúdo autenticado pelo *New York Times*. Para fazer isso, ele pode precisar das chaves secretas do *New York Times* ou da capacidade de enviar um certificado para *nytimes.com* (ou ambos). Como resultado, a CDN precisaria receber informações confidenciais do provedor de conteúdo, e o

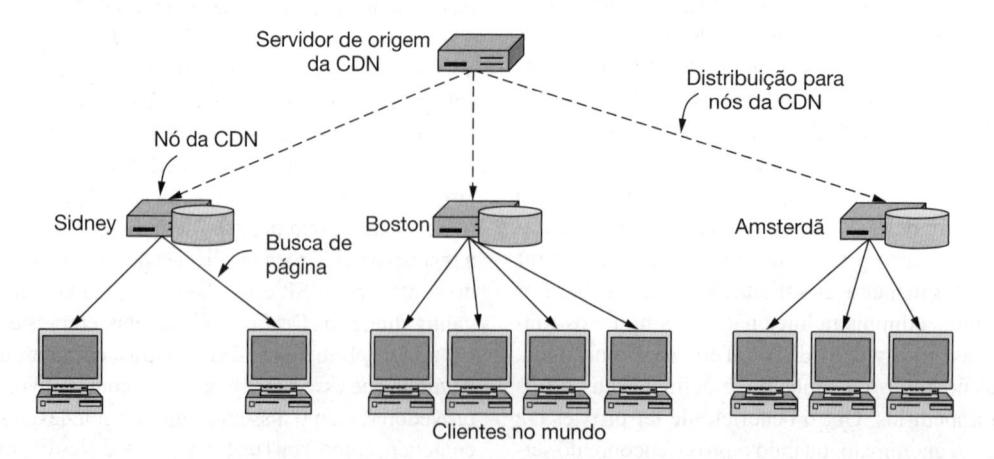

Figura 7.45 Árvore de distribuição da CDN.

servidor deve ser configurado para agir efetivamente como um agente do *nytimes.com*. Uma alternativa é direcionar todas as solicitações do cliente de volta ao servidor de origem, que poderia enviar os certificados e conteúdo HTTPS, mas fazer isso anularia basicamente todos os benefícios de desempenho de uma CDN. A solução típica normalmente envolve um meio termo, em que a CDN gera um certificado em nome do provedor de conteúdo e fornece o conteúdo da CDN usando esse certificado, agindo como a organização. Isso atinge o objetivo mais desejado de criptografar o conteúdo entre a CDN e o usuário e autenticar o conteúdo para o usuário. Outras opções mais complexas, que exigem a implantação de certificados no servidor de origem, podem permitir que o conteúdo também seja criptografado entre a origem e os nós de cache. Cloudflare tem um bom resumo dessas opções em seu site em *https://cloudflare.com/ssl/*.

Redirecionamento de DNS e mapeamento de cliente

A ideia do uso de uma árvore de distribuição é simples. O mais complicado é organizar os clientes para utilizá-la. Por exemplo, os servidores proxy parecem oferecer uma solução. Examinando a Figura 7.45, se cada cliente foi configurado para usar o nó CDN de Sidney, Boston ou Amsterdã como um proxy Web de caching, a distribuição seguiria a árvore.

A forma mais comum de mapear ou direcionar clientes para nós de cache CDN nas proximidades, conforme vimos rapidamente, é chamada de **redirecionamento de DNS**. Vamos descrever essa técnica com detalhes. Suponha que um cliente queira buscar uma página com o URL *http://www.cdn.com/page.html*. Para buscá-la, o navegador usará o DNS para transformar *www.cdn.com* em um endereço IP. Essa pesquisa de DNS prossegue normalmente. Usando o protocolo DNS, o navegador descobre o endereço IP do servidor de nomes para *cdn.com*, depois entra em contato com o servidor de nomes para lhe pedir que resolva *www.cdn.com*. Nesse ponto, porém, como o servidor de nomes é executado pela CDN, em vez de retornar o mesmo endereço IP para cada solicitação, ele pesquisará o endereço IP do cliente que faz a solicitação e retornará respostas diferentes, dependendo da localização do usuário. A resposta será o endereço IP do nó da CDN que está mais próximo do cliente. Ou seja, se uma pessoa em Sidney pedir ao servidor de nomes da CDN para resolver *www.cdn.com*, o servidor de nomes retornará o endereço IP do nó da CDN de Sidney, mas se uma pessoa em Amsterdã fizer a mesma solicitação, o servidor de nomes retornará o endereço IP do nó da CDN em Amsterdã em seu lugar.

Essa estratégia é perfeitamente válida, de acordo com a semântica do DNS. Já vimos que os servidores de nomes podem retornar listas mutáveis de endereços IP. Depois da resolução de nomes, o cliente em Sidney buscará a página diretamente do nó da CDN de Sidney. Outras páginas no mesmo "servidor" também serão capturadas diretamente do nó da CDN de Sidney, graças ao caching DNS. A sequência geral das etapas aparece na Figura 7.46.

Uma questão complexa nesse processo é o que significa encontrar o nó da CDN mais próximo e como tratar disso (esse é o problema de **mapeamento de cliente** que discutimos anteriormente). Existem pelo menos dois fatores a considerar no mapeamento de um cliente para um nó da CDN. Um aspecto é a distância da rede. O cliente deverá ter um caminho de rede curto e de alta capacidade para o nó da CDN – essa situação produzirá downloads rápidos. As CDNs usam um mapa que elas calcularam anteriormente para traduzir entre o endereço IP de um cliente e seu local na rede. O nó da CDN selecionado poderia ser aquele na distância mais curta em uma linha reta, ou não. O que importa é alguma combinação do tamanho do caminho da rede com quaisquer limites de capacidade ao longo dela.

O segundo aspecto é a carga que já está sendo transportada pelo nó da CDN. Se os nós da CDN estiverem sobrecarregados, eles entregarão respostas lentamente, assim como o servidor Web sobrecarregado que buscamos evitar em primeiro lugar. Assim, pode ser preciso balancear a carga entre os nós da CDN, mapeando alguns clientes

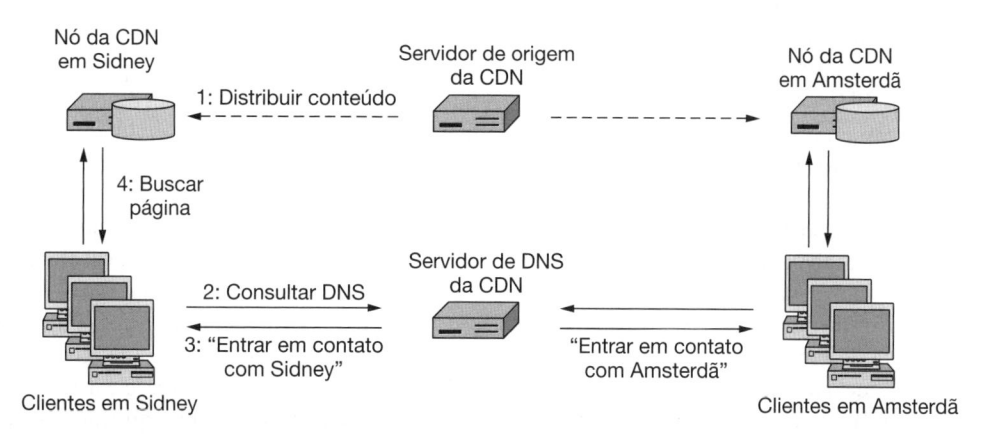

Figura 7.46 Direcionando clientes para nós CDN vizinhos usando DNS.

para nós que estão um pouco mais afastados, porém menos sobrecarregados.

A capacidade de um servidor DNS autorizado de uma CDN mapear um cliente para um nó de cache CDN próximo depende da capacidade de determinar a sua localização. Como vimos anteriormente na seção sobre DNS, as extensões modernas do DNS, como a sub-rede do cliente EDNS0, permitem que o servidor de nomes autorizado veja o endereço IP do cliente. A possível mudança para DNS sobre HTTPS também pode apresentar novos desafios, visto que o endereço IP do resolvedor recursivo local pode estar longe do cliente; se o DNS local recursivo não passar o endereço IP do cliente (como normalmente acontece, já que o propósito geral é preservar a privacidade), então as CDNs que também não resolvem o DNS para seus clientes provavelmente enfrentarão maiores dificuldades em realizar o mapeamento de usuários. Contudo, as CDNs que também operam um resolvedor DoH (como Cloudflare e Google agora fazem) podem colher benefícios significativos, pois terão conhecimento direto dos endereços IP do cliente que estão emitindo consultas DNS, geralmente para conteúdo em suas próprias CDNs! A centralização do DNS está realmente preparada para remodelar a distribuição de conteúdo mais uma vez nos próximos anos.

Esta seção apresentou uma descrição simplificada de como funcionam as CDNs. Na prática, existem muitos outros detalhes importantes. Por exemplo, os discos dos nós da CDN acabarão por encher, de modo que precisam ser esvaziados regularmente. Existe muito trabalho sendo feito para determinar quais arquivos descartar e quando, por exemplo, veja em Basu et al. (2018).

7.5.4 Redes peer-to-peer

Nem todos podem montar uma CDN de mil nós em locais no mundo inteiro para distribuir seu conteúdo. (Na verdade, não é difícil alugar mil máquinas virtuais no mundo inteiro, devido à indústria de hospedagem bem desenvolvida e altamente competitiva. Contudo, conseguir os nós é só o início da montagem de uma CDN.) Felizmente, existe uma alternativa para o restante de nós, que é simples de usar e pode distribuir uma quantidade tremenda de conteúdo. Trata-se de uma rede P2P (peer-to-peer).

As redes P2P entraram em cena a partir de 1999. A primeira aplicação divulgada foi para o crime em massa: 50 milhões de usuários do Napster estavam trocando músicas sem permissão dos proprietários do direito autoral, até que a Napster foi fechada pelos tribunais, em meio a uma grande controvérsia. Apesar disso, a tecnologia peer-to-peer tem muitos usos interessantes e legais. Outros sistemas continuaram em desenvolvimento, com tão grande interesse dos usuários que o tráfego P2P rapidamente encobriu o tráfego da Web. Hoje, BitTorrent é o protocolo P2P mais popular. Ele é muito usado para compartilhar vídeos (licenciados e de domínio público) e outros conteúdos grandes (p. ex., imagens de disco do sistema operacional), sendo responsável por uma grande fração de todo o tráfego na Internet, apesar do crescimento do vídeo. Vamos examiná-lo mais adiante nesta seção.

Visão geral

A ideia básica de uma rede de compartilhamento de arquivos **P2P** (**peer-to-peer**) é que muitos computadores se juntam e compartilham seus recursos para formar um sistema de distribuição de conteúdo. Os computadores normalmente são apenas computadores domésticos. Eles não precisam ser máquinas nos centros de dados da Internet. Os computadores são chamados **peers** (pares) porque cada um pode alternadamente atuar como um cliente para outro peer, buscando seu conteúdo, e como servidor, fornecendo conteúdo para outros peers. O que torna os sistemas peer-to-peer interessantes é que não existe uma infraestrutura dedicada, diferente de uma CDN. Qualquer um participa na tarefa de distribuir conteúdo e normalmente não existe um ponto de controle central. Existem muitos casos em uso (Karagiannis et al., 2019).

Muitas pessoas estão entusiasmadas com a tecnologia P2P porque ela é vista como algo que dá poder aos pequenos. O motivo não é apenas que é necessária uma grande empresa para conduzir uma CDN, enquanto qualquer um com um computador pode se juntar a uma rede P2P. É que as redes P2P possuem uma formidável capacidade de distribuir conteúdo que pode se igualar ao maior dos sites Web.

Primeiras redes peer-to-peer: Napster

Como já vimos, as primeiras redes peer-to-peer, como o Napster, eram baseadas em um serviço de diretório centralizado. Os usuários instalavam um software cliente que varria seu armazenamento local em busca de arquivos para compartilhar e, depois de analisar o conteúdo, carregava informações de metadados sobre os arquivos compartilhados (p. ex., nomes de arquivos, tamanhos, identidade do usuário que compartilha o conteúdo) para um serviço de diretório centralizado. Os usuários que quisessem recuperar arquivos da rede Napster mais tarde pesquisariam no servidor de diretório centralizado e poderiam descobrir outros usuários que tivessem esse arquivo. O servidor informaria ao usuário em busca de conteúdo sobre o endereço IP de um peer que estava compartilhando o arquivo que o usuário estava procurando, momento em que o software cliente do usuário poderia entrar em contato com esse host diretamente e fazer o download do arquivo em questão.

Um efeito colateral do servidor de diretório centralizado do Napster foi que ele tornou relativamente fácil para outras pessoas pesquisarem na rede e determinarem exaustivamente quem estava compartilhando quais arquivos, efetivamente rastreando toda a rede. Em algum momento, ficou claro que uma fração significativa de todo o conteúdo do Napster era material protegido por direitos autorais, o que acabou resultando em liminares que encerraram o serviço. Outro efeito colateral do serviço de diretório centralizado que ficou claro foi que, para desabilitar o serviço, bastava desabilitar o servidor de diretório. Sem ele, o Napster se tornaria efetivamente inutilizável. Em resposta, os projetistas de novas redes peer-to-peer começaram a projetar sistemas que poderiam ser mais robustos contra desligamentos ou falhas. A técnica geral para fazer isso consistia em descentralizar o diretório ou o processo de pesquisa. Os sistemas peer-to-peer de próxima geração, como o Gnutella, adotaram essa abordagem.

Descentralizando o diretório: Gnutella

Gnutella foi lançado em 2000 e tentou resolver alguns dos problemas enfrentados pelo serviço de diretório centralizado do Napster, implementando uma função de busca totalmente distribuída. No Gnutella, um peer que se juntou à rede tentaria descobrir outros peers conectados por meio de um processo de descoberta ad hoc – o peer começava contatando alguns peers Gnutella conhecidos, os quais precisava descobrir por meio de algum processo de inicialização. Uma maneira de fazer isso era enviar alguns conjuntos de endereços IP de peers Gnutella com o próprio software. Ao descobrir um conjunto de peers, o peer Gnutella poderia então emitir consultas de busca por esses peers vizinhos, que então passariam a busca para seus vizinhos, e assim por diante. Essa técnica geral para pesquisar uma rede peer-to-peer costuma ser chamada de **fofoca** (ou **gossip**).

Embora a abordagem de fofoca resolvesse alguns dos problemas enfrentados por serviços semicentralizados, como o Napster, ela rapidamente enfrentou outros problemas. Um deles é que, na rede Gnutella, os peers ficavam continuamente entrando e saindo da rede; os peers eram simplesmente computadores de outros usuários e, portanto, estavam continuamente entrando e saindo da rede. Em particular, os usuários não tinham qualquer motivo específico para permanecer na rede depois de recuperar os arquivos nos quais estavam interessados e, portanto, o chamado comportamento **desonesto** era comum, com 70% dos usuários não contribuindo com algum conteúdo (Adar e Huberman, 2000). Além disso, a abordagem baseada em inundações (especificamente, a abordagem da fofoca) foi muito mal dimensionada, especialmente quando o Gnutella se tornou popular – o número de mensagens de fofoca crescia exponencialmente com o número de participantes na rede. O protocolo, portanto, se expandia de modo particularmente ruim. Os usuários com capacidade de rede limitada basicamente achavam a rede totalmente inutilizável. A introdução dos chamados **ultra-peers** pelo Gnutella aliviou um pouco esses desafios de escalabilidade, mas em geral o Gnutella desperdiçava os recursos disponíveis na rede. A falta de escalabilidade no processo de pesquisa do

Gnutella inspirou a invenção das **DHTs (Tabelas Hash Distribuídas)** por meio das quais uma pesquisa é roteada para uma rede peer-to-peer adequada, com base no valor hash correspondente à pesquisa; cada nó na rede peer-to-peer é responsável apenas por manter as informações sobre algum subconjunto do espaço geral da pesquisa, e a DHT é responsável por rotear a consulta até o peer apropriado que possa resolver a pesquisa. As DHTs são usadas em muitas redes peer-to-peer modernas, incluindo eDonkey (que usa uma DHT para pesquisa) e BitTorrent (que usa uma DHT para dimensionar o rastreamento de peers na rede, conforme descrito na próxima seção).

Por fim, o Gnutella não verificava automaticamente o conteúdo do arquivo que os usuários estavam baixando, resultando em uma quantidade significativa de conteúdo falso na rede. Você poderia questionar por que uma rede ponto a ponto tem tanto conteúdo falso. Existem muitas razões possíveis. Uma razão simples é que, assim como qualquer serviço de Internet pode estar sujeito a um ataque de negação de serviço, o próprio Gnutella também se tornou um alvo, e uma das maneiras mais fáceis de disparar um ataque de negação de serviço na rede era montar os chamados **ataques de poluição**, que inundavam a rede com conteúdo falso. Um grupo particularmente interessado em inutilizar essas redes foi a indústria fonográfica (especialmente a Recording Industry Association of America), que poluía as redes peer-to-peer, como Gnutella, com grandes quantidades de conteúdo falso para desencorajar as pessoas a usarem as redes para trocar conteúdo protegido por direitos autorais.

Assim, as redes peer-to-peer enfrentaram vários desafios: escalar, convencer os usuários a permanecer depois de baixar o conteúdo que procuravam e verificar o conteúdo baixado. O projeto do BitTorrent tratou de todos esses desafios, conforme discutiremos a seguir.

Lidando com escala, incentivos e verificação: BitTorrent

O protocolo BitTorrent foi desenvolvido por Bram Cohen em 2001 para permitir que um conjunto de peers compartilhasse arquivos rápido e facilmente. Existem dezenas de clientes disponíveis gratuitamente que entendem esse protocolo, assim como muitos navegadores que entendem o protocolo HTTP para servidores Web. O protocolo está disponível como um padrão aberto em *bittorrent.org*.

Em um sistema peer-to-peer típico, como aquele formado com o BitTorrent, cada um dos usuários tem a mesma informação que pode ser de interesse para outros usuários. Essa informação pode ser software gratuito, música, vídeos, fotografias, etc. Existem três problemas que precisam ser resolvidos para compartilhar o conteúdo nesse ambiente:

1. Como um peer encontra outros peers que possuem o conteúdo que ele deseja baixar?

2. Como o conteúdo é replicado pelos peers para fornecer downloads de alta velocidade para qualquer um?
3. Como os peers encorajam uns aos outros para que façam upload do conteúdo para outros, além do download de conteúdo para eles próprios?

O primeiro problema existe porque nem todos os peers terão todo o conteúdo. A técnica usada no BitTorrent é que cada provedor de conteúdo possa criar uma descrição de conteúdo, chamada **torrent**. A torrent é muito menor que o conteúdo, e é usada por um peer para verificar a integridade dos dados que ele baixa de outros peers. Outros usuários que querem baixar o conteúdo precisam primeiro obter a torrent, digamos, encontrando-a em uma página Web que anuncia o conteúdo.

A torrent é apenas um arquivo em um formato especificado, que contém dois tipos de informação. Um tipo é o nome de um tracker, que é um servidor que leva os peers ao conteúdo da torrent. O outro tipo de informação é uma lista de partes de mesmo tamanho, ou **chunks**, que compõem o conteúdo. Nas primeiras versões do BitTorrent, o tracker era um servidor centralizado, e assim como o Napster, a centralização resultou em um único ponto de falha para uma rede BitTorrent. Como resultado, as versões modernas do BitTorrent geralmente descentralizam a funcionalidade do tracker usando uma DHT. Diferentes tamanhos de chunk podem ser usados para diferentes torrents, normalmente de 64 KB a 512 KB. O arquivo torrent contém o nome de cada chunk, dado como um hash SHA-1 de 160 bits do chunk. Veremos os hashes criptográficos, como SHA-1, no Capítulo 8. Por enquanto, você pode pensar em um hash como um checksum maior e mais seguro. Dado o tamanho dos chunks e dos hashes, o arquivo torrent é pelo menos três ordens de grandeza menor que o conteúdo, de modo que pode ser transferido rapidamente.

Para baixar o conteúdo descrito em uma torrent, um peer primeiro entra em contato com o tracker para a torrent. O **tracker** é um servidor que mantém uma lista de todos os outros peers que estão ativamente fazendo download e upload do conteúdo. Esse conjunto de peers é chamado de **swarm**, cujos membros entram em contato com o tracker regularmente para informar que ainda estão ativos, bem como ao saírem dele. Quando um novo peer entra em contato com o tracker para se juntar ao swarm, o tracker lhe informa sobre outros peers no swarm. Capturar uma torrent e entrar em contato com o tracker são os dois primeiros passos para baixar conteúdo, como mostra a Figura 7.47.

O segundo problema é como compartilhar conteúdo de modo que os downloads sejam rápidos. Quando um swarm é formado inicialmente, alguns peers precisam ter todos os chunks que compõem o conteúdo. Esses peers são chamados de **seeders**. Outros peers que se juntam ao swarm não terão chunks – eles apenas estão baixando o conteúdo.

Enquanto um peer participa de um swarm, ele simultaneamente efetua o download de chunks que não encontra em outros peers e faz o upload de chunks dos quais outros peers precisam. Essa negociação é mostrada como a última etapa da distribuição de conteúdo na Figura 7.47. Com o tempo, o peer reúne mais chunks até que tenha baixado todo o conteúdo. O peer pode sair do swarm (e retornar) a qualquer momento. Normalmente, um peer permanecerá por um pequeno período depois que terminar seu próprio download. Com peers indo e vindo, a taxa de agitação em um swarm pode ser muito alta.

Para que esse método funcione bem, cada chunk deve estar disponível em muitos peers. Se cada um capturasse os chunks na mesma ordem, é provável que muitos peers dependessem dos seeders para o próximo chunk. Isso criaria um gargalo. Em vez disso, os peers trocam as listas dos chunks que possuem uns com os outros. Depois, eles preferencialmente selecionam chunks raros, que são difíceis de encontrar para baixar. A ideia é que o download de um chunk raro crie uma cópia dele, o que tornará o chunk mais fácil para outros peers encontrarem e baixarem. Se todos os

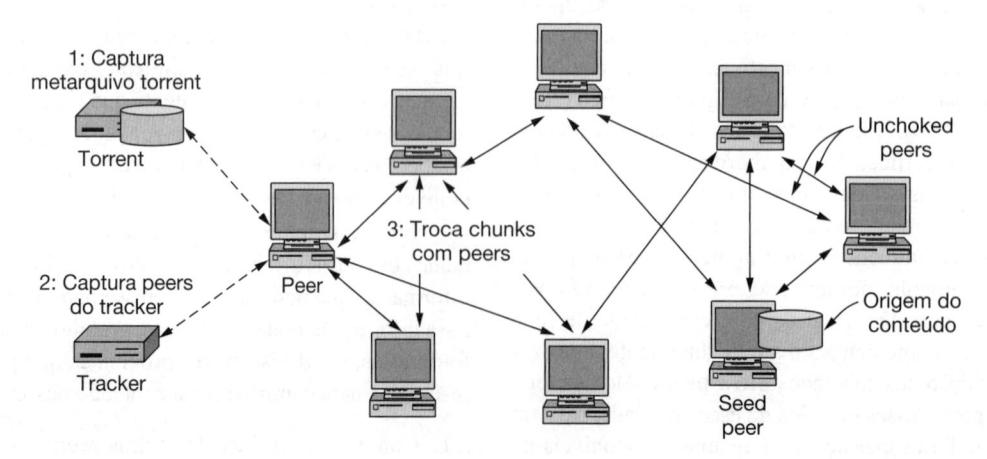

Figura 7.47 BitTorrent.

peers fizerem isso, depois de algum tempo, todos os chunks estarão disponíveis de modo generalizado.

O terceiro problema talvez seja o mais interessante. Os nós da CDN são preparados exclusivamente para fornecer conteúdo aos usuários. Os nós P2P não são. Eles são os computadores dos usuários, os quais podem estar mais interessados em conseguir um filme do que em ajudar outros usuários com seus downloads. Ou seja, às vezes pode haver incentivos para os usuários enganarem o sistema. Os nós que capturam recursos de um sistema sem contribuir em troca são chamados **free-riders** ou **leechers**. Se houver muitos deles, o sistema não funcionará bem. Os primeiros sistemas P2P eram conhecidos por hospedá-los (Saroiu et al., 2003), de modo que o BitTorrent procurou minimizá-los.

A técnica usada pelo BitTorrent para resolver esse problema é recompensar os peers que mostram bom comportamento de upload. Cada peer seleciona aleatoriamente os outros, capturando chunks deles enquanto faz o upload de chunks para eles. O peer continua trocando chunks apenas com um pequeno número de peers que oferecem o desempenho de download mais alto, embora também experimentem aleatoriamente outros peers para encontrar bons parceiros. Experimentar os peers aleatoriamente também permite que os novatos obtenham chunks iniciais que eles podem trocar com outros peers. Os peers com os quais um nó está trocando chunks atualmente são considerados **unchoked**.

Com o tempo, esse algoritmo deverá combinar peers com taxas de upload e taxas download comparáveis uns com os outros. Quanto mais um peer estiver contribuindo com outros, mais ele poderá esperar em retorno. Usar um conjunto de peers também ajuda a saturar a largura de banda de download de um peer para aumentar o desempenho. Ao contrário, se um peer não estiver fazendo upload de chunks para outros peers, ou se estiver fazendo isso muito lentamente, ele será cortado, ou **choked**, mais cedo ou mais tarde. Essa estratégia desencoraja o comportamento antissocial dos free-riders no swarm.

O algoritmo de choking às vezes é descrito como implementando a estratégia **olho por olho**, que encoraja a cooperação em interações repetidas; a teoria por trás dos incentivos para cooperação tem raízes no famoso jogo olho por olho na teoria dos jogos, em que os jogadores têm incentivos para trapacear a menos que (1) eles joguem o jogo repetidamente um com o outro (como acontece no BitTorrent, onde os peers devem trocar chunks repetidamente) e (2) os peers sejam punidos por não cooperar (como acontece com o choking). Apesar desse projeto, a prática real do BitTorrent não impede que os clientes joguem com o sistema de várias maneiras (Piatek et al., 2007). Por exemplo, o algoritmo do BitTorrent no qual um cliente favorece a seleção de pedaços raros pode criar incentivos para que um peer minta sobre quais chunks do arquivo ele possui (p. ex., afirmando ter partes raras, quando na realidade não tem) (Liogkas et al., 2006). Também existe software no qual os clientes podem mentir ao tracker sobre sua razão entre upload e download, efetivamente dizendo que realizou uploads, quando na verdade não fez isso. Por esses motivos, é importante que um peer verifique cada chunk que baixa de outros peers. Ele pode fazer isso comparando o valor hash SHA-1 de cada chunk que está presente no arquivo torrent com o valor hash SHA-1 correspondente que pode ser calculado para cada chunk correspondente que for baixado.

Outro desafio envolve a criação de incentivos para que os peers permaneçam perto do swarm do BitTorrent como seeders, mesmo depois de concluírem o download do arquivo inteiro. Se não o fizerem, existe a possibilidade de que ninguém no swarm tenha o arquivo inteiro e (pior) que um swarm possa ter coletivamente partes do arquivo faltando, tornando impossível que alguém faça o download do arquivo completo. Esse problema é particularmente agudo para arquivos menos populares (Menasche et al., 2013). Várias técnicas foram desenvolvidas para lidar com essas questões de incentivo (Ramachandran et al., 2007).

Como você pode ver pela nossa discussão, o BitTorrent contém um rico vocabulário. Existem torrents, swarms, leechers, seeders e trackers, bem como snubbing, choking, lurking e outros. Para obter mais informações, consulte o pequeno artigo sobre BitTorrent (Cohen, 2003).

7.5.5 Evolução da Internet

Conforme descrevemos no Capítulo 1, a Internet teve uma história estranha, começando como um projeto de pesquisa acadêmico para algumas dezenas de universidades norte-americanas com um contrato ARPA. É ainda mais difícil definir o momento que ela foi iniciada. Teria sido 21 de novembro de 1969, quando foram conectados dois nós da ARPANET, UCLA e SRI? Ou então em 17 de dezembro de 1972, quando a AlohaNet havaiana se conectou à ARPANET para formar uma inter-rede? Ou teria sido em 1 de janeiro de 1983, quando a ARPA adotou oficialmente o TCP/IP como protocolo? Ou talvez em 1989, quando Tim Berners-Lee propôs aquilo que agora se chama World Wide Web? É difícil dizer. Contudo, é fácil dizer que muita coisa mudou desde os primeiros dias da ARPANET e da incipiente Internet, grande parte devido à adoção generalizada das CDNs e da computação em nuvem. A seguir, faremos um rápido retrospecto.

O modelo fundamental por trás da ARPANET e da Internet inicial aparece na Figura 7.48. Ele consiste em três componentes:

1. Hosts (os computadores que faziam o trabalho para os usuários).
2. Roteadores (chamados IMPs na ARPANET), que trocavam os pacotes.
3. Linhas de transmissão (originalmente, linhas telefônicas de 56 kbps).

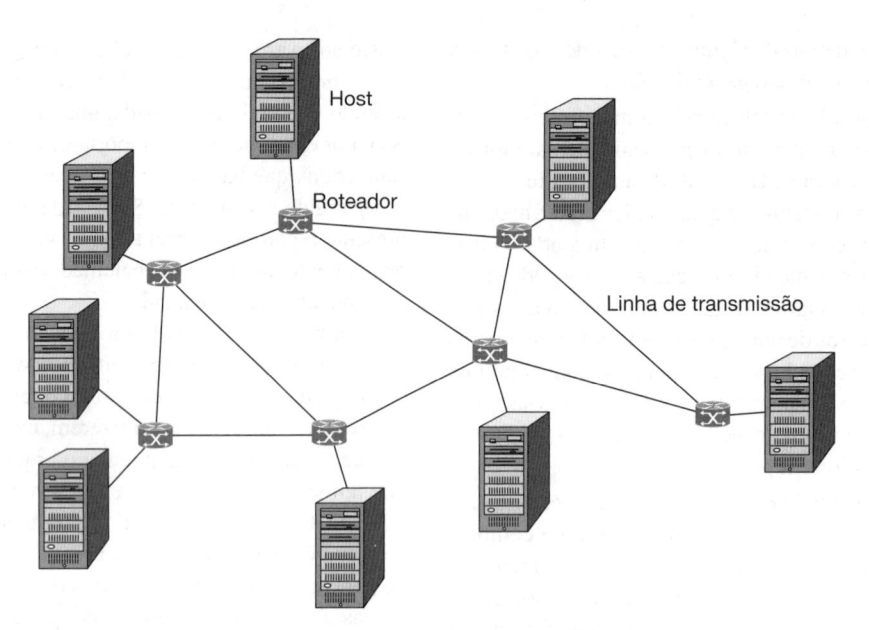

Figura 7.48 A Internet inicial envolvia principalmente comunicações ponto a ponto.

Cada roteador era conectado a um ou mais computadores.

O modelo conceitual da antiga arquitetura da Internet era dominado pela ideia básica das comunicações ponto a ponto. Todos os computadores host eram vistos como sendo iguais (embora alguns fossem muito mais poderosos do que outros) e qualquer computador poderia enviar pacotes para qualquer outro computador, desde que cada um deles tivesse um endereço exclusivo. Com a introdução do TCP/IP, estes eram compostos de 32 bits, que na época parecia ser uma excelente aproximação do infinito. Agora, ele parece estar mais próximo de zero do que ao infinito. O modelo de transmissão era o de um sistema de datagramas simples, sem estado, com cada pacote contendo seu endereço de destino. Quando um pacote passava por um roteador, ele era completamente esquecido. O roteamento era feito hop a hop. Cada pacote era roteado com base em seu endereço de destino e nas informações, contidas nas tabelas do roteador, sobre qual linha de transmissão utilizar para o destino do pacote.

As coisas começaram a mudar quando a Internet ultrapassou seu início acadêmico e se tornou comercial. Isso ocasionou o desenvolvimento das redes de backbone, que usavam enlaces de altíssima velocidade e eram operadas por grandes empresas de telecomunicações, como AT&T e Verizon. Cada empresa usava seu próprio backbone, mas elas se conectavam umas às outras em trocas de peering. Os provedores de serviços de Internet (ISPs) surgiram para conectar residências e empresas à Internet e as redes regionais conectavam os ISPs aos backbones. Essa situação é mostrada na Figura 1.17. O próximo passo foi a introdução de ISPs e CDNs nacionais, conforme mostrado na Figura 1.18.

A computação em nuvem e as CDNs muito grandes novamente modificaram a estrutura da Internet, como descrevemos em parte no Capítulo 1. Modernos centros de dados em nuvem, como aqueles administrados pela Amazon e Microsoft, têm centenas de milhares de computadores no mesmo prédio, permitindo que os usuários (normalmente grandes empresas) aloquem 100, 1000 ou 10.000 máquinas em segundos. Quando o Walmart tem uma grande liquidação na Cyber Monday (segunda-feira após o Dia de Ação de Graças), se ele precisa de 10.000 máquinas para lidar com a carga, ele apenas as solicita automaticamente de seu provedor de nuvem, conforme a necessidade, e elas estarão disponíveis em segundos. Na terça-feira, de volta ao normal, ele pode devolver todas elas. Quase todas as grandes empresas que lidam com milhões de consumidores usam serviços em nuvem para expandir ou contrair sua capacidade de computação quase que instantaneamente, como for preciso. Como um benefício colateral, como já dissemos, a nuvem também fornece uma ótima proteção contra ataques DDoS, porque é tão grande que pode absorver milhares de solicitações/s, responder a todas elas e continuar funcionando, anulando assim a intenção desse tipo de ataque.

As CDNs são hierárquicas, com um site mestre (possivelmente replicado duas ou três vezes para gerar maior confiabilidade) e muitos caches em todo o mundo, para os quais o conteúdo é enviado. Quando um usuário solicita conteúdo, ele é atendido pelo cache mais próximo. Isso reduz a latência e distribui a carga de trabalho. Akamai, a primeira grande CDN comercial, tem mais de 200.000 nós de cache em mais de 1.500 redes em mais de 120 países. Da mesma forma, Cloudflare agora tem nós de cache em mais de 90 países. Em muitos casos, os nós de cache da CDN são colocados junto às centrais do ISP, de modo que os dados possam viajar da CDN ao ISP por meio de um trecho de fibra óptica muito rápido, talvez com apenas 5 m de comprimento. Esse novo mundo levou à arquitetura da Internet mostrada na Figura 7.49, onde a maioria do tráfego da Internet é transportada entre redes de acesso (p. ex., regionais) e infraestrutura de nuvem distribuída (ou seja, CDNs ou serviços em nuvem).

Os usuários enviam solicitações a grandes servidores para fazer algo e o servidor o faz, criando uma página da Web para mostrar o que fez. Alguns exemplos de solicitações são:

1. Comprar um produto em uma loja de comércio eletrônico.
2. Obter uma mensagem de e-mail de um provedor de e-mail.
3. Emitir uma ordem de pagamento a um banco.
4. Solicitar que uma música ou um filme seja transmitido para o dispositivo de um usuário.
5. Atualizar uma página do Facebook.
6. Pedir a um jornal on-line para mostrar um artigo.

Atualmente, quase todo o tráfego da Internet segue esse modelo. A proliferação de serviços em nuvem e CDNs derrubou o modelo cliente-servidor convencional do tráfego da Internet, pelo qual um cliente buscaria ou trocaria conteúdo com um único servidor. Hoje, a maioria do conteúdo e das comunicações opera com serviços distribuídos em nuvem; muitos ISPs de acesso, por exemplo, enviam a maior parte de seu tráfego para serviços distribuídos em nuvem. Na maior parte das regiões desenvolvidas, simplesmente não há necessidade de os usuários acessarem grandes quantidades de conteúdo em uma infraestrutura de trânsito de longa distância: as CDNs têm deixado perto do usuário uma grande parte desse conteúdo popular, muitas vezes geograficamente próximo e por meio de uma interconexão de rede direta ao seu ISP de acesso. Assim, uma quantidade cada vez maior de conteúdo é entregue por meio de CDNs que estão hospedadas ou diretamente por interconexões privadas às redes de acesso, ou até mesmo nas CDNs, onde os nós de cache estão localizados na própria rede de acesso.

As redes de backbone permitem que as muitas nuvens e CDNs se interconectem por meio de centrais de peering para os casos em que não há interconexão dedicada privada. A central DE-CIX em Frankfurt conecta cerca de 2.000 redes. A central AMS-IX em Amsterdã e a central LINX em Londres conectam, cada uma, cerca de 1.000 redes. Cada uma das maiores centrais dos Estados Unidos conecta centenas de redes. Essas centrais são interconectadas com um ou mais enlaces de fibra OC-192 e/ou OC-768 funcionando a 9,6 e 38,5 Gbps, respectivamente. As centrais de peering e as maiores redes de operadoras que se encontram nelas formam o backbone da Internet, ao qual a maioria das nuvens e CDNs se conecta diretamente.

Provedores de conteúdo e nuvem estão cada vez mais se conectando diretamente para acessar ISPs através de interconexões privadas para colocar o conteúdo mais perto dos usuários; em alguns casos, eles até disponibilizam o conteúdo em servidores diretamente na rede do ISP de acesso. Um exemplo disso é a Akamai, que possui mais de 200.000 servidores, a maioria dentro de redes do ISP,

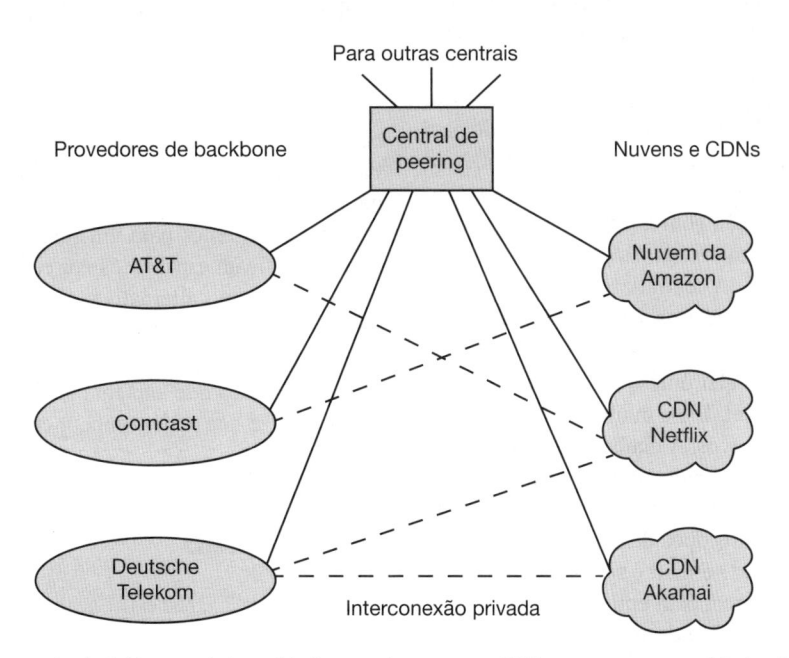

Figura 7.49 A maior parte do tráfego na Internet hoje vem de nuvens e CDNs, com uma quantidade significativa dele sendo trocada entre redes de acesso e ISPs por interconexões privadas.

como dissemos. Essa tendência continuará a remodelar a Internet nos próximos anos. Outras CDNs, como Cloudflare, também estão se tornando cada vez mais difundidas. Por fim, os próprios provedores de conteúdo e serviços estão implantando CDNs – a Netflix implantou sua própria CDN, chamada Open Connect, por exemplo, em que o seu conteúdo é implantado em nós de cache nos IXPs ou diretamente dentro da rede de um ISP de acesso. A extensão em que os caminhos da Internet atravessam uma rede de backbone separada ou um **IXP (Internet Exchange Point)** depende de diversos fatores, incluindo custo, conectividade disponível na região e economias de escala. IXPs são extremamente populares na Europa e em outras partes do mundo – nos Estados Unidos, porém, a conexão direta por meio de interconexões privadas tende a ser mais popular e prevalente.

7.6 RESUMO

A atribuição de nomes na ARPANET começou de maneira muito simples: um arquivo de texto ASCII listava os nomes de todos os hosts e seus endereços IP correspondentes. A cada noite, todas as máquinas baixavam esse arquivo. Contudo, quando a ARPANET se transformou na Internet e explodiu em tamanho, um esquema de nomes bem mais sofisticado e dinâmico foi necessário. Agora, usa-se um esquema hierárquico chamado sistema de nomes de domínios, ou DNS. Ele organiza todas as máquinas da Internet em um conjunto de árvores. No nível superior, encontram-se os domínios genéricos conhecidos, inclusive *com* e *edu*, bem como cerca de 200 domínios de países. O DNS é implementado sob a forma de um sistema de bancos de dados distribuídos, com servidores espalhados em todo o mundo. Ao consultar um servidor DNS, um processo pode mapear um nome de domínio na Internet no endereço IP usado para comunicação com um computador nesse domínio. O DNS é usado para diversas finalidades; os desenvolvimentos recentes criaram uma preocupação com a privacidade em torno do DNS, resultando em uma mudança para criptografar o DNS com TLS ou HTTPS. A centralização do DNS resultante está preparada para mudar os aspectos fundamentais da arquitetura da Internet.

O e-mail (ou correio eletrônico) é a aplicação original mais popular da Internet. Ele é muito usado por todos, desde as crianças até seus avós. A maioria dos sistemas de correio eletrônico no mundo emprega o sistema de correio definido nas RFCs 5321 e 5322. As mensagens têm cabeçalhos ASCII simples, e muitos tipos de conteúdo podem ser enviados usando o MIME. O e-mail é submetido a agentes de transferência de mensagem para entrega e recuperação, para apresentação por uma série de agentes do usuário, incluindo aplicações Web. As mensagens são enviadas com o uso do SMTP, que funciona estabelecendo uma conexão TCP do agente de transferência de mensagem de saída para o receptor.

A Web é a aplicação que a maioria das pessoas imagina como sendo a Internet. Originalmente, ela era um sistema para vincular páginas de hipertexto (escritas em HTML) de forma transparente entre as máquinas. As páginas são baixadas fazendo uma conexão TCP do navegador para um servidor e usando HTTP. Atualmente, grande parte do conteúdo na Web é produzido de maneira dinâmica, seja no servidor (p. ex., com PHP), seja no navegador (p. ex., com JavaScript). Quando combinadas com bancos de dados back-end, páginas dinâmicas do servidor permitem o uso de aplicações Web como e-commerce (comércio eletrônico) e busca. Páginas dinâmicas do navegador estão evoluindo para aplicações completas, como o correio eletrônico, que são executadas dentro do navegador e usam os protocolos da Web para a comunicação com servidores remotos. Com o crescimento do setor de propaganda, o rastreamento na Web tornou-se muito difundido, por meio de inúmeras técnicas, desde cookies até identificação de tela. Embora existam meios de bloquear certos tipos de mecanismos de rastreamento, como os cookies, isso às vezes impede a funcionalidade de um site, e alguns deles (p. ex., identificação de tela) são incrivelmente difíceis de bloquear.

Áudio e vídeo digital têm sido fatores-chave para a Internet desde o ano 2000. A maior parte do tráfego da Internet hoje é vídeo. Grande parte dele flui dos sites por uma mistura de protocolos, embora o TCP também seja muito utilizado. A mídia ao vivo é enviada para muitos consumidores. Ela inclui estações de rádio e TV pela Internet, que enviam todo tipo de evento por broadcast. Áudio e vídeo também são usados para conferências em tempo real. Muitas chamadas usam voz sobre IP, em vez da rede telefônica tradicional, e incluem videoconferência.

Existe um pequeno número de sites muito populares, bem como um grande número de sites pouco populares. Para atender aos mais populares, foram implantadas redes de distribuição de conteúdo. As CDNs usam DNS para direcionar os clientes para um servidor próximo, já que os servidores ficam espalhados por centros de dados no mundo inteiro. Como alternativa, as redes P2P permitem que uma coleção de máquinas compartilhe conteúdo (como filmes) entre elas. Elas oferecem uma capacidade de distribuição de conteúdo que aumenta com o número de máquinas na rede P2P e que pode competir com o maior dos sites.

PROBLEMAS

1. Na Figura 7.5, não existe nenhum ponto depois de *laserjet*. Por quê?
2. Dê um exemplo, semelhante ao que foi mostrado na Figura 7.6, de um resolvedor pesquisando o nome de domínio

course-info.cs.uchicago.edu em oito etapas. Em que cenário isso aconteceria na prática?

3. Qual registro do DNS verifica a chave que é usada para assinar os registros do DNS para um servidor de nomes autorizado?

4. Qual registro do DNS verifica a assinatura dos registros do DNS para um servidor de nomes autorizado?

5. Descreva o processo de mapeamento de um cliente, pelo qual alguma parte da infraestrutura do DNS identificaria um servidor de conteúdo próximo do cliente que emitiu a consulta ao DNS. Explique quaisquer suposições envolvidas na determinação do local do cliente.

6. Considere uma situação em que um cyberterrorista faz todos os servidores de DNS do mundo falharem simultaneamente. Como isso muda nossa capacidade de usar a Internet?

7. A Internet está repleta de jargão.
   (a) Traduza a seguinte sentença de Internet para o português: "FTTB PAYG. IAC é FCFS. IKYP".
   (b) Use a sua experiência na resposta do item (a) para sugerir quais seriam as vantagens e desvantagens do jargão da Internet.

8. Explique as vantagens e as desvantagens do uso do TCP no lugar do UDP para consultas e respostas do DNS.

9. Supondo que o comportamento do caching para pesquisas DNS seja o normal e que o DNS não seja criptografado, qual das partes seguintes pode ver todas as suas pesquisas DNS a partir do seu dispositivo local? Se o DNS for criptografado com DoH ou DoT, quem pode ver as pesquisas DNS?

10. Nathan deseja ter um nome de domínio original e usa um programa de geração aleatória para criar um nome de domínio secundário. Ele deseja registrar esse nome de domínio no domínio genérico *com*. O nome de domínio que foi gerado tem 253 caracteres de extensão. O registrador *com* permitirá que esse nome de domínio seja registrado?

11. Uma máquina com um único nome DNS pode ter vários endereços IP? Como isso poderia ocorrer?

12. Um computador pode ter dois nomes DNS em diferentes domínios de alto nível? Se puder, mostre um exemplo plausível. Se não, explique o motivo.

13. Alguns sistemas de e-mail aceitam um campo de cabeçalho *Content Return*, que especifica se o corpo da mensagem deve ser retornado caso não seja entregue. Esse campo pertence ao envelope ou ao cabeçalho?

14. Você recebe um e-mail suspeito e acredita que ele foi enviado por um remetente malicioso. O campo FROM no e-mail diz que ele foi enviado por alguém que você confia. O conteúdo do e-mail é confiável? O que mais você pode fazer para verificar sua autenticidade?

15. Os sistemas de correio eletrônico precisam de diretórios para que os endereços eletrônicos das pessoas possam ser pesquisados. Para criá-los, os nomes devem ser divididos em componentes padrão (p. ex., primeiro nome, último nome) para possibilitar a pesquisa. Descreva alguns problemas que devem ser resolvidos para que um padrão mundial possa ser aceito.

16. Um grande escritório de advocacia, com muitos funcionários, oferece um endereço de e-mail único para cada pessoa. O endereço de e-mail de cada funcionário é *<login>@lawfirm.com*. Todavia, a empresa não definiu explicitamente o formato do login. Assim, alguns funcionários usam seus primeiros nomes como nomes de login, alguns usam seus sobrenomes e outros usam suas iniciais, etc. O escritório agora deseja criar um formato fixo, por exemplo:

    nome.sobrenome@lawfirm.com,

    que pode ser usado para os endereços de e-mail de todos os seus funcionários. Como isso pode ser feito sem causar muita confusão?

17. Uma string ASCII de 100 bytes é codificada usando base64. Qual é o comprimento da string resultante?

18. Seu colega de sala de aula codifica a string ASCII "ascii" usando base64, resultando em "YXNjaWJ". Mostre o que saiu errado durante a codificação e apresente a codificação correta da string.

19. Você está desenvolvendo uma aplicação de mensagens instantâneas para um trabalho de laboratório sobre redes de computadores. A aplicação deverá ser capaz de transferir texto ASCII e arquivos binários. Infelizmente, outro aluno na sua equipe já entregou o código do servidor sem implementar um recurso para transferir arquivos binários. Você ainda consegue implementar esse recurso somente mudando o código do cliente?

20. Em qualquer padrão, como o RFC 5322, é necessário haver uma gramática exata do que é permitido, para que diferentes implementações possam interoperar. Até mesmo itens simples têm de estar definidos com cuidado. Os cabeçalhos SMTP permitem espaço em branco entre os símbolos. Forneça *duas* definições alternativas plausíveis de espaço em branco entre símbolos.

21. Cite cinco tipos MIME não listados no livro. Você pode verificar seu navegador ou consultar a Internet para obter informações.

22. Suponha que você queira enviar um arquivo MP3 a um amigo, mas o ISP do seu amigo limita a quantidade de correio recebida a 1 MB e o arquivo MP3 tem 4 MB. Existe algum modo de lidar com essa situação usando a RFC 5322 e o MIME?

23. O IMAP permite que os usuários busquem e baixem mensagens de e-mail de uma caixa de correio remota. Isso significa que o formato interno das caixas de correio tem de ser padronizado, de forma que qualquer programa IMAP no lado cliente possa ler a caixa de correio em qualquer servidor de correio? Explique sua resposta.

24. O URL padrão *https* considera que o servidor Web está escutando na porta 443. Contudo, é possível que um servidor Web escute em alguma outra porta. Crie uma sintaxe razoável para um URL acessando um arquivo em uma porta fora do padrão.

25. Imagine que alguém no departamento de matemática de Stanford acabou de escrever um documento incluindo uma

prova, que ele deseja distribuir por FTP para seus colegas analisarem. Essa pessoa coloca o documento no diretório FTP *ftp/pub/paraAnalisar/novaProva.pdf*. Qual deve ser o URL provável para esse documento?

26. Imagine uma página Web que leva 3 segundos para ser carregada usando HTTP com uma conexão persistente e solicitações sequenciais. Desses 3 segundos, 150 ms são gastos configurando a conexão e obtendo a primeira resposta. Carregar a mesma página usando solicitações em pipeline leva 200 ms. Suponha que o envio de uma solicitação seja instantâneo e que o tempo entre a solicitação e a resposta seja igual para todas as solicitações. Quantas solicitações são realizadas ao buscar essa página Web?

27. Você está desenvolvendo uma aplicação em rede para o seu trabalho de laboratório sobre redes de computadores. Outro aluno na sua equipe diz que, como o seu sistema se comunica via HTTP, que roda sobre TCP, seu sistema não precisa levar em conta a possibilidade de a comunicação entre os hosts ser desfeita. O que você diz ao seu colega de equipe?

28. Para cada uma das seguintes aplicações, informe se ela seria (1) possível e (2) melhor para usar um script PHP ou JavaScript, e o motivo:
    (a) Exibir um calendário para qualquer mês solicitado desde setembro de 1752.
    (b) Exibir a tabela de voos de Amsterdã até Nova Iorque.
    (c) Representar graficamente um polinômio a partir de coeficientes fornecidos pelo usuário.

29. O cabeçalho *If-Modified-Since* pode ser usado para verificar se uma página guardada em cache ainda é válida. Podem ser feitas solicitações de páginas contendo imagens, som, vídeo, e assim por diante, bem como HTML. Você imagina que a eficiência dessa técnica é melhor ou pior para imagens JPEG, em comparação com HTML? Pense com cuidado no que significa "eficiência" e explique sua resposta.

30. Você solicita uma página Web de um servidor. A resposta do servidor inclui um cabeçalho *Expires*, cujo valor é definido como um dia no futuro. Depois de cinco minutos, você solicita a mesma página do mesmo servidor. O servidor poderá lhe enviar uma versão mais recente da página? Explique o motivo.

31. Faz sentido um único ISP funcionar como uma CDN? Nesse caso, como ele funcionaria? Se não, o que está errado com essa ideia?

32. Um CD de áudio codifica música a 44.000 Hz usando amostras de 16 bits. Qual é a taxa de bits para a música não compactada? Quantos bytes são necessários para codificar o equivalente a uma hora de música? Um CD pode armazenar 700 MB. Para que é usado o restante do CD?

33. Um CD de áudio codifica música a 44.000 Hz usando amostras de 16 bits. Faria algum sentido produzir áudio de qualidade mais alta amostrando a 88.000 Hz com amostras de 16 bits? E se fosse 44.000 Hz com amostras de 24 bits?

34. Suponha que a compressão não seja usada para CDs de áudio. Quantos MB de dados o CD deve conter a fim de tocar duas horas de música?

35. Um servidor hospedando uma sala de bate-papo popular envia dados aos seus clientes a uma taxa de 32 kbps. Se esses dados chegam nos clientes a cada 100 ms, qual é o tamanho do pacote usado pelo servidor? Qual seria o tamanho se os clientes recebessem dados a cada segundo?

36. Um servidor de streaming de áudio está a uma "distância" de cerca de 100 ms em relação a um player de mídia. Ele transmite a saída a 1 Mbps. Se o player de mídia tiver um buffer de 2 MB, o que você pode dizer sobre a posição da marca de nível inferior e da marca de nível superior?

37. Você está fazendo o streaming de um vídeo quando, 10 s antes do final, sua conexão com a Internet é interrompida. O vídeo tem uma resolução de 2048 × 1024 pixels, utiliza 16 bits por pixel e é reproduzido a 60 quadros por segundo. Há 64 MB (67.108.864 bytes) de dados codificados no buffer de sua máquina. Considerando uma razão de compressão de 32:1, você conseguiria assistir o vídeo até o final?

38. Suponha que um meio de transmissão sem fio perca muitos pacotes. Como um áudio com qualidade de CD não compactado poderia ser transmitido de modo que um pacote perdido resultasse em um som com menor qualidade, mas sem intervalo na música?

39. No texto, discutimos sobre um esquema de buffering para vídeo que aparece na Figura 7.34. Esse esquema também funcionaria para áudio puro? Por quê?

40. O streaming de áudio e vídeo em tempo real precisa ser constante. O atraso de ponta a ponta e o jitter de pacotes são dois fatores que afetam a experiência do usuário. Eles são basicamente a mesma coisa? Sob quais circunstâncias cada um deles aparece? Algum deles pode ser combatido e, se puder, como?

41. Qual é a taxa de bits para transmissão de quadros em cores não compactados de 1920 × 1080 pixels com 16 bits/pixel a 60 quadros por segundo?

42. Qual é a razão de compressão necessária para enviar um vídeo 4K por um canal de 80 Mbps? Suponha que o vídeo seja reproduzido a uma taxa de 60 quadros por segundo e que o valor de cada pixel seja armazenado em 3 bytes.

43. Suponha que um sistema DASH com 50 quadros/s divida um vídeo em segmentos de 10 segundos, cada um com exatamente 500 quadros. Você consegue achar algum problema nisso? (*Dica:* pense no tipo dos quadros usados no MPEG.) Se houver algum problema, como ele pode ser resolvido?

44. Imagine que um serviço de streaming de vídeo decida usar UDP no lugar de TCP. Os pacotes UDP podem chegar em uma ordem diferente daquela em que foram enviados. Que problema isso causa e como ele pode ser resolvido? Que complicação a sua solução gera, se houver alguma?

45. Enquanto trabalha em uma empresa de streaming de jogos, um colega sugere a criação de um novo protocolo da

camada de transporte que resolve as deficiências do TCP e UDP, garantindo baixa latência e baixo jitter para aplicações de multimídia. Explique por que isso não funcionaria.

46. Considere um servidor de vídeo com 50 mil clientes, em que cada um deles assiste a três filmes por mês. Dois terços dos filmes são atendidos às 21h. Quantos filmes o servidor precisa transmitir ao mesmo tempo durante esse período de tempo? Se cada filme exige 6 Mbps, quantas conexões OC-12 o servidor precisa ter com a rede?

47. Sob quais condições o uso de uma CDN não é uma boa ideia?

48. Uma página Web popular hospeda 2 bilhões de vídeos. Se a popularidade do vídeo seguir uma distribuição de Zipf, que fração das visualizações vai para os 10 vídeos mais assistidos?

49. Uma das vantagens dos sistemas peer-to-peer é que normalmente não existe um ponto de controle central, tornando-os resilientes a falhas. Explique por que o BitTorrent não é totalmente descentralizado.

50. Explique alguns motivos pelos quais um cliente BitTorrent poderia trapacear ou mentir e como ele poderia fazer isso.

8
Segurança de redes

Durante as primeiras décadas de sua existência, as redes de computadores foram usadas principalmente por pesquisadores universitários, para enviar mensagens de correio eletrônico, e também por funcionários de empresas, para compartilhar impressoras. Nessas condições, a segurança nunca precisou de maiores cuidados. Mas agora, quando milhões de cidadãos comuns usam as redes para executar operações bancárias, fazer compras e arquivar sua devolução de impostos, surge um ponto fraco atrás do outro, e a segurança tornou-se um problema de grandes proporções. Neste capítulo, estudaremos a segurança das redes sob vários ângulos, destacaremos muitas falhas e discutiremos diversos algoritmos e protocolos que as tornam mais seguras.

Em uma nota histórica, a invasão de rede já existia muito antes de haver uma Internet. A rede telefônica era o alvo e mexer no protocolo de sinalização era conhecido como **phreaking do telefone**. O phreaking do telefone começou no final dos anos 1950 e realmente disparou nas décadas de 1960 e 1970. Naquela época, os sinais de controle usados para autorizar e rotear chamadas ainda estavam "dentro da banda": a companhia telefônica usava sons em frequências específicas no mesmo canal da comunicação de voz para dizer às centrais o que fazer.

Um dos mais conhecidos phreakers do telefone foi **John Draper**, uma figura controversa que descobriu que o apito de brinquedo incluído nas caixas de cereais Cap'n Crunch no final dos anos 1960 emitia um tom de exatamente 2600 Hz, que por acaso era a frequência que a AT&T usava para autorizar chamadas de longa distância. Usando o apito, Draper conseguiu fazer chamadas de longa distância gratuitamente. Ele ficou conhecido como **Capitão Crunch** e usou os apitos para construir as chamadas caixas azuis para hackear o sistema telefônico. Em 1974, Draper foi preso por fraude de tarifação e foi para a prisão, mas não antes de inspirar dois outros pioneiros na área da Baía de São Francisco, **Steve Wozniak** e **Steve Jobs**, a também praticar o phreaking do telefone e construir suas próprias caixas azuis, bem como, em um estágio posterior, um computador que decidiram chamar de *Apple*. De acordo com Wozniak, não haveria Apple sem o Capitão Crunch.

A segurança é um assunto abrangente e inclui inúmeros tipos de problemas. Em sua forma mais simples, preocupa-se em impedir que pessoas mal-intencionadas leiam ou, pior ainda, modifiquem secretamente mensagens enviadas a outros destinatários. Outra preocupação da segurança são as pessoas que tentam subverter serviços essenciais da rede, como BGP ou DNS, indisponibilizar links de serviços de rede ou ter acesso a serviços remotos que não estão autorizadas a usar. Ela também lida com meios para saber se uma mensagem supostamente verdadeira é um trote, por exemplo, se veio da Receita Federal ou de um prisioneiro. A segurança trata de situações em que mensagens legítimas são capturadas e reproduzidas, além de lidar com pessoas que tentam negar o fato de ter enviado certas mensagens.

A maior parte dos problemas de segurança é causada propositalmente por pessoas mal-intencionadas, que tentam obter algum benefício, chamar atenção ou prejudicar alguém. Alguns dos invasores mais comuns estão listados na Figura 8.1. Fica claro por essa lista que tornar uma rede segura envolve muito mais que apenas mantê-la livre de erros de programação. Para tornar uma rede segura, com frequência é necessário lidar com adversários inteligentes, dedicados e, às vezes, muito bem subsidiados. Você também deve ter em mente que as medidas utilizadas para interromper a atividade de adversários eventuais terão pouco impacto sobre os adversários "mais espertos".

Em um artigo na *USENIX ;Login:*, James Mickens, da Microsoft (e agora professor na Harvard University),

Adversário	Objetivo
Estudante	Divertir-se bisbilhotando o e-mail de outras pessoas
Cracker	Testar o sistema de segurança de alguém; roubar dados
Representante de vendas	Tentar representar toda a Europa e não apenas Andorra
Executivo	Descobrir a estratégia de marketing do concorrente
Ex-funcionário	Vingar-se por ter sido demitido
Contador	Desviar dinheiro de uma empresa
Corretor de valores	Negar uma promessa feita por e-mail a um cliente
Vigarista	Roubar números de cartão de crédito e vendê-los
Espião do governo	Descobrir segredos militares ou industriais de um inimigo
Terrorista	Roubar segredos de armas bacteriológicas

Figura 8.1 Algumas pessoas que podem causar problemas de segurança e os motivos para fazê-lo.

argumentou que é preciso distinguir entre invasores comuns e, digamos, serviços de inteligência sofisticados. Se você está preocupado com adversários comuns, ficará bem com bom senso e medidas básicas de segurança. Mickens explica eloquentemente a distinção:

> Se o seu adversário for o Mossad, você vai morrer e não há nada que possa fazer a respeito. O Mossad não se intimida pelo fato de você empregar https://. Se o Mossad quiser seus dados, eles vão usar um drone para substituir seu celular por um pedaço de urânio em forma de telefone celular, e quando você morrer de tumores cheios de tumores, eles vão dar uma entrevista coletiva e dizer "Não fomos nós", enquanto usam camisetas que dizem "DEFINITIVAMENTE FOMOS NÓS" e então eles vão comprar todas as suas coisas junto com sua casa para que possam olhar diretamente para as fotos de suas férias, em vez de ler seus e-mails insípidos a respeito deles.

A conclusão de Mickens é que invasores sofisticados têm meios avançados para comprometer seus sistemas, é muito difícil pará-los. Além disso, os registros policiais mostram que os ataques mais prejudiciais são frequentemente perpetrados por pessoas ressentidas com a organização a que pertencem. Os sistemas de segurança devem ser projetados tendo em vista esse fato.

8.1 FUNDAMENTOS DA SEGURANÇA DE REDES

A maneira clássica de lidar com problemas de segurança na rede é distinguir três propriedades essenciais da segurança: confidencialidade, integridade e disponibilidade. A abreviação comum, **CIA** (Confidentiality, Integrity, Availability), talvez não seja muito boa, uma vez que o outro significado comum desse acrônimo não tenha sido tão cuidadoso na violação dessas propriedades no passado. **Confidencialidade** está relacionada ao fato de manter as informações longe de usuários não autorizados. É isso que costuma vir à mente quando pensamos em segurança de redes. **Integridade** trata de garantir que a informação que você recebeu foi realmente a informação enviada e não algo que alguém modificou. **Disponibilidade** refere-se a impedir que sistemas e serviços se tornem inutilizáveis devido a quebras, situações de sobrecarga ou erros deliberados na configuração. Bons exemplos de tentativas de comprometer a disponibilidade são os ataques de negação de serviço, que frequentemente invadem alvos de alto valor, como bancos, companhias aéreas e a escola local durante o horário de um teste. Além do triunvirato clássico de confidencialidade, integridade e disponibilidade que domina o reino da segurança, existem outras questões que também desempenham papéis importantes. Em particular, a **autenticação** cuida do processo de determinar com quem você está se comunicando antes de revelar informações sigilosas ou entrar em uma transação comercial. Por fim, o **não repúdio** trata de assinaturas: como provar que seu cliente realmente fez um pedido eletrônico de dez milhões de unidades de um produto com preço unitário de 89 centavos quando mais tarde ele afirmar que o preço era 69 centavos? Ou talvez ele afirme que nunca efetuou nenhum pedido, depois de ver que uma empresa chinesa está inundando o mercado com esses mesmos produtos por 49 centavos.

Todas essas questões também ocorrem em sistemas tradicionais, mas com algumas diferenças significativas. O sigilo e a integridade são obtidos graças à utilização de correspondência registrada e de documentos trancados. Hoje é mais difícil roubar o trem postal do que nos tempos de Jesse James. Além disso, é comum as pessoas conseguirem distinguir um documento original de uma fotocópia, e isso quase sempre faz diferença para elas. Como teste, tire uma fotocópia de um cheque válido. Tente descontar o cheque original na segunda-feira. Agora tente descontar a fotocópia do cheque na terça-feira. Observe a diferença no comportamento do caixa.

Quanto à autenticação, as pessoas autenticam outras pessoas por vários meios, incluindo reconhecimento de rosto, voz e caligrafia. As comprovações de assinatura são feitas por meio de papel timbrado, de símbolos em alto--relevo, etc. Em geral, as falsificações podem ser detectadas por especialistas em caligrafia, papel e tinta. Nenhuma dessas opções está disponível eletronicamente. É claro que são necessárias outras soluções.

Antes de entrarmos nas soluções propriamente ditas, vale a pena dedicar alguns momentos considerando a que parte da pilha de protocolos pertence a segurança de redes. É provável que não exista uma parte específica. Todas as camadas contribuem de alguma forma. Na camada física, os "grampos" podem ser anulados mantendo-se as linhas de transmissão (ou seja, as fibras ópticas) em tubos lacrados contendo gás inerte em alta pressão. Qualquer tentativa de perfurar um tubo liberará o gás, reduzindo a pressão e disparando um alarme. Alguns sistemas militares utilizam essa técnica.

Na camada de enlace de dados, os pacotes de uma linha ponto a ponto podem ser codificados à medida que saem de uma máquina, e decodificados quando entram em outro sistema. Todos os detalhes podem ser tratados na camada de enlace de dados, com as camadas mais altas alheias ao que está acontecendo. No entanto, essa solução se mostra ineficiente quando os pacotes têm de atravessar vários roteadores, pois é necessário descriptografá-los em cada roteador, o que os torna vulneráveis a ataques de dentro do roteador. Além disso, essa estratégia permite que algumas sessões sejam protegidas (p. ex., aquelas que envolvem compras on-line por cartão de crédito) e outras não. Todavia, a **criptografia no nível do enlace de dados**, como esse método é chamado, pode ser facilmente incluída em qualquer rede e costuma ser muito útil.

Na camada de rede, podem ser instalados firewalls para impedir que o tráfego de ataque entre ou saia das redes. IPsec, um protocolo para segurança IP, que criptografa as cargas úteis do pacote, também funciona nessa camada. Na camada de transporte, é possível criptografar conexões inteiras de ponta a ponta, ou seja, processo a processo. Questões como autenticação do usuário e não repúdio só podem ser tratadas na camada de aplicação; ocasionalmente (p. ex., no caso de redes sem fio), a autenticação do usuário também pode ocorrer em camadas mais baixas. Tendo em vista que a segurança se aplica a todas as camadas na pilha de protocolos da rede, dedicamos um capítulo inteiro do livro para esse assunto.

8.1.1 Princípios básicos da segurança

Embora certamente seja necessário tratar das questões de segurança em todas as camadas da pilha da rede, é muito difícil determinar quando você tratou delas o suficiente e se todas elas foram consideradas. Em outras palavras, é muito difícil *garantir* a segurança. Em vez disso, tentamos melhorar a segurança ao máximo que pudermos aplicando, consistentemente, um conjunto de princípios de segurança. Os princípios clássicos da segurança foram formulados em 1975 por Jerome Saltzer e Michael Schroeder:

1. **Princípio da economia de mecanismo.** Este princípio costuma ser parafraseado como o princípio da simplicidade. Sistemas complexos tendem a ter mais bugs do que sistemas simples. Além disso, os usuários podem não entendê-los bem e usá-los de forma errada ou insegura. Sistemas simples são sistemas bons. Por exemplo, PGP (Pretty Good Privacy, consulte a Seção 8.11) oferece uma proteção poderosa para o e-mail. No entanto, muitos usuários o consideram complicado na prática e, até agora, ele ainda não foi amplamente adotado. A simplicidade também ajuda a minimizar a **superfície de ataque** (todos os pontos onde um atacante pode interagir com o sistema para tentar comprometê-lo). Um sistema que oferece um grande conjunto de funções para usuários não confiáveis, cada uma implementada por muitas linhas de código, possui uma grande superfície de ataque. Se uma função não for realmente necessária, deixe-a de fora.

2. **Princípio do default seguro.** Digamos que seja preciso organizar o acesso a um recurso. É melhor estabelecer regras explícitas sobre quando alguém pode acessar o recurso do que tentar identificar a condição sob a qual o acesso a ele deve ser negado. Em outras palavras: um default de falta de permissão é mais seguro.

3. **Princípio da mediação completa.** A autorização de cada acesso a cada recurso deve ser verificada. Isso implica que devemos ter uma maneira de determinar a origem de uma solicitação (o solicitante).

4. **Princípio da menor autoridade.** Este princípio, frequentemente conhecido como **POLA (Principle Of Least Authority)**, afirma que qualquer (sub)sistema deve ter autoridade (privilégio) suficiente para executar sua tarefa e nada mais. Portanto, se os atacantes comprometem esse sistema, eles elevam seus privilégios apenas ao mínimo.

5. **Princípio da separação de privilégios.** Intimamente relacionado ao ponto anterior: é melhor dividir o sistema em vários componentes compatíveis com o POLA do que um único componente com todos os privilégios combinados. Novamente, se um componente for comprometido, os invasores terão sua atuação limitada.

6. **Princípio do mecanismo menos comum.** Este princípio é um pouco mais complicado e afirma que devemos minimizar a quantidade de mecanismo comum a mais de um usuário e dependente de todos os usuários. Pense dessa forma: se tivermos uma escolha entre implementar uma rotina de rede no sistema operacional,

onde suas variáveis globais são compartilhadas por todos os usuários, ou em uma biblioteca no espaço do usuário que, para todos os efeitos, é privada ao processo do usuário, devemos optar pelo último. Os dados compartilhados no sistema operacional também podem servir como um caminho de informações entre diferentes usuários. Veremos um exemplo disso na seção sobre sequestro de conexão TCP.

7. **Princípio do projeto aberto.** Este afirma, de modo claro e simples, que o projeto não deve ser secreto e generaliza o que é conhecido como princípio de Kerckhoffs da criptografia. Em 1883, Auguste Kerckhoffs, holandês de nascimento, publicou dois artigos de jornal sobre criptografia militar, que afirmavam que um criptosistema deveria ser seguro mesmo se tudo sobre o sistema, exceto a chave, fosse de conhecimento público. Em outras palavras, não confie na "segurança pela obscuridade", mas assuma que o adversário imediatamente ganha familiaridade com seu sistema e conhece os algoritmos de criptografia e descriptografia.

8. **Princípio de aceitabilidade psicológica.** O último princípio não é absolutamente técnico. As regras e os mecanismos de segurança devem ser fáceis de usar e entender. Novamente, muitas implementações da proteção PGP para e-mail falham nesse princípio. No entanto, a aceitabilidade envolve mais. Além da usabilidade do mecanismo, também deve ficar claro por que as regras e mecanismos são necessários em primeiro lugar.

Outro fator importante para garantir a segurança é também o conceito de **isolamento**, o qual garante a separação de componentes (programas, sistemas de computação ou mesmo redes inteiras) que pertencem a diferentes domínios de segurança ou que têm privilégios diferentes. Toda a interação que ocorre entre os diferentes componentes é mediada por verificações de privilégio adequadas. O isolamento, POLA e um controle rígido do fluxo de informações entre os componentes permitem o projeto de sistemas fortemente compartimentados.

A segurança da rede compreende questões no domínio de sistemas e engenharia, bem como questões enraizadas na teoria, na matemática e na criptografia. Um bom exemplo do primeiro é o clássico **ping da morte**, que permitia aos atacantes travar os hosts por toda a Internet usando opções de fragmentação no IP para criar pacotes de solicitação de eco do ICMP maiores que o tamanho máximo de pacote permitido pelo IP. Visto que o lado receptor nunca esperava pacotes tão grandes, ele reservava memória de buffer insuficiente para todos os dados, e os bytes em excesso substituiriam outros dados que vinham após o buffer na memória. Nitidamente, isso foi um bug, comumente conhecido como estouro de buffer. Um exemplo de problema de criptografia é a chave de 40 bits usada na criptografia WEP original para redes WiFi, que poderia ser facilmente descoberta pela força bruta por invasores com poder computacional suficiente.

8.1.2 Princípios básicos do ataque

A maneira mais fácil de estruturar uma discussão sobre os aspectos sistêmicos da segurança é nos colocar no lugar do adversário. Portanto, depois de termos apresentado os aspectos fundamentais da segurança, vamos agora considerar os **fundamentos dos ataques**.

Do ponto de vista do invasor, a segurança de um sistema se apresenta como um conjunto de desafios que ele deve resolver para alcançar seus objetivos. Existem várias maneiras de violar a confidencialidade, a integridade, a disponibilidade ou qualquer uma das outras propriedades da segurança. Por exemplo, para quebrar a confidencialidade do tráfego da rede, um invasor pode invadir um sistema para ler os dados diretamente, enganar as partes que estão se comunicando para enviar dados sem criptografia e capturá-los ou, em um cenário mais ambicioso, quebrar a criptografia. Todos eles são usados na prática e todos consistem em várias etapas. Vamos nos aprofundar nos fundamentos dos ataques na Seção 8.2. Como uma prévia, vamos considerar as várias etapas e técnicas que os invasores podem utilizar.

1. **Exploração.** Alexander Graham Bell disse certa vez: "A preparação é a chave para o sucesso" e, portanto, isso também serve para os invasores. A primeira coisa que você faz como invasor é saber o máximo possível sobre seu alvo. Caso planeje atacar por meio de spam ou engenharia social, você pode querer passar algum tempo vasculhando os perfis on-line das pessoas que deseja enganar para que forneçam informações ou até mesmo procurar informações em uma lixeira física. Neste capítulo, no entanto, iremos nos limitar aos aspectos técnicos de ataques e defesas. A exploração da segurança da rede consiste em descobrir informações que ajudam o invasor. Quais máquinas podemos alcançar de fora? Usando quais protocolos? Qual é a topologia da rede? Quais serviços são executados em quais máquinas? E assim por diante. Discutiremos a exploração na Seção 8.2.1.

2. **Sniffing e Snooping.** Uma etapa importante em muitos ataques à rede diz respeito à interceptação de pacotes da rede. Certamente, se as informações confidenciais forem enviadas "às claras" (sem criptografia), a capacidade de interceptar o tráfego da rede é muito útil para o invasor, mas até mesmo o tráfego criptografado pode ser útil – para descobrir os endereços MAC das partes que se comunicam, quem fala com quem e quando, etc. Além disso, um invasor precisa interceptar o tráfego criptografado para quebrar a criptografia. Visto que um invasor tem acesso ao tráfego da rede de

outras pessoas, a capacidade de farejar indica que pelo menos os princípios de menor autoridade e mediação completa não foram suficientemente impostos. Farejar é fácil em um meio de transmissão como o WiFi, mas como interceptar o tráfego se ele nem mesmo viaja pelo enlace ao qual seu computador está conectado? O sniffing é o tópico da Seção 8.2.2.

3. **Spoofing.** Outra arma básica nas mãos dos atacantes é se fazer passar por outra pessoa. O tráfego de rede falsificado finge se originar de alguma outra máquina. Por exemplo, podemos transmitir facilmente um quadro Ethernet ou um pacote IP com um endereço de origem diferente, como um meio de contornar uma defesa ou iniciar ataques de negação de serviço, porque esses protocolos são muito simples. No entanto, podemos fazer isso também para protocolos complicados, como o TCP? Afinal, se você enviar um segmento TCP SYN para configurar uma conexão a um servidor com um endereço IP forjado, o servidor responderá com seu segmento SYN/ACK (a segunda fase do estabelecimento da conexão) para esse endereço IP, de modo que, a menos que os invasores estejam no mesmo segmento da rede, eles não verão a resposta. Sem essa resposta, eles não saberão o número de sequência usado pelo servidor e, portanto, não poderão se comunicar. O spoofing contorna o princípio da mediação completa: se não podemos determinar quem enviou uma solicitação, não podemos mediá-la adequadamente. Na seção 8.2.3, discutimos o spoofing em detalhes.

4. **Interrupção.** O terceiro componente de nossa tríade da CIA, a disponibilidade, cresceu em importância também para os invasores, com ataques devastadores de negação de serviço, ou **DoS (Denial of Service)** em todos os tipos de organizações. Além disso, em resposta a novas defesas, esses ataques se tornaram cada vez mais sofisticados. Pode-se argumentar que os ataques de DoS abusam do fato de que o princípio do mecanismo menos comum não é rigorosamente aplicado – não há isolamento suficiente. Na Seção 8.2.4, veremos a evolução desses tipos de ataque.

Usando esses blocos de construção fundamentais, os invasores podem criar uma grande variedade de ataques. Por exemplo, usando exploração e sniffing, os invasores podem encontrar o endereço de um computador vítima em potencial e descobrir que ele confia em um servidor, de modo que qualquer solicitação proveniente desse servidor é aceita automaticamente. Por meio de um ataque de negação de serviço (interrupção), eles podem derrubar o servidor real para garantir que ele não responda mais à vítima e, em seguida, enviar solicitações falsificadas que parecem ter vindo do servidor. Na verdade, foi exatamente assim que aconteceu um dos ataques mais famosos da história da Internet (no San Diego Supercomputer Center). Discutiremos o ataque mais adiante.

8.1.3 De ameaças a soluções

Depois de discutir os movimentos do invasor, vamos considerar o que podemos fazer a respeito deles. Como a maioria dos ataques chega pela rede, a comunidade de segurança percebeu rapidamente que a rede também pode ser um bom lugar para monitorar ataques. Na Seção 8.3, veremos os firewalls, sistemas de detecção de intrusão e defesas semelhantes.

Enquanto as Seções 8.2 e 8.3 tratam dos problemas relacionados aos sistemas, de invasores colocando suas mãos sujas em informações ou sistemas confidenciais, dedicamos as Seções 8.4 a 8.9 aos aspectos mais formais da segurança de rede, quando discutimos **criptografia** e **autenticação**. Com base na matemática e implementações em sistemas de computador, diversas primitivas criptográficas ajudam a garantir que, mesmo que o tráfego da rede caia nas mãos erradas, nada de ruim aconteça. Por exemplo, os invasores ainda não serão capazes de quebrar a confidencialidade, adulterar o conteúdo ou repetir com êxito uma conversa na rede. Há muito a dizer sobre criptografia, já que existem diferentes tipos de primitivas para diferentes finalidades (comprovar autenticidade, criptografia usando chaves públicas, criptografia usando chaves simétricas, etc.) e cada tipo costuma ter implementações diferentes. Na Seção 8.4, apresentamos os principais conceitos da criptografia, e as Seções 8.5 e 8.6 discutem a criptografia simétrica e a de chave pública, respectivamente. Exploramos as assinaturas digitais na Seção 8.7 e o gerenciamento de chaves na Seção 8.8.

A Seção 8.9 discute o problema fundamental da autenticação segura. Autenticação é o que impede completamente o spoofing: a técnica pela qual um processo verifica se seu parceiro de comunicação é quem deveria ser e não um impostor. Conforme a segurança se tornou cada vez mais importante, a comunidade desenvolveu uma série de protocolos de autenticação. Como veremos, em geral eles se baseiam na criptografia.

Nas seções seguintes à autenticação, examinamos exemplos concretos de soluções de segurança de rede (geralmente baseadas em criptografia). Na Seção 8.10, discutimos as tecnologias de rede que fornecem segurança de comunicação, como IPsec, VPNs e segurança sem fio. A Seção 8.11 examina o problema de segurança do correio eletrônico, incluindo explicações sobre PGP e S/MIME (Secure Multipurpose Internet Mail Extension). A Seção 8.12 discute a segurança em um domínio mais amplo da Web, com descrições de DNS seguro (DNSSEC), código de scripting executado nos navegadores e Secure Sockets Layer (SSL). Como veremos, essas tecnologias usam muitas das ideias discutidas nas seções anteriores.

Por fim, discutimos as questões sociais na Seção 8.13. Quais são as implicações para direitos importantes, como privacidade e liberdade de expressão? E quanto aos direitos autorais e a proteção da propriedade intelectual? Segurança é um tópico importante, portanto vale a pena examiná-la de perto.

Antes de nos aprofundarmos, devemos reiterar que a segurança é todo um campo de estudo por si só. Neste capítulo, estudamos apenas redes e comunicação, em vez de questões relacionadas a hardware, sistemas operacionais, aplicações ou usuários. Isso significa que não gastaremos muito tempo olhando para bugs e não há nada aqui sobre autenticação de usuário usando biometria, segurança de senha, ataques de estouro de buffer, cavalos de Tróia, falsificação de login, isolamento de processo ou vírus. Todos esses tópicos são abordados detalhadamente no Capítulo 9 de *Modern Operating Systems* (Tanenbaum e Bos, 2015). O leitor interessado deverá ler esse livro para compreender os aspectos da segurança nos sistemas. Agora vamos começar nossa jornada.

8.2 OS PRINCIPAIS INGREDIENTES DE UM ATAQUE

Como primeiro passo, vamos considerar os ingredientes fundamentais que compõem um ataque. Praticamente todos os ataques à rede seguem uma receita que mistura algumas variantes desses ingredientes de uma maneira inteligente.

8.2.1 Exploração

Digamos que você seja um invasor e, em uma bela manhã, decide que invadirá a organização X. Por onde você começa? Você não tem muitas informações sobre a organização e, fisicamente, você está em um ponto da Internet longe do escritório mais próximo, de modo que bisbilhotar a lixeira ou olhar sobre os ombros de alguém não são opções viáveis. Você sempre pode usar a **engenharia social** para tentar extrair informações confidenciais dos funcionários, enviando-lhes e-mails (spam) ou ligando para eles, ou então tornando-se amigo deles nas redes sociais. Contudo, neste livro, estamos interessados em questões mais técnicas, relacionadas às redes de computadores. Por exemplo, você consegue descobrir que computadores existem na organização, como eles estão conectados e quais serviços eles executam?

Como ponto de partida, presumimos que um invasor tenha alguns endereços IP de máquinas na organização: servidores Web, servidores de nomes, servidores de login ou quaisquer outras máquinas que se comuniquem com o mundo exterior. A primeira coisa que o invasor desejará fazer é explorar esse servidor. Quais portas TCP e UDP estão abertas? Uma maneira fácil de descobrir é simplesmente tentar configurar uma conexão TCP para cada número de porta. Se a conexão for bem-sucedida, é porque houve um serviço à escuta. Por exemplo, se o servidor responder na porta 25, isso sugere que um servidor SMTP está presente; se a conexão for bem-sucedida na porta 80, provavelmente haverá um servidor Web, etc. Podemos usar uma técnica semelhante para UDP (p. ex., se o alvo responder na porta UDP 53, sabemos que ele executa um serviço de nome de domínio, porque essa é a porta reservada para DNS).

Varredura de porta

Sondar uma máquina para ver quais portas estão ativas é conhecido como **varredura de porta**, e pode se tornar bastante sofisticada. A técnica que descrevemos anteriormente, em que um invasor configura uma conexão TCP completa com o alvo (chamada **varredura de conexão**) não é nada sofisticada. Embora eficaz, sua principal desvantagem é que ela é muito visível para a equipe de segurança do alvo. Muitos servidores costumam registrar conexões TCP bem-sucedidas, e aparecer nos logs durante a fase de **exploração** não é o que um invasor deseja. Para evitar isso, ele pode fazer conexões deliberadamente fracassadas por meio de uma **varredura semiaberta**. Uma varredura semiaberta apenas finge estabelecer conexões: ela envia pacotes TCP com a flag SYN marcada para todos os números de porta de interesse e espera que o servidor envie os SYN/ACKs correspondentes para as portas que estão abertas, mas nunca conclui o handshake de três vias. A maioria dos servidores não registrará essas tentativas de conexão fracassadas.

Se varreduras semiabertas são melhores do que varreduras de conexão, por que ainda discutimos esse último tipo? O motivo é que as varreduras semiabertas exigem invasores mais avançados. Uma conexão completa a uma porta TCP normalmente é possível a partir da maioria das máquinas usando ferramentas simples como telnet, que geralmente estão disponíveis para usuários sem privilégios. Para uma varredura semiaberta, no entanto, os invasores precisam determinar exatamente quais pacotes devem e não devem ser transmitidos. A maioria dos sistemas não possui ferramentas padrão para usuários não privilegiados fazerem isso, e apenas usuários com privilégios de administrador podem executar uma varredura semiaberta.

As varreduras de conexão (às vezes chamadas de **varreduras abertas**) e as varreduras semiabertas pressupõem que é possível iniciar uma conexão TCP a partir de uma máquina qualquer fora da rede da vítima. No entanto, talvez o firewall não permita que conexões sejam estabelecidas a partir da máquina do invasor. Por exemplo, ele pode bloquear todos os segmentos SYN. Nesse caso, o invasor pode ter que recorrer a técnicas de varredura mais esotéricas. Por exemplo, em vez de um segmento SYN, uma **varredura de FIN** enviará um segmento TCP FIN, que normalmente é usado para encerrar uma conexão. À primeira vista, isso não faz sentido porque não há conexão para encerrar. No entanto, a resposta ao pacote FIN geralmente é diferente para portas abertas (com serviços à escuta por trás delas) e portas fechadas. Particularmente, muitas implementações TCP enviam um pacote TCP RST se a porta estiver fechada e nada se ela estiver aberta. A Figura 8.2 ilustra essas três técnicas básicas de varredura.

A essa altura, você provavelmente está pensando: "Se podemos fazer isso com as flags SYN e FIN, podemos tentar algumas das outras flags?". Você estaria certo. Qualquer configuração que leve a diferentes respostas para portas abertas e fechadas funciona. Outra opção bem conhecida é definir várias flags de uma só vez (FIN, PSH, URG), algo conhecido como **varredura de Natal** (porque seu pacote fica aceso como uma árvore de Natal).

Considere a Figura 8.2(a). Se uma conexão puder ser estabelecida, isso significa que a porta está aberta. Agora veja a Figura 8.2(b). Uma resposta SYN/ACK indica que a porta está aberta. Finalmente, temos a Figura 8.2(c). Uma resposta RST significa que a porta está aberta.

Sondar as portas abertas é o primeiro passo. A próxima coisa que o invasor deseja saber é exatamente qual servidor roda nessa porta, qual software, qual versão do software e em qual sistema operacional. Por exemplo, suponha que descobrimos que a porta 8080 está aberta. Este provavelmente é um servidor Web, embora não tenhamos certeza. Mesmo que seja um servidor Web, qual é o servidor: Nginx, Lighttpd, Apache? Suponha que um invasor tenha apenas uma exploração para o Apache versão 2.4.37 e somente no Windows – é importante descobrir todos esses detalhes, algo conhecido como **impressão digital**. Assim como em nossas verificações de portas, fazemos isso utilizando as diferenças (às vezes sutis) na forma como esses servidores e sistemas operacionais respondem. Se tudo isso parece complicado, não se preocupe. Como muitas coisas complicadas nas redes de computadores, alguma alma caridosa se sentou e implementou todas essas técnicas de varredura e impressão digital para você em programas amigáveis e versáteis, como **netmap** e **zmap**.

Traceroute

Saber quais serviços estão ativos em uma máquina é ótimo e bacana, mas e o restante das máquinas na rede? Conhecendo esse primeiro endereço IP, os invasores podem tentar "vasculhar" para ver o que mais está disponível. Por exemplo, se a primeira máquina tiver o endereço IP 130.37.193.191, eles também podem tentar 130.37.193.192, 130.37.193.193 e todos os outros endereços possíveis na rede local. Além disso, eles podem usar programas como **traceroute** para encontrar o caminho em direção ao endereço IP original. Traceroute envia inicialmente um pequeno lote de pacotes UDP para o destino com o valor de tempo de vida (TTL) definido como um, depois outro lote com TTL definido como dois, a seguir um lote com TTL de três, e assim por diante. O primeiro roteador diminui o TTL e imediatamente descarta os primeiros pacotes (porque o TTL agora atingiu o valor zero) e envia de volta uma mensagem de erro ICMP indicando que os pacotes ultrapassaram o tempo de vida alocado. O segundo roteador faz o mesmo para o segundo lote de pacotes, o terceiro para o terceiro lote, até que em certo ponto alguns pacotes UDP alcancem o destino. Ao coletar os pacotes de erro ICMP e seus endereços IP de origem, o traceroute é capaz de traçar a rota geral. Os invasores podem usar os resultados para varrer ainda mais alvos, sondando intervalos de endereços de roteadores próximos ao alvo, obtendo assim um conhecimento rudimentar da topologia da rede.

8.2.2 Sniffing e snooping (com um toque de spoofing)

Muitos ataques à rede começam com a interceptação do tráfego na rede. Para esse ingrediente do ataque, presumimos que o invasor está presente na rede da vítima. Por exemplo, o invasor traz um notebook ao alcance da rede WiFi da vítima ou obtém acesso a um PC na rede com fio. Farejar em

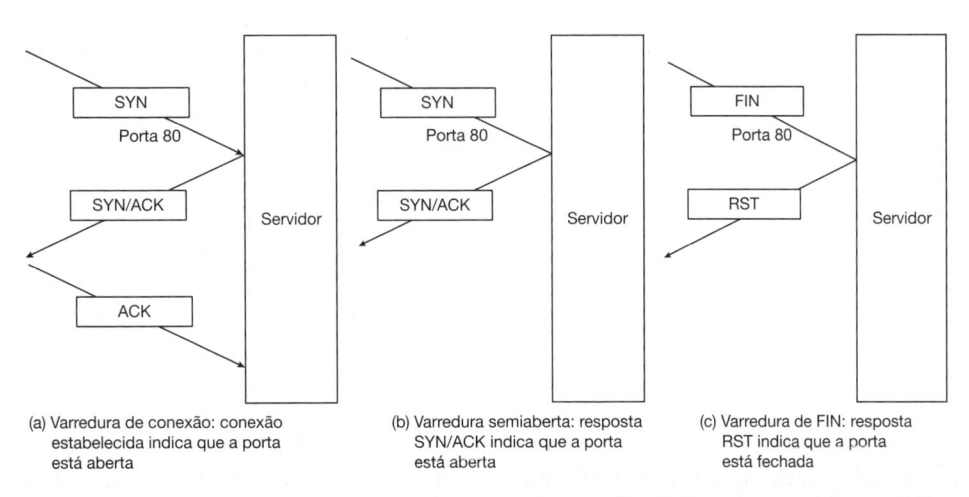

Figura 8.2 Técnicas básicas de varredura de porta. (a) Varredura de conexão. (b) Varredura semiaberta. (c) Varredura de FIN.

um meio de transmissão por broadcast, como WiFi, ou pela implementação original da Ethernet é fácil: você apenas sintoniza o canal em um local conveniente e escuta os bits que passam. Para fazer isso, os invasores definem suas interfaces de rede para o **modo promíscuo**, para que aceitem todos os pacotes do canal, mesmo aqueles destinados a outro host, e usam ferramentas como **tcpdump** ou **Wireshark** para capturar o tráfego.

Sniffing em redes comutadas

No entanto, em muitas redes, as coisas não são tão fáceis. Tome a Ethernet moderna como exemplo. Ao contrário de suas encarnações originais, a Ethernet hoje não é mais uma tecnologia de rede de meio compartilhado propriamente dita. Toda a comunicação é comutada e os atacantes, mesmo que estejam conectados ao mesmo segmento da rede, nunca receberão nenhum dos quadros Ethernet destinados aos outros hosts no segmento. Especificamente, lembre-se de que os switches Ethernet se autoaprendem e criam rapidamente uma tabela de encaminhamento. A autoaprendizagem é simples e eficaz: assim que um quadro Ethernet do host A chega à porta 1, o switch registra que o tráfego para o host A deve ser enviado na porta 1. Agora ele sabe que todo o tráfego com o endereço MAC do host A está no campo de destino do cabeçalho Ethernet e deve ser encaminhado pela porta 1. Da mesma forma, ele enviará o tráfego para o host B na porta 2, e assim por diante. Depois que a tabela de encaminhamento estiver concluída, o switch não enviará tráfego algum explicitamente endereçado ao host B em qualquer porta diferente de 2. Para farejar o tráfego, os invasores devem encontrar um modo de fazer exatamente isso acontecer.

Existem várias maneiras de um invasor superar o problema da comutação. Todas elas usam **spoofing**. Iremos discuti-las nesta seção, já que o único objetivo aqui é farejar o tráfego.

A primeira é a **clonagem MAC**, duplicando o endereço MAC do host do qual você deseja farejar o tráfego. Se você afirma ter esse endereço MAC (enviando quadros Ethernet com esse endereço), o switch registrará isso devidamente em sua tabela e, a partir de então, enviará todo o tráfego destinado à vítima para a sua máquina. Obviamente, isso pressupõe que você conhece esse endereço, e deve ser capaz de obtê-lo a partir das solicitações ARP enviadas pelo destino que, afinal, são transmitidas a todos os hosts no segmento da rede. Outro fator complicador é que o seu mapeamento será retirado do switch assim que o proprietário original do endereço MAC começar a se comunicar novamente, e portanto você terá que repetir constantemente esse **envenenamento da tabela do switch**.

Como alternativa, mas na mesma linha, os invasores podem usar o fato de que a tabela do switch tem um tamanho limitado e inundá-lo com quadros Ethernet com endereços de origem falsos. O switch não sabe que os endereços MAC são falsos e simplesmente os registra até que a tabela esteja cheia, despejando as entradas mais antigas para incluir as novas, se necessário. Como o switch agora não tem mais uma entrada para o host de destino, ele reverte para transmitir todo o tráfego em direção a ele. A **inundação de MAC** faz sua Ethernet se comportar como um meio de broadcast novamente e festejar como se fosse 1979.

Em vez de confundir o switch, os invasores também podem visar aos hosts diretamente, em um chamado ataque de **spoofing ARP** ou **envenenamento ARP**. No Capítulo 5, vimos que o protocolo ARP ajuda um computador a encontrar o endereço MAC correspondente a um endereço IP. Para tanto, a implementação ARP em uma máquina mantém uma tabela com mapeamentos de endereços IP para MAC, para todos os hosts que se comunicaram com essa máquina (a **tabela ARP**). Cada entrada tem um tempo de vida (TTL) de, normalmente, algumas dezenas de minutos. Depois disso, o endereço MAC da parte remota é silenciosamente esquecido, supondo que não haja mais comunicação entre essas partes (quando o TTL é reiniciado) e todas as comunicações seguintes exigem uma pesquisa ARP primeiro. A pesquisa ARP é simplesmente uma mensagem de transmissão que diz algo como: "Pessoal, estou procurando o endereço MAC do host com o endereço IP 192.168.2.24. Se este for você, por favor me avise". A solicitação de pesquisa contém o endereço MAC do solicitante, então o host 192.168.2.24 sabe para onde enviar a resposta, e também o endereço IP do solicitante, de modo que 192.168.2.24 pode adicionar o mapeamento de IP para MAC do solicitante em sua própria tabela ARP.

Sempre que o invasor vê essa solicitação ARP para o host 192.168.2.24, ele pode correr para fornecer ao solicitante seu próprio endereço MAC. Nesse caso, toda a comunicação para 192.168.2.24 será enviada para a máquina do invasor. Na verdade, como as implementações ARP tendem a ser simples e sem estado, o invasor pode muitas vezes apenas enviar respostas ARP, mesmo que não haja solicitação: a implementação ARP aceitará as respostas com seu valor nominal e armazenará os mapeamentos em sua tabela ARP.

Ao usar esse mesmo truque nas duas partes que se comunicam, o invasor recebe todo o tráfego entre elas. Depois disso, encaminhando os quadros para os endereços MAC corretos novamente, o invasor terá instalado um gateway **MITM (Man-in-the-Middle)** furtivo, capaz de interceptar todo o tráfego entre os dois hosts.

8.2.3 Spoofing (além do ARP)

Em geral, spoofing significa enviar bytes pela rede com um endereço de origem falsificado. Além dos pacotes ARP, os invasores podem falsificar qualquer outro tipo de tráfego de rede. Por exemplo, SMTP (Simple Mail Transfer Protocol) é um protocolo amigável, baseado em texto, usado em todos os lugares para enviar e-mail. Ele usa o cabeçalho Mail From: como uma indicação da origem de um e-mail, mas por padrão não verifica se o endereço de e-mail está correto. Em outras palavras, você pode colocar o que quiser nesse cabeçalho e todas as respostas serão enviadas para esse endereço. A propósito, o conteúdo do cabeçalho Mail From: nem mesmo é mostrado ao destinatário da mensagem de e-mail. Em vez disso, seu cliente de e-mail mostra o conteúdo de um cabeçalho From: separado. No entanto, esse campo também não é verificado, e o SMTP permite que você o falsifique, de modo que, por exemplo, o e-mail que você envia a outros alunos informando que eles foram reprovados no curso parece ter sido enviado pelo próprio instrutor do curso. Se você definir adicionalmente o cabeçalho Mail from: para o seu próprio endereço de e-mail, todas as respostas enviadas por alunos em pânico irão para a sua caixa de correio. Que diversão isso vai ser! De forma menos inocente, os criminosos frequentemente falsificam e-mails para enviar mensagens de phishing, vindos de fontes aparentemente confiáveis. Aquele e-mail do "seu médico" dizendo para você clicar no link abaixo para obter informações urgentes sobre seu exame médico pode levar a um site que diz que está tudo normal, mas não menciona que acabou de baixar um vírus em seu computador. Aquele outro do "seu banco" pode ser muito ruim para a sua saúde financeira.

O spoofing do ARP ocorre na camada de enlace e o spoofing do SMTP na camada de aplicação, mas o spoofing pode ocorrer em qualquer camada da pilha de protocolos. Às vezes, o spoofing é fácil. Por exemplo, qualquer pessoa com a capacidade de criar pacotes personalizados pode criar quadros Ethernet, datagramas IP ou pacotes UDP falsos. Você só precisa mudar o endereço de origem e pronto: esses protocolos não têm como detectar a modificação. Outros protocolos são muito mais desafiadores. Por exemplo, nas conexões TCP, os terminais mantêm o estado, como os números de sequência e de confirmação, que tornam o spoofing muito mais complicado. A menos que o invasor consiga farejar ou adivinhar os números de sequência apropriados, os segmentos TCP falsificados serão rejeitados pelo receptor como "fora da janela". Como veremos mais adiante, também existem outras dificuldades substanciais.

Até mesmo os protocolos simples permitem que os invasores causem muitos danos. Em breve, veremos como os pacotes UDP falsificados podem levar a ataques devastadores de **DoS**. Contudo, primeiro vejamos como o spoofing permite que os invasores interceptem o que os clientes enviam para um servidor falsificando datagramas UDP no DNS.

Spoofing do DNS

Como o DNS usa UDP para suas solicitações e respostas, o spoofing deve ser fácil. Por exemplo, assim como no ataque de falsificação de ARP, poderíamos esperar que um cliente enviasse uma solicitação de pesquisa para domínio *servicos-confiaveis.com* e, em seguida, correr com o sistema de nome de domínio legítimo para fornecer uma resposta falsa que informa ao cliente que *servicos-confiaveis.com* está localizado em um endereço IP de nossa propriedade. Isso é fácil se pudermos farejar o tráfego proveniente do cliente (e, portanto, ver a solicitação de pesquisa de DNS para responder), mas, e se não pudermos ver a solicitação? Afinal, se já podemos farejar a comunicação, interceptá-la com spoofing de DNS não é tão útil. Além disso, e se quisermos interceptar o tráfego de muitas pessoas em vez de apenas uma?

A solução mais simples, se os invasores compartilharem o servidor de nomes local da vítima, é que eles enviem sua própria solicitação para, digamos, *servicos-confiaveis.com*, que por sua vez acionará o servidor de nomes local para fazer uma pesquisa para esse endereço IP em seu nome, contatando o próximo servidor de nomes no processo de pesquisa. Os invasores imediatamente "respondem" a essa solicitação do servidor de nomes local com uma resposta falsificada, que parece ter vindo do próximo servidor de nomes. O resultado é que o servidor de nomes local armazena o mapeamento falsificado em seu cache e o entrega à vítima quando ele finalmente faz a busca por *servicos-confiaveis.com* (e qualquer outro que possa estar procurando o mesmo nome). Observe que, mesmo que os invasores não compartilhem o nome local, o ataque ainda pode funcionar, se o invasor conseguir induzir a vítima a fazer uma solicitação de pesquisa com o nome de domínio fornecido pelo invasor. Por exemplo, o invasor pode enviar um e-mail que pede à vítima para clicar em um link, para que o navegador faça a pesquisa do nome para o invasor. Depois de envenenar o mapeamento para *servicos-confiaveis.com*, todas as próximas pesquisas para esse domínio retornarão o mapeamento falso.

O leitor atento notará que isso não é nada fácil. Afinal, cada solicitação DNS carrega um ID de consulta de 16 bits e uma resposta é aceita apenas se o ID na resposta corresponder. Mas se os invasores não puderem ver a solicitação, eles terão que adivinhar o identificador. Para uma única resposta, a chance de acertar é de uma em 65.536. Em média, um invasor teria que enviar dezenas de milhares de respostas DNS em um tempo muito curto para falsificar um único mapeamento no servidor de nomes local e fazer isso sem ser notado. Isso não é fácil.

Ataque de aniversário

Há uma maneira mais fácil, que às vezes é chamada de ataque de aniversário (ou **paradoxo do aniversário**, embora, estritamente falando, não seja paradoxo algum). A ideia desse ataque vem de uma técnica que os professores de matemática costumam usar em seus cursos de probabilidade. A questão é: de quantos alunos você precisa em uma turma antes que a probabilidade de haver duas pessoas com o mesmo aniversário seja superior a 50%? A maioria de nós espera que a resposta esteja bem acima de 100. Na verdade, a teoria da probabilidade diz que é apenas 23. Com 23 pessoas, a probabilidade de *nenhuma* delas aniversariar no mesmo dia é:

$$\frac{365}{365} \times \frac{364}{365} \times \frac{363}{365} \times \cdots \times \frac{343}{365} = 0,497203$$

Em outras palavras, a probabilidade de dois alunos comemorarem seu aniversário no mesmo dia é mais de 50%.

De modo geral, se houver algum mapeamento entre entradas e saídas com n entradas (pessoas, identificadores, etc.) e k saídas possíveis (aniversários, identificadores, etc.), haverá $n(n-1)/2$ pares de entrada. Se $n(n-1)/2 > k$, a chance de haver pelo menos uma correspondência é muito boa. Assim, aproximadamente, uma correspondência é provável para $n > \sqrt{2k}$. O importante é que, em vez de procurar uma correspondência para o dia de aniversário de um aluno em particular, comparamos todos com todos os outros, e qualquer correspondência conta.

Usando esse insight, os invasores primeiro enviam algumas centenas de solicitações de DNS para o mapeamento de domínio que desejam falsificar. O servidor de nomes local tentará resolver cada uma dessas solicitações individualmente, perguntando ao servidor de nomes do nível seguinte. Isso talvez não seja muito inteligente, pois por que você enviaria várias consultas para o mesmo domínio, mas poucas pessoas argumentaram que os servidores de nomes são inteligentes, e foi assim que o popular servidor de nomes BIND operou por muito tempo. De qualquer forma, logo depois de enviar as solicitações, os invasores também enviam centenas de "respostas" falsificadas para a pesquisa, cada uma fingindo vir do servidor de nomes do nível seguinte e carregando uma suposição diferente para o ID da consulta. O servidor de nomes local implicitamente executa a comparação muitos-para-muitos para nós, porque se qualquer ID de resposta corresponder a uma solicitação enviada pelo servidor de nomes local, a resposta será aceita. Observe como esse cenário é semelhante ao dos aniversários dos alunos: o servidor de nomes compara todas as solicitações enviadas pelo servidor de nomes local com todas as respostas falsificadas.

Ao envenenar o servidor de nomes local para um determinado website, digamos, os invasores obtêm acesso ao tráfego enviado a esse site para todos os clientes do servidor de nomes. Configurando suas próprias conexões com o site e repassando toda a comunicação dos clientes e do servidor, eles agora atuam como intermediários (man-in-the-middle) furtivos.

Ataque de Kaminsky

As coisas podem ficar ainda piores quando os invasores envenenam o mapeamento não apenas para um único site, mas para uma zona inteira. O ataque é conhecido como ataque DNS de Dan Kaminsky e causou um grande pânico entre os responsáveis pela segurança da informação e administradores de rede em todo o mundo. Para ver por que todo mundo enlouqueceu, devemos examinar as pesquisas de DNS com um pouco mais de detalhes.

Considere uma solicitação de pesquisa de DNS para o endereço IP de *www.cs.vu.nl*. Após receber essa solicitação, o servidor de nomes local, por sua vez, envia uma solicitação ao servidor de nomes raiz ou, mais comumente, ao servidor de nomes do TLD (domínio de nível superior) para o domínio *.nl*. O último é mais comum porque o endereço IP do servidor de nomes do TLD geralmente já está no cache do servidor de nomes local. A Figura 8.3 mostra essa solicitação do servidor de nomes local (solicitando um "registro A" para o domínio) em uma pesquisa recursiva com a consulta 1337.

O servidor do TLD não conhece o mapeamento exato, mas conhece os nomes dos servidores DNS da Vrije Universiteit que envia de volta em uma resposta, já que não faz pesquisas recursivas, muito obrigado. A resposta, mostrada na Figura 8.4, tem alguns campos interessantes para discutirmos. Primeiro, observamos, sem entrar em detalhes, que os sinalizadores indicam explicitamente que o servidor não deseja fazer pesquisas recursivas, portanto, o restante da pesquisa será iterativa. Em segundo lugar, o ID da consulta da resposta também é 1337, correspondendo ao da pesquisa. Terceiro, a resposta fornece os nomes simbólicos dos

Porta de origem UDP = x	Porta de destino UDP = 53
ID da transação = 1337	Flags ·········▶ As flags indicam coisas como: esta é uma consulta padrão e a recursão é desejada (RD = 1)
Número da pergunta = 1	
Qual é o registro A de www.cs.vu.nl?	

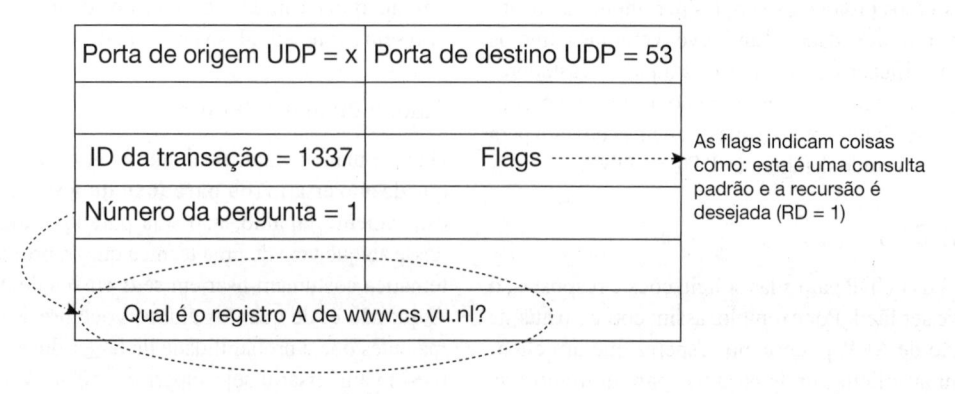

Figura 8.3 Uma solicitação de DNS para *www.cs.vu.nl*.

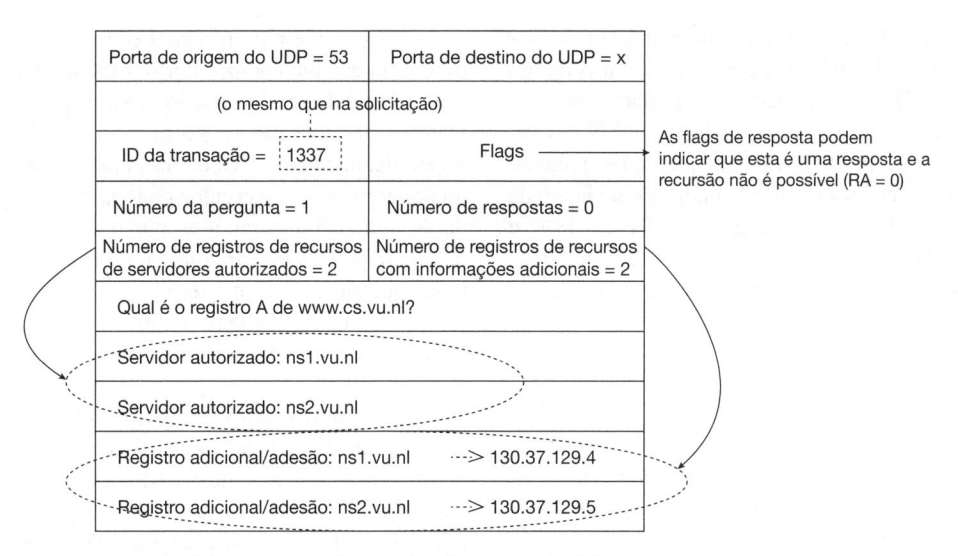

Figura 8.4 Uma resposta do DNS enviada pelo servidor de nomes do TLD.

servidores de nomes da universidade, *ns1.vu.nl* e *ns2.vu.nl*, como registros NS. Essas respostas são oficiais e, a princípio, suficientes para que o servidor de nomes local conclua a consulta: realizando primeiro uma consulta pelo registro A de um dos servidores de nomes e, posteriormente, contatando-o, ele pode solicitar o endereço IP de *www.cs.vu.nl*. No entanto, fazer isso significa que ele entrará em contato primeiro com o mesmo servidor de nomes do TLD novamente, dessa vez para solicitar o endereço IP do servidor de nomes da universidade, e como isso acarreta um tempo extra de ida e volta, não é muito eficiente. Para evitar essa consulta extra, o servidor de nomes do TLD fornece os endereços IP dos dois servidores de nomes da universidade como registros adicionais em sua resposta, cada um com um TTL curto. Esses registros adicionais são conhecidos como **registros de adesão DNS** e são a chave para o ataque de Kaminsky.

Aqui está o que os invasores farão: primeiro, eles enviam solicitações de pesquisa para um subdomínio inexistente do domínio da universidade, como: *ohdeardankaminsky.vu.nl*. Como o subdomínio não existe, nenhum servidor de nomes pode fornecer o mapeamento por meio de seu cache. O servidor de nomes local entrará em contato com o servidor de nomes do TLD. Imediatamente após o envio das solicitações, os invasores também enviam muitas respostas falsas, fingindo ser do servidor de nomes do TLD, assim como em uma solicitação normal de falsificação de DNS, exceto que, dessa vez, a resposta indica que o servidor de nomes do TLD não sabe a resposta (ou seja, ele não fornece o registro A), não faz pesquisas recursivas e avisa o servidor de nomes local para concluir a pesquisa entrando em contato com um dos servidores de nomes da universidade. Ele pode até fornecer os nomes reais desses servidores de nomes. As únicas coisas que eles falsificam são os registros de adesão, para os quais fornecem endereços IP que eles controlam. Como resultado, cada pesquisa de qualquer subdomínio de *.vu.nl* entrará em contato com o servidor de nomes do invasor, que pode fornecer um mapeamento para qualquer endereço IP que desejar. Em outras palavras, os invasores podem operar como intermediários para qualquer site no domínio da universidade!

Embora nem todas as implementações de servidores de nomes fossem vulneráveis a esse ataque, a maioria delas era. Claramente, a Internet tinha um problema. Uma reunião de emergência foi organizada às pressas na sede da Microsoft, em Redmond. Kaminsky declarou mais tarde que tudo isso estava envolto em tal segredo que "havia pessoas seguindo em jatos para a Microsoft que nem sabiam qual era o bug".

Então, como essas pessoas inteligentes resolveram o problema? Na verdade, elas não resolveram. O que elas fizeram foi tornar tudo mais difícil. Lembre-se de que o problema principal desses ataques de falsificação de DNS é que o ID da consulta tem apenas 16 bits, tornando possível adivinhá-lo, seja diretamente ou por meio de um ataque de aniversário. Um ID de consulta maior torna o sucesso do ataque muito menos provável. No entanto, a simples alteração do formato da mensagem do protocolo DNS não é tão fácil e interromperia muitos sistemas existentes. A solução foi estender o comprimento do ID aleatório sem realmente estender o ID da consulta, em vez disso, introduzindo a aleatoriedade também na porta UDP de origem. Ao enviar uma solicitação DNS para, digamos, o servidor de nomes do TLD, um servidor de nomes corrigido escolheria uma porta aleatória entre milhares de números de portas possíveis e a usaria como a porta UDP de origem. Agora, o invasor deve adivinhar não apenas o ID da consulta, mas também o número da porta e fazer isso antes que a resposta legítima chegue. A codificação 0x20 que descrevemos no Capítulo 7 explora a natureza das consultas DNS que não diferenciam maiúsculas de minúsculas, para adicionar ainda mais bits ao ID da transação.

Felizmente, o **DNSSEC** oferece uma defesa mais sólida contra spoofing de DNS. Ele consiste em um conjunto de extensões para DNS que oferecem integridade e autenticação da origem de dados DNS para clientes DNS. No entanto, a implantação do DNSSEC tem sido extremamente lenta. O trabalho inicial sobre ele foi conduzido no início de 1990, a primeira RFC foi publicada pelo IETF em 1997 e agora ele está começando a ser implantando de forma mais ampla, como discutiremos mais adiante neste capítulo.

Spoofing no TCP

Em comparação com os protocolos discutidos até agora, o spoofing no TCP é infinitamente mais complicado. Quando os invasores querem fingir que um segmento TCP veio de outro computador na Internet, eles não apenas precisam adivinhar o número da porta, mas também os números de sequência corretos. Além disso, é muito complicado manter uma conexão TCP em bom estado enquanto são injetados segmentos TCP falsificados. Podemos distinguir entre dois casos:

1. **Spoofing da conexão.** O invasor estabelece uma nova conexão, fingindo ser alguém em um computador diferente.
2. **Sequestro de conexão.** O invasor injeta dados em uma conexão que já existe entre duas partes, fingindo ser uma dessas partes.

O exemplo mais conhecido de **spoofing de conexão TCP** foi o ataque de **Kevin Mitnick** contra o San Diego Supercomputing Center (SDSC), no dia de Natal de 1994. É um dos hacks mais famosos da história e tema de vários livros e filmes. A propósito, um deles é um filme com orçamento razoavelmente grande, chamado *Takedown*, baseado em um livro que foi escrito pelo administrador de sistemas do SDSC. (Talvez não seja surpresa que o administrador no filme seja retratado como um cara muito legal.) Discutimos isso aqui porque ilustra muito bem as dificuldades no spoofing do TCP.

Kevin Mitnick tinha uma longa história como *bad boy* da Internet antes de passar para o SDSC. A propósito, atacar no dia de Natal geralmente é uma boa ideia porque nos feriados há menos usuários e administradores por perto. Depois de algum reconhecimento inicial, Mitnick descobriu que um computador (terminal X) no SDSC tinha uma relação de confiança com outra máquina (servidor) no mesmo centro. A Figura 8.5(a) mostra essa configuração. Especificamente, o servidor era implicitamente confiável e qualquer pessoa no servidor poderia fazer login no terminal X como administrador usando o shell remoto (*rsh*) sem que fosse preciso inserir uma senha. Seu plano era preparar uma conexão TCP com o terminal X, fingindo ser o servidor, e usá-la para desligar totalmente a proteção por senha – naquela época, isso podia ser feito escrevendo "+ +" no arquivo *.rhosts*.

No entanto, não foi fácil fazer isso. Se Mitnick tivesse enviado uma solicitação de configuração de conexão TCP falsificada (um segmento SYN) para o terminal X com o endereço IP do servidor (etapa 1 na Figura 8.5(b)), o terminal X teria enviado sua resposta SYN/ACK ao servidor real, e essa resposta seria invisível para Mitnick (etapa 2 na Figura 8.5(b)). Como resultado, ele não saberia o número de sequência inicial do terminal X (ISN), um número mais ou menos aleatório que ele precisaria para a terceira fase do handshake do TCP (que, como vimos anteriormente, é o primeiro segmento que pode conter dados). O pior é que, ao receber o SYN/ACK, o servidor teria respondido imediatamente com um segmento RST para encerrar a configuração da conexão (etapa 3 na Figura 8.5(c)). Afinal, deve ter havido um problema, pois nunca enviou um segmento SYN.

Observe que o problema do SYN/ACK invisível e, portanto, do número de sequência inicial (ISN) ausente, não seria um problema se o ISN fosse previsível. Por exemplo, se ele começasse com 0 para cada nova conexão. No entanto, como o ISN foi escolhido mais ou menos aleatoriamente para cada conexão, Mitnick precisou descobrir como ele foi gerado para *prever* o número que o terminal X usaria em seu SYN/ACK invisível ao servidor.

Para superar esses desafios, Mitnick lançou seu ataque em várias etapas. Primeiro, ele interagiu extensivamente com o terminal X usando mensagens SYN não falsificadas (etapa 1 na Figura 8.6(a)). Embora essas tentativas de conexão TCP não tenham dado a ele acesso à máquina, deram a ele uma sequência de ISNs. Felizmente para Kevin, os ISNs não eram *tão* aleatórios. Ele olhou para os números por um

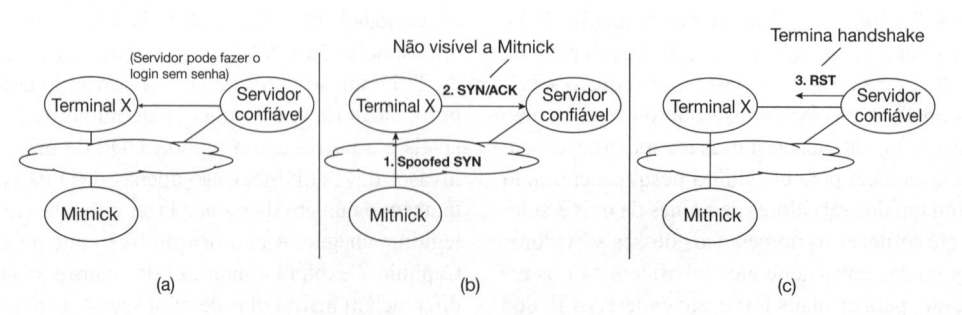

Figura 8.5 Desafios enfrentados por Kevin Mitnick durante o ataque ao SDSC.

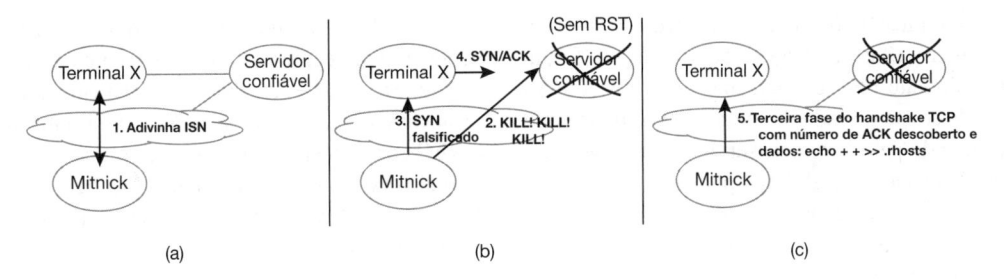

Figura 8.6 Ataque de Mitnick.

tempo até encontrar um padrão e ter certeza de que, dado um ISN, ele seria capaz de prever o próximo. Em seguida, ele se certificou de que o servidor confiável não seria capaz de redefinir suas tentativas de conexão, lançando um ataque DoS que fez o servidor parar de responder (etapa 2 na Figura 8.6(b)). Agora o caminho estava limpo para lançar seu ataque real. Depois de enviar o pacote SYN falsificado (etapa 3 na Figura 8.6 (b)), ele previu o número de sequência que o terminal X estaria usando em sua resposta SYN/ACK para o servidor (etapa 4 na Figura 8.6(b)) e usou isso na terceira e última etapa, na qual enviou o comando *echo* "+ +" >> *.rhosts* como dados para a porta usada pelo daemon do shell remoto (etapa 5 na Figura 8.6(c)). Depois disso, ele pôde fazer login de qualquer máquina sem uma senha.

Uma vez que uma das principais fraquezas exploradas por Mitnick foi a previsibilidade dos números de sequência iniciais do TCP, os desenvolvedores de pilhas de rede, desde então, se esforçaram muito para melhorar a aleatoriedade da escolha do TCP para esses números sensíveis à segurança. Como resultado, o ataque de Mitnick não é mais prático. Os invasores modernos precisam encontrar uma maneira diferente de adivinhar os números de sequência iniciais, por exemplo, aquele empregado no ataque de sequestro de conexão que descreveremos a seguir.

Sequestro de conexão TCP

Em comparação com o spoofing de conexão, o sequestro de conexão gera ainda mais obstáculos a serem superados. Por enquanto, vamos supor que os invasores sejam capazes de espionar uma conexão existente entre duas partes que se comunicam (porque estão no mesmo segmento de rede) e, portanto, conhecem os números de sequência exatos e todas as outras informações relevantes relacionadas a essa comunicação. Em um ataque de sequestro, o objetivo é assumir o controle de uma conexão existente, injetando dados no fluxo.

Para tornar isso concreto, vamos supor que o invasor queira injetar alguns dados na conexão TCP que existe entre um cliente que está logado a uma aplicação Web em um servidor com o objetivo de fazer o cliente ou o servidor receber bytes injetados pelo invasor. Em nosso exemplo, os números de sequência dos últimos bytes enviados pelo cliente e pelo servidor são 1000 e 12500, respectivamente.

Imagine que todos os dados recebidos até agora foram confirmados e ambos, cliente e servidor, não estão enviando nenhum dado no momento. Agora, o invasor injeta, digamos, 100 bytes no fluxo TCP para o servidor, enviando um pacote falsificado com o endereço IP do cliente e sua porta de origem, bem como o endereço IP do servidor e sua porta de origem. Essa tupla de 4 é suficiente para fazer a pilha da rede demultiplexar os dados para o soquete correto. Além disso, o invasor fornece o número de sequência apropriado (1001) e o número de confirmação (12501), de modo que o TCP passará a carga útil de 100 bytes para o servidor Web.

No entanto, existe um problema. Depois de passar os bytes injetados para a aplicação, o servidor irá reconhecê--los ao cliente: "Obrigado pelos bytes, agora estou pronto para receber o byte número 1101". Esta mensagem chega como uma surpresa para o cliente, que acha que o servidor se confundiu. Afinal, ele nunca enviou nenhum dado e ainda pretende enviar o byte 1001. Ele prontamente informa isso ao servidor, enviando um segmento vazio com o número de sequência 1001 e o número de confirmação 12501. "Uau", diz o servidor, "obrigado, mas este parece ser um ACK antigo. Agora, já recebi os próximos 100 bytes. É melhor informar à parte remota sobre isso". Ele reenvia o ACK (seq = 1101, ack = 12501), o que leva a outro ACK pelo cliente, e assim por diante. Esse fenômeno é conhecido como **tempestade de ACK**. Ele nunca irá parar até que um dos ACKs se perca (porque o TCP não retransmite ACKs sem dados).

Como o invasor reprime a tempestade de ACK? Existem vários truques, e vamos discutir todos eles. O mais simples é interromper a conexão explicitamente, enviando um segmento RST para as partes em comunicação. Como alternativa, o invasor pode usar o envenenamento do ARP para fazer um dos ACKs ser enviado para um endereço inexistente, forçando-o a se perder. Outra estratégia é dessincronizar os dois lados da conexão de forma que todos os dados enviados pelo cliente sejam ignorados pelo servidor e vice-versa. Fazer isso enviando muitos dados é bem complicado, mas um invasor pode fazer isso facilmente na fase de estabelecimento da conexão. A ideia é a seguinte: o invasor espera até que o cliente estabeleça uma conexão com o servidor. Assim que o servidor responde com um SYN/ACK, o invasor envia um pacote RST para encerrar a conexão, seguido imediatamente por um pacote SYN, com o mesmo endereço IP e porta de origem TCP que foram usados originalmente pelo cliente, mas com um número de sequência diferente do lado do cliente. Após o próximo SYN/ACK enviado pelo servidor, servidor e cliente estão no estado estabelecido, mas eles não podem se comunicar, porque seus números de sequência estão tão distantes que estão sempre fora da janela. Em vez disso, o invasor desempenha o papel de intermediário e retransmite os dados entre as duas partes, podendo injetar dados à vontade.

Explorações do TCP fora do caminho

Alguns dos ataques são muito complexos e difíceis de entender, quanto mais de se defender. Nesta seção, veremos um dos mais complicados. Na maioria dos casos, os invasores não estão no mesmo segmento de rede e não podem detectar o tráfego entre as partes. Os ataques nesse tipo de cenário são conhecidos como explorações de TCP fora do caminho e são muito difíceis de realizar. Mesmo se ignorarmos a tempestade de ACK, o invasor precisa de muita informação para injetar dados em uma conexão existente:

1. Antes mesmo do ataque real, os invasores devem descobrir que há uma conexão entre duas partes na Internet, para começar.
2. Em seguida, eles devem determinar os números de porta a serem usados.
3. Por fim, eles precisam dos números de sequência.

Uma tarefa bastante difícil, se você estiver do outro lado da Internet, mas não necessariamente impossível. Décadas após o ataque Mitnick ao SDSC, os pesquisadores de segurança descobriram uma nova vulnerabilidade que lhes permitiu realizar uma exploração do TCP fora do caminho em sistemas Linux bastante utilizados. Eles descreveram seu ataque em um artigo intitulado "Off-Path TCP Exploits: Global Rate Limited Considered Dangerous" (Explorações do TCP Fora do Caminho: Limite da Taxa Global Considerada Perigosa), que é um título muito adequado, como veremos. Discutimos isso aqui porque ilustra quais informações secretas às vezes podem vazar de forma indireta.

Ironicamente, o ataque foi possibilitado por um novo recurso que deveria tornar o sistema mais seguro, e não o contrário. Lembre-se de que dissemos que as injeções de dados fora do caminho eram muito difíceis porque o invasor tinha que descobrir os números de porta e os números de sequência, e acertar com um ataque por força bruta é improvável. Ainda assim, você pode acertar. Especialmente porque não é preciso nem mesmo obter o número de sequência exatamente correto, contanto que os dados que você envia estejam "na janela". Isso significa que, com alguma (pequena) probabilidade, os invasores podem redefinir ou injetar dados nas conexões existentes. Em agosto de 2010, uma nova extensão do TCP apareceu na forma da RFC 5961 para solucionar esse problema.

A RFC 5961 mudou a forma como o TCP tratava do recebimento de segmentos SYN, segmentos RST e segmentos de dados regulares. A razão pela qual a vulnerabilidade existia apenas no Linux é que somente esse sistema implementou a RFC corretamente. Para explicar o que ele fez, devemos primeiro explicar como o TCP funcionava antes da extensão. Vamos considerar primeiro o recebimento dos segmentos SYN. Antes da RFC 5961, sempre que o TCP recebia um segmento SYN por uma conexão já existente, ele descartava o pacote se ele estivesse fora da janela, mas reiniciava a conexão se estivesse dentro da janela. A razão é que, ao receber um segmento SYN, o TCP presumiria que o outro lado havia reiniciado e, portanto, que a conexão existente não era mais válida. Isso não é bom, pois um invasor só precisa obter um segmento SYN com um número de sequência em algum lugar da janela do receptor para reiniciar uma conexão. Em vez disso, o que a RFC 5961 propôs foi não reiniciar a conexão imediatamente, mas primeiro enviar um **ACK de desafio** ao aparente emissor do SYN. Se o pacote veio de um par remoto legítimo, isso significa que ele realmente perdeu a conexão anterior e agora está configurando uma nova. Ao receber o ACK de desafio, ele enviará um pacote RST com o número de sequência correto. Os invasores não podem fazer isso, pois nunca receberam o ACK de desafio.

A mesma história se aplica aos segmentos RST. No TCP tradicional, os hosts descartariam os pacotes RST se estivessem fora da janela e redefiniriam a conexão se estivessem dentro da janela. Para tornar mais difícil reiniciar a conexão de outra pessoa, a RFC 5961 propôs redefinir a conexão imediatamente apenas se o número de sequência no segmento RST fosse exatamente aquele no início da janela do receptor (ou seja, o próximo número de sequência esperado). Se o número de sequência não for uma correspondência exata, mas ainda estiver na janela, o host não descarta a conexão, mas envia um ACK de desafio. Se o remetente for legítimo, ele enviará um pacote RST com o número de sequência correto.

Por fim, para segmentos de dados, o estilo antigo do TCP realiza duas verificações. Primeiro, ele verifica o número da sequência. Se estiver na janela, ele também confere o número de confirmação. Ele considera os números de confirmação válidos, desde que caiam em um (enorme) intervalo. Vamos indicar os números de sequência do primeiro byte não confirmado com *FUB* e o número de sequência do próximo byte a ser enviado por *NEXT*. Todos os pacotes com números de confirmação em [*FUB* − 2*GB*, *NEXT*] são válidos, ou metade do espaço de números do ACK. Isso é fácil para um invasor acertar! Além disso, se o número de confirmação também estiver na janela, ele processará os dados e avançará a janela da forma normal. Em vez disso, a RFC 5961 diz que, embora devamos aceitar pacotes com números de confirmação que estão (aproximadamente) na janela, devemos enviar ACKs de desafio para aqueles pacotes que estão na janela [*FUB* − 2*GB*, *FUB* − *MAXWIN*], onde MAXWIN é a maior janela já anunciada pelo peer.

Os projetistas da extensão do protocolo reconheceram rapidamente que isso poderia levar a um grande número de ACKs de desafio e propuseram a limitação do ACK como uma solução. Na implementação do Linux, isso significou que ele enviaria no máximo 100 ACKs de desafio por segundo, em todas as conexões. Em outras palavras, uma variável global compartilhada por todas as conexões controlava quantos ACKs de desafio eram enviados e, se o contador chegasse a 100, não enviaria mais ACKs de desafio para aquele intervalo de um segundo, independentemente do que acontecesse.

Tudo isso parece bom, mas há um problema. Uma única variável global representa o estado compartilhado que pode servir como um canal de ataques inteligentes. Vejamos o primeiro obstáculo que os invasores devem superar: as duas partes estão se comunicando? Lembre-se de que um ACK de desafio é enviado em três cenários:

1. Um segmento SYN possui os endereços IP de origem e de destino e os números de porta corretos, independentemente do número de sequência.
2. Um segmento RST em que o número de sequência está na janela.
3. Um segmento de dados onde, além disso, o número de confirmação está na janela de desafio.

Digamos que os invasores desejam saber se um usuário em 130.37.20.7 está falando com um servidor Web (porta de destino 80) em 37.60.194.64. Como os invasores não precisam obter o número de sequência correto, eles precisam apenas descobrir o número da porta de origem. Para isso, eles estabelecem sua própria conexão com o servidor Web e enviam 100 pacotes RST em rápida sucessão, que em resposta o servidor envia 100 ACKs de desafio, a menos que já tenha enviado alguns ACKs de desafio, e nesse caso enviaria menos. No entanto, isso é bastante improvável. Além dos 100 RSTs, os invasores enviam um segmento SYN falsificado, fingindo ser o cliente em 130.37.20.7, com um número de porta adivinhado. Se a escolha do número estiver errada, nada acontecerá e os invasores ainda receberão os 100 ACKs de desafio. No entanto, se eles acertaram na escolha do número da porta, chegamos ao cenário (1), onde o servidor envia um ACK de desafio para o cliente legítimo. Mas, uma vez que o servidor só pode enviar 100 ACKs de desafio por segundo, isso significa que os invasores recebem apenas 99. Em outras palavras, contando o número de ACKs de desafio, os invasores podem determinar não apenas que os dois hosts estão se comunicando, mas até mesmo o número (oculto) da porta de origem do cliente. Claro, você precisa de algumas tentativas para acertar, mas isso definitivamente pode ser feito. Além disso, existem várias técnicas para tornar isso mais eficiente.

Assim que os invasores tiverem o número da porta, eles poderão passar para a próxima fase do ataque: descobrir os números de sequência e de confirmação. A ideia é bem parecida. Para o número de sequência, os invasores enviam novamente 100 pacotes RST legítimos (estimulando o servidor a enviar ACKs de desafio) e um pacote RST falsificado adicional com os endereços IP corretos e os números de porta agora conhecidos, bem como um número de sequência adivinhado. Se o número escolhido estiver dentro da janela, estamos no cenário 2. Assim, contando os ACKs de desafio que os invasores recebem, eles podem determinar se a estimativa foi correta.

Por fim, para o número de confirmação eles enviam, além dos 100 pacotes RST, um pacote de dados com todos os campos preenchidos corretamente, mas com uma suposição para o número de confirmação, e aplicam o mesmo truque. Agora, os invasores têm todas as informações de que precisam para reiniciar a conexão ou injetar dados.

O ataque TCP fora do caminho é uma boa ilustração de três coisas. Em primeiro lugar, mostra como os ataques de rede podem ser complicados. Em segundo lugar, é um excelente exemplo de **ataque do canal lateral** baseado em rede, que vazam informações importantes de forma indireta. Nesse caso, os invasores descobriram todos os detalhes da conexão contando algo que não parece estar muito relacionado. Em terceiro lugar, o ataque mostra que o estado compartilhado global é o problema central de tais ataques de canal lateral. Vulnerabilidades do canal lateral aparecem em todos os lugares, tanto no software quanto no hardware, e em todos os casos, a causa raiz é o compartilhamento de algum recurso importante. Claro, nós já sabíamos disso, pois é uma violação do princípio geral do mecanismo menos comum de Saltzer e Schroeder, que discutimos no início deste capítulo. Do ponto de vista da segurança, é bom lembrar que muitas vezes compartilhar não é cuidar!

Antes de passarmos para o próximo tópico (interrupção e negação de serviço), é bom saber que a injeção de dados não é boa apenas na teoria, ela é usada ativamente na prática. Após as revelações de Edward Snowden em 2013, ficou claro que a National Security Agency (NSA) conduzia uma operação de vigilância em massa. Uma de suas atividades era o Quantum, um ataque de rede sofisticado que usava injeção de pacotes para redirecionar usuários-alvo que se conectavam a serviços populares (como *Twitter*, *Gmail* ou *Facebook*) para servidores especiais que então invadiam os computadores das vítimas para dar à NSA controle completo. A NSA nega tudo, é claro. Ela quase nega até mesmo sua própria existência. Uma piada do setor diz:

P: O que significa NSA?

R: No Such Agency (não existe tal agência).

8.2.4 Interrupção

Os ataques à disponibilidade são conhecidos como ataques de "negação de serviço". Eles ocorrem quando uma vítima recebe dados que não pode tratar e, como resultado, deixa de responder. Existem vários motivos pelos quais uma máquina pode parar de responder:

1. **Falhas.** O invasor envia conteúdo que faz a vítima falhar ou travar. Um exemplo de tal ataque foi o ping da morte, que discutimos anteriormente.
2. **Complexidade algorítmica.** O invasor envia dados que são criados especificamente para criar muita sobrecarga (algorítmica). Suponha que um servidor permita que os clientes enviem consultas que geram muita pesquisa. Nesse caso, um ataque de complexidade algorítmica pode consistir em várias expressões regulares complicadas, que exigem tempo, sendo o pior cenário para o servidor.
3. **Inundação/alagamento.** O invasor bombardeia a vítima com uma enxurrada de solicitações ou respostas que o pobre sistema não consegue acompanhar. Frequentemente, mas não sempre, a vítima acaba falhando.

Ataques de inundação tornaram-se uma grande dor de cabeça para as organizações porque, atualmente, é muito fácil e barato realizar ataques DoS em grande escala. Por alguns dólares ou euros, você pode alugar um botnet composto por milhares de máquinas para atacar qualquer endereço que desejar. Se os dados do ataque forem enviados de um grande número de máquinas distribuídas, nos referimos a ele como um ataque distribuído de negação de serviço, ou **DDoS (Distributed Denial-of-Service)**. Serviços especializados na Internet, conhecidos como **booters** ou **stressers**, oferecem interfaces amigáveis para ajudar até mesmo usuários não técnicos a iniciá-los.

Inundação de SYN

Antigamente, os ataques DDoS eram bastante simples. Por exemplo, você usaria um grande número de máquinas invadidas para lançar um ataque de inundação de SYN. Todas essas máquinas enviariam segmentos TCP SYN para o servidor, muitas vezes falsificados para fazer parecer que vieram de máquinas diferentes. Enquanto o servidor respondia com um SYN/ACK, ninguém completava o handshake TCP, deixando o servidor suspenso. Isso é muito caro. Um host só consegue manter um número limitado de conexões no estado semiaberto. Depois disso, ele não aceita mais novas conexões.

Existem muitas soluções para ataques de inundação de SYN. Por exemplo, podemos simplesmente descartar conexões semiabertas quando atingirmos um limite para dar preferência a novas conexões ou reduzir o tempo limite para recebimento do SYN. Uma solução elegante e muito simples, aceita por muitos sistemas atuais, atende pelo nome de **cookies SYN**, também brevemente discutida no Capítulo 6. Os sistemas protegidos com cookies SYN usam um algoritmo especial para determinar o número de sequência inicial de forma que o servidor não precise se lembrar de *nada* sobre uma conexão até receber o terceiro pacote no handshake de três vias. Lembre-se de que um número de sequência tem 32 bits de extensão. Com os cookies SYN, o servidor escolhe o número de sequência inicial da seguinte forma:

1. Os 5 bits iniciais são o valor de *t módulo* 32, onde *t* é um temporizador de incremento lento (p. ex., um temporizador que aumenta a cada 64 segundos).
2. Os 3 bits seguintes são uma codificação do MSS (tamanho máximo do segmento), fornecendo oito valores possíveis.
3. Os 24 bits restantes são o valor de um hash criptográfico sobre o registro de tempo *t*, os endereços IP de origem e de destino, e os números de porta.

A vantagem desse número de sequência é que o servidor pode simplesmente inseri-lo em um SYN/ACK e esquecê-lo. Se o handshake nunca for concluído, não haverá problema algum. Se o handshake for concluído, contendo seu próprio número de sequência mais um na confirmação, o servidor poderá reconstruir todo o estado necessário para estabelecer a conexão. Primeiro, ele verifica se o hash criptográfico corresponde a um valor recente de *t* e, em seguida, reconstrói rapidamente a entrada da fila de SYN usando o MSS codificado nos 3 bits. Embora os cookies SYN permitam apenas oito tamanhos de segmento diferentes e façam o número de sequência crescer mais rápido do que o normal, na prática, o impacto é mínimo. O que é particularmente interessante é que o esquema é compatível com o TCP normal e não exige que o cliente suporte a mesma extensão.

Claro, ainda é possível lançar um ataque de DDoS mesmo na presença de cookies SYN, completando o handshake, mas isso é mais caro para os invasores (já que suas próprias máquinas também têm limites para as conexões TCP abertas) e, mais importante, evita ataques de TCP com endereços IP forjados.

Reflexão e amplificação em ataques de DDoS

No entanto, os ataques de DDoS baseados em TCP não são o único jogo nas redondezas. Nos últimos anos, mais e mais ataques de DDoS em grande escala usaram o UDP como protocolo de transporte. A falsificação de pacotes UDP normalmente é fácil. Além disso, com o UDP, é possível enganar servidores legítimos na Internet que lancem os chamados **ataques por reflexão** sobre uma vítima. Em um ataque por reflexão, o invasor envia uma solicitação com um endereço de origem falsificado para um serviço UDP legítimo, por exemplo, um servidor de nomes, o qual responderá ao endereço falsificado. Se fizermos isso a partir de um grande número de servidores, o dilúvio de pacotes de resposta UDP provavelmente derrubará a vítima. Os ataques por reflexão têm duas vantagens principais.

1. Ao acrescentar o nível extra de indireção, o invasor torna difícil para a vítima bloquear os transmissores

em algum lugar da rede (afinal, os transmissores são todos servidores legítimos).

2. Muitos serviços podem *amplificar* o ataque, enviando grandes respostas a pequenas solicitações.

Esses ataques de DDoS baseados em amplificação foram responsáveis por alguns dos maiores volumes de tráfego de ataques de DDoS da história, alcançando facilmente a faixa de Terabits por segundo. O que o invasor precisa fazer para gerar um ataque por amplificação bem-sucedido é procurar serviços acessíveis ao público com um grande fator de amplificação. Por exemplo, onde um pequeno pacote de solicitação se torna um grande pacote de resposta ou, melhor ainda, vários grandes pacotes de resposta. O fator de amplificação de bytes representa o ganho relativo em bytes, enquanto o fator de amplificação de pacotes representa o ganho relativo em pacotes. A Figura 8.7 mostra os fatores de amplificação para vários protocolos populares. Embora esses números possam parecer impressionantes, é bom lembrar que se trata de médias e os servidores individuais podem ter valores ainda maiores. Curiosamente, o DNSSEC, o protocolo que se destina a corrigir os problemas de segurança do DNS, tem um fator de amplificação muito maior do que o DNS simples, ultrapassando 100 para alguns servidores. Para não ficar para trás, servidores *memcached* (bancos de dados rápidos na memória) mal configurados registraram um fator de amplificação bem superior a 50.000 durante um ataque por amplificação pesado de 1,7 Tbps em 2018.

Defesa contra ataques de DDoS

Defender-se contra esses enormes fluxos de tráfego não é fácil, mas existem várias estratégias. Uma técnica muito simples é bloquear o tráfego próximo à origem. A maneira mais comum de fazer isso é usando uma técnica chamada **filtragem de saída**, em que um dispositivo de rede, como um firewall, bloqueia todos os pacotes de saída cujos endereços IP de origem não correspondem aos de dentro da rede em que está conectado. Isso, é claro, requer que o firewall saiba quais pacotes podem chegar com um endereço IP de origem específico, o que normalmente só é possível na extremidade da rede; por exemplo, uma rede de universidade pode conhecer todos os intervalos de endereços IP na rede do seu campus e, assim, bloquear o tráfego de saída de qualquer endereço IP que não seja de sua propriedade. A contraparte da filtragem de saída é a **filtragem de entrada**, por meio da qual um dispositivo de rede filtra todo o tráfego que chega com endereços IP internos.

Outra medida que podemos tomar é testar e absorver o ataque de DDoS com capacidade de reserva. Fazer isso é caro e pode ser inviável individualmente, exceto para os grandões. Felizmente, não há razão para fazer isso de maneira individual. Ao reunir recursos que podem ser usados por muitas partes, até mesmo os pequenos podem conseguir proteção contra o DDoS. Assim como nos seguros, pressupõe-se que nem todos serão atacados ao mesmo tempo.

Então, que seguro você deseja? Várias organizações se oferecem para proteger seu site por meio de **proteção contra DDoS baseada em nuvem**, que usa a força da nuvem para aumentar a capacidade conforme e quando necessário, para blindar os ataques de DoS. Em sua essência, a defesa consiste na blindagem da nuvem e até mesmo na ocultação do endereço IP do servidor real. Todas as solicitações são enviadas para proxies na nuvem, que filtram o tráfego malicioso da melhor maneira possível (embora fazer isso possa não ser tão fácil para ataques avançados) e encaminham as solicitações inofensivas para o servidor real. Se o número de solicitações ou a quantidade de tráfego para um servidor específico aumentar, a nuvem alocará mais recursos para lidar com esses pacotes. Em outras palavras, a nuvem "absorve" a enxurrada de dados. Normalmente, ela também pode operar como um **scrubber** (escovão) para higienizar os dados. Por exemplo, ela pode remover segmentos TCP sobrepostos ou combinações estranhas de flags TCP e servir como um firewall de aplicação Web, ou **WAF (Web Application Firewall)**.

Para repassar o tráfego por meio de proxies baseados em nuvem, os proprietários de sites podem escolher entre várias opções, com diferentes preços. Se eles puderem pagar, podem optar pelo **blackholing BGP**. Nesse caso, presume-se que o proprietário do site controle um bloco de endereços /24 inteiro (16.777.216). A ideia é que o proprietário simplesmente retire os anúncios do BGP para esse bloco dos seus próprios roteadores. Em vez disso, o provedor de segurança baseado em nuvem começa a anunciar esse IP de *sua* própria rede, de modo que todo o tráfego para o servidor vá primeiro para a nuvem. No entanto, nem todo mundo tem blocos de rede inteiros para brincar ou pode arcar com o custo de rerroteamento do BGP. Assim, existe a opção mais econômica de usar o **rerroteamento DNS**. Nesse caso, os administradores do site alteram os mapeamentos de DNS

Protocolo	Amplificação de bytes	Amplificação de pacotes
NTP	556,9	3,8
DNS	54,6	2,1
BitTorrent	3,8	1,6

Figura 8.7 Fatores de amplificação para alguns protocolos populares.

em seus servidores de nomes para apontar para servidores na nuvem, em vez do servidor real. De qualquer forma, os visitantes enviarão seus pacotes primeiro para os proxies pertencentes ao provedor de segurança baseado em nuvem, e esses proxies baseados em nuvem posteriormente encaminharão os pacotes para o servidor real.

O redirecionamento de DNS é mais fácil de implementar, mas as garantias de segurança do provedor de segurança baseado em nuvem só serão fortes se o endereço IP real do servidor permanecer oculto. Se os invasores conseguirem obter esse endereço, eles podem contornar a nuvem e atacar o servidor diretamente. Infelizmente, existem muitas maneiras pelas quais esse endereço IP pode vazar. Como o FTP, algumas aplicações Web enviam o endereço IP para o parceiro remoto junto com os dados, portanto, não há muito o que se possa fazer nesses casos. Como alternativa, os invasores podem examinar os dados históricos do DNS para ver quais endereços IP foram registrados para o servidor no passado. Várias empresas coletam e vendem esses dados históricos do DNS.

8.3 FIREWALLS E SISTEMAS DE DETECÇÃO DE INTRUSÃO

A capacidade de conectar um computador em qualquer lugar a outro computador em qualquer lugar é uma faca de dois gumes. Para as pessoas que estão em casa, é muito divertido navegar pela Internet. Para os gerentes de segurança das empresas, trata-se de um pesadelo. Muitas empresas têm grandes quantidades de informações confidenciais on-line – segredos comerciais, planos de desenvolvimento de produtos, estratégias de marketing, análises financeiras, registros de impostos, etc. A revelação dessas informações para um concorrente poderia ter consequências terríveis.

Além do perigo das informações virem a público, também há o perigo do vazamento dessas informações dentro da empresa. Em particular, vírus, worms e outras pestes digitais podem burlar a segurança, destruir dados valiosos e consumir muito tempo dos administradores que tentam eliminar a confusão causada por eles. Com frequência, eles são trazidos por funcionários descuidados que querem brincar com algum jogo novo muito divertido.

Em consequência disso, são necessários mecanismos para manter os "bons" bits e descartar os "maus" bits. Um dos métodos é usar a criptografia, que protege os dados em trânsito entre sites seguros. No entanto, ela não faz nada para impedir as pragas digitais nem os intrusos de invadir a LAN da empresa. Para ver como alcançar esse objetivo, precisamos examinar os firewalls.

8.3.1 Firewalls

Os firewalls são apenas uma adaptação moderna de uma antiga forma de segurança medieval: cavar um fosso profundo em torno do castelo. Esse recurso forçava todos aqueles que quisessem entrar ou sair do castelo a passar por uma única ponte levadiça, onde poderiam ser revistados por guardas. Nas redes, é possível usar o mesmo artifício: uma empresa pode ter muitas LANs conectadas de forma arbitrária, mas todo o tráfego de saída ou de entrada é feito através de uma ponte levadiça eletrônica (o firewall), como mostra a Figura 8.8. Não existe outra rota.

O firewall atua como um **filtro de pacotes**. Ele inspeciona todo e qualquer pacote que entra e que sai. Os pacotes que atenderem a algum critério descrito nas regras formuladas pelo administrador da rede são encaminhados normalmente, mas os que falharem no teste serão descartados sem cerimônia.

O critério de filtragem normalmente é dado como regras ou em tabelas que listam as origens e os destinos aceitáveis, as origens ou destinos bloqueados e as regras padrão que orientam o que deve ser feito com os pacotes recebidos de outras máquinas ou destinados a elas. No caso comum de uma configuração TCP/IP, uma origem ou destino consiste em uma porta e um endereço IP. As portas indicam qual é o serviço desejado. Por exemplo, a porta 25 do TCP é para correio eletrônico, a porta 80 é para HTTP. Algumas portas podem simplesmente ser bloqueadas. Por exemplo,

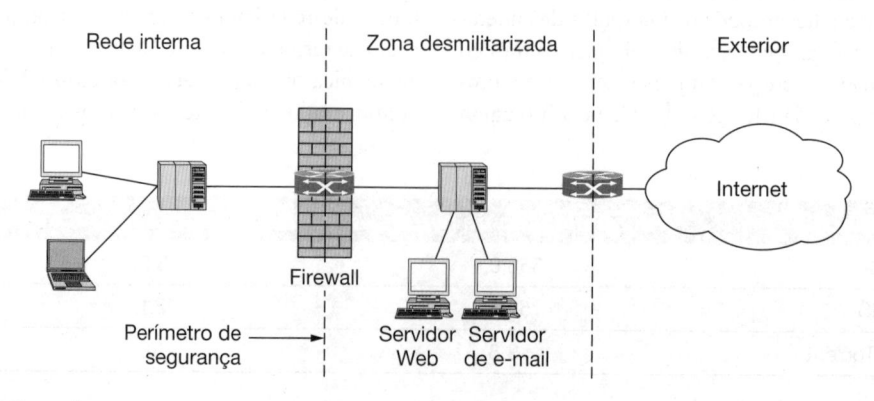

Figura 8.8 Um firewall protegendo uma rede interna.

uma empresa poderia bloquear os pacotes recebidos em relação a todos os endereços IP combinados com a porta 79 do TCP. Antigamente, era comum usar o serviço Finger para procurar os endereços de e-mail das pessoas, mas quase não é mais usado atualmente, devido ao seu papel em um ataque (acidental) agora infame na Internet, em 1988.

Outras portas não são bloqueadas com tanta facilidade. A dificuldade é que os administradores da rede desejam segurança, mas não podem cortar a comunicação com o mundo exterior. Esse esquema seria muito mais simples e melhor para a segurança, mas haveria infinitas reclamações por parte dos usuários. É para isso que existem esquemas como a zona desmilitarizada, ou **DMZ (DeMilitarized Zone)**, mostrada na Figura 8.8. A DMZ é a parte da rede da empresa que se encontra fora do perímetro de segurança. Tudo passa por ali. Colocando uma máquina como um servidor Web na DMZ, os computadores na Internet podem fazer contato com ela para navegar pelo website da empresa. Agora, o firewall pode ser configurado para impedir o tráfego TCP que entra na porta 80, para que os computadores na Internet não possam usá-la para atacar os computadores na rede interna. Para permitir que o servidor seja administrado, o firewall pode ter uma regra para assegurar conexões entre as máquinas internas e o servidor Web.

Os firewalls se tornaram muito mais sofisticados com o tempo, em uma corrida contra os invasores. Originalmente, os firewalls aplicavam um conjunto de regras independentes para cada pacote, mas se tornou difícil escrever regras que permitissem a funcionalidade e impedissem todo o tráfego indesejado. **Firewalls em estado de conexão** mapeiam os pacotes às conexões e usam campos do cabeçalho TCP/IP para registrar as conexões. Isso permite o uso de regras que, por exemplo, possibilitam que um servidor Web externo envie pacotes para um host interno, mas somente se o host interno primeiro estabelecer uma conexão com o servidor Web externo. Essa regra não é possível em redes que não mantêm o estado das conexões, que precisam passar ou descartar todos os pacotes vindos do servidor Web externo.

Outro nível de sofisticação possível com o processamento em estado de conexão é que o firewall implemente **gateways em nível de aplicação**. Esse processamento envolve o firewall examinando dentro dos pacotes, mesmo além do cabeçalho TCP, para ver o que a aplicação está fazendo. Com essa capacidade, é possível distinguir entre o tráfego HTTP usado para navegação Web e o tráfego HTTP usado para compartilhamento de arquivos peer-to-peer. Os administradores podem escrever regras para livrar a empresa do compartilhamento de arquivos peer-to-peer, mas permitir a navegação Web, que é vital para os negócios. Para todos esses métodos, o tráfego de saída pode ser inspecionado assim como o tráfego de entrada, por exemplo, para impedir que documentos confidenciais sejam remetidos para fora da empresa por correio eletrônico.

Como a discussão anterior deve deixar claro, os firewalls violam a disposição de camadas do padrão de protocolos. Eles são dispositivos da camada de rede, mas, para realizar sua filtragem, examinam as camadas de transporte e de aplicação. Isso os torna frágeis. Por exemplo, os firewalls costumam contar com as convenções padrão de numeração de porta para determinar o tipo de tráfego transportado em um pacote. As portas padrão normalmente são usadas, mas não por todos os computadores nem por todas as aplicações. Algumas aplicações peer-to-peer selecionam portas dinamicamente, para evitar que sejam facilmente localizadas (e bloqueadas). Além do mais, a criptografia esconde do firewall as informações da camada mais alta. Finalmente, um firewall não pode falar prontamente com os computadores que se comunicam através dele para informar quais diretrizes estão sendo aplicadas e por que sua conexão está sendo descartada. Ele deve simplesmente fingir ser um fio partido. Por todas essas razões, os que se preocupam com a pureza das redes consideram os firewalls uma mancha na arquitetura da Internet. Contudo, a Internet pode ser um local perigoso se você é um computador. Os firewalls ajudam nesse aspecto, e por isso provavelmente permanecerão.

Mesmo que o firewall esteja perfeitamente configurado, ainda existem vários problemas de segurança. Por exemplo, se um firewall estiver configurado para permitir apenas a entrada de pacotes de redes específicas (p. ex., outras instalações da empresa), um intruso fora do firewall pode inserir falsos endereços de origem para ultrapassar essa verificação. Se um usuário interno quiser transportar documentos secretos para fora da empresa, ele poderá codificar ou até mesmo fotografar os documentos e transportar as fotografias como arquivos JPEG, que conseguirão passar por quaisquer filtros de correio. Não discutimos nem mesmo o fato de que, embora três quartos de todos os ataques venham de fora do firewall, os ataques que vêm de dentro do firewall (p. ex., de funcionários insatisfeitos) normalmente são os mais perigosos (Verizon, 2009).

Um problema diferente com os firewalls é que eles oferecem um único perímetro de defesa. Se essa defesa for rompida, tudo estará perdido. Por esse motivo, eles costumam ser usados em uma defesa em camadas. Por exemplo, um firewall pode proteger a entrada para a rede interna e cada computador também pode ter seu próprio firewall. Os leitores que acharem que um ponto de verificação de segurança é suficiente certamente não fizeram nenhum voo internacional em uma companhia aérea recentemente. Como resultado, muitas redes têm vários níveis de firewall, até chegando aos firewalls para cada host – um exemplo simples de **defesa em profundidade**. Basta dizer que, tanto nos aeroportos quanto nas redes de computadores, se os invasores tiverem que comprometer várias defesas independentes, é muito mais difícil quebrar o sistema inteiro.

8.3.2 Detecção e prevenção de intrusão

Além de firewalls e scrubbers, os administradores de rede podem implantar uma série de outras medidas defensivas, como sistemas de detecção e de prevenção de intrusão, que descreveremos rapidamente. Como o nome indica, a função de um sistema de detecção de intrusão, ou **IDS (Intrusion Detection System)** é detectar ataques – de preferência, antes que eles possam causar algum dano. Por exemplo, eles podem gerar avisos logo no início, no começo de um ataque, quando observa a varredura de porta ou um **ataque de senha ssh** por força bruta (em que um invasor simplesmente tenta várias senhas populares para tentar fazer o login) ou quando o IDS encontra a assinatura da última e maior exploração em uma conexão TCP. No entanto, ele também pode detectar ataques apenas em um estágio posterior, quando um sistema já foi comprometido e agora exibe um comportamento incomum.

Podemos categorizar os sistemas de detecção de intrusão considerando *onde* eles funcionam e *como* funcionam. Um **HIDS (Host-based IDS)** atua no próprio ponto da extremidade, digamos um notebook ou servidor, e verifica, por exemplo, o comportamento do software ou o tráfego de rede de e para um servidor Web apenas nessa máquina. Por sua vez, um **NIDS (Network IDS)** verifica o tráfego de um conjunto de máquinas na rede. Ambos têm vantagens e desvantagens.

Um NIDS é atraente porque protege muitas máquinas, com a capacidade de correlacionar eventos associados a diferentes hosts, e não consome recursos das máquinas que protege. Em outras palavras, o IDS não tem impacto sobre o desempenho das máquinas em seu domínio de proteção. Contudo, é difícil lidar com problemas específicos do sistema. Como exemplo, suponha que uma conexão TCP contenha segmentos TCP sobrepostos: o pacote A contém os bytes 1–200 enquanto o pacote B contém os bytes 100–300. Claramente, há sobreposição entre os bytes nas cargas úteis. Suponhamos também que os bytes na região de sobreposição sejam diferentes. O que o IDS deve fazer?

A verdadeira questão é: quais bytes serão usados pelo host receptor? Se o host usar os bytes do pacote A, o IDS deve verificar se há conteúdo malicioso nesses bytes e ignorar os do pacote B. No entanto, e se o host usar os bytes do pacote B? E se alguns hosts na rede pegassem os bytes do pacote A e outros tomassem os bytes do pacote B? Mesmo que os hosts sejam todos iguais e o IDS saiba como eles remontam os fluxos TCP, ainda pode haver dificuldades. Suponha que todos os hosts normalmente apanhem os bytes do pacote A. Se o IDS examinar esse pacote, ainda estará errado se o seu destino estiver a dois ou três hops na rede, e o valor do TTL no pacote A for 1, de modo que ele nem chega ao seu destino. Os truques que os invasores usam com o TTL ou com intervalos de bytes sobrepostos em fragmentos IP ou segmentos TCP são chamados de técnicas de **evasão de IDS**.

Outro problema com o NIDS é a criptografia. Se os bytes da rede não forem mais decifráveis, será muito mais difícil para o IDS determinar se eles são maliciosos. Este é outro exemplo de uma medida de segurança (criptografia) que reduz a proteção oferecida por outra (IDS). Como alternativa, os administradores podem fornecer ao IDS as chaves de criptografia para o NIDS. Isso funciona, mas não é o ideal, pois cria outras dores de cabeça no gerenciamento de chaves. Além disso, observe que o IDS vê *todo* o tráfego da rede e geralmente contém muitas linhas de código. Em outras palavras, ele pode ser um alvo muito atraente para os invasores. Quebre o IDS e você terá acesso a todo o tráfego da rede!

As desvantagens de um IDS baseado em host são que ele usa os recursos de cada máquina em que é executado e vê apenas uma pequena fração dos eventos na rede. Contudo, ele não sofre tanto com problemas de evasão, já que pode verificar o tráfego depois de ter sido remontado pela própria pilha de rede da máquina que está tentando proteger. Além disso, em casos como o IPsec, em que os pacotes são criptografados e descriptografados na camada de rede, o IDS pode verificar os dados após a descriptografia.

Além das diferentes localizações de um IDS, também podemos escolher *como* ele determina se algo representa uma ameaça. Existem duas categorias principais. Os **sistemas de detecção de intrusão baseados em assinatura** usam padrões em termos de bytes ou sequências de pacotes que são sintomas de ataques conhecidos. Se você souber que um pacote UDP para a porta 53 com 10 bytes específicos no início da carga útil faz parte de uma exploração *E*, um IDS pode facilmente fazer a varredura do tráfego de rede para esse padrão e disparar um alerta quando detectá-lo. O alerta é específico: ("Detectei E") e tem uma alta confiança ("Eu sei que é E"). No entanto, com um IDS baseado em assinatura, você detecta apenas ameaças conhecidas e para as quais uma assinatura está disponível. Como alternativa, um IDS pode disparar um alerta se detectar um comportamento *incomum*. Por exemplo, um computador que normalmente só troca tráfego SMTP e DNS com alguns endereços IP, de repente começa a enviar tráfego HTTP para muitos endereços IP completamente desconhecidos e fora da rede local. Um IDS pode classificar isso como suspeito. Uma vez que tais **sistemas de detecção de intrusão baseados em anomalias**, ou sistemas de detecção de anomalias, para abreviar, acionam em qualquer comportamento anormal, eles são capazes de detectar novos ataques, bem como os antigos. A desvantagem é que os alertas não trazem muitas explicações. Ouvir que "algo incomum aconteceu na rede" é muito menos específico e muito menos útil do que descobrir que "a câmera de segurança no portão agora está sendo atacada pelo malware Hajime".

Um **IPS (Intrusion Prevention System)** deverá não apenas detectar o ataque, mas também interrompê-lo. Nesse sentido, ele se comporta como um **firewall** sofisticado. Por exemplo, quando o IPS vê um pacote com a assinatura do Hajime, ele pode derrubá-lo em vez de permitir que ele alcance a câmera de segurança. Para fazer isso, o IPS deve ficar no caminho em direção ao alvo e tomar decisões sobre aceitar ou descartar o tráfego "em tempo real". Ao contrário, um IDS pode residir em outro lugar na rede, desde que espelhemos todo o tráfego para que ele o veja. Agora você pode perguntar: por que se preocupar? Por que não simplesmente implantar um IPS e acabar totalmente com as ameaças? Parte da resposta é o desempenho: o processamento no IDS determina a velocidade da transferência de dados. Se você tiver muito pouco tempo, pode não conseguir analisar os dados muito profundamente. Mais importante do que isso, e se você errar? Especificamente, e se o seu IPS decidir que uma conexão contém um ataque e a descartar, mesmo que ela seja benigna? Isso é muito ruim se a conexão for importante, por exemplo, quando seu negócio depende dela. Pode ser melhor disparar um alerta e deixar alguém investigá-lo para decidir se realmente era malicioso.

Na verdade, é importante saber com que frequência seu IDS ou IPS acerta. Se ele gerar muitos alertas falsos (**falsos positivos**), você pode acabar gastando muito tempo e dinheiro procurando por eles. No entanto, se ele for conservador e muitas vezes não emitir alertas quando ocorrem ataques (**falsos negativos**), os invasores ainda podem comprometer facilmente o seu sistema. O número de falsos positivos (FPs) e falsos negativos (FNs) em relação aos verdadeiros positivos (VPs) e verdadeiros negativos (VNs) determina a utilidade de sua proteção. Geralmente, expressamos essas propriedades em termos de **precisão** e **recuperação**. A precisão representa uma métrica que indica quantos alarmes que você gerou foram justificados. Em termos matemáticos: $P = VP/(VP + FP)$. A recuperação indica quantos dos ataques reais você detectou: $R = VP/(VP + FN)$. Às vezes, combinamos os dois valores no que é conhecido como **medida F**: $F = 2PR/(P + R)$. Por fim, às vezes estamos simplesmente interessados em quantas vezes um IDS ou IPS acertou. Nesse caso, usamos a **precisão** como métrica: $A = (VP + VN)/total$.

Embora seja sempre verdade que valores altos para recuperação e alta precisão são melhores do que valores baixos, o número de falsos negativos e falsos positivos costumam ser correlacionados de forma inversa: se um diminuir, o outro aumentará. No entanto, a compensação para quais são os intervalos aceitáveis varia de situação para situação. Se você é o Pentágono, então deve se preocupar profundamente em não se comprometer. Nesse caso, você pode estar disposto a perseguir mais alguns falsos positivos, desde que não tenha muitos falsos negativos. Se, por outro lado, você for uma escola, as coisas podem ser menos críticas e você pode optar por não gastar seu dinheiro com um administrador que passa a maior parte de seus dias de trabalho analisando alarmes falsos.

Há um último aspecto que precisamos explicar sobre essas métricas para que você aprecie a importância dos falsos positivos. Usaremos uma analogia semelhante à introduzida por Stefan Axelsson em um influente artigo que explica por que a detecção de intrusão é difícil (Axelsson, 1999). Suponha que haja uma doença que afete 1 em 100.000 pessoas na prática. Qualquer pessoa diagnosticada com a doença morre em um mês. Felizmente, existe um ótimo teste para ver se alguém está infectado. O teste tem 99% de precisão: se um paciente estiver doente (S) o teste será positivo (na medicina um teste positivo é ruim!) em 99% dos casos, enquanto para pacientes saudáveis (H), o teste será negativo (Neg) em 99% dos casos. Um dia você faz o teste e, infelizmente, o teste é positivo (ou seja, indica Pos). A pergunta de um milhão de dólares: o quanto isso é ruim? Em outras palavras: você deveria se despedir de amigos e familiares, vender tudo o que possui e viver uma (curta) vida de devassidão pelos 30 dias restantes? Ou não?

Para responder a essa pergunta, devemos olhar para a matemática. O que nos interessa é a probabilidade de você ter a doença, visto que seu teste foi positivo: $P(S|Pos)$. O que sabemos é:

$$P(Pos|S) = 0,99$$
$$P(Neg|H) = 0,99$$
$$P(S) = 0,00001$$

Para calcular $P(S|Pos)$, usamos o famoso teorema de Bayes:

$$P(S|Pos) = \frac{P(S)P(Pos|S)}{P(Pos)}$$

Em nosso caso, existem apenas dois resultados possíveis para o teste e dois resultados possíveis para você ter a doença. Em outras palavras,

$$P(Pos) = P(S)P(Pos|S) + P(H)P(Pos|H)$$
$$onde\ P(H) = 1 - P(S),$$
$$e\ P(Pos|H) = 1 - P(Neg|H), de\ modo\ que:$$
$$P(Pos) = P(S)P(Pos|S) + (1 - P(S))(1 - P(Neg|H))$$
$$= 0,00001 * 0,99 + 0,99999 * 0,01$$

de modo que

$$P(S|Pos) = \frac{0,00001 * 0,99}{0,00001 * 0,99 + 0,99999 * 0,01}$$
$$= 0,00098$$

Ou seja, a probabilidade de você ter a doença é inferior a 0,1%. Não é preciso entrar em pânico ainda. (A menos, é claro, que você tenha vendido prematuramente todos os seus pertences a preço de banana.)

O que vemos aqui é que a probabilidade final é fortemente dominada pela taxa de falsos positivos $P(Pos|H) = 1 - P(Neg|H) = 0,01$. A razão é que o número de incidentes é tão pequeno (0,00001) que todos os outros termos na equação dificilmente contam. Esse problema é conhecido como **falácia da taxa básica**. Se substituirmos "doente" por "sob ataque" e "teste positivo" por "alerta", vemos que a falácia da taxa básica é extremamente importante para qualquer solução de IDS ou IPS. Isso motiva a necessidade de manter baixo o número de falsos positivos.

Além dos princípios fundamentais da segurança de Saltzer e Schroeder, muitas pessoas têm incluído outros princípios, quase sempre muito práticos. Um particularmente útil para ser mencionado aqui é o **princípio pragmático da defesa em profundidade**. Frequentemente, é uma boa ideia usar várias técnicas complementares para proteger um sistema. Por exemplo, para impedir ataques, podemos usar um firewall *e* um sistema de detecção de intrusão *e* um antivírus. Embora nenhuma medida possa ser infalível por si só, a ideia é que é muito mais difícil contornar todas elas ao mesmo tempo.

8.4 CRIPTOGRAFIA

A palavra **criptografia** vem de palavras gregas que significam "escrita secreta". A criptografia tem uma longa e interessante história de milhares de anos. Nesta seção, vamos esquematizar alguns destaques, que serão usados como informações básicas para o que vem a seguir. Se desejar um histórico completo da criptografia, recomendamos a leitura do livro de Khan (1995). Para ver um tratamento completo da segurança moderna e algoritmos criptográficos, protocolos, aplicações e material relacionado, consulte Kaufman et al. (2002). Para uma abordagem mais matemática, consulte Kraft e Washington (2018). Se preferir uma abordagem menos matemática, consulte Esposito (2018).

Os profissionais fazem distinção entre cifras e códigos. Uma **cifra** é uma transformação de caractere por caractere ou de bit por bit, sem levar em conta a estrutura linguística da mensagem. Em contrapartida, um **código** substitui uma palavra por outra palavra ou símbolo. Os códigos não são mais utilizados, embora tenham uma história gloriosa.

O código mais bem-sucedido já inventado foi usado pelo Corpo de Fuzileiros Navais dos Estados Unidos durante a Segunda Guerra Mundial, no Pacífico. Eles simplesmente tinham índios navajos que se comunicavam uns com os outros usando palavras em Navajo específicas para termos militares, como *chay-dagahi-nail-tsaidi* (literalmente, matador de tartaruga) para indicar uma arma antitanque. A linguagem navajo é altamente tonal, extremamente complexa, e não tem qualquer forma escrita. Além disso, nem uma única pessoa no Japão conhecia alguma coisa sobre ela. Em setembro de 1945, o *San Diego Union* publicou um artigo descrevendo o uso anteriormente secreto dos navajos para confundir os japoneses, informando como ele foi eficaz. Os japoneses nunca conseguiram quebrar o código e muitos índios navajos receberam altas honras militares por serviço e bravura extraordinários. O fato de os Estados Unidos terem conseguido quebrar o código japonês e os japoneses nunca terem conseguido quebrar o código navajo desempenhou um papel crucial nas vitórias norte-americanas no Pacífico.

8.4.1 Introdução à criptografia

Historicamente, quatro grupos utilizaram e contribuíram para a arte da criptografia: os militares, os diplomatas, as pessoas que gostam de guardar memórias e os amantes. Entre eles, os militares tiveram o papel mais importante e definiram as bases para a tecnologia durante séculos. Nas organizações militares, as mensagens a ser criptografadas eram entregues habitualmente a auxiliares mal remunerados, que se encarregavam de criptografá-las e transmiti-las. O grande volume de mensagens impedia que esse trabalho fosse feito por alguns poucos especialistas.

Até o surgimento dos computadores, uma das principais restrições impostas à criptografia era a habilidade do auxiliar de criptografia para fazer as transformações necessárias, em geral com poucos equipamentos e no campo de batalha. Outra restrição era a dificuldade de alternar os métodos criptográficos rapidamente, pois isso exigia a repetição do treinamento de um grande número de pessoas. No entanto, o perigo de um auxiliar de criptografia ser capturado pelo inimigo tornou indispensável a necessidade de alterar o método criptográfico instantaneamente, se fosse preciso. Essas necessidades conflitantes fizeram surgir o modelo da Figura 8.9.

As mensagens a serem criptografadas, conhecidas como **texto simples** (ou plaintext), são transformadas por meio de uma função parametrizada por uma **chave**. Em seguida, a saída do processo de criptografia, conhecida como **texto cifrado** (ou ciphertext), é transmitida, quase sempre por um mensageiro ou por rádio. Presumimos que o inimigo, ou **intruso**, ouça e copie cuidadosamente o texto cifrado completo. No entanto, ao contrário do destinatário pretendido, ele não conhece a chave para descriptografar o texto e, portanto, não pode fazê-lo com muita facilidade. Às vezes, o intruso pode não só escutar o que se passa no canal de comunicação (intruso passivo) como também gravar mensagens e reproduzi-las mais tarde, injetar suas próprias ou modificar mensagens legítimas antes que elas cheguem ao receptor (intruso ativo). A arte de solucionar mensagens cifradas, conhecida como **criptoanálise**, e de criar mensagens cifradas (criptografia) é chamada coletivamente de **criptologia**.

Com frequência, será útil ter uma notação para estabelecer uma relação entre o texto simples, o texto cifrado e as chaves. Usaremos $C = E_K(P)$ para indicar que a criptografia do texto simples P usando a chave K gera o texto cifrado C.

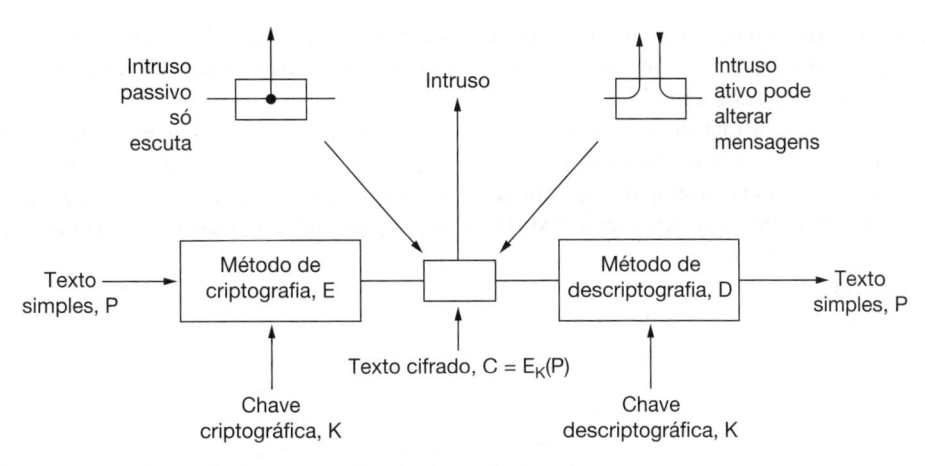

Figura 8.9 O modelo de criptografia (para uma cifra de chave simétrica).

Da mesma forma, $P = D_K(C)$ representa a descriptografia de C para obter o texto simples outra vez. Então, temos:

$$D_K(E_K(P)) = P$$

Essa notação sugere que E e D são simplesmente funções matemáticas, o que é verdade. A única parte complicada é que ambas são funções de dois parâmetros, e escrevemos um desses parâmetros (a chave) como um caractere subscrito, em vez de representá-lo como um argumento, para distingui-lo da mensagem.

Uma regra fundamental da criptografia é que se deve supor que o criptoanalista conhece os métodos genéricos de criptografia e descriptografia utilizados – ou seja, ele conhece os detalhes de como funcionam o método de criptografia, E, e o método de descriptografia, D, da Figura 8.9. O esforço necessário para criar, testar e instalar um novo algoritmo toda vez que o antigo método é (supostamente) comprometido sempre tornou impraticável manter o algoritmo criptográfico em segredo. Imaginar que esse algoritmo é secreto, quando não é, resulta mais em prejuízo do que em benefícios.

É nesse ponto que entra a chave – ela consiste em uma string (relativamente) curta que seleciona uma das muitas formas possíveis de criptografia. Ao contrário do método genérico, que só pode ser modificado a cada período de alguns anos, a chave pode ser alterada sempre que necessário. Portanto, nosso modelo básico é um método genérico publicamente conhecido, parametrizado por uma chave secreta que pode ser alterada com facilidade. A ideia de que o criptoanalista conhece os algoritmos e que o segredo reside exclusivamente nas chaves é chamada de **princípio de Kerckhoffs**, em homenagem ao criptógrafo militar Auguste Kerckhoffs, holandês de nascimento, que primeiro o publicou em um periódico militar em 1883 (Kerckhoffs, 1883). Desse modo, temos:

Princípio de Kerckhoffs: todos os algoritmos devem ser públicos; apenas as chaves são secretas.

Devemos enfatizar o caráter não sigiloso do algoritmo. Tentar mantê-lo secreto, uma estratégia conhecida no ramo como **segurança pela obscuridade**, nunca funciona. Além disso, ao tornar o algoritmo público, o especialista em criptografia libera a consulta para inúmeros criptólogos ansiosos por decodificar o sistema e assim publicar artigos demonstrando suas habilidades. Caso muitos especialistas tenham tentado decodificá-lo durante cinco anos após sua publicação e nenhum tenha conseguido, isso significa que o algoritmo é provavelmente sólido. (Contudo, os pesquisadores têm descoberto bugs em soluções de segurança de código aberto, como OpenSSL, depois de mais de uma década, de modo que a crença comum de que o argumento "com olhares suficientes, todos os bugs são superficiais" nem sempre funciona na prática.)

Como o sigilo real está na chave, seu tamanho é uma questão muito importante do projeto. Considere uma fechadura de combinação numérica simples. Segundo o princípio geral, você insere dígitos em sequência. Todo mundo sabe disso, mas a chave é secreta. Uma chave com um tamanho de dois dígitos significa que existem cem possibilidades. Uma de três dígitos significa mil possibilidades e uma de seis dígitos significa um milhão de possibilidades. Quanto maior for a chave, mais alto será o **fator de trabalho** com que o criptoanalista terá de lidar. O fator de trabalho para decodificar o sistema por meio de uma exaustiva pesquisa no espaço da chave é exponencial em relação a seu tamanho. O sigilo é decorrente da presença de um algoritmo forte (mas público) e de uma chave longa. Para impedir que seu irmãozinho leia suas mensagens de e-mail, serão necessárias chaves de 64 bits. Para uso comercial de rotina, talvez devam ser usados 128 bits. Para manter o governo de outros países a distância, são necessárias chaves de pelo menos 256 bits, de preferência maiores. A propósito, esses números são para a criptografia simétrica, em que as chaves de criptografia e descriptografia são as mesmas. Mais adiante, discutiremos as diferenças entre a criptografia simétrica e a assimétrica.

Do ponto de vista do criptoanalista, o problema da criptoanálise apresenta três variações principais. Quando tem determinado volume de texto cifrado mas nenhum texto simples, o analista é confrontado com o problema do **texto cifrado disponível**. Os criptogramas da seção de palavras cruzadas do jornal são um exemplo desse tipo de problema. Quando há uma correspondência entre o texto cifrado e o texto simples, o problema passa a ser chamado de **texto simples conhecido**. Por fim, quando o criptoanalista tem a possibilidade de codificar trechos do texto simples escolhidos por ele mesmo, temos o problema do **texto simples escolhido**. Os criptogramas dos jornais poderiam ser decodificados de forma trivial se o criptoanalista tivesse a permissão de fazer perguntas tais como: qual é a criptografia de ABCDEFGHIJKL?

Com frequência, os novatos na área de criptografia pressupõem que, se uma cifra puder resistir a um ataque do texto cifrado disponível, isso significa que ela é segura. Essa suposição é muito ingênua. Em muitos casos, o criptoanalista pode fazer uma estimativa com base em trechos do texto simples. Por exemplo, a primeira mensagem que muitos computadores emitem quando você os reinicia é "login:". Equipado com alguns pares de texto simples/texto cifrado, o trabalho do criptoanalista se torna muito mais fácil. Para ter segurança, o criptógrafo deve ser conservador e se certificar de que o sistema seja inviolável, mesmo que seu oponente seja capaz de criptografar qualquer quantidade de texto simples escolhido.

Historicamente, os métodos de criptografia têm sido divididos em duas categorias: as cifras de substituição e as cifras de transposição. Em seguida, trataremos de cada uma dessas técnicas como informações básicas para a criptografia moderna.

8.4.2 Dois princípios fundamentais da criptografia

Ainda estudaremos muitos sistemas criptográficos nas próximas páginas, mas é importante entender dois princípios básicos subjacentes a todos eles. Preste atenção. Você correrá risco ao violá-los.

Redundância

O primeiro princípio é que todas as mensagens criptografadas devem conter alguma redundância, ou seja, informações que não são necessárias para a compreensão da mensagem. Talvez um exemplo esclareça por que isso é necessário. Considere uma empresa de encomendas postais, a Expresso Jabuti (EJ), com 60 mil produtos. Pensando ser muito eficientes, os programadores da EJ decidiram que as mensagens de encomendas devem consistir no nome do cliente com 16 bytes, seguido por um campo de dados de 3 bytes (um para a quantidade e dois para o número do produto). Os 3 últimos bytes devem ser criptografados por meio de uma chave muito longa conhecida apenas pelo cliente e pela EJ.

A princípio, essa estratégia pode parecer segura, e até certo ponto é, porque os intrusos passivos não podem descriptografar as mensagens. Infelizmente, há uma falha fatal que a torna inútil. Suponha que uma funcionária recém-demitida queira punir a EJ por tê-la despedido. Antes de sair da empresa, ela leva consigo parte da lista de clientes e passa a noite acordada criando um programa para gerar encomendas fictícias utilizando nomes de clientes verdadeiros. Como não tem a lista das chaves, ela simplesmente inclui números aleatórios nos três últimos bytes e envia centenas de encomendas para a EJ.

Quando as mensagens chegam, o computador da EJ utiliza o nome do cliente para localizar a chave e descriptografar a mensagem. Infelizmente para a EJ, quase todas as mensagens de 3 bytes são válidas; portanto, o computador começa a imprimir as instruções de entrega. Apesar de parecer estranho um cliente encomendar 837 conjuntos de balanços para crianças, ou 540 pula-pulas, para o computador, o cliente pode estar planejando abrir uma cadeia de parques de diversões por franquia. Portanto, um intruso ativo (a ex-funcionária) pode causar muitos problemas, mesmo que não seja capaz de entender as mensagens que seu computador está gerando.

Esse problema pode ser resolvido por meio da inclusão de informações redundantes em todas as mensagens. Por exemplo, se as mensagens de pedidos forem ampliadas para 12 bytes, os 9 primeiros deverão ser iguais a zero; assim, essa estratégia de ataque deixa de ser interessante, porque a ex-funcionária não é mais capaz de gerar um longo fluxo de mensagens válidas. A moral da história é que todas as mensagens devem conter informações redundantes suficientes para que os intrusos ativos sejam impedidos de transmitir dados inválidos que possam ser interpretados como uma mensagem válida. Desse modo, temos:

Princípio criptográfico 1: as mensagens devem conter alguma redundância.

No entanto, a inclusão de informações redundantes também facilita a quebra de mensagens por parte dos criptoanalistas. Suponha que o negócio de encomenda postal seja muito competitivo e que a principal concorrente da Expresso Jabuti, a Tartaruga Entregas, adoraria saber quantos pula-pulas a EJ está vendendo. Para isso, resolve grampear a linha telefônica da EJ. No esquema original com mensagens de 3 bytes, a criptoanálise era praticamente impossível porque, após descobrir uma chave, o criptoanalista não era capaz de dizer se a mensagem estava correta. Afinal, quase todas as mensagens são tecnicamente válidas. Com o novo esquema de 12 bytes, fica mais fácil para o criptoanalista distinguir uma mensagem válida de uma inválida.

Em outras palavras, ao decifrar uma mensagem, o destinatário deve ser capaz de saber se ela é válida, simplesmente inspecionando-a e talvez executando uma computação simples. Essa redundância é necessária para impedir que intrusos ativos enviem lixo e enganem o receptor, fazendo-o descriptografar o lixo e agir sobre o "texto simples".

No entanto, essa mesma redundância permite que os intrusos passivos entrem no sistema com maior facilidade, portanto, há uma zona de tensão nessa situação. Além disso, a redundância nunca deverá ser criada sob a forma de n zeros no início ou no fim de uma mensagem, pois o envio dessas mensagens a determinados algoritmos criptográficos proporciona resultados mais previsíveis, facilitando o trabalho do criptoanalista. Um polinômio de CRC (veja no Capítulo 3) é muito melhor que uma sequência de valores zero, pois o receptor pode verificá-lo facilmente, mas gerará mais trabalho para o criptoanalista. Seria muito melhor usar um hash criptográfico, conceito que exploraremos mais adiante. Por enquanto, pense nele como um CRC melhorado.

Atualidade

O segundo princípio criptográfico é tomar algumas medidas para assegurar que cada mensagem recebida possa ser confirmada como uma mensagem atual, isto é, enviada muito recentemente. Essa medida é necessária para impedir que intrusos ativos reutilizem mensagens antigas. Se tais medidas não fossem tomadas, nossa ex-funcionária poderia interceptar a linha telefônica da EJ e ficar simplesmente repetindo mensagens válidas já enviadas. Assim:

> *Princípio criptográfico 2: algum método é necessário para anular ataques de repetição.*

Uma medida desse tipo seria incluir em cada mensagem um registro de tempo válido apenas por, digamos, 60 segundos. Em seguida, o receptor poderia manter as mensagens durante 60 segundos, a fim de comparar as mensagens recém-chegadas com as anteriores e filtrar duplicatas. As mensagens transmitidas há mais de 60 segundos poderiam ser descartadas, pois as repetições enviadas mais de 60 segundos depois da mensagem original serão rejeitadas por ser muito antigas. O intervalo não deverá ser muito curto (p. ex., 5 segundos), pois os relógios do transmissor e do receptor podem estar ligeiramente fora de sincronismo. Outras medidas além dos registros de tempo serão discutidas mais adiante.

8.4.3 Cifras de substituição

Em uma **cifra de substituição**, cada letra ou grupo de letras é substituído por outra letra ou grupo de letras, de modo a criar um "disfarce". Uma das cifras mais antigas é a **cifra de César**, atribuída a Júlio César. Nesse método, *a* se torna *D*, *b* se torna *E*, *c* se torna *F*,... e *z* se torna *C*. Por exemplo, *ataque* passaria a ser *DWDTXH*. Em nossos exemplos, o texto simples é apresentado em minúsculas e o texto cifrado em maiúsculas.

Uma ligeira generalização da cifra de César permite que o alfabeto do texto cifrado seja deslocado k letras, em vez de sempre três. Nesse caso, k passa a ser uma chave para o método genérico dos alfabetos deslocados em forma circular. A cifra de César pode ter enganado Pompeu, mas nunca mais enganou ninguém.

O próximo aprimoramento é fazer cada um dos símbolos do texto simples, digamos, as 26 letras, ser mapeado para alguma outra letra. Por exemplo:

texto simples: a b c d e f g h i j k l m n o p q r s t u v w x y z
texto cifrado: Q W E R T Y U I O P A S D F G H J K L Z X C V B N M

Esse sistema geral é chamado de **cifra de substituição monoalfabética,** sendo a chave a sequência de 26 letras correspondente ao alfabeto completo. Para a chave anterior, o texto simples *ataque* seria transformado no texto cifrado *QZQJXT*.

À primeira vista, talvez esse sistema pareça seguro, pois, embora o criptoanalista conheça o sistema genérico (substituição de letra por letra), o criptoanalista não sabe qual das 26! ≈ 4×10^{26} chaves possíveis está em uso. Ao contrário do que acontece com a cifra de César, experimentar todas elas não é uma estratégia muito promissora. Mesmo a 1 ns por solução, um milhão de chips de computador em paralelo exigiriam 10 mil anos para que todas as chaves fossem experimentadas.

Todavia, com um volume de texto cifrado surpreendentemente pequeno, a cifra pode ser descoberta com facilidade. A estratégia básica se beneficia das propriedades estatísticas dos idiomas. Por exemplo, em inglês *e* é a letra mais comum, seguida de *t, o, a, n, i,* etc. As combinações de duas letras, ou **digramas**, mais comuns são *th, in, er, re* e *an*. As combinações de três letras, ou **trigramas**, mais comuns são *the, ing, and* e *ion*.

Um criptoanalista que tente decodificar uma cifra monoalfabética começaria contando as frequências relativas de todas as letras do texto cifrado. Depois disso, por tentativas, ele atribuiria *e* à letra mais comum e *t* à próxima letra mais comum. Em seguida, verificaria os trigramas para encontrar um no formato *tXe*, o que poderia sugerir que *X* é *h*. Da mesma forma, se o padrão *thYt* ocorrer com frequência, provavelmente isso significará que *Y* representa *a*. Com essas informações, o criptoanalista poderá procurar por um trigrama com o formato *aZW* que ocorra com frequência (muito provavelmente *and*). Fazendo estimativas em relação a digramas, trigramas e letras mais comuns, e conhecendo os prováveis padrões de vogais e consoantes, o criptoanalista criaria um texto simples por meio de tentativas, letra por letra.

Outra estratégia é adivinhar uma palavra ou frase provável. Por exemplo, considere o seguinte texto cifrado de uma empresa de contabilidade (montado em grupos de cinco caracteres):

CTBMN	BYCTC	BTJDS	QXBNS	GSTJC	BTSWX	CTQTZ	CQVUJ
QJSGS	TJQZZ	MNQJS	VLNSX	VSZJU	JDSTS	JQUUS	JUBXJ
DSKSU	JSNTK	BGAQJ	ZBGYQ	TLCTZ	BNYBN	QJSW	

Nos Estados Unidos, uma palavra muito provável em uma mensagem de uma empresa de contabilidade é *financial*. Com base em nosso conhecimento de que *financial* tem uma letra repetida (*i*), com quatro outras letras entre suas ocorrências, procuramos letras repetidas no texto cifrado com esse espaço entre elas. Encontramos 12 casos como esse nas posições 6, 15, 27, 31, 42, 48, 56, 66, 70, 71, 76 e 82. No entanto, apenas dois deles, 31 e 42, têm a letra seguinte (que corresponde a *n* no texto simples) repetida na localização adequada. Dessas duas, apenas 31 também tem a letra *a* corretamente posicionada; portanto, sabemos que *financial* começa na posição 30. Desse ponto em diante, fica fácil deduzir a chave utilizando a estatística de frequência para o texto em inglês e procurando palavras quase completas para terminar.

8.4.4 Cifras de transposição

As cifras de substituição preservam a ordem dos símbolos no texto simples, mas os disfarçam. Por sua vez, as **cifras de transposição** reordenam as letras, mas não as disfarçam. A Figura 8.10 mostra uma cifra de transposição muito comum, a de colunas. A cifra se baseia em uma chave que é uma palavra ou frase que não contém letras repetidas. Nesse exemplo, a chave é MEGABUCK. O objetivo da chave é numerar as colunas de modo que a coluna 1 fique abaixo da letra da chave mais próxima do início do alfabeto, e assim por diante. O texto simples é escrito horizontalmente, em linhas. O texto cifrado é lido em colunas, a partir da coluna cuja letra da chave seja a mais baixa.

Para quebrar uma cifra de transposição, o criptoanalista deve primeiro estar ciente que está lidando com esse tipo de cifra. Ao examinar a frequência de *E*, *T*, *A*, *O*, *I*, *N*, etc.,
fica fácil constatar se essas letras se encaixam no padrão normal para texto simples. Se houver correspondência, isso significa que se trata sem dúvida de uma cifra de transposição, pois nesse tipo de cifra cada letra é representada por ela mesma, mantendo intacta a distribuição de frequências.

A próxima etapa é fazer uma estimativa do número de colunas. Em muitos casos, uma palavra ou frase provável pode ser deduzida a partir do contexto da mensagem. Por exemplo, suponha que nosso criptoanalista tenha suspeitado de que a frase em texto simples *milliondollars* ocorre em algum lugar na mensagem. Observe que os digramas *MO*, *IL*, *LL*, *LA*, *IR* e *OS* ocorrem no texto cifrado como um resultado do desdobramento dessa frase. No texto cifrado, a letra *O* vem depois da letra *M* (ou seja, elas são verticalmente adjacentes na coluna 4), pois estão separadas na provável frase por uma distância igual ao tamanho da chave. Se tivesse sido usada uma chave de tamanho sete, teriam surgido os digramas *MD*, *IO*, *LL*, *LL*, *IA*, *OR* e *NS*. Na verdade, para cada tamanho de chave, é produzido um conjunto de digramas diferente no texto cifrado. Ao tentar encontrar diferentes possibilidades, muitas vezes o criptoanalista é capaz de determinar com facilidade o tamanho da chave.

A última etapa é ordenar as colunas. Quando o número de colunas *k* é pequeno, cada um dos $k(k-1)$ pares de colunas pode ser examinado para que se constate se suas frequências de digramas correspondem às do texto simples em inglês. O par que tiver a melhor correspondência será considerado na posição correta. Em seguida, cada uma das colunas restantes é experimentada como sucessora desse par. A coluna cujas frequências de digramas e trigramas proporcionem a melhor correspondência será a título experimental considerada correta. A próxima coluna é

```
M E G A B U C K
7 4 5 1 2 8 3 6
p l e a s e t r
a n s f e r o n
e m i l l i o n
d o l l a r s t
o m y s w i s s
b a n k a c c o
u n t s i x t w
o t w o a b c d
```

Texto simples

pleasetransferonemilliondollarsto
myswissbankaccountsixtwotwo

Texto cifrado

AFLLSKSOSELAWAIATOOSSCTCLNMOMANT
ESILYNTWRNNTSOWDPAEDOBUOERIRICXB

Figura 8.10 Uma cifra de transposição.

encontrada da mesma maneira. O processo inteiro continua até ser encontrada uma ordenação potencial. O mais provável é que o texto simples seja reconhecido nesse ponto (p. ex., se ocorrer *milloin*, ficará claro qual é o erro).

Algumas cifras de transposição aceitam um bloco de tamanho fixo como entrada e produzem um bloco de tamanho fixo como saída. Essas cifras podem ser completamente descritas fornecendo-se uma lista que informe a ordem na qual os caracteres devem sair. Por exemplo, a cifra da Figura 8.10 pode ser vista como uma cifra de blocos de 64 caracteres. Sua saída é 4, 12, 20, 28, 36, 44, 52, 60, 5, 13,..., 62. Em outras palavras, o quarto caractere de entrada, *a*, é o primeiro a sair, seguido pelo décimo segundo, *f*, e assim por diante.

8.4.5 Chave única

Na verdade, é fácil criar uma cifra inviolável; a técnica é conhecida há décadas. Primeiro, escolha como chave uma sequência de bits aleatórios. Em seguida, converta o texto simples em uma sequência de bits, utilizando por exemplo sua representação ASCII. Por fim, calcule o OU exclusivo (XOR) dessas duas sequências, bit a bit. O texto cifrado resultante não pode ser violado porque, em uma amostra grande o suficiente de texto cifrado, cada letra ocorrerá com a mesma frequência, bem como o digrama, o trigrama, e assim por diante. Esse método, conhecido como **chave única**, é imune a todos os ataques presentes e futuros, não importa quanta capacidade computacional o intruso tenha. A razão deriva da teoria da informação: simplesmente não existe nenhuma informação na mensagem, porque todos os textos simples possíveis com o tamanho dado são igualmente prováveis.

Um exemplo de como as chaves únicas são usadas é dado na Figura 8.11. Primeiro, a mensagem 1, "I love you", é convertida em ASCII de 7 bits. Em seguida, uma chave única, chamada chave 1, é escolhida e sujeita à operação XOR com a mensagem para obter o texto cifrado. Um criptoanalista poderia experimentar todas as chaves únicas possíveis para ver que texto resultou para cada uma. Por exemplo, a chave única listada como chave 2 na figura poderia ser experimentada, resultando no texto simples 2, "Elvis lives" [Elvis não morreu], que pode ser ou não plausível (um assunto que está além do escopo deste livro). De fato, para cada texto simples ASCII de 11 caracteres existe uma chave única que o gera. É isso que queremos dizer quando mencionamos que não existe nenhuma informação no texto cifrado: é possível obter qualquer mensagem com o tamanho correto a partir dele.

As chaves únicas são ótimas na teoria, mas têm várias desvantagens na prática. Para começar, a chave não pode ser memorizada, então tanto o remetente quanto o destinatário devem levar uma cópia escrita com eles. Se qualquer um dos dois estiver sujeito à possibilidade de captura, as chaves escritas sem dúvida serão inconvenientes. Além disso, a quantidade total de dados que podem ser transmitidos é limitada pelo tamanho da chave disponível. Se o espião tiver muita sorte e descobrir uma grande quantidade de dados, talvez seja incapaz de transmiti-los de volta para a matriz, porque a chave terá sido esgotada. Outro problema é a sensibilidade do método a caracteres perdidos ou inseridos. Se o transmissor e o receptor ficarem fora de sincronismo, todos os dados a partir desse momento serão inutilizados.

Com o advento dos computadores, a chave única se tornou potencialmente prática para algumas aplicações. A origem da chave poderia ser um DVD especial contendo vários gigabytes de informações que, se fossem transportadas em uma caixa de filmes em DVD e tivessem no início alguns minutos de vídeo, nem sequer seriam suspeitas. É claro que, nas redes de gigabits, ter de inserir um novo DVD a cada 30 segundos seria algo entediante. Além disso, os DVDs devem ser transportados em mãos, do transmissor para o receptor, antes de ser possível enviar qualquer mensagem, o que reduz bastante sua utilidade prática. Ainda assim, visto que logo ninguém mais usará DVD ou discos Blu-Ray, qualquer um transportando uma caixa desses dispositivos seria considerado suspeito.

Criptografia quântica

É interessante, mas talvez haja uma solução para o problema de como transmitir a chave única pela rede, e ela vem de uma fonte muito improvável: a mecânica quântica. Essa área ainda é experimental, mas os testes iniciais são promissores. Se eles puderem ser aperfeiçoados e se tornarem eficientes, quase toda a criptografia será realizada por

Mensagem 1:	1001001 0100000 1101100 1101111 1110110 1100101 0100000 1111001 1101111 1110101 0101110
Chave 1:	1010010 1001011 1110010 1010101 1010010 1100011 0001011 0101010 1010111 1100110 0101011
Texto cifrado:	0011011 1101011 0011110 0111010 0100100 0000110 0101011 1010011 0111000 0010011 0000101
Chave 2:	1011110 0000111 1101000 1010011 1010111 0100110 1000111 0111010 1001110 1110110 1110110
Texto simples 2:	1000101 1101100 1110110 1101001 1110011 0100000 1101100 1101001 1110110 1100101 1110011

Figura 8.11 O uso de uma chave única para criptografia e a possibilidade de conseguir qualquer texto simples que seja possível a partir do texto cifrado pela utilização de alguma outra chave.

fim com a utilização de chaves únicas, pois é provável que elas sejam seguras. A seguir, explicaremos em linhas gerais como funciona esse método, denominado **criptografia quântica**. Em particular, descreveremos um protocolo chamado **BB84** para indicar seus autores e o ano da publicação (Bennet e Brassard, 1984).

Suponha que uma usuária, chamada Alice, queira estabelecer uma chave única com um segundo usuário, Bob. Alice e Bob são chamados **protagonistas**, os personagens principais de nossa história. Por exemplo, Bob é um gerente de banco com quem Alice gostaria de realizar negócios. Os nomes "Alice" e "Bob" foram usados como protagonistas em praticamente todos os ensaios e livros sobre criptografia desde que Ron Rivest os apresentou há muitos anos (Rivest et al., 1978). Os criptógrafos amam a tradição. Se fôssemos usar "Andy" e "Barbara" como protagonistas, ninguém acreditaria em nada do que fosse explicado neste capítulo. Então, que seja!

Se Alice e Bob pudessem estabelecer uma chave única, eles teriam a possibilidade de empregá-la para se comunicar com segurança. A pergunta óbvia é: como eles podem estabelecê-la sem antes trocar fisicamente os DVDs (ou livros, ou pen-drives)? Podemos supor que Alice e Bob estejam em extremidades opostas de um cabo de fibra óptica pelo qual possam enviar e receber pulsos de luz. Contudo, uma intrusa atrevida chamada Trudy pode cortar a fibra e criar um grampo ativo. Trudy pode ler todos os bits em ambos os sentidos. Ela também pode enviar falsas mensagens nos dois sentidos. A situação pode parecer desesperadora para Alice e Bob, mas a criptografia quântica pode trazer uma nova luz sobre o assunto.

A criptografia quântica se baseia no fato de que a luz se propaga em pacotes microscópicos, chamados **fótons**, que apresentam algumas propriedades peculiares. Além disso, a luz pode ser polarizada ao passar por um filtro de polarização, um fato bem conhecido pelos usuários de óculos de sol e pelos fotógrafos. Se um feixe de luz (i.e., um fluxo de fótons) passar por um filtro de polarização, todos os fótons que emergirem dele serão polarizados na direção do eixo do filtro (p. ex., vertical). Se o feixe passar agora por um segundo filtro de polarização, a intensidade da luz que emergirá do segundo filtro será proporcional ao quadrado do cosseno do ângulo entre os eixos. Se os dois eixos forem perpendiculares, nenhum fóton passará pelo filtro. A orientação absoluta dos dois filtros não importa, só interessa o ângulo entre seus eixos.

Para gerar uma chave única, Alice precisa de dois conjuntos de filtros de polarização. O primeiro conjunto consiste em um filtro vertical e um filtro horizontal. Essa escolha é chamada **base retilínea**. Uma base é apenas um sistema de coordenadas. O segundo conjunto de filtros é idêntico, exceto por estar deslocado 45 graus, de forma que um filtro abrange desde o canto inferior esquerdo até o canto superior direito, e o outro abrange desde o canto superior esquerdo até o canto inferior direito. Essa escolha é chamada **base diagonal**. Desse modo, Alice tem duas bases, que ela pode inserir rapidamente em seu feixe, à vontade. Na realidade, ela não tem quatro filtros separados, mas um cristal, cuja polarização pode ser trocada eletricamente para qualquer das quatro direções permitidas, em alta velocidade. Bob tem o mesmo equipamento de Alice. O fato de Alice e Bob terem cada um duas bases disponíveis é essencial para a criptografia quântica.

Para cada base, Alice atribui agora uma direção como 0 e a outra como 1. No exemplo apresentado a seguir, vamos supor que ela escolha a direção vertical como 0 e a horizontal como 1. Independentemente, ela também escolhe do canto inferior esquerdo até o canto superior direito como 0, e do canto superior esquerdo até o canto inferior direito como 1. Alice envia essas escolhas a Bob como texto simples, ciente de que Trudy poderá ler sua mensagem.

Agora, Alice escolhe uma chave única, baseada, por exemplo, em um gerador de números aleatórios (um assunto por si só bastante complexo). Ela o transfere bit por bit para Bob, escolhendo uma de suas bases ao acaso para cada bit. Para enviar um bit, sua pistola de fótons emite um fóton polarizado de maneira apropriada, conforme a base que ela está usando para esse bit. Por exemplo, ela poderia escolher as bases diagonal, retilínea, retilínea, diagonal, retilínea, etc. Para enviar sua chave única igual a 1001110010100110 com essas bases, ela enviaria os fótons mostrados na Figura 8.12(a). Dadas a chave única e a sequência de bases, a polarização a ser usada para cada bit é determinada de forma exclusiva. Bits enviados um fóton por vez são chamados **qubits** (bits quânticos).

Bob não sabe que base usar, e assim escolhe uma ao acaso para cada fóton que chega e simplesmente a utiliza, como mostra a Figura 8.12(b). Se escolher a base correta, ele receberá o bit correto. Se escolher a base incorreta, receberá um bit aleatório porque, se um fóton atingir um filtro polarizado a 45 graus em relação a sua própria polarização, ele saltará ao acaso para a polarização do filtro ou para uma polarização perpendicular à do filtro, com a mesma probabilidade. Essa propriedade dos fótons é fundamental para a mecânica quântica. Desse modo, alguns bits estão corretos e alguns são aleatórios, mas Bob não consegue distingui-los. Os resultados de Bob estão representados na Figura 8.12(c).

De que maneira Bob pode descobrir quais são as bases corretas e quais são as erradas entre as que recebeu? Ele simplesmente diz a Alice que base usou para cada bit em texto simples, e ela lhe diz quais são as bases corretas e quais são as erradas em texto simples, como mostra a Figura 8.12(d). A partir dessas informações, ambos podem construir uma sequência de bits com os palpites corretos, como mostra a Figura 8.12(e). Em média, essa sequência de bits terá metade do comprimento da sequência de bits original, mas, como ambas as partes o conhecem, elas poderão

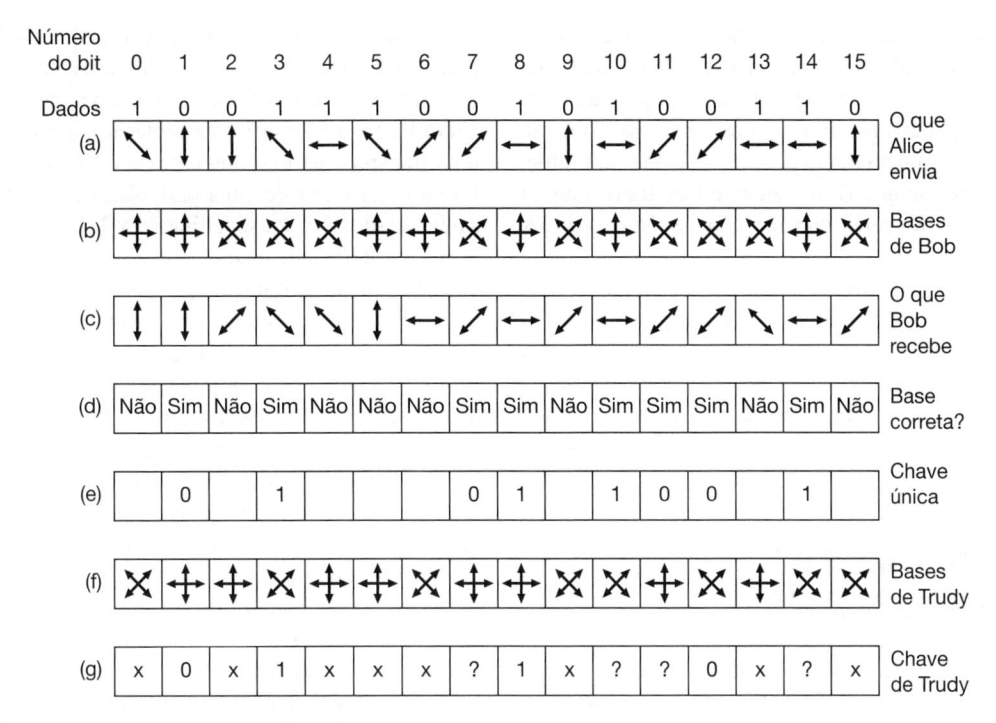

Número do bit	0	1	2	3	4	5	6	7	8	9	10	11	12	13	14	15	
Dados	1	0	0	1	1	1	0	0	1	0	1	0	0	1	1	0	
(a)	↘	↕	↕	↘	↔	↘	↗	↗	↔	↕	↔	↗	↗	↔	↔	↕	O que Alice envia
(b)	+	+	×	×	×	+	+	×	+	×	+	×	×	×	+	×	Bases de Bob
(c)	↕	↕	↗	↘	↘	↕	↔	↗	↔	↗	↔	↗	↗	↘	↔	↗	O que Bob recebe
(d)	Não	Sim	Não	Sim	Não	Não	Não	Sim	Sim	Não	Sim	Sim	Sim	Não	Sim	Não	Base correta?
(e)		0		1				0	1		1	0	0		1		Chave única
(f)	×	+	+	×	+	+	×	+	+	×	×	+	×	+	×	×	Bases de Trudy
(g)	x	0	x	1	x	x	x	?	1	x	?	?	0	x	?	x	Chave de Trudy

Figura 8.12 Um exemplo de criptografia quântica.

usá-lo como uma chave única. Tudo o que Alice tem a fazer é transmitir uma sequência de bits um pouco maior que o dobro do tamanho desejado, para que ela e Bob tenham uma chave única com o comprimento apropriado. Problema resolvido.

Mas espere um minuto. Esquecemos de Trudy. Vamos supor que ela esteja curiosa para saber o que Alice tem a dizer e corte o cabo de fibra, inserindo seus próprios detector e transmissor. Infelizmente para Trudy, ela também não sabe que base usar para cada fóton. O melhor que ela pode fazer é escolher uma base ao acaso para cada um dos fótons, como fez Bob. Um exemplo de suas escolhas é mostrado na Figura 8.12(f). Quando mais tarde Bob informar (em texto simples) que bases usou e Alice disser a ele (em texto simples) quais delas estão corretas, Trudy saberá quando acertou e quando errou. Segundo a Figura 8.12, ela acertou nos bits 0, 1, 2, 3, 4, 6, 8, 12 e 13. No entanto, ela sabe pela resposta de Alice na Figura 8.12(d) que só os bits 1, 3, 7, 8, 10, 11, 12 e 14 fazem parte da chave única. Em quatro desses bits (1, 3, 8 e 12), ela acertou seu palpite e capturou o bit correto. Nos outros quatro (7, 10, 11 e 14), ela errou e não sabe qual bit foi transmitido. Desse modo, Bob sabe que a chave única começa com 01011001, a partir da Figura 8.12(e), mas tudo que Trudy tem é 01?1??0?, a partir da Figura 8.12(g).

É claro que Alice e Bob estão cientes de que Trudy talvez tenha captado parte de sua chave única, e assim gostariam de reduzir as informações que ela tem. Eles podem fazer isso executando uma transformação na chave. Por exemplo, poderiam dividir a chave única em blocos de 1.024 bits e elevar ao quadrado cada uma para formar um número de 2.048 bits, usando a concatenação desses números de 2.048 bits como a chave única. Com seu conhecimento parcial da sequência de bits transmitida, Trudy não tem como gerar seu quadrado e, portanto, não tem nada. A transformação da chave única original em uma chave diferente que reduza o conhecimento de Trudy é chamada de **amplificação de privacidade**. Na prática, são usadas transformações complexas em que todo bit de entrada depende de cada bit de saída em vez do quadrado do bit de entrada.

Pobre Trudy. Ela não apenas não tem nenhuma ideia de qual é a chave única, como também sua presença não é mais secreta. Afinal, ela tem de retransmitir cada bit recebido para Bob, a fim de levá-lo a pensar que está se comunicando com Alice. Contudo, o melhor que pode fazer é transmitir o qubit que recebeu usando a mesma polarização que empregou para recebê-lo, e durante cerca de metade do tempo ela estará errada, provocando muitos erros na chave única de Bob.

Quando finalmente começar a transmitir dados, Alice os codificará usando um pesado código de correção antecipada de erros. Do ponto de vista de Bob, um erro de 1 bit na chave única é o mesmo que um erro de transmissão de 1 bit. De qualquer modo, ele receberá o bit errado. Se houver correção antecipada de erros suficiente, ele poderá recuperar a mensagem original apesar de todos os erros, mas poderá contar com facilidade quantos erros foram corrigidos. Se esse número for muito maior que a taxa de erros esperada do equipamento, ele saberá que Trudy grampeou a linha e poderá tomar providências (p. ex., informando Alice de que ela deve mudar para um canal de rádio, chamar a polícia, etc.). Se Trudy tivesse um meio de clonar fótons, de forma que tivesse um para inspecionar e um idêntico para enviar a Bob, poderia evitar a detecção, mas no momento não se conhece nenhum modo perfeito de clonar um fóton. No entanto, mesmo que Trudy pudesse fazê-lo, o valor da criptografia quântica para estabelecer chaves únicas não seria reduzido.

Embora a criptografia quântica opere sobre distâncias de até 60 km de fibra, o equipamento é complexo e dispendioso. Ainda assim, a ideia é promissora se puder ter uma distância expandida e se tornar mais barata. Para obter mais informações sobre a criptografia quântica, consulte Clancy et al. (2019).

8.5 ALGORITMOS DE CHAVE SIMÉTRICA

Embora a criptografia moderna utilize as mesmas ideias básicas da criptografia tradicional (transposição e substituição), sua ênfase é diferente. Tradicionalmente, os criptógrafos têm utilizado algoritmos simples. Hoje em dia, acontece o inverso: o objetivo é tornar o algoritmo de criptografia tão complexo e emaranhado que, mesmo que o criptoanalista adquira enormes volumes de texto cifrado a sua própria escolha, sem a chave ele não seja capaz de entender nada do que conseguir.

A primeira classe de algoritmos de criptografia que estudaremos neste capítulo é a dos **algoritmos de chave simétrica**, porque utilizam a mesma chave para codificação e decodificação. A Figura 8.9 ilustra o uso de um algoritmo de chave simétrica. Em particular, vamos nos concentrar nos **blocos de cifras**, que obtêm um bloco de n bits de texto simples como entrada e, usando a chave, o transformam em um bloco de n bits de texto cifrado.

Os algoritmos criptográficos podem ser implementados em hardware (para obter velocidade) ou em software (para obter flexibilidade). Embora a maior parte de nosso tratamento esteja relacionado a algoritmos e protocolos, que são independentes da implementação real, algumas palavras sobre a construção de hardware criptográfico podem ser interessantes. As transposições e substituições podem ser implementadas com circuitos elétricos simples. A Figura 8.13(a) mostra um dispositivo, conhecido como **caixa P** (onde P significa permutação), usado para efetuar uma transposição em uma entrada de 8 bits. Se os 8 bits forem designados de cima para baixo como 01234567, a saída dessa caixa P específica será 36071245. Com uma conexão interna adequada, pode-se criar uma caixa P para executar qualquer transposição praticamente na velocidade da luz, pois nenhuma computação é envolvida, apenas a propagação de sinais. Esse projeto segue o princípio de Kerckhoffs: o atacante sabe que o método geral é permutar os bits. O que ele não sabe é qual bit fica em cada posição.

As substituições são realizadas por **caixas S**, como mostra a Figura 8.13(b). Nesse exemplo, é introduzido um texto simples de 3 bits, e a saída é um texto cifrado de 3 bits. A entrada de 3 bits seleciona uma das oito linhas de saída do primeiro estágio e a define como 1; todas as outras são iguais a 0. O segundo estágio é uma caixa P. O terceiro estágio codifica a linha selecionada novamente em binário. Com a conexão interna mostrada, se os oito números octais 01234567 fossem introduzidos um após o outro, a sequência de saída seria 24506713. Em outras palavras, 0 foi substituído por 2, 1 foi substituído por 4, etc. Mais uma vez, com a conexão apropriada da caixa P dentro da caixa S, qualquer substituição pode ser realizada. Além disso, tal dispositivo pode ser construído em hardware e consegue alcançar grande velocidade, pois os codificadores e os decodificadores têm apenas um ou dois atrasos nas interfaces de entrada e saída (abaixo de um nanossegundo) e o tempo de propagação pela caixa P pode ser menor que 1 picossegundo.

A capacidade real desses elementos básicos se torna aparente quando dispomos uma série inteira de caixas em cascata para formar uma **cifra-produto**, como mostra a Figura 8.13(c). Nesse exemplo, 12 linhas de entrada são transpostas (i.e., permutadas) pelo primeiro estágio (P_1). No segundo estágio, a entrada é dividida em quatro grupos de 3 bits, sendo que cada um deles é substituído de forma independente dos outros (S_1 a S_4). Esse arranjo mostra um método de aproximar uma caixa S maior a partir de várias caixas S menores. Ele é útil porque caixas S menores são práticas para a implementação pelo hardware (p. ex., uma caixa S de 8 bits pode ser observada como uma tabela de

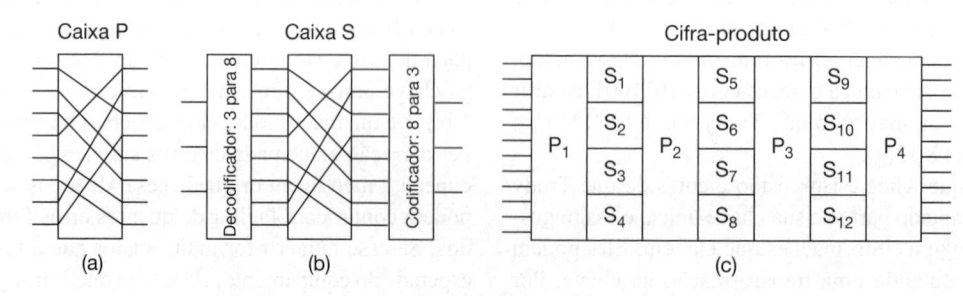

Figura 8.13 Elementos básicos das cifras-produto. (a) Caixa P. (b) Caixa S. (c) Produto.

pesquisa de 256 entradas), mas caixas S grandes se tornam difíceis de criar (p. ex., uma caixa S de 12 bits, no mínimo, precisaria de $2^{12} = 4.096$ fios cruzados em seu estágio intermediário). Apesar de ser menos genérico, esse método ainda é poderoso. Por meio da inclusão de um número de estágios suficientemente grande na cifra-produto, a saída pode ser transformada em uma função excessivamente complicada da entrada.

As cifras-produto que operam sobre entradas de k bits para produzir saídas de k bits são muito comuns. Um valor comum para k é 256. Uma implementação de hardware normalmente tem pelo menos 20 estágios físicos, em vez de apenas sete, como na Figura 8.13(c). Uma implementação de software é programada como um loop com pelo menos 8 iterações, cada uma executando substituições semelhantes às de caixas S em sub-blocos do bloco de dados de 64 a 256 bits, seguidas por uma permutação que mistura as saídas das caixas S. Com frequência, existe uma permutação especial no início e também uma no fim. Na literatura, as repetições são chamadas de **rodadas**.

8.5.1 Data Encryption Standard (DES)

Em janeiro de 1977, o governo dos Estados Unidos adotou uma cifra-produto desenvolvida pela IBM como seu padrão oficial para informações não confidenciais. A cifra, o padrão de criptografia de dados, ou **DES (Data Encryption Standard)**, foi amplamente adotada pelo setor para uso em produtos de segurança. Em sua forma original, ela já não é mais segura, no entanto, em uma forma modificada ela ainda é usada aqui e ali. A versão original foi controversa porque a IBM especificou uma chave de 128 bits, mas, depois de algumas discussões com a NSA, "voluntariamente" decidiu reduzir o tamanho da chave para 56 bits, que os criptógrafos na época disseram que era muito pequeno.

O DES opera basicamente conforme mostra a Figura 8.13(c), porém em unidades maiores. O texto simples (em binário) é criptografado em blocos de 64 bits, e cada um é criptografado separadamente, realizando permutações e substituições parametrizadas pela chave de 56 bits em cada uma das 16 rodadas consecutivas. Com efeito, essa etapa é uma cifra de substituição monoalfabética gigantesca sobre um alfabeto com caracteres de 64 bits (sobre a qual veremos em breve).

Em 1979, a IBM observou que 56 bits era muito pouco e elaborou um esquema compatível para aumentar o tamanho da chave, com duas chaves de 56 bits usadas ao mesmo tempo, gerando uma chave composta de 112 bits (Tuchman, 1979). O novo esquema, chamado DES triplo (**Triple DES**), ainda está em uso e é utilizado conforme mostra a Figura 8.14.

Há duas perguntas óbvias: por que são utilizadas apenas duas chaves em vez de três? Por que foi usado o esquema de criptografar-descriptografar-criptografar? A resposta para ambas é que, se um computador que usa o DES

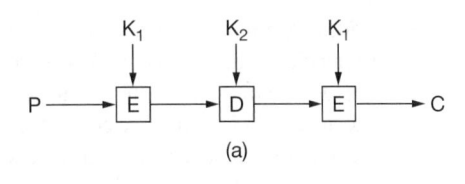

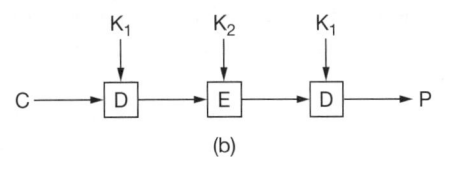

Figura 8.14 (a) Criptografia tripla usando o DES. (b) Descriptografia.

triplo precisa falar com um que usa apenas o DES simples, ele pode definir as duas chaves com o mesmo valor e depois aplicar o DES triplo para gerar o mesmo resultado obtido com o DES simples. Esse projeto facilitou a implantação do DES triplo. Agora, ele é basicamente obsoleto, mas ainda é usado em algumas aplicações resistentes a mudanças.

8.5.2 Advanced Encryption Standard (AES)

À medida que a vida útil do DES começou a se aproximar do fim, mesmo com o DES triplo, o **NIST (National Institute of Standards and Technology)**, o órgão do Departamento de Comércio dos Estados Unidos encarregado de aprovar padrões, decidiu que o governo precisava de um novo padrão criptográfico para uso não confidencial. O NIST estava ciente de toda a controvérsia que cercava o DES e sabia muito bem que, se anunciasse um novo padrão, todas as pessoas com algum conhecimento sobre criptografia logo concluiriam que a NSA havia criado uma porta dos fundos no DES, e assim poderia ler tudo que fosse criptografado com ele. Em tais condições, talvez ninguém utilizasse o padrão e seria mais provável que ele desaparecesse.

Dessa forma, o NIST adotou uma estratégia diferente e surpreendente para um órgão do governo: patrocinou uma competição de criptografia. Em janeiro de 1997, pesquisadores do mundo inteiro foram convidados a submeter propostas para um novo padrão, a ser chamado **AES (Advanced Encryption Standard)**. As regras dessa competição eram:

1. O algoritmo teria de ser uma cifra de bloco simétrica.
2. Todo o projeto teria de ser público.
3. Deveriam ser admitidos tamanhos de chaves iguais a 128, 192 e 256 bits.
4. Teriam de ser possíveis implementações de software e de hardware.
5. O algoritmo teria de ser público ou licenciado em termos não discriminatórios.

Foram enviadas 15 propostas sérias, que foram apresentadas em conferências públicas nas quais os participantes foram encorajados ativamente a encontrar falhas em todas elas. Em agosto de 1998, o NIST selecionou cinco finalistas, com base principalmente em seus requisitos de segurança, eficiência, simplicidade, flexibilidade e memória (importante para sistemas embarcados). Foram realizadas outras conferências e mais tentativas de encontrar falhas nos algoritmos.

Em outubro de 2000, o NIST anunciou que tinha selecionado o Rijndael, criado por Joan Daemen e Vincent Rijmen. O nome é derivado do sobrenome aproximado dos autores: Rijmen + Daemen. Em novembro de 2001, o Rijndael se tornou o padrão AES do governo dos Estados Unidos, publicado como FIPS (Federal Information Processing Standard) 197. Devido à extraordinária abertura da competição, das propriedades técnicas do algoritmo e do fato de a equipe premiada consistir em dois jovens criptógrafos belgas (com pouca probabilidade de ter criado uma porta dos fundos só para agradar a NSA), o Rijndael se tornou o padrão criptográfico dominante no mundo. A criptografia e a descriptografia AES fazem parte do conjunto de instruções de algumas CPUs.

O Rijndael admite tamanhos de chaves e tamanhos de blocos desde 128 bits até 256 bits em intervalos de 32 bits. O tamanho da chave e do bloco podem ser escolhidos independentemente. Todavia, o AES especifica que o tamanho do bloco deve ser 128 bits e o comprimento da chave deve ser 128, 192 ou 256 bits. É pouco provável que alguém utilize chaves de 192 bits; assim, de fato, o AES tem duas variantes: um bloco de 128 bits com uma chave de 128 bits e um bloco de 128 bits com uma chave de 256 bits.

Em nosso estudo do algoritmo, examinaremos apenas o caso de 128/128, porque esta é a norma comercial. Uma chave de 128 bits oferece um espaço de chaves de $2^{128} \approx 3 \times 10^{38}$ chaves. Ainda que a NSA consiga construir uma máquina com 1 bilhão de processadores paralelos, cada um capaz de avaliar uma chave por picossegundo, tal máquina levaria cerca de 10^{10} anos para pesquisar o espaço de chaves. Até lá o Sol já terá explodido e as pessoas que sobreviverem terão de ler os resultados à luz de velas.

Rijndael

Sob uma perspectiva matemática, o Rijndael se baseia na teoria de campo de Galois, o que proporciona ao algoritmo algumas propriedades de segurança demonstráveis. Contudo, ele também pode ser visto como código em C, sem a necessidade de entrarmos nos detalhes matemáticos.

Como o DES, o Rijndael utiliza substituição e permutações, e também emprega várias rodadas. O número de rodadas depende do tamanho da chave e do tamanho do bloco, sendo 10 para chaves de 128 bits com blocos de 128 bits, passando para 14 no caso da maior chave ou do maior bloco. No entanto, diferentemente do DES, todas as operações envolvem bytes inteiros, a fim de permitir implementações eficientes, tanto em hardware quanto em software. O DES é orientado a bit, e as implementações de software são lentas em decorrência disso.

O algoritmo foi projetado não apenas para ter muita segurança, mas também velocidade. Uma boa implementação de software em uma máquina de 2 GHz deverá ser capaz de chegar a uma taxa de criptografia de 700 Mbps, que é rápida o bastante para criptografar mais de 12 vídeos de 4K em tempo real. As implementações de hardware são ainda mais rápidas.

8.5.3 Modos de cifra

Apesar de toda essa complexidade, o AES (ou o DES, ou ainda qualquer cifra de bloco) é basicamente uma cifra de substituição monoalfabética que utiliza caracteres grandes (de 128 bits para AES, e de 64 bits para DES). Sempre que o mesmo bloco de texto simples chega ao front-end, o mesmo bloco de texto cifrado sai pelo back-end. Se você codificar o texto simples *abcdefgh* 100 vezes com a mesma chave DES ou AES, obterá o mesmo texto cifrado 100 vezes. Um intruso pode explorar essa propriedade para ajudar a subverter a cifra.

O modo ECB

Para ver como essa propriedade das cifras de substituição monoalfabética pode ser usada para anular parcialmente a cifra, usaremos o DES (triplo), por ser mais fácil representar blocos de 64 que de 128 bits, mas o AES tem exatamente o mesmo problema. A maneira direta de usar o DES para codificar um longo fragmento de texto simples é dividi-lo em blocos consecutivos de 8 bytes (64 bits) e codificá-los um após o outro com a mesma chave. O último fragmento de texto simples é completado até 64 bits, se necessário. Essa técnica é conhecida como **modo ECB** (**Electronic Code Book**), em analogia aos antigos livros de código em que cada palavra de texto simples era listada, seguida por seu texto cifrado (em geral, um número decimal de cinco dígitos).

Na Figura 8.15, temos o início de um arquivo de computador com a lista das gratificações anuais que uma empresa decidiu oferecer a seus funcionários. Esse arquivo consiste em registros de 32 bytes consecutivos, um por funcionário, no formato mostrado: 16 bytes para o nome, 8 bytes para o cargo e 8 bytes para a gratificação. Cada um dos 16 blocos de 8 bytes (numerados de 0 até 15) é codificado pelo DES (triplo).

Leslie acabou de brigar com o chefe e sabe que não deve esperar uma grande gratificação. Ao contrário, Kim é a favorita do chefe e todo mundo sabe disso. Leslie pode acessar o arquivo após a codificação, mas antes de ser enviado ao banco. Será que ela poderia corrigir essa situação injusta, tendo apenas o arquivo criptografado?

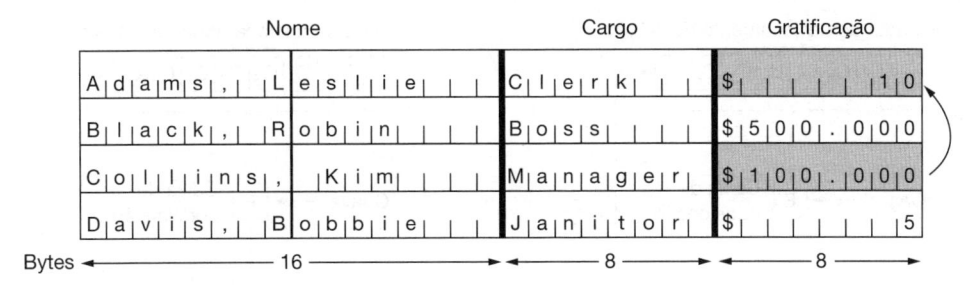

	Nome	Cargo	Gratificação
	A d a m s , L e s l i e	C l e r k	$ 1 0
	B l a c k , R o b i n	B o s s	$ 5 0 0 . 0 0 0
	C o l l i n s , K i m	M a n a g e r	$ 1 0 0 . 0 0 0
	D a v i s , B o b b i e	J a n i t o r	$ 5
Bytes	←——— 16 ———→	←— 8 —→	←— 8 —→

Figura 8.15 O texto simples de um arquivo codificado como 16 blocos DES.

Não há problema. Leslie só precisa fazer uma cópia do 12º bloco do texto cifrado (que contém a gratificação de Kim) e usá-lo para substituir o quarto bloco do texto cifrado (que contém a própria gratificação). Mesmo sem saber o que contém o 12º bloco, Leslie pode esperar ter um Natal muito mais feliz naquele ano. (Copiar o 8º bloco do texto cifrado também é uma possibilidade, mas o risco de ser descoberta é maior; além disso, Leslie não é uma pessoa tão gananciosa.)

Modo de encadeamento de blocos de cifras

Para contrariar esse tipo de ataque, todos os blocos de cifras podem ser encadeados de várias maneiras, a fim de que a substituição de um bloco como a que Leslie fez transforme o texto simples decodificado em lixo, a partir do bloco substituído. Uma forma é o **encadeamento de blocos de cifras**. Nesse método, mostrado na Figura 8.16, cada bloco de texto simples é submetido a uma operação XOR com o bloco de texto cifrado anterior antes de ser codificado. Como consequência, o mesmo bloco de texto simples não é mais mapeado para o mesmo bloco de texto cifrado, e a criptografia não é mais uma grande cifra de substituição monoalfabética. O primeiro bloco é submetido a uma operação XOR com um vetor de inicialização, ou **IV** (**Initialization Vector**), escolhido ao acaso, que é transmitido (em texto simples) juntamente com o texto cifrado.

Podemos ver como funciona o modo de encadeamento de blocos de cifras examinando o exemplo da Figura 8.16.

Começamos com o cálculo $C_0 = E(P_0$ XOR $IV)$. Em seguida, calculamos $C_1 = E(P_1$ XOR $C_0)$, e assim por diante. A decodificação também utiliza XOR para inverter o processo, com $P_0 = IV$ XOR $D(C_0)$, e assim por diante. Observe que a criptografia do bloco i é uma função de todo o texto simples contido nos blocos 0 a $i - 1$, e assim o mesmo texto simples gera um texto cifrado diferente, dependendo de onde ele ocorre. Uma transformação do tipo que Leslie fez resultará em texto sem sentido para dois blocos a partir do campo de gratificação de Leslie. Para um profissional de segurança astuto, essa peculiaridade pode sugerir onde iniciar a investigação legal.

O encadeamento de blocos de cifras também tem uma vantagem: o mesmo bloco de texto simples não resultará no mesmo bloco de texto cifrado. Assim, a criptoanálise será mais difícil. De fato, essa é a principal razão de seu uso.

Modo de feedback de cifra

No entanto, o encadeamento de blocos de cifras tem a desvantagem de exigir a chegada de um bloco de 64 bits inteiro para poder iniciar a decodificação. No caso da codificação byte a byte, é usado o **modo de feedback de cifra**, empregando o DES (triplo), como mostra a Figura 8.17. Para o AES, a ideia é exatamente a mesma, sendo usado um registrador de deslocamento de 128 bits. Na figura, o estado da máquina de criptografia é mostrado após os bytes 0 a 9 terem sido codificados e enviados. Ao chegar o byte 10 do texto simples, conforme ilustra a Figura

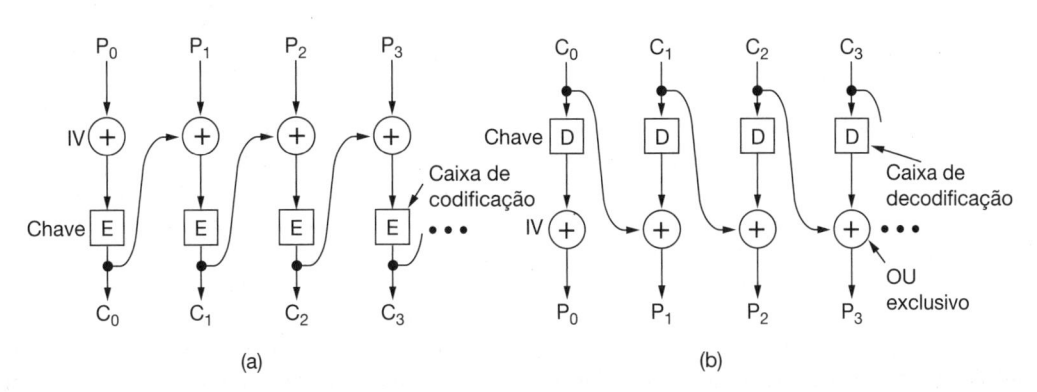

Figura 8.16 Encadeamento de blocos de cifras. (a) Codificação. (b) Decodificação.

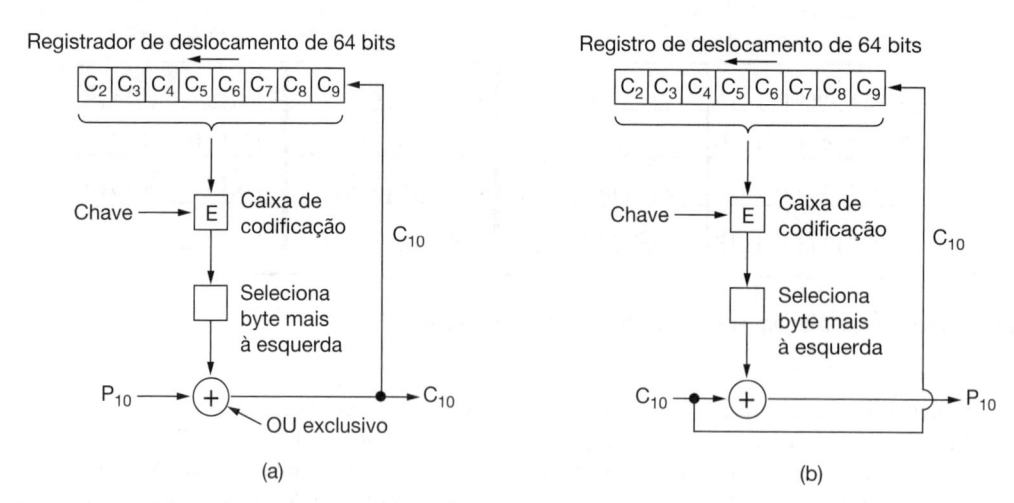

Figura 8.17 Modo de feedback de cifra. (a) Codificação. (b) Decodificação.

8.17(a), o algoritmo DES opera sobre o registrador de deslocamento de 64 bits para gerar um texto cifrado de 64 bits. O byte mais à esquerda desse texto cifrado é extraído e submetido a uma operação XOR com P_{10}. Esse byte é encaminhado à linha de transmissão. Além disso, o registrador de deslocamento (shift register) é deslocado 8 bits à esquerda, fazendo C_2 ficar fora da extremidade esquerda, e C_{10} é inserido na posição que acabou de ficar vaga na extremidade direita, logo depois de C_9.

Observe que o conteúdo do registrador de deslocamento depende de todo o histórico anterior do texto simples; assim, um padrão que se repetir várias vezes no texto simples será criptografado de maneira diferente do texto cifrado a cada vez. Como ocorre no encadeamento de blocos de cifras, é necessário um vetor de inicialização para iniciar o processo.

A decodificação com o modo de feedback de cifra funciona exatamente como a codificação. Em particular, o conteúdo do registrador de deslocamento é *codificado*, e não *decodificado*, e assim o byte selecionado que é submetido à operação XOR com C_{10} para obter P_{10} é o mesmo que sofreu a operação XOR com P_{10} para gerar C_{10} na primeira vez. Desde que os dois registradores de deslocamento permaneçam idênticos, a decodificação funciona corretamente. Ela é ilustrada na Figura 8.17(b).

Um problema apresentado pelo modo de feedback de cifra é que, se um bit do texto cifrado for invertido acidentalmente durante a transmissão, os 8 bytes decodificados enquanto o byte defeituoso estiver no registrador de deslocamento serão danificados. Depois que o byte defeituoso for empurrado para fora do registrador de deslocamento, o texto simples correto será gerado mais uma vez. Desse modo, os efeitos de um único bit invertido são em parte localizados e não danificam o restante da mensagem, mas danificam uma quantidade de bits igual à largura do registrador de deslocamento.

Modo de fluxo de cifras

Apesar disso, existem aplicações em que um erro de transmissão de 1 bit alterando 64 bits de texto simples provoca um impacto grande demais. Para essas aplicações, há uma quarta opção, **o modo de fluxo de cifras**. Ele funciona pela codificação de um vetor de inicialização (IV), usando uma chave para obter um bloco de saída. O bloco de saída é então codificado, usando-se a chave para obter um segundo bloco de saída. Em seguida, esse bloco é codificado para obter um terceiro bloco, e assim por diante. A sequência (arbitrariamente grande) de blocos de saída, chamada de **fluxo de chaves**, é tratada como uma chave única e submetida a uma operação XOR com o texto simples para obter o texto cifrado, como mostra a Figura 8.18(a). Observe que o vetor de inicialização só é usado na primeira etapa. Depois disso, a saída é codificada. Observe também que o fluxo de chaves é independente dos dados, portanto pode ser calculado com antecedência, se necessário, e é completamente insensível a erros de transmissão. A decodificação aparece na Figura 8.18(b).

A decodificação ocorre quando se gera o mesmo fluxo de chaves no lado receptor. Como o fluxo de chaves só depende do vetor de inicialização e da chave, ele não é afetado por erros de transmissão no texto cifrado. Desse modo, um erro de 1 bit no texto cifrado transmitido gera apenas um erro de 1 bit no texto simples decodificado.

É essencial nunca utilizar o mesmo par (chave, vetor de inicialização) duas vezes em fluxo de cifras, porque isso vai gerar o mesmo fluxo de chaves o tempo todo. O uso duplicado de um mesmo fluxo de chaves expõe o texto cifrado a um **ataque de reutilização de fluxo de chaves**. Imagine que o bloco de texto simples P_0 seja codificado com o fluxo de chaves para obter P_0 XOR K_0. Mais tarde, um segundo bloco de texto simples Q_0 é codificado com o mesmo fluxo de chaves para obter Q_0 XOR K_0. Um intruso que capturar ambos os blocos do texto cifrado poderá simplesmente efetuar uma operação XOR dos dois juntos para obter P_0 XOR

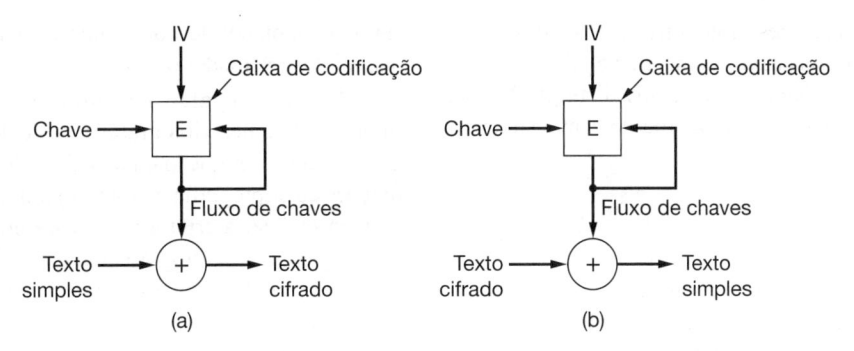

Figura 8.18 Um fluxo de cifras. (a) Codificação. (b) Decodificação.

Q_0, o que eliminará a chave. Agora, o intruso tem o XOR dos dois blocos de texto simples. Se um deles for conhecido ou puder ser encontrado, o outro também poderá ser encontrado. Em todo caso, o XOR de dois fluxos de texto simples poderá ser atacado com a utilização de propriedades estatísticas da mensagem. Por exemplo, no caso de texto em inglês, o caractere mais comum no fluxo provavelmente será o XOR de dois espaços, seguido pelo XOR de espaço e da letra "e", etc. Em resumo, equipado com o XOR de dois textos simples, o criptoanalista tem uma excelente chance de deduzi-los.

8.6 ALGORITMOS DE CHAVE PÚBLICA

Historicamente, o problema da distribuição de chaves sempre foi o elo mais fraco da maioria dos sistemas de criptografia. Independentemente de quanto um sistema de criptografia fosse sólido, se um intruso conseguisse roubar a chave, o sistema acabava sendo inútil. Os criptólogos sempre presumem que a chave de criptografia e a chave de descriptografia são iguais (ou facilmente derivadas uma da outra). Mas a chave tinha que ser distribuída a todos os usuários do sistema. Assim, tinha-se a impressão de que havia um problema inerente ao sistema. As chaves tinham de ser protegidas contra roubo, mas também tinham de ser distribuídas, portanto, não podiam ser simplesmente trancadas na caixa-forte de um banco.

Em 1976, dois pesquisadores da Stanford University, Diffie e Hellman (1976), propuseram um sistema de criptografia radicalmente novo, no qual as chaves de criptografia e de descriptografia eram diferentes, e a chave de descriptografia não podia ser derivada da chave de criptografia. Em sua proposta, o algoritmo de criptografia (chaveado) E e o algoritmo de descriptografia (chaveado) D tinham de atender a três requisitos, que podem ser declarados da seguinte forma:

1. $D(E(P)) = P$.
2. É extremamente difícil deduzir D a partir de E.
3. E não pode ser decifrado por um ataque de texto simples escolhido.

O primeiro requisito diz que, se aplicarmos D a uma mensagem criptografada, $E(P)$, obteremos outra vez a mensagem de texto simples original P. Sem essa propriedade, o destinatário legítimo não poderia decodificar o texto cifrado. O segundo é autoexplicativo. O terceiro é necessário porque, como veremos em um minuto, os intrusos podem experimentar o algoritmo até se cansarem. Sob essas condições, não há razão para a chave criptográfica não se tornar pública.

O método funciona da seguinte forma: uma pessoa, digamos Alice, desejando receber mensagens secretas, primeiro cria dois algoritmos que atendem aos requisitos anteriores. O algoritmo de criptografia e a chave de Alice se tornam públicos, daí o nome **criptografia de chave pública**. Por exemplo, Alice poderia colocar sua chave pública em sua home page da Web. Usaremos a notação E_A para indicar o algoritmo de criptografia parametrizado pela chave pública de Alice. De modo semelhante, o algoritmo de descriptografia (secreto) parametrizado pela chave privada de Alice é D_A. Bob faz o mesmo, publicando E_B, mas mantendo secreta a chave D_B.

Agora, vamos ver se podemos resolver o problema de estabelecer um canal seguro entre Alice e Bob, que nunca haviam tido um contato anterior. Tanto a chave de criptografia de Alice, E_A, quanto a chave de criptografia de Bob, E_B, estão em arquivos de leitura pública. Agora, Alice pega sua primeira mensagem P, calcula $E_B(P)$ e a envia para Bob. Em seguida, Bob a descriptografa aplicando sua chave secreta D_B [ou seja, ele calcula $D_B(E_B(P)) = P$]. Ninguém mais pode ler a mensagem criptografada $E_B(P)$, porque o sistema de criptografia é considerado sólido e porque é muito difícil derivar D_B da chave E_B publicamente conhecida. Para enviar uma resposta R, Bob transmite $E_A(R)$. Agora, Alice e Bob podem se comunicar com segurança.

Talvez seja interessante fazer uma observação sobre a terminologia. A criptografia de chave pública exige que cada usuário tenha duas chaves: uma chave pública, usada pelo mundo inteiro para criptografar as mensagens a ser enviadas para esse usuário, e uma chave privada, que o usuário utiliza para descriptografar mensagens. Faremos referência a essas chaves como chave *pública* e chave *privada*, respectivamente, e vamos distingui-las das chaves *secretas* usadas na criptografia de chave simétrica convencional.

8.6.1 RSA

O único problema é que temos de encontrar algoritmos que realmente satisfaçam todos os três requisitos. Devido às vantagens potenciais da criptografia de chave pública, muitos pesquisadores estão se dedicando integralmente a seu estudo, e alguns algoritmos já foram publicados. Um método muito interessante foi descoberto por um grupo de pesquisadores do MIT (Rivest et al., 1978) e é conhecido pelas iniciais dos três descobridores (Rivest, Shamir, Adleman): **RSA**. Ele sobreviveu a todas as tentativas de quebra por mais de 40 anos e é considerado um algoritmo muito forte. Grande parte da segurança prática se baseia nele. Por isso, Rivest, Shamir e Adleman receberam o ACM Turing Award de 2002. Sua principal desvantagem é exigir chaves de pelo menos 2.048 bits para manter um bom nível de segurança (em comparação com 256 bits para os algoritmos de chave simétrica), e isso o torna bastante lento.

O método RSA se baseia em alguns princípios da teoria dos números. Agora vamos mostrar de forma resumida como usá-lo; para obter mais detalhes, consulte o documento original.

1. Escolha dois números primos grandes, p e q (geralmente, de 1.024 bits).
2. Calcule $n = p \times q$ e $z = (p-1) \times (q-1)$.
3. Escolha um número d tal que z e d sejam primos entre si.
4. Encontre e de forma que $e \times d = 1 \bmod z$.

Com esses parâmetros calculados com antecedência, estamos prontos para iniciar a criptografia. Divida o texto simples (considerado uma sequência de bits) em blocos, de modo que cada mensagem de texto simples P fique no intervalo $0 \leq P < n$. Isso pode ser feito agrupando-se o texto simples em blocos de k bits, onde k é o maior inteiro para o qual $2^k < n$ é verdadeiro.

Para criptografar a mensagem P, calcule $C = P^e \pmod{n}$. Para descriptografar C, calcule $P = C^d \pmod{n}$. É possível provar que, para todo P na faixa especificada, as funções de criptografia e descriptografia são inversas entre si. Para realizar a criptografia, você precisa de e e n, enquanto para a descriptografia são necessários d e n. Portanto, a chave pública consiste no par (e, n) e a chave privada consiste em (d, n).

A segurança do método se baseia na dificuldade de fatorar números muito grandes. Se pudesse fatorar o valor n (publicamente conhecido), o criptoanalista poderia então encontrar p e q e, a partir deles, encontrar z. Com o conhecimento de z e e, é possível encontrar d utilizando-se o algoritmo de Euclides. Felizmente, os matemáticos têm tentado fatorar números muito grandes por pelo menos 300 anos, e o conhecimento acumulado sugere que o problema é extremamente difícil.

Na época, Rivest e seus colegas concluíram que a fatoração de um número de 500 dígitos requer 10^{25} anos, usando-se a força bruta. Nesse caso, eles pressupõem o melhor algoritmo conhecido e um computador com um tempo por instrução de 1 μs. Com um milhão de chips trabalhando em paralelo, cada um com um tempo de 1 ns por instrução, ele ainda levaria 10^{16} anos. Mesmo que os computadores continuem a se tornar cada vez mais rápidos na proporção de uma ordem de grandeza por década, ainda se passarão muitos anos até que a fatoração de um número de 500 dígitos se torne viável e, nesse tempo, nossos descendentes poderão simplesmente escolher p e q ainda maiores. No entanto, provavelmente não é surpresa que os ataques têm tido progresso e agora são significativamente mais rápidos.

Um exemplo didático muito comum do algoritmo RSA é mostrado na Figura 8.19. Para esse exemplo, escolhemos $p = 3$ e $q = 11$, o que gera $n = 33$ e $z = 20$ (onde $(3-1) \times (11-1) = 20$). Um valor adequado para d é $d = 7$, visto que 7 e 20 não têm fatores comuns. Com essas opções, e pode ser encontrado resolvendo-se a equação $7e = 1 \pmod{20}$, que produz $e = 3$. O texto cifrado C para

Texto simples (P)		Texto cifrado (C)			Após a decodificação	
Simbólico	Numérico	P^3	P^3 (mod 33)	C^7	C^7 (mod 33)	Simbólico
S	19	6859	28	13492928512	19	S
U	21	9261	21	1801088541	21	U
Z	26	17576	20	1280000000	26	Z
A	01	1	1	1	01	A
N	14	2744	5	78125	14	N
N	14	2744	5	78125	14	N
E	05	125	26	8031810176	05	E

Cálculo do transmissor — Cálculo do receptor

Figura 8.19 Um exemplo do algoritmo RSA.

uma mensagem de texto simples P é dado por $C = P^3$ (mod 33). O texto cifrado é decodificado pelo receptor usando a regra $P = C^7$ (mod 33). A figura mostra a codificação do texto simples "SUZANNE" como exemplo.

Como os números primos escolhidos para esse exemplo são muito pequenos, P tem de ser menor que 33 – portanto, cada bloco do texto simples só pode conter um caractere isolado. O resultado é uma cifra de substituição monoalfabética, que não impressiona muito. Se em vez disso tivéssemos escolhido p e $q \approx 2^{512}$, teríamos $n \approx 2^{1024}$ e assim cada bloco poderia ter até 1.024 bits ou 128 caracteres de 8 bits, em comparação com 8 caracteres para o DES e 16 caracteres para o AES.

Devemos destacar que o uso do RSA da forma como descrevemos é semelhante ao uso de um algoritmo simétrico no modo ECB – o mesmo bloco de entrada gera o mesmo bloco de saída. Portanto, é necessário algum tipo de encadeamento para a criptografia de dados. No entanto, na prática, a maior parte dos sistemas baseados no RSA utiliza a criptografia de chave pública, em especial para distribuir chaves únicas de sessão, que, por sua vez, são empregadas com algum algoritmo de chave simétrica, como AES. O RSA é lento demais para codificar grandes volumes de dados, mas é bastante utilizado para a distribuição de chaves.

8.6.2 Outros algoritmos de chave pública

Apesar de ser utilizado em larga escala, o RSA não é de forma alguma o único algoritmo de chave pública conhecido. O primeiro foi o algoritmo da mochila (Merkle e Hellman, 1978). A ideia aqui é que alguém possui um grande número de objetos, cada um com um peso diferente. O dono dos objetos codifica a mensagem selecionando secretamente um subconjunto dos objetos e colocando-os na mochila. O peso total dos objetos na mochila torna-se público, e o mesmo acontece com a lista de todos os objetos possíveis. A lista de objetos da mochila é mantida em segredo. Com outras restrições, o problema de descobrir uma lista de objetos possíveis com o peso fornecido foi considerado computacionalmente inviável e formou a base do algoritmo de chave pública.

O inventor do algoritmo, Ralph Merkle, estava bastante seguro de que ele não poderia ser decifrado, assim, ofereceu um prêmio de 100 dólares a quem conseguisse fazê-lo. Adi Shamir (o "S" do RSA) se prontificou a decifrar o algoritmo e ganhou o prêmio. Indignado, Merkle reforçou o algoritmo e ofereceu um prêmio de 1.000 dólares a quem pudesse decifrá-lo. Ronald Rivest (o "R" do RSA) também conseguiu decifrá-lo e ganhou o prêmio. Merkle não ousou oferecer 10.000 dólares pela nova versão revisada, e "A" (Leonard Adleman) não teve a mesma sorte dos outros. Apesar de ter sido refeito, o algoritmo da mochila não é mais considerado seguro e não é usado na prática.

Outros esquemas de chave pública se baseiam na dificuldade de calcular logaritmos discretos ou em curvas elípticas (Menezes e Vanstone, 1993). Os algoritmos que utilizam logaritmos discretos foram inventados por El Gamal (1985) e Schnorr (1991). As curvas elípticas, enquanto isso, são baseadas em um ramo da matemática que não é muito conhecido, exceto entre os *iluminados* em curva elíptica.

Existem alguns outros esquemas, mas os principais são aqueles que se baseiam na dificuldade de fatorar números extensos, calcular logaritmos discretos cuja base é um número primo extenso e em curvas elípticas. Esses problemas são considerados de fato difíceis de resolver – os matemáticos estão estudando os algoritmos há anos sem grandes resultados. Em particular, as curvas elípticas têm muito interesse porque os problemas de algoritmos discretos das curvas elípticas são ainda mais difíceis do que os de fatoração. O matemático holandês Arjen Lenstra propôs uma maneira de comparar algoritmos criptográficos calculando quanta energia você precisa para quebrá-los. De acordo com esse cálculo, quebrar uma chave RSA de 228 bits consome a energia equivalente à necessária para ferver menos do que uma colher de chá de água. Quebrar uma curva elíptica desse comprimento exigiria tanta energia quanto você precisaria para ferver toda a água do planeta. Parafraseando Lenstra: com toda a água evaporada, inclusive nos corpos dos supostos decifradores de código, o problema perderia a força.

8.7 ASSINATURAS DIGITAIS

A autenticidade de muitos documentos legais, financeiros e outros tipos é determinada pela presença de uma assinatura manual autorizada. Isso não vale para as fotocópias. Para que os sistemas de mensagens computadorizadas possam substituir o transporte físico de documentos em papel e tinta, deve-se encontrar um método que permita assinar os documentos de um modo que não possa ser forjado.

O problema de criar um substituto para as assinaturas escritas à mão é muito difícil. Basicamente, necessita-se de um sistema pelo qual uma parte possa enviar uma mensagem assinada para outra parte de forma que:

1. O receptor possa verificar a identidade alegada pelo transmissor.
2. Mais tarde, o transmissor não possa repudiar o conteúdo da mensagem.
3. O receptor não tenha a possibilidade de inventar ele mesmo a mensagem.

Por exemplo, o primeiro requisito diz respeito a sistemas financeiros. Quando o computador de um cliente pede ao de um banco que compre uma tonelada de ouro, o computador do banco precisa se certificar de que o computador que emitiu o pedido pertence de fato à empresa de cuja conta um valor deve ser debitado. Em outras palavras, os bancos precisam autenticar o cliente (e o cliente precisa autenticar o banco).

O segundo requisito é necessário para proteger o banco contra fraudes. Suponha que o banco compre uma tonelada de ouro e que logo depois disso o preço do ouro caia bruscamente. Um cliente desonesto poderia processar o banco, afirmando nunca ter feito nenhum pedido para a compra de ouro. Quando o banco mostra a mensagem no tribunal, o cliente nega tê-la enviado. A propriedade segundo a qual nenhuma parte de um contrato pode negar mais tarde tê-lo assinado é chamada de **não repúdio**. Os esquemas de assinatura digital que estudaremos agora ajudam a garanti-lo.

O terceiro requisito é necessário para proteger o cliente caso o preço do ouro dispare e o banco tente montar uma mensagem assinada na qual o cliente pedia uma barra de ouro em vez de uma tonelada. Nesse cenário de fraude, o banco simplesmente guarda para si próprio o restante do ouro.

8.7.1 Assinaturas de chave simétrica

Uma estratégia para as assinaturas digitais é ter uma autoridade central que saiba de tudo e na qual todos confiem, digamos, Big Brother (BB). Em seguida, cada usuário escolhe uma chave secreta e a leva para o escritório do BB. Assim, somente Alice e BB conhecem a chave secreta de Alice, K_A,

e assim por diante. Caso você esteja perdido com todas as notações, símbolos e subscritos, dê uma olhada na Figura 8.20, que resume as notações mais importantes para esta e as próximas seções.

Quando deseja enviar uma mensagem em texto simples assinada, P, ao gerente de sua conta, que é Bob, Alice gera $K_A(B, R_A, t, P)$, onde B é a identidade de Bob, R_A é um número aleatório escolhido por Alice, t é um registro de tempo para garantir a atualidade e $K_A(B, R_A, t, P)$ é a mensagem criptografada com sua chave, K_A. Em seguida, ela envia a mensagem da maneira descrita na Figura 8.21. BB vê que essa mensagem veio de Alice, descriptografa a mensagem e a envia a Bob, como mostramos. A mensagem para Bob contém o texto simples da mensagem de Alice e também a mensagem assinada $K_{BB}(A, t, P)$. Agora Bob executa a solicitação de Alice.

O que acontecerá se mais tarde Alice negar ter enviado a mensagem? Na etapa 1, todo mundo processa todo mundo (pelo menos nos Estados Unidos). Por fim, quando o caso parar nos tribunais e Alice continuar negando ter enviado a mensagem a Bob, o juiz perguntará a Bob como ele pode ter certeza de que a mensagem veio de Alice e não de Trudy. Primeiro, Bob destaca que BB só aceitará uma mensagem de Alice se ela tiver sido criptografada com K_A. Portanto, não há possibilidade de Trudy ter enviado a BB uma mensagem falsa no lugar de Alice sem que BB detectasse esse fato de imediato.

Termo	Descrição
A	Alice (remetente)
B	Bob, o gerente do banco (destinatário)
P	Mensagem em texto simples que Alice deseja enviar
BB	Big Brother (uma autoridade central e confiável)
t	Registro de tempo (para garantir a atualidade)
R_A	Número aleatório escolhido por Alice
Chave simétrica	
K_A	Chave secreta de Alice (semelhante para K_B, K_{BB}, etc.)
$K_A(M)$	Mensagem M codificada/decodificada com a chave secreta de Alice
Chaves assimétricas	
D_A	Chave privada de Alice (semelhante para D_B, etc.)
E_A	Chave pública de Alice (semelhante para E_B, etc.)
$D_A(M)$	Mensagem M codificada/decodificada com a chave privada de Alice
$E_A(M)$	Mensagem M codificada/decodificada com a chave pública de Alice
Sumário	
MD(P)	Sumário da mensagem de texto simples (P)

Figura 8.20 Alice deseja enviar uma mensagem ao seu banco: uma legenda de chaves e símbolos.

```
        ┌─────┐    1   ┌──────────────┐    ┌────┐              ┌─────┐
        │Alice│────────│A, K_A(B,R_A,t,P)│──▶│ BB │   2          │ Bob │
        └─────┘        └──────────────┘    │    │──[K_B(A,R_A,t,P,K_BB(A,t,P))]──▶└─────┘
                                           └────┘
```

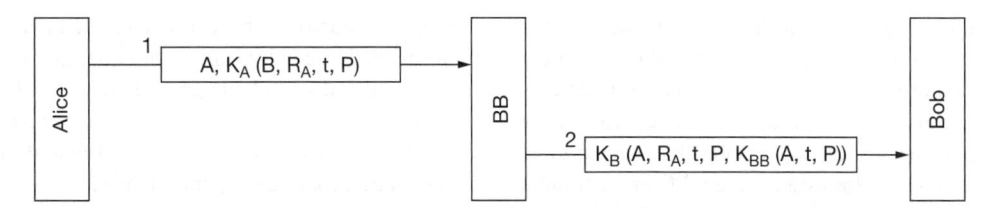

Figura 8.21 Assinaturas digitais com Big Brother.

Em seguida, drasticamente, Bob apresenta a Prova A: $K_{BB}(A, t, P)$. Bob afirma tratar-se de uma mensagem assinada por BB que prova o fato de Alice ter enviado P a Bob. Em seguida, o juiz solicita que BB (em quem todos confiam) descriptografe a Prova A. Quando BB testemunha que Bob está dizendo a verdade, o juiz decide a favor de Bob. Caso encerrado.

Um problema em potencial com o protocolo de assinatura da Figura 8.21 é Trudy repetir uma das mensagens. Para minimizar esse risco, são utilizados registros de tempo em todas as mensagens. Além disso, Bob pode verificar todas as mensagens mais recentes para ver se R_A foi usada em alguma delas. Caso isso tenha acontecido, a mensagem será descartada por ser uma repetição. Observe que Bob rejeitará as mensagens muito antigas ao verificar seus registros de tempo. Para se proteger contra ataques de repetição repentinos, Bob verifica R_A em cada uma das mensagens recebidas para ver se a mensagem foi enviada por Alice durante a última hora. Caso contrário, Bob pode pressupor com toda segurança que essa solicitação é nova.

8.7.2 Assinaturas de chave pública

Um problema estrutural com o uso da criptografia de chave simétrica para assinaturas digitais é que todos têm de confiar no Big Brother. Além disso, Big Brother tem de ler todas as mensagens assinadas. Os candidatos mais lógicos à execução do servidor Big Brother são o governo, os bancos, os contadores e os advogados. Infelizmente, nenhuma dessas organizações inspira total confiança a todos os cidadãos. Por isso, seria interessante se o ato de assinatura de documentos não exigisse a presença de uma autoridade confiável.

Felizmente, a criptografia de chave pública pode trazer uma importante contribuição nessa área. Vamos supor que os algoritmos de criptografia e descriptografia de chave pública tenham a propriedade de que $E(D(P)) = P$ além, é claro, da propriedade habitual de que $D(E(P)) = P$. (O RSA tem essa propriedade, portanto, a suposição não é irracional.) Supondo-se que seja esse o caso, Alice pode enviar uma mensagem de texto simples assinada, P, para Bob transmitindo $E_B(D_A(P))$. Observe atentamente que Alice conhece sua própria chave de descriptografia (privada), D_A, assim como a chave pública de Bob, E_B, portanto, a criação dessa mensagem é algo que Alice pode fazer.

Quando recebe a mensagem, Bob a transforma usando sua chave privada e produz $D_A(P)$, como mostra a Figura 8.22. Ele guarda esse texto em um lugar seguro e depois aplica E_A para obter o texto simples original.

Para ver como a propriedade de assinatura funciona, suponha que depois Alice negue ter enviado a mensagem P para Bob. Quando o caso chegar aos tribunais, Bob poderá produzir tanto P quanto $D_A(P)$. O juiz pode confirmar com facilidade que Bob certamente tem uma mensagem válida criptografada por D_A, simplesmente aplicando E_A à mensagem. Como Bob não sabe qual é a chave privada de Alice, a única forma de Bob ter adquirido uma mensagem criptografada por essa chave seria se Alice de fato a tivesse enviado. Enquanto estiver presa por perjúrio e fraude, Alice terá bastante tempo para inventar novos algoritmos de chave pública muito interessantes.

Apesar de a utilização da criptografia de chave pública para assinaturas digitais ser um esquema elegante, há problemas relacionados ao ambiente onde elas operam e não ao algoritmo básico. De um lado, Bob só poderá provar que uma mensagem foi enviada por Alice enquanto D_A permanecer secreta. Se Alice revelar sua chave secreta, o argumento deixará de existir, pois qualquer um poderia ter enviado a mensagem, inclusive o próprio Bob.

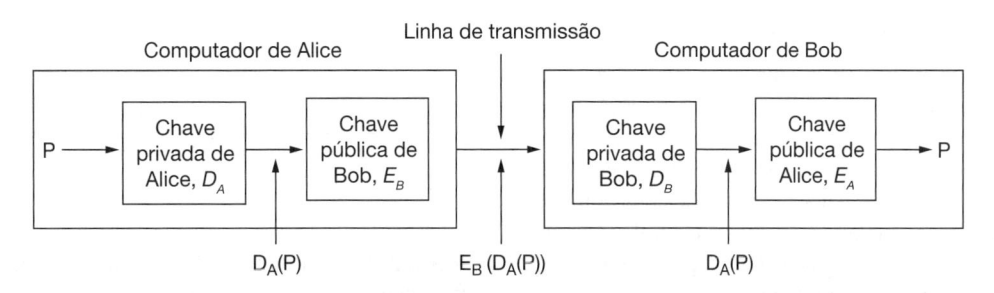

```
                      Linha de transmissão
   Computador de Alice          │          Computador de Bob
  ┌──────────┬──────────┐       │       ┌──────────┬──────────┐
  │  Chave   │  Chave   │       │       │  Chave   │  Chave   │
P→│privada de│pública de│───────┼──────▶│privada de│pública de│→P
  │Alice, D_A│ Bob, E_B │       │       │ Bob, D_B │Alice, E_A│
  └──────────┴──────────┘       │       └──────────┴──────────┘
         D_A(P)        E_B(D_A(P))            D_A(P)
```

Figura 8.22 Assinaturas digitais com o uso da criptografia de chave pública.

Por exemplo, pode ocorrer um problema se Bob for o corretor de ações de Alice. Suponha que Alice solicite a Bob que ele compre ações ou títulos de determinada empresa. Logo depois disso, o preço cai bruscamente. Para repudiar a mensagem que enviou a Bob, Alice vai à polícia afirmando que sua casa foi assaltada, e o PC que continha sua chave foi roubado. Dependendo das leis do estado ou do país onde mora, ela poderá ou não ser legalmente processada, em especial se afirmar que só descobriu o roubo quando chegou em casa após o trabalho, muitas horas depois do ocorrido.

Outro problema com o esquema de assinatura é o que acontecerá se Alice decidir alterar sua chave. Isso é legal, e provavelmente é uma boa ideia fazê-lo de vez em quando. Se mais tarde surgir um caso jurídico, como descrevemos antes, o juiz aplicará a E_A atual a $D_A(P)$ e descobrirá que ela não produz P. Nesse momento, a situação de Bob ficará complicada.

Em princípio, qualquer algoritmo de chave pública pode ser usado para assinaturas digitais. O padrão de fato do setor é o algoritmo RSA. Muitos produtos de segurança o utilizam. No entanto, em 1991, o NIST propôs a utilização de uma variante do algoritmo de chave pública de El Gamal em seu novo padrão, o **DSS (Digital Signature Standard)**. O El Gamal obtém sua segurança a partir da dificuldade de calcular logaritmos discretos, e não da dificuldade de fatorar números muito extensos.

Como sempre acontece quando o governo tenta ditar padrões criptográficos, houve um tumulto. O DSS foi criticado por ser:

1. Secreto demais (a NSA projetou o protocolo para utilizar o El Gamal).
2. Lento demais (10 a 40 vezes mais lento do que o RSA para verificar assinaturas).
3. Novo demais (o El Gamal ainda não foi analisado por completo).
4. Inseguro demais (chave fixa de 512 bits).

Em uma versão posterior, o quarto ponto rendeu muita discussão quando foram permitidas chaves com até 1.024 bits. Apesar disso, os dois primeiros pontos permanecem válidos.

8.7.3 Sumário de mensagens

Uma crítica aos métodos de assinatura é que eles frequentemente reúnem duas funções distintas: autenticação e sigilo. Em geral, a autenticação é necessária, mas o sigilo nem sempre é necessário. Além disso, obter uma licença para exportação normalmente é mais fácil se o sistema em questão oferecer apenas autenticação, mas não sigilo. A seguir, descreveremos um esquema de autenticação que não exige a criptografia da mensagem inteira.

Esse esquema se baseia na ideia de uma função hash unidirecional que extrai um trecho qualquer do texto simples e, a partir dele, calcula uma sequência de bits de tamanho fixo. Essa função hash, representada por *MD* (Message Digest), geralmente é chamada de **sumário da mensagem** e tem quatro propriedades importantes:

1. Se P for fornecido, o cálculo de $MD(P)$ será fácil.
2. Se $MD(P)$ for fornecido, será efetivamente impossível encontrar P.
3. Dado P, ninguém pode encontrar P' tal que $MD(P') = MD(P)$.
4. Uma mudança na entrada de até mesmo 1 bit produz uma saída muito diferente.

Para atender ao critério 3, a função hash deve ter pelo menos 128 bits, de preferência mais. Para atender ao critério 4, o hash deve desfigurar completamente os bits, o que não é diferente dos algoritmos de criptografia de chave simétrica que vimos.

Calcular um sumário da mensagem a partir de um trecho de texto simples é muito mais rápido que criptografar esse texto simples com um algoritmo de chave pública – portanto, os sumários de mensagens podem ser usados para agilizar algoritmos de assinatura digital. Para ver como isso funciona, considere mais uma vez o protocolo de assinatura da Figura 8.21. Em vez de assinar P com $K_{BB}(A, t, P)$, agora BB calcula o sumário da mensagem aplicando MD a P, produzindo $MD(P)$. Em seguida, BB inclui $K_{BB}(A, t, MD(P))$ como o quinto item da lista criptografada com K_B que é enviada a Bob, em vez de $K_{BB}(A, t, P)$.

Se houver uma contestação, Bob poderá produzir tanto P quanto $K_{BB}(A, t, MD(P))$. Depois que Big Brother tiver descriptografado o item para o juiz, Bob terá $MD(P)$ que, certamente, é genuíno, além do P alegado. No entanto, como é impossível para Bob encontrar outra mensagem que produza esse hash, o juiz será facilmente convencido de que Bob está falando a verdade. A utilização de sumários de mensagens dessa forma poupa tempo de criptografia e reduz os custos com o transporte de mensagens.

Sumários de mensagens também funcionam em sistemas de criptografia de chave pública, como mostra a Figura 8.23. Aqui, primeiro Alice calcula o sumário da mensagem de seu texto simples. Em seguida, ela assina a mensagem e

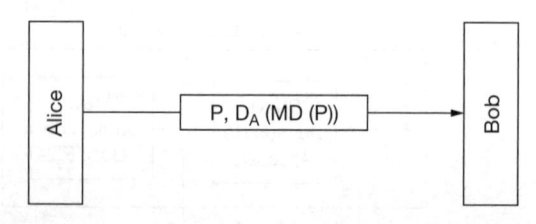

Figura 8.23 Assinaturas digitais utilizando sumários de mensagens.

envia tanto a compilação assinada quando o texto simples a Bob. Se Trudy substituir P durante a operação, Bob perceberá a troca quando calcular MD(P).

SHA-1, SHA-2 e SHA-3

Diversas funções para o sumário da mensagem foram propostas. Por muito tempo, uma das funções mais utilizadas era **SHA-1 (Secure Hash Algorithm 1)** (NIST, 1993). Antes de começarmos nossa explicação, é importante observar que SHA-1 foi quebrado em 2017 e agora está sendo substituído por muitos sistemas, mas veja mais sobre isso adiante. Como em todos os sumários de mensagens, SHA-1 opera tratando os bits de uma maneira suficientemente complicada, de modo que cada bit da saída seja afetado por cada bit da entrada. SHA-1 foi desenvolvido pela NSA e ratificado pelo NIST no FIPS 1801. Ele processa os dados de entrada em blocos de 512 bits e gera um sumário da mensagem de 160 bits. Um modo típico de Alice enviar uma mensagem não secreta, mas assinada, para Bob é ilustrado na Figura 8.24. Nela, sua mensagem de texto simples é alimentada no algoritmo SHA-1 para obter um hash de SHA-1 de 160 bits. Em seguida, Alice assina o hash com sua chave privada RSA e envia a mensagem de texto simples e o hash assinado para Bob.

Depois de receber a mensagem, Bob calcula o hash SHA-1 e também aplica a chave pública de Alice ao hash assinado para obter o original, H. Se os dois corresponderem, a mensagem será considerada válida. Tendo em vista que não há nenhum meio para Trudy modificar a mensagem (de texto simples) enquanto ela estiver em trânsito e produzir uma nova mensagem com hash H, Bob pode detectar com facilidade quaisquer mudanças que Trudy tenha feito na mensagem. Para mensagens cuja integridade seja importante, mas cujo conteúdo não seja secreto, o esquema da Figura 8.24 é bastante utilizado. Por um custo relativamente pequeno em computação, ele garante que as modificações feitas na mensagem de texto simples em trânsito sejam detectadas com probabilidade muito alta.

Novas versões de SHA-1 foram desenvolvidas para produzir hashes de 224, 256, 384 e 512 bits. Coletivamente, essas versões são chamadas SHA-2. Não apenas esses são hashes maiores do que hashes SHA-1, mas a função de sumário foi mudada para combater alguns pontos fracos em potencial do SHA-1, que são muito sérios. Em 2017, o SHA-1 foi quebrado por uma equipe de pesquisadores Google e o centro de pesquisa CWI em Amsterdã. Especificamente, os pesquisadores conseguiram gerar **colisões hash**, basicamente matando a segurança do SHA-1. Não foi surpresa que o ataque tenha levado a um interesse maior no SHA-2.

Em 2006, o NIST começou a organizar uma competição para um novo padrão hash, que agora é conhecido como SHA-3. A competição foi encerrada em 2012. Três anos depois, o novo padrão SHA-3 ("Keccak") foi publicado oficialmente. É interessante que o NIST não tenha sugerido que jogássemos o SHA-2 no lixo e passássemos para o SHA-3, pois ainda não houve ataques bem-sucedidos ao SHA-2. Mesmo assim, é bom ter um substituto por perto, caso haja necessidade.

8.7.4 O ataque do aniversário

No mundo da criptografia, nada é o que parece. Talvez você esteja pensando que são necessárias aproximadamente 2^m operações para subverter um sumário de mensagem de m bits. Na verdade, normalmente $2^{m/2}$ operações serão suficientes utilizando-se o **ataque do aniversário**, um método publicado por Yuval (1979) no clássico artigo "How to Swindle Rabin" (Como enganar Rabin).

Lembre-se, pela nossa discussão anterior sobre o ataque do aniversário do DNS, que se houver algum mapeamento entre as entradas e as saídas, com n entradas (pessoas, mensagens, etc.) e k saídas possíveis (aniversários, sumários de mensagens, etc.), haverá $n(n - 1)/2$ pares de entrada. Se $n(n - 1)/2 > k$, a chance de haver pelo menos uma correspondência será muito boa. Portanto, fazendo uma aproximação, é provável que haja uma correspondência para $n > \sqrt{k}$. Esse resultado significa que provavelmente um sumário da mensagem de 64 bits possa ser quebrado gerando-se 2^{32} mensagens e procurando-se duas mensagens com o mesmo sumário.

Agora, vejamos um exemplo prático. O departamento de Ciência da Computação da State University nos Estados

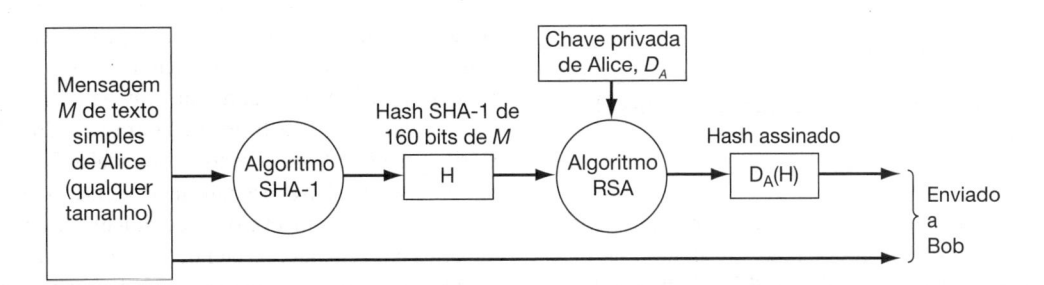

Figura 8.24 Utilização do SHA-1 e do RSA para assinar mensagens não secretas.

Unidos tem uma única vaga estável para dois professores candidatos, Tom e Dick. Tom foi contratado dois anos antes de Dick e, portanto, é convocado para os testes primeiro. Se ele for aprovado, Dick será descartado. Tom sabe que a chefe de seu departamento, Marilyn, gosta muito do trabalho dele, por isso, ele pede a ela que escreva uma carta de recomendação ao reitor, que tomará a decisão a respeito do cargo. Depois de enviadas, todas as cartas passam a ser confidenciais.

Marilyn pede a sua secretária, Ellen, que escreva a carta para o reitor, fazendo um esboço do que deseja. Quando a carta está pronta, Marilyn a revisa, calcula e assina o sumário de 64 bits e a envia ao reitor. Ellen pode enviar a carta mais tarde pelo correio eletrônico.

Infelizmente para Tom, Ellen está envolvida emocionalmente com Dick e gostaria que Tom fosse descartado; assim, escreve a carta a seguir com as 32 opções entre colchetes.

Caro Sr. Reitor,

Esta [*carta* | *mensagem*] tem como objetivo expressar minha [*honesta* | *franca*] opinião a respeito do professor Tom Wilson, que [*é* | *está*] [*candidato* | *prestes*] [*para* | *a*] obter uma vaga permanente nesta universidade [*imediatamente* | *este ano*]. Eu [*conheço* | *trabalho com*] o professor Wilson há seis anos. Ele é um [*destacado* | *excelente*] pesquisador de grande [*talento* | *capacidade*] [*mundialmente* | *internacionalmente*] conhecido por suas [*brilhantes* | *criativas*] ideias a respeito de [*muitos* | *uma grande variedade de*] problemas [*difíceis* | *complicados*].

Ele também é um [*professor* | *educador*] [*bastante* | *muito*] [*respeitado* | *admirado*]. Seus alunos fazem críticas [*maravilhosas* | *espetaculares*] de [*suas aulas* | *seus cursos*]. Ele é o [*professor* | *orientador*] [*mais querido* | *mais conhecido*] [*da universidade* | *do departamento*].

[*Além disso* | *Além do mais*], o professor Wilson é um [*grande* | *fantástico*] administrador. [*Seus contratos* | *Suas concessões*] trouxeram uma [*grande* | *substancial*] quantia em dinheiro para [*o* | *nosso*] departamento. [*Esse dinheiro* | *Esses fundos*] [*permitiu* | *permitiram*] que [*criássemos* | *realizássemos*] muitos programas [*especiais* | *importantes*], [*tais como* | *por exemplo*] o programa Universidade 2025. Sem esses fundos, [*seríamos incapazes* | *não seríamos capazes*] de dar continuidade a esse programa, que é tão [*importante* | *essencial*] para nós. Afirmo ao senhor que ele é o profissional mais adequado para essa posição.

Infelizmente para Tom, assim que acaba de redigir e digitar essa carta, Ellen também digita a seguinte carta:

Caro Sr. Reitor,

Esta [*carta* | *mensagem*] tem como objetivo expressar minha [*honesta* | *franca*] opinião a respeito do professor Tom Wilson, que [*é* | *está*] [*candidato* | *prestes*] [*para* | *a*] assumir uma vaga permanente nesta universidade [*imediatamente* | *este ano*]. Eu [*conheço* | *trabalho com*] Tom há seis anos. Ele é um [*incompetente* | *mau*] pesquisador, não é bem visto em sua [*especialidade* | *área*]. Sua pesquisa [*raramente* | *esporadicamente*] mostra [*bom-senso* | *conhecimento*] dos [*principais* | *mais importantes*] problemas atuais.

Ele não é um [*professor* | *educador*] [*bastante* | *muito*] [*respeitado* | *admirado*]. Seus alunos fazem [*duras* | *pesadas*] críticas de [*suas aulas* | *seus cursos*]. Ele é o [*professor* | *orientador*] mais impopular [*da universidade* | *do departamento*] devido à sua [*tendência* | *propensão*] a [*ridicularizar* | *embaraçar*] os alunos que fazem perguntas em suas aulas.

[*Além disso* | *Além do mais*], Tom é um administrador [*terrível* | *fraco*]. [*Seus contratos* | *Suas concessões*] trouxeram apenas uma [*insignificante* | *pequena*] quantia em dinheiro para [*o* | *nosso*] departamento. A menos que mais [*verbas* | *fundos*] sejam [*alocadas* | *alocados*], teremos de cancelar alguns programas essenciais, tais como seu programa Universidade 2025. Infelizmente, sob essas [*condições* | *circunstâncias*], não posso recomendá-lo em sã consciência para essa posição.

Ellen passa o programa em seu computador para calcular os 2^{32} sumários de mensagens de cada carta durante a noite. Há chances de que um sumário da primeira carta corresponda a um sumário da segunda carta. Caso isso não aconteça, ela poderá incluir algumas outras opções e tentar de novo durante o fim de semana. Suponha que ela encontre uma correspondência. Vamos chamar a carta "boa" de *A* e a "ruim" de *B*.

Em seguida, pelo correio eletrônico, Ellen envia a carta *A* a Marilyn para que seja aprovada. Ela mantém a carta *B* completamente secreta, sem mostrá-la a ninguém. É claro que Marilyn aprova a carta, calcula seu sumário da mensagem de 64 bits, assina o sumário e envia-o assinado ao reitor Smith utilizando o correio eletrônico. De maneira independente, Ellen envia a carta *B* ao reitor (não a carta *A*, como deveria fazer).

Depois de obter a carta e o sumário da mensagem assinado, o reitor executa o algoritmo de sumário da mensagem na carta *B*, observa que ela corresponde ao sumário que Marilyn enviou e despede Tom. O reitor não percebe que Ellen gerou duas cartas com o mesmo sumário da mensagem e enviou a ele uma mensagem diferente da que Marylin viu e aprovou. (Final opcional: Ellen conta a Dick o que fez. Dick não gosta do que ouve e termina o namoro com ela. Ellen fica furiosa e confessa tudo a Marilyn. Marilyn telefona para o reitor. Tom acaba ficando com o cargo.) Com o SHA-2, o ataque do aniversário se torna difícil, pois, mesmo com a velocidade ridícula de um trilhão de sumários por segundo, seriam necessários 32 mil anos para calcular todos os 2^{80} sumários de duas cartas com 80 variantes cada uma e, de qualquer forma, não poderíamos ter certeza de que haveria uma correspondência. É claro que, com uma nuvem de 1 milhão de chips trabalhando em paralelo, 32 mil anos se transformam em duas semanas.

8.8 GERENCIAMENTO DE CHAVES PÚBLICAS

A criptografia de chave pública torna possível a comunicação segura a pessoas que não compartilham uma chave comum, e também possibilita a assinatura de mensagens sem a presença de uma terceira parte confiável. Finalmente, os sumários assinados das mensagens permitem verificar com facilidade e segurança a integridade de mensagens recebidas.

Contudo, existe um problema que ignoramos até aqui: se Alice e Bob não conhecem um ao outro, como eles vão obter as respectivas chaves públicas para iniciar o processo de comunicação? A solução óbvia – colocar a chave pública no site – não funciona pela seguinte razão: suponha que Alice queira pesquisar a chave pública de Bob em seu site. Como ela fará isso? Bem, Alice começa digitando o URL de Bob. Seu navegador então pesquisa o endereço DNS da home page de Bob e lhe envia uma solicitação *GET*, como mostra a Figura 8.25. Infelizmente, Trudy intercepta a solicitação e responde com uma home page falsa, talvez uma cópia da de Bob, exceto pela substituição da chave pública de Bob pela chave pública de Trudy. Quando Alice codifica sua primeira mensagem com E_T, ela a decodificará, lerá e recodificará com a chave pública de Bob, enviando a mensagem a Bob, que não sabe que ela está lendo suas mensagens recebidas. Pior ainda, Trudy poderia modificar as mensagens antes de recodificá-las para Bob. É claro que há necessidade de algum mecanismo para garantir que as chaves públicas possam ser trocadas em segurança.

8.8.1 Certificados

Como uma primeira tentativa de distribuir chaves públicas com segurança, poderíamos imaginar um centro de distribuição de chaves, **KDC** (**Key Distribution Center**), disponível on-line 24 horas por dia, a fim de prestar esse serviço por demanda. Um dos muitos problemas com essa solução é o fato de ela não ser escalável, e o centro de distribuição de chaves rapidamente se tornaria um gargalo. Além disso, se ele ficasse inativo, a segurança da Internet seria paralisada repentinamente.

Por esses motivos, as pessoas desenvolveram uma solução diferente, que não exige que o centro de distribuição de chaves esteja on-line o tempo inteiro. De fato, ele não precisa estar on-line de modo algum. Em vez disso, ele certifica as chaves públicas pertencentes a pessoas, empresas e outras organizações. Uma organização que certifica chaves públicas é chamada autoridade de certificação, ou **CA** (**Certification Authority**).

Como um exemplo, suponha que Bob queira permitir que Alice e outras pessoas que ele conhece se comuniquem com ele de forma segura. Ele pode ir à CA com sua chave pública e seu passaporte ou algum outro documento de identidade e solicitar a certificação. A CA emite então um certificado semelhante ao da Figura 8.26 e assina seu hash

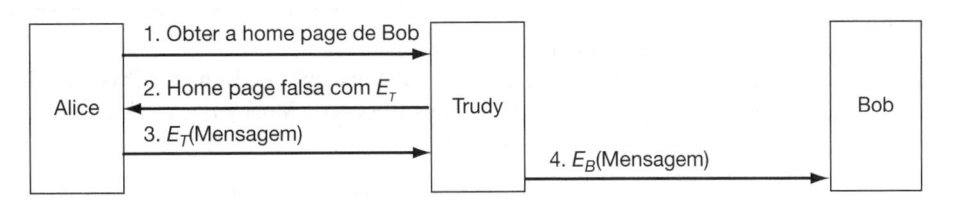

Figura 8.25 Um modo de Trudy subverter a criptografia de chave pública.

```
Certifico que a chave pública
    19836A8B03030CF83737E3837837FC3s87092827262643FFA82710382828282A
pertence a
    Robert John Smith
    12345 University Avenue
    Berkeley, CA 94702
    Nascimento: 4 de julho de 1958
    E-mail: bob@superdupernet.com
Hash SHA-1 do certificado acima assinado com a chave privada da CA
```

Figura 8.26 Um certificado possível e seu hash assinado.

SHA-2 com a chave privada da CA. Em seguida, Bob paga a taxa da CA e obtém um documento contendo o certificado e seu hash assinado (de preferência, não enviado por canais não confiáveis).

A principal função de um certificado é vincular uma chave pública ao nome de um protagonista (indivíduo, empresa, etc.). Os certificados em si não são secretos ou protegidos. Por exemplo, Bob poderia decidir colocar seu novo certificado em seu site, com um link na página principal informando: clique aqui para ver meu certificado de chave pública. O clique resultante retornaria o certificado e o bloco de assinatura (o hash SHA-2 assinado do certificado).

Agora, vamos percorrer o cenário da Figura 8.25 novamente. Quando Trudy intercepta a solicitação de Alice para a home page de Bob, o que ela pode fazer? Trudy pode inserir seu próprio certificado e seu bloco de assinatura na página falsa; porém, quando Alice ler o certificado, verá imediatamente que não está se comunicando com Bob, porque o nome de Bob não está no certificado. Trudy pode modificar a home page de Bob durante a execução, substituindo a chave pública de Bob por sua própria chave. Contudo, quando Alice executar o algoritmo SHA-2 no certificado, ela obterá um hash que não corresponde ao que ela recebe ao aplicar a chave pública conhecida da CA ao bloco de assinatura. Como Trudy não tem a chave privada da CA, ela não tem meios de gerar um bloco de assinatura que contenha o hash da página Web modificada com sua chave pública. Desse modo, Alice pode estar certa de que possui a chave pública de Bob e não a de Trudy ou de outra pessoa. Como afirmamos, esse esquema não exige que a CA esteja on-line para verificação, eliminando assim um gargalo em potencial.

Embora a função padrão de um certificado seja vincular uma chave pública a um protagonista, ele também pode ser usado para vincular uma chave pública a um **atributo**. Por exemplo, um certificado poderia afirmar: "esta chave pública pertence a alguém com mais de 18 anos". Ela pode ser usada para provar que o proprietário da chave privada não é menor de idade e, portanto, pode acessar material não apropriado para crianças, e assim por diante, mas sem revelar a identidade do proprietário. Em geral, a pessoa que tivesse o certificado o enviaria ao site, ao protagonista ou ao processo que solicitasse informações sobre a idade. Esse site, protagonista ou processo geraria então um número aleatório e o codificaria com a chave pública no certificado. Se o proprietário fosse capaz de decodificá-lo e enviá-lo de volta, essa seria a prova de que ele de fato tinha o atributo declarado no certificado. Como alternativa, o número aleatório poderia ser usado para gerar uma chave de sessão pela duração da conversação.

Outro exemplo de situação em que um certificado poderia conter um atributo é um sistema distribuído orientado a objetos. Em geral, cada objeto tem diversos métodos. O proprietário do objeto poderia fornecer a cada cliente um certificado com um mapa de bits dos métodos que ele tem permissão para invocar e vincular o mapa de bits a uma chave pública, usando um certificado assinado. Mais uma vez, se o proprietário do certificado puder provar a posse da chave privada correspondente, ele terá permissão para executar os métodos no mapa de bits. Essa abordagem tem a propriedade de que a identidade do proprietário não precisa ser conhecida, uma característica útil em situações nas quais a privacidade é importante.

8.8.2 X.509

Se todos os que quisessem algo assinado fossem à CA com um tipo de certificado diferente, logo se tornaria um problema administrar todos os formatos. Para resolver esse problema, foi criado e aprovado pela International Telecommunication Union (ITU) um padrão para certificados. O padrão é chamado **X.509** e seu uso está difundido na Internet. Ele passou por três versões desde a padronização inicial, em 1988. Vamos descrever a versão 3.

O X.509 foi muito influenciado pelo mundo OSI, e toma emprestadas algumas de suas piores características (p. ex., nomenclatura e codificação). De modo surpreendente, a IETF aceitou o X.509, embora em quase todas as outras áreas, desde endereços de máquina até protocolos de transporte e formatos de correio eletrônico, ela tenha ignorado o OSI e tentado fazer tudo da maneira certa. A versão da IETF do X.509 é descrita na RFC 5280.

Em seu núcleo, o X.509 é um modo de descrever certificados. Os principais campos em um certificado estão listados na Figura 8.27. As descrições dadas na figura devem dar uma ideia geral do significado dos campos. Para obter mais informações, consulte o próprio padrão ou a RFC 2459.

Por exemplo, se Bob trabalhasse no departamento de empréstimos do Money Bank, seu endereço X.500 poderia ser:

/C=US/O=MoneyBank/OU=Loan/CN=Bob/

onde *C* é o país, *O* é a organização, *OU* é a unidade organizacional e *CN* é o nome comum. As CAs e outras entidades são identificadas de modo semelhante. Um problema significativo com os nomes X.500 é que, se Alice estiver tentando entrar em contato com *bob@moneybank.com* e receber um certificado com um nome X.500, talvez não fique claro para ela a que certificado Bob se refere. Felizmente, a partir da versão 3, os nomes DNS são permitidos, em lugar de nomes X.500; assim, esse problema por fim deve desaparecer.

Os certificados são codificados com o uso da **ASN.1 (Abstract Syntax Notation 1)** da OSI, que pode ser considerada uma struct em C, exceto por sua notação muito peculiar e extensa. Para obter mais informações sobre o X.509, consulte Ford e Baum (2000).

Campo	Significado
Version	A versão do X.509
Serial number	Este número, somado ao nome da CA, identifica o certificado de forma exclusiva
Signature algorithm	O algoritmo usado para assinar o certificado
Issuer	Nome X.500 da CA
Validity period	Períodos inicial e final de validade
Subject name	A entidade cuja chave está sendo certificada
Public key	A chave pública da entidade certificada e a ID do algoritmo utilizado
Issuer ID	Uma ID opcional que identifica de forma exclusiva o emissor do certificado
Subject ID	Uma ID opcional que identifica de forma exclusiva a entidade certificada
Extensions	Muitas extensões foram definidas
Signature	A assinatura do certificado (assinado pela chave privada da CA)

Figura 8.27 Os campos básicos de um certificado X.509.

8.8.3 Infraestrutura de chave pública

Fazer uma única CA emitir todos os certificados do mundo é algo que com certeza não funcionaria. Ela entraria em colapso sob a carga e também seria um ponto central de falha. Uma solução possível poderia ser a existência de várias CAs, todas administradas pela mesma organização e todas usando a mesma chave privada para assinar certificados. Embora isso pudesse resolver o problema da carga e da falha, há um novo problema: o vazamento de chaves. Se houvesse dezenas de servidores espalhados pelo mundo, todos com a chave privada da CA, o risco de que a chave privada fosse roubada ou sofresse algum outro tipo de vazamento seria bastante aumentado. Tendo em vista que o comprometimento dessa chave arruinaria a infraestrutura de segurança eletrônica do mundo, a existência de uma única CA central é muito arriscada.

Além disso, que organização operaria a CA? É difícil imaginar uma autoridade que fosse aceita em todo o mundo como uma entidade legítima e confiável. Em alguns países, as pessoas insistiriam para que essa entidade fosse o governo, em outros, elas insistiriam para que não fosse o governo.

Por essas razões, foi desenvolvido um modo diferente de certificar chaves públicas, identificado pelo nome geral **PKI (Public Key Infrastructure)**. Nesta seção, resumiremos como ele funciona em linhas gerais, embora existam muitas propostas relativas aos detalhes que provavelmente vão evoluir com o tempo.

Uma PKI tem vários componentes, incluindo usuários, CAs, certificados e diretórios. Sua função é fornecer um modo de estruturar esses componentes e definir padrões para os vários documentos e protocolos. Uma forma particularmente simples de PKI é uma hierarquia de CAs, como mostra a Figura 8.28. Nesse exemplo, apresentamos três níveis, mas, na prática, pode haver um número menor ou maior. A CA de nível superior, chamada raiz, certifica CAs

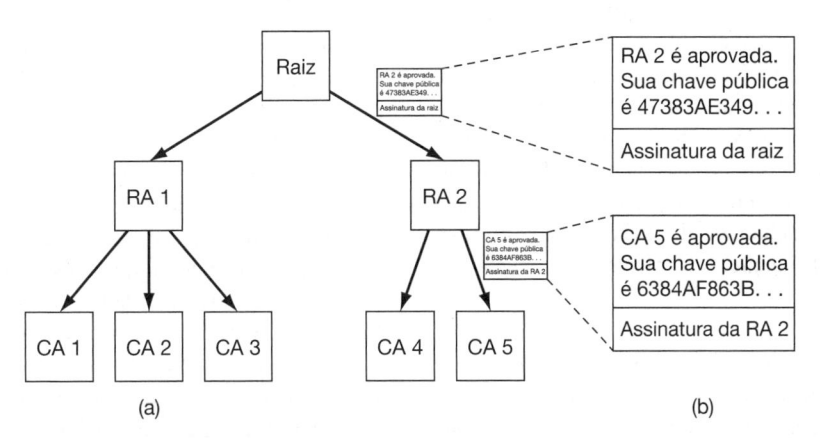

Figura 8.28 (a) Uma PKI hierárquica. (b) Uma cadeia de certificados.

do segundo nível, que aqui chamamos de **RAs (Regional Authorities)**, porque podem cobrir alguma região geográfica, como um país ou um continente. Entretanto, esse termo não é padrão – de fato, nenhum termo é realmente padrão para os diferentes níveis da árvore. Por sua vez, as RAs certificam as CAs reais, que emitem os certificados X.509 para organizações e indivíduos. Quando a raiz autoriza uma nova RA, ela gera um certificado X.509 anunciando que a aprovou, inclui a chave pública da nova RA no certificado, assina o certificado e o entrega à RA. De modo semelhante, quando uma RA aprova uma nova CA, ela produz e assina um certificado declarando sua aprovação e contendo a chave pública da CA.

Nossa PKI funciona de modo semelhante. Suponha que Alice precise da chave pública de Bob, a fim de se comunicar com ele, então, ela procura e encontra um certificado contendo a chave, assinado pela CA 5. Contudo, Alice nunca ouviu falar da CA 5. Pelo que ela sabe, a CA 5 poderia ser a filha de 10 anos de Bob. Ela poderia ir até a CA 5 e dizer: prove sua legitimidade. A CA 5 responde com o certificado que recebeu da RA 2, que contém a chave pública da CA 5. Agora, munida da chave pública da CA 5, Alice pode confirmar que o certificado de Bob foi de fato assinado pela CA 5 e, portanto, é válido.

A menos que a RA 2 seja o filho de 12 anos de Bob. Nesse caso, a próxima etapa é pedir à RA 2 que prove sua legitimidade. A resposta à consulta de Alice é um certificado assinado pela raiz contendo a chave pública da RA 2. Agora, Alice tem certeza de que possui a chave pública de Bob.

No entanto, como Alice encontra a chave pública da raiz? Por mágica. Supõe-se que todo mundo conheça a chave pública da raiz. Por exemplo, seu navegador pode ter sido distribuído já contendo a chave pública da raiz.

Bob é o tipo de sujeito amigável e não quer dar muito trabalho a Alice. Ele sabe que ela vai ter de verificar a CA 5 e a RA 2; assim, para evitar dificuldades, ele reúne os dois certificados necessários e os fornece a ela junto com seu próprio certificado. Agora, ela pode usar seu conhecimento da chave pública da raiz para confirmar o certificado de nível superior e a chave pública que ele contém para verificar o segundo certificado. Desse modo, Alice não precisa entrar em contato com ninguém para fazer a verificação. Como os certificados são todos assinados, ela pode detectar com facilidade quaisquer tentativas de falsificar seu conteúdo. Uma cadeia de certificados como essa, que volta à raiz, às vezes é chamada de **corrente de confiança** ou **caminho de certificação**. A técnica é amplamente utilizada na prática.

É claro que ainda temos o problema de saber quem vai administrar a raiz. A solução é não haver uma única, mas sim várias raízes, cada uma com suas próprias RAs e CAs. De fato, os navegadores modernos são previamente carregados com as chaves públicas de mais de 100 raízes, às vezes referidas como **âncoras de confiança**. Desse modo, pode-se evitar ter uma única autoridade confiável no mundo inteiro.

Entretanto, agora existe a questão de como o fornecedor do navegador decide quais das supostas âncoras de confiança são de fato confiáveis e quais são desprezíveis. Tudo se reduz à confiança do usuário no fornecedor do navegador para fazer escolhas sensatas e não aprovar simplesmente todas as âncoras de confiança dispostas a pagar por sua inclusão na lista. A maioria dos navegadores permite que os usuários inspecionem as chaves da raiz (em geral, sob a forma de certificados assinados pela raiz) e eliminem qualquer uma que parecer obscura. Para obter mais informações sobre PKIs, consulte Stapleton e Epstein (2016).

Diretórios

Outra questão importante para qualquer PKI é onde estão armazenados os certificados (e suas cadeias retornando a alguma âncora de confiança conhecida). Uma possibilidade é fazer cada usuário armazenar seus próprios certificados. Embora isso seja seguro (i.e., não existe nenhum meio de os usuários adulterarem certificados assinados sem detecção), também é inconveniente. Uma alternativa proposta é usar o DNS como um diretório de certificados. Antes de entrar em contato com Bob, é provável que Alice tenha de pesquisar seu endereço IP usando o DNS; então, por que não fazer o DNS retornar toda a cadeia de certificados de Bob juntamente com seu endereço IP?

Algumas pessoas acham que essa é a melhor alternativa, mas outras talvez prefiram servidores de diretórios dedicados, cuja única tarefa seja administrar certificados X.509. Tais diretórios poderiam fornecer serviços de pesquisa usando propriedades dos nomes X.500. Por exemplo, na teoria, tal serviço de diretório poderia responder a uma consulta como: "Forneça uma lista de todas as pessoas chamadas Alice que trabalham em departamentos de vendas de algum lugar nos Estados Unidos".

Revogação

O mundo real também está repleto de certificados, como passaportes e carteiras de habilitação. Às vezes, esses certificados podem ser revogados, por exemplo, carteiras de habilitação para os que são flagrados dirigindo alcoolizados ou cometendo outras infrações de trânsito. O mesmo problema ocorre no mundo digital: a autoridade que concede um certificado pode decidir revogá-lo porque a pessoa ou organização cometeu algum abuso. Ele também pode ser revogado se a chave privada foi exposta ou, pior ainda, se a chave privada da CA foi comprometida. Desse modo, uma PKI precisa lidar com a questão da revogação, e essa possibilidade torna as coisas mais complicadas.

Um primeiro passo nessa direção é fazer cada CA emitir periodicamente uma lista de revogação de certificados, ou **CRL (Certificate Revocation List)**, fornecendo os números de série de todos os certificados que ela revogou. Como os certificados contêm prazos de validade, a CRL só precisa conter os números de série de certificados ainda não vencidos. Uma vez que seu prazo de validade tenha passado, um certificado se torna automaticamente inválido, e assim não há necessidade de distinção entre os que alcançaram o prazo-limite e os que foram de fato revogados. Em ambos os casos, eles não podem mais ser utilizados.

Infelizmente, a introdução de CRLs significa que um usuário prestes a usar um certificado deve agora adquirir a CRL para ver se o certificado foi revogado. Se foi, ele não deve ser usado. Contudo, mesmo que o certificado não esteja na lista, ele poderia ter sido revogado logo após a lista ter sido publicada. Desse modo, a única forma de realmente ter certeza é consultar a CA. Além disso, no próximo uso do certificado, a CA tem de ser consultada de novo, pois o certificado poderia ter sido revogado alguns segundos antes.

Outra complicação é o fato de um certificado revogado poder ser reabilitado, por exemplo, se tiver sido revogado pelo débito de alguma taxa que foi paga posteriormente. Ter de lidar com a revogação (e talvez com a reabilitação) elimina uma das melhores propriedades dos certificados, ou seja, a possibilidade de usá-los sem ter de entrar em contato com uma CA.

Onde as CRLs devem ser armazenadas? Um boa alternativa seria armazená-las no mesmo local em que estão os próprios certificados. Uma estratégia é a CA publicar ativamente CRLs periódicas e fazer os diretórios as processarem apenas removendo os certificados revogados. Se os diretórios não forem usados para armazenar os certificados, as CRLs poderão ser guardadas em cache em diversos locais convenientes na rede. Como uma CRL também é um documento assinado, se ela for adulterada, essa ação poderá ser facilmente detectada.

Se os certificados tiverem uma longa duração, as CRLs também serão longas. Por exemplo, se os cartões de crédito forem válidos por cinco anos, o número de revogações pendentes será muito maior do que seria se fossem emitidos novos cartões a cada três meses. Um modo padrão de lidar com CRLs longas é emitir uma lista mestra com pouca frequência, mas emitir atualizações frequentes para a lista. Isso reduz a largura de banda necessária para distribuir as CRLs.

8.9 PROTOCOLOS DE AUTENTICAÇÃO

A **autenticação** é a técnica pela qual um processo confirma que seu parceiro na comunicação é quem deve ser, e não um impostor. Confirmar a identidade de um processo remoto, diante da presença de um intruso ativo mal-intencionado, é surpreendentemente difícil e exige protocolos complexos baseados em criptografia. Nesta seção, estudaremos alguns dos protocolos de autenticação usados em redes de computadores com falhas na segurança.

A propósito, algumas pessoas confundem autorização com autenticação. A autenticação visa a determinar se você está ou não se comunicando com um processo específico. A autorização se preocupa com o que esse processo tem permissão para fazer. Por exemplo, um processo cliente entra em contato com um servidor de arquivos e afirma: "Sou o processo do Mirte e quero excluir o arquivo *receitas.old*". Do ponto de vista do servidor de arquivos, as seguintes perguntas devem ser respondidas:

1. Esse processo é realmente de Mirte (autenticação)?
2. Mirte tem permissão para excluir *receitas.old* (autorização)?

Somente depois que ambas as perguntas forem respondidas afirmativamente, sem nenhuma ambiguidade, a ação solicitada poderá ser executada. Na verdade, a primeira pergunta é a mais importante. Depois que o servidor de arquivos souber com quem está se comunicando, verificar a autorização é uma simples questão de pesquisar entradas de tabelas ou bancos de dados locais. Por isso, vamos nos concentrar na autenticação.

O modelo genérico que praticamente todos os protocolos de autenticação utilizam é descrito a seguir. Alice começa enviando uma mensagem para Bob ou para um KDC no qual confia e que sempre é honesto. Acontecem muitas outras trocas de mensagens em diferentes sentidos. À medida que elas são enviadas, uma intrusa mal-intencionada, Trudy, pode interceptar, modificar ou reproduzir essas mensagens a fim de enganar Alice e Bob, ou apenas para atrapalhar.

Todavia, quando a execução do protocolo tiver sido concluída, Alice terá certeza de que está se comunicando com Bob e vice-versa. Além disso, na maioria dos protocolos, os dois também terão estabelecido uma **chave de sessão** secreta que deverá ser usada durante a conversação. Na prática, por motivos de desempenho, todo o tráfego de dados é criptografado utilizando-se o modo de chave simétrica (em geral, AES), embora a criptografia de chave pública seja muito utilizada nos próprios protocolos de autenticação e para estabelecer a chave de sessão.

O objetivo de utilizar uma nova chave de sessão, escolhida ao acaso para cada nova conexão, é minimizar o volume de tráfego provocado pelo envio das chaves secretas ou públicas dos usuários, reduzir o volume de texto cifrado que um intruso pode obter e minimizar os danos, caso haja uma pane em um processo e seu dump de memória (conteúdo da memória após uma falha) caia em mãos erradas. É muito provável que a única chave presente seja a de sessão. Todas as chaves permanentes deverão ser cuidadosamente zeradas depois que a sessão for estabelecida.

8.9.1 Autenticação baseada em chave secreta compartilhada

Para nosso primeiro protocolo de autenticação, vamos supor que Alice e Bob já compartilham uma chave secreta, K_{AB}. Essa chave compartilhada pode ter sido definida pelos dois em uma conversa telefônica ou pessoalmente, mas não na rede (que não é segura).

Esse protocolo se baseia em um princípio encontrado em muitos protocolos de autenticação: um dos lados envia um número aleatório ao outro, que em seguida o transforma de algum modo especial e retorna o resultado. Tais protocolos são chamados de protocolos de **desafio-resposta**. Nesse e nos próximos protocolos de autenticação, será usada a seguinte notação:

A e B são as identidades de Alice e Bob.

R_i's são desafios, e i identifica o desafiante.

K_i's são chaves, onde i indica o proprietário.

K_S é a chave da sessão.

A sequência de mensagens de nosso primeiro protocolo de autenticação de chave compartilhada é mostrada na Figura 8.29. Na mensagem 1, Alice envia sua identidade A para Bob, de uma forma que Bob entenda. É claro que Bob não tem como saber se essa mensagem veio de Alice ou de Trudy, portanto, ele escolhe um desafio, um número aleatório muito extenso, R_B, e o envia de volta a "Alice" como sua mensagem número 2 em texto simples. Em seguida, Alice criptografa a mensagem com a chave que compartilha com Bob e envia o texto cifrado, $K_{AB}(R_B)$, de volta na mensagem 3. Quando vê a mensagem, Bob sabe de imediato que ela veio de Alice, pois Trudy não conhece K_{AB} e, portanto, não poderia tê-la gerado. Além disso, como o número R_B foi escolhido ao acaso a partir de um espaço muito extenso (digamos, números aleatórios de 128 bits), é muito improvável que Trudy tenha visto R_B e sua resposta em uma sessão anterior. É também improvável que ela consiga adivinhar a resposta correta a qualquer desafio.

A essa altura, Bob tem certeza de que está se comunicando com Alice, mas Alice não tem certeza de nada, pois sabe que Trudy pode ter interceptado a mensagem 1 e enviado R_B como resposta. Talvez Bob tenha morrido na noite passada. Para descobrir com quem está se comunicando, Alice seleciona um número aleatório, R_A, e o envia a Bob como texto simples, na mensagem 4. Quando Bob responde com $K_{AB}(R_A)$, Alice se certifica de que está se comunicando com Bob. Se eles quiserem estabelecer uma chave de sessão agora, Alice poderá selecionar uma, K_S, e enviá-la a Bob criptografada com K_{AB}.

O protocolo da Figura 8.29 contém cinco mensagens. Vamos ver se podemos eliminar algumas delas. Uma abordagem é ilustrada na Figura 8.30. Nela, Alice inicia o protocolo de desafio-resposta em vez de esperar que Bob o faça. Da mesma forma, enquanto responde ao desafio de Alice, Bob envia o dele: o protocolo inteiro pode ser reduzido a três mensagens, em vez de cinco.

Esse novo protocolo representa um aperfeiçoamento em relação ao original? Em certo sentido, isso é verdade, pois agora o protocolo está mais curto. Infelizmente, também está errado. Sob determinadas circunstâncias, Trudy é capaz de enganá-lo utilizando o método conhecido como **ataque por reflexão**. Isso quer dizer que Trudy poderá rompê-lo se for possível abrir várias sessões com Bob ao mesmo tempo. Por exemplo, essa situação seria verdadeira se Bob fosse um banco e estivesse preparado para aceitar muitas conexões simultâneas enviadas por caixas eletrônicos ao mesmo tempo.

O ataque por reflexão de Trudy é mostrado na Figura 8.31. Ele começa com Trudy afirmando ser Alice e enviando R_T. Bob responde, como sempre, com seu próprio desafio, R_B. Agora Trudy está em apuros. O que ela pode fazer? Ela não conhece $K_{AB}(R_B)$.

Ela pode abrir outra sessão com a mensagem 3, fornecendo o R_B extraído da mensagem 2 como seu desafio. Bob o criptografa calmamente e envia $K_{AB}(R_B)$ na mensagem 4. Representamos com sombreados as mensagens da segunda sessão, para que se destaquem. Agora, Trudy tem as informações que faltavam e, portanto, pode concluir a primeira sessão e abandonar a segunda. Nesse momento, Bob está convencido de que Trudy é Alice e, quando ela pede o saldo da conta, ele o informa sem mais perguntas. Em seguida, quando Trudy pede a Bob que transfira todo o dinheiro para uma conta secreta na Suíça, ele não hesita em fazê-lo.

Figura 8.29 Uma autenticação bidirecional utilizando um protocolo de desafio-resposta.

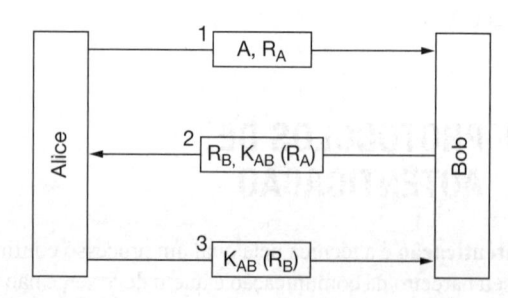

Figura 8.30 Um protocolo de autenticação bidirecional reduzido.

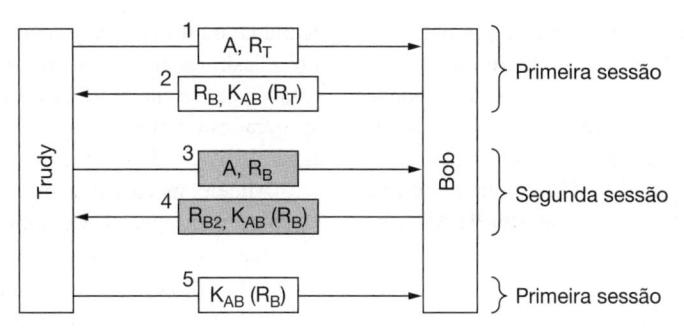

```
                    1   ┌──────┐
                ┌──────▶│ A, Rᴛ│──────┐
                │    2  └──────┘      │
                │  ┌──────────┐       │
                │  │Rʙ, Kᴀʙ(Rᴛ)│◀─────┤        } Primeira sessão
                │  └──────────┘       │
         ┌──────┴──┐     3 ┌──────┐  ┌┴──┐
         │         │──────▶│ A, Rʙ│──│   │
         │  Trudy  │    4  └──────┘  │Bob│     } Segunda sessão
         │         │ ┌──────────┐    │   │
         │         │◀┤Rʙ₂, Kᴀʙ(Rʙ)│  │   │
         └──────┬──┘ └──────────┘    └┬──┘
                │     5 ┌──────┐      │
                │──────▶│Kᴀʙ(Rʙ)│─────┤        } Primeira sessão
                        └──────┘
```

Figura 8.31 O ataque por reflexão.

A moral da história é a seguinte:

Projetar um protocolo de autenticação correto é mais difícil do que parece.

As quatro regras gerais a seguir frequentemente ajudam o projetista a evitar as armadilhas mais comuns:

1. Fazer o transmissor provar quem é antes de o receptor responder. Isso evita que Bob revele informações valiosas antes de Trudy fornecer alguma prova de quem é ela.
2. Fazer o transmissor e o receptor utilizarem chaves diferentes para a prova, mesmo que isso signifique ter duas chaves compartilhadas, K_{AB} e K'_{AB}.
3. Fazer o transmissor e o receptor extraírem seus desafios de conjuntos distintos. Por exemplo, o transmissor deve usar números pares e o receptor deve usar números ímpares.
4. Tornar o protocolo resistente a ataques que envolvam uma segunda sessão paralela, nos quais as informações obtidas em uma sessão são usadas em uma sessão diferente.

Se apenas uma dessas regras for quebrada, isso significa que o protocolo poderá ser violado com frequência. Nesse caso, todas as quatro regras não foram seguidas, com consequências desastrosas.

Agora, vamos examinar a Figura 8.29 mais de perto. É possível garantir que esse protocolo não esteja sujeito a um ataque por reflexão? Bem, talvez. Essa é uma questão bastante sutil. Trudy foi capaz de violar nosso protocolo usando um ataque por reflexão, porque foi possível abrir uma segunda sessão com Bob e enganá-lo, respondendo a suas próprias perguntas. O que aconteceria se Alice fosse um computador de uso geral que também aceitasse várias sessões, em vez de ser uma pessoa diante de um computador? Vejamos o que Trudy poderia fazer nesse caso.

Para ver como funciona o ataque de Trudy, observe a Figura 8.32. Alice começa anunciando sua identidade na mensagem 1. Trudy intercepta essa mensagem e inicia sua própria sessão com a mensagem 2, afirmando ser Bob. Novamente sombreamos as mensagens da sessão 2. Alice responde a mensagem 2 com a mensagem 3, dizendo: "Você afirma ser Bob? Então, prove". Nesse momento Trudy não tem saída, porque não pode provar ser Bob.

```
              1  ┌─┐
         ─────▶ │A│ ─────▶                    } Primeira sessão
                └─┘
              2  ┌─┐
         ◀───── │B│ ◀─────                    } Segunda sessão
                └─┘
              3  ┌──┐
         ◀───── │Rᴀ│ ◀─────                   
                └──┘
              4  ┌──┐
         ─────▶ │Rᴀ│ ─────▶                   } Primeira sessão
                └──┘
              5  ┌──────┐
         ─────▶ │Kᴀʙ(Rᴀ)│ ─────▶              
                └──────┘
              6  ┌──────┐
         ─────▶ │Kᴀʙ(Rᴀ)│ ─────▶              } Segunda sessão
                └──────┘
              7  ┌───┐
         ◀───── │Rᴀ₂│ ◀─────                  } Primeira sessão
                └───┘
              8  ┌───┐
         ─────▶ │Rᴀ₂│ ─────▶                  
                └───┘
              9  ┌───────┐
         ─────▶ │Kᴀʙ(Rᴀ₂)│ ─────▶             } Segunda sessão
                └───────┘
             10  ┌───────┐
         ◀───── │Kᴀʙ(Rᴀ₂)│ ◀─────             } Primeira sessão
                └───────┘
```

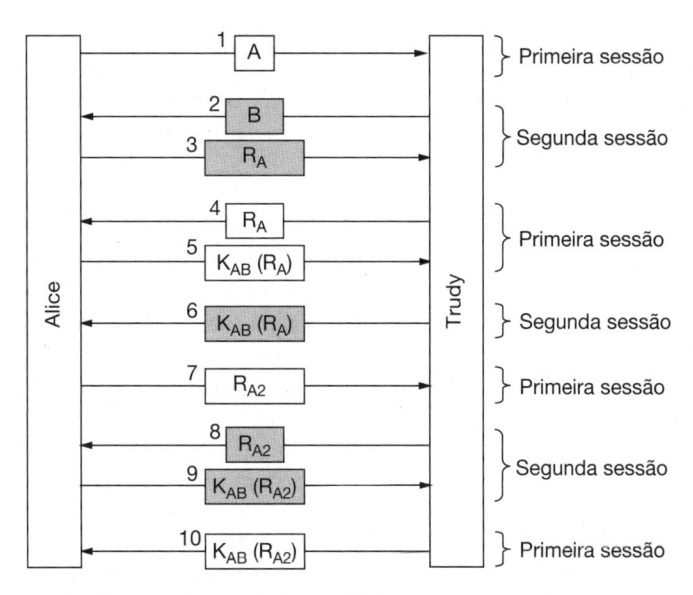

Figura 8.32 Um ataque por reflexão no protocolo da Figura 8.29.

O que Trudy faz agora? Ela volta para a primeira sessão, já que é sua vez de enviar um desafio, e transmite a R_A que obteve na mensagem 3. Alice gentilmente responde na mensagem 5 e, desse modo, fornece a Trudy as informações de que ela precisa para enviar a mensagem 6 na sessão 2. Nesse momento, Trudy está à vontade, porque conseguiu responder com sucesso ao desafio de Alice na sessão 2. Agora ela pode cancelar a sessão 1, transmitir qualquer número antigo para o restante da sessão 2, e terá uma sessão autenticada com Alice na sessão 2.

Contudo, Trudy é perfeccionista e quer demonstrar suas habilidades consideráveis. Em vez de enviar qualquer número antigo para concluir a sessão 2, ela espera até Alice enviar a mensagem 7, o desafio de Alice para a sessão 1. É claro que Trudy não sabe como responder, e portanto utiliza outra vez o ataque por reflexão, devolvendo R_{A2} como a mensagem 8. Alice codifica R_{A2} de maneira conveniente na mensagem 9. Agora, Trudy volta para a sessão 1 e envia a Alice, na mensagem 10, o número que ela deseja, cuidadosamente copiado do número que a própria Alice enviou na mensagem 9. Nesse momento, Trudy tem duas sessões completamente autenticadas com Alice.

Esse ataque tem um resultado um pouco diferente do ataque no protocolo de três mensagens, ilustrado na Figura 8.31. Dessa vez, Trudy tem duas conexões autenticadas com Alice. No exemplo anterior, ela tinha uma conexão autenticada com Bob. Mais uma vez, se aplicássemos todas as regras gerais de protocolos de autenticação discutidas anteriormente, esse ataque poderia ter sido interrompido. Uma descrição detalhada desses tipos de ataques e de como frustrá-los é apresentada em Bird et al. (1993), que também mostram como é possível construir, de forma sistemática, protocolos que comprovadamente são corretos. Contudo, o mais simples desses protocolos é um pouco complicado; portanto, mostraremos agora uma classe de protocolo diferente, que também funciona.

O novo protocolo de autenticação é mostrado na Figura 8.33 (Bird et al., 1993). Ele emprega um **HMAC (Hashed Message Authentication Code)** que garante a integridade e a autenticidade de uma mensagem. Um HMAC simples, porém poderoso, consiste em um hash sobre a mensagem mais a chave compartilhada. Enviando o HMAC junto com o restante da mensagem, nenhum invasor é capaz de mudar ou forjar a mensagem: alterar qualquer bit levaria a um hash incorreto, e a geração de um hash válido não é possível sem a chave. HMACs são atraentes porque podem ser gerados de modo muito eficaz (mais rápido do que rodando SHA-2 e depois rodando RSA sobre o resultado).

Alice começa enviando a Bob um número aleatório R_A como mensagem 1. Os números aleatórios usados apenas uma vez em protocolos de segurança como este são chamados **nonces**, que é mais ou menos uma contração de "number used once" (número usado uma vez). Bob responde selecionando seu próprio nonce, R_B, e devolvendo-o juntamente com um HMAC. O HMAC é formado com o objetivo de construir uma estrutura de dados que consiste no nonce de Alice, no nonce de Bob, em suas identidades e na chave secreta compartilhada, K_{AB}. Essa estrutura de dados passa então por um hash no HMAC, por exemplo, usando SHA-2. Quando receber a mensagem 2, Alice terá R_A (que ela própria escolheu), R_B, que chegará sob a forma de texto simples, as duas identidades e a chave secreta K_{AB}, conhecida desde o início, e depois ela mesma poderá calcular o HMAC. Se este corresponder ao HMAC da mensagem, ela saberá que está se comunicando com Bob, porque Trudy não conhece K_{AB} e, desse modo, não terá como saber qual HMAC enviar. Alice responde a Bob com um HMAC contendo apenas os dois nonces.

Trudy pode subverter de algum modo esse protocolo? Não, porque ela não é capaz de forçar nenhuma das partes a codificar ou fazer o hash de um valor de sua escolha, como aconteceu na Figura 8.31 e na Figura 8.32. Ambos os HMACs incluem valores escolhidos pela parte transmissora, algo que Trudy não pode controlar.

Utilizar HMACs não é o único meio de empregar essa ideia. Um esquema alternativo usado com frequência em vez de calcular o HMAC sobre uma série de itens é codificar os itens em sequência utilizando o encadeamento de blocos de cifras.

8.9.2 Como estabelecer uma chave compartilhada: a troca de chaves de Diffie-Hellman

Até agora, partimos do princípio de que Alice e Bob compartilham uma chave secreta. Suponha que isso não seja verdade (porque até agora não há nenhuma PKI universalmente aceita para assinar e distribuir certificados). Como eles podem estabelecer uma chave secreta? Uma possibilidade seria Alice telefonar para Bob e dar sua chave a ele, mas provavelmente ele começaria a conversa dizendo: "Como posso saber que você é Alice e não Trudy?". Eles poderiam tentar se encontrar pessoalmente, e cada um levaria passaporte, carteira de identidade e três cartões de crédito. No entanto, como são muito ocupados, talvez não consigam encontrar uma data conveniente para ambos durante meses. Felizmente, apesar de parecer incrível, há uma

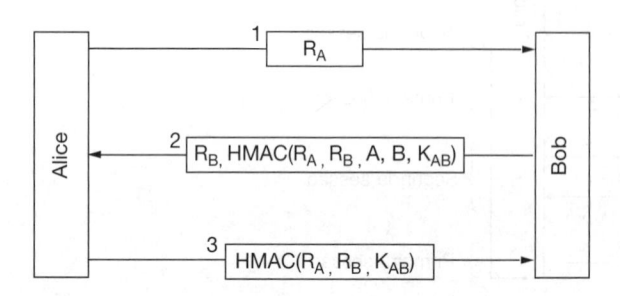

Figura 8.33 Autenticação usando HMACs.

forma de pessoas que não se conhecem estabelecerem uma chave secreta em plena luz do dia, mesmo com Trudy registrando cuidadosamente cada mensagem.

O protocolo que permite o estabelecimento de uma chave secreta entre pessoas que não se conhecem é chamado de **troca de chaves de Diffie-Hellman** (Diffie e Hellman, 1976) e funciona da forma descrita a seguir. Alice e Bob têm de concordar em relação a dois números grandes, n e g, onde n é um número primo, $(n-1)/2$ também é um número primo, e onde certas condições se aplicam a g. Esses números podem ser públicos, portanto, um deles só precisa selecionar n e g e informar ao outro abertamente. Agora, Alice escolhe um número grande x (digamos, de 1.024 bits) e o mantém em segredo. Da mesma forma, Bob seleciona um número grande secreto, y.

Alice inicia um protocolo de troca de chaves enviando a Bob uma mensagem (texto simples) contendo $(n, g, g^x \bmod n)$, como mostra a Figura 8.34. Bob responde enviando a Alice uma mensagem contendo $g^y \bmod n$. Agora, Alice eleva à x-ésima potência em módulo n o número que Bob lhe enviou, a fim de obter $(g^y \bmod n)^x \bmod n$. Bob executa uma operação semelhante para obter $(g^x \bmod n)^y \bmod n$. Pelas leis da aritmética modular, os dois cálculos geram $g^{xy} \bmod n$. Eis que, como por mágica, Alice e Bob de repente compartilham uma chave secreta, $g^{xy} \bmod n$.

É óbvio que Trudy viu as duas mensagens. Com base na mensagem 1, ela conhece g e n. Se pudesse calcular x e y, Trudy poderia descobrir a chave secreta. O problema é que, com apenas $g^x \bmod n$, ela não consegue encontrar x. Não existem algoritmos práticos para o cálculo de logaritmos discretos cuja base é um número primo muito grande.

Para tornar o exemplo mostrado anteriormente mais concreto, utilizaremos os valores (completamente falsos): $n = 47$ e $g = 3$. Alice seleciona $x = 8$ e Bob seleciona $y = 10$, o que é mantido em segredo. A mensagem de Alice para Bob é (47, 3, 28), pois $3^8 \bmod 47$ é igual a 28. A mensagem de Bob para Alice é (17). Alice calcula $17^8 \bmod 47$, que é igual a 4. Bob calcula $28^{10} \bmod 47$, que é igual a 4. Alice e Bob determinaram de forma independente que agora a chave secreta é 4. Para descobrir a chave, Trudy tem de resolver a equação $3^x \bmod 47 = 28$, o que pode ser feito por pesquisa exaustiva de números pequenos como esse, mas não quando todos os números têm centenas ou milhares de bits. Todos os algoritmos conhecidos até o momento demoram muito tempo para realizar esse cálculo, mesmo em supercomputadores supervelozes com dezenas de milhões de núcleos.

Apesar da elegância do algoritmo de Diffie-Hellman, há um problema: quando Bob obtém a tripla (47, 3, 28), como ele pode saber se ela veio de Alice e não de Trudy? Ele não tem mesmo como saber. Infelizmente, Trudy pode explorar esse fato para enganar Alice e Bob, como ilustra a Figura 8.35. Aqui, enquanto Alice e Bob escolhem x e y, respectivamente, Trudy escolhe seu próprio número aleatório, z. Alice envia a mensagem 1 para Bob. Trudy a intercepta e envia a mensagem 2 para Bob, usando g e n corretos (que, de qualquer forma, são públicos), mas com seu próprio z em vez de x. Ela também envia a mensagem

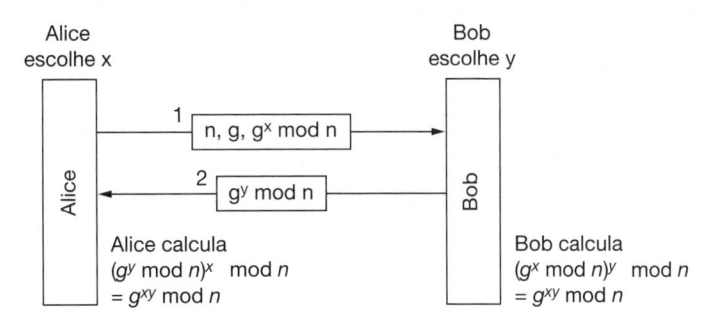

Figura 8.34 A troca de chaves de Diffie-Hellman.

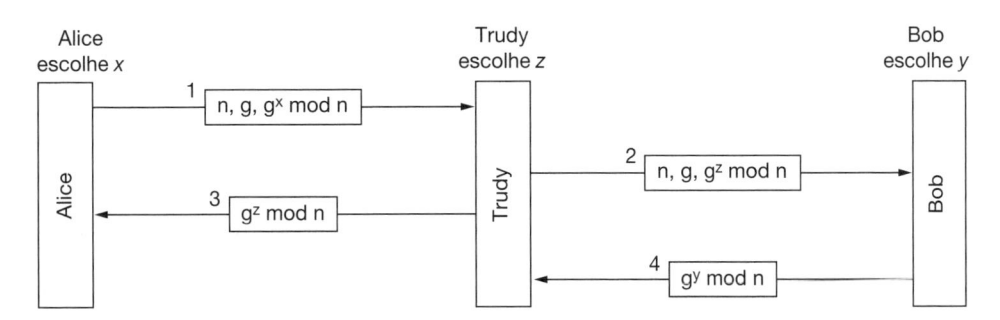

Figura 8.35 O ataque do homem no meio.

3 de volta para Alice. Mais tarde, Bob envia a mensagem 4 para Alice, que Trudy mais uma vez intercepta e guarda.

Agora, todos utilizam a aritmética modular. Alice calcula a chave secreta como g^{xz} mod n, e Trudy faz o mesmo (para mensagens enviadas a Alice). Bob calcula g^{yz} mod n e Trudy também (nas mensagens enviadas a Bob). Alice pensa que se comunica com Bob e, portanto, estabelece uma chave de sessão (com Trudy). Bob faz o mesmo. Todas as mensagens que Alice envia na sessão criptografada são capturadas, armazenadas e modificadas por Trudy para então (opcionalmente) serem passadas a Bob. Da mesma forma, no outro sentido, Trudy vê tudo e pode modificar todas as mensagens como quiser, enquanto Alice e Bob têm a ilusão de que há um canal seguro entre os dois. Por isso, esse ataque é chamado de **ataque do homem no meio**. Ele também é chamado de **ataque da brigada de incêndio**, pois lembra um antigo corpo de bombeiros formado por voluntários que, enfileirados, passavam baldes d'água de mão em mão do caminhão até o incêndio.

8.9.3 Autenticação com o uso de um centro de distribuição de chaves

A ideia de compartilhar um segredo com uma pessoa estranha quase funcionou. Contudo, talvez não tenha valido a pena a tentativa (ataque da raposa e das uvas). Para conversar com n pessoas dessa forma, você precisará de n chaves. Para pessoas famosas, o gerenciamento de chaves poderia se tornar uma grande dor de cabeça, especialmente se cada chave tivesse de ser guardada em um cartão plástico com chip embutido.

Outra estratégia é introduzir um KDC confiável. Nesse modelo, cada usuário tem uma única chave compartilhada com o KDC. Agora o gerenciamento de sessão e de autenticação passa pelo centro. O protocolo de autenticação para o KDC mais simples envolve duas partes e um KDC confiável, e é descrito na Figura 8.36.

A ideia por trás desse protocolo é simples: Alice escolhe uma chave de sessão K_S e informa ao KDC que deseja se comunicar com Bob usando K_S. Essa mensagem é criptografada com a chave secreta que Alice compartilha (apenas) com o KDC, K_A. O KDC a descriptografa e extrai a identidade de Bob e a chave de sessão. Em seguida, cria uma nova mensagem contendo a identidade de Alice e a chave de sessão, depois envia essa mensagem a Bob. A criptografia é feita com K_B, a chave secreta que Bob compartilha com o KDC. Quando descriptografa a mensagem, Bob fica sabendo que Alice quer se comunicar com ele e qual chave ela desejar usar.

Aqui, a autenticação ocorre sem maiores problemas. O KDC sabe que a mensagem 1 deve vir de Alice, pois ninguém mais teria sido capaz de criptografá-la com a chave secreta de Alice. Da mesma forma, Bob sabe que a mensagem 2 deve ter vindo do KDC, em quem ele confia, pois ninguém mais conhece sua chave secreta.

Infelizmente, esse protocolo tem uma falha muito séria. Trudy precisa de dinheiro, portanto, ela descobre alguns serviços legítimos que pode prestar a Alice, faz uma oferta interessante e consegue o trabalho. Depois de fazer o serviço, Trudy educadamente solicita que Alice pague por transferência bancária. Alice estabelece uma chave de sessão com o funcionário do banco, Bob. Em seguida, envia a Bob uma mensagem solicitando que o dinheiro seja transferido para a conta de Trudy.

Nesse ínterim, Trudy volta a bisbilhotar a rede. Ela copia tanto a mensagem 2 da Figura 8.36 quanto a solicitação de transferência de dinheiro enviada depois da mensagem. Mais tarde, ela responde a ambas as mensagens de Bob. Ele as recebe e pensa: "Alice deve ter contratado Trudy outra vez. Percebe-se que o trabalho dela é muito bom". Em seguida, Bob transfere uma quantia igual em dinheiro da conta de Alice para a conta de Trudy. Algum tempo depois do 50º par de mensagens, Bob vai até Trudy e oferece um bom empréstimo para que ela possa expandir seus negócios, que obviamente vão muito bem. Esse problema é chamado **ataque por replay**.

Existem várias soluções para esse tipo de ataque. A primeira é incluir um registro de tempo em cada mensagem. Então, se alguém receber uma mensagem obsoleta, ela poderá ser descartada. O problema é que os clocks nunca estão sincronizados com exatidão na rede, assim, deve haver um período durante o qual esse registro de tempo será válido. Trudy pode repetir a mensagem durante esse período e se livrar dela.

A segunda solução é colocar um nonce em cada mensagem. Nesse caso, cada parte terá de se lembrar de todos os nonces anteriores e rejeitar as mensagens que contenham algum já utilizado. No entanto, os nonces têm de ser memorizados para sempre, por receio de que Trudy tente repetir

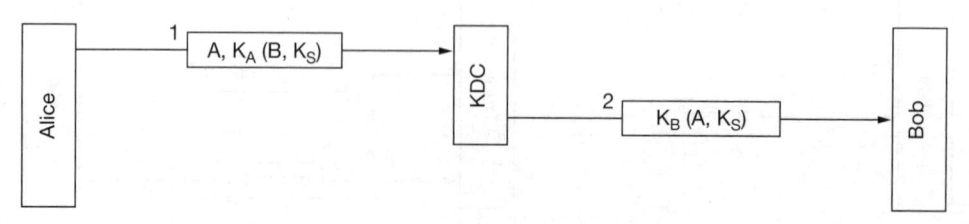

Figura 8.36 Uma primeira tentativa de protocolo de autenticação usando um KDC.

uma mensagem de cinco anos. Além disso, se alguma máquina apresentar falha e perder sua lista de nonces, ela estará vulnerável a um ataque por replay. Os registros de tempo e os nonces podem ser combinados para limitar o tempo durante o qual estes têm de ser memorizados, mas é óbvio que o protocolo ficará muito mais complicado.

Um enfoque mais sofisticado para a autenticação mútua é usar um protocolo de desafio-resposta que funcione em diversas direções. Um exemplo bastante conhecido é o protocolo de **autenticação de Needham-Schroeder** (Needham e Schroeder, 1978), do qual uma das variantes é mostrada na Figura 8.37.

O protocolo começa com Alice informando ao KDC que deseja se comunicar com Bob. Essa mensagem contém um número grande aleatório, R_A, que é usado como nonce. O KDC retorna a mensagem 2 contendo o número aleatório de Alice, uma chave de sessão e um bilhete que ela pode enviar a Bob. O objetivo do número aleatório, R_A, é garantir a Alice que a mensagem 2 é nova e não um replay. A identidade de Bob também é enviada, caso Trudy pense na possibilidade de substituir B na mensagem 1 por sua própria identidade, para que o KDC codifique o bilhete no fim da mensagem 2 com K_T em vez de K_B. O bilhete codificado com K_B é incluído na mensagem criptografada para impedir que Trudy o substitua por algo diferente quando ele retornar a Alice.

Agora Alice envia o bilhete a Bob, junto com um novo número aleatório, R_{A2}, criptografado com a chave de sessão, K_S. Na mensagem 4, Bob envia $K_S(R_{A2} - 1)$ para provar a Alice que ela está se comunicando com o verdadeiro Bob.

Retornar $K_S(R_{A2})$ não teria funcionado, pois Trudy poderia ter acabado de roubar essa chave na mensagem 3.

Depois de receber a mensagem 4, Alice estará convencida de que está se comunicando com Bob e de que nenhum replay poderia ter sido usado até então. Afinal, ela acabou de gerar R_{A2} alguns milissegundos antes. O objetivo da mensagem 5 é convencer Bob de que ele está se comunicando realmente com Alice, e que nenhum replay está sendo usado aqui. Ao fazer cada parte gerar um desafio e responder a outro, a possibilidade de qualquer tipo de ataque por replay é eliminada.

Apesar de parecer bastante sólido, esse protocolo tem uma pequena falha. Se Trudy conseguir obter uma antiga chave de sessão em texto simples, poderá iniciar uma nova sessão com Bob repetindo a mensagem 3 correspondente à chave comprometida e convencê-lo de que é Alice (Denning e Sacco, 1981). Dessa vez, ela poderá desfalcar a conta bancária de Alice sem precisar prestar o serviço legítimo uma única vez.

Mais tarde, Needham e Schroeder (1987) publicaram um protocolo que corrige esse problema. No mesmo exemplar do mesmo periódico, Otway e Rees (1987) também publicaram um protocolo que resolve o problema de uma forma mais simples. A Figura 8.38 mostra o protocolo de Otway-Rees ligeiramente modificado.

No protocolo de Otway-Rees, Alice começa gerando um par de números aleatórios, R, que será usado como um identificador comum, R_A, que ela utilizará para desafiar Bob. Quando receber essa mensagem, Bob criará uma nova com a parte criptografada da de Alice e mais uma

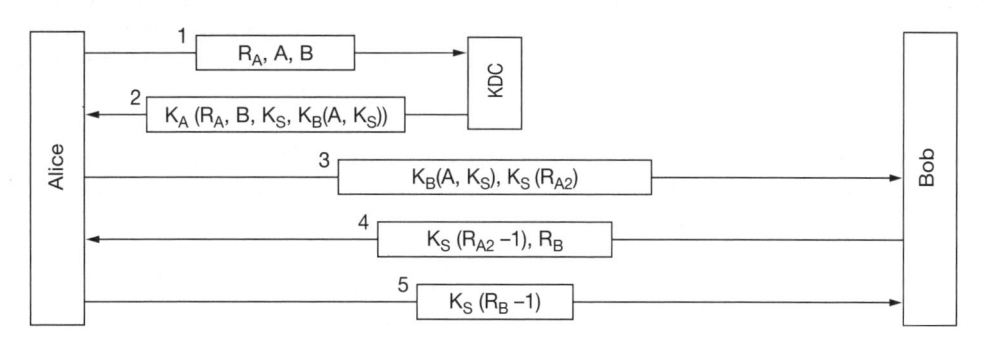

Figura 8.37 O protocolo de autenticação de Needham-Schroeder.

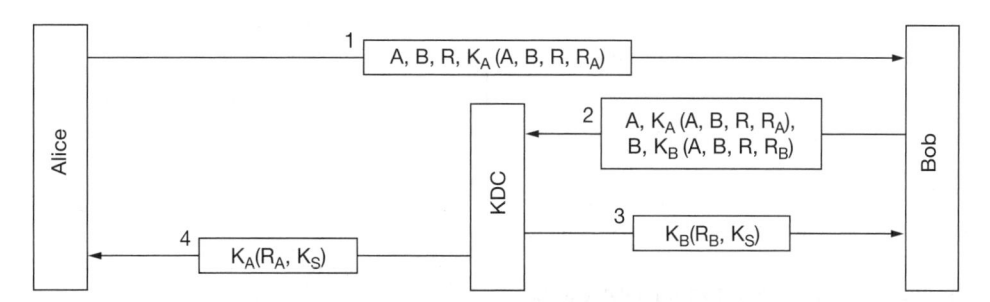

Figura 8.38 O protocolo de autenticação de Otway-Rees (ligeiramente simplificado).

semelhante de sua própria autoria. Ambas as partes criptografadas com K_A e K_B identificam Alice e Bob, e contêm o identificador comum e um desafio.

O KDC verifica se o R de ambas as partes é igual. Talvez não seja, porque Trudy adulterou R na mensagem 1 ou substituiu parte da mensagem 2. Se os dois números R coincidirem, o KDC considerará válida a mensagem de solicitação de Bob. Em seguida, o centro gerará uma chave de sessão criptografada duas vezes, uma para Alice e outra para Bob. Cada mensagem conterá o número aleatório do receptor, como prova de que o KDC, e não Trudy, gerou a mensagem. Nesse momento, tanto Alice quanto Bob têm a mesma chave de sessão e podem começar a comunicação. Na primeira vez que eles trocarem mensagens de dados, cada um poderá ver que o outro tem uma cópia idêntica de K_S, e assim a autenticação é concluída.

8.9.4 Autenticação com a utilização do Kerberos

Um protocolo de autenticação usado em muitos sistemas reais (inclusive no Windows) é o **Kerberos**, que se baseia em uma variante do protocolo de Needham-Schroeder. Seu nome se deve ao cão de várias cabeças da mitologia grega que guardava a entrada do Hades (provavelmente para manter as pessoas indesejáveis a distância). O Kerberos foi projetado no MIT para permitir que os usuários de estações de trabalho tivessem acesso a recursos da rede de forma segura. Sua grande diferença em relação ao protocolo de Needham-Schroeder é a suposição de que todos os clocks estão muito bem sincronizados. O protocolo passou por várias iterações. A V5 é a versão mais usada na indústria, e está definida na RFC 4120. A anterior, V4, finalmente foi retirada após sérias falhas (Yu et al., 2004). A V5 melhora a V4 com muitas mudanças pequenas no protocolo e alguns recursos melhorados, como o fato de não contar mais com o DES, agora desatualizado. Para obter mais informações, consulte Sood (2012).

O Kerberos envolve três servidores além de Alice (uma estação de trabalho cliente):

1. O Authentication Server (AS): verifica a identidade dos usuários durante o processo de login.
2. O Ticket-Granting Server (TGS): emite "bilhetes de comprovação de identidade".
3. O servidor Bob: faz realmente o trabalho que Alice deseja ver pronto.

O AS é semelhante a um KDC, porque compartilha uma senha secreta com todos os usuários. O trabalho do TGS é emitir bilhetes que possam convencer os servidores reais de que o portador de um bilhete TGS realmente é quem afirma ser.

Para iniciar uma sessão, Alice utiliza uma estação de trabalho pública qualquer e digita seu nome. A estação de trabalho envia seu nome e o do TGS ao AS em texto simples, como mostra a mensagem 1 da Figura 8.39. O retorno é uma chave de sessão e um bilhete, $K_{TGS}(A, K_S, t)$, destinado ao TGS. A chave de sessão é codificada com a chave secreta de Alice, de modo que apenas Alice possa decodificá-la. Somente quando a mensagem 2 chega, a estação de trabalho pede a senha de Alice – não antes. Em seguida, a senha é usada para gerar K_A, a fim de descriptografar a mensagem 2 e obter a chave de sessão.

Nesse momento, a estação de trabalho substitui a senha de Alice, para garantir que a senha só estará na estação de trabalho durante alguns milissegundos, no máximo. Se Trudy tentar estabelecer um login como Alice, a senha que ela digitar estará errada e a estação de trabalho detectará o problema, porque o trecho padrão da mensagem 2 estará incorreto.

Depois de estabelecer o login, Alice pode informar à estação de trabalho que deseja contatar Bob, o servidor de arquivos. Em seguida, a estação de trabalho envia a mensagem 3 ao TGS solicitando um bilhete para usar com Bob. O principal elemento nessa solicitação é o bilhete $K_{TGS}(A, K_S, t)$, criptografado com a chave secreta de TGS e usado como prova de que o transmissor realmente é Alice. O TGS responde criando uma chave de sessão, K_{AB}, para que Alice a utilize com Bob. Duas versões dessa chave são retornadas. A primeira é criptografada apenas com K_S, para que Alice possa ler a mensagem. A segunda é outro bilhete, criptografado com a chave de Bob, K_B, de forma que ele também possa ler a mensagem.

Trudy pode copiar a mensagem 3 e tentar usá-la mais uma vez, mas será frustrada pelo registro de tempo criptografado, t, enviado junto. Trudy não pode substituir o registro de tempo por outro mais recente, porque não conhece K_S, a chave de sessão que Alice utiliza para se comunicar com o TGS. Mesmo que Trudy repita a mensagem 3 rapidamente, tudo o que obterá será outra cópia da mensagem 4, que ela não pôde descriptografar na primeira vez e que também não poderá descriptografar na segunda vez.

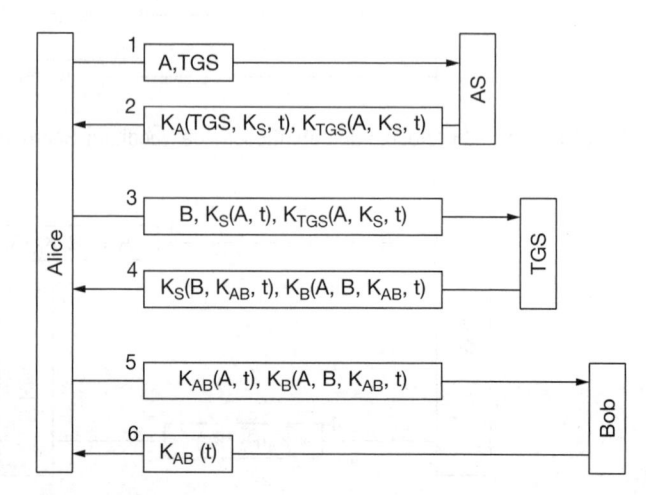

Figura 8.39 A operação do Kerberos V5.

Então, Alice pode enviar K_{AB} a Bob, para estabelecer uma sessão com ele (mensagem 5). Essa troca também recebe um registro de tempo. A resposta opcional (mensagem 6) é a prova de que Alice está realmente se comunicando com Bob, e não com Trudy.

Depois de uma série de trocas, Alice pode se comunicar com Bob sob a proteção de K_{AB}. Se mais tarde ela chegar à conclusão de que precisa se comunicar com outro servidor, Carol, Alice simplesmente repetirá a mensagem 3 para o TGS, apenas especificando C em vez de B. O TGS responderá prontamente com um bilhete criptografado com K_C, que Alice poderá enviar a Carol e que Carol aceitará como prova de que Alice o enviou.

O objetivo de todo esse trabalho é que agora Alice pode acessar servidores instalados por toda a rede de forma segura, e sua senha nunca terá de percorrer a rede. Na verdade, a senha só precisaria permanecer na estação de trabalho da própria Alice durante alguns milissegundos. No entanto, observe que cada servidor faz sua própria autorização. Quando Alice apresenta seu bilhete a Bob, isso prova a ele quem o enviou. Na verdade, a decisão sobre o que Alice está autorizada a fazer cabe a Bob.

Como os projetistas do Kerberos não esperavam que o mundo inteiro confiasse em um único servidor de autenticação, reservaram espaço para o uso de diversos **domínios** (realms), cada um com seu próprio AS e TGS. Para obter um bilhete referente a um servidor de um domínio distante, Alice solicitaria a seu próprio TGS um bilhete aceito pelo TGS do domínio distante. Se o TGS distante tiver sido registrado com o local (exatamente como fazem os servidores locais), este dará a Alice um bilhete válido no TGS distante. Depois disso, ela poderá usá-lo para executar ações como obter bilhetes para os servidores desse domínio. No entanto, observe que, para partes pertencentes a dois domínios interagirem, cada uma deverá confiar no TGS da outra. Caso contrário, não haverá interação.

8.9.5 Autenticação com a criptografia de chave pública

Também é possível fazer uma autenticação mútua com o uso da criptografia de chave pública. Para começar, Alice precisa da chave pública de Bob. Se existir uma PKI com o servidor de diretórios que entregue certificados para chaves públicas, Alice poderá solicitar o de Bob, como mostra a Figura 8.40, na mensagem 1. A resposta, na mensagem 2, é um certificado X.509 que contém a chave pública de Bob. Quando verifica que a assinatura está correta, Alice envia a Bob uma mensagem contendo sua identidade e um nonce.

Quando recebe essa mensagem, Bob não sabe com certeza se ela veio de Alice ou de Trudy, mas continua e pede ao servidor de diretórios a chave pública de Alice (mensagem 4) e logo a recebe (mensagem 5). Em seguida,

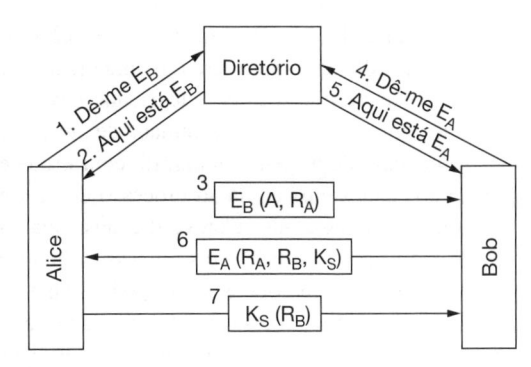

Figura 8.40 Autenticação mútua com a utilização da criptografia de chave pública.

envia a Alice uma mensagem contendo o R_A de Alice, seu próprio nonce, R_B, e uma chave de sessão sugerida, K_S.

Quando recebe a mensagem 6, Alice a descriptografa usando sua própria chave privada. Ela vê R_A na mensagem e fica feliz. A mensagem deve ter vindo de Bob, pois Trudy não tem como determinar R_A. Além disso, a mensagem deve ser nova, e não um replay, pois ela acabou de enviar R_A a Bob. Alice concorda com a sessão retornando a mensagem 7. Quando vê R_B criptografada com a chave de sessão que acabou de gerar, Bob fica sabendo que Alice recebeu a mensagem 6 e confirmou R_A. Agora Bob está satisfeito.

O que Trudy pode fazer para subverter esse protocolo? Ela pode falsificar a mensagem 3 e enganar Bob fazendo-o pensar que ela é Alice, mas Alice verá um R_A que não enviou e não prosseguirá com a transmissão. Trudy não poderá forjar a mensagem 7 de volta para Bob, pois não conhece os valores de R_B e de K_S e não pode determiná-los sem a chave privada de Alice. Ela está sem sorte.

8.10 SEGURANÇA DA COMUNICAÇÃO

Agora, concluímos nosso estudo das principais ferramentas. A maior parte das técnicas e protocolos importantes foi abordada. O restante do capítulo estuda a aplicação dessas técnicas na prática para proporcionar segurança às redes, além de alguns conceitos sobre os aspectos sociais da segurança, no final do capítulo.

Nas próximas seções, examinaremos a segurança da comunicação, isto é, como levar os bits secretamente e sem alteração da origem até o destino, e como manter bits indesejáveis do lado de fora. Essas não são de modo algum as únicas questões de segurança em redes, mas certamente estão entre as mais importantes.

8.10.1 IPsec

A IETF há muitos anos já sabia que faltava segurança na Internet. Não era fácil aumentá-la, porque havia uma disputa para definir onde colocá-la. A maioria dos especialistas em segurança acredita que, para serem realmente seguras, a criptografia e as verificações de integridade devem ser realizadas de ponta a ponta (i.e., na camada de aplicação). Ou seja, o processo de origem criptografa e/ou protege a integridade dos dados e os envia ao processo de destino, onde eles são descriptografados e/ou verificados. Qualquer adulteração realizada entre esses dois processos, inclusive dentro de qualquer sistema operacional, poderá então ser detectada. A dificuldade com essa abordagem é que ela exige a troca de todas as aplicações, a fim de torná-las cientes da segurança. Nessa visão, a segunda melhor abordagem é inserir a criptografia na camada de transporte ou em uma nova camada entre a camada de aplicação e a camada de transporte, tornando-a ainda de uma ponta à outra, mas sem exigir que as aplicações sejam alteradas.

A visão oposta é que os usuários não entendem de segurança e não serão capazes de usá-la corretamente e, como ninguém quer modificar programas existentes, a camada de rede devia autenticar e/ou codificar pacotes sem que os usuários estejam envolvidos. Depois de anos de batalhas, essa visão ganhou apoio suficiente para que fosse definido um padrão de segurança da camada de rede. Em parte, o argumento era que realizar a codificação na camada de rede não impediria que usuários conscientes da segurança a implementassem na camada de aplicação e, até certo ponto, isso também poderia ajudar os usuários sem consciência da segurança.

O resultado dessa guerra foi um projeto chamado **IPsec (IP security)**, descrito em muitas RFCs. Nem todos os usuários desejam a criptografia (porque ela é dispendiosa em termos computacionais). Em vez de torná-la opcional, decidiu-se exigir a criptografia o tempo todo, mas permitir o uso de um algoritmo nulo, o qual é descrito e elogiado por sua simplicidade, facilidade de implementação e grande velocidade na RFC 2410.

O projeto completo do IPsec é uma estrutura para vários serviços, algoritmos e detalhamentos. A razão para vários serviços é que nem todo mundo quer pagar o preço de ter todos eles o tempo todo e, assim, estão disponíveis à escolha de cada usuário. Por exemplo, alguém assistindo a um filme por streaming de um servidor remoto pode não se importar com criptografia (embora o proprietário do direito autoral sim). Os principais serviços são sigilo, integridade de dados e proteção contra ataques de reprodução (em que o intruso reproduz uma conversação). Todos esses serviços se baseiam na criptografia de chave simétrica, porque o alto desempenho é fundamental.

A razão de vários algoritmos é que um algoritmo que agora é considerado seguro poderá ser violado no futuro. Tornar o IPsec independente do algoritmo mantém a estrutura mesmo se algum algoritmo específico for violado posteriormente. Passar para o algoritmo 2 é muito mais fácil do que criar uma nova estrutura.

A razão para vários níveis de detalhamento é possibilitar a proteção de uma única conexão TCP, de todo o tráfego entre um par de hosts ou de todo o tráfego entre um par de roteadores seguros, além de outras possibilidades.

Um aspecto um tanto surpreendente do IPsec é que, embora esteja na camada IP, ele é orientado a conexões. Na realidade, isso não é muito surpreendente porque, para ter alguma segurança, uma chave tem de ser estabelecida e usada por um período de tempo – basicamente, uma espécie de conexão com um nome diferente. Além disso, as conexões amortizam os custos de configuração por vários pacotes. Uma "conexão" no contexto do IPsec é chamada associação de segurança, ou **SA (Security Association)**. Uma SA é uma conexão simplex entre duas extremidades e tem um identificador de segurança associado a ela. Se houver necessidade de tráfego seguro em ambos os sentidos, serão exigidas duas SAs. Os identificadores de segurança são transportados em pacotes que percorrem essas conexões seguras e são usados para pesquisar chaves e outras informações relevantes na chegada de um pacote seguro.

Tecnicamente, o IPsec tem duas partes principais. A primeira descreve dois novos cabeçalhos que podem ser acrescentados aos pacotes para transportar o identificador de segurança, dados de controle de integridade e outras informações. A segunda parte, **ISAKMP (Internet Security Association and Key Management Protocol)**, trata do estabelecimento de chaves – trata-se de um framework. O protocolo principal para executar o trabalho é **IKE (Internet Key Exchange)**. Ele passou por várias versões, em que as falhas foram corrigidas.

O IPsec pode ser usado de dois modos. No **modo de transporte**, o cabeçalho IPsec é inserido logo após o cabeçalho IP. O campo *Protocolo* no cabeçalho IP é alterado para indicar que o cabeçalho IPsec vem após o cabeçalho IP normal (antes do cabeçalho TCP). O cabeçalho IPsec contém informações de segurança, principalmente o identificador de SA, um novo número de sequência e possivelmente uma verificação de integridade da carga útil.

No modo **tunelamento**, todo o pacote IP, incluindo o cabeçalho, é encapsulado no corpo de um novo pacote IP com um cabeçalho IP completamente novo. O modo túnel é útil quando o túnel termina em um local diferente do destino. Em alguns casos, o fim do túnel é uma máquina com gateway de segurança, por exemplo, o firewall de uma empresa. Isso normalmente acontece para uma VPN (Virtual Private Network). Nesse modo, o gateway de segurança encapsula e desencapsula pacotes à medida que eles passam por ele. Quando o túnel termina nessa máquina segura, as máquinas da LAN da empresa não têm de tomar conhecimento do IPsec, somente o gateway de segurança precisa conhecê-lo.

O modo túnel também é útil quando um conjunto de conexões TCP é agregado e tratado como um único fluxo codificado, porque isso evita que um intruso veja quem está enviando quantos pacotes para quem. Às vezes, o simples conhecimento da quantidade de tráfego e de seu destino é uma informação valiosa. Por exemplo, se durante uma crise militar o volume de tráfego que flui entre o Pentágono e a Casa Branca cair de forma brusca, mas o volume de tráfego entre o Pentágono e alguma instalação militar nas profundezas das Montanhas Rochosas do Colorado aumentar na mesma proporção, um intruso poderá deduzir algumas informações úteis desses dados. O estudo dos padrões de fluxo de pacotes, ainda que eles estejam codificados, é chamado de **análise de tráfego**. O modo túnel fornece um meio para anular até certo ponto essa análise. Sua desvantagem é que acrescenta um cabeçalho IP extra, aumentando substancialmente o tamanho dos pacotes. Em contraste, o modo de transporte não afeta muito o tamanho dos pacotes.

O primeiro cabeçalho novo é o cabeçalho de autenticação, ou **AH (Authentication Header)**. Ele fornece verificação de integridade e segurança contra reprodução, mas não oferece sigilo (i.e., não há criptografia de dados). O uso do AH no modo de transporte é ilustrado na Figura 8.41. No IPv4, ele é inserido entre o cabeçalho IP (incluindo quaisquer opções) e o cabeçalho TCP. No IPv6, ele é simplesmente outro cabeçalho de extensão e é tratado como tal. De fato, o formato é próximo ao de um cabeçalho de extensão padrão do IPv6. É possível que a carga útil tenha de ser preenchida até completar algum tamanho específico para o algoritmo de autenticação, como mostra a figura.

Agora, vamos examinar o cabeçalho AH. O campo *Próximo cabeçalho* é usado para armazenar o valor anterior que o campo *Protocolo* do IP tinha antes de ser substituído por 51 para indicar que haverá um cabeçalho AH em seguida. Na maioria dos casos, o código para o TCP (6) entrará aqui. O campo *Tamanho da carga útil* é o número de palavras de 32 bits no cabeçalho AH, menos 2 unidades.

O campo *Índice de parâmetros de segurança* é o identificador da conexão. Ele é inserido pelo transmissor para indicar um registro específico no banco de dados do receptor. Esse registro contém a chave compartilhada usada nessa conexão e outras informações sobre ela. Se esse protocolo tivesse sido criado pela ITU e não pela IETF, esse campo seria chamado de *Número do circuito virtual*.

O campo *Número de sequência* é usado para numerar todos os pacotes enviados em uma SA. Todo pacote recebe um número exclusivo, até mesmo as retransmissões. Em outras palavras, a retransmissão de um pacote recebe um número diferente do original (embora seu número de sequência do TCP seja o mesmo). A finalidade desse campo é detectar ataques de reprodução. Esses números de sequência não podem se repetir. Se todos os 2^{32} se esgotarem, terá de ser estabelecida uma nova SA para dar continuidade à comunicação.

Finalmente, chegamos ao campo *Dados de autenticação*, um campo de tamanho variável, que contém a assinatura digital da carga útil. Quando a SA é estabelecida, os dois lados negociam o algoritmo de assinatura que vão usar. Em geral, não é utilizada aqui a criptografia de chave pública, porque os pacotes devem ser processados de forma extremamente rápida e todos os algoritmos de chave pública conhecidos são lentos. Como o IPsec se baseia na criptografia de chave simétrica, e como o transmissor e o receptor negociam uma chave compartilhada antes de estabelecer uma SA, a chave compartilhada é usada no cálculo da assinatura. Assim, o IPsec utiliza um HMAC, semelhante ao que discutimos na seção sobre autenticação usando chaves compartilhadas. Como dissemos, é muito mais rápido calcular o valor desse esquema que executar primeiro o SHA-2 e depois executar o RSA sobre o resultado.

O cabeçalho AH não permite criptografia dos dados, portanto, ele é útil principalmente quando a verificação da integridade é necessária, mas não o sigilo. Uma característica do AH que vale a pena notar é que a verificação de integridade abrange alguns dos campos do cabeçalho IP, ou seja, aqueles que não se alteram à medida que o pacote passa de um roteador para outro. Por exemplo, o campo *Tempo de vida* muda a cada hop e assim não pode ser incluído na verificação de integridade. No entanto, o endereço de origem IP é incluído na verificação, o que torna impossível para um intruso falsificar a origem de um pacote.

O cabeçalho IPsec alternativo é a **ESP (Encapsulating Security Payload)**. Seu uso no modo de transporte e no modo túnel é mostrado na Figura 8.42.

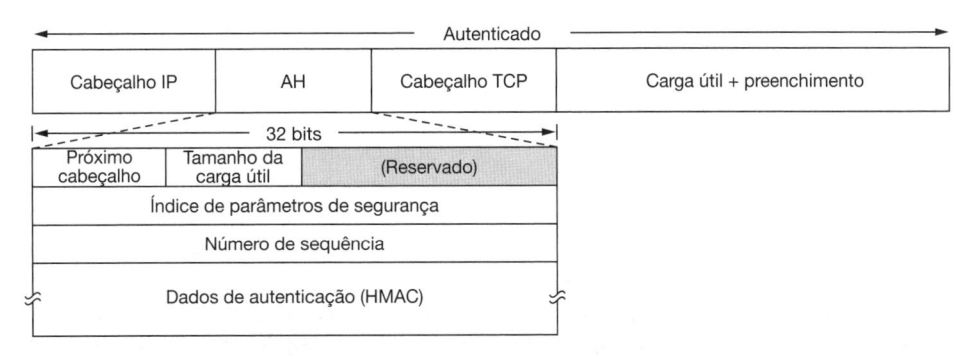

Figura 8.41 O cabeçalho de autenticação do IPsec em modo de transporte para o IPv4.

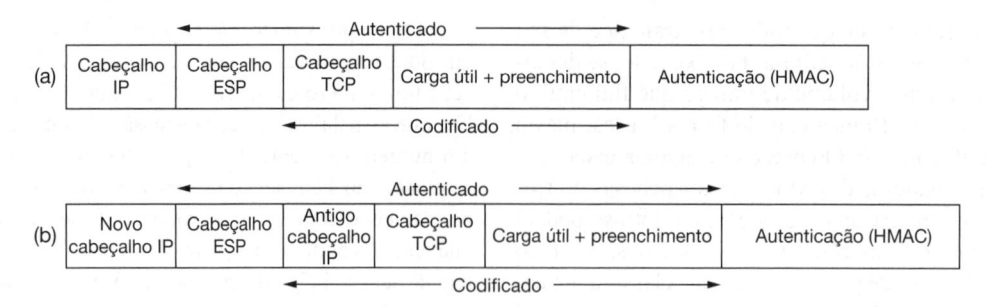

Figura 8.42 (a) ESP em modo de transporte. (b) ESP em modo túnel.

O cabeçalho ESP consiste em duas palavras de 32 bits. Elas constituem os campos *Índice de parâmetros de segurança* e *Número de sequência*, que vimos no AH. Uma terceira palavra que geralmente segue esses campos (mas tecnicamente não faz parte do cabeçalho) é o *Vetor de inicialização*, usado para a criptografia de dados, a menos que não seja utilizada criptografia, e nesse caso ele será omitido.

A ESP também fornece verificações de integridade do HMAC, como o AH; porém, em vez de serem incluídas no cabeçalho, elas vêm depois da carga útil, como mostra a Figura 8.42. A colocação do HMAC no final tem uma vantagem em uma implementação de hardware: o HMAC pode ser calculado à medida que os bits saem pela interface de rede e são acrescentados ao final. Por essa razão, as redes Ethernet e outras LANs têm seus CRCs em um final (trailer), e não em um cabeçalho. Com o AH, o pacote tem de ser armazenado em buffer e a assinatura deve ser calculada antes que seja possível enviar o pacote, reduzindo potencialmente o número de pacotes que podem ser enviados por segundo.

Considerando que a ESP pode fazer tudo o que o AH pode fazer e muito mais, além de ser mais eficiente durante a fase inicial, surge a questão: afinal, qual é a necessidade do AH? A resposta é principalmente histórica. No início, o AH cuidava apenas da integridade, enquanto a ESP tratava do sigilo. Mais tarde, a integridade foi acrescentada à ESP, mas as pessoas que projetaram o AH não queriam deixá-lo morrer depois de tanto trabalho. Seu único argumento real é que o AH verifica parte do cabeçalho IP, o que a ESP não faz. Contudo, esse é um argumento fraco, como também o argumento de que um produto com suporte para o AH, mas não para a ESP, poderia ter menos problemas para obter uma licença de exportação, porque não poderia efetuar a codificação. É provável que o AH deixe de ser usado no futuro.

8.10.2 Redes privadas virtuais

Muitas empresas têm escritórios e fábricas espalhados por muitas cidades, às vezes por vários países. Antigamente, antes das redes públicas de dados, era comum tais empresas arrendarem linhas dedicadas da companhia telefônica entre alguns pares de locais ou entre todos eles. Algumas organizações ainda fazem isso. Uma rede construída a partir de computadores de empresas e de linhas telefônicas dedicadas é chamada de **rede privada**.

As redes privadas funcionam muito bem e são bastante seguras. Se as únicas linhas disponíveis forem as linhas dedicadas, nenhum tráfego poderá vazar para fora das instalações da empresa, e os intrusos terão de grampear fisicamente as linhas para entrar, o que não é fácil. O problema das redes privadas é que arrendar uma única linha T1 é muito caro. Quando surgiram as redes públicas de dados e mais tarde a Internet, muitas empresas optaram por mover seu tráfego de dados (e possivelmente o de voz) para a rede pública, mas sem desistir da segurança da rede privada.

Essa demanda logo levou à criação de redes privadas virtuais, ou **VPNs (Virtual Private Networks)**, que são redes sobrepostas às redes públicas, mas com a maioria das propriedades das redes privadas. Elas são chamadas "virtuais" porque são meramente uma ilusão, da mesma forma que os circuitos virtuais não são circuitos reais e que a memória virtual não é uma memória real.

Uma técnica popular é construir as VPNs diretamente sobre a Internet. Um projeto comum é equipar cada escritório com um firewall e criar túneis pela Internet entre todos os pares de escritórios, como ilustra a Figura 8.43(a). Outra vantagem do uso da Internet para a conectividade é que os túneis podem ser criados por demanda para incluir, por exemplo, o computador de um funcionário que está em casa ou viajando, desde que a pessoa tenha uma conexão com a Internet. Essa flexibilidade é muito maior do que aquela oferecida com linhas dedicadas, embora, do ponto de vista dos computadores na VPN, a topologia seja exatamente a mesma que no caso da rede privada, como mostra a Figura 8.43(b). Quando o sistema é iniciado, cada par de firewalls tem de negociar os parâmetros de sua SA, incluindo os serviços, os modos, os algoritmos e as chaves. Se o IPsec for usado no tunelamento, será possível agregar todo o tráfego entre dois pares de escritórios quaisquer em uma única SA autenticada e criptografada, fornecendo assim controle de integridade, sigilo e até mesmo uma considerável imunidade à análise de tráfego. Muitos firewalls têm recursos

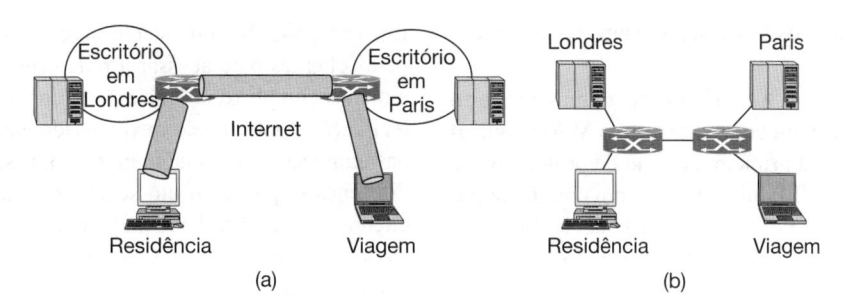

Figura 8.43 (a) Uma rede privada virtual. (b) Topologia vista de dentro.

internos para VPN. Alguns roteadores comuns podem fazer isso muito bem, porém, como os firewalls se destinam principalmente a questões de segurança, é natural fazer os túneis começarem e terminarem nos firewalls, proporcionando uma separação clara entre a empresa e a Internet. Desse modo, firewalls, VPNs e IPsec com ESP em modo túnel formam uma combinação natural e muito utilizada na prática.

Depois que as SAs são estabelecidas, o tráfego pode começar a fluir. Para um roteador na Internet, um pacote que viaja por um túnel VPN é apenas um pacote comum. O único detalhe incomum com ele é a presença do cabeçalho IPsec depois do cabeçalho IP; porém, como esses cabeçalhos extras não têm nenhum efeito sobre o processo de encaminhamento, os roteadores não se preocupam com eles.

Outra técnica que está ganhando popularidade é fazer o ISP estabelecer a VPN. Usando MPLS (conforme discutimos no Capítulo 5), os caminhos para o tráfego da VPN podem ser criados pela rede do ISP entre os escritórios da empresa. Esses caminhos mantêm o tráfego da VPN separado do restante do tráfego da Internet e podem receber alguma quantidade de largura de banda garantida, ou então outro tipo de qualidade de serviço.

Uma vantagem importante dessa forma de organizar uma VPN é sua completa transparência para todo o software do usuário. Os firewalls montam e gerenciam as SAs. A única pessoa consciente dessa configuração é o administrador do sistema, que tem de configurar e administrar os gateways de segurança, ou o administrador do ISP, que deve configurar os caminhos MPLS. Para todas as outras pessoas, é como ter de novo uma rede privada de linha dedicada. Para obter mais informações sobre VPNs, consulte Ashraf (2018).

8.10.3 Segurança em redes sem fio

É muito fácil projetar um sistema com total segurança em termos lógicos usando VPNs e firewalls, embora na prática ele vaze como uma peneira. Essa situação pode ocorrer se algumas das máquinas forem sem fio e usarem comunicação por rádio, que passa pelo firewall em ambos os sentidos (entrada e saída). O alcance das redes 802.11 pode chegar a 100 metros; assim, qualquer pessoa que queira espionar uma empresa pode se dirigir até o estacionamento dos funcionários pela manhã, deixar um notebook capaz de reconhecer sinais 802.11 dentro do carro para registrar tudo o que ouvir e se retirar no final do dia. À tarde, o disco rígido estará repleto de valiosas informações. Teoricamente, esse vazamento não deveria acontecer. Na teoria, as pessoas também não deveriam roubar bancos.

Grande parte do problema de segurança pode ter sua origem nos fabricantes de estações-base sem fio (pontos de acesso) que tentam tornar seus produtos amigáveis para o usuário. Em geral, se o usuário retirar o dispositivo da caixa e o conectar à tomada da rede elétrica, ele começará a operar de imediato – quase sempre sem qualquer segurança, revelando segredos para todo mundo que estiver dentro do alcance de rádio. Se ele for conectado a uma rede Ethernet, todo tráfego da Ethernet também aparecerá de repente no estacionamento. A rede sem fio é um sonho que se tornou realidade para o espião: dados gratuitos sem esforço algum. Por isso, não é preciso dizer que a segurança é ainda mais importante para sistemas sem fio do que para sistemas fisicamente conectados. Nesta seção, examinaremos alguns aspectos de segurança das redes sem fio, com um foco no WiFi (802.11). Algumas informações adicionais podem ser encontradas em Osterhage (2018).

Parte do padrão 802.11, originalmente chamado de **802.11i**, prescreve um protocolo de segurança do nível de enlace de dados para impedir que um nó sem fio leia ou interfira nas mensagens enviadas entre outro par de nós sem fio. Ele também é chamado de **WPA2 (WiFi Protected Access 2)**. O WPA puro é um esquema intermediário que implementa um subconjunto do 802.11i. Ele deve ser evitado em favor do WPA2. Seu sucessor, brilhantemente chamado de WPA3, foi anunciado em janeiro de 2018 e usa a criptografia de 128 bits no "modo pessoal" e criptografia de 192 bits no "modo Enterprise". O WPA3 tem muitas melhorias em relação ao WPA2, entre as quais está aquela conhecida como "Dragonfly", um handshake melhorado para impedir certos tipos de ataques de adivinhação de senha que infestam o WPA2. No momento em que esta edição foi escrita, o WPA3 ainda não era tão utilizado quanto o WPA2. Além disso, em abril de 2019, os pesquisadores divulgaram um vetor de ataque conhecido como Dragonblood, que remove muitas das vantagens de segurança do

WPA3. Por esses motivos, nesta seção, vamos nos concentrar no WPA2.

Vamos descrever o 802.11i em breve, mas primeiro indicaremos que ele é um substituto para o **WEP (Wired Equivalent Privacy)**, a primeira geração de protocolos de segurança 802.11. O WEP foi criado por um comitê de padrões de rede, que é um processo completamente diferente, por exemplo, do modo como o NIST selecionou o projeto do AES, usando uma competição pública mundial. Os resultados foram devastadores. O que saiu errado com ele? Do ponto de vista da segurança, quase tudo. Por exemplo, WEP codificava dados por confidencialidade realizando um XOR com a saída de um fluxo de cifras. Infelizmente, o uso de chaves fracas fez com que a saída geralmente fosse reutilizada. Isso ocasionou formas triviais de ataque. Como outro exemplo, a verificação de integridade era baseada em um CRC de 32 bits. Esse é um código eficiente para detectar erros de transmissão, mas não é um mecanismo criptograficamente forte para combater os invasores.

Essas e outras falhas de projeto tornaram o WEP muito fácil de ser comprometido. A primeira demonstração prática de que o WEP tinha falhas veio quando Adam Stubblefield era um estagiário na AT&T (Stubblefield et al., 2002). Ele conseguiu codificar e testar um ataque esboçado por Fluhrer et al. (2001) em uma semana, em que a maior parte do tempo foi gasta convencendo a gerência para que lhe comprasse uma placa WiFi para usar em seus experimentos. O software para quebrar senhas WEP em um minuto agora está livremente disponível e o uso de WEP é bastante desencorajado. Embora ele impeça o acesso casual, não oferece nenhuma forma de segurança real. O grupo 802.11i foi reunido às pressas quando ficou claro que o WEP foi seriamente comprometido. Esse grupo produziu um padrão formal em junho de 2004.

Agora, vamos descrever o 802.11i, que oferece segurança real se for montado e usado devidamente. Existem dois cenários comuns em que o WPA2 é usado. O primeiro é um ambiente corporativo, em que uma empresa tem um servidor de autenticação separado, com um banco de dados de nomes de usuários e senhas, que pode ser usado para determinar se um cliente sem fio tem permissão para acessar a rede. Nesse ambiente, os clientes usam protocolos padrão para ser autenticados na rede. Os principais padrões são o **802.1X**, com o qual o ponto de acesso permite que o cliente trave um diálogo com o servidor de autenticação e observe o resultado, e o **EAP (Extensible Authentication Protocol)** (RFC 3748), que informa como o cliente e o servidor de autenticação devem interagir. Na realidade, EAP é um framework e outros padrões definem as mensagens do protocolo. Contudo, não vamos entrar em muitos detalhes dessa troca, pois eles não são muito importantes para uma visão geral do assunto.

O segundo cenário está em um ambiente doméstico típico, em que não existe um servidor de autenticação. Em vez disso, há uma senha única compartilhada, usada pelos clientes para acessar a rede sem fio. Esse ambiente é menos complexo do que aquele com um servidor de autenticação, motivo pelo qual é usado em casa e em pequenas empresas, porém também é menos seguro. A principal diferença é que, com um servidor de autenticação, cada cliente recebe uma chave para codificar o tráfego, que não é conhecida pelos clientes externos. Com uma única senha compartilhada, diferentes chaves são derivadas para cada cliente, mas todos têm a mesma senha e podem derivar as chaves uns dos outros, se quiserem.

As chaves usadas para codificar o tráfego são calculadas como parte de um handshake de autenticação. O handshake ocorre logo depois que o cliente se associa a uma rede sem fio e se autentica com um servidor de autenticação, se houver. No início do handshake, o cliente tem a senha de rede compartilhada ou sua senha para o servidor de autenticação. Essa senha é usada para derivar uma chave mestra. Contudo, a chave mestra não é usada diretamente para codificar pacotes. É uma prática criptográfica padrão derivar uma chave de sessão para cada período de uso, mudar a chave para diferentes sessões e expor a chave mestra à observação o mínimo possível. É essa chave de sessão que é calculada no handshake.

A chave de sessão é calculada com o handshake de quatro pacotes mostrado na Figura 8.44. Primeiro, o ponto de acesso, ou AP (Access Point), envia um número qualquer para identificação. O cliente também escolhe seu próprio nonce. Ele usa os nonces, seu endereço MAC e o do AP, e a chave mestra para calcular uma chave de sessão, K_S. A chave de sessão é dividida em partes, usadas para diferentes finalidades, mas omitiremos esse detalhe. Agora, o cliente tem chaves de sessão, mas o AP não tem. Assim, o cliente envia seu nonce ao AP, e este realiza o mesmo cálculo para derivar as mesmas chaves de sessão. Os nonces podem ser enviados às claras, pois as chaves não podem ser derivadas a partir deles sem informações extras, secretas. A mensagem do cliente é protegida com uma verificação de integridade chamada verificação de integridade da mensagem, ou **MIC (Message Integrity Check)**, com base na chave da sessão. O AP pode verificar se a MIC está correta, e portanto se a mensagem realmente veio do cliente, depois de calcular as chaves de sessão. Uma MIC é apenas outro nome para um código de autenticação de mensagem, como em um HMAC. Em seu lugar, o termo MIC é frequentemente utilizado para protocolos de rede, devido ao potencial de confusão com endereços MAC (Medium Access Control).

Nas duas últimas mensagens, o AP distribui uma chave de grupo, K_G, ao cliente, e este confirma a mensagem. O recebimento dessas mensagens permite que o cliente verifique se o AP tem as chaves de sessão corretas e vice-versa. A chave de grupo é usada para tráfego de broadcast e multicast na LAN 802.11. Tendo em vista que o resultado

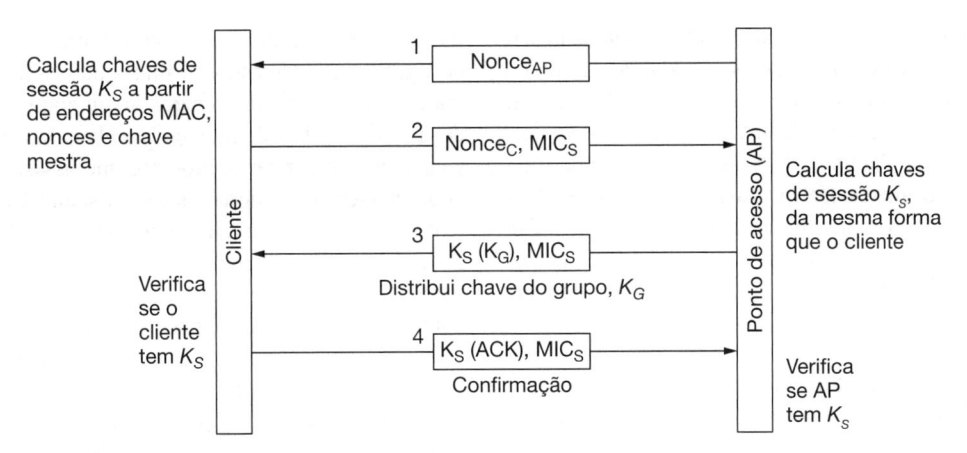

Figura 8.44 O handshake de definição de chave no 802.11i.

do handshake é que cada cliente tem suas próprias chaves de codificação, nenhuma delas pode ser usada pelo AP para transmitir pacotes por broadcast a todos os clientes sem fio uma cópia separada teria de ser enviada a cada cliente usando sua chave. Em vez disso, uma chave compartilhada é distribuída para que o tráfego de broadcast possa ser enviado apenas uma vez e recebido por todos os clientes. Ela precisa ser atualizada à medida que os clientes entram e saem da rede.

Por fim, chegamos à parte em que as chaves são realmente usadas para fornecer segurança. Dois protocolos podem ser usados no 802.11i para fornecer confidencialidade, integridade e autenticação da mensagem. Assim como WPA, um dos protocolos, chamado **TKIP (Temporary Key Integrity Protocol)**, foi uma solução temporária. Ele foi criado para melhorar a segurança em placas 802.11 antigas e lentas, de modo que pelo menos alguma segurança melhor que o WEP pudesse ser implementada como um upgrade no firmware. Contudo, ele também foi quebrado, e por isso é melhor ficar com o outro protocolo recomendado, o **CCMP**. O que significa CCMP? Essa é uma abreviação para o nome espetacular "Counter mode with Cipher block chaining Message authentication code Protocol" (protocolo de código de autenticação de mensagem de modo contador com encadeamento de blocos de cifras). Vamos chamá-lo simplesmente de CCMP. Você pode chamá-lo como quiser.

O CCMP funciona de maneira relativamente simples: ele usa a codificação AES com uma chave e um tamanho de bloco de 128 bits. A chave vem da chave de sessão. Para fornecer confidencialidade, as mensagens são codificadas com AES no modo contador. Lembre-se de que discutimos sobre os modos de cifras na Seção 8.2.3. Esses modos são o que impede que a mesma mensagem seja codificada para o mesmo conjunto de bits todas as vezes. O modo contador insere um contador junto com a codificação. Para oferecer integridade, a mensagem, incluindo os campos de cabeçalho, é codificada com o modo de encadeamento de blocos de cifras e o último bloco de 128 bits é mantido como o MIC. Em seguida, tanto a mensagem (codificada com o modo contador) como o MIC são enviados. O cliente e o AP podem realizar essa codificação individualmente, ou então verificá-la quando um pacote for recebido pela rede sem fio. Para o broadcast ou multicast de mensagens, o mesmo procedimento é usado com a chave de grupo.

8.11 SEGURANÇA DE CORREIO ELETRÔNICO

Quando uma mensagem de correio eletrônico é enviada entre dois sites distantes, geralmente ela transita por dezenas de máquinas até chegar a seu destino. Qualquer uma dessas máquinas pode ler e armazenar a mensagem para usá-la posteriormente. Na prática, não há privacidade, apesar de muitas pessoas acharem o contrário. Todavia, muita gente gostaria de enviar mensagens de correio eletrônico para que fossem lidas pelo destinatário pretendido e por ninguém mais (nem seu chefe, nem o governo). Esse desejo estimulou muitas pessoas e grupos a aplicar os princípios da criptografia que estudamos anteriormente para produzir mensagens seguras. Nas seções a seguir, estudaremos um sistema de correio eletrônico seguro e bastante utilizado, o PGP, e depois mencionaremos brevemente outro sistema, o S/MIME.

8.11.1 Pretty Good Privacy

Nosso primeiro exemplo, o **PGP (Pretty Good Privacy)**, foi criado por uma única pessoa, Phil Zimmermann (1995). Zimmermann é um defensor da privacidade cujo lema é: "Se a privacidade for ilegal, somente os ilegais terão privacidade". Lançado em 1991, o PGP é um pacote completo para segurança de mensagens de correio eletrônico que fornece privacidade, autenticação, assinaturas digitais e compactação, tudo de uma forma fácil de usar. Além disso, o pacote completo, incluindo todo o código-fonte, é distribuído de graça via Internet. Graças à qualidade, ao preço (zero) e à disponibilidade em plataformas UNIX, Linux, Windows e Mac OS, é um sistema bastante utilizado hoje.

O PGP originalmente codificava dados usando uma cifra de bloco chamada **IDEA (International Data Encryption Algorithm)**, que utiliza chaves de 128 bits. Ele foi criado na Suíça em uma época na qual o DES era considerado decadente e o AES ainda não tinha surgido. Em termos conceituais, o IDEA é semelhante ao DES e ao AES: ele embaralha os bits em uma série de rodadas, mas os detalhes das funções executoras são diferentes dos de DES e AES. Mais tarde, o AES foi acrescentado como um algoritmo de criptografia e é usado agora com frequência.

O PGP também esteve envolvido em controvérsias desde o início (Levy, 1993). Como Zimmermann não fez nada para impedir que outras pessoas colocassem o PGP na Internet, onde gente de todo o mundo poderia obtê-lo, o governo dos Estados Unidos afirmou que Zimmermann violou leis norte-americanas que proibiam a exportação de munições. A investigação durou cinco anos, mas foi abandonada, provavelmente por dois motivos. Primeiro, Zimmermann não colocou o PGP na Internet, e assim seu advogado afirmou que *ele* nunca exportou nada (e, na época, havia dúvidas sobre se criar um site constituiria uma forma de exportação). Segundo, o governo percebeu mais tarde que vencer uma disputa judicial significava convencer um júri de que um site contendo um programa de privacidade passível de ser transferido por download era uma infração sujeita às penas da lei contra tráfico de armas – que proibia a exportação de materiais de guerra como tanques, submarinos, aeronaves militares e armas nucleares. Vários anos de publicidade negativa provavelmente também não ajudariam muito.

A propósito, as regras de exportação são bizarras, para dizer o mínimo. O governo norte-americano considerava a colocação de código em um site um ato de exportação ilegal e processou Zimmermann durante cinco anos. De modo controverso, quando alguém publicava o código-fonte completo do PGP em linguagem C sob a forma de um livro (em uma fonte de tamanho grande com um checksum em cada página, para facilitar a digitalização) e depois o exportava, isso era legal, porque os livros não são classificados como munições. A espada é mais poderosa que a caneta, pelo menos para o Tio Sam.

Outro problema que o PGP enfrentou envolvia a violação de patentes. A empresa que detinha a patente do RSA, denominada RSA Security, Inc., alegou que o uso que o PGP fazia do algoritmo RSA infringia sua patente, mas esse problema foi contornado nas versões seguintes, a partir da versão 2.6. Além disso, o PGP usa outro algoritmo de criptografia patenteado, o IDEA, o que causou alguns problemas no início.

Tendo em vista que o PGP tem código-fonte aberto, muitas pessoas e grupos o modificaram e produziram várias versões. Algumas delas foram projetadas para contornar as leis de munições; outras se concentraram em evitar o uso de algoritmos patenteados; e ainda outras queriam transformá-lo em um produto comercial com código-fonte fechado. Embora as leis de munições tenham sido ligeiramente atenuadas (do contrário, produtos que usassem o AES não poderiam ter sido exportados pelos Estados Unidos) e a patente do RSA tenha expirado em setembro de 2000, o legado de todos esses problemas foi a existência de várias versões incompatíveis do PGP, identificadas por diversos nomes. A descrição a seguir se concentra no PGP clássico, a versão mais antiga e mais simples, exceto que usamos AES e SHA-2 no lugar de IDEA e MD5 em nossa explicação. Outra versão popular, o Open PGP, é descrita na RFC 2440. Ainda outra é o Privacy Guard do GNU.

O PGP utilizou intencionalmente algoritmos criptográficos que já existiam, em vez de criar novos. Ele se baseia em algoritmos que passaram por intensas revisões e não foram projetados ou influenciados por nenhuma agência governamental que tentasse enfraquecê-los. Para pessoas que tendem a não acreditar no governo, essa característica representa uma excelente opção.

O PGP aceita compactação de textos, sigilo e assinaturas digitais, e também oferece amplos recursos de gerenciamento de chaves, mas, estranhamente, não oferece recursos de correio eletrônico. Ele é mais parecido com um pré-processador que recebe texto simples como entrada e produz texto cifrado assinado em base64 como saída, a qual pode então ser enviada por correio eletrônico. Algumas implementações do PGP chamam um agente do usuário na etapa final para enviar de fato a mensagem.

Para ver como o PGP funciona, considere o exemplo da Figura 8.45. Alice deseja enviar uma mensagem em texto simples assinada, P, para Bob de forma segura. O PGP admite diferentes esquemas de criptografia, como RSA e criptografia por curva elíptica, mas vamos considerar aqui que tanto Alice quanto Bob têm chaves RSA privadas (D_X) e públicas (E_X). Vamos supor que cada um conheça a chave pública do outro; examinaremos em breve o gerenciamento de chaves do PGP.

Alice começa invocando o programa PGP em seu computador. Primeiro, o PGP submete sua mensagem P a um processo hash, utilizando o SHA-2; em seguida, criptografa o resultado com sua chave privada RSA, D_A. Quando receber a mensagem, Bob poderá descriptografar o hash com a chave pública de Alice e confirmar que o hash está correto. Mesmo que alguma outra pessoa (p. ex., Trudy) pudesse adquirir o hash nesse estágio e descriptografá-lo com a chave pública de Alice, a robustez do SHA-2 garante que seria inviável em termos computacionais produzir outra mensagem com o mesmo hash SHA-2.

O hash criptografado e a mensagem original são concatenados em uma única mensagem $P1$ e compactados com o programa ZIP, que emprega o algoritmo de Ziv-Lempel (Ziv e Lempel, 1977). Chame a saída dessa etapa de $P1.Z$.

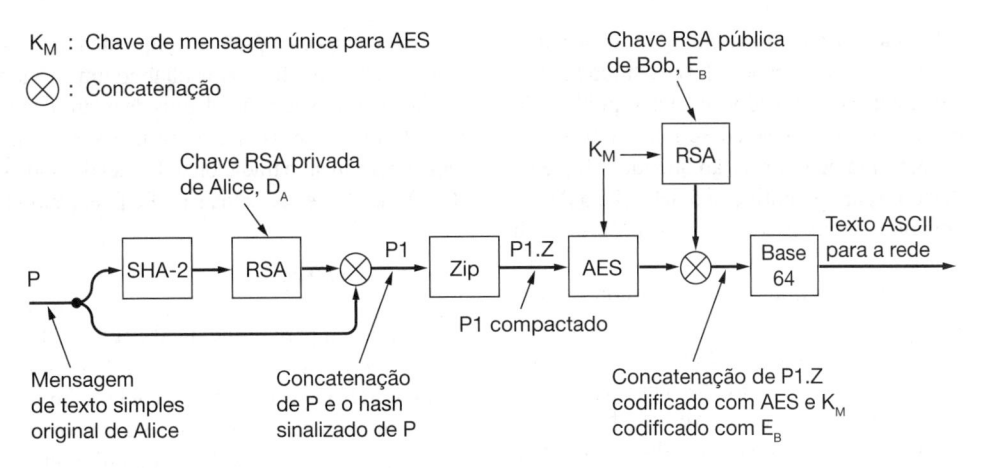

Figura 8.45 O PGP em operação para enviar uma mensagem.

Em seguida, o PGP solicita a Alice que informe dados aleatoriamente. O conteúdo e a velocidade de digitação são usados para gerar uma chave de mensagem AES de 256 bits, K_M (denominada chave de sessão na literatura sobre o PGP; no entanto, essa denominação não é adequada, pois não há sessão). K_M agora é usada para criptografar $P1.Z$ com AES. Além disso, K_M é criptografada com a chave pública de Bob, E_B. Em seguida, esses dois componentes são concatenados e convertidos para base64, como discutimos na seção sobre o MIME no Capítulo 7. A mensagem resultante contém apenas letras, dígitos e os símbolos +, / e =, o que significa que ela pode ser incluída em um corpo RFC 822 e chegar intacta a seu destino.

Ao receber a mensagem, Bob reverte a codificação base64 e decodifica a chave AES utilizando sua chave privada RSA. Ao usar essa chave, ele decodifica a mensagem para obter $P1.Z$. Após a descompactação, Bob separa o texto simples do hash criptografado e descriptografa o hash utilizando a chave pública de Alice. Se o hash de texto simples coincidir com seu próprio cálculo SHA-2, ele saberá que P é a mensagem correta e que ela veio de Alice.

Vale a pena observar que o RSA só é usado em duas situações: para criptografar o hash SHA-2 de 256 bits e para criptografar a chave de 256 bits. Apesar de o RSA ser lento, ele só precisa criptografar alguns bits, e não um grande volume de dados. Além disso, todos os 512 bits de texto simples são excessivamente aleatórios, portanto, Trudy terá muito trabalho para descobrir se uma suposta chave está correta. O trabalho de criptografia é feito pelo IDEA, que é várias ordens de grandeza mais rápido que o RSA. Portanto, o PGP oferece segurança, compactação e assinatura digital de uma forma muito mais eficiente do que o esquema ilustrado na Figura 8.22.

O PGP aceita vários tamanhos de chaves RSA. Cabe ao usuário selecionar o mais apropriado. Por exemplo, se você for um usuário regular, um tamanho de chave de 1024 bits pode ser suficiente. Se estiver preocupado com alguma organização do governo com três letras, talvez 2048 bits deverá ser o mínimo. Fica aflito ao pensar em alienígenas, com tecnologia 10 mil anos à frente da nossa lendo suas mensagens de e-mail? Sempre haverá a opção de usar chaves de 4096 bits. Contudo, como o RSA só é usado para codificar alguns poucos bits, talvez seja melhor optar pela opção à prova de alienígenas.

O formato de uma mensagem PGP clássica é mostrado na Figura 8.46. Diversos outros formatos também estão sendo usados. A mensagem tem três partes – a chave IDEA, a assinatura e a mensagem. A parte referente à chave contém não só ela, mas também um identificador de chave, pois os usuários podem ter várias chaves públicas.

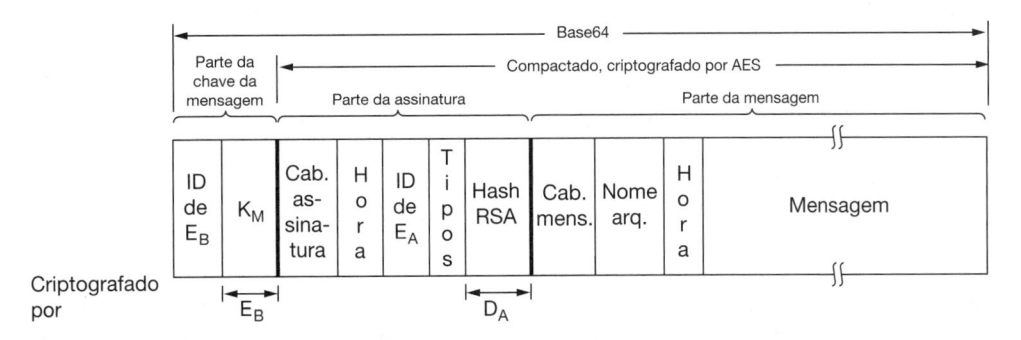

Figura 8.46 Uma mensagem PGP.

A parte referente à assinatura contém um cabeçalho, que não nos interessará aqui. O cabeçalho é seguido por um registro de tempo, pelo identificador da chave pública do transmissor, que pode ser usada para descriptografar o hash de assinatura, algum tipo de informação que identifique os algoritmos utilizados (para permitir que o SHA-4 e o RSA2 sejam usados quando forem criados) e pelo próprio hash criptografado.

A parte referente à mensagem também contém um cabeçalho, o nome padrão do arquivo a ser usado se o receptor gravar o arquivo no disco, o registro de tempo de criação da mensagem e, por fim, a própria mensagem.

No PGP, o gerenciamento de chaves recebeu muita atenção por ser o calcanhar de aquiles de todos os sistemas de segurança. O gerenciamento de chaves funciona conforme descrito a seguir. Cada usuário mantém duas estruturas de dados localmente: um anel de chaves privadas e um anel de chaves públicas. O **anel de chaves privadas** contém um ou mais pares de chave pública/privada. A razão para aceitar vários pares por usuário é permitir que estes alterem suas chaves públicas periodicamente ou quando uma delas for considerada comprometida, sem invalidar as mensagens que estiverem sendo preparadas ou em trânsito. Cada par tem um identificador associado, para que o remetente da mensagem informe ao destinatário qual chave pública foi utilizada para criptografá-la. Os identificadores de mensagem consistem nos 64 bits de baixa ordem da chave pública. Os usuários são responsáveis por evitar conflitos em seus identificadores de chave pública. As chaves privadas armazenadas em disco são criptografadas com o uso de uma senha especial (arbitrariamente longa) para protegê-las contra ataques sorrateiros.

O **anel de chaves públicas** contém as chaves públicas correspondentes do usuário. Elas são necessárias para criptografar as chaves associadas a cada mensagem. Cada entrada do anel contém não só a chave pública, mas também seu identificador de 64 bits e uma indicação de até que ponto o usuário confia na chave.

O problema que está sendo resolvido é explicado a seguir. Vamos supor que as chaves públicas sejam mantidas em sites da Web. Uma forma de Trudy ler o e-mail secreto de Bob é atacar o website e substituir a chave pública de Bob por outra de sua escolha. Quando Alice obtiver a chave que supostamente pertence a Bob, Trudy poderá montar um ataque da brigada de incêndio (MITM) contra Bob.

Para impedir tais ataques, ou pelo menos minimizar suas consequências, Alice precisa saber até que ponto pode confiar no item "chave de Bob" em seu anel de chaves públicas. Se souber que Bob entregou pessoalmente um CD-ROM (ou um dispositivo de armazenamento mais moderno) contendo a chave, ela poderá definir o valor de confiança como o mais alto. Essa é uma abordagem descentralizada e controlada pelo usuário para o gerenciamento de chaves públicas, o que distingue o PGP dos esquemas centralizados de PKI.

No entanto, na prática, frequentemente as pessoas recebem chaves públicas consultando um servidor de chaves confiável. Por essa razão, depois da padronização do X.509, o PGP também passou a admitir esses certificados, bem como o mecanismo tradicional de anel de chaves públicas do PGP. Todas as versões atuais do PGP têm suporte ao X.509.

8.11.2 S/MIME

O próximo empreendimento da IETF relacionado à segurança do correio eletrônico foi denominado **S/MIME (Secure/MIME)**, descrito nas RFCs 2632 a 2643. Ele oferece autenticação, integridade de dados, sigilo e não repúdio. É bastante flexível, pois admite uma variedade de algoritmos criptográficos. Considerando-se o nome, não surpreende que o S/MIME se integre bem ao MIME, permitindo que todos os tipos de mensagens sejam protegidas. Foi definida uma grande variedade de novos cabeçalhos MIME, por exemplo, para conter assinaturas digitais.

O S/MIME não tem uma estrutura rígida de certificados começando em uma única raiz, o que tem sido um dos problemas políticos que arruinaram um sistema mais antigo, chamado PEM (Privacy Enhanced Mail). Em vez disso, os usuários podem ter várias âncoras de confiança. Desde que a origem de um certificado possa ser acompanhada até alguma âncora de confiança em que o usuário acredite, ele é considerado válido. O S/MIME utiliza os algoritmos e protocolos padrão que examinamos até agora, portanto não o discutiremos mais aqui. Para ver os detalhes, consulte as RFCs.

8.12 SEGURANÇA DA WEB

Acabamos de estudar duas áreas importantes em que a segurança é necessária: comunicações e correio eletrônico. Considere-as entrada e aperitivo. Agora, vamos ao prato principal: a segurança da Web. O lugar onde encontramos a maioria dos intrusos, espionando e fazendo seu trabalho sujo é a Web. Nas próximas seções examinaremos alguns problemas e questões referentes à segurança da Web.

De modo geral, a segurança da Web pode ser dividida em três partes. Primeira: como os objetos e os recursos são nomeados com segurança? Segunda: como é possível estabelecer conexões seguras e autenticadas? Terceira: o que acontece quando um site envia a um cliente um fragmento de código executável? Depois de estudarmos algumas ameaças, vamos examinar todas essas questões.

8.12.1 Ameaças

Quase toda semana, lemos notícias sobre problemas de segurança de sites. A situação é realmente bastante séria. Vamos examinar alguns exemplos do que já aconteceu. Primeiro, a home page de inúmeras organizações é atacada e substituída por uma nova home page escolhida pelos crackers. (A imprensa popular chama as pessoas que invadem computadores de "hackers", mas muitos programadores reservam esse termo para os ótimos programadores. Preferimos chamar esses invasores de "crackers".) Entre os sites invadidos incluem-se Yahoo, o Exército dos Estados Unidos, a CIA, a NASA e o *New York Times*. Na maioria dos casos, os crackers simplesmente colocavam algum texto engraçado, e os sites eram arrumados dentro de algumas horas.

Agora, vamos observar alguns casos muito mais sérios. Diversos sites foram derrubados por ataques de negação de serviço, nos quais o cracker inunda o site com tráfego, tornando-o incapaz de responder a consultas legítimas. Com frequência, o ataque é montado a partir de um grande número de máquinas que o cracker já invadiu (ataques DDoS). Esses ataques são tão comuns que já não geram mais notícias, mas podem custar à vítima milhões de dólares em negócios perdidos.

Em 1999, um cracker sueco invadiu o site Hotmail da Microsoft e criou um site-espelho que permitia a qualquer pessoa digitar o nome de um usuário do Hotmail e depois ler todo o correio eletrônico atual e arquivado da pessoa.

Em outro caso, um cracker russo de 19 anos chamado Maxim invadiu um site de comércio eletrônico e roubou 300 mil números de cartão de crédito. Em seguida, abordou os proprietários do site e informou que, se não recebesse 100 mil dólares, postaria todos os números de cartões de crédito na Internet. Eles não cederam à chantagem, e o cracker realmente publicou os números dos cartões de crédito causando muitos danos a muitas vítimas inocentes.

Em um cenário diferente, um aluno de 23 anos na Califórnia enviou por correio eletrônico um comunicado a uma agência de notícias, afirmando falsamente que a Emulex Corporation iria anunciar um grande prejuízo trimestral e que o CEO da empresa renunciaria imediatamente. Dentro de poucas horas, as ações caíram 60%, fazendo os acionistas perderem mais de 2 bilhões de dólares. O atacante ganhou 250 mil dólares vendendo suas ações pouco antes de enviar o anúncio. Embora esse evento não represente a invasão de um site, é claro que a inserção de um anúncio desse tipo na home page de qualquer grande corporação teria um efeito semelhante.

Poderíamos (infelizmente) continuar com esse assunto por muitas páginas, mas agora devemos examinar algumas questões técnicas relacionadas à segurança da Web. Para obter mais informações sobre problemas de segurança de todos os tipos, consulte Du (2019), Schneier (2004), e Stuttard e Pinto (2007). A pesquisa na Internet também resultará na apresentação de um grande número de casos específicos.

8.12.2 Nomenclatura segura e DNSSEC

Vamos retornar ao problema de spoofing do DNS, começando com algo bastante básico: Alice quer visitar o website de Bob. Ela digita o URL de Bob em seu navegador e, em alguns segundos, surge uma página Web. Contudo, será a página de Bob? Talvez sim, talvez não. Trudy poderia colocar em prática mais uma vez seus velhos truques. Por exemplo, ela poderia interceptar todos os pacotes enviados por Alice e examiná-los. Quando capturar uma solicitação *GET* do HTTP endereçada ao site de Bob, ela mesma poderá ir até o site de Bob para obter a página, modificá-la como desejar e retornar para Alice a página falsa. Ela nem ficaria sabendo. Pior ainda, Trudy poderia diminuir os preços da loja eletrônica de Bob para tornar suas mercadorias muito atraentes, fazendo Alice enviar seu número de cartão de crédito para "Bob", a fim de adquirir algumas mercadorias.

Uma desvantagem desse clássico ataque do homem no meio é que Trudy tem de estar em uma posição conveniente para interceptar o tráfego enviado por Alice e forjar seu tráfego de entrada. Na prática, ela tem de grampear a linha telefônica de Alice ou de Bob, pois é muito difícil grampear o backbone de fibra óptica. Embora a espionagem ativa certamente seja possível, ela exige determinado volume de trabalho e, embora seja inteligente, Trudy também é preguiçosa.

Além disso, existem maneiras mais fáceis de enganar Alice, como o spoofing do DNS, que vimos anteriormente na Seção 8.2.3. Resumindo, os invasores usam o spoofing do DNS para armazenar um mapeamento incorreto de um serviço em um servidor de nomes intermediário, fazendo-o apontar para o endereço IP do invasor. Quando um usuário deseja se comunicar com o serviço, ele pesquisa o endereço mas, em vez de falar com o servidor legítimo, acaba falando com o invasor.

O problema real é que o DNS foi projetado em uma época na qual a Internet era um recurso de pesquisa para algumas centenas de universidades e nem Alice, nem Bob, nem Trudy foram convidados para a festa. Naquela época, o importante não era a segurança, mas fazer a Internet funcionar. O ambiente mudou de forma radical ao longo dos anos, assim, em 1994, a IETF reuniu um grupo de trabalho para tornar o DNS fundamentalmente seguro. Esse projeto (contínuo) é conhecido como **DNSSEC (DNS security)**, e seu resultado é apresentado na RFC 2535, e mais tarde atualizado nas RFCs 4033, 4034 e 4035, entre outras. Infelizmente, o DNSSEC ainda não foi totalmente implementado, e portanto diversos servidores DNS ainda estão vulneráveis a ataques de spoofing.

Em termos conceituais, o DNSSEC é extremamente simples, ele se baseia na criptografia de chave pública. Cada zona DNS (conforme discutimos no Capítulo 7) tem um par de chave pública/chave privada. Todas as informações enviadas por um servidor DNS são assinadas com a chave privada da zona de origem, de forma que o receptor possa verificar sua autenticidade.

O DNSSEC oferece três serviços fundamentais:

1. Prova de onde os dados se originaram.
2. Distribuição de chave pública.
3. Autenticação de transação e solicitação.

O principal serviço é o primeiro, que verifica se os dados que estão sendo retornados foram aprovados pelo proprietário da zona. O segundo é útil para armazenar e recuperar chaves públicas com segurança. O terceiro é necessário como proteção contra ataques por reprodução e spoofing. Observe que o sigilo não é um serviço oferecido, pois todas as informações no DNS são consideradas públicas. Tendo em vista que a implantação do DNSSEC deverá demorar vários anos, a habilidade de servidores conscientes da segurança para interoperar com servidores que ignoram os aspectos da segurança é algo essencial; isso implica que o protocolo não pode ser alterado. Agora, vamos observar alguns detalhes.

Os registros DNS são agrupados em conjuntos chamados **RRSETs** (**Resource Record Sets**), com todos aqueles que têm o mesmo nome, a mesma classe e o mesmo tipo reunidos em um único conjunto. Por exemplo, um RRSET pode conter vários registros *A*, se um nome DNS for resolvido em um endereço IP primário e um endereço IP secundário. Os RRSETs são estendidos com vários tipos novos de registros (descritos a seguir). Cada RRSET passa por um hash criptográfico (p. ex., usando SHA-2). O hash é assinado pela chave privada da zona (p. ex., usando-se o RSA). A unidade de transmissão para clientes é o RRSET assinado. Ao recebê-lo, o cliente pode verificar se ele foi assinado pela chave privada da zona de origem. Se a assinatura coincidir, os dados serão aceitos. Tendo em vista que cada RRSET contém sua própria assinatura, os RRSETs podem ser armazenados em cache em qualquer lugar, até mesmo em servidores não confiáveis, sem trazer perigo à segurança.

O DNSSEC introduz vários tipos novos de registros. O primeiro deles é o registro *DNSKEY*, que contém a chave pública de uma zona, um usuário, um host ou outro protagonista, o algoritmo de criptografia usado na assinatura, o protocolo empregado na transmissão e alguns outros bits. A chave pública é armazenada em estado bruto. Os certificados X.509 não são usados devido a seu tamanho. O campo do algoritmo contém um valor 1 para assinaturas MD5/RSA e outros valores para outras combinações. O campo de protocolo pode indicar o uso do IPsec ou de outros protocolos de segurança, se houver.

O segundo entre os novos tipos de registros é o *RRSIG*. Ele contém o hash assinado de acordo com o algoritmo especificado no registro *DNSKEY*. A assinatura se aplica a todos os registros no RRSET, incluindo quaisquer registros *DNSKEY* presentes, mas excluindo ela própria. Ele também contém os horários em que a assinatura inicia seu período de validade e de vencimento, bem como o nome do signatário e alguns outros itens.

O projeto do DNSSEC é tal que a chave privada de uma zona pode ser mantida off-line. Uma ou duas vezes por dia, o conteúdo do banco de dados de uma zona pode ser transportado manualmente (p. ex., em um dispositivo de armazenamento seguro, como o velho e confiável CD-ROM) para uma máquina desconectada na qual a chave privada está localizada. Todos os RRSETs podem ser assinados nessa máquina e os registros *RRSIG* assim produzidos podem ser transportados de volta ao servidor primário da zona em um dispositivo seguro. Desse modo, a chave privada pode ser armazenada em um dispositivo de armazenamento trancado em um cofre, exceto quando é inserido na máquina desconectada para assinar os novos RRSETs do dia. Depois que o processo de assinatura é concluído, todas as cópias da chave são apagadas da memória, sendo o disco e os dispositivos de armazenamento devolvidos ao cofre. Esse procedimento reduz a segurança eletrônica à segurança física, algo que as pessoas sabem como tratar.

Esse método de assinatura prévia de RRSETs agiliza bastante o processo de responder a consultas, pois nenhuma criptografia tem de ser feita durante a execução. Em compensação, é necessário um grande volume de espaço de disco para armazenar todas as chaves e assinaturas nos bancos de dados DNS. Alguns registros aumentarão dez vezes em tamanho devido à assinatura.

Quando um processo cliente obtém um RRSET assinado, ele tem de aplicar a chave pública da zona de origem para decifrar o hash, calcular o próprio hash e comparar os dois valores. Se eles concordarem, os dados serão considerados válidos. Contudo, esse procedimento faz surgir a questão de como o cliente obtém a chave pública da zona. Uma alternativa é adquiri-la de um servidor confiável, utilizando uma conexão segura (p. ex., usando o IPsec).

Todavia, na prática, espera-se que os clientes sejam pré-configurados com as chaves públicas de todos os domínios de nível superior. Se agora Alice quiser visitar o site de Bob, ela poderá solicitar ao DNS o RRSET de *bob.com*, que conterá seu endereço IP e um registro *DNSKEY* contendo a chave pública de Bob. Esse RRSET será assinado pelo domínio *com* de nível superior, e assim Alice poderá verificar facilmente sua validade. Um exemplo do que esse RRSET pode conter é mostrado na Figura 8.47.

Agora, munida de uma cópia verificada da chave pública de Bob, Alice pode pedir ao servidor DNS de Bob (controlado por Bob) o endereço IP de *www.bob.com*. Esse RRSET será assinado pela chave privada de Bob, e assim Alice pode verificar a assinatura de Bob no RRSET que ele retorna. Se Trudy, de alguma maneira, conseguir injetar um falso RRSET em qualquer dos caches, Alice poderá detectar essa falta de autenticidade facilmente, porque o registro *RRSIG* contido nele será incorreto.

Contudo, o DNSSEC também fornece um mecanismo criptográfico para vincular uma resposta a uma consulta específica, a fim de impedir o tipo de ataque de spoofing que discutimos no início deste capítulo. Essa medida (opcional) contra o spoofing adiciona à resposta um hash da mensagem de consulta assinado com a chave privada do autor da resposta. Como Trudy não conhece a chave privada do servidor *com* de nível superior, ela não pode forjar uma resposta a uma consulta ao ISP de Alice enviada pelo

Nome de domínio	Tempo de vida	Classe	Tipo	Valor
bob.com.	86400	IN	A	36.1.2.3
bob.com.	86400	IN	DNSKEY	3682793A7B73F731029CE2737D...
bob.com.	86400	IN	RRSIG	86947503A8B848F5272E53930C...

Figura 8.47 Um exemplo de RRSET para *bob.com*. O registro *DNSKEY* é a chave pública de Bob. O registro *RRSIG* é o hash assinado do servidor de nível superior dos registros *A* e *DNSKEY*, a fim de verificar sua autenticidade.

ISP. Sem dúvida, ela pode receber sua resposta de volta primeiro, mas essa resposta será rejeitada devido à assinatura inválida do hash.

O DNSSEC também admite alguns outros tipos de registros. Por exemplo, o registro *CERT* pode ser usado para armazenar certificados (p. ex., X.509). Esse registro é fornecido porque algumas pessoas querem transformar o DNS em uma PKI. Resta saber se de fato isso é possível. Interromperemos nossa discussão sobre o DNSSEC aqui. Para obter mais detalhes, consulte as RFCs.

8.12.3 Segurança da camada de transporte

A nomenclatura segura é um bom começo, mas existem vários outros detalhes sobre segurança da Web. A próxima etapa é gerar conexões seguras. Agora, vamos examinar como podem ser alcançadas. Nada que envolva segurança é simples, e isto não é uma exceção.

Quando estourou para o público, a Web foi usada no início apenas para distribuir páginas estáticas. Contudo, em pouco tempo, algumas empresas tiveram a ideia de usá-la para transações financeiras, como a compra de mercadorias por cartões de crédito, transações bancárias on-line e mercado de capitais eletrônico. Essas aplicações criaram uma demanda por conexões seguras. Em 1995, a Netscape Communications Corp., que então dominava o mercado de fabricantes de navegadores, respondeu introduzindo um pacote de segurança chamado **SSL (Secure Sockets Layer)**, agora chamado **TLS (Transport Layer Security)** para atender a essa demanda. Esse software e seu protocolo agora também são amplamente utilizados, por exemplo, por Firefox, Brave, Safari e Chrome, e portanto vale a pena examiná-los com mais detalhes.

O SSL constrói uma conexão segura entre dois soquetes, incluindo:

1. Negociação de parâmetros entre cliente e servidor.
2. Autenticação mútua de cliente e servidor.
3. Comunicação secreta.
4. Proteção da integridade dos dados.

Já vimos esses itens antes e, portanto, não há necessidade de desenvolvê-los.

O posicionamento do SSL na pilha de protocolos habitual é ilustrado na Figura 8.48. Efetivamente, trata-se de uma nova camada colocada entre a de aplicação e a de transporte, aceitando solicitações do navegador e enviando-as ao TCP para transmissão ao servidor. Depois que a conexão segura é estabelecida, a principal tarefa do SSL é manipular a compactação e a criptografia. Quando o HTTP é usado sobre SSL, ele se denomina **HTTPS (Secure HTTP)**, embora seja o protocolo HTTP padrão. Às vezes, ele está disponível em uma nova porta (443), em lugar da porta padrão (80). A propósito, SSL não se limita ao uso apenas com navegadores da Web, mas essa é sua aplicação mais comum. Ele também pode oferecer autenticação mútua.

O protocolo SSL passou por várias versões. Descreveremos apenas a versão 3, que é a mais utilizada. O SSL admite uma variedade de opções, que incluem a presença ou a ausência de compactação, os algoritmos criptográficos a serem usados e algumas questões relativas a restrições de exportação impostas à criptografia. A última se destina principalmente a assegurar que a criptografia é utilizada apenas quando ambas as extremidades da conexão estão nos Estados Unidos. Em outros casos, as chaves serão limitadas a 40 bits, que os criptógrafos consideram uma piada. A Netscape foi forçada a colocar essa restrição para obter uma licença de exportação do governo dos Estados Unidos.

O SSL consiste em dois subprotocolos, um para estabelecer uma conexão segura e outro para usá-la. Vamos começar examinando como as conexões seguras são estabelecidas. O subprotocolo de estabelecimento de conexões é mostrado na Figura 8.49. Ele começa com a mensagem 1, quando Alice envia uma solicitação a Bob para estabelecer uma conexão. A solicitação especifica a versão do SSL que Alice tem e suas preferências com relação aos algoritmos

| Aplicação (HTTP) |
| Segurança (SSL) |
| Transporte (TCP) |
| Rede (IP) |
| Enlace de dados (PPP) |
| Física (modem, ADSL, TV a cabo) |

Figura 8.48 Camadas (e protocolos) para um usuário doméstico navegando com SSL.

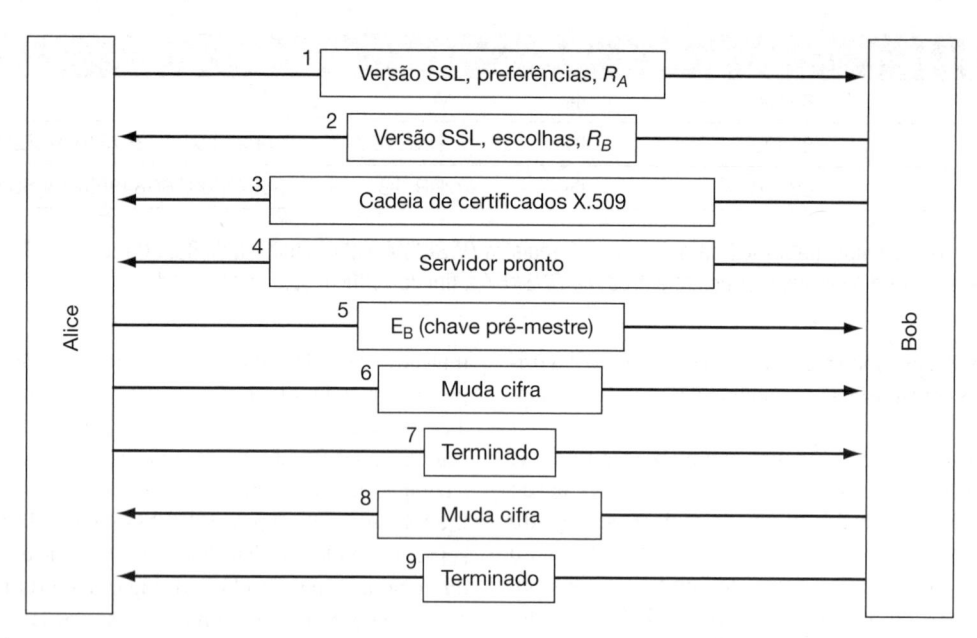

Figura 8.49 Uma versão simplificada do subprotocolo de estabelecimento de conexões SSL.

Mensagens do handshake:
1. Alice → Bob: Versão SSL, preferências, R_A
2. Bob → Alice: Versão SSL, escolhas, R_B
3. Bob → Alice: Cadeia de certificados X.509
4. Bob → Alice: Servidor pronto
5. Alice → Bob: E_B (chave pré-mestre)
6. Alice → Bob: Muda cifra
7. Alice → Bob: Terminado
8. Bob → Alice: Muda cifra
9. Bob → Alice: Terminado

de compactação e de criptografia. Ela também contém um nonce R_A, a ser usado mais tarde.

Agora é a vez de Bob. Na mensagem 2, Bob escolhe entre os diversos algoritmos que Alice pode admitir e envia seu próprio nonce, R_B. Em seguida, na mensagem 3, ele envia um certificado contendo sua chave pública. Se esse certificado não for assinado por alguma autoridade conhecida, ele também envia uma cadeia de certificados que pode ser seguida de volta até chegar a uma autoridade original. Todos os navegadores, inclusive o de Alice, são pré-carregados com cerca de 100 chaves públicas; assim, se Bob puder estabelecer uma cadeia ancorada em uma dessas chaves, Alice será capaz de verificar a chave pública de Bob. Nesse momento, Bob pode enviar algumas outras mensagens (como uma solicitação do certificado de chave pública de Alice). Ao terminar, Bob envia a mensagem 4 para dizer a Alice que agora é a vez dela.

Alice responde escolhendo ao acaso uma **chave pré--mestre** aleatória de 384 bits e a envia para Bob, codificada com a chave pública de Bob (mensagem 5). A chave de sessão real usada para codificar os dados é derivada da chave pré-mestre combinada com ambos os nonces de modo complexo. Depois que a mensagem 5 é recebida, Alice e Bob são capazes de calcular a chave de sessão. Por essa razão, Alice informa a Bob que ele deve passar para a nova cifra (mensagem 6) e também que ela concluiu o subprotocolo de estabelecimento (mensagem 7). Bob então confirma as mensagens de Alice (mensagens 8 e 9).

Embora Alice saiba quem é Bob, ele não sabe quem é Alice (a menos que ela tenha uma chave pública e um certificado correspondente, uma situação improvável para um indivíduo). Portanto, a primeira mensagem de Bob pode ser uma solicitação para Alice se conectar usando um nome de login e uma senha estabelecidos anteriormente. No entanto, o protocolo de login está fora do escopo do SSL. Depois que ele é realizado por quaisquer meios, o transporte de dados pode se iniciar.

Como já dissemos, o SSL admite vários algoritmos de criptografia. Um deles usa o DES triplo com três chaves separadas para criptografia e com o SHA, a fim de manter a integridade das mensagens. Essa combinação é relativamente lenta, e assim é usada principalmente em aplicações bancárias e outras aplicações nas quais é exigida a mais alta segurança. Para aplicações comuns de comércio eletrônico, é usado o RC4 com uma chave de 128 bits para criptografia, e o MD5 é empregado para autenticação de mensagens. O RC4 utiliza a chave de 128 bits como semente e a expande até um número muito maior para uso interno. Em seguida, ele usa esse número interno para gerar um fluxo de chaves, o qual, por sua vez, é submetido a uma operação XOR com texto simples para fornecer um fluxo de cifras clássico, como vimos na Figura 8.18. As versões de exportação também utilizam o RC4 com chaves de 128 bits, mas 88 dos bits são divulgados ao público para facilitar a violação da cifra.

Para o transporte real, é usado um segundo subprotocolo, como mostra a Figura 8.50. Primeiro, as mensagens do navegador são divididas em unidades de até 16 KB. Se a compactação estiver ativa, cada unidade será então compactada em separado. Depois disso, uma chave secreta derivada dos dois nonces e da chave pré-mestre é concatenada com o texto compactado, e o resultado passa por um hash com o algoritmo hash combinado (normalmente, o MD5). Esse hash é anexado a cada fragmento como o MAC. O fragmento compactado somado ao MAC é então codificado com o algoritmo de criptografia simétrica

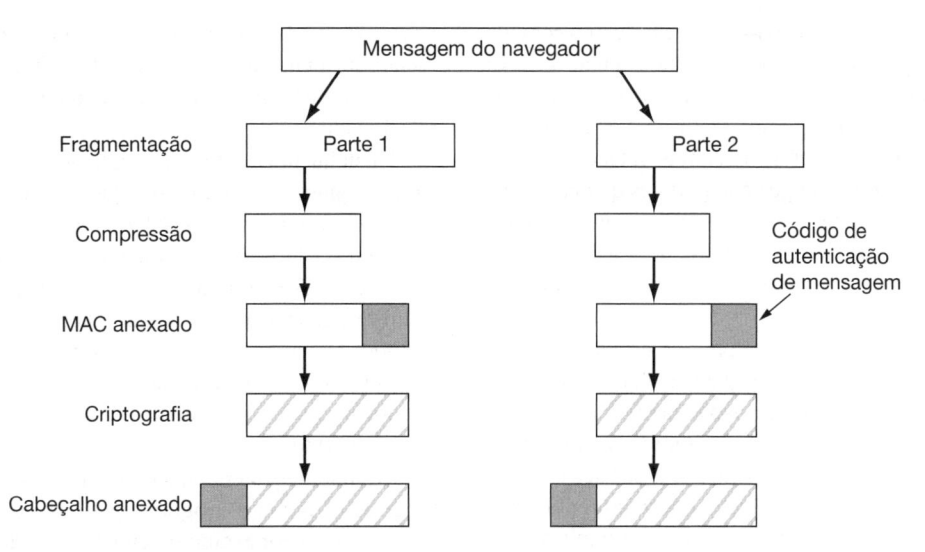

Figura 8.50 Transmissão de dados com SSL.

estabelecido de comum acordo (em geral, por uma operação XOR entre ele e o fluxo de chaves do RC4). Por fim, é anexado o cabeçalho do fragmento que é transmitido pela conexão TCP.

No entanto, é importante um alerta. Por ter sido mostrado que o RC4 tem algumas chaves fracas, que podem ser facilmente criptoanalisadas, a segurança do SSL usando o RC4 tem sido precária já há algum tempo (Fluhrer et al., 2001). Os navegadores que permitem ao usuário escolher o conjunto de cifras devem ser configurados para usar o DES triplo com chaves de 168 bits e o SHA-2 o tempo todo, embora essa combinação seja mais lenta que o RC4 e o MD5. Ou, melhor ainda, os usuários devem fazer o upgrade para navegadores que ofereçam suporte ao sucessor do SSL, que descreveremos em breve.

Um problema com o SSL é que Alice e Bob não podem ter certificados e, mesmo que tenham, nem sempre verificam se as chaves que estão sendo usadas correspondem aos certificados.

Em 1996, a Netscape Communications Corp. submeteu o SSL à IETF para padronização. O resultado foi o **TLS (Transport Layer Security)**, descrito na RFC 5246.

O TLS foi embutido no SSL versão 3. As mudanças realizadas foram relativamente pequenas, mas suficientes para o SSL versão 3 e o TLS não conseguirem interoperar. Por exemplo, o modo como a chave de sessão é derivada da chave pré-mestre e dos nonces mudou para tornar a chave mais forte (i.e., mais difícil de ser violada por criptoanálise). Devido à incompatibilidade, a maioria dos navegadores implementa os dois protocolos, com o TLS passando para SSL durante a negociação, se for necessário. Isso é conhecido como SSL/TLS. A primeira implementação do TLS apareceu em 1999 com a versão 1.2 definida em agosto de 2008, e a versão 1.3 em março de 2018. Ela inclui suporte para conjuntos de cifras mais fortes (principalmente AES),

bem como criptografia **SNI (Server Name Indication)**, que pode ser usada para identificar o website que o usuário está visitando, se for transmitida em texto simples.

8.12.4 Executando código não confiável

A nomenclatura e as conexões são duas áreas de preocupação relacionadas à segurança da Web, mas existem outras. Um problema particularmente difícil é que cada vez mais nós permitimos que o código de fora, não confiável, seja executado em nossas máquinas locais. Agora, veremos rapidamente algumas questões geradas pelo código não confiável e algumas abordagens para lidar com ele.

Código de scripting no navegador

No início, quando as páginas Web eram apenas arquivos HTML estáticos, elas não continham código executável. Agora, as páginas frequentemente contêm pequenos programas, normalmente escritos em **JavaScript** (e às vezes compilados para o mais eficiente **Web Assembly**). Baixar e executar esse **código móvel** é sem dúvida um grande risco de segurança; por essa razão, foram criados vários métodos para minimizá-lo.

JavaScript não tem nenhum modelo de segurança formal, mas tem um longo histórico de implementações com vazamento. Cada fornecedor lida com a segurança de uma forma diferente. A principal defesa é que, exceto pelos bugs, a linguagem não deve ser capaz de fazer coisas muito ruins – ler ou gravar arquivos quaisquer, acessar dados confidenciais de outras páginas Web, etc. Costumamos dizer que esse código é executado em um **ambiente de caixa de brita** (sandbox). O problema é que existem bugs.

O problema fundamental é que permitir a execução de código estrangeiro em sua máquina significa pedir problema. Do ponto de vista da segurança, é como convidar um ladrão para entrar em sua casa e depois tentar observá-lo com atenção para que ele não escape da cozinha para a sala de estar. Se algo inesperado ocorrer e você se distrair por um momento, coisas ruins podem acontecer. A tensão aqui é que o código móvel permite gráficos que chamam a atenção e interação rápida, e muitos Web designers acham que isso é muito mais importante do que a segurança, especialmente quando é a máquina de outra pessoa que está em risco.

Por exemplo, imagine que um site da Web que contém seus dados pessoais permite que você forneça feedback na forma de um texto qualquer visível para todos os outros usuários. A ideia é que os usuários agora possam dizer à empresa o quanto gostam ou odeiam seus serviços. No entanto, a menos que esse site limpe com muito cuidado os dados no formulário de feedback, um invasor também pode colocar uma pequena quantidade de JavaScript no campo de texto. Agora imagine que você visita o site e analisa os comentários fornecidos por outros usuários. O JavaScript será enviado para o seu navegador, que não tem ideia de que isso é um feedback. Ele apenas vê o JavaScript, assim como encontra em muitas outras páginas Web, e começa a executá-lo. O JavaScript malicioso é capaz de roubar todos os dados confidenciais (p. ex., cookies) que seu navegador mantém para este site e enviá-los ao criminoso. Isso é conhecido como um ataque **CSS** (**Cross-Site Scripting**). Os ataques **CSRF** (**Cross-Site Request Forgery**), que estão relacionados, podem até permitir que um invasor se faça passar por um usuário.

Outro problema que pode surgir é que o mecanismo JavaScript pode não ser tão seguro quanto deveria. Por exemplo, pode haver um bug no navegador que o código JavaScript malicioso pode usar para assumir o controle do navegador, ou talvez até mesmo de todo o sistema. Isso é conhecido como **download drive-by**: ao visitar um site você, sem perceber, está infectado. Isso nem mesmo significa que o site era malicioso – talvez o JavaScript estivesse em um anúncio ou em algum campo de feedback, como já vimos. Um ataque particularmente famoso, conhecido como **Operação Aurora**, foi o ataque ao Google e a várias outras empresas de tecnologia, em que os invasores usaram um download drive-by para se espalhar pela empresa com o objetivo de obter acesso a seus repositórios de código.

Extensões do navegador

Além de estender as páginas Web com código, existe um mercado em explosão em termos de **extensões, suplementos** e **plug-ins do navegador**. Eles são programas de computador que estendem a funcionalidade dos navegadores Web. Os plug-ins normalmente oferecem a capacidade de interpretar ou exibir certo tipo de conteúdo, como PDFs ou animações Flash. Extensões e suplementos oferecem novos recursos ao navegador, como melhor gerenciamento de senhas ou formas de interagir com páginas, por exemplo, marcando-as ou facilitando a compra para itens relacionados.

Instalar uma extensão, suplemento ou plug-in é tão simples quanto encontrar algo que você deseja ao navegar e selecionar o link para instalar o programa. Essa ação fará o código ser baixado pela Internet e instalado no navegador. Todos esses programas são escritos para frameworks que diferem dependendo do navegador que está sendo melhorado. De certa forma, eles se tornam parte da base de computação confiável do navegador. Ou seja, se o código que for instalado tiver bugs, o navegador inteiro pode ser comprometido.

Também existem dois outros modos de falha óbvios. O primeiro é que o programa pode se comportar de forma maliciosa, por exemplo, reunindo informações pessoais e enviando-as para um servidor remoto. Por tudo o que o navegador sabe, o usuário instalou a extensão exatamente para essa finalidade. O segundo problema é que os plug-ins dão ao navegador a capacidade de interpretar novos tipos de conteúdo. Frequentemente, esse conteúdo é uma linguagem de programação completa por si só. PDF e Flash são bons exemplos. Quando os usuários exibem páginas com conteúdo PDF ou Flash, os plug-ins em seu navegador estão executando o código PDF e Flash. É melhor que esse código seja seguro; costuma haver vulnerabilidades que se pode explorar. Por todas essas razões, os suplementos e plug-ins só devem ser instalados se realmente forem necessários e apenas de fornecedores confiáveis.

Cavalos de Tróia e outros tipos de malware

Cavalos de Tróia e software malicioso (malware) são outra forma de código não confiável. Frequentemente, os usuários instalam esse código sem notar, pois acham que o código é benigno ou porque abriram um anexo que levou à execução de código furtivo, que então instalou algum outro software malicioso. Quando o código malicioso começa a ser executado, ele normalmente começa infectando outros programas executáveis (seja o código armazenado em disco ou programas executando na memória). Quando um desses programas é executado, ele está rodando o código malicioso. Ele pode se espalhar para outras máquinas, criptografar todos os seus documentos no disco (para pedir resgate), espionar suas atividades e fazer muitas outras coisas desagradáveis. Alguns tipos de malware infectam o setor de inicialização do disco rígido, assim, quando a máquina é inicializada, o vírus entra em ação. O malware se tornou um problema enorme na Internet e causa prejuízos de bilhões de dólares. Não existe nenhuma solução óbvia. Talvez uma nova geração inteira de sistemas operacionais, baseada em microkernels seguros e rígida divisão dos usuários, processos e recursos em compartimentos estanques possa ajudar a resolver o problema.

8.13 QUESTÕES SOCIAIS

A Internet e sua tecnologia de segurança compõem uma área para a qual convergem as questões sociais, a política pública e a tecnologia, não raro com enormes consequências. Apresentaremos a seguir um breve exame de três áreas: privacidade, liberdade de expressão e direito autoral. É desnecessário dizer que trataremos o assunto de maneira superficial. Para leitura adicional, consulte Anderson (2008a), Baase e Henry (2017), Bernal (2018) e Schneier (2004). A Internet também está repleta de material sobre o tema. Basta digitar palavras como "privacidade", "censura" e "direito autoral" em qualquer mecanismo de pesquisa.

8.13.1 Comunicação confidencial e anônima

As pessoas têm direito à privacidade? Boa pergunta. A Quarta Emenda da Constituição dos Estados Unidos proíbe o governo de realizar buscas na casa das pessoas, vasculhar seus documentos e seus bens sem uma boa razão, e continua a restringir as circunstâncias sob as quais devem ser emitidos os mandados de busca. Desse modo, a privacidade é um direito público há mais de 200 anos, pelo menos nos Estados Unidos.

O que mudou na última década foi a facilidade com que os governos podem espionar seus cidadãos e a facilidade com que os cidadãos podem impedir tais atos de espionagem. No século XVIII, para o governo realizar buscas nos documentos de um cidadão, ele tinha de enviar um policial a cavalo até a sua fazenda, exigindo a apresentação de certos documentos. Era um procedimento incômodo. Hoje em dia, as companhias telefônicas e os provedores de Internet fornecem prontamente grampos ao receber mandados de busca. Isso facilita a vida do policial e ele não corre o risco de cair do cavalo.

O uso generalizado de smartphones dá uma nova dimensão à espionagem do governo. Muitas pessoas carregam consigo um smartphone que contém informações sobre toda a sua vida. Alguns smartphones podem ser desbloqueados usando software de reconhecimento facial. Isso tem a consequência de que, se um policial quiser que um suspeito desbloqueie seu telefone e o suspeito se recusar, tudo o que o policial precisa fazer é segurar o telefone na frente do rosto do suspeito e pronto, o telefone é desbloqueado. Muito poucas pessoas pensam sobre esse cenário ao habilitar o reconhecimento facial (ou seu predecessor, o reconhecimento de impressão digital).

A criptografia muda tudo isso. Qualquer pessoa que se dê ao trabalho de baixar e instalar o PGP e que utilize uma chave com força de alienígena bem protegida pode ter certeza de que ninguém no universo conhecido poderá ler sua correspondência de correio eletrônico, com ou sem mandado de busca. Os governos entendem bem esse problema e não o apreciam. A privacidade real significa que é muito mais difícil seus agentes espionarem criminosos de todos os tipos, mas também é muito mais difícil espionar jornalistas e adversários políticos. Como resultado, alguns governos restringem ou proíbem o uso ou a exportação de criptografia. Por exemplo, na França, antes de 1999, toda criptografia era proibida, a menos que o governo recebesse as chaves.

A França não estava só. Em abril de 1993, o governo dos Estados Unidos anunciou sua intenção de criar um criptoprocessador em hardware, o **clipper chip**, o padrão para todas as comunicações em rede. Desse modo, diziam, a privacidade dos cidadãos estaria garantida. Ele também mencionava que o chip fornecia ao governo a possibilidade de decodificar todo tráfego por meio de um esquema chamado **custódia de chaves**, que permitia o acesso do governo a todas as chaves. No entanto, ele prometia só espiar quando tivesse um mandado de busca válido. Não é preciso dizer que o resultado foi uma enorme agitação, com os defensores da privacidade denunciando todo o plano e os promotores de justiça elogiando o esquema. Por fim, o governo voltou atrás e descartou a ideia.

Há um grande volume de informações sobre privacidade eletrônica disponível no site da Electronic Frontier Foundation, em *www.eff.org*.

Repostadores anônimos

PGP, SSL e outras tecnologias tornam possível duas partes estabelecerem comunicação segura e autenticada, livre de vigilância e interferência de terceiros. Contudo, às vezes a privacidade é mais bem servida quando *não* há autenticação de fato, tornando a comunicação anônima. O anonimato pode ser interessante em mensagens ponto a ponto, newsgroups ou ambos.

Vamos considerar alguns exemplos. Primeiro, dissidentes políticos que vivem em regimes autoritários muitas vezes desejam se comunicar de forma anônima para escapar da prisão ou de serem assassinados. Segundo, delitos em muitas organizações corporativas, educacionais, governamentais e outras frequentemente são expostos por delatores, que muitas vezes preferem permanecer anônimos para evitar represálias. Terceiro, pessoas com visões sociais, políticas ou religiosas impopulares podem desejar se comunicar umas com as outras por correio eletrônico ou newsgroups sem se exporem. Em quarto lugar, as pessoas podem desejar discutir alcoolismo, doenças mentais, abusos sexuais, pedofilia, ou ainda participar de um newsgroup formado por uma minoria perseguida sem terem de revelar suas identidades. É claro que existem vários outros exemplos.

Vejamos um exemplo específico. Na década de 1990, alguns críticos de um grupo religioso não tradicional postaram suas opiniões em um newsgroup da USENET por meio de um **repostador anônimo**. Esse servidor permitiu que os usuários criassem pseudônimos e enviassem mensagens de correio eletrônico ao servidor, que então as reencaminhava ou as repostava usando o pseudônimo, assim, ninguém poderia saber de onde a mensagem veio de fato. Algumas postagens revelavam que as afirmações do grupo religioso eram segredos comerciais e documentos protegidos por direitos autorais. O grupo religioso respondeu informando às autoridades locais que seus segredos comerciais tinham sido descobertos e seus direitos autorais infringidos, o que é crime no local onde o servidor se encontrava. Seguiu-se um processo criminal e o operador do servidor foi compelido a entregar às autoridades as informações de mapeamento que revelavam as verdadeiras identidades das pessoas que tinham feito as postagens. (A propósito, essa não foi a primeira vez que um grupo religioso ficou insatisfeito porque alguém divulgou seus segredos comerciais: William Tyndale foi queimado na fogueira em 1536 por traduzir a Bíblia para o idioma inglês.)

Um segmento significativo da comunidade da Internet foi ultrajado por essa brecha de confidencialidade. Todos chegaram à conclusão de que um repostador anônimo que armazena um mapeamento entre endereços reais de correio eletrônico e pseudônimos (chamado repostador do tipo 1) não vale a pena. Esse caso estimulou diversas pessoas a criarem repostadores anônimos capazes de resistir a ataques por intimação.

Esses novos repostadores, com frequência chamados **repostadores cypherpunk**, funcionam da maneira ilustrada a seguir. O usuário produz uma mensagem de correio eletrônico completa, com cabeçalhos RFC 822 (exceto *From:*, é claro), codifica a mensagem com a chave pública do repostador e a envia ao repostador. Lá, os cabeçalhos RFC 822 externos são extraídos, o conteúdo é decodificado e a mensagem é repostada. O repostador não tem contas e não mantém nenhum log, assim, mesmo que o servidor seja confiscado mais tarde, não conservará qualquer traço de mensagens que tenham passado por ele.

Muitos usuários que desejam anonimato encadeiam suas solicitações por vários repostadores anônimos, como mostra a Figura 8.51. Aqui, Alice deseja enviar a Bob um cartão pelo dia dos namorados (um cartão realmente anônimo) e para isso utiliza três repostadores. Ela redige a mensagem, M, e insere um cabeçalho contendo o endereço de correio eletrônico de Bob. Em seguida, codifica toda a mensagem com a chave pública do repostador 3, E_3 (indicada na figura pela hachura horizontal). Para tanto, ela anexa um cabeçalho com o endereço de correio eletrônico do repostador 3 em texto simples. Essa é a mensagem mostrada entre os repostadores 2 e 3 na figura.

Depois, Alice codifica essa mensagem com a chave pública do repostador 2, E_2 (indicada pela hachura vertical) e acrescenta um cabeçalho de texto simples contendo o endereço de correio eletrônico do repostador 2. Essa mensagem é mostrada entre 1 e 2 na Figura 8.51. Por fim, ela codifica a mensagem inteira com a chave pública do repostador 1, E_1, e acrescenta um cabeçalho de texto simples com o endereço de correio eletrônico do repostador 1. Essa é a mensagem mostrada à direita de Alice na figura e é a mensagem que ela de fato transmite.

Quando a mensagem chega ao repostador 1, o cabeçalho exterior é extraído. O corpo é decodificado e depois enviado por correio eletrônico para o repostador 2. Etapas semelhantes ocorrem nos outros dois repostadores.

Embora seja extremamente difícil para alguém rastrear a mensagem final de volta até Alice, muitos repostadores tomam precauções adicionais de segurança. Por exemplo, eles podem reter as mensagens por um período de tempo aleatório, adicionar ou remover lixo no fim de uma mensagem e ainda reordenar as mensagens, tudo para tornar mais difícil alguém descobrir que saída de mensagem de um repostador corresponde a cada entrada, a fim de frustrar uma análise de tráfego. Para ver a descrição desse tipo de repostador, consulte o artigo clássico de Mazières e Kaashoek (1998).

O anonimato não se restringe ao correio eletrônico. Também existem serviços que permitem a navegação anônima na Web usando a mesma forma de caminho em camadas, em que um nó só conhece o próximo nó na cadeia. Esse método é chamado de **roteamento cebola**, pois cada nó descasca outra camada para determinar para onde encaminhar o pacote seguinte. O usuário configura seu navegador

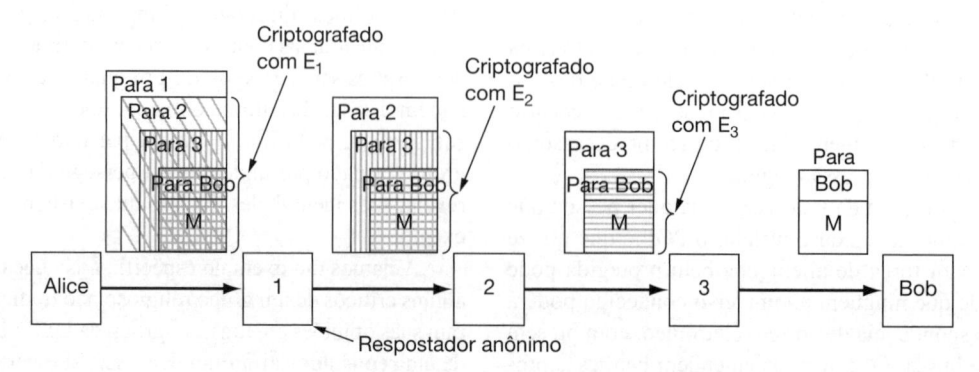

Figura 8.51 Como Alice utiliza 3 repostadores para enviar uma mensagem a Bob.

para usar o serviço anonymizer como um proxy. Tor é um exemplo bem conhecido de tal sistema (Bernaschi et al., 2019). Daí em diante, todas as solicitações HTTP vão para a rede do anonymizer, que solicita a página e a devolve. O site vê um nó de saída do anonymizer como a origem da solicitação, não o usuário. Desde que a rede do anonymizer se recuse a manter um log, ninguém pode determinar quem solicitou qual página, mesmo diante de uma intimação, pois a informação simplesmente não está lá.

8.13.2 Liberdade de expressão

A comunicação anônima torna mais difícil para as outras pessoas verem os detalhes sobre suas comunicações particulares. Uma segunda questão social importante é a liberdade de expressão e sua oponente, a censura, relacionada com o fato de órgãos governamentais desejarem restringir o que os indivíduos podem ler e publicar. Contendo milhões e milhões de páginas, a Web se tornou um paraíso para o censor. Dependendo da natureza e da ideologia do regime, o material proibido pode incluir sites que contêm quaisquer dos seguintes itens:

1. Material impróprio para crianças ou adolescentes.
2. Ódio que tem como alvos vários grupos étnicos, religiosos, sexuais ou outros.
3. Informações sobre democracia e valores democráticos.
4. Relatos de eventos históricos que contradizem a versão do governo.
5. Manuais de arrombamento, montagem de armas nucleares, codificação de mensagens, etc.

A justificativa habitual é proibir os sites considerados "maus".

Às vezes, os resultados são inesperados. Por exemplo, algumas bibliotecas públicas instalaram filtros da Web em seus computadores, a fim de torná-los amigáveis para as crianças, bloqueando sites de pornografia. Os filtros vetam os sites contidos em suas listas, mas também examinam páginas em busca de palavras obscenas antes de exibi-las. Em um caso no condado de Loudoun, estado da Virgínia, o filtro bloqueou a busca de informações sobre câncer de mama, porque o filtro encontrou a palavra "mama". O patrono da biblioteca processou o condado de Loudoun. Contudo, em Livermore, Califórnia, um pai processou a biblioteca pública por *não* instalar um filtro depois que seu filho de 12 anos foi pego vendo um site de pornografia de lá. O que uma biblioteca pode fazer?

Muitas pessoas não percebem que a World Wide Web é de fato uma teia *mundial* e, portanto, abrange o mundo inteiro. Nem todos os países concordam sobre o que deve ser permitido na Web. Por exemplo, em novembro de 2000, um tribunal francês pediu ao Yahoo! – uma corporação da Califórnia – para impedir que usuários franceses visualizassem leilões de lembranças nazistas no site, visto que a posse de tal material infringe a lei francesa. O Yahoo! apelou a um tribunal dos Estados Unidos que o apoiou, mas a questão das leis que se aplicam a cada país está longe de ser definida.

A propósito, durante muitos anos, o Yahoo! foi um dos queridinhos das empresas da Internet, mas nada dura para sempre e, em 2017, foi anunciado que a Verizon o compraria por algo em torno de 5 bilhões de dólares. O preço foi reduzido em 350 milhões de dólares como resultado direto de uma série de vazamentos de dados no Yahoo!, em que as contas de bilhões de usuários foram afetadas. Questões de segurança importam.

Voltando ao caso do tribunal, imagine isso: o que aconteceria se algum tribunal em Utah instruísse a França a bloquear sites que lidassem com vinhos, porque eles não concordam com as leis rigorosíssimas do estado de Utah sobre bebidas alcoólicas? E se a China exigisse que todos os sites sobre democracia fossem proibidos por não ser de interesse do Estado? As leis iranianas sobre religião se aplicam à liberal Suécia? A Arábia Saudita pode bloquear sites que tratam dos direitos das mulheres? A questão inteira é uma verdadeira caixa de Pandora.

Um comentário relevante de John Gilmore é: "A rede interpreta a censura como algo danoso e procura contorná-la". Para ver uma implementação concreta, considere o **serviço eternity** (Anderson, 1996). Seu objetivo é assegurar que informações publicadas não poderão ser retiradas de circulação ou reescritas, como era comum na União Soviética durante o regime de Josef Stalin. Para usar o serviço eternity, o usuário especifica quanto tempo o material deve ser preservado, paga uma taxa proporcional à sua duração e ao tamanho, e o transfere por upload. Daí em diante, ninguém poderá removê-lo ou editá-lo, nem mesmo o próprio usuário que fez o upload.

Como tal serviço poderia ser implementado? O modelo mais simples é usar um sistema não hierárquico, no qual os documentos armazenados seriam colocados em dezenas de servidores participantes, cada um dos quais receberia uma fração da tarifa, e portanto um incentivo para se unir ao sistema. Os servidores devem estar espalhados por muitas jurisdições legais, a fim de proporcionar a máxima resiliência. Listas de dez servidores selecionados ao acaso seriam armazenadas com segurança em vários lugares, assim, se alguma delas fosse comprometida, ainda existiriam outras. Uma autoridade disposta a destruir o documento nunca poderia ter certeza de haver encontrado todas as cópias. O sistema também poderia ser elaborado para reparação automática: caso algumas cópias fossem destruídas, os sites restantes tentariam encontrar novos repositórios para substituí-las.

O serviço eternity foi a primeira proposta de um sistema resistente à censura. Desde então, outros esquemas foram propostos e, em alguns casos, implementados. Diversas características novas foram acrescentadas, como criptografia, anonimato e tolerância a falhas. Com frequência, os arquivos a serem armazenados são divididos em vários fragmentos, cada um alocado em muitos servidores. Alguns desses sistemas são o Freenet (Clarke et al., 2002), PASIS (Wylie et al., 2000) e Publius (Waldman et al., 2000).

Uma preocupação cada vez maior é não apenas a filtragem ou a censura de informações, mas também a disseminação da chamada **desinformação**, ou informações que são deliberadamente elaboradas para serem falsas. A desinformação é atualmente uma tática que os invasores podem usar para influenciar resultados políticos, sociais e financeiros. Em 2016, atacantes famosos criaram sites de desinformação relativos a candidatos à presidência dos Estados Unidos e os disseminaram nas redes sociais. Em outros contextos, a desinformação foi usada para tentar influenciar os preços dos imóveis para os investidores. Infelizmente, detectar a desinformação é um desafio, e fazer isso antes que ela se espalhe é ainda mais desafiador.

Esteganografia

Em países onde há muita censura, os dissidentes com frequência tentam usar a tecnologia para burlar sua rigidez. A criptografia permite que mensagens secretas sejam enviadas (embora talvez isso não seja legal). Contudo, se o governo imaginar que Alice é uma "má pessoa", o mero fato de ela se comunicar com Bob pode incluí-lo nessa categoria, pois governos repressivos entendem o conceito de fechamento transitivo, ainda que não tenham muitos matemáticos entre eles. Os repostadores anônimos podem ajudar, mas, se forem proibidos internamente e as mensagens para o exterior exigirem uma licença de exportação do governo, eles não serão muito úteis. No entanto, a Web pode ser de grande auxílio.

Com frequência, as pessoas que desejam se comunicar secretamente tendem a ocultar o fato de haver qualquer comunicação. A ciência de ocultar mensagens é chamada de **esteganografia**, das palavras gregas que correspondem a "escrita cifrada". Na verdade, os próprios gregos antigos a utilizavam. Heródoto escreveu sobre um general que raspou a cabeça de um mensageiro, tatuou uma mensagem em seu couro cabeludo e deixou o cabelo crescer de novo antes de enviá-lo ao destino. As técnicas modernas são conceitualmente as mesmas, apenas com uma largura de banda mais alta e uma latência mais baixa (e não exigem os serviços de um barbeiro).

Um caso interessante é o da Figura 8.52(a). Essa fotografia, tirada pelo autor (AST) no Quênia, contem três zebras contemplando uma acácia. A Figura 8.52(b) parece ter exatamente as mesmas três zebras e a acácia, mas, além disso, ela tem uma atração a mais. A segunda fotografia contém o texto completo de cinco peças de Shakespeare incorporado: *Hamlet*, *Rei Lear*, *Macbeth*, *O mercador de Veneza* e *Julio César*. Juntas, essas peças totalizam mais de 700 KB de texto.

Como funciona esse canal esteganográfico? A imagem em cores original tem 1024 × 768 pixels. Cada pixel consiste em três números de 8 bits, cada um representando a intensidade de uma das cores, vermelha, verde e azul, desse pixel. A cor do pixel é formada pela superposição linear das três cores. O método de codificação esteganográfico utiliza o bit de baixa ordem de cada valor de cor RGB como um canal oculto. Desse modo, cada pixel tem espaço para 3 bits de informações secretas, um no valor vermelho, um no valor verde e um no valor azul. Com uma imagem desse tamanho, podem ser armazenados até 1024 × 768 × 3 bits, ou 294.912 bytes de informações secretas.

O texto completo das cinco peças e uma pequena nota chegam a 734.891 bytes. Primeiro, o texto foi compactado para cerca de 274 KB com um algoritmo de compactação padrão. A saída compactada foi então criptografada com o uso do IDEA e inserida nos bits de baixa ordem de cada

Figura 8.52 (a) Três zebras e uma árvore. (b) Três zebras, uma árvore e o texto completo de cinco peças de William Shakespeare.

valor de cor. Como podemos ver (ou melhor, como não podemos ver), a existência das informações é completamente invisível. Elas são igualmente invisíveis na versão ampliada e em cores da fotografia. O olho não consegue distinguir com facilidade entre cores de 21 bits e cores de 24 bits.

Para usar a esteganografia na comunicação não detectada, os dissidentes poderiam criar um site repleto de imagens politicamente corretas, como fotografias do Grande Líder, esportes locais, filmes e estrelas de televisão, etc. É claro que as figuras estariam recheadas de mensagens esteganográficas. Se as mensagens fossem primeiro compactadas e depois criptografadas, mesmo que alguém suspeitasse de sua presença, teria imensa dificuldade para distinguir as mensagens de ruído branco. É lógico que as imagens devem ser novas – copiar uma figura da Internet e alterar alguns bits é um segredo inútil. Para ver como é possível embutir uma gravação de áudio em uma imagem parada, consulte Chaudhary e Chaudbe (2018).

As imagens não são de forma alguma o único tipo de portador de mensagens esteganográficas. Informações ocultas podem ser transportadas em uma chamada de Voice over IP manipulando os atrasos de pacote, distorcendo o áudio ou ainda nos campos de cabeçalho dos pacotes (Lubacz et al., 2010). Até mesmo o layout e a ordenação de tags em um arquivo HTML podem transportar informações.

Embora tenhamos examinado a esteganografia no contexto da liberdade de expressão, ela tem vários outros usos. Um uso comum permite que os proprietários de imagens codifiquem mensagens secretas nessas imagens, declarando seus direitos de propriedade. Se tal imagem for roubada e colocada em um site, o dono legal poderá revelar a mensagem esteganográfica no tribunal para provar a quem pertence. Essa técnica é conhecida como **marca d'água**. Ela é discutida em Muyco e Hernandez (2019).

A esteganografia é uma área de pesquisa ativa, com conferências inteiras dedicadas ao assunto. Alguns artigos interessantes são Hegarty e Keane (2018), Kumar (2018) e Patil et al. (2019).

8.13.3 Direitos autorais

A privacidade e a censura são apenas duas áreas nas quais a tecnologia encontra a política pública. A terceira é a lei do direito autoral. O **direito autoral** significa a concessão aos criadores de propriedade intelectual, ou **IP (Intellectual Property)**, incluindo escritores, poetas, compositores, artistas, músicos, fotógrafos, cineastas, coreógrafos e outros, do direito exclusivo de explorar sua IP por certo período de tempo, em geral durante a vida do autor somada a 50 anos ou 75 anos, no caso da propriedade corporativa. Depois de expirar o período de proteção pelos direitos autorais de uma obra, ela passa para o domínio público e qualquer pessoa pode usá-la ou vendê-la como desejar. Por exemplo, o Projeto Gutenberg (*www.gutenberg.org*) colocou mais de 50 mil obras de domínio público (p. ex., de Shakespeare, Twain, Dickens) na Web. Em 1998, a pedido de Hollywood, o Congresso dos Estados Unidos estendeu os direitos autorais no país por mais 20 anos. O pessoal do cinema alegava que, sem uma extensão desse período, ninguém criaria mais nada. A proteção do filme *Mickey Mouse* original (de 1928) foi então estendida até 2024, quando depois disso qualquer um poderá alugar um teatro e legalmente exibi-lo sem pedir permissão à Walt Disney Company. Em contraste, as patentes duram apenas 20 anos e, mesmo assim, as pessoas não param de apresentar novas invenções.

A discussão sobre os direitos autorais ganhou espaço quando o Napster, um serviço de troca de obras musicais, alcançou 50 milhões de membros. Embora o Napster realmente não copiasse nenhuma música, os tribunais sustentaram que manter um banco de dados central de quem tinha uma cópia de cada música era infração contribuinte, isto é, ele ajudava outras pessoas a infringir a lei. Apesar de ninguém afirmar que os direitos autorais sejam má ideia (embora muitos reclamem que o processo é muito longo, favorecendo assim as grandes empresas em detrimento do público), a próxima geração de compartilhamento de música já está levantando questões éticas importantes.

Por exemplo, considere uma rede não hierárquica em que pessoas compartilham arquivos legais (música de domínio público, vídeos domésticos, tratados religiosos que não representem segredos comerciais, etc.) e talvez alguns deles sejam protegidos por direitos autorais. Suponha que todas essas pessoas estejam on-line o tempo todo, por meio de ADSL ou cabo. Cada máquina tem um índice do que está no disco rígido, além de uma lista de outros membros. Alguém que procurar um item específico pode escolher um membro ao acaso e ver se ele tem o item. Caso contrário, a pessoa pode procurar o item em todos os membros da lista desse primeiro membro, e depois em todos os membros das listas desses outros membros, e assim por diante. Os computadores são muito bons nesse tipo de trabalho. Tendo encontrado o item, o solicitante simplesmente o copia.

Se o trabalho estiver protegido por direitos autorais, as chances são de que o solicitante esteja infringindo a lei (embora, no caso de transferências internacionais, não esteja claro que lei deve ser aplicada, pois em alguns países o upload é ilegal, mas não o download). Entretanto, como classificar o fornecedor? É crime manter em seu disco rígido uma música pela qual você pagou e baixou legalmente, apenas porque outras pessoas podem encontrá-la? Se você tem uma cabana no campo e um ladrão de IP invade sua cabana levando um notebook e um scanner, copia um livro protegido por direitos autorais e escapa sorrateiramente, você é culpado do crime de deixar de proteger os direitos autorais de outra pessoa?

No entanto, existem mais dificuldades nessa área. Há uma grande batalha entre Hollywood e a indústria de informática. Hollywood deseja a proteção rígida de toda a propriedade intelectual, e a indústria de informática não quer ser a polícia a serviço de Hollywood. Em outubro de 1998, o Congresso norte-americano aprovou o **DMCA (Digital Millennium Copyright Act)**, que torna crime frustrar qualquer mecanismo de proteção presente em uma obra protegida por direitos autorais ou informar outras pessoas sobre como lográ-lo. Legislação semelhante está surgindo na União Europeia. Embora quase ninguém pense que piratas do Extremo Oriente devam ter permissão para duplicar obras protegidas, muitas pessoas imaginam que o DMCA desloca completamente o equilíbrio entre o interesse do detentor dos direitos autorais e o interesse público.

Vejamos um exemplo prático. Em setembro de 2000, um consórcio da indústria da música encarregado de elaborar um sistema inviolável para venda de obras musicais on-line patrocinou uma competição convidando pessoas a tentar violar o sistema (exatamente o que deve ser feito no caso de qualquer sistema de segurança novo). Pesquisadores da área de segurança provenientes de várias universidades formaram uma equipe, liderada pelo professor Edward Felten, de Princeton, que aceitou o desafio e conseguiu quebrar o sistema. Em seguida, eles escreveram um artigo sobre suas descobertas e o submeteram a uma conferência de segurança do USENIX, em que o trabalho passou por uma revisão e foi aceito. Antes da apresentação, Felten recebeu uma carta da Recording Industry Association of America que ameaçava processar os autores com base no DMCA se eles publicassem o artigo.

A resposta dos pesquisadores foi abrir um processo pedindo que um tribunal federal decidisse se a publicação de documentos científicos sobre pesquisas na área de segurança ainda era legal. Temendo uma decisão definitiva dos tribunais contra ela, a indústria retirou sua ameaça e o tribunal rejeitou a ação de Felten. Sem dúvida, os fabricantes de discos foram motivados pela fragilidade de sua posição: eles haviam convidado pessoas a tentar violar seu sistema, e depois ameaçaram processar algumas delas por aceitar o desafio. Com a ameaça retirada, o ensaio foi publicado (Craver et al., 2001). Uma nova competição é quase certa.

Enquanto isso, redes peer-to-peer têm sido usadas para a troca de conteúdo protegido por direito autoral. Em resposta, os detentores dos direitos usaram o DMCA para enviar avisos automatizados, conhecidos como **avisos de remoção do DMCA**, a usuários e ISPs. Tais detentores notificaram (e processaram) inicialmente os indivíduos de forma direta, o que provou ser impopular e ineficaz. Agora, eles estão processando os ISPs por não excluir clientes que estejam violando o DMCA. Essa é uma proposição arriscada, pois as redes peer-to-peer geralmente têm pares que mentem sobre o que eles estão compartilhando (Cuevas et al., 2014; e Santos et al., 2011), e até mesmo seu tipógrafo poderia ser confundido com um criminoso (Piatek et al., 2008), mas os detentores de direito autoral estão conseguindo algum sucesso com essas abordagem: em dezembro de 2019, um tribunal federal ordenou que a Cox Communications pagasse US$ 1 bilhão aos detentores de direito autoral por não responderem devidamente aos avisos de retirada.

Uma questão relacionada a essa é a extensão da **doutrina de uso legal**, estabelecida por decisões judiciais em vários países. Essa doutrina afirma que os compradores de uma obra protegida por direitos autorais têm certos direitos limitados de copiar a obra, inclusive o direito de citar partes dela para fins científicos, usá-la como material didático em escolas ou faculdades e, em alguns casos, criar cópias de reserva para uso pessoal no caso de falha do meio original. Os testes para definir o que constitui uso legal incluem (1) se o uso é comercial, (2) que porcentagem do todo está sendo copiada e (3) o efeito da cópia sobre as vendas da obra. Tendo em vista que o DMCA e leis semelhantes dentro da União Europeia proíbem frustrar os esquemas de proteção contra cópia, essas leis também proíbem o uso legal. Na realidade, o DMCA prejudica os direitos históricos dos usuários para dar mais poder aos vendedores de conteúdo. É inevitável um confronto.

Outro desenvolvimento na área que reduz a importância até mesmo do DMCA em seu deslocamento do equilíbrio entre os detentores de direitos autorais e os usuários é a **computação confiável**, defendida por setores da indústria como o **TCG (Trusted Computing Group)**, liderado por empresas como Intel e Microsoft. A ideia é oferecer suporte para monitoramento cuidadoso do comportamento do usuário em diversos aspectos (p. ex., reprodução de música pirateada) em um nível abaixo do sistema operacional, a fim de proibir o comportamento indesejável. Isso é realizado com um pequeno chip, chamado **TPM (Trusted Platform Module)**, que é difícil de ser adulterado. Alguns PCs vendidos atualmente vêm equipados com um TPM. O sistema permite que o software escrito por detentores de conteúdo manipule PCs de maneiras que os usuários não possam mudar. Isso levanta a questão de quem é confiável na computação de confiança. Certamente, não é o usuário. É desnecessário dizer que as consequências sociais desse esquema são imensas. É ótimo que a indústria esteja finalmente prestando atenção à segurança, mas é lamentável que ela esteja inteiramente voltada para impor a lei de direitos autorais, em vez de lidar com vírus, crackers, intrusos e outras questões de segurança com as quais a maioria das pessoas está preocupada.

Em resumo, os legisladores e juristas estarão ocupados tentando equilibrar os interesses econômicos dos proprietários de direitos autorais com o interesse público nos próximos anos. O espaço virtual não é diferente do espaço físico: ele constantemente joga um grupo contra outro, resultando em lutas pelo poder, litígio e (esperamos), por fim, algum tipo de resolução, pelo menos até surgir alguma nova tecnologia capaz de resolver a situação.

8.14 RESUMO

A segurança se encontra na interseção de propriedades importantes, como confidencialidade, integridade e disponibilidade (CIA). Infelizmente, muitas vezes é difícil compreendê-la, no sentido de que é difícil especificar exatamente qual é a segurança de um sistema. O que podemos fazer é aplicar rigorosamente os princípios de segurança, como os de Saltzer e Schroeder.

Enquanto isso, os adversários tentarão comprometer um sistema combinando os blocos de construção fundamentais de reconhecimento (o que está sendo executado e sob quais condições), espionagem (bisbilhotando o tráfego), falsificação (fingindo ser outra pessoa) e interrupção (negação de serviço). Todos eles podem crescer e se tornar extremamente avançados. Para se proteger contra esses ataques e suas combinações, os administradores de rede instalam firewalls, sistemas de detecção de intrusão e sistemas de prevenção de intrusão. Essas soluções podem ser implantadas na rede, bem como no host, e podem funcionar com base em assinaturas ou anomalias. De qualquer forma, a redução do número de falsos positivos (falsos alertas) e falsos negativos (ataques perdidos) é uma medida importante para a utilidade de tais soluções. Especialmente se os ataques forem raros e se houver muitos eventos, a falácia da taxa básica determina que a taxa de falsos positivos reduz rapidamente o poder de um sistema de detecção de intrusão.

A criptografia é uma ferramenta que pode ser usada para manter informações confidenciais e garantir sua integridade e autenticidade. Todos os sistemas criptográficos modernos se baseiam no princípio de Kerckhoffs de um algoritmo publicamente conhecido e uma chave secreta. Muitos algoritmos criptográficos usam transformações complexas que envolvem substituições e permutações para transformar o texto simples em texto cifrado. Contudo, se a criptografia quântica puder se tornar prática, o uso de blocos de uma única vez poderá fornecer sistemas criptográficos verdadeiramente invioláveis.

Os algoritmos criptográficos podem ser divididos como de chave simétrica e de chave pública. Os algoritmos de chave simétrica desfiguram os bits em uma série de rodadas parametrizadas pela chave para transformar o texto simples no texto cifrado – AES (Rijndael) e o DES triplo são os mais populares no momento. Esses algoritmos podem ser usados no modo livro de códigos eletrônicos, modo blocos de cifras encadeados, modo fluxo de cifra, modo contador e outros.

Nos algoritmos de chave pública, são usadas chaves diferentes para codificação e decodificação, e a chave de decodificação não pode ser derivada da chave de codificação. Essas propriedades tornam possível divulgar a chave pública. Um dos principais algoritmos de chave pública é o RSA, cuja força deriva da grande dificuldade de fatorar números muito grandes. Os algoritmos baseados em ECC também são usados.

Documentos legais, comerciais e outros precisam ser assinados. Consequentemente, foram criados vários esquemas de assinaturas digitais, empregando algoritmos de chave simétrica e algoritmos de chave pública. Em geral, as mensagens que devem ser assinadas são submetidas a um hash com a utilização de algoritmos como SHA-2 e SHA-3, e então os hashes são assinados em lugar das mensagens originais.

O gerenciamento de chaves públicas pode ser implementado com o emprego de certificados, documentos que vinculam um protagonista a uma chave pública. Os certificados são assinados por uma autoridade confiável ou por alguém aprovado (recursivamente) por uma autoridade confiável. A raiz da cadeia tem de ser obtida com antecedência, mas os navegadores em geral têm muitos certificados raiz embutidos.

Essas ferramentas criptográficas podem ser usadas para proteger o tráfego de rede. O IPsec opera na camada de rede, codificando fluxos de pacotes de host para host. Os firewalls podem efetuar a triagem do tráfego que entra ou sai de uma organização, muitas vezes com base no protocolo e na porta utilizados. As redes privadas virtuais podem simular uma antiga rede dedicada para oferecer certas propriedades de segurança desejáveis. Por fim, as redes sem fio precisam de uma boa segurança a fim de evitar que mais alguém leia todas as mensagens – protocolos como o 802.11i oferecem isso. A defesa em profundidade, usando vários mecanismos, é sempre uma boa ideia.

Quando duas partes estabelecem uma sessão, elas têm de autenticar uma à outra e, se necessário, estabelecer uma chave de sessão compartilhada. Existem diversos protocolos de autenticação, incluindo alguns que usam uma terceira parte confiável, Diffie-Hellman, Kerberos e criptografia de chave pública.

A segurança de correio eletrônico pode ser alcançada por uma combinação das técnicas que estudamos neste capítulo. Por exemplo, o PGP compacta as mensagens, depois as codifica usando uma chave secreta e envia essa chave codificada com a chave pública do receptor. Além disso, ele também efetua o hash da mensagem e envia o hash assinado para confirmar a integridade da mensagem.

A segurança da Web também é um tópico importante, começando com a segurança dos nomes. O DNSSEC oferece um modo de evitar o spoofing do DNS. A maioria dos sites de comércio eletrônico na Web utiliza TLS para estabelecer sessões autenticadas e seguras entre o cliente e o servidor. São usadas várias técnicas para lidar com código móvel, em especial caixas de brita e assinatura de código.

Por fim, a Internet levanta muitas questões em que a tecnologia interage fortemente com a política pública. Algumas áreas relevantes incluem privacidade, liberdade de expressão e direitos autorais. O tratamento dessas questões requer a contribuição de várias disciplinas. Dada a velocidade de evolução da tecnologia e a velocidade de evolução da legislação e a política pública, vamos esticar o pescoço e prever que essas questões não estarão resolvidas quando a próxima edição deste livro for impressa. Se estivermos errados, pagaremos uma rodada de pizza a todos os nossos leitores.

PROBLEMAS

1. Considere o princípio da mediação completa. Qual requisito não funcional do sistema provavelmente será afetado pela aderência estrita a esse princípio?
2. O Capítulo 3 discute os códigos de redundância cíclica (CRCs) como um modo de detectar as mensagens errôneas. Explique por que os CRCs não podem ser usados para assegurar a integridade da mensagem.
3. Que tipo de varredura o log de rede a seguir representa? Complete sua resposta da forma mais precisa possível, indicando quais hosts você acredita que estejam ativos e quais portas estão abertas ou fechadas.

Hora	De	Para	Flags	Outras informações
21:03:59.711106	brutus.net.53 >	host201.caesar.org.21:	F 0:0(0) win 2048 (ttl 48, id 55097)	
21:04:05.738307	brutus.net.53 >	host201.caesar.org.21:	F 0:0(0) win 2048 (ttl 48, id 50715)	
21:05:10.399065	brutus.net.53 >	host202.caesar.org.21:	F 0:0(0) win 3072 (ttl 49, id 32642)	
21:05:16.429001	brutus.net.53 >	host202.caesar.org.21:	F 0:0(0) win 3072 (ttl 49, id 31501)	
21:09:12.202997	brutus.net.53 >	host024.caesar.org.21:	F 0:0(0) win 2048 (ttl 52, id 47689)	
21:09:18.215642	brutus.net.53 >	host024.caesar.org.21:	F 0:0(0) win 2048 (ttl 52, id 26723)	
21:10:22.664153	brutus.net.53 >	host003.caesar.org.21:	F 0:0(0) win 3072 (ttl 53, id 24838)	
21:10:28.691982	brutus.net.53 >	host003.caesar.org.21:	F 0:0(0) win 3072 (ttl 53, id 25257)	
21:11:10.213615	brutus.net.53 >	host102.caesar.org.21:	F 0:0(0) win 4096 (ttl 58, id 61907)	
21:11:10.227485	host102.caesar.org.21 >	brutus.net.53:	R 0:0(0) ack 4294947297 win 0 (ttl 25, id 38400)	

4. Que tipo de varredura o log de rede a seguir representa? Complete sua resposta da forma mais precisa possível, indicando quais hosts você acredita que estejam ativos e quais portas estão abertas ou fechadas.

Hora	De	Para	Flags	Outras informações
20:31:49.635055	IP 127.0.0.1.56331 >	127.0.0.1.22:	Flags [FPU],	seq 149982695, win 4096, urg 0, length 0
20:31:49.635123	IP 127.0.0.1.56331 >	127.0.0.1.80:	Flags [FPU],	seq 149982695, win 3072, urg 0, length 0
20:31:49.635162	IP 127.0.0.1.56331 >	127.0.0.1.25:	Flags [FPU],	seq 149982695, win 4096, urg 0, length 0
20:31:49.635200	IP 127.0.0.1.25 >	127.0.0.1.56331:	Flags [R.],	seq 0, ack 149982696, win 0, length 0
20:31:49.635241	IP 127.0.0.1.56331 >	127.0.0.1.10000:	Flags [FPU],	seq 149982695, win 3072, urg 0, length 0
20:31:49.635265	IP 127.0.0.1.10000 >	127.0.0.1.56331:	Flags [R.],	seq 0, ack 149982696, win 0, length 0
20:31:50.736353	IP 127.0.0.1.56332 >	127.0.0.1.80:	Flags [FPU],	seq 150048230, win 1024, urg 0, length 0
20:31:50.736403	IP 127.0.0.1.56332 >	127.0.0.1.22:	Flags [FPU],	seq 150048230, win 3072, urg 0, length 0

5. Alice deseja se comunicar com o site *www.vu.nl*, mas a entrada para esse domínio em seu servidor de nomes foi adulterada, de modo que os pacotes acabam na máquina controlada pelo invasor. Até que ponto o invasor é capaz de comprometer a confidencialidade, integridade e autenticidade nos seguintes casos: (a) comunicação não criptografada (http) entre Alice e *www.vu.nl*, (b) comunicação criptografada (https) entre Alice e *www.vu.nl* quando o site da Web usa um certificado assinado por ele, (c) comunicação criptografada (https) entre Alice e *www.vu.nl* quando o site usa um certificado assinado por uma autoridade de certificação legítima?

6. Em um dia, um IDS inspeciona 1.000.000 eventos. Ele levanta 50 alertas, 10 dos quais são alarmes falsos. O número total (real) de ataques naquele dia foi 70. Calcule a precisão, recuperação, medida F e acurácia do IDS.

7. Explique a falácia da taxa básica usando o desempenho do IDS da pergunta anterior.

8. Você está realizando um ataque de sequestro do TCP fora do caminho na máquina de Herbert. Como primeiro passo, você deseja saber se ele está conectado por sua máquina ao servidor FTP em *vusec.net* (lembre-se: o FTP usa a porta de destino 21 para os comandos). As duas máquinas usam Linux e implementam a RFC 5961 original, conforme

discutido no texto. Descreva como você descobre que Herbert está conectado ao servidor FTP, usando a técnica de exploração do TCP fora do caminho.

9. Resolva a cifra monoalfabética a seguir. O texto simples (em inglês), formado apenas por letras, é um trecho de um conhecido poema de Lewis Carroll.

   kfd ktbd fzm eubd kfd pzyiom mztx ku kzyg ur bzha kfthcm
   ur mftnm zhx mfudm zhx mdzythc pzq ur ezsszcdm zhx gthcm
   zhx pfa kfd mdz tm sutythc fuk zhx pfdkfdi ntcm fzld pthcm
   sok pztk z stk kfd uamkdim eitdx sdruid pd fzld uoi efzk
   rui mubd ur om zid uok ur sidzkf zhx zyy ur om zid rzk
   hu foiia mztx kfd ezindhkdi kfda kfzhgdx ftb boef rui kfzk

10. Resolva a seguinte cifra de transposição de colunas. O texto simples foi extraído de um livro sobre computadores, portanto, "information" é uma palavra muito provável. O texto simples é formado apenas por letras (sem espaços), em inglês. O texto cifrado está dividido em blocos de cinco caracteres para proporcionar melhor legibilidade.

    prort elhfo osdte taxit matec hbcni wtseo datnr tuebc eyeao ncrin nfeee aoeai nirog m

11. Alice usou uma cifra de transposição para codificar suas mensagens para Bob. Para aumentar a segurança, ela criptografou a chave da cifra de transposição usando uma cifra de substituição e manteve a cifra criptografada em seu computador. Trudy conseguiu se apossar da chave da cifra de transposição criptografada. Poderá ela decifrar as mensagens de Alice para Bob? Por quê?

12. Bob usou uma cifra de transposição para codificar sua mensagem para Alice. Para aumentar a segurança, ele criptografou a mensagem novamente usando uma cifra de transposição. O texto cifrado teria sido diferente se Bob tivesse primeiro criptografado a mensagem usando a cifra de transposição e somente então é criptografado usando uma cifra de substituição? Explique sua resposta.

13. Encontre um bloco de 77 bits que gere o texto "Hello World" a partir do texto cifrado da Figura 8.11.

14. Você é um espião e, de modo conveniente, tem uma biblioteca com um número infinito de livros à sua disposição. Seu operador também tem essa biblioteca à disposição. Você concordou em usar o *Senhor dos Anéis* como uma chave única. Explique como você poderia usar esses recursos para gerar uma chave única infinitamente longa.

15. A criptografia quântica exige uma pistola de fótons que possa, por demanda, disparar um único fóton transportando 1 bit. Neste problema, calcule quantos fótons um bit transporta em um enlace de fibra de 250 Gbps. Suponha que o comprimento de um fóton seja igual a seu comprimento de onda que, para fins deste problema, é 1 micron. Suponha que a velocidade da luz na fibra seja 20 cm/ns.

16. Se Trudy capturar e regenerar fótons quando a criptografia quântica estiver em uso, ela obterá alguns fótons errados e provocará o surgimento de erros na chave única de Bob. Em média, que fração dos bits do bloco de uma só vez de Bob estará errada?

17. Um princípio criptográfico fundamental estabelece que todas as mensagens devem ter redundância. Contudo, também sabemos que a redundância ajuda um intruso a saber se uma chave hipotética está correta. Considere duas formas de redundância. Primeiro, os n bits iniciais do texto simples contêm um padrão conhecido. Segundo, os n bits finais da mensagem contêm um hash sobre ela. Do ponto de vista da segurança, essas duas alternativas são equivalentes? Comente sua resposta.

18. Considere um sistema bancário que utiliza o seguinte formato para mensagens de transação: dois bytes para o ID do transmissor, dois bytes para o ID do receptor e quatro bytes para o valor a ser transferido. As transações são criptografadas antes do envio. O que você poderia acrescentar a essas mensagens para que elas adiram aos dois princípios criptográficos discutidos neste capítulo?

19. Um grupo de más pessoas realizando negócios infames não deseja que a polícia escute suas comunicações digitais. Para garantir que isso não aconteça, elas usam um sistema de mensagem criptografada de ponta a ponta, que usa uma cifra inquebrável. Pense em duas técnicas que ainda poderão permitir que a polícia investigue as conversas.

20. Suponha que tenhamos uma máquina para quebrar cifras com um milhão de processadores capazes de analisar uma chave em 1 nanossegundo. Seriam necessários 10^{16} anos para quebrar a versão de 128 bits do AES. Vamos calcular quanto tempo levará para reduzir para 1 ano, o que, logicamente, ainda é muito tempo. Para conseguir isso, precisamos que os computadores sejam 10^{16} vezes mais rápidos. Se a lei de Moore (a potência de computação duplica a cada 18 meses) continuar a ser válida, quantos anos serão necessários até que um computador paralelo possa reduzir o tempo de quebra da cifra para um ano?

21. O AES admite uma chave de 256 bits. Quantas chaves tem o AES-256? Veja se é possível encontrar algum número em física, química ou astronomia com aproximadamente o mesmo tamanho. Use a Internet para ajudá-lo a procurar números grandes. Tire uma conclusão de sua pesquisa.

22. Considere o encadeamento de blocos de texto cifrado. Em vez de um único bit 0 ser transformado em um bit 1, um bit 0 extra é inserido no fluxo de texto cifrado depois do bloco C_i. Que proporção do texto simples será adulterado em decorrência disso?

23. Compare o encadeamento de blocos de cifras com o modo de feedback de cifra no que se refere ao número de operações necessárias para a transmissão de um arquivo muito grande. Qual dos dois é o mais eficiente e em que proporção?

24. Alice e Bob estão se comunicando por meio da criptografia de chave pública. Quem pode recuperar o texto simples, P, a partir de $E_B(D_A(P))$, e quais etapas são necessárias para isso?

25. Daqui a alguns anos, você é professor de Redes de Computadores. Você explica aos seus alunos que, na criptografia RSA, as chaves públicas e privadas consistem em (e, n) e (d, n), respectivamente. Os valores possíveis de e e d dependem de um valor z, cujos valores possíveis dependem, por sua vez, de n. Um dos alunos comenta que esse esquema é desnecessariamente complicado, e propõe simplificá-lo.

Em vez de selecionar d como um número primo relativo a z, e é selecionado como primo relativo de n. Então, d é encontrado de modo que $e \times d = 1$ módulo n. Desse modo, z não é mais necessário. Qual é o efeito disso para o esforço exigido para quebrar a cifra?

26. Suponha que um usuário descubra que sua chave RSA privada ($d1$, $n1$) seja a mesma que a chave RSA pública ($e2$, $n2$) de outro usuário, Frances. Em outras palavras, $d1 = e2$ e $n1 = n2$. O usuário deverá considerar a troca de suas chaves pública e privada? Explique sua resposta.

27. O protocolo de assinatura da Figura 8.21 tem um ponto fraco: se Bob sofrer uma pane, ele poderá perder o conteúdo de sua RAM. Que problema isso pode causar e como ele pode resolvê-lo?

28. Na Figura 8.23, vemos como Alice pode enviar a Bob uma mensagem assinada. Se Trudy substituir P, Bob poderá descobrir. No entanto, o que acontecerá se Trudy substituir ao mesmo tempo P e a assinatura?

29. As assinaturas digitais têm uma deficiência potencial devido a usuários preguiçosos. Em transações de comércio eletrônico, um contrato poderia ser interrompido e o usuário poderia ser solicitado a assinar seu hash SHA. Se o usuário não verificar realmente que o contrato e o hash correspondem, ele poderá assinar inadvertidamente um contrato diferente. Suponha que a máfia tente explorar essa fraqueza para ganhar algum dinheiro. Os mafiosos configuram um site pago (p. ex., pornografia, jogo, etc.) e pedem aos novos clientes um número de cartão de crédito. Em seguida, enviam um contrato ao cliente confirmando que este deseja usar seus serviços e que pagará com o cartão de crédito. Depois, solicitam que o cliente assine o contrato, sabendo que a maioria dos clientes simplesmente assinará sem verificar se o contrato e o hash coincidem. Mostre como a máfia pode comprar diamantes pela Internet de um joalheiro legítimo e debitá-los de clientes desatentos.

30. Uma turma de matemática tem 25 alunos. Supondo que todos eles nasceram no primeiro semestre do ano – entre 1 de janeiro e 30 de junho –, qual é a probabilidade de que pelo menos dois alunos façam aniversário no mesmo dia? Suponha que ninguém tenha nascido em um ano bissexto.

31. Depois de Ellen ter confessado a Marilyn que a enganou na questão da indicação de Tom, Marilyn resolve evitar esse problema ditando o conteúdo de futuras mensagens a um gravador e fazendo sua nova secretária simplesmente digitá-las. Marilyn planejava examinar as mensagens em seu terminal depois de elas serem digitadas, para ter certeza de que continham suas palavras exatas. A nova secretária ainda pode usar o ataque do aniversário para falsificar uma mensagem? De que maneira? *Dica*: ela pode fazê-lo.

32. Considere a tentativa malsucedida de Alice de conseguir a chave pública de Bob na Figura 8.25. Suponha que Bob e Alice já compartilhem uma chave secreta, mas Alice ainda quer a chave pública de Bob. Agora existe um modo de obtê-la em segurança? Em caso afirmativo, como?

33. Alice quer se comunicar com Bob usando a criptografia de chave pública. Ela estabelece uma conexão com alguém que espera que seja Bob e pede sua chave pública, a qual ele envia em texto simples, juntamente com um certificado X.509 assinado pela CA raiz. Alice já tem a chave pública da CA raiz. Que etapas ela deve executar para verificar se está se comunicando com Bob? Suponha que Bob não se importe em saber com quem está se comunicando (p. ex., Bob é alguma espécie de serviço público).

34. Suponha que um sistema utilize a PKI baseada em uma hierarquia de CAs estruturada em forma de árvore. Alice quer se comunicar com Bob e recebe um certificado dele assinado por uma CA X, depois de estabelecer um canal de comunicação com Bob. Suponha que Alice nunca tenha ouvido falar em X. Que etapas ela deve executar para confirmar que está se comunicando com Bob?

35. O IPsec usando AH pode ser empregado em modo de transporte quando uma das máquinas está atrás de um NAT? Explique sua resposta.

36. Alice deseja enviar uma mensagem a Bob usando hashes SHA-2. Ela consulta você em relação ao algoritmo de assinatura apropriado que será usado. O que você sugeriria?

37. Cite uma vantagem dos HMACs em relação ao uso de RSA para assinar hashes SHA-2.

38. Apresente uma razão que justifique o fato de um firewall poder ser configurado de modo a inspecionar o tráfego de entrada. Apresente uma razão que justifique o fato de um firewall poder ser configurado de modo a inspecionar o tráfego de saída. Você acredita que as inspeções têm probabilidade de sucesso?

39. Suponha que uma organização utilize uma VPN para se conectar em segurança a seus sites pela Internet. Jim, um usuário na organização, usa a VPN para se comunicar com sua chefe Mary. Descreva um tipo de comunicação entre Jim e Mary que não exigiria o uso de criptografia ou outro mecanismo de segurança, e outro tipo de comunicação que exigiria criptografia ou outros mecanismos de segurança. Explique sua resposta.

40. Faça uma pequena alteração em uma mensagem no protocolo da Figura 8.31, de modo a torná-lo resistente ao ataque por reflexão. Explique por que sua mudança funciona.

41. A troca de chaves de Diffie-Hellman está sendo usada para estabelecer uma chave secreta entre Alice e Bob. Alice envia a Bob a mensagem (227, 5, 82). Bob responde com (125). O número secreto de Alice, x, é 12, e o número secreto de Bob, y, é 3. Mostre como Alice e Bob calculam a chave secreta.

42. Dois usuários podem estabelecer uma chave secreta compartilhada usando o algoritmo de Diffie-Hellman, mesmo que nunca tenham se encontrado, não compartilhem segredos e não tenham certificados.
    (a) Explique como esse algoritmo é suscetível a um ataque do homem no meio.
    (b) Como essa suscetibilidade mudaria se n ou g fossem secretos?

43. No protocolo da Figura 8.36, por que A é enviado em texto simples junto com a chave de sessão criptografada?

44. Os registros de tempo e os nonces são usados por confidencialidade, integridade, disponibilidade, autenticação ou não repúdio? Explique sua resposta.

45. No protocolo da Figura 8.36, indicamos que iniciar cada mensagem de texto simples com 32 bits zero é um risco à segurança. Suponha que cada mensagem comece com um número aleatório por usuário, efetivamente uma segunda chave secreta conhecida apenas de seu usuário e do KDC. Isso elimina o ataque do texto simples conhecido? Por quê?

46. Confidencialidade, integridade, disponibilidade, autenticação e não repúdio são propriedades fundamentais da segurança. Para cada uma dessas propriedades, explique se ela pode ser fornecida pela criptografia de chave pública. Se puder, explique como isso é feito.

47. Considere os problemas fundamentais da segurança listados no problema anterior. Para cada uma das propriedades, explique se ela pode ser fornecida por sumários de mensagem. Se puder, explique como isso é feito.

48. No protocolo de Needham-Schroeder, Alice gera dois desafios, R_A e R_{A2}. Isso parece exagero. Apenas um não seria suficiente?

49. Suponha que uma organização utilize o Kerberos para autenticação. Em termos de segurança e disponibilidade de serviço, qual será o efeito se AS ou TGS for desativado?

50. Alice está usando o protocolo de autenticação por chave pública da Figura 8.40 para autenticar a comunicação com Bob. Contudo, ao enviar a mensagem 7, Alice se esqueceu de criptografar R_B. Trudy agora conhece o valor de R_B. Alice e Bob precisam repetir o procedimento de autenticação com novos parâmetros a fim de garantir a comunicação segura? Explique sua resposta.

51. No protocolo de autenticação por chave pública da Figura 8.40, na mensagem 7, R_B é criptografado com K_S. Essa criptografia é necessária, ou teria sido melhor enviar a mensagem de volta em texto simples? Explique sua resposta.

52. Terminais de pontos de venda que utilizam cartões com tarja magnética e códigos PIN têm uma falha fatal: um comerciante inescrupuloso pode modificar seu leitor de cartões para armazenar todas as informações do cartão, assim como o código PIN, a fim de informar outras transações (falsas) no futuro. A próxima geração de terminais de pontos de venda utilizará cartões com uma CPU completa, teclado e um pequeno visor. Idealize um protocolo para esse sistema que não possa ser burlado por comerciantes inescrupulosos.

53. Você recebe um e-mail do seu banco dizendo que foi detectado um comportamento incomum na sua conta. Todavia, quando você segue o link informado no e-mail e se conecta ao site, ele não mostra transação alguma. Você sai do sistema. Talvez tenha sido um engano. Um dia, você retorna ao site do banco e faz o login. Dessa vez, ele mostra que todo o seu dinheiro foi transferido para uma conta desconhecida. O que aconteceu?

54. Dê *dois* motivos para o PGP compactar mensagens.

55. Seria possível enviar uma mensagem PGP por multicast? Que restrições se aplicariam?

56. Supondo que todos na Internet usassem o PGP, uma mensagem PGP poderia ser enviada a um endereço qualquer da Internet e ser decodificada corretamente por todos os envolvidos? Comente sua resposta.

57. O protocolo de transporte de dados SSL envolve dois nonces, bem como uma chave pré-mestre. Que valor, se for o caso, tem o uso dos nonces?

58. Considere uma imagem de 2048 × 1536 pixels. Você deseja criptografar um arquivo com tamanho de 2,5 MB. Que fração do arquivo você pode ocultar esteganograficamente nessa imagem? Que fração você poderia criptografar se compactasse o arquivo para um quarto de seu tamanho original? Mostre seus cálculos.

59. A imagem da Figura 8.52(b) contém o texto ASCII de cinco peças de Shakespeare. Seria possível ocultar música em vez de texto entre as zebras? Em caso afirmativo, como isso seria feito e que quantidade de música você ocultaria na imagem? Em caso negativo, por que não?

60. Você recebe um arquivo de texto de 60 MB, que deve ser criptografado usando a esteganografia nos bits de baixa ordem de cada cor em um arquivo de imagem. Que tamanho de imagem seria necessário para poder criptografar o arquivo inteiro? Que tamanho seria necessário se o arquivo fosse primeiro compactado para um terço de seu tamanho original? Mostre suas respostas em pixels e apresente os cálculos. Suponha que as imagens tenham uma relação entre os eixos de 3:2, por exemplo, 3000 × 2000 pixels.

61. Alice era uma usuária pesada de um repostador anônimo do tipo 1. Ela postava muitas mensagens em seu newsgroup favorito, *alt.fanclub.alice*, e todo mundo sabia que as mensagens eram todas dela, porque tinham o mesmo pseudônimo. Supondo que o repostador funcionasse corretamente, Trudy não conseguiria se fazer passar por Alice. Depois que os repostadores do tipo 1 foram desativados, Alice trocou para um repostador cypherpunk e iniciou um novo thread de mensagens em seu newsgroup. Elabore um meio de impedir que Trudy poste novas mensagens no newsgroup passando-se por Alice.

62. Em 2018, os pesquisadores descobriram um par de vulnerabilidades nos processadores modernos, que eles chamaram de Spectre e Meltdown. Descubra como funciona o ataque Meltdown e explique quais dos princípios de segurança não foram suficientemente seguidos pelos projetistas do processador, causando a introdução dessas vulnerabilidades. Explique sua resposta. Indique uma motivação possível para a não aderência estrita a esses princípios.

63. Enquanto viaja para fora do país, você se conecta à rede WiFi do seu hotel usando uma senha exclusiva. Explique como um invasor pode espionar sua comunicação.

64. Procure na Internet algum caso interessante envolvendo privacidade e escreva um relatório de uma página sobre o tema.

65. Escreva um programa que codifique sua entrada por meio de uma operação XOR entre ela e um fluxo de chaves. Descubra ou desenvolva o melhor gerador de números aleatórios que puder para gerar o fluxo de chaves. O programa deve atuar como um filtro, recebendo texto simples na entrada padrão e gerando texto cifrado na saída padrão (e vice-versa). O programa deve receber um parâmetro, a chave que produz a semente do gerador de números aleatórios.

66. Escreva um procedimento que calcule o hash SHA-2 de um bloco de dados. O procedimento deve ter dois parâmetros: um ponteiro para o buffer de entrada e um ponteiro para um buffer de saída de 20 bytes. Para ver a especificação exata do SHA-2, procure na Internet por FIPS 180-1 para ver a especificação completa.

67. Escreva uma função que aceite um fluxo de caracteres ASCII e criptografe essa entrada usando uma cifra por substituição com o modo de encadeamento de blocos de cifras. O tamanho do bloco deverá ser de 8 bytes. O programa deverá apanhar o texto simples da entrada padrão e imprimir o texto cifrado na saída padrão. Para este problema, você poderá selecionar qualquer sistema razoável para determinar o final da entrada, e/ou quando o preenchimento deverá ser aplicado para completar o bloco. Você pode selecionar qualquer formato de saída, desde que não seja ambíguo. O programa deverá receber dois parâmetros:

    1. Um ponteiro para o vetor de inicialização.
    2. Um número k, representando o deslocamento da cifra de substituição, de modo que cada caractere ASCII seja codificado pelo k-ésimo caractere adiante dele no alfabeto.

    Por exemplo, se $x = 3$, então "A" é codificado por "D", "B" é codificado por "E", etc. Faça suposições razoáveis com relação a alcançar o último caractere no conjunto ASCII. Documente claramente em seu código quaisquer suposições que você faça sobre a entrada e o algoritmo de criptografia.

68. A finalidade deste problema é dar-lhe um melhor conhecimento sobre os mecanismos do RSA. Escreva uma função que receba, como parâmetros, números primos p e q, calcule chaves RSA públicas e privadas usando esses parâmetros e envie n, z, d e e para a saída padrão. A função também deverá aceitar um fluxo de caracteres ASCII e criptografar essa entrada usando as chaves RSA calculadas. O programa deverá apanhar o texto simples da entrada padrão e imprimir o texto cifrado na saída padrão. A criptografia deverá ser executada um caractere por vez, ou seja, apanhando cada caractere na entrada e criptografando-o independentemente dos outros. Para este problema, você poderá selecionar qualquer sistema razoável para determinar o final da entrada, bem como qualquer formato de saída, desde que não seja ambíguo. Documente claramente em seu código quaisquer suposições que você faça sobre a entrada e o algoritmo de criptografia.

9
Leituras recomendadas e referências

Terminamos nosso estudo das redes de computadores, mas isso é apenas o começo. Muitos tópicos interessantes não foram tratados com tantos detalhes quanto merecem, e outros foram omitidos completamente por falta de espaço. Neste capítulo, oferecemos algumas leituras recomendadas adicionais e uma extensa lista de referências na área, para benefício dos leitores que desejam continuar seus estudos em redes de computadores.

9.1 LEITURAS RECOMENDADAS

Há muita literatura sobre todos os aspectos das redes de computadores. Dois periódicos que publicam artigos nessa área são *IEEE/ACM Transactions on Networking* e *IEEE Journal on Selected Areas in Communications*.

Os periódicos da ACM Special Interest Groups on Data Communications (SIGCOMM) e Mobility of Systems, Users, Data, and Computing (SIGMO-BILE) publicam muitos artigos de interesse, em especial sobre assuntos emergentes. São eles: *Computer Communication Review* e *Mobile Computing and Communications Review*.

O IEEE também publica três revistas – *IEEE Internet Computing*, *IEEE Network Magazine* e *IEEE Communications Magazine* – que contêm estudos, tutoriais e estudos de caso sobre redes. As duas primeiras enfatizam arquitetura, padrões e software, e a última visa à tecnologia de comunicações (fibra óptica, satélites, e assim por diante).

Existem inúmeras conferências anuais ou bianuais que atraem diversos artigos sobre redes. Em particular, procure a conferência SIGCOMM, NSDI (Symposium on Networked Systems Design and Implementation), MobiSys (Conference on Mobile Systems, Applications and Services), SOSP (Symposium on Operating Systems Principles) e OSDI (Symposium on Operating Systems Design and Implementation).

A seguir, listamos algumas sugestões para leitura complementar ligadas aos capítulos deste livro. Algumas das sugestões são livros ou capítulos de livros, com alguns tutoriais e estudos. As referências completas estão na Seção 9.2.

9.1.1 Introdução e trabalhos na área

Comer, *The Internet Book*, 4. ed.

Quem quer que procure uma introdução descomplicada à Internet deverá olhar aqui. Comer descreve a história, o crescimento, a tecnologia, os protocolos e os serviços da Internet em termos que os iniciantes conseguem entender, mas há tanto material no livro que ele também é de interesse para os leitores mais técnicos.

Computer Communication Review, 50th Anniversary Issue, out. 2019

A ACM SIGCOMM completou 50 anos em 2019, e essa edição especial examina os primeiros dias e como as redes e o SIGCOMM mudaram com o passar dos anos. Diversos presidentes anteriores do SIGCOMM escreveram artigos sobre como eram as coisas e onde elas deveriam estar no futuro. Outro assunto é a relação entre a pesquisa acadêmica sobre redes e o setor. A evolução do boletim também é discutida nessa edição.

Crocker, S. D., "The Arpanet and Its Impact on the State of Networking"

Para comemorar o 50º aniversário da ARPANET, a precursora da Internet, a *IEEE Computer* colocou seis dos projetistas da ARPANET em uma mesa redonda (virtual) para discutir a ARPANET e seu (enorme) impacto no mundo. Os designers presentes foram Ben Barker, Vint Cerf, Steve Crocker, Bob Kahn, Len Kleinrock e Jeff Rulifson. A discussão está repleta de informações interessantes, incluindo o fato de que, embora a ARPANET fosse inicialmente direcionada às melhores universidades de pesquisa dos Estados Unidos, poucas delas viram algum valor no projeto a princípio e relutaram em aderi-lo.

Crovella e Krishnamurthy, *Internet Measurement*

Como podemos avaliar o funcionamento da Internet, de qualquer maneira? Essa pergunta não é fácil de ser respondida, pois não há um responsável pela Internet. O livro descreve as técnicas desenvolvidas para medir a operação da Internet, da infraestrutura de rede às aplicações.

IEEE Internet Computing, jan./fev. 2000

A primeira edição da *IEEE Internet Computing* do milênio fez como você esperaria: pediu às pessoas que ajudaram a criar a Internet no milênio anterior que especulassem para onde ela caminharia no milênio seguinte. Os especialistas são Paul Baran, Lawrence Roberts, Leonard Kleinrock, Stephen Crocker, Danny Cohen, Bob Metcalfe, Bill Gates, Bill Joy e outros. Veja se suas previsões se confirmaram duas décadas depois.

Kurose e Ross, *Computer Networking: A Top-Down Approach*

Em conteúdo, esse livro é parecido com este, exceto que, após um capítulo introdutório, ele começa no topo da pilha de protocolos (a camada de aplicação), descendo até a camada de enlace. Não há um capítulo sobre a camada física, mas existem capítulos separados sobre segurança e multimídia.

McCullough, *How the Internet Happened: From Netscape to the iPhone*

Para qualquer um interessado em uma história descomplicada da Internet, do início dos anos 1990 até agora, esse livro é o melhor lugar. Ele aborda muitas empresas e dispositivos que desempenharam um papel importante para o desenvolvimento e o crescimento da Internet, incluindo Netscape, Internet Explorer, AOL, Yahoo, Amazon, Google, Napster, Netflix, PayPal, Facebook e o iPhone.

Naughton, *A Brief History of the Future*

Afinal, quem inventou a Internet? Muitas pessoas reivindicaram o crédito. E com razão, pois muita gente participou, de diversas maneiras. Paul Baran escreveu um relatório que descreve a comutação de pacotes; pessoas em diversas universidades projetaram a arquitetura da ARPANET; o pessoal das BBN programou os primeiros IMPS; Bob Kahn e Vint Cerf inventaram o TCP/IP; e assim por diante. Esse livro conta a história da Internet, pelo menos até 2000, repleto de muitas anedotas.

Severance, *Introduction to Networking: How the Internet Works*

Se você quiser descobrir sobre as redes em apenas 100 páginas, em vez de 1000, então deve procurar aqui. Essa é uma leitura rápida e fácil, abordando a maioria dos principais tópicos, como as arquiteturas de rede, a camada de enlace, IP, DNS, a camada de transporte, a camada de aplicação, SSL e o modelo OSI. As lustrações desenhadas a mão são muito divertidas.

9.1.2 A camada física

Boccardi et al., "Five Disruptive Technology Directions for 5G"

Os proponentes das redes de celular 5G dizem que elas mudarão o mundo. Mas como? Esse artigo explica cinco maneiras como o 5G poderia ser disruptivo. Entre elas estão as arquiteturas centradas no dispositivo, o uso de ondas milimétricas, MIMO, dispositivos mais inteligentes e suporte nativo para a comunicação máquina-a-máquina.

Hu e Li, "Satellite-Based Internet: A Tutorial"

O acesso à Internet via satélite é diferente do uso de linhas terrestres. Não há apenas a questão do atraso, mas o roteamento e a comutação também são diferentes. Nesse artigo, os autores examinam as questões ligadas ao uso de satélites para acesso à Internet.

Hui, *Introduction to Fiber-Optic Communications*

O título resume tudo. Há capítulos sobre fibras ópticas, fontes de luz, detectores, amplificadores ópticos, sistemas ópticos de transmissão e muito mais. É um pouco técnico, e portanto é preciso que haja alguma base de engenharia para que ele seja totalmente compreendido.

Lamparter et al., "Multi-Gigabit over Copper Access Networks"

Todos concordam que a melhor maneira de oferecer dados em alta velocidade até a casa é a fibra óptica. No entanto, religar o mundo é uma proposta cara. Nesse artigo, os autores discutem formas híbridas de fiação que podem fazer mais sentido em curto e médio prazos, incluindo a fibra até o prédio, que leva fibra a grandes prédios (de apartamentos e de escritórios), mas reutiliza a fiação e a infraestrutura existentes dentro das edificações.

Pearson, *Fiber Optic Communication for Beginners: The Basics*

Se você estiver interessado em aprender mais sobre fibra óptica rapidamente, esse pequeno livro de 42 páginas pode ser o melhor para você. Ele explica por que a fibra é o melhor caminho a seguir, tipos de sinais, optoeletrônica, dispositivos passivos, modos de fibra, cabos, conectores, divisores e teste.

Stockman e Coomans, "Fiber to the Tap: Pushing Coaxial Cable Networks to Their Limits"

Os autores acreditam que o limite das redes de televisão a cabo não foi atingido, e que poderia atingir muitos gigabits/s. Nesse artigo, eles discutem as diversas partes do sistema a cabo e como eles acreditam ser possível alcançar essas velocidades. Para entender totalmente o artigo, é preciso que você tenha base em engenharia.

9.1.3 A camada de enlace de dados

Lin e Costello, *Error Control Coding*, 2. ed.

Códigos para detectar e corrigir erros são fundamentais para redes de computadores confiáveis. Esse conhecido livro didático explica alguns dos códigos mais importantes, dos simples códigos lineares de Hamming aos complexos códigos de verificação de paridade de baixa densidade. Ele tenta fazer isso com o mínimo de álgebra necessário, mas que ainda assim é bastante.

Kurose e Ross, *Computer Networking*

O Capítulo 6 desse livro trata da camada de enlace de dados. Ele também inclui uma seção sobre a comutação nos centros de dados.

Stallings, *Data and Computer Communications*, 10. ed.

A Parte 2 aborda a transmissão de dados digitais e uma série de enlaces, inclusive detecção e controle de erros com retransmissões, e controle de fluxo.

9.1.4 A subcamada de controle de acesso ao meio

Alloulah e Huang, "Future Millimeter-Wave Indoor Systems"

À medida que as frequências de rádio abaixo de 5 GHz se congestionam, os engenheiros de comunicação procuram frequências mais altas para obter mais largura de banda não utilizada. A parte de 30-300 GHz do espectro está potencialmente disponível, mas nessas frequências as ondas de rádio são absorvidas pela água (p. ex., chuva), tornando-as mais adequadas para uso em ambientes internos. Esse documento discute alguns dos problemas e aplicações para 802.11ad e outros sistemas que operam usando essas ondas milimétricas.

Bing, *Wi-Fi Technologies and Applications*

O IEEE 802.11 se tornou o padrão para comunicação sem fio e esse livro é uma boa referência para leitores interessados em aprender mais sobre ele. A obra cobre bandas de frequência, sistemas com várias antenas e os vários padrões 802.11. Também examina alternativas como LTE-U e LAA. Ele conclui com um capítulo sobre técnicas de modulação.

Colbach, *Bluetooth Tutorial: Design, Protocol and Specifications for BLE*

O Bluetooth é muito utilizado para conectar dispositivos móveis usando sinais de rádio de curto alcance. Esse livro discute o Bluetooth com alguns detalhes, incluindo sua arquitetura, protocolos e aplicativos. Ele abrange do Bluetooth 1.0 ao Bluetooth 5.

Kasim, *Delivering Carrier Ethernet*

Hoje, a Ethernet não é apenas uma tecnologia de área local. A nova moda é usá-la como um link de longa distância para Ethernet em nível de operadora. Esse livro reúne ensaios para abordar o tópico em profundidade.

Perlman, *Interconnections*, 2. ed.

Para ver um tratamento confiável, porém divertido, sobre bridges, roteadores e roteamento em geral, o livro de Perlman é a melhor opção. A autora projetou os algoritmos usados na bridge spanning tree IEEE 802; ela é uma das principais autoridades do mundo sobre vários aspectos do uso de redes.

Spurgeon e Zimmerman, *Ethernet: The Definitive Guide*, 2. ed.

Depois de algum material introdutório sobre cabeamento, uso de quadros, negociação, energia sobre Ethernet e sistemas de sinalização, há capítulos sobre sistemas Ethernet de 10 Mbps, 100 Mbps, 1000 Mbps, 10 Gbps, 40 Gbps e 100 Gbps. Em seguida estão os capítulos sobre cabeamento, comutação, desempenho e solução de problemas. Esse é um tipo de livro mais prático do que teórico.

9.1.5 A camada de rede

Comer, *Internetworking with TCP/IP*, Vol. 1, 5. ed.

Comer escreveu o trabalho definitivo sobre o conjunto de protocolos TCP/IP, agora em sua 5ª edição. A maior parte da primeira metade trata do IP e de protocolos relacionados na camada de rede. Os outros capítulos tratam principalmente das camadas mais altas e também merecem ser lidos.

Hallberg, *Quality of Service in Modern Packet Networks*

A maioria do tráfego na Internet é multimídia, o que torna a qualidade de serviço uma área tão importante. Esse livro aborda muitos tópicos relacionados, incluindo serviços integrados, serviços diferenciados, enfileiramento e escalonamento de pacotes, impedimento de congestionamento, medição da qualidade de serviço, entre e outros.

Grayson et al., *IP Design for Mobile Networks*

As redes de telefone tradicionais e a Internet estão em rota de colisão, com redes telefônicas móveis sendo implementadas com IP em seu interior. Os autores explicam como projetar uma rede usando os protocolos IP que dão suporte ao serviço de telefonia móvel.

Nucci e Papagiannaki, *Design, Measurement and Management of Large-Scale IP Networks*

Falamos bastante sobre como as redes funcionam, mas não como você projetaria, implementaria e controlaria uma se fosse um ISP. O livro preenche essa lacuna ao examinar os métodos modernos para engenharia de tráfego e como os ISPs oferecem serviços com o uso de redes.

Perlman, *Interconnections*, 2. ed.

Nos Capítulos de 12 a 15, Perlman descreve muitas das questões envolvidas no projeto do algoritmo de roteamento de unicast e multicast, tanto para redes remotas quanto para LANs. Porém, sem dúvida, a melhor parte é o Capítulo 18, em que a autora demonstra seus muitos anos de experiência com os protocolos de rede em um texto informativo e divertido. Trata-se de leitura obrigatória para projetistas de protocolos.

Stevens, *TCP/IP Illustrated*, Vol. 1

Os Capítulos de 3 a 10 oferecem um tratamento abrangente do IP e protocolos relacionados (ARP, RARP e ICMP), ilustrado com exemplos.

Feamster et al., "The Road to SDN"

Esse artigo de pesquisa descreve a história intelectual e as raízes das redes definidas por software, que datam do controle centralizado das redes telefônicas. Ele também explora as várias condições, técnicas e políticas, que levaram ao surgimento da SDN no final dos anos 2000.

Swami et al., "Software-defined Networking-based DDoS Defense Mechanisms"

A rede definida por software interage de duas maneiras com a segurança, ou seja, com ataques de DDoS. Primeiro, o próprio código da SDN pode ser um alvo de ataque. Segundo, o código da SDN pode ajudar a proteger a rede contra ataques de DDoD. Esse artigo de pesquisa examina muitos artigos que abordam essas duas questões.

Varghese, *Network Algorithmics*

Gastamos muito tempo falando sobre como os roteadores e outros elementos da rede interagem entre si. Esse livro é diferente: trata de como os roteadores são realmente projetados para encaminhar pacotes em velocidades prodigiosas. Para quem quer entender a fundo essa e outras questões relacionadas, esse é o livro ideal. O autor é especialista em algoritmos inteligentes, que são usados na prática para implementar elementos de rede de alta velocidade em software e hardware.

9.1.6 A camada de transporte

Comer, *Internetworking with TCP/IP*, Vol. 1, 5. ed.

Como dissemos anteriormente, Comer escreveu o trabalho definitivo sobre o conjunto de protocolos TCP/IP. A segunda metade do livro trata do UDP e do TCP.

Pyles et al., *Guide to TCP/IP: IPv6 and IPv4*

Mais um livro sobre TCP, IP e os protocolos relacionados. Ao contrário dos outros, esse tem muito material sobre IPv6, incluindo capítulos sobre sua transição e implantação.

Stevens, *TCP/IP Illustrated*, Vol. 1

Os Capítulos de 17 a 24 oferecem um tratamento abrangente do TCP, ilustrado com exemplos.

Feamster e Livingood, "Internet Speed Measurement: Current Challenges and Future Recommendations"

Os autores discutem os desafios associados à medição da velocidade na Internet enquanto as redes de acesso continuam a se tornar mais rápidas. Seguindo nesse tópico, o artigo descreve os princípios de projeto para a medição de velocidade na Internet e os desafios seguintes nessa área enquanto as redes de acesso se tornam mais velozes.

9.1.7 A camada de aplicação

Ahsan et al., "DASHing Towards Hollywood"

O DASH e o HLS usam HTTP para que se tornem compatíveis com a Web, mas ambos são baseados no TCP, que prioriza a entrega confiável e em ordem em vez da entrega em tempo. Esse artigo mostra como, ao usar uma variante do TCP, o desempenho do streaming de vídeo pode ser melhorado nas paradas devido à eliminação do bloqueio no início da fila.

Berners-Lee et al., "The World Wide Web"

Faça uma viagem de volta no tempo para uma perspectiva da Web e para onde ela está indo, com a pessoa que a inventou e alguns de seus colegas no CERN. O artigo foca a arquitetura da Web, URLs, HTTP e HTML, bem como direções futuras, e a compara com outros sistemas de informação distribuídos.

Chakraborty et al., *VoIP Technology: Applications and Challenges*

O antigo sistema telefônico analógico está quase morrendo ou, em alguns países, já morreu. Ele está sendo substituído pelo VoIP. Se você estiver interessado em saber como o VoIP funciona em detalhes, esse é um bom lugar para procurar. Entre outros tópicos abordados estão a tecnologia VoIP, protocolos, questões de qualidade de serviço, VoIP em redes sem fio, desempenho, otimização, tratamento de congestionamento e muito mais.

Dizdarevic et al., "A Survey of Communication Protocols for Internet of Things..."

A Internet das Coisas é um tópico promissor, mas os protocolos de como essas "coisas" se comunicam com servidores e nuvens estão fragmentados. Normalmente, eles são executados na camada de aplicação em cima do TCP, mas existem muitos deles, incluindo REST HTTP, MQTT,

CoAP, AMQP, DDS, XMPP e até mesmo HTTP/2.0. Esse documento discute todos eles e examina questões como desempenho, latência, energia, segurança e muito mais. O artigo também possui mais de 130 referências.

Goralski, *The Illustrated Network: How TCP/IP Works in a Modern Network*
O título desse livro é um tanto enganoso. Embora o TCP certamente seja abordado em detalhes, muitos outros protocolos e tecnologias de rede também o são. Entre outros tópicos, ele abrange protocolos e camadas, TCP/IP, tecnologias de enlace, redes ópticas, IPv4 e IPv6, ARP, roteamento, multiplexação, peering, BGP, multicast, MPLS, DHCP, DNS, FTP, SMTP, HTTP, SSL, e muito mais.

Held, *A Practical Guide to Content Delivery Networks*, 2. ed.
Oferece uma exposição prática de como funcionam as CDNs, enfatizando as considerações práticas no projeto e operação de uma CDN que funcione bem.

Li et al., "Two Decades of Internet Video Streaming: A Retrospective View"
O streaming de vídeo conquistou a Internet. A maior parte de sua largura de banda agora é dedicada a Netflix, YouTube e outros serviços de streaming. Esse artigo analisa um pouco da história e da tecnologia usada para o streaming de vídeo.

Simpson, *Video Over IP*, 2. ed.
O autor oferece uma visão ampla de como a tecnologia IP pode ser usada para mover vídeo pelas redes, tanto na Internet quanto em redes privativas projetadas para transportar vídeo. É interessante que esse livro é orientado para o aprendizado do profissional de vídeo a respeito das redes, e não o contrário.

Wittenburg, *Understanding Voice Over IP Technology*
O livro explica o funcionamento do Voice over IP, desde o transporte de dados de áudio com protocolos IP e questões de qualidade de serviço até o SIP e o conjunto de protocolos H.323. Ele é detalhado por necessidade, dado o material, mas acessível e dividido em unidades de fácil compreensão.

9.1.8 Segurança na rede

Anderson, "Making Security Sustainable"
A Internet das Coisas mudará a forma como devemos olhar para a segurança. Antigamente, um fabricante de automóveis enviava alguns protótipos de um novo carro para testes em agências do governo. Se fosse aprovado, eles fabricavam milhões de cópias idênticas. Quando os carros foram conectados à Internet e receberam atualizações de software todas as semanas, o modelo antigo não funcionou mais. Nesse artigo, Anderson discute este e muitos problemas de segurança relacionados que estão no horizonte.

Anderson, *Security Engineering*, 2. ed.
Esse livro apresenta uma mistura maravilhosa de técnicas de segurança, expressa em um entendimento de como as pessoas as utilizam (e utilizam mal). É um livro mais técnico do que *Secrets and Lies*, porém menos do que *Network Security* (ver mais adiante). Após uma introdução às técnicas básicas de segurança, capítulos inteiros são dedicados a diversas aplicações: bancárias, de comando e controle nuclear, de impressão de segurança, de biometria, de segurança física, de batalha eletrônica, de segurança da telecomunicação, de comércio eletrônico e de proteção do direito autoral.

Fawaz e Shin, "Security and Privacy in the Internet of Things"
A Internet das Coisas é uma área em expansão. Em breve, dezenas de bilhões de dispositivos estarão conectados à Internet, incluindo carros, marca-passos, fechaduras de portas, etc. Segurança e privacidade são fundamentais em muitas aplicações da IoT, mas tendem a ser ignoradas na maioria das discussões sobre o assunto. Os autores discutem a situação e propõem uma solução.

Ferguson et al., *Cryptography Engineering*
Muitos livros lhe dizem como funcionam os algoritmos criptográficos populares. Esse texto conta como usar a criptografia – por que os protocolos criptográficos são criados dessa forma e como reuni-los em um sistema que atenderá a seus objetivos de segurança. Bastante compacto, sua leitura é essencial para quem projeta sistemas que dependem de criptografia.

Fridrich, *Steganography in Digital Media*
A esteganografia existe desde a Grécia antiga, onde a cera era fundida em tablets vazios de modo que mensagens secretas pudessem ser aplicadas à madeira subjacente antes que a cera fosse reaplicada. Atualmente, vídeos, áudio e outros tipos de conteúdo na Internet oferecem diferentes meios de transporte para mensagens secretas. Diversas técnicas modernas para esconder e encontrar informações em imagens são discutidas aqui.

Kaufman et al., *Network Security*, 2. ed.
Esse livro clássico e divertido é o primeiro lugar para procurar informações mais técnicas sobre algoritmos e protocolos de segurança de redes. Algoritmos e protocolos de chave secreta e pública, hashes de mensagem, autenticação, Kerberos, PKI, IPsec, SSL/TLS e segurança de e-mail são explicados cuidadosamente e com profundidade, e incluem muitos exemplos. O Capítulo 26, sobre o folclore da segurança, é uma verdadeira joia. Em segurança, o diabo está nos detalhes. Quem planeja criar um sistema de segurança que de fato será usado aprenderá muito com os conselhos práticos oferecidos nesse capítulo.

Schneier, *Secrets and Lies*

Se você leu *Cryptography Engineering* do começo ao fim, saberá tudo o que deve sobre algoritmos criptográficos. Se em seguida você fizer o mesmo com *Secrets and Lies* (o que leva muito menos tempo), aprenderá que a história não acaba nos algoritmos criptográficos. A maioria dos pontos fracos na segurança não se deve a algoritmos com falhas nem mesmo a chaves muito curtas, mas a falhas no ambiente de segurança. Para uma discussão não técnica e fascinante sobre segurança de computadores em sentido mais amplo, essa é uma leitura muito boa.

Skoudis e Liston, *Counter Hack Reloaded*, 2.ed.

A melhor maneira de parar um hacker é pensar como um. O livro mostra como os hackers veem uma rede e argumenta que a segurança deve ser uma função do projeto da rede inteira, e não uma reflexão posterior, baseada em uma tecnologia específica. Ele aborda quase todos os ataques comuns, incluindo os tipos como a "engenharia social" que tiram proveito de usuários incautos, que nem sempre estão familiarizados com medidas de segurança do computador.

Ye et al., "A Survey on Malware Detection Using Data Mining Techniques"

O malware está em toda a parte, e quase todos os computadores executam software antivírus e antimalware. Como os fornecedores desses programas detectam e classificam o malware? Esse artigo de pesquisa examina os setores de malware e antimalware e como o malware pode ser detectada pela mineração de dados (data mining).

9.2 REFERÊNCIAS

ABRAMSON, N. "Internet Access Using VSATs", *IEEE Commun. Magazine*, vol. 38, p. 60–68, jul. 2000.

ADAR, E. e HUBERMAN, B.A. "Free Riding on Gnutella", *First Monday*, out. 2000.

AHMED, A., SHAFIQ, Z., HARKEERAT, B. e KHAKPOUR, A. "Suffering from Buffering? Detecting QoE Impairments in Live Video Streams", *Int'l Conf. on Network Protocols*, IEEE, 2017.

AHSAN, A., MCQUISTIN, S.M., PERKINS, C. e OTT, J. "DASHing Towards Hollywood", *Proc. Ninth ACM Multimedia Systems Conf.*, ACM, p. 1–12, 2018.

ALLMAN, M. e PAXSON, V. "On Estimating End-to-End Network Path Properties", *Proc. SIGCOMM '99 Conf.*, ACM, p. 263–274, 1999.

ALLOULAH, M. e HUANG, H. "Future Millimeter-Wave Indoor Systems: A Blueprint for Joint Communication and Sensing", *IEEE Computer*, vol. 52, p. 16–24, jul. 2019.

ALTAMINI, S. e SHIRMOHAMMADI, S. "Client-server Cooperative and Fair DASH Video Streaming", *Proc. 29th Workshop on Network and Operating System Support for Digital Audio and Video*, ACM, p. 1–6, jun. 2019.

ANDERSON, C. *The Long Tail: Why the Future of Business is Selling Less of More*, 2. ed., revista e atualizada, Nova York: Hyperion, 2008a.

ANDERSON, R.J. "Making Security Sustainable", *Commun. of the ACM*, vol. 61, p. 24–25, mar. 2018.

ANDERSON, R.J. *Security Engineering: A Guide to Building Dependable Distributed Systems*, 2. ed., Nova York: John Wiley & Sons, 2008b.

ANDERSON, R.J. "Free Speech Online and Offline", *IEEE Computer*, vol. 25, p. 28–30, jun. 2002.

ANDERSON, R.J. "The Eternity Service", *Proc. Pragocrypt Conf.*, CTU Publishing House, p. 242–252, 1996.

ANDREWS, J.G., BUZZO, S., CHOI, W., HANLY, S.V., LOZANO, A., SOONG, A.C.K. e ZHANG, J.C. "What Will 5G Be?", *IEEE J. on Selected Areas in Commun.*, vol. 32, p. 1065–1082, jun. 2014.

ANTONAKAKIS, M., PERDISCI, R., DAGON, D., LEE, W. e FEAMSTER, N. "Building a Dynamic Reputation System for DNS", *USENIX Security Symposium*, p. 273–290, 2010.

APTHORPE, N., HUANG, D., REISMAN D., NARAYANAN, A. e FEAMSTER, N. "Keeping the Smart Home Private with Smart(er) Traffic Shaping", *Proceedings on Privacy Enhancing Technologies*, p. 128–48, 2019.

ASHRAF, Z. *Virtual Private Networks in Theory and Practice*, Munique: Grin Verlag, 2018.

ATENCIO, L. *The Joy of JavaScript*, Shelter Island, NY: Manning Publications, 2020.

AXELSSON, S. "The Base-rate Fallacy and It's Implications of the Difficulty of Intrusion Detection", *Proc. Conf. on Computer and Commun. Security*, ACM, p. 1–7, 1999.

BAASE, S. e HENRY, T. *A Gift of Fire: Social, Legal, and Ethical Issues for Computing Technology*, 5. ed., Upper Saddle River, NJ: Pearson Education, 2017.

BALLARDIE, T., FRANCIS, P. e CROWCROFT, J. "Core Based Trees (CBT)", *Proc. SIGCOMM '93 Conf.*, ACM, p. 85–95, 1993.

BARAN, P. "On Distributed Communications: I. Introduction to Distributed Communication Networks", *Memorandum RM-420-PR*, Rand Corporation, ago. 1964.

BASU, S., SUNDARRAJAN, A., GHADERTI, J., SHAKKOTTAI, S. e SITARAMAN, R. "Adaptive TTL-Based Caching for Content Delivery", *IEEE/ACM Trans. on Networking*, vol. 26, p. 1063–1077, jun. 2018.

BELLMAN, R.E. *Dynamic Programming*, Princeton, NJ: Princeton University Press, 1957.

BELLOVIN, S. "The Security Flag in the IPv4 Header", RFC 3514, abr. 2003.

BELSNES, D. "Flow Control in the Packet Switching Networks", *Commun. Networks*, Uxbridge, England: Online, p. 349–361, 1975.

BENNET, C.H. e BRASSARD, G. "Quantum Cryptography: Public Key Distribution and Coin Tossing", *Proc. Int'l Conf. on Computer Systems and Signal Processing*, p. 175–179, 1984.

BERESFORD, A. e STAJANO, F. "Location Privacy in Pervasive Computing", *IEEE Pervasive Computing*, vol. 2, p. 46–55, jan. 2003.

BERNAL, P. *The Internet, Warts and All*, Cambridge, U.K.: Cambridge University Press, 2018.

BERNASCHI, M., CELESTINI, A., GUARINO, S., LOMBARDI, F. e MASTROSTEFANO, E. "Spiders Like Onions: on the Network of Tor Hidden Services", *Proc. World Wide Web Conf.*, ACM, p. 105–115, maio 2019.

BERNERS-LEE, T., CAILLIAU, A., LOUTONEN, A., NIELSEN, H.F. e SECRET, A. "The World Wide Web", *Commun. of the ACM*, vol. 37, p. 76–82, ago. 1994.

BERTSEKAS, D. e GALLAGER, R. *Data Networks*, 2. ed., Upper Saddle River, NJ: Prentice Hall, 1992.

BHATTI, S.N. e CROWCROFT, J. "QoS Sensitive Flows: Issues in IP Packet Handling", *IEEE Internet Computing*, vol. 4, p. 48–57, jul./ago. 2000.

BIHAM, E. e SHAMIR, A. "Differential Fault Analysis of Secret Key Cryptosystems", *Proc. 17th Ann. Int'l Cryptology Conf.*, Springer-Verlag LNCS 1294, p. 513–525, 1997.

BING, B. *Wi-Fi Technologies and Applications*, Seattle: Amazon, 2017.

BIRD, R., GOPAL, I., HERZBERG, A., JANSON, P.A., KUTTEN, S., MOLVA, R. e YUNG, M. "Systematic Design of a Family of Attack-Resistant Authentication Protocols", *IEEE J. on Selected Areas in Commun.*, vol. 11, p. 679–693, jun. 1993.

BIRRELL, A.D. e NELSON, B.J. "Implementing Remote Procedure Calls", *ACM Trans. on Computer Systems*, vol. 2, p. 39–59, fev. 1984.

BIRYUKOV, A., SHAMIR, A. e WAGNER, D. "Real Time Cryptanalysis of A5/1 on a PC", *Proc. Seventh Int'l Workshop on Fast Software Encryption*, Springer-Verlag LNCS 1978, p. 1–8, 2000.

BISCHOF, Z., BUSTAMANTE, F. e FEAMSTER, N. "Characterizing and Improving the Reliability of Broadband Internet Access", *The 46th Research Conf. on Commun., Information, and Internet Policy (TPRC)*, SSRN, 2018.

BOCCARDI, F., HEATH, R.W., LOZANO, A., MARZETTA, T.L. e POPOVSKI, P. "Five Disruptive Technology Directions for 5G", *IEEE Commun. Magazine*, vol. 52, p. 74–80, fev. 2014.

BOGGS, D., MOGUL, J. e KENT, C. "Measured Capacity of an Ethernet: Myths and Reality", *Proc. SIGCOMM '88 Conf.*, ACM, p. 222–234, 1988.

BORISOV, N., GOLDBERG, I. e WAGNER, D. "Intercepting Mobile Communications: The Insecurity of 802.11", *Seventh Int'l Conf. on Mobile Computing and Networking*, ACM, p. 180–188, 2001.

BOSSHART, P., DALY, D., GIBB, G., IZZARD, M., MCKEOWN, N., REXFORD, J. e WALKER, D. "P4: Programming Protocol-Independent Packet Processors", *Computer Commun. Review*, vol. 44, p. 87–95, abr., 2014.

BOSSHART, P., GIBB, G., KIM, H.-S., VARGHESE, G., MCKEOWN, N., IZZARD, M., MUJICA, F. e HOROWITZ, M. "Forwarding Metamorphosis: Fast Programmable Match-Action Processing in Hardware for SDN", *Computer Commun. Review*, vol. 43, p. 99–110, abr., 2013.

BRADEN, R. "Requirements for Internet Hosts–Communication Layers", RFC 1122, out. 1989.

BRADEN, R., BORMAN, D. e PARTRIDGE, C. "Computing the Internet Checksum", RFC 1071, set. 1988.

BRESLAU, L., CAO, P., FAN, L., PHILLIPS, G. e SHENKER, S. "Web Caching and Zipflike Distributions: Evidence and Implications", *Proc. INFOCOM Conf.*, IEEE, p. 126–134, 1999.

BRONZINO, F., SCHMITT, P., AYOUBI, S., MARTINS, G., TEIXEIRA, R. e FEAMSTER, N. "Inferring Streaming Video Quality from Encrypted Traffic: Practical Models and Deployment Experience", *ACM SIGMETRICS*, 2020.

BUSH, V. "As We May Think", *Atlantic Monthly*, vol. 176, p. 101–108, jul. 1945.

CALDER, M., FAN, X., HU, Z., KATZ-BASSETT, E., HEIDEMANN, J. e GOVINDAN, R. "Mapping the Expansion of Google's Serving Infrastructure", *ACM SIGCOMM Internet Measurement Conf.*, ACM, p. 313–326, 2013.

CAPETANAKIS, J.I. "Tree Algorithms for Packet Broadcast Channels", *IEEE Trans. on Information Theory*, vol. IT-5, p. 505–515, set. 1979.

CASADO, M., FREEDMAN, M.J., PETIT, J., LUO, J., MCKEOWN, N. e SCHENKER, S. "Ethane: Taking Control of the Enterprise", *Proc. SIGCOMM 2007 Conf.*, ACM, p. 1–12, 2007.

CASTAGNOLI, G., BRAUER, S. e HERRMANN, M. "Optimization of Cyclic Redundancy-Check Codes with 24 and 32 Parity Bits", *IEEE Trans. on Commun.*, vol. 41, p. 883–892, jun. 1993.

CERF, V. e KAHN, R. "A Protocol for Packet Network Interconnection", *IEEE Trans. on Commun.*, vol. COM-2, p. 637–648, maio 1974.

CHAKRABORTY, T., MISRA, S. e PRASAD, R. *VoIP Technology: Applications and Challenges*, Berlin: Springer, 2019.

CHANG, F., DEAN, J., GHEMAWA T, S., HSIEH, W., WALLACH, D., BURROWS, M., CHANDRA, T., FIKES, A. e GRUBER, R. "Bigtable: A Distributed Storage System for Structured Data", *Proc. OSDI 2006 Symp.*, USENIX, p. 15–29, 2006.

CHASE, J.S., GALLATIN, A.J. e YOCUM, K.G. "End System Optimizations for HighSpeed TCP", *IEEE Commun. Magazine*, vol. 39, p. 68–75, abr. 2001.

CHAUDHARY, A e CHAUBE, M.K. "Hiding MP3 in Colour Image Using Whale Optimization", *Proc. Second Int'l Conf. on Vision, Image, and Signal Processing*, ACM, Art. 54, 2018.

CHEN, S. e NAHRSTEDT, K. "An Overview of QoS Routing for Next-Generation Networks", *IEEE Network Magazine*, vol. 12, p. 64–69, nov./dez. 1998.

CHEN, X., FEIBISH, S., KORAL, Y., REXFORD, J., ROTTENSTREICH, O., MONETTI, S., WANG, T. "Fine-Grained Queue Measurement in the Data Plane", *CoNext*, ACM, dez. 2019.

CHIU, D. e JAIN, R. "Analysis of the Increase and Decrease Algorithms for Congestion Avoidance in Computer Networks", *Comput. Netw. ISDN Syst.*, vol. 17, p. 1–4, jun. 1989.

CLANCY, T.C., MCGWIER, R.W. e CHEN, L. "Post-Quantum Cryptography and 5G Security: A Tutorial", *Proc. WiSec*, ACM, p. 285–287, 2019.

CLARK, D.D. "The Design Philosophy of the DARPA Internet Protocols", *Proc. SIGCOMM '88 Conf.*, ACM, p. 106–114, 1988.

CLARK, D.D. "Window and Acknowledgement Strategy in TCP", RFC 813, jul. 1982.

CLARK, D.D., JACOBSON, V., ROMKEY, J. e SALWEN, H. "An Analysis of TCP Processing Overhead", *IEEE Commun. Magazine*, vol. 27, p. 23–29, jun. 1989.

CLARK, D.D., SHENKER, S. e ZHANG, L. "Supporting Real-Time Applications in an Integrated Services Packet Network", *Proc. SIGCOMM '92 Conf.*, ACM, p. 14–26, 1992.

CLARKE, A.C. "Extra-Terrestrial Relays", *Wireless World*, 1945.

CLARKE, I., MILLER, S.G., HONG, T.W., SANDBERG, O. e WILEY, B. "Protecting Free Expression Online with Freenet", *IEEE Internet Computing*, vol. 6, p. 40–49, jan./fev. 2002.

CODING, M *JavaScript for Beginners*, Seattle: Amazon, 2019.

COHEN, B. "Incentives Build Robustness in BitTorrent", *Proc. First Workshop on Economics of Peer-to-Peer Systems*, jun. 2003.

COLBACH, B. *Bluetooth Tutorial: Design, Protocol and Specifications for BLE – Bluetooth Low Energy 4.0 and Bluetooth 5*, Seattle: Amazon Kindle, 2019.

COMER, D.E. *The Internet Book*, 4a.ed., Upper Saddle River, NJ: Prentice Hall, 2007.

COMER, D.E. *Internetworking with TCP/IP*, vol. 1, 6. ed., Upper Saddle River, NJ: Prentice Hall, 2013.

CRAVER, S.A., WU, M., LIU, B., STUBBLEFIELD, A., SWARTZLANDER, B., WALLACH, D.W., DEAN, D. e FELTEN, E.W. "Reading Between the Lines: Lessons from the SDMI Challenge", *Proc. 10th USENIX Security Symp.*, USENIX, 2001.

CROCKER, S.D. "The Arpanet and Its Impact on the State of Networking", *IEEE Computer*, vol. 52, p. 14–23, out. 2019.

CROVELLA, M. e KRISHNAMURTHY, B. *Internet Measurement*, Nova York: John Wiley & Sons, 2006.

CUEVAS, R., KRYCZKA, M., GINZALEZ, R., CUEVAS, A. e AZCORRZ, A. "TorrentGuard: Stopping Scam and Malware Distribution in the BitTorrent Ecosystem", *Computer Networks*, vol. 59, p. 77–90, 2014.

DAEMEN, J. e RIJMEN, V. *The Design of Rijndael*, Berlin: Springer-Verlag, 2002.

DAGON, D., ANTONAKAKIS, M., VIXIE, P., JINMEI, T. e LEE, W. "Increased DNS Forgery Resistance Through 0x20-bit Encoding", *Proceedings of the 15th ACM Conf. on Computer and Commun. Security*, ACM, p. 211–222, 2008.

DALAL, Y. e METCALFE, R. "Reverse Path Forwarding of Broadcast Packets", *Commun. of the ACM*, vol. 21, p. 1040–1048, dez. 1978.

DAN, K., KITAGAW A, N., SAKURABA, S. e YAMAI, N. "Spam Domain Detection Method Using Active DNS Data and E-Mail Reception Log", *Proc. 43rd Computer Softw. and Appl. Conf.*, IEEE, p. 896–899, 2019.

DAVIE, B. e FARREL, A. *MPLS: Next Steps*, San Francisco: Morgan Kaufmann, 2008.

DAVIE, B. e REKHTER, Y. *MPLS Technology and Applications*, San Francisco: Morgan Kaufmann, 2000.

DAVIES, J. *Understanding IPv6*, 2. ed., Redmond, WA: Microsoft Press, 2008.

DAVIS, J. *Wifi Technology: Advances and Applications*, Nova York: NY Research Press, 2018.

DAY, J.D. "The (Un)Revised OSI Reference Model", *Computer Commun. Rev.*, vol. 25, p. 39–55, out. 1995.

DAY, J.D. e ZIMMERMANN, H. "The OSI Reference Model", *Proc. of the IEEE*, vol. 71, p. 1334–1340, dez. 1983.

DE MARCO, G. e KOWALSKI, D. "Contention Resolution in a Nonsynchronized Multiple Access Channel", *J. of Theoretical Computer Science*, vol. 689, p. 1–13, ago. 2017.

DEAN, J. e GHEMAWA T, S. "MapReduce: a Flexible Data Processing Tool", *Commun. of the ACM*, vol. 53, p. 72–77, jan. 2008.

DEERING, S.E. "SIP: Simple Internet Protocol", *IEEE Network Magazine*, vol. 7, p. 16–28, maio/jun. 1993.

DEERING, S.E. e CHERITON, D. "Multicast Routing in Datagram Networks and Extended LANs", *ACM Trans. on Computer Systems*, vol. 8, p. 85–110, maio 1990.

DEMERS, A., KESHAV, S. e SHENKER, S. "Analysis and Simulation of a Fair Queueing Algorithm", *Internetwork: Research and Experience*, vol. 1, p. 3–26, set. 1990.

DENNING, D.E. e SACCO, G.M. "Timestamps in Key Distribution Protocols", *Commun. of the ACM*, vol. 24, p. 533–536, ago. 1981.

DIFFIE, W. e HELLMAN, M.E. "Exhaustive Cryptanalysis of the NBS Data Encryption Standard", *IEEE Computer*, vol. 10, p. 74–84, jun. 1977.

DIFFIE, W. e HELLMAN, M.E. "New Directions in Cryptography", *IEEE Trans. on Information Theory*, vol. IT-2, p. 644–654, nov. 1976.

DIJKSTRA, E.W. "A Note on Two Problems in Connexion with Graphs", *Numer. Math.*, vol. 1, p. 269–271, out. 1959.

DIZDAREVIC, J., CARPIO, D., JUKAN, A. e MASIP-BRUIN, X. "A Survey of Communication Protocols for Internet of Things and Related Challenges of Fog and Cloud Computing Integration", *ACM Computing Surveys*, vol. 51, Art. 116, jan. 2019.

DONAHOO, M. e CALVERT, K. *TCP/IP Sockets in C*, 2. ed., San Francisco: Morgan Kaufmann, 2009.

DONAHOO, M. e CALVERT, K. *TCP/IP Sockets in Java*, 2. ed., San Francisco: Morgan Kaufmann, 2008.

DORFMAN, R. "Detection of Defective Members of a Large Population", *Annals Math. Statistics*, vol. 14, p. 436–440, 1943.

DU, W. *Computer & Internet Security: A Hands-on Approach*, 2. ed., Seattle: Amazon, 2019.

DUTCHER, B. *The NAT Handbook*, Nova York: John Wiley & Sons, 2001.

EL GAMAL, T. "A Public-Key Cryptosystem and a Signature Scheme Based on Discrete Logarithms", *IEEE Trans. on Information Theory*, vol. IT-1, p. 469–472, jul. 1985.

ESPOSITO, V. *Cryptography for Beginners: a Useful Support for Understanding*, Seattle: Amazon Digital Services, 2018.

FALL, K. "A Delay-Tolerant Network Architecture for Challenged Internets", *Proc. SIGCOMM 2003 Conf.*, ACM, p. 27–34, ago. 2003.

FAWAZ, K. e SHIN, K.G. "Security and Privacy in the Internet of Things", *IEEE Computer*, vol. 52, p. 40–49, abr. 2019.

FEAMSTER, N., BALAKRISHNAN, H., REXFORD, J., SHAIKH, A. e VAN DER MERWE, J. "The Case for Separating Routing from Routers", *Proc. SIGCOMM Workshop on Future Directions in Network Architecture*, ACM, p. 5–12, 2004.

FEAMSTER, N. e LIVINGOOD, J. "Internet Speed Measurement: Current Challenges and Future Recommendations", *Commun. of the ACM*, ACM, 2020.

FEAMSTER, N., REXFORD, J. e ZEGURA, E. "The Road to SDN", *ACM Queue*, vol. 11, p. 20, dez. 2013.

FENNER, B., HANDLEY, M., HOLBROOK, H. e KOUVELAS, I. "Protocol Independent Multicast-Sparse Mode (PIM-SM)", RFC 4601, ago. 2006.

FERGUSON, N., SCHNEIER, B. e KOHNO, T. *Cryptography Engineering: Design Principles and Practical Applications*, Nova York: John Wiley & Sons, 2010.

FLETCHER, J. "An Arithmetic Checksum for Serial Transmissions", *IEEE Trans. on Commun.*, vol. COM-0, p. 247–252, jan. 1982.

FLOYD, S., HANDLEY, M., PADHYE, J. e WIDMER, J. "Equation-Based Congestion Control for Unicast Applications", *Proc. SIGCOMM 2000 Conf.*, ACM, p. 43–56, ago. 2000.

FLOYD, S. e JACOBSON, V. "Random Early Detection for Congestion Avoidance", *IEEE/ACM Trans. on Networking*, vol. 1, p. 397–413, ago. 1993.

FLUHRER, S., MANTIN, I. e SHAMIR, A. "Weakness in the Key Scheduling Algorithm of RC4", *Proc. Eighth Ann. Workshop on Selected Areas in Cryptography*, SpringerVerlag LNCS 2259, p. 1–24, 2001.

FONTUGNE, R., ABRY, P., FUKUDA, K., VEITCH, D., BORGNAT, P. e WENDT, H. "Scaling in Internet Traffic: A 14 Year and 3 Day Longitudinal Study, With Multiscale Analyses and Random Projections", *IEEE/ACM Trans. on Networking*, vol. 25, p. 2152–2165, ago. 2017.

FORD, B. "Structured Streams: A New Transport Abstraction", *Proc. SIGCOMM 2007 Conf.*, ACM, p. 361–372, 2007.

FORD, L.R., Jr. e FULKERSON, D.R. *Flows in Networks*, Princeton, NJ: Princeton University Press, 1962.

FORD, W. e BAUM, M.S. *Secure Electronic Commerce*, Upper Saddle River, NJ: Prentice Hall, 2000.

FORNEY, G.D. "The Viterbi Algorithm", *Proc. of the IEEE*, vol. 61, p. 268–278, mar. 1973.

FOSTER, N., HARRISON, R., FREEDMAN, M., MONSANTO, C., REXFORD, J., STORY, A. e WALKER, D.. "Frenetic: A Network Programming Language", *ACM Sigplan Notices*, vol. 46, p. 279–291, set. 2011.

FRANCIS, P. "A Near-Term Architecture for Deploying Pip", *IEEE Network Magazine*, vol. 7, p. 30–37, mai./jun. 1993.

FRASER, A.G. "Towards a Universal Data Transport System", *IEEE J. on Selected Areas in Commun.*, vol. 5, p. 803–816, nov. 1983.

FRIDRICH, J. *Steganography in Digital Media: Principles, Algorithms, and Applications*, Cambridge: Cambridge University Press, 2009.

FULLER, V. e LI, T. "Classless Inter-domain Routing (CIDR): The Internet Address Assignment and Aggregation Plan", RFC 4632, ago. 2006.

GALLAGHER, R.G. "A Minimum Delay Routing Algorithm Using Distributed Computation", *IEEE Trans. on Commun.*, vol. COM-5, p. 73–85, jan. 1977.

GALLAGHER, R.G. "Low-Density Parity Check Codes", *IRE Trans. on Information Theory*, vol. 8, p. 21–28, jan. 1962.

GARCIA-LUNA-ACEVES, J. "Carrier-Sense Multiple Access with Collision Avoidance and Detection", *Proc. 20th Int'l Conf. on Modelling, Analysis, and Simulation of Wireless and Mobile Systems*, ACM, p. 53–61, nov. 2017.

GETTYS, J. "Bufferbloat: Dark Buffers in the Internet", *IEEE Internet Computing*, IEEE, p. 96, 2011.

GILDER, G. "Metcalfe's Law and Legacy", *Forbes ASAP*, set. 13, 1993.

GORALSKI, W. *The Illustrated Network: How TCP/IP Works in a Modern Network*, 2. ed., San Francisco: Morgan Kaufmann, 2017.

GRAYSON, M., SHATZKAMER, K. e WAINNER, S. *IP Design for Mobile Networks*, Indianapolis, IN: Cisco Press, 2009.

GROBE, K. e EISELT, M. *Wavelength Division Multiplexing: A Practical Engineering Guide*, Nova York: John Wiley & Sons, 2013.

GROBE, K. e ELBERS, J. "PON in Adolescence: From TDMA to WDM-PON", *IEEE Commun. Magazine*, vol. 46, p. 26–34, jan. 2008.

GROSS, G., KAYCEE, M., LIN, A., MALIS, A. e STEPHENS, J. "The PPP Over AAL5", RFC 2364, jul. 1998.

GUPTA, A., HARRISON, R., CANINI, M., FEAMSTER, N., REXFORD, J. e WILLINGER, W. "Sonata: Query-driven Streaming Network Telemetry", *Proc. SIGCOMM 2018 Conf.*, ACM, p. 357–371, 2018.

HA, S., RHEE, I. e LISONG, X. "CUBIC: A New TCP-Friendly High-Speed TCP Variant", *SIGOPS Oper. Syst. Rev.*, vol. 42, p. 64–74, jun. 2008.

HALLBERG, G *Quality of Service in Modern Packet Networks*, Seattle: Amazon, 2019.

HALPERIN, D., HEYDT-BENJAMIN, T., RANSFORD, B., CLARK, S., DEFEND, B., MORGAN, W., FU, K., KOHNO, T. e MAISEL, W. "Pacemakers and Implantable Cardiac Defibrillators: Software Radio Attacks and Zero-Power Defenses", *IEEE Symp. on Security and Privacy*, p. 129–142, maio 2008.

HALPERIN, D., HU, W., SHETH, A. e WETHERALL, D. "802.11 with Multiple Antennas for Dummies", *Computer Commun. Rev.*, vol. 40, p. 19–25, jan. 2010.

HAMMING, R.W. "Error Detecting and Error Correcting Codes", *Bell System Tech. J.*, vol. 29, p. 147–160, abr. 1950.

HARTE, L. *Introduction to Cable TV (Catv): Systems, Services, Operation, and Technology*, Morrisville, NC: DiscoverNet Publishing, 2017.

HARTE, L., BROMLEY, B. e DAVIS, M. *Introduction to CDMA*, Fayetteville, NC: Phoenix Global Support, 2012.

HARTE, L., KELLOGG, S., DREHER, R. e SCHAFFNIT, T. *The Comprehensive Guide to Wireless Technology*, Fuquay-Varina, NC: APDG Publishing, 2000.

HAWKINS, J. *Carrier Ethernet*, Hanover, MD: Ciena, 2016.

HAWLEY, G.T. "Historical Perspectives on the U.S. Telephone Loop", *IEEE Commun. Magazine*, vol. 29, p. 24–28, mar. 1991.

HEGARTY, M.T. e KEANE, A,J. *Steganography, The World of Secret Communications*, Amazon CreateSpace, 2018.

HELD, G. *A Practical Guide to Content Delivery Networks*, 2. ed., Boca Raton, FL: CRC Press, 2010.

HEUSSE, M., ROUSSEAU, F., BERGER-SABBATEL, G., DUDA, A. "Performance Anomaly of 802.11b", *Proc. INFOCOM Conf.*, IEEE, p. 836–843, 2003.

HIERTZ, G., DENTENEER, D., STIBOR, L., ZANG, Y., COSTA, X. e WALKE, B. "The IEEE 802.11 Universe", *IEEE Commun. Magazine*, vol. 48, p. 62–70, jan. 2010.

HOE, J. "Improving the Start-up Behavior of a Congestion Control Scheme for TCP", *Proc. SIGCOMM '96 Conf.*, ACM, p. 270–280, 1996.

HU, Y. e LI, V.O.K. "Satellite-Based Internet: A Tutorial", *IEEE Commun. Magazine*, vol. 30, p. 154–162, mar. 2001.

HUANG, T.Y., JOHARI, R., MCKEOWN, N., TRUNNELL, M. e WATSON, M. "A Buffer-based Approach to Rate Adaptation: Evidence from a Large Video Streaming Service", *Proc. SIGCOMM 2014 Conf.*, ACM, p. 187–198, 2014.

HUI, R. *Introduction to Fiber-Optic Communications*, Londres: Academic Press, 2020.

HUITEMA, C. *Routing in the Internet*, 2. ed., Upper Saddle River, NJ: Prentice Hall, 1999.

HULL, B., BYCHKOVSKY, V., CHEN, K., GORACZKO, M., MIU, A., SHIH, E., ZHANG, Y., BALAKRISHNAN, H. e MADDEN, S. "CarTel: A Distributed Mobile Sensor Computing System", *Proc. Sensys 2006 Conf.*, ACM, p. 125–138, nov. 2006.

HUSTON, G. "The Death of Transit and Beyond", 2018.

IRMER, T. "Shaping Future Telecommunications: The Challenge of Global Standardization", *IEEE Commun. Magazine*, vol. 32, p. 20–28, jan. 1994.

JACOBSON, V. "Compressing TCP/IP Headers for Low-Speed Serial Links", RFC 1144, fev. 1990.

JACOBSON, V. "Congestion Avoidance and Control", *Proc. SIGCOMM '88 Conf.*, ACM, p. 314–329, 1988.

JUANG, P., OKI, H., WANG, Y., MARTONOSI, M., PEH, L. e RUBENSTEIN, D. "Energy-Efficient Computing for Wildlife Tracking: Design Tradeoffs and Early Experiences with ZebraNet", *SIGOPS Oper. Syst. Rev.*, vol. 36, p. 96–107, out. 2002.

KAMOUN, F. e KLEINROCK, L. "Stochastic Performance Evaluation of Hierarchical Routing for Large Networks", *Computer Networks*, vol. 3, p. 337–353, nov. 1979.

KARAGIANNIS, V., VENITO, A., COELHO, R., BORKOWSKI, M e FOHLER, G. "Edge Computing with Peer to Peer Interactions: Use Cases and Impact", *Proc. Workshop on Fog Computing and the IoT*, ACM, p. 46–50, abr. 2019.

KARN, P. "MACA–A New Channel Access Protocol for Packet Radio", *ARRL/CRRL Amateur Radio Ninth Computer Networking Conf.*, p. 134–140, 1990.

KARN, P. e PARTRIDGE, C. "Improving Round-Trip Time Estimates in Reliable Transport Protocols", *ACM SIGCOMM Computer Commun. Review*, ACM, p. 2–7, 1987.

KASIM, A. *Delivering Carrier Ethernet: Extending Ethernet Beyond the LAN*, Nova York: McGraw-Hill, 2008.

KATABI, D., HANDLEY, M. e ROHRS, C. "Congestion Control for High Bandwidth-Delay Product Networks", *Proc. SIGCOMM 2002 Conf.*, ACM, p. 89–102, 2002.

KATZ, D. e FORD, P.S. "TUBA: Replacing IP with CLNP", *IEEE Network Magazine*, vol. 7, p. 38–47, mai./jun. 1993.

KAUFMAN, C., PERLMAN, R. e SPECINER, M. *Network Security*, Upper Saddle River, NJ: Prentice Hall, 2002.

KENT, C. e MOGUL, J. "Fragmentation Considered Harmful", *Proc. SIGCOMM '87 Conf.*, ACM, p. 390–401, 1987.

KHANNA, A. e ZINKY, J. "The Revised ARPANET Routing Metric", *Proc. SIGCOMM '89 Conf.*, ACM, p. 45–56, 1989.

KIM, H., REICH, J., GUPTA, A., SHAHBAZ, M., FEAMSTER, N. e CLARK, R. "Kinetic: Verifiable Dynamic Network Control", *12th USENIX Sym. on Networked Systems Design and Implementation*, ACM, p. 59–72, 2015.

KINNEAR, E., MCMANUS, P. e WOOD, C "Oblivious DNS over HTTPS", IETF Network Working Group Internet Draft, 2019.

KLEINROCK, L. "Power and Other Deterministic Rules of Thumb for Probabilistic Problems in Computer Communications", *Proc. Int'l Conf. on Commun.*, p. 43.1.1-- 43.1.10, 1979.

KLEINROCK, L. e TOBAGI, F. "Random Access Techniques for Data Transmission over Packet-Switched Radio Channels", *Proc. Nat. Computer Conf.*, p. 187–201, 1975.

KOHLER, E., HANDLEY, H. e FLOYD, S. "Designing DCCP: Congestion Control without Reliability", *Proc. SIGCOMM 2006 Conf.*, ACM, p. 27–38, 2006.

KOOPMAN, P. "32-Bit Cyclic Redundancy Codes for Internet Applications", *Proc. Intl. Conf. on Dependable Systems and Networks.*, IEEE, p. 459–472, 2002.

KRAFT, J e WASHINGTON, L. *An Introduction to Number Theory with Cryptography*, 2. ed., Londres: Chapman and Hall, 2018.

KUMAR, R. *All about Steganography and Detection of Stegano Images*, Riga, Latvia: Lap Lambert Academic Publishing, 2018.

KUROSE, J. e ROSS, K *Computer Networking: A Top-Down Approach*, 7. ed., Upper Saddle River, NJ: Pearson, 2016.

KUSZYK, A. e HAMMOUDEH, M. "Contemporary Alternatives to Traditional Processor Design in the Post Moore's Law Era", *Proc. Second Int'l Conf. on Future Networks and Distributed Systems*, ACM, Art. 46, 2018.

LABOVITZ, C., AHUJA, A., BOSE, A. e JAHANIAN, F. "Delayed Internet Routing Convergence", *IEEE/ACM Trans. on Networking*, vol. 9, p. 293–306, jun. 2001.

LAINO, J. *The Telecom Handbook*, Nova York: CMP Books, 2017.

LAM, C.K.M. e TAN, B.C.Y. "The Internet Is Changing the Music Industry", *Commun. of the ACM*, vol. 44, p. 62–66, ago. 2001.

LAMPARTER, O., FANG, L., BISCHOFF, J.-C., REITMANN, M., SCHWENDENER, R., ZASOWSKI, T. "Multi-Gigabit over Copper Access Networks: Architectural Evolution and Techno-Economic Analysis", *IEEE Commun. Magazine*, vol. 57, pp 22–27, ago. 2019.

LE FEUVRE, J., CONCOLATO, C., BOUZAKARIA, N. e NGUYEN, V. "MPEG-DASH for Low Latency and Hybrid Streaming Services", *Proc. 23rd Int'l conf. on Multimedia*, ACM, p. 751–752, jun. 2015.

LEMON, J. "Resisting SYN Flood DOS Attacks with a SYN Cache", *Proc. BSDCon Conf.*, USENIX, p. 88–98, 2002.

LEVY, S. "Crypto Rebels", *Wired*, p. 54–61, mai./jun. 1993.

LI, B., WANG, Z., LIU, J. e ZHU, W. "Two Decades of Internet Video Streaming: A Retrospective View", *ACM Trans. on Multimedia Computing*, vol. 9, Art. 33, out. 2013.

LI, M., AGRAWAL, D., GANESAN, D. e VENKATARAMANI, A. "Block-Switched Networks: A New Paradigm for Wireless Transport", *Proc. NSDI 2009 Conf.*, USENIX, p. 423–436, 2009.

LI, Z., LEVIN, D., SPRING, N. e BHATTACHARJEE, B. "Internet Anycast: Performance, Problems, and Potential", *Proc. SIGCOMM 2018 Conf.*, p. 59–73, ago. 2018.

LIN, S. e COSTELLO, D. *Error Control Coding*, 2. ed., Upper Saddle River, NJ: Pearson Education, 2004.

LUBACZ, J., MAZURCZYK, W. e SZCZYPIORSKI, K. "Voice over IP, "*IEEE Spectrum*, p. 42–47, fev. 2010.

MCKEOWN, N., ANDERSON, T., BALAKRISHNAN, H., PARULKAR, G., PETERSON, L., REXFORD, J., SHENKER, S. e TURNER, J. "OpenFlow: Enabling Innovation in Campus Networks", *Computer Commun. Review*, vol. 38, p. 69–74, abr. 2008.

MACEDONIA, M.R. "Distributed File Sharing", *IEEE Computer*, vol. 33, p. 99–101, 2000.

MALIS, A. e SIMPSON, W. "PPP over SONET/SDH", RFC 2615, jun. 1999.

MANGLA, T., HALEPOVIC, E., AMMAR, M. e ZEGURA, E. "eMIMIC: Estimating HTTP-Based Video QoE Metrics from Encrypted Network Traffic", *Network Traffic Measurement and Analysis Conf.*, IEEE, p. 1–8, 2018.

MASSEY, J.L. "Shift-Register Synthesis and BCH Decoding", *IEEE Trans. on Information Theory*, vol. IT-5, p. 122–127, jan. 1969.

MATSUI, M. "Linear Cryptanalysis Method for DES Cipher", *Advances in Cryptology– Eurocrypt 1993 Proceedings*, Springer-Verlag LNCS 765, p. 386–397, 1994.

MAZIERES, D. e KAASHOEK, M.F. "The Design, Implementation, and Operation of an Email Pseudonym Server", *Proc. Fifth Conf. on Computer and Commun. Security*, ACM, p. 27–36, 1998.

MCCULLOUGH, B. *How the Internet Happened: From Netscape to the iPhone*, Nova York: Liveright, 2018.

MENASCHE, D.S., ROCHA, D.A., ANTONIO, A., LI, B., TOWSLEY, D. e VENKATARAMANI, A. "Content Availability and Bundling in Swarming Systems", *IEEE/ACM Trans. on Networking*, IEEE, p.580–593, 2013.

MENEZES, A.J. e VANSTONE, S.A. "Elliptic Curve Cryptosystems and Their Implementation", *Journal of Cryptology*, vol. 6, p. 209–224, 1993.

MERKLE, R.C. e HELLMAN, M. "Hiding and Signatures in Trapdoor Knapsacks", *IEEE Trans. on Information Theory*, vol. IT-4, p. 525–530, set. 1978.

METCALFE, R.M. "Metcalfe's Law after 40 Years of Ethernet", *IEEE Computer*, vol. 46, p. 26–31, 2013.

METCALFE, R.M. "Computer/Network Interface Design: Lessons from Arpanet and Ethernet", *IEEE J. on Selected Areas in Commun.*, vol. 11, p. 173–179, fev. 1993.

METCALFE, R.M. e BOGGS, D.R. "Ethernet: Distributed Packet Switching for Local Computer Networks", *Commun. of the ACM*, vol. 19, p. 395–404, jul. 1976.

METZ, C "Interconnecting ISP Networks", *IEEE Internet Computing*, vol. 5, p. 74–80, mar./abr. 2001.

MISHRA, P.P., KANAKIA, H. e TRIPATHI, S. "On Hop by Hop Rate-Based Congestion Control", *IEEE/ACM Trans. on Networking*, vol. 4, p. 224–239, abr. 1996.

MITRA, J. e NAYAK, T. "Reconfigurable Very High Throughput Low Latency VLSI (FPGA Design Architecture of CRC 32", *Integration*, vol. 56, p. 1–14, jan. 2017.

MOGUL, J. "IP Network Performance", in *Internet System Handbook*, D.C. Lynch and M.Y. Rose (eds.), Boston: Addison-Wesley, p. 575–575, 1993.

MOGUL, J. e DEERING, S. "Path MTU Discovery", RFC 1191, nov. 1990.

MOGUL, J. e MINSHALL, G. "Rethinking the Nagle Algorithm", *Comput. Commun. Rev.*, vol. 31, p. 6–20, jan. 2001.

MOY, J. "Multicast Routing Extensions for OSPF", *Commun. of the ACM*, vol. 37, p. 61–66, ago. 1994.

MUYCO, S.D. e HERNANDEZ, A.A. "Least Significant Bit Hash Algorithm for Digital Image Watermarking Authentication", *Proc. Fifth Int'l Conf. on Computing and Art. Intell*, ACM, p. 150–154, 2019.

NAGLE, J. "On Packet Switches with Infinite Storage", *IEEE Trans. on Commun.*, vol. COM-5, p. 435–438, abr. 1987.

NAGLE, J. "Congestion Control in TCP/IP Internetworks", *Computer Commun. Rev.*, vol. 14, p. 11–17, out. 1984.

NAUGHTON, J. *A Brief History of the Future*, Woodstock, NY: Overlook Press, 2000.

NEEDHAM, R.M. e SCHROEDER, M.D. "Authentication Revisited", *Operating Systems Rev.*, vol. 21, p. 7, jan. 1987.

NEEDHAM, R.M. e SCHROEDER, M.D. "Using Encryption for Authentication in Large Networks of Computers", *Commun. of the ACM*, vol. 21, p. 993–999, dez. 1978.

NELAKUDITI, S. e ZHANG, Z.-L. "A Localized Adaptive Proportioning Approach to QoS Routing", *IEEE Commun. Magazine*, vol. 40, p. 66–71, jun. 2002.

NIST "Secure Hash Algorithm", U.S. Government Federal Information Processing Standard 180, 1993.

NORTON, W.B. *The Internet Peering Playbook: Connecting to the Core of the Internet*, DrPeering Press, 2011.

NUCCI, A. e PAPAGIANNAKI, D. *Design, Measurement and Management of Large-Scale IP Networks*, Cambridge: Cambridge University Press, 2008.

NUGENT, R., MUNAKANA, R., CHIN, A., COELHO, R. e PUIG-SUARI, J. "The CubeSat: The PicoSatellite Standard for Research and Education", *Proc. SPACE 2008 Conf.*, AIAA, 2008.

OLEJNIK, L., CASTELLUCIA, C. e DIAZ, C. "The Leaking Battery", *Data Privacy Management and Security Assurance* Springer, p. 254–263.

ORAN, D. "OSI IS-IS Intra-domain Routing Protocol", RFC 1142, fev. 1990.

OSTERHAGE, W. *Wireless Network Security*, 2. ed., Boca Raton, FL: CRC Press, 2018.

OTWA Y, D. e REES, O. "Efficient and Timely Mutual Authentication", *Operating Systems Rev.*, p. 8–10, jan. 1987.

PADHYE, J., FIROIU, V., TOWSLEY, D. e KUROSE, J. "Modeling TCP Throughput: A Simple Model and Its Empirical Validation", *Proc. SIGCOMM '98 Conf.*, ACM, p. 303–314, 1998.

PALMER, M., KRUGER, T., CHANDRASEKARAN, N. e FELDMANN, A. "The QUIC Fix for Optimal Video Streaming", *Proc. Workshop on Evolution, Performance, and Interoperability of QUIC*, ACM, p. 43–49, dez. 2018.

PARAMESWARAN, M., SUSARLA, A. e WHINSTON, A.B. "P2P Networking: An Information-Sharing Alternative", *IEEE Computer*, vol. 34, p. 31–38, jul. 2001.

PAREKH, A. e GALLAGHER, R. "A Generalized Processor Sharing Approach to Flow Control in Integrated Services Networks: The Multiple-Node Case", *IEEE/ACM Trans. on Networking*, vol. 2, p. 137–150, abr. 1994.

PAREKH, A. e GALLAGHER, R. "A Generalized Processor Sharing Approach to Flow Control in Integrated Services Networks: The Single-Node Case", *IEEE/ACM Trans. on Networking*, vol. 1, p. 344–357, jun. 1993.

PARTRIDGE, C., HUGHES, J. e STONE, J. "Performance of Checksums and CRCs over Real Data", *Proc. SIGCOMM '95 Conf.*, ACM, p. 68–76, 1995.

PARTRIDGE, C., MENDEZ, T. e MILLIKEN, W. "Host Anycasting Service", RFC 1546, nov. 1993.

PATIL, P., BUBANE, V. e PANDHARE, N. *Audio Steganography*, Riga, Latvia: Lap Lambert Academic Publishing, 2019.

PAXSON, V. e FLOYD, S. "Wide-Area Traffic: The Failure of Poisson Modeling", *IEEE/ACM Trans. on Networking*, vol. 3, p. 226–244, jun. 1995.

PEARSON, E. *Fiber Optic Communications For Beginners: The Basics*, Fiber Optic Assoc., 2015.

PERKINS, C.E. *RTP: Audio and Video for the Internet*, Boston: Addison-Wesley, 2003.

PERKINS, C.E. "IP Mobility Support for IPv4", RFC 3344, ago. 2002.

PERKINS, C.E. (ed.) *Ad Hoc Networking*, Boston: Addison-Wesley, 2001.

PERKINS, C.E. *Mobile IP Design Principles and Practices*, Upper Saddle River, NJ: Prentice Hall, 1998.

PERKINS, C.E. e ROYER, E. "The Ad Hoc On-Demand Distance-Vector Protocol", in *Ad Hoc Networking*, edited by C. Perkins, Boston: Addison-Wesley, 2001.

PERLMAN, R. *Interconnections*, 2. ed., Boston: Addison-Wesley, 2000.

PERLMAN, R. *Network Layer Protocols with Byzantine Robustness*, tese de Ph.D., M.I.T., 1988.

PERLMAN, R. "An Algorithm for the Distributed Computation of a Spanning Tree in an Extended LAN", *Proc. SIGCOMM '85 Conf.*, ACM, p. 44–53, 1985.

PERLMAN, R. e KAUFMAN, C. "Key Exchange in IPsec", *IEEE Internet Computing*, vol. 4, p. 50–56, nov./dez. 2000.

PERROS, H.G. *Connection-Oriented Networks: SONET/SDH, ATM, MPLS and Optical Networks*, Nova York: John Wiley & Sons, 2005.

PETERSON, L., ANDERSON, T., KATTI, S., McKEOWN, N. PARULKAR, G., REXFORD, J., SATYANARAYANAN, M., SUNAY, O. e VAHDAT, A. "Democratizing the Network Edge", *Computer Commun. Review*, vol. 49, p. 31–36, abr. 2019.

PETERSON, W.W. e BROWN, D.T. "Cyclic Codes for Error Detection", *Proc. IRE*, vol. 49, p. 228–235, jan. 1961.

PIATEK, M., ISDAL, T., ANDERSON, T., KRISHNAMURTHY, A. e VENKATARAMANI, V. "Do Incentives Build Robustness in BitTorrent?", *Proc. NSDI 2007 Conf.*, USENIX, p. 1–14, 2007.

PIATEK, M., KOHNO, T. e KRISHNAMURTHY, A. "Challenges and Directions for Monitoring P2P File Sharing Networks–or Why My Printer Received a DMCA Takedown Notice", *Third Workshop on Hot Topics in Security*, USENIX, jul. 2008.

POSTEL, J. "Internet Control Message Protocols", RFC 792, set. 1981.

PYLES, J., CARRELL, J.L. e TITTEL, E. *Guide to TCP/IP: IPv6 and IPv4*, 5. ed., Boston: Cengage Learning, 2017.

QUINLAN, J. e SREENAN, C. "Multi-profile Ultra High Definition (UHD) AVC and HEVC 4K DASH Datasets", *Proc. Ninth Multimedia Systems Conf.*, ACM, p. 375–380, jun. 2018.

RABIN, J. e McCATHIENEVILE, C. "Mobile Web Best Practices 1.0", W3C Recommendation, jul. 2008.

RAMACHANDRAN, A., DAS SARMA, A., FEAMSTER, N. "Bit Store: An Incentive-Compatible Solution for Blocked Downloads in BitTorrent", *Proc. Joint Workshop on Econ. Networked Syst. and Incentive-Based Computing*, 2007.

RAMACHANDRAN, S., GRYYA, T., DAPENA, K. e THOMAS, P. "The Truth about Faster Internet: It's Not Worth It", *The Wall Street Journal*, p. A1, 2019.

RAMAKRISHNAN, K.K., FLOYD, S. e BLACK, D. "The Addition of Explicit Congestion Notification (ECN) to IP", RFC 3168, set. 2001.

RAMAKRISHNAN, K.K. e JAIN, R. "A Binary Feedback Scheme for Congestion Avoidance in Computer Networks with a Connectionless Network Layer", *Proc. SIGCOMM '88 Conf.*, ACM, p. 303–313, 1988.

RIBEZZO, G., SAMELA, G., PALMISANO, V., DE CICCO, L. e MASCOLO, S. "A DASH Video Streaming for Immersive Contents", *Proc. Ninth Multimedia Systems Conf.*, ACM, p. 525–528, jun. 2018.

RIVEST, R.L. "The MD5 Message-Digest Algorithm", RFC 1320, abr. 1992.

RIVEST, R.L., SHAMIR, A. e ADLEMAN, L. "On a Method for Obtaining Digital Signatures and Public Key Cryptosystems", *Commun. of the ACM*, vol. 21, p. 120–126, fev. 1978.

ROBERTS, L.G. "Extensions of Packet Communication Technology to a Hand Held Personal Terminal", *Proc.*

Spring Joint Computer Conf., AFIPS, p. 295–298, 1972.

ROBERTS, L.G. "Multiple Computer Networks and Intercomputer Communication", *Proc. First Symp. on Operating Systems Prin.*, ACM, p. 3.1–3.6, 1967.

ROSE, M.T. *The Simple Book*, Upper Saddle River, NJ: Prentice Hall, 1994.

ROSE, M.T. *The Internet Message*, Upper Saddle River, NJ: Prentice Hall, 1993.

RUIZ-SANCHEZ, M.A., BIERSACK, E.W. e DABBOUS, W. "Survey and Taxonomy of IP Address Lookup Algorithms", *IEEE Network Magazine*, vol. 15, p. 8–23, mar./abr. 2001.

SALTZER, J.H., REED, D.P. e CLARK, D.D. "End-to-End Arguments in System Design", *ACM Trans. on Computer Systems*, vol. 2, p. 277–288, nov. 1984.

SANTOS, F.R., DA COSTA CORDEIRO, W.L., GASPARY, L.P. e BARCELLOS, M.P. "Funnel: Choking Polluters in BitTorrent File Sharing Communities", *IEEE Trans. on Network and Service Management*, vol. 8, p. 310–321, abr. 2011.

SAROIU, S., GUMMADI, K. e GRIBBLE, S. "Measuring and Analyzing the Characteristics of Napster & Gnutella Hosts", *Multim. Syst.*, vol. 9, p. 170–184, ago. 2003.

SCHMITT, P., EDMUNDSON, A., MANKIN, A. e FEAMSTER, N. "Oblivious DNS: Practical Privacy for DNS Queries", *Proc. on Privacy Enhancing Technologies*, p. 228–244, 2019.

SCHNEIER, B. *Secrets and Lies*, Nova York: John Wiley & Sons, 2004.

SCHNORR, C.P. "Efficient Signature Generation for Smart Cards", *Journal of Cryptology*, vol. 4, p. 161–174, 1991.

SCHWARTZ, M. e ABRAMSON, N. "The AlohaNet: Surfing for Wireless Data", *IEEE Commun. Magazine*, vol. 47, p. 21–25, dez. 2009.

SENN, J.A. "The Emergence of M-Commerce", *IEEE Computer*, vol. 33, p. 148–150, dez. 2000.

SEVERANCE, C.R. *Introduction to Networking: How the Internet Works*, Amazon CreateSpace, 2015.

SHAIKH, A., REXFORD, J. e SHIN, K. "Load-Sensitive Routing of Long-Lived IP Flows", *Proc. SIGCOMM '99 Conf.*, ACM, p. 215–226, set. 1999.

SHALUNOV, S. e CARLSON, R. "Detecting Duplex Mismatch on Ethernet", *Passive and Active Network Measurement*, Springer-Verlag LNCS 3431, p. 3135–3148, 2005.

SHANNON, C. "A Mathematical Theory of Communication", *Bell System Tech. J.*, vol. 27, p. 379–423, jul. 1948; e p. 623–656, out. 1948.

SHREEDHAR, M. e VARGHESE, G. "Efficient Fair Queueing Using Deficit Round Robin", *Proc. SIGCOMM '95 Conf.*, ACM, p. 231–243, 1995.

SIGANOS, G., FALOUTSOS, M., FALOUTSOS, P. e FALOUTSOS, C. "Power Laws and the AS-level Internet Topology", *IEEE/ACM Trans. on Networking*, vol. 11, p. 514–524, ago. 2003.

SIMPSON, W. *Video Over IP*, 2.ed., Burlington, MA: Focal Press, 2008.

SIMPSON, W. "The Point-to-Point Protocol (PPP)", RFC 1661, jul. 1994a.

SIMPSON, W. "PPP in HDLC-like Framing", RFC 1662, jul. 1994b.

SIU, K. e JAIN, R. "A Brief Overview of ATM: Protocol Layers, LAN Emulation, and Traffic", *Computer Commun. Review*, vol. 25, p. 6–20, abr. 1995.

SKOUDIS, E. e LISTON, T. *Counter Hack Reloaded*, 2. ed., Upper Saddle River, NJ: Prentice Hall, 2006.

SMITH, D.K. e ALEXANDER, R.C. *Fumbling the Future*, Nova York: William Morrow, 1988.

SOOD, K *Kerberos Authentication Protocol: Cryptography and Network Security*, Riga, Latvia: Lap Lambert Academic Publishing, 2012.

SOTIROV, A., STEVENS, M., APPELBAUM, J., LENSTRA, A., MOLNAR, D., OSVIK, D. e DE WEGER, B. "MD5 Considered Harmful Today", *Proc. 25th Chaos Commun. Congress*, Verlag Art d'Ameublement, 2008.

SOUTHEY, R. *The Doctors*, Londres: Longman, Brown, Green and Longmans, 1848.

SPURGEON, C. e ZIMMERMAN, A. *Ethernet: The Definitive Guide*, 2. ed., Sebastapol, CA: O'Reilly, 2014.

STALLINGS, W. *Data and Computer Commun.*, 10a.ed., Upper Saddle River, NJ: Pearson Education, 2013.

STAPLETON, J. e EPSTEIN, W.C. *Security without Obscurity: A Guide to PKI Operations*, Boca Raton, FL: CRC Press, 2016.

STEVENS, W.R. *TCP/IP Illustrated: The Protocols*, Boston: Addison Wesley, 1994.

STEVENS, W.R., FENNER, B. e RUDOFF, A.M. *UNIX Network Programming: The Sockets Network API*, Boston: Addison-Wesley, 2004.

STOCKMAN, G.-J. e COOMANS, W. "Fiber to the Tap: Pushing Coaxial Cable Networks to Their Limits", *IEEE Commun. Magazine*, vol. 57, p. 34–39, ago. 2019.

STUBBLEFIELD, A., IOANNIDIS, J. e RUBIN, A.D. "Using the Fluhrer, Mantin, and Shamir Attack to Break WEP", *Proc. Network and Distributed Systems Security Symp.*, ISOC, p. 1–11, 2002.

STUTTARD, D. e PINTO, M. *The Web Application Hacker's Handbook*, Nova York: John Wiley & Sons, 2007.

SU, S. *The UMTS Air Interface in RF Engineering*, Nova York: McGraw-Hill, 2007.

SUN, S., MKWAWA, I.H., JAMMEH, E. e IFEACHOR, E. *Guide to Voice and Video over IP: For Fixed and Mobile Networks*, Berlin: Springer, 2015.

SUNDARESAN, S., De DONATO, W., FEAMSTER, N., TEIXEIRA, R., CRAWFORD, S. e PESCAPE, A. "Broadband Internet Performance: A View from the Gateway", *Proc. SIGCOMM 2011 Conf.*, ACM, p. 134–145, 2011.

SUNSHINE, C.A. e DALAL, Y.K. "Connection Management in Transport Protocols", *Computer Networks*, vol. 2, p. 454–473, 1978.

SWAMI, R., DAVE, M. e RANGA, V. "Software-defined Networking-based DDoS Defense Mechanisms", *ACM Computing Surveys*, vol. 52, Art. 28, abr. 2019.

TAN, K., SONG, J., ZHANG, Q. e SRIDHARN, M. "A Compound TCP Approach for High-Speed and Long Distance Networks", *Proc. INFOCOM Conf.*, IEEE, p. 1–12, 2006.

TANENBAUM, A.S. e BOS, H. *Modern Operating Systems*, 4. ed., Upper Saddle River, NJ: Prentice Hall, 2015.

TOMLINSON, R.S. "Selecting Sequence Numbers", *Proc. SIGCOMM/SIGOPS Interprocess Commun. Workshop*, ACM, p. 11–23, 1975.

TUCHMAN, W. "Hellman Presents No Shortcut Solutions to DES", *IEEE Spectrum*, vol. 16, p. 40–41, jul. 1979.

TURNER, J.S. "New Directions in Communications (or Which Way to the Information Age)", *IEEE Commun. Magazine*, vol. 24, p. 8–15, out. 1986.

VANHOEF, M. e PIESSENS, F "Key Reinstallation Attacks: Forcing Nonce Reuse in WPA2", *Proc. 2017 SIGSAC Conf. on Computer and Commun. Security*, ACM, p. 1313–1328, 2017.

VARGHESE, G. *Network Algorithmics*, San Francisco: Morgan Kaufmann, 2004.

VARGHESE, G. e LAUCK, T. "Hashed and Hierarchical Timing Wheels: Data Structures for the Efficient Implementation of a Timer Facility", *Proc. 11th Symp. on Operating Systems Prin.*, ACM, p. 25–38, 1987.

VERIZON BUSINESS *2009 Data Breach Investigations Report*, Verizon, 2009.

VITERBI, A. *CDMA: Principles of Spread Spectrum Communication*, Upper Saddle River, NJ: Prentice Hall, 1995.

WAITZMAN, D., PARTRIDGE, C. e DEERING, S. "Distance Vector Multicast Routing Protocol", RFC 1075, nov. 1988.

WALDMAN, M., RUBIN, A.D. e CRANOR, L.F. "Publius: A Robust, Tamper-Evident, Censorship-Resistant Web Publishing System", *Proc. Ninth USENIX Security Symp.*, USENIX, p. 59–72, 2000.

WALTERS, R *Spread Spectrum: Hedy Lamarr and the Mobile Phone*, Kindle, 2013.

WANG, B. e REN, F. "Improving Robustness of DASH Against Network Uncertainty", *2019 Int'l Conf. on Multimedia and Expo*, IEEE, p. 448–753, jul. 2019.

WANG, Z. e CROWCROFT, J. "SEAL Detects Cell Misordering", *IEEE Network Magazine*, vol. 6, p. 8–9, jul. 1992.

WARNEKE, B., LAST, M., LIEBOWITZ, B. e PISTER, K.S.J. "Smart Dust: Communicating with a Cubic Millimeter Computer", *IEEE Computer*, vol. 34, p. 44–51, jan. 2001.

WEI, D., CHENG, J., LOW, S. e HEGDE, S. "FAST TCP: Motivation, Architecture, Algorithms, Performance", *IEEE/ACM Trans. on Networking*, vol. 14, p. 1246–1259, dez. 2006.

WEISER, M. "The Computer for the Twenty-First Century", *Scientific American*, vol. 265, p. 94–104, set. 1991.

WITTENBURG, N. *Understanding Voice Over IP Technology*, Clifton Park, NY: Delmar Cengage Learning, 2009.

WOOD, L., IVANCIC, W., EDDY, W., STEWART, D., NORTHAM, J., JACKSON, C. e DA SILVA CURIEL, A. "Use of the Delay-Tolerant Networking Bundle Protocol from Space", *Proc. 59th Int'l Astronautical Congress*, Int'l Astronautical Federation, p. 3123–3133, 2008.

WU, T. "Network Neutrality, Broadband Discrimination", *Journal on Telecom. and HighTech. Law*, vol. 2, p. 141–179, 2003.

WYLIE, J., BIGRIGG, M.W., STRUNK, J.D., GANGER, G.R., KILICCOTE, H. e KHOSLA, P.K. "Survivable Information Storage Systems", *IEEE Computer*, vol. 33, p. 61–68, ago. 2000.

YE, Y., LI, T., ADJEROH, D. e ITENGAR, S.S. "A Survey on Malware Detection Using Data Mining Techniques", *ACM Computing Surveys*, vol. 50, Art. 41, jun. 2017.

YU, T., HARTMAN, S. e RAEBURN, K. "The Perils of Unauthenticated Encryption: Kerberos Version 4", *Proc. NDSS Symposium*, Internet Society, fev. 2004.

YUVAL, G. "How to Swindle Rabin", *Cryptologia*, vol. 3, p. 187–190, jul. 1979.

ZHANG, Y., BRESLAU, L., PAXSON, V. e SHENKER, S. "On the Characteristics and Origins of Internet Flow Rates", *Proc. SIGCOMM 2002 Conf.*, ACM, p. 309–322, 2002.

ZHANG, Y., YUAN, X. e TZENG, N.-F. "Pseudo-Honeypot: Toward Efficient and Scalable Spam Sniffer", *Proc. 49th Int'l Conf. on Dependable Systems and Networks*, IEEE, p. 435–446, 2019.

ZIMMERMANN, P.R. *The Official PGP User's Guide*, Cambridge, MA: M.I.T. Press, 1995a.

ZIPF, G.K. *Human Behavior and the Principle of Least Effort: An Introduction to Human Ecology*, Boston: Addison-Wesley, 1949.

ZIV, J. e LEMPEL, Z. "A Universal Algorithm for Sequential Data Compression", *IEEE Trans. on Information Theory*, vol. IT-3, p. 337–343, maio 1977.

Índice

Números

0x20, codificação, 398-399
1-persistente, CSMA, 178-179
1G, rede, 100-101
2G, rede, 101-104
2.5G, rede, 104-105
3G, rede, 103-107
3GPP (*ver* Third Generation Partnership Project)
4B/5B, codificação, 75
4G, rede, 106-108
4K, vídeo, 438-439
5G, rede, 107-108
4B/5B, codificação, 194-195
8B/10B, codificação, 76-77, 196-197
8K, vídeo, 438-439
64B/66B, codificação, 197-198
95 percentil, cobrança, 97-98
100base-FX, cabo, 194-195
100base-T4, cabo, 194
100base-TX, cabo, 194-195
100-gigabit Ethernet, 197-199
720p, vídeo, 438-439
802.11 (*ver* IEEE 802.11)
802.11i, 527-528
802.1X, 29-30, 208-209, 528
1080p, vídeo, 438-439

A

AAC (*ver* Codificação de áudio avançada)
AAL (*ver* ATM, camada de adaptação)
AAL5, 166
Abstract Syntax Notation 1, 512-513
Acelerador de rede, 142-143
ACK, clock, 371-372
ACK de desafio, 482
ACK, tempestade, 481-482
ACL (*ver* Asynchronous Connectionless Link)
Acoplamento capacitivo, 75-76
Acordo de nível de serviço (*ver* Service Level Agreement)
Adaptação de taxa, 201
Adaptação de velocidade, 201
ADC (*ver* Analog-to-Digital Converter)
Add-on, navegador, 538
Adicionando controle de fluxo: stop-and-wait, 146-147
ADSL (*ver* Asymmetric DSL)
Advanced Encryption Standard, 208-209, 499-500
Advanced Mobile Phone System, 26-27, 100-101
Advanced Research Projects Agency, 17-20, 461-462
AES (*ver* Advanced Encryption Standard)
Agente de transferência de mensagem, 405-406
Agente do usuário de e-mail, 405-409
Agregação de enlace, 167-168
Agregação de rota, 290-291
AH (*ver* Cabeçalho de autenticação)
AIFS (*ver* Arbitration InterFrame Space)
AIMD (*ver* Aumento aditivo com diminuição multiplicativa)
Akamai, 8, 23, 25, 451-452, 455, 462-463
A-law, 92
Algoritmo
  AES, 499-500
  alocação do espectro, 120
  aprendizado reverso, 216-217

choking, 460-461
compressão de áudio, 437-439
compressão de vídeo, 439-440
CRC, 141-142
criptografia de chave pública, 503-506
criptografia de chave simétrica, 498-503
de Bellman-Ford, 241-243, 307-308
de Dijkstra, 238-239
de Dorfman, 184
de Karn, 370
de Nagle, 366-368
de Perlman, 219
DES, 498-500
encaminhamento, 14-15
encaminhamento pelo caminho inverso, 248-249
escalonamento de pacotes, 264-269
inundação, 239-241
leaky bucket, 257-259
recuo exponencial binário, backoff, 190-191
Rijndael, 500
roteamento, 14-15, 233-252
roteamento adaptativo, 236-237
roteamento anycast, 251-252
roteamento com conhecimento do tráfego, 253-255
roteamento de múltiplos destinos, 247-248
roteamento entre redes, 276-278
roteamento hierárquico, 246-248
roteamento IS-IS, 245-246
roteamento multicast, 248-251
roteamento não adaptativo, 236-237
roteamento pelo caminho mais curto, 238-240
roteamento por broadcast, 247-249
RSA, 503-505
soma de verificação da Internet, 140
token bucket, 257-259
Algoritmo de aprendizado reverso, 216-217
Algoritmo de chave pública, 503-506
Algoritmo de chave simétrica, 498-503
Algoritmo de Dijkstra, 238-239
Algoritmo de encaminhamento, 14-15, 236
Algoritmo de encaminhamento pelo caminho inverso, 248-249
Algoritmo de escalonamento de pacotes, 264-269
Algoritmo de Nagle, 366-367
Algoritmo de roteamento, 14-15, 233-252
   adaptativo, 236-237
   anycast, 251-252
   aprendizado reverso, 216-217
   Bellman-Ford, 241-243
   broadcast, 247-249
   caminho mais curto, 239-240
   com conhecimento do tráfego, 253-255
   encaminhamento pelo caminho inverso, 248-249
   estado de enlace, 242-248
   hierárquico, 246-248
   inundação, 239-241
   multicast, 248-251
   não adaptativo, 236-237
   vários destinos, 247-248
   vetor de distância, 241-243
Algoritmo de roteamento adaptativo, 236-237
Algoritmo de roteamento anycast, 249
Algoritmo de roteamento de broadcast, 247-249
Algoritmo de roteamento de múltiplo destino, 247-248
Algoritmo de roteamento hierárquico, 246-248
Algoritmo de roteamento multicast, 248-251
Algoritmo de roteamento não adaptativo, 236-237
Algoritmo de roteamento pelo caminho mais curto, 238-240
Algoritmo de roteamento por inundação, 239-241
Algoritmos de roteamento conhecedores do tráfego, 253-255
Alias, DNS, 400-401
Alocação, canal de, 173-176
Alocação de canal, 173-176
   dinâmica, 174-176
   estática, 173-174
Alocação de espectro, 119-121
   concurso de beleza, 120
   leilão, 120
   sorteio, 120
Alocação de largura de banda, 344-347
Alocação de largura de banda do canal, DOCSIS, 214-215
Alocação de recurso, 31
Alocação dinâmica de canal, 174-176
Alocação estática de canal, 173-174
ALOHA, 29-30, 176-179
   original, 176-178
   segmentado, 177-179
Alternate Mark Inversion, 75-76
Ambiente de caixa de brita, 537-538
Ameaça ao site Web, 532-533
Ameaças a sites Web, 532-533
Ameaças às soluções, 473-474
AMI (*ver* Alternate Mark Inversion)
Amplificação da privacidade, 497-498
AMPS (*ver* Advanced Mobile Phone System)
Análise de Fourier, 69-71
Análise de tráfego, 525

Analog-to-Digital Converter, 437-438
Âncoras de confiança, 514
Andreessen, Marc, 417
Anel de chaves privadas, 532
Anel de chaves públicas, 532
Anomalia de taxa, 206
Anomalia de velocidade, 206
ANS (*ver* Advanced Networks and Services)
ANSNET, 20-21
Antena setorizada, 106-107
Antena setorizada, 106-107
Antheil, George, 65-66
Anycast IP, 251-252, 402-403, 453-454
AP (*ver* Ponto de acessso)
API (*ver* Application Programming Interface)
Aplicação Web, 2
Apocalipse dos dois elefantes, 40-41
Application Programming Interface, 44
APSD (*ver* Entrega automática com economia de energia)
Arbitration InterFrame Space, 206
Área
   backbone, 308-309
   roteamento, 246
Area Border Router, 309-310
Área de backbone, 308-309
Área de cobertura do satélite, 114-115
Área de roteamento, 246
Área de stub, 309-310
Argumento fim a fim, 232, 338-339
Armazenamento persistente, 57-58
ARP (*ver* Protocolo de resolução de endereço)
ARP, envenenamento, 476
ARP gratuito, 304-305
ARP, spoofing, 476
ARP, tabela, 303-305, 476
ARPA (*ver* Advanced Research Projects Agency)
ARPANET, 17-20
ARQ (*ver* Automatic Repeat reQuest)
ARQ, protocolo, 147-151
Arquitetura da Internet, 21-23, 25, 461-464
Arquitetura de rede, 32-33
Arquivo de cabeçalho, 144-146
Arquivo de cabeçalho do protocolo, 144-146
Arquivo include para protocolos, 144-146
Árvore de escoamento, 237-238
Árvores baseadas em núcleo, 250-251
AS (*ver* Autonomous System)
AS, prefixo de caminho, 314-315
ASK (*ver* Amplitude Shift Keying)
ASN.1 (*ver* Abstract Syntax Notation 1)

Assinatura digital, 505-511
   chave pública, 506-508
   chave simétrica, 505-507
Assinatura digital, 505-511
Assinatura digital de chave pública, 506-508
Assinatura digital de chave simétrica, 505-507
Associação, 802.11, 207-208
Asymmetric DSL, 87-90, 165-167
Asynchronous Transfer Mode, 166-167
AT&T, 17-18, 21-22, 44, 48-49, 85, 121-123, 469
Ataque
   brigada de incêndio, 519-520
   canal lateral, 483-484
   dia do aniversário, 477-478, 509-511
   DoS distribuído, 484
   homem no meio, 476-477, 519-520
   Kaminsky, 477-480
   negação de serviço, 473, 477, 483-484
   negação de serviço distribuído, 484
   reflexão, 484-485, 516-517
   reprodução, 520
   reutilização de fluxo de chaves, 502-503
   senha ssh, 487-488
   texto simples conhecido, 491-492
   texto simples escolhido, 491-492
   volume de texto cifrado, 491-492
Ataque da brigada de incêndio, 519-520
Ataque DDoS baseado em amplificação, 484-485
Ataque de poluição, 459-460
Ataque de senha ssh, 487-488
Ataque de texto simples conhecido, 491-492
Ataque de texto simples escolhido, 491-492
Ataque do canal lateral, 483-484
Ataque do dia do aniversário, 477-478, 509-511
Ataque por reflexão, 484-485, 516-517
Ataque por replay, 520
Ataque por reutilização de fluxo de chaves, 502-503
Ataque texto cifrado disponível, 491-492
Atenuação, 61-63, 67
ATM (*ver* Asynchronous Transfer Mode)
ATM, camada de adaptação, 166-167
Atraso de fila, 97-98, 174, 236, 254-255, 259-260, 267-269, 386
Atributo, certificado, 512
Atualidade de mensagens, 493
Áudio, 263, 354-356, 435-439
Áudio digital, 437-439
Áudio em tempo real, 435-436
Aumento aditivo com diminuição multiplicativa, 347-348

Autenticação, 31-32, 470, 473, 514-515
   centro de distribuição de chaves, 519-522
   chave secreta compartilhada, 515-519
   criptografia de chave pública, 523
   IEEE 802.11, 208
   Kerberos, 521-523
   Needham-Schroeder, 520-522
   Otway-Rees, 520-522
Autenticação baseada em porta, 208
Autenticação de chave pública, 523
Autenticação de chave secreta compartilhada, 515-519
Autocorrelação, 105-106
Autonegociação, 194-195
Autonegociação, 195-196

B

Backbone da Internet, 97-98, 197-198, 463-464
Backbone da Internet, 97-98, 197-198, 463-464
Backoff exponencial binário, algoritmo, 190-191
Balanceamento de carga, 454-455
Banda base, 71-72, 76-77
Banda de guarda, 78-79
Banda larga, 87-88
Banda passante, 71-72
Baran, Paul, 17-18
Barker, sequência de, 201
Base retilínea, 496
Base Station Controller, 101-102
Base teórica para a comunicação de dados, 69-73
Base64, codificação, 410-411
BB84, cifra, 495-496
BBR, 377-379
Bell, Alexander Graham, 83-84
Bell Operating Company, 122-123
Bellman-Ford, algoritmo de roteamento, 241-243
BGP (ver Border Gateway Protocol)
BGP, buraco negro, 485-486
BGP externo, 313
Big-endian, computador, 225-226, 285-286, 326-327
Binary Phase Shift Keying, 77
Bit de paridade, 139-140
Bit de sinalização roubado, 92-93
BitTorrent, 459-462
Blaatand, Harald, 209
Blocos de código, 135-136
Bluetooth 5, 9-10, 213-215
Bluetooth, aplicação, 210-211

Bluetooth, arquitetura, 209
Bluetooth, camada de enlace, 211-213
Bluetooth, camada de rádio, 211-212
Bluetooth, estrutura de quadros, 212-213
Bluetooth, pilha de protocolos, 210-211
Bluetooth SIG, 210
BOC (ver Bell Operating Company)
Booter, 484
Border Gateway Protocol, 276-277, 310-315
Botnet, 49, 408-409
BPSK (ver Binary Phase Shift Keying)
Bridge, 214-222
   aprendizado, 216-218
   spanning-tree, 217-220
Broadcasting, 188-189
BSC (ver Base Station Controller)
Buffer multimedia, 356-357
Bufferbloat, 252-253, 377-378
Bush, Vannevar, 417-418
Byte de flag, 132
Byte stuffing, 132-134

C

CA (ver Certification Authority)
Cabeçalho
   e-mail, 406-407
   pacote, 32-33
Cabeçalho de autenticação, 525
Cabeçalho de e-mail, 406-407
Cabeçalho de extensão, IPv6, 299-300
Cabeçalho de mensagem, HTTP, 427-429
Cabeçalho de quadro, 144
Cabeçalho de resposta HTTP, 427-429
Cabeçalho de solicitação HTTP, 427-429
Cabo coaxial, 59-60
Cabo de fibra, 62-64
Caching da Web, 429-431
Cadeia de confiança, 514
Caixa de correio, 406-407
Caixa P, 498
Caixa S, 498
Camada, 31-32
   adaptação ATM, 166-167
   aplicação, 40-41
   convergência, 167-168
   enlace, 39-40
   enlace Bluetooth, 211-213
   enlace de dados, 57-125

Índice

física, 57-125
  IEEE 802.11 física, 200-203
  Internet, 39-41
  rádio Bluetooth, 211-212
  rede, 231-317
  transporte, 40-41, 321-390
Camada de aplicação, 40-41
Camada de convergência, 167-168
Camada de enlace, 39-40, 129-169
Camada de enlace de dados, comutação, 214-226
Camada de enlace de dados, questões de projeto, 129-135
Camada de rede, 231-317
  algoritmos de roteamento, 235-252
  congestionamento, 251-254
  gerenciamento de tráfego, 251-263
  Internet, 283-316
  princípios de projeto, 283-285
  questões de projeto, 231-236
Camada de rede da Internet, 284-316
Camada de transporte, 40-41, 321-390
  controle de congestionamento, 376-379
  endereçamento, 329-332
Camada de transporte da Internet, 351-379
Camada física, 57-125
  Ethernet, 187-189
  IEEE 802.11, 200-203
Camada Internet, 39-41, 283-316
Camadas de protocolos, 31-34
Caminho de certificação, 514
Campo, televisão, 439
Canais de acesso, 100
Canais de dados, 100
Canal, 100
  acesso, 100
  acesso aleatório, 97
  capacidade, 73
  concessão de acesso, 103-104
  controle, 100
  controle comum, 103-104
  controle de broadcast, 103-104
  controle dedicado, 103-104
  dados, 100
  paginação, 100, 103-104
Canal de acesso aleatório, 103-104, 173
Canal de acesso múltiplo, 173
Canal de apagamento, 135
Canal de capacidade, 73
Canal de concessão de acesso, 103-104
Canal de controle, 100
Canal de controle comum, 103-104

Canal de controle de broadcast, 103-104
Canal de controle dedicado, 103-104
Canal de localização, 100, 103-104
Canal em curva (bent-pipe), 113-114
Canal RAS (*ver* Registration/Admission Status, canal)
Capacidade de área, 107-108
Capitão Crunch, 469
Carrier Sense Multiple Access Protocol, 29-30, 178-181
Carrier-grade Ethernet, 199
Cartão SIM, 101-102
Cascading Style Sheet, 423-424
CATV (*ver* Community Antenna TeleVision)
Cavalos de Tróia, 538-539
CCITT, 44-45
CCK (*ver* Complementary Code Keying)
CCMP, 528-529
CcTLD (*ver* Country code Top Level Domain)
CD (*ver* Committee Draft)
CDM (*ver* Code Division Multiplexing)
CDMA (*ver* Code Division Multiple Access)
CDMA síncrono, 105
CDMA2000, 105
CDN (*ver* Content Delivery Network)
Célula
  ATM, 166
  telefone móvel, 99-100
Centro de comutação móvel do gateway, 26-27
Centro de dados, 23, 25
Certificado criptográfico, 510-513
Certificado de chave pública, 510-513
  X.509, 510-513
Certification Authority, 511-512
CGI (*ver* Common Gateway Interface)
Chave criptográfica, 490-491
Chave de sessão, 515-516
Chave pré-mestre, 535-536
Chave única, 494-496
Chaveamento, deslocamento de amplitude, 77
  deslocamento de frequência, 77
Chaveamento por deslocamento de amplitude, 77
Chip, 80-81
Choke, pacote, 260
Chunk, BitTorrent, 460
CIA (*ver* Confidencialidade, Integridade, Disponibilidade)
CIDR (*ver* Classless InterDomain Routing)
Cifra, 489-490
  BB84, 495-496
  Caesar, 493

substituição, 493-494
    substituição monoalfabética, 493-494
    transposição, 494-495
Cifra de bloco, 498
Cifra de César, 493
Cifra de substituição, 493-494
Cifra de substituição monoalfabética, 493-494
Cifra de transposição, 494-495
Cifra-produto, 498-499
Circuito, 34-35
Circuito terminal, 85-87
Clark, David, 40-41, 46-47
Clarke, Arthur C., 113-114
Classe A, rede, 292-293
Classe B, rede, 292-293
Classe C, rede, 292-293
Classless InterDomain Routing, 290-292
Clear To Send, 186-187
Cliente, 9
Clipper chip, 539
CMTS (*ver* Cable Modem Termination System)
Code Division Multiple Access, 24-25, 80-83, 101
Code Division Multiplexing, 80-83
Codec, 91-92, 444-445, 447-448
Codificação 4B/5B, 75
    8B/10B, 76-77
    áudio, 437-438
    bipolar, 75-76
Codificação bipolar, 75-76
Codificação com perdas, 437-438
Codificação de áudio avançada, 437-439
Codificação de forma de onda, 438-439
Codificação Manchester, 74-75
Codificação perceptiva, 438-439
Codificação sem perdas, 437-438
Código cinza, 77-78
Código criptográfico, 489-490
Código de convolução, 137-138
Código de correção de erros, 30-31, 135-139
Código de detecção de erros, 30-31, 139-143
Código de Hamming, 137-138
Código de polinômio, 140-143
Código de scripting, 537-538
Código em linha, 74
Código linear, 135-136
Código móvel, 537-538
Código não confiável, 537-539
Código sistemático, 135-136
Colapso de congestionamento, 252, 370-371
Colisão, 174-175
Colisão hash, 509-510

Colocalização, 23, 25
Comércio eletrônico, 4
Comércio móvel, 6-7
Committee Draft, 45-46
Common Gateway Interface, 424-425
Communications Decency Act, 47-48
Community Antenna TeleVision, 108-109
Como as redes diferem, 273-274
Compactação de cabeçalho, 385-387
Compactação/expansão (companding), 92
Comparação entre circuito virtual e rede de datagramas, 234-236
Comparação entre fibra óptica e fio de cobre, 63-64
Compartilhamento de recursos, 8-9, 73-74, 91-92, 111-112, 342
Complementary Code Keying, 201
Comportamento por salto, 270-271
Compressão de áudio, 437-439
Compressão de áudio, 437-439
    vídeo, 439-440
Compressão de vídeo, 439-440
Comprimento de onda, 64-65
Computação confiável, 544
Computação em nuvem, 8, 424
Computação ubíqua, 4-5, 403
Computer Science Network, 19-20
Comunicação de banda ultralarga, 66-67
Comunicação pessoa a pessoa, 3-4
Comutação, 95-99
    camada de enlace de dados, 214-226
    cut-through, 217
    pacotes, 96-99
Comutação cut-through, 34-35, 217
Comutação de circuitos, 26-27, 95-97
Comutação de circuitos, 95-97
Comutação de pacotes, 26, 96-99, 231-232
Comutação de pacotes store-and-forward, 231-232
Comutação de rótulos, 305-308
Comutação de tags, 305-306
Comutação store-and-forward, 34-35
Concurso de beleza para alocação de espectro, 120
Conectando extremidades, 275-277
Conectando rede heterogênea, 273-277
Conexão paralela, 431-432
Conexão persistente, 431
Confiabilidade da rede, 30-31
Confidencialidade, 31-32, 470
    Segurança, Disponibilidade, 470
Confirmação, 35-36, 112, 131, 134, 146-155
    acumulativa, 360-361
Confirmação acumulativa, 156, 158-159, 360-361, 368

Confirmação adiada, 366-367
Confirmação duplicada, 373-374
Congestionamento, 31
   camada de rede, 251-254
Congestionamento, controle, 383
Consulta DNS, 397-402
Content Delivery Network, 8-9, 24-25, 451-452, 455-458
Conteúdo e tráfego da Internet, 451-453
Conteúdo gerado pelo usuário, 47-48
Controle de acesso, 254, 255
Controle de congestionamento, 252-253, 344-351
   camada de transporte, 376-379
   sem fio, 349-351
   TCP, 370-376
   TCP amigável, 349
Controle de congestionamento com TCP amigável, 349
Controle de congestionamento sem fio, 349-351
Controle de erro, 133-134, 338-342
Controle de fluxo, 31, 134-135, 252-253, 338-342
Controle de fluxo baseado em feedback, 134-135
Controle de fluxo baseado na velocidade, 134-135
Controle de potência de transmissão, 208-209
Convergência
   algoritmo de roteamento, 241-242
   congestionamento, 345-346
Cookie, 49-50, 429, 433-434
Corpo de e-mail, 406-407
Correio convencional, 405
Correio eletrônico (*ver* E-mail)
Correlação cruzada, 105-106
Corte de carga, 255-257
Country code Top Level Domain, 395-396
Cracker, 532-533
CRC (*ver* Cyclic Redundancy Check)
Criptoanálise, 490-491
Criptografia, 473, 489-503
   bloco de tamanho fixo, 494-496
   chave pública, 503-506
   chave secreta, 498-503
   chave simétrica, 498-503
   cifra de substituição, 493-494
   cifra de transposição, 494-495
   introdução, 490-492
   quantum, 495-498
Criptografia de chave pública, 503-506
Criptografia de chave simétrica, 498-503
Criptografia do enlace, 470-471
Criptografia quântica, 495-498
Criptologia, 490-491

Crítica do OSI e do TCP, 40-42
CRL (*ver* Certificate Revocation List)
Crominância, 439
CSMA (*ver* Carrier Sense Multiple Access)
CSMA com detecção de colisão, 179-181
CSMA com impedimento de colisão, 202-203
CSMA não persistente, 179
CSMA persistente, 178-179
CSMA p-persistente, 179
CSMA/CA (*ver* CSMA with Collision Avoidance)
CSMA/CD (*ver* CMSA with Collision Detection)
CSMA/CD com backoff exponencial binário, 190-191
CSNET (*ver* Computer Science Network)
CSRF (*ver* Cross-Site Request Forgery)
CSS (*ver* Cascading Style Sheet)
CSS (*ver* Cross-Site Scripting)
CTS (*ver* Clear to Send)
Cubesat, 117-118
CUBIC, 376-377
Custódia de chaves, 539
Cybersquatting, 405
Cyclic Redundancy Check, 140-141

D

DAC (*ver* Digital-to-Analog Converter)
Dados urgentes, 359-360
Daemen, Joan, 500
Daemon da Internet, 358-359
Daemon da Internet, 358-359
DAG (*ver* Directed Acyclic Graph)
D-AMPS (*ver* Digital AMPS)
DASH (*ver* Dynamic Adaptive Streaming over HTTP)
Data Encryption Standard, 498-500
Data Link Layer, 57-125
   enquadramento, 131-134
Data Over Cable Service Interface (DOCSIS)
   alcance, 214
   alocação de largura de banda, 214-215
   camada de enlace de dados, 167-168
   camada física, 109-113
   fluxo de serviço, 214
   subcamada MAC, 213-215
   última milha, 22-23
Datagram Congestion Control Protocol, 325-326
Datagrama, 34-35, 232-233
Datagrama confirmado, 35-36

Datakit, 182-183
Davies, Donald, 17-18
dB (*ver* Decibel)
DCCP (*ver* Datagram Congestion Controlled Protocol)
DCF (*ver* Distributed Coordination Function)
DCF InterFrame Spacing, 205-206
DDoS (*ver* Distributed Denial of Service, ataque)
DDoS, ataque baseado em reflexão, 484-485
Decibel, 73, 437-438
Decodificação de áudio, 437-438
Decodificação de decisão hard, 138-139
Decodificação de decisão soft, 138-139
Defesa em profundidade, 487-488
DeMilitarized Zone, 487
Denial of Service, ataque, 49, 281, 470, 472-473, 477, 483-484
Dense Wavelength Division Multiplexing, 82-83
Dente de serra, 374-375
DES (*ver* Data Encryption Standard)
DES triplo, 499-500
Desassociação, 208
Descarte de cauda, 264-265
Descarte de mensagem, e-mail, 408-409
Descoberta da MTU do caminho, 278-279, 360
Desinformação, 50-51, 541-542
Detecção de colisão no CSMA, 179-181
DHCP (*ver* Dynamic Host Configuration Protocol)
DHT (*ver* Tabelas Hash Distribuídas)
Diagrama de constelação, 77-78
Diagrama em cascata, 420
DIFS (*ver* DCF InterFrame Spacing)
Digital AMPS, 101
Digital Millennium Copyright Act, 48-49, 543-544
Digital Subscriber Line, 87-90
Digital Subscriber Line Access Multiplexer, 89-90
Digitalizando sinais de voz, 91-92
Digital-to-Analog Converter, 437-438
Digrama, 493-494
Direct Sequence Spread Spectrum, 65-67
Directed Acyclic Graph, 237-238
Direito autoral, 543-545
DIS (*ver* Draft International Standard)
Discrete MultiTone, 88
Discrete MultiTone, 88
Discurso on-line, 47-49
Disparidade, símbolo, 76-77
Dispersão cromática, 61-62
Dispersão cromática, 61-62
Dispersão espectral, 80-81
  sequência direta, 65-67

Disponibilidade, 470
Disputa de nomes do DNS, 404-405
Disputa entre pares, 315-316
Distance Vector Multicast Routing Protocol, 250-251
Distância de Hamming, 136-137
Distributed Coordination Function, 203
Distributed Denial of Service, ataque, 49, 484
  defesa, 485-486
  proteção baseada em nuvem, 485
Diversidade de caminho, 28-29, 108
Divisão de nó, 118
Divisor, 89-90
DIX, padrão Ethernet, 187-188
DMCA (*ver* Digital Millennium Copyright Act)
DMCA, aviso de remoção, 48-49, 544
DMT (*ver* Discrete MultiTone)
DMZ (*ver* DeMilitarized Zone)
DNS (*ver* Domain Name System)
DNS alheio, 404-405
DNS, registros de adesão, 478-479
DNS, rerroteamento, 485-486
DNS Security, 400-401, 479-480, 485, 533-535
DNS sobre HTTP, 394-395, 403-404
DNS sobre TLS, 394-395, 403-404
DNS, spoofing, 477-480, 533
DNSBL (*ver* Lista paralela baseada em DNS)
DNSSEC (*ver* DNS Security)
DNSSEC record, 400
DOCSIS (*ver* Data Over Cable Service Interface Specification)
DoH (*ver* DNS sobre HTTP)
DoH alheio, 404-405
Domain Name System, 393-405
  consultas e respostas, 397-402
  cybersquatting, 405
  disputa por nomes, 404-405
  domínio de nível superior, 395-397
  espaço de nomes, 395-398
  extensões, 398-399
  história, 393-394
  prática, 403
  privacidade, 403-405
  processo de pesquisa, 393-395
  redirecionamento, 456-458
  registrador, 396-397
  registro, 396-397
  registro autorizado, 401-402
  registro de recurso, 398-401
  registro em cache, 401-402

resolução de nome, 401-403
tipos de registro, 399-400
zona, 400-402
Domínio de colisão, 192-193
Domínio de nível superior, 395-397
Domínio genérico de nível superior, 395-397
DoS, ataque (*ver* Denial of Service, ataque)
DoT (*ver* DNS sobre TLS)
Doutrina de uso legal, 544
Download drive-by, 538
Draft International Standard, 45-46
Draft Standard, 46-47
Draper, John, 469
Driver de dispositivo, 142-143
DSL (*ver* Digital Subscriber Line)
DSLAM (*ver* Digital Subscriber Line Access Multiplexer)
DVMRP (*ver* Distance Vector Multicast Routing Protocol)
DWDM (*ver* Dense Wavelength Division Multiplexing)
Dynamic Adaptive Streaming over HTTP, 442-445
Dynamic Host Configuration Protocol, 305-306

E

E1, linha, 92-93
EAP (*ver* Extensible Authentication Protocol)
EBGP (*ver* BGP externo)
ECB, modo (*ver* Electronic Code Book, modo)
Ecb, modo, 500-501
ECMP (*ver* Equal Cost MultiPath)
ECN (*ver* Explicit Congestion Notification)
EDGE (*ver* Enhanced Data rates for GSM Evolution)
EDNS, sub-rede do cliente, 398
EDNS0 CS (*ver* Extensões ao DNS)
Eficiência da largura de banda, 344
Eficiência da largura de banda, 74-75, 344
EIFS (*ver* Extended InterFrame Spacing)
Eisenhower, Dwight, 17-18
Electronic Code Book, modo, 500-501
Elemento de comutação, 14-15
E-mail, 9, 405
    agente de transferência de mensagem, 405-406
    agente do usuário, 405-409
    arquitetura, 405-407
    caixa de correio, 406-407
    corpo, 406-407

descarte de mensagem, 408-409
entrega, 414-415
entrega final, 415
envelope, 406-407
envio, 405-406, 411-412, 414-415
formato de mensagem, 408-411
lista de correspondência, 406-407
MIME, 410-412
protocolo, 406-407
serviços, 405-407
servidor de correio, 405-406
transferência de mensagem, 411-415
E-mail indesejado, 49-50, 398, 405, 408-409
Embaralhador, 75
Emoji, 405
Emoticon, 405
Emparelhamento, 209
Emparelhamento simples seguro do Bluetooth, 211-212
Encaminhamento, 14-15, 236
Encaminhamento expresso, 271-272
Encaminhamento expresso, 271-273
Encapsulating Security Payload, 525-526
Encerramento de conexão, 335-338
    TCP, 364-367
Encerrando uma conexão, 335-338
Endereçamento, 31-32, 234-235, 273-274
    com classes, 291-294
    hierárquico, 395-396
    transporte, 329-332
Endereçamento em classes, 291-292
Endereço IP, 288-296
Enfraquecimento de múltiplos caminhos, 68-69
Enfraquecimento por múltiplos caminhos, 28-30, 65-66, 68-69
Engenharia de tráfego, 314-315
Engenharia de tráfego de entrada, 314-315
Engenharia de tráfego de saída, 314-315
Engenharia de tráfego entre domínios, 314-315
Engenharia social, 474
Enhanced Authentication Protocol, 208
    EAP-SIM, 208-209
    EAP-TLS, 208
    EAP-TTL, 208
Enhanced Data rates for GSM Evolution, 104-105
Enlace
    Bluetooth, 211-213
    fibra óptica, 60-61
    full-duplex, 58-59
    half-duplex, 58-59

micro-ondas, 115-116
ponto-a-ponto, 11
virtual, 15
Web, 417-418
Enlace assíncrono sem conexão, 212-213
Enlace full-duplex, 58-59
Enlace half-duplex, 58-59
eNodeB, 24-25, 107-108
Enquadramento, 131-134
Entidade de transporte, 321-322
Entrega automática com economia de energia, 205-206
Entrega de conteúdo, 8, 450-464
Entrega em tempo real, 31
Entrega final, 415
Entrelaçamento, 439
Envelope de e-mail, 406-407
Envenenamento da tabela do switch, 476
Envio de correio, 405-406, 411-412, 414-415
Envio de mensagens de texto, 6-7
EPC (ver Evolved Packet Core)
EPON (ver Ethernet PON)
Equal Cost Multipath, 308-309
Escalonamento de pacotes com rodízio por déficit, 265-266
ESMTP (ver Extended SMTP)
ESP (ver Encapsulating Security Payload)
Espaçamento entre quadros, 205-206
Espaço em branco, 121
Especificação de fluxo, 267
Espectro de cores, 202-203
Espectro de dispersão por salto de frequência, 65-66
Espectro eletromagnético, 64-65
Espectro eletromagnético, 64-65
Esquema da World Wide Web, 419-420
Estabelecendo uma chave compartilhada, 518-520
Estabelecendo uma conexão, 331-336
Estabelecimento de conexão, 331-336
    TCP, 362-364
Estação base, 10-11, 28-29
Estação central local, 84-85
Estação de rede, 174-175
Estação final, 84-85
Estação interurbana, 85
Estação-base celular, 25
Estações Tandem, 85
Esteganografia, 541-543
Estrutura de quadro Bluetooth, 212-213
    Ethernet, 188-189
    IEEE 802.11, 206-208

Estrutura do sistema telefônico, 83-86
Eternity, serviço, 541
Ethernet, 11, 187-199
    10 gigabits, 197-198
    40 gigabits, 197-199
    100 gigabits, 197-199
    backoff exponencial binário, 190-191
    categoria de portadora, 199
    clássica, 11-12, 187-192
    comutada, 11
    fast, 193-195
    gigabit, 130-198
    modo promíscuo, 192-193
    quadro Jumbo, 196-197
    retrospectiva, 198-199
Ethernet clássica, 11-12, 187-192
Ethernet comutada, 11, 191-194
Ethernet, desempenho, 191-192
Ethernet PON, 90-91
Ethernet, protocolo da subcamada MAC, 188-191
Ethernet, switch, 192
E-UTRAN (ver Evolved UMTS Terrestrial Radio Access Network)
Evasão do IDS, 488
Evolução da Internet, 461-464
Evolução da Internet, 461-464
Evolucionabilidade da rede, 31-32
Evolved Packet Core, 24-25, 107
Evolved UMTS Terrestrial Radio Access Network, 24-25
EWMA (ver Exponentially Weighted Moving Average)
Exemplo de servidor de arquivos, 327-328
Explicit Congestion Notification, 260-261, 361-362
Exploração, 472-474
Exploração do TCP for a do caminho, 481-484
Exponentially Weighted Moving Average, 259-260, 369-370
Extended InterFrame Spacing, 206
Extended SMTP, 413-414
Extensão da portadora, 196
Extensão de navegador, 538
Extensible Authentication Protocol, 528
Extensões ao DNS, 398-399
Exterior Gateway Protocol, 276-277, 307-308
Exterior Gateway Routing Protocol, 310-315
Extremidade do cabo, 12-13, 22, 109-112, 167-168, 214-215

F

Falácia da taxa básica, 489-490
Falsificação de solicitação entre sites, 538
Falsos negativos, 488-489
Falsos positivos, 488-489
Fast Ethernet, 193-195
Fatiamento de rede, 108
Fator de trabalho, criptográfico, 491-492
FCC (*ver* Federal Communications Commission)
FCFS (*ver* First-Come, First-Serve)
FDD (*ver* Frequency Division Duplex)
FDDI (*ver* Fiber Distributed Data Interface)
FDM (*ver* Frequency Division Multiplexing)
FD-MIMO (*ver* Full-Dimension MIMO)
FEC (*ver* Forward Error Correction)
FEC (*ver* Forwarding Equivalence Class)
Federal Communications Commission, 69
Feixes pontuais, 114-115
Femtocélula, 107-108
Fiber Distributed Data Interface, 182
Fiber To The Curb, 89-90
Fiber To The Distribution Point, 89-90
Fiber To The Home, 22-23, 89-90
Fiber To The Node, 89-90
Fiber To The X, 22, 89-92, 109-110
Fibra de modo único, 61
Fibra multimodo, 61-63, 194-198
Fibra óptica, 60-64
Fibre channel, 196-197
FIFO (*ver* First-In, First-Out)
File Transfer Protocol, 295-296, 420
Filtragem de egresso, 485
Filtragem de ingresso, 485
Filtro de pacotes, 486-487
Fio de categoria 3, 58-59, 88-89
Fio de categoria 5e, 58-59
Fio de categoria 6, 58-59
Fio de categoria 7, 58-59
Fio de categoria 8, 58-59
Firewall, 485-489
Firewall com estado, 487
First-Come, First-Serve, comutação de pacotes, 264-265
First-In, First-Out, comutação de pacotes, 264-265
Fluxo de bytes confiável, 325-326
Fluxo de chaves, 502-503
Fluxo de pacotes, 261-263
Fluxo de serviço, 167
    DOCSIS, 214
Folha de estilo, 418, 423-424

Formas de onda para bits, 69-83
Formato de mensagem da Internet, 409-411
Formato de mensagem, e-mail, 408-409
Forward Error Correction, 135, 441
Forwarding Equivalence Class, 306-307
FQDN (*ver* Fully Qualified Domain Name)
Fragmentação de pacote, 277-280
Fragmentação de pacote, 277-280
Fragmento
    IEEE 802.11, 205
    pacote, 278
Free-rider, BitTorrent, 460-461
Free-riding, 459
Frequência, 64-65
Frequency Division Duplex, 100-101
Frequency Division Multiplexing, 78-80
Frequency Shift Keying, 77
Front-end, 454
FSK (*ver* Frequency Shift Keying)
FTP (*ver* File Transfer Protocol)
FTTC (*ver* Fiber To The Curb)
FTTDP (*ver* Fiber To The Distribution Point)
FTTH (*ver* Fiber To The Home)
FTTN (*ver* Fiber To The Node)
FTTX (*ver* Fiber To The X)
Full-Dimension MIMO, 108
Fully Qualified Domain Name, 397
Fundamentos de ataque, 472-473
Fundamentos de segurança da rede, 470-474
Fuzzball, 19-20

G

G.711, 446-447
G.dmt, 88-89
G.fast, 89-90
Gatekeeper, H.323, 446-447
Gateway, 17, 274, 446-447
Gateway de mídia, 26-27
Gateway em nível de aplicação, 487
Gateway padrão, 304-305
General Packet Radio Service, 24-25
Geomarcação, 6-7
Geração dinâmica de página Web, 424-426
    lado cliente, 425-426
    lado servidor, 424-425
Gerador de polinômio, 141-142
Gerenciamento ativo de fila, 259-260
Gerenciamento de chamada, 100-101

Gerenciamento de chave pública, 510-515
Gerenciamento de chaves públicas, 510-515
Gerenciamento de conexão TCP, 364-367
Gerenciamento de congestionamento, 252
Gerenciamento de timer, TCP, 368-370
Gerenciamento de tráfego, 252-254
  camada de rede, 251-255
GET condicional, 431
GET condicional, 431
Gigabit Ethernet, 194-198
Gigabit-capable PON, 90-91
Global Positioning System, 6-7, 115-116
Global System for Mobile communications, 26-27, 101-104
Globalstar, 116-117
Gmail, 50, 407, 415-417, 483-484
GMSC (ver Centro de comutação móvel do gateway)
Gnutella, 459-460
Go-back-n, protocolo, 154-156
Goodput, 252, 344-345
Gossip, 459
GPON (ver Gigabit-capable PON)
GPRS (ver General Packet Radio Service)
GPS (ver Global Positioning System)
Gray, Elisha, 83-84
Grupo, 91-92
GSM (ver Global System for Mobile communications)
gTLD (ver Domínio genérico de nível superior)

H

H.225, 447-448
H.245, 446-447
H.323, 446-449
H.323 vs. SIP, 450-451
H3 (ver HyperText Transfer Protocol, HTTP/3)
Hamming, Richard, 136-137
Handoff, 25-26, 100
Handover, 25-26
Handshake de três vias, 334-336
Hard handoff, 106-107
Hard handover, 26
Harmônico, 69-71
Hashed Message Authentication Code, 517-518, 525-526
HDLC (ver High-level Data Link Control)

Headend, cabo, 108-109
Hertz, Heinrich, 57-58
HFC, rede (ver Hybrid Fiber Coax, rede)
HIDS (ver IDS baseado em host)
High-level Data Link Control, 132-133, 164
Hiperlink, 418
Hipertexto, 417-418
História da Internet, 17-22
História da Internet, 17-22
HLR (ver Home Location Register)
HLS (ver HTTP streaming ao vivo)
HMAC (ver Hashed Message Authentication Code)
Home Location Register, 102-103
Home Subscriber Server, 26, 107
Host, 13-14
Hosting, 23, 25
HSS (ver Home Subscriber Server)
HSTS (ver HTTP Strict Transport Security)
HTML5, 425
HTTP (ver HyperText Transfer Protocol)
HTTP, streaming ao vivo, 443-445
HTTP Strict Transport Security, 434
HTTP/2 (ver HyperText Transfer Protocol, HTTP/2)
HTTP/3 (ver HyperText Transfer Protocol, HTTP/3)
HTTPS (ver Secure HTTP)
HTTPS (ver Secure HyperText Transfer Protocol)
Hub, 191-192
  satélite, 115
Hub de satélite, 115
Hybrid Fiber Coax, 109-110
Hybrid Fiber Coax, rede, 22, 109-110
Hypertext Transfer Protocol, 418-420, 425-434
  cabeçalhos de mensagem, 427-429
  caching, 429-431
  HTTP/1, 431-432
  HTTP/2, 431-433
  HTTP/3, 433-434
  métodos, 426-429
  visão geral, 426-427
Hz, 57-58

I

IAB (ver Internet Activities Board)
IBGP (ver Internal BGP)
ICANN (ver Internet Corporation for Assigned Names and Numbers)
ICMP (ver Internet Control Message Protocol)

IDEA (*ver* International Data Encryption Algorithm)
Identificação, 474-475
    Web, 435-436
Identificação da tela, 435-436
Identificação de dispositivo, 435-436
IDS (*ver* Intrusion Detection System)
IDS baseado em anomalia, 488-489
IDS baseado em assinatura, 488
IDS baseado em host, 487-488
IDS baseado em rede, 487-488
IEEE (*ver* Institute of Electrical and Electronics Engineers)
IEEE 802.11, 10-12
IEEE 802.11, arquitetura, 199-201
IEEE 802.11, associação, 207-208
IEEE 802.11, autenticação, 208
IEEE 802.11, camada física, 200-202
IEEE 802.11, estrutura de quadro, 206-208
IEEE 802.11, pilha de protocolos, 199-201
IEEE 802.11, priorização e controle de potência, 208-209
IEEE 802.11, segurança e privacidade, 208-209
IEEE 802.11, serviço de distribuição, 208
IEEE 802.11, serviço de entrega de dados, 208
IEEE 802.11, serviço de integração, 208
IEEE 802.11, serviços, 207-208, 207-209
IEEE 802.11, subcamada MAC, 202-207
IEEE 802.11a, 201
IEEE 802.11ad, 201-202
IEEE 802.11ax, 202-203
IEEE 802.11ay, 202-203
IEEE 802.11b, 201
IEEE 802.11g, 201-202
IEEE 802.11n, 201-202
IEEE 802.1Q, 223-224
IEEE 802.1X, 29-30, 208
IETF (*ver* Internet Engineering Task Force)
IGMP (*ver* Internet Group Management Protocol)
IKE (*ver* Internet Key Exchange)
IMAP (*ver* Internet Message Access Protocol)
IMP (*ver* Interface Message Processor)
Imparcialidade max-min, 345-346
Imparcialidade max-min, 345-346
Imparcialidade max-min, 345-346
Impedimento de congestionamento, 259
Importância da velocidade do host, 381-382
Impressão digital do navegador, 49-50, 435-436
Improved Mobile Telephone System, 100
IMT, rede avançada, 106-107

IMT-2000 (*ver* International Mobile Telecommunications)
IMTS (*ver* Improved Mobile Telephone System)
In-band Network Telemetry, 283
Industrial, Scientific, Medical, banda, 27-29, 120
Inetd, 358-359
Infrared Data Association, 69
Ingredientes do ataque, 473-486
Initialization Vector, 501
Inserção de bits, 132-134
    byte, 132-133
Inserção de bytes, 132-133
Institute of Electrical and Electronics Engineers, 45-46
INT (*ver* In-band Network Telemetry)
Integridade, 31-32, 470
Intercalação, 139-140
Interconexão sem acordo, 312
IntereXchange Carrier, 122-123
Interface, 32, 196, 199, 201-202, 222, 288
Interface com o ar, 101-102
Interface Message Processor, 17-19
Interior Gateway Protocol, 276-277, 307-308
Interior Gateway Routing Protocol, 307-311
Intermediate System-Intermediate System, 245-246, 307-308
Internal BGP, 313
International Data Encryption Algorithm, 529-530
International Mobile Telecommunication-2000, 104-105
International Standard, 45-46
International Standards Organization, 45-47
International Telecommunication Union, 44-45
Internet, 1-10
Internet a cabo (*ver* Serviço de dados sobre cabo)
Internet Activities Board, 46-47
Internet Architecture Board, 46-47
Internet Control Message Protocol, 39-40, 302-303
Internet Corporation for Assigned Names and Numbers, 288-289, 395-396
Internet das Coisas, 4-5, 11-12, 121
Internet de banda larga a cabo, 108-110
Internet Engineering Task Force, 46-47
Internet eXchange Point, 22-23, 311-312, 464
Internet Group Management Protocol, 315
Internet Key Exchange, 524-525
Internet Message Access Protocol, 415-417
Internet por cabo, 108-111, 167-169
Internet Protocol (IP), 39-40, 284-302
Internet Protocol versão 4, 285-296
    CIDR, 290-292

endereços, 288-296
sem classes, 291-294
sub-redes, 288-290
tradução de endereço de rede, 293-296
Internet Protocol versão 6, 296-302
cabeçalho de extensão, 297-300
cabeçalho principal, 297-300
controvérsias, 300-302
Internet Research Task Force, 46-47
Internet Security Association and Key Management Protocol, 524-525
Internet Society, 46-47
Internet Standard, 46-47
Inter-rede, 15-17, 272-273
Inter-redes, 31-32, 272-280
Interrupção, 473, 483-486
Intimação eletrônica, 406-407
Intrusion Detection System, 487-490
baseado em anomalia, 488-489
baseado em assinatura, 488
baseado em host, 487-488
baseado em rede, 487-488
Intrusion Prevention System, 488-489
falsos negativos, 488-489
falsos positivos, 488-489
IoT (*ver* Internet das Coisas)
IP (*ver* Internet Protocol)
IP Security, 523-527
IP Television, 4, 445
IPS (*ver* Intrusion Prevention System)
IPsec, 523-527
IPTV (*ver* IP Television)
IPv4 (*ver* Internet Protocol versão 4)
IPv5, 285-286
IPv6 (*ver* Internet Protocol versão 6)
IrDA (*ver* Infrared Data Association)
Iridium, 116-117
IRTF (*ver* Internet Research Task Force)
IS (*ver* International Standard)
IS-95, 101
ISAKMP (*ver* Internet Security Association and Key Management Protocol)
IS-IS, algoritmo de roteamento, 245-246
ISM, banda (*ver* Industrial, Scientific, Medical, banda)
ISO (*ver* International Standards Organization)
Isolamento, 472
ISP (*ver* Provedor de serviço da Internet)
ITU (*ver* International Telecommunication Union)
ITU-R, 44-45

ITU-T, 44-45
IV (*ver* Initialization Vector)
IXC (*ver* IntereXchange Carrier)
IXP (*ver* Internet Exchange Point)

J

Janela de congestionamento, TCP, 370-371
Janela de envio, 151
Janela de recepção, 151
Janela deslizante, 338-339
TCP, 366-368
Janela deslizante de um bit, 151-154
JavaScript, 425, 537-538
Jitter, 263, 355-356, 436-437
Jobs, Steve, 469-470
Joint Photographic Expert Group, 439
JPEG (*ver* Joint Photographic Experts Group)
Jumbograma, 300

K

Kaminsky, ataque de, 477-480
Karn, algoritmo de, 370
KDC (*ver* Key Distribution Center)
Kerberos, 521-523
Key Distribution Center, 510-512

L

L2CAP (*ver* Logical Link Control Adaptation Protocol)
Label Edge Router, 306
Label Switched Router, 306
Lado cliente, World Wide Web, 418-422
Lado do servidor da World Wide Web, 420-423
Lamarr, Hedy, 65-66
LAN (*ver* Local Area Network)
LAN sem fio, 199-209
LAN virtual, 11-12, 221-224
Largura de banda, 57-58, 71-72
LATA (*ver* Local Access and Transport Area)
LCP (*ver* Link Control Protocol)

LDPC (*ver* Low-Density Parity Check)
Leaky bucket, 255-257, 270-271
Leaky bucket, algoritmo, 257-259
Learning bridges, 216-218
Leasing, 305
LEC (*ver* Local Exchange Carrier)
Leecher, BitTorrent, 460-461
Lei da potenciação, 452
Lei de controle, 347-348
Lei de Kepler, 113-114
Leilão do espectro, 120
Leilão, espectro, 120
Leite, algoritmo de corte, 255-256
Leitor de e-mail, 407
LEO (*ver* Low-Earth Orbit)
LER (*ver* Label Edge Router)
Liberdade de expressão, 540-542
Ligação, 89-90
   DOCSIS, 109-111, 118, 167-168
Ligação de canal, 167-168
Limite de partida lenta, 373
Limite inferior, 442
Linha de energia, 60-61
Linha de qualidade de voz, 72-73
Linha de transmissão, 13-14
Link Control Protocol, 164
Lista de correspondência, 406-407
Lista paralela baseada em DNS, 398
Listagem de pacotes com enfileiramento ordenado, 264-266
Little-endian, computador, 224-225
LLC (*ver* Logical Link Control)
LLD (*ver* Low-Latency DOCSIS)
Local Access and Transport Area, 122-123
Local Area Network (*ver também* Ethernet)
Local Area Network, 10-12, 187-214
Local Exchange Carrier, 122-123
Logical Link Control, 207-208
Logical Link Control Adaptation Protocol, 211
Long Term Evolution, 13-14, 106-107
Low-Density Parity Check, 139
Low-Earth Orbit, 115-116
Low-Earth Orbit, satélite, 115-118
Low-Latency DOCSIS, 214-215
LSR (*ver* Label Switched Router)
LTE (*ver* Long Term Evolution)
LTE-U (*ver* LTE-Unlicensed)
LTE-Unlicensed, 30-31
Luminância, 439

M

MAC (*ver* Medium Access Control)
MAC, clonagem, 476
MAC, inundação, 476
MAC, subcamada, 512-513, 202-207
MACA (*ver* Multiple Access with Collision Avoidance)
MAHO (*ver* Mobile Assisted HandOff)
Maior prefixo combinando, 291
Malware, 538-539
MAN (*ver* Metropolitan Area Network)
Man In The Middle, ataque, 476-477, 519-520
Manutenção da estação, 113-114
Mapa de bits básico, 181-182
Mapeamento de cliente, 453-454, 457
Marca d'água, 543
Marshaling, parâmetro, 352-353
Máscara de frequência, 438-439
Máscara de sub-rede, 288
Máscara temporal, 438-439
Massive MIMO, 108
Maximum Segment Size, 362, 373, 484-485
Maximum Transfer Unit, 360
Maximum Transmission Unit, 278
Maxwell, James Clerk, 64-65, 187-188
MCI (*ver* Microwave Communication Inc.)
M-commerce, 6-7
Media Presentation Description, 443
Medição de desempenho, 380-381
   camada de transporte, 378-390
Medida F, 488-489
Medindo a qualidade da experiência, 381
Medindo o desempenho da rede, 380-381
Medindo o throughput da rede de acesso, 380-381
Medium Access Control, 107, 173
Medium-Earth Orbit, satélite, 115-116
Meio físico, 32
Meios de transmissão guiados, 57-64
Melhorando a eficiência, 149-151
Mensagem instantânea, 3-4
MEO (*ver* Medium Earth Orbit, satélite)
Merkle, Ralph, 505
Message Integrity Check, 528
Metcalfe, Robert, 5-6, 273
Método do HTTP, 426-427
Métrica da potência, 344-345
Metropolitan Area Network, 12-14
MFJ (*ver* Modification of Final Judgment)
MGW (*ver* Gateway de mídia)

MIC (*ver* Message Integrity Check)
Michelson-Morley, experimento de, 187-188
Mickens, James, 469-470
Microcélula, 99-100
Microwave Communication Inc., 68-69
Mídia contínua, 436-437
MIME (*ver* Multipurpose Internet Mail Extensions)
MIMO (*ver* Multiple-Input Multiple-Output)
Minislot, 112, 214
MITM (*ver* Man In The Middle, ataque)
Mitnick, Kevin, 479-481
MME (*ver* Mobility Management Entity)
Mobile Assisted HandOff, 103-104
Mobile Switching Center, 26-27, 100
Mobile Telephone Switching Office, 100
Mobile Virtual Network Operator, 121-123
Mobility Management Entity, 107
Mockapetris, Paul, 41-42
Modelagem de tráfego, 256-259
Modelo cliente-servidor, 2-3
Modelo de referência, 38-44
    OSI, 38-39
Modelo de referência da Internet, 38-41
Modem, 22, 86-88
    V.90, 87-88
    V.92, 87-88
Modem a cabo, 22, 109-112, 167-168, 214-215
Modem telefônico, 86-88
Modification of Final Judgment, 122-123
Modo choked, BitTorrent, 460-461
Modo de cifra, 500-503
Modo de economia de energia, 205-206
Modo de encadeamento de bloco de cifras, 501
Modo de feedback de cifra, 501-503
Modo de fluxo de cifras, 502-503
Modo de transporte, 524-525
Modo promíscuo, 192-193, 475-476
Modo túnel, 524-525
Modulação digital, 73-79
Modulação por amplitude de quadratura, 77-78
Modulação por código de pulso, 91-92
    amplitude de quadratura, 77-78
MOSPF (*ver* Multicast OSPF)
Mossad, 469-470
Motion Picture Experts Group, 439
Movimentação de dados, minimizando, 382-383
MP3 (*ver* MPEG audio layer 3)
MP4 (*ver* MPEG layer 4)
MPD (*ver* Media Presentation Description)
MPEG (*ver* Motion Picture Experts Group)
MPEG audio layer 3, 437-438

MPEG layer 4, 437-438
MPLS (*ver* MultiProtocol Label Switching)
MSC (*ver* Mobile Switching Center)
MSS (*ver* Maximum Segment Size)
MTSO (*ver* Mobile Telephone Switching Office)
MTU (*ver* Maximum Transmission Unit)
MTU, descoberta, 278-279
MTU do caminho, 278
Mudanças de contexto, minimizando, 382-383
Multicast OSPF, 250-251
Multicasting, 188-189, 248-249
Multicasting da Internet, 315-316
Multihoming, 312-313
Multimídia, 436-437
Multiple Access Protocol, 175-187
Multiple Access with Collision Avoidance, 186-187
Multiple-Input Multiple-Output, 108, 201-202
Multiplexação, 73-74, 78-83, 342
    divisão de código, 80-83
    divisão de comprimento de onda, 82-83
    divisão de frequência, 78-80
    divisão de tempo, 80-81
    divisão estatística de tempo, 80
    divisão ortogonal de frequência, 79
Multiplexação de redes ópticas: SONET/SDH, 93
Multiplexação estatística, 31
Multiplexação inversa, 342
MultiProtocol Label Switching, 305-308
Multipurpose Internet Mail Extensions, 410-412
Multi-User MIMO, 108
Multi-User MIMO, 201-202
MU-MIMO (*ver* Multi-User MIMO)
MVNO (*ver* Mobile Virtual Network Operator)

N

Não repúdio, 470, 505-506
NAP (*ver* Network Access Point)
Napster, 458-459
NAT (*ver* Network Address Translation)
NAT, operação da, 294-295
NAT, travessia da, 295-296
National Institute of Standards and Technology, 45-46, 499-500
National Science Foundation Network, 19-22
National Security Agency, 484
NAV (*ver* Network Allocation Vector)
Navegador, 417-418
Navegador Web, 417-418

NCP (*ver* Network Control Protocol)
Near Field Communication, 6-7
Needham-Schroeder, protocolo de autenticação, 520-522
Negociação, 34-35
Netmap, 475-476
Network Access Point, 20-21
Network Address Translation, 293-296
Network Allocation Vector, 203-205
Network Control Protocol, 164
Network Functions Virtualization, 108
Network Interface Card, 134-135, 142-143
Network Interface Device, 89-90
Network Service Access Point, 329-330
Neutralidade da rede, 48-49, 315-316
Neutralidade da rede, 48-49, 316-317
NFC (*ver* Near Field Communication)
NFV (*ver* Network Functions Virtualization)
NIC (*ver* Network Interface Card)
NID (*ver* Network Interface Device)
NIDS (*ver* IDS baseado em rede)
NIST (*ver* National Institute of Standards and Technology)
Nó de fibra, 109-110
Nó DOCSIS, 111-113
Nomeação, 31-32
  segura, 533-535
Nomes seguros, 533-535
Nonce, 518-519
Non-Return-to-Zero, código, 74
Non-Return-to-Zero Inverted, código, 75
Notação decimal com pontos, 288
NRZ (*ver* Non-Return-to-Zero)
NRZI (*ver* Non-Return-to-Zero Inverted)
NSA (*ver* National Security Agency)
NSAP (*ver* Network Service Access Point)
NSFNET (*ver* National Science Foundation Network)
Nyquist, Henry, 73
Nyquist, teorema de, 73

O

Objetivos de projeto da rede, 30-32
Objeto Web estático, 422-424
OFDM (*ver* Orthogonal Frequency Division Multiplexing)
Olho por olho, estratégia, 460-461
Ondas direcionais, 67-68

ONF (*ver* Open Networking Foundation)
Open Networking Foundation, 43-44
Open Shortest Path First, 307-311
Open Systems Interconnection, 38-39
OpenFlow, 280-282
Operação Aurora, 538
Óptica no espaço livre, 69
Órbita geoestacionária da Terra, 113-114
Ordem da rede, 167-168
Organizationally Unique Identifier, 189
Orthogonal Frequency Division Multiplexing, 29-30, 79, 201-202
OSI (*ver* Open Systems Interconnection)
OSI, modelo de referência, 38-39
  crítica, 40-42
OSPF (*ver* Open Shortest Path First)
Otway-Rees, protocolo de autenticação, 521-522
OUI (*ver* Organizationally Unique Identifier)
Overlay, 276, 526-527

P

P2P (*ver* Peer-to-peer)
Packet Data Control Protocol, 107
Packet Data Network Gateway, 24-25, 107
Packet over SONET, 163-166
Pacote, 34-35
Pacotes adiados, 331-334
Pacotes duplicados, 331-334
Pacotes reguladores, 260-263
Pacotes reguladores hop a hop, 260-263
Padrão de assinatura digital, 507-508
Padrão de direito, 44
Padrão de fato, 44
Padrão de fato, 44
  de direito, 44
  telecomunicações, 44-45
Padrão internacional IS-95, 101
Padrão proposto, 46-47
Padrões de telecomunicação, 44-45
Padronização, 43-47
Página de índice, 417-418
Página dinâmica, 418-419
Página estática, 418-419
Página Web, 417-418
Página Web dinâmica, 423-425
Palavra de código, 135-136
PAN (*ver* Personal Area Network)

PAR (Positive Acknowledgement with Retransmission), 149
PAR, protocolo, 146-151
Par trançado, 58-60
Paradoxo do dia do aniversário, 477-478
Parque de servidores, 23, 25, 452-454
Partida lenta, TCP, 371-372
Passive Optical Network, 90-91
PAWS (ver Protection Against Wrapped Sequence numbers)
PCF (ver Point Coordination Function)
PCM (ver Pulse Code Modulation)
PCS (ver Personal Communications Services)
PDCP (ver Packet Data Control Protocol)
PEAP (ver Protected Extensible Authentication Protocol)
Peer, 22-23, 32
Peering, 312
Peering pago, 312
Peering sem acordo, 312
Peer-to-peer, 451-452
Peer-to-peer, sistema, 2-4
Perda de caminho, 67
Perfil de modulação, 167-168
Perfil do Bluetooth, 210
Períodos de fala, 357-358
Perlman, Radia, 219-220
Personal Area Network, 9-11
Personal Communications Services, 101
Pesquisa recursiva, 394
Pesquisa reversa, 400
PGP (ver Pretty Good Privacy)
P-GW (ver Packet Data Network Gateway)
Phase Shift Keying, 77
Phishing, 49-50, 476-477
PHP (Hypertext Preprocessor), 425
PHP, 425-426
Phreaking do telefone, 469
Picocélula, 107-108
Piconet, 209
Piggybacking, 149-151
Pilha de protocolos, 32-34
  Bluetooth, 210-211
PIM (ver Protocol Independent Multicast)
Ping, 303
Ping da morte, 472, 484
Pipelining, 155-156
Pixel, 438-439
PKI (ver Public Key Infrastructure)
Placa de interface de rede, 134-135
Plain Old Telephone Service, 88-89

Plano de controle, 280
Plano de dados, 280-283
Player de mídia, 440-441
Plug-in do navegador, 538
Plug-in do navegador, 538
Podcast, 445
Point Coordination Function, 203-205
Point Of Presence, 22-23, 123
Point-to-Point Protocol, 132-133, 163-165
Poisson, modelo, 174-175
POLA (ver Princípio da menor autoridade)
Policiamento de tráfego, 257
Polinômio gerador, 141-142
Política da camada de rede, 315-317
Política da camada de rede, 315-317
Política da camada física, 119-124
Política da mesma origem, 433-434
Política de roteamento, 277-278
Política na camada física, 119-124
PON (ver Passive Optical Network)
Ponto com, era, 417-418
Ponto de acesso, 10-11, 28-29, 199-200
Ponto de encontro, 250-251
Ponto de reprodução, 356-357
POP (ver Point Of Presence)
POP3, 415-417 (ver Post Office Protocol, versão 3)
Porta, 11, 329-330
  TCP, 358-359
  UDP, 351
Porta conhecida, 358-359
Porta de destino, 295
Porta de origem, 295
Portabilidade de número local, 123-124
Portador de EPS, 107
Portmapper, 331
Post Office Protocol, versão 3, 415-417
Post Telegraph & Telephone administration, 44-45
POTS (ver Plain Old Telephone Service)
PPP (ver Point-to-Point Protocol)
PPP over ATM, 166-167
PPPoA (ver PPP over ATM)
Preâmbulo, 133-134
Precisão do IDS, 488-489
Precisão do IDS, 488-489
Preenchendo caches de CDN, 455-457
Preferência local, 314-315
Prefixo de endereço IP, 288-289
Prefixo do caminho, 314-315
Pretty Good Privacy, 529-532
Prevenção de intrusão, 488-490
Primitiva de serviço, 36-38

Primitiva de serviço, 36-38
Primitiva do serviço de transporte, 322-324
Princípio básico de segurança, 470-472
Princípio criptográfico, 491-493
   novidade, 493
   redundância, 493-493
Princípio da defesa em profundidade, 489-490
Princípio da economia de mecanismo, 471-472
Princípio da mediação completa, 471-472
Princípio da menor autoridade, 471-472
Princípio da separação de privilégios, 471-472
Princípio de aceitabilidade psicológica, 472
Princípio de Kerckhoffs, 490-491
Princípio de otimização, 236-238
Princípio do default seguro, 471-472
Princípio do mecanismo menos comum, 471-472, 483-484
Princípio do projeto aberto, 472
Princípios de ataque, 472-473
   interrupção, 473
   reconhecimento, 472-473
   sniffing e snooping, 472-473
   spoofing, 472-473
Princípios de segurança, 470-472
   aceitabilidade psicológica, 472
   default seguro, 471-472
   economia de mecanismo, 471-472
   mecanismo menos comum, 471-472
   mediação completa, 471-472
   menor autoridade, 471-472
   projeto aberto, 472
   separação de privilégios, 471-472
Priorização de tráfego, 316-317
Priorização e controle de potência, 802.11, 208-209
Priorização paga, 316
Privacidade, 26, 49-50, 208-209, 538-541
   DNS, 403-405
   local, 50
   Web, 433-436
Privacidade na Web, 433-434
Problema da contagem ao infinito, 241-243
Problema do terminal exposto, 185-186
Problema do terminal oculto, 185-186
Problema dos dois exércitos, 336-338
Problema dos três ursos, 292-293
Problemas de desempenho, 379-380
Processamento de segmento, 383-386
Processamento rápido do segmento, 383-386
Produto largura de banda-atraso, 154-155, 179, 339, 387-388
Prognóstico de cabeçalho, 385

Programação de soquetes, exemplo, 326-329
Projeto de host para redes rápidas, 381-384
Propriedade intelectual, 543
Protagonistas da segurança, 495-496
Proteção contra DDoS baseada em nuvem, 485
Protected Extensible Authentication Protocol, 208
Protection Against Wrapped Sequence numbers, 335-336
Protocol 1 (utopia), 146-147
Protocol 2 (stop-and-wait), 147-151
Protocol 3 (PAR), 149-153
Protocol 4 (janela deslizante), 152-156
Protocol 5 (go-back-n), 154-156, 158
Protocol 6 (repetição seletiva), 155-163
Protocol Independent Multicast, 315-316
Protocol-Independent Switch Architecture, 281-282
Protocolo, 31-34, 181-182, 350-358
   acesso múltiplo, 175-187
   acesso múltiplo com detecção de portadora, 178-181
   adaptação de controle lógico do enlace, 211
   adaptativo Tree-Walk, 184-185
   ALOHA, 176-179
   ARQ, 146-151
   autenticação, 514-523
   autenticação avançada, 208
   autenticação extensível, 528
   autenticação extensível protegida, 208
   básico de enlace de dados, 142-163
   camada de enlace simplex, 146-151
   comutação de rótulos, 305-308
   conexão inicial, 331
   configuração dinâmica do host, 305-306
   confirmação positiva com transmissão, 146-151
   contagem regressiva binária, 182-185
   controle da Internet, 301-306
   controle de congestionamento de datagrama, 325-326
   controle de dados do pacote, 107
   controle de enlace, 164
   controle de rede, 164
   controle de transmissão, 40-41, 357-377
   controle de transporte em tempo real, 356
   datagrama do usuário, 40-41, 350-358
   desafio-resposta, 516
   detecção de portadora, 178-179
   Diffie-Hellman, 519-520
   disputa limitada, 182-184
   EAP-TLS, 208
   enlace de dados, 142-169, 163-169
   Ethernet, 188-191

FTP, 420
full-duplex, 149-163
gateway de borda, 276-277, 310-315
gateway exterior, 276-277, 307-308, 310-315
gateway interior, 276-277, 307-308
gerenciamento de grupo da Internet, 315
go-back-n, 154-156
HTTP, 418-419
HTTPS, 418-419
IEEE 802, subcamada MAC, 202-207
IEEE 802.11, pilha, 199-201
IEEE 802.11, subcamada MAC, 202-207
início de sessão, 448-450
Internet (IP), 39-40, 284-302
Internet de linha serial, 163-164
IP versão 4, 285-296
IP versão 6, 296-302
janela deslizante, 151-163
Kerberos, 521-523
linha serial, 163-164
MACA, 186-187
mapa de bits, 181-182
mensagem de controle da Internet, 39-40, 302-303
Needham-Schroeder, 520-522
Otway-Rees, 521-522
PAR, 146-151
passagem de tokens, 181-182
PEAP, 208
pilha Bluetooth, 210-211
ponto a ponto, 132-133, 163-165
rede, 30-38
redes longas de banda larga, 386-390
relação com serviços, 37-38
repetição seletiva, 155-163
reserva, 181
reserva de recursos, 269-271
resolução de endereço, 303-305
roteamento de gateway exterior, 310-315
roteamento de gateway interior, 307-311
roteamento multicast por vetor de distância, 250-251
RTCP, 356
RTP, 354-355
sem colisão, 180-183
Simple Internet Protocol Plus, 296-297
SMTP, 406-407
solicitação de repetição automática, 146-151
stop-and-wait, 146-147
subcamada MAC da Ethernet, 188-191
TCP, 360-361
tempo real, 441

transferência de arquivos, 295-296
transferência de hipertexto, 425-434
transmissão básica, 143-146
transmissão de controle de fluxo, 326-327
transporte, 329
transporte da Internet, 350-377
transporte em tempo real, 354-358
Tree-Walk, 184-185
TTL, 208
unidade de dados do protocolo de transporte, 323-324
vetor de caminho, 312-313
Wireless LAN, 185-187
Protocolo adaptativo Tree-Walk, 184-185
Protocolo de autenticação, 514-523
Protocolo de conexão inicial, 331
Protocolo de desafio-resposta, 516
Protocolo de enlace de dados, 142-169
  elementar, 142-163
Protocolo de mapa de bits, 181-182
Protocolo de passagem de tokens, 181-182
Protocolo de rede, 30-38
Protocolo de regressão binária, 182-185
Protocolo de resolução de endereço, 301-305
Protocolo de solicitação de repetição automática, 146-151
Protocolo de transporte
  controle de congestionamento do, 344-358
  elementos, 329-344
  TCP, 357-377
Protocolo de vetor de caminho, 312-313
Protocolo elementar de enlace de dados, 142-163
Protocolo em camadas, 31-34
Protocolo full-duplex, 149-163
Protocolo IP versão 4, 285-296
  CIDR, 290-292
  endereços, 288-296
  sem classe, 291-294
  sub-redes, 288-290
  tradução de endereço de rede, 293-296
Protocolo IP versão 6, 296-302
  cabeçalho de extensão, 297-302
  cabeçalho principal, 297-300
  controvérsias, 300-302
Protocolo sem colisão, 180-183
Protocolos de disputa limitada, 182-184
Protocolos de enlace de dados na prática, 163-169
Protocolos de LANs sem fio, 185-187
Protocolos de transporte da Internet, 350-377
  TCP, 357-377
  UDP, 350-358

Provedor de serviço da Internet, 8
Provedor de serviço de transporte, 322
Provedor de trânsito, 23, 25
Provisionamento, 253-254
Proxy ARP, 305
Proxy reverso, 422-423
  Web, 454-455
Proxy reverso, 422-423
Proxy seguinte, 455
Proxy upstream, 454-455
Proxy Web, 454-455
Psicoacústica, 438-439
PSK (ver Phase Shift Keying)
PSTN (ver Public Switched Telephone Network)
PTT (ver Post Telegraph & Telephone administration)
Public Key Infrastructure, 512-515
Public Switched Telephone Network, 26-27, 83-95
Pulse Code Modulation, 91-92

Q

Q.931, 447-448
QAM-16, 77-78
QAM-64, 77-78
QNAME, minimização, 394-395
QoE (ver Quality of Experience)
QoS, escalonamento de tráfego, 208-209
QoS, roteamento, 266-267
QPSK (ver Quadrature Phase Shift Keying)
Quadrature Phase Shift Keying, 77
Quadro, 129-130
Quadro B, 440
Quadro de baliza, 205-206
Quadro de confirmação, 146-151, 154-155, 162-163, 175-176
Quadro jumbo, Ethernet, 196-197
Qualidade de serviço, 31, 261-273
  requisitos, 261-264
Qualidade de serviço de melhor esforço, 261-263
Quality of Experience, 261-263, 444-445
Quantum de base diagonal, 496
Qubit, 496
Questões de projeto
  camada de enlace de dados, 129-135
  camada de rede, 231-236, 283-285
  camada de transporte, 329-344
Questões políticas, 47-51
Questões sociais, 47-51, 538-545

QUIC (ver Quick UDP Internet Connection)
Quick UDP Internet Connection, 376-378

R

RA (ver Regional Authority)
Radio Access Network, 24-25, 107
Radio Link Control, 107
Radio Network Controller, 24-25
Rádio pela Internet, 445
Rajada de quadros, 196
RAN (ver Radio Access Network)
Random Early Detection, 259-260
Ranging (verificação do alcance), 112
  DOCSIS, 214
RAS (ver Registration/Admission/Status, canal)
Rastreador de terceiros, 434-435
Rastreamento, 49-50
RCP (ver Routing Control Platform)
Realm, Kerberos, 522-523
Real-Time Protocol, 441
Real-time Transport Control Protocol, 356
Real-time Transport Protocol, 354-358
Reassociação, 207-208
Reconfigurable Match Table, 281-282
Recuperação, 488-489
Recuperação de clock, 74-76
Recuperação de falhas, 342-344
Recuperação rápida, 374
RED (ver Random Early Detection)
Rede
  3G, 103-107
  4G, 27-28
  5G, 27-28
  ad hoc, 28-29
  ALOHA, 29-30
  área local, 10-12
  área metropolitana, 12-14
  ARPANET, 17-20
  backbone, 8-9
  celular, 27, 98-108
  centro de dados, 7-8
  comparação, 117-120
  definida pelo software, 16-17
  empresa, 8-10
  entrega de conteúdo, 8
  HFC, 22
  linha de potência, 12-13
  malha, 10-11

móvel, 5-8, 23, 25-28
privada virtual, 8-9, 15-17
provedor de conteúdo, 7-8
remota, 13-17
residência, 11-13
satélite, 112-118
sem fio, 5-8, 27-31
telefone, 122-124
televisão a cabo, 60, 108-113
tipos, 4-10
trânsito, 8-9, 22-23
usos, 1-5
Rede ad hoc, 28-29, 199-200, 210
Rede celular, 27, 98-108, 121-123
Rede celular de terceira geração, 103-107
Rede corporativa, 8-10, 208, 281-282
Rede da camada 1, 23, 25, 284-285
Rede de acesso múltiplo, 308-309
Rede de backbone, 8-9, 22-23
Rede de broadcast, 173, 308-309
Rede de celular de primeira geração, 100-101
Rede de celular de quarta geração, 106-108
Rede de celular de quinta geração, 107-108
Rede de celular de segunda geração, 101-104
Rede de circuito virtual, 232-233
Rede de computadores (*ver* Rede)
Rede de datagramas, 232-233
Rede de núcleo, 24-25
Rede de satélite, 112-118
Rede de satélites e terrestre, 118-119
Rede de sensores, 7-8
Rede de telefonia móvel, 98-108
Rede de trânsito, 8-9, 22-23
Rede do centro de dados, 7-8
Rede do provedor de conteúdo, 7-8
Rede doméstica, 11-13, 108-113, 117-120, 285-286, 380-381
Rede em malha, 10-11, 350-351
Rede escalável, 31
Rede móvel, 5-8, 23, 25-28, 98-108, 121-123, 199-214
  4G, 27-28, 106-108
  5G, 27-28, 107-108
  história, 26-27
Rede na linha de energia, 4-5, 12-13, 60-61, 80, 139
Rede peer-to-peer, 457-462
  BitTorrent, 459-462
  Gnutella, 459-460
  Napster, 458-459
Rede privada virtual, 526-527
Rede rápida, projeto do host, 381-384

Rede sem fio, 5-8, 27-31
Rede social, 3-4
Rede stub, 312
Rede telefônica, 122-124
Redes de acesso de banda larga, 5-6, 108-113, 117-120
  medindo o desempenho, 380-381
Redes de acesso terrestre, 117-119
Redes e serviços avançados, 20-21
Redes heterogêneas, 273-277
Redes longas de banda larga, 386-390
Redes sem fio de alta eficiência, 202-203
Redes sem fio fixas, 6
Redundância criptográfica, 493
Reduzindo a quantidade de pacotes, 381-382
Reed-Solomon, código, 138-139
Região de roteamento, 246
Regional Authority, 513-514
Registrador, 396-397
Registrante, 396-397
Registration/Admission/Status, canal, 447-448
Registro autorizado, DNS, 401-402
Registro de recurso, 398-401
Registro em cache, DNS, 401-402
Regra da linha clara, 316
Relacionamento entre protocolos de serviços, 37-38
Remote Procedure Call, 352-354
Repasse de correio aberto, 414-415
Repasse de correio aberto, 414-415
Repetidor, 188-189
Repostador anônimo, 539-541
Repostador cypherpunk, 539-540
Request for Comments, 46-47
Request To Send, 186-187
Reservation Protocol, 181
Resilient Packet Ring, 182
Resolução de nomes, DNS, 401-403
Resolvedor local, 394
Resolvedor recursivo confiável, 403-404
Resolvedor recursivo confiável, 403-404
Resolvedor recursivo local, 393-394
Resolvedor stub, 393-394
Resource Record SET, 400-401, 533-534
Resource reSerVation Protocol, 269-271
Retransmissão rápida, 373-374
Retransmission TimeOut, 368
Retrospectiva da Ethernet, 198-199
Reúso de conexão HTTP, 431
Reúso de frequência, 27
Revogação de certificado, 514-515

Revogação de certificado, 514-515
RFC (*ver* Request for Comments)
RFC 1034, 393-394
RFC 1035, 393-394
RFC 1058, 242-243
RFC 1122, 358
RFC 1191, 360
RFC 1323, 335-336, 358
RFC 1521, 410-411
RFC 1550, 296-297
RFC 1661, 163-164
RFC 1662, 163-164
RFC 1663, 164
RFC 1700, 286-287
RFC 1939, 415-417
RFC 1958, 284
RFC 2018, 358
RFC 2045, 410-411
RFC 2108, 362-363
RFC 2109, 429
RFC 2131, 305
RFC 2132, 305
RFC 2181, 393-394
RFC 2205, 269
RFC 2210, 267, 269
RFC 2211, 267
RFC 2212, 269
RFC 2328, 307-308
RFC 2335, 533-534
RFC 2364, 166-167
RFC 2410, 523-524
RFC 2440, 530
RFC 2459, 512
RFC 2460, 296-297
RFC 2466, 296-297
RFC 2474, 270-271
RFC 2475, 270-271
RFC 2535, 533-534
RFC 2581, 358
RFC 2597, 271-272
RFC 2615, 164-165
RFC 2616, 425-426, 429
RFC 2632, 532
RFC 2643, 532
RFC 2873, 358
RFC 2883, 362-363, 376
RFC 2965, 429
RFC 2988, 358, 369-370
RFC 2993, 296
RFC 3022, 294-295
RFC 3031, 305-306

RFC 3168, 358, 361-362, 376
RFC 3194, 298-299
RFC 3246, 271-272
RFC 3261, 448-449
RFC 3376, 315
RFC 3390, 371-372
RFC 3501, 415-416
RFC 3517, 376
RFC 3550, 354-356
RFC 3748, 528
RFC 3782, 375-376
RFC 3833, 400
RFC 3875, 424-425
RFC 4033, 533-534
RFC 4034, 533-534
RFC 4035, 533-534
RFC 4120, 522
RFC 427, 314-315
RFC 4288, 410-411
RFC 4409, 414-415
RFC 4614, 358
RFC 4632, 290-291
RFC 4960, 326-327, 378-379
RFC 4987, 364
RFC 5246, 536-537
RFC 5280, 512
RFC 5321, 406-407, 409-411, 413-414
RFC 5322, 406-410
RFC 5681, 376
RFC 5795, 386
RFC 5961, 482-483
RFC 7540, 431-432
RFC 768, 351
RFC 7816, 394-395
RFC 793, 358
RFC 821, 406-407, 410-411
RFC 8216, 444-445
RFC 822, 406-411, 530-531, 539-540
RFC 826, 303-304
Rijmen, Vincent, 500
Rijndael, cifra de, 500
Rivest, Ron, 496, 504-506
    algoritmo de Rivest Shamir Adleman (RSA), 504-505
RLC (*ver* Radio Link Control)
RMT (*ver* Reconfigurable Match Table)
RNC (*ver* Radio Network Controller)
RObust Header Compression, 386
Roda de sincronismo, 385
Rodada do DES, 498-499
ROHC (*ver* RObust Header Compression)

Rota, agregação, 290-291
Roteador, 14-15
   backbone, 308-309
   designado, 309-310
   interno, 308-309
   limite, 309-310
Roteador adjacente, 310
Roteador de backbone, 308-309
Roteador designado, 244, 310
Roteador interno, 308-309
Roteador multiprotocolos, 275-276
Roteador sem fio, 10-11
Roteamento, 31
   "batata quente", 313-314
   dinâmico, 236-237
   entre domínios, 276-277, 310-313, 453-454
   entre redes, 276-278
   estático, 236-237
   intradomínio, 276-277
   sessão, 236
Roteamento "batata quente", 313-314
Roteamento cebola, 540-541
Roteamento de borda, 309-310
Roteamento de estado de enlace, 242-248
Roteamento de sessão, 236
Roteamento dinâmico, 236-237
Roteamento entre domínios, 276-277, 307-308
Roteamento estático, 236-237
Roteamento inter-rede, 276-278
Roteamento intradomínio, 276-277, 307-308
Roteamento por vetor de distância, 242-243
Roteamento Wormhole, 217
Routing Control Platform, 281
RPC (*ver* Remote Procedure Call)
RPR (*ver* Resilient Packet Ring)
RRSET (*ver* Resource Record SET)
RSA, algoritmo, 503-505
RSVP (*ver* Resource reSerVation Protocol)
RT O (*ver* Retransmission TimeOut)
RTCP (*ver* Real-time Transport Control Protocol)
RTP (*ver* Real Time Protocol)
RTP (*ver* Real-time Transport Protocol)
RTS (*ver* Request To Send)

S

S/MIME (*ver* Secure/MIME)
SA (*ver* Security Association)
SACK (*ver* Selective ACKnowledgement)
Saída antecipada, 313-314
Salto de frequência adaptativo, Bluetooth, 211-212
Satélite
   geoestacionário, 113-114
   órbita baixa, 115-118
   órbita média, 11-12
Satélite de comunicação, 112-118
Satélite geoestacionário, 113-116
Scatternet, 209
SCO (*ver* Synchronous Connection Oriented, enlace)
Scripting entre sites, 538
Scrubber, 485-486
SCTP (*ver* Stream Control Transmission Protocol)
SDH (*ver* Synchronous Digital Hierarchy)
SDN (*ver* Software Defined Networking
SD-WAN (*ver* Software Defined WAN)
Secure Hash Algorithm, 508-510
Secure HTTP, 358-359, 403-404, 418-420, 425-427, 456-457, 535-536
Secure Sockets Layer, 534-538
Secure/MIME, 532-533
Security Association, 524-525
Seeder, BitTorrent, 460
Segmento do TCP, 360-363
   transporte, 323-324
   UDP, 351
Segurança, 31-32
   comunicação, 523-530
   rede, 49-50, 469-546
Segurança contra intrusos, 490-491
Segurança da comunicação, 523-530
Segurança da rede, 49-50, 469-546
Segurança da rede sem fio, 527-530
Segurança do e-mail, 529-533
Segurança na Web, 532-539
Segurança pela obscuridade, 490-491
Segurança principal, 495-496
Seleção dinâmica de frequência, 208-209
Selective ACKnowledgement, 362-363
Selective Repeat Protocol, 155-163
Sequência de chip ortogonal, 81
Sequência de chips, 80-81
Sequestro de conexão, 481
Serial Line Internet Protocol, 163-164
Série de Fourier, 69-71
Server Name Indication, 537-538
Server push, 432-433
Service Level Agreement, 15-16, 256-257
Service Set IDentifier, 207-208
Serviço baseado em classe, 270-271

Serviço de distribuição, 802.11, 208
Serviço de entrega de dados, 802.11, 208
Serviço de integração, 802.11, 208
Serviço de solicitação-resposta, 35-36
Serviço de trânsito, 311-312
Serviço de transporte, 321-329
Serviço diferenciado, 270-273
Serviço não orientado a conexão, 34-35
   implementação, 232-234
Serviço orientado a conexão, 34-35
Serviço orientado a conexão, 34-35
Serviços, 802.11, 207-209
Serviços com taxa zero, 97-98
Serviços fornecidos à camada de transporte, 232-233
Serviços integrados, 269-271
Serviços para a camada de rede, 130-132
Servidor, 9
   multithreaded, 422
Servidor de correio, 405-406
Servidor de nome de domínio raiz, 402-403
Servidor de nomes autorizado, 394
Servidor de nomes raiz, 402-403
Servidor de nomes raiz, 402-403
Servidor de processo, 331
Servidor multithreaded, 422
Serving Gateway, 107
Serving Network Gateway, 24-25
Session Initiation Protocol, 448-450
S-GW (*ver* Serving Gateway)
SHA-1 (*ver* Secure Hash Algorithm)
SHA-2, 508-510
SHA-3, 508-510
Shannon, Claude, 73
Shannon, limite de, 73
Short InterFrame Spacing, 205-206
Short Message Service (SMS), 6-7
SIFS (*ver* Short InterFrame Spacing)
Signaling System 7, 123-124
Signal-to-Noise Ratio, 73
SIM, cartão (*ver* Subscriber Identity Module, cartão)
Símbolo, 74-75
Simple Internet Protocol Plus, 296-297
Simple Mail Transfer Protocol, 406-407, 412-414
Simplex, 58-59
Simplex Link-Layer Protocol, 146-151
Sinal balanceado, 75-77
Sinal balanceado, 75-77
Sinal de banda base, 71-72, 76-77
Sinal limitado à largura de banda, 69-73
Sinalização associada ao canal, 92-93

Sinalização associada ao canal, 92-93
   bit roubado, 92-93
   canal comum, 92-93
   na própria banda, 92-93
Sinalização de canal comum, 92-93
Sinalização de código, 545-546
Sinalização fora da banda, 92-93
Sinalização na banda, 92-93
Sincronização de cookies, 435-436
Síndrome de erro, 137-138
Síndrome do janelamento inútil, 367-368
SIP (*ver* Session Initiation Protocol)
SIP e H.323, 450-451
SIPP (*ver* Simple Internet Protocol Plus)
Sistema "apertar para falar", 100
Sistema autônomo, 276-277, 284-285, 307-308
Sistema de disputa, 176
Sistema de distribuição, 199-200
Sistema de término de modem a cabo, 22, 109-112, 167-168, 214-215
Skin, 441
SLA (*ver* Service Level Agreement)
SLA (*ver* Service-Level Agreement)
Sliding Window Protocol, 151-163
   um bit, 151-154
SLIP (*ver* Serial Line Internet Protocol)
Slot de tempo, 80
Slotted ALOHA, 177-179
Smartphone, 6-7
Smiley, 405
SMS, 6-7
SMTP (*ver* Simple Mail Transfer Protocol)
SNI (*ver* Server Name Indication)
Sniffing e snooping, 472-473, 475-477
Sniffing em redes comutadas, 475-477
Snooping, 475-477
Snowmobile, Amazon, 57-58
SNR (*ver* Signal-to-Noise Ratio)
Soft handoff, 106-107
Soft handover, 26
Software Defined Networking, 16-17, 108, 280-284
   plano de controle, 280-282
   plano de dados, 281-283
   visão geral, 280-281
Software-Defined WAN, 15-16
Solicitação de repetição automática, 149, 338-339
Sólitons, 62-63
Soma de verificação, 140
   de Fletcher, 140-141
SONET (*ver* Synchronous Optical Network)

Soquete
  Berkeley, 19-20, 36, 324-329
  TCP, 358-359
Soquetes de Berkeley, 36, 324-327
Sorteio, 120
Spanning tree, 248-249
Spanning-tree bridge, 217-220
SPE (*ver* Synchronous Payload Envelope)
Spoofing, 472-473, 476-484
  DNS, 477
Spoofing de conexão, 479-480
  implementação, 233-235
Sprint, 68-69
SS7 (*ver* Signaling System 7)
SSID (*ver* Service Set IDentifier)
SSL (*ver* Secure Sockets Layer)
SST (*ver* Structured Stream Transport)
Statistical Time Division Multiplexing, 80
STDM (*ver* Statistical Time Division Multiplexing)
Stop-and-wait, protocolo, 146-147, 338-339
Stream Control Transmission Protocol, 326-327
Streaming de áudio, 435-439
Streaming de mídia, 437-438
Streaming de mídia armazenada, 440-445
Streaming de vídeo, 438-445
Streaming em tempo real, 444-450
Stressers, 484
Strowger, engrenagem de, 96-97
Structured Stream Transport, 326-327
STS-1 (*ver* Synchronous Transport Signal-1)
Stub do cliente, 352-353
Stub do servidor, 352-353
Subdivisão de rede, 289-290
Sub-rede, 13-14
  IP, 288-290
Sub-rede de comunicação, 13-14
Sub-rede estendida do cliente DNS, 398
Subscriber Identity Module, cartão, 26, 101-102
Sumário de mensagem, 508-510
Super cookies, 434
Superfície de ataque, 471-472
Supergrupo, 91-92
Superprovisionamento, 263-264
Superquadro estendido, 92
Super-rede, 290-291
Suplemento de navegador, 538
Suposições iniciais do protocolo, 142-144
Supressão (throttling), 254
Swarm, BitTorrent, 460
Switch, 11, 14-15
  Ethernet, 187, 192

SYN, cookie, 364, 484
SYN, inundação, 363-364, 484-485
Synchronous Connection Oriented, enlace, 211-212
Synchronous Digital Hierarchy, 93-95
Synchronous Optical Network, 93-95
Synchronous Payload Envelope, 94-95
Synchronous Transport Signal-1, 94-95

T

T1, linha, 92
Tabela de combinação-ação, 281
Tabelas Hash Distribuídas, 459
Tamanho da restrição, 137-138
Taxa Baud, 74-75
Taxa de bits, 74-75
Taxa de código, 135-136
Taxa de dados agregada, 107-108
Taxa de dados máxima de um canal, 73-74
Taxa de envio, 346-349
Taxa de estímulo, 378
Taxa de símbolos, 74-75
Taxa zero, 49
T-carrier, 92-93
TCG (*ver* Trusted Computing Group)
TCM (*ver* Trellis Coded Modulation)
TCP (*ver* Transmission Control Protocol)
TCP, cabeçalho de segmento, 360-363
TCP, sequestro de conexão, 481-482
TCP, spoofing, 479-480
TCP, spoofing de conexão, 479-480
TCP/IP, modelo de referência, 38-43
tcpdump, 475-476
TDM (*ver* Time Division Multiplexing)
Telefone celular, 98-99
Telefone móvel, 98-99
Telefonia pela Internet, 436-437, 445
Telemetria programável de redes, 283-284
Televisão a cabo, 12-14, 22, 59-60, 108-113
Tempestade de broadcast, 222, 379-380
Tempo de despertar alvo (horário de ativação desejado), 202-203
Tempo de guarda, 79
Tempo de parada do Bluetooth, 211
Temporary Key Integrity Protocol, 528-529
Temporizador persistente, 370
Teoria do enfileiramento, 174
Terminal, 446-447
Texto cifrado, 490-491

Texto simples, 490-491
Third Generation Partnership Project, 44
Time Division Multiplexing, 80-81
Timeout, controle, 383-384
Timeouts, evitando, 383-384
Timer keepalive, 370
Timestamp, 362-363
TKIP (*ver* Temporary Key Integrity Protocol)
TLS (*ver* Transport Layer Security)
Token, 181-182
Token bucket, algoritmo, 257-259
Token bus (barramento de tokens), 182
Token ring, 181-182
Torrent, BitTorrent, 459-460
TPDU (*ver* Transport Protocol Data Unit)
TPM (*ver* Trusted Platform Module)
Traçar perfis, 49-50
Traceroute, 302-303, 475-476
Tracker, BitTorrent, 459-460
Tráfego em rajadas, 256-257
Transferência de mensagem, 411-415
Transferência física do e-mail, 414-415
Trânsito parcial, 312
Transmissão básica, protocolo, 143-146
Transmissão bidirecional, 149-153
Transmissão com buffering e controle de jitter, 356-357
Transmissão de banda base, 73-74
Transmissão de banda base, 73-74
  banda passante, 73-74
  via luz, 69-70
Transmissão de infravermelho, 68-69
Transmissão de luz, 69-70
Transmissão de luz por fibra, 61-63
Transmissão de micro-ondas, 67-69
Transmissão de rádio, 66-68
Transmissão em banda passante, 73-74, 76-77
Transmissão sem fio, 63-64
Transmission Control Protocol, 40-41, 357-377
  cabeçalho de segmento, 360-363
  controle de congestionamento, 370-376
  CUBIC, 376-377
  encerramento da conexão, 364-367
  estabelecimento de conexão, 362-364
  futuro, 378-379
  gerenciamento de timers, 368-370
  introdução, 358
  janela deslizante, 366-368
  modelagem e gerenciamento de conexão, 364-367
  modelo de serviço, 358-360
  partida lenta, 371-372
  porta, 358-359
  protocolo, 360-361
  soquete, 358
Transmission OPportunity, 206
Transponder, 112-113
Transport Layer Security, 425-426, 536-538, 545-546
Transport Protocol Data Unit, 323-324
Transport Service Access Point, 329-330
Tree-Walk, protocolo, 184-185
Trellis Coded Modulation, 87
Trigrama, 493-494
Troca de chave de Diffie-Hellman, 519-520
Tronco de telefone, 85
Troncos de conexão interurbana, 85
Troncos e multiplexação, 91-92
Troncos entre estações, 85
Troncos interurbanos, 85
TRR (*ver* Trusted Recursive Resolver)
Trusted Computing Group, 544
Trusted Platform Module, 544
TSAP (*ver* Transport Service Access Point)
Tunelamento, 275-276
Tupla de cinco, 360-361
TXOP (*ver* Transmission OPportunity)
Tyndale, William, 539-540

U

UDP (*ver* User Datagram Protocol)
Ultra-peer, 459
UMTS (*ver* Universal Mobile Telecommunication System)
Unchoked, nó BitTorrent, 460-461
Unicast, 251
Unidades métricas, 50-52
Uniform Resource Locator, 419-420
U-NII (*ver* Unlicensed National Information Infrastructure)
Universal Mobile Telecommunications System, 24-25, 105
Universal Serial Bus, 75
Unlicensed National Information Infrastructure, 120-121
Unshielded Twisted Pair, 58-59
URL (*ver* Uniform Resource Locator)
Usando o espectro para transmissão, 66-70
USB (*ver* Universal Serial Bus)
User Datagram Protocol, 40-41, 350-358
  cabeçalho, 351

chamada de procedimento remoto, 352-354
 introdução, 351-353
 tempo real, 354-358
Usuário de serviço de transporte, 322
Utopia: sem controle de fluxo ou correção de erro, 146
UTP (*ver* Unshielded Twisted Pair)
UWB (*ver* Comunicação de banda ultralarga)

Voice over IP, 9, 35-36, 107, 205-206, 436-437, 445-447
Voice over LTE, 107-108
VoIP (*ver* Voice over IP)
VoLTE (*ver* Voice over LTE)
Vplus, 88-89
VPN (*ver* Virtual Private Network)
VPNs, 8-9
VSAT (*ver* Very Small Aperture Terminal)

V

V.32, modem, 87
V.34, modem, 87
V.90, modem, 87-88
V.92, modem, 87-88
Varredura aberta, 474
Varredura de conexão, 474
Varredura de FIN, 474-475
Varredura de Natal, 474-475
Varredura de Natal, 474-475
Varredura de porta, 474-476
Varredura semiaberta, 474
VC (*ver* Virtual Circuit)
VDSL, 88-89
VDSL2, 88-89
Velocidade da luz, 64-65
Verificação de paridade em baixa densidade, 139
Very Small Aperture Terminal, 115
Vídeo
 720p, 438-439
 1080p, 438-439
 HD, 438-439
 4K, 438-439
 8K, 438-439
 progressivo, 439
Vídeo digital, 438-440
Vídeo em tempo real, 435-436
Vídeo HD, 438-439
Video on Demand, 440
Vídeo progressivo, 439
Vinho, algoritmo de corte, 255-256
Virtual Circuit, 166, 232-233
Virtual Private Network, 8-9, 15-17, 276, 526-527
Visão arquitetônica da Web, 417-423
Visitor Location Register, 102-103
VLAN (*ver* LAN virtual)
VLR (*ver* Visitor Location Register)
VoD (*ver* Video on Demand)

W

W3C (*ver* World Wide Web Consortium)
WAF (*ver* Web Application Firewall)
Walsh, código de, 81
WAN (*ver* Wide Area Network)
Wavelength Division Multiplexing, 82-83
WCDMA (*ver* Wideband CDMA)
WDM (*ver* Wavelength Division Multiplexing)
Web Application Firewall, 485-486
Web Assembly, 537-538
Webmail, 415-417
Weighted Fair Queueing, escalonamento de pacotes, 265-267
WEP (*ver* Wired Equivalent Privacy)
WFQ (*ver* Weighted Fair Queueing)
Wide Area Network, 13-17
Wideband CDMA, 104-105
WiFi (*ver* Rede sem fio ou IEEE 802.11)
WiFi Alliance, 43-44
WiFi Protected Access, 29-30, 208, 527-528
Wiki, 3-4
Wikipedia, 3-4
WiMAX, 13-14, 27-28, 46-47, 106-107
Window probe, 366-367
Window scale, 362-363
Wired Equivalent Privacy, 29-30, 208-209, 527-528
Wireshark, 475-476
World Wide Web, 417-436
 HTTP, 425-434
 HTTPS, 425-434
 lado cliente, 418-422
 lado servidor, 420-423
 objeto estático, 422-424
 página Web dinâmica, 423-425
 protocolo HTTP, 418-419
 visão geral da arquitetura, 417-423
World Wide Web Consortium, 46-47, 417-418
Wozniak, Steve, 469-470

WPA (*ver* WiFi Protected Access)
WPA2 (*ver* WiFi Protected Access 2)
WPA3, 527-528
WWW (*ver* World Wide Web)

X

X.509, certificado, 510-513
XDSL, 87-88

Z

Zipf, lei de, 452
Zmap, 475-476
Zona
   desmilitarizada, 486-487
   DNS, 400-403, 533-535
   H.323, 446-447
Zona livre padrão, 290
μ-law, 92